전격전의 전설

전격전의 전설

Blitzkrieg-Legende

칼 하인츠 프리저 지음

진중근 옮김

일조각

한국의 독자들에게

"눈에 보이는 것만이 전부가 아니다." 이 문장은, 세계 전쟁역사상 최고의 기습으로 알려져 있는 1940년의 서부전역을 가장 적절하게 표현하고 있다. 이때의 승리는 완전무결한 계획에 의거해 한 치의 오차도 없이 시행된 결과라고 최근까지 알려져 왔다. 더욱이 나치스트 선전가들은 이 혁명적인 '전격전' 사상의 창시자가 바로 히틀러라고 주장했다. 하지만 필자는 독일 연방문서보관소Bundesarchiv에 보관된 자료들을 고증한 결과, '전격전'이 사전에 계획된 것이 전혀 아니라는 놀라운 사실을 발견했다. 당시 6년 정도 소요될 것이라 예상되었던 전쟁이 어째서 단 6주 만에 '전격전'으로 종결될 수 있었을까? 필자는 이 책에서 그 해답을 찾고자 했다.

서부전역이 발발한 1940년 5월은 현대적인 작전술 차원의 기동전이 탄생한 역사적인 순간이라 할 수 있다. 오늘날 전 세계의 국가들은 군사전략에서 기갑 및 기계화 부대와 공군의 합동작전을 핵심 교리로 채택하고 있다. 그러나 1940년 당시 전차와 항공기 부대가 함께 투입된 '전격전'은 역사상 최초로 작전술 차원에서 감행된 일종의 실험이었다. 소수의 독일 고위급 장군들까지도 이를 '위험천만한 모험'으로 간주했다. 전쟁 양상을 혁신적으로 바꾼 이 실험이 어떻게 시작되고 진행되었으며, '전격전'으로 자리 잡게 되었는가가 바로 이 책의 핵심 내용이다.

전차와 같은 군사과학기술도 서부전역에서 중요한 역할을 했다. 그러나 이 책에서 말하듯이, 전역의 승패를 좌우한 것은 '비물질적 요소'였다. 즉 군이 보유한 장비의 양보다는 군을 어떠한 방책으로 운용하는가가 더 중요한 요소였다. 그리고 가장 결정적인 것은 바로 기습이 불러일으킨 심리적 효과였다. 실제로 '전격전'의 성공의 비밀은 '충격 효과'

의 극대화였다. 고대의 전쟁사부터 현대의 장차전까지 심리전은 그 효력을 발휘해 왔으며, 앞으로도 그러할 것이다.

이 책은 현재 영어, 프랑스어, 일본어로 번역 · 출간되어 세계 각국 전사학도들의 관심을 받고 있으며 세미나도 수차례 실시된 바 있다. 그러던 중 한국에서도 이 책이 번역 · 출간된다는 뜻밖의 소식을 접했다. 더욱이 생면부지의 한국군 기갑장교이자 육군 대위가 번역 작업을 했다는 데 놀라지 않을 수 없었다. 미국을 비롯한 세계 각국에서 그랬던 것처럼, 한국에서도 이 책으로 인해 전격전에 대한 열띤 토론이 일어나기를 희망한다. 또한 군사학 분야 외에 다른 분야에서도 이 책이 활용되기를 바란다. 끝으로 이 책을 한국어로 옮겨 준 진중근 대위에게 감사를 표한다.

역사학 박사, 육군 대령
칼 하인츠 프리저

머리말

나는 1940년 서부전역에 대한 연구를 시작할 때, 이 전역이 처음부터 이른바 '전격전'으로 계획되었다는 오래된 이론을 믿었다. 내가 살펴본 약 1,500권의 서적과 논문들은 하나같이 이 이론을 당연하게 받아들이고 있었다. 그러나 각종 문서자료를 조사하면서 이 이론과 정반대의 결론에 이르게 되자 나는 놀라지 않을 수 없었다. 나는 군사사軍事史연구소Militärgeschichtliches Forschungsamt; MGFA의 연구원으로서 수 년 동안 프라이부르크Freiburg의 독일 연방문서보관소 군사기록보관소Bundesarchiv-Militärarchiv에서 최고급 전략제대부터 어떤 경우에는(중요한 국면에 대해서) 최하급 전술제대까지 관련 문서들을 탐독할 기회를 가졌다. 그리고 심도 깊은 연구를 통해 새로운 시각을 갖게 되었다. 서부전역은 계획과 전혀 다른 방향으로 진행되었음이 점점 더 확실해졌다.

애석하게도, 포츠담에 보관된 하급 지휘관들의 전투일지 같은 문서들은 전쟁 중에 대부분 파기되었다. 그 때문에 추가적인 의문점들은 그 시대의 증거가 될 만한 여러 인물들과 문서들을 통해 해결했다. 독일 국방군 시절에 관한 자료인 전쟁일지, 전투보고서, 기타 기록물들은 원본이 소실되어 사본을 입수해 참고했다. 그 밖에 중요한 참고문헌들은 파리의 뱅센Vincennes에 위치한 프랑스 육군군사사연구소Service Historique de l'Armée de Terre; SHAT에서 찾아냈다.

서부전역을 전체적으로 그리고 그때 일어난 다양한 사건들을 모두 다루기란 당연히 불가능했다. 전역의 주요 성과에 초점을 맞추는 방법은 불필요해 보였기 때문에 계획 단계와 경과에 중점을 두었다. 서부전역은 지헬슈니트 작전 단 하나로 승부가 결정되었다. 사실상 승부는 구데리안의 스당 돌파작전에서 판가름 났다. 2개의 상이한 전쟁 양상이 충돌한 스당 전투는 세계 전사에서 하나의 전환점으로 여겨질 만큼 중요하므로 자세하게 다루었다. 전쟁 발발 5일 만에 항복한 네덜란드 전투의 경과와 북부 벨기에 전역은 언급할 만한 점이 별로 없다. 이 지역에서 실시된 공중강습작전은 최초 단계에서 기만작전의 일환으로 실시되었다. 즉 적의 시선을 실제 주공 방향인 스당 지역에서 다른 곳으로 유인하기 위한 작전이었다. 제2단계 작전('적색계획')도 짧게 다루었다. 이때 연합군의 패배는 이미 확정된 상태였기 때문이다.

가장 먼저, 처음부터 순수하게 작전사적 연구로 계획된 이 논문을 책으로 발전시키는 것을 허락해주신 군사사연구소의 선배들께 감사드린다. 그로 인해 작전술과 전략술 사이의 모순으로 인해 다양하게 해석된 '전격전' 문제를 명확히 할 수 있었다. 또한 국내외의 역사학자들에게서 많은 조언을 받았다. 특히 웨스트포인트에 있는 미 육군사관학교 역사학과장 로버트 앨런 도티Robert Allan Doughty 대령께 감사드린다. 그가 총괄한 스당 전적지 답사staffride에서 나는 이 주제를 처음 접한 후 매료당해 최근까지 주요 연구 대상으로 삼았다. 문서와 인터뷰를 통해 대단히 중요한 자료들을 제공해주신 분들 가운데에서도 예비역 장군이자 NATO 중부유럽군 총사령관을 지내신 요한 아돌프 그라프 폰 킬만스에크Johann Adolf Graf von Kielmansegg 장군께 감사드린다. 군사사연구소의 부도附圖과에도 특별한 감사를 표한다. 울프 발케Ulf Balke 씨는 나의 거친 그림 원고를 일목요연한 요도로 재구성하고 창의적인 발상을 더해주었으며, 슈테파니 디텔Stefanie Dittel 씨는 최종 작업 내내 도움을 주었다. 크리스타 그람페Christa Grampe 씨를 소개받은 것도 내게 큰 행운이었다. 그녀는 내 원고를 매우 정교하게 다듬어 주었으며 이 책 여러 부분에 생명력을 불어넣어 주었다.

칼 하인츠 프리저

추천사

진실이라고 믿었던 사건들이 새로운 증거와 자료에 의해 전혀 다르게 재해석될 때 우리는 많이 당황하게 된다. 그러나 객관적 사事가 새로운 사실에 의해 대체되고 해석이 달라지면서 우리는 역사적 진실에 한걸음 더 접근하게 된다. 이것이 우리가 역사를 공부하는 이유일 것이다.

독일 군사사연구소의 연구원인 칼 하인츠 프리저 대령은 이 책에서 제2차 세계대전 중 서부전선의 독불전역에 대한 오해를 낱낱이 밝히고 있다. 저자는 그동안 잘못 알려져 왔거나 오해의 소지가 있는 역사적 사건들을 치밀한 고증과 분석을 통해 재조명함으로써 전쟁사 연구의 새로운 이정표를 제시하였다.

서부전역의 승패는 양쪽 군대의 수와 질의 문제가 아닌 '현대전 수행방식에 대한 개념'의 차이로써 결정되었다. 제1차 세계대전 후 20년간의 위기twenty years crisis 동안 방어제일주의에 사로잡힌 프랑스는 시멘트를 가지고 마지노선을 구축한 반면, 독일은 고속도로 아우토반을 건설하였다. 이는 두 국가의 전쟁수행 방법을 상징적으로 보여준다. 독일은 공격을, 프랑스는 방어를 선택했으며 이러한 차이가 전쟁의 승패를 결정짓는 분수령이 되었다.

저자는 서부전역에서의 독일 국방군Wehrmacht의 작전을 전격전과 기동전의 관점에서 명쾌하게 분석하였다. 그동안 발표된 문헌들은 대부분 연합군의 관점에서 독일이 군사적 · 경제적 어려움에도 불구하고 기습전Coup de main을 통해 승리할 수 있었다고 분석하였으며, 서부전역의 핵심적 전투인 마스 강 전투를 거의 생략하였다. 반면 이 책에서 저자는 방대한 문헌 자료를 바탕으로 현대 전쟁사에서 중요한 위치를 차지하는 독불전역을 새로운 시각에서 다루고 있다. 또한 마스 강과 아르덴을 통한 부대기동을 구체적으로 묘사하여 그간 우리가 알지 못했던 독불전역의 새로운 사실을 전달해 준다.

다양한 자료를 섭렵한 저자는 48장의 컬러 지도와 사진, 각종 인용문을 통해 전투 경과를 구체적으로 제시하였다. 또한 마스 강 도하 작전과 서부로 전과戰果확대를 결심하기까지의 구데리안의 고뇌, 독일군이 프랑스 군의 작전적 예비인 기갑부대를 순차적으로 격파하는 전투에 대한 설명은 대단히 구체적이면서 신선하다. 특히 만슈타인의 계획이 구현될 수 있었던 과정과 아르덴 삼림지대에서 야간공격 시 탐조등 불빛을 이용한 방향 유지 방법, 쉬지 않고 돌진해야 하는 전차 조종수의 졸음을 방지하기 위해 페르비틴이라는 신경안정제를 준비한 킬만스에크 장군의 증언, 아르덴에서 연합군이 조금만 조직적으로 대응했더라면 세계사의 흐름이 달라졌을 것이라는 주장에 대한 설명은 우리에게 역사의 현장에 있는 듯한 착각을 불러일으킬 만큼 생생하다. 또한 저자는 아브빌Abbebille에서의 드골 장군의 경기갑 사단 역습과 아라Arras에서의 영불연합군의 기계화부대 역습이 독일군 전쟁지도부에 심리적 충격을 안겨주었으며, 독일군 기계화부대가 뒹케르크로 진격하지 못한 중대한 원인이 되었다는 사실도 밝혀냈다.

저자는 독불전역에서 독일군이 그렇게 짧은 기간에 승리를 쟁취할 수 있었던 이유와 승리 이면의 이야기를 양파껍질을 벗겨내듯이 하나씩 밝히고 있다. 전쟁의 승패를 결정짓는 요소는 여러 가지가 있지만, 저자는 독일군의 승리가 사회적 배경과 나치스의 이념적 요인이 아닌 순전히 군사적 요인에 의해 결정되었다고 강력히 주장한다. 세계 최고 수준의 프랑스군이 하루아침에 무너진 것은 독일군의 전쟁 수행 능력뿐만 아니라 프랑스 군사지도부의 무능으로 인한 자책自責의 결과라는 것이다. 승자의 뛰어난 계획과 행운의 이면에는 패자의 기막히게 한심한 응전應戰이 자리 잡고 있었다. 주도권을 확보할 기회를 놓쳐버린 프랑스 군사지도부의 안일한 지휘통제와 네덜란드와의 연결 작전에 프랑스군 예비대를 낭비해버린 딜-브레다Dyle-Breda 계획, 그리고 그 책임자 가믈랭 장군의 오판은 프랑스군 패배의 중요한 원인이었다. 여기에 구데리안과 롬멜의 신출귀몰한 전차부대 기동과 상급부대의 명령을 무시하면서까지 호기를 이용하여 진격한 독단전횡獨斷專橫이 서로 작용하여 독일군은 경이적인 승리를 거둘 수 있었다.

한편 서유럽 각국은 독일의 침공을 예상했지만 통일되고 협조된 전쟁준비를 하지 못하였다. 따라서 허망하게 무너진 방어선을 바라보며 자신들의 과오를 감추기 위해 서방은 독일군의 전법을 '전격전'이라고 명명하고 이를 획기적인 전법으로 과대포장하여 자신들의 패배를 합리화하였다. 프리저 대령은 이 책을 통해 '전격전의 신화'라는 기존의 관념에 반기를 들고, 이러한 믿음은 영불군에 의해 조작된 것임을 폭로하면서 우리에게 역사 인식에 대한 반성과 재미를 동시에 주고 있다.

저자는 서부전역에 대해 설명하면서 전쟁의 작전적·전술적 수준에서 논리를 전개하고 있다. 그는 전격전이 제1차 세계대전 시 선형적 전술사고를 극복하기 위해 비선형 작전의 위험성을 기꺼이 포용한 의지와 1917~1918년의 폭풍부대전술Storm troop tactics의 채택 그리고 중점돌파, 포위 및 추격의 강조 등을 통해 나타난 산물이라고 주장하고 있다. 1940년 전격전의 승리는 이 세 가지 요인이 적절하게 승수효과를 가져온 결과로서, 기술(통신 및 기계화)의 효과적 이용과 공중우세권 확보Supremacy of airpower 그리고 독일군 특유의 임무형 전술 덕택이라는 것이 저자의 설명이다.

저자는 전체 전역 기간 중 독일군이 아르덴 삼림지대를 돌파할 때 프랑스 공군이 효과적으로 운용되지 못하였으며, 예비로 보유한 1개의 전투기 비행단도 결정적 순간에 잘못 운용하여 유병화되었음을 지적하고 있다. 또한 독일군이 됭케르크 바로 앞에서 기갑부대를 정지시켜 결정적 성과를 이루지 못한 데 대한 책임은 히틀러가 아니라 A집단군 사령관 룬트슈테트 장군에게 있다고 주장한다. 그리고 독일 군부 내에 측방공격에 대한 위험을 무시했던 구데리안과 롬멜 같은 기동 제일주의자와 기갑부대 속도를 늦추려 했던 할더, 클루게, 룬트슈테트 같은 보수주의자 간에 갈등이 있었다는 사실도 제시하였다.

됭케르크 앞에서 진격을 멈춤으로써 영국 원정군BEF이 본국으로 탈출하였으며 이로 인해 독일은 제2차 세계대전에서 승리할 수 있는 결정적인 기회를 놓쳐버렸다. 그리하여 만슈타인 돌진계획(지헬슈니트)의 전략적 성공을 작전술적 수준의 승리로 격하시키고 말았다. 저자는 세간에 알려지지 않은 독일군의 됭케르크 진격 중단 이유를 상세히 설명하고 있다.

저자는 지금까지 알려진 바와는 달리 독일 국방군의 황색계획Plan Gelb이 처음에 전격전을 수행하고자 수립된 것이 아니라 연합군을 상대로 한 장기적인 소모전에 대비하여 준비된 것임을 밝히고, 히틀러가 1940년 5월 이전에 서부전선에서 공세를 취하고자 하였으나 악천후, 불충분한 전쟁준비, 장군참모부 장성들의 반대로 공세가 수차례 연기되어 시행된 과정을 상세히 기술하였다.

서부전역의 찬란한 승리에도 불구하고 독일이 제2차 세계대전에서 승전할 수 없었던 이유가 연합군과의 전쟁 수행에 꼭 필요한 경제자원의 부족 때문이라는 것은 이미 잘 알려져 있다. 저자는 독일군을 돈키호테에, 전격전을 장창에, 연합군의 산업잠재력을 풍차에 비유하며 독일군의 공격은 '몽상'에 가까웠다고 표현하고 있다. 다만 한 가지 아쉬운 점은, 저자가 전격전 수행을 위한 경제적 관점에서 독일의 산업 동원력을 소홀하게 다루었다는 것이다. 즉 독일의 전차, 포병, 항공기, 잠수함 생산량의 추이를 살펴보면 제3제국이 연합군과의 소모전을 준비했다고 단언하기는 곤란하다. 물론 독불전역 전에 독소 비밀협약, 천연자원을 확보하기 위한 노력의 일환으로 노르웨이 침략을 단행했지만, 1940년도의 군사동원 수준은 독일이 설정한 목표에 훨씬 못 미쳤기 때문이다.

이 외에도 저자는 프랑스 전역은 계획하지 않았으나 성공한 전격전으로, 러시아 전역은 계획하였으나 실패한 전격전이라는 결론을 내리고 있으며, 기습 달성을 가능케 한 만슈타인 장군의 명석한 계획, 전격기동전을 수행할 수 있도록 편성 장비된 공격부대의 보유, 유능한 지휘관의 임무형 지휘에 입각한 과감하고 역동적인 작전 수행 과정을 잘 설명하고 있다. 전사를 연구하는 군사학도의 입장에서 보았을 때, 독일군의 전격전에 대한 저자의 새로운 해석은 유사시 북한의 기계화부대에 우리 군이 어떻게 대응해야 하는지에 대한 방법론도 제시해 준다.

이 책을 번역한 진중근 대위는 독일 유학 당시 배낭을 짊어지고 아르덴 삼림지대에서 독일군의 주요 기동로를 답사한 바 있다. 그는 전쟁사 연구를 통하여 통찰력과 문제의식을 겸비한 유능한 장교로서 본인이 2003년 기계화부대 여단장 재직 시 예하 전차중대장으로 근무한 전우이다. 당시 그는 독일군과 독일군사사 전문가로서 전격전 수행방법을 동료 장교들에게 소개하기도 하였다. 이제 이 책을 완역하여 많은 사람들이 쉽게 접할 수 있도록 한 그의 노고에 감사하면서 기쁜 마음으로 관심 있는 분들의 일독을 권한다.

육군대학 전술1학처장, 대령
주은식

차례

한국의 독자들에게 5
머리말 7
추천사 9
그림 · 지도 차례 19
용어 설명 21

도입 **1940년의 기적** 27

제1장 **'전격전' 의 기원과 개념**

1-1 '전격전' 의 기원 35
1-2 '전격전' 의 개념 38
1. 작전술-전술적 분석 39 | 2. 전략적 분석 40 | 3. 서부전역과 '전격전' 의 태동 43

제2장 **'전격전' 개념이 없는 '전격전' 과 서부전역의 배경**

2-1 히틀러는 총체적인 전략적 전쟁계획을 갖고 있었는가 49
2-2 폴란드 전역은 과연 '전격전' 이었는가 58
2-3 시간은 독일군의 편이었는가 61
1. 화기와 탄약 63 | 2. 차량화 65 | 3. 병력 확보 66 | 4. 교육 훈련 66
2-4 서부전역 전에 독일은 선격전에 필요한 경제력을 보유했는가 69

2-5 육군의 편성은 전격전을 지향했는가 74

1. 병력 편성 74 | 2. 군비 75 | 3. 부대 편성 78 | 4. 작전술-전술적 개념 81

2-6 독일군의 전투력은 우세했는가 83

1. 병력 비교 84 | 2. 사단 보유 수 85 | 3. 포병 86 | 4. 전차 86 | 5. 항공기 94 | 6. 총결산 106

2-7 독일 장군단은 서부전역에 찬성했는가, 반대했는가 109

제3장 지헬슈니트 계획을 둘러싼 갈등

3-1 최초 3차에 걸친 공격명령 117

3-2 만슈타인과 지헬슈니트 계획의 채택 125

1. 만슈타인의 대안과 제4차 공격계획 125 | 2. 지헬슈니트 계획의 창시자는 누구인가 130

3-3 슐리펜 계획의 회전문 효과와 지헬슈니트 계획 144

1. 1914년의 슐리펜 계획과 조프르 계획 146 | 2. 1940년의 지헬슈니트 계획과 딜 계획 149 | 3. 현대판 테렌티우스 바로, 가믈랭 장군의 딜-브레다 계획 157

3-4 지헬슈니트 계획에 대한 독일 장군단의 반발 163

3-5 결론 : 지헬슈니트 계획, 모든 것을 건 도박 169

제4장 1940년의 아르덴 공세

4-1 클라이스트 기갑군 : 작전술 차원의 실험과 논란 173

4-2 군수지원의 중요성 179

4-3 공격계획 : 예견된 혼란 183

1. 행군로의 할당 183 | 2. 양익병진대형이 아닌 제대별 축차대형을 채택 184

4-4 아르덴을 향한 행군 : 대혼란의 시작 188

1. 시간 문제 188 | 2. 교통 문제 189

4-5 작전술적 실책을 전술적으로 상쇄하다 : 제1기갑사단의 전투경과 197

1. 마르틀랑주에서의 기습 197 | 2. 보당주에서의 예상치 못한 저항 200 | 3. 공중강습작

전 '니비'와 '마찰' 203 | 4. 뇌프샤토에서의 프랑스 지연선 돌파 208 | 5. 부용에서의 전차부대 돌파작전 214 | 6. 무자이브 기습 217 | 7. 세무아 강에서 마스 강으로의 돌격 220

4-6 **연합군의 관점에서 본 아르덴 공세** 225

1. 프랑스-벨기에 간의 오해 225 | 2. '돌파 불가능한 아르덴'이라는 전설 229 | 3. 연합군의 아르덴 정찰 결과와 평가 231

제5장 **결전 : 구데리안 기갑군단의 스당 돌파**

5-1 **프랑스군의 스당에 대한 치명적인 여섯 가지 오판** 239

1. 스당 참호선을 경시하다 239 | 2. 골리에의 간격 245 | 3. 지뢰의 부족 246 | 4. 전투부대를 공병으로 운용하다 246 | 5. 교대 원칙 247 | 6. 제71보병사단을 전선에 투입하다 253

5-2 **독일군의 마스 강 도하작전 준비** 254

1. 클라이스트와 구데리안의 논쟁(5월 12일) 254 | 2. 구데리안의 작전계획과 실시 258

5-3 **마스 강 도하(5월 13일)** 260

1. 스당의 묵시록 : 공군의 집중 폭격 260 | 2. 제1기갑사단의 돌파 265 | 3. 제10기갑사단의 마스 강 도하와 루바르트 특공대의 활약 274 | 4. 제2기갑사단의 일시적인 작전 실패 279 | 5. 스당에서의 '기갑부대 돌파'에 대한 신화 281 | 6. 불송의 공황 284

5-4 **스당 교두보에서의 돌격(5월 14일)** 288

1. 스당에서의 공중전 288 | 2. 제10군단 예비대의 반격작전 : 지체를 거듭한 드라마 293 | 3. 서쪽을 향한 구데리안의 독단적인 공세 309 | 4. 1940년의 스당 : 군사사의 일대 전환점 312

제6장 **마스 강 전선의 붕괴**

6-1 **'저지와 역습 작전' : 스당 돌파 이후 프랑스군의 작전술 차원의 역습** 319

1. 제2군의 '작전술 차원'의 역습 시도 320 | 2. 스톤 : 1940년의 베르됭 329 | 3. 작전술 차

원에서 본 스톤 돌파의 성과 339 | 4. 제9군과 6군을 통한 서부에서의 저지 시도 340

6-2 **라인하르트 기갑군단의 몽테르메 돌파 : 독단적 지휘를 통한 승리** 345

1. 마스 강 도하작전 345 | 2. 클라이스트 기갑군의 해체 위기 347 | 3. 정면 돌파 : 몽테르메에서 몽코르네로 진격하다 350

6-3 **호트 기갑군단의 디낭 돌파** 353

1. 마스 강 교량으로의 진격(5월 12일) 355 | 2. 마스 강 도하작전(5월 13일) 360 | 3. 교두보에서 진격하다(5월 14일) 364 | 4. 프랑스군 제2군단과 제11군단의 역습 시도 366 | 5. 플라비용에서의 전차전 368

6-4 **회프너 기갑군단의 딜 방어선 공격 : 작전술 차원의 기만작전** 376

1. 안뉘 전차전 379 | 2. 겜블루 방어진지를 돌파하다 382

6-5 **마지노선에서 고립된 프랑스군** 386

제7장 **대서양 해안을 향한 진격과 측방 노출 문제**

7-1 **히틀러의 몽코르네 '정지명령' 과 프랑스군의 지체된 역습** 397

1. 구데리안의 일시적 해임(5월 17일) 398 | 2. 측방 노출에 대한 히틀러의 공포 402 | 3. 왜 프랑스군은 역습을 중단했는가 408

7-2 **아벤에서 실시된 롬멜의 독단적 공세** 417

7-3 **아라에서의 영국군의 반격 : 전술적 실패, 그러나 예기치 못한 작전술 차원의 성과** 429

1. 대서양 해안에 도달하다 429 | 2. 영국군의 측방역습을 격퇴한 제7기갑사단 431 | 3. 연합군의 시각에서 본 아라 역습 436 | 4. 아라 역습의 작전술적 효과 448

제8장 **됭케르크의 기적**

8-1 **정지명령의 경위** 455

1. 기갑부대와 후속 보병부대 간의 '간격단축 명령'(5월 23일) 458 | 2. 룬트슈테트의 일시적인 지휘권 상실 460

8-2 **정지명령의 발령과 경과** 462

1. 정지명령에 대한 장군단의 반응 463 | 2. 정지명령을 취하시키기 위한 브라우히치와 할더의 노력 466 | 3. 정지명령의 철회(5월 26일) 468

8-3 다이나모 작전, 연합군의 철수 472

8-4 됭케르크의 정지명령이 제2차 세계대전에 미친 영향 476

8-5 히틀러의 정지명령에 대한 가설들 479

1. 제1가설 : 불리한 지형 479 | 2. 제2가설 : 기갑부대 전투력의 절약 480 | 3. 제3가설 : 연합군의 측방공격에 대한 두려움 481 | 4. 제4가설 : 제2차 공세로 옮겨 간 관심 482 | 5. 제5가설 : 포위된 적 부대 규모에 대한 정보 부족 482 | 6. 제6가설 : 대륙 중심적 사고 483 | 7. 제7가설 : 공군의 단독 작전 484 | 8. 제8가설 : 영국군에 대한 의도적인 배려 486

8-6 정지명령을 내린 히틀러의 진정한 동기는 무엇인가 490

제9장 서부전역의 종결

9-1 '적색계획' — 에필로그 495

9-2 서부전역 : 산술적 결산 500

1. '황색계획' 500 | 2. 서부전역의 총결산('황색계획'과 '적색계획') 501

제10장 승리와 패배의 원인

10-1 프랑스의 패망 505

1. 사회 심리학적 근거 505 | 2. 군사적 이유 509

10-2 '나치 전격전'의 신화 516

10-3 전격전 성공의 비밀 : 현대적 기술과 전통적 군사 원칙의 결합

1. 전략적 부동성 : '속전속결'의 전통 520 | 2. 작전술 차원의 사고로 환원하다 521 | 3. 중점Schwerpunkt 원칙 524 | 4. 포위 원칙 525 | 5. '돌파작전'이라는 금기를 깨다 528 | 6. 적 종심으로의 진격과 선형 전술 개념의 극복 528 | 7. 전통적인 지휘 원칙 531 | 8. 전술과 과학기술의 결합 534 | 9. 속도와 기습 541

마무리 **총평과 에필로그**

총평 547

1. 전쟁 양상의 변화 547 | 2. 연합군의 실책 548 | 3. 독단 행동 548

에필로그 : 세계정복을 목표로 한 전격전의 망상 551

미주 557

참고자료 637

옮긴이의 글 671

찾아보기 677

그림 · 지도 차례

1940년 5월 국방군 수뇌부 조직도 51
1940년 5월 국방군/육군 총사령부 조직도 52
1939년 가을 독일 육군병사들의 교육훈련 수준 분포도 67
1940년 5월 10일 독일군 사단들의 전투력 80
주요 전차 모델 비교 90
주요 항공기 비교 102
1940년 5월 10일 전투력 비교 107
제1차 공격명령 '황색계획'(1939년 10월 19일)—주공 : 우익 118
제2차 공격명령 '황색계획'(1939년 10월 29일)—2개의 주공 118
제3차 공격명령 '황색계획'(1940년 1월 30일)—3개의 주공 119
제4차 공격명령 '황색계획'(1940년 2월 24일)—주공 : 중앙 119
만슈타인의 2차에 걸친 지헬슈니트 계획 139
1914년과 1940년의 회전문 비교 145
칸나이 섬멸전(기원전 216년) 146
1940년 5월 독일과 연합군의 작전 152
A집단군의 편성(1940년 5월 10일) 174
아르덴에 4개의 기동로를 부여받은 클라이스트 기갑군 작전에 대한 의견 충돌 185
아르덴의 4개 기동로에서 클라이스트 기갑군의 제대별 축차적 투입 190
1940년 5월 10일 주간, 제대별 축차대형으로 진격한 클라이스트 기갑군의 작전 경과 191
1940년 5월 11일 아르덴을 통한 클라이스트 기갑군의 공세 경과 192
1940년 5월 12일 아르덴에서의 교통혼란 192
제1기갑사단의 편성(1940년 5월 10일) 198
1940년 5월 10일 마르틀랑주에서의 기습 201
1940년 5월 10일 보당주에서의 전투 201
1940년 5월 10일 공중강습작전 '니비' : 제1제파의 수송—계획과 실제 경과 204
1940년 5월 10일 공중강습작전 '니비' : 대독일보병연대 제10, 11중대의 작전 204
프랑스 제5경기병사단의 편성 210
프랑스 제5경기병사단의 지연전을 위한 작전계획 : 1940년 5월 10일 오후 상황 211
1940년 5월 11일 뇌프샤토에서의 프랑스군 지연선 돌파 212
1940년 5월 11일 제1전차연대 1대대의 진격 216
1940년 5월 11일 야간~12일 무자이브 기습 219
1940년 5월 12일 세무아 강에서 마스 강으로 진격한 구데리안 군단의 작전 경과 221
1940년 벨기에군의 작전계획 : 독일군의 함정으로 스스로 뛰어들다 226
아르덴 지역에서의 프랑스와 벨기에군의 지연작전(1940년 5월 10~12일) 228

1940년 5월 13일 프랑스 제55보병사단의 편성 240
1940년 5월 13일 스당 지역의 요새 구축 현황 242
1940년 스당 지역에서의 프랑스군 책임지역 분할 248
프랑스 제71보병사단의 스당 지역 투입 252
1940년 5월 13일 스당에서의 적 방어진지 돌파 266
1940년 5월 10일 대독일보병연대의 편성 268
1940년 5월 13일 구데리안 기갑군단의 돌파 282
1940년 5월 14일 프랑스군 제10군단 예비대의 지체된 역습작전 295
1940년 5월 14일 불송과 코나주의 전투 302
1940년 5월 14일 스당 교두보에서 구데리안 기갑군단의 돌파 311
1940년 5월 15일 스톤에서의 독일군의 대전차 방어 335
비요트 대위의 유린 공격 336
1940년 5월 13~15일 몽테르메에서의 제6기갑사단의 돌파 349
1940년 5월 제7기갑사단의 편성 354
1940년 5월 12일 우에서의 기습적인 마스 강 도하 357
1940년 5월 14일 오전까지 디낭과 우 일대의 교두보 구축 362
1940년 5월 15일 플라비용의 전차전 369
1940년 5월 15일 마스 강 전선의 붕괴 374
겜블루와 안뉘에서 시행된 회프너 기갑군단의 작전술 차원의 양공 377
1940년 5월 18일 게르머 중위가 이끄는 공병돌격대의 505장갑벙커 공격 390
1940년 5월 17일 몽코르네에서의 정지명령 401
1940년 5월 16일 야간~17일 롬멜의 아벤과 르 카토 돌파 422
1940년 5월 10~20일까지 대서양 해안을 향한 독일군 기갑부대의 공세 430
1940년 5월 21일 영국군의 아라 역습 433
1940년 5월 24일 정지명령 당시 됭케르크 일대의 부대 배치 상황 456
'적색계획' : 1940년 6월 5~18일 독일군 기갑부대의 진격 496
1870년 9월 1일 스당에서 몰트케의 포위 전투 527
1944년 12월 아르덴 공세의 작전계획 527

용어 설명

지도에 쓰인 군사 용어 및 독일어 단어

AA (Aufklärungsabteilung)　수색대대
Abt (Abteilung)　대대 (포병, 공병 등 전투지원부대)
Abt Nord (Süd)　북부(남부)작전부대
Abw (Abwehr)　방어
ADAP (Akten zur deutschen auswärtigen Politik)　독일 외교 문서
afrik. (Africa)　아프리카
AK (Armeekorps)　군단
AOK (Armeeoberkommando)　군 (야전군)
Ard. (Ardennen)　아르덴 (용례 : belg. 2. Ard. Jg Div　벨기에 제2아르덴보병사단)
ArdJg (Ardennenjäger)　아르덴 보병
ArdJgRgt (Ardennenjäger Regiment)　아르덴보병연대
Armee　야전군 (용례 : 18. Armee　제18군)
Armee Abt. N　북부 지역 야전군
Armeegruppe　집단군(연합군 측) (독일군은 Heeresgruppe)
Art (Artillerie)　포병
Aufkl (Aufklärung)　수색정찰, 수색
bayr. (Bayern)　바이에른
belg. (Belgien)　벨기에
Bhf (Bahnhof)　기차역
Brig (Brigade)　여단
brit. (Britannien)　영국
Btl (Bataillon)　대대
Bttr (Batterie)　포대(포병, 방공 부대의 중대급)
C.A. (Corps d' Armée)　군단(프랑스군)
C.R. (Centre de Résistance)　중대방어거점
C.R. Col de ～　～ 고지 일대의 C.R.
C.R. de(du) ～　～ 지역 일대의 C.R.
D.I. (division d' infantrie)　보병사단(프랑스군)
D.I.M. (division d' infantrie motorisée)　차량화보병사단(프랑스군)
Div (Division)　사단
d.R. (der Reserve)　예비역, 예비대
DragonerRgt　경기병 연대
ehem.Gef.St. (ehemaliger Gefechtsstand)　이전以前 지휘소
FCM　전차 모델명
FestungsInfDiv (Festungs Infanterie Division)　요새보병사단

Fl.Korps (Fliegerkorps) 비행단
Fla(Rgt) 〔Flugabwehr(-Regiment)〕 방공(연대)
Flak (Flugabwehrkanone) 방공포
franz. (französisch) 프랑스(의)
Gardekorps 근위 군단
Gef.Std. (Gefechtsstand) 지휘소
Gefechtsgruppe 전투단
GenKdo (Generalkommando) 장관급 부대의 지휘부
Genst(dH) 〔Generalstab(des Heeres)〕 총참모부(육군)
geplante Landungen 기계획된 공수 낙하/착륙 지점
Gesch (Geschütz) 야포
Gruppe (용례 : Gruppe Flavigny 플라비니군)
Gruppe(Grp) Ost 동부전투단
Gruppe(Grp) West 서부전투단
GrWf (Granatwerfer) 유탄 발사기
HGr (Heeresgruppe) 집단군
Inf (Infanterie) 보병
InfDiv (Infanterie Division) 보병사단
InfG (Infanteriegeschütz) 보병용 돌격포
InfGesch(le) (Infanterie Geschütz leicht) 보병용 경야포
InfKorps (Infanterie Korps) 보병군단
IRGD (Infanterie Regiment Großdeutschland) 대독일 보병연대
irrtümliche Landung 계획된 낙하/착륙 지점이 아닌 오착륙
Jg (Jäger) 보병
K Pz (kampf Panzer) 중전차(일반적인 전차)
Kampfpanzer 전차
Kav (Kavallerie) 기병
KavBrig (Kavallerie Brigade) 기병여단
KavKorps (Kavalleriekorps) 기병군단
KavRgt (Kavallerie Regiment) 기병연대
Kdo (Kommando) 사령부
Kfz (Kraftfahrzeug) 차량
KG (Kommandierender General) 장관급 지휘관
Kol (Kolonial) 식민지 (용례 : Kol.InfDiv 식민지보병사단)
Korps 군단
Kp (Kompanie) 중대
Kpfw (Panzerkampfwagen) 장갑차
Krad 오토바이
Kradmelder 오토바이 전령
Kradschtz (Kradschützen) 오토바이 보병
KradSchtzBtl (Kradschützen Bataillon) 오토바이보병연대
KradSchtzKp (Kradschützen Kompanie) 오토바이보병중대
KTB (Kriegstagebuch) 전투일지
Kürassier Rgt (Kürassier Regiment) 중기병연대

le (leicht) 경輕 (용례 : leKavDiv 경기병사단, lemechBrig 경기계화여단)
le Pz (leichter Panzer) 경전차
linke Gruppe 좌익전투단
marok. Inf Div (marokko Infanterie Division) 모로코 보병사단
mech (mechanisiert) 기계화
MG (Maschinengewehr) 기관총
MK (Maschinenkanone) 기관포
mot (motorisiert) 차량화 (용례 : motInfDiv 차량화보병사단)
nordafrik. InfDiv (nordafrika Infanterie Division) 북아프리카보병사단
Nachschub 보급부대
Nordgruppe 북부 전투단
NS (nationalsozialistisch) 국가사회주의의, 나치
OKH (Oberkommando des Heeres) 육군 총사령부
OKW (Oberkommando der Wehrmacht) 국방군 총사령부
Org (Organisation) 편성/편제
Pak (Panzerabwehrkanone) 대전차포
Pakzug (Panzerabwehr Zug) 대전차소대
Panzerturm (Pionier Stoßtru) (요새로 된) 장갑포탑
Pferd 기마
Pi (Pionier) 공병
PiStoßtrupp (Pionier Stoßtrupp) 공병돌격대, 특공대
Pz (Panzer) 전차(Pz T 13 T13 전차)
PzAufklAbt (Panzer Aufklärung Abteilung) 기갑수색대대
PzAufklRgt (Panzer Aufklärung Regiment) 기갑수색연대
PzDiv (Panzer Division) 기갑사단
PzGrp (Panzergruppe) 기갑군
PzKorps (Panzerkorps) 기갑군단
PzSpw (panzerspäh wagen) 장갑차
PzZug (panzerzug) 전차소대
Pz. hindernis 대전차장애물
Qu (Quartiermeister) 군수참모(부)
Quartier de ~ ~의 사령부, 본부
rechte Gruppe 우익전투단
Res (Reserve) 예비대
Reste 잔여부대
Rgt (Regiment) 연대
s (schwer) 중重
Schleuse 수문, 제방
SchtzRgt (Schützenregiment) (경)보병연대
Schtz (Schützen) 경보병부대
SchützenRgt (Schützen Regiment) 경보병연대
Schwadron 기병중대
Sich (Sicherung) 경계
Skl (Seekriegsleistung) 해군 작전사령부

Sous Secteur　지구
SpahiBrig (Spahi Brigade)　기병여단
Spähpz (Spähpanzer)　정찰전투차량
Spähtrupps 정찰대대
Spw (Spähwagen)　정찰차량
sPzJgAbt (schwer Panzer Jäger Abteilung)　중重대전차대대
SS-Leibstandarte　SS친위대
Staffel　제대
Stoßtrupp　돌격대, 특공대
SturmpionierBtl　전투공병대대
Südgruppe　남부전투단
t (tschechisch)　체코의, 체코형, 체코산
TotenkopfDivision　토텐코프사단
Transp (Transport)　수송
Tiefflug　비행고도
Treffen　제대
VerbOffz (Verbindungsoffizier)　연락장교
VerfolgungsAbt (Verfolgungs Abteilung)　추격부대
verst. (verstärkung)　증강
Vfg (Verfügung)　집결, 집결지, 가용자산
VorausAbt (Vorausabteilung)　전위대대
VRV (Vorderer Rand Verteidigung)　방어전단
VZL (Verzögerungslinie)　지연선 (VZL 01　제1지연선)
Welle　제파
Zug　소대

ab　부터
abend　저녁
abmarsch　이동 개시
am　날짜 앞에 쓰는 전치사 (용례 : am 17. 5.　5월 17일에)
bis　~까지
Front　전선
für　~을 위한
gemischte　혼성
Korridor　회랑, 통로
Leibstandarte　근위대, 친위대
linke　왼쪽
Mann　~명名
masse　주력
mit　~으로, ~와 더불어(전치사 =with)
rechte　오른쪽
Teile(Tle)　일부
u.(und)　그리고

Uhr 시時
z.V. (zur Verfügung) 집결된, 가용한, 전투준비가 완료된
zwei 2

참모부

Ia (Führung) 작전참모부
Ib 〔Quartiermeister(Versorgung)〕 군수참모부
Ic (Feindaufklärung und Abwehr) 정보참모부
OpAbt 〔Operationsabteilung(des Generalstabs des Heeres)〕 작전참모부(육군 총참모부 예하)
WFSt (Wehrmachtführungsstab) 국방군 작전참모부
WiRüAmt 〔Wehrwirtschafts-und Rüstungsamt(der OKW)〕 국방군 군수참모부(국방군 총사령부 예하)
WPr 〔Abteilung Wehrmachtpropaganda(der OKW)〕 국방군 선전부(국방군 총사령부 예하)

직위

a.D. (außer Dienst) 예비역
Befh (Befehlshaber) 사령관, 독일군 야전군 이상 제대 지휘관
d.G. (des Generalstabs) 장군참모 교육과정을 수료했지만 장군참모 보직을 받지 않은 자. 대대급 참모나 기타 보직을 부여받은 경우에 붙음. 계급 뒤에 명시. (용례 : Oberst d.G. 대령)
Fw (Feldwebel) 중사
Gen (General) 장군
Gen d.Fl (General der Flieger) 공군 대장
Gen d.PzTr (General der Panzertruppe) 대장(기갑병과), 기갑부대 출신 장군
GenOberst (Generaloberst) 상급대장(상장)
Gen.Qu. (Generalquartiermeister) 군수 참모부장
Hptm (Hauptmann) 대위
i.G. (im Generalstab) 장군참모과정 출신 장교로서 당시 장군참모보직을 수행 중인 자. 사단급 이상 작전참모나 군수참모 등에게 붙은 칭호. 계급 뒤에 명시. (용례 : Oberst i.G. 대령)
Kdr (Kommandeur) 지휘관(대대급 ~ 군단)
Kdt (Kommandant) 전차장
Lt (Leutnant) 소위
Maj (Major) 소령
OB, OBefh (Oberbefehlshaber) 사령관 : 군령권자(집단군 이상, 육군 총사령관, 국방군 총사령관)
Ob.d.M. (Oberbefehlshaber der Kriegsmarine) 해군 총사령관
Oblt., OLt. (Oberleutnant) 중위
Offz (Offizier) 장교
OTL (Oberstleutnant) 중령
Uffz (Unteroffizier) 하사관(정확한 우리 표현은 부사관)
ZugFhr (Zugführer) 소대장

일러두기

* 본문에 나오는 인명 및 지명 표기는 국립국어원의 외래어표기법을 따랐다.
* 본문의 ✝은 역주, 어깨번호는 저자의 주이다.
* 독일군의 계급은 아래와 같이 번역하였다.

국방군	번역
Generalmajor	소장
Generalleutnant	중장
General der Infanterie	대장(보병)
der Panzertruppe	대장(기갑)
der Artillerie	대장(포병)
der Kavallerie	대장(기병)
Generaloberst	상급대장(상장)
Generalfeldmarschall	원수

제2차 세계대전이 끝나기 전까지 독일의 장군 계급체계는 5단계로 이루어졌다. 오늘날의 준장에 해당하는 계급이 Generalmajor였으며 대장 계급은 병과와 함께 표기했다. Generaloberst는 오늘날의 대장에 해당하는 계급이지만 상장으로 번역하였다.

* 미주와 참고자료의 문헌 표기는 문헌이 발표된 나라의 표기법을 따랐다. (Teil. = pt., Bd. = vol., Bl. = sheet, Nr. = no.)

도입

1940년의 기적

1940년의 기적

"전 세계 국가들이 독일군의 새로운 전쟁수행방법을 연구하고 있으나, 그런 것은 존재하지도 않았다. 왜냐하면 전쟁이란 항상 임기응변으로 수행해야 하는 것이기 때문이다."[1]

서부전역[†] 종결 직후, 독일군 총참모장 할더 장군

베강Maxime Weygand 장군은 1939년 7월 2일 릴Lille에서 다음과 같이 말했다. "프랑스군은 역사상 그 어느 때보다도 강력한 군사력을 갖추고 있다. 최첨단의 무기체계와 세계 최고 수준의 요새들, 왕성한 사기와 탁월한 군 수뇌부를 보유하고 있다. 어느 누구도 우리와의 전쟁을 원하지 않을 것이나, 그럼에도 우리에게 전쟁을 강요한다면 우리는 승리를 쟁취할 것이다."[2]

히틀러의 보험적 정치는 1939년 9월 초 이미 실패했다. 그는 고립된 폴란드와의 전쟁에서는 승리할 수 있다고 확신했으나, 뜻밖에도 영국과 프랑스가 그에게 선전포고를 했다. 이로 인해 히틀러는 제1차 세계대전 때처럼 악몽 같은 양면전쟁의 양상을 또다시 불러일으켰다. 지하자원이 빈곤했던 독일은 당시 서방 해상 패권국가들과 장기간 대치할 능력이 없었으며, 독일 국방군의 규모도 베르사유 조약 때문에 크게 축소된 상태였다. 히틀러에 의해 1935년부터 분주히 전력을 증강하던 독일군도 새로운 세계대전을 치르기에는 너무나 미비한 상태였다. 패트릭 턴불Patrick Turnbull은 자신의 저서 『됭케르크*Dunkirk*』에서 제2

† 독일군 입장에서의 대對프랑스 전역을 의미한다. 동부전역은 대對소련 전역을 가리킨다.

차 세계대전의 발발 소식을 접한 후의 심경을 다음과 같이 기록했다.

"내 손에 들려 있는 신문 제1면에는 독일이 폴란드를 침공했다는 소식이 대서특필되었다. 그날은 1939년 9월 1일이었고 나는 페스Fez의 빌 누벨Ville Nouvelle에 있는 호텔의 발코니에서 아침식사를 하고 있었다. 독일은 자살행위임이 분명한 멍청한 짓을 하고야 말았다. 영국은 세계 최고 수준의 해군을, 프랑스는 세계에서 가장 강력한 육군을 보유하고 있었다. (…) 상황이 끝나는 것은 시간문제였다. 아마 크리스마스 전에, 별 어려움 없이 독일이 패망할 것은 자명했다."[3]

프랑스인들은 마지노선을 방패로 삼아 필승을 자신했다. 총사령관 가믈랭Maurice Gamelin 장군조차도 1940년 2월에 다음과 같이 말할 정도였다. "만일 독일이 우리를 공략하는 호의를 보인다면 프랑스는 독일에 10억 프랑을 주겠다."[4] 그러나 1940년 5월, '너무나 어이없는, 현대 전쟁사에서 결코 일어날 수 없는'[5] 사건이 벌어지고 말았다. 제1차 세계대전에서 독일군은 4년 동안이나 프랑스 방어선을 돌파하기 위해서 갖은 수단을 동원했지만 결국 실패했다. 하지만 이번에는 단 4일 만에 스당 돌파에 성공했다. 독일군 전차들은 거의 아무런 저지 없이 프랑스의 후방을 통과해 대서양 해안까지 진격했고 연합군의 북익北翼을 거대한 포위망에 가두어버렸다. 총 6주 만에 전역이 종결된 것이다.

그 후 역사학자들은 이 사건의 절대적 영향력을 글로 표현하면서 서로 앞다투어 과장되게 묘사했다. 리들 하트B. H. Liddell Hart는 이 사건을 '현대 역사상 가장 압도적인 승리'[6]라고 표현했으며, 배리 피트Barrie Pitt는 '전쟁사에서 비견할 대상이 없는 (…) 군사적 재앙'[7]으로, 코헨Eliot A. Cohen과 구치John Gooch는 이 패배를 '그리스의 멸망'에 비유[8]했고, 미국의 역사가 랭거William L. Langer는 다음과 같이 기술했다.

"현대사에서 1940년 6월 프랑스의 패배와 몰락 같은 충격적인 사건은 찾아보기 힘들다. 1806년 프로이센을 상대로 승리한 나폴레옹의 속전속결 이후 강력한 군사력을 가진 패권국가가 이토록 빠르고 무자비하게 붕괴된 예는 없었다. 세계를 좌지우지하던 패권국가 중 하나가 단 6주를 못 넘기고 말 그대로 국제무대에서 사라지고 말았다."[9]

이로 인해 공황에 빠진 세계는 곧 이 사건에 대한 타당한 설명을 찾았다. 그것이 바로 '전격전'이었다. 혹자들은 히틀러가 이 혁명적인 전략, 즉 '전격전' 전략을 창안했고, 전장에서 예하 장군들이 그 전략을 실행에 옮겼다고 말한다. 사실 '전격전' 전략이라는 것이 애초부터 있었더라면, 자칭 전략을 창안했다는 인물들은 자신들의 계획대로 작전이 원활하게 진행되고 있는 데 대해 자부심을 가지고 편안히 사태를 관망했을 것이다. 그러나 이 갑작스러운 사건에 승자도 처음에는 패배자들만큼 당황했다. 독일군 기갑사단들이 스당 인근을 돌파한 순간 히틀러는 이렇게 외쳤다.

"기적이다, 이것은 분명 기적이다!"[10]

히틀러 자신도 독일군의 공세가 급격하게 진행되자 매우 당황스러워했다. 급기야 그는 이것이 교활한 적들의 함정이 아닌가 하는 의심을 품게 되었고, 즉시 작전을 중지시키려 했다. 제1차 세계대전을 몸소 겪은 최고위급 장군들 또한 막강했던 적군들을 떠올리며 의심에 가득 찬 눈초리로 사태의 경과를 예의 주시했다. 당시 A집단군 참모부에서 이 작전의 계획과 실시에 참가했으며 훗날 보병군단장이 된 블루멘트리트Günther Blumentritt는 세 가지 측면에서 이 사건을 '기적'이라고 언급했다. 첫 번째는 독일군 전차들이 아르덴의 좁은 기동로에서 수 킬로미터에 이르는 정체에 빠져 있을 때 불가사의하게도 연합군 공군이 이를 수수방관했다는 것이다. 이때가 연합군이 독일군의 초기 공세를 무력화할 수 있는 절호의 기회였다. 블루멘트리트가 이보다 더 수수께끼라고 말한 두 번째 '기적'은, 독일군이 매우 짧은 시간 내에 스당 돌파를 성공시킨 것이다. 그리고 마지막 세 번째 '기적'은, 독일군 기갑사단들이 측방을 노출한 채 대서양 해안으로 노도와 같이 진격했음에도 불구하고 예상했던 가공할 만한 연합군의 역습이 실시되지 않았다는 것이다.[11] 그 누구보다 성공을 확신한 기갑군단장 구데리안조차도 스당에서의 작전경과에 놀라지 않을 수 없었다. 그는 자서전에 다음과 같이 기록했다.

"나에게 공세의 성공은 〔…〕 거의 기적이나 다름없다."[12]

여러 가지 정황을 볼 때 독일의 승리는 결코 예견된 것이 아니었다. 이 책에서 증명하겠지만, 오히려 여러 가지 요인들이 우연히 맞물리면서 발생한 결과일 뿐이었다. 그러나 나치 선전가들은 독일의 승리가 이미 오래전부터 정립된 개념에 따라 실행·달성된 것이라는 일종의 전설을 창조해냈고, 여기에 당시 거의 알려지지 않았던 '전격전'이라는 이름을 붙였다. 그와 동시에 이 새로운 전략의 창시자가 바로 아돌프 히틀러라고 선전했고, 그는 '세계 역사상 유례 없는 가장 위대한 군사 지도자'라는 이미지를 구축하게 되었다. 그리고 연합국 측은 너무나 처절하게 패배한 지휘관들의 그럴싸한 구실 찾기를 위해 이 전설을 자진해서 받아들였다.

그러나 최근의 독일 역사를 분석하는 데 큰 영향을 미친 '전격전의 전설'은 제2차 세계대전이 종결된 직후 몇몇 역사가들에 의해서 만들어진 것이다. 이들은 이른바 '세계 정복'을 지향한 '전격전 전략'이라는 허구를 만들어냈다. '세계 패권을 쟁취하기 위해'[13] 일으킨 제1차 세계대전에서 패전한 후 독일은 자신들의 경제력으로는 서방 해상 패권국들을 상대로 한 세계대전을 수행할 수 없다는 현실을 잘 알고 있었다. 결국 독일은 소규모의 제한된 팽창(소위 '전격전'으로)을 통해 한 걸음 한 걸음 세계 최고의 지위를 확보하기 위해 나아가야 했다. 그러나 '히틀러의 전격전 전략'이라는 이론은 너무나 매혹적이지만 정설이라고 하기에는 지나치게 단순하다.

이 책은 어떻게 해서 서부전역의 '전격적인 승리'가 '1940년의 기적'이 될 수 있었는지, 또 전격전 이론이 작전이 종료된 후에야 받아들여지게 된 이유와 이른바 '전격전'의 대성공이 독일에 어떠한 파국적 결과를 야기했는가를 다룰 것이다.

1

'전격전'의 기원과 개념

나는 '전격전' 이라는 어리석은 단어를 단 한 번도 써본 적이 없다.[1]

1941. 11. 8. 히틀러

1 - 1

'전격전'의 기원

전문용어들 중 가장 무미건조한 것을 찾는다면 그것은 바로 군사용어이다. 그중에서도 '전격전'이라는 용어만큼이나 강렬한 함축성을 지니고 원래의 의미가 곡해된 말도 찾아보기 힘들다. 이는 이 용어를 낳은 실제 역사가 전설 속에 묻혀 은폐·왜곡되었기 때문이다. 히틀러가 이러한 함축적인 단어를 창조했다고 계속 주장하는 이들이 있는가 하면, 이 말의 기원이 괴벨스Paul Goebbels 박사의 '선전기구'에서 비롯되었다고 주장하는 이들도 있다. 이제는 그릇된 것으로 밝혀졌지만, 어떤 이들은 제2차 세계대전의 발발과 함께 독일군의 기습적인 승리 이후에야 비로소 이 용어가 탄생했다는 논리를 내놓기도 했다. 또한 영어권 국가들 사이에서는, 폴란드 전역을 다룬 1939년 9월 25일자 영국의 시사잡지 『타임*Time*』 지에 실린 폴란드 전역 관련 기사에서 이 말이 최초로 사용되었다고들 한다.

> "진지전은 없었다. 다만 신속한 돌파와 소멸만이 있었다. 그것은 바로 전격전Blitzkrieg, lightning war이었다."[2]

그러나 이러한 주장들은 자세히 살펴보면 타당하지 않다. 1939년 이전의 많은 군사평론들을 참조한 결과, 이 용어가 제2차 세계대전 전부터 독일에서 이미 널리 사용되었음을 확인할 수 있었다. 1935년 『독일 국방군*Deutsche Wehr*』이라는 군사 시사지의 한 칼럼에 '전격전'이라는 단어가 명확히 기재되어 있다. 이 칼럼의 내용은 다음과 같다. "식량이 부족하고 자원이 빈약한 나라가 전쟁을 수행하려면 속전속결을 위해 총력을 투사해야 한다. 그러기 위해서는 주저하지 말고 국가 총력전을 통해 전쟁 초반부터 결전을 강행해 초기에 승부를 걸어야 한다."[3] 1938년에 간행된 주간 군사저널에 실린 한 논문에서는 이를 보다 상세히 다루었다. 여기에서는 '전격전'이란 기갑부대와 공군 그리고 공수부대의 작전적 운용을 통한 '전략적' 기습이라고 정의되어 있다.[4] 그러나 제2차 세계대전 이전의 독일 군사학계에서 이와 같은 내용을 담은 논문은 거의 찾아볼 수 없을 만큼 드물다.[5] 전쟁이 진행되는 동안 독일군 내부 공식 문서에서조차 '전격전'이라는 용어가 실질적으로 사용된 예는 없었다. 독일은 오로지 프로파간다를 목적으로 언론에서 이 용어를 사용한 것으로 보인다. 특히 1940년 여름, 프랑스를 상대로 기습적이고 신속한 승리를 거둔 후 독일 신문 지면은 이 용어로 도배되다시피 했다.[6] 다음은 당시 한 잡지에 실린 「전격전의 심리적 충격Blitzkrieg-psychose」이라는 글의 일부이다.

> "전격전! 전격전! 전격전! 프랑스의 패망과 영국에 대한 대규모 폭격작전이 개시된 몇 주 동안 이 단어는 사방에서 우리의 귓가에 울리고 있다. 신문에서도 라디오에서도 적들은 하루도 빠짐없이 이 말을 언급하고 있다. 그들이 독일어 단어를 그대로 사용할 정도로 이 말은 그들의 뼛속 깊숙이 스며들었다. 달변가로 통하는 영국인들조차도 '전격전Blitzkrieg'이라는 말을 그대로 차용하고 있으며, 모든 영국 국민들은 일단 독일이 공세를 개시하면 자신들과 자신들의 국토가 어떻게 될지 잘 알고 있다.
>
> 폴란드, 노르웨이, 네덜란드, 벨기에 그리고 프랑스 전역에서의 역사적 사건을 설명할 때 적합한 단어는 오직 '전격전'뿐이다. 번개 같은 속도와 살상력으로 우리 독일군은 위대한 승리를 쟁취했으며, 어떤 장애물도 우리를 막을 수 없었다."[7]

하지만 아이러니하게도 1941년 말 대소련 전역에서 '전격전'에 실패한 다음부터는 이 용어가 거의 사용되지 않았다. 이 용어는 점차 경멸의 대상이 되었고 급기야 히틀러는 이런 용어를 사용한 적이 없다고 역설했다.[8] 독일 언론에서는 이 용어가 오히려 영국 선전기관이 악의적으로 날조한 것이라고 주장하는 기이한 상황이 벌어졌다.

> "'전격전'이라는 단어를 만들어낸 것은 바로 영국인들이다. 이 용어는 엉터리다. 우리 독일은 대규모 전투가 번개 같은 속도로 이루어질 수 있을 것이라고 말한 적이 없다."[9]

그러는 동안 독일어에서 비롯된 이 의성어를 사용하는 데 재미를 느낀 영국인들은 이 단어를 우스갯거리로 비하해버렸다. 독일 군인들을 '블리처Blitzer' 라고 불렀으며, 'Out-blitz the Blitzkrieg'(번개 같은 전격전) 같은 표현을 사용하기도 했다.[10] 또 독일 공군의 런던 공습을 'the blitz'(날벼락)라고 불렀다. 오늘날까지도 영국의 가판대에 놓인 신문들이 스포츠 경기에서 놀랄 만큼 신속한 승리를 드라마틱하게 표현할 때 '전격전' 이라는 비유를 애용하는 것을 보면 영국인들이 이 용어에 미련을 버리지 못했음을 알 수 있다.

어쨌든 서부전역이 종결된 후 '전차Panzer' 라는 용어와 함께 '전격전Blitzkrieg' 이라는 용어는 전 세계로 퍼져 나갔고, 이와 함께 각국에서 이 말을 자국어로 번역하려고 시도했다.[11] 제2차 세계대전 후 각 전역들을 분석할 때마다 이 용어는 자주 사용되었다. 그 실례로, 1980년 이라크의 대對이란 기습이 실패로 끝났을 때 언론에서는 이를 비꼬아 '역사상 가장 느린 전격전' 이라고 표현했다. 그러나 이런 유행으로 인해 '전격전' 의 본래 의미를 파악하기는 도리어 어려워졌다.

1 – 2

'전격전'의 개념

조지 라우젠스George Raudzens는 「전격전의 모호성」이라는 제목의 논문에서 이 애매한 개념을 일곱 가지 측면에서 분석했다. 여기서 그는 '무분별한 해석'을 한탄하면서도 결국 자신도 명확한 해답을 찾지 못했다.[12] '전격전'을 해석하는 것은 마치 미궁 속을 헤매는 것과 같으며 사실상 출구(명확한 해답)가 존재하지 않는다. 하지만 적어도 미궁의 입구로 되짚어 갈 수 있는 아리아드네의 실타래와 같은 가능성은 남아 있다.

이렇게 혼란스러운 '전격전'에 대한 해석을 전개하기 전에 먼저 전술, 작전술, 전략 제대에 대한 개념을 정립할 필요가 있다.

- 전술은 '제병협동/합동작전' 수준의 부대지휘를 의미한다. 이에 상응하는 제대는 군단급 이하의 중간급/하급 부대이다.
- 작전술(이른바 대규모 군사적 기동 및 전투) 수준의 지휘는 전자보다 상급 제대 지휘부의 과업이다. 이는 제3제국 당시 독일 국방군에서는 야전군급(예외적으로 군단급까지)에 적용되며, 오늘날에는 군단급 수준까지(특별한 경우 사단급까지) 작전술의 지휘구도가 적용될 수 있다. 따라서 전술적 전투행위는 상급부대의 작전술 차원에서 계획·실행되어야 하며, 또한 전략 목표 달성을 지향해야 한다.
- 전략이란 국가 최고지도부의 과업에 해당한다. 정치적 조건에 따라 전쟁의 목표가 결정된다는 관점에서 이는 한 국가의 정치적·경제적 그리고 군사적 차원에서 복합적으로 구성된다고 할 수 있다.[13]

1. 작전술-전술적 분석

"오늘날 전 세계적으로 현대전의 한 형태로 논의되는 '전격전'은 독일군이 수행했던 다양한 전역에서 형성된 '전술'에 불과하다. [···] 또한 이러한 개별적인 전투들은 전략적인 수준으로 통합될 수 없다는 한계를 지니고 있다."[14]

『벨트보헤*Weltwoche*』, 취리히, 1941. 7. 4.

제2차 세계대전 이전, 그리고 전쟁이 진행되는 동안 발간된 독일의 군사평론들을 살펴보면, 전격전의 개념은 순전히 군사적이고 작전술-전술적 관점에서 사용되었음을 확인할 수 있다. 이 글에서는 다음과 같이 간단명료하게 전격전의 의미를 정의하고 있다.

"'전격전'이란 기갑부대와 공중전력을 집중 운용하여 적의 예상을 깨고 신속하게 적진 깊숙이 치고 들어가 적을 혼란에 빠뜨리고 포위하는 작전이다. 그 궁극적인 목적은 바로 단 한 번의 결정적인 작전으로 조기에 적을 격멸하는 것이다."

전격전은 결코 히틀러의 정치적 · 전략적 영감에서 나온 것이 아니었다. 또한 예하 장교들이 이를 시달받아 작전술적으로, 더 나아가 전술적으로까지 적용했다는 말도 어불성설이다. 그와 정반대로, 전격전이라는 발상은 히틀러가 정권을 장악하기 전, 아니 그보다 오래전부터 전술적인 필요에 의해 탄생했다. 뒤에서 자세히 설명하겠지만, 전격전이라는 개념은 이미 제1차 세계대전 때 발전된 '돌파부대 전술'에서 시작되었다. 당시 독일군은 '돌파부대 전술'을 통해 '진지전'의 교착 상태를 극복해 전쟁 양상을 다시금 '기동전'으로 바꾸어놓으려 했다. 이때 유명한 후티어Oscar von Hutier 장군이 시행한 성공적인 돌파전술이 각광을 받기 시작했고, 영국의 일부 작가들은 후티어를—다소 과장됐지만— '전격전의 아버지'라 불렀다.[15] 어쨌든 뒤에서도 보겠지만, 전격전은 그 원조 격인 돌파부대 전술의 사상을 이어받아 계속 발전해온 것이다. 실례로 브라운D. Braun 중령은 1938년에 전격전을 '강력한 대규모 돌파부대 작전'에 비유한 논문을 발표했다.[16] 그러나 '돌파부대'는 단순히 최하급 전술 수준의 개념에 해당하는 것으로 1개 소대나 중대 규모를 의미한다.

전격전 사상을 창시한 또 한 명의 인물인 구데리안Heinz Guderian 장군은 속도와 기습에 기반을 둔 돌파부대 전술에 전차와 항공기 같은 현대과학의 산물을 접목한 대표적인 인물이다.[17] 이때 그는 전략적 사고나 정치적 프로그램은 전혀 고려하지 않고, 오로지 군사적 차원의 기동전을 부활시키는 것을 목표로 삼았다.[18] 그런 측면에서 전격전은 현대의 '작전술 수준의 기동전'과 유사하다고 하겠다.

2. 전략적 분석

최근까지 '전격전'이라는 개념은 대단히 포괄적인 의미로 해석되어 왔다. 수많은 역사가들은 히틀러의 정복 전략을 설명하는 데 이 '편리한' 용어를 사용했다. 특이하게도 많은 작가들이 '전격전 경제'라고 표현한 전격전 이론은 제3제국의 방위산업과 밀접한 관계를 가지고 있다. 역사학자들 사이에서도 논쟁이 분분한 이 가설은 다음과 같은 논리로 설명될 수 있다.

독일의 '전격전 전략'은, 이른바 '세계 정복'을 달성하기 위해 일련의 개별적인 또는 순차적인 전쟁에서 단시간 내에 적을 무력화함으로써, 요원한 전쟁목표와 불충분한 전투력 사이에서 발생하는 불균형을 해소하는 것을 목표로 삼는다.

국제 정치적(외교적) 목표는, 특정 대상을 고립시켜 분쟁을 국지화함으로써 다수의 전선에서 장기간의 소모적인 전투를 회피하는 것이다.

국내 정치적 목표는, 대중에게 전쟁의 동기를 부여하고 대중의 인내력이 한계에 다다를 수도 있는 장기전을 회피하는 것이다.

경제적 목표는, 즉각 가용한 일체의 '양적 군사력'('질적 군사력 증강'을 일시적으로 포기하는 위험을 감수하고서라도)을 신속히 동원하는 것이다. '전격전' 수행의 필수불가결한 전제조건은 적을 공격하는 시간과 공간에서 최소한 일시적으로나마 전투력의 우위를 달성하는 것, 이른바 전략적 '선제타격능력'을 갖추는 것이다.

군사적 목표는 공군의 지원하에 기계화부대를 신속히 투입하여 기습효과를 극대화해 대규모 포위작전을 감행, 적을 봉쇄하여 신속하고도 결정적인 승리를 쟁취하는 것이다.

이 이론에 따르면, 전격전은 다음과 같은 한계성과 계측 가능성이 내포된 전략이라 할 수 있다.

- 적
- 시간
- 공간
- 경제적 역량
- 군사적 역량

몇몇 역사학자들의 견해에 따르면, 히틀러에 의해 창조된 이 '획기적인 전략'은 특정 상대를 격파하는 데 필수적인 인적·물적 자원의 동원을 항시 가능하게 했다고 한다. 단기간의 전역들과 새로 점령한 지역의 평정, 그곳에서의 자원 차출을 위한 휴식 등의 시간적 간격이 '전격전 전략'의 템포를 결정했다. 이러한 단계적 전진의 목표는 바로 독일의 경제력, 방위산업 능력과 병참 능력을 지속적으로 증대시키는 것이었으며, 한 국가가 세계대전을 수행하기 위한 역량이 충분하다고 판단될 때에야 총동원을 실시할 수 있었다. 그러나 1941년 말 대소련 전역(세계대전이 아닌)에서 전격전이 실패하자 독일은 어떤 대가를 치르더라도 피했어야 할 총동원을 즉각 개시해 조기에 '총력전'으로 전환하고 말았다.

얼핏 보면 '전격전 전략' 이론은 관념적이며 빈틈없는 사고모델처럼 보인다. 이 이론을 주창하는 이들 가운데 가장 저명한 인사 중 한 명인 밀워드Alan S. Milward는 1975년 다음과 같이 언급했다. "오늘날, 나치 독일의 군사전략을 가장 적절하게 묘사한 것이 '전격전' 전략이라는 것은 공공연한 사실이다."[19] 이 이론은 이미 1945년에 미국에서 싹텄고 클라인Burton H. Klein에 의해 구체화되었다.[20] 그리고 마침내 유럽에까지 전파되어 정설로 인정받기에 이르렀다. 그 일례로 힐그루버Andreas Hillgruber는 히틀러의 계획을 '단계적 계획Stufenplan'이라는 자신의 이론과 결부하여 '세계 정복'을 위한 노력으로 간주했다.

> "이것은 1920년대부터 면밀히 계획된 소위 2단계 '프로젝트'였다. 1단계는 프랑스를 멸망시키고, 최종적으로 러시아의 유럽 지역을 정복하여 유럽대륙에서 패권을 장악하는 것이었다. 2단계는 아프리카 식민지와 해양기지 및 강력한 제해권을 쟁취하여 '세계 패권'을 장악해 히틀러를 추종하는 다음 세대를 위해 미국과 독일의 '패권' 경쟁의 기초를 마련하는 것이었다."[21]

그러나 많은 비평가들은 힐그루버의 '단계적 계획'이 결과론적이며 문헌 근거가 불충분하다고 비판했다.[22] 에르트만Karl-Dietrich Erdmann 같은 이들은 "과연 단계적 계획을 통해서 히틀러가 부르짖었던 비전과 즉흥 연설들을 적절히 설명할 수 있을지 의문이다."라고 시사했다.[23] 힐그루버가 '전격전 전략'이라는 가설을 신중하게 내세우면서, 이것을 단순히 '단계적 계획' 모델에만 적용하여 설명한 반면, 마르크스주의 역사학자들은 이를 더 확대 해석하는 경향을 드러냈다.[24] 그리하여 전격전의 개념은 본래의 군사적 의미가 과도하게 변질된 채 사회·경제적 차원으로까지 확장되었다.[25]

그러한 성향을 내포한 또 하나의 새로운 이론으로, '전격전'이라는 사상을 히틀러가 탄생시킨 것이 아니라, 당시에 자본과 시장을 지배한 화학 콘체른인 이게 파르벤IG-Farben † 의 고위층이 착안해냈다는 주장이 있다. 1936년에 중공업과 화학산업 독점그룹들 간의 경쟁에서 화학산업 쪽이 주도권을 쟁취했는데, 당시 이게 파르벤이 정부에 제안한 문건에서 매우 중요한 사실이 발견된다. 이게 파르벤은 독일의 방위산업에 필수적인 원료들이 부족하기 때문에 화학적 대체연료를 생산함으로써 이를 극복해야 하며, 그럼으로써 독일은 제한적 전격전을 수행할 수 있는 능력을 갖출 수 있다고 제안했다. 이것이 1936년에 결정된 이게 파르벤의 입김이 작용한 4개년 계획의 목표였다는 것이다.[26]

또한 히틀러가 자신의 국가 팽창 목표를 계획하기 위해 산업체들이 오래전부터 구상했던 이른바 3단계에 걸친 세력 확장 계획을 갖고 있었다는 주장도 있다. 3단계 세력 확장 계획이란, 일단 중부유럽을 경제적 핵심지대로 만든 후 이를 전 유럽으로 확대시키고, 마지막 단계에는 전형적인 '세계 정복'이라는 목표를 달성하는 것이다.[27]

그러나 최근 이러한 '전격전 전략'에 대한 의구심이 증폭되고 있으며, '전격전 전략'에 역사학자들이 재구성한 허구가 많이 첨가되었다는 논란도 있다. 메이슨Timothy Mason은 전격전의 성공에 대해 "국내정치적인 불가피성, 외교적 우연 그리고 극도로 모험을 즐기는 히틀러 특유의 심리가 위험천만하게 결합되어 나타난 결과였고, 이것이 성공했기 때문에 전격전에 존재하지도 않았던 심오한 의미가 부여되었다."라고 언급했다.[28] 특히 스트라챈Hew Strachan은 다음과 같이 잘라 말했다.

† 콘체른이란 각종 산업에 걸쳐 다각적으로 독점력을 발휘하는 거대한 기업 집단을 가리킨다. 이 회사는 1925년에 설립되었고, 1953년에 연합국 측에 의해 약 50개의 회사로 해체되었다.

"전격전은 순수 작전술 차원에서는 의미가 명확하지만, 그 이상의 전략적 수준이나 경제적 개념과는 관련이 없다."[29]

3. 서부전역과 '전격전'의 태동

독일군 지도부는 오래전부터 유럽 대륙 한복판이라는 제국의 불리한 지정학적 위치 때문에 신속한 작전술적 결전, 이른바 '속전속결'을 시행하려고 노력해 왔다. 1870년 몰트케의 스당Sedan 포위전투에서의 대승리가 그 좋은 예이다. 그러나 독일군은 제1차 세계대전 초기에 동일한 원리의 슐리펜 계획을 실행했다가 낭패를 보았다. 이는 결과적으로 전쟁 양상의 극적인 변화 때문이었다. 무기체계의 발전에 따라 화력 요인이 기동 요인을 압도했고 대부대급 작전들은 종종 시작하기도 전에 우박처럼 퍼붓는 포탄과 기관총탄의 세례 속에 부대가 갇히는 바람에 교착 상태에 빠졌다. 급기야 전쟁 양상은 소모적인 장기간의 진지전으로 치달았고, 장군들은 작전술 차원의 지휘기법이 퇴색했음을 인정할 수밖에 없었다. 이제 전장이 아닌 후방의 병참능력에 따라 전쟁의 승부가 판가름나는 상황이 되었기 때문이다. 적대국과의 결투는 장기간의 경제전쟁이 되었고, 설상가상으로 해상 패권을 장악한 서방국가들은 독일의 천연자원 공급로를 봉쇄해버렸다.

독일제국의 군사지도부는 제1차 세계대전의 패배를 통해 엄청난 교훈을 얻었다. 전투력이 월등히 우세한 적을 상대로 해서는 결코 '속전속결'을 단행할 수 없음을 깨닫게 된 것이다. 국방군 군수참모부장 토마스Georg Thomas 소장은 1937년에 이러한 현실에 대해 다음과 같이 강력하게 주장했다.

"단기전에 대한 잘못된 사고방식은 우리에게 패배를 안겨주었다. 우리는 공군과 기갑부대의 시대에 단기전이라는 허상을 좇아서는 안 된다."[30]

또한 장차전에 대한 독일 국방군 지도부 내부의 판단 경향이 어떠했는지는 1937년 해군 제독 라에더Erich Raeder가 기안한 문건을 살펴보면 확연히 드러난다.

"〔…〕 따라서 쌍방의 전술적인 승리와 실패 속에서 소모적인 진지전이 일어날 수 있다. 전술적 성공들이 교차하는 지속적인 혈투에서는 더 많은 병력 그리고 무한대의 자원과 식량을 보유한 국가만이 최후의 승리를 보장받을 수 있다. 〔…〕 빈약한 자원 문제를 해결할 수 없다면 지정학적 위치를 감안할 때 전쟁에서 우리 독일이 어떤 종말을 맞이할지는 자명하다."[31]

그는 '단 한 번의 대규모 작전에서 결전을 단행한다'는 생각이 착각임을 경고했다.[32]

이처럼 독일군 장군들은 군사적 모험에 대해 회의적인 입장을 취하고 있었다. 체코 사태가 벌어진 1938년 7월, 한 상황 브리핑 녹취록을 보면 육군 총참모장 베크Ludwig Beck 장군은 육군 총사령관 브라우히치Walther von Brauchitsch 상급대장에게 다음과 같은 입장을 피력했다.

"전격전에 대한 사고는 〔…〕 터무니없는 망상일 뿐입니다. 이제는 기습 작전도 전체 작전의 승리에 영향을 미칠 수 없다는 것을 현대 전쟁사를 통해 깨달아야 합니다."[33]

1938년에 출간된 한 책에서는 전격전에 대해 다음과 같이 단언했다.

"'전격전'을 통해 아군과 동일한 수준의 전력을 보유하고 있는 적을 상대로 승리할 수 있는 가능성은 '제로'다. 〔…〕 다시 말해서 오늘날 국제사회에서 한 국가의 국력을 판단할 때 가장 중요한 요소는 군사력이 아니라 바로 경제력이다."[34]

그러나 1940년 5월 '스당의 기적'이 일어났다. 서부전역의 전격적인 승리는 독일군 장군단의 사고를 완전히 뒤바꿔버렸다. 이 전역은 단 한 번의, 사실상 2주밖에 소요되지 않은 이른바 '지헬슈니트Sichelschnitt'(낫질) 작전으로 승부가 결정되었다. 서부전역은 마치 지진이 건물을 순식간에 무너뜨리듯, 시대에 뒤떨어진 수많은 군사 독트린을 단숨에 무너뜨렸다. 전장에서는 전쟁 양상에 혁명이 일어났다. 기존의 사상과 개념이 변혁, 전환되는 시기는 새로운 종류의 슬로건이나 용어를 탄생할 수 있는 밑거름이 된다. 이에 대하여 괴테는 '용어는 부족할 때가 오면 새롭게 탄생한다'라고 말했다.[35]

바로 그 시기, 1940년 여름에 탄생한 용어가 이른바 '전격전Blitzkrieg'이다. 하지만 군사사에서 '전격전'만큼 확대 해석된 개념도 없으며, 이를 철저히 분석해보면 치명적인 어의적語義的 함정까지도 내포하고 있음을 알 수 있다. '전격-전쟁Blitz-Krieg'이라는 단어를 역사적으로 고찰해볼 때, 이 단어의 의미는 실제보다 과장될 수 있다. 왜냐하면 '전쟁Krieg' 이라는 용어 자체가 총체적인 전략적 전쟁 개념을 암시하기 때문이다. 그러나 '전격전'의 의미는 하부적인 작전술 차원의 수준에 한정되어 있다. 의미상으로는 '전격작전' 이나 '전격전역' 이라고 부르는 것이 더 정확하다. 물론 독일군은 전격전을 통해 신속한 결전, 즉 전략적 목적을 달성하고자 했지만 전격전은 어디까지나 작전술 또는 전술 수준의 지휘 수단으로 사용되었다.

다소 과장해서 표현하자면, '전격전' 은 경제적으로 빈곤한 상황에서 '전략적 필요' 를 '작전술적 성공' 으로 승화하려 했던 시도로 볼 수 있다. 그러나 작전술적으로 해석한 전략과 전략적으로 해석된 작전술에는 태생적인 모순이 있다. 어쨌든 스당에서의 승리 이후 히틀러와 그의 장군들은 비로소 '전격전' 에 있는 '승리의 열쇠', 즉 신속한 결전을 통해 경제적으로 —그리고 전략적으로도— 훨씬 우위에 있는 적을 상대로 승리할 수 있다는 작전술 차원의 '기적의 무기' 를 발견했다고 확신했다. 하지만 산업화 사회에서 이러한 망상은 훗날 소련과의 전쟁을 준비할 때 치명적인 악재로 작용했고, 독일은 비극적인 결말을 맞이하고 말았다.

2

'전격전' 개념이 없는 '전격전'과 서부전역의 배경

그 승리는 전격전이라는 독트린이 생겨날 만큼 획기적인 사건이었다.[1]

휴 스트리챈Hew Strachan

2 - 1

히틀러는 총체적인 전략적 전쟁계획을 갖고 있었는가

제2차 세계대전을 일으키기도 전에 독일제국은 이미 정치적으로 패배자나 다름없었다. 1939년 9월 3일, 히틀러의 통역실장 파울 슈미트Paul Schmidt는 수상관저에서 영국의 선전포고문을 통역할 때의 싸늘하고도 묘한 분위기를 다음과 같이 기록했다.

> "내가 통역을 마치자 그곳은 침묵으로 휩싸였고 […] 히틀러는 돌처럼 굳은 채 가만히 전방을 바라보았다. 훗날 알려진 것처럼 흥분하거나 미쳐 날뛰지 않았다. 그는 자신의 의자에 미동도 없이 조용히 앉아 있었다. 영원처럼 느껴진 잠깐 동안의 정적이 흐른 뒤, 갑자기 히틀러는 창백한 모습으로 창가에 서 있던 외무장관 리벤트로프Ribbentrop를 분노에 찬 눈빛으로 바라보며 이렇게 물었다. '이제 어떻게 할 건가?' 마치 리벤트로프가 영국의 반응을 잘못 알렸다고 지적하고 싶어 하는 것 같았다. 리벤트로프는 목멘 목소리로 이렇게 답했다. '아마 프랑스도 머지않아 우리에게 동일한 내용의 최후통첩을 보낼 것 같습니다.' […]
>
> 괴링은 나를 돌아보며 이렇게 말했다. '이번 전쟁에서 또다시 패배한다면 과연 신은 우리에게 자비를 베풀어주실까?'"[2]

히틀러의 군사 고문들은 독일이 또다시 새로운 세계대전을 감행하는 것은 절대 시기상조이며 전쟁 발발과 동시에 대재앙을 면할 수 없을 것이라고 히틀러에게 수차례 경고했다.[3] 또한 해군 대장 라에더Erich Raeder가 7월 22일 잠수함 전단 부대원들과 함께한 자리에서 말한 바에 따르면, 히틀러는 영국과의 전쟁은 결코 있어서는 안 되며 이 같은 일이 벌어진다면 '게르만의 종말Finis Germaniae'을 맞을 것[4]이라고 말했다고 한다. 독일군 장교들의 가슴속에는 아직도 제1차 세계대전의 충격이 그대로 남아 있었다. 더욱이 독일의 생존에 반드시 필요한 원유와 기타 원자재의 공급로를 영국 해군이 차단하고 있었기 때문에, 독일은 절체절명의 위기에 빠져 있었다. 이러한 상황을 잘 알고 있던 히틀러는 전쟁을 우려하는 장군단 및 제독들과 함께한 회동에서 영국과의 전쟁은 결코 있을 수 없는 일이라고 수차례 강조해 왔으며, 심지어 1944년 이전까지는 어떠한 형태로든 모험적인 전쟁은 절대 불가하다고 단언했다.[5] 예비역 육군 소장 로스베르크Bernhard von Loßberg도 훗날 자서전에서 제2차 세계대전을 감행한 독일 국방군의 전쟁 준비가 얼마나 미흡했는지를 역설했다. 그는 독일군이 늦어도 1944년까지 전반적인 군비를 확충한다는 목표 아래 계획을 추진했기 때문에, 1939년에는 이 계획의 최초 단계, 즉 기초를 다지는 단계였다고 덧붙였다.[6]

해상 패권국가인 영국과 프랑스와의 힘겨루기에서는 특히 해군이 관건이었다. 전쟁 발발 시점까지도 독일 해군은 아직 재건 단계에 머물러 있었다. 건조 중이던 전투함과 중重순양함을 제외하면 이들은 겨우 3척의 소형 전함과 수 척의 구축함, 그리고 57대의 잠수함만을 보유하고 있었다. 그중 9월 초 대서양 방면으로 즉각 투입 가능한 전력은 2척의 전함과 23척의 잠수함뿐이었다.[7] 해군 총사령관 라에더 제독은 전쟁 발발 시 절망적일 정도로 약세인 독일의 해군 전력에 대해 이렇게 말했다. "독일 해군은 장렬히 전사하는 것 말고는 할 수 있는 일이 없다."[8]

본디 과거부터 독일은 특유의 지정학적 위치 때문에 양면전쟁을 가장 두려워했고 언제나 이를 회피하기 위해 노력했다. 그런데 히틀러는 이 무시무시한 망령을 되살리려 했다. 당시 독일 국방군은 자국과 수적으로 거의 대등한 전력을 보유했던[9] 폴란드에 전력을 집중했다. 그러는 동안 우려했던 대로 독일의 배후, 즉 서부에서 월등한 전투력을 가진 서방국가들과의 새로운 전선이 형성되었다. 1938년부터 국방군 총참모장을 역임한 카이텔Wilhelm Keitel 원수는 전쟁이 종결된 직후, "폴란드 전역 기간에 프랑스군이 서부전선을 공격했더라면 허울뿐인 방어선만으로 그들을 막아내야 했을 것이다."라며 가슴을 쓸어내렸다.[10] 특히 예비역 대장 할더Franz Halder는 당시의 상황을 다음과 같이 회고했다.

> "서부전선에서 완벽한 기만을 달성했기에 폴란드 전역에서의 승리가 가능했다. 만일 프랑스가 상황을 정확하게 파악하고, 설상가상으로 국방군의 주력이 폴란드에 집중된 상황을 이용했다면 적이 라인 강을 넘는 것은 시간 문제였다. 우리는 적을 저지할 수 있는 대책이 전

|1940년 5월 국방군 수뇌부 조직도|

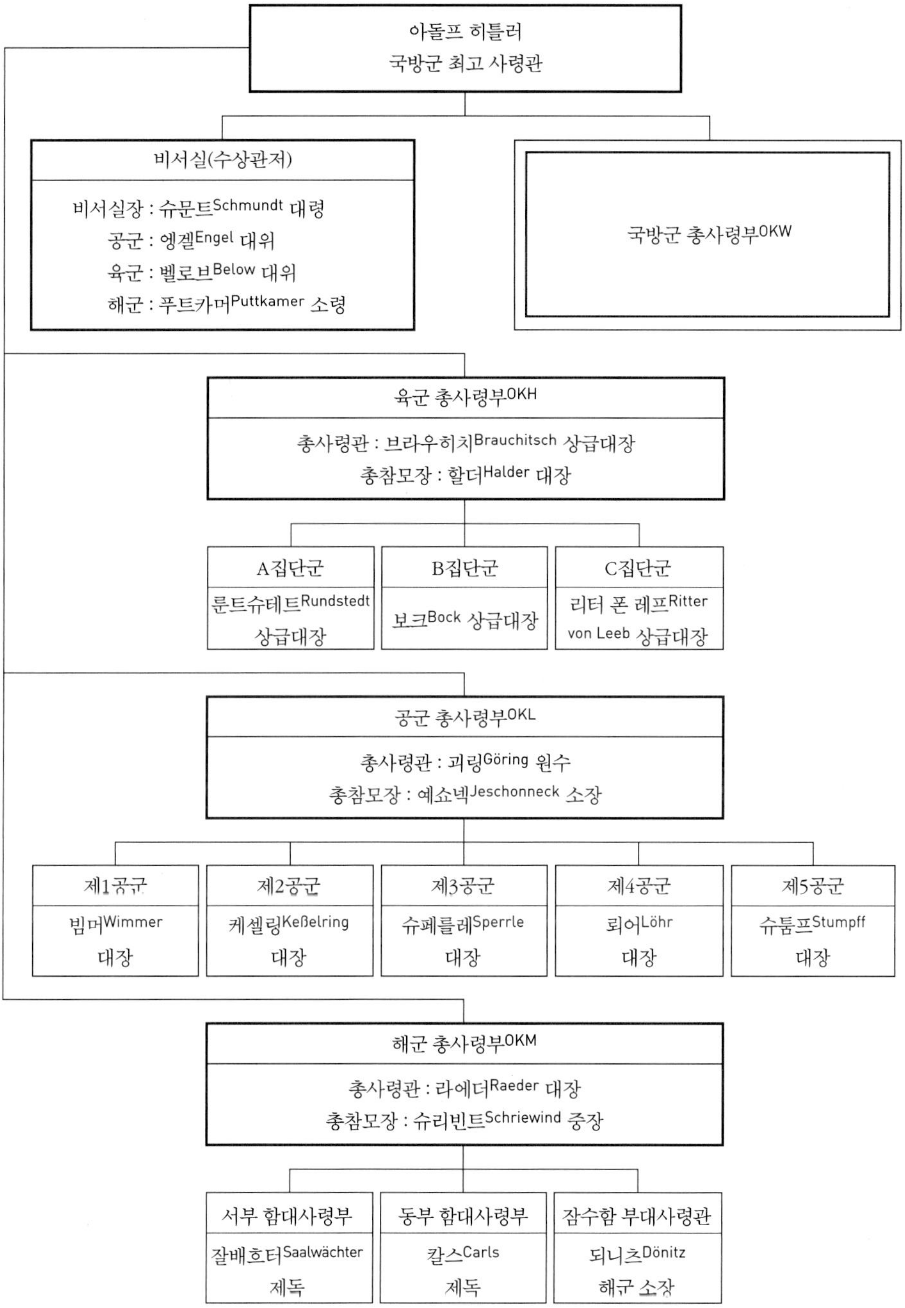

국방군 총사령부Oberkommando der Wehrmacht; OKW
총참모장 : 카이텔 대장

국방군 작전본부(본부장 : 요들 소장)
국토방위청(청장 : 발리몬트 대령)
- 제1부 / 육군 : 로스베르크 중령
- 제2부 / 해군 : 융에 소령
- 제3부 / 공군 : 스페크 폰 슈테른부르크 대위
국방군 정보통신청(청장 : 유페 대령)
국방군 선전청(청장 : 베델 중령) 외무/방첩본부(본부장 : 카나리스 제독)
- 참모장 : 오스터 대령
- 육군 연락장교 : 그로스쿠르트 중령
군수참모부(부장 : 토마스 소장)

| 1940년 5월 국방군/육군 총사령부 조직도 |

육군 총사령부Oberkommando des Heeres; OKH
총사령관 : 브라우히치 상급대장

육군 군수사령관
프롬Fromm 대장

육군 총참모장
할더Halder 대장

제1참모부장 : 슈튈프나겔Stülpnagel 대장
작전처 : 그라이펜베르크Greiffenberg 대령
- 제1장군 참모장교 : 호이징어Heusinger 중령
교육훈련처 : 뢰리히트Röhricht 대령
편제처 : 불레Buhle 대령
수송과장 : 게르케Gercke 소장

군수참모부장 : 뮐러Müller 소장

제4참모부장 : 티펠스키르히Tippelskirch 소장
서방국가 육군 담당 : 리스Liß 중령
무관부 : 멜렌틴Mellenthin 중령

제5참모부장 : 에르푸르트Erfurth 대장

혀 없었고 독일의 사활이 걸린 루르Ruhr 지대까지도 상실할 뻔했다."[11]

히틀러는 끊임없이 운명에 도전하고 한 장의 카드에 모든 것을 걸고 결코 물러서는 법이 없는 천부적인 도박사였다. 그는 제1차 세계대전의 승전자들이 뒷걸음질 치며 우유부단한 자세를 취하자 더욱더 강경한 입장을 고수했다.

- 1935년 3월, 독일은 베르사유 조약의 원칙을 무시하고 징병제를 다시 도입했다. 서방국가들은 이에 대수롭지 않은 반응만을 보였다.
- 1936년 3월, 독일군은 라인란트Rheinland의 비무장 지대로 진군했다. 서방국가들은 이에 외교적으로 이의를 제기했다.
- 1938년 3월, 히틀러는 오스트리아 합병을 단행했다. 이번에도 서방국가들은 단지 외교적인 이의만을 제기할 뿐 어떠한 군사적 대응도 하지 않았다.
- 1938년 9월, 히틀러는 뮌헨회담에서 과거 독일 영토 중 체코슬로바키아가 점유한 지역의 반환을 요구했다. 서방국가들은 이를 묵인했다.
- 1939년 3월, 국방군은 체코슬로바키아로 진군해 보헤미아Bohemia와 모라비아Moravia를 합병했다. 이번에도 서방국가들은 군사적 대응을 기피하며 뒤로 한발 물러났다.

히틀러는 폴란드 침공을 결정했을 때 이번에도 서방국가들이 군사적 대응을 하지 않을 것임을 확신했다. 1939년 8월 22일 히틀러는 오버잘츠베르크Obersalzberg에 있는 그의 산장에 소수의 고위급 장성들을 소집해 비장한 어조로 다음과 같이 연설했다.

"현재 국제 정세상 영국은 매우 곤란한 상황에 처해 있다. 따라서 어떠한 위험도 감수하려 들지 않을 것이다. 프랑스도 (출산율 저하로) 병력이 부족한 상태이며 군비도 빈약하다. 포병만 해도 매우 노후하다. 프랑스는 모험을 감행하지 않을 것이다. 〔…〕

다시 말해, 영국은 사실상 폴란드를 지원할 수 없다. 〔…〕 적들의 군사적 개입은 불가능하다. 〔…〕 적들은 나의 위대한 결단력을 깨닫지 못하고 있다. 우리의 적들은 하찮은 벌레새끼에 불과하다. 나는 뮌헨에서 그 사실을 확인했다."[12]

히틀러는 여러 번 서방국가들이 '허세를 부리고 있다'고 주장했다.[13] 로스베르크 육군 소장이 훗날 진술했듯이, 이날 히틀러는 "대단히 침착했으며 자신이 무슨 말을 하는지를 정확히 파악하고 있는 확신에 가득 찬 모습이었다."[14] 다음 글에서 그러한 분위기를 잘 알 수 있다.

> "총통은 영국이 실제로 아무 반응도 보이지 않으리라는 것을 간파하고 있었다. 런던만 조용히 있어 준다면 프랑스도 결코 나서지 못할 것이다."[15]

만슈타인Erich von Manstein의 자서전에서도 또 하나의 핵심적인 국면이 발견된다. 히틀러는 자신에 대해 "1914년의 위정자들처럼 양면전쟁을 일으킬 만큼 어리석지 않다."고 말했으며, 군사 고문들에게 격앙된 목소리로 "나는 단치히Danzig† 나 폴란드 회랑回廊†† 때문에 세계대전에 뛰어들 바보는 아니다."라고 강력하게 주장했다.[16]

여기서 '단치히'에 주목해보자. 프랑스의 수많은 반전주의자들은 이렇게 외쳤다. "왜 단치히를 위해 죽으려 하는가?" 뒤에서 프랑스 패배의 원인에 대해 자세히 다루겠지만, 이러한 평화주의적 사조는 프랑스의 패배 원인 중 하나였다. 물론 이를 과대평가하는 것은 타당하지 않으나, 서방의 평화운동은 제2차 세계대전의 시작과 함께 진정한 비극이 되고 말았다. 이상으로 무장한 서방의 대규모 평화운동을 보며 독일의 독재자는 폴란드를 공격해도 서방국가들이 어떠한 군사적 대응도 하지 않을 것이라고 확신하게 되었다. 카이텔의 진술을 통해 히틀러가 얼마나 거대한 몽상에 사로잡혀 있었는지를 잘 알 수 있다. 폴란드를 침공하기 14일 전, 토마스Georg Thomas 육군소장이 "전시경제의 기반 여건상 독일은 전쟁을 수행할 수 없다."는 내용의 진정서를 내놓자 국방군 총참모장 카이텔 장군은 그를 제지했다.

> "(히틀러는) 내게 독일이 세계대전을 일으키는 일은 절대 없을 것이라고 분명히 말했소.

† 단치히 : 제1차 세계대전에서 패한 독일이 폴란드에게 귀속시킨 도시. 히틀러는 이 도시를 반환하기보다는 자유도시로 만들자고 제안했으나 폴란드가 이를 거부했다.

†† 폴란드 회랑 : 제1차 세계대전 이후 베르사유 조약으로 폴란드령이 된 지역. 동프로이센과 독일 본토 사이에 있으며, 폭 32~112km 정도의 회랑지역이다.폴란드 측에서 볼 때 이 지역은 발트해와 폴란드 영토를 연결하는 지역이다.

히틀러의 견해에 따르면, 프랑스인들은 부패한 평화주의자들이고 영국도 타락하여 폴란드를 실제로 도와주지는 못할 것이오. 그리고 미국도 영국을 대신해 화염속 장작 같은 폴란드를 구하기 위해서 단 한 명의 병사도 유럽으로 보내지 않을 것이오."[17]

히틀러의 서부유럽 국가들을 겨냥한 수년간에 걸친 평화주의적 선전과 선동은 성공적이었다고 할 수 있다. 아니, 대단히 성공적이었다. 폴란드 위기 중에도 서부유럽의 도시들에서 수많은 평화주의자들의 시위가 잇달았고, 이에 히틀러는 그 효과를 지나치게 과대평가하여 결국 자신의 선전에 스스로 빠져드는 결과를 초래하고 말았다. 1940년 5월 10일 서방국가들에 대한 국방군의 공격 개시 암호명이 '단치히'로 정해진 것은 역사의 아이러니가 아닐 수 없다.

히틀러의 폴란드 침공 결정은 독일 역사상 가장 망국적인 오판으로 평가되고 있다. 그러나 독일이 폴란드를 침공한 지 사흘째 되는 날, 대영제국(및 영연방국가들)이 독일에 선전포고를 했고 곧이어 프랑스도 전쟁을 선포했다. 일개 전역이 개시된 지 이틀 만에 세계대전으로 확대되고 만 것이다. 연합국이 허세만 부릴 것이라는 히틀러의 망상은 물거품처럼 산산이 부서졌다. 도박사 히틀러는 다시 한번 모든 것을 한 장의 카드에 걸었으나 이번에는 실패하고 말았다. 베를린은 더 당혹스러워했다. 로스베르크 소장의 보고에 따르면, 히틀러의 비서실장인 슈문트Rudolf Schmundt 대령은 처음에 이 소식을 믿지 않았다. 왜냐하면 "자신이 깊이 신뢰하고 있는 완벽한 지도자의 실수를 인정할 수 없었기 때문이다."[18] 몇몇 장군들은 히틀러에 대한 분노를 감추지 않았다. 훗날 1944년 7월 20일의 히틀러 암살 기도에 가담한 칼-하인리히 폰 슈튈프나겔Carl-Heinlich von Stülpnagel 장군은 이렇게 말했다.

"두 번째 세계대전이 일어나고야 말았다! 지난 몇 년 간 저지른 무책임한 도박의 대가다. 이번에 그 노름꾼은 엉뚱한 패에 돈을 걸었다!"[19]

펠기벨Erich Fellgiebel 육군 소장도 다음과 같이 털어놓았다.

"프랑스와 영국의 선전포고는 히틀러와 리벤트로프에게 사형선고를 의미했다. 그들은 매번 베트만홀베크Theobald von Bethmann Hollweg†를 웃음거리로 만들었지만, 결국은 뭐 하나 나은 모습을 보여주지는 못할망정 민족의 사활을 걸고 도박판을 벌이고 말았다. 이것이야말로 너무나 무책임한 행동이다!"[20]

히틀러는 자신이 촉발한 제2차 세계대전 초기에 휘하의 장군들이 완벽하게 작성한 폴란드 침공 계획은 가지고 있었으나, 서방국가들과의 대결을 대비한 총체적인 전략이나 전쟁 계획은 전혀 없었다. 그것이 바로 그의 전략적 실패였다.[21] 독일은 가장 위협적인 적대국인 영국에 맞서 전쟁을 수행할 준비가 전혀 안 되어 있었다. 히틀러는 장거리 전략 폭격/전투비행단은 물론, 충분한 수의 잠수함과 수상함도 확보하지 않았다. 특히 해군 전력의 규모는 1935년에 체결된 영·독 해군협정의 허용 기준에도 못 미치는 수준이었다. 로스베르크는 이에 대해 이렇게 회고했다.

"만일 히틀러가 1939년에 영국과의 전쟁을 계획하고 있었거나 진지하게 고려했다면 틀림없이 해군을 현재와는 판이하게 재건했을 것이다. 당장 전쟁이 벌어지면 건조하는 데 수년이나 걸릴, 한창 건조 중인 중형 전함들(비스마르크 함, 티르피츠 함을 제외하고)을 어디에 사용하겠는가? 더 중요한 점은 우리가 당시 보유한 잠수함이 30여 척이었으며, 100척 이상은 가졌어야 전쟁을 수행할 수 있었다는 것이다."[22]

독일 육군 총참모부도 이러한 전쟁을 단 한 번도 구상해보지 않았다. 히틀러가 서부방면에 대한 세부적인 전쟁 계획 수립을 자신의 외교 능력을 폄하하는 모욕으로 인식했기 때문에 육군은 서부전역 계획 수립 자체를 기피했다. 카이텔을 비롯한 몇몇 장성들은 '서방과의 전쟁 시 군사적 상황을 구체화'하기 위한 소위 '전쟁 연습'을 수차례 시도했지만[23] 히틀러는 다음과 같이 주장하며 이를 단호히 묵살해버렸다.

"서쪽에 대해서는, 서부 방벽 안전보장 차원을 넘어서는 훈련은 일체 없어야 한다. 폴란드

† 테오발트 폰 베트만홀베크 : 1909년 독일제국의 제5대 총리. 보수적인 입장에서 내정개혁, 영국과의 화해 등을 추구했으나 국내외의 대립만 격화시킨 끝에 제1차 세계대전의 발발을 막지 못했고, 군이 요구한 벨기에 침공을 인정했다. 1917년 군부에 의해 실각했다.

문제에 관한 한 서방과의 어떠한 군사적 충돌도 피해야 하며, 있을 수도 없다. 그러한 불가능한 예측(!)에 대해 토의하다가 비밀이 새어나가기라도 하면 정치적 협상에 차질이 생길 수 있다."[24]

히틀러가 서방세계와의 전쟁을 계획하지 않았던 것이 사실이라면, 서방국가들에 대한 '전격전' 계획 역시 존재하지 않았음이 확실하다.

2 - 2

폴란드 전역은 과연 '전격전'이었는가

"폴란드에서의 전투방법은 서방을 상대할 때 적용할 만한 것이 못 된다. 완벽하게 편성된 상대에게는 효과를 발휘할 수 없기 때문이다."[25]

1939. 9. 29, 육군 총참모장 할더 장군

최근 폴란드 전역이 새롭게 평가되고 있다. 과거에는 폴란드 전역을 '진정한' 전격전이라고 분석했으나 실제로는 이 전역의 수준이 그보다 훨씬 더 낮은 기초적인 수준에 불과했다는 연구결과들이 속속 등장하고 있다.[26] 사실상 이 전역의 작전계획은 전략적인 수준의 것도 아니었고, 새로운 개념에 근거한 작전술 수준에도 못 미쳤다는 것이 통설로 자리 잡고 있다. 독일 군부는 독일제국의 불리한 지정학적 위치로 인해 다시 한번 양면전쟁을 치를 가능성을 고심한 결과, '신속한 전쟁'을 통한 '즉각적인 결전'을 시도하고자 했다. 폴란드 전역은 개전 4일 만에 사실상 승패가 결정되었고 18일 후에는 실질적으로 종결되었다. 이 전역은 복잡한 기동으로 적을 포위해야 하는 몰트케와 슐리펜의 작전계획과는 달리, 오히려 지형 조건을 이용한 자연적인 포위작전으로 전개되었다. 독일 본토 및 슬로바키아와 동프로이센에서 공세를 감행한 독일군 사단들은 세 방면에서 폴란드 군을 압박했고, 동부에서는 소련군까지 가세했다. 이는 프랑스와 벨기에의 요새 지역과 대치 중이던 서부전역에서의 개전 이전 상황과는 전혀 달랐다.

기갑부대, 즉 전차의 운용 면에서도 폴란드 전역은 서부전역과 근본적으로 판이했다. 서부전역이 '지헬슈니트Sichelschnitt(낫질) 계획'(1940년 5월)에 의거해 기갑부대를 주축으로 실시한 대규모 작전이었던 반면, 폴란드 전역의 경우 기갑부대는 작전술 수준의 독립 제대조차 투입되지 않았다. 대신 기갑부대는 통상 사단급 수준(전술적 수준)으로 편성 · 운용되었다.[27] 훗날 독일의 전격전에 상징적 · 핵심적 의미를 부여한, 공수부대 같은 몇몇 최정예 부대들은 전혀 운용되지도 않았다. 폴란드 전역은 새로운 방식의 전쟁 개념을 적용한 일종의 시험장이었을 뿐이다. 그전까지는 독일에서 전차와 항공기의 대규모 합동 작전이 시행된 일이 없었다. 바로 이 때문에 1939년 8월 21일부터 25일까지 북동 바이에른의 그라펜뵈어Grafenwöhr 훈련장에서 슈투카와 폭격기 편대가 육군을 전술적으로 지원하는 대규모 공지합동 훈련이 계획된 적이 있다.[28] 그러나 폴란드 위기상황으로 훈련은 즉각 취소되었고, 독일군은 연습 대신 실제 전쟁에서 새로운 방식을 시험했다.

그러나 폴란드 육군은 독일과 대적할 만한 상대가 아니었다. 베를린으로의 행군을 꿈꾸고 있던 폴란드 장교들은 뼈아픈 고통을 겪고 난 후, 전쟁은 오기로만 승리할 수 없다는 사실을 깨닫게 되었다. 폴란드군은 구식 장비로 무장하고 교육훈련 수준도 시대에 뒤떨어졌을 뿐만 아니라 부대지휘 방식도 과거의 것을 그대로 답습하고 있었다. 구데리안의 기록에 따르면, 폴란드의 포모르스카Pomorska 기병여단의 병사들이 번득이는 군도를 손에 들고 독일군 전차로 돌격했다고 한다.[29] 문제는 이 전차들이 수년 전 제국군 시절의 널빤지나 천으로 만든 모조 전차가 아니라 강력한 철판으로 제작된 장갑을 장착한 전차들이었다는 것이다. 이는 시대착오의 비극을 상징하는 사례라 할 수 있다.

독일군 총참모부는 폴란드 전역을 철저히 분석하고 그 경험을 즉시 교리와 교육훈련에 반영했지만, 서방국가들과의 대결에서 이 전역이 잣대 역할을 할 수 있을 것이라고 생각하지는 않았다. 독일군은 제1차 세계대전 때 경험한 적 전투력을 여전히 높게 평가하고 있었다. 그 대표적 인물인 C집단군 사령관 리터 폰 레프Ritter von Leeb 상급대장은 다음과 같이 경고했다.

> "이제 기습작전의 가능성은 '제로'다. 소중한 병사들의 목숨만 끊임없이 희생될 뿐, 프랑스를 쓰러뜨리기는 불가능할 것이다. 프랑스와의 전쟁은 폴란드에서처럼 손쉽게 끝나지 않을 것이다. 오히려 전쟁이 장기화되어 최악의 희생만 치를 게 분명하다."[30]

A집단군 참모장 조덴슈테른Georg Sodenstern 중장의 상황 판단에 따르면 장군단 내부에

서도 전쟁에 대해 비관적인 시각이 지배적이었다.

> "폴란드 전역에서 확인한 전차의 가치를 총체적으로 평가할 때 반드시 규명해야 할 점이 있다. 강력한 방어체계를 구축한 서방국가들과의 전쟁에서 이러한 전술이 성공할 가능성은 대단히 희박하다. 아니 전혀 없다."[31]

홍미로운 점은 서방국가들의 정부와 군부가 독일 군부와 동일한 결론을 내렸다는 사실이다.[32] 그 예로, 프랑스의 수상 레노Paul Reynaud는 폴란드 전역에서의 독일의 공격을 '원정 여행expedition'이라고 표현했다.[33]

2 - 3

시간은 독일군의 편이었는가

"1940년 초까지 전쟁을 연기한 조치는 독일의 전투력을 증강하는 데에 탁월한 선택이었다."[34]

한스-아돌프 야콥젠

수많은 역사적 연구들을 살펴보면, 독일 국방군이 제2차 세계대전 초에 서구 강대국과 비교했을 때 즉시 전격전을 수행할 수 있을 만큼 현저히 우세한 전투력을 보유했다는 주장들이 주류를 이루고 있다. 만일 그것이 사실이었다고 해도 시간이 갈수록 이에 맞선 서방국가들의 군비 확충에 따라 전략적 선제타격 능력이 서서히 열세로 돌아섰음은 부인할 수 없을 것이다. 따라서 시간에 쫓기던 독일은 조기에 결판을 내기 위해 가능한 한 신속히 공격해야 했다. 여기에 바로 전설과 진실 간의 명백한 차이점이 존재한다. 이제부터 전개되는 내용을 보면 시간이라는 요인이 장기적으로는 아니더라도 중기적으로는 분명 독일 국방군에 유리하게 작용했음을 알 수 있다.

9월 27일, 히틀러는 폴란드 전역이 완전히 종결되지 않은 상황에서 신속하게 서방국가들과의 전쟁을 선포했다. 이는 장군단에게 청천벽력 같은 소식이었다. 히틀러는 10월 9일, 자신의 지휘서신을 통해 이러한 의도를 구체화했고 잠정적인 공격날짜를 11월 25일로 지시했다. 군사적 측면에 문외한이었던 그는 공격 준비가 3주 정도면 충분하다고 강력하게 주장하면서 다음과 같이 덧붙였다.

"우리가 그 일을 완수해내지 못한다면 독일제국은 자멸을 면치 못할 것이다."[35]

히틀러의 9월 27일의 발표는 다음과 같은 전략적 분석을 근거로 하고 있었다.

"'시간'을 최대한 효과적으로 사용하지 않으면 더 불리해지는 쪽은 바로 우리다. 경제적 자본 면에서 상대방은 훨씬 우세하며, 그들은 물자를 구입하고 수송할 수 있다. 또한 군사적 관점에서도 '시간'은 우리를 도와주지 않는다."[36]

당시 독일은 수년간의 장기전을 버텨낼 만한 입장이 아니었다. 군수산업에서 가장 중요한 30여 종의 천연자원 중 독일이 풍족하게 보유한 것은 단 7가지뿐이었다. 무엇보다도 니켈, 주석, 텅스텐, 몰리브덴, 크롬, 베릴륨, 백금, 보크사이트가 절대적으로 부족했다.[37] 국방군 군수참모부장 토마스 소장은 자원 부족을 지적하는 진정서를 끊임없이 제출했다. 새로운 세계대전이 발발한다면, 해양에서 주도권을 가진 서방국가들이 원료나 연료 수급 면에서 더 우세한 위치를 점하고 더 오래 버틸 게 틀림없었다.[38] 어쨌든 히틀러의 억지대로 즉각 서방을 정면돌파하는 것, 즉 프랑스와 벨기에 국경의 요새지대에 말 그대로 머리를 들이받는 것은 자살행위나 마찬가지였다. 육군 총참모부 작전참모부장 슈튈프나겔 장군은 9월 중순경 육군 총사령관의 명에 의거해, 육군은 '적의 강화된 요새지역'을 상대로 전투를 수행할 수 없다는 결론이 담긴 건의서를 작성했다. 1942년 초 이전까지, 강력한 프랑스-벨기에 요새지대를 성공적으로 돌파할 수 있다는 생각은 비상식적이고 매우 우매한 사상으로 취급받았다.[39] 그러나 히틀러는 즉각적인 공격을 요구했다.

"조기에 충분한 전쟁 준비를 마칠 수는 없을 것이다. 그러나 몇 달 후에 아군의 공격력은 근본적으로 향상되지 않겠지만 적들의 방어력은 크게 증강될 것이다."[40]

이 독재자는 연합국이 독일의 공세를 저지할 수 있는 시점까지도 예측하려 했다.

"6~8개월 안에 적들은 우리의 공세를 충분히 방어할 수 있는 전력을 보유하게 될 것이다."[41]

그러나 히틀러의 판단은 완전히 빗나갔다. 폴란드 전역이 시작된 후 서부전역이 발발하기까지 걸린 시간은 7개월이었는데, 이 기간 동안 독일군은 지속적으로 군비를 증강하고 특히 부대의 미비한 교육훈련을 보충할 수 있었다. 1940년 초 독재자는 자신의 착오를 시인하지 않을 수 없었다. 그는 "동계 기간 중의 휴식은 독일군에게 매우 유익했다."고 털어놓았으며, 전쟁물자 조달과 신무기 공급 면에서 연합국보다 우위를 점해야 한다고까지 주장했다![42] 또한 히틀러의 군사 고문들은 수차례 그의 계획들을 연기시키는 데 성공했다. 때마침 악화된 기상 조건도 이미 하달된 공격 시점을 취소하는 데 일익을 담당했다. 결과적으로 국방군에게는 다행스럽게도 공격개시일이 1940년 5월 10일까지 29번이나 변경되었다.[43] 이제부터 폴란드 전역과 서부전역 간의 비교를 통해 독일군의 모습이 히틀러의 예상을 뒤엎고 어떠한 변화과정을 거쳤는지를 살펴보도록 하자.

1. 화기와 탄약

폴란드 전역 당시 국방군은 사실상 내부적으로 붕괴 위기에 직면해 있었다. 그러나 이 전역에서 이루어낸 찬란한 '전격적인 승리'는 그러한 국면을 은폐하기에 충분했다. 독일군은 전투를 더 이상 지속할 능력이 소진된 이른바 작전한계점에 다다른 상태였다. 특히 탄약 보유량은 '제로' 상태에 가까웠으나, 18일 만에 갑작스레 전쟁이 종결된 덕분에 국방군은 탄약 고갈이라는 치명적인 위기를 모면할 수 있었다. 그럼에도 불구하고 히틀러는 시종일관 현실감각을 잃어버린 듯했다. 앞서 언급한 10월 9일의 친서에 따르면, 히틀러는 "독일제국의 탄약 수급 수준은 세계 최고이다."[44]라고 언급할 만큼 확신에 차 있었다. 그러나 거의 같은 시각, 군수참모부장은 탄약 보유량 고갈로 가까운 시일 내에 작전을 더 이상 지속할 수 없을 것이라는 흉보凶報를 상부에 진언했다. 당시 독일군은 전체 사단 가운데 1/3 정도에만 지급할 수 있는 분량의 탄약을 보유했으며, 이것으로는 전투를 겨우 14일 정도밖에 수행할 수 없었다. 예비 보유 탄약까지 동원하더라도 차후 14일 정도만 버틸 수 있는 수준이었다.[45] 공군의 상황도 크게 다르지 않았다. 공군 총참모장 밀히Erhard Milch 상급대장은 절박한 심정으로 히틀러에게 현재 보유 중인 폭탄 예비량으로는 기껏해야 14일 정도만 작전을 수행할 수 있고 그 후에 공군 조종사들은 앉아서 카드놀이나 해야 할 판이라고 경고했다.[46] 이미 이러한 위기를 직감하고 수차례 진정서를 작성한 토마스 장군은 위기의 수위가 정점에 도달했음을 느끼고 절망적인 예측을 토로했다.[47] 그는 9월 29일 할더 장군에게 다시 한번 독일 전시경제체제의 심상치 않은 상황을 환기시켰다. 육군 총참모장이 나중에 자신의 전쟁 일지에 털어놓았듯이, 독일에서는 매월 60만 톤의 철강이 부족했으며, 화약 생산량은 당시로부터 2년 후인 1941년에나 크게 늘어날 것으로 예측했다.[48]

이로 말미암아 히틀러의 전형적인 심리적 발작이 또다시 일어났다. 히틀러의 정신 상태는 공황장애Krisenpsychose로까지 발전해 탄약 문제에 과민한 반응을 보이게 되었다.[49] 탄약 증산에 대한 히틀러의 끊임없는 요구로 '탄약 장관'이라는 새로운 행정 보직도 생겨났다. 육군 군수사령관 베커Karl Becker 장군은 히틀러의 계속되는 부당한 압박 때문에 심한 고초를 겪다가, 결국 실패할 것을 두려워한 나머지 자살하고 말았다.

다음 자료가 시사하듯이, 폴란드 전역과 서부전역 사이의 7개월이라는 시간은 육군과 공군이 작전수행 능력을 갖추기에 충분한 기간이었다. 〈표 2-1〉은 1940년 5월 1일에 보유한 탄약량을 100%로 봤을 때 1939년의 부족분을 보여준다.[50]

1939년 가을에는 화기가 부족해, 새로운 부대들이 다수 창설되었지만 장비를 제대로 갖추지 못했다. 〈표 2-1〉에서 알 수 있듯이, 중포병의 생산 증가량이 가장 높았다. 특히

〈표 2-1〉 1940년 5월 1일 대비 1939년 10월 독일군 탄약 부족분

구분	탄종	부족분(%)
육군	경輕보병 개인화기	30
	20mm 포	47
	경輕투척기	76
	중重투척기	78
	경보병무반동총	56
	중보병무반동총	70
	경야포	25
	중重100mm 포(K18)	38
	중重야포	31
	150mm 포(K16, 18)	20
	210mm 박격포	86
공군	50kg 고폭탄	51
	250kg 고폭탄	65
	500kg 고폭탄	48

1939년 10월부터 1940년 5월까지 210mm 박격포의 수는 22문에서 124문으로 생산량이 다섯 배나 증대되었다.[51]

2. 차량화

10월 9일 친서에서 히틀러는 폴란드 전역에서 '독일군은 심대한 피해를 입지 않았다'는 다소 현실과 동떨어진 발언을 했다.[52] 그러나 그는 전차와 일반차량의 정비 문제를 지적했다.

"한 부대가 차량 문제를 20일이 지나도 해결할 수 없다는 것은 그 부대에 문제가 있다는 뜻이다."[53]

사실 대부분의 사단들은 50% 이상의 차량 손실을 입었다. 일부 차량화부대들은 새로운 대규모 전쟁을 준비하기 위해 1940년 초반까지 부족한 장비 문제를 해결했다.[54] 당시 육군 총참모부 계획/편성과장이었던 불레Walter Buhle 대령은 후에 이렇게 증언했다.

"차량들의 상태만 봐도 히틀러가 최초 계획한 서부 공격은 시기상조였고, 사실상 불가능했다. 의지와 능력의 상충은 전쟁을 더욱 어렵게 만들 뿐이다."[55]

공격 개시의 연기는 기갑병과에 가장 유리하게 작용했다. 1939년 9월, 독일군 전차는 취약한 폴란드 육군에게 공포와 전율을 느끼게 할 만큼 막강했다. 하지만 그때 독일군이 그들보다 월등히 우수한 장비로 무장한 프랑스 기갑부대와 정면 승부를 강행했다면 틀림없이 패배의 고배를 마셨을 것이다. 이때 독일군 기갑부대의 전차 모델은 대부분 Ⅰ호, Ⅱ호 경전차였다. 이러한 상황에서 전차전을 치렀다면 독일군은 치명적인 과오를 저지를 뻔했는데, 왜냐하면 이 전차들의 주포탄은 프랑스군 경전차의 장갑조차도 뚫을 수 없었기 때문이다. 그러나 수개월이 흐른 1940년 5월 아르덴 돌파 시에 독일군 전차들은 1년 전 가을, 폴란드 전역에서의 모습과 극명하게 대조될 만큼 증강되어 있었다. 1939년 10월부터 1940년 5월까지 중中/중重형 전차 수는 다음과 같이 증가했다.

• Ⅲ호 전차 : 151대 → 785대

• Ⅳ호 전차 : 143대 → 290대

• 체코형 전차 : 247대 → 381대[56]

3. 병력 확보

폴란드 전역과 서부전역 간의 공백기는 병력 확보 면에서도 독일에게 유리하게 작용했다. 전쟁 초기에 프랑스군은 610만 명[57]을 동원했으나 독일군은 겨우 450만 명[58]을 동원했다. 그러나 국가 역량을 총동원한 프랑스에 비해 독일은 인구 8천만 명 중 베르사유 조약에 따라 기존 병력이 직업군인 10만 명과 해군 1만 5천 명에 불과했으므로 독일의 병력 동원은 대단히 성공적이었다. 게다가 히틀러가 국민개병제를 실시한 때는 1935년이었기 때문에 잠재적인 병력 동원 가능인구인 '백색년생白色年生'(1901~1913년생[59])[†]이 약 400만 명 이상 남아 있었다.

4. 교육 훈련

개전 초에 독일군의 병력은 허장성세와 같았다. 450만 명의 병력(42만 7천 명의 노역자를 포함해서) 중 현역병은 겨우 113만 1천 명뿐이었고, 정규교육과정을 수료한 일등급 예비역은 64만 7천 명에 불과했다. 또한 80만 8천 명은 전혀 교육훈련을 받지 못한 병력이었다. 120만 명의 제1차 세계대전 참전 용사도 동원되었으나, 이들은 현대전의 무기체계와 전술에 전혀 익숙하지 않아 무늬만 베테랑들이었다.[60]

실제 폴란드 전역은 나치주의 선전물들에서 그린 적의 저항 없이 최소한의 희생으로 대성공을 거둔 전쟁과는 조금 달랐다. 육군 총사령관 브라우히치 상급대장은 히틀러에게 대다수 부대들의 교육훈련 상태가 취약하다는 것을 지적·보고한 바 있다. 이때 히틀러는 크게 화내며 당장 그를 해임하려고 했으나, 브라우히치의 비판은 장교 교육 문제 면에서는 매우 타당했다. 이에 대해 육군 총참모부 교육훈련과장이었으며 후에 예비역 대장을

† 전쟁을 경험하지 않은 세대 및 병력 소집에서 제외되어 전혀 훈련되지 않은 세대를 말한다.

|1939년 가을 독일 육군병사들의 교육훈련 수준 분포도|

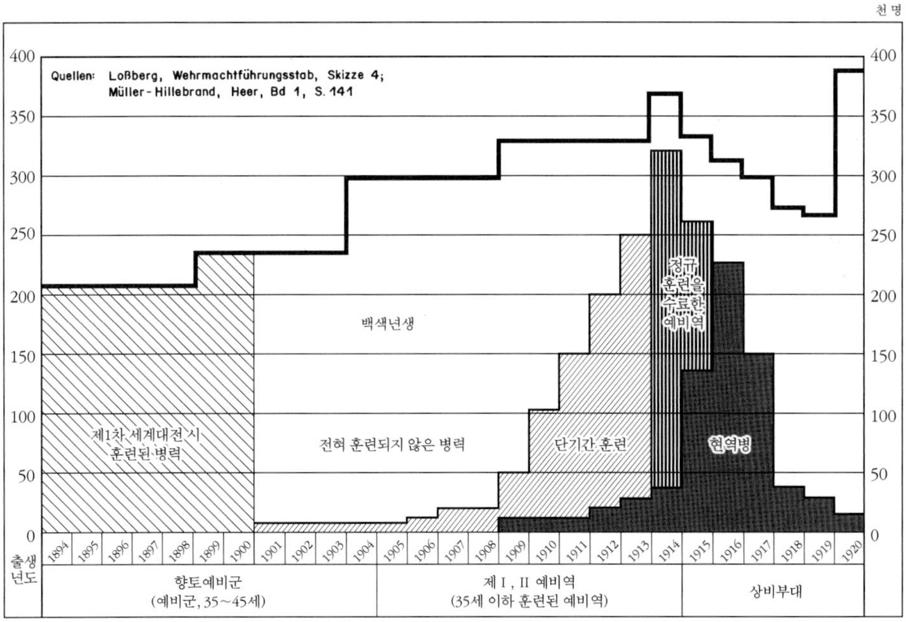

역임한 뢰리히트Edgar Röhricht는 이렇게 언급했다.

"총통의 요구에 따라 성급하게 육군의 전력을 증강한 덕분에 장교단 전체가 무능해졌으니, 이 문제를 해결하는 것이 가장 시급하다. 대부분의 장교들은 아직도 자신의 직무를 완벽히 수행할 능력이 부족하다."[61]

그 후 군사軍史상 유례없는 공세적 교육훈련이 시작되었다. 쾨니히스브뤼크Königsbrück의 훈련장에 전문적인 교도사단이 창설되어 지휘관 교육훈련을 전담했다. 3~4주 만에 약 300여 명의 지휘관들이 이 과정을 수료하여 전 · 후방 각지의 부대로 배치되었고, 각 부대는 차후 수행해야 할 대단히 중요하고도 기본적인 임무, 특히 도하작전 및 벙커 지역에서의 전투 등을 철저히 교육받았다.

반면 프랑스의 교육훈련은 독일의 교육훈련과 극명하게 대조되었다. 프랑스는 폴란드 전역과 서부전역 사이의 8개월 동안 방어진지에서 말 그대로 무위도식했다고 해도 과언이 아니다. 프랑스 군부대들은 전투준비 및 교육훈련은 고사하고 대부분 벙커 건설작업에 투입되었고 일부 병력은 농경 지원 작업에 차출되기도 했다. 이에 반해 독일 국방군은 1940년 5월까지 여러 가지 측면에서 시간을 유익하게 사용했다. 그중에서도 특히 교육훈련은 가장 일취월장한 분야이다. 1940년 5월, 완벽한 전투준비 태세를 갖추고 공세를 펼친 부대들의 수준은 1939년 10월의 그것과는 비교할 수조차 없었다.[62]

요컨대 전쟁 준비/개시 단계에서 시간적 요인이 독일군의 현저한 군사력 증강에 유리하게 작용했다는 점은 명확하다. 전쟁을 신속히 결판 짓기 위해 전격전을 실시해야 했던 것은 아이러니하게도 오히려 서방국가들이었던 것이다.

2 - 4

서부전역 전에 독일은 전격전에 필요한 경제력을 보유했는가

"국가 지도부가 아직도 기습작전에 대한 희망을 버리지 못하고 있다면 이는 범죄를 저지르는 것과 다를 바 없다."[63]

히틀러, 1939. 5. 23.

제2차 세계대전 중 독일의 군수산업은 눈부신 발전을 이룩했다. 전쟁의 전반기(1941년에 대소련 전격전이 실패할 때까지)에는 총체적 동원을 달성하지 못했다. 반면 후반기에는 새로 임명된 군수장관 알베르트 슈페어Albert Speer†가 이끈 이른바 '군비증강의 기적'을 통해 군수산업이 급성장했다. 그러나 여기에서 중대한 의문점이 제기된다. 독일 지도부가 세계대전 전반기에 비축한 예비물자들을 총동원할 능력이 없었는가 아니면 의지가 없었는가 하는 점이다. 이에 대해 영국의 경제사학자 밀워드Alan Milward는 다음과 같은 비교적 설득력 있는 해답을 제시했다. 바로 히틀러의 매혹적인 '전격전 경제체제'[64] 이론이다. 독일제국은 장기전을 감당할 능력이 없었기 때문에 전략적인 '종적 군비증강Tiefenrüstung'††을 포기하는 대신, 신속히 작전에 투입할 수 있도록 '횡적 군비증강Breitenrüstung'†††에 전력을 집중한 결과, 시 · 공간적 한계가 내재되었음에도 불구하고 제한적인 전격전이 가능했다는

† 히틀러 총통 관저를 설계한 건축가로 베를린 도시계획을 총지휘했다. 1942년 군수장관으로 임명되어 독일이 패망할 때까지 재임했다. 종전 후 뉘른베르크 재판에서 20년 금고형을 받았으며 1966년에 석방되었다.

†† 질적 군비증강. 고도의 기술이 요구되는 첨단전략 무기체계 개발, 수준 높은 교육훈련으로 부대의 전투력을 향상시키는 것.

††† 양적 군비증강. 재래식 무기의 생산을 증대하고 부대의 숫자를 늘리는 것.

것이다.

그러나 히틀러의 이론, 즉 '천재적인 전격전 경제체제'는 이미 도입부에서 다루었듯이 많은 모순점을 안고 있었다. 최근의 연구 결과들에 따르면 이 기발한 개념은 '평시의 전시경제체제'와 '전시의 평시경제체제'의 교합이라는 애매모호한 의미로 해석되고 있다.[65] 당시 토마스 장군은 이 혼란스런 용어를 '과도기적 경제체제'라고 표현하기도 했다.[66] 어쨌든 독일은 전쟁이 발발한 후에도 사회 전반에 걸쳐 수많은 부문에서 평시와 동일한 경제체제를 고수해나갔다. 1939년 토마스 장군은 이를 다음과 같이 비판했다.

> "라디오, 진공청소기, 주방기기 같은 것으로 어떻게 영국을 이길 수 있겠는가?"[67]

한편 국민들의 지출과 소비가 감소하자 이러한 상황은 어떤 면에서 여론에 매우 민감한 선동가 히틀러의 의도에 정확히 부합했다. 특히 방위산업체 자본가들의 구미를 맞추는 데에는 안성맞춤이었다.

> "바로 이 시국에서 정부는 독일 남성들에게 전장에서의 장렬한 전사가 대단히 명예롭다는 인식을 심어줄 수 있으며, 전체 국민들 입장에서는 임금 인하 또는 물가 상승을 저지할 수 있을 것이다."[68]

개전 단계의 빈약한 동원 수준은 '제3제국Drittes Reich'[‡]의 무정부주의적 지배체제 때문이었다. 관료 부서들 간에는 적자생존식 경쟁이 성행했고, 설상가상으로 히틀러의 즉흥적인 지시는 각 행정부처 간의 혼란을 더욱더 심화시켰다. 그가 지시한 경제 정책은 목적 없이 오락가락했고, 서부전역의 신속한 종결을 위한 특유의 '전격전 경제'도 아닐뿐더러 총체적인 경제력 동원에도 전혀 도움이 되지 못했다.[69] '제3제국'은 겉으로만 통일된 굳건한 형태를 유지했을 뿐, 전쟁 초기 단계에서 제대로 된 전투력을 발휘할 수 있는 역량을 갖추지 못했다. 1945년, 토마스 장군은 당시를 이렇게 회상했다.

‡ 1933년 정권을 장악한 히틀러가 힌덴부르크 대통령의 사망을 계기로 사용한 명칭.

"소위 히틀러 총통 체제하에서 경제 분야의 지도력은 상실되었으며 이루 말할 수 없는 잡다한 업무들이 우후죽순처럼 생겨났다. 왜냐하면 히틀러는 일관성 있고 미래지향적인 계획이 절대적으로 필요하다는 점을 이해하지 못했고, 괴링은 경제에 까막눈이었던 데다가, 해당 관청의 전문가들은 권한 자체를 행사하지 못했기 때문이다."[70]

독일 재정경제부 장관 풍크Walter Funk는 더 노골적으로 불만을 표시했다.

"이 혼란을 견디려면 미쳐버리든지 아니면 만취해야 할 것이다. 나는 후자를 택하겠다."[71]

그러나 서부전역을 치르기 전에 독일이 전격전을 위한 경제력을 갖추지 못한 가장 중요한 원인은 너무나 간단했다. 그것은 바로 독일의 지도부가 이를 원하지 않았기 때문이다. 지도부는 그들이 열망한 단기전을 위한 '횡적 군비증강'과 두려워한 장기전을 위한 '종적 군비증강', 이 두 가지 정책 중 과연 어느 것이 독일에 유리할지를 두고 갈등을 겪었다. 여기에서 1914년의 공포스런 경험이 결정적으로 작용했다. 제1차 세계대전 때 최전선의 병사였던 히틀러와 그의 장군들은 소모전의 무시무시한 악몽을 떨쳐버릴 수가 없었다. 그 때문에 독일군 지도부는 총체적 군비증강 방향을 '단기 속전속결' 수행에 맞추는 데 대해 망설이고 있었다. 앞서 언급한 것처럼 히틀러는 "국가 지도부가 기습만을 기대한다면 이것은 죄악이다."라며 이를 거부했다.[72] 그는 다음과 같이 요구했다.

"불의의 기습과 병행하여 장기전도 준비해야 한다."[73]

1939년 3월 28일, 이와 동일한 맥락에서 토마스 장군은 "총력을 기울여 단기결전을 수행해야 한다. 왜냐하면 식량과 천연자원 면에서 장기전을 감당해낼 수 없기 때문이다. 우리의 지정학적 위치를 감안할 때 우리는 반드시 단기전과 전격적인 결전을 지향해야 한다."라고 고백했다. 그러나 그는 다음과 같이 여운을 남겼다.

"그러나 전격적인 결전이 성공할 수 있을지는 의문이다. 오직 전격적인 결전에 기대서 전쟁을 치르는 것은 위험천만한 짓이기 때문이다."[74]

독일의 경제적 동원 상황을 고려할 때, 서부전역이 6주 만에 종결될 전역이 아니라 수년이 소요될, 제1차 세계대전의 재판으로 계획되었다는 데에는 의심할 여지가 없다. 이 때문에 독일의 군사력 동원 상황은, 거대한 불꽃이 터지는 모습이라기보다는 겨우 살아 있는 불씨로 오랫동안 버티는 형국이었다. 횡적 군비증강과 종적 군비증강 사이에서 갈등하던 그들은 결국 장기전 모델을 채택했다. 이는 다음의 사실에서 명확히 알 수 있다. 서부전역 준비 기간 중 작성된 군비증강 계획에서는 시간적 관점에서 보면 1940년 10월이 되어야 생산량이 현저히 증가할 것으로 보았다. 최고 정점은 1941년 가을쯤으로 예상하고 있었다.[75] 그러나 현실은 계획과 다르게 진행되었다. 이때 독일군은 파리가 아닌 모스크바로 가는 길목에 있었던 것이다.

서부전역 이전에 결정된 군비증강의 우선 순위별 규모 등 모든 조건은 신속한 결전을 지향하는 전격전 개념과는 정반대의 것이었다.

- 제1순위로 제시된 요구사항에는 제1차 세계대전 때와 동일한 장기적인 진지전의 관점이 명확하게 적용되었다. 즉 탄약과 화약 공장, 화기와 화기생산 기계들을 설비하는 것이다.
- 제2순위는 최신예 Ju-88 폭격기와 U보트의 생산이었다. 이들은 영국에 대항하는 중장기적인 전략적 전쟁 수행에서나 효과적인 무기체계였다.
- 제3순위(최종 단계의 바로 전 단계)에서야 비로소 전차, 장갑차와 같은 전투 차량이 포함되었다.[76]

특히 육군의 군비증강에서 내부적인 철강자재 분배 현황을 살펴보면 대단히 중요한 의미를 발견할 수 있다. 1940년 2/4분기에 할당된 총 44만 5천 톤의 철강 중 전차와 장갑차량을 생산하는 데 투입된 양은 겨우 2만 5천 톤으로, 할당량 전체의 5%에 불과했다. 이는 철조망, 장애물, 건축자재 등 진지전을 수행하는 데 필요한 물자를 생산하기 위해 할당된 2만 6천 톤보다도 적었으며, 장차 필요한 탄약을 생산하기 위해 책정된 양의 절반에 불과했다.[77]

1941년의 동부전역과 정반대로 1940년의 서부전역이 애초부터 전격전으로 계획되지 않았다는 사실은 인적 자원의 동원을 살펴보면 더 명확해진다. 그 단적인 예가 Uk(Unabkömmlichkeits) 계층(산업화에 필수적인 노동자 계층)의 존재와 이들의 징집면제였다. 서부전역이 발발하기 전에 육군은 이 민간인들을 무기한으로 방위산업체에 동원했으나 동부전역 전에는 기한을 정확히 3개월, 1941년 9월까지로 한정해서 동원했다.[78] 3개월 이내에 전격전으로 덩치만 크고 내실이 없는 소련을 무너뜨릴 수 있다고 확신했기 때문이다.[79] 이와 반대로, 서부전역을 계획할 때 독일군 지도부는 제1차 세계대전과 유사한 장기전 쪽으로 방향을 잡아나갔다. 당시 산업화된 전쟁 시대에 군사적 대결도 결국에는 후방에서의 방위산업 능력에 따라 승패가 결정된다는 것을 경험했기에 이러한 정책을 입안한 것이다. 그러므로 가장 먼저 상당수의 노동자들이 방위산업체에 고용되었고, 1940년 1월 17일, 총통의 명의로 다음과 같은 명령이 발령되었다.

> "전투물자의 생산량 증대를 위해 일시적으로 병력이 부족해지더라도 방위산업체에 즉각 투입할 수 있는 필수적인 숫자의 숙련공들을 반드시 확보해야 하며, 긴급사태에 대비하기 위해 이들의 전시동원을 면제한다."[80]

덕분에 검은색 전투복을 착용했던 몇몇 전차병들은 이제 청색 작업복으로 갈아입어야 했다. 히틀러와 그의 군사 고문들은 기갑부대에 의한 신속하고도 결정적인 작전은 안중에도 없었다. 그들은 서방국가들과의 장기간의 투쟁을 위해 경제적 · 군사적 준비에 박차를 가했다.

2 - 5

육군의 편성은 전격전을 지향했는가

"이 모든 승리는 (…) 전차가 아니라 오직 보병의 공세적 신념으로 달성된 것이다. 이는 영원불멸할 기념비적 업적이다."[81]

6월 4일 됭케르크 작전 직후, B집단군의 전투일지

1. 병력 편성

영국의 군사학자 해킷John Hackett 장군은 독일군의 전격전의 성공에 대해 현재 널리 인정받고 있는 다음과 같은 분석을 내놓았다.

"진정한 전격전은 대담하고 고도로 숙련된 그리고 참신한 전문성을 요구한다."[82]

담대하고 고도로 숙련된 전문적인 전투원, 거기에다 젊음까지 갖춘 전격전의 용사들이라는 이상적 관념은 소수의 기갑사단에는 정확히 어울리는 표현일지도 모른다. 그러나 이들은 프로페셔널한 영국군처럼 '전문 직업군'이 아니라 의무복무 병사들이었다. 서부전역 시 독일 육군 병사 중 25%가 40세 이상이었으며, 50%는 몇 주 미만의 기초 군사훈련을 수료한 신병들이었다.[83]

병력과 관련된 문제는 국방군 전력 증강 과정에도 영향을 줬기 때문에 앞에서 상세히 논한 바 있다. 여기에 부언하자면, 특히 장교의 숫자가 심각하게 부족했다. 히틀러는 1935년 징병제를 도입한 후 서부전역 발발 전까지 550만 명의 병력을 보유한 육군을 조직했다. 그러나 그처럼 단기간에 그 규모에 적합한 중대장, 대대장 등의 핵심 지휘관들을 양성하는 것은 불가능했다. 수십만 명의 장교를 보유했던 제국군에 비해, 베르사유 조약에 따라 국방군에 허용된 장교의 수는 겨우 4천여 명이었다. 그중 수의사와 군의관 450여 명과 공군 창설에 동참한 500여 명의 장교를 제외하면 단 3,050명의 장교들이 수백만 독일 육군의 핵심적 역할을 수행한 것이다.[84] 이와 견주어, 군사력에 관해 특정한 국제법적 제재가 없었던 프랑스군은 제1차 세계대전 이래로 수많은 장교들을 양성할 수 있었다. 그 결과 제2차 세계대전 개전 당시 프랑스 육군은 제1차 세계대전 때에 비해 3만 9천 명의 현역장교와 예비역 장교 9만 명 이상을 추가로 보유하고 있었다.[85] 그러나 1940년 초, 전격전을 수행하는 데 필수불가결한, 고도로 양성된 전문 직업장교는 독일군 야전부대 내부에서 일찍부터 비밀리에 양성되고 있었다.

2. 군비

무기에 관해서 독일의 군비증강 사업은 처음부터 '전격전'의 비전Vision보다는 시대착오적인 '참호전 사상'이라는 편협한 안목에서 시행되었다. 이러한 측면에서 나치주의자의 선전이 낳은 일화들, 즉 주위의 보수적 성향의 장군들과 철저히 차별된, 히틀러만의 선견지명을 선전하는 문건들이 날조된 것임을 증명하기란 그리 어렵지 않다. 이 독재자의 지도력을 의심하게 만드는 사실 중 하나는, 그가 언제나 정치적·전략적 분야는 간과한 채, 군사 문제의 세부사항에 시시콜콜 관여하느라 정력을 낭비했다는 것이다. 또한 그의 광기를 고려할 때, 서부전역 발발 전까지 그가 전차에 그처럼 무관심했다는 사실이 놀라울 따름이다. 그는 제2의 베르됭 전투†를 치르게 될 것이라고 보고 중포병을 증강시킬 생각에 집착했다. 급기야 그는 이미 진수進水가 완료되어 유일하게 운용이 가능한 '샤른호르스트Scharnhorst'와 '그나이제나우Gneisenau' 전함의 함포를 떼어다 마지노선 극복에 사용해야 한다는 극단적인 구상까지 하게 되었다. 이 같은 무리한 요구로 해군 총사령부는 엄청난 분란에 휩싸였다.[86]

또한 히틀러가 '탄약 부족의 위기'에 과도하게 반응한 나머지 심각한 정신발작 증세

† 베르됭은 프랑스 동부의 요새지역으로, 이곳에서 1916년 제1차 세계대전 때 독일과 프랑스 측이 도합 약 70만 명의 병력을 잃은 치열한 참호전이 벌어졌다.

❙1940년 독일의 '전격전 군대'의 선전(위)과 실제(아래)❙

까지 보인 것은 이 독재자와 그의 군사 고문들이 제1차 세계대전 때의 진지전에 얼마나 심취해 있었는지를 보여주는 단적인 증거이다. 전격전의 결정적인 근본 요소는 화력이 아닌 기동이다. 화력, 즉 탄약 부문 외에 다른 군수분야들은 한층 더 심각한 문제들을 안고 있었다. 1940년, 소위 '전격전 군대'라고 불린 그들에게 차량이 부족했다는 사실은 아이러니가 아닐 수 없다. 영국 원정군BEF은 차량 성능과 무장 면에서 최첨단 수준에 있었고 프랑스군은 수많은 민간 수송차량까지 징발해 도합 30만 대가량을 동원할 수 있었다.[87] 반면 독일군은 1940년 초에 겨우 12만 대의 차량만으로 공격작전 시 적의 영토까지 이어지는 병참선을 유지해야 했다.[88] 이를 근거로 볼 때, 완벽하게 차량화된 '전격전 군대'를 의미하는 독일군의 그림과 사진들은 오로지 선전을 위한 허상일 뿐이다. 국방군의 차량이 이렇게 부족했던 근본적인 이유는 바로 철과 고무의 부족이었다.[89] 독일은 매월 겨우 1천 대의 차량을 생산할 능력밖에 없었고 이 숫자는 전투예비량의 1%에도 훨씬 못 미쳤다. 이는 일반차량 부문의 상황이 얼마나 심각했는지를 잘 대변해준다. 차량 생산 능력은 월간 손실률(비전투 손실)† 2%조차도 극복하지 못할 만큼 절박한 상태였으며,[90] 유류 비축량도 서방국가들에 비해 현저히 떨어졌다.[91]

일반차량의 부족 문제를 해결할 수 없다는 결론에 도달하자 할더 장군은 엄중한 '반反차량화 프로그램'을 추진했다. '기존 및 새로 창설되는 부대의 차량을 가차없이 제한'[92]한다는 것이었다. 기마가 자동차의 엔진을 대신해야 할 시대착오적인 결정을 내릴 수밖에 없는 상황이었다. 그리하여 1940년 초 국방군의 상징은 전차와 자동차가 아닌 기병이 되었다. 제1차 세계대전 때 독일 육군은 140만 필의 말을 사용했으나, 제2차 세계대전 때는 그 두 배인 약 270만여 기騎의 기병이 육군에 편성되었다.[93] 독일군이 1940년 5월에 보유한 157개의 사단(창설 중이던 부대들까지 포함해서)들 중 단 16개 사단, 즉 10%만이 완전 차량화되었고 나머지 사단들의 기동수단은 대부분 마차나 도보였다. 서부전역에서도 역시 '전장의 여왕'은 보병이었던 것이다.

독일군 사단의 대부분은 장비가 궁색했을 뿐만 아니라 전투력도 대단히 취약했다. 전체 사단 중 절반 정도만이 전투준비 태세를 갖춘 상태였고 나머지 절반은 병력과 장비 수준이 매우 미흡했다.[94] 그럼에도 불구하고 히틀러는 이처럼 미비한 국방군을 세계대전이

† 기계적 고장 등 전투 이외의 요인 때문에 생기는 손실.

라는 모험—군비 면에서도 '모험적'이란 표현이 적절하다—의 구렁텅이로 내던져버린 것이다. 대부분의 독일군 사단들은 전투물자 면에서도 프랑스와 영국의 상비 사단들과 비교할 수조차 없는 상태에 놓여 있었으며, 몇몇 사단은 제1차 세계대전 때의 수준에도 못 미쳤다. 수많은 아들들은 자신들의 아버지가 지난번 전쟁 때 사용했던 소총을 어깨에 메고 있었고, 이들의 아버지들까지도 제1차 세계대전에서 직접 다뤘던 소총을 받아 참전해야 하는 상황이 속출했다.[95]

3. 부대 편성

1940년 초 독일 육군의 부대 편성 수준은 아직 현대적이지 못했다.[96] 2, 3등급 수준의 사단들이 다수를 차지했고, 최신예 장비와 최고의 교육훈련으로 편성된 엘리트 사단은 극소수에 불과했다. 따라서 독일 국방군 내부에는 완전히 상이한 2개의 육군이 존재했다. 하나는 10개의 기갑사단과 6개의 차량화보병사단 부류였고, 또 하나는 전통적인 육군, 즉 구식 무기로 무장한, 저급한 수준의 사단들이었다. 이 중 전자인 16개의 최정예 사단들만이 전격전을 수행할 수 있는 능력을 갖추었던 반면, 나머지 90%의 사단들은 방어작전은 수행할 수 있으나 전격전에는 전혀 적합하지 않은 부대들이었다. 현대적인 '작전술 차원의 기동전'은 기동성을 갖춘 부대만이 수행할 수 있기 때문이다.

정치지도부는 국방군의 기존 부대들을 무장시키기도 벅찬 상황에서 끊임없이 새로운 부대를 창설하려 했다. 따라서 장비, 교육훈련 그리고 장교단의 능력 등의 관점에서 1제대와 다음 제대 사단의 질적 격차는 점점 더 벌어질 수밖에 없었다.[97]

- 제1제대는 예비역으로 보충된 평시 육군의 상비사단들이었다.
- 제2제대는 제 I 예비역(정규 교육과정을 수료한)의 젊은 병사들이 주축이 된 부대들이었다.
- 제3, 4제대는 제 II 예비역 병사들로 편성된 부대로, 병사들은 단 2~3개월의 단기 교육 과정을 거쳐 양성된 '백색년생'이었다. 또한 일종의 향토예비군Landwehr이 있었는데 이들도 높은 비율을 차지했다. 여기에는 제1차 세계대전에 참전한 역전의 용사들도 있었지만, 이미 40세를 넘긴 사람들이 대부분이었다.
- 추가로, 45세가 넘은 많은 지방수비대Landesschützen가 현역으로 소집되었다. 이들은 후방에서

경계와 초병 임무에 투입되었는데 인적 자원이 심각하게 부족한 나머지 지방수비대 중대들도 때로는 전투부대로 편성되곤 했다. 이들은 최소한의 필수적인 군장만을 지급받았으며 다수의 병사들은 전쟁 초기에 철모는 물론 군화와 방독면, 식기도 보급받지 못했다. 일부는 군복도 지급받지 못해서 '독일 국방군'이라고 적힌 완장을 착용하여 우군임을 표시해야 했다.

이 네 부류의 제대로 구성된 병력들과 지방수비대의 지원하에 독일군은 전쟁을 일으키게 된다. 이때 육군 상비 사단의 병력은 겨우 73만 명이었는데, 이는 전체 병력의 1/5에도 못 미치는 숫자였다.

- 서부전선의 방어 임무를 위해서 다시금 제5제대 부대들이 편성되었는데 이 부대의 병력 수준은 오합지졸 그 자체였다. 대다수의 병사들이 고작 8주 정도의 훈련밖에 받지 못했고, 당시로서는 그것이 최선이었다.
- 그럼에도 불구하고 국방군은 서부전역 개전까지 4개 제대(6~9제대)를 추가로 동원, 편성했다. 이는 전체 독일 병사의 절반 가까이가 몇 주 간의 교육을 받고 전선에 투입되었으며 1/4에 해당하는 병력이 40세 이상이었다는 것을 의미한다.
- 서부전역 발발 이틀 전인 5월 8일, 제10제대(총 9개의 사단) 편성 명령이 떨어졌다. 이 부대의 교육훈련은 이 사단들이 전선에 투입되기 전까지 되도록 신속하게 10~14일 내에 완료되어야 했고 다수의 장교 보직이 장교후보생으로, 50%의 부사관 보직이 병사들로 채워져야 했다. 그러나 전역이 조기에 종료되는 바람에 전투에 투입되지 않았던, 아니 전투임무를 수행할 수 없었던 이 사단들은 다행스럽게도 개죽음만은 면할 수 있었다.

군사지도부는 전력의 질적 증강과 양적 증강 사이에서 심각한 갈등을 겪고 있었다. 폴란드 전역이 종결된 이후, 제대로 전력화하지도 못할 새로운 사단급 부대를 창설하는 것보다 오히려 대다수의 병력을 방위산업에 투입해야 한다는 제안도 있었다. 현존하는 부대에 필요한 화기와 장비라도 충분히 생산·보급해야 한다는 이유에서였다. 육군 총사령부로 개진된 C집단군의 진정서는 이를 분명히 보여준다.

"부대들 간의 수준 격차를 심화시키면서 쓸모없는 부대들을 계속 창설하는 것보다는 현

|1940년 5월 10일 독일군 사단들의 전투력|

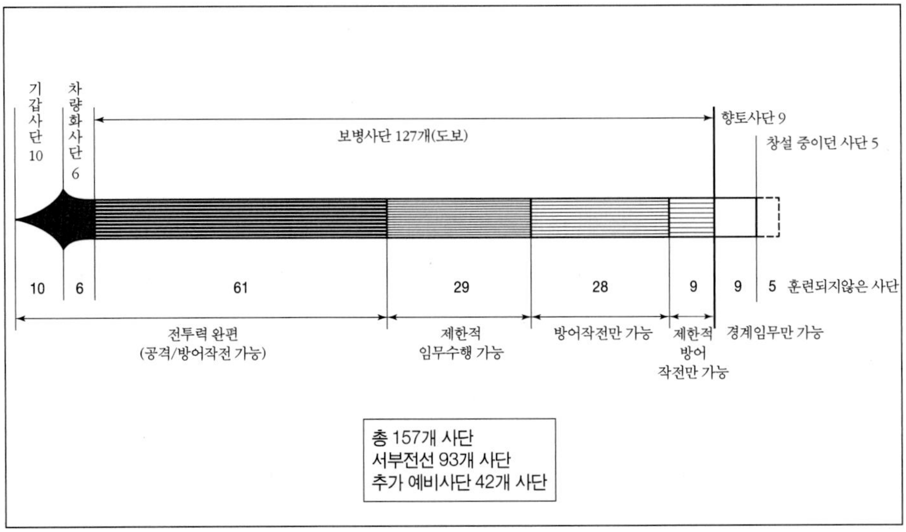

재 완편된 사단들이 〔…〕 지속적으로 전투력을 갖출 수 있도록 화기와 장비를 생산 · 공급해 주는 것이 훨씬 상책이다."[98]

하지만 당시의 대세는 양적 팽창 원칙이었다. 이로써 새로운 사단들이 계속 창설되었고, 이는 우수 자원들이 창설부대의 간부로 차출되는 바람에 제1, 2제대 부대들이 취약해지는 뜻밖의 결과를 낳고 말았다.

만일 한 국가의 군사지도부가 강력한 전투력을 보유한 기계화된 부대를 이용해 적을 단숨에 쓰러뜨리는 '전격전'을 계획했다면, 다수의 3류 보병사단, 그것도 단지 고정적인 방어작전에나 적합한 부대들을 창설하려고 했다는 것은 분명 이치에 어긋난다. 그러므로 독일 국방군 지도부는 이번 전쟁 개념을 '장기전'으로 설정했고 제1차 세계대전의 재판인 진지전을 준비하고 있었던 것이다. 위의 병력 구조 도표가 이를 쉽게 증명해준다. 끝도 없이 장기간 지속될 참호전을 대비하기 위해서는 기본적인 방어 임무만 수행할 수 있는 수준의 보병사단이 더 많이 필요하기 때문이다.

독일 육군의 구조는 그림처럼 끝이 뾰족한 강철 창에 비유할 수 있다. 목재로 된 창 자루는 우측으로 갈수록 길이가 길어지면서 강도도 약해지는 형태를 띠고 있다. 여기서 강철로 이루어진 창끝, 즉 최첨단 부대들이 연합군 전선에 강력한 돌파를 감행해야 하는 첨단으로서, 지헬슈니트 작전의 주역이었다. 이러한 '고속 기동부대', 즉 기갑사단과 차량화 보병사단들이 대부분의 비차량화부대들과 멀리 이격되어 상급부대의 계획과 명령을 어겨가며 급속도로 공세를 펼쳤던 것이 바로 전격전이었다. 그로 인해 보병사단들은 전격전의 엑스트라로 전락했다. 그도 그럴 것이 보병사단들이 수행했던 작전은 오로지 기갑사단의 꽁무니만을 따라 후속해서 이들이 점령한 지역을 접수하는 것뿐이었다. 그 때문에 웃지 못할 사건들이 여기저기서 발생했다. 기갑사단들이 이미 최초의 일격에서 작전술 차원의 돌파를 성공시켜 전체 전역의 선결조건을 달성했던 때에, 보병사단의 병사들이 탑승한 차량들은 아르덴에서 교통체증에 시달리고 있었다. 더욱이 대부분의 보병 병사들은 낡은 소총을 단 한 번도 쏴보지 못할 정도로 적과의 조우가 전혀 없었다.[99]

연합국의 첩보원들과 정보부대원들은 훗날 엄청난 비난을 면치 못했다. 수많은 정보를 수집해 놓고도 독일군의 '전격전 군대'의 편성에 대해 정확히 파악하지 못했기 때문이다. 하지만 한편으로 이러한 비난은 얼토당토않다. 사실상 독일 육군의 편성은 '전격전 군대'와는 거리가 멀었기 때문이다.

4. 작전술-전술적 개념

서부전역 이전의 군사 자료나 명령 등의 문서에서 작전술-전술적 전격전에 대한 교리가 존재했다는 증거는 좀처럼 찾아볼 수 없다. 1940년에 들어서야 비로소 육군 교범에 기갑병과의 작전술적 활용 가능성에 대한 제안들이 나타나기 시작했다.[100] 그러나 제1차 세계대전식의 사상에 몰입해 있던 대부분의 장군들은 전격전이라는 획기적인 전투방식을 강력히 거부했다. 오로지 구데리안 같은 극소수의 진보주의자들만이 현대적인 '기동전'에 대한 비전을 염두에 두고 있었다. 그의 관념은 주위 사람들에 비해 너무나 혁신적이었기 때문에, 그는 처음부터 육군 총참모부 내의 '보수주의 장벽'에 맞서 힘겨운 투쟁을 벌여야 했다.[101] 구데리안은 제국군 시절 젊은 장군참모장교로서 차량화수송대대에 근무할 때 "수송 부대를 전투근무지원부대에서 전투부대로 전환시키고 싶다."[102]고 희망한 적이 있는데 당시 직속상관인 폰 나츠머Wilhelm von Natzmer 대령은 그의 말을 이렇게 맞받아쳤다.

"전투부대는 무슨! 그들은 밀가루를 실어 날라야 한단 말이야!"[103]

서부전역 발발 직전에도 국방군 내부에는 장차전 양상에 관해 서로 다른 관점을 가진 두 집단이 대립하고 있었다. 다수를 차지하는 보수주의 세력들은 종래의 원칙론을 내세우고 있었고, 소수의 진보주의자들은 많은 사람들이 의심스러워하는 새로운 이론의 타당성을 입증해 보이겠다며 이에 맞섰다.

전격전의 기원과 관련해서, 서부전역 당시 제1기갑사단의 군수참모였던 예비역 대장 킬만스에크Johann Adolf Graf von Kielmansegg의 언급은 대단히 주목할 만하다. 그는 '흔히 말하는 전격전 개념'이 독일군 승리의 근간이 되었다는 데 이의를 제기했을 뿐만 아니라, 전격전은 '철저한 시스템적 계획'과는 거리가 멀었다고 주장했다. 그는 오히려 서부전역은 어떤 측면에서는 시종 '즉흥곡' 같은 형태로 진행되었으며, 더 정확히 표현하자면 '상황에 따라 어쩔 수 없이 대응한 임시변통의 고식지계姑息之計'로 보는 편이 타당하다고 말했다.[104]

독일 육군 총참모장으로서 독일군의 작전 준비와 실시를 지휘한 할더 장군도 서부전역의 종결단계에 이르러 이 전투는 '전격전 개념'이 없는 '전격전'이었다고 실토했다.

"전 세계 국가들이 독일군의 새로운 전쟁수행방법을 연구하고 있으나, 그런 것은 존재하지도 않았다. 왜냐하면 전쟁이란 항상 임기응변으로 수행해야 하는 것이기 때문이다."[105]

유명한 공수부대 지휘관인 슈투덴트Kurt Student 장군도 이와 관련해서 다음과 같이 분명하게 언급했다.

"원래 '전격전'이란 것은 존재하지도 않았다. 사실 이는 주어진 상황과 시간적 제약 때문에 어쩔 수 없이, 그리고 점차적으로 생겨난, 공중에 떠 다니는 일종의 개념에 불과하다."[106]

2 - 6

독일군의 전투력은 우세했는가

"수적 우세는 〔…〕 전술적 측면에서뿐만 아니라 전략적 측면에서 전쟁의 승패를 가늠하는 가장 보편적인 요소이다." 107

클라우제비츠

적의 규모를 부풀리고 아군 전투력을 축소하는 것은 전쟁을 선전할 때의 기본원칙이다. 특히 아군이 승리했을 때, 이 원칙은 승리를 더 찬란한 영광으로 빛나게 하지만, 패배했을 때는 패배를 정당화하는 이유가 되기도 한다. 서부전역에 관한 많은 문헌들은 독일의 전력이 연합국의 그것보다 월등히 우세했다는 비상식적인 내용들을 여과 없이 그대로 담고 있다. 왜 독일 제3제국의 공식 언론들은 세계 곳곳에 파급된 이 우스꽝스러울 정도로 과장된 보도내용을 부인하지 않은 걸까? 만약 보도 내용을 부정했더라면 실제로도 수적으로 열세였던 독일 국방군의 승리는 더욱 화려해 보였을 텐데 말이다. 그렇다면 어째서 괴벨스에 의해 완벽히 조율되던 독일의 선전기관들은 서방국가들의 언론에 나타나는 공포스런 독일군의 이미지를 한층 더 강조할뿐더러, 더 나아가 극단적이고 과장된 표현을 써야만 했을까? 이유는 매우 간단하다. 독일 측 선전의 최우선적인 목적은 영국의 계속되는 전쟁 수행에 제동을 걸고 미국을 위협해 참전을 막는 것이었기 때문이다. 국방군이 '천하무적' 이라는 신화만큼 이 목적을 달성하는 데 적절한 방책이 있었을까? 이런 선전을 통해, 강철로 된 파도처럼 쇄도해 어떤 적이라도 무너뜨린다는 독일 '전격전 부대' 라는 공포와 전율을 불러일으키는 이미지가 형성되었다. 실제 독일제국의 천연자원 부족이 얼마나 심각했는지는 이미 1940년에 드러나기 시작했다. 영국에서의 공중전을 통해 독일 공군기 대부분이 짧은 항속거리로 인해 전략적 공습에 부적합하다는 사실도 밝혀졌다. 반면 영국은 전략적 · 전술적 무기체계 분야에서 눈부신 발전을 거듭해 독일의 수준을 훨씬 앞지르고 있었다. 방위산업체의 경우에도 독일은 1940년의 생산량이 전년 대비 76% 상승한 반면, 미국은 150%, 영국은 250% 이상 상승했다. 독일은 해상봉쇄를 당한 이후 경제적으로 매우 피폐해졌기 때문에 군비 경쟁에서 해상 패권국가의 양대 산맥인 이들의 경쟁상대가 되지 못했다. 이듬해 독일 방위산업체의 생산성은 제자리걸음에 머물렀으나 영국은 전시경제체제로 전환되어 86%, 미국은 200%의 증가율을 기록했다.[108] 더군다나 경제적 면에서 자타가 공인하는 세계 초강대국, 미국에게 이러한 성장은 단지 시작에 불과했다. 그들은 진주만에서 불의의 기습을 당한 후인 1941년 12월, 세계대전에 참가하겠다는 의사를 표명하고서 무시무시한 템포로 군비증강에 박차를 가했다.

여하튼 서로 상이한 의도였지만 서부전역을 분석하면서 서방세계와 독일 출신의 작가들, 그리고 언론은 마치 협상이나 한 듯 독일 국방군을 사실보다 과장되게 표현했다. 프랑스와 영국의 언론과 작가들은 불가사의하게 괴멸당한 아군의 전투력이 적보다 열세했다고 말할 수밖에 없었으므로 전투력의 격차를 실제보다 훨씬 더 많이 벌려놓았다. 이로 인해 하나의 신화가 창조되었으며, 이것이 오늘날까지 지속된 것이다.

1. 병력 비교

(1) 독일제국

5월 10일 독일 국방군은 이론적으로는 도합 약 540만 명의 병력을 보유하고 있었다. 각 군별로 병력을 살펴보면 다음과 같다.

- 육군 : 약 420만 명
- 공군 : 약 100만 명
- 해군 : 약 18만 명
- (추가적으로) 무장 친위대Waffen-SS : 약 10만 명[109]

그러나 이는 예비군과 단순노동에 투입된 건설 자원까지 포함한 숫자로, 그 수는 1939년 9월 현재 약 42만 7천 명이었다. 또한 동부전선과 폴란드에 잔류한 병력, 노르웨이, 덴마크로 투입된 병력을 제외하면 총 병력 수는 현저히 감소한다. 후방에 예비대로 배치된, 그것도 부분적으로 조직된 병력까지 포함해도 서부전선에 투입된 육군 병력은 300만 명 정도에 불과하다.[110]

(2) 연합군

프랑스군은 1939년 9월 초 이미 총 610만 명의 병력을 동원했다.[111] 이 중 육군은 1940년 초에 약 550만 명(식민지 부대를 포함)을 차지했고 그중 약 224만 명은 독일군 공세 초기에 북동부 전선에 배치되었다.[112]

영국군은 평시에 직업군인들로만 구성되어 있었으며, 1939년 9월 동원령을 선포한 이후 육군은 89만 7천 명의 병력을 확보했고 1940년 6월까지 병력은 165만 명으로 증가했다.[113] 프랑스를 지원하기 위해 영국은 대륙으로 원정군을 급파했고 1940년 5월, 그 수는 프랑스행 승선 준비를 완료한 예비군을 포함해서 약 50만 명에 이르렀다.[114]

히틀러가 침략의도를 표출하자 네덜란드와 벨기에도 동원령을 선포했다. 민병대를 제외하고도 네덜란드 육군은 약 40만 명, 벨기에는 약 65만 명의 병력을 확보했다.[115]

종합하면, 전역 초기에 서부전선의 독일 육군 병력은 예비군을 포함해서 도합 약 300만 명이었으며, 연합군의 지상군 병력은 약 400만 명에 달했다.

2. 사단 보유 수

5월 10일 독일 육군은 157개 사단을 보유했다.[116] 이 중 135개 사단(42개 예비사단을 포함)이 서부 공세에 투입되기로 계획[117]되어 있었으나, 이들 중 수 개의 사단은 막 창설되었고 전투에 투입되지 않은 부대들도 많았다. 즉 전역이 개시되었을 때 93개의 사단만이 공세에 참가했다.

반면 프랑스는 117개 사단을 보유했으며 이 중 104개 사단(예비사단 11개 포함)이 북동부 전선에 배치되었다.[118] 영국 원정군은 전역 초기에 13개 사단으로 편성되었으나 이 중 3개 사단은 당시 완전한 전투편성을 갖추지 못한 상태였다.[119] 그 밖에 제1기갑사단과 제

52사단이 증원 전력으로 대륙에 파견되었다.[120] 또한 연합군의 작전계획에 의거해 벨기에군 22개 사단과 네덜란드군 10개 사단이 각각 전장에 투입되었다.[121]

따라서 이를 종합해볼 때 1940년 5월 독일군은 135개 사단(42개 예비사단을 포함)을, 연합군은 총 151개 사단을 보유했다는 결과를 산출할 수 있다.

3. 포병

서방국가들은 독일군에 비해 포병 전력 면에서 두 배 가까이 우세했다. 프랑스만 해도 10,700문 이상의 야포를 보유했다. 여기에 영국군 1,280문, 벨기에군 1,338문, 네덜란드군 656문의 야포를 포함하면, 연합군은 총 약 14,000문의 야포를 보유했으나, 독일 국방군은 그 절반 수준인 7,378문만을 보유했다.[122]

4. 전차

(1) 산술적 비교

〈표 2-2〉를 면밀히 분석해보면 이 독일군 기갑전력은 매우 과도하게 책정되어 있다. 일부 저자들은 이 통계에서 Ⅰ호 전차를 제외하기도 한다. '우스꽝스러울 만큼 조그마한 전투차량'(렌 데이턴Len Deighton[123])이라고도 불린 Ⅰ호 전차에는 무장이라고는 기관총밖에 없었다. Ⅱ호 전차도 고작 2cm 구경의 전차포를 탑재했을 뿐, 화력이 매우 취약해서 적 전차와의 교전은 사실상 불가능했다. 독일군 전차 중 349대의 Ⅲ호 전차와 278대의 Ⅳ호 전차들만이 진정한 전차라고 불릴 만했다. 또한 독일군 기갑사단 10개 중 3개—롬멜의 제7기갑사단도 그중 하나였다.—는 체코산 전차를 주축으로 편성되어 있었지만, 그럼에도 불구하고 독일군 기갑전력은 프랑스군에 비해서 분명 열세였다. 프랑스 기갑전력의 압도적인 우

〈표 2-2〉 1940년 5월 10일 독일군의 기갑전력

구분	계	독일 전차				체코 전차	
		Ⅰ호 전차	Ⅱ호 전차	Ⅲ호 전차	Ⅳ호 전차	35(t)형 전차	38(t)형 전차
수량(대)	2,439[124]	523	955	349	278	106	228

〈표 2-3〉 1940년 5월 10일 북동부 전선의 프랑스 기갑전력

구 분	수량(대)	구 분	수량(대)
AMR/AMC	450	D1	45
르노 F.T.1918	315	D2	100
르노 35	900	소뮤아	300
호치키스 35/39	770	샤르 B	274
FMC	100	총계	3,254[125]

위는 〈표 2-3〉에서 명확히 나타난다. 제1차 세계대전 이후 프랑스에서 생산된 전차의 중량을 합하면 총 61,645톤에 달했으나, 독일의 그것은 겨우 36,650톤에 불과했다.[126]

〈표 2-3〉의 기갑전력은 5월 10일 북동부 전선에 배치된 프랑스 전차들만을 고려한 것으로, 프랑스 육군은 총 4,111대(북아프리카와 기타 해외에 주둔 중인 250대를 제외하고도)를 보유했다.[127]

독일 침공 당시 유럽대륙에 파견된 영국 원정군은 310여 대의 전차를 보유했으나, 5월 말에는 제1기갑사단의 전투차량 330대도 도버 해협을 건너 프랑스 전선에 투입되었다.[128]

여기서 짚고 넘어가야 할 점은, 지금까지 서부전역을 논할 때 벨기에와 네덜란드가 보유한 전투차량을 간과했다는 것이다. 이 전차들은 대부분의 독일 전차들(Ⅰ호와 Ⅱ호)과 동등한 수준이거나 그보다 월등히 우수했다. 특히 이들의 전투차량은 구경 4.7cm의 주포를 장착했고, 벨기에군은 약 270대(주로 T13과 T15)를, 네덜란드군은 약 40대(대부분 란트스베르크Landsverk형 전차)를 보유했다.[129]

결론적으로, 연합군이 압도적으로 우세한 독일 기갑부대의 제물이 되었다는 주장은 또 하나의 전설일 뿐이다. 실제로는 1940년 5월 2,439대의 전차를 보유한 독일 국방군이 두 배에 가까운 4,204대의 전차를 가진 연합군과 맞서 싸웠던 것이다.

(2) 성능 비교

제2차 세계대전의 중반 이후에나 등장한 중형重型 모델인 '판터Panther'[†](V호 전차)와

[†] '판터'는 '표범'이라는 뜻이다. 1940년 이후 개발된 독일군 전차들에는 동물의 이름이 붙었다. '티거Tiger' 전차는 '호랑이', 현재 운용 중인 '레오파트Leopard' 전차는 '표범'이라는 의미의 단어를 이름으로 삼은 것이다. 기갑 또는 장갑화된 전차를 뜻하는 'Panzer'는 'Panther'와 전혀 연관이 없는 단어이다.

'티거Tiger' (VI호 전차) 전차는 독일군 전차의 전형으로서 전 세계에 강렬한 인상을 남겼다. 1944년 전쟁 말기, 거대한 '쾨니히스티거Königstiger'†가 아르덴 삼림지대를 뚫고 기동할 때 미군이 받은 충격은 이루 말할 수 없을 정도로 컸다. 그들은 자신들이 발사한 전차 포탄이 독일군 전차에 명중되었다가 아무런 피해도 못 입히고 튕겨 나오는 장면을 직접 목격했다. 그러나 일부 작가들이 제2차 세계대전 때 최고의 전차[130]라고 일컫는 이 강철 거인들과 1940년 아르덴 및 다른 통로들을 통과한 독일군 전차는 판이하게 달랐다. 쾨니히스티거 전차 1대의 중량은 70톤으로 I호 전차의 열두 배에 달했다. 이 자그마한 독일 전차의 성능은 전차 개발을 위한 장기계획의 최초 단계에 해당하므로 계획이 진행되면서 후에 개발된 V호와 VI호 전차들과 비교하면 갓난아기나 다름없었다. 여기에서 1940년 초 기갑전력을 창출해내기 위해 한창 노력하던 독일의 전차 생산기술 수준을 단적으로 볼 수 있다.

한때 독일제국은 베르사유 조약에 의거해 전차 생산이나 보유를 엄격히 금지당했다. 이 때문에 소련 적군赤軍과의 공조기간을 이용해 소련의 카잔Kazan에서 엄중한 보안이 유지된 가운데 몇몇 시제품을 테스트한 적이 있지만, 서방국가들의 우수한 기술력을 따라잡기에는 역부족이었다. 히틀러가 기갑부대의 창설을 지시했을 때 독일의 기술자들은 여러 단계의 개발 과정을 건너뛰어야 했다. I호 전차는 구데리안의 구상에 따라 만든 순수 훈련용이었고, 전장에서 운용하기는 어려웠다. 구경 20mm의 취약한 화기를 장착한 II호 전차 역시 당시로서는 최선의 미봉책이 만들어낸 산물이었다. 그러나 III호와 IV호 전차의 개발과 생산이 기술적 문제로 계속 지연되어 I·II호 전차를 대량으로 생산할 수밖에 없었고 결국 이 전차들이 서부전역에 투입된 전차의 2/3를 차지하게 되었다.

게다가 독일은 전차 생산을 서두르는 바람에 기술적으로 해결해야 할 숙제들도 산재했다. 1938년 오스트리아를 병합할 때 이러한 문제점들이 심각한 사태를 야기했다. 독일군은 저항은커녕 오히려 오스트리아 국민 대부분이 1918년부터 독일제국과의 '합병'을 간절히 원하고 있던 터라 어디서나 열렬히 환영받았다. 그러나 행진하던 전차들 중 12대가 기계적 결함으로 인해 줄지어 고장 나는 해프닝이 벌어졌고, 결국 이 행렬은 환호하는 오스트리아 국민들과 정지해 버린 전차들 때문에 크게 지체되었다. 당당히 승리를 뽐내며

† '킹타이거Kingtiger' 라고도 함.

고향으로 진군하려던 히틀러가 얼마나 고통스러웠을까! 또한 단기간이었음에도 불구하고 폴란드 전역에서 수많은 독일군 전차들이 심각한 '소아기 질환'에 시달렸던 사실은 독일군 전차부대의 수준을 확연하게 보여준다. 서부전역에서도 전차가 고장 나는 빈도가 상당해서, 승패를 가르는 위기 사태가 발생하기도 했다. 개전 2주차에 접어들자 대부분의 부대들에서 가용 전차의 숫자는 전쟁 발발 시점 대비 절반 정도로 떨어졌다.

① 장갑 부문

독일과 연합국 전차 모델 간의 결정적인 차이는 다름 아닌 장갑의 두께였다. 독일군 Ⅳ호 전차는 30mm 장갑을 장착한 반면, 프랑스 샤르 B 전차는 60mm, 영국군 보병전투차량 마틸다는 80mm의 장갑을 사용했다. 어떠한 전차포와 대전차로켓으로도 파괴할 수 없었던 이 두 강력한 전차들은 독일군 병사들에게 충격을 주기에 충분했다. 충격의 정도가 얼마나 어마어마했는지는 수많은 전투 보고서에서 쉽게 찾을 수 있다. 5월 17일 제1기갑사단은 크레시Crécy 지역의 라옹Laon 북부에서의 전투를 다음과 같이 기록했다.

"남쪽 통로 입구를 이미 아군이 장악했음에도 불구하고 갑자기 프랑스군 전차들이 출현했다. 이들 중 한 대는 아군의 진지를 유린한 후 모르티에Mortiers로 진격하던 제1오토바이 보병대대를 뒤쫓아 전진했다. 기습당한 제1전차연대의 전차대대가 이 적 전차를 추격하여 전후방에서 포위한 뒤 무차별 사격을 가한 후에야 적 전차를 정지시키는 데 성공했다. 적 전차의 승무원들은 곧 백기를 들어 항복을 알렸다. 우리는 적 전차(샤르 B2)를 즉각 수색했는데 곳곳에 수많은 3.7cm 포탄과 몇 발의 7.5cm 포탄의 피격 흔적이 남아 있었다. 그러나 놀랍게도 단 한 발의 포탄도 이 전차의 장갑을 뚫지 못했다."[131]

같은 날 이곳에서 멀지 않은 다른 지역에서도 다음과 같은 일이 벌어졌다.

"제6기갑사단은 5월 17일 저녁 오트빌Hauteville-뇌빌레트Neuvilette의 교두보에서 프랑스군 중重전차의 공세를 막아냈다. 이때 네케나우어Neckenauer 중위의 부대는 한 문의 대전차포로 적 전차 한 대에 무려 25발의 사격을 가했고 26번째 포탄을 궤도에 명중시켜서 비로소 이 전차를 끝장낼 수 있었다."[132]

|주요 전차 모델 비교|

모델	중량(t)	장갑 두께(mm)	무장(주포구경) mm	보유 수
독일제국				
I호 전차	5.8	13	2×7.92MG	523
II호 전차	8.0	14.5	20	955
III호 전차	19.5	30	37	349
IV호 전차	20.0	30	75	278
35(t) 전차	10.5	25	37	106
38(t) 전차	9.7	25	37	228
영국				
보병용 전차 마크 II(A 12) '마틸다'	26.5	80	40	310 (1940년 5월 10일 프랑스 지역에 이미 배치된 숫자(다른 모델을 포함)) +330 (영국에서 프랑스로 추가 파병된 숫자)
크루저 마크 II A(A 10)	14.5	30	40	
크루저 마크 III(A 13 A)	14.8	14	40	

프랑스				
모델	중량(t)	장갑 두께(mm)	무장(주포구경) mm	보유 수
르노 FT	7.4	22	37	315
AMR	7.0	13	기관총 또는 25mm	450
AMC	14.5	40	25/37/47	
FCM	12.0	40	37	100
르노 35	11.0	45	37	900
호치키스 39	12.5	45	37	770
(D1)과 D2	(14.0) 20.0	40	47	(45) 100
소뮤아	20.0	55	47	300
샤르 B2	32.0	60	47+75	274

그 하루 전에는 스당 남부의 스톤Stonne에서 샤르 B 전차 1대가 행군 중이던 독일군 전차부대를 기습 공격해 13대의 전차와 2정의 대전차포를 궤멸했다. 이 전차는 총 140여 발의 독일군 전차 포탄을 맞았으나 그중 단 한 발도 이 전차의 장갑을 관통할 수 없었던 것이다.[133]

② 무장 부문

이 부문에서도 역시 개발 단계에 있던 독일군의 낙후된 기술 수준이 여실히 드러난다. 당시 프랑스는 구경 4.7cm 주포 생산 분야에서 세계 최고의 기술력을 자랑했다. AMC뿐 아니라 그 개량형인 D2, 소뮤아 전차와 샤르 B 전차에도 이 주포가 장착된 데다, 샤르 B는 당시 최첨단인 구경 7.5cm 포까지 탑재하고 있었다. 또한 제1차 세계대전 때 개발된 프랑스의 구경 3.7cm 포는 중重전차에는 다소 부적합했지만, 많은 현대적 모델의 장갑전투차량들은 공히 이 주포를 채택하고 있었다. 한편 대부분의 영국군 전차들의 표준 모델들은 구경 4cm의 주포를 장착했고 포구 속도도 매우 우수했다.

이에 비해, 앞에서 잠깐 언급했듯이, 대부분의 독일 전차들은 무장 면에서 절대적으로 열세였다. Ⅰ호 전차는 주포는 고사하고 겨우 2정의 기관총만을 장착했으며 Ⅱ호 전차는 연합군의 경장갑차량도 파괴할 수 없는 구경 2cm 기관포를 탑재했다. 따라서 독일군 전차의 2/3가 전차전에서는 무용지물이나 다름없었다. Ⅲ호 전차와 체코산 전차 2개 모델은 그나마 3.7cm 주포 1문을 장착하고 있었고, 보병들도 이 포를 대전차포로 개조해서 사용했지만 취약한 관통력 때문에 병사들이 '탱크 두들기는 망치'라고 빈정댈 정도였다.

Ⅳ호 전차에 탑재된 포는 구경이 7.5cm였지만 포신이 대단히 짧았는데 이는 당시 독일 전차기술의 미숙함을 단적으로 상징한다. 대소 전역에서 선보인 7.5cm 구경의 장포신을 장착한 같은 모델의 전차는 분명 전투력이 탁월했다고 평가된다. 하지만 1940년에는 전차 생산을 급히 서두르는 바람에 Ⅳ호 전차의 포탑에 대구경 포신을 조립하는 공정에 문제가 생겨 임시방편으로 길이가 짧은 L/24 포신을 사용했다. 영국제 구경 4cm 주포는 포구 속도가 800m/s인 반면, 이 포는 겨우 385m/s밖에 안 되어 유효 사거리도 영국제와 비교가 안 됐다. 결과적으로 포신이 톱에 썰려 나간 것 같은 Ⅳ호 전차의 주포는 명중률과 사거리 면에서 실패작이라 해도 과언이 아니었다. 적 전차와 조우했을 때에도 상대적으로 근접한 거리까지 이동해서 교전해야 했고, 가까운 거리에서도 연합군의 중重전차를 단 한 대도 파괴하지 못했다. 따라서 이들은 주로 지역표적에 대한 지원사격이나 적 보병을 제

❙위용을 떨친 프랑스의 샤르 B(2문의 주포를 장착 : 7.5cm/4.7cm 주포)❙

❙서부전역에서 독일군의 주력 전차였던 II호 전차(2cm의 주포를 장착)❙

압하는 데 사용되었다. 제4기갑사단의 전투일지에는 이 장비로 대전차로켓 같은 조그마한 점표적을 제압하는 데도 얼마나 큰 문제가 발생했는지에 대해 다음과 같이 기록되어 있다. 5월 15일 딜Dyle 방어선을 돌파할 때 제35전차연대의 제1대대가 겜블루Gembloux의 남부에서 한 대전차부대의 저지진지에 봉착했다. 그러나 이 대대의 중전차들조차도 대전차부대와의 결투에서 우세하지 못했다.

"제35전차연대 1대대가 보유한 거의 모든 IV호 전차들이 이곳에서 피격되었다. 적 대전차포 몇 문을 제압하기 위해 전차병들은 자신들의 전차에서 뛰쳐나와 적 진지로 접근해 소총으로 적들을 격멸해야 했다. 이렇게 해서 적 병사들을 포로로 잡는 데 성공했으나 이곳에서의 피해는 심각했다."[134]

이 얼마나 기막힌 사건인가! 이 '불쌍한 기병대'는 훈련장에서 얼차려를 받듯 그들의 전차에서 내려서 보병들처럼 포복으로 적 진지를 향해 돌격해 백병전을 치러야 했다. 더 아이러니한 사실은 이처럼 믿기지 않는 돌발 사태가 전쟁일지에는 너무나도 자랑스럽고 강렬한 논조로 기록되었다는 것이다. 전쟁의 고삐를 쥔 히틀러는 자신의 최정예 부대원들이라고 자부했던 전차병들에게 쓸 만한 전차를 제공할 능력이 없었다. 그럼에도 불구하고 어떻게 해서 몇몇 기갑사단들이 단독으로 며칠 만에 한 전역의 승부를 결판 지었는가가 앞으로 전개될 이 글의 가장 중요한 테마이다. 계속 언급하겠지만, 결론적으로 기갑부대 승리의 원인은 주포의 구경이나 장갑의 강도가 아니라 전혀 다른 곳에 숨어 있었다.

5. 항공기

(1) 산술적 비교

1940년 당시 독일 공군이 연합국 공군보다 훨씬 우세했다는 것은 오늘날까지 정설로 알려져 있다. 서부전역이 종결된 직후 프랑스 공군 총사령관이었던 뷔유맹Joseph Vuillemin 장군은 자신의 조종사들이 '다섯 배나 우세한 적들'을 상대로 싸워야 했다고 증언하기까지 했다.[135] 그러나 이러한 수치는 근거도 불분명할 뿐만 아니라 막연한 추측에 따른 것이기 때문에 대단히 의심스러운 부분이 많으며, 진실을 밝혀보면 이는 거짓일 가능성이 매우 높다. 이러한 왜곡은 최근까지도 학문적 고찰에 심각한 영향을 끼쳤다.

① 독일군

독일 공군의 전투력은 그 산출 결과가 다양하다. 독일이 1940년 5월 10일, 약 5천 대 이상의 항공기를 작전에 투입했다는 주장을 살펴보면 일단 그 숫자만큼은 타당해 보인다. 당시 공군의 전력은 문서상으로 정확히 총 5,446대였다.[136] 그러나 면밀히 분석해보면 그 숫자는 대폭 줄어든다. 실제로 작전에 투입할 수 있는 항공기는 4,020대뿐이었다. 게다가 순수 전투기(폭격기, 슈투카, 전폭기, 전투기, 중폭격기)만을 고려한다면 이 숫자는 더 줄어든다.[137] 결론적으로 서부전역 당시 가용 전력은 3,864대 중 겨우 2,756대에 지나지 않았다. 그중 실제로 몇 대가 전투에 참가했는지에 대해 정확하게 알려진 바는 없지만, 가용전력 2,756대 중 실제 작전에 투입되지 않은 전력을 감안했을 때 그 수치는 또다시 줄어든다. 여하튼 확실한 사실은, 이 전투기들 중 일부는 본토 영공 방어를 위해 후방에 남겨졌고 노르웨이의 공격에 대비한 일부 할당량을 제외하면 즉각 전투에 투입할 수 있는 항공기는 총 가용전력 3,578대 중 기껏해야 2,589대에 불과했다는 것이다.[138]

프랑스와 영국은 독일 공군력을 터무니없이 과장했다. 연합국 측은 적을 과대평가함으로써 공공연하게 자신의 패배를 조금이나마 정당화하려 했다. 그러나 독일 공군 또한 스스로 자신들의 전력을 과장했다. 이것은 괴링의 허영과 선전적인 계산이 복잡하게 뒤섞여 빚어낸 치명적인 결과였다. 당시 상황에 대해 공군 대장 빌헬름 슈파이델Wilhelm Speidel은 다음과 같이 불만을 표시했다.

"전쟁 전과 전쟁 중에 독일 공군은 역사상 유례없이 스스로를 기만했다. 총참모부나 각 부

〈표 2-4〉 1940년 5월 10일 작전에 투입된 독일군 전투기(서부전역)

구 분	총 보유 전력	작전 투입 가능
폭격기(He 111, Do 17, Ju 88)	1,563	1,090
슈투카(Ju 87)	376	316
전폭기(Hs 123)	49	38
전투기(Me 109)	1,279	923
중폭격기(Me 119)	311	222
총계	3,578	2,589

대의 지휘부가 그렇게 한 것이 아니다. 예하부대들은 적어도 자신들의 취약점을 정확히 파악하고 있었고, 전투력을 증대하기 위해 전력투구했다. 그러나 최고위층, 특히 공군 총사령관은 전투기 대수에만 관심을 기울였고, 그가 듣고 싶은 숫자, 믿고 싶은 숫자만을 중요하게 여겼다. 〔…〕 괴링은 1940년 5월 10일 아침 활주로에서 이륙을 준비한 폭격기 대수가 기껏해야 1,000대 정도였다는 사실을 전혀 몰랐다."[139]

② 프랑스

서부전역 발발 시 프랑스 공군은 2,402대의 전투기, 1,160대의 폭격기와 1,464대의 정찰기를 합해 총 5,026대의 항공기를 보유하고 있었다.[140] 전투기와 폭격기, 즉 전투용 항공기 수만 해도 3,562대에 달했다.[141]

그러나 생존자들이나 몇몇 역사학자들은 〈표 2-5〉의 자료에 대해 '미스터리'라고 언급하면서 설득력이 부족하다는 의견을 내놓았다.[142] 프랑스 공군이 총 3,562대의 전투용 항공기(전투기 2,402대, 폭격기 1,160대)를 보유했다면 이는 독일군의 3,578대(노르웨이 방면에 투입된 비행단을 제외하고)와 거의 비슷한 수치이다. 그러나 5월 10일 독일군은 2,589대의 전투용 항공기를 투입한 반면, 프랑스군은 879대만 투입했다. 465대의 전투기가 프랑스 본토 밖(주로 북아프리카 지역)에 전개되어 있었다고 쳐도, 나머지 1,528대의 전투기와 690대의 폭격기†는 어디에서 무엇을 하고 있었단 말인가? 1942년 리옹Riom에서 열린 국회 청문회에 출석한 위정자들과 장군들은 이 같은 내용의 신랄한 질문공세를 당해야 했다.

〈표 2-5〉 1940년 5월 10일 프랑스 전투기

구 분	전투기(대)	폭격기(대)	총계(대)
북아프리카/식민지 부대	237	228	465
프랑스 후방지역	1,176	511	1,687
전선 지역	989	421	1,410
총계(총 보유 전력)	2,402	1,160	3,562
전선 지역에서 전투 준비가 완료된 전투력	637	242	879

† 프랑스 후방지역+전선 지역−전선 지역에서 전투 준비가 완료된 전투력

영국 작가 데이턴Len Deighton은 당시의 상황을 이렇게 회상했다.

"오히려 증인석에 앉은 가믈랭Gamelin 장군이 질문을 던졌다. '당시 5월 초 가용했던 2천여 대의 최신예 전투기들 중 어째서 고작 500대도 안 되는 전력이 북동부 전선에 배치되었을까요?' 사실 이 질문은 총사령관 자신이 답해야 했다. 그러나 그는 '나도 그것 때문에 깜짝 놀랐습니다.'라고 덧붙였다. 우리는 물론 그 사실에 놀랄 수밖에 없었다. 하지만 가믈랭에게 놀랄 권리가 있을까?"[143]

프랑스 공군 총사령관 뷔유맹 장군의 진술을 들어보면 한층 더 의심스러운 면이 발견된다. 그는 프랑스군의 항공기 보유 수가 독일의 침공 개시 때보다 서부전역이 종결된 휴전기간에 더 많았다고 증언한 바 있다.[144] 그러나 6주간의 전쟁기간 중 프랑스 공군기 892대가 상실되었음을 감안한다면 이는 앞뒤가 맞지 않는다.[145]

1936년부터 공군 장관실에서 각각 전임과 후임으로 근무했으며 패전에 대한 유죄를 인정하지 않았던 피에르 코Pierre Cot와 기 라 샹브르Guy La Chambre는 공군전력의 증강과정을 상세히 진술했다. 1938년 3월부터 1940년 6월까지 총 4,010대의 최신예 항공기가 공군에 공급[146]되었을 뿐만 아니라, 전쟁 발발 후 그 수가 급격히 증가했음을 특히 주목할 만하다. 프랑스 공군은 1939년 9월 1일부터 1940년 5월 1일까지 1,732대의 항공기를 인수했고[147] 5월 10일부터 6월 12일까지 독일군의 공세 이후에도 최신예 항공기 1,131대를 공급받았다.[148] 프랑스 정부가 공군력 증강에 얼마나 심혈을 기울였는지는, 자국 항공산업체들의 거센 항의에도 불구하고 1938년과 1939년 미국으로부터 340대의 전투기와 230대의 연습기를 구매했다는 사실에서 알 수 있다. 전쟁 발발 후 주문된 미제 항공기 수는 440여 대에 달했는데, 그중 306대가 커티스Curtiss 전투기였다. 그리고 6월까지 미제 항공기는 544대로 늘었다.[149] 이와 관련해서 코는 공군성에 쏟아지는 비난에 대해 강력히 반론을 펼쳤다.

"서기 9년 로마의 바루스Quintillius Varus 장군은 아르미니우스의 함정에 빠져, 토이토부르거 발트Teutoburger Wald 전투†에서 3개의 레기온Legion††을 잃었습니다. 이에 아우구스투스Augustus

† 바루스가 이 전투에서 대패하여 로마는 라인 강 너머까지 영토를 확장하는 데 실패했다.

†† 로마의 군단급 편제.

는 이렇게 절규했습니다. '바루스! 오, 바루스! 나의 군단을 돌려다오!' 나는 공군 총사령부에 이렇게 묻고 싶습니다. '당신들은 도대체 아군의 그 많은 전투기를 가지고 무엇을 했단 말입니까?'"[150]

사실 항공기들이 어디론가 사라진 것은 아니었다. 대부분의 항공기들은 후방 지역 깊숙이 위치한 공군기지 격납고나 집결장소에 대기 중이었다. 다만 전선에 전개해 출격하지 않았던 것뿐이다. 한 위원회의 조사결과에 따르면, 휴전 직후 점령되지 않은 지역에 방치되어 있던 프랑스 공군 항공기가 무려 4,268대에 달했다고 한다. 또한 북아프리카 지역에 1,800대가 더 있었다는 사실도 얼마 후 알려졌다.[151] 그러나 프랑스 공군 장군들이 무능했다는 비난은 적절하지 않다. 서부전역 발발 시에 프랑스 공군력이 그토록 무기력했던 것은, 이들을 운용할 권한을 가진 장군들의 능력이 없었다기보다는 그들에게 운용할 의지가 전혀 없었기 때문이라고 할 수 있다. 이는 프랑스 정부 및 군부도 독일제국과의 갈등이 제1차 세계대전처럼 지루한 전략적 소모전으로 치달을 것이라 판단한 데서 비롯되었다. 그들은 충분한 항공전력을 보유한 편이 전쟁에서 최종적인 승자가 된다고, 다시 말해 공군에 의해 승패가 결정 날 것이라고 믿었기 때문에 초반부터 한 장의 카드에 존망을 거는 위험한 도박을 회피했다.

반면 독일 공군은 초반 승부에 모든 것을 걸었다. 그들은 조기에 제공권을 장악하기 위해 저돌적으로 모든 예비대를 총동원했다. 이 때문에 5월 10일에는 독일 공군과 프랑스 공군의 작전방식뿐만 아니라 전투력 운용도 극명한 대조를 이루었다. 프랑스 공군은 전방에 전개되어 있던 극소수의 항공기들만이 최초 전투에 참가하는 작전계획을 수립했다. 그러나 이 전투가 전쟁 전체의 승패를 좌우하는 결정적인 전투가 될 줄은 아무도 몰랐던 것이다.

③ 영국, 벨기에, 네덜란드

그렇다면 영국 공군은 당시 몇 대의 항공기를 보유하고 있었을까? 이 숫자를 어떻게 산정해야 할까? 독일 공세 시점에 출동대기 상태를 유지했던 항공기들만 계산할 것인가, 아니면 독일 공군이 잠재적 전투력까지 모두 전투력 비교의 저울에 올려놓은 것처럼, 영국이 동원할 수 있었던 모든 항공기를 계산해야 할 것인가. 1940년 5월 10일 프랑스 북동부 전선에 배치된 영국 공군기는 약 500여 대(이 중 폭격기는 224대, 전투기는 160대)였다[152]

고 한다. 그러나 자료를 총체적으로 분석해보면 이 수치는 타당성이 상당히 떨어진다. 영국 공군은 서부전역 당시 총 1,029대의 항공기를 상실했다고 발표했는데 그렇다면 5월 10일 전선에 투입된 항공기가 500대였다는 논리는 앞뒤가 맞지 않는다.[153] 나중에 밝혀진 사실은 이러했다. 영국 공군은 총 42개의 전대 중 14개만을 우선 유럽대륙에 전개시켰고, 독일군의 공세가 시작된 이후 영국 공군 총사령부는 더 많은 부대를 프랑스 영토로 이동시켰다. 또한 수많은 전투기들이 영국 본토에서 이륙해 프랑스 전역에 직접 투입되었다. 독일 공군은 됭케르크에서 갑자기 스피트파이어Spitfire 전투기의 공격을 받게 되었을 때 이 사실을 감지했다. 결국 전쟁 전부터 프랑스 지역에 전개되어 있던 부대에 영국 본토에서 출격한 추가 항공 전력을 포함한다면 5월 10일 영국이 보유한 총 항공기의 숫자는 최소한 1,870여 대(정찰기를 포함)에 이른다.[154] 그러나 이 수치도 영국의 실제 총체적인 공군력을 정확히 나타내지 않는다. 영국 공군 역사가 오버리R. J. Overy에 따르면, 1939년 9월 이미 '제1선', 즉 출격 준비가 완료된 항공기가 총 1,911대였으며 추가로 2,200대(대부분 구식 모델)가 대기 중이었다고 한다.[155]

대부분의 문헌들에서 벨기에와 네덜란드 공군의 전투력 수치는 대체로 부정확하거나 일절 배제되어 있다. 그러나 침공 이후 최초 수 시간 내에 기습적인 폭격으로 이들을 무력화해야 했던 독일 공군 지휘부는 두 공군의 전투력에 큰 관심을 가졌다. 벨기에가 보유한 항공기 수는 총 377대(수송기, 연락기 등을 포함)였으며 이 중 5월 10일 약 78대의 전투기와 40대의 폭격기가 출동 준비를 완료한 상태였다. 네덜란드 공군은 총 124대의 항공기가 전선에 배치되어 있었고, 서부전역 발발 당시에는 63대의 전투기와 9대의 폭격기가 출격이 가능한 상황이었다.[156]

이처럼 독일 공군이 수적으로 우세했다는 주장은 객관성이 없음에도 불구하고 많은 작가들이 이를 마치 진실인 것처럼 기록해 왔다. 따라서 정확한 자료로 수치를 비교·분석하는 것이 중요하다.[157] 왜냐하면 어느 수치를 선정하느냐에 따라 전혀 다른 2개의 전투력 비교표가 탄생하기 때문이다.

앞으로 진실이 밝혀지겠지만, 여하튼 많은 작가들이 주장하는 기존 자료로 쌍방 간 최대한의 차이를 감안해서 도출한 전투력 현황은 〈표 2-6〉과 같다.

하지만 앞서 언급했듯이, 이 같은 산술적 비교는 타당하지 않다. 이 수치는 독일군의 공세가 시작될 때 전선에서 출격 대기 중이던 연합군의 항공기만을 계산한 것이기 때문이

〈표 2-6〉 1940년 5월 10일 서부전역 시 작전에 투입된 항공전력

프랑스	영국	벨기에	네덜란드
879	384	118	72

연합군 총 대수	1,453(폭격기와 전투기만 포함)
독일제국	2,589(폭격기/슈투카/전투기/전폭기)

다. '출동 준비를 완료한' 항공기 면에서 독일 공군이 연합국 공군보다 우세한 것은 당연하다. 왜냐하면 독일군 장군들은 기습의 정확한 시점을 알고 있었으며, 이에 맞춰 가용한 최대의 항공 전력을 준비해 두었기 때문이다.

비교 방법상의 오류가 또 있다. 몇몇 역사가들이 연합군 항공기 숫자를 산정할 때 5월 10일 당시 전방부대에서만 운용된, 제한된 수의 항공기만을 고려했다는 점이다. 프랑스 공군은 전선에 배치된 1,410대(그중 879대가 출격 가능)와 별도로 후방에 1,176대의 전투기와 511대의 폭격기를 보유하고 있었다. 이 같은 분산 배치는 독일군의 기습적인 폭격으로 항공기가 지상에서 파괴되는 데 대한 대비책이었다. 마찬가지로 영국 공군도 본토에서 540대의 전투기와 310대의 폭격기를 대기시켰다. 이 항공기들은 독일의 공세 이후 즉시 대륙으로 전개되거나 영국 본토에서 직접 전장에 투입되었다.[158] 이러한 추가 부대들(영국 공군의 기타 예비대를 제외하더라도)을 감안하면 결론적으로 〈표 2-7〉과 같은 전혀 새로운 결과를 얻게 된다.

이것이 바로 실질적인 전투력 비교이다. 개전 시점에 독일군은 총 전력의 2/3를 동원한 반면 프랑스군은 총 전력의 1/3을 조금 웃도는 정도만을 운용하려 했다.[159] 이로 인해 공중전력 면에서 독일 공군은 절대적 열세를 특정 시점과 공간에서의 상대적 우세로 전환하는 데 성공했던 것이다.

그러나 양 진영의 공군력 증강 역량을 비교해보면 독일군의 입장은 대단히 불리했다. 영국은 월별 항공기 생산량에서 1939년부터 이미 독일을 압도했으며 1940년 1월부터 서

〈표 2-7〉 1940년 5월 10일 실제 전 · 후방에 대기 중이던 총 가용 항공전력

프랑스	영국	벨기에	네덜란드
3,097	1,150	140	82

연합군 총 대수	4,469(폭격기와 전투기만 포함)
독일제국	3,578(폭격기/슈투카/전투기/전폭기)

부전역이 발발한 5월까지 영국과 프랑스의 항공기 생산량은 거의 독일의 두 배에 이르렀다.[160] 게다가 앞서 기술한 것처럼 영국과 프랑스는 미국산 항공기까지 도입했는데 프랑스는 1939년 말경 총 4,700대를,[161] 영국은 1940년 8월까지 14,000대의 항공기와 25,000대의 항공기 엔진을 주문한 상태였다.[162] 결국 모든 정황을 고려해볼 때 독일 공군은 단 한 번도 서방국가들에 비교해서 수적인 우위를 차지할 만한 능력도, 기회도 가질 수 없었다.

(2) 성능 비교

대부분의 역사가들은 연합군 파일럿들이 저급한 성능의 항공기로 최고의 성능을 보유한 독일 전투기들을 대적해야 했다고 평가한다. 그러나 이 가설은 면밀히 분석해 보아야 할 필요가 있다. 독일제국은 제1차 세계대전이 끝난 후 소규모의 육군과 보잘것없는 수준의 해군만을 보유할 수 있도록 허가받았으나 공군력의 보유는 일절 금지되었다. 히틀러가 공군 창설을 명령했을 때만 해도 연합국의 항공기 생산 기술력의 수준을 따라잡기란 도저히 불가능했다. 그런 상황에서도 독일의 항공기 설계자들이 이룩한 업적은 매우 놀랍다. 빌리 메서슈미트Willy Messerschmitt 박사가 고안한 Me 109는 잠깐 동안이었지만 최신예 전투기라고 할 만했다. 분명 구식이 되어버린 프랑스 공군의 포테Potez 63, 모란Morane 406 전투기에 비하면 Me 109는 확실히 우수했지만, 블로슈Bloch 152에 비해서는 성능이 더 뛰어나지는 않았다. 드와틴Dewoitine 520과 커티스 호크Curtiss Hawk는 독일 전투기와 대동소이했다. 영국의 허리케인Hurricane 전투기도 마찬가지였다. 더욱이 영국 공군은 몇 가지 성능 면에서 Me 109를 능가하는 스피트파이어Spitfire를 선보였다.

새로이 개발된 프랑스 폭격기는 1940년에 명백히 세계에서 가장 진보적인 일류 모델로 평가받았다.[163] 그리고 영국의 최신예 폭격기들 또한 통상 독일 폭격기에 비해, Ju 88을 제외하면, 성능이 더 우수했다. 한편 독일 공군의 급강하 폭격기인 Ju 87은 대단히 기이한 항공기이다. 도표에서 볼 수 있듯이, 일명 슈투카라고 불리는 이 항공기는 속도, 항속거리와 무장 면에서 최악의 수준이었다. 기관포의 명중률은 대단히 높았지만 수평비행이 아닌 수직 강하 시에만 공격이 가능했다. 이 신화적인 항공기의 전투 효과는—나중에 언급하겠지만— 화력과 기동성이 아닌 적병의 전투의지를 꺾어버리는 충격력이었다. 그러나 이 항공기의 가장 큰 약점은 제공권을 장악한 후에나 작전 투입이 가능하다는 것이었다. 그러지 않으면 비행속도가 너무나 느린 탓에 적 전투기의 제물이 되기 십상이었다. 훗날 영국 본

❙주요 항공기 비교❙

hp:마력

폭격기	엔진출력		최고속도 km/h	항속거리 km	폭탄적재량 kg
Junkers Ju 88 A1 	2×950 hp	독일제국	450	2900	2900
Heinkel He111 H1/2 	2×1200 hp	독일제국	400	2360	2000
Dornier Do 17 Z1 	2×1050 hp	독일제국	410	1115	1000
Junkers Ju 87 B2(Stuka) 	1×1200 hp	독일제국	360	635	500
Armstrong Whitworth 'Whitley' Ⅲ 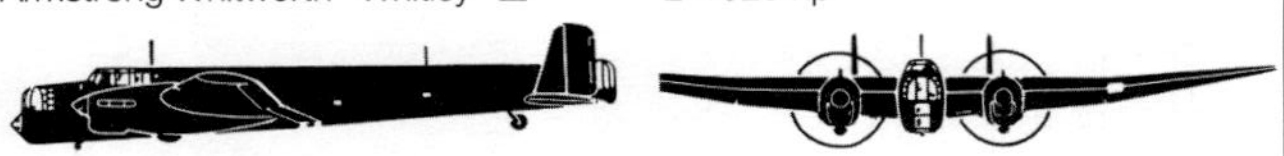	2×920 hp	영국	335	2000	3175
Vickers 'Wellington' Ⅰ 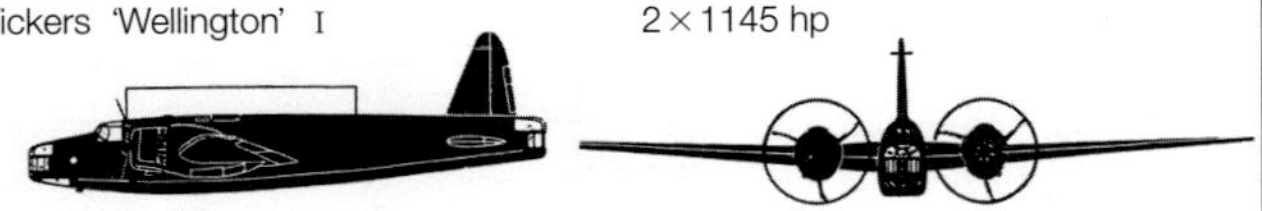	2×1145 hp	영국	415	4100	2100

폭격기	엔진 출력		최고속도 km/h	항속거리 km	폭탄적재량 kg
Handley page 'Hampden'	2 × 1000 hp	영국	425	3000	1800
Bristol 'Blenheim'	2 × 920 hp	영국	475	2350	500
Fairey 'Battle'	1 × 1050 hp	영국	410	1600	450
Farman 222	4 × 920 hp	프랑스	360	2200	4200
Bloch 210	2 × 950 hp	프랑스	335	1700	1700
Amiot 143	2 × 800 hp	프랑스	310	2000	1600

폭격기	엔진출력		최고속도 km/h	항속거리 km	폭탄적재량 kg
Lioré-Olivier LeO 451	2×920 hp	프랑스	480	2900	1500
Potez 63-11	2×720 hp	프랑스	425	1500	300
Breguet 691/693	2×680 hp	프랑스	490	1350	400
Bloch 174	2×1015 hp	프랑스	530	1650	400
Douglas DB 7	2×1050 hp	프랑스	505	1000	1000
Martin 167	2×1050 hp	프랑스	490	2100	800

요격기	엔진출력		최고속도 km/h	항속거리 km	무장	mm
Messerschmitt Bf 109 E	1×1100 hp	독일제국	555	580	2×MG 7.9	2×MK 20.0
Messerschmitt Bf 110 C	2×1100 hp	독일제국	510	910	4×MG 7.9	2×MK 20.0
Supermarine 'Spitfire' I	1×1175 hp	영국	590	800		8×MG 7.69
Hawker 'Hurricane' II	1×1260 hp	영국	550	770		8×MG 7.69
Dewoitine D 520	1×920 hp	프랑스	530	990	2×MG 7.5	1×MK 20.0
Bloch 152	1×1060 hp	프랑스	515	640	2×MG 7.5	2×MK 20.0
Curtiss 'Hawk' 75	1×1050 hp	프랑스	500	1320	2×MG 7.61	2×sMG 12.69
Morane-Saulnier Ms 406	2×860 hp	프랑스	490	800	2×MG 7.5	1×MK 20.0
Potez 330	2×670 hp	프랑스	445	1220	6×MG 7.5	2×MK 20.0

토에서 벌어진 공중전에서 많은 수의 슈투카가 격추당한 사실이 이를 증명한다.

또 하나 틀에 박힌 생각은 독일군 조종사들의 우수성에 관한 것이다. 대체적으로 독일군 조종사들은 연합군 조종사들에 비해 매우 열악한 조건에서 양성되었다. 히틀러는 전쟁이 발발하기 불과 수년 전, 아무것도 없는 상태에서 서둘러 공군을 조직했기 때문에 조종사 교육훈련의 수준은 그리 높지 않았다. 전쟁 개시 3개월 보름 전에 공군 조종사 281명이 훈련 중 사고로 목숨을 잃었고 287명이 중상을 입었다.[164] 따라서 숙련된 조종사는 크게 부족했고, 이들은 쉴 새 없이 작전에 투입되어야 했다.

서부전역에서의 손실 결과를 분석해보면 독일 공군이 우세했다는 주장은 더욱더 터무니없다. 프랑스 공군은 정확히 892대의 항공기를 상실했는데 그중 공중전에서 피격된 숫자는 겨우 306대에 불과했던 반면 프랑스군 전투기는 733대의 독일군 전투기를 격추했다.[165] 영국 공군의 손실은 1,029대였으나[166] 서부전역에서 제공권을 장악했다던 독일 공군이 피격당한 항공기 숫자는 1,559대에 이르렀다(중파된 323대를 포함).[167]

6. 총결산

통상적인 군사 교리에 따르면 공자는 방자에 비해 적어도 3 : 1의 우세를 확보해야 하며 만일 방자가 양호하게 축성된 마지노선 같은 요새 지역을 점령하고 있다면 공자의 전투력은 더 강력해야 한다. 역설적으로 1940년 5월, 방자는 공자에 비해 거의 모든 부문에서 수적 우세를 확보한 상태였다. 그렇다면 서부전역에서는 또 다른 법칙을 적용해야 할지도 모른다.

그러나 질적인 면에서도 독일 국방군은 연합군에 비해 대부분의 무기체계 면에서 열세를 면치 못했다. 한편으로 이러한 현실은 기이하게 보일 수도 있다. 당시 독일제국의 과학기술 수준만큼은 세계 최고였다. 독일은 1901년부터 1933년까지 자연과학 분야의 노벨상 31개를 휩쓸었고 미국은 단 6개만을 차지했다. 하지만 하필 군사기술 부문에서는 베르사유 조약의 엄중한 제한 때문에 최첨단 기술을 보유할 수가 없었다. 기갑무기 체계 분야만 하더라도 독일은 프랑스와 영국에 비해 한 세대 뒤떨어져 있었다고 해도 과언이 아니다. 그러나 전쟁 후반기에 독일의 과학자들은 전략적 자원의 심각한 부족에도 불구하고 획기적인 기술적 발전을 이끌어냈다. 그들은 최초의 제트 전투기 Me 262를 만들어냈고

1940년 5월 10일 전투력 비교

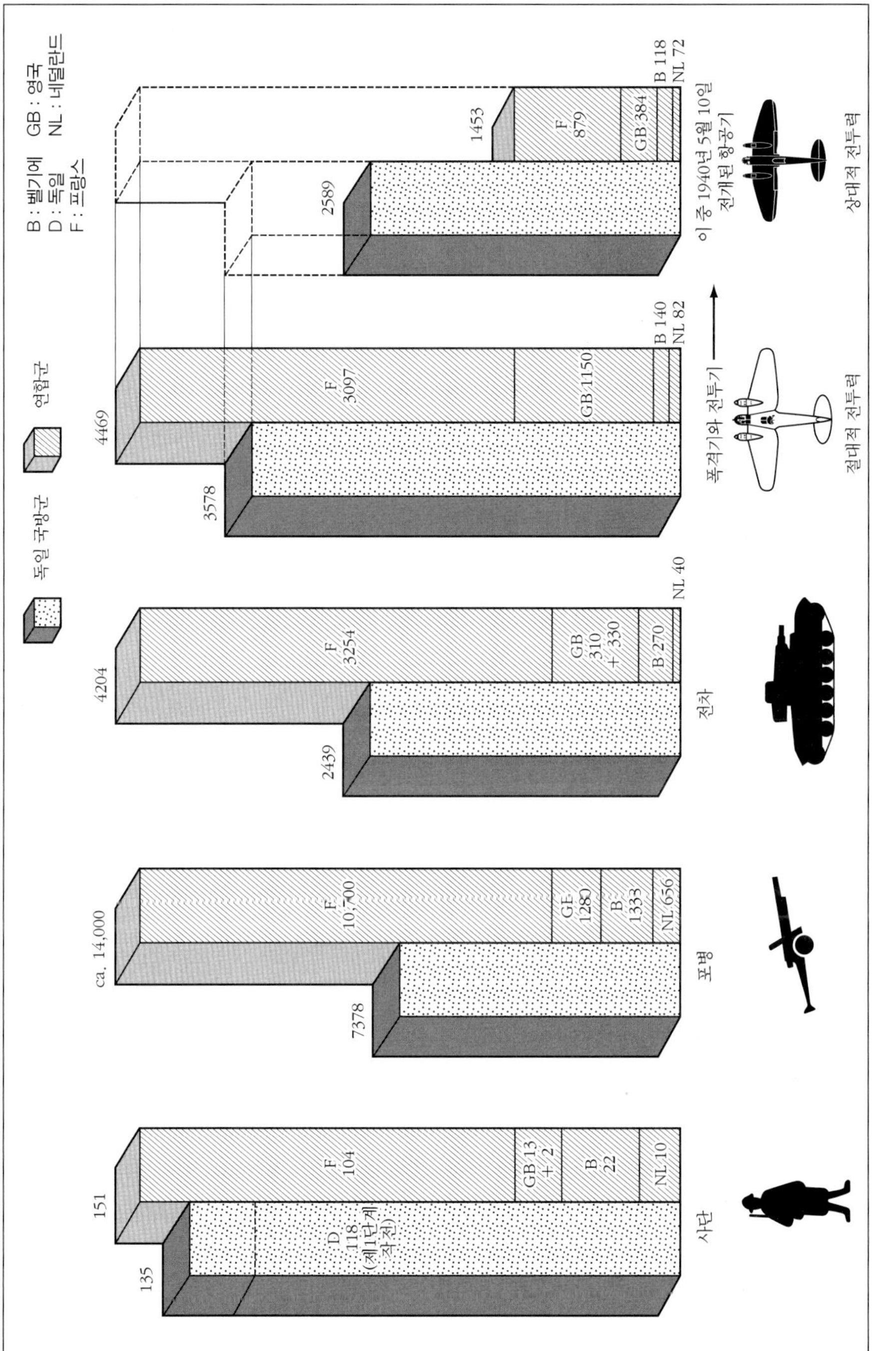

최초의 순항유도미사일 V1을 개발했음은 물론, V2 로켓으로 우주시대로의 관문을 활짝 열었다. 그러나 무기체계 기술 수준이 밑바닥이었던 전쟁 초기 단계에 가장 위대한 군사적 승리를 달성했다는 점은 역사의 아이러니가 아닐 수 없다.

스당의 재앙 이후 프랑스군 총사령관 가믈랭Maurice-Gustave Gamelin 장군은 윈스턴 처칠Winston Churchill에게 자신들의 패배의 원인은 다음 세 가지라고 언급했다.

"수적인 열세, 장비의 열세, 전술의 열세였다."[168]

이제 우리는 위의 변명 중 세 번째 이유만이 타당하다고 말할 수 있다. 패배의 원인은 바로 부대 운용에 사용된 전술에 있었다.

2 - 7

독일 장군단은 서부전역에 찬성했는가, 반대했는가

"독일이 전쟁을 일으켰다. 그러나 민간인들은 물론 군인들도, 몇몇 장군들까지도 전쟁을 원하지 않았다. 일단 전쟁이 발발하면 일국의 군사지도부는 전쟁에 대한 책임을 지게 마련이다. 그러나 제2차 세계대전에서의 독일군 총참모부만큼은 이 전쟁에 책임이 없다. 일국의 총참모부가 이처럼 마지못해 임무를 수행한 예는 역사상 찾아보기 힘들다. 정치가들은 기병이었고 군은 단지 그들의 말이었을 뿐이다. 제2차 세계대전은 독재자가 일으킨 전쟁이다. 그것은 히틀러의 전쟁이었다."[169]

골로 만Golo Mann

독일 장군들은 제국을 다시 군사 강국으로 세운 히틀러와 각종 이권문제로 얽혀 있었다. 그럼에도 불구하고 수많은 장군들은 이 독재자를 밑바닥에서부터 출세한 로마의 호민관쯤으로 여기고 있었으며, 그의 감춰지지 않은 잔악성 같은 프롤레타리아적 성격은 그들에게 거부감을 주기에 충분했다. 또한 '혁명가' 히틀러도 독일제국의 군부 엘리트들에 대한 뿌리 깊은 경멸감을 자주 표시했고, 이들의 생각과 관념이 비현실적이며 반동적이라고 모욕하기를 서슴지 않았다. 그는 다음과 같이 말한 적도 있다. "나는 전투를 두려워하는 독일 군인들을 절대 이해할 수 없다. 프리드리히 대제가 오늘날의 장군들을 본다면 무덤에서 옆으로 돌아누울 것이다."[170] 장군들을 향해 '마치 구세군인 양' 전쟁을 반대하고 있다며 육군 총사령부 장군들의 순박한 태도에 독설을 퍼붓기도 했다.[171] 이런 그의 조롱과 비꼼의 핵심 표적은 바로 육군 총사령관 브라우히치 상급대장이었다.

"그(히틀러)에게는 낙관론자는 필요해도 비관론자는 필요 없었다. 그는 장군에게 악감정을 갖고 있지는 않았으나 정치적 겁쟁이 또한 필요하지 않았다. 그가 생각한 가장 좋은 방책은 벤들러 거리에 있는 총참모부를 해체시키고 젊은 장교들로 그 자리를 채워넣는 것이었다. 프리드리히 대제를 빌려 말했듯이, 히틀러는 장군들이 정치에 대해 아무것도 이해하지 못하고 전쟁을 두려워하기만 하며 항상 유보적인 자세를 취하고 있다고 불만을 토로했다."[172]

1939년 11월 23일, 히틀러는 자신의 관저에서 명령 하달과 다름없는 회의를 소집했다. 회의에 참석한 수많은 장군들과 제독들에게 그는 광기에 사로잡힌 모습으로 서방국가들에 대한 공격 구상을 다음과 같이 밝혔다.

"내가 투쟁하고 또 투쟁하는 것에 대해서 누군가는 비난할 것이다. 나는 모든 운명의 본질은 투쟁에 있다고 생각한다. 굴복하지 않으려면 투쟁은 피할 수 없다. 〔…〕

그 어떤 것도 나의 결정을 되돌릴 수는 없다. 나는 프랑스와 영국을 가장 신속하게, 가장 효과적으로 공격할 것이다. 중립국인 벨기에와 네덜란드의 피해는 중요하지 않다. 우리가 승리를 얻으면 어느 누구도 감히 우리에게 의문을 품지 못할 것이다."[173]

그러나 이 연설에서 히틀러가 위협하려 했던 대상은 외교적 적대국들뿐만이 아니었다. 그는 자신의 장군들을 향해 다음과 같이 강력한 어조로 협박하기까지 했다.

"나는 그 무엇 앞에서도 물러서지 않겠다. 그 어떤 것이든 간에 나에게 반한다면 무참히 박살낼 것이다."[174]

독일군 총참모부의 입장에서는 폴란드 전역 직후 서방국가들을 공격하겠다는 히틀러의 독단적인 결심은 명백히 비이성적이었다. 그는 9월 8일 비서실장 슈문트 대령에게 처음으로 자신의 구상을 솔직히 털어놓았다.[175] 9월 27일 바르샤바의 항복을 받던 날, 총리 관저에서 육·해·공군 총사령관들에게 자신의 의도를 강력하게 피력했다.[176] 히틀러의 계획은 엄청난 반향과 공포를 불러일으켰다. 장군들은 하나같이 서부전역을 거부했다. 브라우히치 상급대장은 서부전역을 '일종의 광기'로 간주했고,[177] C집단군 사령관인 레프 상급대장은 이를 '무모한 전쟁' 이라고 비판했다.[178] 군사령관 급에서도 저항의 기미가 일어나기 시작했다. '나치 장군' 으로 악명 높은 라이헤나우Walter von Reichenau 상급대장도 이러한 '청천벽력' 같은 전쟁은 '범죄' 나 다름없다며 강력히 거부했다.[179] 그는 공개적으로 히틀러에 대해 반대했을 뿐만 아니라 히틀러의 공세계획을 네덜란드에 경고하기까지 했다. 그는 네덜란드에 독일군의 공세를 대비하라는 문서를 보냈는데, 이는 전쟁 수행에서 필수불가결한 기습의 효과를 날려버리는 명백한 이적행위였다. 11월 6일 라이헤나우는 시민저항단체 지도자인 괴르델러Karl Goerdeler를 만나 그를 통해 자신의 서한을 중립국에 전달했다.[180] 반대파의 물결이 어찌나 거세었던지, 사적인 자리에서는 히틀러에게 '살인죄' 를 씌우자는 말들이 나돌 정도였다.[181] 히틀러의 공격계획은 무모한 짓으로 여겨졌고, 복종심이 투철했던 카이텔 장군도 히틀러와의 논쟁 후에 사직서를 제출하기까지 했다.[182] 다른 장군들뿐만 아니라 괴링까지도 서방에 대한 공격 시기가 너무나 이르다며 반대 의사를 표시할 정도였다.

처음부터 많은 장군들이 히틀러와 격렬한 논쟁을 벌이고 그의 과대망상적인 생각을 포기시키기 위해 노력했음이 일련의 회고록에서 나타난다. 토마스 장군은 전시경제의 관점에서 그 계획은 실현 가능성이 전혀 없다고 강조했고, 집단군 사령관들은 주로 제1차 세계대전의 무시무시한 악몽을 상기시키며 공세가 초기부터 고착 상태에 빠질 것이라고 경고했다. 또한 육군 총사령관의 지시를 받아 슈튈프나겔 장군은 서방에 대한 공격은 1942년 초 이전까지는 불가하다는 진정서를 작성했다.[183] 그러나 그 어떤 논리로도 히틀러를 설득할 수 없었고, 그는 오직 전쟁밖에 방법이 없는 것처럼 호전적이며 폭력적인 사상에 완전히 사로잡혀 있었다. 그는 전쟁 계획을 제지하기 위한 수많은 노력을 유치한 패전의식이라고 치부해버렸고, 특히 육군 총사령부에 '쓸모없는 늙은 말의 망령' 이 들었다며 욕설을 퍼부었다. 가장 격렬한 질책을 받은 인물은 육군 총사령관 브라우히치였다. 그는 11월 5일 수상관저에서 서부공세를 시행하기에는 육군의 상황이 대단히 미흡하다고 주장하려 했다. 특히 보병의 교육훈련 수준이 매우 미비하기 때문에 폴란드 전역에서 공격 기세를 상실한 적도 있다는 근거를 들었다. 또한 제1차 세계대전 말기에 그랬던 것처럼 군내 군기가 땅바닥에 떨어진 상태라고 덧붙였다. 그러자 돌연 히틀러는 불같이 화를 내며 육군 총사령관으로서 '자신의 군대를 스스로 모욕하고 오도하고 있다'[184]고 브라우히치를 격렬히 비난하기 시작했다. 그는 군사재판에 필요한 증거자료를 즉시 갖고 오라고 고함을 지른 후 문을 '부서질 정도로' 격하게 닫으며 회의실을 나가버렸고, 장군들만 멍하니 자리를 지켰다.[185] 브라우히치는 실질적인 근거를 제출할 수 없었고, 이로 인해 상황은 더욱 악화되었다. 히틀러는 이 상황에서 육군 총사령관의 해임을 신중히 고려했다. 그러나 최고위급 장군 대부분이 서부전역을 정면으로 반대했기 때문에 인사조치를 취할 수 없었다. 그래서 히틀러는 11월 23일 브라우히치가 제출한 사직서를 기각했다.

당시 히틀러에 대한 쿠데타의 기미도 일고 있었는데, 어쨌든 육군 총사령관은 히틀러를 제거하기 위해 반란을 주도할 만한 인물은 아니었던 것 같다. 그는 히틀러의 정신병적인 충동의지에 대항할 능력도 없었거니와 히틀러 앞에서 때로는 입조차 열지 못했다고 고백했다.[186] 그리하여 육군 총참모장이자 육군대장 할더는 저항의 핵심인물로 급부상하게 되었다. 그는 히틀러의 암살과 정부 전복까지도 구상했다. 할더는 심사숙고한 결과 서부전역은 승산이 없다는 결론을 내렸고, 여기에 도덕적 · 종교적 신념까지 더하여 쿠데타를 결심했다. 그러나 3개 집단군의 사령관과 연계하여 히틀러를 몰아내려는 시도는 실패했다. 오로지 레프 대장만이 할더를 따르겠다고 했을 뿐, 룬트슈테트Karl Rudolf Gerd von Rundstedt와 보크Fedor von Bock는 상황 인식에는 동의했지만 적극적인 저항행위는 거부했다. 그래서 할더는 차선책으로 히틀러를 궁지에 몰아넣기 위해 두 사령관에게 사직서를 제출할 것을 종용했지만 이것도 실패하고 말았다.[187]

육군 총참모부 제1참모부장 슈튈프나겔 장군은 저항운동에서 역동적인 임무를 훌륭히 수행해냈다. 무엇보다도 그는 다른 저항세력들과 결탁할 때 그의 직속상관인 할더에게 없어서는 안 될 버팀목이었다. 다른 저항세력들이란, 카나리스Wilhelm Canaris 해군 중장이 핵심이 된 군 내의 저항단체와 폰 바이츠재커Ernst von Weizsäker 차관이 주도하는 외무부 내 반대세력, 특히 베크Ludwing Beck 대장이 주도한 시민 저항단체와 비판적 사상을 가진 비츨레벤Erwin von Witzleben과 회프너Erich Hoepner 장군 등 전방에 있는 소수의 주요 지휘관들이었다.[188]

훗날 할더는 당시 자신을 괴롭히던 양심적 갈등을 '지긋지긋하고 고통스러운 경험'이었다고 표현했다.[189] 그는 집단군 사령관들의 충분한 후원 없이는 쿠데타를 감행하지 않으려 했다. 따라서 이 상황에서 유일한 해결책은 히틀러의 암살 외에는 없었다. 그가 실제로 진지하게 여러 가지 히틀러 제거 방책들을 고려했음이 수많은 간접증거를 통해 확인된 바 있다. 일례로 그는 그로스쿠르트Helmuth Groscurth 중령에게 카나리스 제독 휘하의 폭약 전문가인 마르구에르Johannes Marguerre 대위를 포섭할 것을 지시했다.[190] 당시의 상황은 할더가 직접 히틀러를 저격할 생각까지 할 만큼 절망적이었다. 그로스쿠르트는 자신의 일기에 다음과 같이 적어놓았다.

"눈물을 흘리며 H(할더)는 말했다. '여차하면 그를 죽여버리기 위해 요 몇 주 동안 에밀(히틀러의 암호명)에게 갈 때 주머니에 권총을 넣어 갔어.'"[191]

그러나 결국 할더는 평정심을 잃고 말았다. 히틀러는 11월 5일 수상 관저에서 브라우히치에게 크게 화를 냈다. 충격을 받고 '시체처럼 창백해진' 채 회의장을 빠져나온 브라우히치를 마침 할더가 기다리고 있었다. 브라우히치는 할더에게 히틀러가 광분하여 육군 총사령부에 들어앉은 '쓸모없는 늙은 말의 망령'을 제거하겠다고 날뛰었다고 말했다. 하지만 히틀러를 암살할 생각에 초조해하던 할더는 이 말을 크게 오해하고 말았다. 그의 혁명 계획의 암호명이 공교롭게도 '늙은 말'이었는데, 그는 이 계획이 히틀러에게 누설되었다고 오판한 것이다. 그는 당황한 나머지 슈튈프나겔 장군에게 모든 증거들을 파기할 것을 명령했고 이로써 히틀러에게 대항할 가장 결정적인 핵심조직이 사라지게 되었을 뿐만 아니라 실질적인 군부의 저항도 자취를 감추게 되었다.

그 후 할더 장군은 장군 복장의 햄릿처럼, 행동할 결심을 할 수도 없고 하려고 하지도 않은 우유부단한 인간으로 많은 비판을 받았다. 그는 전쟁이 끝난 후 다음과 같이 자신을 정당화했다.

"독일 육군은 황제를 살해해 정권을 찬탈하는 역사가 되풀이되는 발칸 같은 곳에서 발전하지 않았다. 더군다나 우리는 혁명에 전문가가 아니다. 〔…〕 오늘날 나를 비판하는 수많은 이들에게 묻는다. 내가 도대체 무엇을 했어야 하는가? 다시 말해 내가 무엇을 저지했어야 하는가? 시기적으로 부적당하고 가능성 없는 쿠데타를 실행했어야 하는가? 아니면 독일군 장교로서, 총참모부의 수장으로서 암살자가 되어야 했는가? 〔…〕 나는 확실히 말할 수 있다. 나는 쿠데타나 암살에 적합한 인물이 아니었고, 그런 일을 배운 적도 없다."[192]

할더는 이제 정면 돌파를 시도할 수밖에 없었고, 오히려 능력 밖의 공세 계획 준비에 점점 더 심취했다. 이 전역을 저지할 수 없다면 최소한 승리해야 한다고 생각했던 것이다.

그때 할더는 훗날 이 일로 자신이 나치 체제의 희생자가 되어 감옥과 정치범 수용소로 끌려가리라고는 그리고 우연히 사형 집행을 면하게 될 것이라고는 전혀 몰랐을 것이다.[193]

서부전역 이전에 독일 장군단은 절대적이고 단호한 저항의지를 보여주지 못했다. 한편으로 이 에피소드는 독일 군부가 호전적이고 침략적이며 복수심에 불탔다는 선입견을 잠재울 수는 있을 것이다. 독일군 총참모부가 세계 정복이라는 목표를 설정하고 놀랍도록 신비스러운 '전격전' 개념—후세에 역사가들에 의해 날조된—을 실행에 옮기기 위해 서방국가들을 상대로 필사적인 전쟁 계획을 구상했다는 것은 진실이 아니다.

3

지헬슈니트 계획을 둘러싼 갈등

"프랑스가 패망과 함께 굴욕적인 항복을 선언했을 때 독일군 병사들은 승리감에 도취해 있었다. 그러나 만일 독일의 최고 군사지도자들이 아군의 승리를 전혀 예측하지 못했고, 의구심에 가득 찬 총참모부가 뒷걸음치다 얻은 계획으로 우연히 승리를 쟁취했다는 사실을 병사들이 알았다면 큰 충격을 받았을 것이다. 〔…〕 찬란한 승리 뒤에는 분명 은폐된 무언가가 존재했다."[1]

리늘 하트

전격전의 전설과 유사한 '지헬슈니트Sichelschnitt'(낫질)의 전설이 있다.

사실 이 작전의 계획과 실행 사이에는 큰 차이가 있었고, '지헬슈니트 계획'의 창시자인 만슈타인 중장은 공교롭게도 이 작전의 첫 희생자로 역사에 기록되었다. 이 비범한 구상을 제안한 죄로 그는 직책을 잃었지만, 그의 계획은 대부분의 장군들로부터 거부당하는 수모를 겪은 끝에 결국 최종안으로 채택되었다. 그 결과 창시자의 근본적인 발상이 누락되어 지헬슈니트 계획은 매우 느린 템포의 전격전으로 변질될 뻔했다. 그러나 우연한 사건들이 이어지는 가운데, 몇몇 장군들이 독단적으로 행동해 작전은 계획과 판이하게 진행되었기에 종국에는 만슈타인이 예견한 위대한 승리가 달성되었다.

여기서 짚고 넘어가야 할 아이러니한 사실은 바로 '지헬슈니트'라는 표현이 전쟁 이후에 사용되었으며, 독일에서 만들어진 말도 아니라는 것이다. 이 말은 서부전역에서 독일군의 진출 궤적이 낫의 모양과 비슷하다며 윈스턴 처칠이 이를 '낫질sickle cut' 또는 '기갑부대의 낫질armored scythe stroke'이라고 표현한 데서 유래했다.[2]

---

3 - 1

최초 3차에 걸친 공격명령

제1차 세계대전을 계획할 때 독일군 총참모부는 서랍 속에 보관 중이던 슐리펜 계획 Schllieffen Plan†을 꺼내 들기만 하면 됐다. 1905년에 기안된 이 계획은 그 후 지속적으로 보완되었으나, 독일은 제1차 세계대전이 종료된 후부터 1939년 9월까지 20년이 넘도록 서방국가와의 전쟁에 대비한 작전 계획을 전혀 수립하지 않았다. 그러나 히틀러는 폴란드 전역이 종결되자마자 서둘러 공격계획을 완성하라고 군부를 독촉했다. 9월 27일 그는 육·해·공군 총사령관들을 호출해, 우익에 주공을 두고 벨기에를 통과해 도버 해협에 도달하는 방식으로 공격해야 한다고 강력히 주장했다.[3] 10월 9일 당시 상황을 기록한 문서에 그의 의도가 정확히 기재되어 있다.[4] 이날 발령된 이른바 '전쟁 수행을 위한 제6호 명령'에는 다음과 같은 지시가 들어 있었다.

"a) 서부전선의 북익, 즉 룩셈부르크-벨기에와 네덜란드 방면으로의 공세를 준비할 것. 이 공세를 가능한 한 강력하게 그리고 빠른 시일 내에 개시할 수 있도록 준비할 것.

b) 이번 작전의 목표는 상비군으로 편성된 프랑스 육군의 주력과 그들의 동맹군들을 가능한 한 많이 격멸하고, 동시에 네덜란드, 벨기에, 북부 프랑스에서 최대한 넓은 지대를 탈취해 영국과의 공중전 및 해상전에 대비한 교두보를 마련하며, 이와 더불어 독일의 사활이 걸린 루르 지역까지 완전히 확보하는 것이다."[5]

† 1905년 독일군 총참모장 슐리펜 장군이 작성한 서부전역 계획. 상대가 밀고 들어오는 추진력을 역이용하여 상대의 측방을 에돌아 후방을 공략하는 이른바 '회전문 효과'를 통해, 즉 강화된 우익으로 벨기에, 네덜란드를 통해 프랑스군을 포위하고자 했다.(p.144, 150 참조)

Ⅰ제1차 공격명령 '황색계획'(1939년 10월 19일)-주공 : 우익Ⅰ

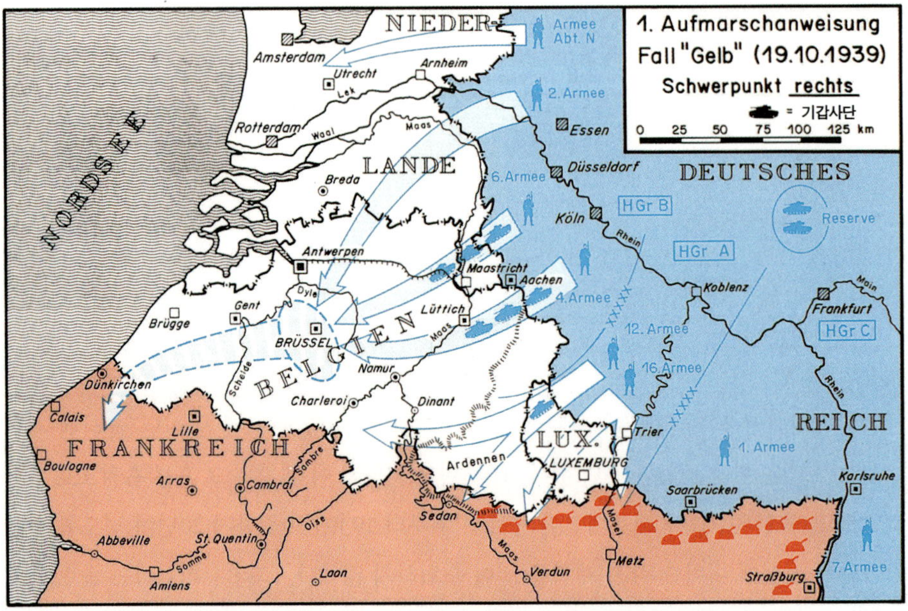

Ⅰ제2차 공격명령 '황색계획'(1939년 10월 29일)-2개의 주공Ⅰ

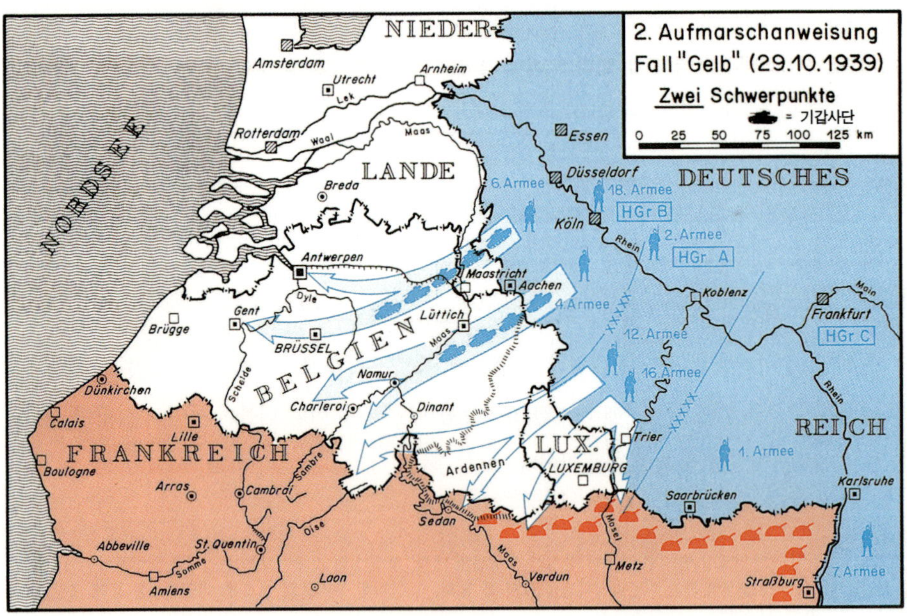

Ⅰ 제3차 공격명령 '황색계획'(1940년 1월 30일)-3개의 주공 Ⅰ

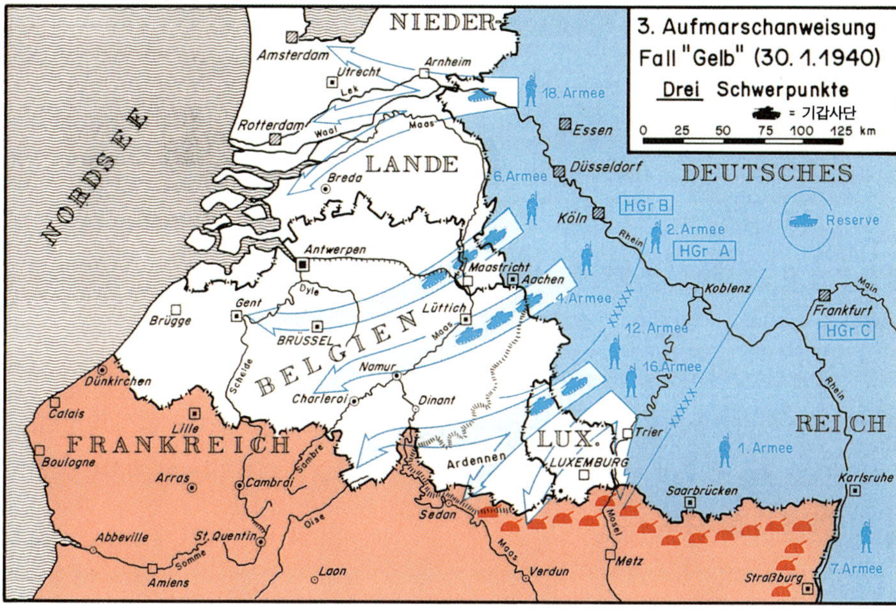

Ⅰ 제4차 공격명령 '황색계획'(1940년 2월 24일)-주공 : 중앙 Ⅰ

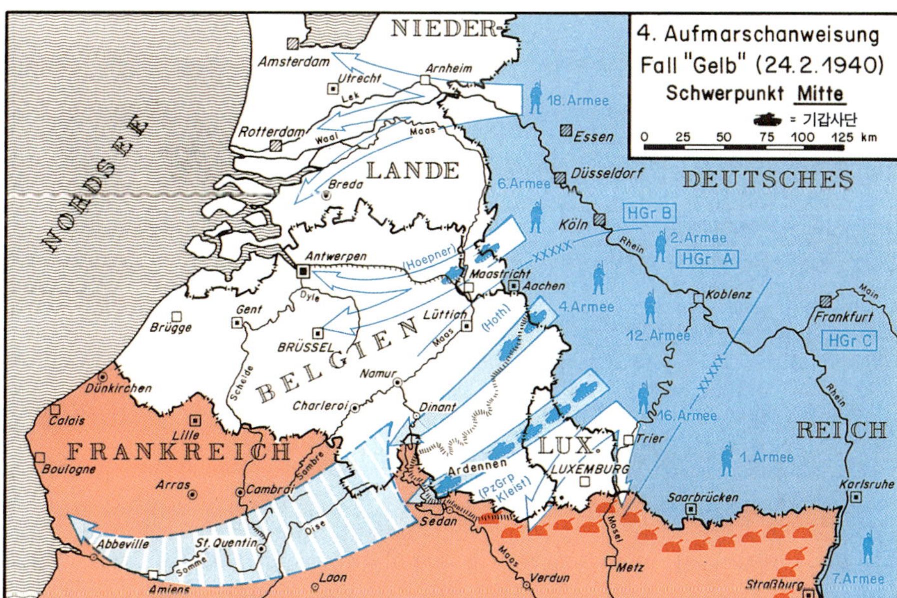

히틀러의 전략은 수많은 방법으로 해석되지만, 전격전의 사상적 근거는 어디에서도 발견할 수 없다. 히틀러는 전격적으로 전쟁을 종결하기 위해 한 장의 카드, 이른바 신속한 결정적 전투에 사활을 걸지 않고 오로지 지엽적인 데에만 관심을 쏟았다. 즉 '가능한 한 적의 주력'을 격멸하고, '최대한 넓은 지대'를 점령하는 것이었다. 그러나 이것은 장차전 수행의 기반에 불과했다. 명백한 점은, 제1차 세계대전의 망령에 사로잡힌 총사령관 히틀러가, 앞으로 닥칠 소모전, 특히 영국을 상대로 한 전쟁에서는 항구와 비행장의 확보가 가장 중요한 전제조건이라고 생각했다는 것이다. 이에 10월 19일 할더Halder 장군은 1차 공격계획안을 수립했다. 최정예 기갑사단들과 3개 야전군을 예하에 둔 B집단군이 주공으로 선정되었다. 그들의 임무는 브뤼셀Brussels과 브뤼게Brügge를 경유해 벨기에의 대서양 해안을 확보하는 것이었다.[6] 모든 면에서 황급히 기안된 이 계획서는 '어쩔 수 없이 작성된, 내용이 빈약한 즉흥적 문서'에 불과했다.[7] 카이텔Keitel에 따르면 히틀러는 이 계획을 보고받은 후 이렇게 내뱉었다고 한다.

> "강력한 우익으로 대서양 해안을 공격한다. 음, 이건 슐리펜 계획과 다를 바 없는 진부하고 구태의연한 계획이야. 이런 계획으로 두 번씩이나 똑같은 재앙을 당할 수는 없어."[8]

이러한 비난은 한마디로 누워서 침 뱉는 격이었다. 이 계획은 할더가 히틀러의 의도를 적극 반영해서 기안했기 때문이다. 그러나 언뜻 보더라도 이 계획은 분명히 슐리펜 계획의 재판이었다. 당시 독일군 총참모부가 주공을 우익에 편성한 것은 단지 결전의 전략적 목표를 달성하기 위한 작전술적 수준의 수단일 뿐이었다. 두 계획의 다른 점을 찾자면 지금은 히틀러가 원하는 공격 방향이 단지 대서양 해안인 반면, 슐리펜 계획에서는 파리를 휘돌아 남동부 방면으로, 최종적으로 스위스 국경까지 진격하는 것이었다는 점이다. 슐리펜은 북부 프랑스에 배치된 모든 적 부대를 포위해서 신속히 전쟁을 종결하고자 했다. 그러나 1939년 그의 후예들은 그가 완강히 거부했던, 전략적 결전을 배제한 저급한 전술적 승리를 위한 전쟁을 계획했다.

독일 장군 참모제도의 역사에 비추어 볼 때, 이 최초 공격계획에 창의성이 결여되었다는 점은 명백하다. 하지만 다음과 같은 몇 가지 의문이 남는다. 브라우히치와 할더는 과연 처음부터 실현 가능한 작전계획을 제시할 생각이었을까? 그보다는 히틀러에 대한 일종의 반항 행위로 이 첫 공격계획을 상신한 것은 아니었을까? 육군 최고지도부의 행태에 비추어 볼 때 후자일 가능성이 높다. 히틀러에게 서부공세가 과대망상적 행위임을 인식시키기 위해서 허술한 공격계획서를 제출했을지도 모른다. 그때 할더는 전쟁계획 작성보다는 전쟁을 저지하기 위한 저항 활동에 여념이 없었다. 즉, 할더는 히틀러의 논리로 그를 공격하여 히틀러가 자가당착에 빠져 있음을 입증하려 했다.

10월 29일 육군 총사령부는 제2차 공격계획안을 내놓았다. 그러나 제1차 공격계획안과 비교해 볼 때 근본적으로 달라진 점은 전혀 없었다.[9] 단지 기갑부대가 주축이 되어 뤼티히Lüttich 남부를 관통하는 또 하나의 주공을 형성한 점만이 달랐다. 이 계획의 의의는, 최초 작전에 성공한 주공 부대들이 남쪽으로 계속 진출해야 함을 제시한 것으로, 이 형태는 차후 작전 계획서들에도 지속적으로 반영되었다. 그러나 동시에 2개의 주공을 형성한다는 계획은 이도 저도 아닌 애매한 계획이어서 매우 큰 논란거리가 되었다. 적어도 제1차 공격계획안은, 단 하나의 주공을 형성한다는 점만은 명확했다.

하지만 더 큰 논란을 불러일으킨 것은 11월 11일 히틀러의 작전 개념 변경 지시였다. 히틀러는 좀 더 남쪽 방면에 또 하나의 주공을 형성하라고 지시했다. 이 주공의 방향은 기계화, 차량화 부대로 편성된 군단급 부대를 선두에 세워 아를롱Arlon을 경유해 스당Sedan 방면으로 진출하는 것이었다.[10] 이로 인해 동시에 3개의 주 노력 방향이 형성되었는데, 이는 모든 전선이 주 노력 방향인 동시에 그 어디에도 주공이 없다는 것을 의미했다. 이 지시는 육군 총참모부에 심각한 혼란을 초래하기에 충분했다. 히틀러도 얼마나 불안하고 초조했던지 기상 악화만을 이유로 볼 수 없을 정도로 공격 시기를 수차례 연기했다.[11]

독일군 지도부가 계획 문제로 우왕좌왕하는 동안, 모든 계획이 수포로 돌아갈 결정적인 사건이 1월에 발생했다. 이는 클라우제비츠의 관점에서 보면 '마찰'[†]의 전형적인 예로, 매우 미세한 모래알이 원활히 작동하던 거대한 군사적 기계장치를 마비시킬 수 있음을 보여주는 사건이었다. 1월 10일 뮌스터Münster에서 쾰른Köln까지 공무상 출장을 갈 예정이던 공수부대 장군참모장교 라인베르거Helmuth Reinberger 소령은 그 전날 저녁 장교 클럽에서 예비역 소령이자 동원령으로 소집된 파일럿 호엔만스Erich Hoenmanns 소령을 만나게 되었다. 그는 라인베르거에게 자신의 항공기로 쾰른까지 데려다주겠다고 제안했고, 라인베르

† 계획이 실행되면서 발생하는 예측할 수 없는 장애요소들을 지칭한다.

| 1940년 1월 10일 메헬렌에 불시착한 독일군 항공기에서 수거한 비밀문서 |

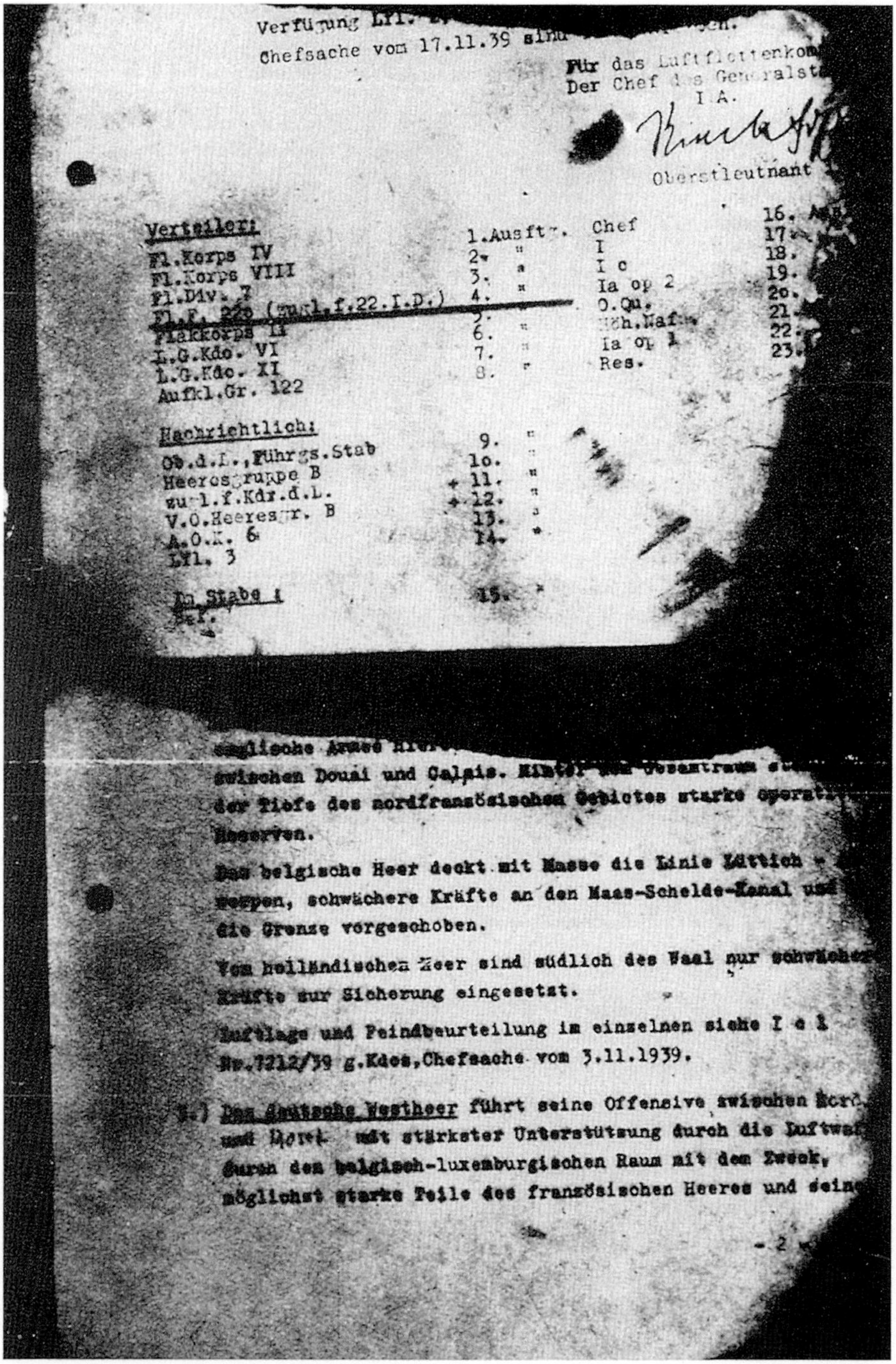

Verfügung Lfl. ... Chefsache vom 17.11.39 sind ...

Für das Luftflottenkommando
Der Chef des Generalstabes
I A.

Oberstleutnant

Verteiler:

Fl.Korps IV	1.Ausf.	Chef	16.
Fl.Korps VIII	2. "	I	17.
Fl.Div. 7	3. "	I c	18.
Fl.F. 220 (zugl. f.22.I.D.)	4. "	Ia op 2	19.
Flakkorps II	5. "	O.Qu.	2o.
L.G.Kdo. VI	6. "	Nach.Waf.	21.
L.G.Kdo. XI	7. "	Ia op 1	22.
Aufkl.Gr. 122	8. "	Res.	23.

Nachrichtlich:

Ob.d.L., Führgs.Stab	9. "
Heeresgruppe B	1o. "
zugl. f.Kdr.d.L.	11. "
V.O.Heeresgr. B	12. "
A.O.K. 6	13. "
Lfl. 3	14. "
Im Stabe:	15. "

englische Armee hier... zwischen Douai und Calais. Hinter dem Gesamtraum ... der Tiefe des nordfranzösischen Gebietes starke operat... Reserven.

Das belgische Heer deckt mit Masse die Linie Lüttich – Antwerpen, schwächere Kräfte an den Maas-Schelde-Kanal und die Grenze vorgeschoben.

Vom holländischen Heer sind südlich des Waal nur schwächere Kräfte zur Sicherung eingesetzt.

Luftlage und Feindbeurteilung im einzelnen siehe I c 1 Nr.7212/39 g.Kdos,Chefsache vom 3.11.1939.

2.) Das deutsche Westheer führt seine Offensive zwischen Nordsee und Mosel mit stärkster Unterstützung durch die Luftwaffe durch den belgisch-luxemburgischen Raum mit dem Zweck, möglichst starke Teile des französischen Heeres und sein...

– 2 –

거는 흔쾌히 제안을 받아들였다. 그런데 비행 중 갑자기 시계視界가 악화되었고 라인 강이 동결되어 강변과 강을 분간할 수 없게 되었다. 호엔만스는 항로를 이탈했음을 인지하고 이를 바로잡으려 했지만 갑자기 원인을 알 수 없는 엔진 고장으로 불시착하고 말았다. 다행히 두 사람 모두 무사했다. 라인베르거는 근처에 있던 농부에게 물어보아 불시착한 곳이 메헬렌Mechelen 인근의 벨기에 영토임을 알고 깜짝 놀랐다. 그의 서류 가방 속에는 일급 비밀인 공격계획 보고서와 공수부대 작전 명령이 들어 있었기 때문이다. 그는 즉시 비밀 문건들을 소각하기 시작했지만 곧 벨기에 지방경찰들이 나타나 두 장교는 즉각 체포되었고, 일부만 파기된 비밀 문건은 고스란히 적의 손에 넘어갔다.[12]

이 사건을 보고받은 국방군 총사령부는 심각한 공황에 빠졌다. 분노를 이기지 못한 히틀러는 2명의 고위급 공군 장성을 파면 조치했다. 벨기에의 소득은 생각보다 그다지 크지 않았지만 독일군 수뇌부는 최악의 상황을 가정해야만 했다. 수많은 역사가들은 이 사건으로 독일군 공격계획이 노출되는 바람에 전쟁 계획이 근본적으로 수정되었다고 주장하는데, 나중에 설명하겠지만 그러한 논리는 타당성이 없다. 역설적으로 '메헬렌 사건'은 독일군 공격계획이 노출된 위기라기보다는 오히려 연합군의 작전계획 수립에 악영향을 미쳤다.

1940년 1월 30일의 제3차 공격계획안 또한 작전술 측면에서 변경된 점이 없다. 1939년 11월 11일에 히틀러가 지시한 3개의 주 노력 방향은 그대로였고 변경 사항도 없었다.[13] 굳이 바뀐 점을 찾는다면 '보안 유지와 기습'이라는 다소 새로운 기본 개념이 추가되었다는 것이다. 이 계획의 주요 골자는 공격부대를 집결하고 전개하는 데 걸리는 시간을 5일에서 24시간 내로 단축한다는 것이었고, 대부분의 기갑사단들을 라인 강변을 따라 집결시키도록 계획했다. 이는 '라인 강 주변 지역에서 전방으로 신속하게' 공격을 개시하기 위한 조치였다.[14]

기상 악화로 공세가 연일 미루어져 생긴 시간은 막다른 골목에 몰린 작전계획을 다시 한번 근본적으로 검토할 수 있는 절호의 기회였다. 그때까지 나온 대안들은 단지 전술적, 기껏해야 작전술 수준에서 국지적인 승리를 기대할 수 있는 정도였다. 히틀러는 육군 총사령부가 제출한 계획서들을 보고 '사관생도 수준의 저급한 사고'라며 강력히 비난했다.[15] 무엇보다도 그는 기습 효과를 이끌어낼 수 있는 참신하고 강렬한 느낌이 빠져 있다며 무척 아쉬워했다. 또 장군들에게 클라우제비츠만 읽고 칼 마이Karl May의 글은 읽지 않는다[†]고 욕설을 퍼붓기도 했다.[16] 그러나 이러한 상황이 전개되는 가운데, 작전계획을 수립해야 할 육군 총사령부 밖에 있던 한 사람에 의해 불가능해 보이지만 충분히 가능성이 있는 획기적인 방책이 구체화되고 있었다.

† 칼 마이는 미국 서부 모험에 대한 소설을 써서 유명해진 독일 작가이다. 히틀러는 장교들이 군사이론만 공부하고 모험심과 상상력을 고양하는 소설을 읽지 않는다고 비난한 것이다.

만슈타인과 지헬슈니트 계획의 채택

"처음부터 작전의 주도권을 장악하고 적의 의지를 제어할 수 있다면 지상전에서의 최종적인 결전의 목적은 〔…〕 달성된다."[17]

1940년 1월 12일 A집단군의 건의서

1. 만슈타인의 대안과 제4차 공격계획

A집단군 참모장 만슈타인 중장은 10월 21일 육군 총사령부로부터 최초 공격명령을 수령했다. 수령 직후 그는 훗날 '지헬슈니트 계획'이라고 불린, 획기적인 사상이 내재된 대안을 발전시켰다. 만슈타인은 육군 총사령부의 공격계획에 두 가지 심각한 맹점이 있다고 평가했다.

- 강력한 우익으로 공격을 실시한다면 적 방어부대의 주력과 정면충돌을 피할 수 없다. 즉 아군의 강점이 적의 강점과 부딪히게 된다. 이 충돌은 전술적 수준의 충돌이 될 것이며, 기껏해야 작전술적, 그것도 국지적인 승리만 얻을 수 있을 뿐이다. 여기에서 적을 정면공격해 솜Somme 강선 후방으로 격퇴시키는 것보다 솜 강을 따라 적의 배후로 들어가 포위해야 한다. 그것만이 이 상황에서 전략적 수준의 결정적인 승리를 얻을 수 있는 방책이기 때문이다.
- 우익을 주공으로 공세를 실시한다면 처음에는 성공적인 과정을 밟을 수 있겠지만, 적에게 작전술 규모의 치명적인 역습을 당할 우려가 있다. B집단군이 대서양 해안을 따라 계속 진격하면 할수록 프랑스군은 남부에서 북부를 향한 역습, 즉 신장된 독일군 기동 축선의 측방을 역습

하기가 더 쉬워질 것이다.

만슈타인이 기획한 방책이 기발했던 이유는, 단 하나의 조치로 이 두 가지 문제를 동시에 해결할 수 있기 때문이었다. 그는 북부에 위치한 B집단군이 아닌 중부의 A집단군을 주공으로 전환할 것을 요구했다. 또한 적이 예상치 못한 공격, 즉 통과할 수 없다고 여겨지던 아르덴Ardennes 산림지대로 강력한 기갑부대를 투입하여 공격해야 한다고 주장했다. 스당Sedan에서 마스Maas 강†을 기습적으로 극복하는 것만 성공한다면 현재의 상황 평가에서 도출된 두 문제들을 모두 해결할 수 있었다.

① 스당 돌파에 성공한다면 기갑부대는 신속히 연합군의 후방으로 솜 강 하구까지 깊숙이 돌파해 들어가야 한다. 이로써 북부에 위치한 적 주력부대들을 대서양 연안과 맞닿은 거대한 포위망 속에 몰아넣을 수 있다.
② 동시에 스당 돌파는 측방 방호 문제를 공세적으로 해결하는 작전의 열쇠가 될 것이다. 예상되는 적의 역습을 저지하기 위해 1개 규모의 야전군은 적의 역습이 개시되기 전에 남쪽 방면으로 진격해야 한다.

나중에 구데리안의 전차들이 만슈타인이 계획한 전진축을 정확히 따라 공격했다는 사실은 대단히 주목할 만하다. 그러나 이것은 결코 우연이 아니었다. 우연은 서부전역을 준비하는 동안 이 두 사람이 같은 도시, 바로 코블렌츠Koblenz에 머물렀다는 것이다. 만슈타인이 유명한 '지헬슈니트 계획'을 창안한 곳인 A집단군의 사령부는 라인 강변의 과거 어느 제후의 성 안에 위치했다. 나중에 '구데리안 기갑군단'으로 명명된 제19군단의 사령부도 코블렌츠에 설치되었다. 게다가 두 장군의 숙소인 호텔들도 서로 매우 가까이에 있었다. 그래서 전략가 만슈타인은 그의 사상을 즉각 이해할 수 있는 극소수의 장군들 중 한 명이자 기갑부대 전문가인 구데리안과 이 대담한 작전 기획안의 실행 가능성에 대해 깊은 대화를 나눌 수 있었다.

게다가 구데리안이 작전 지역의 지형을 꿰뚫고 있었으므로 두 사람의 만남은 운명적

† 일반적으로 국내에 출간된 제1, 2차 세계대전 관련 책들에는 '뮤즈 강' 또는 '뫼즈Meuse 강'으로 표기되어 있다. 이 책에서는 독일에서 부르는 이름인 '마스 강'이라고 표기했다.

이라 할 만했다. 구데리안은 1914년 아르덴 지역 공격작전에 참가했을 뿐만 아니라 1918년 당시 독일 영토였던 스당에서 4주간의 장군참모 교육과정을 이수했다. 만슈타인이 말한 것처럼 구데리안은 이 계획에 '열광적으로 찬성'했다.[18] 그는 만슈타인에게 아르덴을 통한 기갑사단의 돌파가 불가능하지 않다는 확신도 심어주었다. 다만 구데리안은 충분한 숫자의 기갑 및 차량화 사단—가능하면 모든 기계화, 차량화 부대를—을 편성해 이 지역으로 투입해 달라고 건의했다.[19]

만슈타인은 A집단군 사령관인 룬트슈테트 상급대장의 승인하에 총 일곱 차례 건의서를 작성했다(1939년 10월 31일, 11월 6일, 21일, 30일, 12월 6일, 18일, 1940년 1월 12일자).[20] 그러나 육군 총사령부는 만슈타인의 주장을 여러 가지 핑계를 대며 무시해버렸다. 할더 장군은 A집단군이 이 기회에 중책을 맡으려는 이기적인 발상이라며 이 계획을 매도했고, 브라우히치 대장은 상상력이 풍부한 착상이라고 격찬하면서도 A집단군에 투입할 추가 전투력이 더 이상 없다는 이유로 정중히 반대의사를 표시했다. 특히 국방군 총사령부는 중간급 부서에서부터 이 제안의 검토조차 기각했다. 마침내 만슈타인 중장은 '만슈타인 계획'의 첫 번째 희생자로 전락했다. 할더 장군은 능수능란한 인사 조치를 통해 '성가신 방해자'를 제거하는 데 성공했다. 그는 룬트슈테트 장군에게 만슈타인을 차기 진급 대상에 포함시키게 했다. 할더는 고참들 중에서 젊은 라인하르트Hans Reinhardt 중장을 A집단군 예하 기갑군단장에 임명하면서, 만슈타인 중장에게는 보병 군단장 자리를 주었다. 1월 27일, 자신의 '행운'을 전해 들은 만슈타인은 전혀 기뻐하지 않았다. 그는 자신을 승진시키는 척하며 쫓아내려는 할더의 음모를 느낄 수 있었다. 더욱이 만슈타인에게 주어진 군단은 '유령 군단'이었다. 그가 지휘하게 된 제38군단은 이제 막 창설되려는 단계여서 당시 단 한 장의 문서로만 존재하는 부대였기 때문이다. 그는 서부전선에서 멀리 떨어진 슈테틴Stettin에 머물러야 했다. 만슈타인이 이 시기에 자신의 좌천에 대해 얼마나 크게 상심했는지는 멜렌틴Friedrich-Wilhelm von Mellenthin 소장이 자신의 회고록에서 언급한 일화에 잘 드러나 있다. 그는 당시 소령으로서 제38군단 예하에서 창설 중이던 한 사단의 장군참모장교였다.

"극적으로 희비가 교차한 사건이라 하는 것이 옳겠다. 나는 동부로 떠나기 위해 베를린 역에 갔다가 서부전선에 위치한 A집단군 참모장인 만슈타인 중장을 만났다. 그는 특유의 정력적인 어조로 내게 말했다. '멜렌틴, 이제 바르테가우Warthegau† 에서 뭘 할 텐가? 조만간 서부에서 일이 터질 텐데 말야.' 〔…〕 놀랍게도 몇 주 후 군단장이 된 만슈타인 장군이 우리 사단을 순시했다. 〔…〕 순시를 잘 끝내고 우연히 그와 단둘이 마주한 자리에서 나는 이렇게 말했다. '장군님, 모든 일이 항상 뜻한 대로 돌아가는 건 아닌가 봅니다!'"[21]

만슈타인은 새로운 지휘권을 인수하기 직전에 다시 한번 그의 능력을 발휘할 수 있는 절호의 기회를 맞았다. 2월 7일 코블렌츠에서 열린 '전쟁연습'에서 그는 할더 장군이 서서히 자신의 견해를 받아들이기 시작했음을 알아챘다. 그러나 실제 계획 수립은 철저히 비밀리에 진행되었다. 만슈타인과 긴밀한 관계를 유지하던 2명의 보좌관, 블루멘트리트 Günther Blumentritt 대령(장군참모장교 출신)과 폰 트레스코프Henning von Tresckow 소령(장군참모장교 출신)은 자신들의 상급자가 좌천된 데 대해 매우 언짢아하고 있었다. 1월 말, 히틀러의 비서실장 슈문트 대령이 A집단군에 정보 수집차 방문했다. 그들은 이 기회를 이용해 할더가 국방군 총사령부로 올리지 못하게 막아놓은 만슈타인의 계획서를 슈문트에게 보여주었다. 포츠담의 제9보병연대에 같이 근무해 절친한 사이였던 트레스코프와 슈문트의 관계가 이 일이 성사되는 데 큰 역할을 했다. 당시 히틀러의 육군 전속부관이었던 엥겔Gerhard Engel 소령은 이 사건에 대해서 2월 4일자 일기에 다음과 같이 기록했다.

"코블렌츠에 갔던 슈문트는 〔…〕 만슈타인과 오랫동안 대화한 후 깊은 감명을 받았다. 만슈타인은 지금까지 육군 총사령부에서 기안한 작전계획에 대해 강한 의구심을 나타냈다고 한다. 슈문트는 총통이 끊임없이 요구했던 것과 같은 개념을 만슈타인이 보다 구체적인 방안으로 제안했다며 매우 흥분해서 내게 말했다."[22]

만슈타인의 생각과 관계없이 히틀러도 스당에서 결정적인 돌파를 감행하려는 계획을 구상했다. 육군 총사령부는 히틀러의 구상을 '어설픈 생각'이라 치부하며 말렸지만 그는 자신의 방책을 고집했다. 히틀러 주위의 인사들은 그들이 신임하지 못하는 할더 장군의 의심을 사지 않도록 뒷문을 통해 한 단계, 한 단계 조심스럽게 일을 진행했다. 마침내 슈

† 1939년 나치는 점령 폴란드를 세 부분으로 나누었는데, 그중 서부를 '바르테가우'라고 불렀다. Warthe는 지역명이고 Gau는 나치시대의 행정 관구를 이른다.

문트는 한 가지 음모를 획책했다. 그는 베를린의 수상관저에서 신임 제7기갑사단장 롬멜을 포함한 6명의 신임 장관급 지휘관들과의 조찬식 날짜를 2월 17일로 정했다. 간담회가 끝난 후 히틀러는 만슈타인을 자신의 집무실로 불러들였다. 이 자리에는 요들Alfred Jodl과 슈문트만이 동석했다. 다른 장군들이 발언했다면 불안함이 섞인 독백을 내뱉은 후 이내 말을 끊어버리고 불편한 마음을 감추지 않는 히틀러였지만 이번만은 태도가 달랐다. 그는 만슈타인의 설명에 완전히 사로잡힌 듯 조용히 경청했다.[23] 히틀러는 만슈타인의 매혹적인 논리에 감동받은 나머지, 그에게 느꼈던 혐오감도 잊어버렸다.[24] 히틀러는 감격해 하며 만슈타인의 최종 결론인 '강력한 전차(부대)'의 투입에도 강한 공감을 표시했다.[25] 주사위가 던져졌고 '지헬슈니트 계획'은 확고한 위치를 차지하게 되었다.

그러나 이 대안이 최종안으로 결정되는 동안, 이 계획의 대담함에 거의 모든 장군들이 경악했다. 사실 히틀러는 만슈타인을 만나기 며칠 전인 2월 13일에 슈문트를 통해 만슈타인의 계획을 총체적으로 보고받은 후 주공을 남부로 전환하기로 이미 결정한 상태였다.[26] 요들은 새로운 작전 계획을 육군 총사령부에 전달하며 이에 부합하는 전쟁 준비 명령을 작성하라고 요구했다. 사실 할더도 몇 가지 계획[27]을 예행연습한 후, 그동안 배척했던 이 대안 쪽으로 마음을 돌리고 있었다. 그는 2월 18일 브라우히치 대장과 함께 참석한 수상관저에서 열린 회의에서 히틀러의 의도와 정확히 맞아떨어지는 이제까지와 전혀 다른 계획을 내놓을 수 있었다.

이 회의의 결과, 2월 24일 네 번째 공격 작전명령이 배포되었다.[28] '황색계획'이라고 명명된 이 최종 작전명령의 핵심 내용은 다음과 같다.

> "벨기에-룩셈부르크 지역을 돌파해 공세를 선도할 주공을 뤼티히Lüttich-샤를루아Charleroi 선의 남부에 위치시킨다."

B집단군은 이 전선의 북부를 공격해 가능한 한 대규모의 프랑스-영국 육군의 주력을 유인, 고착시키는 임무를 부여받았다.

- 제18군은 네덜란드로 진격한다.
- 제6군은 뤼티히에서 마스 강을 도하해 북부 벨기에 방면으로 공격한다.

A집단군은 기계화, 차량화 전력으로 작전술적 돌파를 감행해 스당과 디낭Dinant 사이에

서 마스 강선을 극복한 후 솜 강 하구 방면으로 돌진한다.

- 제4군은 뤼티히-나무르Namur 간 전선의 남쪽을 공격하고 디낭 부근 2개 지역에서 마스 강을 도하한다.
- 제12군은 남부 벨기에와 룩셈부르크 방면으로 돌파해 스당 지역에서 마스 강을 극복한다.
- 제2군은 우선 종심상에서 후속하다가 제4, 12군이 대서양 해안 방면으로 방향을 전환할 때 전투력 공백이 발생하는 정면을 인수한다.
- 제16군은 스당 남부의 돌파구 좌측방을 방호한다.

남부지역에 배치된 C집단군은 방어에 중점을 두고 작전을 수행한다. 이들은 마지노선에 양공을 실시하고 강력한 적 부대를 고착 견제하는 임무를 맡는다.

2. 지헬슈니트 계획의 창시자는 누구인가

이 질문은 독일 군사사軍事史에서 가장 중대한 오류와 관련된 핵심 문제이다. 히틀러와 만슈타인이 지도 위의 스당을 동시에 가리켰으므로 그들이 동일한 생각을 했다고 볼 수 있을까? 나중에 전쟁 경과를 통해 드러나듯이, 이 독재자는 지헬슈니트 계획이 작전술적으로 어떤 의미가 있는지 이해할 만한 능력이 전혀 없었다. 그럼에도 불구하고 그는 놀라운 승리로 이 전역을 종결한 후, 자신이 이 계획을 구상했으며 스스로 최고의 군사지도자라는 환상에 빠졌다. 그러나 만슈타인의 대담한 지헬슈니트 계획과 할더의 네 번째 작전계획 사이에는 큰 차이점이 있었다.

지헬슈니트 계획의 탄생에 결정적인 역할을 했다고 거론되는 인물은 3명(할더, 히틀러 그리고 만슈타인)이다. 그러나 기갑부대 전문가로서 이 구상을 현실화하는 방법을 만슈타인에게 조언한 사람이 구데리안 장군이라는 사실을 간과하면 안 된다. 따라서 이 계획은 구데리안과 만슈타인이라는 쌍두마차가 창안했다고 해도 지나치지 않다. 만슈타인이 A집단군 참모장 지위를 잃은 후에도 구데리안은 그와 공동으로 창안한 사상을 실현하기 위해 정열을 쏟았다. 공격이 진행되는 동안 구데리안은 상부의 지시와 명령을 여러 번 무시했으며 자신만의 확고한 신념을 끝까지 관철시켰다. 그러므로 만슈타인이 지향한 작전이 현실화된 것은 구데리안의 덕택이었다.

(1) '지헬슈니트 계획'에 대한 만슈타인과 할더의 관점

독일군 장군단 내부에서 할더는 지성적이며 걸출한 인물로 유명했다. 그러나 더 젊고 야심만만한 만슈타인은 여러 장군들에게 할더보다 뛰어나다는 평가를 받으며 할더의 경쟁자로 부상했다. 베크Ludwig Beck 장군의 경우 비교적 이른 시기에 만슈타인을 작전술의 천재라고 인정했다. 만슈타인이 육군 총참모부에 진출한 것도 바로 베크가 1936년 10월 육군 총참모부 제1참모부장에게 그를 천거한 덕택이었다. 이로써 만슈타인은 비교적 젊은 나이에도 불구하고 총참모장 베크의 보좌관으로 근무하게 되면서 그의 후계자로 인식되기 시작했다. 그러나 훗날 군사적 저항운동을 주도하게 되는 베크와 히틀러의 관계는 이미 악화되어 있었다. 그러던 중 베크는 블롬베르크Werner von Blomberg† –프리치Werner von Fritsch†† 사건으로 육군 총사령관 자리에 오르지 못했고(베크가 진급하면 만슈타인은 거의 자동적으로 그의 직책을 넘겨 받을 예정이었다.), 그 대신 복종심이 투철하다고 평가받던 브라우히치 장군이 신임 육군 총사령관으로 부임했다. 동시에 만슈타인은 리그니츠Liegnitz의 사단장으로 방출되었고 할더가 그의 자리를 대신했다. 몇 달 후 베크가 히틀러의 호전적인 외교정책을 비판하며 사임하자 1938년 9월 1일 할더가 그의 후임으로 육군 총참모장 보직을 이어받았다.[29] 이러한 배경만으로도 이 두 장군의 긴장 관계를 충분히 이해할 수 있다.[30]

바이에른 출신인 할더와 프러시아 출신인 만슈타인은 태생뿐만 아니라 사고방식도 확연히 달랐다. 포병 장교 출신인 할더는 조직적이고 체계적인 사고방식으로 유명해서, 영국에서는 그를 '수학교수'라고 부르기도 했다. 할더는 밤낮 없이 총참모장 업무를 보다가 때때로 수학 문제를 풀며 긴장을 풀었는데,[31] 이 사실을 보면 앞의 비유가 적절한 것 같다. 작전술적 문제를 꼼꼼히 짚고 넘어가는 엄중한 논리력은 유명했고, 사람들은 그의 이러한 성향을 두려워할 정도였다.

만슈타인의 사고방식은 완전히 달랐다. 그는 전략적 차원에서만큼은 정연하고 논리적으로 사고했으며, 다른 장군들과 달리 놀라운 선견지명을 보여주었다. 반면 작전술 차원에서는 논리에서 벗어나는 방향으로 사고했다. 만슈타인에게 논리적 해결책은 적들도 충분히 예상할 수 있는 방법이므로 최선의 해결책이 아니었다. 그는 비논리적인 작전을

† 블롬베르크 사건 : 히틀러 정권 시 육군성 장관을 역임한 블롬베르크 장군이 1938년 1월 가정 내 추문으로 인해 장관직에서 물러난 사건.

†† 프리치 사건 : 괴링과 하이드리히가 육군 총사령관인 프리치 장군을 동성연애자로 몰아 사임하게 만든 사건.

|독일군 수뇌부의 주요 인물들|

만슈타인 중장

할더 대장

룬트슈테트 상급대장

라인하르트 중장

구사하여 항상 적의 허를 찌르려했다. 서방국가들에 대항해서 지형적으로 불리한 지역에 주공을 투입하고 전차가 기동할 수 없는 아르덴 숲을 대규모 기갑부대로 통과해 공격한다는 생각은 만슈타인이 구상한 수많은 '터무니없는' 생각들 중 일부에 불과하다. 이 같은 예측할 수 없는 행태 때문에 훗날 동부전선에서의 대소 공세 때 스스로를 더 위태롭게 만들었는지도 모른다. 만슈타인과 할더 사이의 결정적인 차이는 최종 결정을 내리는 방법에서 확실히 드러난다. 할더는 중대한 결정을 내리기 전에 며칠 밤을 새며 심사숙고하고, 모든 대안들을 되풀이해서 시험해보고, 참모진을 소집해 의견을 들은 후 결정을 내렸다. 반면 만슈타인은 신속하게 때로는 독단적으로 결정했다. 그는 상황이 불확실할 때는 수학적 계산보다 자신의 직관을 더 믿었다. 만슈타인은 오늘날 히틀러의 장군들 중 명실 공히 가장 유능한 장군으로 평가받고 있다. 작전술적 차원의 대부대를 이용한 기동전에 있어서 그는 최고의 전문가였다. 이 분야에서 그는 적들보다 훨씬 뛰어난 '완벽한 예술적 기교'를 발휘했다.

확실히 이 두 장군 사이에는 경쟁심리가 작용했고, '신중한 할더는 만슈타인의 천재적 대담성'에 분개하곤 했다.[32] 이 육군 총참모장은 A집단군 참모장의 의심할 여지 없이 탁월한 작전계획을 국방군 사령부에 보고하지 않았지만, 그 이유가 자신보다 젊은 경쟁자를 견제하려는 의도는 아니었다. 그의 행동은 원리원칙적인 심사숙고와 윤리적 천성에 기인했다. 작전계획의 총책임자인 할더는 작전분야에서만큼은 히틀러의 정치적 도박 성향이 개입되는 일을 막으려 했다. 그는 만슈타인의 대담한 생각에서 풍기는 매혹적인 향기를 직감했다. 히틀러는 스당을 통해 돌파한다는 설익은 생각을 하고 있었기 때문에, 만약 이 모험가가 만슈타인의 계획을 알게 된다면 무조건 열광할 게 틀림없었다.

게다가 체계를 중요하게 여긴 할더는 하위의 작전술적 논리 때문에 상위의 전략적 논리가 폐기되어야 한다는 사실을 받아들일 수가 없었다. 독일군 총참모부는 1914년에 이미 산술적인 전투력을 비교하면서 이와 같은 치명적 실수를 저질렀다. 즉 현대판 '칸나이' 전투를 통해 속전속결을 거두려던 시도는 유사한 상황에서 같은 적을 상대로 실패했다. 제2차 세계대전의 경과에서 나타난 것처럼, 회의적이었던 독일군 총참모장의 예상이 옳았어야 했다. 하지만 작전술 차원에서 이 계획은 실현 불가능한 망상이라며 독설을 퍼붓던 할더가 자신의 투쟁이 무위로 끝난 후 태도를 180도로 바꾼 것은 아이러니가 아닐 수 없다. 이 일은 나중에 대소련 전역의 작전계획에 치명적인 영향을 미쳤다.

훗날 할더는 자신이 지헬슈니트 계획의 진짜 창시자라고 주장했다. 그는 이미 9월 말 작전계획이 수립되기 직전에 자신이 아르덴으로 주공을 투입할 것을 제안했다고 말[33]했으나 이를 뒷받침할 자료는 현재 전혀 없다.[34] 그는 분명 이 가능성에 대해 잠시 고려했겠지만, 이 계획에 따르는 위험 부담 때문에 곧 계획을 포기했을 것이다. 그리고 만슈타인이 제안한 지헬슈니트 계획의 가장 큰 반대자가 할더였음은 분명한 사실이다. 그러나 전쟁이 끝난 후에도 예비역 대장 할더는 국제적 군사사 기술 작업에 지속적으로 영향력을 행사했다. 그가 (미 육군의 의뢰로) 연구를 주도한 각종 논문들[35]과 서부전역에 대한 방대한 문헌들은, '낫 모양 기동Sichelbewegung'에 불과했던 만슈타인의 초안을 할더가 완벽한 '지헬슈니트 계획Sichelschnitt'으로 만들었다[36]고 이야기하고 있다. 이러한 문헌들을 통해 할더는 자신이 기안한 제4차 공격계획에서야 비로소 솜 강 하류까지 기갑부대를 진격시킨다는 것을 명시화했다고 주장했다. 그러나 이 주장은 현재 상당한 논란에 휩싸여 있다.[37] 그러면 네 가지 관점에서 할더와 만슈타인의 작전술적 개념을 비교 · 분석해보자.

① 완성도 문제

만슈타인의 초안과 훗날 육군 총사령부의 작전계획안을 세부적인 면에서 비교한다는 것은 다소 문제가 있다. 만슈타인은 자신의 회고록에서 고전적인 은유법으로 자신의 입장을 다음과 같이 밝혔다.

> "1939년 10월 나의 작전계획이 미완성 작품인 것은 당연하다. 인간은 목표를 이루기 위해 항상 노동하고 투쟁해야 한다. 제우스의 머리에서 아테나 여신이 태어나듯 절대적으로 완벽한 예술작품은 인간의 머리에서 나올 수 없다."[38]

만슈타인이 작전술 차원에서만큼은 경이롭고 창의적이었던 만큼, 만일 그가 이 아이디어 때문에 좌천당하지 않았더라면 아마 더 완벽한 작품이 탄생했을 것이다. 할더가 자신의 것이라 주장하고 싶어 하는 지헬슈니트 계획의 사상은 의심할 여지 없이 이미 만슈타인의 최초 건의서에 들어 있었다. 예비역 장군 그라프 폰 킬만스에크Graf von Kielmansegg는 이를 명확히 증언했다.

> "이 구상안은 명백히 그리고 전적으로 만슈타인의 것이다."[39]

② 기갑부대에 대한 요구

1940년 2월 24일 할더가 작성한 제4차 공격계획, 즉 육군 총참모부의 계획과 이보다 앞선 1939년 12월 18일의 만슈타인의 잠정 안을 비교해보면, 전자에도 충분한 기갑사단을 솜 방면으로 투입해야 한다는 내용이 분명 포함되어 있다. 하지만 만슈타인의 기획안에는 이보다 더 뛰어난 책략이 내포되어 있음을 주목해야 한다. 그는 '각 시점에 따라 달성 가능한 방책을 구체적으로 제시'[40]했다. 기갑사단들이 필요하다는 요구가 그 좋은 예이다. 여기에서 만슈타인이 '최대한 모든 기갑부대를 투입하고자 한'[41] 구데리안과 긴밀한 대화를 나누었음을 알 수 있다. 그러나 보병 위주로 편성된 A집단군의 참모장에게 '전차'라는 단어는 금기와 같았다. 군부 내의 체계를 거역하고 A집단군이 최초 단계부터 모든 기갑사단들을 요구하는 것은 최악의 선택이었다. 기갑부대를 넘겨줄 수밖에 없는 위기에 처한 군사령관 이상의 고위급 장성들은 자신들의 위신을 지키기 위해 만슈타인을 극도로 경계했다. 원래 만슈타인은 우선 적들을 포위하려면 주공을 북부가 아니라 동부에서 솜 방면으로 진출시켜야 한다고 제안하려 했다. 이러한 작전술 차원의 근본 개념이 처음부터 받아들여졌다면 당연히 A집단군에 기갑사단들이 집중편성되었을 것이다. 2월 17일, 히틀러와 만난 만슈타인은 억제되어 있던 뛰어난 책략을 표현할 절호의 기회를 얻었다. 요들이 증언했듯이, '필요 불가결한 조건conditio sine qua non'을 내세운 만슈타인의 요구는 명백했다. 그는 단호하게 '강력한 기갑부대를 투입하든지, 전혀 투입하지 않든지'[42] 양자택일하라고 요구했다. 히틀러는 다음 날 육군 총사령부에 '중重전차의 대부분'을 제12군에 예속시키라는 지시를 내렸다. 이것은 만슈타인이 기갑부대를 주축으로 한 작전을 계획했다는 결정적인 증거이다.[43]

③ 시간적 요인

현대 전쟁사에서 지헬슈니트 계획만큼 기동성에 좌우된 작전은 거의 없다. 만슈타인에게 전술적 현실성에 대해 조언하고 이 계획의 완성을 도운 구데리안은 가장 중요한 문제로 시간적 요인을 꼽았다.

- 제1단계 : 늦어도 공세 개시 5일 안에 마스 강을 도하, 극복해야 한다. 그러지 않으면 즉시 프랑스군은 지헬슈니트 계획의 기만 공세를 간파하고 적시에 예비대를 마스 강변으로 투입해 전선을 보강할 것이다.

• 제2단계 : 마스 강 도하 후 기갑사단은 가능한 한 신속히, 노출된 측방을 고려하지 않고 솜 강 하구를 향해 돌진해야 한다. 그러지 않으면 연합군은 적시에 포위망을 탈출할 것이다.

실제로 공세 4일차에 스당에서 마스 강을 도하할 수 있었고, 독일 전차들은 전진 중이던 프랑스군 예비대를 몇 시간 내에 저지할 수도 있었다. 2월 7일 코블렌츠에서 스당에서의 마스 강 도하에 관한 전쟁 연습이 실시되었을 때 할더는 구데리안의 시간 계산을 '당치도 않다' 고 평했다. 그는 공세 이후 아무리 빨라봐야 9일차, 실질적으로 10일차에나 마스 강 도하가 가능하다고 말했다. 2월 14일 마옌Mayen에서 재개된 전쟁 연습 결과는 할더의 예상대로였다. 이 외에도 그는 '순차적인 총공세' 와 체계적인 전진을 실시해야 한다고 주장했다. 우선 '전술적 단계' 를 통해 보병사단이 교두보를 구축하고 난 후 '작전술적 단계' 로 이 돌파구를 이용해 기갑사단이 투입되어야 한다는 것이었다. 그러나 구데리안은 이러한 기갑부대 운용이 틀렸다고 믿었고 낙담한 채 분명히 위기가 닥칠 것이라고 말했다. 또한 총참모장 할더가 A집단군 참모장을 교체해버리는 바람에 A집단군으로부터 전투지원부대를 추가 지원받지 못했다. 이때 구데리안은 "지금이야말로 만슈타인이 필요한데!" 라며 한탄했다.[44]

물론 나중에 할더는 구데리안의 주장에 수긍했고, 기갑부대의 공세도 옹호하게 되었다. 그러나 마스 강을 도하하자마자 기갑사단으로 솜 강 유역과 아미앵Amiens 방면으로 진격하자는 구데리안의 요구는 받아들이지 않았다. 육군 총참모장을 비롯한 모든 장군들은 일단 보병사단들이 후속해서 교두보를 완전히 확보해야 한다는 입장을 고수했다. 무엇보다도 좌측방의 방호를 충분히 대비한 후 진격을 재개해야 한다고 주장했던 것이다.[45]

여기에 바로 미완성인 할더의 제4차 공격계획과 만슈타인의 대담한 지헬슈니트 계획 간의 가장 중대한 차이점이 존재한다. 할더는 대서양 해안으로 야심차게 단숨에 도약하기보다는 일단 마스 강의 교두보에서 중도에 공세를 멈추고 싶어 했다. 그래서 북부의 연합군을 완벽하게 포위할 수 있는 결정적인 기회와 전략적인 승리를 제쳐두고 근시안적인 작전술적 승리만을 얻으려는 위험한 행동을 하려 했다. 반면 만슈타인은 승패를 건 모험을 수반하는 완전한 승리를 원했다. 따라서 구데리안이 마스 강 도하에 성공하는 때가 이 작전에서 가장 흥미로운 순간이 되었다. 상관의 지시를 따를 것인가, 아니면 그와 만슈타인이 창안해낸 사상을 관철시킬 것인가가 전쟁의 승패를 결정지을 것이기 때문이다.

④ 돌파와 동시에 남부로 조공을 투입

할더는 결국 만슈타인의 기획안에서 솜 강 하구까지 진격한다는 기본적 구상을 받아들였다. 그러나 그는 서쪽으로 주공을 투입함과 동시에 남부 방면으로 조공을 진출시킨다는 두 번째 기본 개념은 단호하게 거부했다. 하지만 전쟁이 경과하면서 이 개념이 확증되었고, 만슈타인의 선견지명이 빛을 발했다. 그는 다음과 같은 세 가지 근거로 이 주장을 뒷받침했다.

첫째, 노출된 좌측방을 '공세로써' 방호한다[46]는 것이 만슈타인의 기본 구상이었다. 그는 지속적으로 신장된 남측방으로 프랑스군이 반드시 역습을 감행할 것이라고 판단했다. 최초 공세가 계획대로 진행될 때 기계화부대의 진격 속도에 맞춰서 적절한 수의 보병사단들을 후속시켜 그들을 측방방호를 위해 '진주목걸이처럼' 늘어놓는 것[47]이 가능한가에 대한 문제점이 대두되었다. 교리적이고 수동적인 방식 대신, 그는 스당 돌파 부대 중 일부를 남측방, 즉 적의 역습이 실시될 정중앙으로 돌진해 프랑스군을 격멸할 생각이었다.

할더가 총괄하고 1959년에 발표된 P-208 연구보고서에는, 신장된 공격축선 측방에 방어진지를 신속히 구축할 수 없다는 만슈타인의 예측이 빗나갔으며, 오히려 시에르크Sierck(룩셈부르크 남동쪽 끝단)에서부터 도버 해협까지 400여 km에 달하는 방어선 형성에 성공했다고 언급되어 있다.[48] 하지만 그것은 진실의 일부일 뿐이다. 구데리안은 만슈타인의 사상에 따라 스당 돌파에 성공한 후 상급자들의 명령을 어기고 '공세적 방어'를 위해 남쪽으로 강력한 전력을 투입했다. 이 임무를 맡은 부대는 스톤Stonne 방면에서 역습을 위해 집결하던 프랑스군의 정중앙으로 돌진했고, 프랑스군은 본격적인 역습을 실시하기도 전에 괴멸당했다.

둘째, 만슈타인의 남측방에 대한 '공세적 방어'는 또 다른 작전목적을 내포하고 있었다. 솜 강 하류를 돌파할 때 남측방을 단순히 수세적인 방식으로 차단한다면 적들은 솜 강과 엔Aisne 강을 따라 스당의 마지노선과 연결된 대서양 해안에 이르는 새로운 방어선을 구축할 수도 있다고 만슈타인은 생각했다. 따라서 만슈타인의 구상에 따라 르텔Rethel-랭스Reims 지역을 향해 남서방면으로 우회기동을 해야 하는 제12야전군의 임무는 '적 전선의 연결을 영구적으로 차단하는 것'[49]이었다. 됭케르크Dunkirt 점령 이후 이어진 전쟁에서 만슈타인의 예상은 적중했다. 연합군은 그가 예측한 선을 이용해 강력한 방어선을 구축했다. 독일군은 이 방어선을 돌파하기 위해 공격을 감행해야 했고 이로 인해 막대한 희생을 치를 수밖에 없었다.

셋째, 전략적 선견지명을 갖춘 만슈타인은 이미 전쟁의 2단계까지 염두에 두고 있었다. 그는 프랑스와 그 동맹국들을 단 한 번의 대규모 작전으로 단숨에 쓰러뜨린다는 것은 과대망상이라고 생각했다. 이미 1914년에 독일은 이런 생각을 가지고 슐리펜 계획을 시행했다가 비참한 결과를 맛보았다. 그 때문에 만슈타인은 클라우제비츠가 말한 것처럼 공세 도중에 '작전한계점Culmination Point'에 도달해서는 안 된다[50]고 보았다. 따라서 그는 1, 2차로 나누어 연속해서 대규모 작전을 실시해야 한다고 제안했다. 그리고 구체적으로 스당을 회전축으로 해서 차례대로 연합군 전선을 둘로 나누어 각각을 포위 격멸해야 한다고 주장했다.

- '황색계획' : 스당에서 대서양 해안까지 돌진한 기갑부대로('지헬슈니트 계획') 북부의 적 부대를 포위한다.
- '적색계획'[51] : 최종적으로 스당에서 스위스 국경지대까지 배치된 남부의 적들을 포위한다. 공세는 '슐리펜 계획과 동일한 방식'으로 실행하며, '마지노선의 후방'에 배치된 프랑스군을 배후에서 공격, 제압한다.[52]

만슈타인이 서로 정반대 방향의 두 우회기동으로 지헬슈니트 계획을 구성했다는 점이 주목된다. 이 계획의 1단계(1차)에서 제12군은 2단계(2차)에서 A, B 집단군이 실시할 우회기동을 부분적으로 실시한다. 그렇게 해서 제12군은 마지노선 후방에 배치된 적을 배후에서 공격하기 위한 거대한 '문'의 경첩을 형성한다. 그러나 육군 총사령부는 이 원대하고 치밀한 계획을 배격했고 오로지 남측방 엄호만을 고집했다. 공세 8일째, 할더는 갑자기 흥분해서 입장을 180도 바꿔 폐기되었던 만슈타인의 사상을 실행하려 했으나 이미 때를 놓쳤다.

이를 요약하면 다음과 같다. 할더는 지헬슈니트 계획의 창시자가 아닐뿐더러, 오히려 이 계획의 반대세력 중에서도 핵심인물이었다. 만슈타인의 대담한 사상은 할더의 조심스러운 성향과 정면으로 대치되었다. 그러나 일단 전쟁이 시작되고 작전이 점점 고유의 역동성을 발휘하여 눈사태처럼 급격한 속도로 진행되자 할더는 그만의 융통성과 지적知的 도량을 보여주었다. 그는 지헬슈니트 계획에 깔린 사상의 실체를 그때서야 완전히 이해하

| 만슈타인의 2차에 걸친 지헬슈니트 계획 |

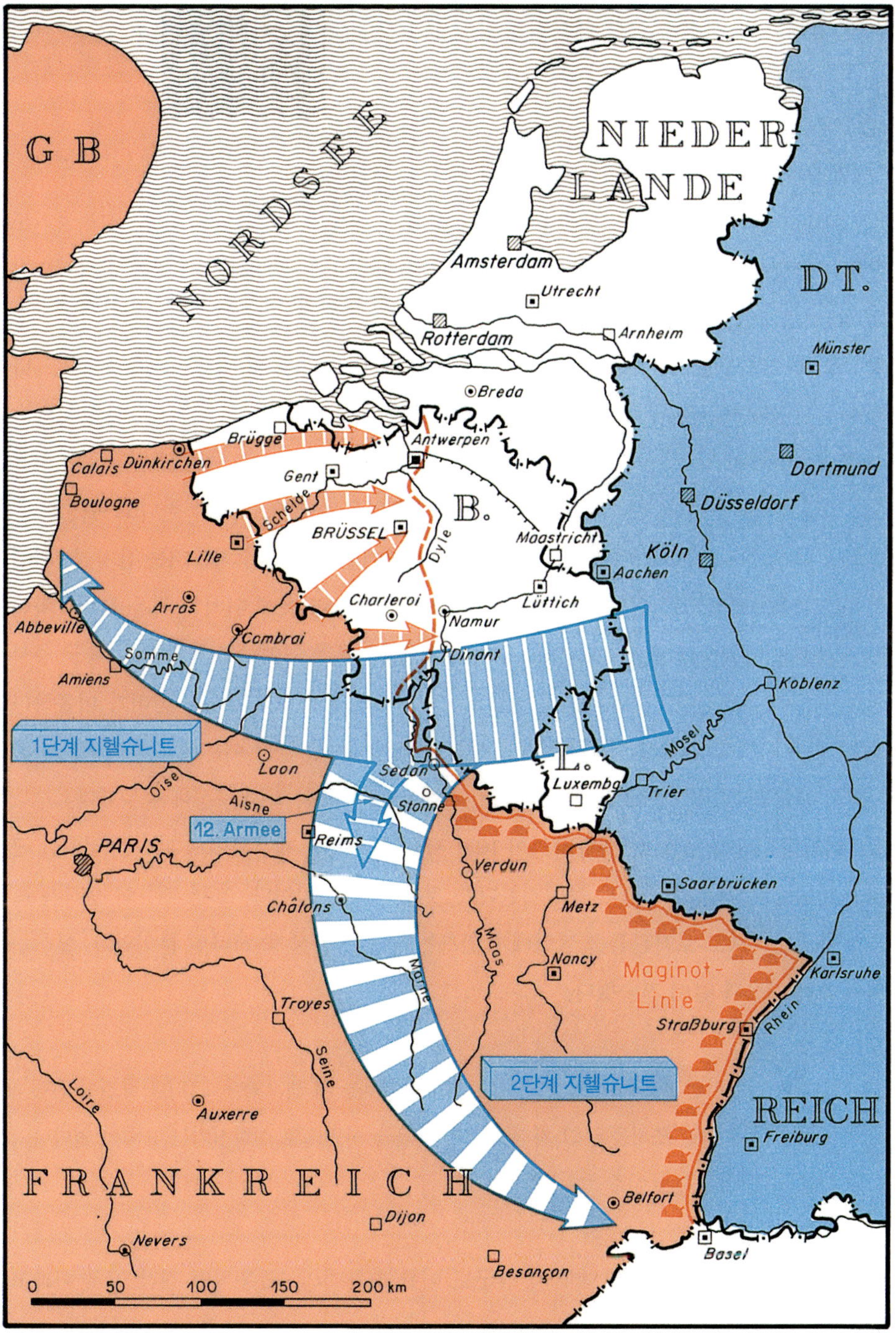

게 되었다. 히틀러와 고위급 군사 보좌관들이 전신이 마비되는 듯한 심리적 충격에 빠진 반면, 할더는 이 작전이 끝날 때까지 놀랄 만큼 대담하고 자신만만하게 주도적으로 작전을 지휘했다.

(2) 지헬슈니트 계획을 보는 만슈타인과 히틀러의 관점

히틀러는 암시형 선동가일 뿐만 아니라 때때로 자기가 건 최면에 스스로 걸려들기도 했다. 서부전역이 야기한 가장 불운한 결과 중 하나는 바로 이 독재자가 최고 군사지도자의 역할을 더 강하게 주장했고, 급기야 망상과 현실을 분간할 수 없게 된 것이다. 그는 진정으로 자신이 지헬슈니트 계획의 창시자라고 확신했고, 이를 대외적으로 주장했다. "나와 서부전역의 새로운 공격계획을 논의한 장군들 중 나의 계획(!)을 이해한 유일한 사람은 만슈타인이었다."[53]

10월 19일 첫 번째 공격명령에서 히틀러는 우익을 주공으로 해야 한다고 주장했다. 그러나 며칠 후 10월 25일에 브라우히치, 할더와 함께한 회의에서 히틀러는 갑자기 '전체 전력을 서쪽으로 진격시킨 후 북서쪽으로 방향을 돌려 벨기에에 위치한 적을 포위·차단하고 섬멸하기 위해 주공 방향을 마스 강 남부로 하는 게'[54] 어떠냐고 제안했다. 육군 총사령관과 그의 참모장은 '소스라치게 놀랐고' 그런 작전을 실시하기에는 준비가 미흡하다고 대답했다. 히틀러도 자신의 즉흥적인 착상을 확신하지 않았기 때문에 시간이 지나면서 자신의 제안을 다시는 입에 올리지 않았고, 전혀 다른 방향의 작전 구상에 몰두했다.

이처럼 단순한 착상을, 만슈타인이 10월 31일에 제출한 제안서에서 보여준 정확한 근거를 바탕으로 작성된 계획과 동일시한다는 것은 당찮은 일이다. 그런 부류의 생각은 독재자가 일상적으로 보좌관들을 쩔쩔매게 만드는 충동적 발상 중 하나일 뿐이었다. 할더는 이에 대해 다음과 같이 진술했다.

> "그것은 전형적인 히틀러식 착상이었고, 어떤 면에서는 꽤 괜찮았다. 그러나 작전이 진행되는 동안 그가 내린 조치들은 그 자신이 이 발상을 군사적으로 심화시키는 능력이 얼마나 부족했는지를 여실히 보여주었다."[55]

예비역 상급대장 호트Hermann Hoth 장군도 이를 히틀러의 '즉흥적인 직감'일 뿐이라고 평했으며 1939년 10월 25일에 갑자기 꺼냈다가 다음 날 폐기한 발상을 작전술적 사상으로 과대평가해서는 안 된다고 말했다.[56]

그때까지 이 독재자는 육군 총사령부가 내놓은 작전계획들에 만족하지 못했고 지도만 뚫어지게 쳐다보았다. 11월 11일, 그는 스당 돌파를 시도해야 한다고 주장해 장군들을 당황시켰다. 히틀러는 구데리안에게 기갑 및 차량화 부대로 구성된 1개 군단을 지휘하여 스당에서 마스 강을 건너라고 지시했다. 이로 인해 이미 기술한 대로 제2차 공격계획안에 따라 설정된 2개의 주공에 제3의 주 노력 방향이 추가되었다. 히틀러는 한 장의 카드에 운명을 거는 대담한 모험을 회피했고, 이러한 그의 발상은 '전격전'의 가장 중요한 기본 원칙인 집중의 원칙을 완전히 위배했다. 히틀러는 이에 대해 주공이란 본래 작전을 진행하면서 상황의 변화에 따라 형성되어야 한다고 해명했다. 만슈타인은 작전계획 시에 이와 같은 우유부단함은 절대 용납될 수 없다고 비판했다. 그는 다음과 같이 반론을 제기했다.

> "몰트케도 최초 공세 때 저지른 실책은 되돌릴 수 없다고 말했다. 〔…〕 공군은 언제든 중점을 전환할 수 있으나 육군은 일단 작전이 시작되면 중점을 바꿀 수 없으며, 설령 바꾼다 해도 단시간 내에는 불가능하다."[57]

특히 만슈타인은 제19군단만 스당으로 진격하는 방안은 불충분하다고 생각했고 군단장인 구데리안도 이에 동감했다. 그러나 제14군단(차량화)은 처음부터 구데리안 군단과 더불어 스당에서 마스 강을 공격하는 대신 예비대로서 이들을 후속하도록 계획되었다.

1870년의 전설적인 전투†에 매료된 히틀러는 시간이 갈수록 스당에 점점 더 집착했다. 그는 계속해서 스당을 주 노력 방향으로 삼아야 한다고 고집했으나 그의 주장에 명확한 근거나 개념은 전혀 없었다.[58] 그러다 히틀러는 비서실장 슈문트가 2월 2일 코블렌츠의 A집단군 사령부에서 입수해온 정보를 열정적으로 탐독했다. 자료에 담긴 만슈타인의 사상은 지금까지 히틀러에게 부족했던 명확한 개념을 제공했으며 더구나 매혹적이기까지 했다. 2월 2일은 히틀러가 지금까지의 계획을 갑자기 변경하기로 결심한 역사적인 날이라 할 수 있다. 2월 17일의 조찬 회동 후의 '은밀한 만남'은 히틀러가 몇 가지 의문에 대한 해

† 스당 전투를 말한다. 프랑스와 프로이센 간의 전투로 프로이센이 승리했다.

명을 듣기 위한 자리였을 뿐이다. 이 자리에서 만슈타인은 자신의 카드패를 뒤집어 보여주고 강력한 기갑부대의 창설을 요구했다. 히틀러는 이미 2월 13일에 요들을 통해 육군 총사령부에 이제부터 주공은 스당 방면을 지향해야 한다고 지시한 상태였다. 이때 그는 자신이 만슈타인의 발상에 영향을 받았다고는 한마디도 하지 않았고 2월 18일, 전날 만슈타인이 요구한 강력한 기갑부대를 육군 총사령부에 요구할 때도 같은 태도를 유지했다.

오늘날까지 서부전역에 관한 거의 모든 역사서들에서 히틀러가 논리적인 장군참모장교인 만슈타인 못지않게 본능적인 직관으로 작전술 차원의 문제를 해결했다는 기록을 발견할 수 있다. 그러나 이러한 주장은 결코 용납될 수 없다. 물론 두 사람이 똑같은 말을 했지만 그들의 생각은 근본적으로 달랐다. 이것은 우연히 스당이라는 지리적 일치 때문에 발생한 오해임이 분명하다. 특히 전쟁이 끝난 후 육군 대장 할더와 호트 그리고 만슈타인 원수는, 히틀러가 스당에 대해 가졌던 관념은 전술적 측면이었다고 언급했다.[59] 히틀러는 단지—만슈타인이 히틀러의 말을 인정했듯이— '스당에서 가장 용이하게 마스 강을 도하할 수 있다'[60]고 판단했다. 그러나 군사학에 문외한인 그는 지헬슈니트 계획의 사상을 끝까지 이해하지 못했다. 그에 반해 만슈타인은 '완전한 결정적 승리'를 달성하기 위한 전략적 문제에 전념했다. 히틀러의 사고는 최초 단계인 마스 강의 건너편에 머물렀으나, 만슈타인의 사고는 대서양 해안까지 나아가 있었다. 그의 선견지명에 따르면, 신속히 솜 강 하류까지 진격하여 북부에 집중된 연합군의 주력을 포위한다면 틀림없이 '완전한 승리'가 가능했다. 이러한 전략적 사상을 달성하기 위한 작전술적 전제조건이 바로 기갑부대가 아르덴을 극복하고 기습 공격으로 마스 강을 도하하는 것이었다. 마스 강을 도하할 위치를 선정하는 것은 전술적 문제에 지나지 않았다. 만슈타인은 스당 일대를 훤히 꿰뚫고 있는 조언자 구데리안이 마스 강 도하에 가장 적합한 곳으로 스당을 추천했기 때문에 그곳을 선택했다.

요컨대 히틀러는 전술적이고 단순히 귀납적으로 생각해 스당을 떠올렸지만, 만슈타인은 연역적으로, 한 차원 높은 전략적 심사숙고를 거쳐 스당을 선택했다. 여기에 또 다른 근본적인 차이가 있는데, 그것은 바로 마스 강 극복 이후 전쟁을 어떻게 수행하는가였다. 스당 돌파 이후 기갑사단들이 만슈타인과 구데리안이 의도했던 대로 급속도로 대서양 해안으로 돌진하자 이 독재자는 공황에 빠져버렸다. 그렇다면 평정심을 잃고 성공을 눈앞에 둔 기갑부대를 정지시킨 히틀러는 무엇 때문에 지헬슈니트 작전을 원하고 또 계획했을까?

스당에 대한 오해를 불러일으킨 가장 큰 원인은 군사 분야에 문외한인 히틀러가 전술적 · 작전술적 그리고 전략적 개념의 차이점을 인식하지 못한 데 있다.[61] 마치 아마추어 체스 선수가 우연히 천재적인 행마(복잡한 사고과정을 거친)에 한 번 성공한 후 자신을 챔피언이라고 굳게 믿는 것처럼, 히틀러는 자신을 챔피언이라고 생각했다. 그러나 그는 이미 한 판승을 거둔 자신의 총참모부에 어쭙잖게 참견해 됭케르크 바로 앞에서 기갑부대를 정지시키고 영국군을 살려줌으로써 외통수를 놓치고 말았다. 히틀러가 지헬슈니트 계획을 전혀 이해하지 못했다는 사실은 이제부터 작전 경과를 하나하나 따져보면 명백히 드러날 것이다.

3 - 3

슐리펜 계획의 회전문 효과와 지헬슈니트 계획

"칸나이 전역은 세계전쟁사에서 좀처럼 찾아보기 힘든 완벽한 전투이다. 한편에서는 한니발이, 다른 한편에서는 테렌티우스 바로가 각자 거대한 목표를 실현하기 위해 쌍방이 협력했기 때문에 완벽한 전투가 이루어질 수 있었다."[62]

그라프 폰 슐리펜 원수

지헬슈니트 계획의 근간인 만슈타인의 작전술적 사고는, 그가 강조했듯이, 슐리펜 계획의 배경과 연관지어 고찰해볼 때 그 계획의 재연이라고 할 수 있다.[63] 리들 하트는 잘 알려진 「회전문의 비교Drehtür Vergleich」라는 논문에서 이 두 계획 간의 작용 원리가 대단히 유사하다고 주장했다. 두 계획 모두 전방으로 기동함으로써 자연스럽게 '회전문 효과'를 발생시킨다면 설령 원하지 않더라도 용이하게 적의 종심지역, 즉 적의 후방까지 돌파할 수 있다는 내용이었다.[64] 1914년의 회전축은 룩셈부르크 남쪽에 있는 디덴호펜Diedenhofen(티옹빌Thionville)이었다. 프랑스군이 알자스Alsace-로트링겐Lothringen(로렌Lorraine) 방면으로 격하게 밀고 들어오려 하면 할수록 독일군은 벨기에 방면에서 '회전날개'로 더 맹렬하게 적의 배후로 진격해야 했다. 1940년에는 회전축이 정확히 반대로, 즉 시계방향으로 바뀌었다. 북부의 연합군 원정 부대들이 벨기에 방면으로 나아가려고 하면 할수록 독일군 기갑사단들은 아르덴을 통과해 더 쉽게 적의 후방에 이를 수 있었고, 대서양 연안까지 진격할 수 있었다.

|1914년과 1940년의 회전문 비교|

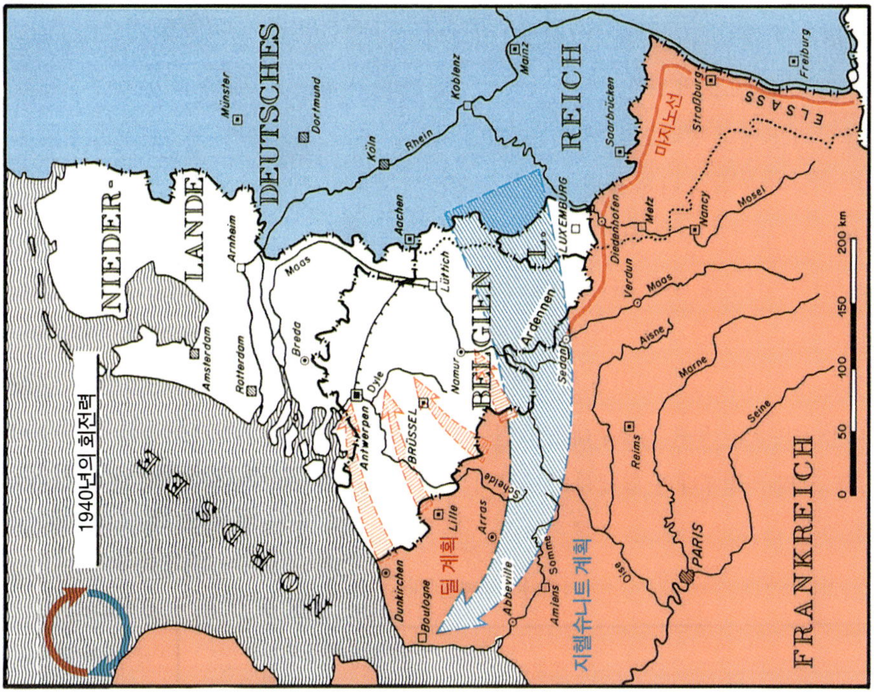

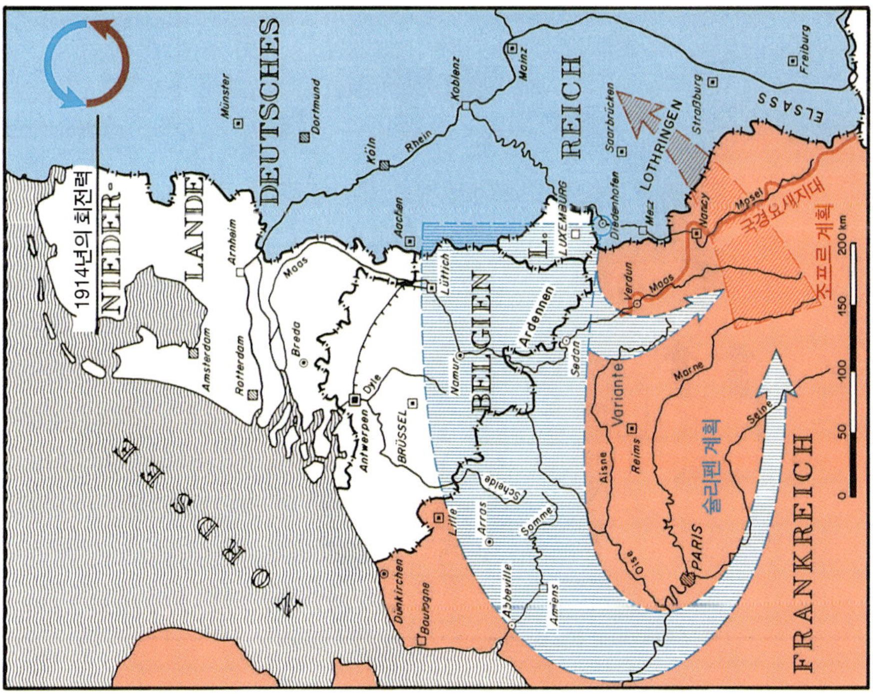

1. 1914년의 슐리펜 계획과 조프르 계획

1870년, 몰트케 장군은 '19세기의 칸나이Cannae', 스당에서 프랑스군을 포위해 속전속결을 성공시킴으로써 보불전쟁을 승리로 이끌었다. 기원전 216년, 한니발Hannibal은 칸나이에서 약 5만 명의 병력으로 약 8만 명의 로마군을 포위, 섬멸했다. 카르타고의 최고 사령관은 중앙이 불거져 나온 형태로 전선을 형성해 로마의 적장 테렌티우스 바로Terentius Varro가 바로 이 중앙을 향해 정면 공격을 취하도록 유도했다. 곧이어 중앙에 배치된 카르타고 경보병들은 작전상 후퇴했다. 이때 갑자기 양측방에서 대규모의 중보병부대가 출현하여 로마군의 측방을 공격해 그들은 거대한 자루 한가운데에 갇힌 꼴이 되었다. 그와 동시에 좌익을 형성하고 있던 정면의 적 기병보다 상대적으로 강력한 하스드루발Hasdrubal의 기병부대가 로마군의 우측 기병부대를 유린한 후 로마군의 배후로 기동하여 부대 우측에 있던 카르타고의 기병부대와 합세해 로마군의 좌측 기병부대를 격멸했다. 마침내 카르타고의

|칸나이 섬멸전(기원전 216년)**|**

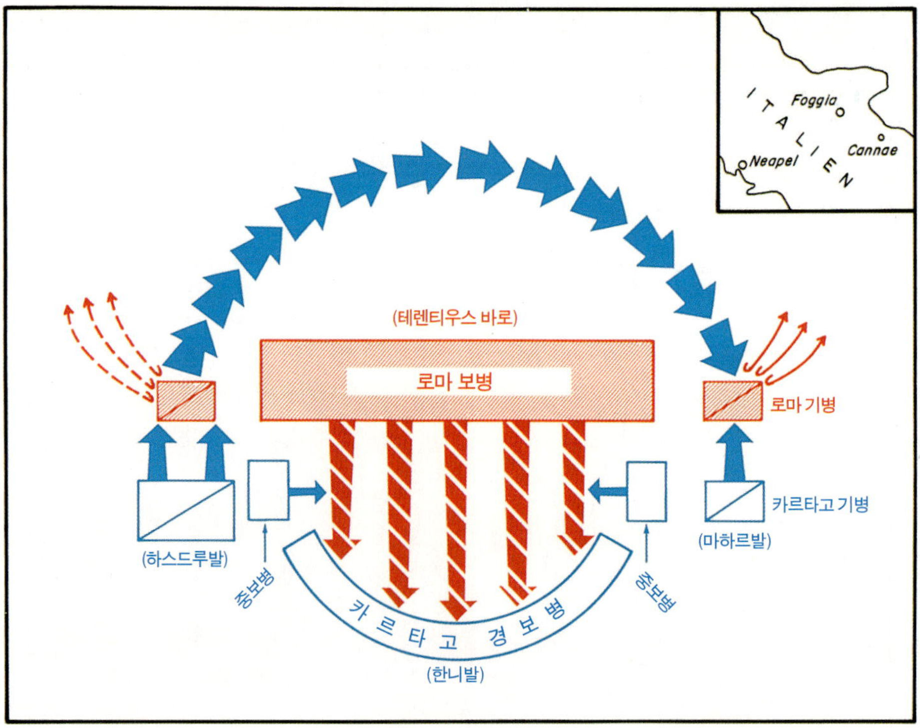

기병대는 로마 보병의 후방으로 전개하여 적의 퇴로를 차단해 거대한 포위망을 형성했다.[65] 이것이 유명한 칸나이 섬멸전이다.

슐리펜도 북부 프랑스에서 이와 같은 대규모 포위작전을 계획했다. 당시 가장 큰 문제는 프랑스의 동부 국경 요새지역을 정면 돌파하는 것이었다. 그는 북부로 우회해서 적의 배후로 진격해야 한다고 제안했다. 프랑스의 국경을 따라 배치된 좌측익의 독일군은 최소한의 전력으로 프랑스군이 알자스-로트링겐 지역으로 공세를 취하게 유인하는 임무를 맡고, 동시에 대부분의 독일 육군(총 사단 수의 7/8의 전력)은 중립지역인 벨기에와 북부 프랑스를 통과해 스위스 국경에 이르는 거대한 우회기동으로 프랑스 육군을 커다란 포위망에 가둔다는 것이 그의 구상이었다. 다소 전투력이 약한 좌익이 한니발의 보병 역할을 맡았고 강력한 우익이 하스드루발이 지휘한 기병 역할을 맡았다. 프랑스군은 포위망 안으로 깊이 들어가면 들어갈수록 아군의 후방으로 휘어 들어간 독일군 우익에 포위되므로 옛날의 로마군처럼 후방으로 퇴각하기가 점점 더 어려워지게 될 것이었다. 슐리펜은 프랑스군이 '자진' 해서 알자스-로트링겐의 함정 안으로 들어와주기를 기대했던 것이다.

제1차 세계대전 이전의 프랑스의 군사 독트린에서는 독일과 마찬가지로 공세사상을 대단히 중시했다. 당시 프랑스군 지휘참모대학École Supérieure de Guerre에서 주창하던 모토는 '최후까지 공격하라!L'attaque à l'outrance!'[66]였다. 프랑스는 적 앞에서 물러나지 않으려 했다. 슐리펜 계획과 대치되는 프랑스군의 계획은 총참모장 조프르Joseph Joffre가 수립한 이른바 제17계획이었다. 이 계획은 '공세에 대한 신비스런 믿음'을 바탕으로 작성되었다.[67] 독일군의 포위망 한가운데로 공격하려던 조프르 장군은 본의 아니게 로마의 총사령관 테렌티우스 바로와 같은 길을 걸으려 했다. 프랑스인들은 알자스-로트링겐 지방을 되찾는 데 혈안이 되어 있었을 뿐만 아니라, 포슈Foch 장군의 말처럼 '마인츠를 넘어 베를린까지 진격'[68]하는 것을 목표로 삼고 있었다.

제1차 세계대전은 중립국인 벨기에를 통과하는 독일군의 전략적 기습으로 시작되었다. 거대한 우익이 시간상 한 치의 오차도 없이 한순간도 지체하지 않고 프랑스군의 후방으로 전진할 무렵, 예상했던 대로 프랑스군은 알자스-로트링겐을 향해 공세를 취했다. 그들은 슐리펜이 계획한 거대한 톱니바퀴를 형성하는 듯했고, 계획대로라면 프랑스군은 섬멸되어야 했다. 그러나 독일군은 프랑스가 베푼 '친절'을 이해할 수 없게도 뿌리치고 말았다. 전쟁역사상 금세기 들어 가장 어리석은 일이 알자스-로트링겐의 접경지대에서 벌어졌다. 프랑스군은 슐리펜이 계획한 대로 포위망으로 들어오고 있었지만, 독일군의 좌익은 자발적으로 파멸의 구렁텅이로 뛰어드는 공자攻者를 돌연 최선을 다해 저지했다. 조프르의 공세는 수 킬로미터도 못 가서 좌절되었고 프랑스군은 다시 국경 요새지대 후방으로 퇴각했다. 독일군의 우익 부대들은 좌익 부대들이 무슨 일을 저질렀는지 알지 못했다. 이로써 1914년의 슐리펜 계획에 의한 작전은 칸나이 전투와 달리 세상의 비웃음거리가 되었다.

놀랍게도 오늘날까지 슐리펜 계획에 대한 논의는 주로 우익을 중심으로 이루어지고 있다. 슐리펜의 뒤를 이은 소小몰트케Moltke는 양측익 간의 전투력 비율을 7:1에서 3:1로 낮추었다.[69] 그러나 결정적인 실책은 우익의 약화가 아니라 좌익의 강화였다. 좌측에 위치한 독일군의 전투력이 급격히 증강되자 공자인 프랑스군이 슐리펜이 기대했던 로트링겐 일대까지 더 이상 진격할 수 없는 상황이 벌어졌다. 또한 좌익에 배치된 바이에른 황태자의 충동적인 반격은 슐리펜이 얻고자 했던 대우회기동과 대규모 포위 전략에 결정적인 이적 행위였다. 결국 슐리펜 계획의 작전술적 논리는 불합리했다는 판정을 받았다.

그렇다면 독일군의 패전에 치명적인 영향을 미친 좌익의 공세는 왜 발생했을까? 무엇보다도 가장 큰 이유는 바로 왕가 간의 경쟁심이었다. 좌익의 바이에른은 자발적으로 후퇴하지 않으려 했고 우익의 프로이센은 승리를 쟁취하려 했다. 또 하나 이념적 동기도 있었다. 슐리펜은 프랑스군이 '친절'을 베풀 때 알자스-로트링겐이라는 광대한 지역을 일시적으로 포기할 수 있다고 주장했다. "프랑스군이 라인 강 상류를 넘어온다면 독일 서부 삼림지대인 슈바르츠발트Schwarzwald까지도 내어줄 수 있고 그곳에서의 저항도 불사해야 한다."[70] 그러나 황제는 '애국적'이지 못하다는 이유로 이를 거부했을 뿐만 아니라 알자스-로트링겐 지역의 땅은 한 치도 양보할 수 없다며 분개했다.

슐리펜 계획은 많은 역사가들의 격앙을 불러일으켰다. 1905년 전임 총참모장이 후배에게 넘겨준 이 '계획'은 가설 수준에 지나지 않았으며 완벽한 공격 계획이 아니었다.[71] 또한 애시당초 '슐리펜 계획'이라는 단일 작전 계획은 존재하지도 않았다. 다만 우익의 우회기동 형태에 따라 다양하게 변형된 계획들이 우후죽순처럼 공존하고 있었다.[72] 이에 대한 가장 좋은 증거는 슐리펜 장군이 주도한 마지막 장군참모여행Generalstabsreise† 중 그가 한 말에서 찾을 수 있다. 여기서 그는 프랑스의 '친절'에 대한 다양한 변형을 다시 연구했

† 독일군 장교들 중 장군참모장교Generalstabsoffizier로 선발된 인원들을 대상으로 실시하는 워크숍 성격의 여행으로, 육군총참모장의 주관하에 전술토의 및 전적지 답사 등을 시행한다.

다. 그는 프랑스가 로트링겐 지역으로 공세를 취한다면 릴Lille과 파리를 거쳐 대우회기동(후에 슐리펜 계획이라고 명명된)을 실시해서는 안 되며, 서쪽으로 계속 진격하여 로트링겐 지역에서 프랑스의 공세부대를 포위하기 위해서 스당 지역에서 마스 강을 도하한 후 남쪽 방면으로 곧장 우회기동을 실시해야 한다고 주장했다.[73] 1914년 8월, 이 상황은 정확히 재현되었다. 그렇다면 왜 소몰트케는 슐리펜의 제안을 따르지 않았을까? 발라흐Jehuda Wallach가 제기한 대로 '두 번째' 몰트케는 '두 번째 스당'을 목표로 삼아야 했다.[74] 남부를 향한 결정적인 포위작전의 회전축은 그의 숙부인 대大몰트케가 1870년에 승리를 이끌어낸 유명한 포위섬멸전이 있었던 곳, 바로 스당이었다.

그러나 슐리펜도 이러한 운명적 결말에 책임이 있다. 그는 포위 원칙을 숭배하고 고집했을 뿐만 아니라 거의 현혹되어 있었다. 그리하여 그의 논리를 따른 계승자들은 '슐리펜 자신보다도 더 슐리펜스러운 […]' 성향을 나타내게 되었다.[75] 제1차 세계대전 이전의 독일군 총참모부도 포위 원칙에 대한 망상에 점점 더 빠져들었고, 결국 그들은 '가장 확실한 해결책'처럼 보인, 릴을 통과하는 우회기동을 연구하는 데 전념했다. 1914년 8월 세계 전쟁 역사상 보기 드문 현대판 칸나이를 볼 수 있는 기회가 두 번, 그것도 동시에 발생했다. 한 번의 기회는 동부전선의 탄넨베르크Tannenberg에서 있었다. 제한적이었지만 러시아 1개 집단군이 완전 포위 섬멸되었다. 그러나 서부전선에서는 슐리펜의 계승자들이 프랑스의 전 부대를 전략적으로 포위하겠다는 관념에 지나치게 집착한 나머지 로트링겐에서 작전술적 포위를 실현할 수 있는 절호의 기회를 눈앞에서 놓쳐버렸다. 클라우제비츠는 이렇게 말했다.

> "불가능한 것을 위해 가능한 것을 놓치는 사람은 멍청이다."[76]

2. 1940년의 지헬슈니트 계획과 딜 계획

(1) 독일군 우익의 기만작전

만슈타인은 회고록에서 슐리펜 계획을 분석하는 데 놀라우리만치 많은 지면을 할애했다. 그리고 1939년 전쟁 발발 상황과 1914년의 그것을 상세히 비교 · 분석했다. 당시 독일군 총참모부는 프랑스군이 조기에 로트링겐으로 공세를 취하는 '친절'을 기대할 수 있었다.[77] 슐리펜도 처음부터 알자스 지역에서 작전상 후퇴하는 "위험 부담을 감수해야 하며 그와 동시에 적들이 독일군의 대규모 포위작전에 도움이 되도록, 스스로 로트링겐 지역으로 공세를 취할 것이라고 기대"했다.[78]

그러나 현재(1940년)의 적을 현대판 칸나이의 포위망으로 유인하기에는 상황이 매우 나빴다. 먼저 선전포고를 한 쪽이 영국과 프랑스였기 때문에 전략적 기습은 불가능했다. 1940년 5월까지 그들은 독일군의 공세를 대비하는 데 8개월의 시간적 여유가 있었다. 작전술 차원의 기습 역시 거의 불가능했다. 왜냐하면 벨기에를 거쳐 북부에서 프랑스군을 포위하는 1914년의 실패한 '속임수', 즉 슐리펜 계획을 이제 적들도 훤히 꿰뚫고 있다고 봐야 했기 때문이다.

만슈타인은 이 때문에 주공을 우익인 B집단군에서 중앙인 A집단군으로 전환시키는 방안을 제안했다. 그는 스당 돌파 이후 슐리펜 계획에서처럼 남쪽 방면이 아니라 대서양 연안에서 연합군의 북익을 포위하기 위해 북부로 우회기동해 솜 강 하구 방면으로 진격해야 한다고 주장했다. 그러나 육군 총사령부는 만슈타인의 생각을 어리석고 위험천만한 발상이라며 거부했다. 그의 계획은 작전술적 도박이나 다름없어 보였고, 슐리펜 계획의 비참한 결과를 연상시켰다. 어쨌든 만슈타인의 계획은 결국 채택되었다. 또다시 단 한 번의 작전이 성공하느냐 마느냐에 제국의 사활을 걸게 되었다. 무엇보다 이 모든 것은 1914년의 전투 때처럼 적이 로트링겐의 함정으로 돌진해 오는 똑같은 결정적 실수를 해주느냐에 달려 있었다. 만슈타인이 믿었던 대로, 좌측의 연합군이 벨기에의 함정으로 몰려들기만 한다면 포위작전은 대성공을 거둘 수 있었다. 관건은 회전문 메커니즘의 작용 여부였다.

리들 하트는 이 관계를 투우에 비교했다. 그의 해석에 따르면 북부에서 공세를 취한 B집단군은 투우사의 붉은 망토였다. 그들의 역할은 연합 원정군을 자극하여 성난 수소처럼 벨기에로 진출하게 유도해 함정에 빠뜨리는 것이다. 그러면 A집단군에 집중 편성된 기갑사단이 투우사의 검처럼 노출된 적의 우측방으로 돌진할 수 있게 된다.[79] 이론상 이러한 작전술적 행마는 대단히 훌륭했다. 그러나 이 시점에서 만일 프랑스와 영국군 부대들이 프랑스–벨기에 국경지대에 계속 머무르려 한다면 어떻게 할 것인가? 만약 그럴 경우 연합군은 적시에 솜 강 뒤편으로 철수할 수 있을 것이다. 게다가 연합군이 남부에서 독일군의 진출선 한가운데를 돌파한다면 오히려 독일군이 대서양 해안에서 역포위되어 연합국 측의 칸나이로 전쟁이 종결될 수도 있었다. 하지만 그런 사태는 일어나지 않았다. 만슈타인의 분석이 적중했던 것이다.

(2) 연합군의 작전 의도 노출

1940년 1월, 돌발적인 사건이 일어났다. 만일 연합군이 치명적인 실책을 저지르지 않았다면 이 사건은 어느 역사서의 각주에나 실릴 법한 우스갯거리에 불과했을 것이다. 바로 독일군 장교 2명이 메헬렌Mechelen에 불시착한 사건이다. 프랑스의 관점에서 보면 이 사건은 다음과 같다.

"독일군은 벨기에로 침공할 경우 우리가 어떻게 대응할지를 정확히 알았다. 왜냐하면 우리가 전쟁이 발발하기 전에 그들의 눈앞에서 이와 관련된 최종연습을 실시했기 때문이다.

사건의 경위는 다음과 같다. 어느 날 독일군 항공기가 벨기에 영토에 착륙했다. 탑승자인 장군참모장교들은 정확한 날짜까지 기록된 〔…〕 벨기에 침공 계획을 소지했다. 그들은 즉각 관련 문건을 소각하려 했지만 실패하자 무척 당황스러워 했다. 우리는 그 문건을 철저히 조사했다. 영국군은 전투준비 태세에 돌입했다. 〔…〕 그러고 나서 대규모 부대 이동이 실시되었고 모든 예비대가 전선에 투입되었다. 독일군은 정찰기를 동원해 이러한 모든 기동 상황을 정확히 관측했고, 오래전부터 노출된 진부하기 이를 데 없는 연합군의 작전을 주도면밀하게 기록했다."[80]

물론 이 사건이 계획적인 간첩 작전이라는 주장은 순전히 사변思辨에 지나지 않는다. 독일 측 문헌에 따르면 이 사건은 독일에게 간첩을 이용한 도발이 아니라 매우 심각한 불상사였다. 그러나 결론적으로 이 사건은 독일군의 적정 정찰에 유리하게 작용했다. 만일 이 사건이 의도적인 것이었다 해도 이보다 더 훌륭하게 획책하지는 못했을 것이다. 독일군의 작전의도가 드러나기는커녕 연합군이 이 사건에 과잉반응을 보이는 바람에 오히려 연합군의 작전의도가 드러났다. 이로써 만슈타인의 계획을 위한 완벽한 여건이 조성되었다.

독일군 첩보기관은 독일군이 벨기에로 기만공세를 실시한다면 십중팔구 그 함정으로 연합군이 돌진해 오리라는 것을 인지했을 뿐만 아니라 연합군의 대략적인 전투 편성도 파악하고 있었다. 연합군이 이른바 딜 라인Dyle Line을 따라 방어진지를 편성할 것이라는 정보도 수집했다. 게다가 프랑스군 통신망의 암호까지도 해독해낸 상황이었다.[81] 짐머만Hermann Zimmermann은 제16기갑군단의 딜 라인 돌파를 다룬 책의 제목을 '불확실한 상황 속

| 1940년 5월 독일과 연합군의 작전 |

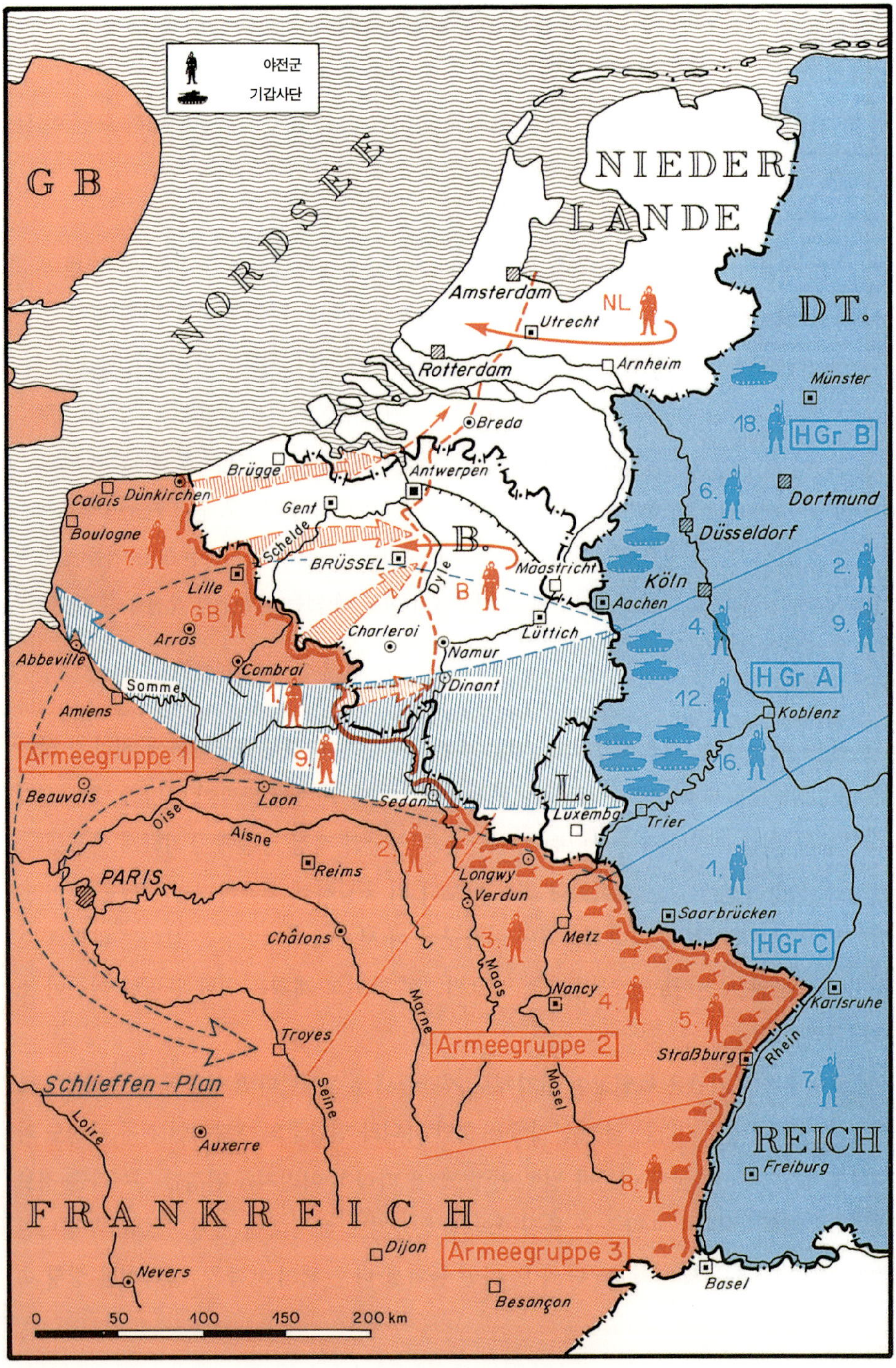

에서의 진격Der Griff ins Ungewisse'이라고 붙였다. 이에 대해 제16기갑군단의 참모장이었던 예비역 중장 샤를 드 볼리외Charles de Beaulieu는 다소 비꼬는 투로 이렇게 말했다.

"안뉘Hannut의 전투는 마치 전쟁연습처럼 사전에 모든 것이 준비되어 있었다! 적들이 어떤 방식으로 딜 라인을 점령할지도 전투가 시작되기 전에 이미 파악하고 있었다. 이러한 상황을 두고 '불확실한 상황 속에서의 진격'이라고 말하는 것은 얼토당토않다. 모든 것들은 예상대로 진행되었다."[82]

(3) 독일군의 기만 대책

계획 수립 당시 만슈타인이 예상한 적의 행동과 차후 전투 실시간 정찰 결과는 서로 꼭 맞아떨어졌다. 그가 계획한 포위작전이 그대로 실행된다면 또 하나의 새로운 '칸나이'가 탄생하는 것이었다. 그러나 회전문 효과가 발휘되려면 두 가지 전제조건이 필수적이었다. 하나는 적 지도부의 시선을 북부에 배치된 B집단군 쪽으로 유도하는 것이었고, 또 하나는 A집단군에 집중 편성된 기갑사단들이 아르덴을 돌파할 것이라는 사실을 가능한 한 오랫동안 은폐하는 것이었다. 이를 달성하기 위해 사전 준비 단계부터 다양하고 기발한 방책들이 총동원되었다.

"간첩들을 중립국으로 보낸 후 인품과 직책을 이용해 소식통이나 말재주가 좋은 사람들로 위장시켰다. 이들은 사업상 만나는 사람들에게 여러 가지 정보를 무분별하게 흘리고, 세계 각국의 중립국 대사관원들의 모임에 참석해서 좋은 인상을 남긴 후 의도적으로 소문을 퍼뜨렸다. 또는 적이 도청하는 전화에 대고 아무렇지 않게 첩보자료를 전부 다 말해 정보를 일부러 누설하는 사례도 있었다. 그리고 일단 우아한 여성들이 잘 드나드는 클럽들은, 그들의 의도와 상관없이 뜬소문의 근원지가 되었다. 이 같은 갖가지 다양한 방법으로 공세 전까지 수개월 동안 지속적으로 독일군의 '슐리펜 계획의 1940년판'에 대한 소문들이 유포되었다. 이 방법은 전쟁에 승리하는 데 크게 기여했다."[83]

독일 방첩대장인 카나리스Canaris 해군 제독이 이러한 기만 방책의 총책임자였다. 특히 라디오를 이용한 작전은 일품이었다.[84] 각종 선전도구들은 독일군의 작전 의도를 은폐하는 데 활용되었다. 이를 통해 전쟁 발발 직후 북부에 위치한 B집단군의 전과를 과장하여 떠들썩하게 유포하는 한편, 스당 돌파 소식은 지연시켜 보도하거나 누락했다. 그 때문에 전쟁 초기에는 독일군 병사들조차 당혹스러워하는 일이 발생했다. 이는 스당에서 마스 강을 도하한 제2기갑사단의 전투 보고서에서 잘 볼 수 있다.

> "이제야 우리는 돌파에 성공했다. 우리 발밑에는 마스 강이 흐르고 있고 저 수많은 벙커들이 그 전설적인 마지노선이다. 〔…〕 휴대용 라디오에서 저녁 뉴스가 흘러나온다. 네덜란드와 벨기에에서 작전이 성공했다는 소식은 있는데 우리의 전투 결과에 대해서는 아무런 언급이 없어서 크게 실망했다. 〔…〕 이제야 우리는 천천히 조금씩 깨닫게 되었다. 우리가 성공적으로 마스 강을 도하했음을 적들이 알아서는 안 된다는 것을. 따라서 가능한 한 적들에게 그들의 후방으로 우리의 기갑부대가 진격하고 있으며, 우리의 철권으로 그들의 목을 조르고 있음을 숨겨야 한다."[85]

당시 대위였던 그라프 폰 킬만스에크Graf von Kielmansegg는 이 상황을 더 상세히 언급했다.

> "구데리안 군단에 예속되어 있었기에 우리는 스당 돌파의 중요성을 잘 알고 있었다. '귀관들은 우리 독일군 공세의 선두 중에서도 첨단에 위치해 있다. 전 독일의 관심은 너희에게 쏠려 있다!'
>
> 그러나 사실은, 여하튼 이 시점에서는, 그렇지 않았다. 지휘부의 의도를 은폐하기 위한 노력은 아직까지도 계속되고 있었다. 독일의 방송들은 네덜란드와 벨기에에서의 사태는 대체로 상세히 다루었으나, 결정적인 좌익의 성공에 대해서는 그저 짧게, 별 내용도 없이, 마치 부차적인 공격인 것처럼 표현했다. 우리는 그것이 무슨 뜻인지를 알았기 때문에 이것을 보고 무척 재미있어 했다."[86]

그러나 결정적인 작전술 차원의 기만은 전장에서 연출되었다. 그중 하나가 전쟁 발발 후 최초 3일간 공군을 의도적으로 주공지역과 상관없는 지역에 집중 투입된 사실이다. 대규모의 폭격기들과 슈투카들은 네덜란드와 벨기에, 즉 B집단군의 작전지역과 프랑스군의 후방을 타격했다. 한편 아르덴 상공에서는 적의 정찰기가 출현했을 때만 최전선에서 먹이를 노리는 매처럼 독일군 전투기들이 나타나 이들을 격추할 뿐, 공군이 일체 모습을 드러내지 않았다.

작전술 차원의 양공陽攻Feint에서 핵심적인 역할을 한 부대는 바로 국방군의 '비밀병기', 공수부대였다. 이들은 제2차 세계대전 사상 가장 스펙터클한 특수 작전을 성공시켰다. 세계에서 가장 강력한 요새로 정평이 나 있던 에벤 에마엘Eben Emael 요새를 기습적으로 탈취한 것이다. 약 80여 명의 정예 요원으로 구성된 이 부대는 5월 10일 새벽녘에 소음이 거의 없는 글라이더 수송기를 타고 요새의 지붕 위에 안착했고, 성형폭약으로 야포가 배치된 보루들을 폭파했다. 이곳에 주둔 중인 1,200명의 벨기에군 병사들은 아래층으로 밀려났고, 이튿날 독일군 증원부대가 이곳에 도착하자 항복하고 말았다. 이러한 네덜란드와 벨기에 북부 지역에서의 공수작전空輸作戰의 목적은 겉으로는 전술적 임무, 즉 B집단군의 진격을 지원하는 것이었다. 하지만 이 작전에는 한 차원 높은 작전술적 목적이 숨어 있었다. 그것은 바로 이 방향이 독일군의 주공임을 적에게 보여주기 위한 기만공세였다.

독일군의 기만조치 때문에 서부전역 초기부터 프랑스군과 영국군 장군들은 최면에 걸린 듯 북쪽만을 응시했다. 그들은 자신들의 우측방에서 다가오는 치명적인 위협을 간과하고 연합군 정예부대를 북부, 즉 벨기에 방면으로 진출시켰다. 그 순간 독일군 기갑사단들은 그들의 우측에서 정반대 방향인 남서쪽으로 진격했다. 연합군 총참모부가 독일군의 실제 주공을 인지했을 때는 상황을 돌리기에 너무 늦었고 연합군은 함정에 갇히고 말았다.

이러한 맥락에서 히틀러가, 한때였지만 공수작전 지역으로 하필 스당을 염두에 두었음[87]은 짚고 넘어갈 만하다. 그러나 이 지역의 지형이 공수작전에 부적합하다는 이유로 그를 제지할 수 있었다. 만일 이 작전이 실행되었다면 지헬슈니트 계획의 작전술 차원의 기만 의도가 무산되었을 것이다. 왜냐하면 히틀러 스스로 어디에 독일군 주공이 있는지를 적군에게 알리는 꼴이 되었을 것이기 때문이다. 또한 이 사실은 훗날 선전물을 통해 널리 알려진, 히틀러가 지헬슈니트 계획의 창시자라는 주장의 결정적인 반증이다. 그가 스당을 공수작전 지역으로 생각했다는 것은, 이 계획의 작전술적 맥락과 그 토대인 회전문의 메커니즘을 전혀 이해하지 못했음을 단적으로 드러낸다. 앞에서 보았듯이, 그가 스당을 지목한 것도 단순히 전술적 차원에서 나온 발상일 뿐이다.

(4) 중점의 원칙

1939년 10월 19일의 제1차 공격계획안에서는 주공인 우익을 맡은 B집단군이 37개 사단을, A집단군이 26개 사단을 보유하기로 결정되었다. 그러나 맞은편에 배치된 연합군의 좌익도 대규모로 증원되었다. 이것은 중점과 중점이 서로 충돌한다는 만슈타인의 예언과 정확히 일치했다. 그러나 얼마 후 만슈타인의 제안대로 주공이 아르덴 지역에 위치한 좌익부로 변경되었고, 1940년 5월 10일 공격이 개시될 때 B집단군과 A집단군의 전투력 비율은 완전히 역전되었다. 사단급 부대의 비율이 29:45로 A집단군이 월등히 우세한 전력을 보유하게 되었다. 특히 A집단군은 독일군의 전체 10개 기갑사단 중 7개를 할당받았을 뿐만 아니라, 5월 10일 현재 가용한 전체 42개의 예비사단들 중 대부분이 공세의 주공을 담당한 A집단군의 증원부대로 편성되었다.

독일군 총참모부는 1914년의 실책에서 많은 교훈을 얻었다. 슐리펜이 처음 구상한 사상은 점차 그 힘을 잃어갔고 결국 불합리하다는 판정을 받았다. 그러나 이번에는 그의 사상이 A, B집단군 간의 상이한 전투력 비율로 효과를 발휘할 수 있게 되었다. 연합군의 강력한 좌익부가 독일의 취약한 우익과, 연합군의 취약한 우익이 독일군의 강한 좌익과 대치해야만 비로소 '회전문'이 제대로 작동할 것이기 때문이다. 뤼티히Lüttich-나무르Namur를 잇는 선이 양익의 중심을 갈랐다. 북동쪽으로 굽이쳐 흐르는 마스 강은 북익과 남익의 기동공간을 양분했다.

북부의 전투력을 사단의 숫자로 비교하면 연합군이 60:29로 우세했다. 반면 룩셈부르크 국경의 롱위Longwy와 나무르 일대에 위치한 남부 전투력을 비교하면 45:18로 독일 국방군이 우세했다.

- B집단군은 2개의 야전군과 총 29개의 사단으로 공세를 실시했고,
- 그 반대편에는 네덜란드 야전군(10개 사단), 벨기에 야전군의 대부분(22개의 사단 중 20개) 그리고 영국 원정군(12개 사단, 그중 3개는 미완편된 사단)이 배치되어 있었다. 프랑스 육군은 이곳에 제1, 7야전군(각각 7~8개의 사단)과 프리우Prioux 기병군단의 3개의 기계화 사단 등 수많은 정예부대들을 집중 배치했다.
- A집단군은 제2제대로 후속하던 제2, 9군을 제외하고 제4, 12, 16야전군과 클라이스트Kleist 기갑군 등 도합 45개 사단으로 공세에 돌입했다.

• 아르덴에는 벨기에 야전군 예하 2개 사단만이 배치되었다. 그러나 이들도 일시적으로 공세를 지연시키는 정도의 제한적인 전력이었다. 프랑스 제9, 2군은 마스 강과 쉬에Chiers 강 차안†에 보루를 쌓았고, 5월 10일 급히 4개 기병사단과 2개 기병여단을 아르덴에 투입했다. 스당과 디낭 사이의 실제 돌파 지역에서는 2등급 수준의 7개 보병사단들이 마스 강의 광대한 정면에 방어선을 형성하고 있었다.

마지노선은 병력을 절약해서 또 다른 전선지역을 방어하기 위해, 즉 전투력을 융통성 있게 운용하기 위해 특별히 구축한 방어선이다. 그러나 5월 10일 막대한 비용을 들인 시설물 안팎에 36개나 되는 너무 많은 수의 사단들이 배치되었다. 마치 명성을 지키기 위해 모인 파수꾼 같았다. 그러나 반대편의 독일군 C집단군은 겨우 19개 사단으로 그들을 견제했다.

1940년 5월, 135개의 독일군 사단(이중 93개가 제1제대로 편성됨)이 연합군 총 151개 사단(최전선에는 114개의 사단이 배치됨)을 상대로 공격을 개시했다. 그러나 공자로서 독일국방군은 주도권을 확보하고 명확한 주공을 형성했으며 전체 전선에서 연합군의 절대적 우세를 극복하고 작전술 차원의 결전을 시행해야 할 특정 지역에서 상대적 우세를 달성하는 데 성공했다. 그럼에도 불구하고 이 작전계획에는 엄청난 위험 부담이 도사리고 있었다. 회전문이 작동하는 데 적들이 기여하느냐, 하지 않느냐에 모든 것이 달려 있었기 때문이다.

3. 현대판 테렌티우스 바로, 가믈랭 장군의 딜-브레다 계획

가믈랭은 1940년 5월의 전쟁에서 패배한 죄로 프랑스 군사사軍事史상 유례없이 혹독한 비판을 받았다. 그러나 독일군이 공습할 때 연합군이 벨기에로 진출해야 한다는 가믈랭의 결심은 나름대로 타당하고 논리적이었다. 프랑스 전선의 우익은 마지노선으로 방호되었고 중부에는 마스 강과 아르덴이라는 이중의 자연장애물이 있었으므로 그는 최정예 부대를 좌익에 집중시켰다. 독일군은 제1차 세계대전에서 자연 장애물이 비교적 적은 플

† 하천을 기준으로 피아가 대치해 있을 때, 아군이 위치한 강변을 차안, 건너편 강변을 대안이라고 부른다.

랑드르 평원 일대를 통해 수차례 공격한 바 있다. 가믈랭은 독일군이 다시 공격한다면 십중팔구 슐리펜 계획대로 전차 운용에 유리한 지형인 플랑드르를 통해 우익에 주공을 두고 공격할 것이라고 믿었다(이는 독일군 지휘부의 최초 계획과 정확히 일치한다). 벨기에 전체를 무방비 상태로 적의 손에 넘겨주지 않기 위해서 영국과 프랑스는, 비록 공식적으로는 중립국이지만, 그들의 동맹국을 구원하기 위해 신속히 군사력을 투입해야 했다. 그들은 벨기에 야전군이 준비한 3개의 방어선을 따라 진지를 구축할 수 있었다.

- 스헬데Schelde 라인 : 이는 최소 저항선으로 스헬데 강 서편의 몇몇 항구와 좁은 연해지역을 방호하기 위해 설정되었다. 그러나 벨기에의 주요 지역을 방어할 수 없었기에 이 지역은 포기하게 되었다.
- 알베르Albert 운하 라인 : 이 지역은 벨기에의 영토를 보호하기 위한 주(최대) 저항선으로서 마스트리히트Maastricht와 알베르 운하의 합류점까지를 포함한 마스 강 유역 전체를 중심으로 방어선을 구축하여 벨기에 영토의 대부분을 보호할 수 있었다. 그러나 이 방어선은 독일과 매우 가깝고 프랑스와 많이 떨어져 있으며, 벨기에 정부가 독일군의 국경 침공 시에만 프랑스와 영국군의 진주를 허용했기 때문에 적에게 노출된 방어선을 신속하게 구축할 수 있을지가 의심스러웠다.
- 딜 라인 : 연합군과 벨기에 간의 합의에 따라 안트웨르펜Antwerfen부터 딜 강을 따라서 나무르까지 연결된 방어선으로 마스 강과도 연결되었다.

딜 라인으로 전진해 방어선을 구축한다는 결정은 훗날 혹자들이 주장한 것처럼 터무니없는 계획은 결코 아니었다. 오히려 다음과 같은 장점도 갖고 있었다.[88]

① 전선이 매우 단축되었다. 특히 제9군의 북익이 지베Givet와 나무르 일대의 마스 강 선까지 진출할 수 있었다.

② 전방의 제방지역에 사격진지들이 추가로 구축되어 프랑스군의 방어종심이 더 깊어졌으며 대공 방어 면에서도 이점이 있었다.

③ 기대했던 벨기에군과의 연합전선이 형성되었다. 이 연합작전이 성사되지 못했다면 벨기에군은 조기에 '국가의 마지막 보루réduit national'†인 북서쪽의 안트웨르펜 일대로 철수했을 것이다.

그랬다면 독일군은 곧장 프랑스로 진격할 수도 있었을 것이다.

④ 수도인 브뤼셀과 중요한 항구도시 등 벨기에의 핵심 지역들이 이 방어선 내에 있었다. 무엇보다도 대륙의 해안을 잃는 것을 두려워하는 영국에게 이 전선은 상당한 가치가 있었다.

⑤ 벨기에를 완충지대로 삼음으로써 북부 프랑스의 공업지역이 또다시 전쟁에 휘말리는 일(제1차 세계대전 때처럼)을 막을 수 있었다.

⑥ 연합군이 독일 본토로 역습을 시도할 경우, 프랑스와 맞닿은 독일 국경 일대의 서부 방벽이 매우 강력했기 때문에 프랑스 국경을 통과하기보다 벨기에를 통과해 실시하는 편이 훨씬 용이했다. 게다가 벨기에를 통과할 경우 독일 산업시설의 심장부인 루르 지대로 진격할 수도 있었다. 이러한 계획은 개전 시 폴란드를 위기에서 구출하려 할 때도 제기되었다.[89]

⑦ 최근 몇 년 동안 유럽의 패권국가로서의 위신이 땅에 떨어진 프랑스는 히틀러의 체코슬로바키아와 폴란드 침략은 용납할 수 있어도 동맹국인 벨기에만큼은 포기할 수 없었다.

그러나 가믈랭은 딜 계획에 소위 브레다Breda 계획을 결합시켰다. 이로써 프랑스군은 안트웨르펜을 경유해 브레다까지 진출하여 네덜란드군과의 연결을 도모할 수 있었다. 프랑스군 총사령관은 제1차 세계대전에서 얻은 교훈인 '연속적인 방어선'만이 최선의 방책이라고 확신했다. 따라서 스위스 국경에서 북해까지 연결된 전선을 구축하는 것이 그의 최종방안이었다. 그러나 계획이 확장됨에 따라 가믈랭의 부대들은 안전한 나무줄기인 프랑스 본토에서 위험이 도사리고 있는 '벨기에의 가지'로, 다시 '네덜란드의 잔가지'로 나아가게 되었다. 프랑스에서 브레다까지의 거리는 독일에서 브레다까지의 거리보다 약 두 배나 더 멀었다. 결국 가믈랭의 숙원 사업은 망상이 되고 말았다. 이 경주에서 프랑스군의 선두부대는 고도의 기동성을 자랑하는 독일군을 압도하기에 역부족이었으며, 오히려 프랑스군은 전속력을 다해 함정으로 뛰어들어가는 꼴이 되고 말았다.

가믈랭의 비운은, 계속해서 전투력을 분산배치하는 바람에 독일군이 지헬슈니트 작전 시 받을 엄청난 중압감을 해소해 주었다는 것이다. 원래 딜 기동은 10개의 프랑스 사단과 5개의 영국군 사단이 시행하도록 계획되었다. 그러나 1940년 5월 20일 가믈랭이

---

† Réduit national은 안트웨르펜을 일컫는 용어로 19세기 후반부에 이 도시 일대를 요새화하는 계획에 따라 각종 방어시설물들이 건설되었다. 벨기에가 다른 국가에 침공당해 수도인 브뤼셀이 위협받을 경우에 모든 전력을 안트웨르펜으로 이동시켜 항전할 목적으로 그 일대에 요새를 구축하였다.

브레다 계획을 추가함으로써 전혀 새로운 모습의 계획이 수립되었다. 좌익에 추가로 투입된 사단은 총 30개에 달했으며, 이 중에는 수많은 차량화, 기계화 정예부대들이 포함되었다.

그러면 결과적으로 어떠한 작전술 차원의 상황이 발생했는지 자세히 들여다보자. 새로운 임무를 부여받은 제7군을 살펴보면 가장 명확히 파악할 수 있다. 원래 이들은 핵심 예비대로서 랭스Reims 인근에 전개되어 있었다. 만슈타인은 이 방면에서 적들의 작전술 규모의 역습을 정확히 예견하고 독일군 좌측방에 대한 '공세적 방어'의 일환으로 제12군이 이 지역을 목표로 공격할 것을 제안했다. 그러나 프랑스군의 역습은 실현되지 않았다. 가믈랭이 제7군을 북서쪽으로 이동시켜 맨 좌측부를 담당하도록 지시했기 때문이다. 사실 제7군은 최초 딜 계획에 따르면 예비대로서 랭스에 주둔해야 했다. 그러나 계획이 변경되어 이들은 브레다로 진출하게 되었다. 이 문제로 가믈랭은 북동부전선 사령관 조르주Alphonse-Joseph Georges 장군과 충돌했으나 자신의 지휘권을 발동하여 작전을 관철시켰다. 게다가 그는 제7군의 작전권을 직접 행사하려 들었고 조르주 장군이 작전술 차원의 역습에 활용하기 위해 준비해둔 유일무이한 예비대마저도 강탈했다. 심각한 위기에 직면한 조르주는 다음과 같이 비판했다.

"이것은 모험이다. 적이 벨기에에서 기만작전을 실시하고 실제로는 다른 지역으로 기동할 가능성이 충분하다. 우리는 이 작전에 예비대를 결코 투입할 수 없다. 그런 일은 절대 있을 수 없다!"[90]

가믈랭은 칸나이 전투의 로마군 총사령관 테렌티우스 바로와 흡사했다. 수많은 사람들이 경고했음에도 불구하고 가믈랭은 함정의 한복판으로 뛰어들었고, 결국 독일군의 포위작전에 지대한 공헌을 했다.

그러나 프랑스군 총사령관을 유일한 희생양으로 삼을 만큼 (그렇게 묘사되는 경우가 많으나) 이는 간단한 문제가 아니다. 애초부터 프랑스군과 영국군 총참모부 모두가 동의했던 딜 계획 초안이 파멸의 원인이었다.[91] 1914년 조프르 계획 때처럼, 독일군이 완벽한 포위계획을 달성할 수 있게 도와주는 '친절'을 베풀었다. 가믈랭의 비극적인 착각은, 단 한 가지 방책을 정한 후 다른 방법을 전혀 고려하지 않는 모험을 했다는 것이다. 그가 딜 계획을 확장시켜 만든 딜-브레다 계획은 기존 계획에 내포되어 있던 패전의 징후를 한층 더 증폭시켰다.

20세기 초 '대응 기동(공격)manœuvre à posteriori' 이란 작전개념은 육군 원수 포슈가 장악한 프랑스군의 핵심 교리였다. 이 교리에 의거하면, 적의 의도를 예상할 만큼 첩보를 충분히 확보했다는 가정하에 전투가 개시된 직후 작전계획을 수립한다. 그러면 어떤 우발상황이 닥쳐도 적시에 대처할 수 있다. 그러나 가믈랭은 그것을 버리고 '선제 기동(공격)manœuvre à priori' 원칙을 택했다. 이는 작전을 시작하기 전에 계획을 상세하게 작성하는 것을 의미한다.[92] 가믈랭의 딜-브레다 계획은 '선제 기동' 원칙의 극단적 전형이었다. 그러나 치명적인 결과를 낳은 틀에 박힌 접근에 대한 책임을 가믈랭에게만 묻는 것은 옳지 않다. 제1차 세계대전은 대담한 작전술적 결전이 아닌 체계적이고 준비된 물량전으로 결정지어졌다. 프랑스군과 영국군 지휘부는 제1차 세계대전의 경직된 사고방식의 틀 안에서 헤매고 있었다. 딜-브레다 계획은 이 같은 경직되고 도식적인 시류 속에서 탄생했다. 전쟁이 발발하자 연합군은 그들이 예상한 대로 독일군이 실제로 공격하는지에 상관없이 맹목적이고 자동적으로 좌익부의 기동을 실시했다.

역사상 프랑스군이 이처럼 치밀하고 완벽한 작전을 준비한 적은 없었다. 가믈랭 장군은 미리 모든 부분을 세세하게 계획했으며 세밀한 시나리오를 작성해 두었다. 문제는 독일군이 프랑스군의 시나리오대로 움직이지 않았다는 것이다. 한술 더 떠서 독일군은 초기에 일부러 프랑스군의 계획대로 움직이는 척까지 했다. 이에 가믈랭은 독일군이 다시 한번 슐리펜 계획에 따라 우익에 주공을 두고, 특히 기갑부대로 공격할 것이라는 자신의 판단을 굳게 믿었다. 5월 10일, 독일의 공세가 개시되자 국방부 사무총국장 피에르 자코메Pierre Jacomet 장군은 대단히 만족한 목소리로 사람들에게 이렇게 말했다.

> "오늘 아침 가믈랭 장군이 내게 적의 공격 방향을 설명할 때 호쾌하게 웃는 모습을 보았다면 여러분은 편안히 잠들 수 있을 겁니다. 독일군은 가믈랭이 고대하던 대로 움직이고 있소."[93]

프랑스가 1914년이 아닌 1940년에 슐리펜 계획의 제물이 되었다는 것은 역사적 아이러니가 아닐 수 없다. 프랑스는 플랑드르에 온 신경을 쏟은 나머지 아르덴을 완전히 망각해 버렸다. 이웃 나라 독일이 재치 없고 옹졸하며 융통성 없다는 오래된 선입견 또한 이 비극을 초래했다. 프랑스는, 마치 한니발의 코끼리 부대가 알프스를 넘은 것처럼 대규모 기갑부대가 아르덴을 통해 공격하는 기상천외한 생각은 쥘 베른Jules Verne[†]같은 사람의 머리에서나 나오지, 독일 장군의 머릿속에서는 나올 수 없다고 생각했다. 프랑스 군사사학자 르 고예Pierre Le Goyet는 서부전역을 다음과 같이 평가했다.

> "뛰어난 상상력에 기반하여 대담하고 혁명적인 해결책을 추구해온 프랑스인들은 이상하게도 경직된 형식주의와 획일주의에 사로잡혔지만, 체계를 중시하고 신중하며 교조적이라고 여겨지던 독일인들은 갑자기 대담하고 창의적인 사고와 행동을 보여주었다. 이것은 매우 기이한 일이며, 그 원인을 알아낼 필요가 있다. 이러한 지적인 기습은 〔…〕 독일의 승리를 결정지은 요인 중 하나였다."[94]

[†] 1828~1905. 프랑스의 작가. 현대 공상과학소설의 기초를 다지는 데 크게 기여했다. 작품으로 『해저 2만리』, 『15소년 표류기』, 『80일간의 세계일주』 등이 있다.

3 - 4

지헬슈니트 계획에 대한 독일 장군단의 반발

"나는 스당으로의 진격이 작전술적으로 타당하지 못한 방책이라고 경고했다. 전쟁의 신이 이를 보고만 있지는 않을 것이다."[95]

국방군 작전본부장 요들 소장, 1940년 2월 13일 히틀러에 반대하며

서부전역에 정통한 학자 중 한 명인 앨리스테어 혼Alistair Horne은 지헬슈니트 계획을 '군사적 천재가 창안한 독창적 계획'들 중 하나라고 평했다.[96] 동시에 그는 대부분의 독일군 장성들이 1940년 초반까지 이 계획을 전혀 이해하지 못했으며, 오히려 이 '모험적' 계획을 거부했다는 사실도 밝혀냈다. 전체 작전의 핵심인 작전술 차원의 스당 돌파에 대해 대부분의 고위급 장군들이 얼마나 회의적이었던가는 3월 15일 베를린의 수상관저에서 있었던 일화가 잘 말해주고 있다. 히틀러는 A집단군 사령관 룬트슈테트 장군과 그의 휘하 몇몇 군사령관들 그리고 클라이스트 장군과 구데리안을 회의에 소집했다. 눈앞에 닥친 공세의 최초 단계에 대해 각자 자신들의 작전계획을 복명했다. 마지막 순서는 구데리안이었다. 히틀러는 그에게 마스 강을 성공적으로 도하한 후 어떻게 작전을 시행할 것인지를 물었다. 그때 제16군사령관 부슈Ernst Busch 장군이 끼어들어 "거 참, 나는 당신이 도하작전 조차도 성공하지 못할 거라 생각하오!"라고 말했다. 히틀러는 침묵했고 상기된 표정으로 구데리안의 대답을 기다렸다. 구데리안은 부슈를 향해 "물론 당신이 그 임무를 수행할 필요는 없겠지요."[97]라고 맞받아쳤다. 이와 관련해서 훗날 구데리안은 "매우 어려운 임무였으며, (…) 처음부터 히틀러와 만슈타인 그리고 나 외에는 아무도 성공할 거라고 믿지 않았

다."라고 술회했다.[98] 그러나 히틀러는 언제 마음이 바뀔지 모르는 동맹자였고 만슈타인은 좌천된 상태였으며, 오직 극소수의 소장파 장군들만이 기갑부대에 숨어 있는, 지금까지 아무도 상상하지 못한 가능성을 믿고 구데리안을 따랐다.

그러나 그 사이에 구데리안과 뜻을 같이하는 강력한 동지가 생겼다. 그는 바로 급격히 마음을 바꾼 할더 장군이었다. 육군 총사령관 브라우히치 장군은 총참모장이 이 계획을 점점 더 긍정적으로 보자 이에 편승했다. 할더는 자신이 예전에 그랬듯이 만슈타인의 계획을 격렬히 비난하는 사람들을 만슈타인의 논거로 설득해야 하는 역설적인 상황에 처했다. 역사적으로 독일군 총참모장 중 1940년 초의 할더처럼 한 작전계획 때문에 이처럼 거센 반발에 봉착한 이는 없었을 것이다. 훗날 극찬을 받은 지헬슈니트 계획은 장군단의 고위 장군들에게 '정신 나간 무모한' 발상이라는 비난을 받았다.[99] 할더는 '기갑부대의 무덤을 파는 송장벌레'라고 불렸다.[100] 슐리펜 계획의 실패가 남긴 쇼크 때문에 대부분의 장군들은 이 획기적인 계획을 강력히 거부했다. 또다시 한 장의 카드에 모든 것을 걸고 단 한 번의 포위 기동으로 전역을 결정지어야 했기 때문이다. 슐리펜 식의 포위작전에 대한 망상을 비판하는 분위기가 최고조에 달했고, 수많은 이들이 산업화 시대에 '고양이를 자루에 넣듯 강대국의 중무장 군대를 포위하는 것은 불가능하다'[101]며 지헬슈니트 계획을 냉소했다. 그러나 바로 이 고양이 잡기가 다시 시도될 예정이었다. 육군 총사령부는 극심한 비난을 받았지만, 프랑스-영국군이라는 고양이를 벨기에-네덜란드라는 자루로 유인해서 재빨리 가둘 수 있다고 확신했다. 그리고 이러한 방식으로 제1차 세계대전 때 4년 동안 이루지 못한 일을 이번에는 단 수일 만에 달성할 수 있을 것이라 했다.

이 계획을 가장 맹렬히 반대한 인물은 B집단군 사령관 보크Fedor von Bock였다. 그는 할더의 자택으로 찾아가 이 허무맹랑한 계획을 포기해달라고 다시 한번 강력하게 건의했다. 그는 할더에게 독일의 운명을 걸고 도박을 할 거냐며 맹렬하게 비난했다.[102] 그가 내세운 논거들도 충분히 타당했다.

"장군은 마지노선에서 불과 15km 이격된 지역에서, 돌파구의 측방을 노출시킨 채 진격하려고 하는데, 프랑스군이 보고만 있겠소? 그리고 장군은 아르덴 산맥의 좁은 기동로에 전차부대를 통째로 처넣으려고 하고 있소. 그것도 공군의 지원 없이! 대서양 해안까지 320km나 되는 기동로에서 우측방이 노출된 채, 게다가 프랑스군이 집중 배치된 지역에서 도대체 어떻게 작전을 수행한단 말이오?"

보크는 이 계획이 '이성의 한계를 넘어선 것'이라고 덧붙였다.[103]

A집단군 사령관 룬트슈테트도 이 작전의 성공 여부에 갑자기 회의를 품게 되었다. 만슈타인이 좌천되었다는 사실만으로도 충분히 그럴 수 있었다. 게다가 다시 인정받은 것은 만슈타인 본인이 아니라 처음에 무시됐던 구상안뿐이었다. 훗날 만슈타인 원수는 자신의 회고록 중 「방관자가 되는 형벌을 받다」라는 장에 다음과 같이 썼다.

"내가 그토록 오랜 시간 동안 성실하게 매달렸던 계획이 서부에서 결실을 맺으려는 순간에 나를 독일의 후방으로 내쫓은 자에게 솔직히 감사하다고 생각하지는 않았다."[104]

창시자만이 실현 가능성을 확신한 이 대담한 계획은 역설적이게도 하필이면 가장 격렬한 반대자 중 하나였던 장군에 의해서 제자리를 찾았다. 그러나 할더는 만슈타인의 후임으로 보수주의적 성격이 강한 조덴슈테른von Sodenstern 중장을 보직했는데, 이 조치가 그의 발목을 잡았다. 신임 A집단군 참모장은 할더의 갑작스런 심경 변화를 이해하지 못해 그의 결정을 따르지 않으려 했다. 대서양 해안까지 지헬슈니트 계획을 수행할 기갑사단이 A집단군에 집중되어 있는 이상 그 참모장인 조덴슈테른은 핵심적인 지위에 있었다. 그런 그가 전임자의 계획을 좌절시키기 위해, 또는 적어도 결정적으로 약화시키기 위해 전력을 다했다. 그는 이 계획이 절대 불가능하다고 판단했기 때문이다.

지헬슈니트 작전은 전쟁 역사상 선례가 없는 과감한 모험이었다. 소몰트케가 슐리펜 계획의 대담성 때문에 주춤거리다가, 훗날 힌덴부르크 원수가 비판했듯이, 계획의 진정한 의도가 '희석된' 방식으로 실행한 것[105]처럼, 지헬슈니트 계획도 1914년의 파국을 되풀이하는 듯했다. 지헬슈니트 계획은 기갑부대라는 한 장의 카드에 모든 것을 걸어야만 성공할 수 있는 계획이었다. 만슈타인이 보직에서 물러나자마자 A집단군 사령부는 계획의 실행을 주저했고, 이를테면 '슬로비디오 식 전격전'을 계획하고자 했다. 중요한 논제는 바로 이것이었다. 공격의 선두에 기갑사단이 서야 하는가, 아니면 보병사단이 서야 하는가?

A집단군 작전참모 블루멘트리트 대령은 이렇게 주장했다.

"차량화부대를 후방에 편성하고 보병사단으로 최초 전투를 수행한다. 만일 전술적인 돌파가 이루어지고 작전술적인 행동의 자유를 확보하게 되면 그때 전차부대를 투입해야 한다."[106]

룬트슈테트도 2월 21일 육군 총사령부에 '기갑부대의 선두 편성은 적절하지 못하다'는 의견을 개진[107]했다. 조덴슈테른은 전임자가 계획한 지헬슈니트 계획이라는 기갑부대 중심의 작전을 정면으로 거부했다. 그가 신임 A집단군 참모장으로서 취한 첫 번째 조치는 반대 의견을 명확히 피력한 짧은 진정서를 2월 22일 룬트슈테트에게 제출한 것이다. 다음 글에 그의 의지가 잘 드러나 있다.

"증강된 기갑부대와 차량화부대들만으로 차후 작전에 필수적인 정면지역에서 마스 강 도하작전이 성공할 것이라는 데 저는 수긍할 수 없습니다. 부대가 마스 강을 도하한다는 작전 목적을 이룰 수 있을지, 후속 보병사단들이 이 돌파구에 도착할 때까지 장시간 버틸 수 있을지, 작전술 차원에서 필수적인 정면과 종심을 확보할 수 있을지 대단히 의심스럽습니다.

그러나 이 모든 게 성공한다 해도 기갑부대와 차량화 부대는 이 시점에서 '작전한계점'에 도달할 것입니다. 그러한 상태로는 적 종심 깊이 진격하는 것도 불가능할 것입니다."[108]

조덴슈테른은 3월 5일자의 상세한 건의서에서 이 계획을 체계적으로 비판했다.[109] 이 작전은 다행히 성공했지만, 그가 제시한 논거는 충분히 설득력이 있다.

① 적들의 개입이 없더라도 아르덴 지역을 신속하고 기습적으로 돌파하기란 험악한 지형 때문에 불가능하다. 1914년에도 빽빽한 수목 때문에 '기병들도 길에서 벗어나 전진'할 수밖에 없었다. 노련한 방자가 장애물과 지뢰지대를 구축해 좁다란 산길에서 '느릿느릿한' 기갑부대를 저지하기는 더 용이할 것이다.

② 프랑스군이 기동성 있는 지연작전 부대를 마스 강 전방의 아르덴까지 추진, 배치할 가능성을 고려해야 한다. 최초의 교전이 벨기에 국경 요새지역에서 벌어질 수 있다는 것도 예상할 수 있다.

③ 아군의 이동종대는 적의 공중공격에 대단히 취약한 표적이 될 수 있으며, 특히 적 장애물 지대

앞에서 정체된다면 더욱 그러하다. 몇 발의 폭탄이면 기다란 이동종대는 모든 도로를 막아버리는 거대한 장애물 덩어리가 되어버릴 것이다. '진퇴양난의 비참한 사태를 수습'해서 보병의 전진에 필요한 기동로를 확보하려면 수 시간, 아니 수일이 소요될지도 모른다.

④ 마스 강 대안에 매우 견고한 프랑스군 요새가 버티고 있으므로 늦어도 마스 강선 앞에서 기갑부대의 진격을 정지시켜야 한다. '전차가 적의 방어 준비가 완벽한 하천 일대로 돌진한다면 고유의 충격력을 상실할 것이다. 전차의 충격력은 개활지에서만 발휘될 수 있다!' 도하작전은 소수의 보병을 보유한 기갑사단이 아닌 보병사단만이 수행할 수 있다. 기갑사단의 진격은 심각한 교통 문제만을 야기할 뿐이다. 모든 도로들이 기갑사단의 차량으로 정체될 것임에 틀림없다.

설사 자체적으로 마스 강을 성공적으로 도하한다 해도 기갑사단의 전투력은 모두 소진되어 그들의 고유 임무인 작전술 차원에서 적 후방을 돌파하는 작전은 기본적인 전투력을 복원한 후에나 가능할 것이다.

조덴슈테른은 이 때문에 제12군에 1, 2개 기갑사단을 배속해 아르덴 진격과 스당 돌파 임무를 부여해야 한다고 주장했다. 그리고 기갑 전력은 보병이 돌파구를 개척해 교두보를 확보한 다음 종심으로 진격하는 데 필요한 '작전술적 차원의 예비전력'으로서 후방에 남아야 한다고 했다.

조덴슈테른의 주장은 당시의 전장 상황을 고려했을 때 타당했다. 그에 반해 지헬슈니트 계획은 1940년 5월이 되어서야 실체화된 작전술적 혁명에 대한 지적 유추를 기반으로 한 만큼 대담하기 그지없는 발상이었다. 할더 장군은 이렇게 비평했다.

"기갑 병과와 타협한 사실이 언젠가 세상에 알려진다면 훗날 전쟁 역사 앞에서 책임을 면치 못할 수도 있다."[110]

할더는 수차례의 '전쟁 연습'을 거친 후 작전의 성공을 확신했다. 그는 조덴슈테른의 건의서에 대한 반대 의견을 구체적으로 언급한 적이 있는데, 여기에 상당히 중요한 의미가 내포되어 있다.

"독일 육군의 임무는 매우 난해하다. 현재의 주어진 지형에서, 현재의 피아 전투력 비교–

특히 포병 전력– 면에서도, 또 지난번 전쟁에서 보여준 어떤 능수능란한 수단으로도 이 임무를 달성할 방법이 없다. 그래서 우리는 더 비범한 방책으로 싸워야 하며, 엄청난 위험을 감수해야 한다."[111]

단순하고 투박하지만 마지막 문장에는 서부전역을 이해하는 데 필요한 핵심 개념이 들어 있다. 그것은 바로 '전격전' 이라는 용어 뒤에 숨어 있는 '비범한 방책' 이다.

3 – 5

결론 : 지헬슈니트 계획, 모든 것을 건 도박

현재까지 전쟁사를 다룬 대부분의 문헌들을 살펴보면 만슈타인의 지헬슈니트 계획은 계속해서 곡해되었다. 그것은 단순히 작전계획이라기보다는 국가의 정치 지도부가 도출해내지 못한 전략적 해결방안을 대체하는 것이었다. 그러므로 지헬슈니트 계획은 슐리펜 계획과 놀라우리만치 비슷하다. 영국과 프랑스는 먼저 선전포고를 했고, 독일이 폴란드를 침공했음에도 불구하고 철저히 소극적인 자세를 견지했다. 그들은 작전술 차원에서 주도권을 잡을 필요도 없이 강력한 요새시설의 방호 아래에서 차분히 해상 봉쇄의 경제적 효과만을 기다리면 됐다. 또 제1차 세계대전 때와 마찬가지로 시간이 갈수록 자신들에게 상황이 유리해질 테니 시간은 자신들의 편이라고 생각했다. '전 세계에 포위된 요새'[112]가 된 독일은 오직 작전술 차원의 탈출만이 최후의 전략적 '아사餓死'에서 벗어날 수 있는 방법이라고 판단하기에 이르렀다.

그래서 만슈타인은 상황을 타개할 만한 대안을 내놓았다. 그는 거의 모든 이들이 회의적인 태도를 보였음에도 불구하고, 작전술 차원의 틈새가 발견되면 즉각 전략적 결전을 실시해 전쟁에서 승리할 수 있다고 확신했다. 그러나 그의 계획은 매우 모험적이었다. 한편으로는, 거센 비난을 받았듯이, 위험 부담이 매우 컸으며, 나아가 제국의 운명이 단 한 번의 작전 결과에 좌우될 수도 있었다. 그러나 정치가 히틀러가 도박을 시작하고 독일제국 전체를 전략적 파국 상황으로 몰아가자 독일군 장군들도 작전술 차원의 도박 외에는 달리 선택의 여지가 없었다. 정면 돌파를 할 수밖에 없었던 것이다.

뭇사람들이 주장하듯 서부전역은 히틀러의 합병, 정복전쟁의 일련의 선상에서 사전에 치밀하게 계획된 전쟁이 아니었다.[113] 오히려 독일 지도부—그들에게 전혀 달갑지 않은 시점에—에 전쟁을 선포한 것은 서방국가들이었으며, 독일군은 어쩔 수 없이 대응했을 뿐이다. 그러므로 지헬슈니트 계획이 '세계 정복'을 목표로 신중하게 발전 · 확장된 '전격전' 전략이라는 주장은 터무니없다. 이 계획은 오히려 전략적 파국 상황을 타개하기 위한 작전술적인 필사의 투쟁이라고 보는 편이 맞다.

히틀러는 신비적인 믿음으로 자신의 운이 곧 '하늘의 뜻'이라 확신하고 룰렛을 돌린 도박사였다. 그러나 만슈타인은 달랐다. 그는 독일군 장군참모장교다운 전문적 판단을 근거로 확신을 갖고 모든 것을 한 장의 카드, 바로 승리를 결정짓는 유일한 카드에 걸었다. 그때 공교롭게도 메헬렌 사태로 인해 연합군의 작전의도가 노출되었고 만슈타인의 상황평가가 적중함에 따라 육군 총사령부는 이 카드를 던지기로 결정했다. 서방 해상패권국가들과의 전쟁은 전략적으로는 이미 패한 것—제1차 세계대전의 관점에서—이나 다름없었기에 작전술적으로는 어떤, 아니 모든 위험도 정당화될 수 있었다. 전술적 측면에서만 보면 조덴슈테른의 항변은 설득력이 있었지만 그는 전략적 속전속결을 수행하는 데 필요한 어떤 대안도 제시하지 못했다. 신중하기로 정평이 나 있던 총참모장 할더도, 기회를 잃는 것은 아무리 사소한 기회일지라도 '무모한 행위로 인한 실패'보다 더 치명적이라고 말했다.[114] 이러한 의미에서 그는 보크 대장에게 다음과 같이 말했다.

> "만일 이 작전이 성공할 가능성이 겨우 10%뿐일지라도 나는 이것을 고수할 생각이오. 이 대안만이 적을 파멸시킬 수 있는 유일한 방책이기 때문이오."[115]

5월 13일 스당 돌파가 성공하자 B집단군 사령관 보크는 일기에 다음과 같이 털어놓을 정도로 매우 당황했다.

> "프랑스인들의 천부적인 재능이 사라져버린 것이 틀림없다. 그렇지 않았다면 우리를 저지할 수 있었고, 저지했어야 한다."[116]

그러나 만슈타인과 그의 의견에 동의한 할더의 판단은 완벽하게 적중했다. 지헬슈니트 계획은 '터무니없어' 보였기 때문에 성공했다. 그 때문에 연합군 측 장군들은 독일군이 지향하는 바를 간과했고, 독일군의 완벽하고 성공적인 기습이 이루어졌다.

4

1940년의 아르덴 공세

"성공 여부는 속도에 달려 있다. 좌우 측방을 보지 않고 적의 종심으로 신속히 돌진하며 여러 번 되풀이해 기습하는 것이 중요하다."[1]

클라이스트 기갑군의 공격 명령에서

4 - 1

클라이스트 기갑군 : 작전술 차원의 실험과 논란

지헬슈니트Sichelschnitt 계획의 혁명적 사상은 혁명적 방법을 통해서만 실현될 수 있었다. 그 중 핵심은 역사상 최초로 기갑부대를 작전술적으로 독립 운용[2]하는 것이다. 폴란드 전역 때와 마찬가지로 A집단군은 기갑부대의 투입 자체를 거부했지만 육군 총사령부는 이를 기각하고 그를 능가하는 완전히 새로운 차원의 획기적 편성안을 발표했다. 폴란드 전역에서는 순수하게 독립된 기갑군은커녕 기갑군단조차 없었다. 전차부대는 사단급(오늘날의 기준으로는 여단 규모)에서 대대 단위로 편성되어 통상 전술적 임무를 수행했다. 따라서 이들은 비기계화부대들과의 협동작전에 투입되어 보병이 주축이 된 야전군 사령부의 지시에 따라 경보병의 첨단에서 단순 운용되곤 했다. 보병부대와 완전히 독립된 기갑부대 편성을 강력히 주장해왔던 구데리안Heinz Guderian은 폴란드 전역에서의 기갑부대 운용에 대해 "한두 개의 기갑사단이 기갑군 규모의 독립 작전을 수행해낼 수는 없다."[3]라고 비판했다.

당시 국방군에서 작전술은 야전군(예외적으로 군단급) 단위부터 적용되었다. 구데리안은 작전술 차원의 임무를 수행하기 위한 부대 편성을 끈질기게 요구했고, 서부전역에 대비해 마침내 클라이스트Kleist 기갑군이 창설되었다. 그 예하에는 5개의 기갑사단과 이를 지원하는 3개의 차량화보병사단이 편성되었다. 이른바 '고속기동부대', 즉 기갑사단과 차량화보병사단이 도보로 행군하는 보병부대들을 훨씬 앞서 완전히 독립적인 공격작전을 수행한다는 편성은 세계 전쟁사에 새로운 지평을 열었다. 제4야전군 예하 호트 기갑군단이 클라이스트 기갑군의 우측에서 병진대형으로 공격하기로 계획되었다. 이로써 A집단군은 크게 2개 제대로 구분되었는데, 하나는 작전술 차원의 돌파를 실시하는 고속 기동부대였고, 다른 하나는 그를 후속해서 잔적殘敵을 소탕하거나 점령지역을 확보하는 임무를

| A집단군의 편성(1940년 5월 10일)**|**

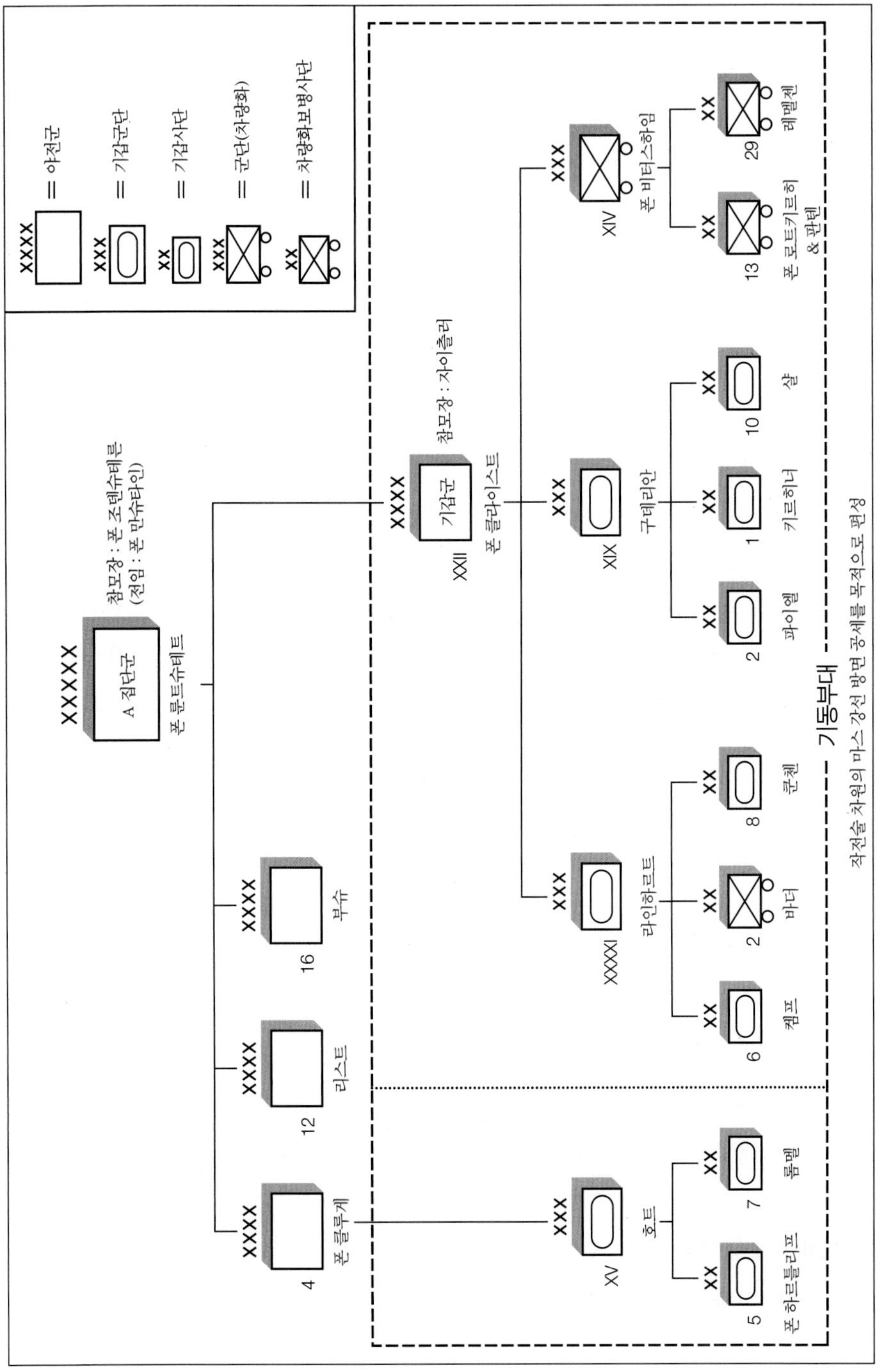

맡은 보병 중심의 야전군들이었다.

앞에서 설명한 리들 하트의 투우 이론을 다시 언급하자면, 투우사의 적색 망토에 비유되는 우익의 B집단군이 적들을 함정으로 질주하도록 유인해야만 투우사의 검인 A집단군이 적의 취약한 측방으로 돌진할 수 있었다. 검의 첨단에는 물론 클라이스트 기갑군이 있었다. 클라이스트 기갑군은 41,140대의 기동장비를 가진 1개 차량화보병군단과 2개 기갑군단으로 편제되었다. 이 기갑군은 독일군 전차의 절반에 해당하는 1,222대를 보유했고 병력은 134,370명에 이르렀으며,[4] 대서양 해안으로 진격할 당시 대규모 전투지원부대, 특히 공병과 공군 예하 제1방공군단의 지원을 받았다.[5] 한편 이렇게 분산된 대규모 기갑부대에 대한 다차원적인 지휘통제가 대단히 심각한 문제로 대두되었다. 이 문제를 원만히 해결할 수 있는 유일한 인물은 바로 기갑부대 전문가 구데리안이었다. 그는 이미 오래전부터 작전술 규모의 독립 기갑부대 창설을 위해 싸워 왔고 이제 그의 구상이 실현되어 그 가능성을 입증할 기회를 잡았다. 그러나 희비가 교차하는 사건이 발생했는데, 이 기갑군의 지휘관으로 클라이스트 장군이 임명된 것이다. 구데리안에 따르면 클라이스트는 '지금까지 전차부대에 결코 우호적이지 않았던' 인물이었다.[6] 이 역설적인 상황은 강력한 보수파와 그보다 약한 진보파로 나뉜 독일 장군단의 전형적인 딜레마를 극단적으로 보여준다.

어쨌든 클라이스트 기갑군은 명실 공히 독일군이 보유한 가장 강력한 대규모 기동부대였다. 독일군 전차의 절반이 편제되었으므로 '초특급 기갑 야전군'이라 해도 과언이 아니었다. 하지만 특이하게 클라이스트 기갑군은 A집단군 예하의 일개 직할 부대에 불과했으며 A집단군 내에서 야전군 급으로도 인정받지 못했다. 어떤 관점에서는 이것을 '기갑군'이라는 조직을 은폐하려는 조치였다고 설명할 수도 있다. 게다가 공식적으로 '클라이스트 군'(일반적으로 클라이스트 기갑군이라고 부름)은 단순히 군단과 야전군 사이의 중간급 부대 정도로 인식되었고[7] 클라이스트의 지위도 '사령관Oberbefehlshaber'(야전군 사령관급 이상의 칭호)이 아닌 단순히 '지휘관Befehlshaber'(군단장급 이하 지휘관)에 머물렀다. 클라이스트 기갑군은 일시적이나마 독일군 내에서 냉대를 받았다. 그들은 매우 위험한 작전술적 실험을 위해 임시방편으로 편성된 일종의 특수임무부대(Ad-hoc-Formation)였다. 그들은 마스 강변에서의 기습공격에 실패한다면 곧바로 해체될 수도 있었다. 그 때문에 지휘부를 완벽하게 편성하지 않았다. 클라이스트 기갑군의 참모부는 군단급 참모부 수준으로 조직되었다. 이것은 곧 참모조직이 아니라 참모장 대령 한 사람이 부대의 작전 전반을 총괄해

ㅣ독일군의 주요 장군들ㅣ

구데리안 대장(기갑병과)

폰 클라이스트 대장(기병병과)

롬멜 소장(사진 : 원수 계급)

호트 대장(보병)

야 함을 의미했다. 클라이스트 기갑군의 참모장 자이츨러Kurt Zeitzler 대령(장군참모장교 출신)은 정립된 교리나 참고할 선례 없이 단 2개월 동안 대규모 기계화부대의 인수를 준비해야 했다. 단지 보안상의 이유로 사전 기동훈련 같은 예행연습조차 허락되지 않은 상황에서도 그는 작고 뚱뚱한 체구로 인해 붙은 '구전球電Kugelblitz'이라는 별명에 걸맞은 추진력으로 클라이스트 기갑군을 훌륭히 조직해 나갔다. 이로써 그는 서부전역에서의 놀라운 승리의 초석을 다졌고, 서부전역 종결 2년 후 할더 장군의 후임으로 육군 총참모장에 발탁되었다.

공세 준비가 진행되는 동안 클라이스트 기갑군은 다운Daun-베른카스텔Bernkastel-이다·오버슈타인Idar-Oberstein-기센Gießen-마르부르크Marburg 등지에 은밀히 집결했다. 그러나 이곳들이 보병부대들의 집결지와 중첩되는 바람에 클라이스트 기갑군은 독립된 지역을 확보하지 못했다. 자이츨러가 표현한 것처럼, 클라이스트 기갑군은 '주인'이 아니라 해당 지역 야전군에 배속된 '식객'이었다.[8] 특정 공간에서는 단 한 명의 명령권자만 존재한다는 교리에 따라 야전군 사령관들은 기갑군에 강력한 배속관계를 요구했고 이 때문에 작전계획이 더욱더 복잡해졌다. 훗날 소련 전역에 투입된 기갑군과 달리, 클라이스트 기갑군은 독립적인 종심과 정면 등 책임 지역을 할당받지 못한 대신 보병 야전군의 선두에 서서 작전술적 돌파를 책임져야 했다. 더욱이 작전지역 내 총체적인 군수 지원도 야전군의 협조를 받아야 했다. 그 때문에 야전군 사령관들은 이 기갑군이 야전군 작전지역 내에서 공격작전을 실시하는 한, 그들의 통제를 받아야 한다고 강력히 요구했다. 그러나 클라이스트는 반대 입장을 고수했다. 그는 기갑군이 보병 야전군의 통제를 받아 보병사단의 선두에서 첨병 역할만을 수행할까봐 우려했다. 그러므로 자신의 기갑군이 독립된 작전술적 임무를 수행하려면 야전군 예하가 아닌 집단군의 직할부대 정도의 지위에 있어야 한다고 강력하게 주장했다.[9]

A집단군 사령부는 육군 총사령부가 맡긴 '사생아'가 그리 탐탁지 않았다. 무엇보다도 이 기갑군이 통상적인 군사 편성에 위배되는 이물異物과 같은 존재였기 때문이다. 룬트슈테트 상급대장이 내놓은 절충안은 '다모클레스의 칼'[†]을 클라이스트 기갑군 위에 매다는 격이었다. 그는 기갑군이 보병 야전군과 이격되어 적 종심 깊숙이 진출한다면, 즉 작전술 차원의 돌파를 성공시킨다면 그들에게 독립적인 작전권을 허용하겠노라고 공언했다.

† 영화를 누리고 있을 때에도 위험은 언제든지 닥쳐올 수 있다는 뜻으로 쓰이는 관용구. 다모클레스Damocles는 기원전 4세기 시칠리아 시라쿠사의 참주僭主인 디오니시우스 1세의 신하이다. 그가 디오니시우스 1세의 행복을 찬양하는 아첨을 하자 디오니시우스 1세는 화려한 연회에 그를 초대하여 머리 위에 한 올의 말총으로 매달아놓은 칼 밑에 앉히고 권력자의 운명이 그만큼 위험하다는 것을 보여주었다.

하지만 공세가 차질을 빚어 후속하던 야전군 중 하나가 그들을 따라잡는다면 그들은 그 야전군에 예속되어야 했다. 클라이스트가 작전술 지휘의 독립성을 확보하려면 반드시 공세에 성공해야 했다. 장군단 내부의 모순을 담은 A집단군의 결정은 클라이스트에게 전화위복이 되었다. 클라이스트 기갑군은 후속하는 보병 위주의 야전군에게 추월당하지 않기 위해 정면돌파를 감행했고, 조기에 대서양 해안까지 돌파하는 데 성공했다. 클라이스트 기갑군이 '악마에 쫓기듯' 진격한 이유가 단순히 작전술 차원의 임무 완수 때문만은 아니었던 것이다.

4 - 2

군수지원의 중요성

"작전의 성공이 군수軍需에 의해 좌우되었다면, 분명 그것은 우리 이야기일 것이다."[10]

클라이스트 기갑군 참모장 자이츨러 대령, 지헬슈니트 작전 준비 중에

서방국가들을 상대로 한 전격전은 매우 빠르게 전개되었기 때문에 준비 단계의 실책과 결함들을 그때그때 보완할 여유가 없었다. 특히 군수분야가 그러했다. 보급 및 병참 문제가 얼마나 비참한 결과를 불러오는지를 보여준 좋은 예가 바로 프랑스 기갑부대의 비극이다. 맹위를 떨치던 샤르 B 전차들 중 상당수가 기동 중 갑자기 정지했다. 뚫리지 않는 강철 장갑으로 무장된 이 전차들은 적 대전차포탄에 피격된 것이 아니라, 연료가 부족해서 멈춰버렸다. 그런 측면에서 독일군 승리의 비밀 중 하나는 바로 지헬슈니트 작전 중 거의 완벽에 가까웠던 군수지원 체계였다. 클라이스트 기갑군의 군수분야 사후 보고서에는 다음과 같은 대목이 있다.

"5월 10일부터 칼레Calais를 확보할 때까지 클라이스트 기갑군의 군수자원만으로 해결할 수 없는 위기는 단 한 번도 없었으며, 지휘체계에 문제가 생긴 적도 없다."[11]

자이츨러 대령은 기갑부대 전문가로서는 자질이 부족했을지 몰라도 훗날 지헬슈니트 작전이 성공하는 데 중요한 전제조건을 마련했다. 결정적으로 그는 작전술 차원의 군수지원 체계를 착안했는데, 그의 기본 구상은 다음과 같았다.

- 작전분야에서 기갑군의 독립성에 상응하는 독자적인 군수지원 능력이 반드시 필요하다.
- 기갑군은 군수분야에서 야전군에 종속되어서는 안 되며, 작전 실시간에 긴요한 모든 보급물자들을 사전에 확보 · 구비해야 한다.

자이츨러가 도출한 방책은 지극히 단순한, 이른바 '보급품 휴대 원칙'이었다.

"해당 부대의 보급품을 상급부대의 철도수송에 의지해서는 안 된다. 각개 병사나 부대는 보급품을 배낭이나 손가방에 지참하듯 직접 지니고 작전을 실시해야 한다."[12]

이 원칙을 적용해 구체적이고 선견지명적인 조치를 취했다.

- 기갑군은 유기적인 보급품 분산 및 재보급을 위해 추가적으로 총 4,800톤의 화물적재 수송능력을 보유한 3개의 수송대대를 할당받았다.
- 총 41,140대의 차량을 투입해 탄약, 식량, 특히 유류를 최대 수준으로 적재했다.
- 집결지에서 국경지역까지 기계획된 기동로를 따라 이동 유류보급소가 설치되었다.
- 국경 근처에 물자들을 충분히 보관할 수 있는 물류창고를 건설하고 제1단계 작전을 수행할 부대들에 이 창고를 사용할 수 있는 우선권을 부여했다.
- 공격개시 전에 식량, 연료, 탄약 등 작전 시 룩셈부르크 지역에 전진 보급기지를 설치하는 데 필요한 자원을 확보했다.

이러한 사전 대책들만 보더라도 초전 성과는 예상 가능했다. 전쟁이 발발하자 각 분야별 군수팀은 다음과 같은 작전을 실시했다.

탄약 : 제1차 세계대전과 비교해볼 때 혁명적인 전쟁양상이 나타났다. 화력보다는 기동이 전장의 결정적 요소임이 입증되었다. 실제 사용된 탄약의 양은 사전에 산정된 양보다 훨씬 적었다. 탄약 사용량이 예전의 전쟁에 비해 현저히 감소했기 때문이다. 가장 극단적인 예로, 스당 돌파전에서는 전쟁연습 1회 시 필요한 분량만 소모되었다.[13] 결국 그다지 심각한 탄약부족 현상은 일어나지 않았다. 유일한 예외가 있다면 스당의 남부에 위치한

격전지 스톤Stonne에서의 전투였다. 독일군 제10기갑사단과 대독일보병연대Infanterie Regiment Großdeutschland†는 프랑스군의 반격을 저지해야 하는 때에 마침 대전차 포탄이 거의 바닥나 한때 매우 위태로운 상황에 처했다. 때마침 Ju 52 수송기가 출현해 탄약저장통을 낙하산으로 투하해주어 위기상황을 모면할 수 있었다.[14]

유류 : 서부전역은 대규모 포위기동으로 승부가 결정된 '기동전'이었다. 그러므로 기계화/차량화된 공세부대를 위한 차질 없는 유류 수송이 이 작전의 핵심 요소였다 해도 과언이 아니다. 당시 제1기갑사단의 군수참모였던 킬만스에크Graf von Kielmansegg 예비역 대장은 자신이 5년간의 제2차 세계대전 기간 동안 해결해야 했던 가장 어려운 임무 가운데 하나가 바로 서부공세 중 마스 강으로 유류를 수송하는 문제였다고 회고했다. 가장 큰 문제는 작전과 군수 분야의 상반된 입장 차이 때문이었다. 자이츨러 대령은 모든 차량들이 유류를 최대한 적재하여 독일-룩셈부르크 국경이 아니라 단숨에 벨기에-룩셈부르크 국경까지 이동할 것을 요구했다. 동시에 제1기갑사단의 작전처 벵크Walther Wenck 소령에게 부여된 임무는 부대 이동 시간을 철저히 엄수하는 것이었다. 즉 유류 재보급 때문에 기동을 중지할 시간이 없었다.

킬만스에크는 '드럼통 보급'이라는 기발한 아이디어로 이 문제를 해소했다. 모든 제대에 필수적인 연료량을 정확히 산출한 후, 국경까지 가는 기동로에 100km마다 계획된 전술적 휴식 장소에 연료를 가득 채운 드럼통을 준비해두고, 추가적으로 연료 드럼통이 적재된 다수의 화물차량들을 전위부대에 배치했다. 전차 승무원들은 적절한 위치에서 속도를 줄인 후 드럼통을 전차에 실었다. 그리고 다음 휴식지점에서 유류를 보충하고 빈 드럼통은 기동간 계획된 지점에 던져버리기만 하면 연료 재보급이 완료되었다. 그리고 계획된 지점에서 수거한 빈 드럼통은 다음 유류저장고에서 다시 채워졌다. 이러한 방식으로 두 가지 요구를 동시에 충족시킬 수 있었다. 모든 차량들이 유류를 가득 채운 상태로 아르덴을 통과할 수 있었고, 재급유를 위해 부대가 중지하는 경우도 발생하지 않았다.[15]

마스 강에서 도버 해협까지 진격할 때는 예상보다 너무 빨리 나아가는 바람에 불가피하게 유류를 항공기로 수송하는 사례도 있었다. 마스 강 대안의 교두보가 확장되자 샤를르빌Charleville의 벨발Belval 공항이 중추적인 공중보급기지로 자리 잡았다. 어떤 날에는 하루

† 일부에서는 '그로스도이칠란트 보병연대'라고 번역하나 이 책에서는 대독일大獨逸보병연대라고 번역했다.

400톤의 연료가 공중으로 보급되기도 했다.[16]

정비 : 군수분야 중 유일하게 심각했던 분야는 바로 정비 분야였다.[17] 클라이스트 기갑군의 41,140대의 차량은 대서양 해안까지 적어도 600km 이상의 거리를 이동해야 했다. 전차들은 끊임없이 동분서주하며 기동했기 때문에 실제 운행거리는 600km를 훨씬 넘었다. 그 결과 작전 최종단계에 이르렀을 때 몇몇 전차 부대는 전차 고장률이 50%를 넘었다. 이렇게 많은 차량 고장을 독일군은 놀랄 만큼 빨리 해결했다. 특히 중요 부속품을 항공기로 전장에 조달한 조치가 큰 도움이 되었다. 이로써 독일 육군은 됭케르크 함락 이후 단 며칠 만에 전투력을 복원하여 서부전역에서의 두 번째 대규모 작전(적색계획)에 착수할 수 있었다.

요약 : 러시아 전역이나 아프리카 전역에서 발생한 독일 군수분야의 문제점에 대한 연구 보고서는 많지만, 서부전역에 대해서는 관련 연구가 전혀 없다. 하지만 기이하게도 서부전역의 군수지원에 대한 근거 자료는 매우 풍부하다. 일반적으로 군수지원 계통은 불상사가 발생했을 경우에만 연구의 주요 주제가 된다. 그러나 서부전역에서는 아무런 문제도 발생하지 않았다. 원래 장기전으로 계획된 전쟁이 놀랍게도 단기간에 종결되어 버렸기 때문이다. 부지불식간에 전쟁이 끝나버리는 바람에 병사들의 눈앞에는 아직 사용하지도 않은 보급품들이 산더미처럼 쌓여 있었다. 그러나 1941년 동부전역에서는 정반대의 상황이 벌어지고 말았다.

4 - 3

공격계획 : 예견된 혼란

만슈타인 중장이 좌천되자 룬트슈테트 상급대장은 갑자기 지헬슈니트 작전의 현실성에 대해 의구심을 품게 되었다. 휘하의 군사령관들과 신임참모장 조덴슈테른은 기갑부대가 무의미하게 희생될 것이라고 수차례 경고했고, 그로 인해 의구심은 점점 더 커져 갔다. 결국 룬트슈테트는 기갑부대에 전쟁의 승패를 거는 작전술 차원의 기본 사상과 반대되는 어정쩡한 해결책을 선택했다. 할더 장군은 원래 기갑 및 차량화 사단들을 제1제대로 하여 공격할 것을 계획했는데 이는 기동로의 대부분을 이들에게 할당하는 것을 전제로 했다. 그러나 A집단군은 기갑 및 차량화 사단과 보병사단을 병진대형으로 진격시키고자 했다. 기갑부대 단독으로는 마스 강 도하에 성공하지 못할 것이라 생각하고 보병사단을 붙인 것이다.[18] 그러나 아르덴의 도로망은 병진대형으로 기동할 만큼 넓지 않았다. 보병사단과 기갑부대 모두에 불합리한 결정으로 말미암아 심각한 교통체증이 야기되었고 지헬슈니트 계획은 하마터면 적의 직접적 위협 없이도 아르덴에서 무산될 뻔했다. A집단군 사령부는 작전계획 단계에서 두 가지 치명적인 오류를 범했다.

1. 행군로의 할당

클라이스트 기갑군은 39,373대의 일반차량, 1,222대의 전차, 545대의 궤도장갑차량 등 도합 41,140대의 차량을 보유했다. 각종 전투지원부대들을 고려하면 이론상 이 부대의 행군 장경長徑은 약 1,540km에 달했다. 일직선상의 도로에 줄지어 세운다면 행군 대형의 길이는 룩셈부르크 국경에서 전 독일제국을 통과해 동프로이센의 쾨니히스베르크까지의 거리에 해당했다.[19] 그러므로 어째서 A집단군 사령부가 아르덴 진격 시 이 거대한 차량화 무적함대에 겨우 4개의 기동로만을 할당했는지 이해하기가 어렵다. 이 경우 기갑군은 작전 1단계에서 4개의 도로에 각기 400km에 해당하는 행군 장경을 형성해야 했는데, 이는 적의 공중공격에 완전히 노출됨을 의미했다. 클라이스트 장군은 이의를 거듭 제기했으나 기갑군에게 최소한 5개의 기동로가 부여되어야 한다는 건의조차도 묵살당했다. 이 건의에 대한 공식적인 반론의 근거는, 아르덴 지역이 전차가 기동하기에 적합하지 못하다는 것이었지만, 속내가 빤히 들여다보이는 핑계였다. 당시 육군총참모부에서 발행한 『벨기에와 그 인접지역에 관한 전장정보 분석』에는 이렇게 기재되어 있다.

> "아르덴 지역의 도로망은 그 일대의 거주민 숫자에 비해 매우 잘 발달되어 있으며 지역 전체에 걸쳐 양호한 상태의 많은 지방도로와 비포장도로가 있다."[20]

이는 사실 보병 출신 군사령관들이 도로 사용 우선권을 고수하려 하는 바람에 일어난 사태였다. 아르덴이 바늘구멍 같았다는 표현은 차량들이 통과하기 어려운 수많은 협곡과 험한 길 때문이 아니라, A집단군이 클라이스트 기갑군의 차량들을 수도관처럼 좁은 단 1개의 통로에 빽빽이 줄지어 세웠기 때문이다. 다음에 다룰 두 번째 계획상 실책은 더 치명적이었다.

2. 양익병진대형이 아닌 제대별 축차대형을 채택

클라이스트 기갑군의 임무는 아르덴을 신속히 통과한 후 기습적으로 마스 강의 서쪽 대안을 확보하는 것이었다.[21] 구데리안 기갑군단은 스당 방면으로, 라인하르트 기갑군단은 그보다 북쪽으로 25km 이격된 몽테르메Monthermé 방면으로 진격하는, 병진대형의 공격 계획이 수립되었다. 이 계획에 의거해 사전에 전투 편성도 완료되었다. 클라이스트 장군은 두 기갑군단을 양쪽에 배치한 병진대형을 계획했다.

- 남익 : 구데리안 군단이 좌측의 2개 도로를 통해 스당으로 진격한다.
- 북익 : 라인하르트 기갑군단은 그보다 우측에 위치한 2개의 도로를 통해 몽테르메 방면으로 공

ㅣ아르덴에 4개의 기동로를 부여받은 클라이스트 기갑군 작전에 대한 의견 충돌ㅣ

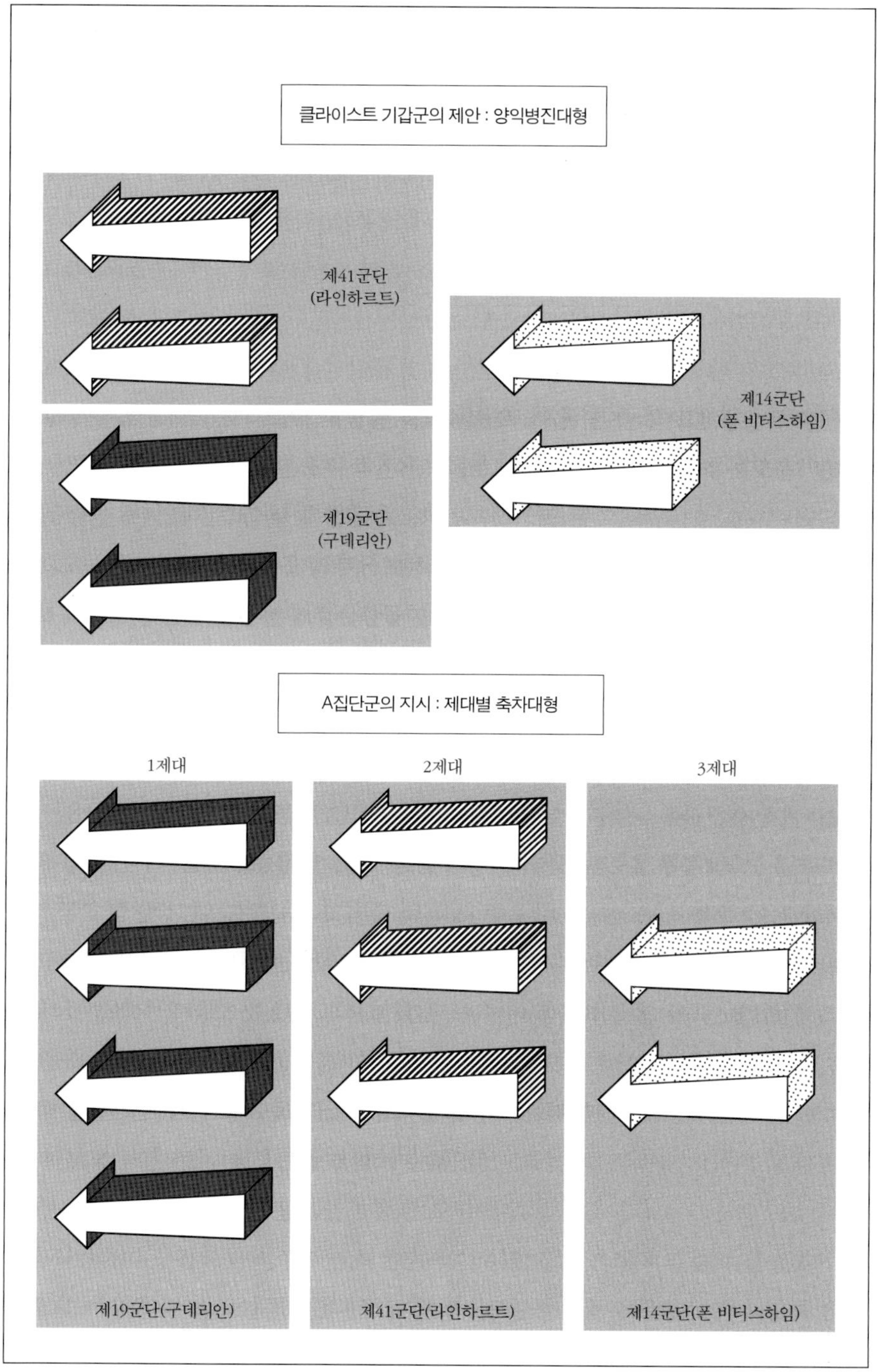

격한다.
• 비터스하임 차량화군단이 제2제대로 이 두 군단을 후속한다.

그러나 A집단군은 기갑군의 작전 지역에 투입될 예하 야전군사령관들과 논의한 결과를 토대로 군단 뒤에 다른 군단이 후속하는 '제대별 축차적 공격 작전'을 지시했다.

• 선두에서 구데리안 기갑군단(제19군단)이 4개의 기동로를 이용해 스당 방면으로 공격한다.
• 제2제대인 라인하르트 기갑군단(제41군단)이 180km의 간격을 두고 이들을 후속한다. 교두보 확보를 위해 아르덴을 통과한 후 마스 강 도하작전 직전에 몽테르메 방면으로 우선회한다.
• 비터스하임 차량화군단(제14군단)은 제3제대로서 최선두부대와 330km의 거리를 두고 후속한다.

이러한 결정은 라인하르트 기갑군단의 작전에 치명적인 혼란을 야기했다. 두 기갑군단은 스당과 몽테르메 지역에 대한 독일 공군의 공중폭격의 이점을 활용하기 위해서라도 공세 4일 만에 동시에, 정확히 1분의 오차도 없이 마스 강을 넘어야 했다. 그러나 라인하르트 군단이 최초 단계부터 공세에 투입되지 않고 구데리안 기갑군단을 후속한다면 이를 어떻게 실현할 수 있는가?

그럼에도 불구하고 A집단군은 2개의 기갑군단이 양익병진대형으로 공격하는 방안을 거부했다. 그 이유는, 두 기갑군단이 양익병진대형을 취하려면 전쟁 개시 전 부대이동지역에서부터 병진대형을 이루어야 하는데 그렇지 못하다는 것이었다. 클라이스트 기갑군은 작전명령을 수령하기 전에도 집결지에 부대별로 일렬 배치되어 있었다. 제12, 16군도 각자의 책임지역 내에서의 부대 배치를 절대 변경하려 하지 않았다.[22] 그들이 내세운 다음의 두 가지 논거는 납득하기가 어렵다. 첫째, 두 야전군은 위장이 노출되는 것을 우려했다. 그러나 지속적으로 공격계획이 변경되어, 특히 기갑사단은 수시로 위치를 바꾸어야 했지만 단 한 건의 문제도 일어나지 않았다. 두 번째 이유는 완전히 핑계에 지나지 않았다. 부대이동지역(집결지 : 독일 국경지역)에서 1개 기갑군단 전체가 위치를 바꾸려면 대단히 번잡스럽고 시간이 많이 걸린다는 이유였다. 따라서 이 필수적인 재배치가 적으로부터 멀리 이격된 아군의 후방에서도 은밀하게 실시될 수 없다고 결론 지었다. 그래서 제

2제대로 편성된 라인하르트 기갑군단은 공격작전 중 아르덴 삼림지대 한가운데에서 적을 앞에 두고 우측으로 비스듬히 전진해 나와 구데리안 군단과 나란히 기동해야 했다. 이렇게 해야만 라인하르트 군단과 구데리안 군단이 동시에 마스 강을 도하해 공격할 수 있었다. 이 결정은 훗날 심각한 실수였음이 증명되었다. 적의 저항이 전혀 없는 곳에서 독일군 지휘부 스스로 교통대란을 만들어낸 꼴이었기 때문이다.

클라이스트 기갑군을 '눈엣가시'로 여겼던 제12군사령관 리스트Wilhelm List 상급대장과 제16군사령관 부슈Ernst Busch 대장은 클라이스트의 계속되는 요구를 거부했다. 그들은 기갑부대의 단독 공격은 실패할 것이라고 확신했다. 만일 기갑부대가 마스 강 일대에서 돈좌된다면 보병사단들이 구세주로 나서야 마스 강 도하에 성공할 것이라고 보았다. 그런 다음에나 비로소 기갑사단들이 적 종심 깊이 진격하기 시작할 수 있다고 예측했던 것이다. A집단군 사령부도 클라이스트 기갑군의 요청을 거부하고 이미 발령한 명령을 강력히 고수했다.

4-4 아르덴을 향한 행군 : 대혼란의 시작

1. 시간 문제

독일 국경에서 마스 강에 이르는 클라이스트 기갑군의 기동로는 총 170km에 달하는 굴곡이 심한 지형이었다. 기동거리는 지역별로 룩셈부르크 지역이 50km, 벨기에 지역이 100km, 그리고 프랑스 국경에서 마스 강까지가 10~20km 정도였다. 이 작전지역 내 적 방어선은 다음과 같이 구축되어 있었고 독일군 기갑부대는 이들을 모두 돌파해야 했다.

① 룩셈부르크 국경의 방어선
② 벨기에의 마르틀랑주Martelange 일대를 중심으로 한 국경 후방의 제1요새방어선
③ 리브라몽Libramont–뇌프샤토Neufchâteau–룰르Rulles 선상의 벨기에 제2요새방어선
④ 부용Bouillon의 세무아Semois 강 협곡지대
⑤ 민간가옥으로 위장된 벙커들과 이들로 구성된 프랑스 국경 요새지역(주 방어선)
⑥ 최고의 난관인 스당에 위치한 70m 폭의 마스 강과 마지노선에서 연장되어 마스 강 대안까지 설치된 프랑스군의 벙커 방어선

룩셈부르크의 방어시설은 비교적 취약했다. 그렇지만 룩셈부르크 정부가 국경 지역에 수많은 장애물을 설치해 독일군 공병부대가 이를 완벽하게 제거하려면 시간이 오래 걸릴 수도 있었다. 벨기에의 아르덴 지역에는 최정예 병력으로 구성된 아르덴 보병부대가 배치되었고 그 밖에도 독일군의 공세를 지연시키기 위해 프랑스군이 5월 10일 대규모 기병부대를 아르덴에 투입했다. 이제 '전격작전'의 관건은 마스 강 도하를 포함한 모든 장

애 요소들을 4일 안에 극복할 수 있느냐였다. 만일 실패하여 적시에 프랑스군의 예비대가 마스 강 방면으로 반격해 온다면 독일군은 며칠 내에 파멸의 나락으로 떨어질 수도 있었다. 킬만스에크 예비역 대장은 당시를 이렇게 회상했다.

> "훗날 실시된 바르바로사Barbarossa 작전 같은 대규모 공격작전을 시행할 때는 시간을 엄수하는 것이 그다지 중요하지 않다. 하지만 서부전역에서는 모든 것이 계획된 대로 정확히 이루어졌다. 만일 5월 13일 저녁, 마스 강 도하에 성공하지 못했다면 분명 우리는 전쟁에서 패배했을 것이다. 프랑스군 지휘부가 그때라면 북부, 즉 에벤 에마엘 지역은 양공이었으며 아군의 주공이 스당에 있음을 인지했을 것이기 때문이다. 우리가 조금만 늦었다면 적들은 분명 적시에 작전술 차원에서 반응했을 것이다."[23]

구데리안은 직감에 따라 부하들에게 다음과 같은 구호를 강력히 주입했다. "3일 안에 마스 강변에 도착하고, 4일째에는 마스 강을 건넌다!"[24] 시간에 쫓기는 가운데 독일군 부대들은 맹렬히 진격했다. 이들은 적을 쫓는 사냥꾼이라기보다는 시간에 쫓기는 사냥감 같았다.

2. 교통 문제

4월 24일 라인하르트 중장은 예행연습을 실시한 후 공격계획의 구조적 오류를 매우 분명하게 지적했다.[25] 라인하르트 기갑군단이 구데리안 군단과 마스 강 유역에 동시에 도달하려면 특정 시점에 이르러 구데리안 군단의 후미에서 신속히 우측으로 전개해야 했다. 그러기 위해서는 구데리안 군단의 우측에 인접한 보병군단을 벨기에-룩셈부르크 국경 일대에서 정지시키고 이들의 작전지역으로 라인하르트 군단이 진출해야 했다. 즉 여기에는 보병군단의 정지 문제와 전투지경선 침범이라는 두 가지 문제가 내포되어 있었다. 만일 선두부대가 인접부대와 뒤엉켜 교통마비 상태에 빠진다면 어떤 일이 일어날 것인가? 라인하르트 중장은 이 같은 복잡한 기동, 그것도 지형이 매우 험악한 아르덴에서의 난해한 기동을 무책임하고 이치에 맞지 않는 위험이라고 간주했다. 공격 4일 전에 그는 또 하나의 흉보를 접수했다. 지금까지의 계획이 다시 변경되어 그의 군단이 단 2개의 기동로를 할당

| 아르덴의 4개 기동로에서 클라이스트 기갑군의 제대별 축차적 투입 |

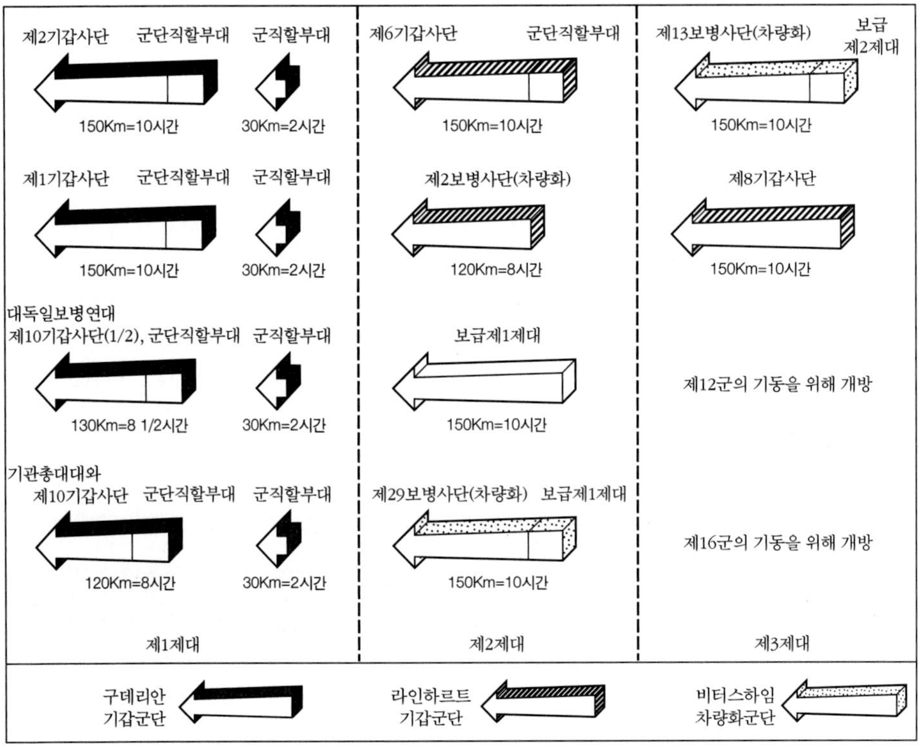

받은 것이다. 이제 군단을 2개로 분할하여 제6기갑사단과 제2차량화보병사단이 2제대로 2개의 북부 기동을 따라 전진하고, 제8기갑사단은 비터스하임 차량화보병군단과 함께 제3제대로 편성되었다.

A집단군의 부대이동은 첫날부터, 라인하르트의 표현처럼 '사상누각이 순식간에 무너지는' 것 같은 엄청난 혼란에 봉착했다.[26] 5월 10일 이동을 개시한 제2제대의 선두부대는 이동하기 위해 도로에 나오는 순간, 이미 10시간이나 지체한 제1제대의 후미와 접촉하고 말았다. 정오에 구데리안의 3개 기갑사단은 벨기에 영토에서 전투를 벌이고 있었지만 라인하르트 군단의 주력은 이제 막 라인 강을 넘었고 비터스하임 차량화군단은 집결지인 마르부르크와 기센 일대에서 한 발짝도 나오지 못했다.[27] 작전에 차질이 생길 것을 우려한 클라이스트 장군은 즉각 조치를 취했다. 그는 라인하르트 군단이 구데리안 군단의 우측으

|1940년 5월 10일 주간, 제대별 축차대형으로 진격한 클라이스트 기갑군의 작전 경과|

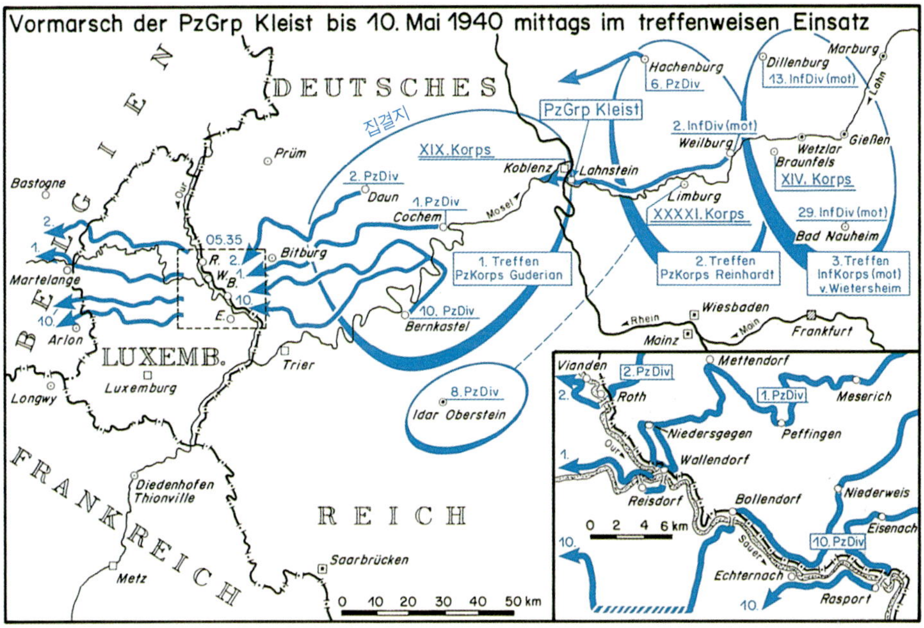

로 진격할 수 있도록 다음 날 제2기갑사단에 북쪽 기동로를 개방하라고 명령했다. 그러나 좁은 도로에 차량들이 서로 뒤엉켜 더 심각한 혼란이 초래되었다. 남측방에서 프랑스 기갑부대의 위협적인 역습이 예상된다는 공군의 잘못된 보고가 전해지면서 혼란은 한층 더 가중되었다. 구데리안은 제10기갑사단의 진격 방향을 바꾸는 방안을 고려했다. 그 결과 신중하게 준비된 기동 계획은 남쪽 2개 통로에서도 크게 틀어졌다.[28]

5월 11일 제1제대의 차량 행렬이 아르덴 한가운데에서 수십 킬로미터에 이르는 교통 체증에 시달리고 있었다. 독일군은 벨기에와 프랑스군과의 전투는 제쳐두고 일단 모든 장애물을 제거하거나 우회해야 했으며, 파괴된 교량 지역에는 급속 도하용 교량을 설치해야 했다. 협곡 곳곳은 직경 15~20m, 깊이 6~8m의 거대한 도로 대화구로 봉쇄되어 공병이 이를 극복하는 데 꽤 많은 시간이 걸렸다. 그래서 이날 제1기갑사단만이 계획된 시간에 따라 공격을 실시했고 저녁 무렵에는 프랑스 국경에 있는 부용까지 진격할 수 있었다. 그 때까지도 라인하르트 기갑군단의 선두부대는 룩셈부르크를 바로 눈앞에 둔 독일 지역에서 정체에 시달리고 있었다.

|1940년 5월 11일 아르덴을 통한 클라이스트 기갑군의 공세 경과|

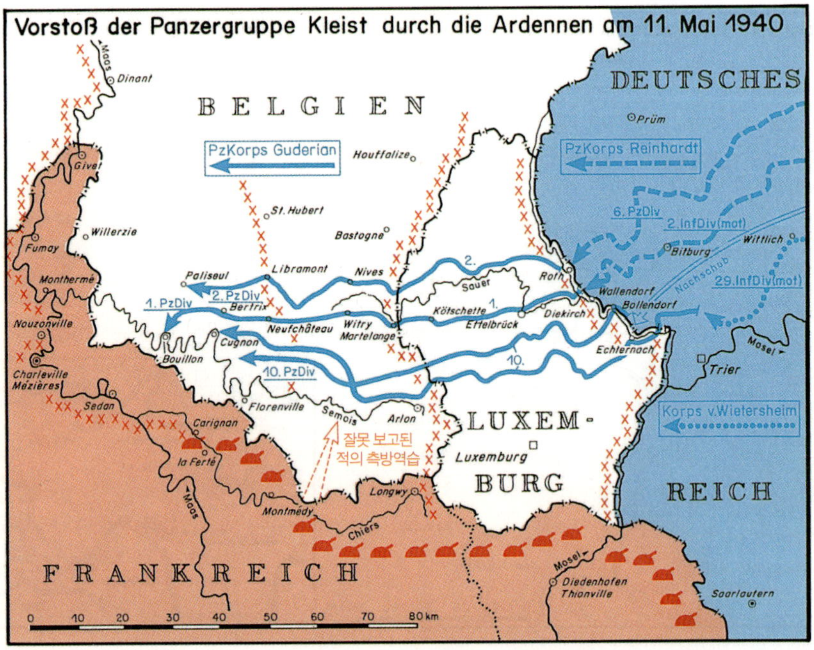

|1940년 5월 12일 아르덴에서의 교통혼란|

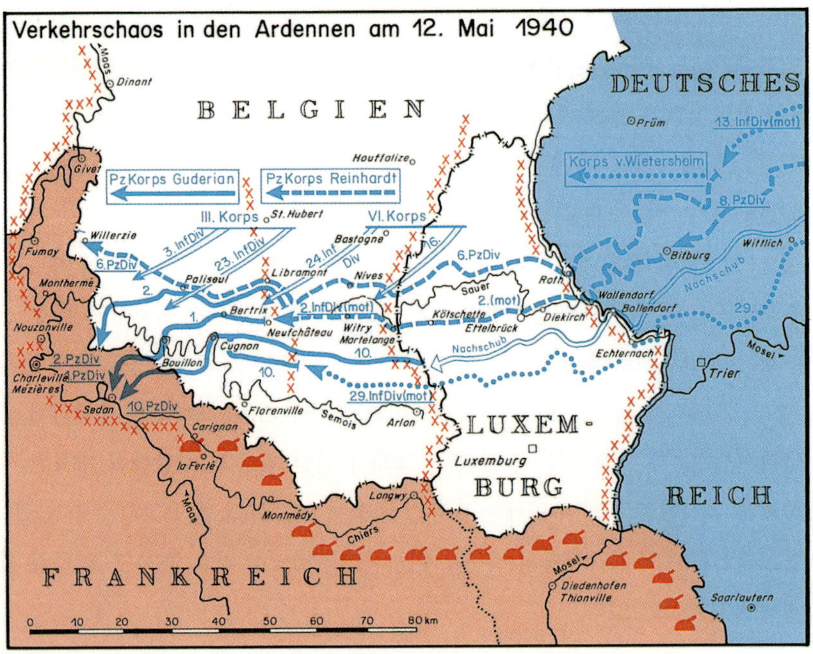

이튿날인 5월 12일에는 구데리안 기갑군단의 우측에서 일시적인 교통대란이 발생했다. 원래 우측방에서 전진하기로 한 인접 보병사단들의 차량들이 기갑사단에 할당된 비교적 널찍한 도로에 계속해서 끼어들어 예상치 못한 혼란이 일어났다. 경쟁심을 느낀 보병부대가 기갑사단에 '승리의 영광'을 뺏기지 않으려 했던 것이다. 예전에 라인하르트 중장이 실시했던 예행연습의 결과도 무척 비관적이었지만, 이날의 아르덴은 말 그대로 아수라장이었다. 라인하르트의 부대는 구데리안의 기갑부대들과 나란히 그리고 신속히 마스 강으로 질주하기는커녕 이틀 동안이나 독일 본토에서 오도 가도 못했다. 3일째인 5월 12일 06:00시에야 라인하르트의 제6기갑사단 첫 번째 차량이 룩셈부르크 국경을 넘었다. 이 사단이 구데리안의 제2기갑사단과 병진 공격을 하기 위해 아르덴에서 우측으로 방향을 바꿀 때 라인하르트가 우려했던 바가 현실로 나타났다. 그의 우측방에서 앞서 전진하던 제6보병군단이 벨기에 국경 일대에서 정지한다는 합의를 어기고 계속 진격했던 것이다. 라인하르트 군단에게 우측방으로의 기동은 난해한 과업이었기에 통로의 개방이 필수적이었다. 그러나 설상가상으로 제6보병군단은 앞서 전진한 제3보병군단처럼 전차 기동로로 예하 사단을 밀어 넣었다. 이에 질세라 라인하르트 기갑부대들도 '자신들의 고속도로'에 무단 침입한 보병사단의 차량을 밀어붙여 일대에 엄청난 혼란이 발생했다. 제6기갑사단 전투일지에는 다음과 같이 기재되어 있다.

> "공격작전 시 사단은 이 지역에 위치했던 제2기갑사단, 제16, 23, 24, 32보병사단과 혼재되어 뿔뿔이 흩어졌다. 그날 저녁 무렵에는 각각의 행군 제대들과 예하부대들이 어디에 있는지 전혀 파악할 수 없었다. 무전도 불통이었다. 각 부대 간의 거리가 너무 멀었고 자체 무선 간섭으로 인해 무전소통이 불가능했기 때문이다."[29]

엉킨 실타래 같은 혼란을 조감하여 풀기 위해 장군참모장교 한 사람을 항공기로 띄워 보내야 할 지경이었다. 기동로 여기저기에 2개의 행군 종대가 뒤엉켜 차량들이 꼬리에 꼬리를 문 채 도로를 꽉 메웠으며 어떤 방향으로도 통로가 없었다. 군단장인 라인하르트는 전방으로 가기 위해 오토바이를 이용해야 했다. 이러한 혼란 속에서 아군의 지휘 통제 문제보다 더 심각한 것은 피아 식별 문제였다. 한번은 제6기갑사단에 적 전차부대의 우측방 공격 경계경보가 내려졌다. 즉시 빌레르지Willerzie에 있던 제1방공대대의 모든 가용 방공포

| 5월 12일 아르덴에서의 정체현상 |

들이 진지에 배치‡되었다. 교전 직전에야 비로소 적 전차가 아닌 아군 수색대대의 정찰차량으로 밝혀졌다.[30]

어쨌든 A집단군의 작전 착오로 말미암아 전 유럽에서 전무후무한 대규모 정체현상이 야기되었다. 북부(우측방) 기동로에서는 5월 13일 마스 강에서부터 프랑스, 벨기에, 룩셈부르크 그리고 독일 국경을 통과하여 라인 강변까지 총 250km에 이르는 교통마비 현상이 발생했다. 그나마 이동이 가장 원활한 곳은 제1기갑사단이 선두를 담당한 중부지역이었다. 그러나 이곳에도 적 공군의 위협이 도사리고 있었다. 한 독일군 장교는 그때를 이렇게 회상했다.

> "나는 근심 어린 눈으로 계속 푸른 하늘을 쳐다보았다. 무리해서라도 전개시키지 않는 한, 단일 도로상에서 이토록 천천히, 밀집대형으로 기동하고 있는 우리 사단은 적 공군에게 가장 좋은 표적이었다. 하지만 다행스럽게도 프랑스의 정찰기는 단 한 번도 출현하지 않았다."[31]

공세가 시작되고 얼마 동안 연합군 공군은 아르덴에서 독일군 기갑부대의 주력을 격멸할 수 있는 절호의 기회를 맞았다. 그럼에도 불구하고 독일군 전차들이 적의 방해를 받지 않고 작전을 지속할 수 있었던 것은 기적이나 다름없었다. 프랑스와 영국 공군이 사태를 관망한 이유는 뒤에서 다시 논의할 것이다.

아르덴에서 독일군 기갑부대가 직면한 혼란은 끝이 보이지 않을 정도로 점점 더 심해지고 있었다. 기갑병과 장군들은 아이러니하게도 자신들의 주적이 벨기에, 프랑스군이 아니라 기갑부대를 적대시하는 보병 야전군과 A집단군의 지휘부라고 서슴없이 말했다. 그들의 오판은 아르덴을 거의 '독일 기갑부대의 무덤'[32]으로 만들 뻔했다. 이 사건으로 말미암아 A집단군 지휘부는 예하부대의 신뢰를 완전히 잃었다. 이러한 경향은 대서양 해안을 향해 진격하던 독일군 기갑부대 지휘관들의 '독단행동'으로 표출되었다. 이들은 상급자들을 보수주의자로 규정하고 거세게 반발했으며 명령도 무시했다. 이렇게 해서라도 지헬슈니트 계획에 내포된 진정한 작전술 차원의 목표를 달성하려 했다. 결과적으로 만슈타인 자신은 '방출'되었지만 그의 구상만은 실현된 셈이다.

‡ 독일군이 보유했던 대전차포의 견치포로는 프랑스군 전차를 세압하기에 역부족이었지만, 8.8cm 대공포는 대전차화기로 매우 효과적이었다.

독자들은 완전한 실책이었던 공격작전 및 부대이동 계획에도 불구하고 소위 '1940년의 아르덴 공세'가 어떻게 현대 전쟁사에서 가장 위대한 승리가 될 수 있었는지 대단히 의아할 것이다. 이는, 그러한 혼란에도 불구하고 5월 13일 스당과 몽테르메에서 마스 강 도하를 성공시킨 중간급과 하급 지휘관들의 몸에 밴 임무형 지휘와 숙달된 융통성에 기인한다. 다음에서는 아르덴의 중심부를 공격한 한 사단에서 발생한 사건을 통해 독일군의 중간급과 하급 지휘관들의 임무형 지휘능력과 탁월한 전술적 상황판단 능력을 구체적으로 알아본다.

4 - 5

작전술적 실책을 전술적으로 상쇄하다 : 제1기갑사단의 전투경과

최신예 장비를 보유한 제1기갑사단은 독일 육군의 156개 사단들 중 최정예로 평가받았다. 그들은 '주공 중의 주공부대' 였으므로 계획된 시간에 정확히 스당에 도착하기 위해 가장 양호한 기동로를 할당받았다. 그 때문에 특히 더 시간의 압박에 시달렸다. 구데리안은 사단에 다음과 같은 명령을 하달했다.

> "필요시 본인은 귀관들에게 최소한 3일 정도는 취침을 허락하지 않을 것이다."[33]

킬만스에크 장군에 따르면, 이 명령은 빈말이 아니었다. 그는 제1기갑사단의 군수참모로서 2만 정의 페르비틴(각성제)을 가지고 다녔다. 현대적으로 표현하면, 이 같은 '도핑' 준비는 고통스러운 아르덴 야간행군 중에 전차와 기타 차량의 조종수들의 잠을 쫓는 데 사용되었다.[34] 그러나 이보다 더 효과적인 것은 '정신적 도핑' 이었다. 모든 병사들은 가장 중요한 것이 무엇인지를 알고 있었다. 단 1분 1초라도 빨리 마스 강에 도달해야 한다는 사고가 그들에게 끊임없이 주입되었던 것이다.

1. 마르틀랑주에서의 기습

5월 10일 새벽 05:35분, 국경지역인 발렌도르프Wallendorf에서 한 줄기 호각 소리와 함께 룩셈부르크 국경수비대를 무장해제시키기 위해 몇몇 독일군 병사들이 자우어Sauer 강 교량을 건너기 시작했다. 드디어 전쟁의 개시를 알리는 제1기갑사단의 기동이 시작되었

I제1기갑사단의 편성(1940년 5월 10일)I

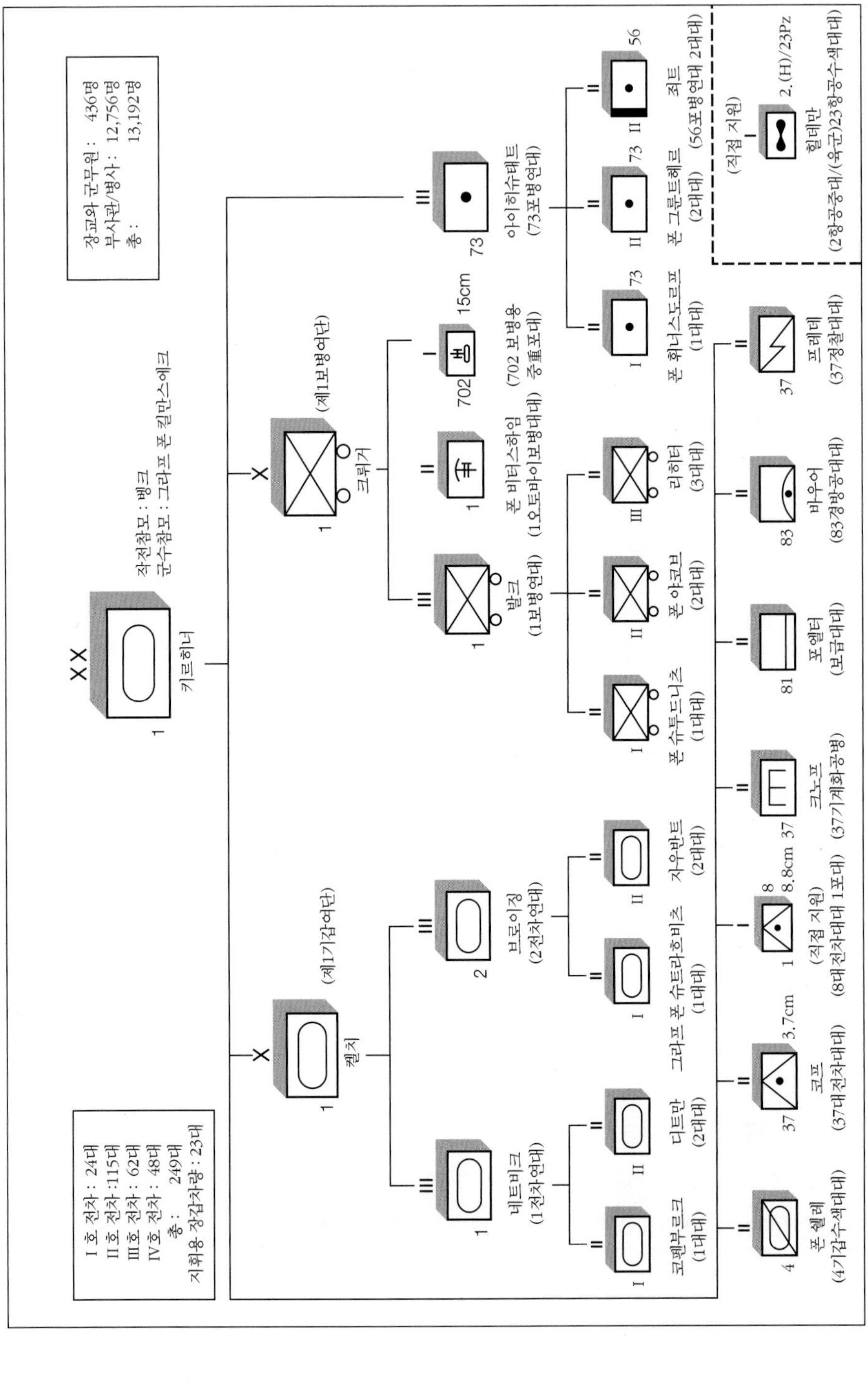

다. 이제 정해진 시간 내에 계획된 모든 것을 시행해야 했다. 일단 국경지대에 설치된 장애물 지대를 극복하는 데 걸리는 시간을 최대한 줄여야 했다. 이를 위해 독일 공병은 전쟁 준비기간 동안 자우어 교량 모형과 콘크리트 장애물을 제작하여 교량은 그대로 남기고 장애물만 제거하는 훈련을 거듭한 후 필요한 양의 폭약을 산출해냈다. 그 결과, 자우어 교량은 아주 쉽게 손에 넣었다. 그러나 그 다음에 극복해야 하는 오어Our 강의 교량은 매우 부실해서 목재를 덧대어 교량을 보강한 다음에야 장애물을 제거할 수 있었다. 또한 추가로 3개의 교량이 설치되었는데 이 작업은 2시간 만에 끝났다. 이는 필요한 물자를 사전에 발렌도르프에 양호하게 위장해놓은 덕분이었다.[35]

공격 개시 직후 1개 오토바이 보병중대와 3대의 정찰장갑차가 오어 강의 여울을 통해 도섭했다. 그들은 3시간 만에 룩셈부르크를 가로질러 벨기에 국경지대인 마르틀랑주 근처에 다다랐다. 선두 정찰장갑차가 자우어 강을 건너기 위해 부서진 교량에 올라선 순간, 이 차량을 향해 여러 발의 포탄들이 날아왔다. 약 5분 후 제1보병연대장 발크Hermann Balck 중령이 이곳에 도착했다. 영관급 장교가 원래 자신이 있어야 할 위치에서 멀리 떨어진 최전방까지 왔다는 것은 대단히 놀라운 일이다. 하지만 이보다 더 놀라운 것은 도착 후 그가 내린 결정이었다. 그는 적의 빗발치는 포화 속에서도 오토바이 보병중대에 즉각 하천을 건너 돌격하라고 명령했다. 마르틀랑주의 언덕 상부에 진지를 편성한 적을 상대로 정면공격을 감행한 것이다. 이는 다음 몇 가지 근거 때문에 내린 결론이었다.

- 이 공격은 중화기, 즉 전차, 포병, 항공기 등의 지원을 전혀 받지 않고 오로지 보병들로만 실시되어야 했다. 20mm 기관포를 장착한 3대의 장갑정찰차량들의 사격지원은 불가능했다. 왜냐하면 위협적인 47mm 주포를 장착한 벨기에의 T-13 장갑차 1대가 버티고 있었기 때문이다. 따라서 몇 정의 기관총만으로 적을 격멸해야 했다.
- 공자 즉 약 100명의 병사로 구성된 독일군 보병중대는 방자인 제1아르덴 보병연대 예하 제2대대의 4중대와 수적으로 거의 비슷했다. 방자는 벙커와 참호를 구축하고 지뢰지대와 각종 장애물로 보호받고 있었다.
- 사전 준비는 없었다. 오로지 즉각적인 기동만으로 승리해야 했다. 자우어 강을 건너서 마르틀랑주 입구를 통과한 후 200m 이상의 개활지를 기어올라 마을의 언덕 위에 진지를 구축한 적을 정면공격해야 했다.

이 '기습작전'은 대단히 성공적이었다. 오르막을 타고 돌격하는 독일군의 '광기 어린' 행동에 벨기에군은 아연실색했고, 일부는 총을 버리고 진지를 이탈했다. 곧 아르덴 보병중대는 퇴각하기 시작했다.[36]

이 첫 번째 전투는 전체 전역의 성격을 잘 보여준다. 공자의 성공에서 가장 큰 원동력은 바로 속도와 기습이었다. 이 점에서 봤을 때, 전체 기갑사단이 돌격부대로 투입되었듯이, 지헬슈니트 작전은 그 자체가 작전술 규모의 '기습'이었다.

2. 보당주에서의 예상치 못한 저항

독일군은 마르틀랑주를 통과해 소하천들과 자우어 강이 합류하는 계곡을 따라 서쪽으로 계속 나아갔다. 이 계곡의 끝자락에는 유리병의 코르크 마개처럼 통로를 가로막은 보당주Bodange의 언덕이 우뚝 솟아 있었다. 자우어 강과 합류하는 바세유Basseille 강은 12채 정도의 농장이 있는 마을을 휘감아 흐르고 있어서 보당주는 마치 '두 하천이 이룬 해자로 둘러싸인 성곽'과 같은 형세였다.[37] 이 마을에는 아르덴 보병 1개 중대만이 방어진지를 구축한 상태였지만 방어 준비는 매우 견실했다.

제1기갑사단은 보당주를 탈취하기 위해 기본적으로 두 가지 방책을 구상했다. 첫 번째 방책은 전차와 포병으로 편성한 이른바 '준비된 공격'으로, 이를 수행하려면 이날 저녁까지 일단 대기해야 했다. 공병부대가 17:30분 무렵에야 마르틀랑주에 교량을 설치할 수 있었고, 항공 지원은 비상시 외에 상급부대에서 작전술 차원의 사유가 발생하지 않는 한 요청할 수 없었기 때문이다. 또한 독일 공군은 주공을 기만하기 위해서 아르덴이 아닌 북부 벨기에와 네덜란드 지역에 우선 투입되어 있었다. 따라서 과중한 시간적 압박 속에서도 이 전역에서 항상 놀라운 성공을 달성했듯이, 불충분한 전투력으로 기습 효과를 극대화하는 '급속 공격'이 시도되었다. 독일군은 마르틀랑주에서처럼 이곳의 작전도 그리 어렵지 않을 것으로 예상했다. 증강된 제1오토바이 보병대대 병력은 도보로 자우어 강의 계곡을 통과해서 보당주로 향하는 좁은 도로에 들어섰다. 바로 직전 독일군은 비셈바흐Wisembach에서 벨기에의 경계부대와 조우했다. 이 경계부대는 이내 독일군을 회피해 철수했다. 그러나 이로 인해 독일군의 공격 기도가 노출되어 기습의 기회를 잃어버리고 말았다. 12:50분경, 독일군이 보당주에 진입하려 하자 벨기에군은 능선의 진지에서 기습 사격

Ι1940년 5월 10일 마르틀랑주에서의 기습Ι

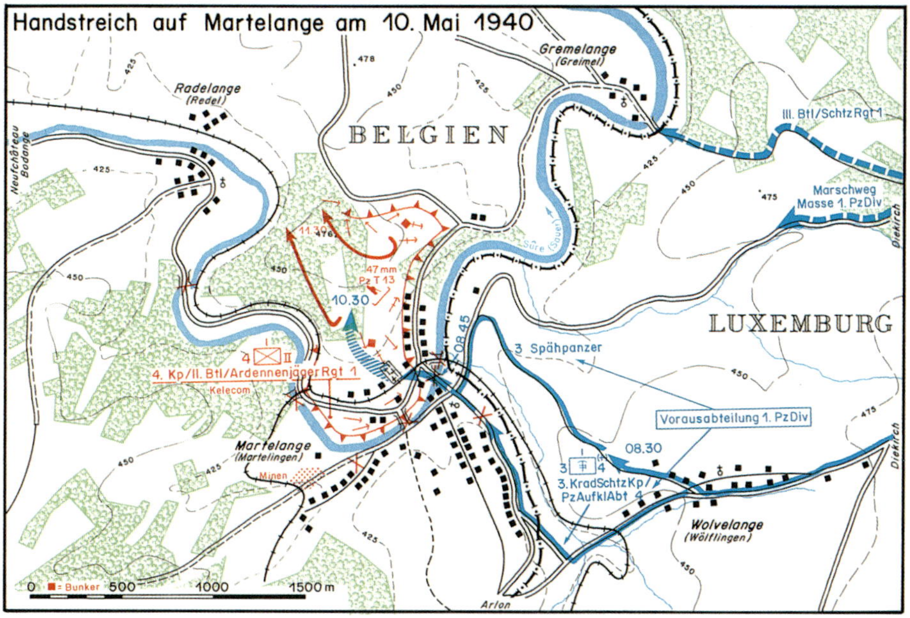

Ι1940년 5월 10일 보당주에서의 전투Ι

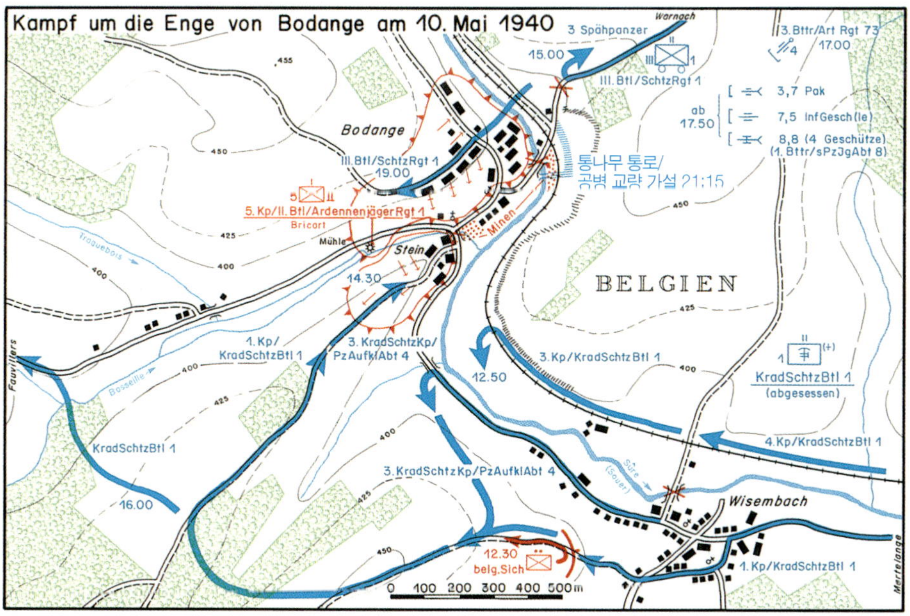

을 가했고, 독일군은 피해를 입고 일단 물러섰다.

오후가 되자 보당주의 아르덴 보병중대는 사면초가 상태에 빠졌다. 그러나 독일군의 공세는 모두 실패했다. 보병만으로 보당주를 확보할 수 없다고 판단한 독일군은 때마침 마르틀랑주 인근에서 발견한 작은 교량을 통해 몇 문의 중화기를 전방에 투입할 수 있었다. 그러나 37mm 대전차포와 보병용 경야포(75mm)로는 아르덴 보병이 진지로 사용 중인 가옥의 두꺼운 벽을 파괴하기가 어려웠다. 바르나흐Warnach에서 4문의 야포로 지원사격을 했지만 사거리가 짧고 화력이 약해 별 효과가 없었다. 4문의 8.8cm 포를 투입하여 단시간 내에 가장 중요한 저항 거점을 무너뜨리는 데 성공하면서 드디어 사태가 전환되었다. 제1보병연대의 제3대대가 보당주로 돌격해 치열한 교전을 치른 후에야 19:00시경 이 지역을 점령했다. 그러나 이 전투로 아르덴 보병은 제1기갑사단의 전진을 6시간이나 저지할 수 있었다.

이로써 보당주에서의 위기가 끝난 것이 아니었다. 19:30분경 공병중대가 자우어 강 도하를 위해 폭파된 다리의 남쪽에 교량을 설치하기 시작했다. 그러나 진입로 지역이 질퍽한 늪지대여서 다수의 포로를 동원해 통나무를 깔아야 했는데, 보당주에서 벨기에 아르덴 보병 제3소대를 지휘했던 오트펜Autphenne 소위가 부하들의 작업 투입을 강력히 거부했다. 이를 의심한 독일군이 그를 계속 추궁한 끝에 이 지역에 지뢰가 매설되어 있다는 사실을 알아냈다. 독일군 공병차량들은 지뢰를 단 1개도 폭파시키지 않고 이 지역을 통과해 오트펜을 놀라게 했다. 사실 그 지뢰들은 1939년 가을에 설치되어 1940년에는 거의 효력을 잃었거나 늪지대에 파묻힌 상태였다. 운좋게도 그때까지는 경장갑차량들만이 지뢰로 가득 찬 이 지역을 통과했다. 킬만스에크는 이 상황을 보덴 호수의 살얼음 위를 말을 타고 건넌 기사의 전래동화에 비유하기도 했다.[38] 어쨌든 이때부터 계속 지체가 발생했다. 일단 교량을 가설하려면 공병이 그 일대의 지뢰를 제거해야 했기 때문이다. 결국 21:15분이 되어서야 첫 번째 차량이 교량을 통과할 수 있었다.[39]

훗날 독일인들은, 다른 곳에서는 잠깐 저항하다가 이내 철수했던 아르덴 보병부대가 왜 작은 마을 보당주는 그토록 끈질기게 방어했는지를 무척 궁금해했다. 이 수수께끼는 전쟁이 끝나고 나서야 비로소 풀렸다. 그 원인은 그때 보당주의 후방지역에서 전개된 독일군의 공중강습작전이 가져온 예상치 못한 여파 때문이었다.

3. 공중강습작전 '니비'와 '마찰'

"전쟁에서 모든 것은 단순해야 한다. 그러나 단순한 것이 가장 어렵다. 어려움이 쌓이면 전쟁을 제대로 알지 못하는 사람은 상상할 수 없을 만큼 거대한 마찰에 부닥치게 된다. 마찰을 가장 쉽게 설명하자면 실제 전쟁과 종이 위의 전쟁을 구별 짓는 유일한 개념이라 할 수 있다."[40]

클라우제비츠, 『전쟁론』

공세 첫날의 시간계획은 계획단계부터 대단히 회의적이었다. 따라서 전쟁 발발 직전 벨기에 요새지대 후방을 무력화하여 기동부대의 통로를 개방하기 위해 적 종심지대를 목표로 한 공중강습작전이 신중히 고려되었다. 그러나 독일군이 보유한 모든 공수부대와 대부분의 Ju 52 수송기가 공세 첫날 B집단군 작전지역인 북부에 투입되기로 계획되어 있었다. 그러자 괴링은 연락기 정도로 쓰이는 Fi 156을 이곳에 투입한다는 매우 비상식적인 방안을 내놓았다. '작은 황새Fieseler Störche'라는 애칭을 가진 이 경항공기는 이륙(85m)과 착륙(27m) 시 초단거리의 활주로만 있으면 충분했기 때문에 비교적 넓은 목초지도 활주로로 이용할 수 있었다. 그러나 이 작은 황새의 결정적인 문제점은 조종사 외에 2명만 수송할 수 있다는 것이었다. 이 공중강습작전에 투입될 병력은 총 400명으로, 전투공병으로 증강된 대독일 보병연대 제3대대의 2개 중대가 선정되었다. 그렇다면 2회 왕복(1회 왕복에 2시간 소요) 수송한다면 적어도 100대의 작은 황새가 필요했다. 이러한 대규모 항공기 편대가 어떻게 적에게 노출되지 않고 적진 상공을 비행할 수 있단 말인가? 이 뛰어난 항공기가 전혀 용도에 맞지 않는 공중강습작전 '니비Niwi'에 투입되었고, 작전은 예측할 수 없는 고도의 위험을 감수한 일종의 모험적인 즉흥곡이었다. 이 사건은 서부전역의 대담한 목표와 불충분한 수단 간의 격차를 일시적으로 해소하려던 독일군 지휘부의 임시방편적 행태를 극명하게 보여준다.

작전명 '니비'는 이 철저히 비밀에 부친 작전을 위해 훈련받은 많은 병사들이 생각했던 것처럼 '모른다Nicht Wissen'를 뜻하지는 않았다. 실제로 이 작전명은 강습작전이 실시될 벨기에의 두 지역인 니베Nives와 비트리Witry의 이니셜을 딴 것이다.[41]

Ⅰ1940년 5월 10일 공중강습작전 '니비' : 제1제파의 수송—계획과 실제 경과Ⅰ

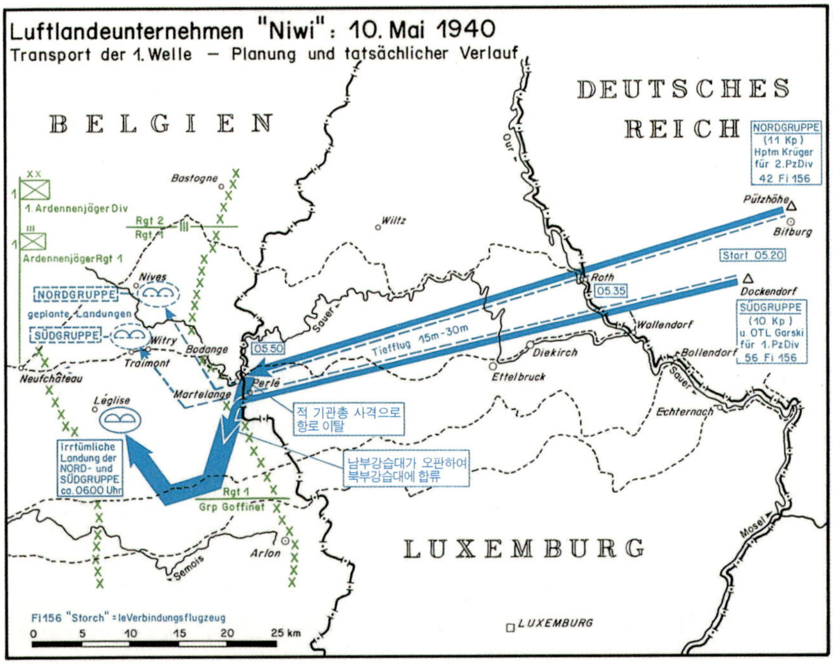

Ⅰ1940년 5월 10일 공중강습작전 '니비' : 대독일보병연대 제10, 11중대의 작전Ⅰ

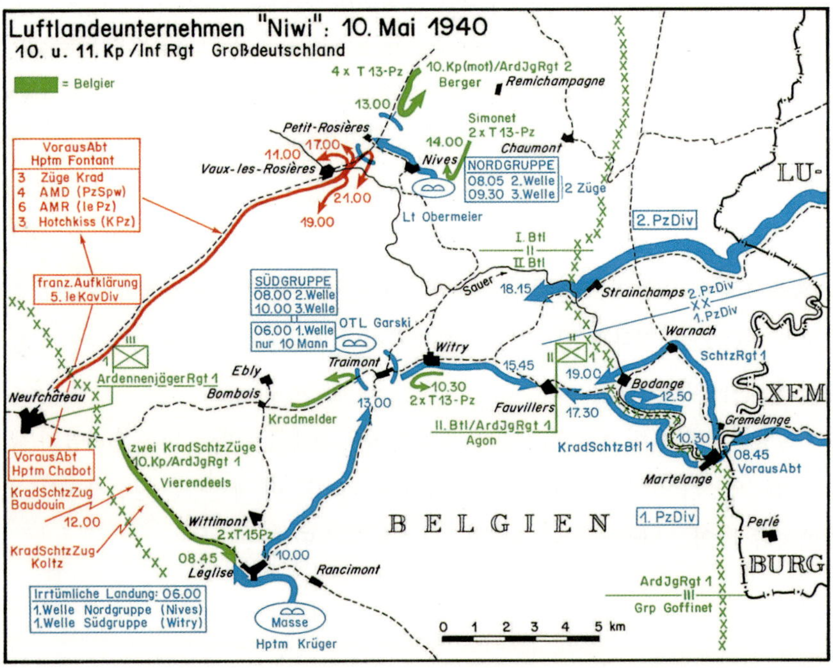

북부 강습부대(크뤼거 대위와 그의 제11중대)는 제2기갑사단의 공격을 지원하기 위해 니베로 투입되었다. 대대장인 가르스키Eugen Garski 중령이 직접 지휘한 남부 강습부대(제10중대)는 제1기갑사단의 작전 지역에서 보당주 방면으로 습격하기 위해 비트리로 투입되었다. 이 부대들의 임무는 다음과 같았다.

① 뇌프샤토Neufchâteau-바스토뉴Bastogne와 뇌프샤토-마르틀랑주 간의 도로에 있는 적 정보통신망을 교란 및 파괴한다.
② 뇌프샤토 부근에 위치한 적 예비대의 진출을 방해 및 저지한다.
③ 국경지역의 벙커 방어선의 후방을 압박하여 지상부대의 벙커 탈취와 전진이 용이하도록 돕는다.[42]

5월 10일 05:20분경 항공기들이 비트부르크Bitburg의 활주로를 이륙했다. 이 항공기들은 정확히 05:35분에 발렌도르프 북부의 국경을 통과했다. 그러나 룩셈부르크를 통과할 때는 약 15~30m로 저공비행을 해서 방향을 판단하기가 매우 어려웠다. 그럼에도 불구하고 05:50분에는 계획대로 마르틀랑주에서 벨기에 국경을 넘었다. 정확히 06:00시에 가르스키의 항공기가 비트리의 기계획된 착륙지점(트레몽Traimont에서 북쪽으로 약 100m 지점)에 도달했다.

비행기에서 내린 가르스키는 깜짝 놀랐다. 착륙한 항공기가 겨우 5대에 불과했기 때문이다. 10분 전 벨기에 국경지대의 적 진지를 통과할 때 소위 '마찰'이 발생한 것이다. 북부 강습부대(크뤼거 대위) 지휘기는 마르틀랑주 상공에서 갑작스런 충격을 받았고 조종사는 충격을 피하려다 방향을 잃고 전혀 다른 방향으로 날아가버렸다. 엎친 데 덮친 격으로 남부 강습부대도 비슷한 상황에 놓여 있었다. 짙은 안개를 통과하면서 뒤를 따르던 51대의 항공기들은 선두 5대를 갑자기 시야에서 놓쳐버렸다. 곧 이들은 전방에서 또 다른 강습비행편대를 발견했고 그 항공기들이 자신들과 같은 편대 소속이라고 판단하여 그 뒤를 따랐다. 이 2개의 부대는 레글리제Léglise(북쪽 부대의 기계획된 착륙지점으로부터 약 15km 남쪽이며, 남부 강습부대의 착륙지로부터는 약 9km 남쪽 지역)에 동시에 착륙했다. 몇몇 항공기들은 불시착해 불길에 휩싸였다. 다른 항공기들은 서로 마구 뒤섞여 아수라장을 이루었다. 크뤼거 대위는 여기저기 흩어진 병사들을 끌어 모았다. 그런 다음 사전에 계획된 북부의 작전지역으로 이동하기 위해 도처에서 가능한 모든 차량들을 탈취했다. 그러나 레글리제 마을 입구에서 독일군은 T-15 장갑차를 포함한 벨기에 정찰부대와 조우했고, 결국 차량을 포기할 수밖에 없었다. 크뤼거 대위와 그의 부대는 도보로 북쪽으로 신속히 이동해서 13:00시가 조금 지난 시각에 비트리에 도달했는데, 이곳에서는 이미 한참 전부터 가르스키 중령이 남부 강습부대의 잔여 병력과 함께 전투를 치르고 있었다.

가르스키가 06:00시경 기계획된 지점에 착륙했을 때, 주위에는 단 9명의 병사들만이 있었다. 그럼에도 불구하고 가르스키는 이 병력만으로 '노상강도처럼' 비트리-뇌프샤토 간의 도로를 즉각 봉쇄했다. 마침내 08:00시에 계획대로 도착한 제2제파와 함께 그는 비트리 지역에서 벨기에군의 역공격을 격퇴했다. 오후가 되어서야 레글리제에 잘못 착륙한 크뤼거 대위와 제1제파 병사들이 오랫동안의 '방황'을 마치고 나타났다. 그들과 합류한 가르스키는 보당주 일대에 구축된 벨기에 국경요새지대 후방을 공격하기 위해 이동을 개시했다. 17:30분에 그의 선두부대는 포빌레[Fauvillers]에서 제1기갑사단의 전위부대와 조우하는 데 성공했다. 이로써 임무가 완수되었다.

같은 시각 북부 강습부대의 작전은 다음과 같이 전개되었다. 08:05분 오버마이어[Obermeier] 소위의 지휘하에 제2제파가 니베에 착륙했다. 그 일대를 정밀 수색했지만 제1제파의 병사는 단 한 명도 발견할 수 없었다. 북부 강습부대의 작전을 지휘할 중대장 크뤼거 대위도 실종되었다. 그럼에도 불구하고 오버마이어는 2개 보병소대 규모의 병력으로라도 뇌프샤토-바스토뉴 간의 도로를 차단하기로 결정했다. 이날 그의 부대는 북부의 벨기에 아르덴 보병부대와 남부의 프랑스 제5경기병사단의 강력한 수색부대들의 공격을 격퇴하는 데 성공했다. 저녁 무렵 보병의 지원을 받은 프랑스군 전차부대가 집중 공격을 퍼부어 독일군은 철수할 위기에 몰렸다. 그러나 프랑스군은 속임수에 걸려들었다. 그들은 독일군 병사들이 구축한 허위 장애물을 만나자 날이 저물고 있다는 이유로 철수했다. 다음 날 아침, 제2기갑사단의 전위부대들이 이 지역을 통과했다. 이로써 부지불식간에 중책을 수행한 오버마이어 소위도 임무를 완수하게 되었다.

결과적으로 이 사건은 다음과 같이 분석할 수 있다. 작전 내내 시종 '마찰'의 연속이었을 뿐만 아니라 처음부터 성공 가능성이 거의 없던 '니비' 작전은 대성공했다. 그러나 가르스키가 또 하나의 더 치명적인 '마찰'을 야기했다는 사실은 아무도 깨닫지 못했다. 그의 작전 목적 달성이, 즉 벨기에 국경 요새지역 돌파를 가속화한 것이 오히려 정반대의

| 탑승 이동 중인 오토바이 보병부대 |

| 5월 10일 시행된 '니비' 작전 중 불시착한 Fi 156의 잔해 |

결과를 낳았다. 이것은 기묘한 우연이 꼬리에 꼬리를 물어 생긴 일이다. 애초에 아르덴 보병부대는 방어 임무가 아닌 단순 지연작전 임무를 부여받았다. 보당주에 배치된 제5중대의 임무는 장애물만 설치하고 몇 시간 동안만 저항하다가 곧 철수하는 것이었다. 벨기에군 지휘부의 어느 누구도 브리카르Maurice Bricart 소령과 그 휘하의 병사들이 기원전 480년 스파르타군을 이끌고 테르모필렌Thermopylen 협곡을 방어한 레오니다스Leonidas처럼 보당주의 협로를 사수하고 그곳에서 희생하라고 요구하지 않았다. 한편 뇌프샤토에 주둔한 제1아르덴 보병연대는 14:20분경 사단으로부터 국경지대에 위치한 부대들을 후방으로 즉각 철수시키라는 명령을 수령했다. 이 명령은 포빌레의 제2대대와 보당주를 방어하던 제2대대 예하 제5중대에 전달되어야 했다. 모든 일이 정상적으로 돌아갔다면 브리카르는 병사들과 함께 15:00시 전에 진지를 이탈했을 것이고, 독일군도 보당주에서의 소모적인 전투를 겪지 않았을 것이다.[43]

그러나 브리카르는 퇴각명령을 받지 못했다. 그 책임은 비트리/트레몽에 착륙한 직후 9명의 병사만을 이끌고 임무를 수행한 가르스키에게 있었다. 그가 전투일지에서 밝혔듯이, 그는 즉각 '통신시설을 파괴하고 도로를 봉쇄' 했다.[44] 수많은 차량들을 파괴했고 2명의 벨기에 오토바이 전령을 사로잡았으며 포빌레와 뇌프샤토 간의 도로를 차단하는 데 성공했다. 벨기에군 연대는 제2대대장 아곤Agon 소령에게 추가적으로 철수 전문을 유선으로 하달했지만 포빌레에서는 이 암호문을 제대로 해독할 수 없었다. 벨기에 아르덴 보병의 용기를 폄하하려는 것은 아니지만, 보당주의 영웅적 공적은 사실 통신 두절의 결과였다. 독일의 입장에서 공중강습작전 니비는 이 같은 '부메랑 효과' 때문에 실패한 작전이라 해도 과언이 아니다. 특히 구데리안 기갑군단은 도움은커녕 더 심각한 피해를 입었다.

클라우제비츠는 그의 책에서 '전쟁에서의 마찰' 이란 내용으로 1개 장을 할애했다. 이 주제를 설명하는 데 니비 작전과 보당주 전투보다 더 좋은 예는 없을 것이다.

4. 뇌프샤토에서의 프랑스 지연선 돌파

공세 첫날에는 '뇌프샤토를 향한 경주' 라는 모토 아래 작전이 개시되었다. 독일군은 최초 돌파에서 마르틀랑주와 보당주의 벨기에 국경 요새지역뿐만 아니라 뇌프샤토의 벨기에 제2요새선까지 돌파하려 했다. 그러려면 스당에서 서둘러 진격한 프랑스군 제5경기병사단이 벨기에군이 구축한 진지에 도착해 방어작전을 수행하기 전에 그들을 격파해야 했다. 이 기병사단은 샤느완Chanoine 장군의 지휘하에 수개월 간에 걸쳐 이 임무를 준비해 왔다. 5월 10일 06:40분 제5경기병사단에 비상이 발령되었고, 09:30분경 사단의 선두인 수색부대가 뇌프샤토에 도달하여 룩셈부르크 국경지대로 나아갔다. 샤느완은 그의 부대에 기계획된 '제3지연선'의 진지점령을 명령했고 리브라몽과 뇌프샤토, 두 도시를 축으로 진지편성을 완료했다.

반면 제1기갑사단의 '뇌프샤토를 향한 경주'는 시작부터가 잘못되었다. 문제는 적의 저항이 아니라 적들이 벨기에 지역의 기동로를 체계적으로 파괴해놓았다는 것이었다. 사단의 거의 모든 차량들이 하나밖에 없는 도로에 꽉 들어찼고 끊임없이 설치된 장애물과 도로 대화구를 우회해야 했다.[45] 때때로 공병이 파괴된 교량을 보수하거나 신설하느라 몇 시간 동안 이동을 정지한 적도 있었다.

뇌프샤토 공격은 5월 10일 저녁으로 계획되어 있었지만 제2전차연대의 공격준비가 지체되는 바람에 5월 11일 09:30분까지 연기되었다. 사단을 일렬종대로 전진시키던 사단장 키르히너Friedrich Kirchner 중장은 시간이 촉박해지자 횡대대형으로 전개시킬 것을 결정했다. 공세는 뇌프샤토로 직접 향하지 않고 촌락을 회피해 남부로 우회하게 되었다. 10:30분, 쿠스테몽Cousteumont에서 적의 주 저항선을 붕괴시키는 데 성공했다. 이렇게 계속된 전진은 전통적인 전투방식을 180도 뒤엎은 형태로 전개되었다. 측방위협을 고려하여 제2전차연대를 뇌프샤토 방면, 즉 북방으로 전환시키지 않고 그대로 적진을 향해 서쪽으로 진출시켰던 것이다.

5월 10일, 운명의 여신이 제1기갑사단을 버리는 듯했지만 11일의 그들에게는 늘 행운이 함께했다. 독일군은 프랑스군의 2개 지연전 부대(뇌프샤토 지역에 주둔한 증강된 프랑스군 제11중기병연대와 이보다 남쪽에 위치한 증강된 제60수색대대) 사이의 취약한 간격을 돌파하는 데 성공했다. 독일군은 뇌프샤토에서 4km 떨어진 프랑스 방어 지휘체계의 중추지역인 프티브와르Petitvoir에서 정면 돌파를 시도했다. 여기에는 제11중기병연대의 지휘소뿐만 아니라 에뱅Evain 대령이 지휘하는 동부전투단(혼성 15경기계화여단)의 지휘소도 있었다.[46] 게다가 이 지역에 배치된 제78포병연대의 제2대대 예하 제4포대는 이 촌락의 남부 개활지에 포진지를 편성하고 있었다.

12:30분경 제4포대는 독일군 전차의 공격을 받고 완전히 유린되었다. 독일군은 남동

| 프랑스 제5경기병사단의 편성 |

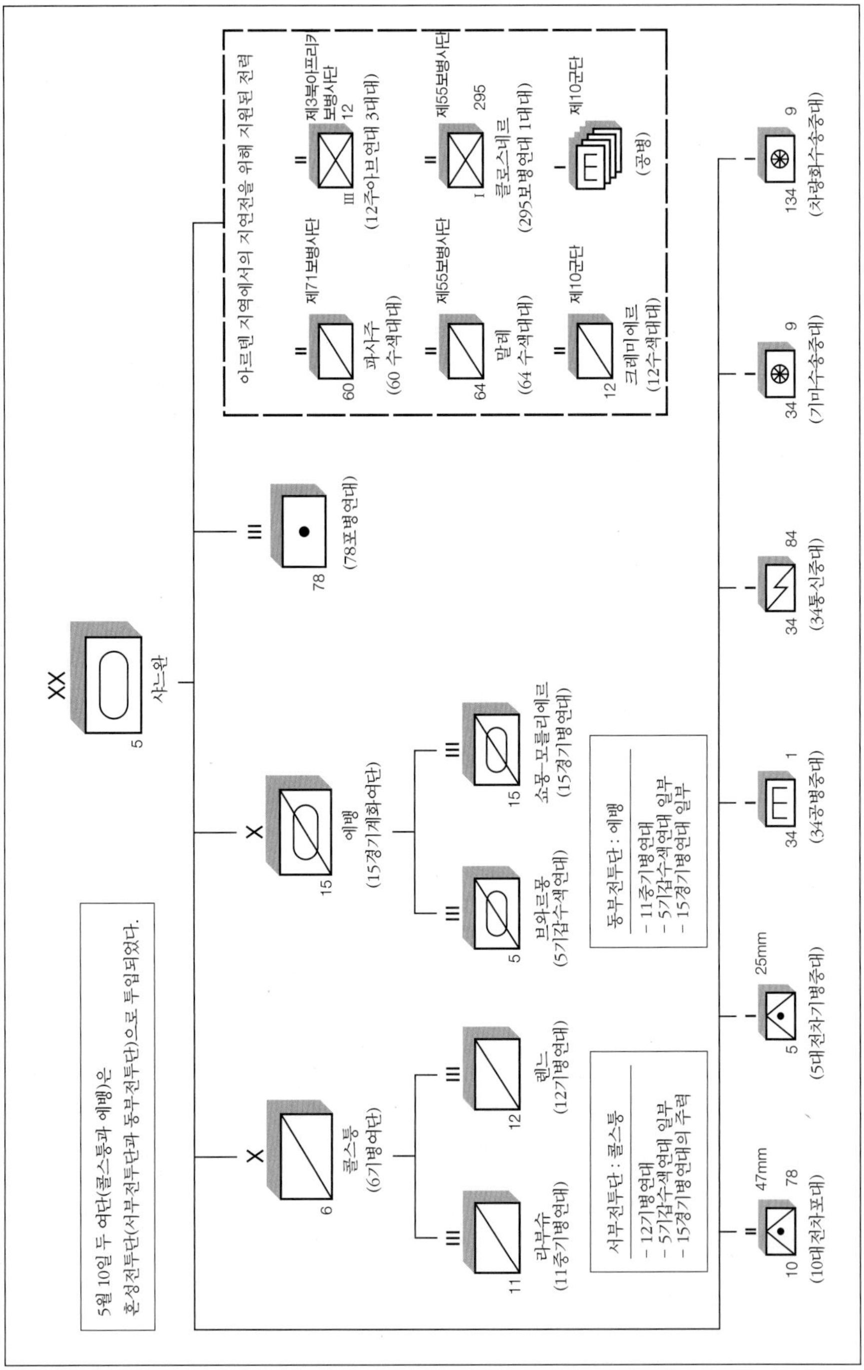

Ⅰ프랑스 제5경기병사단의 지연전을 위한 작전계획 : 1940년 5월 10일 오후 상황Ⅰ

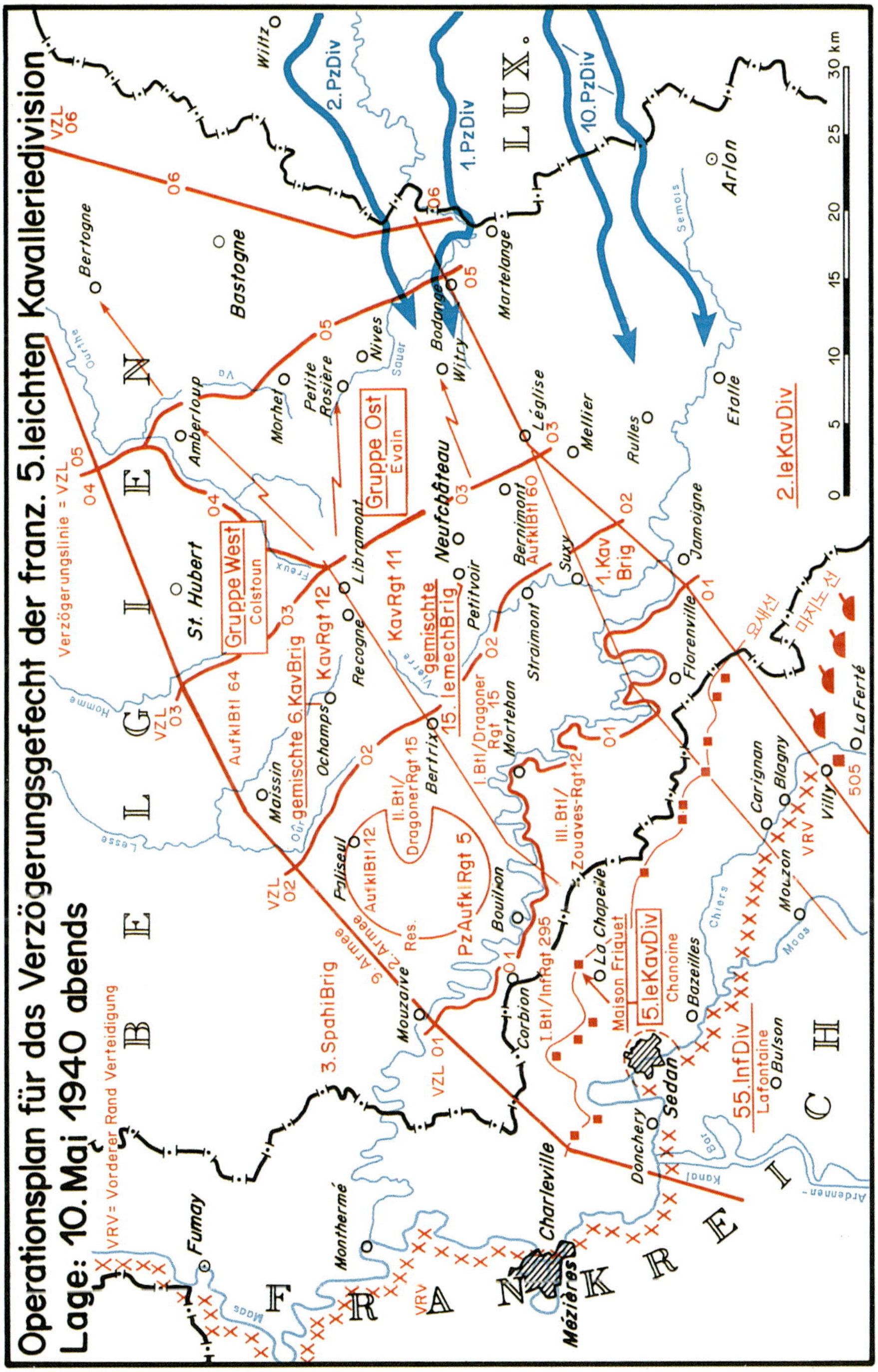

Ⅰ1940년 5월 11일 뇌프샤토에서의 프랑스군 지연선 돌파Ⅰ

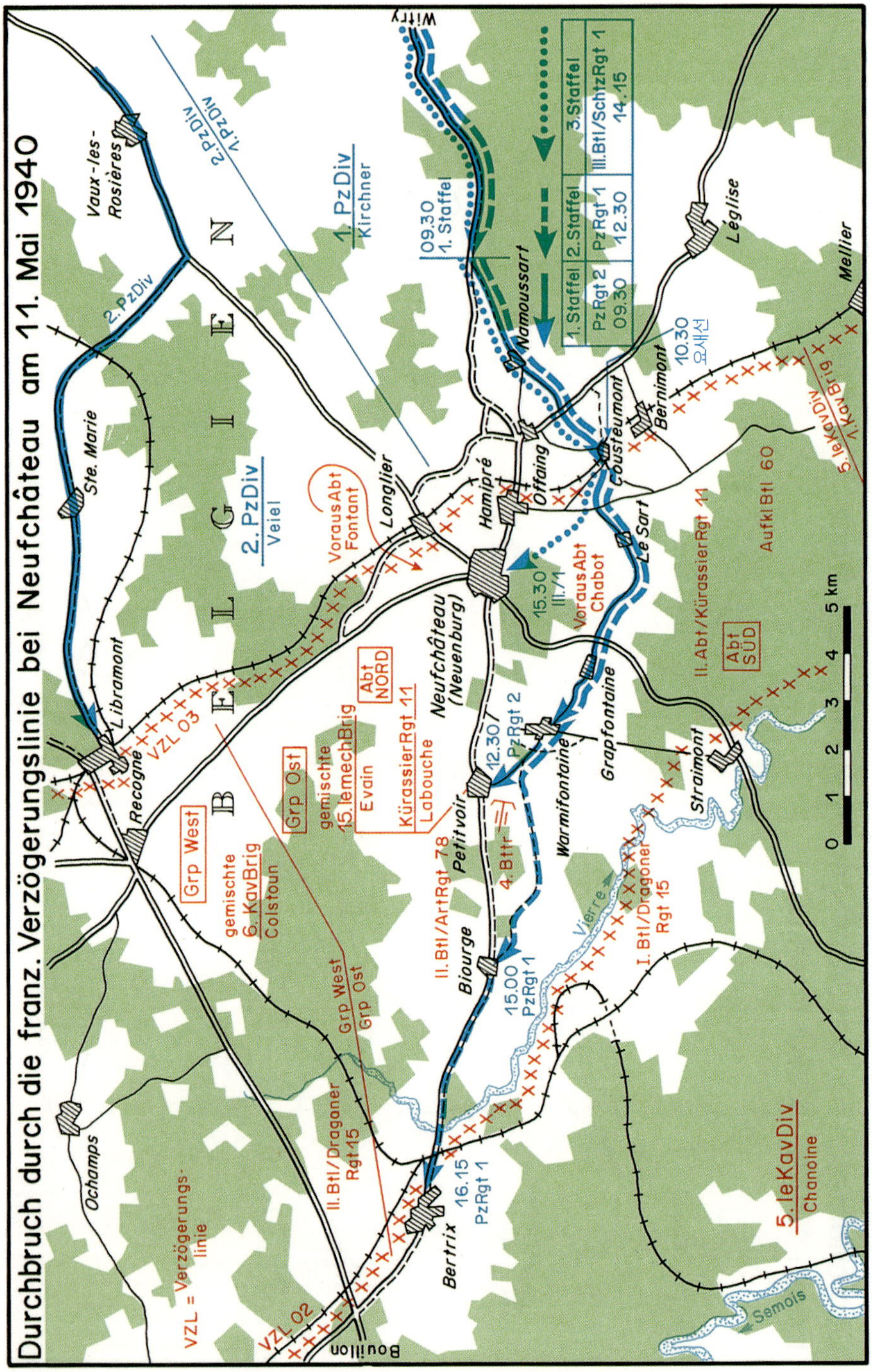

부 삼림지대를 은·엄폐물로 삼아 접근한 후, 기습적인 사격과 함께 별안간 밀고 들어갔다. 그와 동시에 와르미퐁텐느Warmifontaine의 언덕에 진지를 점령한 독일 Ⅳ호 전차가 계곡의 아래쪽에 위치한 프랑스군을 향해 포문을 열었다. 프티브와르 외곽은 아수라장으로 변했다. 많은 프랑스군 병사들이 도망쳤고 기수를 잃은 말들이 마을 곳곳을 이리저리 날뛰는 등 대혼란 자체였다. 전차포에 의한 물리적 피해는 미미한 수준이었지만 심리적 효과는 상상을 초월했다. 시간이 갈수록 오히려 독일군 장교들이 당황하기 시작했다. 일단 프티브와르로 밀고 들어왔지만 역시 전차는 시가전에 적합하지 않았다. 09:30분경, 다른 부대들이 너무 멀리 이격되어 있어 키르히너 중장은 제2전차연대 단독으로 이곳을 공격했지만 보병의 지원이 없었기 때문에 마을을 장악하는 데는 실패했다. 그 때문에 프랑스군은 단 몇 시간 동안이지만 마을을 고수할 수 있었고 나름대로 그들에게는 성공적이었다. 프티브와르가 무너진다면 가장 중요한 서쪽 철수로를 차단당할 수도 있다는 생각에 그들은 절망적인 상황에서도 용감하게 싸웠다.

그동안 제1전차연대는 제2전차연대를 앞질러 서쪽으로 진격하는 데 성공했다. 제2전차연대가 프티브와르 공격을 개시할 무렵 제1전차연대는 보당주의 교량 바로 앞에 고착되어 있다가 제2전차연대가 형성한 돌파구를 통해 프티브와르에 이르렀다. 이 작전으로 프랑스군은 큰 혼란에 빠져들었다. 전장에 새로이 등장한 제1전차연대가 이 지역에서 고착된 제2전차연대를 지원하지 않고 그들을 초월해 계속 서쪽으로 돌진했기 때문이다. 이 연대는 15:00시경 적의 저항 없이 북쪽으로 선회하여 교통의 요지 비우르주Biourge를 확보함으로써 지연작전을 시행하려던 프랑스군을 따돌렸다. 프랑스군도 베르트릭스Bertrix로의 주요 퇴로를 차단당했음을 인지했다. 조그마한 마을에서 미약한 전투력으로 저항하던 프랑스군 후방에 독일군 전차부대가 위치한 형세가 된 것이다. 프랑스군 후방과 독일군 전차부대 간의 거리는 고작 4km에 불과했고, 드디어 프랑스의 방어조직은 마치 댐이 무너지듯 붕괴하기 시작했다. 지금까지 용감히 싸우던 프랑스 병사들은 이제 살아남기 위해 소총을 내팽개치고 전장을 이탈했다. 마침내 제2전차연대는 프티브와르 지역을 점령했다. 이 사이 14:15분에 쿠스테몽의 돌파구를 통과한 독일군 제1보병연대 제3대대가 뇌프샤토를 공략하기 위해 즉시 북쪽으로 방향을 돌렸다. 이 대대는 전날 약 12채의 가옥이 있는 보당주에서는 매우 격렬한 전투를 치렀지만, 아르덴에서 가장 큰 마을 중 하나인 뇌프샤토는 15:30분 무렵 마치 다 익은 과일을 따듯이 아주 쉽게, 큰 저항 없이 완전 점령하는

데 성공했다.[47]

뇌프샤토에서의 돌파는 이미 제1차 세계대전 때 개발된 독일의 '돌파부대 전술'의 전형이다. 적 저항이 가장 미약한 접근로를 이용해서 적의 후방, 종심 깊숙한 곳까지 진출한 다음, 이때 발생한 공황을 틈타 '간접적으로' 적 전선을 붕괴시키는 '침투기동' 방식이 전차부대에까지 전수된 것이다. 바로 하루 전에 8시간 이상 보당주에서 지체했던 제1기갑사단은 5월 11일 같은 시간 동안 벨기에 영토를 가로질러 프랑스 국경지역인 부용까지 질주했다. 독일군의 전격적 공세가 펼쳐지는 동안 프랑스 제5경기병사단은 갑자기 몰아친 사건의 소용돌이 속에서 허우적거렸고, 특히 프티브와르에서의 상황은 '요한계시록에 나오는 공황' une mêlée digne de l'Apocalypse[48]처럼 느껴질 정도였다.

5. 부용에서의 전차부대 돌파작전

공격계획 때부터 관심의 대상이었던 작은 도시 부용Bouillon은 스당 돌파에서 가장 큰 장애물 중 하나였다. 북쪽으로 굽이쳐 흐르는 세무아Semois 강의 협곡 주위로 가옥들이 옹기종기 모여 있고 튀어나온 만곡부에 바위 언덕이 우뚝 솟아 있는데, 이 위에는 부용의 성주이자 십자군 기사였던 고트프리트Gottfried의 성이 자리 잡고 있었다. 독일군이 5월 11일 오후 첫 일격으로 적의 지연선을 돌파하는 데 성공하자, 프랑스 제5경기병사단의 예하 부대들은 줄지어 세무아 강 차안으로 퇴각했다. 이에 독일군 제1전차연대장 네트비히Johannes Nedtwig 대령은 즉각 부용으로 진격하기로 결정하고 제1전차대대에 2개의 세무아 강 교량을 통해 하천을 극복하고 전방으로 진출할 것을 명령했다. 독일군 전차들은 전속력으로 기동하여, 퇴각하는 적의 행군대열 사이를 정면으로 돌파해 적을 유린했다. 18:30분경, 최선두에 위치한 제3중대가 부용으로 밀고 들어갔으나 시가지 입구에 들어서자 이내 천지를 뒤흔드는 폭음이 들렸다. 1개의 교량이 폭파된 것이다. 북쪽 교량을 건너려 한 중대장 그라프 폰 슐렌부르크Matthias Graf von Schulenburg 대위는 북쪽 교량의 폭파를 확인하자마자 남쪽에 아직 온전한 교량이 있음을 알고 그곳에 프랑스 폭파부대가 접근하는 것을 저지하기 위해 부대원들에게 그 일대에 집중사격할 것을 명령했다. 상황은 성공을 향해 빠르게 전개되었다. 제3중대의 전차들이 세무아 강변에서 진지를 점령해 전차포의 불을 뿜고 있는 동안, 그 뒤를 후속하던 제4중대가 즉각 남쪽 교량을 향해 맹렬하게 돌진했다. 그러나 선두에 있던 중대장 필립Ernst Philipp 중위의 전차가 교량에 거의 다 접근하자 전차 바로 앞에서 무시무시한 폭음과 함께 교량이 폭발했다. 그 직후 공중에서 날아온 대전차포탄이 강렬한 굉음과 함께 그의 전차에 정확히 명중했다. 포수가 즉사했고 전차는 기동은커녕 사격도 할 수 없는 고철덩어리가 되었다. 두 전차중대는 세무아 강변의 가옥들을 진지로 삼은 후 전차포와 기관총 사격으로 강 건너의 적을 제압했다. 얼마쯤 시간이 흐른 19:15분경, 두 중대의 사격 지원을 받아 뜻밖에도 폰 크레스Friedrich Freiherr von Kreß 대위가 이끄는 2중대가 파괴된 북쪽 교량에서 하류방향으로 약 300m 떨어진 얕은 여울가에서 세무아 강을 도섭하는 데 성공했다. 이 기습은 매우 효과적인 듯했다.

그러나 수 대의 전차들이 강을 건너 대안상에 들어서는 순간 약 20여 대의 슈투카들이 부용 일대를 폭격했다. 백색 조명탄으로 폭격중지 신호를 보내려고 애썼지만 허사였다. 동시에 프랑스군의 맹렬한 포병 사격이 시작되었다. 마스 강 차안, 즉 프랑스 영토 내에 방열된 포병들이 처음으로 사격에 가세했는데, 이곳에서 16km 남부에 있는 토르시Torcy 시가지의 스당 역 근처에 진지를 편성한 제110포병연대의 제4대대 2(중重)포대의 15.5cm 장포신 야포가 위력을 발휘했다. 제3, 4중대는 부용의 북동부 지역으로 퇴각했지만 2중대는 함정에 빠진 것처럼 아직도 세무아 만곡부의 강 건너편에 남아 있었다. 무엇보다도 부용 지역의 협로에서 진격하려면 보병의 지원이 필수적이었으나 그렇지 못하여 제2중대는 00:15분경 대대의 명령에 의거해 도섭했던 여울을 통해 다시 북부로 철수했다.

그렇다고 해서 독일군의 기습적인 공세 효과가 사라진 것만은 아니었다. 방자인 프랑스군은 이 상황을 과대평가한 나머지 결정적인 실수를 저질렀다. 21:30분, 이들은 교통의 요지이자 스당 방어선 바로 전면에 위치한 최후의 천연장애물인 부용을 자발적으로 포기했다. 포병 사격과 동시에 시행된 프랑스군의 철수작전을 독일군은 전혀 몰랐다. 이날 밤 부용은 유령도시나 다름없었다. 이튿날 아침, 제1기갑사단은 이 전역에서 최초로 정공법을 적용해 처음부터 강력한 화력으로 밀고 들어갔지만 포탄만 낭비하고 말았다. 그곳에는 적들은커녕 개미새끼 한 마리도 없었다.[49]

5월 11일의 부용 기습은 일개 전차대대의 단독 작전이었으며, 결과도 대단히 성공적이었다. 네트비히 대령은 보병부대가 아직 먼 후방에 있었기 때문에 불가피하게 전차만으로 공격하기로 결정했다. 그도 이 방법이 전술적으로 타당하지 못하다는 점을 알았다. 하지만 그렇게 할 수밖에 없었던 근본적인 이유는, 상급지휘부가 기대하는 지헬슈니트의 작

|1940년 5월 11일 제1전차연대 1대대의 진격|

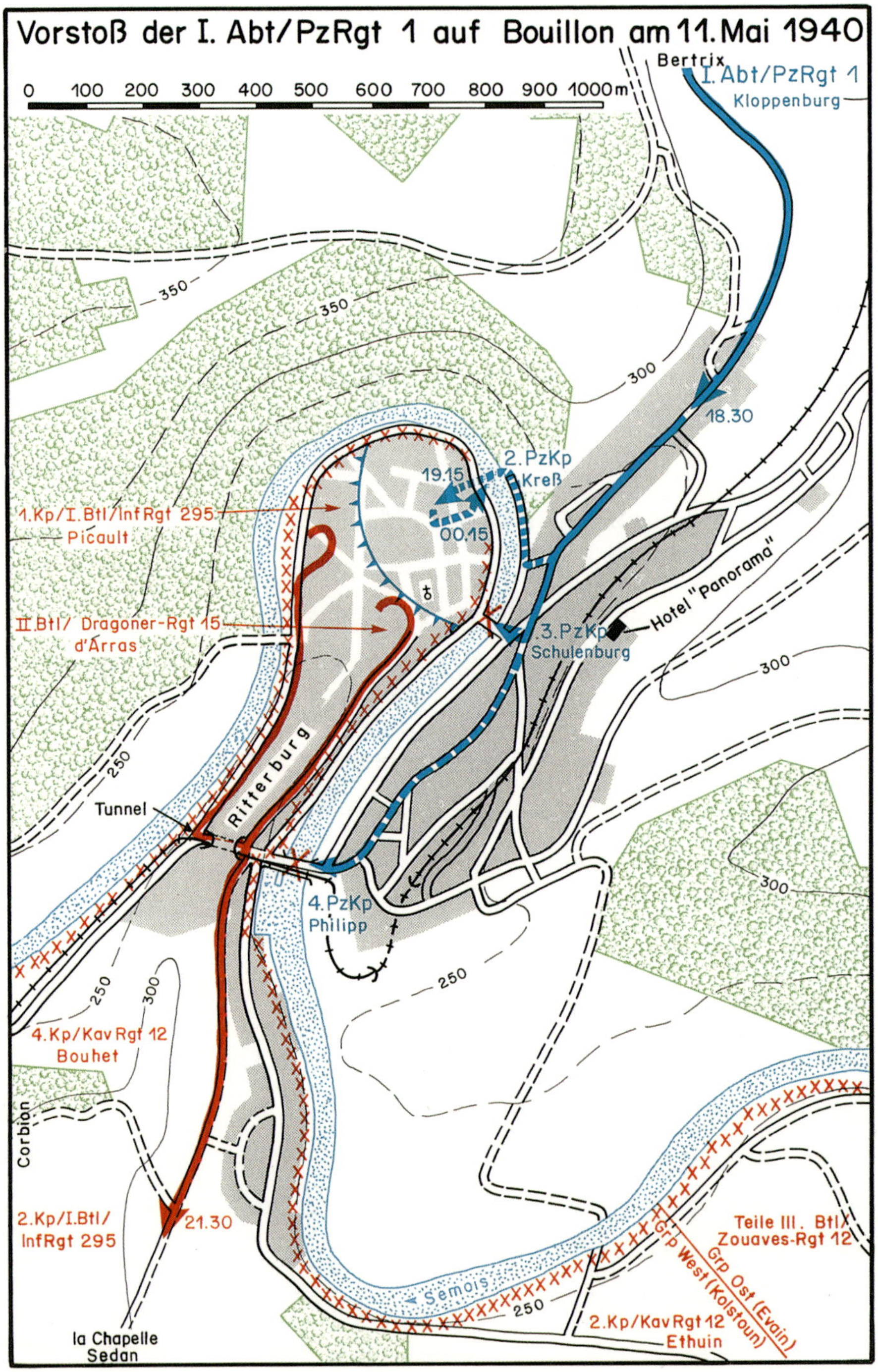

전술적 요구, 즉 '어떠한 대가를 치르더라도 신속하게 작전을 시행해야 한다'는 요구를 충족시켜야 했기 때문이다. '단 1분도 허비해서는 안 된다'는 구데리안의 말은 그들의 가슴 속 깊이 새겨져 있었다. 그러나 만일 선두에 위치한 독일군 전차부대가 단 몇 분만 더 일찍 부용으로 돌진했더라면 두 교량 중 하나를 온전하게 확보하여 전투 양상이 전혀 다르게 전개되었을 것이다. 스당의 마스 강 교량은 부용에서 직선거리로 겨우 13km 거리에 있었으므로 어쩌면 곧장 스당으로 쇄도할 수도 있었다. 다음 날 이들이 정공법으로 부용을 점령했고, 폭파된 세무아 강의 북부 교량 옆에 19:00시경에야 비로소 새로운 교량을 설치할 수 있었던 점을 감안한다면, 여기서 독일군은 꽤 많은 시간을 허비했다고 볼 수 있다.

6. 무자이브 기습

세무아 강의 서쪽에서는 '비터스하임 특수임무부대'(증강된 제1오토바이보병대대)가 제1기갑사단의 우익으로 공격임무를 수행했다. 우측에 인접해 작전을 실시할 제2기갑사단이 그때 후방에서 정체되었으므로 세무아 강 북부에서는 프랑스군 부대들의 방어선이 건재했다. 만일 제1오토바이보병대대가 전투지경선을 무시하고 인접부대의 작전지역으로 돌진해서 지연작전을 수행할 적 부대의 후방으로 들어간다면 세무아 강의 교량들 중 하나를 확보할 수 있었다. 비터스하임Wend von Wietersheim 소령은 즉시 사단 전투지경선에서 약 2km 서쪽에 있는 무자이브Mouzaive에 대한 기습공격을 결심하고 3중대를 돌격부대로 선정했다.[50] 3중대는 자정까지 쉬지 않고 진격한 끝에 프랑스 기병수색대가 철수하며 막 건너려던 교량 하나를 발견, 확보하는 데 성공했다. 몇 분 후 이곳에 도착한 프랑스군 제2모로코 기병연대 예하 메트르Maitre 대위의 기병 중대는 기계화된 진지를 점령하려 했으나 독일군이 이미 하천 남부를 장악했다. 이 기병대는 세무아 강을 넘어 독일군을 격퇴하기 위해 맹렬히 싸웠지만 결국 실패했다. 독일군은 이 교량을 온전히 확보했고 제1기갑사단의 지휘부는 인접부대와의 전투지경선을 침범한 비터스하임의 독단적인 행동을 강력하게 옹호해주었다. 01:00시경 제1기갑사단 지휘부는 구데리안 기갑군단에 이 작전을 보고하면서 '제1기갑사단 우익부대가 도하할 때는 무자이브의 교량을 이용'할 것을 건의했다. 이때까지도 후방에 있던 제2기갑사단의 정체가 해소되지 않았기 때문에 이 건의는 흔쾌히 승인되었다.

이날 야간 돌파작전에 참가한 몇몇 병사들은 자신들의 행위가 작전술 차원에서 얼마

|독일군의 세무아 강 도하|

(위) 제1전차연대의 I호 전차들이 부용의 세무아 강 여울을 건너고 있다. 뒤쪽으로 5월 12일에 설치한 교량이 보인다.
(아래) 5월 12일에 제73포병연대 1대대가 무자이브의 작은 교량 옆에서 세무아 강을 건너고 있다.

I1940년 5월 11일 야간~12일 무자이브 기습I

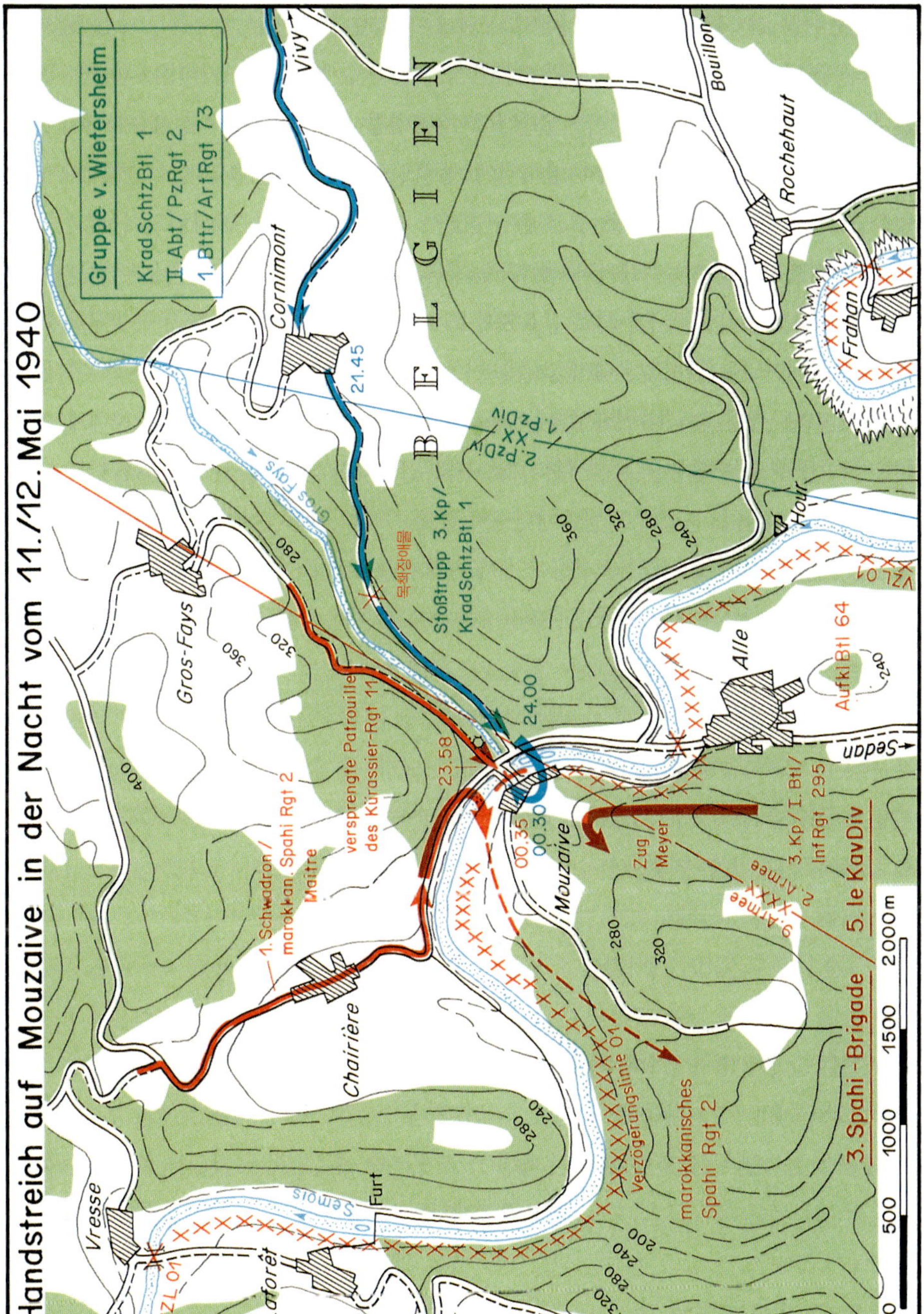

나 중요한지를 깨닫지 못했다. 하찮고 좁다란 교량에 지나지 않은 그곳이 전장의 승패를 결정짓는 열쇠가 되리라는 것을 아무도 몰랐다. 이들은 예상치 않게 프랑스 방어체계에 치명타를 입혔다. 무자이브는 프랑스 제9군과 제2군의 전투지경선, 자세히 말하면 제9군의 우익인 제3기병여단과 제2군의 좌익인 제5경기병사단의 전투지경선에 위치했고, 무자이브의 마을과 교량은 전자의 책임지역에 속해 있었다. 하지만 제3기병여단이 제5경기병사단보다 늦게 세무아 강 차안으로 철수하면서 순간적으로 틈이 발생했고, 독일군 돌격부대는 이 기회를 틈타 이 지역을 장악하는 데 성공했다. 프랑스군 제3기병여단장은 이 같은 불운이 이어지자 경솔하게도 상급지휘관에게 보고도 하지 않은 채 철수 명령을 하달하는 과민반응을 보였다. 좌측의 인접부대가 이미 철수했다는 사실을 접한 제2군 야전군 내부에는 위기감이 감돌기 시작했다. 이는 곧 제5경기병사단의 좌측방이 무방비 상태가 됨을 의미했기 때문이다. 결국 제5경기병사단도 철수해야 하는 상황에 이르렀다.[51]

무자이브에서의 독일군 보병중대의 평범한 공격은 기막힌 연쇄반응을 불러일으켰다. 독일군 제1기갑사단과 전혀 관계없이 세무아 강변의 프랑스 전선이 저절로 붕괴된 것이다. 프랑스군은 제1차 세계대전 당시의 선형적 사고의 틀 안에 갇혀 있었기 때문에 어느 한 곳이 돌파당하면 즉시 전 전선이 붕괴되는 사태가 빈번히 일어났다. 구데리안이 부하들에게서 성공적으로 없앤 '노출된 측방에 대한 공포감'이 프랑스군에게는 남아 있었기 때문이다. 오늘날 세무아 강의 아름다운 계곡을 보고, 무자이브의 조그마한 다리를 지나가면서 전쟁 당시 일어난 사건들의 극적 긴장감과 결과를 상상할 수 있는 사람은 거의 없을 것이다. 정확히 이 지점에서 세무아 강변에 계획된 프랑스군의 아르덴 전선에 조그마한 균열이 생겼고, 이 균열은 계속 확장되어 마침내 둑을 무너뜨렸다.

7. 세무아 강에서 마스 강으로의 돌격

독일군 제1기갑사단은 스당 방면으로 진격할 때 2개의 전투단을 편성해 병진대형으로 공격을 실시했다.[52] 그중 하나인 '켈치Keltsch 전투단'(혼성 편성된 제1기갑여단)은 우측방에서 무자이브를 통과했고 다른 하나인 '크뤼거Krüger 전투단'(혼성 편성된 제1보병여단)은 좌측에서 부용을 거쳐 진격했다. 5월 12일 오전, 벨기에 지역에 잔류한 병력들을 포함한 프랑스 제5경기병사단은 국경 뒤에 위치한 요새방어선Ligne des maisons fortes 방면으로 철수하

❙1940년 5월 12일 세무아 강에서 마스 강으로 진격한 구데리안 군단의 작전 경과❙

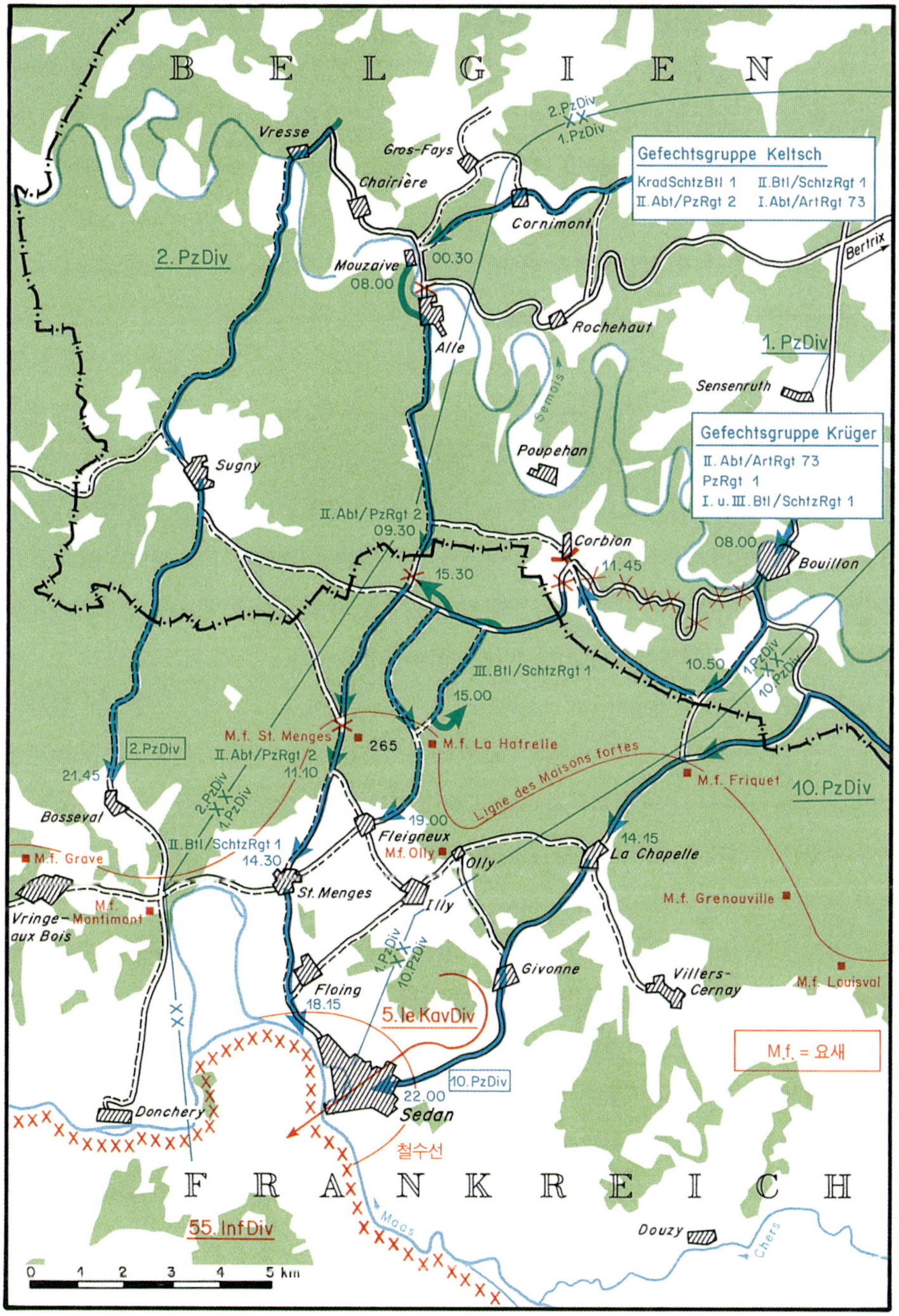

기 시작했다. 가옥으로 위장된 국경지역의 벙커들은 방어에 매우 유리한 지역이었고, 마스 강으로 연결된 모든 중요 도로들을 통제할 수 있었다.

켈치 전투단의 전위부대가 10:00시경 요새방어선의 생망주St. Menges를 공격했다. 생망주의 북방 3km 지점에는 산지기의 집으로 위장된 벙커가 있었고, 그 옆의 수니Sugny와 연결된 도로의 삼거리에는 거대한 도로 대화구가 설치되어 이 도로는 봉쇄된 것이나 마찬가지였다. 그러나 벙커 속의 병사들뿐만 아니라 이곳까지 지연전을 수행한 프랑스군 병사들은 수많은 독일군 전차들의 공격을 받자 겨우 몇 분 만에 전장을 이탈하고 말았다. 14:30분경 독일군은 생망주를 확보하는 데 성공했고 구데리안 기갑군단은 57시간 만에 마스 강변에 다다랐다. 18:15분경에 켈치 전투단의 선두는 스당에 근접한 마스 강의 북부, 플로잉Floing을 점령했다.

크뤼거 전투단의 상황은 정반대였다. 그들은 플렌뇌Fleigneux에서 북동쪽으로 1.5km 떨어진 요새방어선상의 라 아트렐La Hatrelle 방면으로 진격했다. 아르덴 산림지대의 남단에서 500m 정도 떨어진 곳에서 전투단은 예상치 못한 기습을 당했다. 15:00시경 제1보병연대 3대대의 전위부대는 전진 중 어디선가 날아온 적의 기습 사격을 받았다. 대대장은 1개 전차중대를 전방에 투입하려 했지만 중대장 슐리펜Georg von Schlieffen 중위는 쓸데없이 그의 전차들을 위태롭게 할 필요가 없다고 생각하고 이를 거부했다.[53] 그러나 프랑스군 벙커는 매우 양호하게 위장되어 있고 좁다란 도로의 양쪽에는 지뢰가 매설되어 있어 이를 극복하려면 수 대의 전차로 정면 돌파하는 방법밖에 없었다. 그러려면 전차들이 완전히 노출된 전방에 있는 경사지의 진지를 점령해야 했지만, 조그마한 총안구에서 발사되는 적대전차포의 사거리 내에 들어갈 것이 분명했다. 이에 보병들을 투입해 사방에서 벙커를 공격했으나 벙커에 접근하는 데 실패했다. 마침내 전차 1대가 기동해 가파른 산비탈을 따라 빽빽한 아르덴의 수목지대를 통과해 벙커를 우회했다. 그러나 전차는 얼마 못 가서 기계적 고장으로 인해 갑자기 멈춰버렸다. 독일군은 절망에 빠졌다. 그들은 단 1개의 벙커를 제압하기 위해 3시간 반 동안이나 모든 수단을 총동원했지만 실패했다. 그때 전차 1대가 전차포로 벙커 속의 대전차포를 정확히 명중시켰다. 그러나 돌격부대가 투입되어 격렬히 저항하는 벙커를 제압하는 데 30분이나 걸렸다. 크뤼거 전투단은 19:00시경에 아르덴 남단의 플렌뇌에 도달했다. 비록 제압당했지만, 벙커의 용맹한 프랑스군 병사들이 크뤼거 전투단의 전위부대를 4시간이나 묶어놓았다는 면에서 이 전투는 프랑스에게 성공적이라 할 만

ㅣ부용에서 스당으로 진격 중인 제1전차연대의 III호 전차ㅣ

ㅣ강력한 요새선을 형성한 생망주의 벙커와 도로 대화구ㅣ

아르덴에서 생망주를 경유해 스당으로 진출하는 도로는 대화구로 봉쇄되었고, 이곳 국경지대의 벙커들도 기동로를 차단했다.

했다.

이 전투를 요약해보면, 그동안 발표된 보고서들에서 언급된 적이 없지만, 요새방어선의 라 아트렐 일대의 전투는 보당주에서의 벨기에 아르덴 보병의 저항과 몇 가지 유사점을 갖고 있다. 한 가지 확실한 사실은 이번에도 고립된 방어부대에 철수명령이 전달되지 못했다는 것이다. 19:00시경 벙커가 피습당하던 시각에 제5경기병사단의 마지막 부대들이 파괴 직전의 마스 강 교량을 건너고 있었다는 사실이 이를 반증한다. 용감무쌍했던 벨기에군과 프랑스군 병사들의 경우를 생각하면 아르덴을 통해 신속히 전진하려던 독일군은 충분히 저지당할 수 있었다. 그러나 지연작전 임무를 수행한 프랑스군 부대들이 방어에 유리한 지형을 확보하고 있었음에도 불구하고 중요 지형지물을 너무 빨리 포기했기 때문에 독일군의 공세가 계속될 수 있었다. 제1기갑사단이 단 3일 만에 아르덴을 통과해서 마스 강까지 진격한다는 상식적으로 불가능한 작전이 성공한 비밀은 바로 '중단 없는 연속적인 공격' 방식에 있었다. 사단의 첨단에서 공세를 가속화하는 전위부대들은 끊임없이 교체되었다. 특히 전차 승무원들은 심리적 · 육체적 스트레스가 심했기 때문에 기갑부대에서는 일반차량에 항상 예비 전차승무원들을 탑승시켜 이동했다. 반면 아르덴에 배치된 프랑스 기병대는 전혀 휴식을 취할 수 없었다. 따라서 그들은 현대적인 기동전의 소용돌이에 더 쉽게 휘말려들었고 매너리즘에 빠진 프랑스군은 체계적으로 계획된 지연전을 통제할 수 없는 지경에 이르렀다.

아르덴 돌파는 지금까지도 전격전의 전술적 표본으로 인용되고 있다. 여기서 주목할 만한 점은 독일군의 진격이 정형화된 고정불변의 교리나 방법, 시스템 등을 기반으로 하지 않았다는 것이다. 킬만스에크는 이러한 맥락에서 이를 '즉흥곡 연주'[54]에 비유했다. 다시 말해 일단 목표를 설정한 후 그것을 어떻게 달성해야 할지에 대한 개념도, 문서상의 특별한 방책도 없었다. 아직 발전되지 못한 '전격전 전략'이 작전술-전술로 표출된 것이 아니라, 난해한 과제를 기발하고 비범하게 스스로 해결하는 행동이 독일군의 몸에 배어 있었다는 점이 성공의 열쇠였다. 난해한 과제란 바로 '3일 안에 마스 강변까지……' 였다. 이 전역에서 전개된 모든 비범한 전투방식은 이러한 요구에 부합하려는 행위의 결과물이었다. 훗날 사람들은 이 사건들을 고차원적으로 해석했고 나아가 일종의 시스템으로 개념화했다. 이것이 바로 선전가, 선동가들이 일컫는 '전격전'이다.

4 - 6

연합군의 관점에서 본 아르덴 공세

"아르덴 삼림지대를 돌파하는 것은 절대 불가능하다."[55]

프랑스 국방장관 페탱 원수, 1934년 3월 7일 국회 상원 육군위원회에서의 발표

1. 프랑스-벨기에 간의 오해

연합군 입장에서 아르덴을 전선의 '아킬레스건'이라 표현하는 것은 적절하지 않다. 아르덴이 아킬레스건이라 불릴 만한 조건을 전혀 갖추지 않았기 때문이다. 방어전선의 우측에는 스위스 국경에서 스당 바로 앞까지 뻗어 있는 이른바 마지노선이 있었고, 마지노선 끝부분부터는 서쪽으로 마스 강변을 따라 굳건한 요새시설들이 구축되어 있었다. 아르덴은 이 요새방어선의 전방에 자리 잡고 있었기에 방어선에서는 떨어져 있는 형세였다. 벨기에 국왕의 군사참모인 반 오버스트라에텐René F.C. van Overstraeten 장군은 감시와 통제가 난해하다는 이유를 들어 아르덴 지대를 벨기에군 단독으로 방어하는 것은 불가하다고 판단했다. 또한 이미 제1차 세계대전에서 입증되었듯이, 국경지대에 부대를 종심 얕게 분산시키기보다는 북부 대서양 해안에 집중시켜 국가의 핵심 '요새'시설들을 방어하는 편이 유리하다고 생각했다. 그러나 아르덴 삼림지대는 지평선 너머까지 끝없이 넓게 펼쳐져 있고, 그 뒤에 마스 강까지 흐르고 있어 방어작전을 수행하기에는 적합하지 못하다고 판단했다. 따라서 벨기에군은 이 지역의 감시와 경계를 위해 1개 군단 규모의 'K' 전투단(부대 지휘관인 케야에르츠Keyaerts 중장의 이니셜을 땄음)만을 투입했다. 그 부대는 제1아르덴보병사단, 제1기병사단 그리고 특히 공병부대들을 포함한 몇몇 부대들로 증편되어 있었다. 그들

┃1940년 벨기에군의 작전계획 : 독일군의 함정으로 스스로 뛰어들다┃

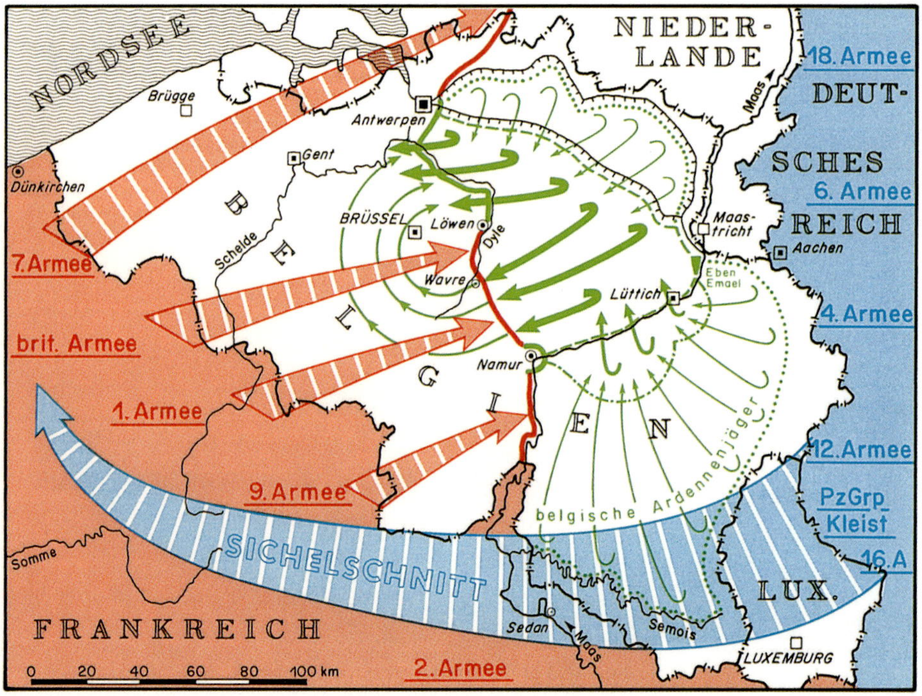

의 주요 임무는 풍부하게 준비된 장애물을 설치 · 운용한 후 북부로 가능한 한 신속히 퇴각하여 마스 강변 뒤쪽의 뤼티히Lüttich와 나무르Namur 방면에서 이곳에 배치된 방어부대와 합류하는 것이었다.

그러나 제1차 세계대전의 전쟁양상에 지나치게 집착한 벨기에 장군들 때문에 벨기에군은 또다시 슐리펜 계획의 제물이 되고 말았다. 그들의 작전 계획은 만슈타인의 지헬슈니트 작전에서 예측한 상황과 정확히 맞아떨어졌다. 조그마한 소용돌이에서 위험천만한 급류가 형성되듯이, 전 부대가 '플랑드르의 함정'에 휘말려 들었고, 포위작전의 주축인 독일군을 가장 용이하게 저지할 수 있는 지역인 아르덴은 진공상태가 되었다. 이는 인접한 프랑스군과의 협조체제가 부재했기 때문이라고도 할 수 있다. 프랑스군 총참모장 두망André Doumenc 장군은 훗날 이를 '프랑스와 벨기에 총참모부 간의 협조가 전혀 이루어지지 못했다'며 한탄했다.[56] 프랑스 총사령관 가믈랭Gamelin도 벨기에 아르덴 보병들에 대해 이렇게 말했다.

"그들은 싸우지도 않고 증발해 버렸다."[57]

오늘날의 관점에서 보면 이 문장은 대단히 과장된 표현이다. 오히려 이곳에서의 문제는 프랑스와 벨기에 간의 치명적 오해grave malentendu franco-belge[58]에서 비롯되었다. 믿을 수 없겠지만 양국은 서로 상대방이 아르덴에서 각자의 책임지역을 굳건히 방어해줄 것이라고 확신했다! 당시 대부분의 벨기에 주민들이 군사적 위협에 대해 얼마나 안일하고 무감각했는지를 잘 드러내는 기막힌 일화가 있다. 독일군의 공세가 시작된 5월 10일, 부용에서 프랑스 제2군 사령관 욍치제르Charles Huntziger 장군이 부용 시장을 만나 이곳의 많은 호텔들 중 하나를 야전 병원으로 사용해도 되겠냐고 공손히 묻자 시장은 펄쩍 뛰면서 이렇게 대답했다. "장군! 부용은 휴양지요. 우리 호텔들은 관광객들에게 모두 예약되어 있소!"[59] 다음 날 독일군 전차들이 부용에 입성했고 그 이튿날에는 세무아 강 건너 높은 언덕에 있는 파노라마 호텔에 구데리안의 군단 지휘소가 설치되었다.

당시 비공식적으로 두 인접 국가 간에 군사적 연합이 존재했다. 그러나 보안상의 이유로 이 연합은 단지 최고위급들, 그리고 첩보조직 간에 대화하는 수준에 불과했다. 국가 간의 연합 지연작전 시 장애물 하나를 인수인계할 때도 반드시 최하급부대 수준에서 협조가 이루어져야만 한다. 그러나 아르덴 일대에 배치된 벨기에군과 프랑스군은 서로 경쟁을 하지도 않았지만 서로 어떠한 협조체제도 구축하지 않고 전투에 임했다. 오히려 두 국가가 전혀 협조하지 않은 채 각자의 독립 작전을 수행했다고 보는 편이 타당할 것이다. 프랑스군이 동-서 방향으로 대규모 지연전을 실시할 때 벨기에군이 아르덴에서 위Huy와 나무르 방면으로 프랑스군을 가로질러 북부로 이동한 사례는 얼마나 작전을 서로 조율하지 않았는지를 극단적으로 보여준다. 프랑스 기병부대가 벨기에 아르덴 보병부대들이 설치한 장애물 지대를 만나 전방 진출이 차단되기도 했다. 벨기에군의 철수 시점과 프랑스군의 도착 시점 간에 시간차가 생겨 아르덴 중심부의 중요 지형들이 부분적으로 잠깐 '비무장지대'가 되었다. 독일군 지휘관들은 이 호기를 놓치지 않고 즉시 돌파작전을 시행했다. 이 지역에 설치된 대규모 장애물들은 엄호부대가 없었기 때문에 상징적 가치만 있을 뿐이었다. 독일군 기갑사단 예하의 공병 중대들은 적의 방해를 받지 않고 상당수의 장애물들을 제거하는 데 성공했다. 이러한 사례들은 독일군 전투보고서에 지속적으로 기록 · 강조되어 있다. 제1기갑사단을 8시간 동안이나 꼼짝 못하게 만든 보당주 전투와 같은 사례에서

I아르덴 지역에서의 프랑스와 벨기에군의 지연작전(1940년 5월 10~12일)I

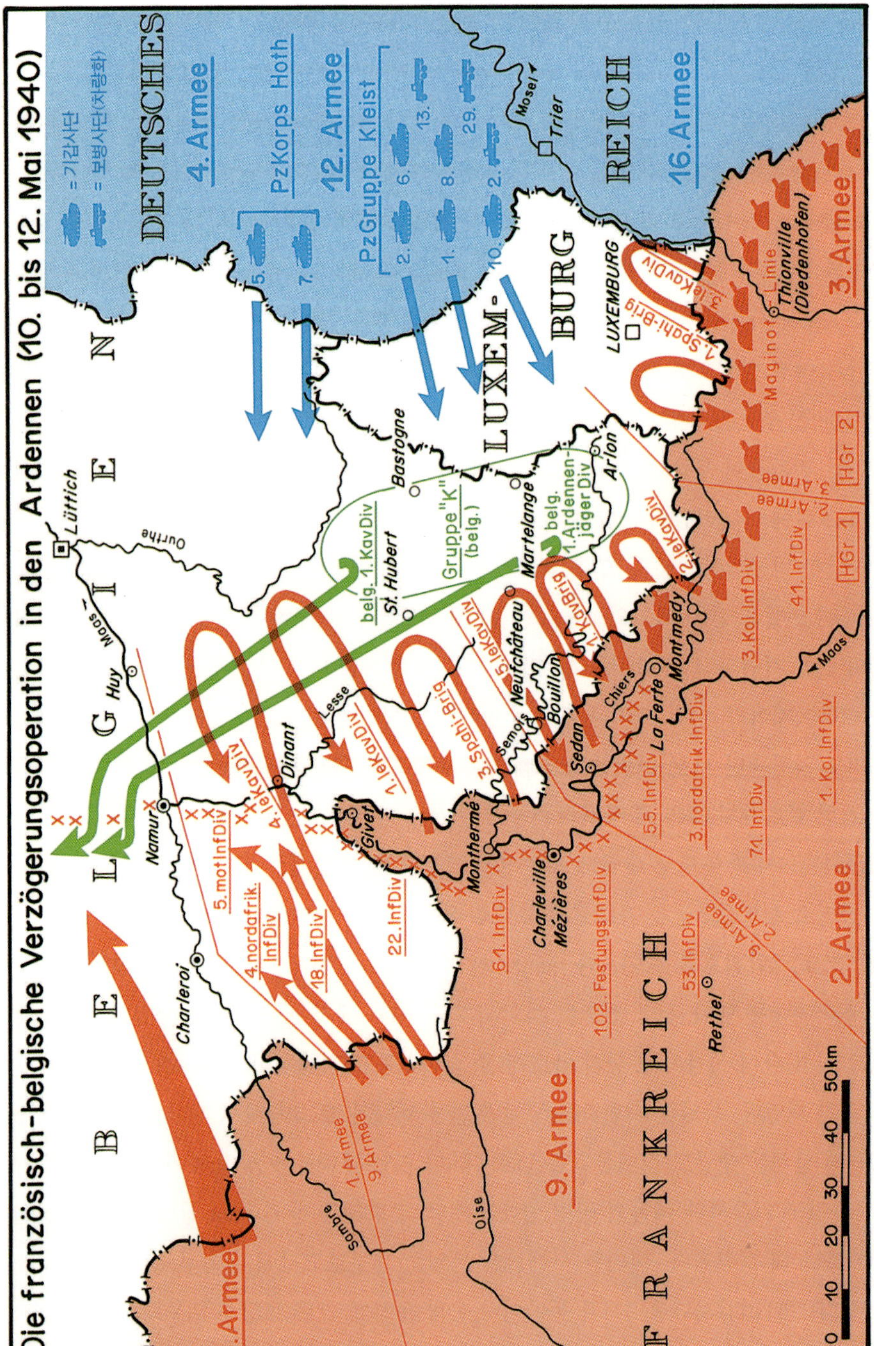

알 수 있듯이 아르덴 보병은 독일군에게 심대한 위협을 가할 수 있는 최정예 부대였음이 증명되었다. 하지만 그들이 용감무쌍하게 치른 전투는 단지 통신장애에 기인한 결과물일 뿐, 벨기에군의 작전 의도와는 전혀 상반되는 것이었다.

게다가 프랑스군은 룩셈부르크가 수동적인 방어로 일관한 탓에 제대로 위기에 직면했다. 룩셈부르크는 독일과의 국경지대에 단순히 장애물만 설치했고, 이로 인해 프랑스 전선의 정중앙이자 몇몇 아주 취약한 사단들이 배치된 약 150km의 정면과 약 100km의 종심을 형성하는 이 지역이 군사적 진공상태에 빠졌다. 독일군이 공세를 취할 경우 프랑스 지연전 부대들은 가능한 한 신속히 이 지역에 투입될 계획이었다. 이 작전에 참가할 부대는 겨우 5개의 기병사단, 3개의 기병여단, 그리고 마스 강 서편에 배치된 사단들 예하의 수 개의 수색부대와 공병부대들뿐이었다. 반면 독일군은 이 일대에 주공, 즉 대규모 기갑부대를 투입했다. 경장갑차량들과 기마병으로 혼성편성된 프랑스 기병부대들은 패배의 구렁텅이에 빠졌다. 용기는 대단했지만 그들은 순식간에 전멸했다.

2. '돌파 불가능한 아르덴'이라는 전설

제1차 세계대전이 끝난 후 프랑스 장군들은 군사 사상 면에서 날이 갈수록 독단에 빠져들었다. 그들은 아르덴과 스당에 관한 두 가지 고정관념으로 인해 비극적인 운명을 맞이했다. "아르덴으로의 전차 기동은 불가능하다!Les Ardennes sont imperméables aux chars!" "마스 강은 절대로 건널 수 없다.La Meuse est infranchissable."[60]

이 같은 관념은 베르됭의 영웅 페탱Henri Philippe Pétain 원수 같은 영향력 있는 인물이 아르덴을 '돌파할 수 없는' 곳이라고 주장함으로써 더욱 확고해졌다.[61] 프랑스 총사령관 가믈랭 장군조차도 마스 강을 '유럽에서 가장 탁월한 대전차 장애물'이라 평가했고[62] 지리학적으로 이중의 장애물인 아르덴-마스 강은 우회는 가능해도 돌파는 불가능한 천연적인 전략적 방어체계로 인식되기에 이르렀다. 프랑스군은 적이 스당으로 침략하는 것이 절대 불가능하다고 판단하고, 다른 전선을 보강하기 위해 2등급 부대들만으로 방어를 준비하는 등 상대적으로 이곳의 벙커나 방어시설에 소홀했다. 또한 프랑스군 지도부는 만일 독일이 아르덴을 통해 대공세를 취할 경우 이곳으로 병력을 이동 및 증원할 수 있는 시간적 여유도 충분하다고 확신했다. 그러나 가장 치명적인 과오는, 제1차 세계대전 식의 시간 개념으로 독일군의 '전격전 공세' 템포에 대응할 수 있다는 프랑스 장군들의 경험적 사고방식이었다. 그들은 독일군이 아르덴으로 집중 공세attaque brusquée를 감행한다고 해도 마스 강 도하까지는 약 2주 이상이 소요될 것으로 확신했다.[63]

프랑스군 총사령부는 아르덴을 통해 적들이 공격하는 데 최소 5일, 실질적으로 9일 정도 걸릴 것으로 예상했다. 그러나 실제로 독일군의 선두 전차는 이틀 반나절 만에 마스 강에 도달했다. 더 큰 실수는 마스 강 도하 준비에 소요되는 시간을 잘못 계산한 것이다. 더욱이 프랑스 장군들은 지난번 세계대전에서 포병의 화력에 깊은 인상을 받았기 때문에 이 분야에 모든 관심을 집중했다. 프랑스군은 독일군이 공격작전을 시행해도 포병과 탄약부대의 이동을 감안한다면 추가로 7일(!)이 더 걸릴 것이라고 계산했다. 그러나 놀랍게도 독일군 전투근무지원부대들은 전투부대를 후속해 바로 다음 날 마스 강을 건넜다. 프랑스에게는 청천벽력과 같은 기습이었다.

프랑스 장군들의 시대착오적이며 퇴보적인 사고를 비판하면서도 간과해서는 안 될 점은, 독일군 고급 장성들의 생각도 이들과 크게 다르지 않았다는 사실이다. 할더 장군조차도 마스 강 도하는 빨라봐야 공격 개시 이후 9일째에나 가능할 것이라고 생각했다.

제1, 2차 세계대전 사이의 공백 기간 중에 '돌파 불가능한 아르덴'에 관해 의문을 제기하는 경고의 목소리가 전혀 없지는 않았다. 영국의 군사이론가 리들 하트는 1928년에 이 지역을 여행할 때 '이곳은 그 자체만으로 완벽한 방어태세가 갖추어져 있다'는 프랑스 군부의 허무맹랑한 사고를 접하고 놀라움을 금치 못했다.[64] 1933년 영국 국방부가 대규모 기갑부대를 편성할 때, 리들 하트는 기갑부대의 전문가로서 장차전에 부합하는 기갑부대 배치 및 운용에 관한 자문을 의뢰받았다. 그는 독일이 프랑스를 침공할 경우 기갑부대로 아르덴을 통해 역습을 감행해야 한다는 의견을 보냈는데, 이에 대한 영국 국방부의 공식적인 반응은 '아르덴은 전차가 기동할 수 없음'이라는 간단한 답변이었다.[65]

프랑스군 내부에서도 1930년대에 아르덴의 장애물로서의 실질적 가치에 대한 연구가 이루어졌다. 부르귀뇽Bourguignon 대령은 연구논문에서 아르덴을 통한 기갑부대의 기습적인 돌파작전이 가능하고 그 가능성도 매우 크다고 결론지었다.[66] 특히 1938년 제2군사령관 프레틀라André Prételat 장군이 실시한 훈련의 결과는 매우 놀라웠다.[67] 그의 계획은 1940년 구데리안 기갑군단의 공격과 거의 흡사했다. 프레틀라는 독일군이 60시간 만에 마스 강에 도달할 것이며 하루 안에 도하할 수 있다는 훈련 결과를 제출하여 상급 지휘관들을 깜짝 놀라게 했다.[68] 실제로 독일군 선두 전차가 57시간 만에 스당 북부에 있는 생망주St. Menges의 마스 강변에 도달했으므로 프레틀라의 계산 오차는 겨우 3시간 정도에 불과했다.

경각심을 불러일으킬 만한 이 같은 훈련 결과를 접수한 가믈랭 장군은 프레틀라를 염세주의자jouer le pire[69]라며 문책했다. 그리고 프랑스군 총사령부는 군대의 동요를 막기 위해 훈련 결과를 철저히 비밀에 부치라고 명령하여 이 문제를 은폐해 버렸다.

3. 연합군의 아르덴 정찰 결과와 평가

(1) 공세 이전에 정보부대가 독일군 작전계획을 인지하다

아르덴을 통한 독일군의 진격과 스당 돌파는 현대 군사사에서 가장 성공적인 작전술 차원의 기습이다. 프랑스 저술가들조차도 이를 '완전한 전략적 기습une surprise stratégique totale'[70]이라고 언급했다. 이 작전의 성공의 이면에는 독일군 첩보부대의 역할이 대단히 컸다. 이 부대는 독일군의 주공이 북쪽을 지향하고 있음을 노출하여 아르덴에 배치된 연합군의 주의를 다른 쪽으로 돌리기 위해, 즉 '슐리펜' 계획의 재판으로 믿게끔 하기 위해 갖은 수단을 동원했다. 그러나 연합국 측에 독일의 비밀을 유출한 인물은 공교롭게도 독일 국방군의 심장부에 숨어 있었다. 그는 바로 히틀러를 지독하게 증오한 오스터Hans Oster 대령으로, 수차례 연기된 공격계획을 포함해 국가의 존망을 좌우하는 수많은 비밀 정보들을 네덜란드 국방무관인 자스Jacobus Gijsbertus Sas 대령에게 밀고했다.

연합군 정보부대는 독일군의 암호기계 '에니그마Enigma'의 암호 생성과 해독 방식을 알아내는 데 전략적 성공을 거두었으나 결론적으로 큰 의미를 갖지는 못했다. 폴란드도 이와 동일한 방식의 유사한 기계를 사용했고, 1939년 여름에 견본품을 영국과 프랑스에 보내기도 했다. 폴란드 정보부 소속 수학자 레예프스키Marian Rejewski는 독일의 암호해독 시스템을 거의 다 밝혀냈다. 그는 1939년 9월 독일군이 침공했을 때 중요한 역할을 담당했다. 폴란드 전역이 종결된 후 프랑스는 레예프스키 같은 폴란드에서 망명한 전문가들의 도움을 얻어 독일군의 암호를 해독해 핵심 통신망을 감청할 수 있었고[71] 영국도 1940년 1월 에니그마 해독기를 입수해 수많은 독일군 암호통신 내역을 감청하는 데 성공했다. 독일이 덴마크와 노르웨이 정복을 목표로 한 '베저Weser' 작전을 시행하는 동안 암호를 변경해 5일간 감청에 실패한 때를 제외하고, 영국은 지속적으로 독일 육군의 무전망을 감청했고, 특히 서부공세가 임박했음을 알리는 무선 내용도 포착했다. 하지만 독일군이 서부전역을 개시할 때 새로운 암호체계를 도입했기 때문에 결정적인 전쟁 발발 단계에서 연합군의 '전자電子 선지자'(암호해독기)는 침묵하고 말았다. 5월 20~22일에 연합군은 다시 독일 육군의 중요 무선체계의 암호를 해독하는 데 성공했다.[72] 그러나 독일군 지휘부는 암호체계의 노출이 불가능하다고 생각하고 전쟁 종결시점까지 암호체계를 그대로 사용했다. 따라서 영국은 독일의 거의 모든 작전계획을 정확히 파악했을 것이다. 영국은 1974년에야 제2차 세계대전 중 전략적으로 가장 의미 있는 성공 중 하나였던 암호해독 작전 '울트라ULTRA'의 비밀을 세상에 공개했다.

프랑스 정보국Deuxième Bureau은 비록 독일의 공격계획을 정확히 분석하는 데는 실패했으나 아르덴을 통해 공격하려는 적의 의도를 간접적으로 증명해주는 증거들을 많이 확보하고 있었다.[73] 이미 3월 22일 독일지역담당 부장 파이욜Paul Paillole 대령은 독일군 첩보원들이 아르덴 삼림지대에 유달리 관심을 집중하고 있다는 보고서를 제출했다. 이 외에도 독일의 첩보원들이 스당에서 아브빌Abbeville 방향, 그리고 솜 강 하구에 이르는 도로를 집중적으로 정찰하고 있으며, 특히 교량의 통과하중 능력에 대해 파악하고 있음을 밝혀냈다.[74] 벨기에와 스위스 같은 다른 국가들의 정보부도 독일군의 주공방향 평가에서 동일한 결과에 이르렀다. 베른에 있던 프랑스 국방무관은 5월 1일 다음과 같이 본국에 보고했다.

> "독일군은 5월 8일에서 10일 사이에 마지노선을 포함한 전 전선에 걸쳐 공격할 것이다. 주공은 스당이다."[75]

그러나 프랑스 육군 지휘부, 특히 가믈랭 장군과 조르주Georges 장군은 이 공세를 일종의 기만 공격일 뿐이라고 간주하고 독일군의 주공이 벨기에 북부를 지향할 것이라는 자신들의 신념을 굳게 지켰다.

(2) 독일군 초기 공세 시 주공 방향을 오판하다

기갑사단을 집중 운용해야 하는 지헬슈니트 작전에서 아르덴 수비대의 다소 취약한 방어선을 돌파하는 것은 어렵지 않았다. 문제는 어떻게 해서든 적의 정찰부대를 회피하여 반드시 기습효과를 극대화하는 것이었다. 그러나 클라이스트 기갑군만 해도 41,140여 대의 전차와 일반차량으로 구성되어 있는데 무슨 수로 이를 은폐할 수 있단 말인가? 놀라운 점은, 그럼에도 불구하고 프랑스군이 독일군의 주공 위치를 뒤늦게 알아챘다는 것이다.

공세 첫날, 독일군은 룩셈부르크와 벨기에 영토의 아르덴 동부 가장자리에 대규모의 기갑부대를 집중했지만 연합군 전방 정찰부대들은 전혀 의심하지 않았다. 5월 10일, 제2군에서 종합된 적 상황 보고서의 마지막 문장은 다음과 같았다. "아군 야전군 전선에서 적군의 전차 및 장갑차량들이 출현할 만한 징후는 전혀 없다."[76]

그러나 이날 야간과 이튿날인 5월 11일 오전에 정찰기 조종사가 수많은 전차와 차량화 부대의 행군대형을 관측했다는 보고가 접수되었다. 이를 접한 북부 작전지역 공군 총사령관 다스티에 드 라 비주리François d'Astier de la Vigerie 장군은 적의 조공助攻이 아르덴에서 기베Givet 방면을 지향할 것이라고 예상했다. 주공主攻은 여전히 벨기에 북부에 있다고 확신했다.[77] 오후에 프랑스 기병부대들은 독일 기갑부대의 맹렬한 공세에 부딪히자 일부는 세무아 강 뒤로 도망치듯 퇴각했다. 사태가 여기까지 왔지만 그 누구도 독일군 주공이 이곳에 있다고 예측하지 못했다. 이날 제2군의 최종 일일보고서에는 이 상황이 지연작전의 '통상적' 경과라고 기록되었다.[78]

제9군은 이보다 훨씬 더 중대한 오판을 저질렀다. 구데리안의 표현을 빌리자면, 제9군의 정보부서야말로 '뜻하지 않은 동맹군'이었다.[79] 5월 11일 야간부터 12일 새벽 사이에 한 정찰기 조종사는 라이트를 가린 채로 아르덴을 기동하는 수십 킬로미터의 차량 행렬을 관측하자 심상치 않은 사태가 발생할 것임을 직감하고 즉시 상부에 보고했다. 그러나 상부는 이 보고를 흘려들었다. 5월 12일 아침, 또 다른 정찰기가 이 방면으로 보내졌는데, 이 정찰기는 이륙한 지 얼마 안 되어 적 대공포에 피격되어 날개와 연료탱크가 벌집이 된 채 겨우 기지로 귀환했다. 흥분한 조종사는 끝없는 차량 행렬을 명확하게 보고했을 뿐만 아니라 구체적인 전차 대수까지 언급했다. 그러나 직접 이 보고를 받은 군사령부 정보참모부장은 이를 터무니없는 보고라고 여기고 무시해버렸다.[80]

이날 점점 더 시간이 지남에 따라 구체적인 정보들이 속속 보고되었다. 정찰기들은 독일군 전차들이 부용 북부 가장자리에서 세무아 강의 여울을 건너는 장면 같은 인상적인 사진을 찍어 전송했다.[81] 몇몇 정찰기 조종사들이 마스 강으로 돌진해오는 적 부대들이 가교 설치를 위해 수많은 단정短艇들을 싣고 이동하는 광경을 직접 관측한 후 보고하자 그제야 다스티에 드 라 비주리 장군은 크게 당황했다.[82]

이날 오후, 독일의 최선두 부대가 마스 강변에 도달했지만 프랑스 제2, 9군의 보고서는 아직 아군에 유리한 상황이라는 결론으로 일관되게 기록되었다.[83] 그러나 이때 프랑스 기병부대는 단일 축선상으로 공격하는 독일군 기갑사단의 전위부대만 관측할 수 있었음을 눈여겨볼 필요가 있다. 또한 공중에서도 독일군이 우세해, 전투기들은 아르덴 일대로 접근하려는 연합군 정찰기들에 '먹이를 찾는 매처럼' 맹렬한 집중 공격을 퍼부었다. 이 때문에 프랑스 정찰기들은 거의 야간에만 적지 종심지역을 정찰할 수 있었다.

12일 야간과 13일 사이에 프랑스군 조종사들이 촬영한 사진들은 아르덴을 가로지르는 엄청난 촛불 행렬을 연상시켰다. 기동로가 워낙 험난해 헤드라이트를 완전히 가리지 못한 차량도 더러 있었다. 그러나 프랑스 육군 지휘부는 이것을 '타타르인의 공격 소식 Tatarenmeldung'†이라고 간주하고 전처럼 북부 벨기에에 모든 관심을 쏟았다. 5월 13일 아침, 클라이스트 기갑군의 공격 기동로에서 대규모 교통대란이 발생하여 이동대형이 와해되는 심각한 사태가 일어났다. 북부 기동로에서는 마스 강에서 라인 강까지 약 250km 이상의 행군대형이 엄청난 정체에 시달렸다. 이때가 지헬슈니트 작전에서 절체절명의 위기였다. 즉각 독일군 전투기 편대들이 아르덴 상공에 쉴 새 없이 투입되었고, 동시에 제1방공군단의 대부분이 클라이스트 기갑군을 엄호하기 위해 배치되었다. 만일 이때 연합군 폭격기가 집중적인 공중폭격을 했더라면 독일군은 끔찍한 결과를 맞았을 것이다. 그러나 놀랍게도 이날 구름 한 점 없는 맑은 하늘에 단 한 대의 프랑스군, 영국군 항공기도 출현하지 않아 오히려 독일군 병사들이 의아해할 정도였다. 대신 연합군 공군력은 독일 공군이 작전을 펼친 북부 벨기에 방면에 투입되었다. 그러나 이날 오후 독일 공군은 갑자기 자취를 감추었고 스당 지역으로 작전의 중심을 옮겼다.

5월 13일 이미 승부는 결정되었다. A집단군 예하 3개의 기갑군단 모두가 마스 강 도하작전에 성공했다. 하지만 이 순간에도 가믈랭 사령부는 이 심각한 사태에 대해 매우 미미한 정보만을 수집했을 뿐이었다. 5월 13일자 상황보고서의 마지막 문장은 다음과 같다. "적의 주공 방향을 판단하는 것은 현재로서는 불가능하다." 그 아래에 작전참모부장 쾰츠 Louis Koeltz 장군은 다음과 같이 기록했다. "전반적으로 현재까지의 상황은 지극히 양호하다!"[84]

† 1854년 크리미아 전쟁 때 한 타타르인이 세바스토폴이 함락되었다고 잘못된 보고를 전한 데서 유래한 관용구.

프랑스 총사령부의 상황 판단은 지금 보아도 미스터리이다. 이러한 착각 때문에 빚어진 비극은 4단계의 과정으로 설명할 수 있다.

① 1단계 : 피상적인 확인

이 전역이 발발할 무렵 가믈랭이 집무실에서 받은 지휘보고의 내용을 살펴보면 이번에도 벨기에 북부에 독일군의 주공이 있다는 데는 의심할 여지가 없었다. 현실적으로 이 첩보들은 진실이라 하기에는 너무나 완벽해 보였다. 피상적으로 보면 독일군은 가믈랭의 시나리오에 따라 그들의 역할을 철저히 이행하기 위해 진력하는 것처럼 보였을 것이다. 가믈랭은 자신의 예측이 정확히 적중했기 때문에 이 상황에 전혀 문제가 없어 보였다. 빌륨므Paul de Villelume 대령은 연합군이 딜 계획에 의거해 벨기에로 진군하면 함정에 빠질 수도 있는데, 독일 공군이 자신들을 어째서 공격하지 않는지 의심스럽다는 견해를 밝혔다. 그러나 가믈랭은 독일 공군이 다른 곳에 있을 것이라고 대답하고 그의 의견을 무시했다.[85]

② 2단계 : 첫 번째 의혹

시간이 갈수록 미리 완성해놓은 그림과 일치하지 않는 보고, 즉 독일군의 대규모 기갑부대가 아르덴에 있다는 보고가 끊임없이 상부에 전달되었다. 그러나 이러한 보고들은 접수 자체가 거부되거나 보류문건으로 방치되다가 결국 휴지통에 버려졌다. 한 예로, 어느 정찰기 조종사가 아르덴 일대에서 어둠 속에 빛나는 끝없는 차량들의 불빛 행렬을 보았다고 보고하자 상부는 이를 일종의 '야간 착시현상'으로 치부하고 무시해버렸다.[86]

③ 3단계 : 자가당착

이러한 첩보들은 서서히 사실로 드러나기 시작했다. 그러나 프랑스군 지휘부는 눈앞의 현실을 직시하지 못하고 아르덴을 통과한 적 기갑부대의 공세를 교활한 견제 · 양공으로 간주하여 이에 속아 넘어가지 않으려고 안간힘을 썼다. 이 지역에 독일군 주공이 위치했음을 입증하는 수많은 징후들이 보고되었음에도 불구하고 지휘부는 전혀 위기의식을 느끼지 않았고 오히려 이러한 상황을 긍정적으로 보고 있었다. 이들은 독일의 공세가 십중팔구 마스 강 방어선에서 멈출 것이라고 확신했기 때문이다.[87]

④ 4단계 : 파멸에 대한 자백

가믈랭은 그의 구미에 맞는 첩보만을 수용하고 전쟁의 현실을 의도적으로 철저히 거부했다. 며칠이 지난 후 마침내 진실이 밝혀졌다. 그러나 이제 사태를 수습하기에는 너무 늦었다. 독일군 기갑사단들은 이미 마스 강을 건너 함정의 입구를 봉쇄하기 위해 서부해안으로 빠르게 내달리고 있었다. 가믈랭의 실책은 적의 행동을 전혀 고려하지 않고 일방적인 딜-브레다 계획을 실행하기로 결심한 것이라기보다는, 쓰라린 종말을 맞이할 때까지도 그 계획을 고수하고 집착을 버리지 못했다는 것이다. 그가 처음에 터무니없는 착각으로 치부했던 보고들을 적시에 수용했더라면 북부 작전지역을 단념하고, 포위될 위협에 처한 부대들을 솜 후방으로 후퇴시키는 방책도 가능했을 것이다. 스당에서 마스 강을 도하한 다음 날인 5월 14일 오전, 히틀러는 수많은 연합군 부대들이 아직도 벨기에 지역의 함정으로 돌진 중이라는 상황 보고를 받고는 이를 납득하지 못했다.[88]

프랑스의 붕괴는 고대 아테네의 유명한 비극 작가인 아이스킬로스의 희곡을 연상시킨다. 놀랍게도 프랑스의 붕괴 경과는 아테의 유혹에 빠져 자만하다 파멸을 자초한 그리스인들의 비극을 그대로 재현한 것 같았다.

5

결전 : 구데리안 기갑군단의 스당 돌파

1940년 5월 15일의 사건에 대해 윈스턴 처칠은 그의 자서전에 다음과 같이 기술했다.

"오전 07:30분 〔프랑스 수상〕 레노Reynaud에게 전화가 왔다는 보고를 듣고 침대에서 일어났다. 그는 무거운 목소리로 이렇게 말했다. '우리가 당했습니다.' 나는 즉시 대답하지 못했고 그는 다시 말했다. '우리가 실패했습니다. 이 전쟁에서 우리는 패배했습니다.' 내가 물었다. '어떻게 그렇게 빨리 그들이 공격했단 말이오?' 그가 대답했다. '그들은 엄청난 수의 전차와 장갑차로 스당 전선을 무너뜨리고 쇄도하고 있습니다.'"[1]

1941년 그라프 폰 킬만스에크Graf von Kielmansegg는 「경첩, 스당Scharnier Sedan」이라는 제목의 논문을 발표했다. 스당은 마지노선 일대에 고정 배치된 프랑스군의 우익과, 전쟁이 발발하면 벨기에로 진출할 좌익 사이의 경첩을 형성할 것이다. 이 경첩을 때려 부순다면 회전익(좌익)이 공중에 붕 떠버리면서 적의 힘은 둘로 나뉘게 될 것이다.[2]

5 - 1

프랑스군의 스당에 대한 치명적인 여섯 가지 오판

1. 스당 참호선을 경시하다

프랑스군 제2군의 좌익을 형성했던 제10군단의 책임지역인 스당 일대는 프랑스 정면 중 유독 취약했다. 그러나 프랑스의 장군들은 독일군이 스당 방향으로 주공을 투입하지 않을 것이라고 확신했다. 한 예로 제2군사령관인 욍치제르Huntziger 장군은 독일 공격 개시 3일 전인 5월 7일 이렇게 말했다. "나는 독일군이 절대 스당 지역으로 공격하지 않을 것임을 확신한다."[3]

제10군단장 그랑사르Pierre-Paul-Charles Grandsard 장군도 무종Mouzon 지역 동부를 주노력 방향으로 설정하고 이 지역의 쉬에Chiers 강선을 따라 참호선을 구축했다. 반면 마스 강변을 따라 길게 뻗은 스당 지역은 방어작전에 유리한 자연장애물로 보호된 지형이라 여겼기에[4] B급 사단 하나만으로도 충분히 방어할 수 있다고 판단했다. 이 사단이 바로 라퐁텐Pierre Lafontaine 장군이 지휘하는 제55보병사단이었다. 이러한 지세 판단은 이론의 여지가 없었다. 마지노선은 스당에서 동쪽으로 약 20km 떨어진 라 페르테La Ferté까지 설치되어 있었는데, 그곳에는 거대한 요새방어선의 서쪽 끝 거점인 505[†] 콘크리트 요새가 구축되어 있었다. 그곳으로부터 이른바 '연장된 마지노선'이 구축되어 있었는데 스당의 마스 강 만곡부에 걸쳐 위치한 이 일대의 진지들은 상대적으로 취약했다. 더군다나 라 페르테와 스당 사이에 있는 무종 지역에는 소위 '스테네Stenay의 간격'이라고 불리는, 천연 장애물이 전혀 없는 지대가 있었다. 이 때문에 책임감이 투철한 모든 프랑스 장군들은 마스 강 일대에만 관

† 콘크리트 요새의 고유 번호.

| 1940년 5월 13일 프랑스 제55보병사단의 편성 |

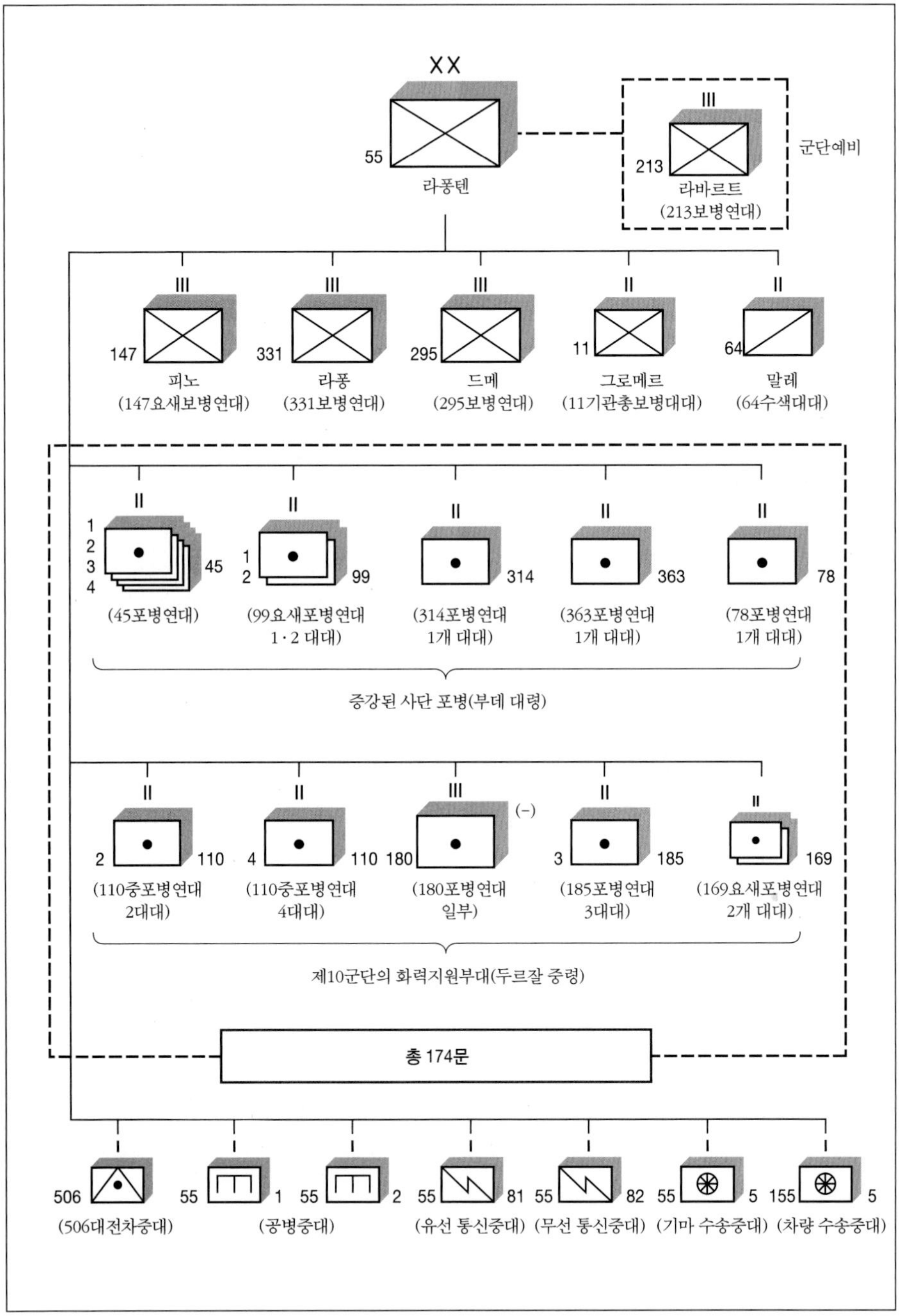

심을 집중한 나머지 불행히도 스당 지구의 방어에 소홀했다.

독일군 정찰부대는 이 약점을 놓치지 않았다. 그럼에도 불구하고 1940년 초 룬트슈테트 장군과 휘하의 군사령관들은 역사적인 요새도시인 스당으로 독일군 주공을 투입하자는 구데리안의 제안이 타당한지에 대해 다시금 강한 의구심을 가지기 시작했다. 마스 강의 건너편에는 험준한 마르페Marfée 고지가 우뚝 솟아 있고 강변 곳곳에 가파른 경사를 따라 견고한 벙커가 설치되어 있었다. 이는 가장 최근의 항공사진에서 확인되었다. 즉시 항공사진 판독 전문가이자 전前 오스트리아 육군 공병장교인 슈티오타Stiotta 소령을 초청해 이 지형을 정밀 분석한 결과는 대단히 놀라웠다. 독일군 장관급 지휘관들과 참모들이 거대하고 견고한 요새로만 믿었던 건물들이 거의 모두 부실한 미완성 상태라는 사실이 밝혀진 것이다.[5] 이 사건은 구데리안의 주장에 결정적인 힘을 실어주었다.

프랑스인 중에도 독일군 주공의 방향을 정확하게 예측한 인물이 단 한 명 있었다. 그는 직업군인이 아니라 정치가인 국회의원 테탱제Pierre Taittinger였다.[6] 국회 국방위원회 소속으로 1940년 3월 아르덴 전 지역을 방문한 그는 스당 지구의 무방비 상태를 보고 놀라움을 금치 못했다. 그는 국방장관 달라디에Édouard Daladier와 육군 총사령관 가믈랭에게 보낸 서한에서 이렇게 주장했다.

> "사람들은 아르덴 삼림지대와 마스 강이 스당을 방호해줄 것이라고 지나치게 과신하고 있고, 이 같은 자연 장애물을 심각할 정도로 과대평가하고 있습니다. 이 지역의 방어태세는 미흡하다 못해 원시적입니다."[7]

그는 독일군의 공격이 이 지역으로 향할 수 있다는 생각에 소름이 돋는다고 했다. 그의 불길한 경고는 훗날 프랑스에서 그를 '예언자' 반열에 올린 다음의 문장에서 최고조에 달했다.

> "이곳은 아군에게 불행을 가져올 것이다.li semble qu' il y ait des terres de malheurs pour nos armes."[8]

스당이 '재앙의 근원지'가 될 것이라는 테탱제의 무시무시한 묘사는 프랑스군을 저주하려는 미신에서 나온 얘기가 아니다. 오히려 전쟁사와 군사적 · 지리학적 근거를 바탕

❙1940년 5월 13일 스당 지역의 요새 구축 현황❙

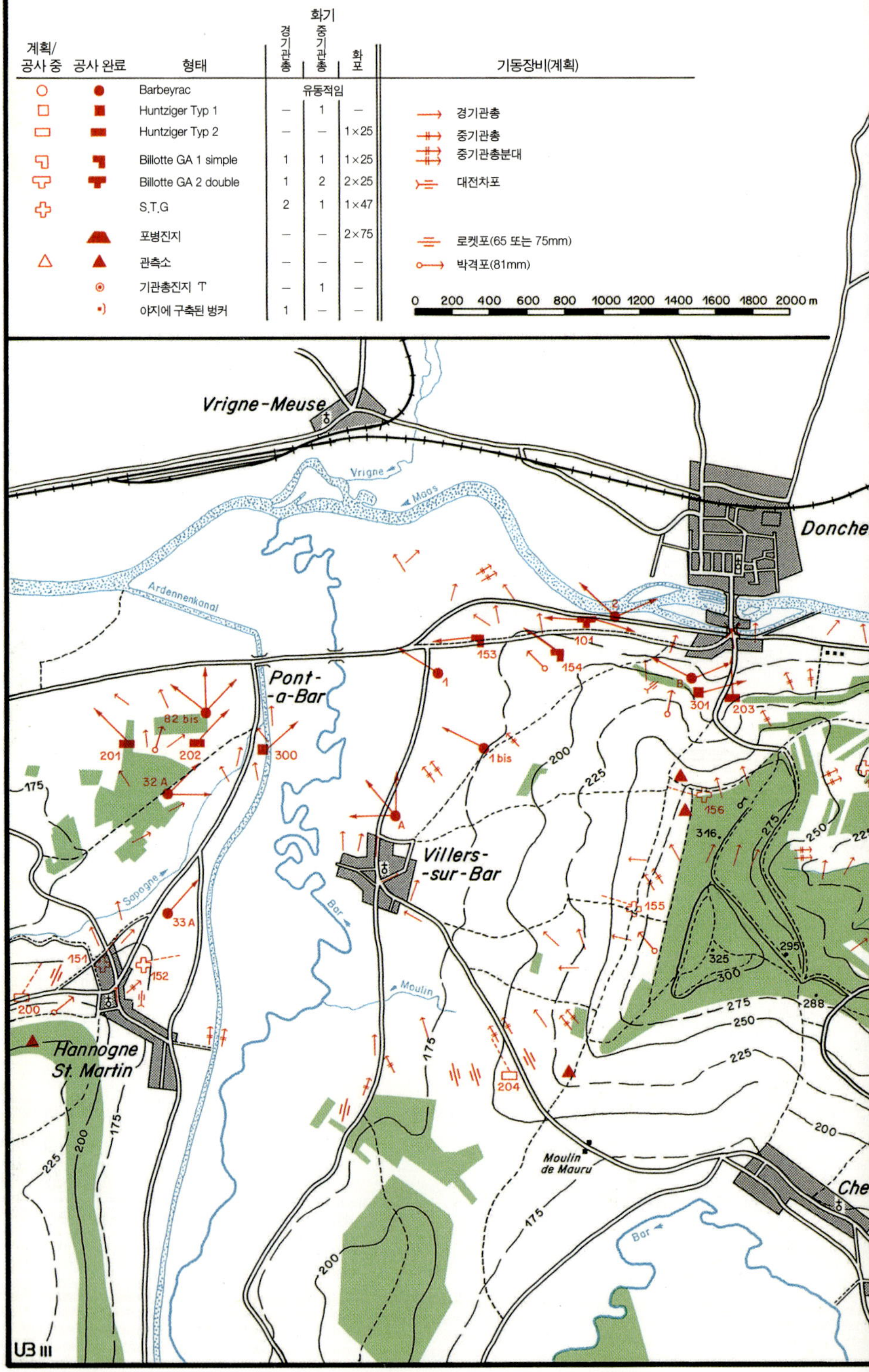

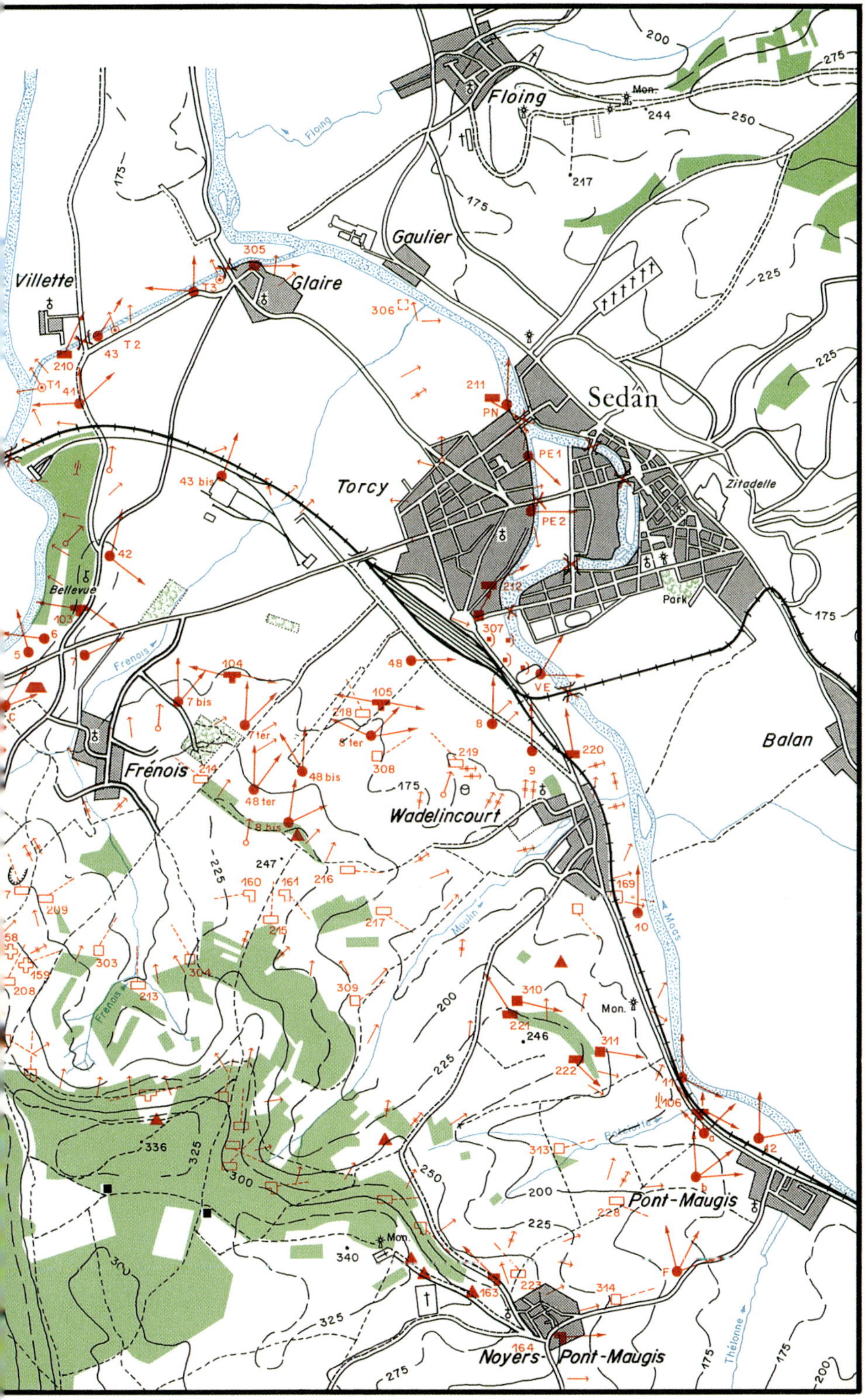
Floing
Mon.
244
250
217
200
275
Gaulier
225
Villette
Glaire
305
T3
306
T2
43
210
T1
41
211
PN
Sedan
PE 1
Torcy
Zitadelle
43 bis
PE 2
42
Bellevue
103
212
Park
175
307
6
5
7
Frénois
104
48
105
VE
7 bis
218
8 ter
8
220
Balan
7 ter
219
308
Frénois
214
48 bis
9
48 ter
Wadelincourt
8 bis
247
216
160
161
169
209
215
217
10
Moulin
Maas
158
303
159
304
208
309
213
310
Mon.
221
246
311
222
11
106
336
325
313
12
300
200
Pont-Maugis
228
225
Mon.
340
223
314
163
325
164
Noyers-Pont-Maugis
275
Thélonne

으로 도출한 대단히 과학적인 결론이었다. 그러나 이 지역 책임부대의 장군들은 오로지 어떤 종류의 벙커에 얼마만큼의 콘크리트가 필요한가를 따지는 데에만 관심이 있었다. 스당은 역사상 적이 침공할 때 마스 강을 건너기 가장 용이한 지역, 즉 침략의 입구로 항상 이용되었고[9] 1870년 보불전쟁 때는 바로 이곳에서 독일이 결정적인 승리를 쟁취했다. 그렇다면 왜 프랑스는 독일이 이 전설적인 지역을 자신과의 대결에 또다시 사용하지 않을 것이라고 생각했을까? 욍치제르는 테탱제의 보고서에 대해 신랄하게 비판했다. 그는 국회 국방위원회에서 다음과 같이 단호하게 반대의사를 밝혔다.

"나는 스당 지구에 전투력 증원이나 긴급한 조치가 불필요하다고 확신한다.[10]

이러한 상황 판단 때문에 요새시설 신축 계획에서 스당 지역이 배제되었다. 원래 열렬한 '콘크리트 신봉자'였던 욍치제르의 결정이 프랑스 육군 정책을 좌우했고, 그에 따라 전쟁준비가 실시되었다.[11] 1939년 9월부터 1940년 5월까지 동원된 인력으로 서부지역의 취약한 지역을 선정해 1km당 2.5개에서 5개로 벙커 수를 늘렸다. 이 기간 동안 제2군은 총 52,000m^{3}의 콘크리트를 소모했으나[12] 이 중 스당 지구에 투입된 콘크리트 양은 매우 미미했다. 이 지역에는 전쟁 발발 직전 벨뷔Bellevue 교차로(500m 남쪽에 같은 이름의 요새가 있다)에 세워진 포병진지를 중심으로 42개의 바르베락Barbeyrac†형 벙커만이 건축되었다. 그리고 5월 10일까지 총 61개의 벙커가 추가로 구축되었다.[13] 또한 완성되기 직전의 벙커들도 산재했다. 61개라는 통계상의 공식 수치는 콘크리트 작업이 종료된 벙커만을 계산한 것이다. 다수의 벙커에 총안구가 있었으나 그것을 열고 닫을 수 있는 금속재질의 문은 없었으며, 일부는 출입문도 없었다. 돈셰리Donchery에서 마스 강을 건넌 제2기갑사단의 한 장교의 글에서 이 지역의 취약한 방어시설의 참모습을 엿볼 수 있다.

"도로는 강을 따라 포장되어 있고 〔…〕 약 100m마다 벙커가 하나씩 위치했다. 몇몇 벙커는 아직 공사 중이었는데 목재 널빤지가 주변에 쌓여 있고 기둥을 세우기 위한 구멍이 아직 메워져 있지 않았다. 멍청한 프랑스 놈들! 그들은 거기서 거의 20년 동안이나 방어선 구축에

† 벙커 형태를 고안한 인물의 이름.

모든 노력을 쏟아붓고 정예부대를 자칭하며 독특한 제복을 입고 '아무도 여기를 통과할 수 없다!'라고 적힌 휘장까지 달고 있었다. 하지만 전쟁이 발발한 지 6개월†이 넘었는데도 그들은 마스 강변의 벙커를 완성하지도 못했다!"[14]

2. 골리에의 간격

프랑스군의 요새 구축을 위한 기본계획을 살펴보면 그들은 비교적 세련된 시스템을 갖춘 것처럼 보인다.[15] 각각의 위치에서 교차 사격이 가능하여 마스 강변의 모든 지역을 감시 · 통제할 수 있도록 벙커들을 배치했다. 그러나 가장 취약한 지역이자, 훗날 독일군의 주공이 투입된 마스 강 만곡부 북단 지역에 벙커가 단 1개도 없었다는 사실은 참으로 불가사의하다![16] 결국 스당에서 최북단 교량이 있는 퐁뇌프Pont Neuf 지역의 211 벙커와 글레르Glaire 305 벙커 사이에 1.5km에 달하는 무방비 상태의 광범위한 간격(강을 따라서 2km 정도)이 발생했다. 독일군은 이곳을 통해 비교적 용이하게 마스 강을 건널 수 있었다. 남쪽의 강변으로는 글레르와 토르시Torcy 거점 사이에 종심 깊이 펼쳐진 초원지대가 있었는데 상식적으로 지뢰지대라도 구축했을 법했지만 프랑스군은 이 방법마저도 배제했다.

이러한 실수는 군사적 지형판단의 관점에서 볼 때 이해할 수가 없다. 왜냐하면 공자가 아르덴의 북쪽에서 마스 강 방면으로 진격하려 한다면 거의 직선으로 생망주St. Menges–플로잉Floing–골리에Gaulier 방면을 축으로 주력을 투입할 것이 분명했기 때문이다. 마스 강변까지 접근하려면 대부분 돈셰리 일대 같은 광대한 개활지를 극복해야 하지만, 생망주–플로잉–골리에에서는 촌락들을 엄폐물로 삼으면 마스 강변까지 접근하기가 대단히 용이했다. 뿐만 아니라 골리에의 마스 강변에는 에스페랑스Espérance 섬유회사의 거대한 공장 건물들이 있었는데, 그 건물 내에 독일군은 도하 시 필요한 상당수의 상륙정과 고무보트, 교량 설치를 위한 자재를 보관할 수 있었다. 이 교량은 서부전역을 통틀어 기갑부대가 도하하는 데 가장 중요한 작전술적 역할을 했다. 사실 프랑스군은 지난번 전쟁의 경험을 되살렸어야 했다. 1914년 8월 26일 독일군 제4군은 바로 이 위치에 교량을 설치해 처음으로 마스 강을 건넜던 것이다.[17]

† 1939년 9월 1일 폴란드 침공과 3일 영국 · 프랑스가 독일에 선전포고한 이후부터 1940년 5월 10일 서부전역 발발 시까지의 시간을 말한다.

3. 지뢰의 부족

스당 지구의 취약점은 제대로 된 벙커가 부족하기 때문(마지노 사상을 맹목적으로 따르는 이들이 하는 비판)[†]이기도 했지만 지뢰의 부족에도 기인했다. 제2차 세계대전 기간 중 지뢰는 적 기갑부대의 작전을 지연시키는 가장 효과적인 수단이었다. 한 예로, 1943년 7월 쿠르스크Kursk에서 독일 기갑사단들은 소련군을 정면 돌파하려고 했으나 수 km의 종심에 설치된 지뢰지대에서 꼼짝달싹하지 못했다.[18] 롬멜 장군은 엘 알라메인El Alamein에서 70km의 정면에 약 50만 개의 지뢰를 매설해 영국군을 괴롭혔다.[19] 1940년 초 프랑스 제2군은 엘 알라메인에서와 비슷한 정도의 광정면에 겨우 16,000개의 지뢰를 매설했다. 그중 7,000개는 아르덴에서 기병사단들의 지연전에, 7,000개는 국경지대의 '요새방어선maisons fortes' 전투에 지원되어 마스 강 일대 방어선 구축에 사용된 지뢰의 개수는 2,000개에 불과했다.[20] 그중 핵심지역을 담당한 제55보병사단은 겨우 422개만을 보유했다.[21] 정확히 따지면 422개도 안 되었을 것이다. 5월 14일 구데리안 군단의 전차 800대가 마지막 스당 돌파를 할 때 그곳에 매설된 지뢰가 거의 없었기 때문이다. 프랑스군 장교들은 벙커 설치에 혈안이 된 나머지 지뢰 매설을 거의 잊다시피 했다. 처음에는 적은 수의 지뢰만을 설치했다. 게다가 독일군의 공격이 실시되기 직전에 스당 지구에 그나마 남아 있던 지뢰마저 철거해 버렸다. 이때 철거된 지뢰의 대부분은 습기를 제거하고 정비하기 위해 브리뉴 오 브와Vrigne-aux-Bois(마스 강의 북부) 지역의 창고로 옮겨졌고, 1941년에야 발견되었다.[22]

4. 전투부대를 공병으로 운용하다

다른 관점에서 보면, 프랑스군의 결정적인 실수는 벙커가 너무 없었던 것이 아니라 오히려 너무 많이 건설한 것일지도 모른다. 대부분의 병사들이 진지공사에 투입되어 단순노동을 해야 했으므로 교육 훈련을 거의 하지 못했다. B급 병사들로만 구성되었음에도 이례적으로 최전방에 배치된[23] 제55보병사단에게 교육훈련은 가장 절박한 임무였다. 또한 이 사단은 대부분 예비역으로 구성된 데다 이들의 나이는 대개 30세 이상이었으며 현역으로 근무한 지 한참 지난 사람들이었다. 종래부터 거의 실시되지 않은 교육훈련 수준은 엄

† 스당 지구의 벙커들이 견실했다면 마지노선이 제 역할을 하여 프랑스의 방어선이 무너지지 않아 전쟁에서 패배하지 않았을 것이라는 논리.

청난 취약점이었으나 이를 향상시키기 위한 노력은 전혀 없었다. 지휘부도 교육훈련 수준을 향상시키는 것을 그리 중요하게 생각하지 않았다. 그래서 요새 지역을 담당한 제147보병연대 1대대의 델라Delas 중위는 한 채석장에서 25mm 대전차포 사격 연습을 했다는 이유로 그해 겨울 15일간의 금고를 당했다.[24]

라퐁텐 장군은 자신의 사단이 B급임을 잘 알고 있었기에 이 약점을 가장 빨리 해소하는 방안은 더 강력한 벙커를 더 많이 구축하는 것이라고 주장했다. 벙커의 질을 훈련보다 더 중요하게 여겼던 것이다. 동원령 후 독일의 공세가 시작되기 직전까지 8개월의 시간이 있었지만 취약점을 보완하기는 불가능했다. 병사들은 교육훈련을 받지 못해 대부분이 결정적인 순간에 전투 의지를 상실했다. 5월 13일, 프랑스군 병사들은 완벽한 훈련을 마치고 필승의 결의에 찬 적병들의 공격에 큰 충격을 받았다. 많은 병사들이 저항은커녕 도망치기에 바빴다. 그들은 방어진지를 건설하는 방법은 배웠지만, 방어하는 방법은 배우지 못했다.

당시 골리에에 주공으로 투입된 제1보병연대를 지휘하고, 훗날 대장(기갑병과)이 된 발크Hermann Balck 장군(당시 중령)은 공격 준비과정을 다음과 같이 기술했다.

> "장차전에서 우리 부대의 임무수행을 위한 교육훈련은 혹독하게 진행되었다. 스당 돌파 전까지 모든 부대원들은 스당과 유사한 지형에서 동일한 조건을 갖추고, 작렬하는 포탄 속에서 공군과 함께 훈련했다. 나는 모젤Mosel 강을 마스 강으로 가정하고 우리 연대의 모든 병사들이 공병처럼 고무보트로 도하할 수 있도록 지속적으로 훈련했다. 모든 병사가 독립적으로 행동할 수 있도록 교육훈련을 최대한 자율적으로 시행했다. 이 훈련은 내가 지금껏 경험한 훈련 중 최고의 공격작전 준비였다."[25]

공격작전은 당연히 대성공이었다. 몇몇 독일군 장교들이 강조하듯이 마스 강 도하작전은 훈련장에서 수회에 걸쳐 실시된 모습 그대로 완벽하게 재현되었다.[26]

5. 교대 원칙

기본적으로 제55보병사단의 방어편성을 평가하자면, 이론적으로는 통일성과 명료성을 갖춘 완벽한 편성이었다.

1940년 스당 지역에서의 프랑스군 책임지역 분할

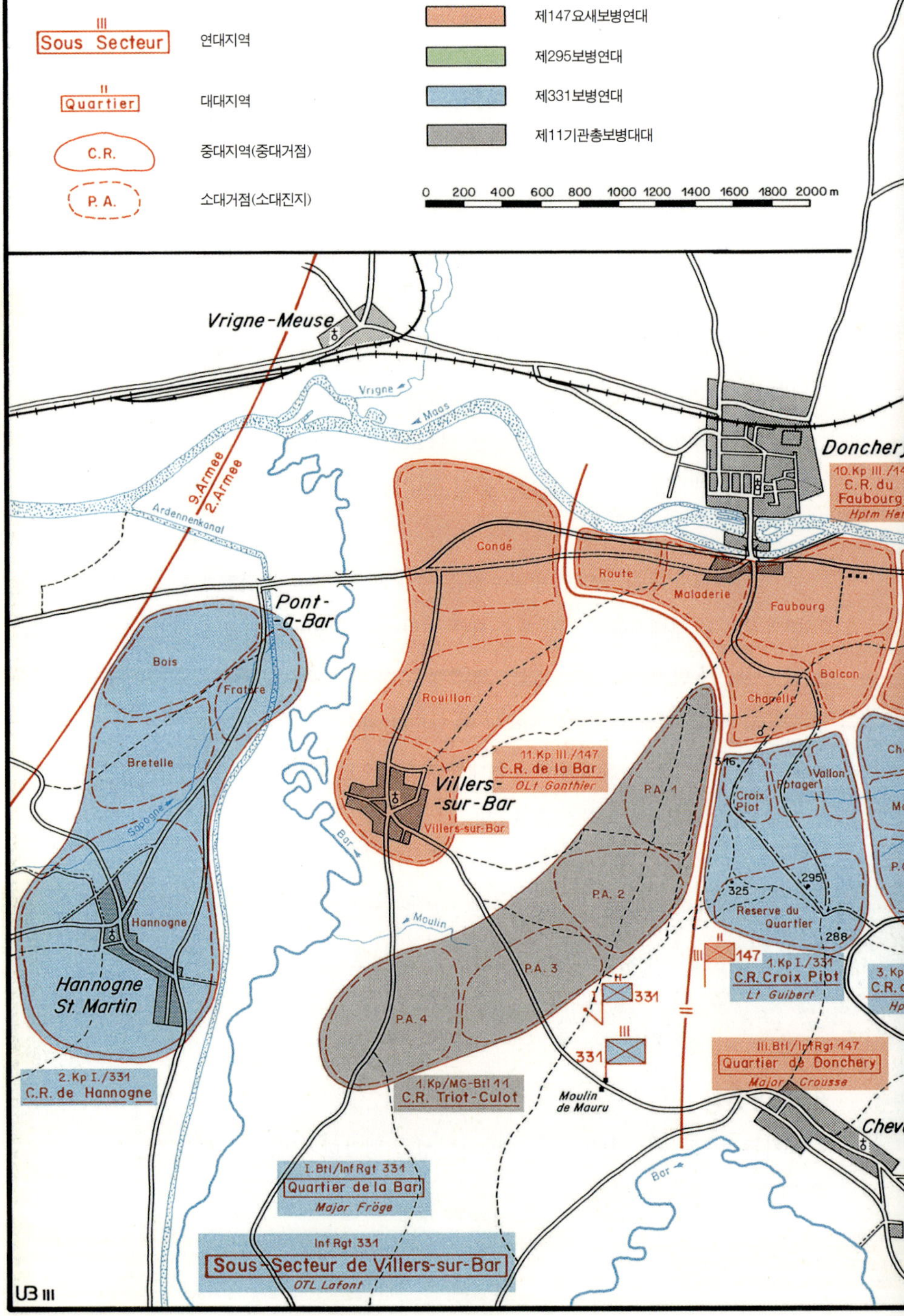

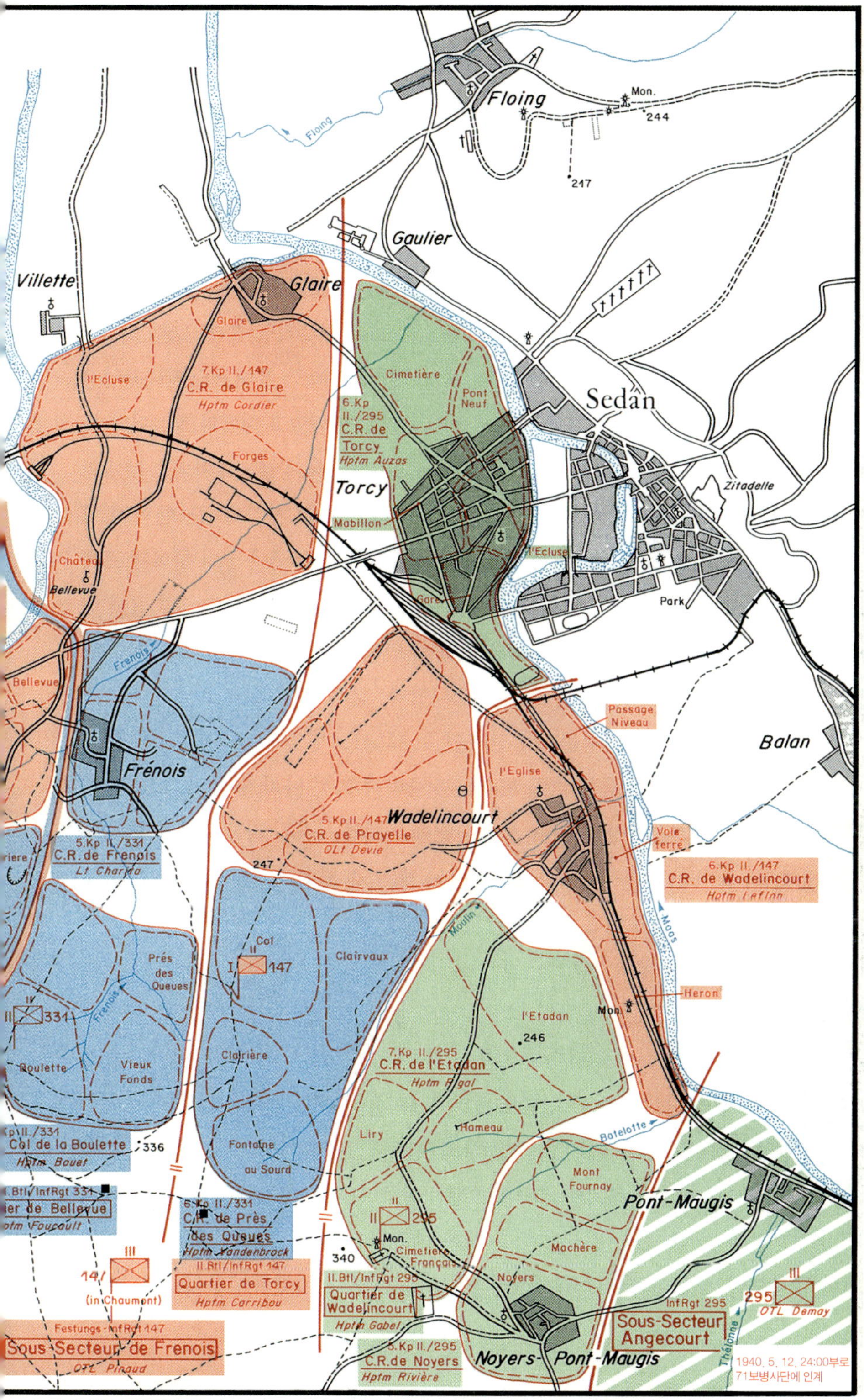

Floing
Mon.
244
217
Gaulier
Villette
Glaire
Sedan
7.Kp II./147
C.R. de Glaire
Hptm Cordier
l'Ecluse
Forges
Cimetière
Pont Neuf
6.Kp II./295
C.R. de Torcy
Hptm Auzas
Torcy
Zitadelle
Mabillon
l'Ecluse
Château Bellevue
Gare
Park
Bellevue
Frénois
Passage Niveau
Balan
l'Eglise
5.Kp II./147
C.R. de Prayelle
OLt Devie
Wadelincourt
Voie ferré
5.Kp II./331
C.R. de Frenois
Lt Charda
247
6.Kp II./147
C.R. de Wadelincourt
Hptm Leflon
Moulin
Meuse
Col
Prés des Queues
Clairvaux
Heron
Mon.
l'Etadan
246
331
Frenois
Boulette
Vieux Fonds
Clairière
7.Kp II./295
C.R. de l'Etadan
Hptm Rigal
Liry
Hameau
Batelotte
Kp II./331
Col de la Boulette
Hptm Bouet
336
Fontaine au Sourd
Mont Fournay
Pont-Maugis
Btl/InfRgt 331
de Bellevue
Hptm Foucault
6.Kp II./331
C.R. de Près des Queues
Hptm Vandenbrock
295
Mon.
Cimetière Français
340
Machère
II.Btl/InfRgt 147
Quartier de Torcy
Hptm Carribou
II.Btl/InfRgt 295
Quartier de Wadelincourt
Hptm Gabel
Noyers
InfRgt 295
Sous-Secteur Angecourt
295
OTL Demay
147
(in Chaumont)
Festungs-InfRgt 147
Sous-Secteur de Frenois
OTL Pinaud
5.Kp II./295
C.R.de Noyers
Hptm Rivière
Noyers-Pont-Maugis
Thélonne
1940. 5. 12. 24:00부로 71보병사단에 인계

• 스당 지구를 3개 구역Subsektoren으로 분할해 각 연대에 할당한다.
• 이 구역을 3개의 분구Quartiers로 나누어 각 대대의 책임지역으로 지정한다.
• 이 분구를 다시 3개의 저항거점Centres de résistance으로 구분해 예하의 중대에 부여한다.
• 이 중대 저항거점을 4개의 소대 방위거점Points d'appui으로 분할한다.

그러나 이러한 부대배치 이론은 각 부대들을 질서정연한 모자이크 형태로 배치한다는 처음 의도와 달리 무질서하고 복잡한 퍼즐 형태로 만드는 역설적인 결과를 낳았다. 이러한 '어처구니 없는 분할'의 원인은 바로 교대 원칙이었다. 중대급 부대들은 건축작업장에서 농경지로, 다시 최전방의 교육훈련장으로 매번 순환 투입되었고 해체와 창설이 반복되었다. 결국 각개 병사들은 일정 지역에 배치되는 것이 아니라 창설 · 해체되는 부대의 일원이 되어 임무가 계속 바뀌었다. 이는 진지를 직접 축성하고 그 지역에 정통한 특정 병사가 다시는 그곳으로 복귀할 수 없음을 의미했다. 5월 13일 독일군 주공이 투입된 프레누아Frénois 일대에 배치된 프랑스군 9개 중대의 병사들은 대부분 공세 시작 2, 3일 전에 이 지역에 투입되어 이곳의 지형을 전혀 몰랐다. 서쪽의 연대급 책임지역인 빌레르 쉬르 바르Villers sur Bar(돈셰리의 반대편)의 상황은 이보다 더 나빴다. 원래 이 지역을 담당했던 제213보병연대가 5월 7일 철수하고, 작전준비가 전혀 안 된 제331보병연대가 그곳을 인수한 것이다. 당시 제55보병사단은 처음 편성될 때부터 뒤죽박죽 얽혀 마치 헝겊조각으로 누덕누덕 기워진 양탄자 같았다. 부대의 지휘 관계나 결속 관계가 사라진 지도 오래였다. 특히 토르시(스당의 일부로 마스 강 남쪽 강안지역)에 배치된 제295보병연대, 2대대 예하의 6중대가 그러했다. 이 중대는 3개의 다른 연대 예하의 3개 대대에 각기 속한 4개 중대에서 차출된 생면부지의 병력들로 구성되었다![27]

부대 편성 등의 구조적 문제보다 더 치명적인 약점은, 이러한 분할 원칙으로 인해 중대급부터 연대급까지 내부적으로 결속력이 매우 약해지고 사기와 소속감이 떨어지는 심리적인 문제였다. 마스 강선의 벙커 지역을 담당한 147요새보병연대는 제55보병사단의 중추부를 형성했다. 이 부대의 병사들은 스당 주변에서 동원된 예비군으로 편성되었으며, 그중에는 비교적 오랫동안 그 지역에 거주해서 서로를 잘 아는 병사들도 있었다. 제2대대장 카리부Carribou 대위는 동원이 완료된 직후 내부 단결력이 '유기적으로 완벽하다cohésion totale'고 언급했으며 자신의 연대에 대해서만큼은 자신 있게 평가했다. "우리 147연대는 일치단결했고 모든 준비를 완료했다!"[28]

그러나 그 이후의 보고서에서는 이러한 '단결 정신'을 더 이상 찾아볼 수 없다.[29] 카리부는 휘하의 중대들이 계속해서 흩어지는 상황을 받아들여야 했다. 독일이 공격했을 때 그는 3개 연대에서 각각 차출된 3개 중대를 지휘했다. 그중 제331보병연대 2대대에서 파견된 6중대에 심각한 문제가 발생했다. 제6중대는 카리부의 대대 지휘소가 위치한 토르시 후방의 프레 드 쾨Prés de Queues에 중대 방어거점Centre de résistance을 편성했다. 그러나 카리부는 그 사실을 전혀 몰랐고 전투가 진행되고 있을 때도 알지 못했다. 카리부가 독일군 공세의 압박을 피하기 위해 전방에서 전투 중인 부대들을 브와 드 라 마르페Bois de la Marfée 저지선까지 철수시키라는 명령을 받았을 때, 이곳에 있던 제6중대는 이미 흔적도 없이 사라진 뒤였다.

제2차 세계대전의 전투들 중 특히 구데리안의 스당 돌파 작전은 매우 자주, 상세히 묘사되어 왔다. 이러한 보고들은 군사적 사건, 즉 전투경과에 한정될 수밖에 없으므로 이를 보완·설명하려면 사회학적 관점을 취할 필요가 있다. 다시 말해 이 전투는 집단의 응집력 차원에서 극명하게 대조된 두 군대가 충돌한 역사적 사건이다. 완벽한 단결력을 갖춘 구데리안의 정예 부대들은 끊임없는 부대 교대로 인해 응집력이 떨어져 엉성해진 제55보병사단의 심장부를 돌파하는 데 성공했다. 편성과 전투력 면에서 일류급인 부대들도 이 사단에 예속됨으로써 하나 둘씩 떨어져 나갔다. 대신 단순히 외형적이고 인위적인 군사편제에 따라 연대, 대대, 중대라고 이름 붙여진 새로운 이류급 부대들이 탄생했다.

이처럼 재난을 초래한 교대 원칙은 장기전, 물량전으로 종결된 제1차 세계대전을 거치면서 프랑스군에서는 정식 교리로 발전되었다. 당시에는 익명성이 부여된 인적 자원이란 임의로 용이하게 교환·증원·감축할 수 있는 전투력 요소 중 하나였다. 확실히 베르됭에서는 이러한 교대 시스템의 효과가 탁월했다. 독일군이 몇 주 간에 걸쳐 전선에서 참고 견디며 전투에 임한 반면, 프랑스군 병사들은 교대 원칙에 따라 며칠 동안만 전투를 수행하면 부대가 곧 해체되고 전투력이 왕성한 부대가 그 지역을 인수했다. 그러나 독일군은 '단일 부대'를 여기저기에 분산하지 않았는데, 제1차 세계대전에서 프랑스와 전혀 다른 교훈을 얻었기 때문이다. 훗날 동부전선에서도 이미 큰 손실을 입은 부대에 신병으로 전투력을 증원하지 않으려 했다. 부대는 전투력 수준이 최하 수준에 도달할 때까지 전선에 남았다. 그런 다음 전선에서 이탈해 후방에서 전투력을 복원했다. 따라서 신병들은 소

| 프랑스 제71보병사단의 스당 지역 투입 |

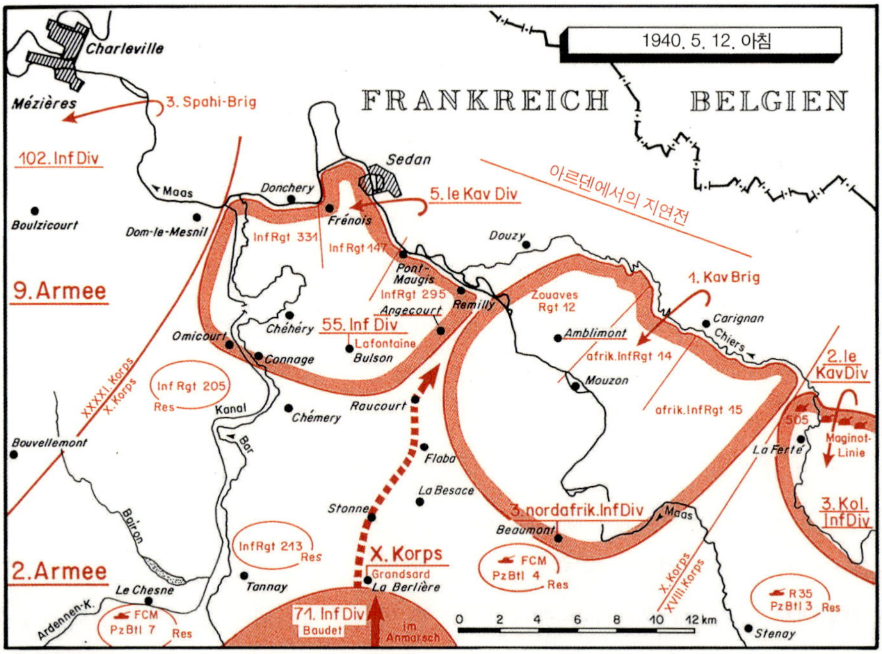

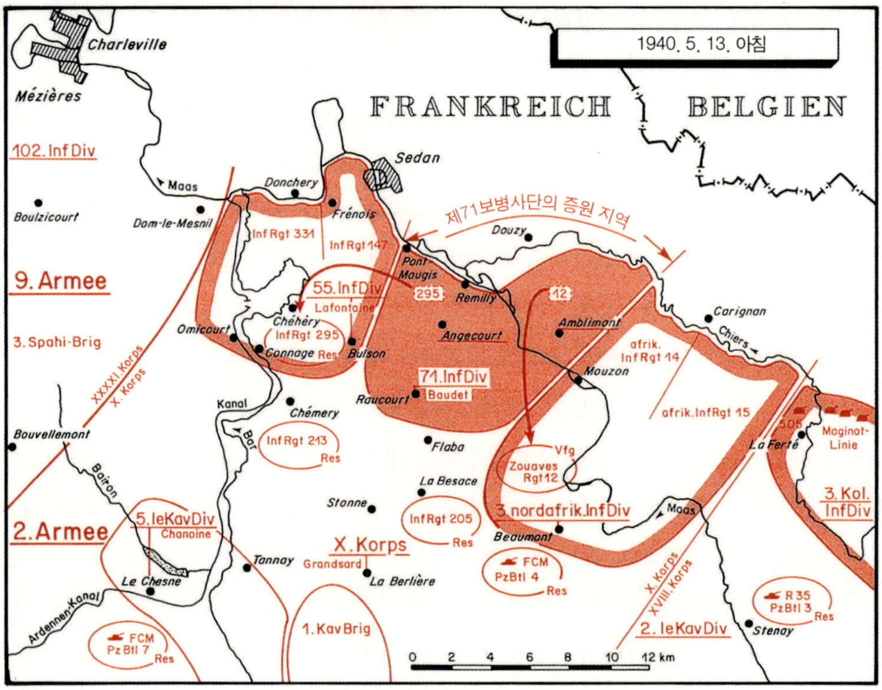

속 부대가 작전을 시행하기 전까지 부대에 완벽하게 융화될 수 있었다.[30]

6. 제71보병사단을 전선에 투입하다

독일이 공격하기 직전에 시행된 한 조치는 지속적인 방어진지 교대로 인해 심각해진 제55보병사단의 내부 분열에 기름을 부었다. 5월 10일 그랑사르 장군은 예비대로서 후방에 위치한 제71보병사단을 군단의 전선을 담당한 2개 사단 중앙에 추가로 투입할 것을 지시했다. 이론적으로는 모든 것이 단순 명쾌했다. 즉 제55보병사단은 앙쥐쿠르Angecourt 일대에 위치한 우측 연대를 철수시키고, 이 연대에 인접한 제3북아프리카 보병사단은 암블리몽Amblimont 구역을 중심으로 진지를 편성한 좌측의 연대병력을 철수시켜서 제71보병사단이 이 지역을 인수하는 것이었다. 그 후 라퐁텐 장군은 우익을 담당해온 제295보병연대를 어느 위치로 옮길지 무척 고민했던 것 같다. 그는 중대급 전투대형을 취하기로 결정했다. 처음에 횡으로 진지를 편성한 3개 연대 중 우측에 위치한 제295연대를 사단의 예비로 이동시키고 좌측과 중앙에 각각 1개 연대로 정면을 형성했다. 우단부 전투지경선의 끝은 프티 레미이Petit Remilly가 아닌 퐁모지Pont Maugis로 변경되었다. 이로써 사단의 전투정면이 마스 강선을 따라서 20km에서 14km로, 직선거리로는 14km에서 8.5km로 단축되었다. 이론상으로는 전투력이 집중되고 1km당 기관총의 사격 밀도도 32정에서 42정으로 증가되었다. 그러나 근본적으로 부대 단결력이 약했기 때문에 혼란만 일어났다. 5월 13일 야간부터 14일까지 실시되기로 계획된 제55보병사단의 부대 재편성은 그 시간에 독일군의 공세로 인해 대부분 제대로 이루어지지 못했다. 하지만 이러한 조치가 부분적이나마 이루어진 덕택에 이 두 사단은 절름발이 상태로 잠시나마 버틸 수 있었다.[31]

독일군의 마스 강 도하작전 준비

1. 클라이스트와 구데리안의 논쟁(5월 12일)

마스 강 도하와 결정적인 공세를 실시하기 하루 전날, 구데리안은 위기일발의 순간을 겪었다. 이날 오후 구데리안은 군단 지휘소가 위치한 부용Bouillon의 파노라마 호텔에서 차후 작전 계획을 논의하려 했다. 이때 갑자기 영국 공군 폭격기들이 상공에 출현했다. 호텔 앞을 가로지르는 도로에서 폭발물을 운반하던 공병부대에 폭탄 하나가 투하되어 엄청난 폭발이 일어났는데, 그 충격으로 호텔 건물 전체가 뒤흔들렸다. 그때 벽에 걸린 박제된 거대한 멧돼지 머리가 '하마터면' 구데리안의 머리에 떨어질 뻔했다.[32] 역사의 아이러니는 이런 경우를 두고 이르는 말인가! 이미 지리멸렬해진 아르덴 보병들이 그들의 상징물인 멧돼지의 머리를 이용해서라도 독일군의 수장에게 복수하는 듯했다.

뒤이어 클라이스트 장군의 지휘소에서 열린 작전회의는 구데리안을 더 자극했다. 몇몇 군사사학자는 당시 그가 염세적이거나 침울한 상태였다고 다소 잘못 묘사하고 있다. 심지어 부용에서 '멧돼지 사고'를 겪은 여파 때문이었다고 추측하기도 한다.[33] 그러던 중 상당히 모순된 상황이 벌어졌다. '민첩한 하인츠'라고 불리던 구데리안은 마스 강 도하작전을 하루만 연기해달라고 건의했다. 하지만 구데리안의 신속한 진격을 저지하려고 총력을 기울이던 클라이스트가 이번만은 정해진 공격 일정을 반드시 준수하라고 언성을 높였다.[34] 구데리안은 모든 부대가 정시에 마스 강변에 도달할 수 없다는 점을 간파했지만, 그렇다고 해서 그가 지금까지 계속 부르짖었던 기동에 의한 공세를 포기할 만한 이유는 아니었다. 어쨌든 그의 요구는 일종의 반항처럼 보이게 되었고 클라이스트는 구데리안이 짠 작전계획의 핵심국면을 마지막 순간에 뒤엎을 뻔했다.

(1) 공군력의 투입

마스 강 도하에서 가장 큰 문제점은 포병의 전투지원이 불충분하다는 것으로, 몇몇 포병부대들은 그때까지도 아르덴에서 발이 묶여 꼼짝달싹 못하고 있었다. 모든 화력지원은 공군력에 의존할 수밖에 없었다. 이 지점에서 구데리안과 그의 상급지휘관은 극심한 견해 차이를 보였다. 클라이스트는 제3항공군Luftflotte[†] 사령관 슈페를레Hugo Sperrle 공군대장과 단시간의 집중적 대량 폭격에 합의했다. 작전의 요점은 이날 오후에 시행될 공세 때 대규모 폭격기와 슈투카 편대(급강하 폭격기)를 투입해 약 20분간 단 1회의 '집중 폭격'으로 스당 지역과 마스 강 만곡부에 배치된 프랑스군을 무력화한다는 것이었다. 집중 폭격은 기계획된 보병의 마스 강 도하 개시 직전인 16시 전에 시행하기로 계획했다.

이에 반해 구데리안은 스당 공세를 위해 제2비행단장Fliegerkorps 뢰르처Bruno Loerzer 중장과 함께 당시로서는 매우 획기적인 이른바 '롤러식 폭격작전rollenden Einsatz'[††]이라는 대안을 내놓았다.[35] 이 시스템에 따르면 일정 시간대에 소수의 공군부대를 폭격작전에 투입하더라도 하루 종일 공중폭격을 지속할 수 있다. 이 시스템의 장점은 다음과 같다.

- 적 포병을 지속적으로 무력화할 수 있다.
- 끊임없는 연속적인 폭격으로 방자에게 심리적 타격을 가할 수 있다.
- '포병의 탄막사격'과 유사한 집중폭격은 목표지역에 배치된 적의 일부만 타격할 수 있는 반면, '롤러식 폭격작전'은 극소수의 항공기를 투입해도 특정한 점표적, 예를 들어 벙커 지역 같은 곳을 조직적으로 무력화할 수 있다.[36]

구데리안은 공군과 긴밀히 협의하여 세부 목표지점을 선정해 세부적인 표적군과 각각의 점표적을 표시한 정밀한 화력계획을 수립했다.[37] 이 계획은 공격 하루 전날 지상 수색정찰을 통해 밝혀진 결과를 토대로 한층 더 보강되었다. 여기서 주목할 만한 점은 직사화기와 포병, 공군력이 시공간적으로 동시에 통합·운용된다는 것으로, 이 작전은 이전에 단 한 번도 시행된 적이 없는 고도의 완성도를 요구했다. 그러나 이처럼 주도면밀하게 수

† 'Luftflotte'는 제○항공군으로, 'Fliegerkorps'는 그 예하의 비행단으로 번역했다.

†† 제파식梯波式 공격, 축차적逐次的 투입을 의미한다. 임무수행을 완료한 일정 규모의 전력을 복귀시키고 후속부대가 폭격임무를 수행하며 복귀한 부대는 재무장시켜 다시 전선에 투입한다(출격↔복귀). 이러한 방식으로 일정한 전투력을 지속적으로 전장에서 유지할 수 있다.

립된 계획이 클라이스트의 결심으로 수포로 돌아갈 수도 있었다.[38]

5월 13일 오후, 구데리안은 지본느Givonne의 남쪽 266고지에 올라가 공군의 작전을 관측했다. 구데리안은 그와 뢰르처가 선정한 표적들을 슈투카가 정확히 공격하는 모습을 보고 표현할 수 없을 만큼 크게 기뻐했다. 구데리안이 이날 저녁 뢰르처에게 전화를 걸어 공군의 효과적인 지원에 감사를 표하자 뢰르처는 음흉한 목소리로 이렇게 말했다.

> "작전 내용을 완전히 뒤집어 엎은 제3항공군의 명령이, 음, 우리끼리 얘긴데, 다행히 늦게 도착했습니다. 하마터면 그 명령 때문에 우리 부대에 큰 혼란만 생길 뻔했습니다. 그래서 명령을 수령했지만 예하부대에 하달하지 않았습니다."[39]

(2) 주공의 선정

구데리안은 주공 방향으로 스당을 강력히 주장했지만 클라이스트는 스당에서 서쪽으로 13km 떨어진 플리즈Flize 방면을 고집했다. 그는 주공이 적어도 아르덴 운하의 서편에 있어야 한다고 보았다. 그는 그 이유를 다음과 같이 설명했다.

- 마스 강 도하는 작전의 주 노력 방향인 서쪽(르텔Rethel 방향)을 염두에 두고 수행해야 한다. 스당으로 진격하면 길을 너무 많이 돌아서 간다.
- 아르덴 운하의 서쪽에 주공을 두면 도하작전을 한 번만 하면 된다. 스당으로 진격하게 되면 먼저 남쪽으로 마스 강을 도하해야 하고 그 다음에는 서쪽으로 아르덴 운하를 건너야 한다.
- 아르덴 운하 서쪽은 프랑스 제2군과 제9군의 전투지경선이 위치한 지역이므로 이 지역을 직접 공격한다면 성과를 극대화할 수 있다.

그에 반대하는 구데리안의 의견은 이러했다.

- 스당의 서쪽 지형은 마스 강 방향으로 은폐된 접근로가 거의 없고 광활한 개활지뿐이므로 적에게 쉽게 노출될 수 있다.
- 그 지역은 샤를르빌Charleville과 메치에르Mézières에 진지를 편성한 프랑스 요새포병들의 유효사거리 범위 내에 있으므로 이들이 측방 사격을 실시한다면 아군이 막대한 피해를 입을 수 있다.

- 서쪽 방면으로 전투정면을 확대하는 것은 전투력 집중의 원칙에 위배되어 전투력을 약화할 수 있다(이미 제1, 2, 10기갑사단이 스당 일대를 지향하고 있으므로).
- 군단은 스당에서의 마스 강 도하작전을 이미 수개월에 걸쳐 지속적으로 훈련했으며 공군과의 협조도 완료되었다. 그러므로 갑자기 주공방향을 변경하는 것은 전쟁 전체를 그르칠 중대한 실책이다.

무엇보다도 구데리안은 스당을 눈앞에 둔 예하 사단들에게 새로운 임무를 부여하고 재편성을 하기 위해 공격 일정을 하루 연기해달라고 클라이스트에게 요청했다. 그러나 클라이스트가 받아들이지 않아 구데리안은 그의 결정을 따를 수밖에 없었다.[40] 두 사람의 주장을 분석해보면 클라이스트의 주장은 작전술적 관점에서, 구데리안의 주장은 전술적 관점에서 타당했다. 그러나 도하작전에서는 전술을 우선적으로 고려해야 한다. 전술적 차원인 도하작전이 성공하지 못한다면 아무리 훌륭한 작전술도 쓸모가 없기 때문이다! 그럼에도 불구하고 구데리안의 대안은 대단히 도발적이었다. 전쟁 이전인 4월 13일의 회의에서 클라이스트는 구데리안의 주장에 설득당해 플리즈는 포기했지만 그래도 주공은 아르덴 운하의 서쪽에 위치해야 한다고 뚜렷이 단언했다.[41] 4월 18일에 클라이스트는 한번 더 구데리안에게 자신의 지시를 수용하겠다는 다짐을 서면으로 확인받았다.[42] 그러나 작전이 실시되자 구데리안은 독단적으로 군단의 주공 방향을 아르덴 남쪽, 즉 스당 방면으로 전환시켰고 상급자는 이 사실을 받아들일 수밖에 없었다.

(3) 교두보의 종심

클라이스트는 교두보의 종심이 6~8km 정도면 충분하다고 판단한 반면, 구데리안은 스톤Stonne의 고지지역을 포함해서 적어도 20km 정도가 필요하다고 주장했다. 그가 이곳에 얼마나 관심을 집중했는지는 훗날 이 고지에서 일어난 격렬한 전투가 말해준다. 이러한 관점에서 보면, 놀랄 만한 선견지명을 가진 구데리안이 이곳에서도 상급자의 지시를 무시하고 부대를 즉각 남쪽으로 돌진시킨 사실은 매우 흥미롭다. 이번에도 성공함으로써 구데리안은 자신의 판단이 옳았음을 여지없이 증명했다.

2. 구데리안의 작전계획과 실시

1940년 5월 13일은 구데리안에게 '진실의 날'이었다. 이날, 그의 대담한 이론이 몽상이 아님을 입증하는 것은 오로지 그에게 달려 있었다. 그가 스당 돌파를 얼마나 중요하게 생각하고 고수했는지를 감안한다면 공격명령지가 단 3장뿐이라는 사실이 놀라울 따름이다. 여기에는 두 가지 이유가 있다. 우선, 독일군에서는 임무형 전술에 따라 상급부대가 예하부대에게 공격 목표만을 하달하는 것이 통상적인 절차였고, 작전 간 실시 권한은 예하지휘관에게 철저히 위임되었기 때문이다. 두 번째 이유는, 이미 수차례 반복된 예행연습을 통해 부대원들이 스당 공격 계획을 숙달했다고 판단했기 때문이다.[43] 다음의 일화는 이 같은 사실을 증명해주는 무척 흥미로운 사건이다.

5월 1일 코헴Cochem에서 제1기갑사단의 도상연습이 실시되었다. 훈련이 종료된 후 제1기갑사단의 작전참모 벵크Walther Wenck 소령(장군참모장교 출신)은 자신이 완성한 스당 공격명령을 조심스레 보관하고 25부를 따로 복사해놓았다. 이를 옆에서 지켜보던 사단장 키르히너Kirchner 중장은 웃으며 말했다. "벵크, 너무 애쓰지 말게. 나중에 모두 다 바뀔 테니까." 사태가 급박하게 진행된 스당 공세 최종단계에 이른 5월 13일 이른 아침, 벵크에게 갑자기 명령이 떨어졌다. 그 명령지에는 계획대로 공격작전을 바로 이날, 16시 정각에 시행한다고 기재되어 있었다. 더욱더 그를 놀라게 한 것은 구데리안이 보낸 지시사항이었다. 그것은 어떠한 변경사항 없이 이전에 하달된 명령에 의거해 즉각 공격작전을 실시하라는 통보였다. 이전에 하달된 명령이란 3월 21일 군단에서 실시한 예행연습 때 구데리안이 하달한 명령으로, 코헴에서 그가 직접 작성한 사단 공격명령의 기본이 되는 것이었다. 벵크는 의기양양하게 완성된 사단 명령지와 25부의 복사본을 꺼내어 예하부대에 하달했다. 25부의 복사본에서 수정사항은 시간이 10시에서 16시로 변경된 것밖에 없었다.[44]

현대 군사사에서 구데리안 기갑군단의 마스 강 도하작전처럼 무척 어려운 여건에서, 특히 시간적 압박을 받으며 이처럼 완벽한 작전을 구사한 예는 찾아보기 힘들다. 당시 1기갑사단의 전속부관이었던 프라이탁 폰 로링호벤Freytag von Loringhoven(훗날 중장으로 진급)은 이 때를 이렇게 회상했다. "준비단계, 공격, 도하 그리고 돌파가 시계 태엽이 돌아가듯 아귀가 맞게 착착 진행되었다."[45]

구데리안의 작전계획이 주목을 끄는 이유는, 그가 즐겨 부르짖던 소위 집중의 원칙(집중하라! 분산하지 말라!)을 완벽하게 구현했기 때문이다. 그의 기갑군단에는 총 6만여 명의 병력과 2만 2천여 대의 차량이 편제되었고 그는 아르덴 운하와 퐁모지에 연한, 불과 10km에 이르는 전선 정면에 3개의 기갑사단을 모두 투입해 마스 강 도하작전을 감행했다. 돈셰리와 와들랭쿠르Wadelincourt 사이의 실질적인 돌파구 정면은 5km 정도에 불과했다. 그는 주공을 담당한 제1기갑사단에 또 하나의 중점을 형성하고, 사단을 정중앙, 특히 공격작전 시 유리한 골리에의 마스 강 유역에 투입했다. 그는 반드시 이곳에서 도하작전에 성공해야 한다고 강조했다. 그래야만 양익에 위치한 2개의 인접 기갑사단이 좌우 측방으로 우회하여 마스 강 도하를 감행할 수 있다고 판단했다. 따라서 제2, 10기갑사단이 공격할 때는 2개의 포병대대만이 이들을 지원한 반면, 3km 남짓한 제1기갑사단의 정면에는 모든 중포병포대를 포함한 8개 포병대대의 화력을 집중 운용했다.[46] 이와 더불어 공군력이 골리에 남부의 마스 강 만곡부를 집중 폭격하기로 계획했다.

구데리안에게 가장 큰 문제점은 턱없이 부족한 포병전력이었다. 5월 13일, 그의 군단이 겨우 141문의 화포만을 보유한 반면, 반대편의 프랑스군은 제55사단 예하에만 174문이 집중 편제되었다.[47] 프랑스 제10군단 예하의 포병부대들 대부분은 구데리안 기갑군단의 공세를 저지하기 위해 투입될 수도 있었다.[48] 또 우익부에 위치한 프랑스 제41군단의 포병부대들, 특히 샤를르빌과 메치에르의 요새 포병들의 화력은 치명적인 영향을 줄 수 있었다. 이를 종합해보면 공자와 방자 간의 포병 전투력 비율은 약 1:3으로 독일군이 심각할 정도로 열세했다! 그러나 이 비율도 구데리안의 포병 전투력을 최대한 산입한 것이었다. 포병부대 대부분이 아르덴에서 정체되어 빠져나오지 못해 전투에 투입될 수가 없었다.[49] 결국 제2기갑사단은 1단계 작전에서 실질적인 포병지원 없이 공격을 해야 하는 가장 난해한 임무를 수행해야 했고, 제1기갑사단도 포병의 지원을 기다리기 위해 일시적으로 부대가 정지하여 시간을 허비하고 말았다. "이 시기에 기계획된 포병화력 지원은 일체 실시되지 않았으며 약 16시가 되어서야 그들의 도착을 알리는 한 발의 신호탄 사격이 있었을 뿐이다!"[50]

클라이스트는 그때를 이렇게 회고했다. "〔…〕 나의 포병부대들은 포대당 50여 발(문당 12발)의 포탄밖에 사격하지 못했다. 탄약 수송부대들이 아르덴의 정체에서 헤어나지 못했기 때문이다."[51]

이러한 상황 때문에 구데리안은 전격전의 '수직 포병'인 공군에게 모든 희망을 걸었다.

5 - 3

마스 강 도하 (5월 13일)

1. 스당의 묵시록 : 공군의 집중 폭격

"포병들은 사격을 포기하고 지면에 바짝 엎드렸고, 보병은 참호 속에 파묻혀 도저히 꼼짝달싹할 수 없었다. 슈투카들의 굉음 소리와 폭탄의 파편 속에서 그들은 실신해버렸다. 〔…〕 이 악몽의 5시간은 그들의 정신력을 갈기갈기 찢어놓기에 충분했다. 다가오는 적 보병부대를 발견하고서도 전혀 저항할 수 없을 만큼 그들은 무기력했다."[52]

독일 공군 공격의 효과에 대해서, 루비 장군

5월 13일 스당에서 시행된 독일 공군의 집중적인 폭격작전은 서부전역에서 가장 잔인한 장면인 동시에 이 전쟁에서 가장 성공적인 전술적 기습이라고 할 만큼 중요한 의미를 지니고 있다. 영국과 프랑스는 이때에 제1차 세계대전 중 최초로 전차가 출현하고 독가스를 사용했던 때에 버금가는 심리적 충격을 받았다.[53] 독일 공군은 이 작전 이후 이처럼 협소한 정면에 엄청난 집중 폭격을 다시는 실시하지 않았다.

클라이스트 장군이 5월 13일 마스 강 도하작전 명령에서 강조한 바와 같이 독일 공군의 가용한 모든 전력이 이곳에 투입되었다.[54] 비록 전 전력이 투입되지는 못했으나 당시 스당 지역만큼 공중전력이 집중된 경우도 없었다.[55] 작전의 중추를 담당한 부대는 제3항공군, 그중에서도 제1비행단의 일부와 제3요격전단의 전투기들로 증원 편성된 뢰르처 중장의 제2비행단이었다. 제5비행단은 공세 종심상의 적부대를 차단하는 임무를 수행했다. 이날 오후에는 제2항공군 예하의 제8비행단이 폭격작전에 추가로 투입되었다. 이 임무에서 핵심적인 역할을 담당한 것이 바로 지상군에 대한 직접적인 화력지원으로 특화된 유명한 프라이헤르 폰 리히트호펜Friherr von Richthofen 소장 휘하 '근접지원 비행단'이었다. '슈투카의 아버지'라고 불리는 슈바르츠코프Günter Schwartzkopff 대령(사후에 소장으로 추서[56])이 지휘한 제77슈투카 전대도 막중한 임무를 성공적으로 완수했다. 이때 클라이스트 기갑군을 지원한 전투기는 총 1,500대에 달했다.

- 폭격기 600대 (He 111, Do 17, Ju 88)
- 슈투카 250대 (Ju 87)
- 전투기 500대 (Me 109)
- 전폭기 120대 (Me 110)[57]

그러나 독일 공군의 기록이 일부만 남아 있기 때문에 총 몇 회의 직·간접적인 항공지원 작전이 실시되었는지는 정확히 밝힐 수가 없다. 하여튼 수많은 항공기가 5월 13일 수차례 공중 폭격에 참가했다. 몽테르메-샤를르빌-메치에르 일대의 라인하르트 군단을 지원하기 위해서는 극소수의 전폭기가 투입되었다. 대부분의 항공기들의 공격 목표는 스당의 만곡부였고 이들은 구데리안 장군과 뢰르처 중장이 발전시킨 일명 '롤러식 폭격작전'을 시행했다.[58] 이 작전에 무려 310대의 폭격기, 200대의 슈투카, 300여 대의 전투기와 전폭기가 투입되었다.[59] 스당의 마스 강 만곡부 일대 약 4km의 극히 좁은 정면에 1,215회에 달하는 폭격기와 슈투카의 집중 폭격이 단행되었다![60] 클라이스트 기갑군이 마스 강을 도하하기 직전 90여 분간 750여 대의 슈투카와 폭격기가 지원되었다.[61] 5월 13일 공군은 다음과 같은 시간 계획에 의거해 작전을 수행했다.

- 1단계 : 08:00~12:00. 최초 제3항공군의 항공기가 주공 방향을 스당 인근으로 삼고 플리즈와 무종 일대 마스 강변의 프랑스군 방어진지를 폭격한다.
- 2단계 : 12:00~15:40. 정오를 기해 출격하기로 계획된 제8비행단의 슈투카 제1제대는 공격 방식을 전환해 특정 목표에 대한 정밀 조준사격을 실시한다.
- 3단계 : 15:40~16:00. 마스 강 도하 직전의 폭격 단계로, 스당의 마스 강 만곡부에 집중 폭격을 감행한다.

|슈투카|

슈투카(급강하폭격기 Ju 87)는 전차와 함께 전격전의 상징이 되었다.

• 4단계 : 16:00~17:30. 보병 제1제대가 마스 강으로 투입될 시점에 맞춰 공군전력은 적 종심으로 이동해 적 후방 일대를 폭격한다. 모든 슈투카 편대들은 사전에 정확히 지정된 계획에 의거해 적 후방 지역의 진지와 포병부대를 타격한다.

• 5단계 : 17:30~어두워질 때까지. 최종단계로서, 적 후방 지역에서 전선으로 진출하는 적 예비대를 폭격해 진출을 차단함으로써 돌파구를 완벽하게 구축하는 데 기여한다.

여러 전투보고서를 통해 알 수 있듯이, 특히 16시 직전까지 시행된 집중 폭격은 프랑스군에게 생지옥을 방불케 했다. 프랑스군 방어체계상의 종심지역은 그 후 물론 폭격 강도가 줄어들었지만, 1시간 반 동안이나 독일 공군의 공격에 시달렸다. 그 결과 프랑스 제55보병사단의 포병을 장시간 무력화하는 데 성공했고, 구데리안이 예상한 대로 계속되는

'롤러식 폭격'은 심리적 효과 면에서 적의 전투의지를 상실시키는 결정적 역할을 했다. 슈투카 조종사들은 적의 진지로 급강하할 때마다 소름끼치는 날카로운 사이렌 소리, 소위 '예리코의 나팔'† 소리를 울려 적의 공포감을 자아냈다. 폭격기의 날개에 장착된 '오르간 파이프'는 귀를 찢는 듯한 굉음을 만들었다. 마스 강의 북부에서 대기 중이던 독일군 병사들도 이 소리에 강렬한 인상을 받았다. 병사들은 스당의 깊고 둥그런 골짜기가 마치 연기와 화염으로 가득 찬 로마시대의 원형경기장처럼 느껴졌으며 야릇한 매혹과 공포감에 빠져들었다.

"〔…〕 그리고 20분 후, 우리 앞에 펼쳐진 광경은 이번 전쟁 중 가장 처참했다. 꼬리에 꼬리를 물고 수많은 전폭기들이 대형을 갖추어 고고도로 전개하더니, 이윽고 최선두의 폭격기가 굉음을 내며 수직으로 급강하하자 두 번째, 세 번째, 〔…〕 열 번째, 열한 번째 폭격기가 연이어 그 뒤를 따라 먹이를 향해 날아가는 독수리처럼 맹렬히 돌진했고 동시에 이들이 퍼부은 폭탄이 목표지점에서 작렬했다. 〔…〕 매번 거대한 폭발이 일어났고 폭발음에 천지가 뒤흔들릴 정도였다. 모든 것이 흐릿해지고 뒤섞여버렸다. 〔…〕 도시를 삼킬 듯한 무시무시한 폭격이 적들을 휩쓸고 지나가면 연이어 새로운 폭격기 편대가 같은 목표를 공격하기 위해 또 한 번 하늘 높이 상승했다. 공세의 입구, 스당이 열리고 있었다. 우리는 눈앞에서 벌어지는 광경에 사로잡혀 우두커니 서 있었다."[62]

마스 강변의 광경은 독일군 보병 병사들에게도 대단히 위협적으로 느껴졌다.

"마치 지옥에 떨어진 것 같은 기분이었다.〔…〕 적들의 진지가 구축된 강 건너편에서 황회색의 황산덩어리가 솟아올랐고 점점 더 커졌다. 거대한 기운이 대지를 뒤흔들었고 목표물들은 폐허로 변했다. 〔…〕 지표면이 요동치고 건물이 흔들렸다. 이 광경이 저쪽의 프랑스 놈들에게는 과연 어떻게 보일까?"[63]

완전 무방비 상태였던 프랑스의 제55보병사단의 병사들에게 이 상황은 생지옥이나

† 여호수아 장군이 나팔소리만으로 예리코 성(여리고 성)을 함락했다는 구약성서의 이야기에서 유래한 비유.

다름없었다. 프랑스군 미샤르Michard 중위는 당시의 공포감을 다음과 같이 묘사했다.

"계속해서 일어나는 폭발이 천지를 뒤덮었다. 악몽 같은 폭음 소리 외에는 아무런 감각도 느낄 수 없다. 폭탄이 허공을 가르며 떨어지는 소리는 점점 더 커지고 가까워졌으며, 그칠 줄을 몰랐다. 우리 병사들은 바로 자신이 적의 표적이라고 느끼고 있었기에 더 초조해했다. 그 후 일어난 폭발에 처음에는 안도했었다. 그러나 첫 번째, 두 번째, 열 번째……. 휙휙거리는 소리가 공중을 가득 메웠고, 폭발음이 끊임없는 천둥소리처럼 뒤엉켜 들려왔다. 소리가 일순간 멈출 때면 사방에서 죽어가는 사람들의 헐떡이는 숨소리가 간간이 들려왔다.

우리는 고막이 터지지 않도록 입을 벌리고 등뼈가 휠 정도로 몸을 구부린 채 꼼짝달싹 못하고 침묵할 수밖에 없었다. 각종 폭탄들이 폭풍우처럼 떨어지고 〔…〕 벙커가 들썩거렸다. 조그마한 폭탄들은 마치 작은 소포꾸러미처럼 떨어졌다. 그러나 큰 폭탄들은 '휙' 하는 소리도 나지 않았다. 그것들이 떨어질 때의 소음은 열차가 다가오는 소리와 똑같았다. 나는 방금 전 두 번이나 환상에 빠졌다. 〔…〕 나는 기차역에 서 있었고 기차가 들어오고 있었다. 〔…〕 그 순간, 무시무시한 폭발소리가 들렸고 나는 환각 상태에서 깨어나 처절한 현실로 되돌아왔다. 폭격기에 이어 이제는 슈투카가 날아왔다. 수직으로 하강하는 슈투카의 사이렌 소리에 귀청이 찢어지고 온 신경이 마비되는 듯했다. 울부짖고 싶은 심정이었다."[64]

흥미롭게도, 당시 이곳과 이격된 안전지대에 있던 독일군 장교들은 이 무시무시한 장면들을 목격했음에도 불구하고 공중폭격의 진가를 전쟁이 종결된 후 몇 해가 지나서야 알게 되었다. 1957년 프랑스 지휘참모대학의 전쟁사 교관이 주선해 1940년 스당 지역에서 전투를 치른 독일군 제1기갑사단의 장교들과 프랑스군 참전용사들이 만났다. 킬만스에크는 다음과 같은 사실 때문에 몹시 놀랐다. 먼저, 엄청나게 많은 폭탄을 사용한 데 비해 공군의 실질적인 파괴 효과가 극히 미미했다는 점이다. 독일 공군은 단 하나의 벙커도 명중시키지 못했으며, 프랑스군의 전 사상자는 겨우 56명 정도였다. 그러나 간접적인 효과는 엄청났다. 거의 모든 야전 통신선이 절단되어 제55보병사단의 지휘체계가 마비되다시피 했다. 더욱 결정적인 타격은 병사 개개인을 심리적으로 마비시켜 계속되는 '롤러식 폭격'에 견뎌내지 못하게 만든 것이다.[65]

2. 제1기갑사단의 돌파

전쟁 이전에 고위급 장군들은 1개 기갑사단의 역량으로는 도하작전을 절대 실시할 수 없다고 경고했다. 제1기갑사단은 단 1개의 보병연대만을 보유했기 때문이다. 구데리안은 주공 중의 주공으로 가장 중추적인 임무를 수행해야 할 이 사단에 최정예 보병부대를 추가 증원했다. 특히 5월 13일 마스 강 도하를 위해 제1기갑사단은 독일군 내에서 가장 전투력이 왕성한 대독일보병연대Großdeutschland Infanterie Regiment와 제43강습공병대대Sturm-pionier-Bataillon를 배속 받았다.

(1) 대독일보병연대의 247고지 공세

마스 강 도하작전은 스당 북부 외곽지역의 퐁뇌프 교량을 이용하도록 계획되었다. 그러나 공군의 집중 폭격에도 불구하고 마스 강 일대의 모든 벙커시설들이 온전하게 남아있어 교량을 이용하려던 작전에 뜻밖의 차질이 생겼다. 강습정과 고무보트로 도하를 감행하려고 갖은 수단과 방법을 동원했지만 허사였다. 도하지점을 통제하던 211벙커를 일단 화력으로 제압하기로 했다. 그러나 대독일보병연대 예하의 돌격포 포대의 구경 7.5cm 포는 이 견고한 철골구조물을 격파하기에 역부족이었다. 차륜화된 8.8cm 포 1문을 견인하여 벙커를 파괴하는 데는 성공했지만 포를 진지로 끌어오는 데 엄청난 시간을 허비했다. 이러한 상황에서 독일군은 다시 강습정으로 마스 강 극복을 시도했으나 적의 강력한 저항에 부딪혀 도하에 실패했다. 도하하려고 보트에 막 오른 그라프 폰 메뎀Alexander Graf von Medem 소위와 2명의 공병 병사는 그 자리에서 피격되어 즉사했다. 몇 시간 동안 적 지역을 탐색해 적의 기관총 진지의 위치를 찾아냈다. 강 건너편 제방 위에 벙커 1개가 정교하게 구축되어 있었고, 측방에서 사격을 했기에 정면에서는 쉽게 발견할 수 없었던 것이다. 이 벙커를 제압한 후에야 전방에 있던 제2대대가 도하를 개시할 수 있었다.

제7중대장 바커나겔Eberhard Wackernagel[66] 중위와 그의 병사들은 대대의 선두로 도하를 완료하여 즉시 퐁뇌프와 심티에르Cimetière 일대의 적 방어진지의 거점들을 공격 · 점령했다. 그런 다음 스당의 서쪽 외곽에서 남쪽 방면으로 진출했으나 남쪽 고지에 위치한 적 벙커의 포병사격을 받아 돈셰리와 스당을 잇는 도로에서 부대를 정지시켰다. 곧이어 쿠르비에르René l'Homme von Courbière 중위의 6중대가 이곳에 도착했다. 단시간 내에 협조를 마치고 7중대의 엄호를 받아 6중대가 적 벙커들을 향해 돌격했다. 다음의 보고서는 이곳의 전투상

| 1940년 5월 13일 스당에서의 적 방어진지 돌파 |

독일군의 공세

결정적인 돌파작전

코르탈스 중위 특공대 : 43공병대대 3중대 예하 2개 소대(1기갑사단)

쿠르비에르 중위 특공대 : 대독일보병연대 6중대(1기갑사단)

루바르트 중사 특공대 : 49기계화공병대대 2중대 예하 1개 분대(10기갑사단)

0 200 400 600 800 1000 1200 1400 1600 1800 2000 m

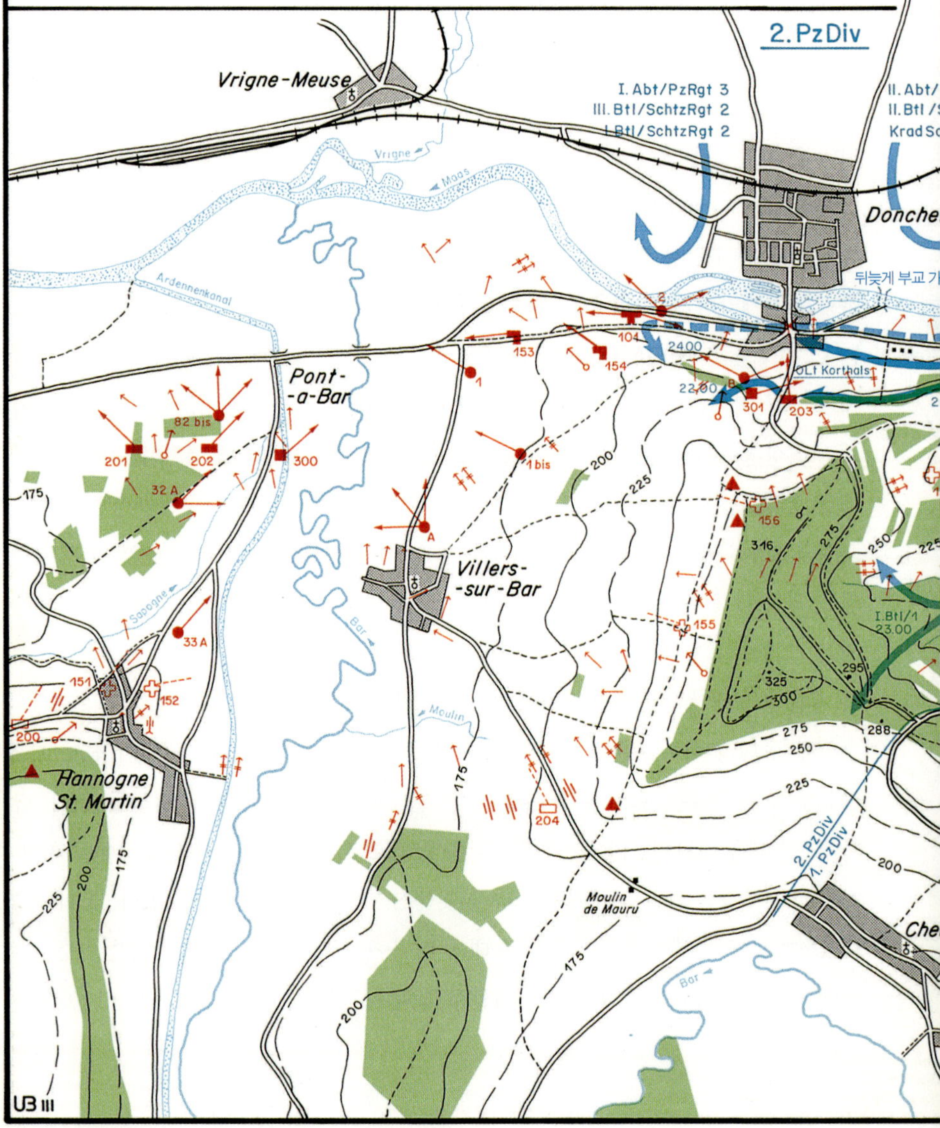

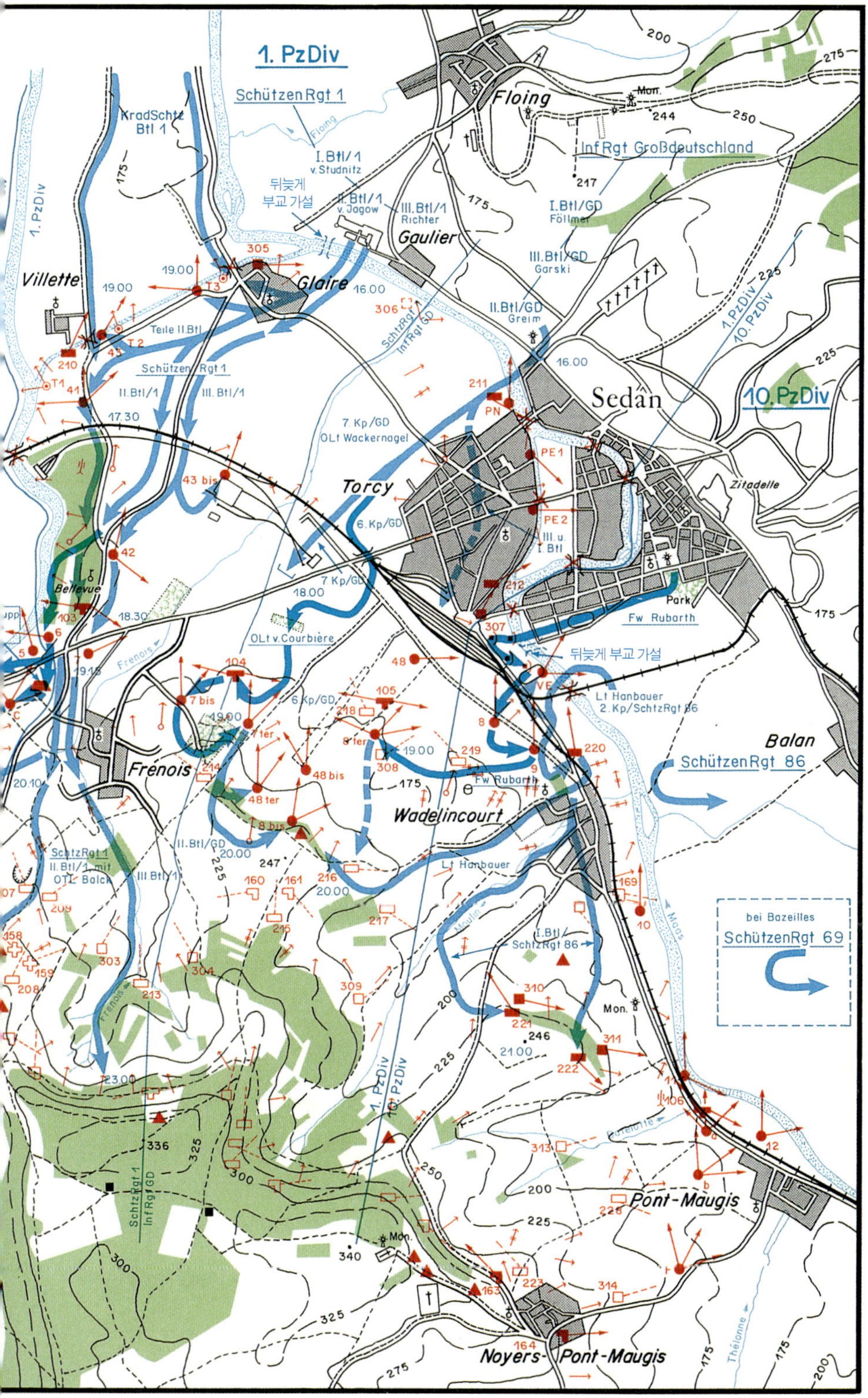
1. PzDiv
Schützen Rgt 1
KradSchtz Btl 1
1. PzDiv
I. Btl/1 v. Studnitz
II. Btl/1 v. Jagow
III. Btl/1 Richter
뒤늦게 부교 가설
Floing
Inf Rgt Großdeutschland
I. Btl/GD Föllmer
III. Btl/GD Garski
II. Btl/GD Greim
Gaulier
Villette
Glaire
Teile II. Btl
Schützen Rgt 1
II. Btl/1
III. Btl/1
SchtzRgt 1
Inf Rgt GD
1. PzDiv
10. PzDiv
10. PzDiv
Sedan
Zitadelle
7. Kp/GD
OLt Wackernagel
Torcy
6. Kp/GD
7 Kp/GD
III. u. I. Btl
Bellevue
OLt v. Courbière
Park
Fw Rubarth
뒤늦게 부교 가설
Lt Hanbauer
2. Kp/SchtzRgt 86
Balan
Schützen Rgt 86
Frénois
6 Kp/GD
Fw Rubarth
Wadelincourt
II. Btl/GD
SchtzRgt 1
II. Btl/1 mit
OTL Balck
III. Btl/1
Lt Hanbauer
I. Btl/
SchtzRgt 86
bei Bazeilles
Schützen Rgt 69
Maas
Mon.
1. PzDiv
10. PzDiv
SchtzRgt 1
Inf Rgt GD
Pont-Maugis
Noyers-Pont-Maugis
Thélonne

|1940년 5월 10일 대독일보병연대의 편성|

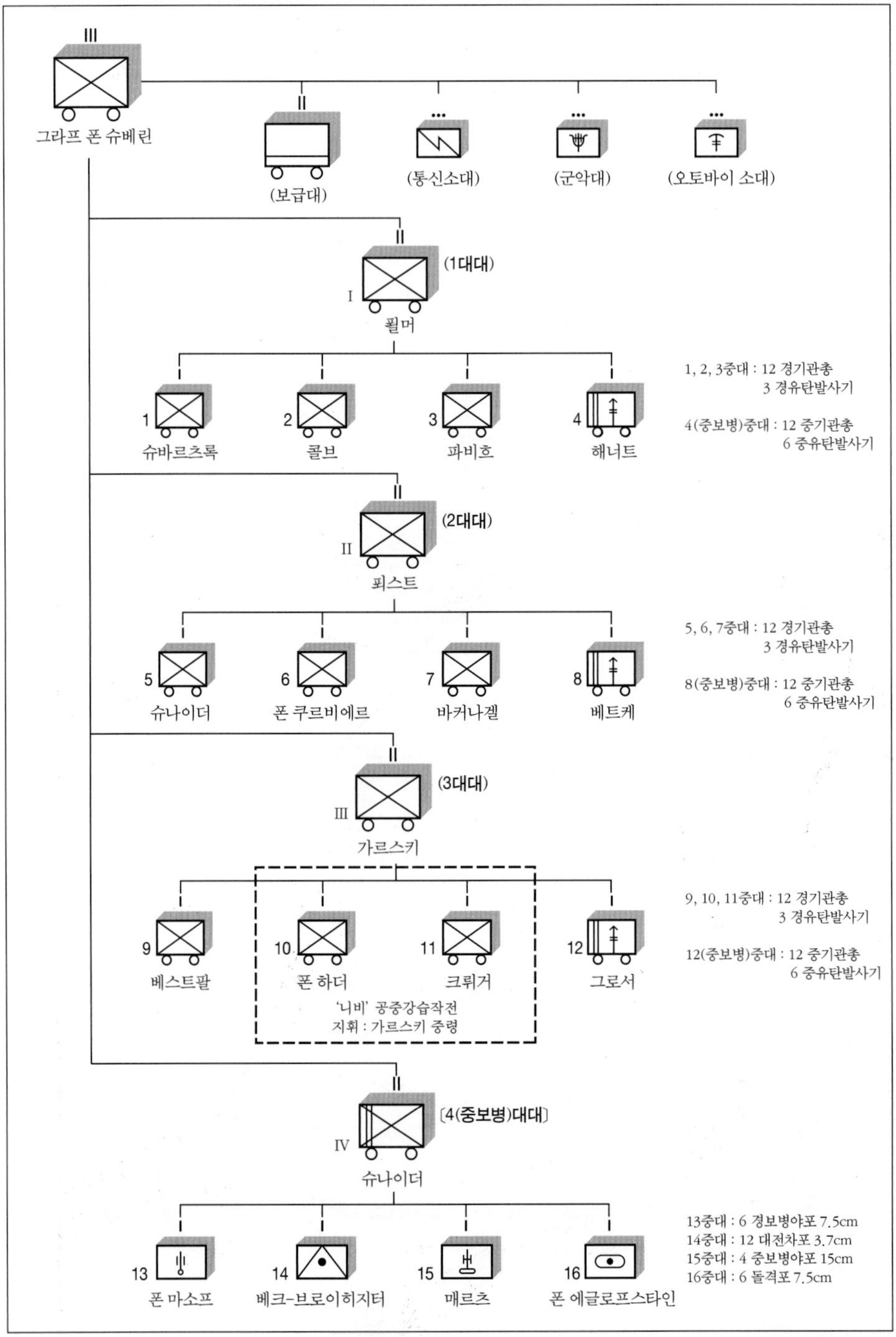

황을 매우 잘 묘사하고 있다.

> "6중대는 신속한 결단을 내렸다. 물론 가능한 중대원이 반밖에 없는 데다 중화기가 전혀 없었다고 해도 결론은 단 하나뿐이었다. 공격 앞으로! 재빨리 정찰을 실시한 결과, 도로를 따라 펼쳐진 과수원에서 남쪽으로 약 200m 지점에 6개의 총안구로 구축된 거대한 벙커(104 벙커)가 있음을 확인했고 바로 앞의 과수원은 은 · 엄폐가 가능한 양호한 접근로를 제공했다. 그곳에서 남서쪽으로 250m 후방에는 비교적 작은 규모의 벙커(7-2 벙커)가 하나 더 있었다."[67]

6중대는 대부분의 중대 병력이 적의 측후방으로 기동해 벙커 전방까지 도달하는 데 성공하여 정면 공격을 시도했으나 적의 기관총 사격을 받아 더 이상 진출할 수가 없었다. 이때 한 하사와 2명의 병사가 포병탄의 탄흔을 이용해 은폐 · 엄폐하며 포복으로 벙커의 좌측방으로 접근했다. 이들은 적의 사각지대에 이르자마자 벙커의 총안구로 수류탄을 투척했다. 곧 적병들이 벙커를 빠져나와 항복했다.

여세를 몰아 후방에 위치한 7-2 벙커를 탈취하는 데도 성공했다. 그러나 갑자기 좌측방에서 날아온 적 대전차로켓 공격에 피습당해 이 전투에서 첫 번째 사상자가 발생했다. 처음에는 공격 위치를 파악하지 못했다. 이때 미심쩍게 생긴 헛간에서 어슴푸레 총안구가 확인되면서 적의 공격 지점이 노출되었다. 6중대는 즉시 7-3 벙커를 급습해 무력화하는 데 성공했다. 이렇게 해서 2대대는 제1보병연대와의 전투지경선을 다소 침범하기는 했지만 19:00시 어간, 프랑스 제2저지선을 침투 · 돌파하는 큰 성과를 올렸다.

7, 8중대가 합류한 후 제2대대는 수 개의 벙커와 참호들로 둘러싸인 247고지를 공격했다. 이곳은 중대 방어거점Centre de résistance 인 라 프라이엘La Prayelle로, 수많은 벙커와 참호들이 구축되어 있었다. 치열한 백병전을 치른 끝에 20:00시경 이 고지를 탈취하는 데 성공했다. 브와 드 라 마르페(이곳에서 남쪽 방면에 위치한 336고지)까지 이르는 접근로는 개활한 지형이라 그곳까지 진출하지는 못했다. 게다가 1, 3대대와 너무 많이 떨어져 있었다. 두 대대는 스당 남쪽 마스 강변에 있는 도시인 토르시에서 치열한 시가전을 치르고 있었다.[68]

대독일보병연대 6중대의 공격작전을 분석하면 다음과 같다.

• 작전 성공의 핵심요인은 '기동'이었다. 제2대대는 기계획된 시각, 즉 16:00까지 정확히 도하지점에 도달하기 위해 2시간 내에 10km 이상을 행군해야 했다. 그러나 적의 포병사격 때문에 때때로 포복으로 기동하거나 엄폐진지를 점령했으며, 급속 행군 중에도 유탄발사기, 기관총 그리고 탄약까지 운반했다. 이들은 마스 강변에 이르자마자 숨 돌릴 틈도 없이 도하작전을 개시했다.
• 중화기의 지원을 전혀 받지 못하고 순수 보병만으로 공격을 실시했음에도 적을 무력화하는 데 성공했다.[69]
• 인접 부대와의 상호지원 없이, 철저히 독립적으로 침투작전을 실시했다는 점은 주목할 만하다. 선두에서 도하에 성공한 중대는 후미의 부대들을 기다리지 않고(노출된 측방을 고려하지 않고) 즉시 돌격을 감행했다.
• 특공대의 지휘관은 상급 지휘관과의 통신이 두절된 데다 정확한 차후 작전 명령도 받지 못한 상황이었다. 그의 유일한 행동 근거는 대대의 임무였다. "제2대대는 대독일보병연대의 전위부대로 마스 강을 도하하여 마지노선을 돌파한 후 247고지를 확보하라."[70]

이것이 바로 전형적인 독일군 임무형 전술의 예이다. 오로지 공격 목표만이 하달될 뿐이다. 중대장은 상급부대가 지정한 경로를 따른 것이 아니라 최소한의 적 저항이 있는 곳을 스스로 판단하고 진격했다. 이때 적의 결정적인 허점을 발견하면 인접 연대와의 전투지경선을 침범하면서까지 즉각 돌격을 감행했다.

(2) 제1보병연대의 301고지 공략

제1보병연대는 대독일보병연대보다 훨씬 수월한 임무를 부여받았다. 이들은 골리에의 간격을 활용하여 마스 강을 극복했다. 이때 수많은 장교들이 병사들과 함께 최선두의 보트에 올라 마스 강을 건넜다. 군단장 구데리안 장군이 2제대의 최선두 강습정을 타고 하천 건너편에 도착하자 이미 와 있던 제1보병연대장 발크 중령은 다음과 같은 인사말로 그를 맞이했다. "마스 강에서 곤돌라를 타는 것은 금지되어 있습니다. 장군님!" 이는 구데리안의 표현을 슬쩍 비꾼 말이다. 구데리안은 전쟁 직전에 실시한 예행연습 때 작전에 무관심한 일부 젊은 장교들에게 적의 사격을 받는 상황에서 마스 강 도하를 곤돌라를 타는 것처럼 간단하게 생각해서는 안 된다고 경고했었다.[71] 도하작전을 무사히 마친 제1보병연대는 중간목표인 벨뷔Bellevue 요새의 남쪽 교차로를 확보하기 위해 즉각 남쪽으로 진격했다. 이곳은 과거 프랑스의 운명을 결정지었던 역사적인 장소이다. 바로 이 성에서 1870년 9월 2일 나폴레옹 3세가 프로이센의 빌헬름 1세에게 항복을 선언했다. 1940년 5월 13일에 이곳과 멀지 않은 유명한 마지노선의 연장선상에서 프랑스가 결정적인 돌파를 당했다. 독일군 보병부대는 103벙커를 주축으로 하는 샤토Château 거점을 탈취하자마자 벨뷔 교차로와 스당-돈셰리 간의 도로를 넘어서 프랑스군 중대 방어거점이 위치한 프레누아를 습격했다.[72]

수많은 전투보고서들 중 제1기갑사단에 일시 배속된 한 특공대가 임무를 달성해 작전에 기여했다는 내용이 실린 보고서는 거의 없다. 그 주인공은 코르탈스Günther Korthals 중위가 지휘하는 제43공병대대 3중대 예하 2개 소대 규모로 편성된 특공대였다.[73] 이 특공대의 공병들은 전쟁 전 폭파장비와 화염방사기를 이용한 훈련을 수차례 받아 공격방법을 숙달한 벙커 전투의 전문가로 정평이 나 있었다. 벨기에의 철옹성, 에벤 에마엘Eben Emael 요새 탈취를 위한 공정작전에 이 같은 부대가 투입되어 진가를 발휘한 예도 있다.

이 3중대에게 이날의 작전은 악몽이나 다름없었다. 5월 13일 16:00시, 제1제대의 일부로 마스 강 도하가 계획된 시각에 중대의 차량은 아직도 아르덴 남부의 숲속에서 꼼짝 못하고 있었다. 중대가 뿔뿔이 흩어지자 중대장 구티Guthy 중위는 각 소대장들에게 소대별로 각자 골리에의 마스 강변까지 진격하라고 명령했다. 17:15분, 코르탈스는 3소대를 이끌고 마스 강변에 도착하자마자 도하를 감행했다. 그는 무척 곤란한 상황에 처했는데, 자신의 지휘관뿐만 아니라 제1보병연대장과도 통신이 두절된 데다 함께 도하한 1소대도 지휘해야 했다. 코르탈스는 1소대와 3소대를 이끌고 단독으로 공격작전을 실시했다.

이 시각, 제1보병연대의 진격은 스당과 돈셰리에 이르는 도로인 벨뷔 교차로에서 다소 주춤했다. 이 상황을 즉각 간파한 코르탈스는 서쪽으로 우회해 제2기갑사단의 작전지역으로 침투했다. 마스 강 제방 일대에 위치한 2개의 벙커를 포착해 사전에 연막 유탄으로 적병들의 시야를 방해한 뒤 기습하여 점령하는 데 성공했다.[74] 18:30분경,[75] 이 부대는 돈셰리에 이르는 도로를 가로질러 교차로 서남부에 위치한 스당 지역 프랑스군 방어에 핵심시설인 포병 요새를 공격하기 위해 진격했다. 이 벙커는 대단히 중요했다. 이 한 곳에서 돈셰리 일대의 마스 강 유역과 건너편의 개활지까지 모두 통제할 수 있었고, 마스 강변에서 도하하려는 독일군을 저지할 수도 있었다. 강 건너편에는 하천가로 강습정을 운반하려던 제2기갑사단 예하 전차 수 대가 적 포병사격을 받아 고철덩어리가 되어 불타고 있었다. 그때 전차 1대가 주포로 벙커의 포문과 포 1문을 명중시키자 일시적으로 적 포병의 사격이 멈추었다. 이 과정에서 많은 사상자가 났지만 남은 프랑스군 포병들은 계속 사격했다. 벙커의 지휘자인 노나Nonat 소위는 다른 포로 사격하라고 독려하고 있었다. 그러나 독일군 전차의 주포 사격도 만만치 않았다. 이때 공병부대가 벙커를 우회해 들어와 코앞까지 접근하자 큰 포문 때문에 벙커를 방어하기가 어렵다고 판단한 프랑스군 포병 병사들은 이곳을 포기했다. 같은 시각, 언덕 중턱에서 교차로를 통제하던 C벙커의 상황도 마찬가지였다. 이들은 이미 독일군 전차포에 제압당했던 것이다.

이 침투부대는 마스 강 유역의 벙커 방어선 일대에서 최초로 돌파에 성공했다. 코르탈스는 제2기갑사단 병력의 원활한 도하작전을 위해 서쪽으로 방향을 전환하여 측후방으로 우회해 다른 벙커들도 제압하기로 결심했다. 제2기갑사단은 수차례 마스 강 도하를 시도했지만 매번 실패해 악전고투하고 있었다. 코르탈스의 두 소대는 마스 강을 따라 돈셰리에 이르는 도로로 진격했다. 그 과정에서 102벙커 같은 거대한 요새시설을 여러 개 점령했다.[76] 공병부대는 마스 강변 남쪽에 있는 돈셰리 외곽지역까지 밀고 들어갔다. 해가 진 후에는 야음을 틈타 남쪽 언덕에 유기된 적 벙커 일부를 장악했다. 그 틈에 제2기갑사단 제1제대가 성공적으로 마스 강을 건넜다.

독단적으로 시행된 이 두 공병소대의 공격은 제1기갑사단 예하 제1보병연대의 신속한 돌파작전에도 크게 공헌했다. 벨뷔 교차로의 서쪽에 위치한 적 방어거점으로부터의 측방 위협이 사라져 제1보병연대는 20:10분경까지 프랑스군 중대 방어거점 중 하나인 프레누아를 쉽게 점령했다. 그러나 제1보병연대는 그동안의 강행군으로 이날 전투력이 모두 소진되었다. 연대장 발크 중령(훗날 이 전쟁기간 중 집단군 사령관으로 승진했다)은 특유의 강력하고 비범한 리더십을 발휘해 이날 저녁 프레누아 남부에 있는 301고지(라 불레트La Boulette)를 무조건 확보해야 한다며 진두에 서서 부하들을 독려했고, 공세가 재개되었다. 1870년 대원수 몰트케의 고지로 불린 301고지를 보며 냉철한 직업군인인 발크 중령은 낭만적인 향수에 빠지기는커녕 제1차 세계대전 때 플랑드르의 켐멜Kemmel 고지 공세를 떠올렸는지도 모른다. 승리를 눈앞에 둔 독일군은 전투력이 완전히 고갈되었다고 생각해 잠시 휴식을 취했다. 그곳에 부대원들을 독려해 다시 한번 최전선으로 진격하게 만들어 최후의 승리를 쟁취할 만한 상급 지휘관은 없었다. 그날 밤, 프랑스군은 신속히 예비대를 투입해 켐

| 벨뷔 성 남부의 포병진지 |

7.5cm 야포가 배치되어 돈셰리 일대의 마스 강 만곡부를 통제했다.

멜 고지에 새로운 방어진지를 구축했다. 독일군은 다음 날 그곳을 탈취하는 데는 성공했지만 많은 사상자를 낳았다. 발크는 여기에서 다음과 같은 교훈을 얻었다. "오늘 쉽게 할 수 있는 일을 내일로 미루면 강물 같은 피의 대가를 치러야 한다." 그는 301고지에 '오늘의 고지Höhe des Tages'라는 이름을 붙이고, 일몰이 다가왔음에도 공격할 것을 명령했다. 발크는 직접 최전선의 2대대 지역에서 공격을 진두지휘했으며 마침내 고지의 정상에 있는 적 거점을 일거에 점령했다.[77] 그는 사단에 무선으로 당시의 상황을 이렇게 보고했다.

> "제1보병연대는 22:40분에 셰뵈주Cheveuges의 북쪽 고지(301고지)를 완전히 장악했다. 지대 내에 있는 적의 벙커는 모두 우리 수중에 들어왔다. 적 방어선은 완전히 돌파되었다. 연대의 일부는 셰에리Chéhéry 방면으로 진출했고 일부는 고지의 동쪽으로 진격 중이다."[78]

301고지에서 전투가 벌어지는 동안 정찰부대들은 고지 동쪽으로 우회하여 삼림지대를 통과해 남쪽으로 진출했다. 이들은 자정쯤 셰에리의 북부 외곽지역(셰에리에서 북쪽으로 5km 떨어진)에 도달했다. 제1보병연대는 8시간 만에 마스 강을 극복하고 종심 8km에 이르는 3개의 적 방어선을 돌파하는 혁혁한 전과를 올린 것이다.

3. 제10기갑사단의 마스 강 도하와 루바르트 특공대의 활약

샬Ferdinand Schaal 소장이 지휘한 제10기갑사단은 제1기갑사단의 좌측에서 마스 강을 건너야 했다. 그의 계획은 예하 2개 연대가 병진대형으로 마스 강을 도하하는 것이었다.

- 우측에서 증강된 제86보병연대가 스당 남부 외곽과 발랑Balan 일대에서 도하해 와들랭쿠르 방면으로 진격하고,
- 좌측에서 증강된 제69보병연대가 바제유Bazeilles에서 마스 강을 도하해 퐁모지 방향으로 진격한다.[79]

그러나 이 임무는 몇 가지 이유로 인해 불가능해 보였다.

불충분한 화력 지원 : 구데리안 장군은 모든 증원 전력, 특히 포병을 주공인 제1기갑사단 방면에 투입했다. 이 때문에 제10기갑사단은 예하의 중포병 포대들을 인접 사단에 배속하는 바람에 24문의 경야포(105mm)만을 보유했고 탄약도 불충분했다. 공군력도 제1기갑사단 작전지역 내의 적 최초 방어선을 타격하는 데 집중 할당되었다. 이것은 퐁모지-와들랭쿠르 일대에 구축된 적 진지들을 사전에 무력화할 전력이 없음을 의미했다. 특히 레미이Remilly 지역에 주둔한 프랑스 제71보병사단의 포병과 제10군단의 중포대들이 독일군의 측방을 공격한다면 치명적이었다. 전방으로 추진된 관측부대들은 높은 고지에서 마스 강 건너편의 독일군을 세밀히 감제瞰制domination할 수 있었다. 좌측 공세부대인 제69보병연대는 프랑스 포병의 위력이 얼마나 압도적인지를 뼈저리게 느꼈다. 연대가 바제유 일대에서 공병 자재들을 차량에서 하역하는 순간 무시무시한 포탄 세례가 시작되었고 96대의 강습정 중 81대가 파괴되었다. 제69연대는 공격을 시작하기도 전에 실패하고 말았다. 좌측 공세부대는 작전을 포기하고 철수해 그 시간부로 제86연대의 후방에서 예비대 임무를 수행했다.[80]

시간 계획 : 가장 양호한 접근로를 통해 진격한 제1기갑사단 예하의 전 부대들이 정시에 마스 강을 도하한 반면, 제10기갑사단 예하의 부대들은 급속 행군을 했지만 계획된 시간을 준수하지 못했다. 도하작전 개시 20분 전, 사단은 제86보병연대장으로부터 강습정을 운반하는 공병이 도하지점에 도착하지 못해 마스 강 도하를 연기해야겠다는 나쁜 소식을 접수했다. 이를 보고받은 제10보병여단장 피셔Wolfgang Fischer 대령은 불같이 화를 냈다. 그는 무조건 기계획된 시간에 도하를 개시하고 슈투카 폭격의 심리적 충격효과를 충분히 활용하라고 강력하게 지시했다. 그리고 다음과 같은 명령을 하달했다. "즉각 공격을 개시하라! 필요하다면 헤엄을 쳐서라도 마스 강을 건너라!"[81] 그는 제86연대의 최전방지역으로 나아가 전투상황을 눈으로 직접 확인했다. 아슬아슬하게 강습정이 도착했다. 그러나 강습정에 공기를 주입하고 부대별로 운반하는 데 너무 많은 시간이 소요되었다. 그러는 동안 방자인 프랑스군은 쇼크 상태에서 회복해 다시 포구에서 불을 뿜기 시작했다.

지형 : 제1기갑사단은 스당과 골리에라는 도시의 건물들을 은·엄폐물로 삼아 마스 강까지 접근할 수 있었다. 반면 제10기갑사단의 경우 마스 강까지 이르는 지형에 길게 일자형으로 형성된 촌락만 있었고 이 촌락도 스당 남쪽 외곽지대에 있는 것이 전부였다. 따라서 대부분의 침투부대들이 어떻게 해서든 마스 강변까지 도달하려면 적에게 완전 노출된 상태로 600~800m의 아무런 은·엄폐물이 없는 개활지를 극복해야만 했다. 접근로 자체는 평지에 가깝고 간간이 소택지가 있는 마스 강변의 목초지였다.[82] 보병 병사들은 각기 군장과 화기를 어깨에 멘 데다 수류탄과 공병 물자(철조망 절단기, 폭약 등)들을 가득 실은 강습정까지 끌고 가야 했다. 프랑스 포병의 포탄이 폭풍우처럼 작렬했고 마스 강 건너편에 있는 적의 고지에서는 프랑스군이 직사포와 기관총을 난사했다. 적들은 와들랭쿠르 양쪽에 위치한 벙커들을 포함해 마스 강을 따라 강력한 진지를 구축해놓았다.

프랑스군의 폭탄이 엄청난 폭발음을 일으키고 이상한 백색 연기가 피어오르자 혼란은 한층 더 커졌다. 즉각 화학가스 경보가 발령되었으며 땀에 젖어 기진맥진한 독일군 병사들은 방독면을 착용한 채 무거운 강습정을 마스 강가로 운반했다. 다행히 이 경보는 잘못된 것으로 밝혀졌다. 나중에 알려진 사실이지만 이 연기는 제1차 세계대전 때 사용한 후 너무 오랫동안 보관한 포탄 때문에 발생한 것이었다.[83] 어쨌든 독일군은 처음에 단 한 대의 강습정도 마스 강변까지 운반할 수 없었다. 이 연대의 전투일지에는 "강습정들이 적에게 피격되거나 병사들이 늪지대에 빠져버렸다."라고 기록되어 있다.[84] 마침내 몇몇 분

❙병사들이 강습정을 운반하는 모습❙

대가 마스 강변에 도달하는 데 성공했다. 이제 그들에게 이 임무에서 가장 위험한 순간이 닥쳤다. 프랑스군의 기관총 사격이 빗발치는 가운데 폭이 70m에 이르는 마스 강을 건너야 했기 때문이다.

이로써 제10기갑사단 작전지역에서의 마스 강 도하 시도는 모두 실패했다. 그러나 단 하나의 예외가 있었는데, 그것은 루바르트Walter Rubarth 중사가 지휘한 강습공병대의 특공작전이었다. 루바르트 중사는 이 공격을 위해 제86보병연대 1대대에 배속된 제49공병대대 2중대의 소대장이었다. 그가 부여받은 임무는 5명의 강습공병과 6명의 보병을 지휘하여 폭파된 반호프 교량Bahnhofsbrücke의 남쪽에서 마스 강을 건너 대안에 위치한 적 벙커를 탈취하는 것이었다. 이 임무를 어떻게 수행했는지는 그의 전투보고서에 매우 자세히 묘사되어 있다.[85]

"우리는 고무보트를 물가로 운반했고 나는 내 부하들과 1개 보병 분대를 이끌고 마스 강

| 1940년 5월 13일 특공대 지휘자 루바르트 중사(기사철십자훈장 수여) |

반대편에 도달했다. [⋯] 견고하게 축성된 적 벙커의 맞은편에 도착한 나는 포드주스Podzus 일병과 함께 벙커에 있던 적들을 사살했다. 다른 지점에 있던 적 포병들이 우리의 도하지점 일대에 엄청난 포탄을 퍼부었다. 보병 분대가 우측방을 엄호하는 가운데 나는 전방의 철조망을 절단하며 전진했다. 우리는 다음 벙커의 측후방으로 접근했다. 나는 폭탄을 설치했다. 잠시 후 폭발로 벙커의 뒤편 옹벽 일부가 무너져내렸다. 우리는 이 기회를 포착해 수류탄으로 적병들을 공격했다. 짧은 교전을 치른 후 적들은 백색 깃발을 들고 항복을 표시했다. 건너편에서 우리의 전과를 목격한 전우들의 환호소리가 울려 퍼졌다. 사기가 오른 우리는 좌전방 약 100m 거리에 있는 벙커 2개를 제압했다. [⋯] 얼마 전에 결혼한 새신랑 일병은 앞뒤 돌아볼 겨를도 없이 대담하게 혼자서 좌측의 벙커를 습격해 능숙한 솜씨로 적들을 사로잡았다. 두 번째 벙커는 나와 테오펠Theophel 하사, 포드주스, 몽크Monk 일병이 함께 습격해 탈취했다. 마스 강변에 있는 정면 300m 폭의 벙커 방어지대를 돌파한 것이다. 우리는 다시 전진했지만 철길 언덕 뒤편에 뻗어 있는 도로에 이르자 빗발치는 적 포탄 때문에 일단 대기해

야 했다. 그제야 나는 하사 1명, 병사 4명, 그리고 우측방을 엄호하는 보병 1개 분대만이 강을 건너왔다는 사실을 깨달았다."[86]

적들의 엄청난 포탄세례를 뚫고 도하지점으로 되돌아온 루바르트는 증원을 요청했다. 그의 소대에서 4명의 공병대원이 노를 저어 루바르트 쪽으로 간신히 건너 왔다. 그러나 이 병력으로는 그동안 다친 사상자의 빈자리를 메우기에 역부족이었다. 루바르트의 특공대는 다시 철길 둑을 넘어 프랑스군 제2방어선으로 돌격해 와들랭쿠르 북부에 위치한 2개의 콘크리트 벙커(8, 9)를 탈취했다.

루바르트와 부하들은 여기서 멈추지 않고 계속 진격하여 마스 강에 연한 벙커 방어선과, 와들랭쿠르와 벨뷔를 연결하는 제2방어선의 접합지점을 우연히 돌파하게 되었다. 그는 제1기갑사단의 작전지역인 줄도 모르고 측후방에서 제2방어선의 진지들을 무작정 공격했고, 스당 남부 토르시에서 치열한 시가전을 치르고 있던 대독일보병연대 예하 제1·3대대가 남쪽으로 진출할 수 있는 통로를 개방했다. 루바르트는 이리저리 뻗어 있는 교통호를 따라 8-3 벙커까지 진격해 19:00시경 별 저항 없이 적병들의 항복을 받아냈다.[87] 그러나 247고지에 위치한 중대 방어거점인 라 프라이엘 일대의 벙커에서 쏟아진 기관총 사격 때문에 진격을 멈춘 소수의 특공대는 일대의 참호를 이용해서 방어태세로 전환했다.

처음에 루바르트 중사는 자신과 몇몇 병사들이 성취한 전과가 얼마나 엄청난 결과를 초래했는지 잘 몰랐다. 그의 특공대는 제10기갑사단에서 마스 강 도하에 성공한 유일무이한 부대였으며 총 7개의 벙커를 장악한 데다 결정적인 돌파구를 구축했다. 이들의 단독작전으로, 실패할 것 같던 제10기갑사단의 공세는 급진전되었다. 무엇보다 놀라운 점은 이 작전이 한 중사의 결심과 행동으로 진행됐다는 것이다. 그는 도하 후 완전히 고립된 상태에서도 결코 수동적이지 않았으며 명령이 떨어질 때까지 앉아서 기다리고만 있지 않았다. 그는 임무형 전술에 입각해 주도권을 쥐고 독단적으로 행동했다. 훗날 루바르트는 공적을 인정받아 기사철십자훈장을 받고 소위로 특진했다.

제10기갑사단의 후속부대들은 루바르트가 형성한 돌파구를 이용해 작전을 재개했다. 그 뒤를 이어 한바우어Heinrich Hanbauer 소위가 부대를 이끌고 동일한 위치에서 마스 강을 도하해 철길 건널목에 위치한 220벙커를 탈취했으며,[88] 적의 강력한 요새도시인 와들랭쿠르를 장악했다.[89] 이 사이에 제86보병연대 1대대의 전 병력들은 마스 강을 넘어 남쪽으로 진출해 21:00시경에 246고지까지 진격했다. 적의 방어거점인 에타당Etadan(248쪽 지도 참조) 일대의 벙커들은 이미 독일군의 직사포에 무력화되었다.[90] 이로써 1단계 최종 공격목표인 246고지를 단시간 내에 점령했다.

4. 제2기갑사단의 일시적인 작전 실패

제2기갑사단[91]은 가장 어려운 조건에서 마스 강 도하작전을 수행했다.

① 제2기갑사단은 아르덴에서 기동할 때 악명 높은 북부 이동로를 이용해 250km에 달하는 교통정체를 겪었다. 결국 제2기갑사단은 제1, 10사단이 마스 강변에서 도하작전을 개시한 후에 도하지점에 도달했다.

② 마스 강변까지의 기동로와 지형도 문제였다. 강안까지 2~3km 정도 마지막 행군 구간은 은·엄폐물이 거의 없는 드넓은 개활지였다. 또한 좌익은 돈셰리 일대 마스 강의 만곡부로 진격해야 했기에 2개 방면의 적 포병 화력의 위협에 노출되어 있었다. 이들은 남쪽으로 흐르는 마스 강을 따라 강변으로 이동하는 도중에 벨뷔 성 내에 진지를 편성한 적 포병으로부터 집중적인 측방 사격을 당해 큰 피해를 입었다.

③ 마스 강 남쪽에 형성된 고지들은 급경사가 진 데다 북부 강안보다 약 150m나 더 높았다. 이곳은 천연 요새인 데다 강력한 요새시설까지 구축되어 완벽한 철옹성이었다. 수 대의 독일군 전차가 강안으로 강습정 운반을 시도했지만 적 포탄에 명중되어 화염에 휩싸였다. 마스 강의 만곡부에 정교하게 구축된 벨뷔 교차로 부근의 포병 요새는 진가를 유감없이 발휘했고, 돈셰리의 북부 개활지에서 마스 강으로 접근하던 독일군 전투차량들은 이들의 75mm 직사 유탄에 파괴되었다.

④ 돈셰리 일대에 위치한 벙커들의 포병관측장교들은 마스 강변 일대를 훤히 내려다볼 수 있었다. 제55보병사단 예하 174문의 야포들은 그 일대로 이동하는 독일군 제2기갑사단을 향해 일제히 집중 포격을 가했다. 우측에서 사격을 가한 프랑스군 제102보병사단 포병과 샤를르빌-메치에르의 요새지역 중포병도 독일군에게 위협적이었다. 최초 단계에서 제2기갑사단의 전투부대들은 은·엄폐물을 전혀 찾아볼 수 없는 개활지를 통해 포병 지원 없이 하천으로 접근해야 했다. 독일군 제2기갑사단의 포병 전력은 매우 열세했다. 제10기갑사단과 마찬가지로 예하의 중포병대를 제1기갑사단에 넘겨주는 바람에 이들이

보유한 전력은 경야포 24문이 전부였다. 게다가 이마저도 17:00시가 넘어 전장에 도착했고, 탄약 운반차량들이 아르덴 어딘가에서 빠져나오지 못했기에 탄약도 얼마 없었다.[92]

이러한 이유 때문에 제2기갑사단의 장교들은 이날 공세가 불가하다고 판단했다. 제2보병연대장(당시 중령) 코엘리츠Koelitz 대령은 당시 상황을 이렇게 표현했다.

> "한 연락장교가 오토바이를 타고 최전방인 여기까지 와서 내게 마스 강 도하에 관한 사단 명령문을 건넸다. 거기에는 '5월 13일 16시에 마스 강을 도하하라.'라고 적혀 있었다. '뭐라고? 5월 13일? 이럴 수가, 오늘이잖아, 그것도 2시간 후에! 아직도 우리는 이 빌어먹을 숲 속(아르덴)에 갇혀 있단 말이야!'"[93]

17:30분에 비로소 마스 강 도하작전이 개시되었다. 적 벙커들은 전차포와 8.8cm 대공포로 무력화되었지만 보병부대들의 도하 시도는 모두 실패했다. 강습정을 강변까지 운반하는 것조차 불가능한 상황이었다. 이때 우익을 담당한 부대(돈셰리의 서쪽)에서 한 소위와 몇몇 병사들이 헤엄쳐서 강을 건넜다. 그러나 이들도 적 벙커에 접근하지 못해 되돌아와야만 했다. 한편 좌측 인접부대인 제1기갑사단은 이 시각에 성공적으로 도하를 완료하여 마스 강 만곡부의 벨뷔 성을 탈취했다. 코르탈스 중위와 그의 강습공병 2개 소대는 독단적으로 방향을 서쪽으로 전환해 마스 강변을 따라 구축된 적 벙커들을 측후방에서 공격하여 이 일대를 점령했다. 덕분에 제2기갑사단의 좌익부대가 돈셰리 동쪽에서 마스 강을 도하할 수 있는 여건이 조성되었다. 20:00시경에 처음으로 소규모 부대가 강습정을 타고 강 건너편에 도달했다. 그러나 여전히 적들이 도하지점에 격렬하게 포탄을 퍼부었기 때문에 결국 완전히 어두워진 22:20분경에야 본격적인 도하를 개시할 수 있었다.[94]

제2기갑사단이 돈셰리에서 감수해야 했던 곤란한 상황들은 구데리안이 이미 예견했던 것으로 그의 주장이 옳았음을 증명해주었다. 그는 군단의 주력을 스당의 서쪽, 즉 적에게 노출된 개활지로 투입하는 것을 강력히 거부했다. 그가 아르덴 운하의 서쪽이 아니라 스당을 주공 방향으로 삼은 결정은 상급지휘관들에 대한 하극상이나 다름없었다. 하지만 클라이스트 기갑군의 지휘부는 구데리안의 독단적인 조치가 옳았다는 사실을 결국 인정해야만 했다.[95]

5. 스당에서의 '기갑부대 돌파'에 대한 신화

구데리안은 보병을 이용해서 마스 강을 극복한 후 신속히 준비를 마치고 대기 중인 기갑부대들을 적 종심으로 진격시키기 위해 줄곧 예하의 기갑사단들에게 선두에서 공격할 것을 강조했다. 5월 13일 야간부터 14일까지 보병부대들은 이미 마스 강을 건너 교두보를 확보했다. 그렇다면 이 시각에 기갑부대는 어디에 있었을까? 전차 승무원들은 아르덴 남부에 숙영지를 편성하고 전날의 피로를 풀기 위해 휴식을 취하고 있었다.

전차들이 그때까지 마스 강을 넘지 못한 책임을 공병부대에 물을 수는 없다. 제37기계화공병의 일부와 505공병대대의 병사들은 골리에 지역에서 교량을 설치하는 데 열을 올리고 있었다.[96] 19:10분경 16톤짜리 도하용 수송선을 설치해 수 정의 대전차로켓과 경보병용 야포들을 차례대로 강 건너편으로 운반했다. 그러나 정작 강을 건너야 할 전차는 어디에서도 나타나지 않았다.[97] 자정이 약간 못 된 시각에 이 수송선들에 의해 교량이 완성되었다. 따라서 00:10분에는 유명한 골리에의 교량을 통해 첫 번째 차량이 마스 강을 건널 수 있었다. 그러나 여기서 놀라운 사실은, 제1기갑여단의 선발대가 교량을 넘은 시간이 07:20분이었다는 것이다.[98] 7시간, 도하용 수송선이 처음 설치된 시간을 감안하면 12시간이라는 '기갑부대의 간격'이 발생한 것이다. 이 같은 시간 간격이 발생한 핵심적인 이유는 다음 세 가지로 설명된다.

① 구데리안은 기갑부대와 보병을 분리해 제대별로 전선에 투입했다.[99] 그는 일시적으로 전차부대를 후방에 위치시켰다가 차후에 집중적으로 종심 깊이 진격시킴으로써 일종의 충격력을 발휘하여 기습효과를 극대화하고자 했다.[100] 하지만 이 조치는 오늘날 실책으로 평가되기도 한다. 기갑전투의 대가이자 종전 시 제6군 사령관을 역임한 발크 장군은 구데리안의 조치에 대해 다음과 같이 비판했다.

> "제1보병여단이 마스 강 도하 시 전차를 보유했더라면 대단히 손쉽게 임무를 달성했을 것이다. 수송선으로 단 몇 대의 전차만이라도 도하했더라면 〔…〕 내 부대원들이 단독으로(전차의 지원 없이) 5월 13일 밤부터 14일까지 치른 치열한 혈투는 필요 없었을 것이다. 만일 프랑스군이 신속하게 역습했다면 우리 제1보병여단은 치명적인 위기에 봉착했을지도 모른다."[101]

I1940년 5월 13일 구데리안 기갑군단의 돌파I

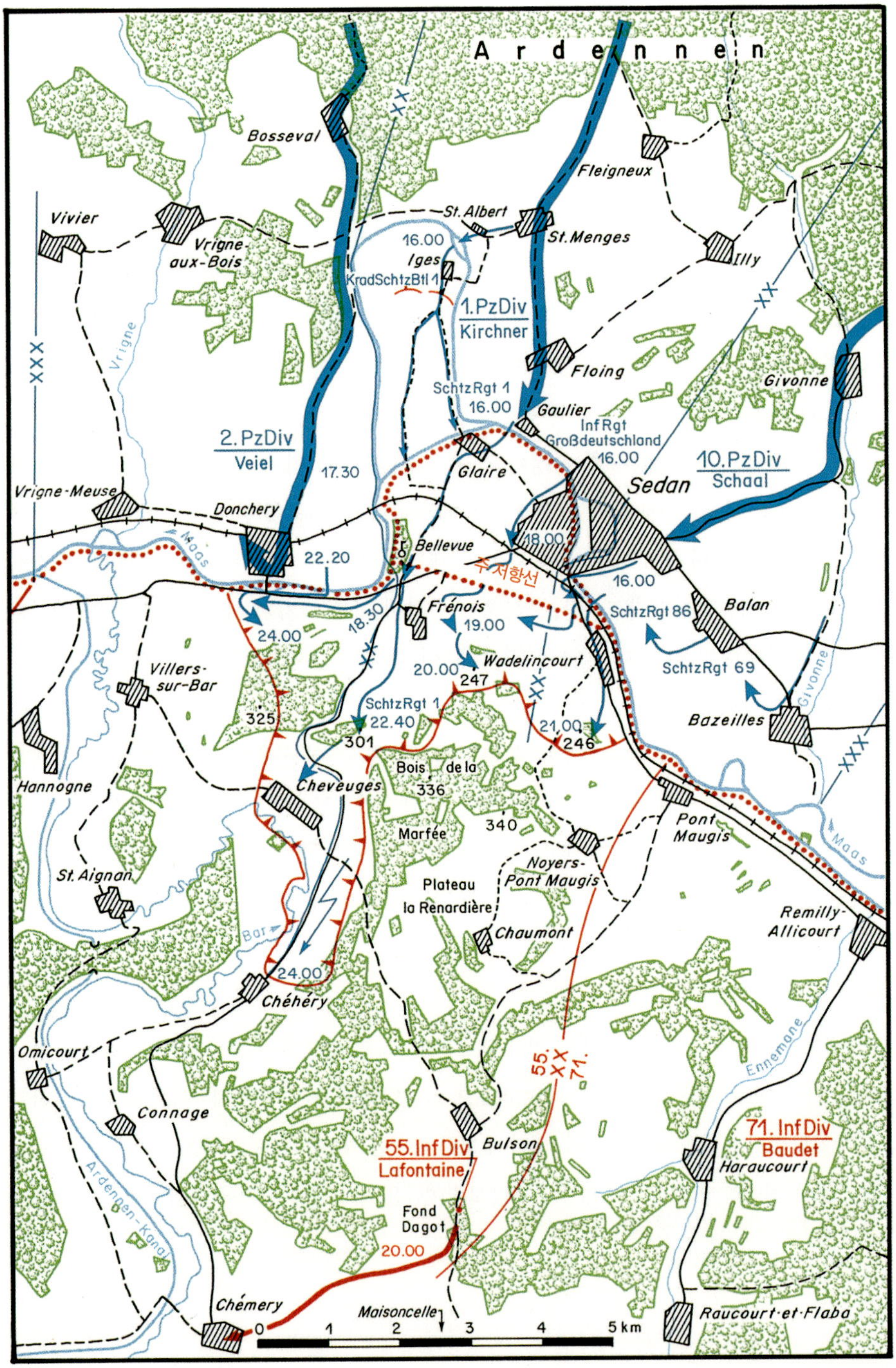

그러나 스당 돌파는 역사적으로 유례가 없는 실험이었다. 구데리안은 곧 자신의 착오를 인정하고 차후부터는 반드시 전투부대를 편조하는, 이른바 제병협동전투를 실시했다.

② 제1기갑여단은 이미 01:20분에 사단으로부터 코르비옹Corbion의 공격대기지점에서 마스 강 교량까지 10km 남짓 되는 거리를 진격하라는 명령을 수령했지만 07:20분에야 마스 강변에 도착했다. 공격대기지점에서 골리에로 이르는 모든 도로가 다른 부대들 때문에 완전히 꽉 막혀 있었고, 설상가상으로 몇몇 교차로는 프랑스 포병의 매우 정밀한 포격을 받아 파괴된 차량의 잔해로 거의 폐쇄되어 있었다.

③ 이러한 실책의 가장 주된 이유는 아주 단순하다. 공자의 가장 강력한 무기가 속도에 있다고 생각한 구데리안조차도 급박하게 돌아가는 사태의 속도를 따라잡지 못했던 것이다. 놀랍게도 보병들이 기습적인 방법으로 이미 최초 단계의 돌파에 성공했다. 극소수의 강습정만 사용되었고 몇몇 중대급 부대들만이 마스 강을 건넜으나 이들은 강 건너편에서 증원군을 기다리지 않고 도하 즉시 탐색공격을 감행했다. 이들은 가능한 한 종심으로 신속히 돌진하기 위해 적의 방어시설들 틈새를 이용해 적의 저항이 가장 적은 접근로로 침투했다. 경이롭고 유명한 '스당 돌파작전'의 기적은 바로 이들이 이룬 것이다. 이 기적은 특히 다음 3개 특공대에 의해 달성된 것이나 다름없다. 이들은 상급부대의 지시나 지원을 전혀 받지 않고 독자적인 역량으로 공격작전을 실시했다.

- 코르탈스 중위와 2개의 강습공병소대
- 쿠르비에르 중위와 2개의 보병소대, 1개의 강습공병분대
- 강습공병대 루바르트 중사와 11명의 병사들

이 세 특공대의 개별적인 돌파작전은 프랑스군의 방어시스템을 조기에 와해하는 데 결정적으로 기여했다. 반면 구데리안의 보병부대의 주력은 이때 아직 마스 강 북부에 있었고, 기갑부대는 아르덴의 공격대기지점에서 차량 정비 및 휴식 중이었다. 본격적으로 적 종심 깊숙이 진격해 들어갈 때 보병부대들은 마치 진공 상태로 빨려 들어가는 것 같았다. 그 일대의 적들은 모두 퇴각하고 진지들만 덩그러니 남아 있었다. 몇몇 독일군 장교들은 이것이 프랑스의 함정일지도 모른다고 의심하기도 했다. 전쟁이 종결된 후 몇몇 사람들은 이날 밤 프랑스 진영에서 한 편의 사이코드라마가 펼쳐지는 장면을 보았다고 진술했다.

|라퐁텐 장군의 제55보병사단 지휘소(1990년 촬영)|

6. 불송의 공황

라퐁텐 장군의 사단 지휘소 벙커는 스당에서 8km 남쪽에 위치한 퐁다고Fond Dagot(불송 근방)의 삼림지대 내에 자리 잡고 있었다.[102] 5월 13일, 이곳에서 서부전역을 통틀어 가장 기이한 사건이 발생했다. 갑자기 발생한 집단공황이 프랑스군을 급격한 속도로 파멸로 몰아넣은 것이다.[103] 19:00시(프랑스 시각 18:00시)를 조금 넘은 시각, 사단 지휘소를 떠난 로시뇰Rossignol 중위가 곧 되돌아와 전방이 도망치는 병사들로 넘쳐나고 있다는 나쁜 소식을 알렸다. 루비Edmond Ruby 장군은 이 일을 다음과 같이 묘사했다.

"불송으로 향하는 도로가 도주하는 보병과 포병으로 갑자기 인산인해를 이루었다. 그들은 차에 타거나 도보로 도망쳤고, 많은 병사들은 군장만 메고 화기는 모두 벗어버린 채 고래고래 고함을 질러댔다. '불송에 전차가 나타났다!' 몇몇 병사들은 미친 듯이 사방으로 소총을 난사했다. 〔…〕 군중 히스테리였다. 이들은 쇼몽Chaumont과 불송에서 전차를 보았다고 주장했다. 더 심각한 문제는, 계급을 막론하고 모든 장교들이 퇴각 명령을 수령했다고 둘러대는 것이었다. 그러나 누구의 명령이냐고 묻자 정작 아무도 대답하지 못했다."[104]

그러나 이 시각, 이 지역 어디에도 전차는 물론 단 한 명의 독일군 병사도 없었다. 이러한 연쇄반응이 발생한 시점으로 거슬러 올라가 보면, 이 혼란의 진원지는 브와 드 라 마르페와 쇼몽(불송 북부) 사이에 위치한 라 르나르디에르La Renardière 고지였다.[105] 이곳에서 최초로 '유령전차chars fantômes'가 출현했다는 보고가 들어와 이 엄청난 혼란이 야기되었다. 뜻하지 않게 이 공황사태를 일으킨 장본인은 제169포병연대의 푸크Fouques 대위였다. 그가 지휘한 B-7, B-8 2개 포대는 쇼몽 북동쪽의 삼림으로 뒤덮인 분지지형에 진지를 구축했다. 그는 우연히 몇 백 미터 북동쪽에 있는 라 르나르디에르 고지에서 포탄이 빗발치는 모습을 관측하게 되었다. 그는 무전으로 이 사실을 보고하면서 전차의 포탄일지도 모른다는 추측을 덧붙였다. 이 보고는 삽시간에 내용의 중요부분이 변형된 채, 상급부대와 하급부대로 전파되었다. 마침내 라 르나르디에르 고지의 포탄은 쇼몽을 경유해 불송으로 진격중인 독일군 전차들의 주포탄이 되어버렸고 그때부터 독일군 전차chars allemands에 대한 요란한 허위보고와 풍문이 사방팔방으로 퍼져나갔다. "불송에 전차가 출현했다! (…) 적 전차가 우리를 쫓아오고 있다! (…) 독일놈들이 여기까지 왔다. 우리는 철수한다. 서둘러라! (…) 전원 철수한다! (…)"

불송에서 메종셀Maisoncelle로 통하는 도로는 순식간에 탈영병들로 꽉 막혀 아수라장이 되었다. 이 도로는 퐁다고 숲속에 있는 사단 지휘소의 2개의 벙커 시스템과 이어져 있었다. 라퐁텐 장군은 화물차 여러 대로 도로를 봉쇄하고 참모장교들과 함께 탈영병들을 설득하느라 여념이 없었다. 때로는 권총을 꺼내들어 위협하기도 하고, 근엄하게 타일러보기도 했다. 그러나 모든 것이 허사였다. 남쪽으로 물밀듯 밀려드는 탈영병들을 일시적으로 멈추게 하는 데 성공하는 듯했으나 곧 이들은 어둠 속으로 사라졌다. 인파를 저지하려던 후방지역의 장교들마저도 탈영 대열에 동참했고 일부 병사들은 이곳에서 100km 떨어진 랭스Reims까지 떠밀려 내려왔다. 헌병들도 집단 탈영병들에 대해 손을 쓸 방도가 없었다. 단 몇 시간 내에 제55보병사단은 공황의 소용돌이에 휘말려 극히 몇몇 제대를 제외하고는 최하급 부대들까지 산산조각 나버렸다.

놀라운 사실은, 처음 붕괴 징후를 보인 부대가 최전선에서 적과 치열한 교전을 치른 보병이 아니라 후방에 위치한 포병이라는 것이다. 후방의 장교들은 일종의 히스테리에 빠져 있었다. 제10군단 중포병 연대장 퐁슬레Poncelet 대령은 대대장들의 압박에 시달리다가 조기에 퇴각 명령을 내렸다. 독일군 전차부대의 공격에 관한 보고가 오보였음을 인지했을 때는 이미 상황을 돌이킬 수가 없었다. 전 대대가 야포와 장비들을 유기한 채 도망치듯 퇴각한 후였기 때문이다. 또한 그의 철수명령으로 인해 제55보병사단의 방어체계뿐만 아니라 인접한 제71보병사단의 총체적인 방어체계까지 연쇄적으로 붕괴되는 심각한 사태가 야기되었다. 공황의 파장은 사방으로 퍼져나갔고, 퐁슬레 대령은 자신의 명령으로 인해 발생한 치명적인 결과에 당황해하다가 며칠 후 스스로 목숨을 끊었다.

라퐁텐 장군도 결정적인 실수를 저질렀다. 그는 너무 일찍(20:00시경) 자신의 사단 지휘소를 퐁다고 숲에서 4km 남서쪽에 위치한 셰메리로 이동시킬 것을 명령했다. 이로써 그는 붕괴 위기에 처한 부대를 파멸에 빠뜨렸다. 악몽과도 같던 이날 밤, 퐁다고를 포기한 사단 참모부는 곧 닥쳐올 재앙을 암시하듯 연이어 곤경에 빠졌다. 난데없이 총성(공황에 빠진 병사들이 난사한)이 들리더니 벙커가 독일군에게 공격받고 있다는 보고들이 곳곳에서 들어오자 장교들은 극도로 당황했다. 통신병들은 정신 나간 사람처럼 암호 해독기를 파기하고 전화교환기를 부쉈다. 이로써 사단 참모부는 지휘체계 면에서 스스로 목을 맨 꼴이 되었다. 제55보병사단의 붕괴는 이제 피할 수 없었다.

훗날 불가사의한 집단적 정신이상의 원인을 규명하기 위해 몇 개의 조사위원회가 설치되었다. 계급고하를 막론하고 모든 장교와 병사들은 자신의 눈으로 똑똑히 적 전차를 보았다고 주장했다. 그러나 그들은 독일군 전차의 제물이 된 것이 아니라, 스스로의 쇠약해진 정신력 때문에 이러한 파멸을 겪은 것이다. 다음 날 아침 07:20분경, 12시간이 지난 다음에야 독일군 제1기갑여단의 선두 전차가 골리에의 교량을 통과했다는 사실이 밝혀졌다.[106] 여러 조사결과 보고서에서도 이 집단공황 상태를 '집단환각 증상un phénomène d'hallucination collective'으로 평가했다.

몇몇 역사학자들은 프랑스군 병사들이 야음 속의 아군 전차를 보고 독일군 전차로 오인한 것이 아니냐는 추측을 내놓았다. 하지만 이 가설은 타당성이 전혀 없다. 당시 그곳에는 프랑스군 전차가 단 한 대도 없었다.[107] 불안한 병사들이 프랑스군의 경장갑차 슈니에트chenillettes를 독일군의 전차로 오인했을 것이라는 주장도 있다. 이날 야간에 수 대의 슈니에트가 대전차포를 이동하기 위해 전장에서 이리저리 움직이기는 했지만, 시간적 순서를 따져보면 이것도 가능성이 없다. 슈니에트 투입 명령은 공황의 원인이 아니라 결과였다. 슈니에트가 대전차포를 견인하여 최전방으로 투입된 시기는, 어디에서도 출현한 적이 없는 '독일군 전차 공세에 관한 보고'를 상급부대가 접수한 후였기 때문이다. 공황사태가 벌어졌을 때, 그 진원지인 라 르나르디에르 고지에 전차나 슈니에트가 없었음은 분명한 사실이다.[108] 이로써 독일은 스당에서 제2차 세계대전사상 가장 기묘한 전차전의 승리를 이끌어냈다. 물론 전차가 단 한 발의 포도 쏘지 않고 출현하는 것만으로 적을 격퇴한 사례는 무수히 많다. 하지만 이곳에서는 전차가 단 한 대도 투입되지 않았건만 적들이 스스로 전선에서 물러나고 말았다.

5 - 4

스당 교두보에서의 돌격(5월 14일)

"눈앞에 또 다른 스당의 모습이 보였다. 1870년의 모습보다 한층 더 비극적이었다." [109]

프랑스 제1집단군사령관 비요트 장군, 구데리안 기갑군단에 돌파당한 후

1. 스당에서의 공중전

5월 13일, 독일 공군의 폭격은 스당 지역에서의 돌파작전을 결정적으로 지원해주었다. 이튿날 전투기와 대공포 부대들은 연합국 공군의 집중폭격으로부터 마스 강의 교량들을 보호하는 중요한 임무를 수행했다. 중화기와 전차를 마스 강 건너편으로 이동시킬 유일한 통로는 제1기갑사단이 설치한 골리에의 교량이었다.[110] 이에 구데리안은 제2기갑사단 예하의 기갑여단에도 골리에의 교량을 사용하라고 지시했다. 5월 14일, 무려 600여 대의 전차가 이 바늘구멍을 통과했다. 즉, 굉장한 시간적 압박 속에서 수행된 이 작전의 성공 여부는 전적으로 이 교량 하나에 걸려 있었다. 이것만큼 제2차 세계대전 기간 중 작전술적으로 중요한 교량은 없었다. 또한 이는 장군단에게 강요된 히틀러의 위험한 전쟁이 만들어낸 위험천만한 도박과 같은 상황의 상징이라 할 수 있다. 이 교량은 독일군이 가진 제한된 부교 자재들을 총동원해 완성되었고, 예비물자는 전혀 없었다. 그러므로 적의 공중공격으로 교량이 파괴되거나 심하게 파손되면 그 결과는 치명적이었다.

프랑스와 영국 공군 총사령부에서도 이 교량의 중요성을 파악하고 있었다. 처음에 연합군 군사지도부는 독일군이 스당에서 마스 강을 도하한 사실을 무시했다. 그러나 다시 이곳으로 눈을 돌리자 엄청난 재앙이 닥치고 있음을 알게 되었고 걷잡을 수 없는 혼란에 빠졌다. 프랑스 제1집단군사령관 비요트Gaston-Henri Billotte 장군은 북부지구 공군 총사령관

다스티에 드 라 비주리François d'Astier de la Vigerie 장군에게 이렇게 경고했다.

"승리냐 패배냐, 그것은 이 교량에 달려 있다."[111 †]

같은 시각, 꼬리에 꼬리를 물은 비보, 예를 들면 롬멜의 제7기갑사단이 마스 강을 도하한 우Houx 지역 같은 곳에서 적 상황에 대한 보고들이 접수되었지만 전술공군 사령관 테튀Marcel Têtu 장군은 다음과 같이 지시했다.

"모든 전투력을 스당에 집중하라! 스당과 우Houx 간의 위협의 정도는 1백만 대 1이다."[112]

전투기 조종사들에게 하달된 명령은 1870년 스당 전투에서 프랑스 기병대에게 살신성인을 요구했던 상황을 연상시켰다. 제1항공사단의 작전명령은 다음과 같았다.

"제군들은 1870년 9월 1일 마르그리트Margueritte 기병사단의 대담무쌍한 공격을 재현해야 한다. 다만 이번에는 공중에서이다."[113]

1870년 프랑스의 기병은 몰트케군의 포위망을 뚫기 위해 필사적으로 공격했다. 그들은 독일군 포병의 집중 포화 속으로 돌진해 산화했다. 이 영웅적인 돌격을 기리기 위해 플로잉Floing의 동쪽 능선에는 기병들의 기념비가 세워졌다. 1940년 5월 13일 마스 강 도하에 사용된 골리에의 교량은 이 기념비에서 남서쪽으로 약 1.5km 떨어진 플로잉의 능선 바로 아래에 설치되었다. 아이러니하게도 독일군 방공포 부대들이 '기병의 언덕'에 집중 배치되어 프랑스 공군의 필사적인 공격을 또다시 저지하게 되었다.

연합국 공군 장군들은 스당 지역의 교량들을 어떠한 대가를 치르더라도 반드시 파괴해야 한다고 강력히 주장했다. 그들은 자신들이 가진 모든 것을 '스당의 용광로la fournaise de Sedan' 속에 던져버렸다. 그러나 문제는 연합국 공군이 독일 공군처럼 작전술 차원의 중심을 신속히 이동시키지 못했다는 것이다. 그들은 152대의 폭격기와 250대의 전투기만을

† 이 말은 셰익스피어의 『햄릿』에 나오는 '죽느냐 사느냐 그것이 문제로다' 라는 유명한 구절을 본뜬 것이다.

|골리에에 설치된 제1기갑사단의 교량|

에스페랑스 섬유회사 북쪽에 설치된 이 교량은 5월 14일 연합군 폭격기의 핵심 공격목표였다.

이곳에 투입할 수 있었다.

- 프랑스 공군은 이론적으로 5월 10일 932대 이상의 폭격기(북아프리카 지역에 배치된 것을 제외하고)를 보유했고 그중 242대를 전방지역에서 운용했다(96쪽, 〈표 2-5〉 참조). 그러나 5월 14일 결정적인 공중전이 벌어졌을 때 이곳에 투입된 폭격기는 겨우 43대였다.
- 영국 공군은 109대의 폭격기를 이 지역에 투입했다(73대의 '배틀Battle'과 36대의 '블렌하임Blenheim' 폭격기).
- 연합군 폭격기를 엄호하기 위해 프랑스 공군이 주축이 된 250대의 전투기가 투입되었다.

구데리안은 처음부터 스당 일대의 취약한 교량을 전체 작전의 성패가 걸린 아킬레스건으로 보았다. 그는 "집중하라! 분산하지 말라!Klotzen, nicht kleckern!"라는 구호를 부르짖었으며 스당 지역, 특히 골리에 교량 일대에 방공포를 집중적으로 배치하여 전례 없이 조밀한

화망을 구성했다.[114]

- 3개의 중重방공대대로 구성된 102방공연대(I /18, I /36, II/38대대)와 제91경輕방공대대[115]
- 제1기갑사단 예하 83경방공대대
- 제2기갑사단 예하 92경방공대대
- 제10기갑사단 예하 71경방공대대

총 303문의 방공포가 배치되어 단 한 대의 적 항공기도 골리에의 교량에 접근할 수 없게끔 막강하고 세밀한 화망을 구축했다.[116] 이 때문에 빗발치는 방공포 화망을 뚫고 가까스로 살아남은 연합군 조종사들은 당시의 상황을 '마스 강의 지옥'이라고 표현하기도 했다. 목표지점에 도달하기도 전에 독일군 전투기에 의해 격추당한 연합군 폭격기도 부지기수였다. 이들을 엄호한 연합군 전투기가 고작 250 소티sortie(출격 횟수)를 기록한 반면, 이 지역에 투입된 독일군 전투기는 814소티를 기록했다.[117]

연합국 공군의 출격은 새벽 05:30분을 기해 개시되었고 이날 자정까지 계속되었다. 그러나 문제는 이 공세가 27회에 걸쳐 산발적으로 이루어진 점이었다. 겨우 10~20대가량의 소규모 편대를 축차적으로 투입한 까닭에 항공기들은 독일군 방공포의 집중 사격을 받아 각개격파당했다. 16:00~17:00시에 영국 공군이 실시한 단 한 차례의 집중 공세도 실패로 끝났다. 이후의 공세는 언급할 가치도 없었다. 이날 투입된 71대의 배틀 폭격기와 블렌하임 폭격기 중 40대가 격추당했다. 이 전투에 대해 영국 공군의 연대기는 다음과 같이 기록했다.

> "대영제국 공군이 참가한 전쟁역사상 가장 피해가 컸다."[118]

5월 14일 스당 지역의 전투는 지상보다 공중에서의 전투가 압권이었다. 골리에 교량 근처에서 그 장면을 지켜본 한 독일 육군 장교는 그때의 상황을 다음과 같이 묘사했다.

> "프랑스군의 포테즈Potez와 모란Morane 전투기 여러 대가 대담한 저공비행으로 목표를 향해 날아왔다. 그러나 그것은 깊은 지옥으로 뛰어드는 무모한 행위였다. 우리의 대공포 사격

|5월 14일 스당에서 격추된 프랑스의 아미오Amiot 폭격기|

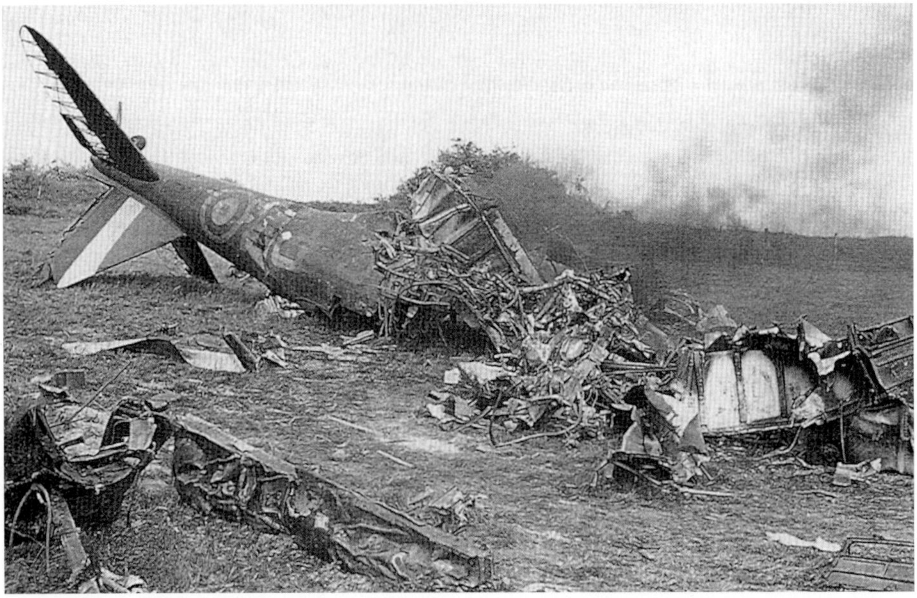

에 그들은 곧 지상으로 곤두박질쳤다. 프랑스 놈들도 이 교량의 중요성을 알았던 것 같다. 이 교량이 폭파되었다면 그 결과는 과연 어땠을까? 그러나 그들은 실패했다. (…) 적기들은 기다랗고 검은 연기를 길게 나부끼며 계속해서 지상으로 돌진했고, 대공포탄에 피격된 이들은 검은 연기를 내뿜으며 수직으로 곤두박질쳤다. (…) 내가 그 교량 옆에 있던 1시간도 안 되는 사이에 11대의 적기가 추풍낙엽처럼 떨어졌다."[119]

가장 위태로운 순간은 격추되어 폭파 직전인 적기 한 대가 골리에의 교량을 향해 일본군의 가미카제처럼 돌진할 때였다. 그러나 적기에서 투하된 폭탄은 전투기가 폭발하면서 가교를 살짝 빗나갔다. 조종사는 마지막 순간에 기체에서 빠져나와 막 교량을 통과하던 독일군 전차에서 5m 상공으로 낙하했다. 그러나 이내 그는 마스 강물 속으로 사라졌다.

5월 14일 스당 일대에서 연합군의 피해는 대단히 심각했다. 영국 폭격기 109대 중 47대, 프랑스 폭격기 43대 중 5대가 격추되었다. 연합군의 전투기 총 250대 중 프랑스군 30대, 영국군 20대가 손실되었고, 추가적으로 65대의 항공기가 중파되었다.

단 하루 만에 조그마한 목표물 하나를 타격하기 위해 연합군의 항공기 167대가 손실된 것이다.[120] 그러나 중요한 골리에의 교량에는 피해를 입히기는커녕 접근하지도 못했다. 프랑스인들은 이날을 '비통한 날'[121]이라고 불렀으며 처칠도 영국군의 피해에 대해서 '참혹하다'[122]고 표현할 정도였다.

독일군 장군들 역시 종일 안절부절못했다. 단 한 대의 적기, 단 한 발의 폭탄만으로도 골리에 교량이 폭파될 수 있었고, 단 1분 1초에 작전의 성패가 달려 있었기 때문이다. 구데리안은 병사들에게 정신교육을 하고 솔선수범하는 모습을 보여주기 위해 5월 14일 수시로 골리에를 순시하며 교량 위를 걸어다녔다. 그날 프랑스에서 이곳만큼 위험한 지역은 없었다. 정오경 A집단군 사령관인 룬트슈테트Rundstedt 상급대장이 이곳에 나타나자 구데리안은 교량 한가운데에서 현 상황을 보고했다. 때마침 적기들이 출현해 폭격하는 통에 두 장군은 몸을 피했다. 이때 룬트슈테트가 물었다. "이 지역은 항상 이러한가?" 구데리안은 자서전에 기록했듯이 거리낌 없이 "예, 그렇습니다."라고 대답했다.[123]

결론적으로 5월 14일 스당 일대에서 벌어진 공중전은 독일 국방군에게 두 가지 측면에서 대단히 성공적이었다. 첫째, 이날의 공중전은 공군력, 더 정확히 말하면 제공권에 있어서 일대 전환점이 되었다. 특히 연합군 폭격기 부대의 '중추부'가 와해되어 이때부터 연합군 공군 장성들은 감히 이 같은 집중적인 공군력 투사를 더 이상 할 수 없게 되었다. 다시 말해 이 전역 최초이자 유일한 공중전이 스당에서 벌어졌다. 둘째, 구데리안 장군은 이날 그의 군단 주력(병력 6만 명, 전차 850대를 포함한 차량 2만 2천 대)을 마스 강 건너편으로 이동시키는 데 성공했다. 드디어 작전술 차원의 돌파작전이 성공한 것이다.

2. 제10군단 예비대의 반격작전 : 지체를 거듭한 드라마

5월 14일 09:00시경, 라퐁텐 장군의 최초 지휘소에서 불과 수백 미터 떨어진 지점인 불송 남부에 있는 322고지에서 독일군 전차와 프랑스군 전차 간에 최초의 교전이 벌어졌다. 약 3주 전에 프랑스 제10군단은 바로 이 지역에서 이와 유사한 상황을 상정하고 훈련을 실시했다. 독일군이 스당을 돌파했을 때 군단의 예비대 투입이 중요한 주제였다.

- 우선 셰에리, 불송과 아로쿠르Haraucourt의 삼림지대 남쪽 외곽 일대를 저지진지(목표 1)로 선정하여 이 방면으로 예비대를 투입하고,

• 다음으로 불송을 발판으로 이용해 역습을 실시해서 브와 드 라 마르페 삼림지대(목표 2)까지 적들을 격퇴하고, 최종적으로 마스 강변(목표 3)까지 밀어붙인다는 계획이 수립되었다.

현지 전술토의에는 제2군사령관 욍치제르 장군도 참가했다. 그는 마지막 폐회사에서 확신에 찬 목소리로 이렇게 말했다. "어떠한 경우에도 적들은 이곳을 돌파하지 못할 것입니다!"[124] 방어작전을 수행하기에 대단히 유리한 지형이었으므로 그의 낙관론은 충분히 타당했다.

한편 마스 강을 건넌 독일군 보병부대들은 5월 13일 16:00시를 기해 '불송을 향한 경주'에 돌입했다. 제10군단장 그랑사르 장군은 예비대에 불송의 저지진지로 이동해 그 일대를 확보하라는 명령(이미 훈련 시 계획된 대로)을 하달했다. 그때부터 정해진 시나리오대로만 작전이 진행된다면 승리는 보장받은 것이나 다름없었다. 계획대로라면 좌측에서는 제7전차대대를 배속 받은 제213보병연대가, 우측에서는 제4전차대대를 포함한 제205보병연대가 북쪽으로 동시에 진출해야 했다. 그러나 우측을 담당한 부대들이 중간 집결지에 늦게 도착해서 실시간에는 좌익의 213보병연대가 먼저 이동을 개시했다.

작전 개시 전 그랑사르 장군의 시간계획은 다음과 같았다.

• 제213보병연대가 셰메리 남서부의 집결지에서 약 5km 떨어진 저지진지(셰에리와 불송 간에 위치)까지 이동하는 데 2시간 정도 소요될 것이다.
• 제7전차대대는 르 쉔느le Chesne 남부에 있는 공격대기지점에서 저지진지까지 약 20km 정도를 기동하는 데 1시간 50분 정도면 충분할 것이다.[125]

그러나 전혀 생각지 못한 사태가 발생했다. 프랑스 제7전차대대의 선두 전차가 불송의 능선 입구까지 도달하는 데 무려 17시간(이동명령을 접수하고 나서부터 15시간이 지난 후)이 걸린 것이다! 더욱더 그들을 놀라게 한 것은 그곳에 독일군 전차가 그들보다 몇 분 앞서 도달했다는 사실이었다.

(1) 예비대의 이동

그랑사르 제10군단장은 5월 13일 16:00시경(프랑스 시간으로 15:00시경) 군단의 예비

|1940년 5월 14일 프랑스군 제10군단 예비대의 지체된 역습작전|

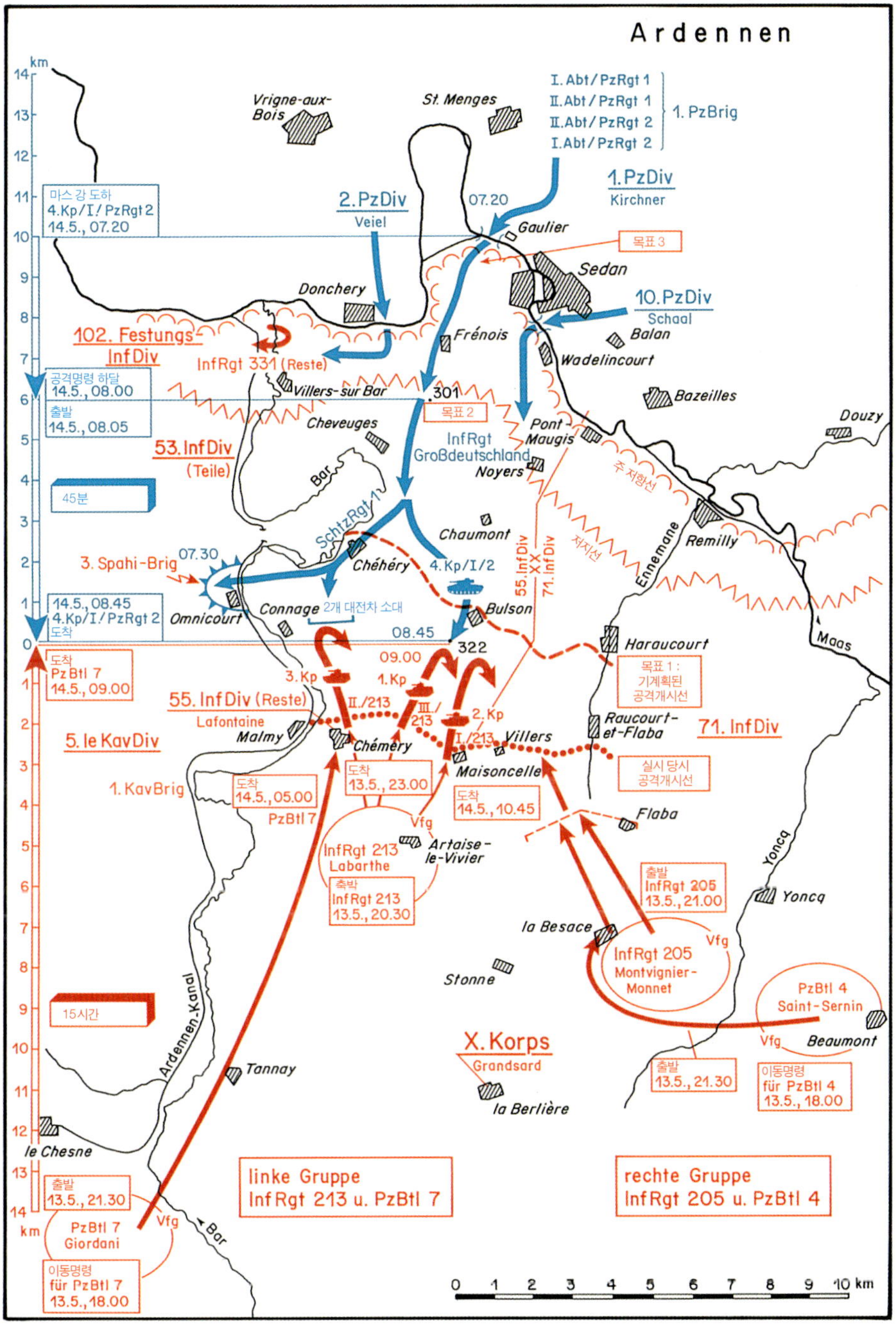

대인 두 보병연대에 불송의 저지진지로 즉각 이동할 것을 명령했다.

- 이 명령이 오토바이 전령을 통해 제213보병연대에 접수된 시각은 17:30분이었다. 연대장 라바르트Pierre Labarthe 중령은 18:30분에 작전 명령을 내리고 예하부대에 부대이동 개시시간을 20:00시로 지시했다. 하지만 그동안 북부에 투입된 제55보병사단 지역에서 공황사태가 발생했고, 제213연대에까지 영향을 미치게 되었다. 부대 이동은 지연되었고 연대의 선두 부대가 탈영병 무리와 조우하는 사태가 벌어졌다.
- 제7전차대대는 18:00시경에 부대이동 명령을 수령했다. 그러나 독일 공군의 폭격에 위협을 느낀 전차대대는 야음을 이용해 21:30분경에야 이동을 개시했다. 그러나 모든 기동로가 퇴각하는 병사들과 차량 행렬로 꽉 차 있었다. 이 전차대대는 때때로 도보부대의 속도로, 때로는 수많은 장애물과 애로지역을 거쳐 전방으로 이동해야 했다.

(2) 파멸을 불러온 라퐁텐 장군의 우유부단

이날 20:00시경 그랑사르 장군은 유선으로 라퐁텐 장군에게 역습의 지휘권을 위임한다는 명령을 하달했다. 이로써 라퐁텐은 군단의 예비인 2개 보병연대와 2개 전차대대를 휘하에 두게 되었다. 하지만 그는 와해될 위기에 처한 사단을 통제하느라 정신이 없었다. 게다가 그는 20:30분경 사단 지휘소를 셰메리로 이동하던 중이었다. 약 22:00시경에는 제10군단 부참모장 카슈Cachou 중령으로부터 불송으로 이동하려던 제213보병연대에 문제가 발생해서 연대장 라바르트 중령이 이동을 중지시키고 셰메리와 메종셀 일대에서 방어진지 점령을 결정했다는 소식을 들었다.[126] 라퐁텐은 연대에 강력한 역습을 실시하라고 지시하기는커녕 이 독단적인 행위를 순순히 받아들이고 수수방관했다. 대신 그는 군단으로 돌아가는 카추 중령을 통해 군단에서 세부 명령을 하달해줄 것을 요청했다.

라퐁텐은 5월 14일 01:00시 정각까지 작전을 실행하지 않았다. 심지어 명령대로 저지진지를 점령했는지 확인하기 위해 전선으로 가지도 않았다. 대신 그 반대 방향인 라 베를리에르La Berlière의 군단 지휘소로 향했다. 이는 두 가지 측면에서 이해할 수 없는 행동이었다. 군단 지휘소와의 통신 소통에 전혀 문제가 없었기 때문에 그는 군단장을 대면할 필요가 없었다. 게다가 역습을 성공시키기 위해 써야 할 시간이 사라져갔다. 시간을 허비하면 할수록 이날 자정까지 교량을 가설해야 하는 독일군에게 상황이 점점 더 유리해졌다.

02:20분경 부재중인 라퐁텐을 대신해 사단 지휘소에서 부대들을 지휘하던 샬리뉴 Chaligne 대령은 라 베를리에르로 전화를 걸었지만 그의 지휘관은 아직 도착하지 않았다. 대신 그랑사르 장군과 통화할 수 있었다. 그랑사르는 샬리뉴에게 방금 작성된 군단 예비대의 작전명령을 읽어주었고, 만일 정시에 사단장이 나타나지 않을 경우 역습작전을 독단적으로 지휘할 수 있는 전권을 그에게 위임했다.

02:30분이 조금 넘은 시각, 라퐁텐이 라 베를리에르에 도착했다. 그러나 그랑사르는 그가 도착하기 직전에 장거리 출타를 떠났다. 불운하게도 라퐁텐은 부참모장 카슈 중령도 만나지 못했다. 그는 방금 전 역습작전에 관한 서식명령을 라퐁텐에게 전달하기 위해 셰메리로 떠났다.

04:00시경에 라퐁텐은 다시 셰메리로 돌아왔다. 그는 촌각을 다투는 위태로운 상황에서 무의미한 이동에 3시간을 허비해버렸다. 이때까지 독일군은 교두보를 확고히 구축하기 위해 꼬리에 꼬리를 물고 진격해 왔고 독일군 차량들의 엔진소리가 점점 커질수록 프랑스군에게 다가오는 위협도 커져갔다.

04:00시를 조금 넘은 시각, 사단 지휘소에서 역습작전 명령이 작성되었다. 이곳에는 이미 조급해진 장교들 수 명이 모여 세부 지시를 기다리고 있었다. 그러나 라퐁텐은 그때까지도 역습 개시 명령을 내리지 못하고 머뭇거렸다. 역습작전에 관한 군단의 서식명령을 전달하기 위해 출발했다던 카슈 중령이 아직 도착하지 않았기 때문이다. 여기서 이해할 수 없는 점은, 사단 지휘부가 명령의 세부적인 내용을 정확히 알고 있는데도 왜 작전을 실시하지 못했는가라는 점이다. 그랑사르가 약 1시간 반 전에 전화로 직접 샬리뉴 대령에게 명령을 내렸다. 라퐁텐도 방금 돌아온 군단 지휘소에서 이 명령을 확인했을 것이다. 그러나 그는 반드시 서식명령을 수령한 후 작전을 시행해야 한다고 고집했다. 그날 밤 동안, 모든 일이 그의 뜻과는 정반대로 진행되었다. 그보다 먼저 라 베를리에르에서 셰메리로 떠난 카슈 중령은 감감무소식이었다.

04:45분, 드디어 카슈 중령이 사단에 도착했다. 그는 이동하던 중에 전장을 이탈한 병사들의 행렬에 휩쓸려 길을 헤매다가 늦었다. 그러나 고대하던 명령지에는 단 몇 개의 문장밖에 없었다.

• 목표 1 : 브와 라 미니에르 Bois la Minière – 불송 – 그로 브와 Gros Bois

• 목표 2 : 저지선 (브와 드 라 마르페의 북쪽 외곽)

• 목표 3 : 주 저항선 (마스 강선)[127]

명령지를 다 읽고 나자 모여 있던 장교들은 경악했다. 라바르트 중령은 자신도 모르게 이렇게 외쳤다. "아니 이건 훈련 때의 명령이잖아!"[128] 이 역습은 동계훈련 중 수차례 실시되었으며 바로 3주 전 불송 지역에서 실시된 현지전술토의 때도 시행되었다. 또한 이 군단 역습 명령은 본래 훈련용 명령문이었다. 이미 20:00시경 그랑사르가 라퐁텐에게 하달한 명령에서도 3주 전에 토의에서 결정된 불송 일대 저지진지로의 이동 외에는 별다른 사항이 없었다.

05:00시를 막 지난 시각, 마침내 라퐁텐은 역습 명령을 하달했다. 프랑스의 운명이 걸린 이날 밤, 그는 군단으로부터 받은 임무를 다시 예하부대로 하달하는 데 9시간을 허비했다.

전쟁이 종결된 후 라퐁텐에게 격렬한 비난이 쏟아졌다. 특히 그의 상급지휘관인 그랑사르는 그를 무자비하게 힐책했다.[129] 이는 불운한 한 사단장의 개인적인 실책이기도 하지만 그가 신봉하던 군사적인 체계가 스당에서 제기능을 발휘하지 못했다고도 할 수 있다. 이 전투 내내 완전히 상반된 2개의 지휘체계가 충돌했다. 프랑스군의 통상적인 명령형 전술 방법에 따르면, 매 단계별로 세부적인 작전을 수립하고, 서식명령을 받아야만 작전을 실행할 수 있었다. 독일군의 임무형 지휘 체계는 이와 전혀 달랐다. 독일군 장교들은 위기상황에 부딪히면 상급지휘관의 명령 없이도 상급지휘관의 의도와 상급부대의 임무에 부합하는 행동을 독단적으로 할 수 있도록 양성되었다. 라퐁텐의 문제는 바로 여기에 있었다. 그는 이미 20:00시에 임무를 부여받았지만 명령지를 받지 못했다는 이유로 계속 머뭇거리고 망설였다. 위태로운 상황에서도 그는 상급지휘관을 찾아 공식 명령을 받기 위해 사단 지휘소를 떠났고, 그 명령 없이는 어떠한 행동도 하지 않으려 했던 것이다.

(3) 라퐁텐 장군의 역습 명령

역습작전은 07:30분부로 시행되기로 정해졌다. 그러나 좌익(서쪽)을 담당한 제213보병연대와 제7전차대대[130]만이 작전에 투입될 수 있는 상황이어서 일단 이들만으로 역습을 실시할 수밖에 없었다. 우익(동쪽) 부대(제205보병연대와 4전차대대)는 아직도 후방에서 준비 중이었다. 사단은 이들에게 준비가 완료되면 가능한 한 신속히 로쿠르Raucourt 방면으로 이동하라는 명령을 하달했다.

라퐁텐 장군은 좌익을 책임진 제213연대의 3개 대대를 각각 병진대형으로 진격시켰다.

- 좌익의 제2대대는 바Bar 강을 따라 코나주Connage로 이르는 도로로,
- 우익의 다른 2개 대대는 불송의 고지를 목표로 공격했다.

제7전차대대 예하 3개의 전차중대를 각각 하나씩 보병대대에 배속해주었다. 그러나 포병부대로는 제87포병연대 예하 제1대대(야포 12문)만이 운용 가능한 상태였다. 라바르트 중령은 사단 지휘소를 떠나면서 이렇게 탄식했다.

> "이것은 우리 연대에 순교를 강요하는 것이나 마찬가지다. C'est une mission de sacrifice qu'on demande à mon régiment." [131]

연대장의 이 말은 작전이 실패로 끝날 것임을 잘 암시하고 있다.[132]

(4) 수차례의 역습 기회

훗날 그랑사르 장군이 분석했듯이, 5월 13일 야간에서 14일 사이 스당 일대의 상황은 "아무리 생각해도 전혀 불리하지 않았다." [133] 그때까지는 아무것도 잃지 않았다. 나아가 신속하고 결정적인 역습이 시행되었더라면 독일군을 마스 강변으로 격퇴할 수도 있었다. 특히 다음의 몇 가지 상황을 살펴보면 오히려 프랑스군이 유리했다.

① 공황의 소용돌이에 휩쓸렸다고 해도 결코 제55보병사단 전체가 와해된 상황은 아니었다. 집단 히스테리는 제1방어선의 후방, 특히 포병부대들에만 해당되었다. 반면 전방의 보병부대들은 지극히 정상적인 방어태세를 취하고 있었다. 우측방, 즉 느와예Noyers와 퐁모지에 연한 능선에 위치한 각각의 방어 거점들은 아직 건재했다. 또한 브와 드 라 마르페의 남쪽 일대에 형성된 새로운 방어선은 쇼몽과 생캉탱St. Quentin의 농경지를 지나 셰에리 동쪽의 삼림지대(298고지)까지 연결되었다. 그 방어선에 남은 기존 병력에다가 상이한 6개의 대대들에서 차출된 병력이 증원되었고 이들은 2개 대대 규모에 이르렀다. 결정적으

로 불송의 능선 북쪽 일대에 배치된 3개의 대전차소대가 이 저지선을 더욱 공고히 해주었으므로 역습부대인 군단의 예비대가 이들의 엄호를 받으며 목표 1 지역까지 쉽게 도달할 수 있었다. 좌측방(서쪽 지역) 일대도 비교적 안정된 상황이었다. 독일군 돌파구의 측방인 빌레르 쉬르 바르Villers sur Bar 지역에는 제331연대의 병력들이 여전히 강력한 거점을 유지하고 있었다. 그 밖에 이전부터 아르덴에서 지연전을 실시했던 제5경기병사단이 아르덴 운하의 서쪽 제방에서 방어진지를 편성한 상태였다.

② 독일군은 5월 13일 야간과 14일의 상황이 매우 위험하다고 판단했다. 오직 제1보병연대만이 적 종심으로 진격하는 데 성공했다. 그러나 이들이 진출한 돌파구는 폭이 좁은데다 특히 적의 측방위협에 매우 취약했다. 기동로에서 정체되어 있던 제1기갑여단이 골리에의 교량에 도달한 시각은 07:20분이 넘어서였다. 그러나 라퐁텐은 이 틈을 파고들지 못했다. 독일군 보병부대가 마스 강을 도하한 후 기갑여단이 그 강을 건널 때까지 그에게는 15시간 20분이라는 시간이 주어졌다. 이때 공격 준비가 완료된 2개의 보병연대와 90대의 전차를 보유한 전차대대들로 신속히 역습을 감행했더라면 독일군을 궁지에 몰아넣었을 것이다.

그날 밤 독일군 보병부대는 '작전한계점'에 도달했다. 전쟁 전 구데리안은 이상에 가까운 요구를 했다. "3일 안에 마스 강까지, 4일째에는 마스 강을 건넌다!" 9일부터 14일까지 대부분의 장병들은 한숨도 자지 않고 진격해 마스 강에 도달했다. 발크 중령은 5월 13일 저녁, 지칠 대로 지친 병사들을 독려하며 예비대 병력까지 총동원해 다시 한번 301고지로 돌격했다. 돌격 후 부대는 거의 와해 직전에 이를 만큼 전투력을 소진한 상태였고 피로에 지친 병사들은 그 자리에서 쓰러져 이내 깊은 잠에 빠져들었다. 그러나 라퐁텐은 전투력이 왕성한 예비대를 가지고도 절호의 기회를 놓치고 말았다.

③ 이 작전은 프랑스 제10군단 예하부대들만의 단독 작전이 아니었다(후방과 공중에도 막강한 후속전력이 있었다). 후방에서는 상급부대인 제2군이 5월 14일 오후, 기갑부대로 증원된 다수의 보병사단들에 작전술 차원의 역습을 준비시키고 있었다. 또한 가용한 연합군 폭격기 전부를 이 역습에 지원해주겠다는 통보도 받아놓은 상태였다.

이 상황에서 프랑스군은 독일군의 순간적인 약점을 포착해 그들이 교두보를 구축할 수 없도록 최대한 빨리 저지했어야 했다. 최소한 라퐁텐이 불송이라는 중요 지형을 확보하는 데 성공했더라면, 남쪽에서 진격하고 있던 플라비니Jean-Adolphe-Louis-Robert Flavigny의 기갑부대가 역습을 수행하기에 더 유리한 여건이 조성되었을 것이다.

(5) 불송과 코나주에서의 전차전

5월 14일 08:45분경 불송 일대에서 발생한 전투는 두 가지 측면에서 매우 중요한 의의가 있다. 첫 번째는 스당 남부에서 조우한 독일군과 프랑스군 사이의 최초의 전차전이라는 것, 두 번째는 상이한 전법을 가진 두 집단의 충돌이라는 것이다. 이 전투는 독일군 측에서 볼 때 구데리안의 사상이 발현되어 전투지휘의 혁명을 가져온 대단히 의미 있는 국면이었다.

05:00시경 라퐁텐 장군이 셰메리에서 공격명령을 하달한 후 예하 보병부대들은 07:30분경 셰메리와 메종셀에 연한 공격개시선을 통과했다. 만일 전차부대가 보병부대를 앞질러 신속히 기동했다면 독일군보다 먼저 불송의 고지를 확보할 수 있었을 것이다. 그러나 이들은 보병부대들과 나란히 진격했다. 이것은 라퐁텐의 개인적 실책이라기보다는 프랑스군의 교리에 충실한 행동이었다. 프랑스군 교리에 따라 전차는 보병의 속도에 맞추어야 했다. 좌측과 중앙으로 진격하던 프랑스군은 08:15분경 독일군 정찰부대들과 조우했으나 단시간 내에 이들을 제압했다. 그러나 이 부대들은 나란히 선형대형을 유지하며 전진했기 때문에 최저 속도로 기동했고 후속하는 다른 부대들은 선두 부대가 애로지역을 극복할 때까지 계속 대기했다. 08:45분경, 출발한 지 75분이 지났으나 프랑스군은 공격개시선에서 고작 2km를 전진했다. 그런데 이때 1, 3대대로 나누어 진격 중이던 우익의 프랑스군 전방 정확히 1km 앞에서 갑자기 독일군 전차가 나타났다. 프랑스군은 할 수 없이 철수해야 했다. 이로써 중요지형인 불송으로의 경주에서 프랑스군은 패배했다.

제2대대의 상황도 크게 다르지 않았다. 이들은 전차 1개 중대와 대전차포 1개 소대를 배속 받아 바Bar 강과 아르덴 운하를 따라 셰메리와 스당에 이르는 도로로 기동하여 09:00시경 노몽Naumont의 삼림지대 북부에 도달했다. 바로 그때 이 부대의 전차들은 코나주의 동쪽 교차로 일대에서 매복 중이던 2개 소대 규모의 독일군 대전차포에 기습적인 피격을 받았다. 이로써 좌측에서 시행된 역습도 3km도 채 못 가서 중단되었다.

일련의 사태들이 동시 다발적으로 일어난 그때, 양군의 가장 중요한 차이점인 작전의 속도 차이를 명확하게 설명하려면 독일군의 입장에서도 기술할 필요가 있다. 여기서 가장 중요한 것은 부대 지휘절차, 즉 '상황-판단-대응의 속도'였다. 새로운 상황을 파악하고

ǀ1940년 5월 14일 불송과 코나주의 전투ǀ

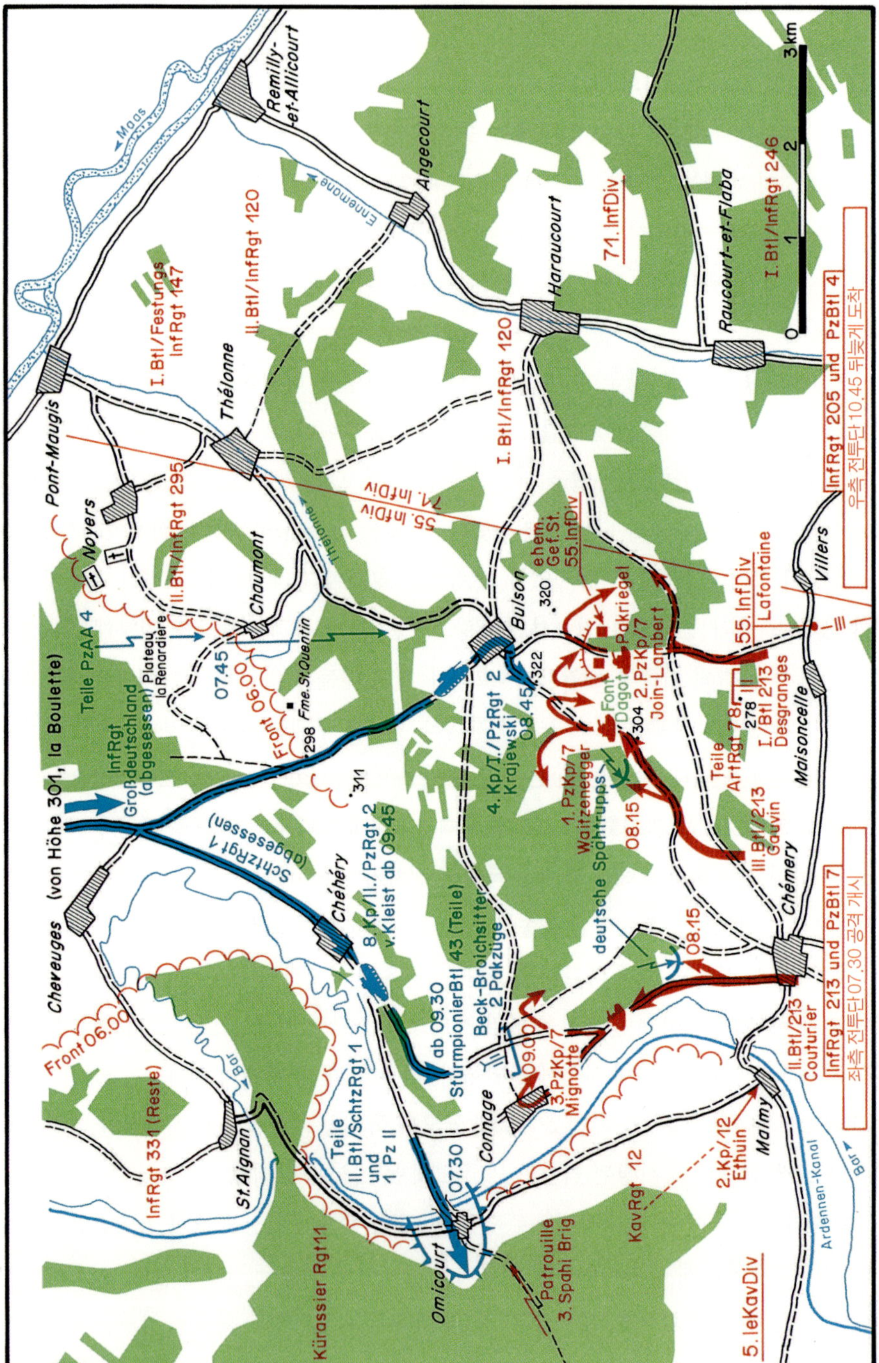

군사지도부가 실행으로 옮기는 데 소요되는 시간이 관건이었던 것이다.

5월 13일 야간부터 14일까지 지칠 대로 지친 제1기갑사단 예하 두 보병연대의 전진은 완전히 중단되었고 어슴푸레한 새벽녘이 되어서야 수색부대를 전방으로 투입할 수 있었다. 우익(서쪽)을 담당한 제1보병연대는 바 강의 협곡으로 셰에리(셰메리에서 5km 북쪽에 위치)까지 무리 없이 기동했으나 이들은 대전차화기를 일체 보유하지 않았고 기동로의 좌측부 절반은 적에게 완전히 노출되어 있었다! 이곳은 전날 저녁 대독일보병연대가 브와 드 라 마르페로 침투를 시도하다 실패한 곳으로, 다음 날 아침 사단장은 이곳에서의 근접전투는 시간낭비라고 판단하여 이를 회피해서 이 삼림지대 서쪽으로 우회하기로 결심했다. 따라서 대독일보병연대는 06:45분경 우측으로 우회하여 제1보병연대와의 전투지경선을 침범하여 라 불레트의 고개(301고지의 서쪽)를 넘어섰다. 그러고는 브와 드 라 마르페의 남부에서 불송 방면으로 진격하기 위해 다시 본래의 책임지역으로 되돌아와야 했다. 이때가 이 사단에게 가장 큰 위기였다. 만일 프랑스군이 전차부대로 불송에서부터 무방비 상태인 대독일보병연대의 책임지역으로 즉각 돌격했더라면 독일군의 운명이 걸린 교량이 설치된 북부 골리에 방면까지 아무런 장애물 없이 진격할 수 있었다.

이런 점에서 독일군 제1기갑사단장 키르히너 중장이 최전방에서 지휘용 장갑차에 올라 고성능 무전기를 이용해 예하부대를 지휘한 것은 대단히 효과적인 조치였다. 이른 아침에 그는 1870년 몰트케가 휘하 부대들을 지휘했던 301고지에 올랐다. 이곳에서 키르히너는 전방 지형과 상황을 정확히 조망했을 뿐만 아니라 어떤 부대를 라 불레트의 고개를 넘어 도로로 기동시킬 것인지 또 어떤 부대를 어디로 보낼 것인지 직접 통제할 수 있었다. 07:00시가 조금 넘은 시각, 정찰기로부터 셰메리 남쪽에 프랑스 전차부대가 집결하고 있다는 보고를 접수하자 그는 즉각 전위부대를 편성해 바 강의 계곡을 통해 셰메리 방면으로 이동할 것을 지시했다. 전위부대의 규모는 대독일보병연대 예하 베크-브로이히지터 Helmut Beck-Broichsitter 중위가 이끄는 2개의 대전차포 소대였으며 추가로 2대의 정찰장갑차량으로 구성되었다. 07:50분에는 사단 항공대의 헨셸Henschel 정찰기로부터 프랑스군 전차들이 보병의 지원하에 2개의 축선으로 북상하고 있다는 보고를 받았다. 하나는 셰메리에서 출발해 바 계곡을 통과하고 있었고 다른 하나는 불송의 능선을 통과해서 브와 드 라 마르페 방면으로 진격하고 있었다. 이 보고를 받은 사단 지휘소에는 위기감이 감돌았다. 이 시각, 마스 강 도하를 완료한 유일한 독일군 전차부대인 제2전차연대 1대대 4중대의 선두가

라 불레트 언덕에 막 도달했다. 키르히너 중장은 중대장 크라예프스키Krajewski 중위를 호출해 즉각 불송 방면으로 진격하라고 명령했다. 이들의 임무는 이동 중인 적 부대가 북상하지 못하도록 가급적 남쪽에서 적들을 고착시키는 것이었다. 08:00시를 막 지난 시각, 전차가 기동을 개시했다. 이와 동시에 셰메리에서 이동하는 프랑스군 전차를 격멸하기 위해 공군에 즉각적인 지원을 요청했다. 당시 상황을 정리하면 다음과 같다.

- 5월 13일 16:00시경 —독일군 공격이 개시된 시점— 그랑사르 장군은 그의 예비대에 차후 역습 작전을 위해 불송의 저지진지를 점령하라고 명령했다.
- 20:00시에 라퐁텐 장군은 역습 시행 임무를 하달받았다.
- 5월 14일 07:30분에 비로소 작전 부대들이 기동하기 시작했다.

공격 명령 후 작전이 실시되기까지는 15시간 30분이, 라퐁텐이 명령을 전달받은 후부터는 11시간 30분이 걸렸다. 반면 라퐁텐의 상대인 독일군의 키르히너 중장이 역대응을 실시하는 데는 겨우 10분이 걸렸다.

독일군과 프랑스군의 차이는 부대 지휘절차의 속도뿐만 아니라 기갑부대의 공격속도에서도 분명하게 드러났다.

- 불송의 남부 능선 입구까지 기동해야 할 거리는 독일군 전차중대의 경우 9km 정도였고 프랑스 전차부대의 경우 겨우 3km였다.
- 독일군 전차는 08:00시를 조금 넘은 시각에 기동을 개시했고, 불송 능선 입구에 잔류한 적들의 저항에도 불구하고 08:45분에 도착했다. 프랑스군은 이보다 30분이나 앞선 07:30분에 '경주'를 시작했지만, 이래저래 늦게 도착했다.

이러한 결과는 두 군대가 근본적으로 상이한 군사 교리를 가진 데 기인했다. 프랑스 육군은 전차를 보병의 지원화기 개념으로 인식하고 보병의 공격 템포에 맞추어 운용했다. 그러나 구데리안이 창안한 독일군 기갑사단에서 전장의 주 전투력은 전차였고, 전차의 속도에 맞추어 다른 제병과들이 움직였다.

이 상황에서 시간은 전쟁의 승패를 좌우하는 요소였으므로, 키르히너 중장은 두 가지 중요하고 기본적인 작전원칙도 무시하고 작전을 지휘했다.

- 보병부대와의 협동공격을 위해 대기하지 않고 전차부대를 단독으로 진격시켰다.
- 전차부대를 통합적으로 투입하지 않고 중대급 부대를 개별적 · 축차적으로 전방에 투입했다.

프랑스군의 역습을 보고받은 구데리안은 서둘러 전방으로 직접 나아가 자신의 평소 주장을 뒤집었다. 그는 무조건 전차를 통합된 부대로 운용해야 한다고 역설(집중하라! 분산하지 말라!)해 왔으나, 그때만은 전차를 분산 운용한 사단장의 결정을 승인하고 격려해주었다. 사단장은 각 중대별로 골리에의 교량을 통과한 즉시 중대 단위로 축차적으로 진격시켰다. 역시 1분 1초가 관건인 상황이었다. 완편된 1개 전차대대 또는 전차연대가 마스 강 도하를 완료할 때까지 다른 부대들을 대기시킬 수는 없었다.

크라예프스키 중위는 전차중대를 이끌고 적정이 불명확한 전방으로 돌진했다. 그는 일대에 잔류한 적 보병부대들을 무시하고 무조건 불송으로 진격했다. 하지만 불송은 텅 비어 있었다. 유령전차의 출현으로 프랑스군이 이미 철수했기 때문이다. 그는 불송을 통과하자마자 08:45분에 벌어진 322고지에서의 극적인 사건을 다음과 같이 보고했다.

> "우리는 조심스럽게 적이 모두 퇴각한 불송을 통과했고 종대대형으로 마을의 남서쪽 322고지를 향해 천천히 나아갔다. 선두 차량들이 고지 입구에 올라서자마자 포탄이 맹렬히 쏟아졌다. 선두에 있던 2대의 아군 전차가 적 대전차포탄에 맞아 불길에 휩싸였다."[134]

중대장은 그가 탄 전차가 피격되기 직전에 무전으로 연대에 상황을 보고한 후 전차에서 탈출했다. 불송을 가로지르는 이 도로는 남쪽의 능선 입구에서 북쪽으로 갈수록 폭이 좁아지는 병목 형태였다. 바로 이 병목 지점에서 독일군 전차들은 프랑스군 2개 전차중대와 정면으로 맞닥뜨렸다. 이 중대들은 수목지대를 은 · 엄폐물로 삼아 2개 보병대대와 함께 진격 중이었고, 대전차화기의 지원도 받고 있었다. 독일군 전차중대는 완전히 포위되었다. 프랑스 군은 이미 퐁다고의 수목지대를 장악하여 일대에 강력한 저항선을 구축하고 마치 코르크 마개처럼 도로의 입구를 막았다. 또한 전날 저녁까지 제55보병사단의 지휘소가 있던 거점은 벙커와 참호로 보강되었다. 이 사단의 잔여병력들도 이곳에서 참호를 파고 집요하게 이 일대를 사수했다. 특히 이곳에 투입된 2개의 대전차소대는 전투가 시작되자마자 선두에 있던 2대의 독일군 전차를 완파하고 1대를 기동할 수 없게 만드는 전과를 올렸다.

독일군 전차중대는 프랑스군보다 몇 분 앞서 고지 입구(322고지와 320고지 사이)에 도달해 적들이 구축해놓은 벙커들을 진지 삼아 능선의 남쪽에서 접근해오는 적 전차와 사투를 벌였다. 독일군이 가장 유리했던 점은 모든 전차에 무전기가 장착되어 각 차량 간의 조정 통합이 대단히 용이했다는 것이다. 그러나 이때 독일군은 심각한 위기를 맞았다. 독일군 전차포탄이 프랑스군 FCM 전차를 명중해도 FCM 전차는 좀처럼 파괴되지 않았을 뿐만 아니라 독일군의 사격을 뚫고 계속 전진했다. 나중에 알게 된 사실이지만 독일군 전차포탄으로는 특정 부위를 명중시키지 않으면 적 전차를 파괴할 수 없었다.[135] 더 위협적인 것은 프랑스군 포병이었다. 메종셀 북부에 진지를 편성한 포병대대의 야포 몇 문이 전방으로 이동하여 독일 전차를 상대했다. 라바르트 중령은 자신의 연대가 수령한 작전명령을 보고 '순교mission de sacrifice'라고 표현했다. 그러나 실제로는 독일군 전차들이 순교했다고 보는 편이 맞다. 전력이 턱없이 열세한 상황에서 독일군 전차중대의 진격은 무모했다. 이 중대는 짧은 시간 동안 전멸하다시피 해 단 한 대의 전차만이 가까스로 살아남았다. 그러나 이 전차는 능선 입구에서 계속 진지를 변환해 프랑스군이 여러 대의 전차로 오인하게 끔 교란했다. 교전이 시작된 지 30분 만에 그롤만Friedrich Grolman 중위가 지휘하는 전차2중대가 나타났다. 2중대는 골리에의 교량을 넘어 전속력으로 달려왔고 결정적인 순간에 프랑스군의 역습을 막아냈다. 몇 시간 후 후속 전차중대들이 속속 도착했고 독일군은 다시 한번 반격작전에 들어갔다. 이후 대독일보병연대 전위부대와의 연결 작전으로 승패가 결정되었다. 퐁다고 일대의 참호에 있던 프랑스군의 대전차포들은 독일군 보병이 투입되자 모두 제압당했다.

같은 시각, 그곳에서 서쪽으로 겨우 4km 떨어진 곳에서 프랑스군의 서쪽 부대가 돈좌되었다. 앞서 기술했듯이, 베크-브로이히지터 중위는 키르히너 중장으로부터 2개 대전차포 소대를 이끌고 셰메리 방면으로 진격하라는 명령을 받았다. 그는 이 마을을 3km 앞둔 지점에 도달했을 때 전방에서 이동 중인 적 부대를 발견했다. 규모는 보병의 지원하에 저속으로 기동하는 전차 13대 정도였다. 그는 즉각 코나주의 동쪽 교차로에서 6문의 대전차포로 대전차 진지를 구축했다. 09:00시경, 다행히 적을 저지하는 데 성공했지만 3.7cm

대전차포의 관통력은 형편없었다. 당시의 전투보고서에는 이 안타까운 상황이 다음과 같이 묘사되어 있다.

> "사수의 사격능력은 매우 훌륭했다. 대부분 첫 발에 적 전차를 명중했다. 그러나 적 전차는 꿈쩍도 하지 않았다. 아군의 사수들은 적 전차를 관통할 수 있는 지점을 발견할 때까지 조준점을 바꾸어가며 사격해야 했다."[136]

이들은 일단 적 전차부대의 진격을 멈추게 하는 데 성공했으나 동시에 적에게 포위될 수도 있는 위기를 맞았다. 수 대의 프랑스군 전차가 코나주로 진입하여 서쪽으로 방향을 돌렸고, 남동쪽 좌익부에서 프랑스군 보병부대가 몰려오기 시작했다. 그러자 독일군은 제43강습공병대대 2개 중대를 투입해 프랑스 보병을 공격했다. 09:45분경, 상황은 완전히 역전되었다. 독일군 전차부대(제2전차연대 2대대 8중대, 중대장 클라이스트 중위)가 돌연 나타나 프랑스군 전차들을 격퇴했다. 앞서 도착한 강습공병부대는 그 사이에 프랑스군 보병부대를 노몽 삼림지대를 거쳐 셰메리까지 밀어냈고, 11:00시경 셰메리에 입성했다.

불송과 코나주에서의 두 전투사례는 훗날 독일과 프랑스에서 '전차전'으로 기술되었으나, 이는 다소 과장된 것이다. 축차적으로 전방에 투입된 단 4개의 독일군 전차중대만이 결정적인 순간에 전투에 참가했을 뿐, 프랑스군을 저지 · 격퇴한 순간에도 독일군 제1기갑여단 예하 전차부대의 주력은 마스 강의 북부에서 골리에의 교량을 건너지 못한 상태였다. 어쨌든 라퐁텐 장군은 10:45분 최종적인 철수명령을 하달했고, 사단장이 직접 통제하는 독일군 부대들이 속속 도착해 불송을 점령했다. 불송의 능선으로 대독일보병연대의 대전차포, 돌격포 그리고 중보병야포가 배치되었고 바 강 계곡 일대에서 강력한 위력을 선보인 8.8cm 포가 셰메리 방면으로 투입되었다. 이 시각 군단장 구데리안 장군은 골리에 일대에서 나머지 전차들 모두를 도하시키는 데 총력을 기울이고 있었다.[137] 정오경 40대의 프랑스 전차 중 겨우 10대만이 철수하는 데 성공했고, 오후쯤 프랑스 전차대대는 거의 전멸했다. 제213보병연대의 피해도 극심했으며 라바르트 중령은 중상을 입고 독일군의 포로가 되었다. 후일 이 전투의 비극적인 최후에 대해 루비 장군은 이렇게 기록했다. "213연대는 전멸했다!La débâcle du 213e est complète!"[138]

비록 패배했지만 프랑스군 제213보병연대와 제7전차대대의 사기와 전투의지는 대단히 높았다. 며칠 전 제55보병사단이 보여준 모습과는 사뭇 달랐다.[139] 이들의 역습 속도가 너무 느렸다고 비판하는 것 또한 다소 부당하다. 속도 면에서는 우측을 담당한 205보병연대가 훨씬 더 느렸기 때문이다. 제205연대는 라 브자스La Besace의 공격대기지점에서 전투준비를 완료하고 공격을 개시했는데 이 공격대기지점 북단에서 메종셀과 로쿠르Raucourt에 이르는 도로인 공격개시선까지의 거리는 고작 3km밖에 되지 않았다. 제4전차대대가 집결한 라 브자스 남동쪽의 보몽Beaumont 지역에서부터 공격개시선까지의 거리는 겨우 12km 정도였다. 그러나 5월 13일 저녁 무렵, 이 두 부대는 제55, 71보병사단의 대규모 탈영병 무리와 조우하여 대공황의 소용돌이에 빠져버렸다. 라퐁텐 장군은 역습을 시행할 부대의 행방을 파악하기 위해 5월 14일 이른 아침 우측 작전지역으로 샬리뉴 대령을 급파했다. 07:15분경, 그는 마침내 브와 드 로쿠르Bois de Raucourt의 북쪽에서 부대를 발견했다. 제205보병연대의 주력은 5월 13일 21:00시에 이동을 개시했지만 집결지에서부터 겨우 북쪽으로 약 1km(!)밖에 진격하지 못한 채 대기하고 있었다. 이 보병부대들과 이어서 도착한 전차대대는 태평스럽게 그곳에서 시간을 보내고 있었다. 샬리뉴는 이들에게 즉각 약 2km 전방에 위치한 메종셀과 로쿠르에 연한 공격개시선으로 진격해 불송 방면으로 공격하라고 명령했으나 전날 저녁때와 마찬가지로 기동할 수 없는 상황이 되어 공세는 무위로 끝났다. 09:00시경, 최선두제대에 위치한 병사들이 이동을 개시할 무렵 전방에서 퇴각하던 패잔병 무리와 뒤섞였는데, 병사들은 어리석게도 이 무리를 독일군의 공수부대로 착각했다. 이들은 우여곡절 끝에 2시간이 지난 10:45분에 공격개시선에 도착했지만 이미 너무 늦은 시점이었다. 라퐁텐은 그전에 역습을 중단시켰고, 우측 공세부대의 진격은 더 이상 무의미해졌다. 샬리뉴는 어쩔 수 없이 제205보병연대와 제4전차대대에 남쪽으로 철수할 것을 명령했다.

이것으로 드라마가 끝난 게 아니었다. 제205보병연대장 몽비니에-모네Montvignier-Monnet 중령은 상급부대와 접촉해 새로운 명령을 최대한 빨리 수령하기 위해 사단 지휘소가 위치한 후방으로 이동했다. 이동 중에 그는 그를 독일군 첩보원으로 오해한 헌병대에 붙잡혔고, 결국 탈영병으로 간주되어 체포되었다. 아이러니하게도 몽비니에-모네 중령은 제1차 세계대전 때 성공적인 전투지휘로 훈장을 받고 레지옹 도뇌르†에 이름을 올린 인물이었다. 지난 24시간 동안 그에게 가장 중요한 문제는 공황에 빠진 부하들의 전장 이탈을 저지

† 프랑스 최고의 훈장으로, 여기에서는 최고 훈장 수여자의 명부를 가리킨다.

하는 것이었다. 그러나 지금은 그 자신이 탈영 혐의를 받고 베르됭 감옥에 갇히는 어이없는 신세가 되었다.[140] 게다가 지휘관이 없어진 그의 연대는 심각한 상황에 빠졌다. 질서정연하게 철수작전을 수행했던 부대들에서 갑자기 도망자들이 속출했고 급기야 이 연대의 일부는 도주하던 부대들의 소용돌이에 휩쓸려 와해되었다. 이렇게 제213연대의 역습은 비극으로 끝났고, 제205연대의 작전은 한 편의 희극으로 막을 내렸다.[141]

독일군 제1기갑사단의 승리에 대한 환희도 잠깐뿐이었다. 12:00시 정각이 되기 조금 전, 점령된 셰메리의 교회 앞 광장에서 사단장이 주관한 회의가 시작되었다. 이때 독일군 슈투카가 나타났고 광장 일대에 막 도착한 차량들 위로 폭탄이 투하되었다. 제43강습공병대대장과 제2전차연대 소속의 장교 2명이 즉사했고 제1기갑여단장과 그를 수행하던 장교들과 병사들이 중상을 입었다. 10:00시경부터 구데리안은 무전으로 슈투카의 공격을 취소하거나 공격 목표를 남쪽으로 옮길 것을 무전으로 여러 차례 요청했지만[142] 무전 송수신 문제로 이 같은 일이 발생한 것이다. 이렇듯 전차부대의 속도는 아군의 공군이 대응하지 못할 만큼, 상상을 초월할 정도로 신속했다.

3. 서쪽을 향한 구데리안의 독단적인 공세

육군 총사령부가 만슈타인의 대담한 지헬슈니트 구상을 무성의하고 모순되게 변질시킨 사실은 앞에서 설명했다. 결정적인 지점은 스당이었다. 만슈타인과 구데리안은 기갑부대가 마스 강을 도하한 후 측방 노출을 고려하지 않고 즉각 대서양 해안으로 돌진한다는 데 의견을 같이했고 만일 그러지 않으면 연합군과의 전투에서 승산이 없다고 확신했다. 하지만 이 요구는 위험천만하다는 이유로 육군총사령부, A집단군, 클라이스트 장군을 필두로 한 모든 고위층 장성들로부터 기각당했다. 이들은 전차부대가 스당에서 마스 강을 극복하면 일단 이 교두보에서 대기시킨 후, 후속 부대들이 교두보를 확보하면 그때서야 종심 깊이 진격시킨다는 계획을 수립하여 작전명령을 하달했다.[143] 이에 대해 할더 장군은 다음과 같이 확고한 입장을 밝혔다.

> "어느 누가 마스 강을 최초로 극복하든, 기갑부대에 의한 작전술 차원의 효과를 기대하지는 않는다. 〔…〕 보병부대가 충분한 전력으로 마스 강 서편에서 필수적인 기동공간을 확보

하여 견실하게 만든 이후에야 작전술 차원의 목표 확보에 적합한 기갑부대의 통합 운용을 논의할 수 있을 것이다."[144]

히틀러도 노출된 측방 위협을 불안해했으며 '마스 강 도하 직후에 어떤 조치를 취해야 할 것인가'에 대해서는 차후 자신이 직접 결정하겠다며 이 문제를 보류했다.[145] 반면 구데리안은 '중단 없는 공세'를 강력히 주장했다. 그는 적을 포위하기 위해서 즉각 종심으로 돌진하지 않는다면 마스 강선 돌파는 무의미하다고 생각했다. 아르덴에서 이동하는 보병부대를 기다리기 위해 교두보에서 대기하는 것은 적에게 새로운 방어선을 구축할 수 있는 시간적 여유를 줄 뿐이라고 주장했다. 어쨌든 작전 개시 이후 5월 13일 돌파작전은 놀랍게도 대성공이었다. 다음 날 12:30분, 구데리안은 다음과 같은 보고를 받았다. 제1기갑사단의 예하부대가 셰메리에서 서쪽으로 1km 떨어진 말미Malmy의 교량을 고스란히 확보했고 이를 통해 서쪽으로 진격할 수 있다는 내용이었다.[146] 아르덴 운하의 극복에 사용된 말미의 조그마한 교량은 지헬슈니트 기동에서 핵심적인 회전축 역할을 하게 되었다. 구데리안은 급히 제1기갑사단의 지휘소가 위치한 셰메리로 이동하여 이곳에서 서부전역을 결정지을 매우 중요한 결단을 내렸다. 그는 다음과 같은 문제로 고민에 빠져 있었다. 전술적 차원에서의 필수조건을 고려하여 남쪽에서 올 것으로 예상되는 적의 역습에 대비해서 현재의 다소 불안정한 교두보를 공고히 할 것인가? 아니면 적들의 혼란을 최대한 활용하여 지헬슈니트의 작전술 차원에서 즉각 기갑부대의 주력을 서쪽으로 진격시킬 것인가?

구데리안은 막중한 책임감을 느끼고 심각한 고뇌에 빠졌다. 해법, 즉 방책도 문제였지만 전투력도 충분하지 못했다. 그러나 지금 눈앞에 있는 절호의 기회를 이용하려면 당장 결론을 내야 했다. 그때 제1기갑사단의 작전참모인 벵크 소령이 구데리안에게 결정적인 한마디를 건넸다. "집중하라, 분산하지 말라!" 이것은 바로 구데리안이 벵크 소령에게 입버릇처럼 하던 말이었다. 구데리안이 자신의 회고록에 기록했듯이, 이 말로 "문제는 단숨에 해결되었다." 14:00시, 그는 즉각 제1, 2기갑사단에 서쪽으로 방향을 전환해 전속력으로 직선거리로 40km 떨어진 르텔Rethel 방면으로 진격할 것을 명령했다.[147]

이로써 5월 14, 15일 양일간 광범위한 교두보의 방호를 제10기갑사단과 대독일보병연대가 맡게 되었다. 그 후에는 아르덴을 통과한 비터스하임Wietersheim 차량화보병군단이 그 임무를 넘겨받았다. 구데리안은 매너리즘에 빠진 프랑스군 지휘부의 반응속도가 매우

ㅣ1940년 5월 14일 스당 교두보에서 구데리안 기갑군단의 돌파ㅣ

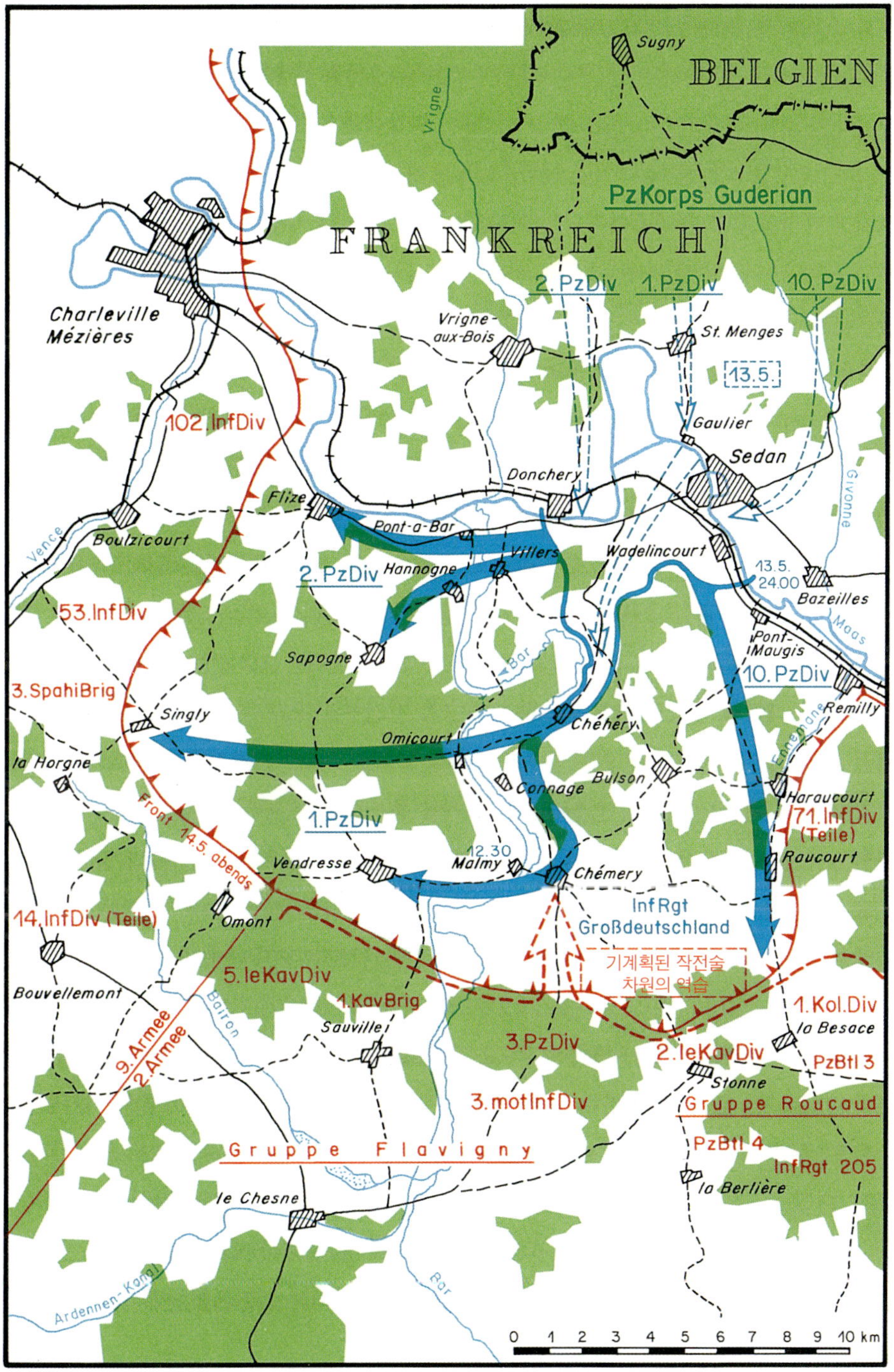

둔하다는 점을 간파했기 때문에 적의 측방 위협은 무시해도 좋다고 확신했다. 그의 예상은 적중하여 점점 현실로 드러났다. 그는 방어에 유리한 셰메리 서편의 구릉지를, 그곳에 방어선을 구축하기 위해 이동 중인 적 예비대보다 먼저 돌파하는 데 성공했다. 공세가 조금이라도 지체되었다면 적에게 유리한 상황이 만들어졌을 것이다. 훗날 구데리안의 말대로, 스당에서의 성공의 '본질'은 '돌파' 자체가 아니라, 기갑부대를 종심 깊이 돌진시킴으로써 돌파의 효과를 극대화했다는 점이다.[148]

4. 1940년의 스당 : 군사사의 일대 전환점

> "우리는 1918년의 군대로 1939년의 독일군과 맞서 싸웠습니다. 그것은 완전히 미친 짓이었습니다."[149]
>
> 베강 장군, 1940년 5월 25일 프랑스 수상 레노와의 대화에서

전쟁 역사상 대부분의 전투에서 그렇듯이, 쌍방의 군대는 거의 유사한 무기체계와 전법으로 대결한다. 전쟁 양상은 군사과학기술의 발전에 상응해서 진화해 왔고, 돌연변이처럼 혁명적으로 변화되는 경우는 매우 드물다. 그러나 바로 앞의 전쟁에서 검증된 막강한 체계를 가진 군대가 다음번 전쟁에서 그대로 등장하려 할 때, 완전히 새롭고 현대적인 방법으로 응전하는 군대가 나타나는 경우가 간혹 있다. 가장 대표적인 예가 나폴레옹이 프로이센군을 대파한 예나 전투이다. 클라우제비츠는 예나 전투에 대해 다음과 같이 논평했다.

> "1806년, 프로이센 장군들은 총체적으로 〔…〕 프리드리히 대제의 사선대형을 채택함으로써 파멸을 자초했다. 이는 진부한 매너리즘 때문만이 아니라 매너리즘에 이르게끔 만든 정신적 무지의 소치였다."[150]

오늘날 파리의 개선문에 새겨진 승리의 장면에 나부끼는 깃발은 프랑스의 진보정신을 상징한다. 1939년 7월, 이 기념물 앞에서 프랑스 시민혁명 150주년을 기념하는 화려하

고 장엄한 군사 퍼레이드가 펼쳐졌다. 그러나 바로 1년 후 프랑스 군부는 자신들만의 고유 분야라 여겼던 혁명정신을 잃어버렸음을 드러내었다. 1940년 5월 스당이 프랑스의 '예나'가 되고 만 것이다. 이 역사적인 전투에서 제1차 세계대전 때의 느린 템포로 움직인 프랑스군과 전격전의 급속한 템포로 움직인 독일군이 충돌했다.

독일군의 공세, 특히 교두보에서 벗어나 적 종심으로 기동한 기갑부대의 속도는 상상을 초월했으므로 그다지 큰 교전이 없었다. 대다수의 프랑스 병사들은 잇달아 터지는 사태 속에서 엄청난 쇼크 상태에 빠져 허둥지둥 달아나거나 저항 한 번 제대로 못하고 무기력하게 포로 신세가 되었다. 이로 인해 뜻밖에 전사상자는 극소수였다. 2개의 강습공병소대로 편성된 코르탈스 중위의 특공대는 가장 중요한 단독작전을 성공시켰다. 그는 벨뷔 교차로를 확보함으로써 제1, 2기갑사단의 돌파 여건을 조성하는 데 기여했는데, 전투보고서에서 스스로도 굉장히 의아해하며 강조했듯이, 이 특공대는 11개의 벙커를 탈취하고 수많은 방어시설을 유린한 침투작전에서 단 한 명의 전사자나 부상자도 나오지 않았다. 프랑스군 병사들은 전신마비 상태나 다름없었다. 한때 프랑스군에 파견되어 연락장교 임무를 수행한 영국군 소령 그리블Philip Gribble은 스당 방어선 함락에 대해 일기에 다음과 같이 기록했다.

> "얼마 전 나는 최전방 지역의 요새들을 다녀왔다. 독일군이 완벽하고 결사적인 저항선을 극복했다면 50만 명 이상의 병력을 손실했을 것이라 추산했다. 그러나 이게 웬일인가? 종심 8km의 요새지대를 돌파하는 데 독일군의 병력 손실은 고작 500명 정도에 불과했다."[151]

이 계산은 실제와 거의 들어맞았다. 구데리안 군단은 5월 13, 14일 스당에서의 돌파작전으로 대략 전사자 120명, 부상자 400명의 손실을 입었다.[152] 이렇게 적은 숫자는 제1차 세계대전의 돌파작전들—실패한 전투까지 모두 합쳐—에서 희생된 숫자와 비교한다면 경이적인 수준이다. 1916년 솜 전투에서 영국군은 14만 명의 병력 중 1일차에 6만 명의 병력을 잃었다. 이 전투에서 연합군은 총 66만 명의 병력을, 독일군은 50만 명을 상실했다. 돌파와 결전이 전혀 없었던 1916년 베르됭의 살육전에서도 프랑스는 32만 6천 명, 독일은 33만 명을 잃었다. 그러나 1940년 독일은 개전 5일 만에 스당 돌파작전에서 대승을 거뒀다. 그들이 제1차 세계대전이 치러진 4년간 수없이 도전했지만 실패를 거듭했던 결정적인 작전술 차원의 돌파를 성공시킨 것이다.

5월 14일 14:00시, 또 한번의 결정적인 장면이 세메리에서 펼쳐졌다. 구데리안이 독단적으로 자신의 기갑부대를 서쪽으로 밀어붙인 것이다. 이것은 그가 상급자의 명령과 히틀러의 지시를 어긴 행동일 뿐만 아니라 당시로서는 '모든 전쟁술의 원칙alle Regeln der Kriegskunst'에 위배된 행동이었다. 그의 결정으로, 그를 따르는 다른 기갑사단들도 공세에 동참하게 되는 일종의 눈사태 효과가 일어났다. 기갑사단들은 완전히 고립된 채 대서양 해안을 향해 작전술적 쐐기를 박는 공격을 실시했다. 보병사단의 측방 방호는 전혀 없었다. 이 공세는, 훗날 윈스턴 처칠이 '낫질sickle cut'이라고 표현한 것처럼, 가느다란 낫 형태를 띠었다. 독일군 지휘부 장군들은 구데리안에게 작전의 주도권을 완전히 빼앗겼는데, 이는 독일군에게 중대한 사건이었다. 구데리안은 지헬슈니트 작전이 내포한 고유의 역동성을 증폭시키는 데 성공함과 동시에 만슈타인의 사상을 실현시켰다. 기갑사단은 후속하던 보병 야전군들과 완전히 이격되었고, 후방에서 행군하던 보병부대들과 연결된 탯줄은 절단되었다. 역사상 최초로 기갑부대가 주축이 된 작전술 차원의 독립 작전이 실현되는 순간이었다.

1870년 스당 전투는 작전술 규모의 전투지휘기법 면에서 절정의 경지로 인정받고 있다. 스당에서 몰트케는 '19세기의 칸나이'라 불릴 만큼 유명해진 대규모 포위섬멸작전을 성공시켰다. 바로 이곳에서 1940년 5월, 제1차 세계대전 이후 전법의 최고가치가 화력이라고 여겨지던 시기에 전쟁술의 르네상스가 찾아왔다. 전쟁 기법의 진자는 '화력'에서 다시 '기동'으로 기울었다. 구데리안의 사상을 연구한 이들 중 선구자로 인정받는 영국의 풀러J. F. C. Fuller 장군은 훗날 지헬슈니트 작전을 '제2차 스당 전투'라고 표현했다.[153] 그는 몰트케의 포위작전과 만슈타인의 대담한 포위계획을 대등하게 평가했다. 1870년에는 포위부대의 접합부가 몰트케 원수의 고지에서 9km 떨어진 일리Illy에 있었고, 1940년에는 약 400km의 거대한 포위망을 형성하기 위해 룩셈부르크 국경에서 대서양 해안까지 '낫 형태sichelförmig'로 대우회기동이 실시되었다. 1870년에는 스당에서 12만 명의 프랑스군을 포위한 반면, 1940년에는 170만 명의 연합군이 지헬슈니트의 함정에 빠졌다.[154]

오늘날 군사사학자軍事史學者들은 독일군이 스당에서 돌파작전에 성공한 이후, 프랑스의 패배는 정해진 수순이었다는 데 의견을 같이한다. 5월 14일 이미 연합군은 스스로 전투력 전개 단계에서 오판함으로써 독일군에게 허를 찔렸고, 전역에 패배하게 되었다.

"1939~1940년 전역에서 5월 14일은 실질적인 전환점이었다. 이날의 전투로 프랑스의 운명이 결정된 것이나 다름없었다."[155]

이 전투는 새로운 군사사적 전환점으로서 더 큰 의미를 갖고 있다. 별안간 현대적인 '작전술 차원의 기동전'이 등장함에 따라 1918년 이래 주축을 이뤄온 '진지전' 양상은 자취를 감추었다. 그와 더불어 이러한 기동전 개념은 '전격전'이라는 암시적인 슬로건 뒤로 숨게 되었다.

6

마스 강 전선의 붕괴

"소규모 전투의 성공을 이끌어내는 것이 전쟁을 승리로 이끄는 열쇠이다."[1]

1940년 자전참모장교 교육 중 구데리안의 훈시

6 - 1

'저지와 역습 작전'
: 스당 돌파 이후 프랑스군의 작전술 차원의 역습

독일군이 스당에서 미세한 규모의 교두보를 구축했을 때, 불행히도 프랑스군 지휘부는 이 상황이 자신들의 목을 조이게 될 것이라고는 생각지 못했다. 5월 13일 뱅센Vincennes에 위치한 총사령부는 22:25분경 북동부전선 사령관 조르주Georges 장군으로부터 받은 보고 외에는 전선에 관한 정보를 전혀 갖고 있지 않았다. 조르주 장군은 스당에서 '별 의미 없는 바늘구멍un pépin assez séerieux'이 발생했다고 언급했을 뿐, 더 이상 설명을 달지 않았다.[2] 훗날 영국의 역사가 혼Alistair Horne은 이를 "지나치게 과소평가했다"고 말했다.[3] 프랑스군 총사령관 가믈랭 장군은 5월 14일 정오까지도 스당 돌파에 대해 "단지 국지적인 작은 사건에 불과하다."라고 폄하하다가[4] 5월 15일에야 비로소 파멸에 가까운 재앙이 닥쳤음을 깨닫게 되었다.[5] 프랑스군의 낡고 구태의연한 통신 시스템으로 인한 타성에 젖은 정보전달 방식이 이러한 오판을 불러왔다.

프랑스군은 독일군의 공세를 저지하기에 충분한 역량을 보유하고 있었다. 독일군이 5월 10일 공세를 시작한 직후부터 프랑스군은 후방에 배비配備되어 있던 수 개의 사단들을 전방으로 투입했고, 아르덴에서 징후가 포착되자 작전술 차원의 핵심 예비대로 준비되어 있던 수 개의 최정예 사단들을 스당 지역으로 급파하는 등의 조치를 취했다. 스당을 돌파당한 직후에는 다음과 같은 작전계획을 수립했다.

- 서쪽에서는 제9군이 예하의 우측에 위치한 부대로 적을 저지한다.
- 남쪽에서는 제2군이 예하의 강력한 기갑부대로 역습을 시행한다.
- 남서쪽 방면에서는 새로이 편성된 제6군을 2군과 9군 사이의 간격으로 투입한다.

프랑스군의 입장에서 전투준비를 완료한 이 정도 수의 사단이라면 고립된 독일군 기갑부대를 충분히 저지할 수 있다고 생각했을지도 모른다. 할더 장군조차도 기갑부대의 '직접적인 작전술 차원의 효과'[6]를 신뢰하지 않았다. 그러나 이 전역에서의 관건은 전투력의 크기가 아니라 부대의 기동속도였다. 적시적소에 부대를 운용할 수 있는가가 전쟁의 승패를 결정했던 것이다.

1. 제2군의 '작전술 차원'의 역습 시도

프랑스 제2군사령관 욍치제르Hunziger 장군은 수많은 예비대를 믿고 독일군의 공세를 태연하게 지켜봤다. 5월 13일 오후, 스당 일대의 부대들이 독일 공군의 무시무시한 폭격에 시달리고 있다는 보고를 접수했을 때도 그는 조금도 당황하지 않고 이렇게 말했다. "어차피 폭탄 세례는 언젠가 한번은 받아야 한다."[7] 18:00시를 조금 넘은 시각, 40여 명의 독일군 보병이 와들랭쿠르Wadelincourt에서 마스 강을 건넜다는 보고를 접한 순간에도 그는 사태를 단순하게 생각하고 다음과 같은 반응만을 보였다. "딱 그만큼 포로를 붙잡을 수 있겠군."[8] 제55보병사단의 절망적인 붕괴에 대한 흉보도 그는 크게 신경 쓰지 않았다. 욍치제르는 제10군단 예비대의 역습이 곧 실시되어 조기에 상황을 안정시킬 것이라고 확신했다. 그는 전방지역에서 역습이 이루어지고 있으므로 후속해서 강력한 역습부대를 추가로 밀어 넣기만 하면 될 것으로 생각했다.

제2군의 역습은 서부전역을 통틀어 프랑스의 유일무이한 작전술 차원의 역습으로, 대단히 중요하다. 통상 프랑스군의 역습은 인접 부대들이 서로 제대로 협조하지 않은 상태에서 기껏해야 사단급 수준으로 시행되었다. 그러나 이번에는 스당 일대 독일군의 교두보를 향해 2개의 증강된 군단급 부대들이 하나의 통합된 작전을 수행해야 했다. 만일 구데리안이 남부 스톤Stonne 고지 일대에서 서서히 다가오는 위협의 심각성을 인지했더라면 조기에 교두보를 벗어나 서쪽으로 진격하지는 않았을 것이다. 이 교두보를 방호하기 위해 남겨진 제10기갑사단만이 다음과 같은 월등히 우세한 적 부대와 맞서야 하는 위기에 처하게 되었다.

① 플라비니Flavigny 군(제21군단)

- 제3기갑사단
- 제3차량화보병사단
- 제5경기병사단
- 제1기병여단

② 루코Roucaud 군

- 제2경기병사단
- 제1식민지보병사단
- 제3전차대대

③ 제10군단의 잔여 부대(제12, 64수색대대와 71보병사단의 일부, 205보병연대, 4전차대대)

제2군은 많은 기동장비를 보유했다. 역습작전에 투입 가능한 전차는 총 300여 대[9]에 이르렀으며, 기병부대에도 다수의 수색정찰용 장갑차량들이 편제되었다. 제3기갑사단의 전력만으로도 돌파구 방호를 위해 남겨진 구데리안의 부대를 충분히 제압할 수 있었다. 제3기갑사단이 보유한 138대의 전차[10] 중 절반은 호치키스Hotchkiss 39형, 나머지 절반은 샤르Char B1이었다. 독일군의 가장 강력한 전차인 IV호 전차의 장갑 두께가 30mm인 반면, 호치키스 전차는 45mm, 샤르 B는 60mm였다. 독일군 전차포나 대전차포의 화력으로는 파괴는커녕 흠집이나 간신히 낼 수 있었다. 그것뿐만이 아니었다. 이 전차들의 47mm와 75mm 주포는 어떤 독일군 전차도 감당할 수 없는 무시무시한 화력을 발휘할 수 있었다. 개활지에서의 전투—전차 대 전차—는 구데리안의 제10기갑사단에게 다윗이 골리앗과 맞서 싸우는 격이었다. 5월 14일 제10기갑사단의 편제를 보면, IV호 전차는 겨우 30대였으며, 전체 전차 중 2/3는 프랑스군의 경전차와도 상대가 안 되는 I호와 II호 전차였다. 그렇다면 프랑스군은 왜 이 전역에서 더 월등한 기갑부대와 무기체계를 가지고서도 이를 작전술 차원에서 활용하지 못했을까? 이제부터 스당 지역에서의 역습작전의 경과를 살펴보면 확실한 답을 찾을 수 있을 것이다.

제21군단장 플라비니 장군은 역습의 전권을 위임받았으며, 5월 14일 추가적으로 루코 군[11]과 제10군단의 일부[12]도 공식적으로 그의 휘하에 들어왔다. 욍치제르 장군은 제10군단의 역습에 이어 즉각 제2군 예비대의 반격이 실시되어야 한다고 독촉했다. 국지적인 성공을 이용하여 즉각 전과를 확대해야 한다고 생각했기 때문이다. 한편 제3기갑사단과 제3차량화보병사단에게 부여된 불송–스당을 잇는 공격축선과 중간목표는 앞서 실시한 제10군단 예비대의 그것과 완벽히 일치했다. 따라서 동일한 지역에서 2개의 제대가 꼬리를 물고 축차적으로 역습을 시행하는 형상이었다. 다만 처음 것은 전술적 수준, 두 번째 것은 작전술 수준의 역습이었다는 점이 달랐다.

라퐁텐 장군의 지휘 아래 앞서 실시된 제10군단 예비대의 역습은 독일군 공세 속도에 비해 대단히 느리게 전개되었다. 그러나 제3기갑사단의 작전템포는 이보다 더 느렸고 이들의 전차 운용 방식은 1918년의 그것과 흡사했다. 공격속도도 변함이 없었다. 마치 시간이 멈춘 듯 20년 전의 모습 그대로였다. 또한 이 전역에서 드러난 프랑스군과 독일군 기갑무기체계의 외형상 차이점은 연료탱크의 크기로, 여기에서 그들의 '전차에 대한 철학'을 엿볼 수 있다. 독일군 전차들에는 작전술 차원의 임무를 고려하여 '작전술 수준의 항속 거리'를 주파해 적의 종심 깊숙이 돌진할 수 있도록 비교적 큰 연료탱크를 장착했다. 그러나 프랑스군 전차는 보병과 근접한 거리에서 전술적 임무를 수행할 수 있도록 고안되었기 때문에 항속거리(연료량에 상응하는)가 제1차 세계대전 시 하루에 보병이 전진할 수 있는 거리를 토대로 책정되었다. 또한 중량이 32톤에 가까운 프랑스군 중형重型 전차인 샤르 B 전차는 기동속도가 느렸을 뿐만 아니라 험준한 야지에서는 연료를 가득 채워도 2시간밖에 기동하지 못했다.[13]

(1) 5월 14일 1차 역습작전 시도

제3기갑사단은 우선 랭스Reims에 집결지를 편성했다. 5월 12일 16:00시경, 사단장 브로카르Brocard 장군은 전방으로 이동하여 르 쉔느Le Chesne(행군거리 60km)에 다시 대기지역을 편성하라는 임무를 수령했다. 그 후 즉각 기동을 실시해서 후미에 위치한 부대까지 최종적으로 새로운 대기지역에 도착한 시각은 5월 14일 06:00시였다. 이날 아침 05:00시, 제21군단 지휘소에서 열린 회의는 한 편의 희극이었다. 상급지휘관들에게서 독일군의 기습적인 돌파를 전해 들은 플라비니는 매우 다급하게 브로카르에게 이날 오전까지 반드시 제3기갑사단의 역습이 시행되어야 한다고 지시했다. 그러나 브로카르는 그 시각에 역습은 불가능하므로 공세를 하루 연기할 것을 제안했다. 그의 이유는 다음과 같았다.

- 전차 연료 보충에 소요되는 시간 : 5~6시간

• 브와 뒤 몽디외Bois du Mont-Dieu(기동거리 14~18km)의 북부 외곽에 위치한 공격대기지점까지 이동하는 데 소요되는 시간 : 2~3시간
• 공격대기지점에서 스당까지 가는 데 필요한 연료를 재보충하는 데 소요되는 시간 : 2~3시간

기갑부대 전문가인 플라비니는 지나치게 길게 잡은 시간 계산에 격분해, 무슨 일이 있어도 이날 12:00시에 기동을 개시하라고 브로카르에게 명령했다. 그러나 작전개시시간은 결국 14:00시로 연기되었다. 여기서 프랑스군의 취약한 통신체계도 눈여겨볼 만하다. 브로카르는 08:00~09:00시에 참모부에 역습명령을 하달했다. 그러나 이 명령이 각 중대급 예하부대에 하달된 시각은 11:00~13:00시였으며 13:00시가 되어서야 최선두의 전차가 브와 뒤 몽디외 방면으로 기동하기 시작했다. 결국 17:30분에야 플라비니군 전체의 공격 준비가 완료되었다. 이 사이에 루코군은 스톤의 동쪽에 위치한 공격대기지점을 점령했다.

바야흐로 이 시점이 서부전역의 가장 결정적인 국면이었다. 독일군 기갑부대를 저지할 수 있는 기회가 단 한 번 있었다면 그것은 바로 5월 14일 오후였다. 역사의 아이러니는 바로 이 같은 절호의 기회가 프랑스군이 계속해서 역습 시기를 미루는 바람에 생겨났다는 것이다. 독일군은 제1, 2기갑사단을 교두보 일대 확보에 투입할 수 없었고, 제10기갑사단의 주력은 후방에 위치한 터라 그 지역에 전력을 투입하지 못해 두 사단 사이에 간격이 생겼다. 만일 프랑스군이 이곳으로 적시에 돌진했다면 결과는 뻔했다. 이 시각에 독일군의 제1기갑사단은 셰메리Chémery에서 90도로 방향을 꺾어서 서쪽으로 진격 중이었다. 이 때문에 남측방은 거의 무방비 상태였고 그 '허술한 하복부'에는 전투력이 미약한 전투근무지원 부대들만이 있었다. 게다가 서부로 진격하는 기갑부대의 보급물자가 거의 바닥난 상황이라 당시는 독일 측에서 보면 치명적인 위협이자 프랑스 측에는 절호의 기회였다. 더욱이 이날 오후 제1기갑여단은 상급부대에 "탄약과 연료가 모두 소모되었다"[14]고 보고했고 후방에 위치한 제10기갑사단은 프랑스 제71사단 잔류부대들의 집요한 저항에 부딪혀 한창 전투 중이었다. 제10기갑사단은 아직도 공격목표인 불송의 고지를 확보하지 못했고, 대독일보병연대만이 이 교두보를 방어하고 있었다. 플라비니와 루코 사단이 북쪽으로 역습을 감행했다면 독일군은 공격을 막아내기 어려웠다.

5월 14일 프랑스군의 전투보고서는 이 정예사단들이 사기충천했으며 전투의지가 충

만했다고 찬사를 아끼지 않았다.[15] 프랑스군 병사들, 특히 전차병들은 첫 번째 전투에 참가한다는 데 무척 고무되어 있었고 장교들은 이들을 격려하고 용기를 북돋아주었다. 한 전차대대장은 그의 부하들에게 이렇게 외쳤다. "역전의 용사들이여! 전진하자! 적을 쳐부수자! 프랑스 만세!En avant, mon vieux! On les aura! Viva la France!"[16]

그러나 공격명령은 하달되지 않았다. 그들은 기다리다 지쳐 녹초가 될 지경이었다. 마침내 저녁 무렵 새로운 명령이 하달되었으나 병사들의 사기는 땅에 떨어졌다. 납득할 수 없는 이유로 공격이 취소된 것이다.

무슨 일이 벌어진 것일까? 플라비니는 전선으로 가는 내내 두려움에 휩싸여 전장을 이탈하는 수많은 병사들을 목격했는데, 이들은 수백, 수천 대의 독일군 전차들이 공격하고 있다고 떠들어댔다. 플라비니가 5월 14일 오후 자신의 지휘소에서 역습 명령을 하달하려고 할 때, 와해된 제213보병연대의 장교들은 겁에 질린 모습으로 방금 전 실시된 군단 예비대의 역습이 실패했음을 보고했다. 끊임없는 악재와 기갑부대의 공격대기지점 점령이 지연되는 데 초조해하던 플라비니는 결국 역습을 취소하고 말았다. 그는 전쟁이 끝난 후 자신의 결정에 대해 어이없는 변명을 늘어놓았다. "나는 최소한 파멸만은 피하려 했다!"[17] 한편으로 취약한 교두보인 스당을 방어하던 독일군 병사들은 그의 결정에 고마워했을 것이다.

플라비니는 또 한 번 결정적인 실수를 저질렀다. 그는 방어작전을 시행하기로 결심하고, 남쪽에서 북쪽으로 공격하기로 한 휘하의 부대들을 동서로 길게 전개시켜 버렸다. 그리하여 모든 전차부대를 오몽Omont과 라 브자스La Besace 간의 아르덴 운하에 연한 20km 선상에 분산 배치했다. 이때 1개 중전차와 2개 경전차로 구성된 일명 '코르크 마개bouchons'로 모든 도로와 소로를 차단했다. 이 때문에 모든 전차부대들이 편제와 상관없이 갈기갈기 찢겨 흩뿌려졌다. 역습의 총책임자이자 지휘권자인 플라비니의 지시는 막강한 전력의 제3기갑사단을 해체시킨 것이나 다름없었다. 왕치제르가 주장한 '최대한 신속하게, 어떠한 손실도 고려하지 않고' 실시해야 할 역습[18]은 물거품이 되었다.

그러나 앞서 발령된 왕치제르 장군의 명령지를 보면 역습의 실패는 충분히 예견된 것이었다. 5월 14일 00:00시 '작전명령 24호Ordre général d'opérations No 24'에서 왕치제르는 다음과 같이 지시했다.

① (스톤 남동쪽의) 라 카신느La Cassine와 몽데시느Mont-des-Cygnes에 연해 2차 저지선을 점령하여 적의 돌파를 정면에서 저지한다. (…)

② 저지에 성공한 후에는 최대한 신속하게 메종셀Maisoncelle, 불송, 스당 방면으로 역습을 시행한다.[19]

그러나 두 내용은 서로 모순되었다. 왜냐하면 작전명령상 공격과 방어 임무가 서로 상충하기 때문에('저지와 역습colmater et contre-attaquer') 근본적으로 실행이 불가능한 명령이었다. 명령을 분석해보면, 방어작전은 전선을 따라 일선형으로 부대를 분산시켜 실시하고, 반면 공격작전은 좁은 정면에, 종심 깊이 최대한 전투력을 집중시킨다는 것이다.

이 상황에서, 나쁜 소식만 계속 보고받은 플라비니가 적의 직접적인 공격을 받지 않았음에도 적을 저지할 수 없다고 판단하고 명령 중 방어작전에만 집중하게 된 심리는 충분히 이해할 만하다. 특히 제10군단도 그의 전방에 위치해 있었다. 문제의 근원은 더 깊은 곳에 숨어 있었다. 훗날 많은 프랑스인들은 1940년 패배의 원인을 '저지colmater'라는 단어, 더 정확히 말하자면 이 개념 이면에 내재된 잘못된 사상 때문이라고 지적했다. 욍치제르의 명령은 제1차 세계대전 때의 지휘방식과 완전히 똑같았다. 그는 독일군의 돌파 시도에 다음과 같이 대응하라고 지시했다.

① 돌파를 정면에서 저지한다.

② 포병화력으로 적을 격멸한다.

③ 작전지역 내의 적을 섬멸하고 그 지역을 탈환한다.

이 방책은 일자형 전선을 다시 회복하는 데는 효과적이지만 '작전술 차원의 기동전'에 대응하기에는 시대착오적인 발상이었다. 독일군은 이와 유사한 위기 상황에 직면하면 정면을 차단하기보다는 기갑부대로 적의 측방을 역습했다. 뒤집어서 만일 플라비니가 강력한 역습을 시행했다면, 월등히 우세한 전력을 보유한 프랑스군의 기갑부대가 북쪽으로 수 km 정도만 기동했다면 구데리안 기갑군단의 측방을 기습적으로 찌르는 대성공을 거두었을 것이다.

(2) 5월 15일 2차 역습작전 시도

북동부전선 사령관인 조르주 장군은 이날 저녁, 제2군의 '방어작전'에 대한 보고를 받고 욍치제르 장군에게 다음과 같이 분노를 터뜨렸다. "내가 당신에게 제3기갑사단을 준 이유는 스당으로 역습을 하라는 것 때문이었소."[20]

하지만 제2군 사령관은 아무런 조치를 취하지 않은 채 이날 야간을 허비했다. 그는 세뉙Senuc의 사령부를 후방으로 약 50km 이격된 베르됭Verdun으로 이동시키는 데만 분주했다. 이튿날이 되자 스당 지역을 중심으로 5월 15일 마스 강 유역의 전선 중 100km 이상의 정면이 붕괴되어 '절호의 기회'도 사라져 버렸다.

이 시각, 독일군 제1 · 2기갑사단은 계속 서쪽으로 진격해 이미 프랑스의 영토 깊숙한 곳에 있었고, 제10기갑사단도 스당 일대를 완전 장악했다. 그러나 이때 프랑스군이 단 한 차례만이라도 결정적인 역습을 시행했다면 독일군 지휘부는 치명적인 위기에 처했을 것이다. 5월 15일 07:15분, 조르주는 욍치제르에게 전화를 걸어 다시 한번 역습을 재촉했다. 그제야 욍치제르는 반응하기 시작했다. 08:00시, 그는 플라비니에게 기갑부대들로 즉각 역습을 실시하라는 '엄중한 명령mission impérative'을 하달했다. 이 지시는 08:30분에야 플라비니에게 전달되었고, 10:00시가 되어서야(시간차에 주목하라) 제3기갑사단장과 제3차량화보병사단장이 플라비니의 지휘소로 불려 왔다. 그는 두 사단장에게 서로 협조해 역습을 실시하라고 명령했다. 공격개시 시간은 14:00시로 정했다. 그러나 전차를 분산시키기는 매우 쉬웠지만 새로운 공격작전에 따라 이들을 다시 집결시키는 것은 무척 난해한 과업이었다. 심지어 일부 지휘관들은 휘하 전차들의 소재를 파악하지 못하는 등 통제력을 잃은 상태였다. 광대한 지역에 분산된 기갑부대에 대한 유류 지원도 곤란한 상황이었고, 대부분의 무전기들의 축전지도 방전되어 통신망이 마비되어 있었다.

바로 전날 벌어진 것과 똑같은 끊임없는 지체가 계속되었다. 플라비니는 공격 개시시간을 14:00시에서 16:00시로, 다시 18:30분으로 연기했다. 그러나 문제점이 끝없이 나타났다. 설상가상으로 수차례 실시된 독일군의 공략으로 인해 중요한 스톤 고지마저 빼앗겼다. 결국 지칠 대로 지친 플라비니는 18:15분, 공격명령을 철회했다.

그러나 작전 취소명령을 제시간에 하달받지 못한 제49전차대대 예하의 1, 2중대는 샤르 B 전차를 이끌고 단독 공세에 돌입했다. 두 중대는 포병이나 보병의 지원 없이 브와뒤 몽디외의 북부에서 세메리 방면으로 나아갔다. 이들은 아르테즈Artaise와 뇌빌Neuville을 잇는 도로를 따라 2km가량 진격하던 중 독일군 대전차포 부대와 조우했다. 독일군은 모든 대전차포를 총동원하여 선두로 치고 나온 적 전차에 집중사격을 가했지만, 적 전차 중 겨우 2대만을 파괴했다.

2명의 프랑스군 전차중대장은 이미 아군부대들이 철수했고 자신들만 공격하고 있음을 깨닫고 철수명령을 내렸다. 그러나 독일군은 큰 충격에 휩싸였다. 그들은 자신들이 명중시킨 대전차 포탄이 프랑스군 전차의 장갑에 맞고 튕겨 나오는 광경을 보고 아연실색했다. 독일군의 포탄세례를 뚫고 프랑스군 전차는 유유히 전진했다. 그러나 유린당할 것 같던 그 순간, 왜 갑자기 적 전차가 퇴각하는지 독일군 병사들은 이해할 수 없었다. 만일 프랑스군의 대규모 기갑부대가 이 전차중대들에 후속했더라면 아마 독일군은 심각한 위기에 봉착했을 것이다. 그리고 이들의 단독돌파는 독일군이 그토록 두려워한 프랑스군의 역습의 신호탄이 될 수도 있었다. 만슈타인과 구데리안이 가장 우려했던 바도 스당 돌파 직후에 있을지도 모를 프랑스군의 반격이었다. 그러나 플라비니의 말대로 '위대한 살신성인의 정신avec le plus grand esprit de sacrifice'[21]으로 시행되어야 할 역습은 헛되이 끝나고 말았다. 2개 중대의 돌파작전도 단지 제시간에 철수명령을 전달받지 못해 벌어진 해프닝일 뿐이었다.[22]

(3) 스당에서의 '진정한 패배자', 플라비니 장군

작전술 수준에서 프랑스군의 유일무이했던 역습 시도는 시작해 보지도 못하고 실패했다. 영국 작가 데이턴이 표현했듯이, 프랑스군은 스당에서 "아군 지휘관들에 의해 패배하고 말았다."[23] 플라비니와 욍치제르는 제3기갑사단장 브로카르에게 책임을 떠넘기고 그를 보직해임하려 했다. 5월 14일, 브로카르는 상급지휘관으로부터 즉각 역습을 실시하라는 명령을 받았으나 전투근무지원 분야의 준비가 미흡하여 작전을 거부했다는 이유로 파면당했다. 플라비니는 이 전역 중 자주 언급한 '희생적 임무'라는 관념을 요란스레 강조했으나 브로카르는 냉소적으로 이렇게 대답했다. "희생적 임무든 비희생적 임무든 간에, 연료 없이는 전차를 기동시킬 수 없습니다."[24]

이해할 수 없는 일은 또 있다. 플라비니는 스스로 이 역습을 지휘할 수 없다고 판단하고서 제3기갑사단의 지휘권을 제3차량화보병사단장 베르탱-부수Bertin-Boussu 장군에게 넘겨주었다. 1개 사단을 또 다른 사단에 배속한 플라비니의 의도는 무엇이었을까? 더구나 기갑사단이 보병사단의 통제를 받는다는 것은 어이없는 일이다! 롬멜이나 구데리안 같은 이들이 지휘한 기갑부대의 기동력이나 충격력은 어디에서도 찾을 수 없었고, 오히려 프랑스 장군들은 1918년 전투에서 도출된 교리에 의거해 전차를 '보병의 지원화기' 쯤으로 인식했다. 플라비니는 급박한 상황에서 제1차 세계대전 후 지휘참모대학Ecole Militar에서 배운 대로 완고하고도 교조주의적인 조치를 취했다. 라퐁텐 역시 교리에 근거해 불송 방면으로 군단 예비대의 역습을 시행했다. 왜 플라비니 같은 사람이 이런 치명적인 실수를 저질렀을까? 그는 기갑부대 전문가로 정평이 나 있었고 '프랑스의 구데리안' 이라고도 불렸다.[25] 프랑스 육군에서 그만큼 전차에 대해 풍부한 경험과 지식, 능숙한 기술을 가진 인물은 없었다. 그는 다양한 규모의 기갑부대를 지휘해 봤을 뿐만 아니라, 당시 세계 최신예 전차였던 소뮤아SOMUA S-35의 개발에도 직접 관여했다. 따라서 그는 작전술 차원의 역습 임무를 수행하기에 최적격이었다.

이 전역을 통틀어 독일군과 프랑스군의 지휘기법이 극명하게 대조된 곳은 바로 스당이다. 요점만 말하자면, 프랑스군은 독일군 기갑부대의 작전술적 도전에 전술적으로만 대처했다. 독일 국방군이 수많은 기갑사단을 단 한 곳의 작전지역에 집중했다면, 프랑스군은 전차부대를 대대급 · 사단급으로, 각각의 전장에 축차적 · 개별적으로 분산 투입했다. 스당에서만은 강력한 기갑부대를 보유한 다수의 사단을 작전술 차원의 역습을 실시하기 위해 집결시켰다. 그러나 플라비니는 막강한 2개 사단의 지휘권을 가졌음에도 불구하고 적시에 2개의 대부대를 긴밀히 협조시키는 데 실패했다. 역습작전에 필요한 병력과 전차의 수는 충분했다. 하지만 프랑스군은 지휘원칙이나 교리가 정립되어 있지 않았고, 유능한 참모장교도, 고성능 무전기도 없었다. 무엇보다도 '지적인 간접자본' , 즉 작전술 차원의 사고가 부족했다. 이런 전쟁연습을 이전에 단 한 번도 해본 적이 없었기 때문이다.

서부전역의 승패를 가른 결정적인 순간은 플라비니의 부대가 역습을 위해 공격대기지점을 점령한 5월 14일 늦은 오후였다. 훗날 독일군의 호트 장군이 표현한, "패배를 승리로 전환할 수 있는" 유일한 기회[26]였다. 그러나 플라비니는 역사의 주인공이 될 기회를 놓치고 말았다.

이 상황은 그루시Emanuel Marquis Grouchy 원수의 손에 프랑스의 운명이 걸려 있던 워털루 전역과 유사하다. 그는 나폴레옹의 명령을 어기고 나폴레옹을 구하러 달려갈 때까지 너무 오래 망설였다. 그리하여 블뤼허가 이끄는 프로이센군이 그루시군보다 먼저 전장에 도착해 나폴레옹의 손에서 승리를 빼앗았다. 플라비니도 스당에서 자신에게 부여된 막중한 책임을 회피해버렸다. 슈테판 츠바이크는 그의 저서 『인류의 운명적 시간*Sternstunden der Menschheit*』에서 그루시 원수의 역할을 논하면서 "운명은 (카이사르와 알렉산더, 나폴레옹 같은) 권력자와 폭군에게도 찾아온다."라고 하며 그 뒤에 다음과 같이 덧붙였다.

> "그러나 아주 드물지만, 운명은 이상한 기분에 사로잡혀 아무에게나 자신을 맡기기도 했다. ―이것은 세계사에서 가장 결정적인 순간이기도 했다.― 운명의 실이 순간적으로 극히 보잘것없는 사람의 손에 떨어지면, 그런 사람들은 언제나 거대한 도박판으로 자신을 끌어들인 태풍 앞에서 기뻐하기보다는 겁을 집어먹고 머뭇거린다. 그리고 결국 자신의 손에 쥐어진 운명의 실을 놓아버린다."[27]

2. 스톤 : 1940년의 베르됭

> "'스톤Stonne!' 이 단어는 우리에게 하나의 개념이 되었다. 이 산간 마을의 이름은 우리 연대의 역사에 핏물로 기록되어 있다."[28]
>
> 대독일보병연대의 전투보고서에서

5월 15일부터 17일까지 스톤의 주인이 열일곱 번이나 바뀔 만큼 이곳에서 서부전역 중 가장 치열한 전투가 벌어졌다. 12채의 농가만 있는 이 지역이 격렬한 전투에 휩쓸린 이유는 그 지리적 위치를 보면 충분히 짐작할 수 있다. 빽빽한 삼림 지대인 몽디외Mont-Dieu(신의 산)는 매우 가파르고 지형이 험악한 곳으로, 스당에서 15Km 남쪽에 있다. 이 지형은 남북의 통로를 가로막는 천연 요새였다. 이 산등성이의 가장 높고 가파른 북동부 일대에 스톤 마을이 자리 잡고 있었다. 이 촌락의 동쪽 가장자리에는 독일인들이 '막대 사탕'이라고 부르는 팽 드 쉬크르Pain de sucre라는 원뿔 모양의 고지가 있는데, 이곳은 고대 로마군이 중요한 군사지역으로 생각했을 정도로 그 일대를 수 킬로미터까지 훤히 관측할 수 있는 양호한 감제고지瞰制高地였다. 서부전역이 발발하기 전에 프랑스군은 이 능선의 북부에 벙커와 차단시설을 구축했고 진지를 보강했다. 동시에 북부 역습을 위한 전초기지로 이

| 팽 드 쉬크르에서 바라본 스톤 마을의 전경 |

지형을 활용할 수 있었다. 이 고지에서의 전투는 제1차 세계대전의 진지전을 방불케 했으며 처절한 공방전이 이어졌다. 프랑스 사람들은 '스톤의 지옥'[29]을 '베르됭의 지옥'[30]과 자주 비교했다. 한 독일군 장교는 이렇게 말했다. "나는 세 곳의 전투를 잊을 수가 없다. 스탈린그라드, 몬테카시노 그리고 스톤이다."[31] 스톤 전투는 작전술 차원에서 대단히 중요했다. 독일군이 이곳을 확보하면 매우 위협적인 프랑스군의 역습을 초반에 꺾을 수 있었다. 스당 전투가 사실상 스톤에서 결정되었다고 말해도 결코 과장이 아니다.

최초의 스톤 전투는 5월 12일 오후, 클라이스트 장군의 지휘소에서 벌어졌다. 이곳에서의 회의는 스당 지역의 교두보 확장에 관한 논쟁으로 치열하게 전개되었다. 클라이스트는 느와예Noyers와 퐁모지Pont-Maugis, 셰에리Chéhéry에 연한 선에서 종심 약 6~8km 정도면 교두보로 충분하다고 주장했다. 이에 반해 구데리안은 작전술 차원에서 스톤 고지 북부를 포함한 최소 20km 정도의 종심을 요구했다. 그는 다음과 같은 근거를 제시했다.

• 클라이스트 장군이 제시한 교두보는 2만 2천 대의 차량을 보유한 구데리안 기갑군단을 수용하

기에 너무 좁다.

- 마스 강의 교량들은 프랑스 포병의 유효사거리 밖에 위치해야 한다.
- 적들이 스톤의 고지를 반격 거점으로 활용하기 전에 반드시 탈취해야 한다.[32]

무엇보다도 마지막 근거가 결정적이었고 이것은 만슈타인의 작전 초안과 정확하게 일치했다. 만슈타인은 스당에서 마스 강을 건넌 후 수동적으로 좌측방을 차단하기보다는 돌파부대의 일부가 즉각 남쪽으로 밀고 나가 적의 공세가 시작되기 전에 적의 예상 배치 지역의 한가운데를 치고 들어가야 한다고 요구했다. 만슈타인의 '공세적 방어' 사상은 기동에 모든 기대를 건 구데리안의 강력한 지지를 받았다. 반면 할더는 만슈타인의 창의적인 발상을 받아들이지 않았다. 클라이스트도 이 같은 대담한 생각을 단호히 거부했고, 구데리안의 돌출행동을 사전에 차단하기 위해서 '절대 금지령'을 내렸다.[33]

5월 14일 이른 아침, A집단군 사령관 룬트슈테트 상급대장이 스당에 있는 구데리안을 방문하자 그는 즉각 이 기회를 이용했다. 11:45분, 룬트슈테트는 구데리안에게 전화를 걸어 클라이스트의 태도가 매우 확고하다[34] 고 전했다. 클라이스트 기갑군의 문서에는 이 대립 상황이 다음과 같이 간결하게 기록되어 있다. "제19군단〔구데리안 기갑군단〕은 스톤 방면으로의 진격을 고집했다."[35]

이것은 군사상 초유의 항명 사건이었다! 5월 14일, 구데리안은 예상 외의 신속한 돌파에 힘을 얻어 이 작전에서 모든 규칙과 명령을 뒤엎고 '명시된 지시를 거부하며'[36] 자신의 의지를 관철시켰다. 그리고 작전을 성공시킴으로써 자신의 판단이 옳았음을 입증했다. 서부전역이 끝난 후 클라이스트 기갑군에서 작성한 작전분석 자료에는 스톤으로의 진격이 다음과 같이 분석되어 있다.

> "제19기갑군단장 구데리안 장군의 독단적인 조치로 클라이스트 기갑군뿐만 아니라 작전 전체가 크게 성공했고, 치명적인 위협을 막아냈다."[37]

5월 14일, 구데리안은 교두보에서 제1, 2 기갑사단을 서쪽-대서양 해안 방면으로, '공세적 방어' 임무를 띤 제10기갑사단을 남쪽 방면으로 투입해 동시 돌파를 감행했다. 5월 14일 아침, 이미 그는 상급부대에서 지시한 느와예와 퐁모지, 셰에리 라인을 지나 프랑스 제10군단의 역습지역의 정중앙인 불송과 셰메리로 밀고 나아갔다. 이로써 그는 다음과 같은 연쇄반응을 일으켰다. 퇴각하던 프랑스 부대들은 폭도들처럼, 플라비니가 대규모 역습작전을 위해 병력을 집결한 브와 뒤 몽디외 방면까지 물밀듯이 밀려 내려갔다. 무시무시한 소문들이 넘쳐나자 충격에 휩싸인 플라비니는 역습 대신 방어로 돌아서고 말았다.

스톤의 고지는 북부로의 공세를 위한 최상의 '도약대'였다. 플라비니는 이튿날인 5월 15일 역습을 개시하려고 했지만 이미 독일군이 스톤을 차지해 그의 부대는 도약하는 데 실패했다.

프랑스군의 공격대기지점 정중앙으로 돌진한 제10기갑사단은 본래 마스 강과 아르덴 운하 사이의 교두보 남쪽을 방호하는 임무를 부여받았다. 이들은 대독일보병연대를 배속받기는 했지만 보병 전력이 크게 부족했다. 만일 샤르 B 전차가 주축을 이룬 부대가 일제히 강력한 역습을 단 한 번만이라도 시행했더라면 프랑스군의 전차를 저지할 만한 무기가 전혀 없는 이 사단이 괴멸당하는 것은 시간문제였을 것이다. 따라서 제10기갑사단이 방어작전을 수행하기에는 너무 취약하다는 결론에 도달한 구데리안은 이 사단에 공격을 실시하라고 명령한 것이다! 이 사단은 기갑사단이었으므로 공격작전이 훨씬 더 적합했다. 적이 공격대기지점에서 대형을 편성할 때가 가장 취약한 시기였기 때문에 싸움을 걸기에 적기였다. 이때 아르덴에서 빠져나와 후속 중인 독일군 사단들이 교두보 방호임무를 넘겨받을 시점까지, 즉 1~2일간 스톤에서 적을 고착시키는 것이 대단히 중요한 과업이었다.

이 전투경과에서 가장 중요한 점은 누가 스톤을 차지했냐는 것이다. 전투는 스톤 마을에서 정점에 이르렀다. 5월 15일 새벽녘, 대독일보병연대가 제8전차연대 2대대의 지원을 받아 진격하며 전투가 시작되었다. 이곳에 올라가려면 2개의 좁은 급커브 지역과 경사가 급한 매우 좁은 단일 통로밖에 없었다. 독일군 전차는 일렬종대로 공격해 올라가 마을에 진입하려다가 7대를 완파당했다. 보병은 08:00시까지도 스톤을 완전히 점령하지 못했고 백병전이 계속되었다. 10:45분까지 스톤의 주인은 네 번이나 바뀌었다! 프랑스 전차가 마을로 진입하면 고지를 방어하던 독일군은 무기력하게 철수했고, 보병과 손발이 안 맞은 프랑스군 전차가 이내 퇴각하면 즉각 독일군이 다시 마을을 차지했다.

전투에서는 아주 짧은 순간에 승패가 판가름 나고 최하급 전술 제대의 단독 작전으로 전투가 결정나는 상황이 있다. 이 같은 극적인 장면이 이날 11:00시경 스톤에서 펼쳐졌다. 프랑스군은 새로운 반격작전을 계획하고 이 작전을 시행할 부대들을 집결시켰다. 제

49전차대대 3중대(샤르 B전차), 제45전차대대 1중대(호치키스 39형 전차), 제4전차대대 예하의 2개 중대(FCM 전차)[38], 제67보병연대 제1대대와 제51보병연대 1중대가 그들이었다. 프랑스 보병부대의 집결이 늦어져 우선 샤르 B 전차부대만 단독으로 공세에 돌입했다. 이때 대독일보병연대 제1대대만이 스톤을 점령하고 있었고 이 연대가 보유한 12문의 대전차포 중 9문이 이 일대에 배치되었다.

갑자기 "적 전차다!"라는 겁에 질린 소리가 울려 퍼졌다. 그 순간 힌델랑Hans Hindelang 상사는 '독단적으로' 예비로 보유한 3문의 대전차포와 몇몇 병력들을 이끌고 마을로 들어갔다. 그는 샤르 B 전차들이 서서히 그에게 다가올 때 스톤 마을의 남쪽 초입에 있는 물탱크 주위에 간신히 진지를 편성하고 대전차포를 배치할 수 있었다. 다음은 당시의 전투보고서에 담긴 내용이다.

> "힌델랑의 정면으로 3대의 32톤짜리 전차들이 몰려왔다. 우리 대전차포의 포탄은 모두 적 전차에 맞고 튕겨 나왔다. 예광탄 한 발은 어디론가 날아가버렸다. 적 전차들은 과수원을 짓밟고 지나갔다. 한 전차가 100m 거리에 있는 우측편의 대전차포 진지에 주포 사격을 가해 박살냈다. 그런 다음 기관총으로 파편더미 속을 겨누더니 난사했다. 포반장 크라머Kramer 하사가 다치고 포수가 중상을 입었으며 나머지는 전사했다. 크라머는 부상을 입었지만 용감하게 빗발치는 기관총탄을 뚫고 포수에게 포복해 다가간 후 그를 한 가옥의 뒤편으로 옮겼다."[39]

이러한 상황에서 정예부대인 대독일보병연대에도 공황의 첫 징후가 나타나기 시작했다. 병사들은 이 '괴물 전차들'을 마주 보면 현기증을 느낄 정도로 무력해졌다. 무엇보다도 병사들은 이 강철 괴물의 궤도에 짓밟히리라는 생각으로 두려움에 떨었다. 몇몇 보병 병사들은 황급히 전장을 이탈했지만 대전차소대의 병사들은 절망적인 상황에서도 진지를 사수했다. 힌델랑의 대전차소대에는 3문의 대전차포 중 2문만이 남아 있었다.

> "중重전차 3대의 주포가 아군을 위협했다. [⋯] 어느 지점에 다다르자 거대한 전차들 중 하나가 측면을 노출시킨 채 정지했다. 좌측편 포반장 기제만Gisemann 일병은 적 전차의 우측 중앙에서 냉각기로 추정되는 조그마한 파이프가 달린 지점을 발견했다. 그것은 탄약 상자보다는 크지 않았다. 그는 그곳을 조준했다. 전차에서 화염이 치솟았다. [⋯] 그때부터 두 대

전차포는 무조건 32톤짜리 전차의 측면에 있는 작은 사각형 지점을 정조준해 사격했다. 좌측편에 있던 대전차포는 직격탄을 맞고 파괴되었다. 힌텔랑은 살아남은 1개 포반을 이끌고 마을로 철수했다. 적 전차 3대는 모두 완파되었다."[40]

이때부터 상황이 급변하기 시작했다. 샤르 B 전차의 승무원들은 독일군 대전차포탄에 대해서만큼은 자신하고 있었다. 하지만 '오빌레르Hautvillers', '가약Gaillac', '시농Chinon' 이 세 전차들이 스톤 남부에서 모두 화염에 휩싸이자 남은 전차 승무원들은 갑자기 공황에 빠져 남쪽으로 방향을 바꿔 퇴각했다.

정오경에 프랑스군은 지금껏 했던 공세 중 가장 강력한 공세로 다시 이 지역을 탈취하는 데 성공했다. 그러나 그것도 잠깐이었다. 힌텔랑이 실시한 대전차 방어가 예상치 못한 성공을 거두었고 불사신으로 여겨지던 샤르 B 전차의 신화는 완전히 깨졌다.[41] 독일군은 스톤을 포기하지 않고 다시 새로운 반격을 준비했다. 오후가 되자 프랑스군 전차들은 다시 철수해야만 했다. 플라비니가 스당 역습을 위해 부대를 재편성했기 때문이다. 독일군 제10기갑사단은 이 틈을 놓치지 않고 대독일보병연대를 지원하기 위해 제69보병연대 제1대대를 급파해 17:30분, 9시간 만에 네 번째로 이 지역을 장악했다.

프랑스군이 스당 공세의 '도약대'인 스톤을 상실한 것은 작전술 차원에서 치명적인 실책이었다. 플라비니는 18:30분으로 계획된 스당 공격을 취소하고 대신 이튿날 아침 스톤을 공격하기로 결정했다. 효과적인 작전술적 역습의 호기를 놓치고 만 것이다. 구데리안은 이 점을 정확히 간파했다. 그의 적들은 제1차 세계대전의 관념에 푹 빠져 '노출된 측방'을 금기시했으며 맹목적으로 '선형 전선'을 유지하기 위해 안간힘을 다했다. 플라비니에게는 전선을 다시 구축하고 눈엣가시 같은 스톤을 재탈환하는 것이 무엇보다도 중요했다. 그런 다음에야 체계적이고 완벽한 계획에 따라 공격해야 한다고 생각했다. 그러한 맥락에서 그는 "적을 저지한 후 역습을 시행하라Le colmatage réalisé, contre-attaquer……"[42]라는 그의 상급지휘관의 명령을 완벽하게 이행하려고 했다.

훗날 비시Vichy 정부의 국방장관에 오른 욍치제르는 이에 대해 매우 유연한 자세를 취했다. 그는 스톤에서 실패한 공세 때문에 일어난 재앙을 '성공적인 방어작전'으로 재해석하려 했다.[43] 심지어 '그들(독일군)의 돌파를 저지하라!ils ne passeront pas!'라는 베르됭 전투의 슬로건을 내세우기까지 했다. 이러한 방식으로 결국 5월 14, 15일 양일간의 결정적 순간

| 1940년 5월 15일 스톤에서의 독일군의 대전차 방어 |

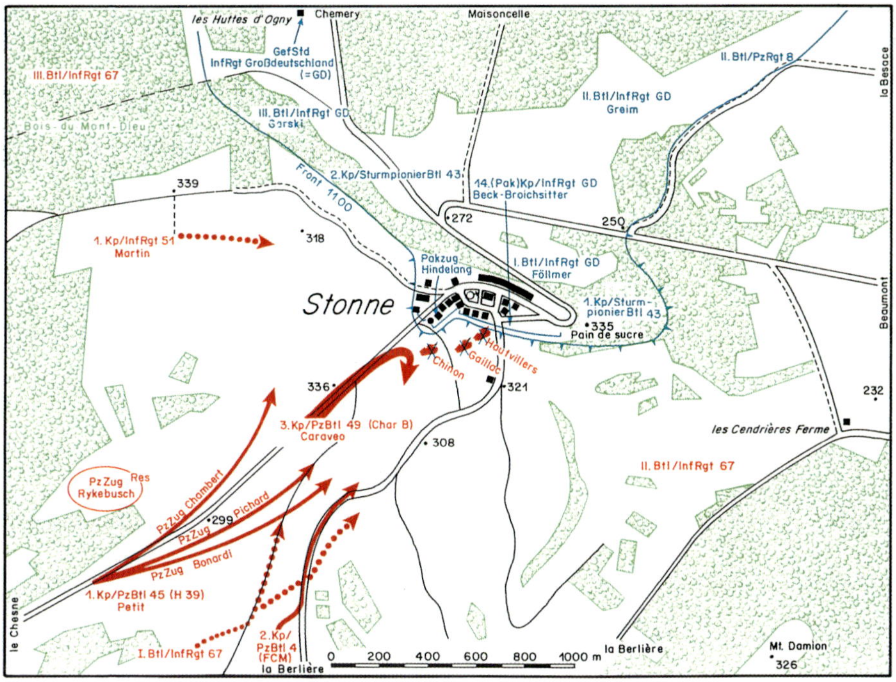

에 단 한 번의 기회를 물거품으로 만듦으로써 공자였던 프랑스군은 방자가 되고 말았다. 스톤 전투는 며칠간 계속되었고 차후에 독일군은 전선을 넓혀 공세에 돌입하게 되었다. 작전술적 견지에서 승패는 플라비니가 공격 명령을 취소한 때인 5월 15일 오후에 이미 결정되었다. 그 이후의 전투는 낮은 수준의 전술적 의미만 있을 뿐이었다.

5월 16일 야간부터 17일까지 제10기갑사단은 제6군단의 작전통제에서 해제되어 이미 한창 서쪽으로 진격하던 구데리안의 공세에 합류했다. 대독일보병연대는 당시 전사상자가 570명[44]이나 되어 잠시 휴식이 허가되었다. 그중에서도 계속 격전지 한가운데에서 사투를 벌인 대전차(제14)중대의 사상자가 가장 많았다. 총 사망자가 13명, 부상자가 65명이었으며 대전차포 12문 중 절반이 완파되었다.[45] 스톤은 부서진 가옥들 사이사이와 마을 외곽을 따라 33대의 프랑스군 전차와 24대의 독일군 전차들의 잔해가 널려 있어 마치 전차들의 묘지 같았다. 그러나 전투는 독일군이 제16, 24보병사단을 이 지역에 투입하면서 더 치열해졌다. 5월 17일 17:45분경, 열일곱 번째로 마을의 주인이 바뀌었고, 전투가 종결

| 비요트 대위의 유린 공격(1940년 5월 16일 07:00시 샤르 B 유르의 돌격) |

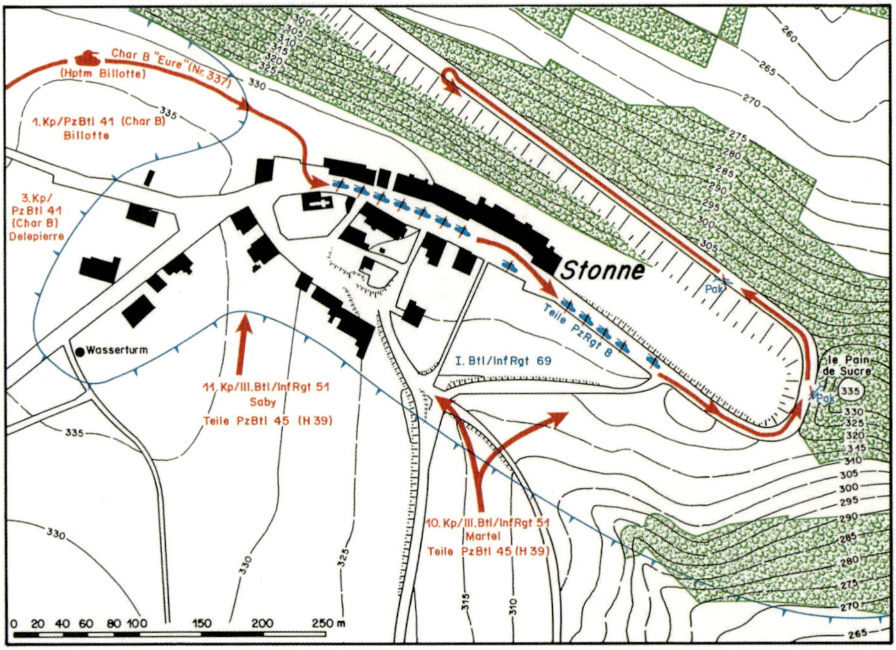

되는 듯했다. 5월 18일, 프랑스군은 필사적으로 공격을 재개했으나 실패했고, 독일군은 남쪽으로 진격했다. 독일군은 5월 25일에야 스톤 능선 지역을 완전히 장악했다. 서부전역에서 가장 지루하고 격렬했던 전투가 비로소 이날 막을 내렸다.[46]

5월 15일의 결정적인 교전 이후에도 많은 전투들이 얽히고설켰지만, 이 중 다음의 두 에피소드를 보면, 피상적으로는 승리로 보일지라도 프랑스군이 패한 결정적 이유를 알 수 있다. 2개 포병연대가 45분간 공격준비사격을 실시한 후인 5월 16일 07:00시 무렵, 2개의 프랑스군 전차대대의 주력 부대가 1개 보병대대의 지원을 받으며 스톤의 조그마한 마을을 공격했다. 결국 단 한 대의 전차가 실질적으로 혼자서 이 마을을 장악했다. 제41전차대대 1중대장인 비요트Billotte 대위는 샤르 B '유르Eure'를 타고 독일군 진지를 돌파해 스톤으로 진입했다. 독일군 제8전차연대의 1개 전차중대는 마을을 가로지르는 도로 양쪽에 진지를 편성하고 모든 화포를 총동원해서 이 전차를 공격했다. 그러나 샤르 B 전차는 진지 한가운데로 돌진해 4.7cm, 7.5cm 전차포로 총 13대의 독일군 전차를 유린하고 후방에 위치한 2문의 대전차포도 궤도로 짓밟고 전진했다. 샤르 B 전차는 이곳에서 140여 발의

〈표 6-1〉 스톤 전투의 경과

	독일군 점령	프랑스군 점령
(1) 5. 15	08:00	
(2)		09:00
(3)	09:30	
(4)		10:30
(5)	10:45	
(6)		12:00
(7)	17:30	
(8) 5. 16		07:30
(9)	17:00	
(10) 5. 16 밤/17	쌍방이 차지하지 못함	
(11) 5. 17	09:00	
(12)		11:00
(13)	14:30	
(14)		15:00
(15)	16:30	
(16)		17:00
(17)	17:45[47]	

포탄을 맞았지만 독일군의 포탄은 이 전차의 장갑을 뚫지 못했다.[48]

다음 날 벌어진 제49전차대대의 샤르 B '리크비르Riquewihr' 전차의 활약은 더 충격적이었다. 이날 동료들이 전차장 두멕Doumecq 소위에게 '스톤의 도살자'라는 별명을 붙여줄 정도였다. 17:00시경 그는 스톤 방면으로 공격을 개시했다. 마을에서 북서쪽으로 800m가량 기동했을 때, 그는 도로를 따라 난 도랑에서 엄폐호를 찾고 있는 한 독일군 보병부대와 조우했다.[49] 보병 병사들은 무모하게도 소화기小火器로 전차를 향해 사격했고 두멕은 간단히 그들을 깔아뭉개 버렸다.[50] 이어 그는 무차별 사격을 퍼부으며 독일군 제64보병연대의 병사들이 점령한 마을로 진입했다. '불을 뿜는' 괴물이 피가 흥건한 궤도를 굴리며 다가오자 병사들은 공황에 빠져 마을을 포기하고 도망치기 시작했다.

여기에서 한 가지 의문이 떠오른다. 프랑스군이 수적 · 성능 면에서 월등히 우세한 전차들을 보유하고도, 또한 일부였지만 전차병들이 결연한 의지로 전투에 임했음에도 불구하고 어째서 단 며칠 만에 열세한 독일군 기갑부대에게 당하고 말았을까? 가장 확실한 해답은 앞서 제시한 플라비니 장군의 사례에서 찾을 수 있다. 프랑스인들은 전차를 작전술 수준에서 통합해 운용해야 한다는 사실을 전혀 깨닫지 못했다. 또한 스톤 전투가 잘 보여주듯이, 전술적 수준에서조차 원활한 '제병협동전투'를 단 한 번도 실시하지 못했다. 비요

| 완파된 프랑스군의 샤르 B '가약' (49전차대대 3중대) **|**

5월 15일 스톤 남부에서 힌델랑 상사(대독일보병연대 14중대)의 대전차포의 공격을 받고 완파되었다.

| 스톤 동부에서 파괴된 독일군 제8전차연대의 IV호 전차 |

프랑스군 비요트 대위(41전차대대 1중대)의 샤르 B '유르' 전차에 피격당한 것으로 추측된다.

트 대위, 두멕 소위 같은 많은 이들이 눈부신 활약을 했지만 대개 일회성으로 그쳤을 뿐, 그들의 승리가 확대되지는 못했다. 위협적인 샤르 B 전차의 사례는 프랑스 기갑무기체계의 한계를 정확하게 보여 주었다. 우선 극소수의 전차에만 무전기가 장착되었고 이들마저도 성능이 매우 불량해서 전투 수행 중에 고장나는 경우가 허다했다. 전차장들끼리도 무선통신이 원활하지 못했는데 하물며 보병들과의 무선통신이나 협조는 더더욱 불가능했다. 반면 독일군 전차들에는 대부분 현대적 무전기가 장착되었기 때문에 대규모 부대가 일사불란한 공격작전을 펼칠 수 있었다. 간혹 무전교신이 불가능한 상황이 발생하면 임무형 전술의 원칙이 효력을 발휘했다. 이 점에 있어서, 스톤에서 일어난 일은 한 편의 비극이었다. 프랑스군의 제3차량화보병사단과 제3기갑사단은 희생적으로 전투에 임했다. 그러나 결국 그들의 용맹은 제1차 세계대전 때나 통할 프랑스군의 시대착오적인 지휘 시스템 때문에 헛되이 사라지고 말았다.

3. 작전술 차원에서 본 스톤 돌파의 성과

구데리안의 전격적인 스당 돌파는 프랑스군 지휘부를 혼란에 빠뜨리기에 충분했다. 그들은 독일의 차후 진출로를 서부 대서양 해안 방면, 파리 방면, 마지노선의 후방을 타격하기 위한 동쪽 방면의 3개로 판단했다.

이 결정적 순간에 프랑스 총참모부는 마비되고 말았다. 앨리스테어 혼Alistair Horne의 비유처럼, 프랑스군 총참모부는 같은 거리에서 각기 다른 방향으로 움직이는 세 마리의 토끼를 보고 본능을 잃어버린 사냥개 같았다.[51] 구데리안의 추가 전력이 스톤 방면으로 진격하고 있다는 소식은 프랑스군 총참모부를 정책결정의 딜레마에 빠뜨렸다. 프랑스인들에게는 1914년 8월의 상흔이 아직도 남아 있었다. 그때 독일군 제4군은 스당에서 마스 강을 도하한 후, 프랑스 요새방어선의 후방을 포위하기 위해 베르됭을 목표로 남동쪽으로 진격했다. 냉정하고 신중했던 욍치제르 장군이 조급한 결정을 내리게 된 것은 이 일이 연상되었기 때문일 것이다. 독일군 공세방향을 오판한 그는 마지노선에 곧 위험이 닥칠 것이라고 결론 짓고 그의 야전군 내 좌측익을 담당한 부대를 모두 마스 강변의 이노르 일대까지 남쪽으로 이동시켰다. 라 페르테La Ferté의 505 장갑벙커가 그 회전축을 형성했다. 이는 스당을 등한시함으로써 무종Mouzon 지역의 수많은 요새들을 고스란히 적에게 넘겨주는 것을 의미했다! 프랑스는 130개 이상의 벙커를 포기해야 했다. 이로써 독일군은 손 하나 까딱하지 않고 순식간에 겨우 6km 남짓한 가느다란 병목 형태의 스당 돌파구를 댐이 무너지듯 거의 30km에 육박할 정도로 확장했다.

이것보다 더욱 심각한 문제는, 프랑스가 구데리안이 스톤 일대에서 실시한 '공세적 방어'를 작전술 차원의 주공으로 오판한 것이다. 프랑스군은 역습을 실시하는 대신, 실제로 돌파가 일어난 교두보의 서쪽 지역을 간과하고 예상되는 독일군의 대규모 공세를 저지하기 위해 작전술 수준의 예비대로 편성된 정예사단을 방어작전에 투입했다. 이로써 독일군은 손쉽게 서쪽 방면을 돌파할 수 있었다. 프랑스군은 또다시 독일군의 기만작전에 속았다. 지헬슈니트 작전이 시작될 때 독일군은 주공을 우익에 둔 것처럼 적을 속이고 중앙에서 돌파를 감행했다. 반면 스당에서 구데리안은 주공을 중앙에 둔 것처럼 가장하고 우측(서쪽으로)으로 돌진했다. 작전계획 때부터 스당에서 돌파를 성공시킨 뒤 부대를 서쪽으로 진격시키되 동시에 그 역량 중 일부를 남쪽으로 투입할 것을 주장한 만슈타인의 구상이 또 한번 적중했다. 프랑스 지휘부, 특히 욍치제르는 완벽하게 속아 넘어갔기 때문에 훗날 격렬한 비판을 받았다. 그러나 주목할 만한 점은 대부분의 독일군 장군들도 만슈타인이 제안한 기가 막힌 행마行馬를 이해하지 못했다는 것이다. 그럼에도 불구하고 이 작전이 대성공을 거둘 수 있었던 것은 상관의 지시를 거부하고 독단적으로 행동한 구데리안의 불복종 덕택이다.

4. 제9군과 6군을 통한 서부에서의 저지 시도

프랑스 제2군과 9군의 전투지경선은 아르덴 운하의 하구가 마스 강과 만나는 지점의 서쪽에 설정되어 있었다. 클라이스트 장군은 두 야전군의 접촉점인 이곳(스당에서 서쪽으로 7km 떨어진 지점)에 주공을 두고 싶어 했다. 이곳에서 도하하면 마스 강의 남쪽 강변으로 도하한 후 또 아르덴 운하의 서쪽 강변으로 도하하지 않고 한 번에 강을 건널 수 있었다. 그러나 구데리안은 이를 강력히 거부했고, 훗날 그의 상관도 구데리안의 판단이 옳았음을 인정하지 않을 수 없었다. 어쨌든 마스 강을 건너려면 스당만큼 양호한 지역이 없었기 때문이다. 이때 수 개의 프랑스군 부대들이 아르덴 운하의 서쪽에서 진지 점령을 완료했거나 접근하고 있었다.[52]

제2군 : 북부지역(아르덴 운하와 마스 강이 합류하는 장소)에는 제55보병사단의 좌단부를 형성한 부대들이 여전히 아르덴 운하의 서편에서 진지를 고수하고 있었다. 그 밖에 이미 아르덴에서 구데리안 군단과 한차례 전투를 치르고 철수한 제5경기병사단은 5월 13일 야간부터 14일까지 이 운하의 서편 제방에 진지를 구축하여 방어작전을 준비하고 있었다. 제1기병여단이 이를 위해 증원·배치되었다.

제9군 : 우단부의 전선을 조정해서 부대를 남쪽으로 끌어내렸다. 몇 개의 새로운 부대들이 아르덴 운하를 따라 투입되었고 제2군 예하의 제5경기병사단은 이로써 남부지역 방어에 집중할 수 있게 되었다. 그때까지 제102보병사단이 제9군의 우단부를 담당했다. 이 사단의 일부는 아르덴 운하의 북부에서 운하의 교량을 확보하는 임무를 담당하기 위해 구축된 거점진지에 투입되었다. 제102보병사단을 지원하기 위해 제53보병사단이 투입되었다. 아르덴에서 철수한 제3기병여단이 제53보병사단의 우측을 담당하여 제2군의 5경기병사단과 전선을 연결했다.† 뿐만 아니라 새로 창설된 제6군이 제9군과 제2군의 사이에 추가적으로 투입되었다.

교두보를 벗어나자마자 서쪽으로 방향을 전환한 구데리안의 결단이 얼마나 중요하고 탁월했는지가 드러났다. 프랑스군에게는 부대를 재편성할 만한 시간적 여유가 전혀 없었다. 5월 14일 아침 07:30분경, 이미 제1기갑사단의 한 특공대가 오미쿠르Omicourt에서 아르덴 운하의 교량을 기습적으로 탈취했는데, 이것이 작은 교두보 역할을 하게 되었다. 12:00시경에 보병의 지원하에 2대의 전차가 확보한 말미Malmy(셰메리 인근)의 교량은 작전 개시 전부터 중요 지형지물로 선정될 만큼 중요한 곳이었으므로, 교량 선점의 의의가 무척 컸다. 또 제2기갑사단은 아르덴 운하의 하구와 마스 강과의 접합부인 퐁아바르Pont á Bar의 교량을 획득하는 데 성공했고, 14:30분부터 전차들이 이 교량을 통과하여 서쪽으로 진격했다. 저녁 무렵, 이들은 5km 더 서쪽으로 기동하여 플리즈Flize와 사포뉴Sapogne에 이르렀고, 제1기갑사단은 약 10km 정도 더 전진하여 생글리Singly와 방드레스Vendresse에 다다랐다. 이로써 이들은 아르덴 운하 서쪽의 천연장애물인 삼림으로 뒤덮인 이 구릉지를 단번에 극복했다.

이러한 성공은 독일군의 자력으로 달성되었지만 한편으로는 적의 어이없는 실책 때문이기도 하다. 그중 하나가 전선에 새로 투입된 프랑스 제53보병사단의 방어작전이다. 이미 패한 것이나 다름없는 이 전역에서 이들의 작전상황은 "부대를 전장에 분산시키는

† 311쪽 그림 참조.

분야에서 신기록을 수립"[53]할 정도였다. 이 사단은 독일군의 행동과 상관없이 프랑스 지휘부의 계속되는 명령과 번복 때문에 자멸하는 비극을 맞이하고 말았다. 5월 13일 야간부터 14일까지 제53보병사단의 상황은 다음과 같았다.

- 5월 13일 저녁, 에셰베리가레Etcheberrigaray 장군(53사단장)은 북쪽으로 진출해서 마스 강변의 진지를 따라 제9군의 우익을 담당하라는 명령을 수령했다.
- 22:00시경, 제9군 사령관 코랍Corap 장군은 앞의 명령을 취소하고 동쪽으로 이동해서 아르덴 운하를 따라 방어선을 구축할 것을 명령했다.
- 자정쯤에 이 사단은 다시 북쪽으로 이동해 마스 강변으로 되돌아오라는 새로운 명령을 받았다.
- 이 명령은 이날 밤 다시 취소되었다. 에셰베리가레 장군은 다시 아르덴 운하의 동쪽으로 행군했다.[54]

이 사태는 프랑스군 지휘부가 얼마만큼 혼란 상태에 빠져 있었는지를 여실히 보여준다. 이튿날 아침, 광범위한 지역에 분산된 부대들이 어디쯤에서 헤매고 있는지 아무도 파악하지 못했다. 서쪽으로 진격하는 독일군을 저지하는 중책을 수행해야 할 이 사단은 산산조각 난 부대들을 다시 집결시키는 데 시간을 낭비한 나머지 단 한 차례도 전투에 투입되지 못했다. 에셰베리가레 장군이 간신히 예하 부대를 모두 집결시켰을 때, 구데리안의 부대들은 이미 이 지역을 통과해 대서양 해안으로 향하고 있었다. 그 시간 동안 '명령, 정정명령, 취소명령Ordre, contre-ordre, désordre'은 끊임없는 혼란만 야기했다.[55]

프랑스군의 붕괴의 책임은 병사들이 아니라 군사지도부에게 있다. 병사들은 일단 전투에 투입되면 너무나 용감히 싸웠다. 5월 15일, 스당으로부터 남서쪽으로 20km 떨어진 라 오르뉴La Horgne에서의 전투가 좋은 예이다. 이곳에 방어진지를 편성한 제3경기병여단은 바로 아르덴의 무자이브Mouzaive 교량에서 결정적인 실수를 범한 부대로, 5월 11일 야간과 12일에 조기에 철수하는 바람에 세무아Semois 강의 지연선이 붕괴되는 사태를 야기했다. 그러나 이곳에서 그들의 모습은 전혀 달랐다. 이들은 서쪽으로 지체 없이 내달리던 제1기갑사단을 상대로 가공할 만한 위력의 기습을 준비했고, 북부에서 독일군을 무려 8시간 동안이나 저지했다. 스톤을 제외하면 서부전역에서 가장 치열한 전투였을 것이다. 발크 장군은 제1보병연대가 치른 라 오르뉴 전투에 대해 훗날 다음과 같이 기술했다.

"나는 두 차례 세계대전에 참전해서 적들과 무수히 싸웠다. 그리고 내가 있는 곳은 언제나 격전지였다. 하지만 프랑스 제3경기병여단같이 훌륭한 부대는 좀처럼 보지 못했다. 지휘관 마레Maré 대령[56]은 부상을 입고 포로가 되었다. (…) 여단 내 27명의 장교들 중 12명이 전사하고 7명이 중상을 입었으며 610명의 기병들이 죽거나 중상을 입었다. 이 여단의 전 장병들은 죽기로 작정하고 싸웠고, 프랑스를 위해 목숨을 바쳤다. 이에 감동한 나는 포로들에게 극진한 예우를 갖추라고 지시했다."[57]

이날 독일군 제1보병연대는 서부전역에서 가장 큰 손실을 기록했다. 어떤 면에서 이 전투는 5월 10일 아르덴의 보당주Bodange 전투와 맥을 같이한다. 독일군은 시간적 여유가 없다는 이유로, 충분한 화력 지원을 받으며 단계적으로 공격작전을 수행할 수가 없었다. 또한 험악한 산악 지형이라 전차의 기동성을 발휘하기에도 대단히 제한적인 여건이어서 보병부대가 백병전을 감행할 수밖에 없었다. 이날 저녁, 부벨몽Bouvellemont 확보를 중요하고 시급한 목표라고 생각한 발크는 지칠 대로 지친 병사들을 독려하기 위해 직접 나섰다.

"우리는 부벨몽을 눈앞에 두고 우리와 마을 사이의 넓은 벌판에서 수많은 기관총과 대전차포탄 세례를 받았다. 슈투드니츠Studnitz 대대(제1대대)원들은 벌판 끝에 횡대로 길게 늘어서 있었다. 병사들은 녹초가 되었다. 식량은 바닥났다. 작열하는 태양 아래 마실 것도 없었다. 탄약도 부족했다. 부상자가 (…) 속출했고 심각한 수준이었다. (…) 나는 장교들을 집합시켰다. 그들은 더 이상 전진할 수 없으며 하룻밤 휴식을 취한 뒤 다음 날 공격을 재개해야 한다고 말했다.

나는 모든 불평을 단호하게 자르고 다음과 같이 말했다. '제군들! 공격할 것인가 아니면 승리를 포기할 것인가.' 얼굴이 새파랗게 질리도록 소리쳐가며 명령해도 병사들이 꿈쩍도 하지 않을 만한 상황이었다. 나는 뒤돌아서서 이렇게 소리쳤다. '귀관들이 하기 싫다면 나 혼자서라도 저 마을을 점령할 것이다.' 그리고 부벨몽 방향으로 홀로 나아갔다. 50m, 100m, 개활지로 전진하자 대대원들이 모두 일어나 나를 따랐다. 조금 전까지 더 이상 갈 수 없다던 병사들과 장교들은 나를 추월해서 달려 나갔다. 아무도 엄폐물을 찾지 않았다. 모두들 앞만 보며 돌격했다. 지는 태양에 총검이 반짝였다. 어느 누구도 멈추지 않았다. 기진맥진해서 금방이라도 쓰러질 것 같던 부대원들이 이 마을을 장악하자 도처에서 거센 환호소리가 울려 퍼졌다. 부벨몽은 우리의 것이었다."[58]

5월 14일 09:00시경, 프랑스군 북동부전선 사령관 조르주 장군에게는 제6군을 전방으로 이동시켜 제9군과 제2군 사이에 투입하라고 명령했다. 그러나 갑자기 '프랑스의 구세주'로 떠올라 막중한 임무를 부여받은 제6군 사령관 투숑Robert-Auguste Touchon 장군에게는 지휘할 부대가 없었다. 그가 가진 것은 참모조직과 여기저기서 차출된 극소수 병력의 혼성부대뿐이었다. 그는 작전술 규모의 예비대로 남아 있던 2개 정예사단을 배속받았다. 이들이 바로 제2기갑사단과 훗날 원수까지 진급한 드 라트르 드 타시니Jean de Lattre de Tassigny 장군이 지휘하는 제14보병사단이었다. 제36보병사단과 급조된 부대들도 이 야전군의 예하부대로 속속 도착했다. 제9군의 우익을 형성했던 제41군단도 투숑의 휘하에 들어왔다.

그러나 이 전역에서 프랑스군은 또다시 결정적인 문제점을 노출했다. 이 주요 부대들을 신속하게 규합하여 작전술 차원의 역습에 투입하기는커녕 제1차 세계대전 때의 속도로 부여받은 책임지역을 향해 느릿느릿 이동했다. 서쪽을 향해 고속으로 기동하던 독일군을 저지할 만큼 충분한 전투력이 제때 투입되지 못했다. 비록 부벨몽과 샤니Chagny 일대에서 제14보병사단이 보여준 용감한 투쟁은 두고두고 칭송되지만 사실 이 사단 중 제152연대만이 제시간에 전선에 투입될 수 있었다. 결국 투숑은 엔Aisne 강을 따라 독일군의 남측방을 차단하는 것으로 작전목적을 한정했고, 5월 16일 아침, 구데리안은 마침내 아르덴 운하의 서쪽 구릉지를 돌파하는 데 성공했다. 이제 그곳부터 대서양 해안까지는 무방비 상태나 다름없었다. 전쟁의 승부는 이미 가려졌다. 상황이 워낙 급속도로 진행되었기 때문에 프랑스군은 몇몇 사실들 외에는 아무것도 인지하지 못했다. 5월 16일 오전, 구데리안의 전차부대는 끊임없이 서쪽을 향해 달려 나갔지만, 프랑스인들은 『레포크*L'Epoque*』 최근 판에서 다음과 같은 기고문만을 읽을 수 있었다.

> "적들은 아군의 전선을 돌파하는 데 실패했고, 스당-메치에르Méziéres 지대를 극복하지도 못했다. 적들의 사단은 계속해서 용광로 속으로 밀려들어 오고 있다. 우리의 평야와 들판, 도로는 적의 시체로 가득하다. 〔…〕 소리 높여 외치자, 프랑스의 하늘, 온 천지를 향해 외치자! '적들은 베르됭에서처럼 돌파하려고 했지만 결국 실패하고 말았다!'"[59]

6 - 2

라인하르트 기갑군단의 몽테르메 돌파 : 독단적 지휘를 통한 승리

> "신속하고 기동성 있는 예비대를 보유한 적을 효과적으로 돌파하거나 적시에 포위하려면 그보다 월등한 기동력과 충격력으로 중단 없이 적 종심 깊숙이 공격해야 한다."[60]
>
> 1940. 1. 25. 제6기갑사단장, 캠프 소장

1. 마스 강 도하작전

예비역 상급대장 라인하르트Hans Reinhardt는 몽테르메Monthermé 전투에 대한 글의 제목을 '구데리안의 그늘에서Im Schatten Guderians'라고 붙였다. 이는 그가 지휘했던 기갑군단의 상황이 남부에서 공격작전을 수행했던 구데리안의 기갑군단에 비해 모든 면에서 불리했음을 단적으로 시사한다. 제12군사령관 리스트 장군은 그에게 새로운 임무를 부여하며 이렇게 말했다.

> "당신의 작전지역에는 산악부대를 투입하는 것이 최선이라 생각되오. 나는 당신의 군단 우측방에 산악사단 투입을 계획했소!"[61]

아르덴을 통과한 마스 강이 몽테르메를 휘감아 도는 지형은 라인 강의 협곡이 로렐라이 절벽을 둘러싸는 모양과 흡사했다. 수많은 관광객들이 매료된 이 기암절벽은 라인하르트에게 악몽의 전장이었다. 몽테르메의 북쪽 강안에는 '앙블로프Enveloppe'라 불리는 낙석이 종종 발생하는 200m 높이의 절벽이 있었다. 라인하르트 군단은 바로 이곳에서 도하 작

| 몽테르메에서 파괴된 마스 강의 교량 |
제6기갑사단 4보병연대 3대대는 5월 13일 200m 높이의 절벽 암반 일대를 공격했다.

전을 감행해야 했다. 그 과정에서 그들은 자신들보다 포병화력이 월등히 우세한 적에게 모든 움직임을 감제당했다. 라인하르트는 당시 상황에 대해 다음과 같이 썼다.

> "그 지형을 보고서 겁을 먹지 않는 사람이 없었다. 몽테르메로 향하는 유일한 도로는 꼬불꼬불한 소로였으며 〔…〕 마스 강의 깊은 계곡을 따라 이어져 있었다. 〔…〕
>
> 병사들은 중화기를 메고 마스 강변으로 향하는 절벽을 힘겹게 기어 내려갔다. 고무보트는 장갑차량에 적재해서 마스 강변으로 실어 날라야 했다. 손으로 운반하는 것은 도저히 불가능했다."[62]

공군의 화력지원은 스당 지역에 비해 현저히 빈약해 매우 실망스러웠다. 제6기갑사단의 연대기에는 부정적인 어조로 이렇게 기록되어 있다. "적을 공격하기 위한 공군의 지원은 전혀 위협적이지 않았다. 오히려 피해를 입은 쪽은 아군이었다."[63] 몇몇 독일군 조종사들은 굽이쳐 흐르는 마스 강과 지상 관측이 제한되는 삼림지대 상공을 비행하면서 피아 구분을 못하여 아군 부대를 폭격했다. 가뜩이나 전력이 부족한 아군 포병부대에 폭탄이 떨어져 2개 포반에서 14명이 사망하고 16명이 다쳤다.[64]

A집단군의 난잡한 부대이동 계획은 더 큰 혼란을 초래했다. 구데리안, 라인하르트 기갑군단은 계획대로라면 5월 13일 공군의 폭격이 종료된 직후인 16:00시를 기해 동시에 마스 강을 건너야 했다. 그러나 앞서 기술한 계획상의 오류로 인해 라인하르트 기갑군단은 아르덴 삼림지대에서 엄청난 교통체증에 시달렸다. 그 결과 라인하르트 군단 예하 제8기갑사단은 5월 16일에야 마스 강변에 도착했다. 라인하르트 기갑군단 예하 제2차량화보병사단의 임무는 누종빌Nouzonville(몽테르메에서 남쪽으로 7km에 위치)에서 마스 강을 건너는 것이었다. 이들이 계획보다 하루 늦은 5월 14일에 도착했을 때, 도하지점에는 인접부대인 제3군단 예하 제3보병사단이 있었다. 라인하르트 군단이 교통체증에 시달리는 동안 제3보병사단은 북부로 우회해서 전방으로 진출했고 상부로부터 라인하르트 군단보다 먼저 마스 강을 도하하라는 명령을 받았다. 사전에 계획된 부대 이동의 순서가 뒤바뀌게 된 것이다. 상급부대의 명령에 지정된 시각, 즉 5월 13일 16:00시에 마스 강변에 도달한 부대는 라인하르트의 3개 사단 중 제6기갑사단 예하 제4보병연대 3대대 하나뿐이었다. 이 대대는 즉각 전차 1개 대대와 포병 1개 대대의 지원을 받아 마스 강 도하에 성공했고 이날 저녁 몽테르메까지 확보하여 비교적 규모는 작지만 하나의 교두보를 구축했다.

그러나 결정적인 성과는 없었다. 몽테르메는 마스 강이 휘돌아 나가는, 좁고 긴 돌출부 북부에 자리 잡고 있어서 이 지역을 확보한 독일군은 완전히 고립되어 있었다. 이 돌출부는 프랑스군 제42식민지보병연대Kolonialinfanterie Regiment 42의 2대대가 방어하고 있었다.[65] 이 대대는 제102요새보병사단 예하부대로서 스당 지역의 제55보병사단과 달리 병사들의 교육훈련 수준이 우수했고 전투에서도 탁월한 능력을 발휘했다. 5월 14일, 독일군은 이 돌출부를 돌파하는 데 실패했다. 프랑스군은 남쪽 가장자리에 저지진지를 구축하는 한편, 일부 암석지대로 된 능선에 설치된 콘크리트 벙커와 포진지를 이용하여 강력한 방어태세를 유지했다.

2. 클라이스트 기갑군의 해체 위기

클라이스트 육군 대장(기갑병과)은 처음부터 독립적인 작전권을 요구했다. 그러나 그의 기갑군은 A집단군의 직접통제를 받았다. 반면 클라이스트 기갑군이 공격작전을 수행하는 지역을 책임지고 있는 군사령관들은 저마다 기갑군을 자기들에게 배속해달라고 요구했다. 룬트슈테트 장군은 불운을 불러올 절충안을 내놓았다. 만일 클라이스트 기갑군이 첫 시도 때 마스 강 도하에 성공한다면 이들에게 작전술 차원의 독립성을 부여해줄 것이고, 그렇지 못하다면 이들의 임무를 변경해, 집단군에서 배속해제시킨 후 야전군 예하에서 작전술 수준의 예비대로 운용할 것이라고 천명했다. 5월 14일, 구데리안 기갑군단은 혁혁한 전공을 세웠고 라인하르트 군단의 적 전선 돌파는 눈앞에 있었다. 그러나 A집단군 지휘부는 몽테르메 일대의 상황이 지지부진하다고 판단하고 이를 기회로 삼아 시험적으로 부여된 기갑부대의 독립적인 작전권을 조기에 박탈해버렸다. 그들은 애초부터 이 실험을 불신했다. 결국 5월 14일 A집단군은 5월 15일 12:00시를 기해 클라이스트 기갑군을 제12군에 배속한다는 명령을 하달했다. 이 지시로 클라이스트 기갑군은 서부전역 기간 중 가장 심각한 위기를 맞게 되었다. 이들의 전투일지에는 그날의 사태가 다음과 같이 기록되었다.

> "이제 우리의 전투력만으로 마스 강변에서의 정체를 극복하고 독립적인 작전권과 행동의 자유를 얻어내야 한다. 모든 것은 이번 임무의 성공 여부에 달려 있다. 우리가 만약 실패한다면 무시무시한 결과를 초래할 것이다. 우리 기동부대는 보병군단들과 함께 단거리 목표 탈취 작전에나 운용될 것이며 이는 작전술 차원의 독립부대인 클라이스트 기갑군의 최후나 다름없다."[66]

제12군의 최초 명령은 클라이스트를 최악의 상태로 몰고 갔다. 이 야전군 사령부는 5월 15일 04:00시 라인하르트 기갑군단을 전선에서 뒤로 물리고 작전술적 예비 임무 수행을 명령했다. 오직 제6기갑사단만 전선에 남도록 승인했으나 이들마저 제3군단에 배속해버렸다. 보병전력이 취약한 제6기갑사단이 완수하지 못한 임무를 이때부터 제3군단의 보병사단들이 해결하게 된 것이다. 이러한 조치가 내려지자 지금까지 충직했던 클라이스트도 드디어 반기를 들었다. 그는 상급자들의 명령을 완전히 무시하고 전 예하부대에 즉각 진격하라는 명령을 하달했다. 라인하르트 중장도 제6기갑사단에 이유를 불문하고 돌파작전을 성공시키라고 강력하게 지시했다. 이들 최정에 기갑부대 병사들의 사기를 북돋는

ı1940년 5월 13~15일 몽테르메에서의 제6기갑사단의 돌파ı

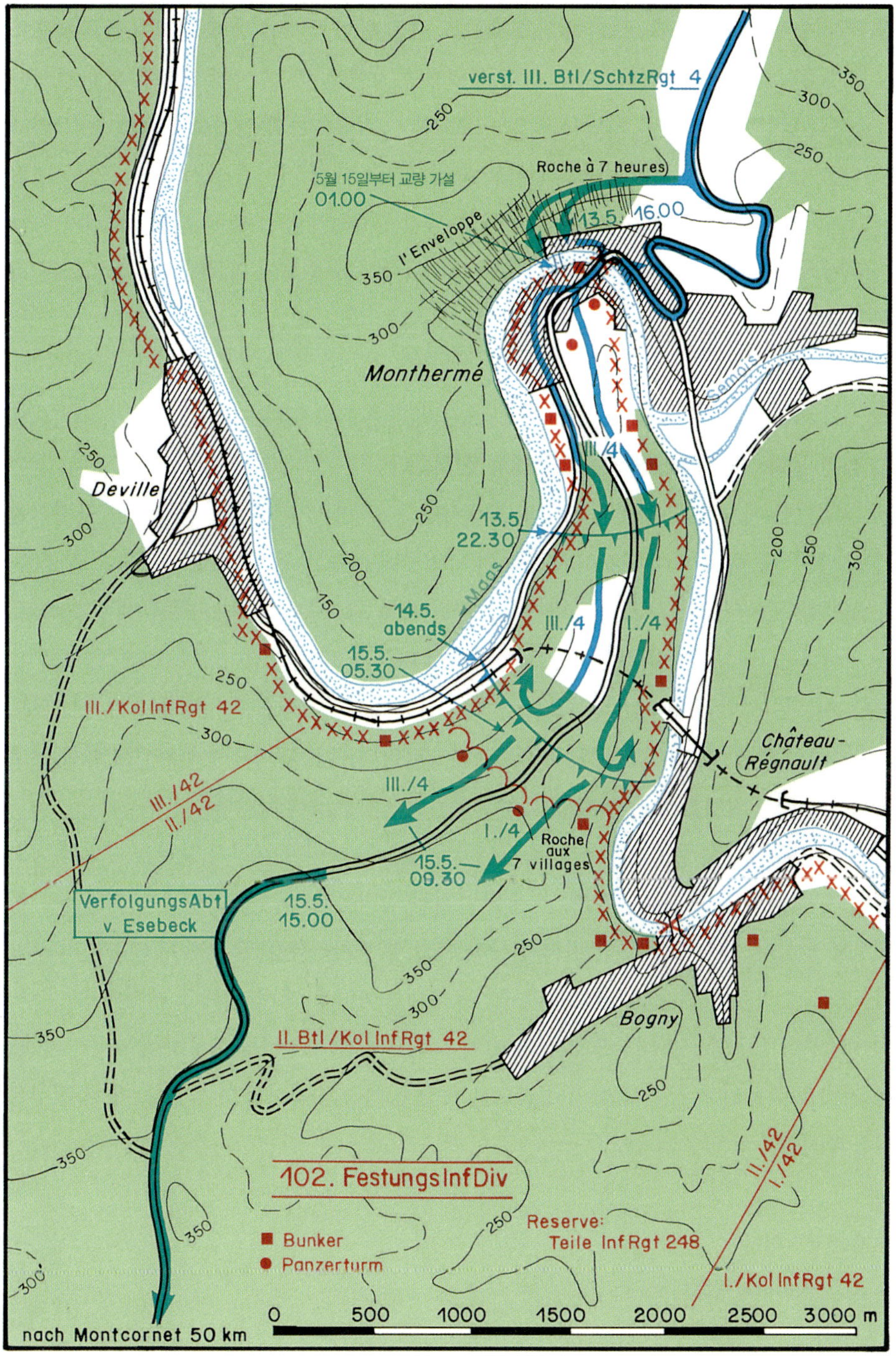

것은 그리 어렵지 않았다. 제6기갑사단의 장병들은 미덥지 않은 보병사단과 임무를 교대할 뻔한 수치를 경험한 후, 결의에 찬 모습으로 다시 한번 전력을 다해 공세에 돌입했다. 5월 15일 01:00시, 야음을 틈타 마스 강에 부교를 설치했고, 05:00시에 도하 공격을 개시해 돌출부의 남쪽에서 진출을 차단하고 있는 프랑스군의 강력한 방어선을 공략했다. 그러나 암석 덩어리로 가득한 산악지대에 전차를 투입하기가 다소 어려워 다시 한번 도보부대의 근접전투로 이 일대를 극복하기로 결정하고, 즉각 강습공병을 투입해 화염방사기와 폭약으로 벙커들을 제압했다. 09:30분경, 프랑스군 방어선과 종심에 위치한 저지진지들은 결국 함락되었다.

3. 정면 돌파 : 몽테르메에서 몽코르네로 진격하다

A집단군 사령부는 우선 제12군의 보병사단들로 '마스 강 유역에 충분하고 안정적인 교두보를 구축'하기 위해 기갑사단들을 이 야전군에 배속한 후 '강력한 전투력으로' 작전을 재개한다는 의도를 갖고 있었다.[67] 제3군단 예하 제3보병사단이 누종빌에서 마스 강을 도하하는 데 실패하자 라인하르트 중장에게 다음과 같은 요청이 들어왔다. 돌파를 완료한 제6기갑사단의 일부를 남쪽으로 선회해 인접 보병사단의 도하지점을 후방에서 확보해 달라는 것이었다. 하지만 라인하르트는 만슈타인의 작전술적 구상에 의거해 이를 단호하게 거부하고 최대한 빠른 속력으로 적 종심지역으로 돌진해 나갔다.

제6기갑사단장 켐프Werner Kempf 소장의 독단행동은 이러한 작전적 갈등을 단번에 해소했다. 5월 15일, 그는 서부전역에서 가장 극적인 일격을 성공시켰고 상급 지휘관들과 정면으로 맞섰다. 그는 기갑사단 병력 전부가 마스 강 도하를 완료할 때까지 기다리지 않았다. 도하를 완료한 가용 부대들로 특수임무부대를 신속하게 편성하고 에제베크Hans-Karl Freiherr Esebeck[68] 대령을 부대장으로 임명했다. 그리고 돌파의 호기를 이용하여 가능한 한 모든 전력을 총동원해 급속히 적의 후방으로 종심 깊이 진격하라고 지시했다. 부대 편성은 다음과 같다.

- 제65전차대대
- 제6오토바이보병대대

- 제57기계화공병대대 2중대
- 제76포병연대 2, 6포대
- 제41대전차대대 1중대
- 1개 수색(교도)대대
- 1개 방공중대

이를 위해 지정된 차량들에는 교량 사용의 우선권이 부여되었다. 15:00시경, 이 부대는 모두 도하를 끝내고 서쪽 방면으로 빠르게 진격했다. 20:00시까지 이들은 쉬지 않고 공격하여 직선거리 55km에 위치한 몽코르네Montcornet에 도달했다. 그곳까지 이르는 동안 전투라고 할 만한 사건은 전혀 없었다. 독일군은 계속해서 프랑스군 부대를 휘젓고 다녔고 후방에서 적 부대와의 조우를 예상하지 못한 프랑스군 병사들은 온몸이 마비된 듯 얼어붙었다. 프랑스군 병사들이 먼지투성이의 독일군 차량들을 아군이나 영국군의 것으로 착각하고 친근하게 손짓하며 인사한 경우도 있었다. 독일군 선두부대는 포로를 처리할 만한 시간적인 여유가 없었음에도 2천 명 이상의 포로를 포획했다.

몽코르네 진격으로 사상누각 같던 프랑스군 지휘부의 작전계획은 순식간에 무너져 내렸다. 이제 구데리안 기갑군단을 저지하기 위해 구축된 아르덴 운하 서쪽의 프랑스 제6군의 방어선은 의미가 없었다. 이 방어선의 후방 깊숙한 곳에 이미 독일군의 또 다른 기갑사단이 들어와 있었기 때문이다. 다음 날 켐프 소장과 구데리안 기갑군단장은 몽코르네 광장에서 만나 서로의 성공을 축하해주었다. 2개의 교두보는 하나로 통합되었고, 마스 강 중부에 위치한 프랑스군의 총체적 방어선은 완전히 붕괴되었다.[69]

독일군 육군지도부와 공군이 스당 지역에 관심을 집중한 것도 성공적인 결과를 낳는데 크게 기여했다. 프랑스군은 구데리안의 돌파에만 시선이 사로잡힌 나머지 몽코르네 방면의 위협을 간과하고 말았다. 5월 15일 제6기갑사단이 적진을 돌파할 때 적진은 진공상태나 다름없었다.

켐프 소장은 몽코르네 돌파에 성공함으로써 기갑군을 존망의 위기에서 구해냈다. 이는 클라이스트 장군이 얻은 가장 큰 결실이었다. 이 예상치 못한 성공으로 말미암아 A집단군은 기갑군을 해체하려던 지시를 철회해야 했다. 이는 라인하르트 기갑군단이 다시 클라이스트 기갑군에 예속된다는 것을 의미했다. 물론 기갑군은 여전히 제12군에 배속된 상태였지만 그리 오래가지 못했다. 클라이스트 기갑군은 다시 제12군 예하의 보병사단들과 더 멀리 이격된 채 진격해도 좋다는 승인을 받아냈다.

6-3

호트 기갑군단의 디낭 돌파

"당신들은 너무 빨랐고, 우리보다 훨씬 더 빨랐소. 그게 다요!"[70]

생발레리St. Valery에서 포로가 된 한 프랑스군 장군이 롬멜에게 한 말

제4군에 예속된 호트 기갑군단은 제4군의 선두에 서서 서쪽 방면으로 진격했다. 그들의 임무는 클라이스트 기갑군의 우측방을 엄호하는 것으로, 특히 대서양 해안 일대에 포위된 연합군이 남부로의 돌파를 시도할 때를 대비해서 투입되었다. 이 군단은 제5, 7기갑사단으로 편성되어 있었고 군단장은 제2차 세계대전에서 명성을 떨쳤던 기갑부대 지휘관 중 한 명인 호트Hermann Hoth 장군이었다. 그의 사단장 중 한 명은 서부전역에서 세인의 주목을 끌어 세계적으로 유명해진 롬멜 소장이었다. 롬멜의 제7기갑사단은 갑자기 사라졌다가 기습적으로 적의 후방에 출현하는 신출귀몰한 전투를 수행했다 하여 프랑스군 사이에서 '유령 사단'이라 불리기도 했다.[71] 심지어 롬멜이라는 이름은 독일군의 '전격전'과 동의어처럼 쓰이게 되었다.

역설적이게도, 롬멜은 제2차 세계대전 이전까지 구데리안의 견해에 격렬하게 반대했던 보수적인 성향을 지닌 전형적인 보병장교였다. 그러나 폴란드 전역에서 총통부의 부서장으로 근무하면서 새로 도입된 기갑부대의 활약을 직접 목격한 롬멜은 기갑부대에 눈뜨게 되었다. 정열적이고 비타협적인 성격답게 롬멜은 열렬한 기갑부대 옹호자가 되었다. 히틀러의 총애를 받은 롬멜은 1940년 2월 12일 창설된 제7기갑사단의 지휘권을 인수했다. 서부전역에서 롬멜은 기갑부대 지휘관으로서 스릴 넘치는 지휘기법으로 승리를 달성

|1940년 5월 제7기갑사단의 편성|

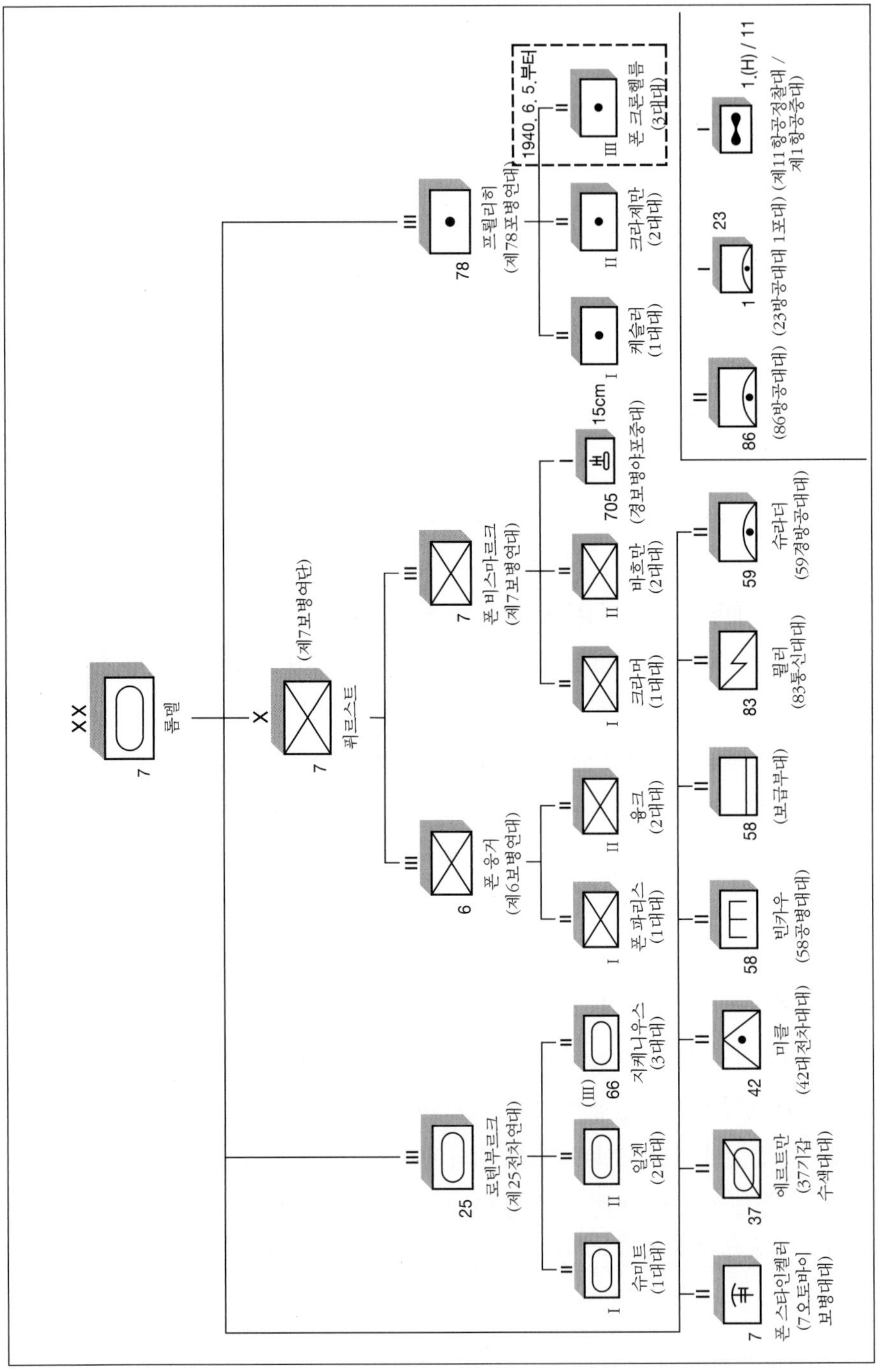

했지만, 아이러니하게도 이는 그가 전형적인 기갑부대 작전의 기본원칙을 거의 몰랐기에 가능했다. 규칙에 따라 하나하나 설명하는 종래의 원칙은 혁신적인 전쟁 양상에 더 이상 적용될 수 없었다. 롬멜은 전장에서 닥치는 상황에 따라 자신의 직감대로 행동했다. 그는 새로운 상황이 어떻게 전개될지를 육감으로 알았고 빠르고 단호하게 대응했다. 이 점에 있어서 그의 행동은 제1차 세계대전 때 돌격대 지휘자로서의 모습과 별반 다르지 않았다. 1917년 10월, 알프스 동부 톨마인Tolmain 인근에서 실시한 돌격작전에서 롬멜은 이탈리아군 1,400명을 생포했고 81문의 화포를 노획하는 대승을 거두었다. 그는 몽마타주르Mont Matajur 고지쟁탈전에서 승리하는 큰 전과를 올려 대위로 특진했으며 독일 군인에게 가장 영광스런 푸어 르 메리테Pour le Mérite라는 프러시아의 최고 무공 훈장을 받았다. 장군이 된 롬멜은 서부전역에서도 돌격대를 지휘할 때와 똑같이 행동했다. 그는 전차를 보병의 돌격대원처럼 다루었고 제1차 세계대전 때와 동일한 침투전술을 사용했다. 이렇듯 상상을 초월하는 혁신적인 전차 운용은 조직적 방식을 추구하는 프랑스에게 악몽이나 다름없었다. 동시에 롬멜의 화려한 승리는 독일군의 기갑전술이 제1차 세계대전 때의 돌격대 전술에서 태동한 것이라는 가설을 입증하는 명확한 증거이다.

1. 마스 강 교량으로의 진격(5월 12일)

호트 기갑군단은 클라이스트 기갑군과 병진대형으로 약 35km 북쪽에서 아르덴을 통해 진격했다. 그들이 극복해야 할 마스 강 유역은 벨기에의 영토로, 연합군 측에서 볼 때 '딜Dyle 계획'에 따라 프랑스 제9군이 투입될 지역이었다. 연합군은 마스 강 서쪽 하안의 방어 및 관측 진지 점령을 위해 국경에서 약 90km 북동쪽으로 부대를 이동해야 했다. 이 '마스 강을 향한 경주'에서 호트 장군은 적들이 방어진지에 배치되기 전에 기습 효과를 최대한 이용해 마스 강을 건너야 한다고 판단했다. 그러나 그의 2개 기갑사단은 그곳에서 115km나 떨어져 있었으며, 아르덴 보병들의 수많은 장애물뿐만 아니라 마스 강 앞에서 프랑스군의 지연전도 극복해야 했다. 아르덴 지역에는 제1, 4경기병사단 예하의 부대들이 아직 남아 있었는데 이는 독일군의 진격을 저지하기에 충분한 전력이었다. 한편 롬멜 소장의 제7기갑사단은 역동적으로 공세를 펼쳐 제5기갑사단보다 훨씬 더 앞으로 나아갔다. 그러자 호트는 5월 12일 오전에 제5기갑사단 예하의 베르너Paul Hermann Werner 대령이 지휘하는 제31전차연대를 롬멜에게 배속하기로 결정했다.

기존의 교량을 통해 기습적으로 마스 강을 건너려던 제7기갑사단의 시도는 실패했다. 16:45분경 전위부대로 파견된 1개 전차중대가 디낭Dinant 일대의 마스 강변에 도달했으나 교량은 몇 분 전에 폭파된 상태였다. 북부지역에서의 전투는 한층 더 극적이었다. 베르너 대령은 이날 오후 공군의 근접항공정찰대로부터 이브와Yvoir(디낭에서 7km 북쪽)의 교량이 아직 온전하다는 통보를 접수하자마자 조벨Heinz Zobel 소위에게 전차특공조(1개 전차소대와 2대의 장갑차로 편성)를 편성해 전속력으로 달려가 교량을 확보할 것을 지시했다.

이때 드비스펠라에르de Wispelaere 중위가 지휘하는 벨기에 공병부대는 이 교량을 폭파할 준비를 마쳤고, 아르덴 보병 1개 소대와 프랑스 보병대대 일부 병력들도 일대에 방어진지를 편성해놓은 상태였다. 5월 12일 아르덴에서 지연전을 수행한 제4경기병사단이 이 교량을 통해 철수했다. 모든 병력이 교량을 통과했지만 드비스펠라에르는 피난 중인 민간인들이 계속해서 다리로 밀려들었기 때문에 폭파를 대기시키고 있었다. 그는 독일군이 아직 멀리 있다고 믿었다. 17:25분, 어디에선가 갑자기 '적들이 오고 있다!' 라는 고함소리가 들렸다. 이브와에서 뻗어 나온 도로로 독일군 최선두 부대 전투차량들이 마스 강변을 향해 다가왔다. 2대의 장갑차가 교량으로 돌진했고 후속하는 3대의 전차가 포신에서 불을 뿜었다. 드비스펠라에르는 즉각 도화선에 불을 붙였지만 폭탄이 터지지 않았다. 몇 분 전까지도 작동했던 뇌관이 전차포탄 파편에 손상된 것이다. 그 사이에 첫 번째 독일군 장갑차가 교량으로 진입하던 중 벨기에군의 대전차포에 피격되어 교량 위에서 멈춰버렸다. 곧 전차에 탑승했던 병사가 도화선을 발견하고 그것을 절단하기 위해 해치를 열고 뛰어나오다 프랑스군의 기관총탄에 사살되었다. 한편 또 다른 곳에서 한 무리의 독일군 병사들이 전차포의 엄호를 받으며 그곳으로 접근했다. 드비스펠라에르는 할 수 없이 참호를 뛰쳐나와 수동으로 뇌관을 작동시켰다. 그가 벙커로 돌아가려는 순간 독일군 기관총탄이 빗발쳐 그는 중상을 입고 쓰러졌다. 그와 동시에 엄청난 굉음과 함께 폭약이 터졌다. 거대한 폭발 연기가 사라지고 난 후 남은 것은 교각 잔해뿐이었다. 교량과 독일군 장갑차는 물속으로 가라앉았다.[72]

이브와의 파괴된 교량에서 3km 남쪽의 우Houx에 있던 베르너의 몇몇 병사들은 뜻하지 않은 행운을 잡았다. 우의 마스 강 한가운데에는 조그마한 섬이 있었는데, 제방 시설이 이 섬과 강변을 연결하고 있었다. 적잖은 우려에도 불구하고 벨기에군과 프랑스군은 수위

Ⅰ1940년 5월 12일 우에서의 기습적인 마스 강 도하Ⅰ

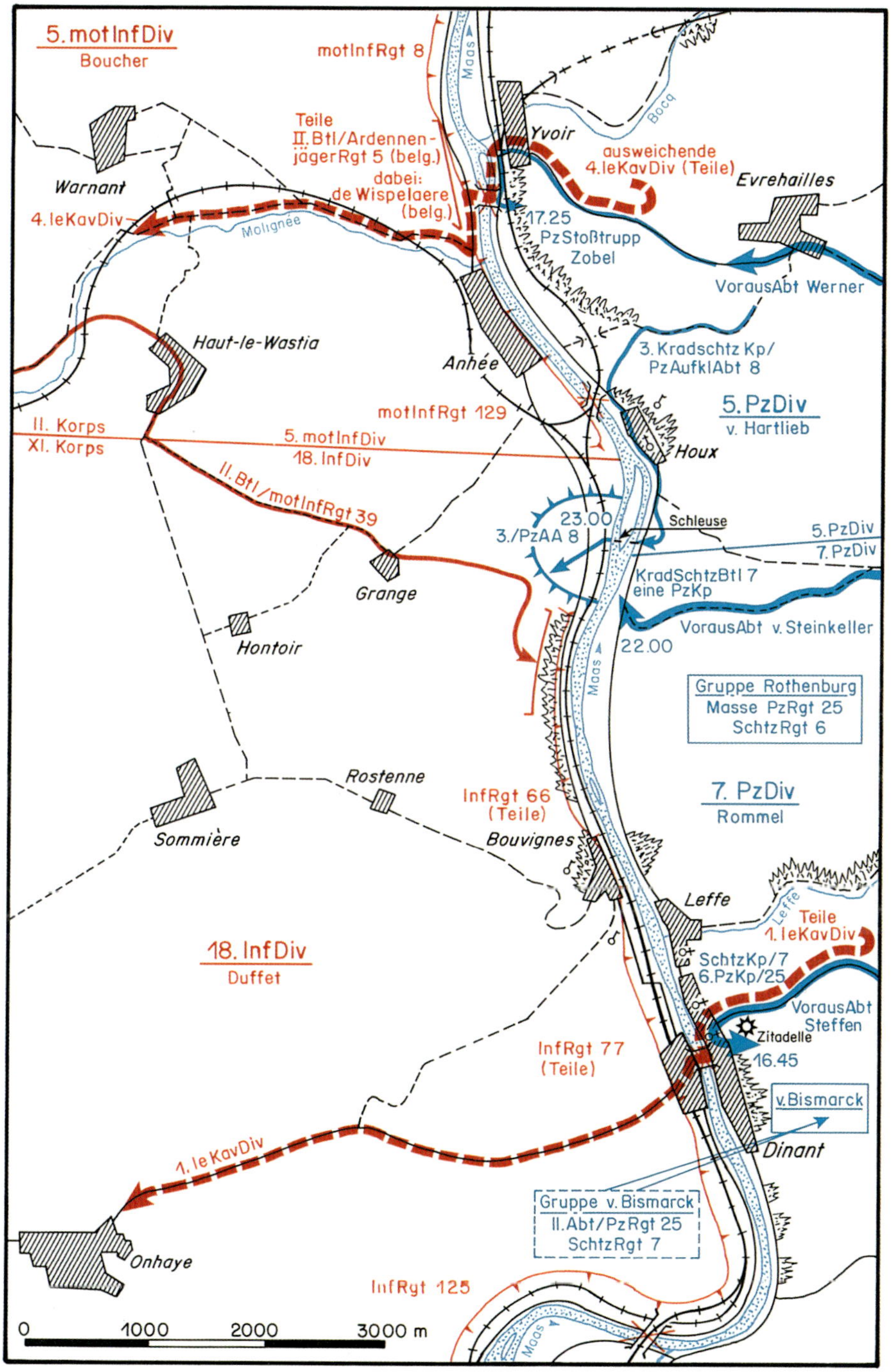

가 낮아질 것을 염려해 제5수문을 폭파하지 않고 그대로 두었다. 이 수문은 프랑스 제2군단과 제11군단의 전투지경선이었으며, 뒤에서 설명하겠지만, 그로 인해 결정적인 순간에 책임을 지고 행동을 취할 부대가 어디에도 없었던 것이다.

이브와에서의 기습공격이 실패하자 베르너 대령은 오토바이보병부대를 더 차출해 정찰대를 구성하여 마스 강변 일대에 투입해 도하가 가능한 위치를 수색했다. 이 정찰대 중 하나가 에브르하이에Evrehailles를 경유해 우를 통과했다. 오토바이보병부대는 마스 강의 섬 일대를 정탐하고 놀라운 점을 발견했다. 이 섬을 연결한 제방이 온전히 남아 있었고 장애물도 전혀 없었던 것이다. 정찰대는 어두워질 때까지 기다린 후, 몇 명의 대원들이 강 한가운데의 섬까지 연결된 미끄러운 제방 위를 까치발로 살금살금 걸어갔다. 그들은 수풀지역에 잠시 몸을 숨겼다가 곧 제방의 좁은 통로를 통해 건너편 강둑으로 걸어갔다. 23:00시가 조금 못 된 시각, A집단군 내에서 최초로 마스 강을 건넌 부대는 바로 그들이었다. 그들은 계속 서쪽으로 진격하려 했으나 프랑스 군의 사격을 받고 멈추었다. 그동안 베르너 대령은 증원군을 보냈다. 비록 소수의 오토바이 보병부대원들이었지만 마스 강 대안에 보병의 교두보를 형성할 수 있었다.

스당에서 그랬듯이 적들은 자기 무덤을 파는 실수를 저질렀고, 독일군은 그 덕을 톡톡히 봤다. 공교롭게도 1914년 8월에도 독일군 병사들이 우의 이 섬을 통해 마스 강을 건넜다.[73] 1940년 5월, 또 이곳이 결정적인 약점이 된 것이다. 디낭의 마스 강 북쪽 지역에서 치명적인 돌파가 발생한 원인은 프랑스군의 잘못된 시간 판단 때문이었다. 프랑스군은 독일군이 이 하천을 도하하려면 아무리 신속히 공격한다 해도 약 10~14일이 소요될 것으로 계산했다. 그들은 벨기에 군이 마스 강변에 구축해둔 진지에 병력을 투입하는 데 충분한 시간을 갖고 있다고 믿었다. 제2군단 예하의 제5차량화보병사단은 우 섬의 북쪽에 주둔했다. 이 사단은 완편된 상태로 이곳에 도착해 5월 12일 방어태세를 갖추었다. 이 사단의 바로 남쪽에는 제11군단 휘하의 제18보병사단이 방어진지를 구축해야 했지만 병력을 이동시킬 차량이 부족했다. 5월 12일 저녁 무렵, 9개 보병대대 중 5개 대대만이 마스 강변까지 행군했고, 중포병을 포함한 나머지 부대들은 사전 계획에 따라 5월 14일 저녁까지 전원 도착하기로 예정되어 있었다. 이는 '마스 강을 향한 경주'에서 아르덴을 통과해 총 115km의 거리를 달린 2개의 독일군 기갑사단이 아무런 장애물 없이 80km를 행군한 프랑스 제18보병사단보다 압도적으로 빨랐다는 것을 의미한다. 이제 막 아르덴에서 철수한

|1940년 5월 12일 독일군의 마스 강 도하|

(위) 5월 12일 저녁 제5기갑사단의 정찰대는 독일군 최초로 우의 섬을 연결하는 무방비 상태의 제방을 통해 마스 강 중류에서 도하하는 데 성공했다. (아래) 우의 섬 남부에서 제7기갑사단의 한 정찰장갑차량이 부교로 도하하고 있다.

제1경기병사단 예하 부대들도 이 일대에 투입되었지만, 혼란은 갈수록 더 커졌다. 특히 제18보병사단의 지휘부는 2개 군단의 경계선의 맨 왼쪽에 작은 틈이 벌어져 있다는 점을 간과했다. 인접한 제5차량화보병사단이 이 사실을 상급부대에 보고하자 야전군 예비대 중 제39보병연대 2대대가 이곳으로 급파되어 제18보병사단에 배속되었다. 야전군 사령부는 하천변에 제1방어선을 구축하라고 대대에 지시했지만, 대대장은 이를 거부하고 뒤쪽에 있는 암반 지형의 고지대에만 병사들을 배치했다. 그 결과, 5월 12~13일 야간에 바로 그곳에서 독일군이 적의 눈에 띄지 않고 제방의 통로를 지나 마스 강 서쪽 강둑에 도착한 것이다. 자정이 되기 조금 전, 이 지역 인근에 배치된 프랑스군 제6중대 병사들은 독일군의 침투를 인지하고 사격을 개시했다. 그러나 수동적으로 방어하기만 할 뿐, 취약한 독일군의 교두보를 제거하기 위한 역습은 하지 않았다.

우의 제방을 이용해 마스 강을 극복한 이 극적인 사건은 서부전역을 언급할 때마다 빠지지 않고 등장한다. 이상하게도 제7기갑사단의 제7오토바이보병대대의 병사들이 이 전과를 올렸다고 하는 경우가 많은데 이는 사실이 아니다. 롬멜이 이 전설적인 승리에 전혀 관계가 없는 것은 아니다. 그는 제7기갑사단의 병사들이 최초로 마스 강 서쪽에 다다랐다는 보도를 결코 부인하지 않았다. 사실 이 오토바이보병부대원들은 제5기갑사단 소속이었으며, 더 정확히 말하자면 제8수색대대 예하 3중대와 제13보병연대 1대대의 병력이었다. 베르너 전위부대가 5월 12일 공식적으로 롬멜의 휘하에 들어갔다고는 하나 잠시였고, 제5기갑사단의 다른 부대들이 마스 강을 건넌 후에는 다시 원래 위치로 돌아갔다. 무엇보다 우Houx의 섬은 제5기갑사단의 작전지역이었다.[74]

2. 마스 강 도하작전(5월 13일)

5월 13일 새벽 05:30분, 제5기갑사단의 3개 보병대대(14연대 1 · 2대대, 13연대 1대대)들은 '일렬종대로 포복해' 우의 제방을 넘었다. 그들은 1개 전차중대의 화력지원을 받았지만 건너편 암반지대에서 빗발치는 프랑스군 기관총의 사격을 제압하기에는 역부족이었다. 게다가 프랑스군 포병 화력은 도하지점에 집중되었다. 독일군 전투보고서에는 당시 상황이 다음과 같이 묘사되어 있다.

"시체들이 물 위에 둥둥 떠 있었다. 부상자들은 필사적으로 수문을 꼭 붙잡고 있었다. 그들은 도움을 요청했지만 아무도 도울 수가 없었다."[75]

암반지대의 마지막 적 방어진지가 제압된 후에야 도하작전은 순조롭게 진행되었다. 이날 보병부대는 서쪽으로 약 4km 더 진출해서 오르바스티아Haut-le-Wastia에 다다랐다. 5월 13~14일, 독일군이 '산악요새'라고 부른 이 고지대 마을에서 치열한 전투가 벌어졌다. 중화기를 보유하지 못한 제5기갑사단의 보병들은 대단히 불리한 상황에서 전투를 치렀다. 반면 프랑스군은 일시적이었지만 전차를 동원할 수 있었다.

제7기갑사단은 훨씬 더 심각한 난관에 처해 있었다. 제5기갑사단은 운 좋게 우의 제방을 이용할 수 있었지만 이 사단에는 그러한 행운이 따르지 않았다. 그럼에도 불구하고 제7기갑사단이 인접 사단보다 더 성공적으로 전투임무를 수행했다고 평가받는 것은 분명 사단장 한 개인의 능력 때문이다. 물론 롬멜은 자기 과시에 대단히 능숙했고 급기야 자신을 신격화하기에 이르렀다. 하지만 서부전역에서 그만큼 강력한 추진력으로 자신의 사단을 지휘한 인물은 없었다. 그는 마스 강 도하지점을 2개소로 명시했다.

- 제6보병연대와 제7오토바이보병대대 : 우 섬 남부 일대
- 증강된 제7보병연대 : 디낭의 북부 르프Leffe 일대

주공 방향은 디낭 근처 남쪽이었다(지휘관 : 비스마르크Georg Von Bismarck 대령). 선두제대의 일부는 04:30분경, 자욱하게 깔린 아침안개를 보호막으로 삼아 강을 건너는 데 성공했다. 그러나 이내 이들은 건너편에서 고립되었고, 적들의 사격 때문에 더 이상 진격하지 못했다. 그 후에도 100m 폭의 마스 강을 건너기 위해 강습정을 띄우는 것조차 거의 불가능해 보였다. 프랑스군은 건너편 가옥에 있는 기관총 진지에서 총탄을 퍼부어댔고, 암벽 위에 구축된 벙커에서도 포격을 가했다. 더 위협적인 것은 역시 월등히 우세한 적의 포병화력이었다. 프랑스군 전방 관측병들은 부비뉴Bouvignes의 폐허가 된 고성에서 독일군의 도하지점을 포착해 정확히 화력을 유도했다. 반면 제7기갑사단은 2개의 경포병대대밖에 없었다. 이날 거의 모든 슈투카와 폭격기가 스당 지역에 집중 운용되었기 때문에 공군의 지원도 최소한의 수준이었다.

| 1940년 5월 14일 오전까지 디낭과 우 일대의 교두보 구축 |

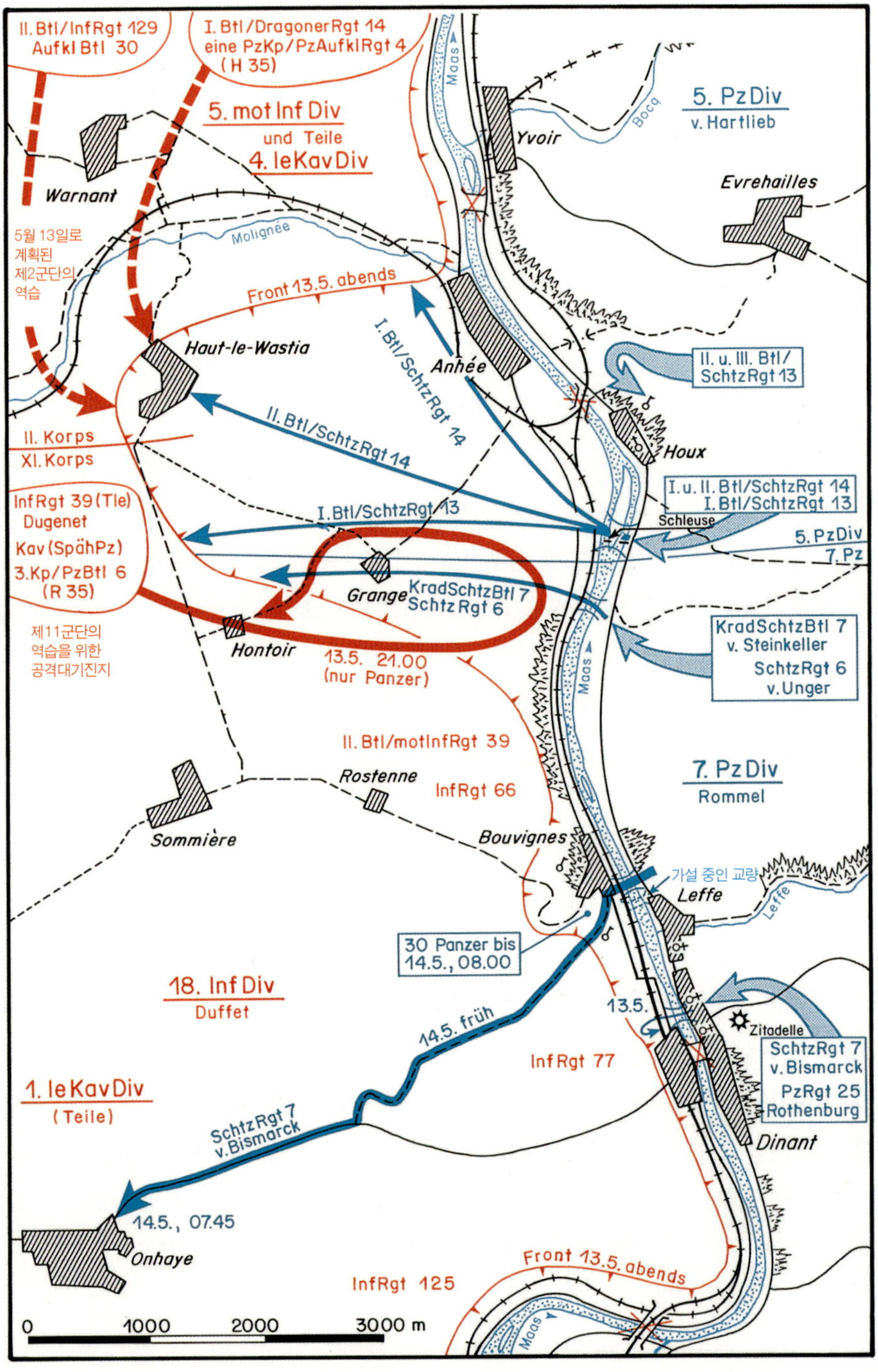

5월 13일, 제7기갑사단에 위기가 꼬리에 꼬리를 물고 찾아왔고, 롬멜은 두 곳의 도하 지점들을 오가며 끊임없이 동분서주했다. 이 같은 최전방에서의 진두지휘는 그만의 열정을 잘 보여준다. 그는 전차중대들을 진격시키고 진지 점령을 직접 지시했다. 지원화력을 조율하고 새로운 강습정 부대 편성도 직접 지휘했다. 그럼에도 불구하고 롬멜조차도 작전이 실패할 것 같다고 판단했다.

"도하작전은 완전히 제자리걸음이었다. 장교들은 중상을 입고 고통받는 부대원들을 보고 동요했다."[76]

전차와 돌격포를 추가로 투입해 적 벙커를 파괴하는 데 성공한 다음에야 다시 도하작전을 시도할 수 있었다. 사기가 저하된 병사들을 독려하기 위해 롬멜은 다시 제1차 세계대전 때 돌격대장의 모습으로 돌아갔다.

"잠시였지만 나는 제7보병연대 2대대를 직접 지휘했다. 이른 아침 최선두 보트에 올라 〔…〕 처음으로 도하작전을 시행한 일개 중대와 조우했다."[77]

이날 오후에 롬멜은 북쪽에서 도하작전 중인 부대를 지휘했다. 산발적인 포탄 속에서도 그는 공병들에게 최대한 빨리 부교를 띄우라고 명령했다. 이를 위해 사단장인 그가 직접 허리까지 오는 강물에 뛰어들어 작업을 통제했다. 부교가 완성되자 롬멜은 지휘용 장갑차에 올라 먼저 강을 건넜다. 이날 저녁때까지 2개의 교두보가 형성되었다. 큰 교두보는 제5기갑사단과 공조하여 제6보병연대가 북부에 구축한 것이었고, 작은 교두보는 디낭 부근의 것이었다. 롬멜은 양호한 기동 여건을 감안해 작은 교두보가 마련된 제7보병연대 지역을 주공으로 결정했다. 그는 이날 밤 르프와 디낭 북쪽 끄트머리의 부비뉴 사이에 조립교를 가설하라고 지시했다. 다음 날 아침, 공병들은 08:00시까지 30여 대의 전차를 부교에 실어 도하시키는 데 성공했다.

3. 교두보에서 진격하다(5월 14일)

이튿날 기갑군단장 호트는 도하지역을 적 포병의 사정권 내에 들지 않게 하려고 2개의 교두보를 통합해 서쪽 멀리까지 확장할 것을 명령했다. 롬멜은 충분한 병력과 장비가 강을 건널 때까지 기다리지 않고 야간임에도 불구하고 비스마르크 대령이 지휘하는 제7보병연대의 일부를 옹에Onhaye까지 진격시켰다. 모든 일들이 계획대로 순조롭게 진행되어야 했다. 서부전역이 발발하기 직전에 바트고데스베르크Bad Godesberg에서 실시된 예행연습에 따르면 이 사단은 디낭에서 5km(직선거리) 떨어진 옹에까지 공세를 실시하기로 되어 있었기 때문이다. 그러나 롬멜의 지나치게 신속한 공세로 인해 소위 '마찰'을 피할 수 없게 되었다. 08:00시경 그는 군사령부에까지 위기 상황을 조성하게 되는 비보悲報를 접수했다. "비스마르크가 옹에에서 포위당했다."[78]

보고가 들어온 직후 무전이 두절되었고, 모든 방법을 동원해 비스마르크 대령과 연락을 취하려 했지만 모두 허사였다. 롬멜은 도하를 마친 모든 전차들을 옹에 방면으로 즉각 진격시켰다. 호트 장군은 예비대가 없었기 때문에 제4군 사령관 클루게Hans-Günther von Kluge 상급대장이 '옹에의 위기'를 해결하기 위해 제2군단의 일부를 투입하기로 결정했다. 그러나 갑자기 비스마르크 대령의 참모부와 다시 무선 소통이 가능해지자 상황은 정상으로 돌아왔다. 이 위기의 근원은 무선 교신 중의 부정확한 발음 때문으로 판명되었다. "비스마르크가 옹에에 '도착했다eingetroffen'"를 누군가가 '포위되었다eingeschlossen'로 잘못 접수한 것이다.

옹에는 롬멜에게 또 다른 측면에서 운명적인 곳이었다. 그는 여기에서 생과 사의 갈림길에 섰다. 그의 이야기에 따르면, 그는 선두 차량 바로 뒤에서 III호 전차를 타고 수목지대를 통과하던 중 적 부대와 조우했다. 2개의 7.5cm 야포와 함께 몇 문의 대전차포가 갑자기 그를 향해 사격을 개시했다.

"도처에서 적의 포탄이 날아들었고 그중 2발이 내가 타고 있던 전차에 차례로 명중했다. 한 발은 포탑 상부 가장자리에, 또 한 발은 포수 잠망경에 맞았다. 조종수는 엔진 출력을 올려서 바로 앞의 수풀로 직진했다. 전차는 몇 미터 정도 가다가 갑자기 수목지대 서쪽 외곽의 가파른 비탈길로 미끄러져 반쯤 뒤집혔다. 약 500m 떨어진 곳에서 적들이 우리를 노려보고 있었다. 포수 잠망경에 맞은 포탄의 파편이 내 뺨을 파고들었다. 상처는 크지 않았지만 출혈

이 매우 심했다."[79]

롬멜은 간신히 전차에서 탈출해 적의 포화에서 벗어났다. 프랑스 제1경기병사단의 일부 부대와 힘겨운 전투를 치른 끝에 마침내 옹에가 함락되었다. 제7기갑사단은 이날 마스 강에서 12km 서쪽에 위치한 모르빌Morville까지 진출했다. 이로써 프랑스의 제2저항선이 붕괴되었고 20:00시경에는 디낭 지역에 교량이 완성되어 현재 가용한 차량들을 종심 돌파를 위해 서쪽으로 투입할 수 있었다.

제5기갑사단은 이날 치열한 전투 끝에 오르바스티아를 수중에 넣고 소미에르Sommiére를 향해 진격했다. 이로써 이 지역에서의 프랑스군의 저항도 소멸되었다. 그러나 이 대목에서 전투경과보다 더 흥미로운 것은 두 라이벌 사단장 간의 반목과 불화였다. 처음에 아르덴에서 마스 강변으로 수송된 교량 자재의 양은 교량을 단 1개만 가설할 수 있는 분량이었다. 이 사실을 알아챈 롬멜은 호트 장군에게 찾아가 모든 자재를 자신에게 지원해달라고 집요하게 요구했다. 제5기갑사단장 하르틀리프Max von Hartlieb 소장은 이에 발끈해 강력하게 항의했다. 그러나 그의 항의는 소용없었고 결국 제5기갑사단 예하 중重전차들은 인접 사단의 교량을 이용할 때 부탁을 해야 하는 처지가 되었다. 롬멜은 제7기갑사단의 공세를 밀어붙이기 위해 독단적으로 교량을 차지해버렸다. 그는 제5기갑사단의 격렬한 항의에 전혀 관심이 없었고, 대신 항상 뒤에 처져 있는 제5기갑사단의 소극적인 태도에 불만을 터뜨렸다. 오히려 호트 장군에게 제7기갑사단이 "항상 혼자서만 전투를 수행할 수는 없다."[80]고 불평했다. 호트 장군은 이기적인 롬멜의 태도를 쉽게 용인하지 않았다. 그러자 롬멜은 마스 강을 건넌 극소수의 전차들로는 두 지점에서 동시에 돌파작전을 수행하기에 전력이 크게 부족하다는 작전술적 논리로 그를 설득했다.

롬멜의 독단적인 행동은 비판받을 만하지만, 아무런 항공 지원 없이, 스당에서 구데리안이 마스 강을 건넌 것보다 더 빨리 도하에 성공했다는 사실만은 간과해서는 안 된다. 게다가 롬멜은 마스 강 서쪽 기슭에 있는 높은 암반지대라는 훨씬 더 어려운 지형 조건에 처해 있었다. 여기에서 매우 아이러니한 사실은, 기갑부대의 최고 권위자인 구데리안이 교량이 완성될 때까지 기갑부대의 투입을 미루는 실수를 범했다면, '보병 장교' 롬멜은 처음부터 전차부대의 일부를 나룻배로 도하시키기로 결정하고 교량이 완성되기도 전에 교두보에서 돌파해 나갔다는 것이다.

4. 프랑스군 제2군단과 제11군단의 역습 시도

롬멜이 여러 번 자신의 일기에서 강조했듯이, 비록 디낭에서의 돌파에 성공하기는 했지만 비교적 오랫동안 위태로운 상태가 지속되었다. 특히 두 교두보 지역에서는 중화기도 전차도 없는, 전투력이 취약한 보병부대들만으로 공격작전을 수행해야 했기 때문이다. 반면 프랑스군의 상황은 정반대였다. 전차와 정찰장갑차량의 지원하에 강력한 역습을 수행할 수 있는 기계화부대들이 충분히 배치되어 있었다. 프랑스 제5차량화보병사단은 제4경기병사단의 일부를, 제18보병사단은 제1경기병사단의 일부 부대를 배속받았고 제6전차대대도 역습 준비를 완료한 상태였다. 그러나 이들의 역습도 스당에서와 마찬가지로 실패했다. 이곳에서도 프랑스군 고위층의 대응은 너무 느렸다. 5월 12일 24:00시(독일 시간)가 조금 못 된 시각, 우의 섬에서 마스 강 서편으로 진격하는 독일군과 방어하던 프랑스군 사이에서 첫 총격전이 발생했다. 그러나 5월 13일 05:00시에야 비로소 제11군단장 마르탱 Julien-Francois-René Martin은 자신의 군단 좌측 전투지경선 부근에 독일군이 침투했다는 사실을 알았다. 제9군사령관 코랍Corap 장군도 정오경에야 우–디낭 일대에서 벌어진 사건에 대해 막연한 정보를 접수했다. 뱅센Vincennes에 있는 프랑스군 총사령부는 13:30분경에 독일군이 마스 강을 건넜다는 사실을 알게 되었다. 그러나 북동부전선 사령관 조르주 장군은 우 일대에서 아군 '1개 대대 규모가 곤경에 처해 있다.'[81]라고만 상부에 보고했다.

그 후 프랑스군의 대응은 어떻게 전개되었을까? 우의 섬 건너편, 즉 독일군이 최초로 침투한 곳은 제18보병사단의 책임지역이었다. 5월 13일 오전, 이 사단의 지휘부는 일대 혼란에 빠졌다. 두망Doumenc 장군에 따르면, 제66연대와의 통신이 두절되었고, "제77연대와는 교신이 끊어지고 제125연대와는 끊어진 교신을 복구하지 못했다. 무전기는 고장났고 전령을 보낼 오토바이도 없었다."[82] 특히 5월 12일부로 이 사단에 배속되어 2개 군단의 전투지경선 일대에 투입된 제39보병연대 2대대는 완전히 고립된 상태였다. 이 결정적인 순간에, 제18보병사단 지휘부는 독일군을 몰아내려는 노력을 전혀 하지 않았다. 지엽적인 반격이 있기는 했지만, 사단 예하 기병대부대들이 몇 대의 정찰장갑차량으로 실시한 소규모 역공격에 불과했다.

제11군단장 마르탱 장군은 일단 우의 섬에서 발생한 돌발 사태를 보고받은 후 정오경 제18보병사단 지휘소를 방문했을 때, 독일군이 04:30분경 이미 마스 강을 넘었고 2개의 교두보가 형성되었다는 사실을 알았다. 그때서야 그는 예비로 남겨둔 제39보병연대의 연대장 듀제네Dugenet 대령에게 북부 돌파구를 제거하기 위한 역습작전을 명령하고 역습의 지휘권을 위임했다. 듀제네 대령은 제6전차대대 예하의 3중대와 제1기병사단 예하의 정찰장갑차량을 몇 대 배속받았고, 4개 포병대대의 화력 지원도 약속받았다. 그러나 상급부대에서 지시한 공격개시 시간인 20:00시는 지켜지지 못했다. 듀제네 대령은 불만을 토로하고 21:00시(프랑스 시간 20:00시)로 역습을 연기했다. 그는 작전 개시 15분 전에 상급부대로 전화해서 보병이 아직 덜 준비되었다고 보고했다. 결국 소수의 르노Renault 35형 전차와 정찰장갑차들이 단독으로 공세를 개시했다. 그들은 그랑주Grange를 통과해 북부 돌파구를 정면 돌파하는 데 성공했고 마스 강 근처까지 돌진했다. 그러나 날이 어두워지고 보병부대들이 여전히 도착하지 않자 퇴각했다. 이로써 5월 13일 제11군단의 역습은 끝났다.

제2군단은 최정예사단으로 이름난 제5차량화보병사단이 돌파구의 북부에 배치되어 있었음에도 불구하고 전혀 힘을 쓰지 못했다. 부셰Boucher 장군(제5차량화보병사단장)은 02:00시에 독일 보병부대가 사단 우익부의 마스 강 서안으로 침투하고 있음을 인지했다. 그러나 그는 07:30분에야 대응을 결심했고, 그 첫 번째 단계로 제18보병사단과의 단절된 연락체계를 복구하기 위해 수색대대의 일부를 사단의 우단부로 급파했다. 그는 그제서야 독일군의 교두보가 점차 그의 사단 책임지역 내로 확장되고 있음을 인식하고 11:00시경 제129보병연대 예하 2대대에 즉각 역습하라고 명령했다. 이 역습은 14:00시에 개시하기로 계획되었으나 15:00시로 연기되었고, 2대대는 진격 중 슈투카 공습을 받아 다시 퇴각했다.

부셰 장군은 상급지휘관의 재촉을 못 이겨 또 한 번의 대규모 역습을 결정했다. 그는 제129연대 2대대와 수색대대를 주축으로 삼고, 이 부대에 제4경기병사단의 일부와 제14경기병연대 1대대, 제4기갑수색연대의 호치키스 전차를 보유한 1개 전차중대를 배속하여 작전 수행을 지시했다. 오르바스티아를 목표로 각 부대는 각기 다른 방향으로 기동하도록 계획되었고 공격개시 시간은 20:15분으로 정해졌다. 그러나 보병부대의 이동이 지연되는 바람에 공격개시 시간이 21:00시로, 다시 22:00시로 연기되었다. 이때, 지원하기로 계획된 포병부대 지휘관들마저 야간을 핑계로 작전이 불가하다고 주장했다. 결국 공세는 다음 날 아침으로 연기되었다.

결정적인 날인 5월 13일, 두 군단이 시행한 작전은 제11군단의 1개 전차중대가 일시적으로 마스 강변까지 진격한 것과 다음 날로 연기된 제2군단의 역습뿐이었다. 제9군사령관 코랍 장군은 이 상황을 한 편의 '코미디'[83]라며 빈정댔다. 다음 날인 5월 14일, 2군단 예하의 부대들로 편성된 특수임무부대는 오르바스티아 방면으로 용감하게 공격해 잠깐 이곳을 탈환했지만 소용없었다. 독일군은 이미 야간에 수많은 전차들을 마스 강 건너편으로 옮겼다. 오르바스티아 일대에서 치열한 전투가 벌어지고 있을 무렵, 롬멜은 벌써 옹에 남부까지 진출해 작전술 수준의 돌파를 성공시켰다.[84]

5. 플라비용에서의 전차전

프랑스군은 군단급 규모의 대응이 시기를 놓치고 효력도 발휘하지 못하자 야전군 수준의 역습이 필요한 상황에 봉착했다. 이 지역의 예비대인 제9군은 몇몇 소규모 부대 외에 사단급 부대로 제4아프리카보병사단과 새로 배속된 제1기갑사단을 보유했다. 호트 기갑군단이 우와 디낭에서 마스 강을 건넌 5월 13일, 제1기갑사단은 그곳에서 40km 정도 떨어진 샤를루아Charleroi에서 대기 중이었다. 딜 방어선으로 진출한 제1군의 예비대로서 나중에 발생할지도 모르는 '겜블루의 간격la trouée de Gembloux'에 대비하기 위해서였다. 프랑스군 총사령부는 그때까지도 독일의 주공 방향은 북부 벨기에이며 마스 강선에서의 공세는 기만이라고 확신했다. 자정이 가까울 무렵, 독일군 병사들이 최초로 마스 강을 건넌 지 24시간이 지난 후, 제1기갑사단은 기존의 임무 대신에 제9군 예하에서 디낭 방면으로의 역습 준비명령을 하달받았다. 하지만 이들은 5월 14일 오전을 집결지에서 허비했다. 전달과정에 문제가 생겨 14:00시경에야 역습 작전명령이 전달되었다. 그로부터 2시간 후인 16:00시경, 사단의 선두부대가 드디어 기동을 개시했다. 제1기갑사단은 불과 35km 거리에 있던 플라비용 북부를 향해 출발한 지 5시간이나 지난 21:00시경에야 도착했다. 도로는 도망치는 병사들과 민간인들이 뒤엉켜 아수라장이었고, 일부 부대들은 길을 잃고 흩어졌다가 다시 '집결'해야 했다. 당시 상황이 얼마나 절박했는지는 제9군사령관 코랍 장군의 말에서 잘 드러난다. 그는 제1기갑사단장 브뤼노Bruneau 장군과의 전화 통화에서 간청하듯이 말했다.

"오늘 저녁 안으로 가지고 있는 모든 전투력을 총동원해서 반드시 역습을 실시해야 하오. 이것은 정식 명령이오!"[85]

ㅣ1940년 5월 15일 플라비용의 전차전ㅣ

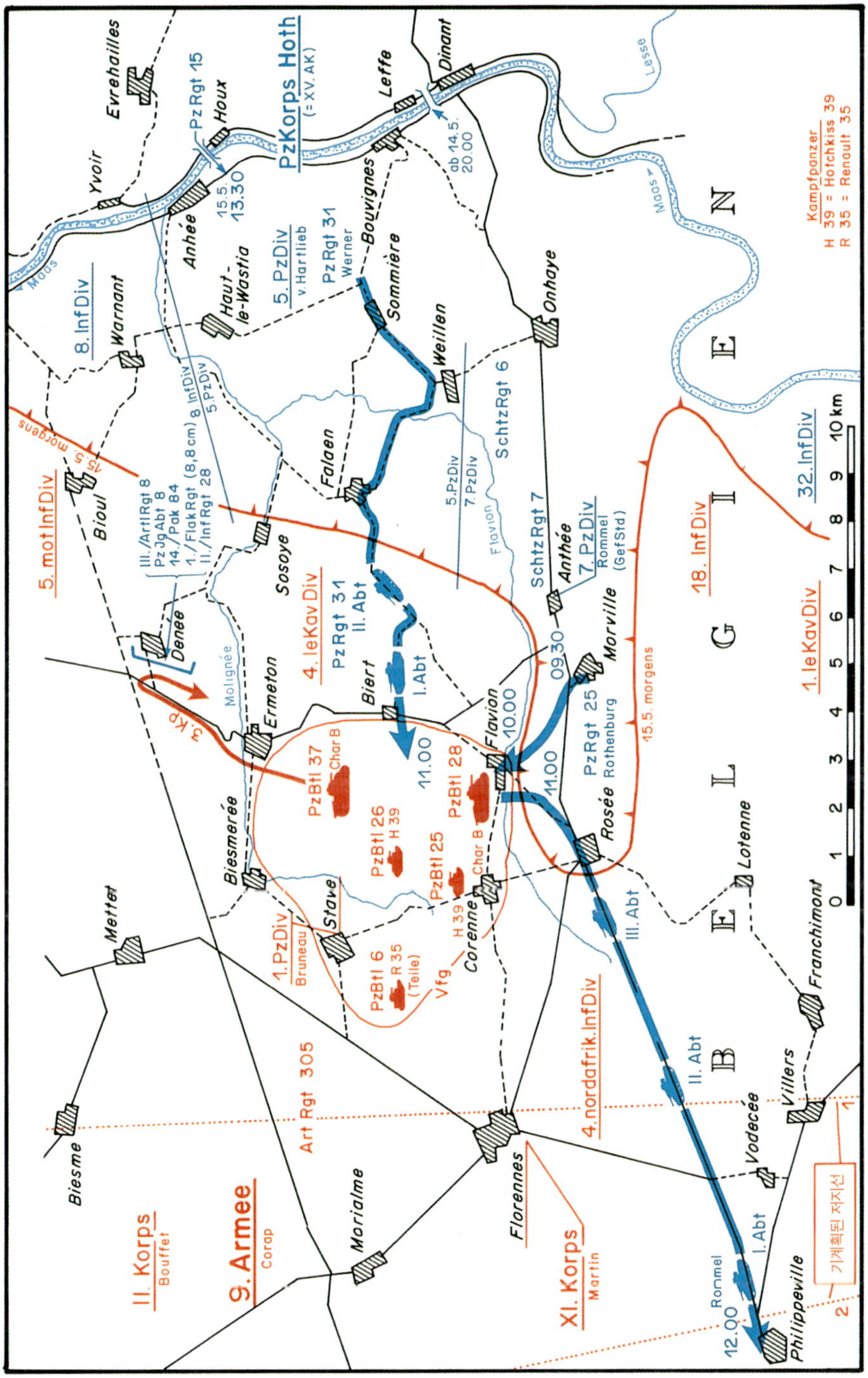

이날 밤 브뤼노 사단과 겨우 5km 떨어진 모르빌Morville에 롬멜의 제25기갑연대가 숙영지를 편성했다. 두 진영 모두 자신들이 얼마나 위험한 곳에서 밤을 보냈는지 알아채지 못했다. 만일 브뤼노 장군이 계획대로 기갑부대를 디낭 방면으로 진격시켰더라면 무방비 상태인 제7기갑사단의 전차연대를 모조리 쓸어버릴 수도 있었다. 그러나 하필 그때 샤르 B 전차의 연료가 바닥났다. 전차마다 1개밖에 없는 작은 연료탱크가 원인이었다. 연료 수송 차량들을 이동 제대의 맨 뒤에 편성한 것도 부대 이동계획의 치명적인 실수였다. 전방에서 급박하게 유류가 필요한 부대가 생겨도 아무도 연료 수송 부대가 어디에 있는지 몰랐다. 브뤼노 사단은 불가피하게 공격을 중단하고 플라비용에 숙영지를 편성해 하룻밤을 보냈다.

5월 15일, 드디어 프랑스 제1기갑사단에 비극이 찾아왔다. 연료를 가득 실은 수 대의 차량이 슈투카의 폭격에 완파당했고 09:00시경 일부 차량만이 집결지에 도착했다. 여기서 독일군과 프랑스군 간의 부대 운용의 또 다른 근본적인 차이점이 드러난다. 구데리안의 영향력 아래 탄생한 독일군 기갑부대의 군수지원 체계는 '고도의 기동전 수행'이 가능하도록 구축되어 있었다. 그중 가장 대표적인 것이 유류 보급지원 문제를 해결한 '드럼통'을 이용한 연료보충 방식이었다. 드럼통에 연료를 실으면 차량 종류에 상관없이 연료를 수송할 수 있었을 뿐만 아니라, 비상시에는 단거리 내에서 손으로도 운반할 수 있었다. 연료 수송 차량들은 신속하게 각각의 기계획된 분산집적소에 꽉 채운 드럼통을 내려놓고 빈 드럼통에 연료를 채워서 다시 다른 곳으로 옮겼다. 이 같은 매우 조직적인 체계 덕분에 독일군은 시간을 최대한 절약할 수 있었다. 하지만 프랑스의 경우 전차의 유류 보급을 전체적으로 유조차량에 의존했다. 유조차량은 특히 야지에서의 운용이 대단히 제한적이었다. 기동이 가능한 주유소라고 볼 수도 있지만, 한 대씩 차례로 주유해야 하므로 양호한 지형에 있다고 하더라도 주유하는 데 시간이 오래 걸렸다. 5월 15일 오전, 때마침 제1기갑사단이 집결지에서 유류를 보충하고 있을 때 롬멜의 전차들이 프랑스군을 공격했다.

여기에서 또 하나의 잘못된 신화가 탄생했다. 대다수의 문헌들에는 이날 프랑스군 제1기갑사단이 롬멜의 제7기갑사단에게 완전히 섬멸당했다고 기록되어 있다. 실제로 이날 롬멜은 1개 전차연대로 프랑스군의 집결지로 쇄도해 들어가 유류를 보충하던 제28전차대대(샤르 B)와 제25전차대대(호치키스 39형)를 기습했다. 하지만 롬멜의 부대는 정오경 북쪽에서 돌파에 성공한 제5기갑사단의 선두부대가 도착하자 프랑스군 전차부대와의 교전을 그들에게 인계하고 그곳을 빠져나왔다. 이어서 롬멜은 직접 제25전차연대를 지휘해 프랑스 기갑사단의 남쪽으로 돌아나온 후 서쪽으로 숨 돌릴 틈 없이 진격을 개시했다. 여기서 확실히 짚고 넘어가야 할 점은, 이날 저녁까지 계속된 '플라비용의 전차전'은 롬멜이 아니라 제5기갑사단예하 제31전차연대장 베르너 대령에 의해 종결되었다는 것이다. 제5기갑사단은 제7기갑사단과 달리 전차연대가 2개였다.[86] 그러나 후속한 제15전차연대는 이때 아직 마스 강 동쪽에 있었다. 제5기갑사단이 가설한 교량이 이날 오후에야 완성되어 이 연대의 선두부대는 전투가 끝난 후에야 이곳에 도착했다.

프랑스 측의 문서들에는 이날 플라비용에서 제1기갑사단이 월등한 전투력을 가진 독일군 2개 기갑사단과 맞서 싸웠다고 기록되어 있다. 하지만 롬멜의 전차들이 오전에 짧고 치열한 공격을 치른 후 전장을 이탈한 다음, 베르너 대령의 제31전차연대는 매우 열세한 상황에 처해 있었다. 제31전차연대는 홀로 적 1개 기갑사단을 상대해야 했다. 제31전차연대는 2개의 전차대대를 보유한 반면, 브뤼노 장군의 프랑스 제1기갑사단은 4개의 전차대대로 편성되어 있었다. 쌍방이 보유한 전차의 성능과 숫자를 비교하면 그 차이는 더 심각했다. 프랑스는 호치키스 39형 전차가 약 90대, 당시 명성을 떨친 주력전차 샤르 B형이 65대였고, 여기에다 제6독립전차대대[87]의 일부로 이곳에 위치했던 부대는 최소 12대의 르노 35형 전차를 보유해 도합 170여 대의 전차를 운용할 수 있었다. 그중 일부는 앞서 벌어진 롬멜의 전차부대와의 전투에서 괴멸당했지만 그렇다고 하더라도 베르너 대령은 겨우 총 30여 대의 Ⅲ호와 Ⅳ호 전차만으로 작전을 수행해야 했다. 나머지 약 90대의 독일군 전차들은 모두 경전차인 Ⅰ호와 Ⅱ호로, 무장이 취약해 감히 전차전에는 얼씬도 할 수 없었다. 게다가 샤르 B 전차와 조우한 독일군 병사들은 모두 엄청난 충격을 받았다. 한 Ⅲ호 전차장은 전투보고서에 다음과 같이 기록했다.

> "예광탄으로 적 전차를 명중시키자 탄환이 완두콩처럼 튕겨 나가는 것을 보고 우리는 당황하지 않을 수 없었다!"[88]

이렇듯 전투력이 월등히 우세했음에도 어째서 프랑스 제1기갑사단은 단 몇 시간 만에 괴멸당했을까? 그 원인 중 하나는 다름 아닌 무전기였다. 서부전역 기간 중 플라비용에서만큼 무전기의 역할이 중요했던 전투는 없었다. 모든 독일군 전차들은 최첨단 무전기를 장착했지만 프랑스군은 무전기도 몇 개 안 되는 데다가 그나마 축전지가 쉽게 방전되는 바람에 제대로 기능을 발휘하지 못했다. 그 결과, 프랑스군 전차들은 일사불란한 지휘통제 아래 움직이는 독일군 전차연대를 상대로 우왕좌왕하며 싸워야 했다. 베르너 대령은 무전기로 예하부대들을 조정 통제했다. 예하 소대와 중대들도 내부적으로 상호 지원과 협조가 탁월했다. 소그룹으로 또는 개별적으로 움직이던 프랑스군 전차들은 독일군의 소위 '협동 전술'에 의해 끊임없이 포위당했고 독일군 전차포탄에 벌집 신세가 되었다. 독일군은 샤르 B 전차와 대적할 때마다 집중 사격을 가했다. 전차전에 부적합하다는 이유로 후방에 배치되었던 I호과 II호 전차들도 나중에 베르너 대령의 지시로 측방의 양공작전에 투입되었다.

프랑스군이 패배한 또 다른 원인은, 오로지 전차부대만으로 단독작전을 실시했다는 것이다. 반면 독일군의 '제병협동전투Gefecht der verbundenen Waffen'는 대단히 효과적이었다. 브뤼노 장군은 포병부대를 후방 깊숙이 배치했기 때문에 이 전투에서 애석하게 단 한 문도 운용할 수 없었던 반면, 독일군 제5기갑사단은 최전방에 몇 개의 포대를 투입해서 직사포로 운용해 적 전차를 격멸하는 데 이용했다. 또한 베르너 대령은 샤르 B의 강력한 장갑을 관통할 수 있는 방공포와 포병을 후방에 배치한 뒤, 아군 전차를 거짓 퇴각시켜 프랑스군 전차를 후방까지 유인해 격멸했다.[89] 마지막으로, 슈투카가 전투에 투입되어 프랑스 전차들을 목표로 공중 폭격을 실시했다. 무엇보다 프랑스 제1기갑사단의 가장 큰 비극은 샤르 B 전차의 유류 고갈이었다. 거대한 괴물들이 마치 난파된 전함처럼 전쟁터에서 정지해버렸다. 이들 전차 대부분은 승무원들에 의해 폭파 및 유기되었다.

브뤼노 장군은 결국 퇴각 명령을 내렸다. 증원까지 받아 170여 대의 전차를 보유한 막강했던 제1기갑사단은 전멸하다시피 해, 이날 저녁 온전히 기동할 수 있는 36대의 전차만이 프랑스 국경 방면으로 퇴각했다. 다음 날 아침에는 그 숫자가 16대로 줄었다. 프랑스 전차병들은 굉장히 용감하게 전투에 임했지만 시대착오적인 전술로 인해 파국을 맞았다. 또한 롬멜이 플라비용의 전차전에서 프랑스군 종심 깊숙이 진격함으로써 프랑스군의 병참선을 절단했다. 공포에 휩싸인 프랑스군은 속속 전장을 이탈하기 시작했다. 롬멜의 전차들은 9군 예하의 전투력이 온전한 부대들이 필립빌-세르퐁텐느Philippeville-Cerfontaine 일대에서 철수하기 직전에 이곳에 진입했다. 이는 프랑스군 지휘부에서 계획한, 아군이 점령할 새로운 방어선이 이미 적에게 돌파당했음을 의미했다.[90]

❙5월 15일 플라비용에서 완파된 샤르 B '가르Gard' (37전차대대 2중대)❙
전차 앞의 철모는 전사한 프랑스군 병사의 무덤이다.

❙5월 15일 드네Deneé(플라비용)에서 피격된 샤르 B '푸왈뤼Poilou II' 전차의 잔해❙
독일군 포병탄에 맞아 포탑이 완파되었다. 전차장 르우Lehoux 대위는 승무원들과 함께 전사했다. 그가 지휘한 37전차대대 3중대는 드네에서 섬멸당했다.

I 1940년 5월 15일 마스 강 전선의 붕괴 I

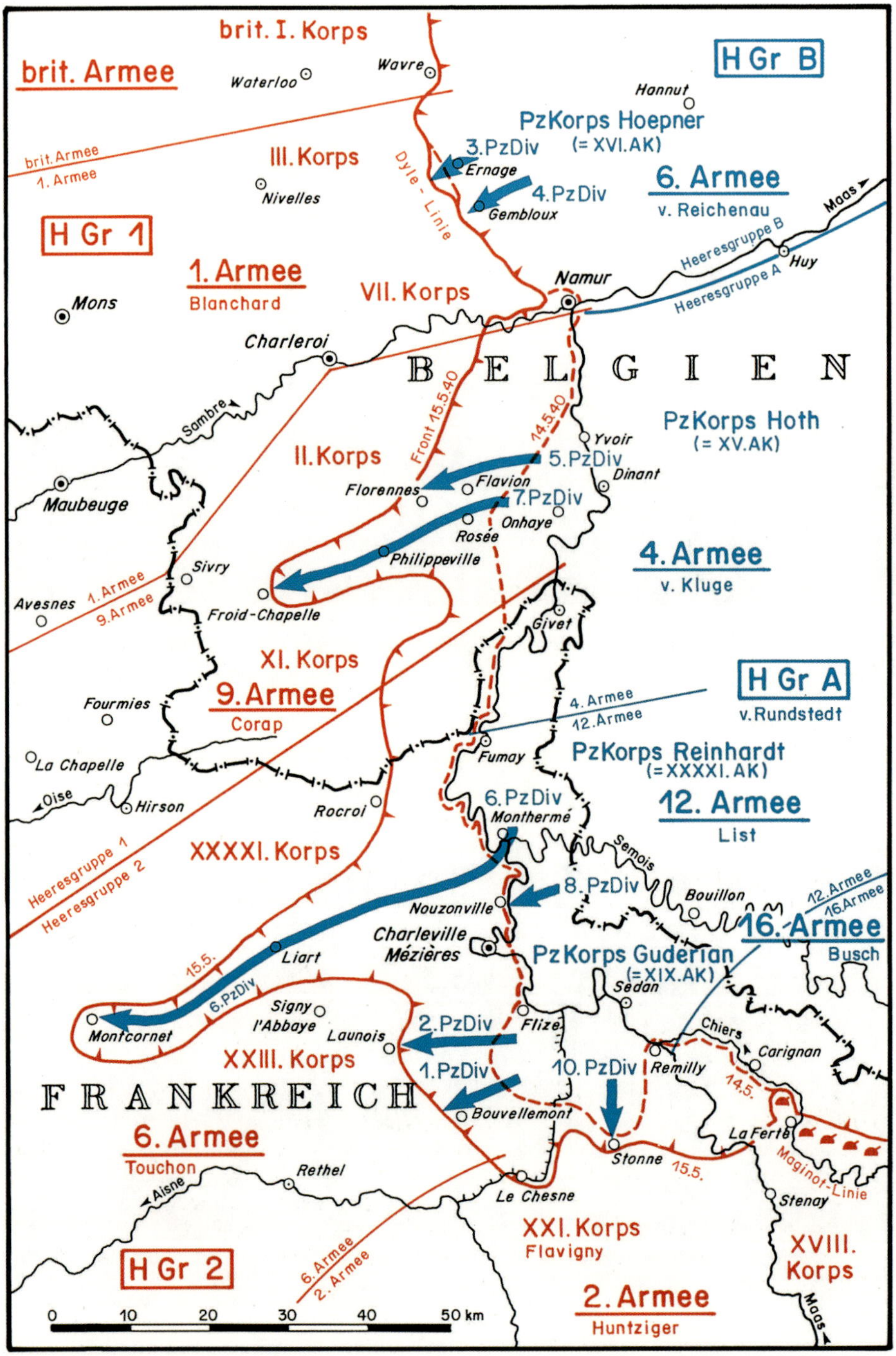

5월 15일, 프랑스의 마스 강 방어선은 롬멜의 제7기갑사단이 북부에서, 켐프의 제6기갑사단이 중앙에서, 구데리안 기갑군단이 남부에서 돌파함으로써 완전히 붕괴되었다. 각 방향에서의 돌파구의 폭은 대단히 좁았지만, 결국 댐을 무너뜨리는 효과를 가져왔다. 바로 이날, 라 페르테La Ferté(스당 남부)와 나무르Namur에 연한 100km 이상의 프랑스군 전선이 무너졌다.

6 - 4

회프너 기갑군단의 딜 방어선 공격: 작전술 차원의 기만작전

"이곳에서 전차 대 전차의 교전이 벌어진 후부터 48시간 동안 지속된 이 전투는 제2차 세계대전 중 최초의 전차전이자 서부전역에서 가장 큰 규모의 전차전이었다."[91]

5월 12일 안뉘의 전차전에 대해, 하인리히 뷔헬러Heinrich Bücheler

A집단군이 아르덴에서 공세를 펼치는 동안, B집단군은 뤼티히Lüttich-나무르Namur의 북부를 공격했다. 5일 후 제18군은 이미 네덜란드군의 후방 방어선 돌파에 성공했다. 공식 항복은 5월 15일에 발표되었다. 남쪽의 제6군은 마스트리히트Maastricht를 통해 뤼티히 일대에 구축된 벨기에의 철옹성 같던 국경요새들을 무너뜨렸다. 바야흐로 회프너 기갑군단(제16차량화군단)의 공세 기동로가 완전 개방되었다. 회프너 기갑군단의 주 노력 방향은 나무르 근처 마스 강 만곡부에 위치한 '젬블루의 간격'이었고, 프랑스군 지휘부는 이곳을 독일군 전체의 주공으로 오판했다.

영국의 군사학자 리들 하트의 비유를 빌리자면, 이 전역에서 회프너 기갑군단은 투우사의 '붉은 망토'였고 이것에 현혹된 연합군은 성난 황소처럼 플랑드르의 함정으로 돌진했다. 이 때문에 A집단군의 기갑사단들은 마치 투우사의 검처럼 무방비 상태인 적의 옆구리를 찌를 수 있었다. 이와 똑같은 간접효과는 북부 벨기에와 네덜란드에서 시행된 독일군의 극적인 공중강습작전에서도 찾을 수 있는데, 에벤 에마엘Eben Emael과 알베르Albert 운하의 교량, 헤이그Hague 공항과 로테르담Rotterdam[92]의 교량 등을 확보하기 위해 실시된 작전들이 그 좋은 예이다. 실제로 연합군 총사령부는 귀신에 홀린 것처럼 북쪽만을 예의 주시하

ㅣ겜블루와 안뉘에서 시행된 회프너 기갑군단의 작전술 차원의 양공ㅣ

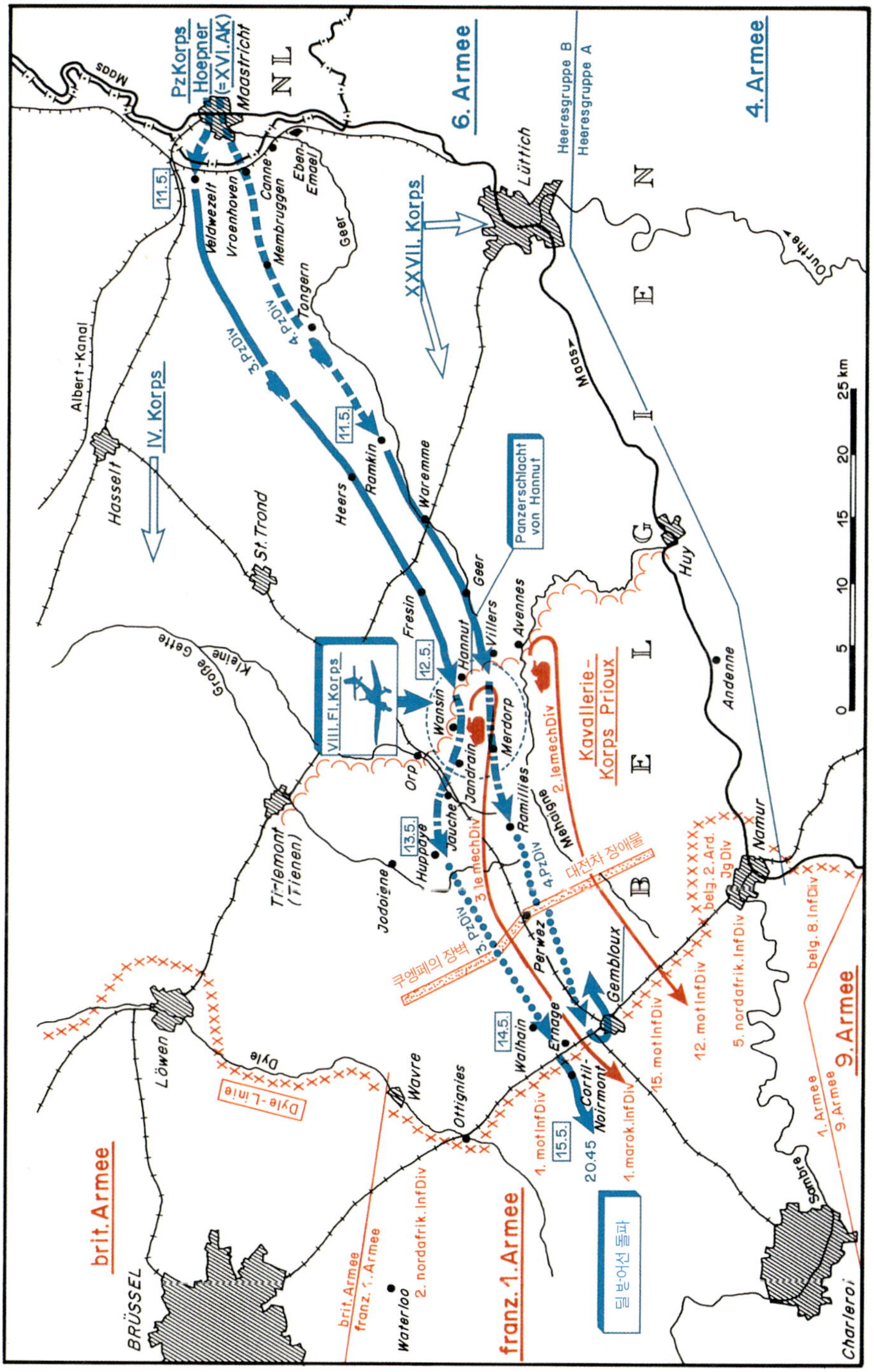

고 있었다.

독일군의 공세가 시작된 직후, 가믈랭Gamelin 장군은 오래전부터 계획되어 있던 '딜 기동'에 착수했다. 독일 공군은 철저히 의도적으로 프랑스군의 딜 기동을 일체 방해하지 않았기 때문에 모든 것이 순조롭게 진행되었다. 연합군은 좌익을 다음과 같은 방식으로 진출시켰다.

- 대서양 해안과 접하는 좌익을 형성할 프랑스 제7군은 안트웨르펜Antwerfen을 경유해 브레다Breda 방면으로 진출하여 네덜란드군과의 연결작전을 시행한다.
- 영국 원정군은 브뤼셀Brussels을 통해 딜 방어선까지 진출하여 와브르Wavre와 뢰벤Löwen 일대에서 진지를 점령한다.
- 프랑스 제1군은 영국원정군 우측과 연결해 와브르와 마스 강 만곡부에 진지를 편성한다.
- 그에 이어 남부에서는 프랑스 제9군의 좌익이 나무르Namur와 지베Givet 사이 벨기에 영토 내의 마스 강 유역을 책임진다.

벨기에군이 추가로 투입되어 더 강력해진 딜 방어선의 내부에, 정확히 말하자면 제1군의 작전지역 내에 방어작전을 수행하기에 매우 어려운 지점이 있었는데 그곳이 유명한 '겜블루의 간격'이다. 이곳은 정면이 고작 33km 정도밖에 안 됐지만 변변한 자연 장애물이 전혀 없었기 때문에 다수의 독립 전차대대로 증강된 6개의 정예사단이 집중 배치되었다. 이 지역 전방 페르웨즈Perwez의 8km 동쪽에는 벨기에군에 의해 구축된 대전차장애물이 설치되어 있었다. 이 장애물은 1km 길이의 중형重型 격자 모양의 철재 구조물로, 바퀴가 있어 설치하기가 매우 용이했다. 높이 2.5m, 폭 3m의 이 구조물은 콘크리트 받침대와 철조망으로 보강되었고, 주변에 지뢰를 매설하여 이를 보호했다. 프랑스군은 만일 독일군의 주력이 플랑드르를 통해 공격한다면 프랑스 제1, 2기갑사단 같은 부대들을 추가로 북부에 투입해 제1군 후방의 진지를 점령함으로써 독일군 주공에 대응하기로 사전에 계획했다. 그들은 독일군의 주공 부대들이 북부로 몰려올 것이라는 점을 확신했다. 또한 중요한 차후 대책으로서, 겜블루의 진지들을 방호하기 위해 프리우Prioux 기병군단이 이 방어선을 넘어 30km 떨어진 튀티히로 진격하는 계획까지 수립했다. 프리우 기병군단은 독일군 기갑군단에 상응하는 거대한 규모를 가지고 있었으며, 이들의 임무는 티를러몽Tirlemont(티에넨Tienen), 안뉘Hannut와 위Huy를 잇는 곳에 저지진지를 구축하고, 적어도 5일간 적의 공세를 저지할 수 있도록 지연전을 실시하는 것이었다. 이 작전의 목적은 후방에 있는 보병사단들이 진지를 완벽히 구축할 수 있도록 시간을 버는 것이었다.

1. 안뉘 전차전

5월 12일 회프너와 프리우의 기갑부대가 안뉘에서 정면으로 충돌했다. 수많은 문헌들이 당시의 전투를 다루고 있지만 대부분 다음과 같은 오류를 범하고 있다. 그것은 바로 안뉘에서 415대의 전차를 보유한 프랑스군이 그보다 월등히 우세한 623대의 전차로 편성된 독일군과 전투를 치렀다는 것이다. 우선 두 군의 전투력을 다시 한번 정확하게 비교 분석해 보자. 프리우 장군 예하에는 239대의 호치키스 전차와 176대의 소뮤아SOMUA 전차를 보유한 제2, 3경기계화사단이 편성되어 있었다.[93] 회프너의 기갑군단은 각각 280대, 343대의 전차로 편성된 제3, 4기갑사단을 보유하고 있었다. 그러나 총 623대 중 498대가 I호와 II호 전차였다는 점에 주목할 필요가 있다. 각종 문서들을 살펴보면 프랑스 기병군단이 독일군에 비해 성능이 월등히 우수한 정찰장갑차를 많이 보유했다는 사실이 누락된 경우가 많다. 르노 AMR-ZT-63은 독일군 I호와 II호에 비해 무장 면에서 동등하거나 오히려 더 강력했고, 90대에 이른 정찰장갑차 파나르Panhard 178은 독일군 IV호 전차의 장갑도 관통할 수 있는 25mm 주포를 장착하고 있었다. 따라서 정찰용 장갑차와 경전차를 제외하고 전차 대 전차의 전투에 사용될 수 있는 숫자만을 정확히 따지면 프랑스군은 239대의 호치키스, 176대의 소뮤아를, 독일군은 73대의 III호 전차, 52대의 IV호 전차를 보유했다고 분석할 수 있다.

만일 성능 면만을 고려한다면 이러한 산술적 우세(415:125)는 그리 놀랄 만한 일도 아니다. 프랑스의 경輕전차인 호치키스 39형[94] 전차의 장갑 두께가 45mm, 중中전차에 해당하는 소뮤아의 장갑 두께가 55mm였던 반면, 독일군의 중重전차인 IV호 전차의 장갑 두께는 겨우 30mm였다. 이는 한편으로 독일군의 전차 개발 수준이 매우 낙후되었음을 단적으로 보여준다. 많은 전문가들이 언급했듯이, 소뮤아는 당시 전장에 등장한 전차들 중 최신예 전차라 할 만했다. 독일군 III호 전차 승무원들은 자신들의 3.7mm 포탄이 소뮤아의 장갑에 맞고 무기력하게 튕겨 나오는 광경을 보고 크게 당황했다. 오직 52대의 IV호 전차만이, 그것도 매우 가까운 거리에서 사격해야만 소뮤아를 파괴할 수 있었다. 프랑스군 전차가 특히 유리했던 점은, 지연전을 실시할 때마다 촌락과 지형지물을 이용해 은엄폐 진지에서 전투를 수행할 수 있었다는 것이다. 5월 13일 조슈Jauche에서 전투를 치른 I호 전차의 한 전차장의 '자살행위'를 살펴보면 독일군 경전차 승무원들에게 당시의 전투가 얼마나 처절했던가를 잘 알 수 있다. 그는 망치(해머)만으로 '무장'한 채, 르 벨Le Bel 중위의 호치키스에 뛰어올라 조준경과 잠망경을 때려 부수려 했으나 달리는 적 전차에서 추락해 궤도에 깔려 전사했다.[95]

그러나 전투가 개시되자, 앞에서 설명했듯이, 프랑스군 전차부대는 줄곧 제1차 세계대전 때의 경직된 교리에 따라 행동했다. 프랑스군 기갑부대들의 작전은 너무나 정적이고 선형적이었다. 그러나 독일군 전차들은 기동력을 발휘해 끊임없이 위치를 바꾸면서 전투를 수행했다. 또한 이 전투에서도 독일군의 통합된 무전통신 체계의 우수성이 여실히 증명되었다. 독일군 지휘관들은 언제나 순식간에 주공의 위치를 변경할 수 있었다. 그러나 프랑스군의 전차들은 극소수만이(사용 가능한) 무전기를 장착하고 있어서, 장교들이 자기 전차에서 내려 다른 전차로 찾아가 명령을 전달하는 경우도 종종 있었다. 바로 이때 프랑스군 전차들은 독일군의 기습을 받았다. 양쪽 전차들이 안뉘에서 처음으로 격돌했을 때, 또 하나 구별되는 무기체계의 특징은 전차포탑의 형태였다. 프랑스군 전차의 포탑에는 단 한 사람만 탑승할 수 있어서 모든 전차장은 전술적인 판단과 결심, 전투지휘를 해야 할 뿐만 아니라 탄약수와 포수의 임무도 병행해야 했다. 반면 포탑에 2~3명이 탑승한 독일군 전차의 지휘자들은 전투지휘에만 집중할 수 있었다. 제35전차연대의 전투일지에 따르면 안뉘에서의 프랑스군 전차부대는 "지휘관도 없고, 목적도 없는 매우 유치한 수준의 전투를 치렀으며 그들의 전술은 수준 이하였다."[96]

'제병 협동 전투' 차원에서도 독일군은 대단히 훌륭했다. 안뉘 전투는 서부전역 최초이자 최대 규모의 전차전일 뿐만 아니라, 국방군에서 공식발표한 일종의 강력한 '기갑-공중 전투'가 되었는데 이는 오늘날의 '공지전투空地戰鬪Air-Land Battle'의 개념과 일치한다.[97] '근접항공지원 부대'로 명성을 떨친 프라이헤르 폰 리히트호펜Freiherr von Richthofen 소장의 제8전투비행단은 고도의 폭격기술로 지상군 지원을 전담했고, 이 부대의 항공기가 작전에 총동원되었다. 특히 슈투카는 독일군 기갑부대의 통로를 개척해 주었으며 일대의 프랑스군 전차들을 괴멸하는 놀라운 활약을 보여주었다. 5월 13일 정오경, 제8전투비행단은 돌연 작전공역을 스당으로 옮겨 '롤러식 작전'에 투입되었으나 그 후 며칠 동안은 제2항공군이 이곳에서 회프너의 부대들을 지원했다.

안뉘에서의 전투 경과를 살펴보자. 5월 10일 회프너 기갑군단은 아헨Aachen에서 출발해 마스트리히트의 돌출부를 경유하여 마스 강 도하작전에 돌입했다. 5월 11일에는 공중강습부대가 벨기에의 방어거점 에벤 에마엘 요새를 점령했고, 기습적으로 이 일대의 교량들을 확보했다. 이때 회프너 기갑군단은 그중 하나를 이용해 알베르 운하를 건넜다. 이 군단은 상급부대로부터 단 1개의 교량만 사용할 수 있다는 지시를 받아 일단 선두에 있는 제4기갑사단이 최초로 이 운하를 건넜다. 5월 12일 아침, 독일군 전차들은 안뉘에서 프랑스군 저지진지에 부딪혔다. 역사적인 최초의 전차전이 시작되는 순간이었다. 첫날 전투에서는, 독일 측의 표현과는 달리, 승자는 명백히 프랑스군 기갑부대였다. 이날 프랑스군 전차와의 첫 번째 대결에서 몇몇 독일군 전차장들은 대범하게 돌진했지만 1:1의 결투, 특히 소뮤아 전차와의 대결에서는 속수무책으로 당할 수밖에 없었다. 그럼에도 불구하고 오히려 방자 쪽이 더 심각한 피해를 입고 동요했다. 전투 초기부터 투입된 독일 공군의 공중폭격 때문이었다.

다음 날 프랑스군은 그들이 신봉한 시대착오적인 선형전술을 구사함으로써 불행을 자초했다. 그들은 부대를 분산시켜 진주목걸이처럼 티를러몽(티에넨)과 위Huy를 잇는 35km 길이의 방어선을 구축했다. 따라서 종심상으로의 지연전을 수행할 수도 없었을뿐더러 역습을 위한 예비대도 충분하지 못했다. 전투 둘째 날인 5월 13일, 회프너 장군은 프랑스 제3경기계화사단 책임지역의 좁은 정면으로 2개 기갑사단을 집중시켜 마침내 돌파에 성공했다. 그러나 프랑스 제2경기계화사단의 전차들은 좌측에서 벌어진 전투에 아랑곳하지 않고 벌판에 그대로 서 있었다. 이러한 측면에서 보면, 프리우 장군의 완고한 전투지휘 스타일 때문에 전투에서 패배했다고 그에게만 책임을 돌리는 것은 부당하다. 그는 애초부터 이러한 방식으로 자신의 기갑부대를 운용하는 데 대해 강력하게 반대했으나 받아들여지지 않았다. 5월 12, 13일에 벌어진 전차전의 결과는 다음과 같다. 제2경기계화사단은 거의 손실이 없었던 반면, 제3경기계화사단은 호치키스 75대, 소뮤아 30대를 잃었다. 반면 프랑스 1개 사단과의 전투에서 독일군이 잃은 전차는 총 160여 대였다. 그러나 프랑스군의 선형방어체계를 무너뜨리는 데 돌파구는 단 한 곳이면 충분했고, 프랑스 기병군단 전체는 전장을 포기해야 했다.

2. 겜블루 방어진지를 돌파하다

안뉘 전차전에 패한 프리우 기병군단은 즉각 철수작전을 실시했다. 그런데 이들의 철수하는 모습을 자세히 살펴보면 독일군 기갑부대 전술과의 또 다른 차이점이 발견된다. 프리우 기병군단은 서쪽으로 철군하면서 지연전은커녕 접적接敵을 유지(독일군은 이것을 철저히 작전 원칙으로 삼았다)하지도 않았다. 만일 그러한 작전을 시행했다면 독일군은 지속적으로 수많은 장애물을 만났을 것이고, 그때 프랑스군은 충분히 독일군 측방을 역습할 수도 있었다. 그러나 프랑스군 기갑부대는 무엇보다도 빈약한 무전 장비 때문에 이 같은 능동적인 지연전을 수행하지 못했다. 대신 이 대부대는 일렬종대로 신속히 철수하는 방식을 채택했다. 이러한 상황을 간파한 독일군 기갑부대 지휘관들은 5월 13일 추격작전을 시행해, 철군하는 적 부대 대열 안으로 때로는 도망치는 프랑스 부대들의 한가운데로 돌진했다. 프랑스군 포병부대는 순식간에 피아가 뒤섞여버려 누가 적이고 누가 아군인지 분간할 수 없는 상황에서 이러지도 저러지도 못했다. 회프너 장군은 이 기회를 놓치지 않고 5월 14일 최선두에 있는 부대들에게 앞뒤 볼 것 없이 무조건 진격할 것을 명령했다. "철수하는 적들과 함께 동시에 딜 방어선으로 밀고 들어가야 한다."[98]

페르웨즈 일대에 설치된 대전차장애물은 각 설치물 사이의 간격이 커서 무용지물이었다. 하지만 5월 14일, 독일군의 딜 방어선 돌파 시도는 성공할 수 없었다. 이미 그곳은 프랑스군이 투입되어 강력한 방어선을 구축했기 때문이다. 훗날 히틀러에 저항해 쿠데타를 일으켰다가 목숨을 잃은 용장勇將 회프너는 예하부대에 어떠한 희생을 치르더라도 즉각 돌파하라는 명령을 내렸다. 그는 프랑스군의 증원부대가 그 지역에 도착하기 전에 방어선을 돌파하기 위해, 이튿날 도착할 보병부대의 지원을 기다리지 않고 2개의 기갑사단만으로 공세에 돌입했다. 그러나 적의 대전차 저지진지를 보병의 지원 없이 전차부대만으로 정면 공격하는 것은 자진해서 호랑이 입속으로 뛰어드는 격이었다. 공군의 지원에도 불구하고 이 공격은 예상대로 실패했고 16:00시경 제4기갑사단은 다음과 같은 전문을 군단에 보냈다.

"제5기갑여단의 피해는 심각한 수준이다. 〔…〕 적의 포병(10~12개 포대) 화력은 대단히 위협적이다. 이를 제압하지 못한다면 오늘 더 이상의 진격은 불가능하다. 적의 방어시설은 대단히 견고하게 구축되어 있다. 이 같은 조건에서라면 5월 16일에도 공격을 할 수 있을지

페르웨즈에 설치된 대전차장애물 '쿠엥페의 장벽Barrage de Coinfat'

수 킬로미터 길이의 이 장벽은 회프너 기갑군단의 공세를 지연시키는 데 별 효과가 없었다.

회프너 기갑군단의 공세

회프너 기갑군단의 한 전차중대가 겜블루의 딜 진지를 공격하기 위해 전개하고 있다.

또한 해야 할지를 재고할 필요가 있다."[99]

얼굴에 부상을 당한 채 갑자기 사단지휘소에 나타난 제5기갑여단장의 전황보고는 전장의 상황을 생생히 보여주었다. 최전선에 나가 있던 그는 적의 기습적인 포병 사격에 노출되어 포화 속에서 3시간 동안이나 사지를 헤매다 겨우 살아 돌아올 수 있었다. 그는 '세계대전에서나 경험할' 가공할 만한 포병 화력이었다고 말했고, 다음 날 공세를 재개하는 것도 '자살행위'나 다름없다고 지적했다.[100]

회프너 장군은 그제야 보병의 지원 없이 기갑사단만으로 공격하는 것은 불가능하다고 판단하고 무의미한 손실을 피하기 위해 무전으로 다음과 같은 명령을 내렸다.

"공격 중지! 내일 아침 일찍 제35보병사단과 제20(차량화)보병사단의 지원하에 공세를 재개한다."[101]

하지만 에르나주Ernage 북부로 진격 중이던 제3기갑사단 예하 전 부대는 이 명령을 수령하지 못했다. 잠시 후 군단은 뜻밖의 보고를 접수했다. 제3보병연대가 주 방어선뿐만 아니라 20:45분에 프랑스군의 '후방 저지선'까지 돌파했다는 것이었다. 이로써 이날 불가능해 보였던 겜블루 방어선 돌파가 실현되었다. 또다시 프랑스군의 비상식적인 기갑부대 운용이 회프너의 성공을 도왔다. 프랑스군은 프리우 기병군단이 철수하자 기갑부대를 겜블루의 진지에 집중 투입하지 않고 전차대대급으로 해체해 각 보병사단들에 배속했다. 이러한 대규모 작전술 제대를 전술적으로 분할하는 것은, 당시 그곳에 투입된 제1군이 이미 4개의 독립전차대대를 보유했음을 감안할 때 납득하기 어려운 조치였다. 그 때문에 회프너 기갑군단이 기습적인 돌파에 성공했을 때 프랑스군은 더 이상 작전술 차원의 대응을 할 수 없는 상황이 되고 말았다.

결론적으로, 누가 안뉘 전차전의 진정한 승리자인가? 이는 군사사학자들 간에 이견이 분분한 문제이다. 기병장교 출신 회프너인가 아니면 프리우인가? 이에 대한 답은 두 가지 측면에서 내릴 수 있다.

전술적으로는 확실히 프리우가 완전한 승리를 달성했다. 그의 임무는 일시적인 저지만을 실시하고, 제1군이 개전 5일째(5월 14일)까지 겜블루 진지에 방어진지를 편성할 시간을 버는 것이었다. 독일군은 5월 15일 이후에야 이 방어선을 집중 공격할 수 있었으므로 프리우는 부여받은 임무 이상의 성과를 달성했다. 특히 그의 기갑부대는 적에게 혹독한 손실을 안겨주었다. 독일군은 안뉘에서뿐만 아니라 겜블루에서도 수많은 인적 · 물적 손실을 감내해야 했다. 그 예로 제4기갑사단은 5월 16일 오전에 겨우 137대의 차량만이 가용한 상태였고 이 중 Ⅳ호 전차는 4대뿐이었다. 이날 보고된 자료에 따르면 제3기갑사단은 20~25%, 제4기갑사단은 45~50%의 전차가 이미 전투에 투입될 수 없는 상태였다. 몇 대의 경파輕破된 전차가 신속히 정비되어 전장에 다시 투입되었지만 이미 기갑군단의 공격력은 상당히 약해졌다.

작전술 차원에서 고찰해보면 역시 안뉘에서 전차전이 발발했다는 사실 자체만으로도 회프너의 일방적인 성공이라 할 수 있다. 회프너의 군단은 작전술 차원에서 적을 엉뚱한 방향으로 유인하는 미끼 역할을 하기로 되어 있었다. 북쪽에 배치된 프랑스군의 대규모 부대들 중 프리우 기병군단은 독일군 지휘부에게 가장 큰 근심거리였다. 편성이나 장비를 볼 때, 이 군단이 만일 북부에서 남부로 역습을 시행했더라면 독일군의 지헬슈니트 작전은 초토화되었을 가능성이 농후했다. 5월 14일 스당에서의 역습이 실패한 다음 날, 프랑스군 총사령관 가믈랭 장군은 마지막 히든카드로, 전진 중인 독일군 기갑사단의 우측방을 프리우 기병군단으로 급습하는 방안을 심각하게 고민했다. 그러나 회프너의 기갑부대와 공군이 합작해 적장 프리우의 부대에 큰 손실을 안겨줌으로써 그 방안은 물 건너 가고 말았다. 이로써 회프너 기갑군단은 첫 번째 임무를 성공적으로 완수했다. 이제 이 군단은 더 이상 지헬슈니트 작전의 기만 공세전력이 아니라 기갑부대의 돌파작전에서 중추가 되어야 했다. 이를 위해 5월 18일 이후 회프너 기갑군단은 A집단군에 배속되었다.[102]

마지노선에서 고립된 프랑스군

"패자는 승자 못지않게 전쟁의 승패에 기여한다." [103]

슐리펜Graf von Schlieffen 원수

북부와 남부에 위치한 독일군 B, C집단군의 임무는 원칙적으로 동일했다. 주공인 A 집단군의 공세 여건을 보장하기 위해 양익에서 적을 기만 및 견제하고 중부에 위치한 강력한 적을 가능한 한 양 측방으로 유인하는 것이었다. 그러나 C집단군 사령관 폰 레프von Leeb는 B집단군에 비해 상대적으로 전력이 취약한 자신의 집단군이 기만작전을 시행하기에는 역부족이라고 생각했다. C집단군은 수적으로나 교육훈련 수준으로나 취약한 부대로 편성되어 있어 공세보다는 방어작전에 적합했으며, 그들과 대치하고 있던 강력한 마지노선을 공격한다는 것 자체가 사실상 불가능했다. 무엇보다도 이 집단군에는 여단급 이상의 기갑전력이 전혀 존재하지 않았다. 정상적인 작전으로는 프랑스군의 주의를 끌어 가능한 한 많은 적 부대를 고착시킬 수 없었기 때문에 C집단군은 다양한 기만대책을 세웠다.

폴란드 전역 이후, 서부전선의 중부로 투입될 다수의 정예사단들은 일단 남부로 우회하여 제1군의 자르브뤼켄Saarbrücken 지역 또는 제7군의 오버하인Oberhein 지역으로 이동했다. 이들은 최종 집결지로 이동을 완료한 후에 고의적으로 잘못된 단대호(부대 표식)를 사용하고, 부대 이동 중의 피해 상황을 언론을 통해 유포하는 등 남부에 기갑부대가 존재하고 있다는 암시를 주는 다양한 방법을 동원했다. 마치 가장무도회를 하는 양 몇몇 장교들은 기갑부대의 군복을 입고 공공연하게 돌아다니기도 했다. 나아가 C집단군은 전투에 투입할 수 없는 전차 몇 대를 이용해 국경 근처에서 계속 기동시켰다.

제7군의 기만방책은 그중 가장 주요했다. 제7군은 4개 사단만으로 카를스루에Karlsruhe와 스위스 국경에 이르는 광대한 지역을 맡았다. 이들은 마지노선을 남쪽으로 우회해 마치 스위스 공세를 준비하는 것처럼 위장했다. 마지노선 어디에서도 그 같은 각본을 찾아볼 수 없을 정도로 독일군의 계략은 기발했다. 군사령관 돌만Friedrich Dollmann 대장의 사령부가 있는 프라이부르크의 조차장操車場에서는 일부러 요란스럽게 열차 전철轉轍 작업을 했다. 그러나 이러한 작업은 밤에만 이루어졌는데, 항상 같은 군용 열차로 작업하는 것을 적의 첩보원들이 눈치 채지 못하게 하기 위해서였다. 이 같은 방식으로 전차와 거대한 야포가 두꺼운 천에 덮여 있는 것처럼 보이도록 위장해 겉보기에는 누구도 진짜 무기인지 아닌지를 알아차리기가 어려웠다. 화려한 고급 빌라와 관광호텔에 지휘소와 참모부가 있는 것처럼 보였지만, 실제로는 문 밖에 서 있는 군인처럼 보이는 경비병들만 진짜였고, 건물 안에는 아무것도 없었다. 마지막으로 완벽한 각본에 따라, 노출된 계곡을 통해 지속적으로 독일 군부대가 스위스로 이동하는 상황을 조성해 남부의 슈바르츠발트Schwarzwald[‡]에 거대한 군사시설이 들어선 것처럼 보이게 조작했다. 독일군은 부대가 이동하는 모습이 남쪽에서 훤히 보이도록 기동했다. 스위스 경계병들은 관찰된 상황을 그대로 자세히 기록해 상부에 보고했다. 기나긴 겨울밤, 국경 근처에서 차량 행렬들의 엔진 소음과 기동하는 전차의 소리들이 끊임없이 울려 퍼졌다. 그러나 사실 이 소음은 확성기에서 나오는 녹음된 소리였다. 스위스를 통해 공격할 것이라는 거짓정보를 흘리는 데에는 카나리스Canaris가 지휘하는 독일군 방첩부대도 큰 역할을 수행했다.[104]

사실 독일군 총참모부는 마지노선을 남쪽으로 우회하여 스위스를 통해 공세를 시행하는 방안을 신중하게 고려한 적이 단 한 번도 없었다. 총참모부는 개미새끼 한 마리도 못 들어갈 만큼 스위스의 방어 태세가 견실하다고 생각했다. 당시 서방국가 육군분석과 과장이던 리스Liß 장군(육군소장)의 말에 따르면, 이러한 방안이 육군 총사령부 내부에서 검토된 적은 있었지만 상부에서 곧 기각되었다.[105] 어쨌든 이러한 기만작전의 효과가 서서히 드러나기 시작했다. 전쟁이 개시되자 프랑스군은 단 19개 사단만을 보유한 독일군 C집단군 정면, 즉 난공불락의 마지노 요새지역에 36개 사단을 집중 배치했다.

‡ 독일 서남부의 침엽수림 산맥.

독일의 공세가 시작된 직후에도 프랑스군 총사령부는 우익에 전혀 위협이 없음을 깨닫지 못했다. 그들은 마지노선 후방에 배치된 불필요한, 가능한 한 많은 사단을 북부를 지향해 역습작전에 투입했어야 했다. 바로 이때 선전장관 괴벨스Goebbels가 주도한 뜻밖의 사건이 벌어졌다. 독일군이 스당 전선에서 돌파작전에 막 성공한 순간 그는 라디오 방송에 출연해 '48시간 내에 유럽에서 중립국들이 사라지게 될 것'이라고 선언했다.[106] 이로써 대對 스위스 공격은 기정사실이 되었고 독일 방첩부대에 의한 전면적인 기만작전도 개시되었다. 이들이 수많은 국가의 외교관들에게 거짓 소문을 퍼뜨리자 스위스 베른Bern에 위치한 프랑스와 영국 대사관이 철수 준비를 서두를 정도로 혼란은 극에 달했다. 5월 15일 프랑스 국방성의 고셰Gauché 대령은 스위스 국방무관에게 비통한 목소리로 말했다.

> "나는 확실한 소식통으로부터 5월 16일 또는 17일경 독일이 스위스를 공격할 것이라고 들었소."[107]

프랑스군 지도부는 망상의 제물이 되어버렸다. 독일이 스위스를 공격하는 사태는 벌어지지 않았기 때문이다.

독일군 총참모부가 가장 큰 위협이라고 판단한 것은 스당에서 겨우 수 km 떨어진 마지노선 북쪽 일대에 집중된 프랑스군이었다. 만일 지헬슈니트 계획의 아킬레스건인 이 지역에 배치된 강력한 프랑스군 부대들을 고착시키는 데 실패해서 이 부대들이 구데리안 군단의 좌측방을 역습한다면 무시무시한 결과가 초래될 수도 있었다. 이 때문에 폰 보크von Bock 상급대장은 할더 장군에게 이렇게 말하며 빈정거렸다.

> "장군은 마지노선에서 불과 15km 이격된 지역에서, 돌파구의 측방을 노출시킨 채 진격하려고 하는데, 프랑스군이 보고만 있겠소?"[108]

그러나 적은 태연자약하게 정말로 사태를 보고만 있었다. 작전의 경과는 다음과 같다. 제16군의 임무는 원래 구데리안 기갑군단의 돌파구의 좌측방을 수세적으로 방호하는 것이었다. 그러나 그 예하의 제7군단은 강력한 적 부대를 고착시키기 위해 가용 전투력을 총동원해서 마지노선의 좌측방인 라 페르테La Ferté를 공격했다. 프랑스군의 제71보병사단이 이 지역의 505장갑벙커 지대에서 방어태세를 갖추고 있었다. 이곳은 전체 마지노 요새 방어선 중 서쪽 끝의 축을 형성하는 핵심 요충지였다. 당시 라 페르테에서의 전투가 얼마나 치열했던지, 프랑스는 이를 제2의 베르됭 전투라고 다소 과장해서 표현하기도 했다. 5월 15일 오후, 북동부전선 사령관 조르주 장군은 18군단장에게 전화를 걸어 다음과 같이 호소했다.

> "당신은 무슨 일이 있어도 이노르Inor-말랑드리Malandry-(라 페르테 지역의)능선을 사수해야 하오. 전쟁의 전체 승패는 그곳에서의 성공에 달려 있소."[109]

독일군은 약 250문의 야포로 장갑벙커에 집중사격을 가했다. 그러나 중重박격포(230mm)조차도 적 벙커에 피해를 입히지 못했다. 여기에서 다시 한번 강습 공병이 눈부신 활약을 펼쳤다. 5월 18일 게르머Alfred Germer 중위가 이끄는 침투부대가 505장갑벙커의 제2지구Block II 일대까지 진출하는 데 성공했다. 이 벙커에는 높낮이를 조절할 수 있는 철갑 포탑이 구축되어 있었는데 게르머 중위는 이 포탑 둘레에 40kg의 폭약을 설치했다. 폭약을 터뜨리자 강철로 된 포탑은 깨끗이 절단되어 공중으로 솟구쳤다가 땅에 비스듬히 처박혔다. 게르머 중위는 즉시 벙커 내부에 소형 폭약과 연막탄을 던져 넣었고, 연쇄폭발이 일어나 벙커 전체가 파괴되었다. 이제 이 전역에서 가장 극적인 사건이 일어났다. 소위 '지하의 비극tragédi souterraine' 이라고 불리는 라 페르테에서 일어난 프랑스군의 파멸이다. 게르머가 던진 폭탄 때문에 벙커 안에 화재가 일어났고, 프랑스군이 적재해 놓은 포탄에까지 불이 옮겨 붙었다. 벙커의 강철 문짝이 찢어질 정도로 강력한 폭발이 일어났고 통로는 온통 불길에 휩싸였다. 벙커 아래층에 있던 병사들은 지하 35m 깊이에 위치한 갱도를 통해 250m 떨어진 제1지구Block I 로 도피했다. 마침내 강철 포구와 관측구들로 이루어진 요새 시설도 게르머 중위가 지휘하는 침투부대의 손에 떨어졌다.[110] 벙커 내부는 화염으로 휩싸였고 병사들은 갱도에서 탈출하기 위해 몸부림쳤다. 하지만 대참사를 면할 방법은 없었다. 광산에 화재가 날 때처럼 출구 쪽에서 불길이 치솟고 있어 내부에서는 산소마저 줄어들고 있었다. 공기가 점차 탁해져서 병사들은 방독면을 써야만 했다. 한동안 소강 상태가 이어지다가 갑자기 탄약저장고에서 폭발이 일어났다. 갱도 전체에 폭풍爆風이 휘몰아쳤고 내부 시설들이 산산조각 났다. 결국 전기도 모두 끊어졌다. 그러나 외부와의 전화선은

| 1940년 5월 18일 게르머 중위가 이끄는 공병돌격대의 505장갑벙커 공격 |

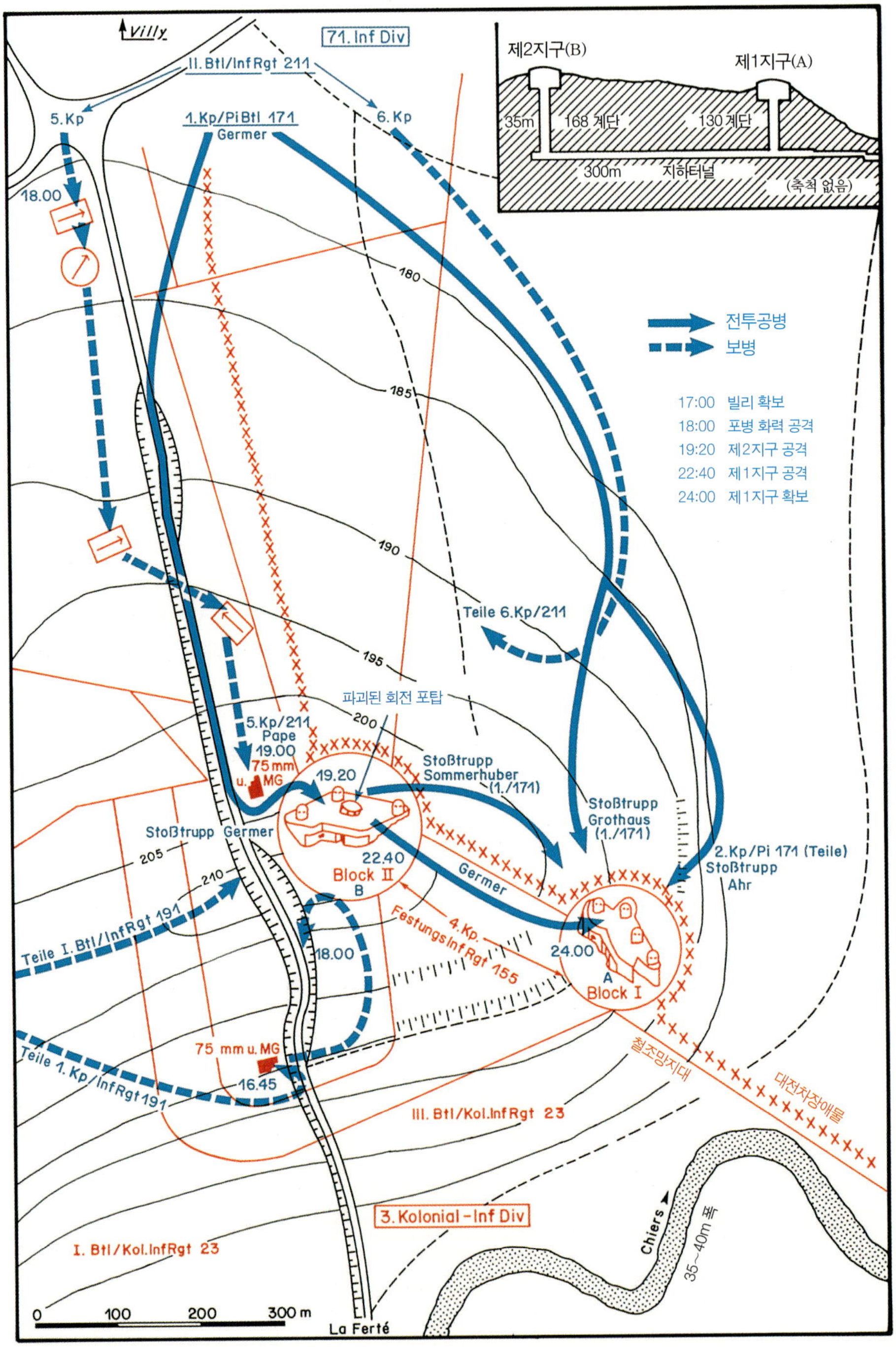

다행히 연결되어 있었다. 라 페르테 지역대장 부르귀뇽Bourguignon 중위는 갱도에 폭발성 유독가스가 가득 찼으니, 이미 독일군에게 빼앗긴 요새를 포기하겠다고 상급부대에 요청했다. 폭발이 잠잠한 틈을 타서 벙커의 상부를 통해 탈출하면 적어도 목숨만은 구할 수 있었다. 그러나 상급 지휘관은 이를 단호히 거절하고 사력을 다해 벙커를 고수하라고 지시했다. 훗날 프랑스 역사가들은 이 명령을 '극악무도하고 어리석은' 지시였다고 표현했다.[111] 5월 19일 05:39분, 벙커에 갇힌 샤이Sailly 중사가 기침으로 말을 잇지 못하며 힘겨운 목소리로 마지막 무전을 보냈다.

"더 이상 견딜 수가 없습니다. …… 중위님은 제 옆에 있습니다. …… 우리는 다시 탈출을 시도할 겁니다."[112]

며칠 후 유독가스와 연기가 사라진 다음, 독일군 병사들이 지하갱도를 통해 아래로 내려갔다. 벙커 방어부대 소속의 시체 107구가 발견되었고 사망 원인은 일산화탄소 중독이었다.[113]

프랑스 실존주의자들은 많은 소설과 희곡에서 이 절망적인 상황을 그려내기 위해 자유롭게 상상력을 발휘했다. 그러나 35m 지하에서 벌어진 현실은 픽션보다 가혹했다. 부르귀뇽 중위와 그의 부하들이 아무 의미도 없고 작전술적으로도 전혀 효과가 없는 505벙커 사수에 목숨을 바친 것이야말로 진짜 비극이었다. 애당초 라 페르테를 공략한 제7군단의 작전은 스당 방면에 위치한 실질적인 주공을 은폐하기 위한 작전이었다. 독일군이 5월 16일 라 페르테 요새 지역을 공격했을 때 라 페르테 북부의 마스 강 방어선이 돌파되어 이미 약 100km에 달하는 틈이 발생했다. 반면 프랑스군 지도부의 입장에서는 남쪽을 향해 3km, 4km로 팽창되던 돌파구는 그다지 큰 의미가 없었을 것이다. 하지만 격렬한 전투가 벌어진 505장갑벙커 지역은 의미가 전혀 달랐다. '난공불락의 마지노선'이란 신화에 흠집이 생겨난 것이다. 프랑스군 장군들 중 그 누구도 마지노선의 조그마한 흠집을 그냥 넘길 수 없었다.

프랑스군은 마지노선의 신화가 발목을 붙잡는 아이러니한 운명을 맞았다. 스당에서 돌파당한 후, 프랑스군의 상황은 매우 절망적이었지만 그들에게는 또 한 번의 절호의 기회가 있었다. '절대적인 방어선 그 자체'인 강력한 마지노선을 포기하고 그 일대에 있던

피탈된 라 페르테의 505장갑벙커

게르머 중위가 40kg의 폭약으로 폭파한 장갑포탑의 모습

대규모 부대들로 독일군 돌파구의 남측방을 역습했다면 전세를 역전할 수 있었다. 그러나 프랑스 장군들은 마지노선에서 전력을 차출하기는커녕, 마지노선 방호를 위해 스당 지역에서 부대를 빼냈다. 그래서 스톤에서 한창 치열한 전투를 치르던 제3기갑사단 예하 제41전차대대의 샤르 B 전차들이 라 페르테 방면의 역습작전을 수행하기 위해 전장을 떠났다. 하지만 포위된 505장갑벙커를 구원하려던 시도도 끝내 실패하고 말았다.

1914년 8월의 사태와 비교해 볼 때 이 상황은 전혀 납득이 가지 않는다. 당시 프랑스군 총사령관 조프르Joffre도 주공 방향을 오판하고 우익, 즉 프랑스-독일 국경지대로 전투력을 집중했다. 슐리펜 계획에 따라 공세를 펼쳤던 독일군은 상대의 좌익을 우회하여 측후방으로 돌진해 위협하려 했다. 그러나 그때 적시에 프랑스군 총사령관이 내린 결정은 탁월했다. 그는 강력한 국경요새지대로 인해 매우 견고한 우익—1940년의 마지노선과 같은—을 포기하고, 철도를 이용해 가능한 한 많은 부대를 반대쪽 좌측익에 투입했다. 그는 필요하다면 프랑스의 절대적 위신이 걸린 베르됭을 포기할 생각이 있었고, 그곳에서 포병부대도 차출했다. 그리하여 그는 독일군의 측방으로 기습적인 역습을 감행함으로써 마른Marne에서 독일군을 저지하는 데 성공했다. 하지만 그의 후예들은 마지노선이라는 자가당착에 빠져 있었다. 이들에게 마지노선은 수단이 아니라 그 자체가 목적이 되어버렸다. 그리하여 결정적인 시점에 단 19개의 사단을 보유한 독일군 C집단군이, 월등히 우세한 데다 난공불락의 마지노선을 갖고 있던 36개 사단의 프랑스군을 끝까지 붙잡아둘 수 있었다.

7

대서양 해안을 향한 진격과 측방 노출 문제

"쐐기형 돌파는 전형적인 방식으로 발전하고 있다."[1]

할너 장군, 1940년 5월 16일 일기에서

7 - 1

히틀러의 몽코르네 '정지명령'과 프랑스군의 지체된 역습

지헬슈니트 계획은 마치 시계태엽이 작동하듯이[2] 계획과 실시가 완벽했던 전격전으로 평가받고 있다. 그러나 사전에 실시된 예행연습에서 결론이 난 것처럼, 독일군 장군들은 아르덴의 극복은 물론 신속한 마스 강의 도하를 '절대 성공할 수 없는' 과제로 여겼다. 그리하여 마스 강 도하 이후의 작전에 대해서는 결정된 바가 전혀 없었다. 하지만 뜻밖에도 '스당의 기적'이 일어났다. 기갑부대들은 성공적으로 마스 강을 건넜지만 앞으로 어떻게 해야 할지에 대해서는 특별한 구상이 없었다. 전쟁 이전 3월 15일 수상관저에서 열린 회의에서도 이 문제가 불거졌었다. 다른 장군들은 구데리안의 스당 돌파작전 계획을 심하게 비난했으며 회의적으로 평가했는데, 오직 히틀러만이 그에게 질문을 던졌다. "그럼 그 다음에는 무엇을 해야겠소?" 구데리안은 당시의 상황에 대해 자서전에 "히틀러는 핵심적 질문을 한 첫 번째 인물이었다."[3]라고 썼다. 특히 다음과 같이 언급했다.

> "나는 마스 강을 넘어 교두보를 확보한 다음에 대해서는 어떠한 명령도 받은 것이 없다. 나는 내 부대들을 아브빌Abbeville의 대서양 해안까지 진격시키는 동안 독단적으로 작전을 지휘했다. 상급지휘부는 나의 작전에 거의 영향을 미치지 않았다."[4]

구데리안은 자신의 기갑부대들이 마스 강을 넘자마자 즉각 주도권을 쥐고 적 종심 깊이 돌진했다. 이로써 전쟁양상의 혁명을 불러일으킨 '전격전'이 탄생하게 된 것이다. 이것은 선형 전투지휘에서 비선형 전투지휘로의 전환을 의미했다. 그러한 측면에서 살펴본다면, 대서양 해안으로 진격하는 동안 동시에 2개의 대결구도가 형성되었다. 하나는 전장에서 일어났고 다른 하나는 독일군 장군단 내부에서 발생했다. 보수주의자들은 여전히 선형 전술의 편견에 사로잡혀 있었다. 간격 발생과 노출된 측방에 대한 공포는 전차라는 무기체계가 없었던 시대의 산물이었다. 철저히 고립된 기갑사단이 적 후방으로 진격하는 것은 위험천만한 계획이었다. 특히 지나치게 빠른 공격 템포는 숨이 막힐 정도였다. 이 때문에 보수주의자들은 측방 방호를 위해 보병사단들이 기갑부대를 따라잡을 수 있도록 전차의 진격 속도를 늦출 것을 강력히 주장했다. 반면 진보주의자, 특히 그 선봉에 선 구데리안 같은 이들은 그런 속도로는 결코 전쟁에서 승리할 수 없다며, "그렇게 지체하는 것은 적의 전투력을 증강시킬 수 있는 빌미를 제공할 뿐이다."[5]라고 반발했다.

> "우리가 기동하는 한 적들도 움직일 것이고, 그렇다면 적들의 강력한 방어진지 편성을 방해할 수 있다."[6]

그는 측방이 노출되는 것을 두려워하지 않았고, 오히려 적을 혼란에 빠뜨리는 것이 최상의 측방 방호라고 생각했다. 측방 위협에 대한 본능적인 두려움을 없애기 위해 구데리안은 수년 전부터 전차병들에게 강한 신념을 심어주었다. 그는 자신감에 가득 찬 목소리로 이렇게 말했다.

> "기갑부대에게 측방 노출은 가장 유리한 상황을 의미한다. 그것이 길면 길수록 더 유리하다."[7]

1. 구데리안의 일시적 해임(5월 17일)

갈수록 심각해지던 독일군 장군단 내부의 노선 대립은 보수파에 속한 클라이스트 장군과 구데리안 간의 논쟁으로 정점에 달했다. 마스 강을 건넌 5월 13일 22:30분경, 구데리안은 예하부대에 이튿날을 기해 엔Aisne 강을 따라 르텔Rethel 방면을 주공 방향으로 공격할 것을 명령했다.[8] 이 명령은 구데리안이 아마 지나치게 흥분한 나머지 튀어나온 것 같다. 르텔은 군단의 선두에서 직선거리로 50km나 떨어진 곳이었다. 그러나 다음 날, 신중한 클라이스트 장군조차도 승리에 대한 자신감으로 들떴다. 이날 그는 구데리안의 의견에 동의하고 18:30분에 르텔로 5월 15일까지 진격하라는 명령을 승인했다. 그러나 얼마 후 잠시 사라졌던 좌측방에 대한 근심이 되살아났다. 그는 갑자기 이전 명령을 취소한다는 지시를 내리고, 대신 22:00시에 몽티니Montigny와 부벨몽Bouvellemont을 잇는 선까지만 공격하라는 명령을 내렸다. 하지만 이 선은 5월 14일까지 진출한 선에서 불과 4km 떨어진 지역이었다. 격분한 구데리안은 클라이스트에게 찾아가 다 잡은 승리를 놓칠 거냐며 강력하게 반발했다. 결국 클라이스트가 양보해 르텔까지의 진격을 허용했다.[9] 하지만 다음 날인 5월 15일에 클라이스트는 무슨 이유 때문인지 이 조치를 번복하고 전차부대를 다시 한번 정지시켰다. 구데리안은 이 상황을 자서전에 다음과 같이 기록했다.

> "나는 우리가 성취한 첫 번째 성공과 기습의 효과를 희생하는 이 명령을 받아들일 수 없고 앞으로도 받아들이지 않을 것이다."[10]

구데리안은 다시 강력하게 항의해 조건부 진격을 승인받았다. 클라이스트가 단 24시간 동안만 공격할 수 있다는 제한을 두자 구데리안은 부하들에게 '무조건 전진'[11]을 명령했다. 5월 16일의 전투는 대성공이었다. 프랑스군이 스당 일대에 구축된 적의 교두보를 없애기 위해 아르덴 운하 서편 구릉지 방면을 향해 최후의 일격을 감행한 이날 아침, 독일군 기갑부대는 이들을 격파하고 이 지역을 돌파했다. 그때부터 독일군의 서쪽을 향한 진군에 장애물은 아무것도 없었다. 이러는 동안 상급지휘부는 각 예하부대에 대한 소위 '작전술 차원'의 통제력을 상실했다. 모든 기갑부대들은 자발적으로 기동했다. 이러한 상황을 극명하게 보여주는 사건이 이날 몽코르네의 광장에서 벌어졌다. 이곳에서 구데리안 장군은 라인하르트 기갑군단 예하의 제6기갑사단장인 켐프 소장을 만났다. 이들은 서로의 성공을 축하한 후 뒤섞인 각자의 부대를 수습하여 공세를 계속하기 위해 진격로를 조정했다. 이 일은 사실 클라이스트 장군이 해야 할 과업이었다. 이날 저녁, 선두에 선 수색부대들은 우아즈Oise 강변에 도착했다. 병사들의 행복감은 절정에 이르렀다.

> "그로부터 수일 동안 우리 전차부대의 쐐기는 스당에서 대서양 해안으로 계속 돌진했다. 전략가들은 이 작전에 '지헬슈니트'라는 이름을 붙였다. […] 물론 우리들은 전략적 의도에 대해 아무것도 모른다. 그러나 우리는 지금까지 느껴보지 못한 감격의 도가니에 흠뻑 빠졌

다. 우리는 먼지투성이에 기진맥진한 채 전차 위에 앉아 있지만 마음만은 더할 나위 없이 즐겁다."[12]

적의 저항이 완전히 사라졌으므로 이들의 행복감은 실제 전쟁 경과와도 일치했다. 윈스턴 처칠은 제2차 세계대전 때의 상황을 담은 자서전에 이렇게 썼다.

"무시무시한 '독일군 전차들char allemands'이 드넓은 평원에서 자유롭게 기동했다. 〔…〕 아무런 장애물 없이, 장교들은 포탑의 해치를 열고 바깥을 바라보며 의기양양하게 시민들에게 손을 흔들었다. 많은 사람들이 독일군 차량 옆에서 도보로 이동하는 프랑스군 포로들을 목격했다. 일부는 아직도 소총을 메고 있었고, 독일군은 가끔씩 소총을 모아 전차 궤도로 깔아뭉개 폐기했다. 나는 독일군 전차와의 싸움에서 완벽히 패했다는 사실과 겨우 전선의 한 곳이 뚫렸는데도 프랑스군의 저지선이 급속히 붕괴되었다는 데 큰 충격을 받았다."[13]

독일군 지휘부가 스스로 정지시키지 않는 한, 이제 그 무엇도 독일군 전차부대를 막을 수 없었다.

5월 17일 이른 아침, 구데리안은 클라이스트 기갑군으로부터 즉시 공격을 중단하라는 명령을 수령하고 07:00시까지 몽코르네의 비행장으로 출두할 것을 지시받았다. 클라이스트 장군이 탄 비행기는 정시에 착륙했다. 그는 몹시 화가 난 표정으로 구데리안에게 인사는커녕 다짜고짜 자신의 정지명령을 무시하고 독단적으로 계속 진격한 행동을 질책하기 시작했다. 구데리안에 따르면, 논쟁은 다음 상황에서 최고조에 달했다.

"첫 번째 폭풍우가 지나간 후 클라이스트가 숨을 고르느라 잠깐 동안 침묵이 흘렀다. 내가 지휘권을 내놓아야 하냐고 묻자 클라이스트 장군은 주춤하더니 이내 고개를 끄덕였다. 그러고는 군단 내 차하급 장군에게 지휘권을 이양할 것을 내게 명령했다. 이것으로 논쟁은 끝났다."[14]

이로써 제2기갑사단장 파이엘Rudolf Veiel 중장에게 군단 지휘권이 넘겨졌고 파이엘의 후임에는 프리트비츠Heinrich von Prittwitz 육군소장이 임명되었다.

| 1940년 5월 17일 몽코르네에서의 정지명령 |

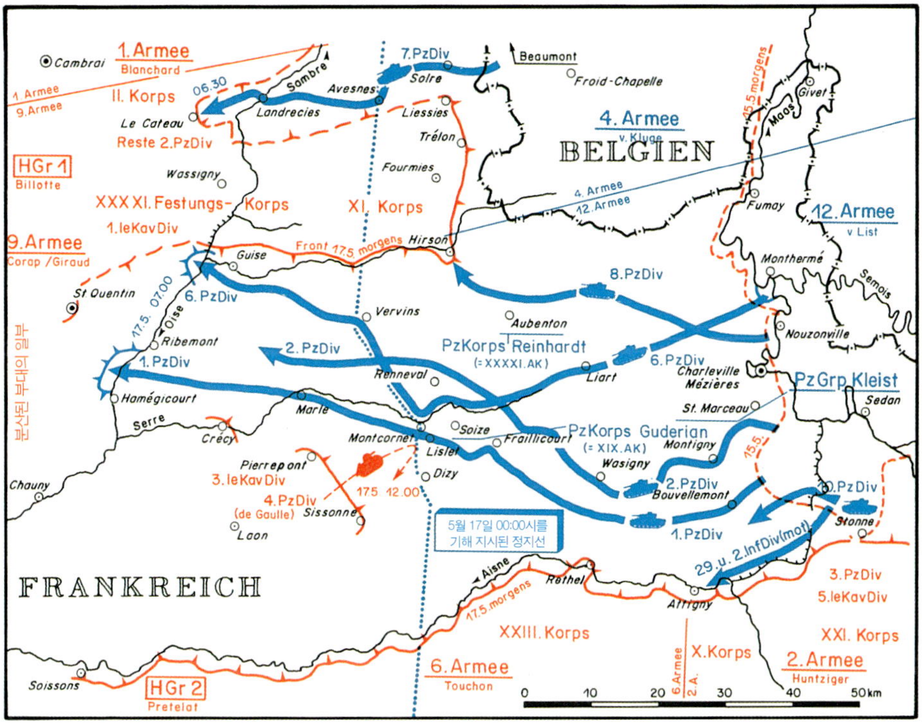

몽코르네에서 벌어진 지휘권 위기는 시종일관 상관의 지시를 무시했지만 작전을 성공적으로 마친 구데리안이 부당하게 죄를 뒤집어쓰는 것으로 마무리되었다. 이 위기는 역설적인 상황에서 비롯되었다. 5월 17일 00:45분경, 5월 16일 16:30분 발령된 클라이스트 기갑군의 명령이 구데리안에게 도착했다. 그 내용은, 5월 17일에 베르뱅Vervins과 몽코르네, 디지-르-그로Dizy-le-Gros을 잇는 선을 절대로 넘어서는 안 된다는 것이었다. 우아즈 강의 교량들을 확보해야 한다면 제한적인 전투력을 갖춘 소규모의 전위부대만이 전방으로 진출할 수 있다고 못 박았다.[15] 그러나 구데리안 기갑군단은 이미 그 전날, 지시된 정지선을 넘어 서쪽으로 30km 떨어진 지점에 있었다. 구데리안은 이 명령을 전달하려는 연락장교가 제때 도착하지 못할 정도로 재빠르게 기동했다. 그는 상부의 명령이 기한이 지났다고 믿었고 클라이스트 기갑군에는 계속 공격하겠다고 무전을 보냈던 것이다.

몽코르네에서의 지휘권 분쟁은 독일군 최고지휘부에까지 큰 소동을 일으켰다. 이날 오후에 5월 15일자로 클라이스트 기갑군을 배속받은 제12군사령관 리스트List 상급대장이 구데리안을 찾아왔다. 그는 상황을 진정시키고 룬트슈테트를 대신해서 구데리안에게 원래의 지휘권을 돌려주었다. 동시에 그는 A집단군의 동의하에 회유적인 타협안을 내놓았다. 그는 구데리안에게 '전투 전위부대' 규모의 전진은 허락했지만, 군단 지휘소가 전방으로 진출하는 것은 절대 안 된다는 전제조건을 달았다. 구데리안은 이 황금 같은 기회를 놓치지 않았다. 그는 즉각 전차부대로 공격을 재개했지만, 물론 무전기로 직접 명령을 내리지 않고 후방의 지휘소에서 야전 전화로 예하부대들과 연락을 취했다. 지휘소는 전방에 있는 제대와 수 km 길이의 케이블로 연결되어 있어서 구데리안은 무전기를 쓸 필요가 없었고 상급 지휘관들의 감청을 피할 수 있었다.

2. 측방 노출에 대한 히틀러의 공포

> "1940년 5월 18일까지, 즉 마스 강 돌파 후 결정적인 초기 단계에서 '지헬슈니트 작전'은 〔…〕 히틀러가 기동을 허락하지 않음으로써 장군들을 위협했다."[16]
>
> 볼프강 파울Wolfgang Paul, 『중심 — 제6기갑사단의 역사』

기갑부대 전문가인 예비역 소장 폰 멜렌틴von Mellenthin 장군은 서부전역에서의 실책은 오직 두 가지뿐이었다고 지적했는데, 그중 하나가 몽코르네에서의 '정지명령'이고 다른 하나가 됭케르크에서의 '정지명령'이다.[17] 혹자는 5월 16일부터 18일까지 독일군의 공세가 정지되지 않았다면 '됭케르크의 기적'은 없었을 것이라고 주장하기도 한다.[18] 독일군의 진격이 지연되어 뜻밖에 숨쉴 틈이 생겼을 때, 프랑스군의 전선은 붕괴하기 일보 직전이었다. 5월 16일 제9군의 주력이 거의 전멸했고, 그 전날인 5월 15일, 제9군사령관 코랍Corap 장군이 전격 파면되고 지로Henri Giraud 장군이 지휘권을 인수했다. 그러나 그도 잔여 병력을 추스르지 못했다. 병사들은 계속 도망쳤고 결국 후퇴하는 병사들의 수는 걷잡을 수 없이 커졌다. 며칠 후 지로는 야전 취사반 창고에 숨어 있다가 창고를 이동하려던 독일군 제11전차연대의 취사반 병사들에게 포로로 잡히는 비참한 신세가 되었다. 5월 16일, 최전선에는 약 100km의 드넓은 간격이 형성되었다. 그러나 독일군 전차들은 진격을 금지당했고 프랑스군 지휘부는 다시 한번 우아즈와 상브르Sambre 강 유역에서 전선을 확고히 할 수 있는 기회를 얻었다. 그렇다면 이렇게 심각한 결과를 야기한 정지명령의 책임이 과연 누구에게 있는지, 그 의문점을 풀어보자.

우선 클라이스트 장군은 논의 대상에서 제외할 수 있다. 구데리안이 나중에 알게 된 것처럼, 그는 단지 상급부대의 명령 때문에 마지못해 그렇게 행동했을 뿐이다. 당시 그의 참모장이었던 자이츨러Zeitzler에 따르면, 그는 '엄청난 부담감'을 안고서 공격을 중지시킬 수밖에 없었다고 한다.[19] 현재 많은 사람들이, 클라이스트가 한 일이라고는 '끊임없이 제동을 거는' 것뿐이었다는 구데리안의 말만 믿고 '보수적인 기병 장교 클라이스트'라는 선입견을 갖고 있다. 실제로 클라이스트는 보수주의자와 진보주의자의 중간자적 입장이었고, 극단적 급진주의자인 구데리안과 비교되어 보수의 중심처럼 보이게 되었다. 5월 17일까지 그는 명령 불복종의 한계를 넘어가는 부하의 진격을 감싸주었다. 예를 들어, 스당 돌파 후 클라이스트는 집단군에 현재 상황을 보고할 때 교묘하게 둘러댔다. 만일 상급자들에게 사실대로 보고했다가는 구데리안을 즉각 멈춰 세워야 했기 때문이다.

제12군사령관 리스트 상급대장도 A집단군의 정지명령을 전달한 중계자에 불과했다. 물론 룬트슈테트의 A집단군 사령부는 '방해 요소'들 중 하나라고 할 수 있다. A집단군의 전투일지에는 5월 15일(23:30분경)의 사건이 다음과 같이 기록되어 있다.

> "처음으로 우아즈 강변에서 차량화부대를 일시적으로 정지시켜야 할 필요성이 제기되었다. 특히 사령관〔룬트슈테트〕은 다음과 같이 강조했다. '적들은 우리가 엔 강 일대에서 국지적으로 성공하고, 또 나중에라도 라옹Laon 일대의 지역을 획득하도록 놔두지는 않을 것이다. 적들이 아군 차량화부대의 템포를 순간적으로 추월해 함정을 만든다면 아군의 작전을 총체적으로 그르칠 수 있다."[20]

5월 16일 아침, 룬트슈테트 상급대장은 후속 보병사단들이 기갑부대와의 '간격을 좁힐 수 있도록' 일시적으로 기갑부대들을 정지시키기로 결심했다. 오직 최선두의 전위대대에만 보몽Beaumont과 몽코르네를 잇는 선을 넘을 수 있도록 허락했다. 이날 저녁, 그는 상브르-우아즈 강 선을 반드시 자신의 승인하에 넘을 것을 지시했다. 그렇지만 몽코르네의 정지명령에 대한 책임을 그에게만 넘길 수는 없다. 할더가 강조했듯이, 5월 17일과 18일 '친히' 명령을 내려 기갑부대를 정지시킨 사람은 다름 아닌 총통 히틀러였다.[21] 이 독재자는 직접 구두명령과 제12호 명령을 하달해 작전 과정에 간섭했다.[22] 클라이스트, 만슈타인, 블루멘트리트 그리고 호이징어는[23] 작전을 방해하고 중단한 책임은 히틀러에게 있다고 강조했다. 구데리안도 "이 대담한 공세계획을 승인한 히틀러가 스스로 진격을 당장 멈추라고 하다니!"[24]라고 하며 놀라움과 실망감을 나타냈다. 이 명령에 승복할 수 없었던 인물은 구데리안뿐만이 아니었다. 훗날 연방군 합참의장Inspector General des Bundeswehr에 오른 호이징어 장군의 전화 통화에서도 이 사실이 잘 드러난다. 호이징어는 육군 총참모부의 작전참모부 제1장군참모장교로서 히틀러의 정지명령을 A집단군 사령부에 하달한 인물이다. 그는 격한 목소리로 말했다.

"총통께서 명령하셨소. '기갑부대의 주력은 르카토Le Cateau와 라옹Laon을 잇는 선을 절대로 넘어서는 안 된다.'라고 말이오."

전화의 반대편에는 훗날 히틀러 저항 운동에 가담한 폰 트레스코프von Tresckow 중령이 있었다. 그는 이 명령에 벌컥 화를 내며 이렇게 되물었다.

"이건 미친 짓입니다. 지금 작전은 너무나 성공적입니다. 최대한 빨리 대서양 해안까지 진격해야 합니다. 그런데 지금 정지하란 말입니까? 그러면 누가 작전 계획을 바꾸었습니까? 도대체 이유가 뭡니까?"[25]

5월 17일, 히틀러는 바스토뉴Bastogne에 있는 룬트슈테트 상급대장의 사령부로 정지명령의 이유를 통보했다. A집단군 전투일지에는 다음과 같이 기록되어 있다.

"총통은 〔…〕 지상군의 작전에서뿐만 아니라 정치적 · 심리적으로도 남측방에 특별한 이유가 있다는 것을 강조하는 바이다. 이 순간 어느 지역에서건 절대로 후퇴는 허용되지 않는다. 군사적으로나 적들의 정치지도부에게나 활력을 불어넣는 것은 아군에게 치명적이다. 따라서 본인은 지금 대서양 해안으로의 신속한 진격을 포기하는 대신, 〔…〕 신속히 전투력을 복원하고 반드시 필요한 지역만을 확보하는 선에서 방어태세를 구축하기로 결심했다. 일단 엔과 라옹 일대에서, 그 다음에는 솜Somme 강 선에서 이를 실시한다."[26]

됭케르크 앞에서뿐만 아니라 이미 몽코르네에서부터, 정치가인 히틀러는 군사작전에 악착같이 간섭했다. 독일 군사사軍事史상 군사적 문외한이 군사작전에 개입한 경우는 이때가 처음이었다. 1940년 5월 17일의 사건은 다음과 같이 설명할 수 있다. 당시 독일군 총참모부는 세계 최고 수준의 엘리트 집단이었고 이들은 냉철한 전문가적 판단으로 문제를 분석하고 결정했다. 그러나 이 조직이 지금 비이성적인 외부인의 간섭을 받아야 하는 상상할 수 없는 위기에 직면했다. 문제는 히틀러가 전쟁과 군사적인 면에서 문외한이라는 것보다, 그의 심리 상태가 종종 매우 불안정했다는 것이다. 항상 총통은 어떤 가능성에 대한 극단적인 과대평가와 과장된 위기 사이를 오갔다.[27] 지헬슈니트 작전 중에는 시간이 갈수록 성공 가능성이 커져갔는데도 그의 신경과민 증상은 점점 더 심해졌다. 작전의 성공을 확신한 유일한 인물인 히틀러는 스당 돌파의 성공을 보고받은 순간에도 사실을 믿지 못하고 '기적'이라며 말을 더듬었다.[28] 그는 기갑부대들이 아무런 엄호 없이 가느다란 낫 모양으로 진격하는 상황도를 쳐다보면서 두려운 표정을 짓곤 했다. 5월 17일, 할더는 자신의 전쟁일지에 이때를 다음과 같이 기록했다.

"오늘은 매우 불쾌한 날이다. 총통은 대단히 신경질적이다. 그는 우리의 성공을 확신하지 못하며 어떠한 위험도 감수하려 하지 않고 오히려 아군을 정지시키고 싶어 했다. 그의 근심거리는 바로 좌측방이었다!"[29]

5월 18일 할더는 총통의 집무실에서 벌어진 '극도로 불쾌한 논쟁'에 대해 이렇게 썼다.

"총통은 이해할 수 없을 정도로 남측방을 걱정했다. 그는 우리가 작전 전체를 파멸로 몰아가고 패배에 이르게 하고 있다며 분노하고 고래고래 소리를 질러댔다."[30]

이로 인해 모든 기갑부대들은 약 이틀 동안 제자리걸음을 해야 했다. 그러나 일부 작전지역에서는 극도의 위험을 감수하고 상부의 명령을 정면으로 거부한 일부 지휘관들이 진격을 계속했다. 가장 대표적인 예가 롬멜의 아벤Avesnes 공세이다. 이에 대해서는 뒤에서 자세히 설명할 것이다. 훗날 뒹케르크에서 그랬던 것처럼, 할더는 몽코르네의 정지명령을 비껴가기 위해 애쓰고 있었다. 그는 최전방 기갑부대가 아닌, 후방에 위치한 전투근무지원부대에만 이 명령을 적용하는 방책을 강구했다.[31] 그렇게 하면 적어도 지정된 정지선 너머에 있는 르카토와 생캉탱을 '강력한 전위부대'로 확보하는 효과를 볼 수 있었다. 그러나 히틀러는 할더의 의도를 간파하고는 노발대발했고, 만일 부대를 진격시키려면 즉각 남측방을 방호할 수 있는 '필수적인 조치'를 취하라고 '화가 머리끝까지 난 모습'으로 육군총사령부에 명령했다.[32] 5월 18일 18:00시, 육군 총참모장은 전황 보고를 마친 후 '다음날 진격을 시작하라는 승인'을 받아냈다.[33]

그러나 히틀러를 괴롭히고 고민하게 만든 '남측방의 위협'은 사실 그 어디에도 존재하지 않았다. 훗날 할더는 이렇게 말했다.

> "육군은 매 시각마다 공중 정찰을 통해서 가장 정확한 정보를 입수했다. 나는 훈련을 통제하듯이 부대를 지휘할 수 있었다."[34]

당시 서방국가 육군분석과장이었던 예비역 소장 리스Liß도 5월 15일 남측방에서 적의 역습 징후가 전혀 없었음을 확언했다. "프랑스 지휘부는 독일군에 의해 철저히 마비된 것 같다. 5일이 지나도록 단 한 번도 대규모 역습의 징후가 없었다."[35] 이와 관련해서 그는 이렇게 강조했다. "5월 15일 프랑스군 지휘부가 돌파구의 남측방을 역습할 생각을 포기한 것이 분명했다."[36]

히틀러의 군사고문들도 적 종심지역 내에 침투한 간첩들을 통해 수집한 정확한 정보를 근거로 히틀러의 본능적인 공포심을 없애기 위해 노력했다. 그러나 히틀러는 '마른Marne의 기적'이라 불리는 1914년 슐리펜 계획의 실패가 재연되리라는 망상에 사로잡혀 노심초사했다. 당시 독일군 우익을 담당한 야전군은 마른을 넘어 파리 방면으로 진격해 들어갔다. 독일군이 에펠탑을 바라보며 승리감에 빠져 있을 때, 노출된 측방으로 프랑스군이 역습해 대성공을 거두었다. 아직도 이 충격에서 헤어 나오지 못한 히틀러는 5월 18일 기갑부대가 정지한 상황에서 무솔리니에게 보내는 편지에 이렇게 썼다. "1914년의 마른 기적이 더이상 반복되지는 않을 것이오!"[37]

어떠한 논리적인 설명으로도 그의 '측방위협에 대한 두려움'을 없앨 수는 없었다. 만

슈타인이 빈정댄 것처럼, 그의 눈앞에는 무시무시한 역전의 환영이 떠돌았다.[38]

이러한 상황이 진행되는 동안, 히틀러와 할더는 서로의 성향을 완벽하게 맞바꾸었다. 타고난 도박사적 기질의 히틀러는 외교적 모험에서 범죄적 위험도 감수했지만, 갑자기 용기를 잃고 겁을 내다가 신경쇠약 직전에 빠져버렸다. 반대로 할더는 갑자기 자신감이 넘치고 승리를 확신하게 되었다. 5월 16일 자신의 일기에 "쐐기형 돌파는 전형적인 방식으로 발전하고 있다."[39]라고 썼다. 5월 17일의 기록에서는 다음과 같은 강렬한 어조가 눈에 띈다. "위대한 결정을 해야 할 때가 왔다!"[40]

이러한 상황에서 할더는 과거에 자신이 거부한 만슈타인의 작전 초안에 담겨 있던 대담한 생각을 받아들이기로 결정했다. 연합군이 솜 강과 엔 강을 따라 견고한 방어선을 구축하려는 조치를 저지하려면 A집단군의 정예부대들 중 일부를 대서양 해안 방면이 아닌 콩피엔느Compiéne를 거쳐 남서방향으로 선회시켜야 했다. 할더는 대서양 해안에서 혼란에 빠져 있는 적들을 포위 · 섬멸하는 데 몇몇 기갑사단과 제4군으로 증강된 B집단군만으로 충분하다고 생각했다. 이제 할더는 경쟁자 만슈타인보다 더 만슈타인다워졌다. 만슈타인은 2개의 개별적인 대규모 작전('황색계획'과 '적색계획')으로 연합군을 격멸하려고 했으나, 할더는 과거의 슐리펜처럼 단숨에 모든 것을 얻고자 했다.[41] 히틀러는 이 아슬아슬한 계획에 기겁을 하고 강력하게 거부했다.[42] 이로써 '남측방 방호의 문제는 공세적으로 해결한다'[43]는 만슈타인의 구상은 공중으로 날아가버렸다. 또한 프랑스군 총사령부는 솜과 엔을 연결한 새로운 방어선을 구축할 수 있게 되었다.

훗날 예비역 소장 리스는 만일 솜 강 하구지역으로 진격하는 동시에 전투력을 분할해 남쪽으로 진격했다면 엔에 있던 프랑스군을 섬멸할 수 있었을 것이라고 주장했다.

> "돌이켜보면 그러한 방식으로 작전을 실시하지 못했던 것이 무척 후회스럽다. 당시 적들의 상황을 봤을 때, 우리가 작전을 실행했다면 성공했을 것이고 전역은 몇 주 정도 더 단축되었을 것이다."[44]

몽코르네 정지명령은 공포에 사로잡힌 히틀러가 밟은 비상 브레이크이자 지헬슈니트 작전 중 이 독재자가 작전에 직접 개입한 첫 번째 사건이다. 두 번째 사건은, 할더가 A집단군 일부를 서남부로 선회시키려 하자 이것을 단호하게 거부한 것이다. 여기서 히틀러는 다시 한번 이 작전 실시의 책임과 권한을 갖고 있던 총참모부의 전권을 가로챘다. 그리고 세 번째로 개입해 남측방을 따라 방어선을 구축하라고 명령하고 이 임무를 지금까지 지체 없이 대서양 해안을 향해 진격해온 기갑사단들에 부여했다. 원래 할더는 제4, 12군을 서쪽으로 진격시키고 후속하는 제2군을 남측방 방호에 투입할 계획이었다. 그러나 '측방위협의 노이로제'에 빠져 있던 히틀러는 한참 진격하고 있던 제12군을 정지시키고 엔 강을 따라 견고한 방어진지를 구축하라고 지시했다. 그리고 제2군을 제4군과 12군 사이의 간격에 투입했다.[45] 이 때문에 진격이 잇달아 지체되는 사태가 벌어졌다. 그러나 좌측방의 위협은 망상임이 입증되었다. 연합군의 실상을 살펴보면 적의 위협에 대한 히틀러의 심각한 공포가 얼마나 허황된 것이었는지를 알 수 있다.

3. 왜 프랑스군은 역습을 중단했는가

"이 순간은 역사상 가장 참담한 군사적 재앙이다"[46]

1940년 5월 17일 연합군의 상황에 대해, 영국군 총참모장 아이언사이드William Ironside 장군

5월 14일, 이미 프랑스군은 전쟁에서 패한 것이나 다름없었다. 그러나 그들의 지도자들만이 이 사실을 전혀 깨닫지 못했다. 하루하루 상황은 점점 더 나빠졌다. 이러한 파국을 예견한 유일한 인물은 북동부전선 사령관인 조르주 장군이었다. 그는 5월 14일 이른 새벽, 스당에서 돌파당했다는 보고를 받고 큰 충격을 받았다. 보프르André Beaufre 장군은 이 숨막히는 장면을 목격했다.

"마치 가족 중 누가 죽은 것만 같은 분위기였다. 조르주는 〔…〕 공포에 질린 얼굴로 말했다. '스당 전선이 돌파당했어! 무너졌다구! 〔…〕' 그는 의자에 털썩 주저앉아 오열했다. 이 전쟁에서 내가 처음으로 본 눈물이었다. 그 후 눈물을 흘리는 사람들은 더 늘어났다. 정말 끔찍한 기억이었다. 〔참모장〕 두망Doumenc 장군이 제일 먼저 입을 열었다. '장군님, 전쟁이란 게 이런 거 아니겠습니까. 그리고 전쟁에서는 예상치 못한 사건도 일어나는 법입니다!'"[47]

독일의 전격적인 공세가 개시된 후 한숨도 자지 못한 조르주 장군은 쇼크 상태에서 곧 회복했다. 그리고 독일의 진격을 저지할 수 있는 모든 대책을 강구했지만 모두 허사였다. 이날 저녁 프랑스의 수상 레노Reynaud는 런던의 윈스턴 처칠에게 다음과 같은 전문을 보냈다.

> "상황이 매우 심각합니다. 독일군은 스당 남부에서 아군의 요새방어선을 돌파했습니다. 〔…〕 스당과 파리 사이에는 그만큼 강력한 방어시설이 전혀 없습니다."[48]

하지만 처칠은 프랑스 수상의 반응이 다소 과장되었다고 생각했다. 다음 날인 5월 15일 07:30분경, 자고 있던 처칠을 레노가 깨웠을 때도 그는 사태의 심각성을 인정하지 않으려 했다. 레노는 격앙된 목소리로 독일군 기갑부대가 스당의 돌파구를 통해 물밀듯 밀려오고 있다고 말하며 이렇게 덧붙였다. "우리가 당했습니다. 우리가 이 전쟁에서 패하고 말았습니다!"[49]

처칠은 그를 진정시키려고 했다. "당신도 잘 알듯이, 얼마 안 지나 공세가 멈출 것이오. 1918년 3월 21일을 떠올려보시오. 공세가 시작된 지 5~6일 후 보급문제 때문에 적들이 멈출 수밖에 없었잖소. 그때 역습의 기회가 생길 겁니다."[50]

처칠은 그를 안정시키기 위해 즉시 파리를 방문할 것을 약속했지만, 프랑스 수상의 비관적인 생각은 바뀌지 않았다.

이날 저녁 프랑스군 총사령관 가믈랭은 공개적으로 전쟁에서 아군이 패했으며, 더 이상 희망이 없음을 시인했다. 우연히 이 장면을 목격한 파리 주재 미국 대사 윌리엄 불릿William Bullitt이 아니었다면 후세 사람들은 이 역사적이고 운명적인 담화의 내용과 분위기를 전혀 몰랐을 것이다. 미국 대통령 루스벨트도 이날 저녁 불릿에게서 프랑스의 군사적 붕괴 상황을 보고받았다.

5월 15일 20:30분, 불릿은 프랑스 국방장관 달라디에Édouard Daladier의 집무실에서 우연히 가믈랭과 달라디에의 전화통화를 엿듣게 되었다. 새로운 전선 상황이 보고되는 동안 달라디에는 '절대 믿을 수 없다는 듯한' 표정으로 서 있었다. 그러다가 그는 갑자기 소리를 버럭 질렀다. "아니오! 지금 내게 뭐라고 하는 거요, 그건 불가능하오! 장군이 확실히 잘못 판단한 거요! 그건 불가능한 일이오!"

가믈랭은 한 독일군 기갑부대가 방어선 돌파에 성공했으며 르텔과 라옹(파리에서 130km 북동쪽에 위치)까지 접근했다고 보고했다. 그러자 달라디에는 전화기에 대고 소리쳤다. "그렇다면 지금 즉시 반격 작전을 개시하시오, 1918년처럼!"

그러자 가믈랭이 대꾸했다. "무엇으로요? 파리와 라옹 사이에 제가 보유한 예비대는 하나도 없습니다."

불릿이 보고한 바에 따르면, 달라디에는 창백한 얼굴로 털썩 주저앉았다고 한다. 그는 믿을 수 없다는 듯이 다시 물어보았다. "그럼 우리가 완패했단 말이오?"

가믈랭이 대답했다. "예, 당했습니다."[51]

영국의 입장에서 봤을 때 가장 드라마틱한 사건은 전쟁터가 아닌 파리 시내의 케 도르세Quai d`Orsay에 위치한 국무성에서 일어났다. 5월 16일 아침, 윈스턴 처칠은 서둘러 런던을 떠나 파리에서 레노와 달라디에를 만났다. 프랑스군 총사령관 가믈랭 장군은 검은색 잉크로 전선이 그려진 커다란 상황판 옆에 서 있었다. 전선에는 '스당 부근에 작지만 섬뜩한 모양의 돌파구'가 표시되어 있었다. 처음에 가믈랭은 특유의 미사여구를 섞어가며 현 상황을 보고했다. 보고가 끝나자 처칠은 도대체 어디에 전략적 예비대가 있는지 알고 싶어졌다. 그는 그만의 독특한 불어 발음으로 물었다. "전략적 예비대는 어디에 있소?Où est la masse de manoeuvre?"[52]

가믈랭의 답변에 좌중은 충격에 휩싸였다. 그의 대답은 단 한 마디였다. "전혀 없습니다Aucune." 회의장에는 한동안 긴 침묵이 흘렀다. 그때 창밖에서 시끌벅적한 소리가 들렸다. 외무부의 안마당에서 연기가 피어오르는 것이 보였고 고위급 관리들이 소각할 중요 문서들을 손수레에 싣고 이리저리 나르고 있었다. 사람들은 공공연하게 파리를 떠날 채비를 서둘렀다. 윈스턴 처칠은 그때를 상기하며 이렇게 말했다.

> "나는 말문이 막혔다. 막강한 프랑스군과 고위 지도부를 어떻게 봐야 하는 걸까? 750km의 전선을 책임져야 할 일국의 총사령관이 예비대에 대해 아무런 생각이 없다는 사실을 나는 도무지 이해할 수 없었다. (…) 내 인생에서 가장 충격적인 일 중 하나였다."[53]

앞에서도 언급했지만, 원래는 제7군이 랭스Reims 일대에서 작전술 수준의 예비대로 배비되어 있었다. 그러나 가믈랭 장군의 명령으로 제7군은 딜-브레다 방어선을 형성하기 위해 네덜란드 방면인 전선 좌측방 가장자리의 대서양 해안을 따라 북쪽에 투입되었다. 예비대가 없어진 조르주 장군은 이 조치에 강력하게 항의했었다. 이제 그의 경고가 현실로 나타났다. 독일군의 주공이 전혀 다른 방향에서 진격해 오고 있었으나 그에게는 이에 즉각 대응할 작전술 차원의 방책과 수단이 아무것도 없었다. 이로써 전쟁이 개시된 지 며칠 되지 않아 프랑스군 총사령관 가믈랭은 파산선고를 받았다. 미나르Minart 대령이 썼듯이, 5월 16일 저녁 무렵에 샤토 드 뱅센Château de Vincennes에 있는 가믈랭의 사령부에는 '혼돈의 바람'이 휘몰아치고 있었다. 총사령관은 가련한 모습으로 사령부로 복귀했고 아무도 감히 그의 곁에 다가가지 못했다. 모든 이들이 이번 전쟁에서 아군이 패했음을 직감했다.[54]

여기에서 의문점이 생긴다. 프랑스군은 이러한 공황 초기에 어째서 3,254대라는 월등한 기갑전력을 효과적으로 사용하지 못했을까? 그 이유는 기갑부대 운용의 기본원칙이 독일군과 정반대였기 때문이다. 독일군은 전차들을 작전술 차원의 대부대에 통합하여 이들로 주공을 형성했다. 그러나 프랑스군은 거의 모든 전차들을 마치 '지폐를 동전으로 바꾸듯'[55] 최소 단위로 편성해 전선에 분산 배치했다. 수많은 독립 전차대대들은 '전술적 수준의 바늘구멍'들을 차단할 능력뿐이었다. 하지만 작전술급 규모의 부대도 일부 존재했다. 바로 프리우Prioux 기병군단과 4개의 기갑사단이었다. 그러나 이들은 독일군의 폴란드 침공 시 기갑부대의 활약을 경험한 후 급조된 부대였다. 또한 앞서 살펴보았듯이, 기갑부대 운용방식 자체만으로도 프랑스군의 비극은 예견된 일이나 마찬가지였다. 프리우 기병군단은 북부에서 전술적인 승리는 달성했으나 배치 자체가 잘못되었기 때문에 작전술적 측면에서는 정반대의 결과를 가져왔다. 프랑스군 제1기갑사단은 플라비용Flavion에서 샤르 B 전차의 연료가 고갈되는 바람에 섬멸당했다. 제3기갑사단은 스당에서 구데리안 기갑군단을 측방공격으로 저지할 수 있는 절호의 기회를 맞이했지만 플라비니Flavigny 장군이 마지막 순간에 공격명령을 취소해버려 기회를 놓치고 말았다. 이제 남은 것은 제2, 4기갑사단뿐이었다. 이들에 대해서 간략히 알아보도록 하자.

(1) '작전술 차원의 기동전'의 소용돌이에 휘말려 파국을 맞이한 제2기갑사단

프랑스 기갑부대들 중 제2기갑사단은 가장 비참한 운명을 맞았다.[56] 다른 기갑사단들이 적들과 격렬한 전투를 겪고서 비록 완패당하긴 했지만 적에게 심각한 피해를 입힌 반면, 이 부대는 단 한 차례도 적과 교전을 치르지 못한 채 자멸하고 말았다. 독일군의 공세 속도에 당황한 프랑스군 지휘부가 수차례 반복해서 발령한 명령이 자멸의 직접적인 원인이었다. 5월 11일부터 15일까지 사단장 브뤼셰Bruché 장군이 수령한 명령은 모두 5개로 서로 모순된 내용을 담고 있었다.

① 벨기에 방면의 간격에 투입된 부대의 예비대로서 배비하라.
② 제1군을 지원하라.
③ 제9군의 작전지역인 디낭 방면으로 역습작전을 수행하라.
④ 시니-라베이Signy-l`Abbaye 방면의 집결지를 점령하라.
⑤ 제6군 예하로서 우아즈-상브르 운하 지역에서 방어작전을 수행하라.[57]

그 결과 제2기갑사단은 이 임무들 중 어느 하나도 제대로 수행하지 못한 채 혼란 속에서 분열되었다. 궤도차량은 철도로 수송한 반면 차륜차량은 도로로 분산해 수송함으로써 이 사단은 부대를 통합하는 데 실패했다. 브뤼셰 장군은 자신의 부대가 어디서 어떻게 헤매고 있는지 전혀 파악할 수 없었다. 5월 16일 아침에는 조르주 장군에게 부대의 위치와 상황을 보고해야 했으나 사단장은 총 12개의 전차중대 중 7개의 소재만을 파악했을 뿐, 나머지 부대의 향방을 찾을 수 없었다. 게다가 7개 중대들조차도 반경 80~60km의 타원형 지역 내에 산개해 있었다.[58] 또 사단 지휘부는 독일군 기갑부대의 선두가 아군지역의 어디쯤에서 진격하고 있는지 전혀 판단하지 못했기 때문에 브뤼셰 장군은 단순히 상급부대의 명령에 따라 일부 부대를 시니-라베이의 집결지로 이동시켰다. 결국 이들은 무방비 상태로 라인하르트 장군의 전차들과 만나 단숨에 괴멸당했다. 5월 15일 몽테르메Monthermé를 출발해 몽코르네로 진격 중이던 독일군 제6기갑사단은 우연히 만난 프랑스군 제2기갑사단의 대규모 전투근무지원부대들을 이미 수차례 유린해버렸다. 5월 16일에는 라인하르트 군단 예하 제8기갑사단이 선두와의 간격을 좁혀 전진축상에서 취약한 틈을 없애는 데 성공했다. 이 기갑부대는 새로 형성된 돌파구를 통해 분산 배치된 브뤼셰 사단의 정중앙으로 돌진했고, 독일군의 리아르Liart-몽코르네 간의 공격축선은 마침내 프랑스 제2기갑사단을 두 쪽으로 갈라놓았다. 그것도 남부에는 정비부대와 유류보충시설, 차량을 포함한 전투근무지원부대의 대부분이, 북부에는 전차부대들만 남게 되었다. 라인하르트 기갑부대의 기습을 받았을 때, 샤르 B 전차들은 연료가 바닥난 채 외국(벨기에)의 어느 기차역 내 화차에 실려 있던 상태였다. 훗날 프랑스 의회 조사위원회가 작성한 보고서를 통해 당시의 정황을 매우 상세히 파악할 수 있다.

> "5월 16일 제2기갑사단은 더 이상 존재하지 않았다. 사방에 흩어진 중대들만 있을 뿐이었다. 이 부대들의 지휘관들은 대형을 유지하기 위해, 변경된 명령들을 수행하기 위해, 독일군의 공중공격과 독일군 전차부대의 예봉을 회피하기 위해 모든 수단을 총동원했다. 그러나 이들에게 명령을 하달하려던 사단 사령부의 모든 노력은 오히려 혼란만 가중시켰다."[59]

(2) 드골 장군의 제4기갑사단이 실시한 몽코르네 역습

프랑스군은 전쟁 발발 당시 엄밀히 말해 3개 기갑사단을 보유하고 있었다. 왜냐하면 제4기갑사단은 전쟁 중 부대 편성이 이루어졌기 때문이다. 그럼에도 불구하고 이 사단이 독일군에게 가장 심각한 위협이 되었다는 사실은 아이러니가 아닐 수 없다. 이 부대의 지휘관은 훗날 프랑스 대통령에 오른 드골Charles de Gaulle 대령이었다. 그는 이미 몇 년 전부터 구데리안과 유사한 주장을 했으며 작전술 수준의 기갑부대 창설을 요구했다.[60] 그는 1934년에 쓴 글에서 장차전에서의 전차의 역할에 대해 통찰력 있는 사고를 보여주었다.

> "전차는 영광스런 승리의 길을 열어줄 것이다. 〔…〕 종심 깊은 곳을 지향한 전차의 신속한 돌진은 기둥 하나가 무너짐으로써 성당 전체가 붕괴되듯이 적에게 파멸을 안겨줄 것이다."[61]

그러나 이러한 구상은 보수주의자들로 가득한 프랑스 장군단에 의해 철저히 배격되었다. 1940년 5월 11일 드골이 지휘권을 부여받았을 때 조르주 장군은 이렇게 말했다.

> "자, 드골! 당신이 그토록 오랫동안 주장했던 방법을 지금 적들이 쓰고 있소. 이제 당신의 구상을 행동으로 옮길 기회를 주겠소."[62]

그러나 독일군 전차들이 전후방에서 심각한 혼란을 일으키고 있던 그때는 드골이 전세를 역전시키고 그의 사상을 실현하기에 너무 늦은 시점이었다. 성공 가능성이 거의 없던 당시의 상황을 드골은 자서전에서 상세히 다루었다.

> "북에서 남으로 향하는 모든 도로에는 가엾은 피난민들의 행렬이 가득했다. 나는 거기에서 무기를 잃은 여러 명의 병사들을 만났다. 그들은 며칠 전 독일군 전차의 공격을 받고 전멸당한 부대에 소속된 병사들이었다. 프랑스 병사들이 전장 이탈 중에 적의 기계화부대에 잡히면 적은 이들을 무장해제시킨 후, 기동로를 막지 못하도록 최대한 신속히 남쪽으로 내쫓아버렸다. 그들은 '우리는 너희들을 포로로 잡고 있을 시간이 없다.'라고 외쳤다.
>
> 패전으로 당황하는 주민들과 군사적 패배 앞에서, 그리고 적들의 건방지고 오만한 행동에 나는 끝없는 분노를 느꼈다. 아, 너무나 한심하다! 어떻게 전쟁 초반부터 이렇게 심각한 상황이 초래되었을까."[63]

제4기갑사단은 완편되지 못한 상태에서 전장에 즉각 투입되었다. 이들의 최초 임무는 엔 강 유역, 라옹 일대에서 새로운 방어선을 형성하는 것이었다. 하지만 드골은 이를 공세적으로 수행하기로 결심했다. 그는 진격 중인 독일군 기갑부대의 측방, 즉 북으로 돌진해 적의 후방과의 연결선을 차단하기 위해 교통의 요충지인 몽코르네를 공격했다. 5월 17일 오전, 드골이 보유한 전력은 3과 1/2 대대 규모의 전차대대였으나 그 이외의 지원 부대는 매우 적었고 보병도 아직 도착하지 않았다. 그러나 그는 시간을 허비하지 않기 위해 전차부대로 즉각적인 공세를 감행했다. 그의 공세는 운 좋게도 독일군의 허점인 몽코르네를 정확히 찔러 비교적 큰 전과를 올렸다. 몽코르네는 구데리안 기갑군단의 참모부와 제1기갑사단 후위부대가 위치한 지역으로, 독일군은 이러한 대담한 측방공격을 전혀 예상하지 못했다. 그도 그럴 것이 이번 공세는 프랑스군의 통상적인 기갑부대의 운용방식과 전혀 달랐기 때문이다.

이 공격은 초기에 대단히 성공적이었다. 독일군의 돌파구 남측방에는 소수의 독일군 부대들이 드문드문 배치되어 있었다. 프랑스 전차들은 독일군 전차들 사이로 돌진해 전차포로 그들을 유린했다. 프랑스 전차들이 몽코르네까지 접근하자 독일군은 큰 위기를 맞이하는 듯했다. 독일군 내에서 이를 처음 인지한 이는 제1기갑사단 군수참모 그라프 폰 킬만스에크Graf von Kielmansegg 대위였다.

"나는 몽코르네에서 빠져나와 사단의 유일한 기동로인 주도로로 달려가던 중 수많은 독일군 병사들이 내 쪽으로 후퇴하는 모습을 목격했다. 그들은 공병 병사들이었고 그중 몇몇은 뒤에서 프랑스 전차들이 오고 있다고 주장했다. 나는 그들의 말을 믿고 싶지 않았다. 왜냐하면 그들이 가리킨 곳은 다름 아닌 우리의 전방, 즉 아군부대가 이미 지나간 곳이었기 때문이다."[64]

위험을 직감한 킬만스에크는 즉시 공병들에게 지뢰 매설을 지시하고 뒤죽박죽 섞인 부대들을 모아 임시로 방어진지를 구축했다. 다행히 이들은 몇 문의 대전차포와 대공포를 보유하고 있었다. 킬만스에크는 프랑스군이 오기 전에 즉각 보급부대를 리슬레Lislet 마을에서 남쪽의 안전한 곳으로 대피시켰다. 킬만스에크는 정비가 막 끝난 몇 대의 전차를 확보해 전투에 투입했다. 마침내 프랑스군의 공세는 중지되었다. 오후가 되자 제8비행대대의 슈투카들이 나타나 드골 부대를 폭격하기 시작했다. 이제는 프랑스군의 측방이 위협당하는 처지가 되었다. 그사이에 독일군 제10기갑사단은 스톤Stonne 지역을 후속부대에 인계하고 몽코르네 방면으로 신속히 기동하고 있었다. 드골은 당시를 이렇게 회상했다. "우리는 엔 강변을 30km 남겨두고 무언가를 잃어버린 어린아이들처럼 우두커니 서 있었다."[65] 이제 드골에게 후퇴 이외에는 선택의 여지가 없었다.[66]

흥미롭게도 당시의 두 명장은 전쟁이 종결되고 나서 몇 년 후에 자리를 함께하게 되었다. 프랑스 대통령이 된 드골은 엘리제 궁으로 중부 나토NATO군 총사령관이 된 그라프 폰 킬만스에크 장군을 초대했다. 킬만스에크는 서부전역 중 몽코르네에서의 제4기갑사단의 공세가 프랑스군의 유일한 "시간적, 공간적, 방향 면에서 완벽한 역습"[67]이었다고 말했다.

몽코르네 반격 이후 이틀 뒤에 드골은 서쪽으로 30km 떨어진 크레시쉬르세르Crécy-sur-Serre 방면으로 또다시 역습을 개시했다. 그러나 다시 독일군 공군의 폭격으로 인해 독일군의 좌측방을 위협하는 계획은 무산되었다. 제4기갑사단은 이번에도 프랑스 공군의 지원을 전혀 받지 못했다. 훗날 드골은 자신의 공격 시간과 방향을 공군 측에 통보하지 않았다는 이유로 비난을 받았다. 이는 그의 군사이론 관련 문서들에서 부차적으로만 언급된 전차와 공군의 긴밀한 협조가 너무나 중요했음을 의미한다.[68] 이것이 그의 이론과, 전차와 항공기를 '쌍둥이 관계'로 표현한 구데리안 이론의 근본적인 차이점이다. 그러나 순수하게 기술적으로만 보아도 프랑스군은 공군과 지상군의 긴밀한 합동작전이 사실상 불가능했다. 독일군과 달리 프랑스군은 공군과 지상군 간에 무전기는 물론 어떠한 연락체계도 구축하지 않았기 때문이다. 결국 드골의 측방 역습은 무의미하게 끝나버리고 말았다.

7 - 2

아벤에서 실시된 롬멜의 독단적 공세

"장군이 진격하는 동안 나는 밤마다 잠을 설쳤소."[69]

아벤에서 롬멜의 독단적 공격 이후 히틀러의 경고

서부전역 중 가장 긴박했던 작전을 꼽으라면 아마도 롬멜이 아벤Avesnes 인근에서 실시한 야간 공세를 들 수 있을 것이다. 이 작전 이후 프랑스는 제7기갑사단에 '유령사단'이라는 별명을 붙였다.[70]

몽코르네에서의 정지명령이 발령된 후 클라이스트 기갑군뿐만 아니라 제4군 예하의 호트 기갑군단도 멈춰 서야 했다. 이 명령은 돌파구의 북측방에 연한 구데리안을 정지시킬 수는 있었으나 롬멜을 정지시키지는 못했다. 앞에서 언급했듯이, 그는 5월 15일 플라비용의 전차전이 진행되는 동안 서쪽으로 계속 진격하여 5월 16일에는 벨기에와 프랑스의 국경에 이르렀다.

국경 뒤에는 이른바 '연장된 마지노선'이 구축되어 있었으나, 라 페르테La Ferté까지 설비된 실제 마지노선과는 비교할 바가 못 되었다. 5월 16일 07:50분경 제4군 사령부는 A집단군으로부터 이 요새방어선 돌파를 일체 금지한다는 내용의 명령지를 수령했다.

"집단군은 현 상황을 신중히 판단한 결과 다음과 같은 지시를 하달한다. 이 시간 이후 지시가 있을 때까지 집단군의 최선두 부대가 모뵈주Maubeuge 남동쪽 프랑스 요새지대를 돌파하는 것을 금지하며, 북측방을 충분히 보강할 것을 명령한다."[71]

A집단군 참모장 조덴슈테른 중장은 전날 밤, 이 요새방어선에 대한 기습적인 공세를 무조건 금지시켰다. '차후 임무 수행을 위해'[72] 기갑부대를 절약해야 한다는 이유에서였다. 제4군 참모장도 연장된 마지노선이 강력하게 구축되어 있을 경우, '호트 기갑군단의 전투력 복원을 위해 이들을 그 자리에서 정지' 시키는 이 지시에 동의했다. 또한 호트기갑군단을 대신해서 제87, 62보병사단을 보유한 제5군단을 투입해 돌파작전을 감행한 후 이 기갑군단을 적의 종심지역까지 진격시키려 했다.[73] 그러자 스당 돌파 작전의 예행연습 때와 똑같은 의문점이 제기되었다. 전차가 선두에 설 것인가, 아니면 보병이 선두에 설 것인가? 5월 16일 육군 총사령관 브라우히치 상급대장은 제4군 사령부를 순시한 자리에서 기갑부대를 즉각 '중지' 시킬 것을 명령했다. 그는 북측방을 방호하기 위해 서쪽으로의 진격을 철저히 금지하는 등 기갑부대의 고삐를 바짝 죄려고 했다.[74] 결정적으로 브라우히치는 벨기에로 이동한 연합군 부대들이 제4군의 우측방으로 역습할 가능성에 대해 무척 염려하고 있었다.

5월 16일 오후부터 저녁 무렵까지 제4군은 다수의 명령문을 작성, 하달했는데 이 명령문들을 살펴보면 모순점이 한두 가지가 아니다. 이는 제4군 참모장교로서 5월 16일 사령관 클루게Kluge 장군의 전선 시찰 시 동행하고 그 결과에 대한 각종 문서들을 작성한 마이어-벨커Hans Meier-Welcker 대위(장군참모장교 출신)[75]의 보고서를 통해 확인할 수 있다.[76] 클루게 장군은 전선 시찰 후 12:25분경 제7기갑사단에게 프랑스 국경 방면으로 접근해서 후방에 구축된 요새방어선을 정찰할 것을 명령했다. 그러나 강한 어조로 '돌파는 금지한다' 는 전제조건을 달았다.[77] 이 지시는 5월 16일의 야전군 명령에 상응했다.

> "적의 진지가 취약하다는 것이 확인되면, 명령에 의거해 기습적으로 프랑스 국경 요새지대에 대한 돌파작전을 감행할 것이다. 군사령부의 허가 없이 서쪽으로 종심 깊이 진격하는 것은 절대로 용납할 수 없다."[78]

북측익에서 적의 역습 징후가 전혀 없음을 보고받은 클루게 상급대장은 14:45분경, 집단군의 명령에는 위배되지만, 서쪽으로 제한된 진격을 시도하기로 결정했다. 이에 따라 호트 장군은 제7기갑사단에 즉각 프랑스군의 요새지대를 돌파해 아벤 방면으로 공격하라는 명령을 무전으로 하달했다.[79] 이는 중대한 결과를 초래했다. 호트의 명령은 일종의 준비명령의 성격을 띤 것이지 완전한 작전명령은 아니었다. 그러나 시간적 · 공간적 제한사항들을 기록한 군단의 서식명령은 롬멜과 휘하 기갑부대가 사단 지휘소를 떠난 지 한참 지난 후에야 도착했다.

롬멜은 18:00시경 클레르파이Clairfayts에서 프랑스 국경을 넘어섰다. 곧 롬멜은 전방에 펼쳐진 연장된 마지노선과 함께 구축된 철조망과 지뢰지대 그리고 장갑화된 반구형의 포진지, 콘크리트 벙커 등의 윤곽을 볼 수 있었다. 다른 장군들 같았으면 망설이다가 더 유리한 여건을 조성해 다음 날 공격을 개시했을 것이다. 게다가 중포병과 추가 보병부대, 공군 슈투카의 지원도 예정되어 있었다. 그러나 그런 조치는 기습의 효과를 스스로 포기하는 것이라고 생각한 롬멜은 상급 지휘관들의 지시를 거역하고 주저 없이 기습적인 공세를 감행했다. 제1차 세계대전 때도 그는 돌격부대 지휘관으로서 언제나 기습공격으로 경이적인 승리를 쟁취했다. 이번에도 그는 군사사軍事史상 혁신적인 전술을 시도했다. 아군이 공격할 준비가 완벽히 갖추어지지 않은 상태에서, 그것도 야간에 전차부대를 집중 투입해서 강력하게 구축된 적 방어진지를 돌파한 것이다. 이것은 완벽한 기습이었다. 롬멜의 전위부대는 18:30분을 기해, 적이 미처 대응할 채비를 하기도 전에 적의 최초방어선 정중앙으로 돌진했다. 물론 방자인 프랑스 제101요새보병사단 예하 81연대는 맹렬히 응전했다.[80] 당시 전투에 참가했던 한 독일군 전차장은 그때의 상황을 다음과 같이 보고했다.

> "적의 벙커들에서 포탄이 쏟아졌다. 2대의 차량이 피격당했다. 대전차포 한 발이 우측으로 날아갔고 중대장의 지휘차량에 명중했다. 무전병은 다리가 떨어져 나갔고 중대장은 다행히 무사했다. 내 전차는 근처에 있었으나 엄폐물로 이동했다. 적 포병은 중간 크기 구경의 포탄을 우리에게 맹렬히 쏟아부었다. 어떻게 저 벙커 방어선을 돌파해야 할까? 이것은 엄청난 과제였다. 우리 앞에는 드넓은 철조망 지대가, 뒤에는 넓고 깊은 대전차구가, 기동로 한복판에는 각종 대전차 장애물이 설치되어 있었다. […] 이러는 동안 어둑어둑 밤이 찾아왔다."[81]

그러나 이때 독일군 전차들은 이미 적의 방어선을 돌파해서 적 종심 깊숙한 곳까지 진출했다. 몇몇 위협적인 벙커들은 전차포로 제압했다. 요새지대 후방에 있던 적들은 독일군 포병 화력으로 무력화시켰다. 다가오는 야음을 틈타 오토바이 보병대대의 병사들은 대전차포 진지와 기관총 진지를 공략했다. 그러나 돌파 단계에서의 주역은 단연 공병부대였다. 그들은 폭약과 화염방사기로 적 콘크리트 벙커를 제압했고 장애물 지대를 돌파해서 기동로를 확보해주었다. 마침내 이들은 클레르파이 서쪽에 대규모로 강력하게 구축된 도로 위의 장애물을 제거하는 데 성공했다. 이 간격을 이용해서 전차들은 좌우측에 있는 적을 향해 난사하며 요새방어 지대 종심으로 돌진했다. 뒤를 이어 오토바이 보병부대와 수색대대가 진격했다. 23:00시경 이들은 솔르-르-샤토Solre-le-Château 일대에서 적의 제2방어선마저 돌파했다.[82] 독일군 병사들은 이제 밝은 달빛 아래에서 광활하게 펼쳐진 대지를 눈앞에 두고 있었다. 롬멜 소장은 자신의 일기에 이날의 감격적인 장면을 이렇게 묘사했다.

> "이제 서쪽으로 가는 길은 완전히 개방되었다. 우리가 마지노선을 돌파한 것이다! 아무도 이를 예측하지 못했다. 우리는 22년 전에도 4년 반 동안이나 지금과 똑같은 적과 대치했다. 전투에서는 계속 승리했지만 결국 전쟁에서는 패배했다. 그런데 오늘 우리는 그 유명한 불멸의 마지노선을 무너뜨리고 적국의 종심 깊숙한 곳으로 달려왔다. 이것은 꿈이 아니다. 현실이다!"[83]

그 후 곧 롬멜의 전차부대는 프랑스 포병 진지와 정면으로 맞닥뜨렸고, 프랑스 야포들은 불을 뿜기 시작했다. 그는 재빨리 그만의 방식으로 대응할 것을 결심했다. 그것은 바로 정면 돌파였다. 그는 전속력으로 전차부대를 프랑스 포병부대 쪽으로 돌진시키고 기동간 사격으로 모든 전차의 화력을 총동원했다. 그리고 실제로 대성공을 거두었다. 훗날 그는 당시의 상황에 대해 이렇게 말했다.

> "내가 명령한 방식대로 적을 향해 기동간 사격을 실시했다. (…) 그 효과는 탁월했다. 전차의 탄약을 소비하는 대신 전차와 병사들을 보호할 수 있었다. 적은 지금껏 이러한 공격 방법에 대한 어떠한 대응책도 갖고 있지 않았다. 우리가 이런 식으로 돌진하면 적들은 심리적으로 완전히 전의를 상실했다. (…)"[84]

이제 롬멜은 구데리안과 동일한 원칙을 따르면서 과거의 돌격대장이었을 때처럼 직관적으로 행동했다. 일단 돌파한 곳을 통해 적 종심으로 즉각 진격하지 않으면 돌파구 자체가 무의미해지고 오히려 적의 위협을 받을 수도 있었다. 그는 어둠 속에서도 아벤을 목표로 계속 진격하기로 결심했다. 우연하게도 이 도로변에는 프랑스의 제5차량화보병사단이 숙영지를 편성하고 있었다. 사단의 차량들이 도로 좌우측에 가지런히 주차되어 있었고 그 사이에 프랑스 제18보병사단과 제1기갑사단의 일부 병력들도 숙영하고 있었다. 사격연습장의 과녁처럼 잘 정돈된 프랑스군 차량들 사이로 갑자기 독일군 전차들이 나타나 프랑스군의 정중앙으로 습격해 들어갔다. 롬멜의 명령 아래 모든 전차들은 화력을 총동원해 기동하면서 좌우로 전차포를 난사했다. 이는 적들에게 공포와 전율을 일으키기에 충분했다. 다음의 보고서는 그 순간의 상황을 잘 묘사하고 있다.

"백여 명, 아니 수백 명의 프랑스 병사들과 민간인들은 굉음을 내며 번개 같은 속도로 질주하는 우리 전차연대의 공세에 화들짝 놀라 잠에서 깼다. 그들은 공포에 질린 얼굴로 도로 좌우측에 난 고랑에 몸을 숨겼다. 전차연대의 모든 전차들의 화기는 온 사방으로 불을 뿜었으며 이날 밤 엄청난 공황 사태를 불러일으켰다."[85]

5월 16일 밤부터 17일 사이 아벤으로 향하는 솔르-르-샤토의 도로에서 벌어진 전투는 서부전역 사상 가장 참혹한 전투였다. 프랑스 제5차량화보병사단은 말 그대로 속수무책으로 독일군에게 짓밟히고 말았다. 몇 시간 후에 태양 아래 이 도로를 따라 후속하던 독일군 부대들조차도 이 광경을 보고 당황스러워했다.

"나는 롬멜의 부대가 휩쓸고 지나간 광경 같은 모습을 지금껏 단 한 번도 본 적이 없다. 그의 전차들은 같은 길을 따라 내려오던 한 프랑스 사단 정중앙으로 돌진해 들어갔고, (…) 적들을 지나 계속 전진했다. 10km 남짓 되는 거리에 수백 대의 트럭과 전차들이 있었는데 구덩이에 처박히거나 전소되었고, 수많은 시체와 부상병들이 곳곳에 널려 있었다. 프랑스군들은 비참한 공포로 일그러진 얼굴로 양 손을 위로 흔들며 들판과 수풀에서 계속 나오고 있었다. 전방에서는 롬멜 장군이 직접 지휘하는 우리 전차들의 짧고 날카로운 전차포 소리가 들렸다. 그는 지휘 장갑차에 2명의 참모장교들과 함께 꼿꼿하게 서서 모자가 떨어진 것도 잊은 채 공격을 재촉하고 있었다."[86]

|1940년 5월 16일 야간~17일 롬멜의 아벤과 르 카토 돌파|

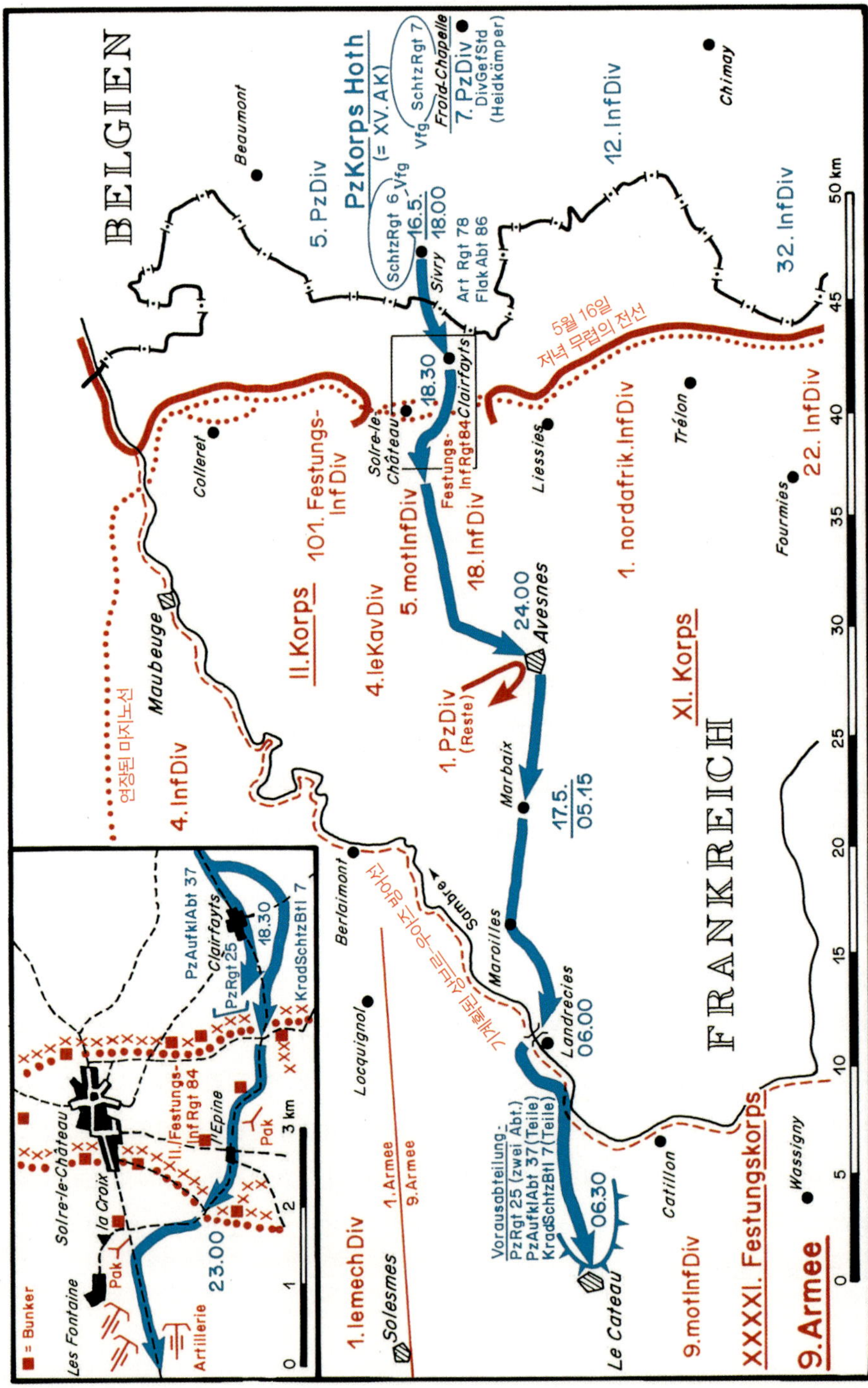

자정쯤 전차들은 아벤에 입성했다. 롬멜은 최선두 부대를 이끌고 다시 전방으로 질주했고 일단 이 도시의 서쪽에 있는 구릉 정상에서 멈춰 섰다. 그사이에 부대 내부의 통신이 두절되었기 때문에 그는 후속부대들과의 간격을 좁히기 위해 비교적 장시간 그곳에 머물기로 결심했다. 뒤따르는 전차들의 기동소리가 들리자 그는 다시 진격을 개시했다. 하지만 뜻밖에도 그것은 프랑스군 전차의 소리였다. 플라비용에서 패하고 전장을 이탈한 프랑스 제1기갑사단의 마지막 남은 16대의 전차였다. 그중에는 수 대의 샤르 B 전차도 있었다. 이들은 아벤에 머물러 있던 독일군 전차대대와 피비린내 나는 전투를 벌여 상대에게 극심한 피해를 입혔다. 이 소식을 접한 롬멜은 진격을 멈추고 즉각 후방으로 증원 부대를 급파했다. 이곳에 투입된 항케Karl Hanke 소위[87]는 야음을 틈타 IV호 전차 1대를 타고 프랑스군 후방에 침투해 수 대의 샤르 B 전차의 궤도를 파괴하는 전과를 올렸다. 04:00시경 아벤의 도로에서의 야간 전투는 종결되었고 프랑스군의 16대의 전차 중 살아남은 3대는 줄행랑을 쳤다.

롬멜은 이 절호의 기회를 이용하기로 마음먹었다. 그는 상브르 강의 주요 교량들을 확보하기 위해, 혼란에 빠져 허둥대는 적들 한가운데로 진격해 그곳에서 18km 떨어진 랑드르시Landrecies까지 나아갔다. 롬멜의 부대는 랑드르시에서 프랑스군과 조우했고, 프랑스군은 독일군 전차부대의 기습공세에 혼비백산해 항복하고 말았다. 한 전차장의 말에 따르면 롬멜은 단순히 적들에게 다가가서 무기를 버리라고 말했을 뿐이라고 한다. 그때 적들의 반응은 항상 다음과 같았다.

> "많은 사람들이 순순히 그의 명령을 따랐고 어떤 이들은 크게 놀랐다. 그러나 그 어디에서도 저항하는 모습은 찾아볼 수 없었다. 몇몇 프랑스 병사들은 희망에 찬 모습으로 독일군 전차병들에게 '영국군이에요?' 라고 묻기도 했다."[88]

06:00시경에는 랑드르시의 상브르 교량을 기습적으로 확보하는 데 성공했다. 그러나 롬멜은 미친 듯이 계속 진격할 것을 재촉했고, 06:30분경 전위대대의 선두가 르카토의 동쪽 구릉지에 도달했을 때 비로소 정지할 것을 명령했다. 탄약뿐만 아니라 유류도 바닥난 상태였다. 그제야 그는 자신이 지금 얼마나 위험천만한 상황에 빠져 있는가를 깨달았다. 작전한계점에 도달한 시점에서 그의 곁에는 2개의 전차대대와 몇 개의 오토바이보병소대

클레르프파이의 서쪽에 있던 Nr.2/152 벙커

연장된 마지노선상에 위치한 이 벙커는 5월 16일 저녁 롬멜의 제7기갑사단에게 함락되었다.

5월 17일 아벤을 통과하는 제7기갑사단의 포병대대

도로 양쪽에 프랑스 제1기갑사단의 25전차대대 호치키스 39 전차들이 피격당해 서 있다.

만이 있었고 후속 중인 제3전차대대와 기갑수색대대의 주력은 아직도 진출이 더딘 상태였다. 문제는 그것만이 아니었다. 롬멜은 그의 성급함 때문에 자신이 직접 지휘한 전위부대 혼자서만 50km에 이르는 직선거리를 돌파했다는 사실도 미처 깨닫지 못했다. 2개의 보병연대를 포함한 사단의 주력은 벨기에 영토 내의 연장된 마지노선을 아직도 넘지 못한 데다가 그사이에 야간 휴식을 취하고 있었다!

한편 프루아-샤펠Froid-Chapelle 지역에 있는 사단의 후방지휘소는 크게 동요하고 있었다. 홀로 사단을 책임져야 했던 롬멜의 작전참모 하이트캠퍼Heidkämper 소령(장군참모장교 출신)은 사단장과 전차부대가 어디로 사라졌느냐는 군단의 신경질적인 질문에 대답할 수가 없었다. 22:30분, 5월 17일 아침에 국경 요새지역을 넘어 계속 공격해도 좋다는 군단의 서식명령이 사단 지휘소에 도착했다.

> "제7기갑사단은 08:00시부로 5월 16일 저녁에 확보한 선을 넘어서 최초 목표인 아벤을 확보한 후 대기하며 랑드르시 방면으로 계속 진격할 것을 준비하라."[89]

이날 롬멜이 직접 지휘한 부대와 사단, 군단 지휘부의 무선 통신이 갑자기 두절되는 수수께끼 같은 사태가 발생했다. 야간 내내 제7기갑사단이 보낸 무선교신 내용이 각종 문서들에 남아 있는 상황에서 기묘한 우연의 일치가 일어났다.[90] 바로 롬멜이 상급 지휘관들의 명령에 따라 진격을 멈춰야 할 때 통신이 두절되었다는 것이다. 끊어진 무선 통신은 5월 17일 03:40분경 복구되었다. 무선 통신이 끊긴 후 다시 연결되는 시간 동안 롬멜은 15km 이상 서쪽으로 진출했는데, 그 정도 거리라면 기술적인 면에서도 무선교신 상태가 결코 더 양호해질 수가 없다. 하지만 아벤 전투가 종결된 후 무선교신 상태는 다시 깨끗해졌고 그는 완벽한 승리를 상부에 보고했다. 더욱이 전위부대 중 일부였던 오토바이 보병대대 지휘부와의 무전 소통 상태는 대단히 '양호'했다.[91] 그렇다면 롬멜이 위치했던 곳의 무전 상태는 그보다 더 양호했으리라는 점은 두말할 나위도 없다. 04:20분, 사단 지휘소에 머물러 있던 하이트캠퍼 소령에게 군단에서 보낸 긴급 명령이 도착했다.

> "아벤을 통과하지 말 것. 그 이상의 기동은 불허한다."[92]

이때 롬멜과 그가 지휘하던 부대들은 03:40분 무전을 수신했던 곳 인근에 있었다. 그 때 이상하게 갑자기 교신이 끊어졌다. 기갑군단의 참모부는 수차례에 걸쳐 '즉각 중지하라'는 명령을 무전으로 하달했다.[93] 그러나 모두 허사였다. 어떠한 방법으로도 롬멜에게 이 전문을 보낼 수 없었다. 롬멜의 독단적인 진격으로 인해 사단 지휘소와의 연락은 완전히 끊겨버렸다. 후방에 남겨진 하이트캠퍼 소령은 군단 명령을 따랐으며 사단의 주력은 08:00시에야 아벤 방면으로 출발했다. 프랑스군의 요새지대 앞에 다다르자 교통체증으로 진출이 지연되었다. 당시의 상황은 제6보병연대의 전투보고서를 살펴보면 확실히 알 수 있다.

> "마지노선에 도달했을 때 우리는 다음과 같은 광경을 목격했다. 빽빽한 장애물 지대로 둘러싸인 일련의 벙커 지역에서 단 하나의 좁은 통로가 보였다. 개방된 통로 양쪽의 벙커들은 전차포에 의해 파괴되었고 그 외에 남쪽으로 연결된 다른 벙커들은 전혀 파괴된 흔적을 찾을 수 없었다. 우리 대대가 통과하던 곳 주위는 길이와 폭이 무척 넓은 철조망 지대였던 것 같은데 그때는 절단된 철조망 조각들만이 남아 있었다. 저 벙커들 중 하나에서 갑자기 무시무시한 적 포탄이 날아올 거라고 생각했다. 하지만 아무 일도 없었다! 단 한 발의 총성도 없었다! 우리는 좀처럼 믿을 수가 없었다. 이렇게 좁디 좁은 통로로 1개 사단이 모두 지나갈 수 있다는 사실을. 한편으로는 프랑스 놈들이 우리를 함정으로 유인하여 우리 뒤에서 이 개구멍을 막을지도 모른다는 의구심마저 들었다."[94]

사실 롬멜은 당시 무전 교신이 불가능할 만큼 먼 곳까지 진출해 있었다. 그는 사단의 본대가 자신의 바로 후방인 랑드르시로 가는 길목 어딘가에 있다고 착각했기 때문에 오히려 본대가 뒤처져 있다며 발끈했다. 이 때문에 그는 07:00시경 제25전차연대장 로텐부르크Karl Rothenburg 대령에게 전위부대의 지휘권을 인계하고 본대를 지휘하러 아벤으로 되돌아갔다. 롬멜은 III호 전차 1대의 엄호를 받으며 자신의 8륜 지휘차량을 타고 기동했는데 도중에 III호 전차가 갑자기 고장나 정지하는 바람에 자신의 지휘용 장갑차만으로 그 먼 길을 가야 했다. 서부전역을 통틀어 롬멜 장군의 가장 광기어린 모험이 시작되는 순간이었다. 그의 소규모 전위부대는 서쪽으로 한참 멀리 떨어진 드넓은 대양 같은 적의 후방지역 한가운데에 작은 섬처럼 고립되어 있었다. 그가 이동하던 도로에는 롬멜이 지휘한 독일군 전차부대에 유린당한 프랑스군 일부가 서쪽으로 퇴각하고 있었다. 롬멜이 이를 알고도 방향을 돌리지 않고 단호히 동쪽으로 나아간 사실은 그의 비범함을 단적으로 보여준다. 어쩌면 그는 위험에 대한 감각을 상실했던 것 같다. 그를 본 프랑스군 병사들은 아연실색했지만 그는 의연하게 그 한가운데로 들어갔다. 적들이 저항할 것 같은 위험지대는 우회했다. 그는 우세한 적들과 만나면 결연하게 정면 돌파해서 적들의 지휘관을 찾아 어떠한 저항도 용서치 않을 것이니 부하들과 함께 항복하라고 명령하듯 요구했다. 그는 매번 이러한 방법으로 프랑스인들에게 정신적 충격을 주어 승리를 쟁취했다.

"마르베Marbay(Marbaix)의 동쪽으로 1km 정도 떨어진 도로에서 프랑스군 승용차 1대가 우리를 향해 달려오고 있었다. 우리가 부르는 소리에 차량이 멈췄고 한 장교가 내렸다. 그의 뒤쪽에서 달려오던 병력을 가득 실은 트럭들에는 기관총과 대공포들이 실려 있었다. 우리는 이 부대 전체를 포로로 잡아 방향을 바꿔 아벤으로 행군시켰다. 항케 소위는 선두 트럭에 탑승했고 내가 직접 적들을 인솔했다. 우리는 손짓으로 그들에게 총을 내려놓으라고 지시하며 그들에게 이 전쟁은 이미 끝났다고 했다."[95]

기이하게도 롬멜은 계속 이러한 속임수를 성공시켰다. 한 영국 작가는 롬멜이 감수한 위험들에 대해 이렇게 말했다.

"프랑스군 병사들 중에서 단 한 명이라도 용감하게 방아쇠를 당길 수 있었다면 롬멜의 업적은 그 순간 종말을 맞을 수 있었다. 그는 계급과 신분을 전혀 숨기려 하지 않았다. 세련된 제복과 높이 치켜 선 군모, 화려한 기장記章과 우렁찬 목소리로 그는 예하 지휘관들과 뚜렷이 구별되었다. 그는 셀 수 없을 만큼 많은 사건에서 마법 같은 생존력으로 살아남았다."[96]

마침내 롬멜은 40대의 프랑스군 트럭을 이끌고 아벤에 도착했다. 그곳에서 그는 완만한 속도로 후속하던 사단 본대의 선두와 만날 수 있었다. 이제야 상급 지휘부와 국방군 최고사령부를 비롯한 모두가 한시름 놓게 되었다. 롬멜이 그의 전차들과 함께 흔적도 없이 사라져 엄청난 위기감이 감돌았던 것이다. 이로써 제7기갑사단은 프랑스군에게뿐만 아니라 독일군 총참모부에게서도 신출귀몰한 '유령사단'이라는 별명을 얻었다.

이러한 대승리를 안겨준 장군을 상급부대의 지시를 어겼다는 죄로 군사재판에 회부한다는 것은 불가능했다. 그 대신에 롬멜은 기사철십자훈장을 거머쥐었다. 그의 야간 공세의 결과는 경이로웠다. 그는 연장된 마지노선뿐만 아니라 그 후방의 상브르-우아즈 강 라인까지 돌파하는 데 성공했다. 이로써 철수하던 프랑스군이 이 하천의 후방에 방어진지를 구축하기도 전에 상브르 강의 교량이 독일군의 수중에 떨어졌다. 이미 벨기에 지역 전투에서 극심한 손실을 입은 프랑스 제2군단은 공황상태에 빠졌고 제1기갑사단도 사실상 와해되었다. 뿐만 아니라 롬멜의 전차부대들은 프랑스군 제18보병사단, 제4경기병사단, 제1경기계화사단, 제1북아프리카 보병사단, 그리고 제9차량화보병사단 등을 잇달아 유린했다. 5월 17일 이 지역에서 생포된 프랑스군 병사들만 약 1만 명에 달했고 그중 3,500명이 제7기갑사단의 포로였다. 제7기갑사단은 종횡무진 진격하느라 프랑스군 포로를 잡을 만한 시간적 여유가 없었음에도 그처럼 많은 포로를 사로잡았다.[97] 반면 5월 16, 17일간 이 사단의 손실은 40명의 사망자와 75명의 부상자뿐이었다.[98]

롬멜의 돌파는 현대적인 작전술 차원의 기동전의 전형이었고 그는 이러한 기동전의 발전에 크게 기여했다. 그는 선형 전투지휘에서 비선형 전투지휘로의 이행을 극단적으로 보여주었다. 선두부대는 측방 방호 없이 수십 km를 진격했고 후속하는 사단 본대와 연락이 두절된 상태에서도 적의 후방지역에서 홀로 움직이는 섬처럼 계속 앞으로 나아갔다. 여기에서 가장 효과적인 무기는 바로 심리적 충격력이었다.

7 - 3

아라에서의 영국군의 반격 : 전술적 실패, 그러나 예기치 못한 작전술 차원의 성과

"내 부대가 대서양 해안에 막 다다랐을 때가 나의 최대 위기였다. 이는 5월 21일, 영국군이 아라Arras에서 남쪽 방면으로 시도한 역습 때문이었다. 우리는 잠시나마 우리의 기갑사단이 보병사단의 지원을 받기 전에 차단당할지도 모른다는 사실에 긴장했다."[99]

룬트슈테트 원수, 과거를 회상하며

1. 대서양 해안에 도달하다

5월 17일 할더 장군은 독일군 전체를 재편하기로 결심했다. 그는 가능하면 모든 '기동부대'(기갑사단과 차량화보병사단)들을 제4야전군 예하에 통합시키려 했다.[100] 이들의 임무는 히틀러의 허가 아래 가능한 한 신속히 서쪽으로 진격해, 벨기에에서 퇴각한 연합군이 솜 강변에 도달하기 전에 그들을 차단해 대서양 연안을 따라 포위하는 것이었다. 할더는 이러한 기동형태를 모루와 망치에 비유했는데, 북부에 위치한 B집단군이 모루이고 남쪽에서 북쪽으로 기동하는 A집단군이 망치였다.[101] 그러나 실제로는 히틀러의 정지명령에 따라 A집단군은 진격이 늦춰진 반면, 최초 작전구상과는 정반대로 B집단군이 적을 맹렬하게 밀어붙이고 있었다. 그 때문에 보크 대장은 회프너 기갑군단(제16기갑군단)과 제39차량화군단(슈미트 중장)을 배속 해제하여 A집단군에게 넘기라는 지시를 받았다. 또한 이 전체 부대들의 지휘권이 호트 장군에게 위임되면서 그의 기갑군단(제15기갑군단)은 이른바 '호트 기갑군'으로 승격했다.[102] 할더는 수차례 건의한 끝에 5월 19일, 히틀러에게서 모든 부대들이 대서양 해안까지 자유롭게 기동해도 좋다는 승인을 얻어냈다. 그는 이제

|1940년 5월 10~20일까지 대서양 해안을 향한 독일군 기갑부대의 공세|

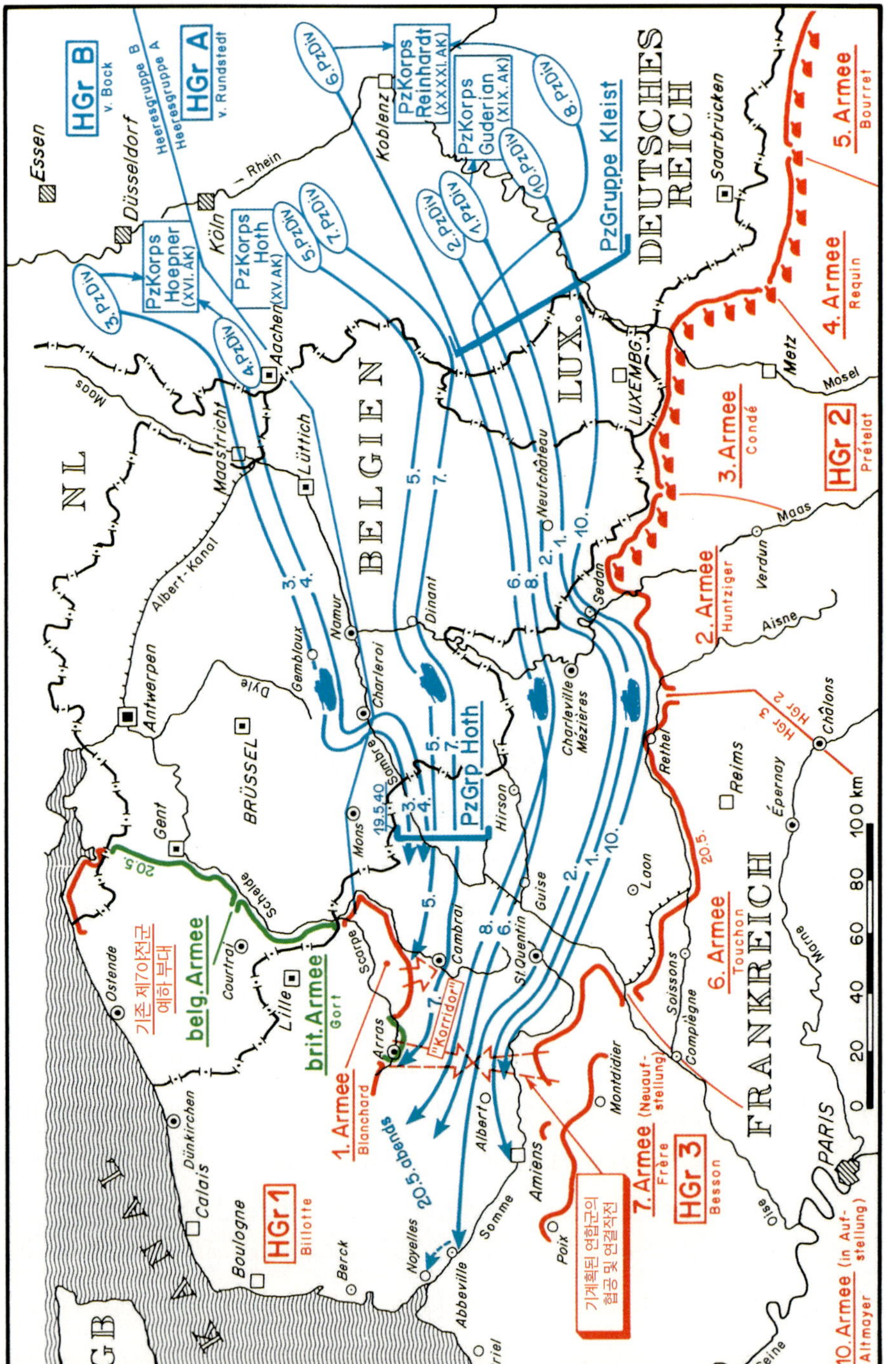

기갑부대를 정지시킬 수 있는 것은 아무것도 없다고 느꼈다.

> "당시 우리는, 혈통 좋은 명마가 기수에게 고삐를 잡혔다가 갑자기 입에 물린 재갈이 풀려 결승선으로 질주해 승리한 듯한 느낌이었다."[103]

서쪽으로의 진격은 제1차 세계대전에서 수년 동안 독일군과 프랑스군이 치열한 진지전을 치렀던 격전지들을 가로지르며 재개되었다. 이날 제1기갑사단은 아미앵Amiens에 입성해 솜 강 남쪽에 소규모의 교두보를 확보했다. 제2기갑사단은 더 큰 성공을 거두었다. 이들은 이날 하루 만에 90km를 진격해서 알베르Albert 일대에서 단 한 발의 실탄도 없이 빈 탄통만으로 야지 훈련 중이던 영국군 포대를 습격해 유린했다. 그 후 계속 진출하여 이들은 20:30분경에 만슈타인이 겨냥했던 작전술 차원의 목표, 이른바 솜 강 하구의 아브빌에 도달했다. 이날 밤 02:00시 무렵에는 그 예하의 제2보병연대 3대대가 누와이엘Noyelles의 서쪽, 대서양 해안까지 공세를 펼쳤다. 이로써 지헬슈니트 작전의 결정적인 공세는 대성공으로 끝났다. 독일군 기갑부대는 연합군 전선에 쐐기를 형성함으로써 정예사단들이 집중되어 있던 연합군 북익 전체를 대서양 해안을 따라 완전히 포위하는 성과를 이루었다. 이 포위망은 종심이 약 200km, 정면이 약 140km에 이르는 경이적인 규모였고 이곳에 포위된 부대는 벨기에군뿐만 아니라 프랑스 제1집단군 예하 제1영국원정군, 프랑스 제1, 7군, 제9군의 패잔병 일부를 포함한 어마어마한 수였다. 연합군 사단들은 동쪽과 북쪽에 아직도 국지적인 전선을 형성하고 있었지만 이들도 독일군 B집단군에게 집중공격을 당하고 있었으며, 남쪽에서 '기동부대'가 총동원된 독일군 제4군이 그들의 후방으로 돌진하고 있었다. 당시 클라이스트 기갑군은 대서양 해안을 따라 됭케르크로, 호트 기갑군은 동쪽의 아라로 진출하고 있었던 것이다.

2. 영국군의 측방역습을 격퇴한 제7기갑사단

아벤을 돌파하고서 맹렬하게 진격했던 롬멜은 상급부대의 지시에 따라 일단 르카토에서 멈춰 섰다. 곧 진격을 재개해도 좋다는 승인이 떨어지자 그는 캉브레를 통과해 아라의 남부 일대까지 쇄도해 들어갔다. 5월 21일 제7기갑사단이 부여받은 임무는 아라를 남서쪽으로 우회하여 북쪽으로 공격해 아크Acq 일대에서 스카르프Scarpe 강을 건너는 데 필요한 교두보를 확보하는 것이었다. 이 같은 시계방향으로 반원을 그리는 기동은 그 자체만으로도 매우 위험천만한 작전이었다. 사단이 비교적 장시간 아라를 우회하는 동안 시가지 방면의 우측방이 완전히 노출되기 때문이다. 그래서 제7기갑사단의 우익을 방호하기 위한 대책으로 제5기갑사단이 롬멜의 우측에서 병진 공격하기로 계획되었다. 하지만 제5기갑사단의 공세가 지체되자 제7기갑사단은 단독으로 작전을 시행할 수밖에 없었다. 롬멜은 자신의 성공에 크게 고무된 나머지 위험을 무릅쓰고 즉각 제25전차연대를 선두로 약 10km 남짓한 거리에 위치한 아크 일대의 스카르프 강 교량을 탈취하기로 결정하고 나머지 2개 보병연대를 후속시켰다. 그런데 문제는 사단의 주력인 2개 보병연대에 단 1대의 전차도 편제되지 않았다는 사실이다. 이는 나중에 심각한 위기를 야기했다. 어쨌든 지금까지 롬멜은 기상천외한 방책으로, 행운까지 따르면서 놀라운 승리를 이루었지만 이번만은 운명을 맞이할지도 모르는 긴박한 위기에 처했다. 서부전역 중 가장 위협적인 상대의 공격을 독일군 일개 사단이 막아내야 했다. 그때 우연히 영국군이 사전정찰도 하지 않은 채 기갑부대로 역습을 감행했다. 독일군이 가장 취약한 시점에, 그것도 완전히 무방비 상태인 독일군 보병부대의 측방을 정확히 파고든 이 역습은 독일군에게 심각한 위기를 안겨주었다.

처음에 롬멜은 최전방에서 직접 전차부대를 지휘하고 있었다. 그러나 보병부대가 제대로 후속하지 않자 홀로 후방으로 돌아갔다. 그러는 도중에 16:00시경 제7보병연대 2대대가 영국군의 40여 대의 전차들로부터 공격당하는 광경을 목격했다. 그는 황급히 웰리Wailly의 1km 북서쪽에 있는 다수의 야포가 방열된 111고지로 달려가 이 부대를 직접 지휘했다. 처음에는 상황이 극적으로 전환되지는 않았다. 그러나 후에 롬멜이 만족스러웠다고 말했듯이, 포수들은 "적 전차포탄에 아랑곳하지 않고 침착하게 계속 사격했다."[104] 수 대의 영국군 마크Mark I 전차들이 파괴되었다. 한 영국군 대위가 파괴된 전차에서 가까스로 기어 나와 비틀거리며 독일군을 향해 두 손을 들어 항복 의사를 밝혔다. 그러나 갑자기 대전차부대 병사들의 얼굴은 사색이 되었다. 파괴된 영국군 전차들 사이로 다른 형태의 거대한 전차 몇 대가 느릿느릿 독일군 진지를 향해 다가오고 있었다. 독일군의 모든 대전차포가 불을 뿜었지만 포탄은 모두 튕겨나가고 적 전차는 꿈쩍도 하지 않았다. 이 전차가 바로 서부전역에서 가장 두꺼운 80mm 장갑을 장착한 마크 II(마틸다) 보병용 전차였다.[105]

|1940년 5월 21일 영국군의 아라 역습|

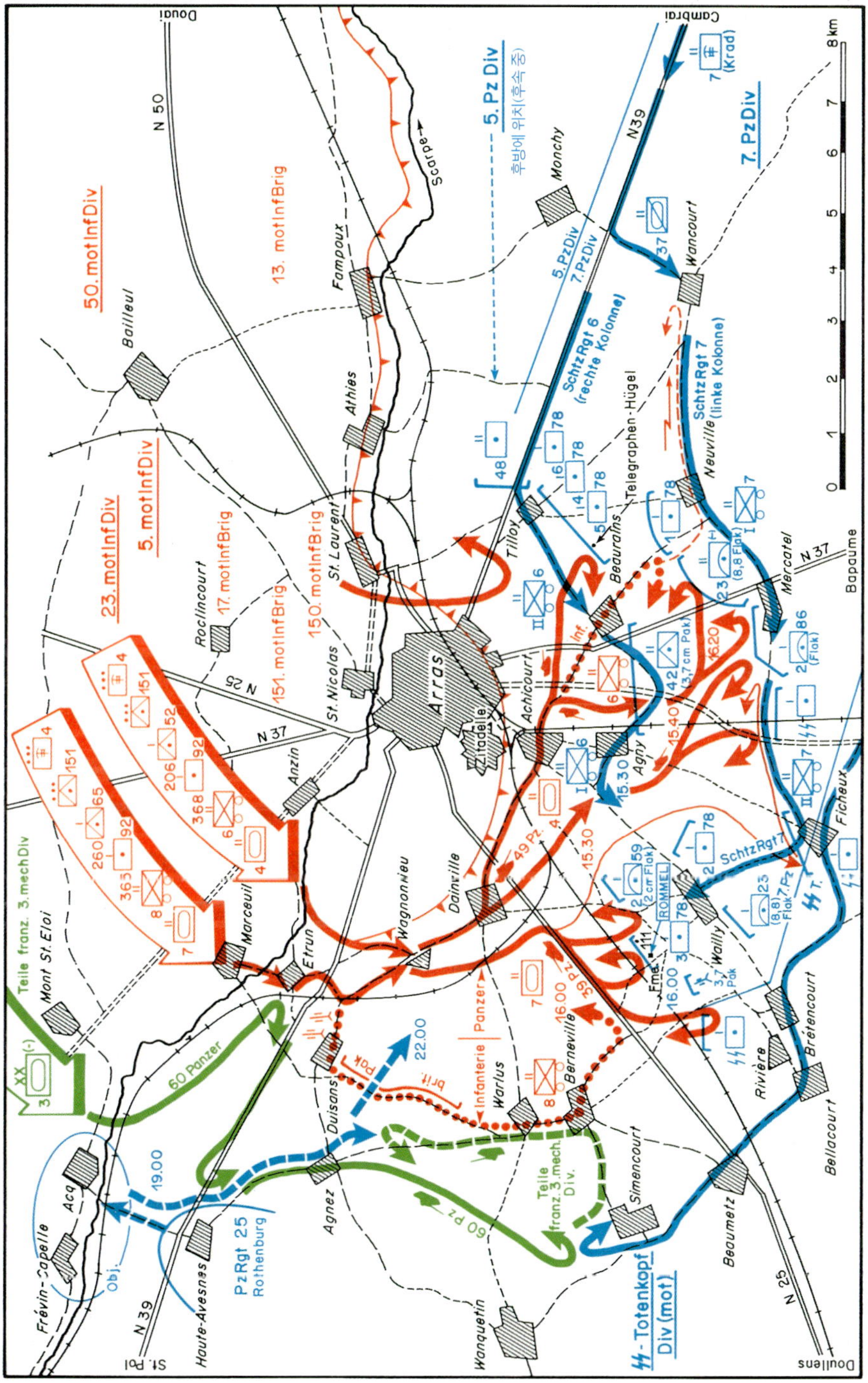

이날의 전투일지에는 당시 상황이 이렇게 기록되어 있다.

"아군의 대전차포들이 근거리에서 사격해 모두 명중했는데도 영국군의 중重전차는 끄떡도 하지 않았다. 대전차 방어선은 완전히 돌파당했다. 아군의 대전차포는 적 전차포에 파괴되거나 전차의 궤도에 짓밟혔다. 사수들은 대부분 작전 중 사망했다." [106]

다행히 근처에 있던 한 포대의 화력 지원과 죽음을 각오한 혈투 끝에 111고지를 목전에 둔 지점에서 영국군의 공세를 저지하는 데 일단 성공했다. 최선두에서 공세를 펼친 제7보병연대에 닥친 위기는 무마된 듯했다. 그러나 곧 몇 대의 영국군 전차들이 사방에서 출현했다. 제7기갑사단의 좌측방(남측)은 SS-토텐코프Totenkopf(친위대 해골)차량화보병사단이 방호하기로 계획되었으나 이들은 실전 경험이 전무하여 영국군을 저지하기에는 역부족이었다. 롬멜은 인접 사단 진지를 영국 전차가 짓밟는 광경을 똑똑히 지켜보았다. 몇몇 병사들은 공황 상태에 빠져 도망쳤다.

제7보병연대가 공격받기 30분 전, 북부에서 나란히 진격하던 제6보병연대가 아그니Agny에서 또 다른 영국군 전차부대들로부터 습격을 받았다. 덴빌Dainville을 막 빠져나온 영국군 전차들과 정면으로 충돌한 것이다. 몇 대의 차량은 영국군 전차포에 완파되었다. 그와 동시에 북쪽으로부터 또 다른 영국군 전차들과 보병들이 나타나 수차례 공세를 퍼부었다. 영국군은 제6보병연대의 기다란 행군대형의 노출된 우측방을 완벽하게 타격했다. 제7기갑사단 참모부는 다음과 같은 전문을 수신했다.

"아라 방면에서 강력한 적 기갑부대로부터 공격을 받고 있음. 지원 바람, 지원 바람!" [107]

제42대전차포대대가 황급히 아그니와 보랭Beaurains 사이에 저지진지를 구축했으나 영국군 전차들은 간단히 이를 무너뜨렸다. 제6보병연대가 돌파당한 후 남부의 메르카텔Mercatel과 피쇠Ficheux 사이에서 기동하던 제7보병연대의 차량들도 똑같은 비극을 맞이하게 되었다. 몇몇 영국군 전차들은 그 후 맹렬하게 남쪽으로 진격해 SS-토텐코프사단 전체를 혼란에 빠뜨리고 사단 지휘소를 위협했다.

이 전투에서 독일군 지휘관들은 연합군의 경우와는 정반대로 그들만의 '진두지휘'의 원칙을 적용함으로써 그 진가를 완벽하게 발휘했다. 그 점에 있어서 롬멜은 타의 추종을 불허할 만큼 극단적으로 행동한 지휘관이었다. 해군 제독이 해안에 머물러서는 해전을 승리로 이끌 수 없다는 것이 그의 원칙이었다.[108] 아라에서는 이러한 지휘원칙이 두 가지 측면에서 놀라운 효과를 가져왔다. 하나는 아군에 미친 심리적 효과, 또 하나는 전장에서의 부대 지휘기법 문제였다.

무엇보다도 롬멜은 진정한 솔선수범을 해왔다. 그는 병사들과 함께 항상 최전선에 머물렀다. 대전차 저지진지가 적 전차에 의해 유린되는 무시무시한 광경이 벌어지고 위기일발의 순간이 닥쳐도 그가 있는 곳에는 어떠한 공황도 발생하지 않았다. SS-토텐코프사단과는 정반대로 단 한 명의 탈영병도 없었다. 사단장이 스스로 위험한 지역에 꿋꿋하게 서 있는데 감히 부하들이 달리 행동할 수 없었다. 병사들은 지휘관과 전장에서 생사를 함께 했다. 인접 부대의 방어선이 적 전차부대에 의해 돌파당했을 때도 롬멜이 있던 방어선만은 굳건하여, 전차들을 후속하려던 영국군 보병부대를 격멸할 수 있었다. 사실 이때 롬멜은 운명의 순간을 맞이할 수도 있었다. 롬멜이 포병 진지에서 이리저리 바삐 움직이고 있을 때 영국군 전차들이 전차포를 발사해 롬멜 바로 옆에 있던 연락장교 모스트Most 중위가 치명상을 입은 적도 있었다. 며칠 후에는 그의 곁에서 전속부관 슈래플러Schraepler 대위가 부상을 입고 쓰러졌다. 롬멜은 항상 적의 총탄에 노출되어 있었다.

롬멜의 지휘 기법은 매우 훌륭한 장점을 갖고 있었다. 연합군 지휘관들 대부분이 치열한 격전지에서 수 km 떨어진 곳에 위치했던 반면, 그는 최전방에서 번개같이 상황을 파악하고 즉각 대응할 수 있도록 지휘했다. 그는 네 가지 조치를 취해 사태를 반전시키는 데 성공했다.[109]

① 먼저, 그는 대전차포와 경대공포로 전방 저지선을 구축했다. 이로써 마틸다 전차는 막아내지 못했어도 수 대의 경전차는 제압할 수 있었다.

② 롬멜이 사단 참모들에게 보낸 수차례의 무전 내용에서 알 수 있듯이, 그는 종심상에 포병과 대공포로 구성된 제2저지선을 편성하라고 지시했다.[110] 영국군이 메르카텔과 틸루아Tilloy에 연한 개활지에서 독일군 진지를 향해 정면 돌파를 시도했을 때, 몇 분 안에 무려 영국군 전차 24대가 괴멸당했다. 이때 이 저지선에 배치된 8.8cm 대공포의 활약이 돋보였다.

③ 18:00시가 조금 지난 시각, 2시간 전에 제7기갑사단이 요청한 제1, 8비행단의 최초 항공기 편

대들이 이 지역 상공에 도착했다. 이 시점에 이미 영국군의 공세는 저지당했다. 독일군 전투기들은 퇴각하는 적 전차들을 폭격하기 시작했고 20:30분까지 300회의 슈투카 공세[111]가 실시되었다.

④ 롬멜은 그사이에 후퇴하는 영국군의 퇴로를 차단하기 위해 북부로 진군하던 제25전차연대에 급히 회군할 것을 명령했다. 그러나 이들은 갑자기 뒤장Duisans의 남쪽에서 영국군의 우측방 방호를 위해 투입된 프랑스군 전차부대와 조우했다. 독일군 전차들은 극심한 피해를 입은 치열한 전투 끝에 프랑스군을 물리쳤다. 그 직후 뒤장과 와를뤼Warlus 사이에 구축된 영국군 대전차 방어선을 돌파해야 했다. 어둠 속에서 독일군 전차들이 전장에 도착했을 때는 영국군 전차들이 이미 도망쳐버린 후였다. 유명한 아라 전차전의 승패는 독일군 전차부대가 도착하기 전에 이미 결정 났다.

5월 21일, 제7기갑사단은 서부전역에서 가장 혹독한 피해를 입었다. 피해 규모는 마스 강 도하를 포함해 개전 후 4일 동안 입은 피해를 합한 것과 비슷했다. 피해상황은 사망 89명, 부상 116명, 실종 173명으로 집계되었다. 그러나 실종자 중에서 낙오병 90명은 곧 자신의 부대로 복귀했다.[112]

3. 연합군의 시각에서 본 아라 역습

연합군의 역습작전 계획 실시와 과정을 살펴보면, 독일군 기갑부대의 돌파에 신속히 대응하지 못한 영국과 프랑스군 지휘부의 무능함에 당황할 수밖에 없다. 그들은 상황을 역전시킬 절호의 기회가 다시 한번 찾아왔음에도 이를 이용하지 못했다. 독일군 기갑부대가 대서양 해안으로 진격하면 할수록, 이들의 노출된 측방은 더욱더 신장되기 마련이었다. 이러한 비선형 전투지휘의 약점은, 독립작전을 수행하는 기갑부대의 쐐기가 서쪽으로 진출할 때 그들과 후속부대 간에 진공 상태와 같은 간격이 형성된다는 것이다. 기갑부대에 의해 점령된 지역을 확보하고 평정하는 데 소수의 차량화보병사단은 역부족이었고, 이들보다 훨씬 후방에 있던 순수 보병사단들은 며칠 동안 걸어야 그곳에 도달할 수 있었다. 따라서 아라 일대에서는 폭 40km 정도의 회랑이 형성되었고 그 양측방으로 협공이 가능했다. 윈스턴 처칠은 이미 5월 19일에 상황을 파악하고서 가믈랭에게 전보를 보냈는데,

그는 독일군의 기갑부대를 거북이의 머리에 비유했다.

"거북이가 등딱지 밖으로 머리를 길게 내놓고 있군요. 이들의 몸통이 우리의 연합방어선까지 도달하려면 며칠은 더 있어야 할 거요. 지금 이 길게 뻗은 대가리를 남북 양쪽에서 강력하게 타격한다면 놀라운 성과를 달성할 수 있을 겁니다."[113]

클라우제비츠가 말한 '포위를 역포위하는'[114] 방책을 구사한다면 패전의 위기에 빠진 연합군이 손쉽게 위기상황을 타개할 수 있는 절호의 기회였다. 만일 적시에 공자인 독일군의 약점을 이용했다면 오히려 독일군이 '뒹케르크'에 빠질 가능성이 컸다. 독일군의 병참선이 차단된다면 기갑부대는 대서양 해안에서 진퇴양난에 처할 것이 분명했다. 그러나 연합군의 약점을 이미 간파한 할더 장군은 그 정도의 위험은 충분히 감수할 수 있다고 확신했다. 그는 연합군의 지도부가 역습은커녕 그것을 위한 작전술적 차원의 대부대를 신속하고 충분히 통합할 수 있는 능력을 상실했다고 자신했다. 하지만 실제로 그러한 시도가 두 차례 시행된 적이 있었는데, 한 번은 프랑스군, 다른 한 번은 영국군이 시도했다. 그렇다면 이러한 역습들이 어떻게 종결되었는지 자세히 살펴보도록 하자.

(1) 베강 계획

가믈랭 장군은 역습작전의 총체적 지휘권을 북동부전선 사령관 조르주 장군에게 위임했다. 그러나 5월 19일, 가믈랭은 이 전투에 '처음이자 마지막으로' 개입하게 된다.[115] 독일군 선두부대의 후방에 비교적 큰 간격이 발생했다는 정보를 입수한 그는 작전명령 12호를 발령하여 '기동성을 갖춘 특수임무부대'에 그 방면으로 진격하라고 지시했다. 이러한 방책으로 독일군 기갑사단들의 후위를 파고들어 북익에 있던 제1집단군과의 연결을 도모함으로써 이들이 포위당하는 것을 막을 수 있다고 판단했다. 그러나 그의 명령은 대담한 작전계획이라기보다는 막연한 제안이었다. 명령문에서 구체적인 요구사항을 담은 명령은 지금까지도 유명한 단 한 문장뿐이었다.

"모든 것은 1분, 1초에 달려 있다."[116]

훗날 그 실상이 밝혀졌듯이 이 작전이 실행에 옮겨지기까지 여러 날이 허비되었다. 5월 19일, 불운한 가믈랭이 보직 해임되고 74세의 고령인 베강Maxime Weygand이 복직해 프랑스군 총사령관에 임명되었다. 그는 제1차 세계대전 당시 포슈Ferdinand Foch 원수의 오른팔로서 1918년 초 아미앵에서 독일군의 맹렬한 공세를 저지하는 데 큰 공을 세웠다. 게다가 소련의 적군이 바르샤바 바로 앞까지 침입했던 1920년에는 폴란드의 원수 피우수트스키Józef Piłsudski를 보좌하여 '비스와Wista의 기적'†을 일으키는 데 참여했다. 프랑스군 총사령관에 임명된 베강은 자신의 카리스마를 십분 발휘해 이내 프랑스 국민들에게 '프랑스의 구세주'라고 불릴 만큼 기대를 한 몸에 받게 되었다. 그러나 뒤에서 설명하겠지만 그도 역시 전임자만큼, 아니 그보다 더 제1차 세계대전 때의 지휘 시스템을 신봉한 인물이었기에 전쟁지도의 템포는 한층 더 느렸다. 총사령관으로서 그가 취한 첫 번째 조치는 전임자의 명령인 즉각적인 역습작전 지시를 취소한 것이다. 그는 직접 상황을 파악하고 싶어 했다. 그리하여 자신이 존경하는 포슈 장군처럼 반드시 전선을 시찰하고 일선의 주요 지휘관들과 개별적으로 만나야 한다고 생각했다. 독일군의 전격전 템포를 감안한다면 이것은 시대착오적인 발상이었다. 한시가 급하다는 가믈랭의 호소처럼 단 1분 1초의 시간도 허비할 수 없는 상황이었다. 독일군 기갑부대들이 시시각각 프랑스군의 목을 조르기 위해 서쪽으로 달려오는 순간에도 프랑스군은 무의미하게 시간을 낭비했다. 독일군은 마침내 5월 20일에 작전술 차원의 목표인 솜 강 하구, 아브빌까지 도달하는 데 성공했다. 그러나 그날 베강은 파리에서 정치적 고위층, 특히 새로 임명된 내무장관 망델Georges Mandel을 예방하는 데 많은 시간을 허비해버리고 말았다.[117]

5월 21일 아침, 베강은 플랑드르Flandre의 함정에 갇힌 연합군 제1집단군 사령관 비요트 장군을 만나기 위해 비행기에 올랐다. 비행기의 기계 고장을 수리하고 독일 공군을 회피하다 보니 15:00시가 되어서야 이프르Ypres에 착륙할 수 있었다. 그가 이프르에서 프랑스군, 벨기에군 사령관들 및 벨기에 국왕과 차례로 회담한 후 17:30분경 출발해서 비행기, 배, 기차를 갈아타는 지루한 여행 끝에 파리로 돌아온 시각은 그 다음 날인 5월 22일 15:00시경이었다.[118] 그 사이에 독일군은 호기를 포착하고 가용한 모든 사단들을 대서양 해안을 향한 돌파구에 투입했으며, 여기서 다시 항구도시 일대에서 포위된 연합군을 고립

† 1920년경 소련이 폴란드를 침공했을 때 폴란드는 패전의 위기에 다다랐다가 프랑스의 도움으로 비스와에서 반격에 성공했다.

시키기 위해 해안을 따라 북상했다. 연합군의 아라에서의 공세는 제7기갑사단의 효과적인 방어작전으로 중단되었고(영국군의 입장은 뒤에서 자세히 기술함.) 결국 역습은 실패로 끝났다.

5월 22일, 새로 취임한 프랑스군 총사령관은 드디어 '베강 계획'으로 더 잘 알려진 제1호 명령을 하달했다. 당시 파리의 연합군 전쟁지도본부에서 자리를 함께했던 처칠은 그 실상을 자신의 회고록에 이렇게 기록했다.

> "베강의 새로운 명령은 폐기된 가믈랭의 제12호 명령과 비교했을 때 그만의 열정적인 어투 외에는 다른 점이 없었다."[119]

이로써 5월 19일 가믈랭 퇴임 이후 프랑스군은 3일이라는 귀중한 시간을 허비하고 말았다. 전쟁양상을 뒤집기에 충분한 시간을 잃어버린 것이다! 그렇다면 베강 계획은 어떤 것이었을까? 그의 계획은 너무나 단순했다. 그 핵심은 아라의 '회랑'으로의 협공이었다.

- 북부에서는 포위된 비요트 장군이 지휘하는 제1집단군이 공격하고,
- 남쪽에서는 새로 편성된 베송Antoine-Marie-Benoît Besson 장군의 제3집단군이 솜 강 차안에서 공세를 실시한다.

아이언사이드 장군의 말대로 '역사상 가장 무시무시한 군사적 재앙'[120]을 피하는 최선의 방책은 가능한 한 신속하게 대규모 부대를 이 지역의 독일군의 간격(선두의 기갑부대와 후속 보병부대들 간의 간격)으로 돌진시키는 것이었다. 이 작전이 실시되기만 한다면 제1집단군을 포위하고 있는 사슬을 끊을 수 있을 뿐만 아니라 해안에서 독일군을 역포위할 수도 있었다. 나아가 작전이 성공한다면 임박한 파멸을 대승리로 역전시킬 수도 있었다.

조프르Joseph-Jacques-Césaire Joffre는 1914년에 '마른Marne의 기적'을 달성했지만 베강은 '솜에서의 기적'을 재현하는 데 실패하고 말았다. 플랑드르의 함정에 포위된 제1집단군이 가능한 한 신속히 솜 강 남쪽을 공세적으로 돌파해야 했다. 그러나 베강은 5월 22일, 뱅센Vincennes의 연합군 전쟁지도본부에서 자신의 계획을 공포할 때 이렇게 주장했다.

"북쪽에 남아 있는 〔…〕 프랑스-영국-벨기에군을 남쪽으로 진출시켜 남부의 프랑스군의 주력과 연결하는 것은 그다지 어려운 일이 아니다."[121]

그러나 이 시점에서 뜻밖의 문제가 발생했다. 남쪽에서 협공을 실시했어야 할 제3집단군이 계획대로 작전을 실시하지 않고 있었다. 이들은 역습 임무를 부여받았지만 솜 강변 남쪽에 편성한 진지에서 꼼짝 않고 있으면서 독일군의 교두보에 지극히 제한적인 공세만을 취했던 것이다.

5월 23일, 최후의 역습 기회가 찾아왔다. 그러나 이날 저녁 영국원정군 사령관 고트John Gort 장군은 전 부대를 대서양 해안으로 퇴각시키기로 결정하고 아라에 있던 부대들까지 모두 북부로 철수시켰다. 그는 다음 날 계획된 연합군의 역습에 2개 사단을 참가시키겠다고 약속했으나, 더이상 프랑스군을 신뢰하지는 않았다. 고트는 프랑스군이 적시에 작전을 실시하지 못할 것이라고 생각했다. 한편 각고의 노력을 쏟던 프랑스군 지휘부는 또 한 번 가혹한 시련을 겪었다. 5월 21일, 베강의 작전계획을 듣고 이프르에서 돌아오던 제1집단군 사령관 비요트 장군이 불의의 교통사고를 당해 사망한 것이다. 이로써 프랑스군 총사령관의 구상과 의도를 가장 정확히 파악했던 유일한 인물이 사라졌다. 그러나 총사령관은 비요트가 사망한 지 3일 후에야 블랑샤르Georges-Marie-Jean Blanchard 장군을 후임으로 임명했다. 플랑드르 평원에서 포위된 제1집단군에는 일시적으로 지휘 공백 현상이 발생해 원래 5월 23일로 계획된 역습작전이 24일, 26일, 27일로 계속 연기되었으며, 결국 취소되었다. 이로써 프랑스군은 재앙을 막을 수 있었던 마지막 기회를 스스로 포기했다.[122]

(2) 영국이 주도한 아라에서의 역습

지금까지 연합군의 역습작전 시도는 프랑스군, 영국군, 벨기에군이 서로 손발이 맞지 않아 모두 수포로 돌아갔다. 북동부 전선 연합군의 전체 작전통제권을 가진 프랑스군 총사령관은 적시에 역습을 실행하는 데 적극적이지 않았다. 그러자 영국군 총참모장 아이언사이드Ironside가 독자적으로 작전권을 행사하기 위해 나섰다. 여기에서 주목할 만한 점은 가믈랭 계획이나 베강 계획, 아이언사이드 계획이 기본적으로 거의 동일했다는 것이다. 단 하나 부족했던 것은, 적시에 작전술 차원의 구상을 실행에 옮길 지휘관의 확고한 리더십이었다. 아이언사이드는 5월 20일 영국 원정군 사령관 고트 장군과 그의 상급 지휘관이자 제1집단군 사령관인 비요트 장군을 방문했다. 그들은 독일군의 회랑을 역습하는 계획에 합의했다. 이튿날 1개 기갑여단으로 증원된 영국군 2개 보병사단이 아라에서 남쪽으로 진격하고, 이와 동시에 프랑스 제5군단 예하 2개 사단이 캉브레에서 동쪽으로 공격한다는 계획이었다. 프리우 장군의 기병군단은 그 특유의 돌파력을 지원해주기로 약속했다. 그의 제2, 3경기계화사단의 전차들이 안뉘Hannut와 겜블루Gembloux에서 독일군에게 막대한 피해를 입혔던 혁혁한 전공을 세운 만큼, 이 저돌적인 기갑부대 전문가는 이번 역습작전의 적임자였다. 또한 그동안 일시적으로 제7군에 배속되었던 제1경기계화사단이 원복하여 기병군단이 완편되었다. 이 대규모 부대가 다시 이러한 중책을 맡게 된 것은 어찌 보면 이미 예견된 일이었지만 그 당시 프리우의 막강한 기갑부대는 대기 중에 중대 단위로 분할되어 각각의 보병사단이 통제하고 있었다. 이 때문에 대규모 작전을 수행하기 위해 이들을 집결시키기란 그리 쉬운 문제가 아니었다. 각 보병사단장들은 기갑부대의 집결 명령에 즉각 순응하지 않았고, 집단군 사령부가 군사재판에 회부하겠다고 위협한 후에야 머뭇거리며 전차부대들을 돌려보냈다.

아이언사이드는 베강에게 전화를 걸어 자신의 의도를 상세히 알려주는 한편, 비요트 장군의 비협조적인 태도에 대해서 불만을 터뜨렸다. 그는 아라 북부의 랑스Lens에 있는 자신의 사령부에서 제1군 사령관 블랑샤르와 함께 비요트 장군을 만났다. 아이언사이드는 자신의 일기에서 깊은 절망에 빠져 있던 두 프랑스 장군에 대해 다음과 같이 솔직담백하게 표현했다.

> "이들은 계획은커녕 계획을 세울 생각도 없이 그저 몰살당하기를 기다리고 있었다."[123]

체구가 대단히 컸던 아이언사이드는, 그가 나중에 인정했듯이, 자제력을 잃고 비요트의 멱살을 움켜잡았다.[124] 결국 비요트는 역습작전에 협조하겠다고 약속했다. 사실 비요트, 적어도 블랑샤르는 조국의 운명이 걸린 이 연합작전을 지휘할 책임이 있었다. 그러나 이들은 제5군단장 알트메어René-Félix Altmayer 장군에게 작전의 전권을 위임했다. 그러나 그도 이 임무를 부여받았을 때 사기가 떨어질 대로 떨어져 회복이 불가능한 상태였다. 영국원정군에 파견되어 있던 프랑스 제1군의 연락장교 보트랭Vautrin 소령은 당시를 이렇게 회상했다.

|서부전역 발발 몇 주 전 명예훈장을 수여하기 위해 회동한 영국과 프랑스의 지도부|
왼쪽부터 아이언사이드 장군, 조르주 장군, 처칠, 가믈랭 장군, 고트 장군

|서부전역 중 만난 히틀러와 괴링|
왼쪽부터 히틀러, 괴링, 보덴샤츠 중장

"녹초가 된 알트메어 장군은 상심한 표정으로 내 야전침대에 털썩 주저앉더니 조용히 눈물을 흘리기 시작했다. 그는, 우리가 현실을 직시해야 하며 자신의 부대는 이미 끝장났고, 이 명령을 거부하기로 마음먹었지만 자신이 그 책임을 지고 대대 선두에 서서 기꺼이 목숨을 바치겠다고 말했다. 그는 자신의 군단을 더 이상 희생시키지 않겠다고 말했지만 이미 병력 절반을 잃어버린 상태였다."[125]

사태를 더 악화시킨 또 하나의 사건은 의사소통 과정에서 생긴 오해였다. 아이언사이드는 무슨 일이 있어도 '5월 21일에' 공격을 실시하기를 원했다. 그러나 블랑샤르는 알트메어에게 하달한 명령문에 '5월 21일부터' 공세를 시작한다고 기재했다. 그래서 알트메어는 자신의 군단이 5월 22일에나 준비가 완료될 것이라고 상부에 보고했다. 리예Lyet 대령이 썼듯이, '한 편의 드라마 같은 프랑스-영국군 연합작전의 실패는 이 몇 마디 단어 때문'[126]이었다. 그 결과 영국군은 5월 21일에 거의 단독으로 공격작전에 돌입해야 했다.

오해의 사슬은 거기서 끝나지 않았다. 공교롭게도 영국군 상급지휘부의 공격계획을 넘겨받은 프랭클린Harold E. Franklyn 장군(영국군 제5보병사단장)은 이것이 먼저 받은 명령과 다를 바가 없다고 생각했다. 공격 방향도 똑같았고 아라에서 남쪽으로 진격한다는 점도 같았다. 그러나 이번 명령에서는 군사 요충지인 아라를 확보하고 독일군의 연결선을 차단한다는 제한된 목표가 설정되어 있었다. 문제는 프랭클린이 전술적 목표를 달성함으로써 작전술 차원의 승리를 이루려 했던 아이언사이드의 의도를 충분히 전달받지 못했다는 것이다. 더군다나 그는 자신의 측방에서 프랑스군이 병진 대형으로 공격작전을 실시하게 될 것이라는 통보도 받지 못했다. 이에 그는 자신의 모든 전력을 집중해 역습에 투입하지 않고 제5, 50보병사단의 주력을 아라 일대에 구축된 방어진지에 보내 순수 방어작전을 시행하고, 일부는 후방에 예비대로 배비하기로 결정했다. 이 때문에 연합군의 사활이 걸린 결정적인 전투인 역습작전에는 남겨진 단 2개의 증강된 보병대대만이 참가하게 되었다.

한편 이 작전을 위해 진군한 영국군 2개 전차대대마저도 다수의 장비들이 갑자기 고장나는 바람에 전력이 크게 부족했다. 이들은 58대의 마크 I 전차와 16대의 마크 II(마틸다) 전차, 14대의 경전차 등 총 88대의 전차만을 가지고 있었다. 그러나 이 공세를 지원하는 임무를 부여받은 프리우 기병군단 예하 제3경기계화사단은 다수의 소뮤아 전차를 보유하고 있었다. 이 전차는 돌파작전 시 독일군 측방을 무너뜨리는 선봉이 될 수 있었지만 이 사단은 우측방 방호임무만을 부여받아 작전에 도움이 되지 못했다.

이 공세의 지휘권을 위임받은 마르텔Giffard Martel 장군은 예하부대를 다음과 같이 2개 제대로 편성했다.

- 우익은 로열Royal 전차연대 예하 7대대와 더햄Durham 경보병연대 제8대대가,
- 좌익은 로열 전차연대의 4대대와 더햄 경보병연대 제6대대가 맡았다.

이 두 제대는 각각 1개 포대, 중重전차 중대, 대전차 소대 그리고 수색정찰부대를 배속받았다.[127] 그 후 개시된 영국군 역습의 위력은 독일의 문서들에서 대단히 드라마틱하게 묘사되어 있다. 로널드 르윈Ronald Lewin은 다음과 같이 기술했다.

> "당시 상황에 대해 신화와 진실이 나뉘어 있다. 영국군의 공세는 〔…〕 많은 사람들로부터 갈채를 받았지만, 실제로는 전차와 보병의 협조가 전혀 이루어지지 못한 최악의 역습이었다."[128]

이 공세가 준비과정부터 얼마나 미흡했는지는 무전기 주파수 할당 문제만 보더라도 잘 알 수 있다. 전차부대 내에서뿐만 아니라 보병부대들과도 무전 소통이 불가능했다. 특히 우익에 위치했던 부대들은 부대 이동을 개시하자마자 큰 혼란에 빠졌다. 로열 전차연대의 제7대대는 방향을 잃고 엉뚱한 도로로 진출했고 보병과의 연락마저 두절되었다. 처음에 이 대대는 무작정 서쪽으로 가다가 뒤장에서 만난 프랑스군 전차부대를 적으로 착각하고 잠시 교전을 치렀다. 그러고 얼마 못 가, 영국군을 지나쳐 북쪽으로 진격한 롬멜 전차연대의 후미와 만나 갑작스런 전차포 사격을 주고 받으면서 큰 혼란에 빠졌다. 독일군과 일전을 벌인 후 로열 전차연대의 제7대대는 원래 기계획된 기동로에서 훨씬 더 동쪽으로 이탈했고 덴빌 북부에서 좌익 공격부대와 또 한차례 충돌했다. 영국군 전차대대는 튕겨 나온 당구공마냥 기계획된 남쪽이 아닌 서쪽으로 방향을 바꾸어 지나칠 만큼 뻗어 나갔다. 이 대대는 웰리에 진지를 구축한 독일군 포병부대의 측방공격을 받았다. 영국군 전차부대는 롬멜이 직접 지휘한 포병부대를 상대로 공세를 실시했으나 실패하고 말았다. 극소수의 전차들만이 웰리 일대를 이리저리 우회하며 공격을 계속했다.

영국군 좌익 부대들은 공세 초기에는 큰 성과를 거두는 듯했다. 로열 전차연대 제4대대는 아시쿠르Achicourt(아라의 남쪽)에서 이동 중이던 독일군 제6보병연대를 격파하고 대전차포 진지도 돌파했다. 하지만 결국 메르카텔과 틸루아 일대에 구축된 독일군 포병과 방공포 진지와 정면 충돌함으로써 작전한계점에 이르고 말았다. 당시의 처참한 장면을 목격했던 한 영국군 장교는 이를 다음과 같이 묘사했다.

> "나는 움직이지도, 쏘지도 않는 A, B중대의 전차들 사이를 지나가며 처음에는 이상하다고 생각했다. 곧 나는 그들에게 끔찍한 일이 일어났음을 알 수 있었다. 전차들은 고철덩어리가 되어 있었고 전차포들의 포구가 사방으로 향해 있었다. 수 대의 전차들은 포탑 해치가 열려 있었는데 승무원들은 전차 포탑에 반쯤 걸려 죽어 있거나 신음하고 있었다. (…) 우리 영국군은 이 계곡에서 최정예 전차병들을 잃었다."[129]

이곳에서 살아남은 몇 대의 영국군 전차들은 남쪽에 위치한 SS-토텐코프사단의 저지 진지에까지 이르렀다. 그러나 얼마 못 가 이들도 치열한 격전 끝에 멈춰 섰다. 공중에서 슈투카가 출현했을 때 영국군은 이미 철수 중이었다.

프랑스군 제3경기계화사단 예하의 기갑부대들도 작전이 개시되자마자 큰 혼란에 빠졌다. 프랑스군은 영국군의 우측방을 방호해야 했으나 영국군으로부터 공격방향과 시간을 명확히 통보받지 못한 상태였다. 앞에서 언급했듯이, 영국군은 공세가 시작되자마자 치명적인 교전에 휘말렸다. 프랑스군의 소뮤아 전차들은 신속하게 한 대전차부대의 급편 방어진지를 성공적으로 돌파했다. 그러나 곧 그 진지가 영국군의 것이었음을 알게 되었다. 그럼에도 불구하고 프랑스군 전차들은 나중에 영국군에게 결정적인 지원을 해주었다. 영국군은 이날 저녁 롬멜의 명령에 따라 후방으로 되돌아오던 제25전차연대에게 퇴로를 차단당할 위기에 직면했다. 독일군 전차들은 뒤장의 남쪽에서 약 60여 대의 프랑스군 전차들과 격렬한 교전을 벌였다. 독일군은 엄청난 손실 끝에 프랑스군을 물리치는 데 성공했지만 그사이에 영국군은 북쪽으로 무사히 퇴각했다.[130]

아라에서의 역습은 영국군의 총 88대의 전차들 중 고작 28대만이 온전히 철수하는 재앙으로 끝났다. 저녁 무렵 간신히 살아남은 부대들은 이날 오후 공세를 준비했던 집결지로 되돌아왔다. 사실 이 작전은 공자 측이 훨씬 유리했다는 점에 주목할 필요가 있다. 일

| 탈취된 마틸다 II전차 |

이 전차는 로열 전차연대 7대대 소속으로 5월 21일 아라의 웰리 북부 외곽에서 피격되었다.

단 그들의 상대는 독일군 전차부대가 아닌 보병부대였다. 영국군 병사들은 다른 전장에서와 달리 용감하게 전투에 임했고, 첫 성공에 고무된 전차병들은 저돌적으로 공세를 펼쳤다. 그중에서도 킹King 소령과 도일Doyle 하사는 전차장으로서 단 2대의 전차만으로 단독으로 웰리를 지나 메르카텔로 진격했다. 2대의 마틸다 전차는 그들 앞을 가로막는 모든 것들을 깔아 뭉갠 '전장의 여왕들'[131]이었다. 독일군의 2개 대전차중대가 전 포문을 열고 빗발치는 집중 사격을 실시했으나 그들을 막지 못했다. 그들은 결국 메르카텔에서 8.8cm 대공포를 맞고 멈추어 섰다.

프랑스군의 샤르 B와 소뮤아 전차가 치른 전투들도 위의 사례와 거의 유사했다. 수많은 전투보고서에 쓰여 있는 극적인 행위들은 모두 전술적으로는 무용지물인 단편적인 성공담에 불과했다. 독일군은 완벽한 제병협동작전을 구사한 반면, 영국군은 각 병과들 간의 통신이 원활하지 못해 역습에 실패할 수밖에 없었다. 무전장비의 기계적 문제 때문에 전차들끼리도 협조된 전투를 할 수가 없었다. 장교들은 전차에서 내리거나 적의 포화 속에서 해치를 열고 수신호로 부대를 지휘해야 했다. 결국 우익의 총지휘를 맡았던 헤일랜드Heyland 중령과 그의 부관이 웰리에서 목숨을 잃었다. 단순한 지휘 시스템하에서 그들은 '본능적인 공격'[132]을 할 수밖에 없었다. 영국군 전차들은 전술적으로 통제되지 못한 상태에서 무조건 정면만 바라보고 맹렬하게 돌진했다. 이처럼 아라에서 실패한 영국군 전차부대의 작전은 구데리안이 강조했던 논리와는 철저히 상반되었다. 훗날 리들 하트는 이 전투의 실패 요인을 세 가지로 요약했다.

"보병의 지원이 대단히 미약했고, 포병의 지원은 더더욱 취약했으며, 공중지원은 일절 없었다."[133]

이튿날인 5월 22일, 캉브레에서 실시된 프랑스군의 공세는 더 큰 실패로 끝났다. 알트메어는 프리우 기갑군단의 일부 전차부대의 지원을 받아 제5군단으로 공격할 계획이었다. 그러나 실제 작전에 투입된 전력은 1개 보병연대와 2개의 감편된 전차대대급으로 축소되었다. 그럼에도 불구하고 공자에게는 진공 상태에 가까운 독일군의 간격을 돌파할 수 있는 절호의 기회였다. 독일군 기갑사단은 이미 캉브레를 통과한 후였고 그 뒤를 보병사단이 도보로 후속하고 있었지만 이곳까지는 아직 다다르지 못한 상태였다. 독일군 보병사단은 이날까지 극소수의 독일군 경계병들만이 지키고 있던 캉브레에 도달할 수가 없었다. 그러나 프랑스군의 공세는 독일 공군의 폭격만으로 저지되었고, 프랑스군은 캉브레 외곽까지 접근했다가 다시 북쪽으로 철수해야만 했다.[134]

할더 장군은 기갑사단이 보병사단과 간격을 벌리면서까지 대서양 해안으로 진격하는 위험을 감수했다. 5월 23일, 그는 일기에 강력한 보병부대들이 아라 일대에 도착하는 데 '며칠이 더 걸릴 수도 있다'고 기록했다.[135] 그러나 연합군은 이처럼 상황을 역전시킬 수 있었음에도 불구하고, 부대를 유기적으로 통합 운용하지 못해 작전술 차원의 역습작전을 무위로 끝내고 말았다. 정예사단들을 포함한 백만 명 이상의 연합군 병력이 플랑드르에서 포위되었다. 연합군의 공격은 아라와 캉브레에서 2개의 전술적 수준의 흠집을 내는 데에 그쳤다.

4. 아라 역습의 작전술적 효과

영국군은 비록 아라 역습작전에 실패했지만 누구도 예측하지 못한 파장을 불러일으켰다. 그로 인한 작전술적 · 전략적 결과는 전술적 원인과는 차원이 달랐다. 이러한 현상은 바로 지나친 '측방에 대한 공포' 때문이었다. 이 같은 독일군 지도부의 과민한 반응은 대다수 고위급 장군들의 사고방식이 '전격전', 다시 말해 '작전술 차원의 기동전'과 얼마나 동떨어져 있었는가를 극명하게 보여준다. 클라이스트 장군은 그 상황을 불현듯 '심각한 위기'로 인식했다.[136] 그는 연락장교인 폰 길덴펠트Heinz von Gyldenfeldt 중령(장군참모장교 출신)을 통해 육군 총사령부의 할더에게 "아라에서의 위기가 해소되지 않는 한 임무를 완수하기가 어렵다."라고 보고했다.[137] 때마침 A집단군 사령관 룬트슈테트 장군과 의기투합한 클루게 장군은 기갑부대의 진격을 즉각 중지시켰다. 5월 22일 영국군의 역습이 실패로 끝났는데도 룬트슈테트는 클라이스트군에게 "반드시 아라의 상황이 해결되어야 하며 그 후 칼레Calais–불로뉴Boulogne 방면으로 진격해도 좋다."는 명령을 하달했다.[138] 그러나 당시 가장 큰 혼란은 국방군 총사령부에서 일어났다. 5월 22일 밤 01:30분경, 총통은 지금껏 자신이 우려했던 바가, 그리고 매번 할더에 의해 무시되었던 일이 결국 현실이 되었다고 주장하면서 비서실장인 슈문트 대령을 시켜 A집단군 사령부에 전화를 걸었다. 아라의 위기 상황을 보고받기 위해서였다. 또 국방군 총참모장 카이텔 상급대장을 현지에 급파했다. 09:00시에 그곳에 도착한 카이텔은 히틀러가 이미 직접 전화로 지시한 명령을 다시 한번 전달했다. 히틀러는 '모든 가용한 기계화부대'를 아라와 아라 서쪽에, 그리고 보병사단들을 아라 동쪽에 배치하라고 지시했다.

그러나 이른바 '아라의 위기'는 독일군 스스로 만들어낸 것이었다. 최고위급 참모부에서만 공황사태가 있었을 뿐, 정작 위협을 느껴야 할 기갑사단들은 전혀 그렇지 않았다. 롬멜은 이러한 상황에 개의치 않고 계속 진격해 나갔고 이튿날에는 아라의 북부까지 진출했다. 5월 23일, 그의 우측에서 진격했던 제5기갑사단은 제1차 세계대전의 격전지인 로레토Loretto 고지를 확보했다. 베르너 대령 휘하의 병사들은 그곳에 우뚝 서 있는 유명한 비문을 발견했다. "로레토 고지를 점령하는 자가 프랑스를 정복한다."[139] 같은 날 할더는 그의 일기에 이렇게 기록했다. "로레토의 성모마리아여! 프랑스의 운명은 우리 손아귀에 있다."[140]

그때 독일 육군 총참모장은 아라에서 영국군의 역습이 실패했음을 확신했다. 그는 구데리안과 마찬가지로 앞으로 측방공격의 위협은 더 이상 없을 것으로 판단했으나 한편으로 연합군이 너무 신속히 해안으로 퇴각하는 것 자체가 오히려 위기를 가져올 수도 있다고 보았다. 이제 이 작전의 마지막 단계인 대서양 해안으로의 경주가 시작되었다. 5월 22일은 영국군에게 운명의 날이었다. 구데리안은 이날 자신의 3개 기갑사단에 세 곳의 항구도시로 진격할 것을 명령했다.

- 제1기갑사단은 칼레로,
- 제2기갑사단은 불로뉴로,
- 제10기갑사단은 됭케르크를 목표로 진격한다.

독일군 전차들이 해안을 따라 연합군의 후방에서 항구를 목표로 압박해 오던 시각, 프랑스군과 영국군의 주력은 며칠 후 철수작전을 실시하게 될 됭케르크 해안에서 아직도 약 100km 떨어진 내륙에 위치해 있었다. 영국군 지휘부는 즉각 이러한 위협을 인지하고 본토에 남아 있는 증원전력을 칼레와 불로뉴 방면으로 급파하는 대책을 강구했다. 이 증원전력을 투입해 됭케르크로 진출하는 독일군을 사전에 차단하고 철수하는 데 필요한 항구를 최소 1개는 확보해야 했다. 그러나 대륙으로 파견할 부대들의 승선이 지연되었다. 이제 이 경주의 관건은 시간이었다. 당시의 급박했던 상황에 대해 영국의 군사사학자인 케네스 맥시Kenneth Macksey는 다음과 같이 설명했다.

> "불로뉴에 증원 전력이 도착하려면 5월 22일 오전이나 되어야 했다. 구데리안이나 라인하르트가 5월 21일에 5월 20일과 같은 템포로 즉각 불로뉴 방면으로 부대를 진출시켰다면 그 항구도시에 무혈 입성할 수 있었을 것이다. 이 지역에는 연합군의 방어 병력이 전혀 없었기 때문이다. 칼레에서도 5월 22일에야 연합군의 방어진지가 완전히 구축되었으므로 이곳도 쉽게 손에 넣을 수 있었을 것이다." [141]

이 중 제10기갑사단이 가장 중요한 역할을 맡았다. 이 시점에서 무방비 상태인 됭케르크로의 진격에는 아무런 문제가 없었다. 그러나 몽코르네에서의 첫 번째 정지명령 이후 아라에서 기갑부대는 다시 한번 멈춰 서야 했다. 만일 상부가 이 명령을 내리지 않았다면 아마 유명한 5월 24일의 됭케르크에서의 정지명령은 아무런 효력을 발휘하지 못했을 것이다. 그랬다면 독일군은 5월 24일 이전에 이 항구를 손에 넣었을 것이기 때문이다.

5월 21일, 영국군이 역습을 시행한다는 내용의 최초 보고가 상부에 전달되자 대서양 해안의 항구들을 향한 기갑부대의 공세는 24시간 동안 중단되었다. 그러나 그 후에도 기갑부대의 전력 중 절반만 공세를 재개한다는 승인을 받아 심각한 사태가 야기되었다. 여러 부대들 중에서 하필이면 됭케르크로 진격해야 할 제10기갑사단에 클라이스트 기갑군의 예비대 임무가 부여되면서 이 사단은 불필요하게 후방에 억류되었다. 구데리안은 '너무나 안타까웠지만'[142] 이 결정을 받아들였다. 게다가 그에게 주력부대로 솜 강변의 남쪽 측방을 방호하라는 임무가 떨어졌다. 그러나 그 시각 그 임무를 수행하기 위한 새로운 부대들이 속속 도착하고 있었다. 더군다나 아라에서는 역습에 실패한 영국군이 퇴각하고 있었음에도 이들을 아라 지역 방호에 투입하는, 작전 논리에 전혀 들어맞지 않는 상황이 벌어졌다. 라인하르트도 '아라에서의 정지명령'을 결코 이해할 수 없었다. 5월 21일, 라인하르트 기갑부대는 됭케르크를 겨우 50km 남겨 놓은 지점에 있었기 때문에 모든 독일군 군단들 중에서 가장 빨리 이 항구에 도달할 수 있었다. 하지만 어리석게도 라인하르트는 아라에서 패퇴한 적들을 격멸하라는 명령을 받았고 이 기갑부대의 일부는 동쪽으로 방향을 돌리게 되었다.

구데리안은 24시간을 허비하고 난 후, 5월 22일 정오경 자신의 나머지 군단 전투력으로 공격 재개를 승인받았다. 그러나 이 항구를 기습적으로 확보할 수 있는 절호의 기회는 이미 사라져버렸다. 제2기갑사단은 3일이나 소요된 격렬한 시가전을 치른 끝에 결국 5월 25일 불로뉴를 점령했다. 보병들이 중세시대마냥 성벽에 사다리를 타고 올라가는 백병전을 해야 할 정도로 전투양상은 치열했다. 칼레는 하루 늦은 5월 26일에야 손에 넣었다. 처칠은 당시 상황에 대해 이렇게 기술했다.

> "칼레는 결정적인 지점이었다. 다른 여건들을 본다면 됭케르크에서의 탈출이 불가능할 수도 있었다. 하지만 칼레에서의 방어작전으로 우리는 3일이라는 시간과 그라벨린겐Gravelingen 일대의 운하를 확보할 수 있었다. 이 일들이 없었더라면 〔…〕 전 부대들이 고립되어 우리는 모든 것을 잃어버렸을지도 모른다."[143]

나중에 다시 설명하겠지만 아라에서 실패한 영국군의 역습이 어떠한 사태를 야기했는지 잠시 살펴보도록 하자. 그 책임의 일부는 롬멜에게 있다고 해도 과언이 아니다. 그가 사실상 '아라의 승리자' 임에는 의심할 여지가 없다. 롬멜은 연합군의 장군들과 달리 관행을 거부하고 적의 포탄이 떨어지는 최전선 한가운데서 자신의 사단을 지휘했다. 극도의 위험 속에서도 부하들과 함께한 그의 용기와 냉철함은 높이 평가받아야 마땅하다. 그는 갑자기 닥친 위협에 번개처럼 신속하고 과감하게 대응해 위기를 승리로 전환시켰다. 하지만 성공을 이끌어낸 그의 극단적인 성격 이면에 자리 잡은 공명심이 결정적인 실책을 낳고 말았다. 그는 자신의 업적을 한층 더 높게 평가받기 위해 위협의 정도를 과장되게 표현해, '수백 대의 적 전차'[144]가 자신의 부대를 공격하고 있다고 보고했다. 그 보고 때문에 상급자들은 상황이 매우 심각하다고 여기게 되었다. 서부전역 이후에 롬멜이 히틀러에게 제출한 이른바 롬멜 보고서(소위 롬멜 앨범)는 영국군의 역습 상황을 가리키는 적색 화살표로 빽빽하게 채워져 있다. 보고서에 표시된 적 부대의 규모는 아마 5개 사단은 족히 될 것이다.[145]

작전이 진행되는 동안 히틀러와 몇몇 장군들은 연합군의 역습이 반드시 있을 것이라고 확신하고 조바심을 냈다. 연합군의 역습이 지연되자 이들의 신경은 극도로 날카로워졌다. 바로 그때 그토록 기다렸던 소식이 들려오자 긴장상태만큼은 종지부를 찍게 되었다. 그러나 롬멜이 초기에 보고한 적 규모에 따르면 역습의 규모가 작전술급으로 매우 컸기 때문에 롬멜의 상급 지휘관들은 과도하게 반응했다. 물론 적의 규모는 즉각 정정되었고 상황은 '진정되었다.'[146] 그러나 때는 이미 너무 늦었다. 히틀러와 몇몇 장군들은 이미 이성을 잃어버린 상태였다. 당시의 상황이 실제로 어떻게 진행되었는지는 롬멜의 좌측에서 공세를 펼쳤던 라인하르트 군단의 전투일지에 상세하게 묘사되어 있다.

> "하여튼 이날의 보고는 좀 과장되었으며 일부 잘못된 부분도 있다. 그들은 〔아라에서〕 둘렝[Doullens] 방면으로 진격한 적 기갑부대가 약 50여 대의 전차를 보유했다고 보고했는데 이는 완전한 허위보고다. 적의 역습에 관한 또 다른 보고들도 대부분 과장되었다."[147]

우측에 인접한 부대의 상황보고는 이보다 더했다. 호트 기갑군의 정보참모부는 이날 저녁, 적들이 '사기를 잃었다', '완전히 혼비백산하고 있다', '탈영병이 속출하는 혼란한 상황이 계속되고 있다' 라고 보고했다.[148] 5월 22일 아침, 제4군 사령부에 접수된 보고서에는 아라에서의 일이 전혀 다른 관점에서 그려져 있다. 롬멜이 차후에 배속된 제39군단의 군단장 슈미트 중장은 "전날의 적 역습은 대단히 무력했다."[149]라고 당시의 상황을 자세히 묘사했다. 그러나 A집단군 예하부대들을 계속해서 진격시키려던 A집단군사령부를 설득하려던 클루게 장군의 시도는 실패하고 말았다. 룬트슈테트 장군은 측방에 심각한 위험이 존재한다는 생각을 굽히지 않았으며, 결국 클라이스트 기갑군의 공세는 정지되었다.[150] 이렇게 하여 역설적이지만, 5월 21일 실패한 영국군의 역습은 '아라에서의 정지명령' 을 탄생시켰을 뿐만 아니라 됭케르크의 전투에 간접적인 영향을 미치게 된다.

8

됭케르크의 기적

"며칠 후면 우리는 최정예 병력들을 모두 잃게 될지도 모른다. ―기적이 일어나지 않는다면."[1]

5월 25일, 영국군 총참모장 아이언사이드 장군

8 - 1

정지명령의 경위

5월 24일, 독일군은 유일하게 연합군의 지배하에 있던 항구도시인 됭케르크의 15km 전방까지 도달해 있었다. 선두부대는 이미 마지막 자연장애물인 아Aa 운하를 넘어섰다. 독일군 기갑부대와 됭케르크 사이에는 이들을 저지할 만한 연합군 부대가 없는 진공 상태였다. 마지막 피난처가 봉쇄되어 약 백만에 가까운 영국군, 프랑스군과 벨기에군이 포위망에 갇히는 것은 시간문제였다. 이들 중 대부분은 됭케르크에서 100km나 떨어진 동쪽에서 B집단군과 접전을 벌이고 있었고 후방에서 다가오는 치명적인 위협에 사실상 속수무책이었다. 그러나 이때 20세기 군사사軍事史에서 가장 기이한 사건 중 하나인 '됭케르크의 기적'이 일어났다. 연합군 병사들도 독일군 전차들이 마법의 손에 붙들린 것처럼 갑자기 정지했다는 믿기지 않는 사실을 알게 되었다.

지금까지 알려진 바와 달리, 정지명령은 히틀러에게서 비롯되지 않았다. 이 독재자는 사실 5월 24일에 기갑부대를 정지시킬 수 없었다. 이미 기갑부대는 정지해 있었기 때문이다. 그는 장군단 내부의 위기가 한창 고조되었을 때에야 개입했다. 보수주의자와 진보주의자 간의 대립 양상이 바로 정지명령의 직접적인 원인이었다. 그 전날 기갑부대를 계속 진격시킬지에 대해서 장군단 내부에서 심각한 의견 충돌이 있었다. 이러한 분열은 다음과 같은 형태로 설명된다.

- 기갑부대 장관급 지휘관들(사단, 군단급)은 가능한 한 신속히 공격해야 한다고 주장했다.
- 야전군, 집단군 사령관들(클루게, 룬트슈테트)은 부대들 간의 간격을 좁히기 위해 기갑부대를 잠시 동안 정지시키는 조치에 찬성했다.

|1940년 5월 24일 정지명령 당시 됭케르크 일대의 부대 배치 상황|

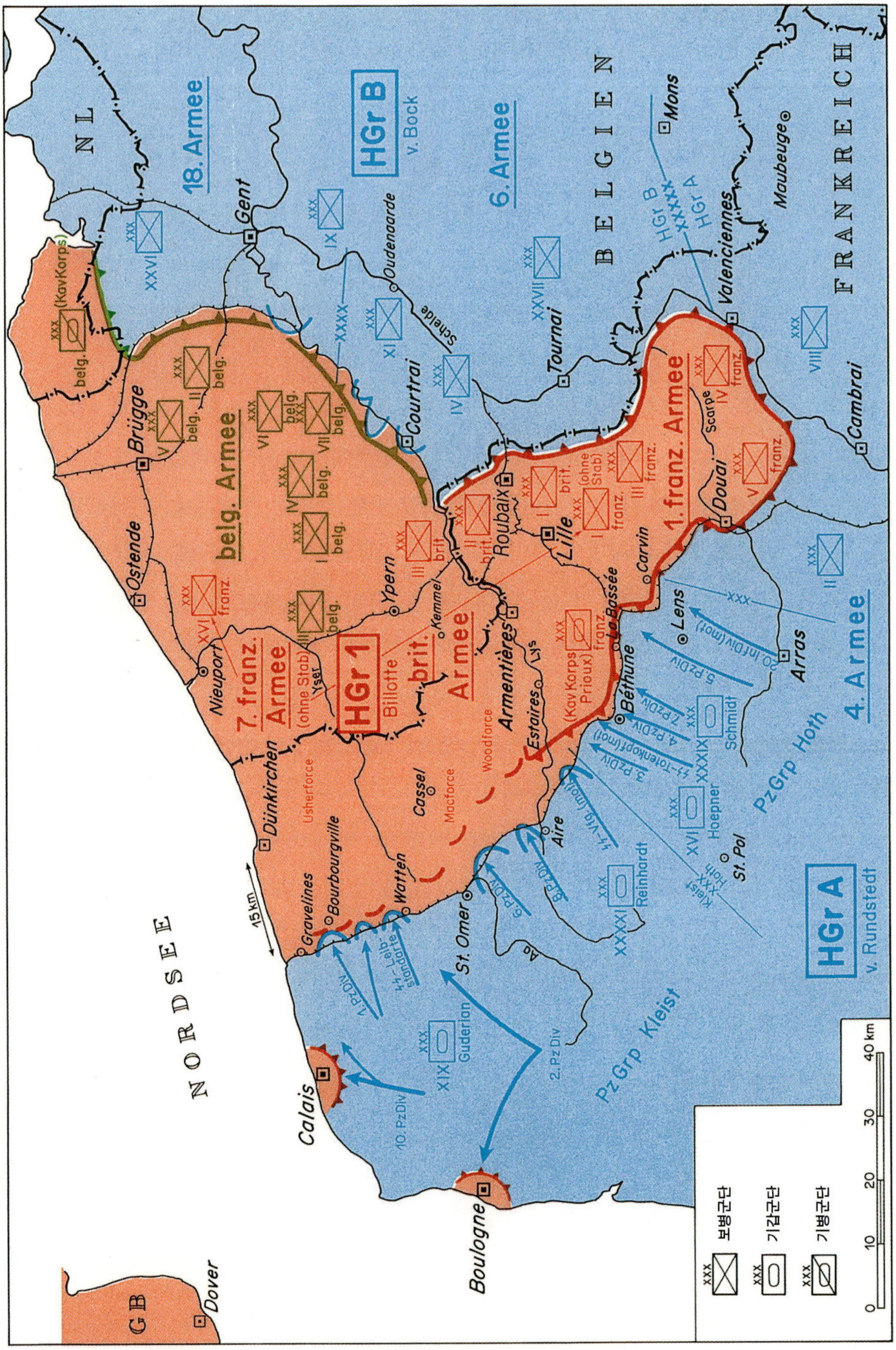

- 육군 총사령부는 신속히 진격시키는 데 찬성했다.
- 히틀러와 국방군 총사령부는 기갑부대를 정지시키는 쪽을 지지했다.

이러한 대립의 원인은 또다시 논란이 된 '측방 위협에 대한 공포'였다. 훗날 룬트슈테트 상급대장은 보크 상급대장에게 이렇게 말했다.

"나는 전투력이 저하된 클라이스트 부대가 철수하던 영국군에게 유린당할까봐 두려웠소."[2]

그의 참모장 조덴슈테른 중장도 '상황을 너무 낙관적으로 보는 것은 좋지 않다'고 생각했다.[3] 5월 25일, 포위된 연합군 사단들이 됭케르크 방면으로 몰려들고 있을 때에도 A집단군 사령부에는 아군이 역포위당할지도 모른다는 위기의식이 팽배했다.

"적이 아군의 제4군과 예하 기계화부대를 격파하기 위해 남쪽과 북쪽에서 역습을 실시하는 사이에 분산된 지상군 부대들 간의 연결을 도모할 가능성을 배제할 수 없다."[4]

이러한 집단적 위기의식은 내부에서 자생한 것이었다. 당시 연합군, 즉 적들에 의한 외부적인 위협은 전혀 없었다. 오히려 마무리 단계에서 신경과민에 빠진 극소수의 독일군 수뇌부—누구도 예측하지 못한 엄청난 승리를 눈앞에 두고서도— 스스로 위기감을 불러일으켰다. 이때는 북쪽이나 남쪽에서 두려움을 느낄 정도의 역습은커녕 그러한 징후조차도 전혀 없었다. B집단군은 이미 지리멸렬해진 연합군 사단들을 북쪽에서 정면으로 밀어붙이고 있었다. 당시 상황을 정확히 파악하고 있던 B집단군 사령관 보크 장군은 측방 위협에 공포를 느끼는 A집단군을 다음과 같이 조롱했다.

"걱정? 나는 그 따위 것에는 관심도 없다. 한때 그런 걱정거리가 있었지만 지금은 전혀 문제되지 않는다. 제6군과 제18군이 영국군의 목을 조르고 있다. 이 상황에서 적들은 목숨만이라도 건진다면 다행으로 여겨야 할 것이다."[5]

독일군 내부에서 가장 탁월한 안목을 가졌던 할더 장군도 5월 23일과 24일의 상황에 대해 '매우 만족스럽다'고 기록했다.[6] 그는 어느 방향에서도 심각한 위기를 조성할 만한 적의 역습은 결코 시행될 수 없다고 수차례 주장했으며, 특히 "솜 강 남부에는 그 어떤 위협도 존재하지 않는다."[7]고 강조했다. 그 근거로 할더는 서부지역 적지 종심부대의 정확한 상황보고 내용을 제시했다. 그럼에도 불구하고 히틀러와 측근의 장군들은 '마른의 기적'이 재현되는 일을 막아야 한다고 주장했고, 이에 너무나 집착한 나머지 스스로 '뒹케르크의 기적'을 야기하고 말았다.

1. 기갑부대와 후속 보병부대 간의 '간격단축 명령' (5월 23일)

일단 정지명령이 탄생한 시점으로 거슬러 올라가 보자. 거기에는 의도하지 않았지만 문제의 발단을 제공한 클라이스트 장군이 있었다. 5월 23일 오전, 그가 상부에 올린 보고문은 치명적인 결과를 초래했다. 클라이스트는 집단군의 명령에 따라 남측방 방호를 위해 자신의 부대 일부를 투입하는 등 여러 가지 과업을 수행해야 했다. 그 때문에 자신의 부대 전력으로는 더 이상 결정적 전투에 참가할 수 없다고 판단한 그는 불만을 토로했다.

> "지난 14일 동안 치열한 전투를 치르면서 적지 않은 피해를 입었다. 특히 전차부대는 50%에 가까운 전력을 손실했는데, 이들만으로는 동쪽으로 진격하여 강력한 적 부대를 상대로 공격작전을 수행하는 것은 불가능하다. 만약 적이 더 강력한 전력으로 공격해 온다면 현재의 기갑사단으로는 방어작전을 실시하기에도 무리다."[8]

할더 장군은 '임무를 완수할 수 없다'는 클라이스트를 향해 '부여된 임무를 지나치게 확대해석하지 말라'고 비웃었다. 나중에 다시 언급하겠지만, 할더는 기갑부대의 손실이 심각하지 않으므로 작전 수행이 충분히 가능하다고 판단했다.[9] 하지만 막중한 임무를 수행 중이던 클루게 장군은 이 보고를 흘려듣지 않고 심각하게 받아들였다. 그는 자신의 야전군 예하 보병사단들뿐만 아니라 6개 차량화보병사단과 10개 기갑사단을 모두 지휘해야 하는 상황이었다. 이 '기동부대'들은 그의 야전군 좌익에서 대서양 해안과 아라[Arras] 사이에 집중되어 있었고, 아라와 발랑시엔[Valenciennes] 사이의 우익에서는 아직도 보병사단이 도보로 전진 중이었다. 이날 16:40분, 룬트슈테트와 대화하던 클루게는 '간격을 좁혀야 한다'는 운명적인 '단어'를 처음으로 입에 담았다. 그는 후속 부대들이 간격을 줄일 수 있도록 즉각 좌익을 정지시켜야 한다고 건의했다. 룬트슈테트 상급대장은 이에 흔쾌히 동의하여 곧바로 명령을 하달했다.

"우익과 중앙을 신속히 진출시키고, 보병사단들을 즉각 전진시켜 간격을 좁혀야 한다."[10]

이에 제4군 사령부는 이날 20:00시 5월 24일을 기해 '기갑사단을 정지시켜 보병사단과 거리를 좁히라'는 내용의 명령을 하달했다. 그 명령에 따라 제2, 8군단(순수 보병군단)만 아라의 동쪽으로 진격하는 것이 허용되었다. 반면 클라이스트와 호트 기갑군은 '5월 25일까지 공세 재개를 위한 준비'[11]를 이유로 이날 내내 정지해야 했다.

사실 5월 23일부로 발령된 룬트슈테트와 클루게의 '부대 간격단축 명령'으로 인해 유명한 5월 24일의 정지명령이 내려지기 훨씬 전부터 모든 기갑부대는 이미 정지된 상태였다. 서부전역을 다룬 많은 문헌들에서는 이 두 조치의 발령 시점이 뒤바뀌어 있다.[12] 여하튼 5월 23일 야간에 발령된 '부대 간격단축 명령'이 24일 각 예하부대에 전파되자 기갑 및 기계화부대장들은 명령 자체를 이해하지 못했고, 심지어 저항하는 분위기까지 형성되었다. 라인하르트 장군은 상급부대가 상황을 오판하여 공세를 중단시켰으며, 지금 이 호기를 놓쳐서는 안 된다고 역설했다. 그는 취약한 소규모의 적 부대들이 전선으로 '접근'하고 있고 그의 기갑부대로 충분히 적을 격파할 수 있다고 확신했으며,[13] 부대 정지명령은 '이적행위'라고까지 주장했다. 그리고 최근 정찰 결과, "적들이 방어태세를 증강하기 위해 새로운 부대를 투입하고 있으며 이들의 엄호를 받아 항구에서 주력 부대를 선박을 이용해서 철수시키려 하고 있다."[14]고 덧붙였다. 구데리안도 전투일지에 새로운 명령 때문에 지금까지의 '공격성과가 무산되고 있다'고 강하게 비판했다.[15]

"지금 이 순간 마지막 남은 거대 항구도시인 됭케르크로의 진격이 〔…〕 절대적으로 필요하다. 그래야만 완벽한 포위를 달성할 수 있다. 그러나 공세는 〔…〕 일단 중단되었다."[16]

최전선에 위치한 사단들은 위기감을 느끼고 있어야 했다. 그러나 이들에게는 위기감

대신, 제6기갑사단의 전투일지에 나와 있는 것처럼, '강한 환멸감'이 싹트고 있었다.

> "지금까지의 전투 경과와는 다르게 전술적 여건이 충분함에도 불구하고 작전술적 이유로 진격 템포가 점점 더 둔해지고 있다. 사단은 5월 24일 일출을 기해 이미 확보된 교두보를 벗어나 전력을 다해 동쪽에 있는 사면초가의 적을 섬멸하기 위한 공세를 취했어야 했다."[17]

2. 룬트슈테트의 일시적인 지휘권 상실

A집단군 사령부의 '부대 간격단축 명령'은 지헬슈니트 사상에 근본적으로 모순되는 조치였기에 거센 반발을 불러일으켰다. 5월 23일 야간과 24일 양일간 장군단 내부의 대립은 육군 총사령부의 간섭으로 더욱 고조되었다. 브라우히치와 할더는 A집단군 사령부를 보수적인 '훼방꾼'(또는 방해자)으로 간주했다. 이러한 대립은 전쟁이 진행되는 과정에서 A집단군이 지헬슈니트 계획의 주역으로 떠오르면서 더욱더 첨예해졌다. 원래 개전 초기에 B집단군은 29개 사단으로 참전했으나 21개 사단으로 그 규모가 축소되었다. 반면 A집단군의 수는 모든 기계화부대를 포함한 총 71개 사단으로 증편되었다. 그러나 룬트슈테트와 그의 참모장 조덴슈테른은 전형적인 '보수적 교리'의 옹호자였고, 절대로 현대적인 '작전술 차원의 기동전'의 주역이 될 수 없는 인물들이었다. 그들과 육군 총사령부 간의 팽팽한 긴장 상태는 할더의 일기에 수차례 언급되어 있으며, 특히 5월 23일자에 잘 나타나 있다.

> "최근 며칠간의 사태를 지켜보니, A집단군이 71개 사단이라는 대규모 부대를 지휘 통제하는 데 대단히 심각한 혼란을 겪고 있는 것으로 보인다. 지휘부와 참모부 장교들의 능력이 충분한지, 적극적으로 임무를 수행할 수 있을지 대단히 의문스럽다."[18]

육군 총사령관 브라우히치 상급대장은 그때까지 실질적으로 참모장 할더에게 작전 실시에 관한 전권을 위임한 상태였다. 그러나 그는 이제 작전에 적극적으로 개입하기 시작했다. 5월 23일 자정 무렵, A집단군은 유선으로 5월 24일 20:00시부로 제4야전군을 A집단군에서 B집단군으로 배속시킨다는 육군 총사령부의 명령을 수령했다.[19] 이는 곧 독일군 전체 기갑사단에 대한 작전통제권을 갖고 있던 룬트슈테트가 이제부터는 단 한 대의 전차도 운용할 수 없음을 뜻했다. 그 대신 룬트슈테트에게는 솜 강 측방 방호 임무가 부여되었다. 브라우히치는 최종적으로 적을 완벽히 포위 섬멸하기 위해 전장의 전 부대들에 대한 작전통제권을 B집단군에게 부여함으로써 지휘권의 일원화를 도모한다는 이유로 룬트슈테트의 '지휘권 박탈'을 공식적으로 천명했다.[20] 할더도 기갑사단들에 대한 룬트슈테트의 지휘권을 박탈하는 데 기본적으로 동의했다. 그러나 작전 종결이 머지 않은 시점에서 이러한 조치는 그에게 불행의 씨앗이 되고 말았다. 할더는 지휘통제 체계 측면에서 발생할 기술적 문제점들을 우려하기 시작했다. B집단군과 기갑부대 간에 통신망이 전혀 구축되지 않은 상태였기 때문이다.

정지명령의 발령과 경과

이튿날인 5월 24일 오전, 기갑부대의 계속적인 진격을 협의하기 위해 샤를르빌Charleville에 있는 룬트슈테트의 사령부를 들른 히틀러는 깜짝 놀랐다. 룬트슈테트가 바로 전날 A집단군이 모든 기갑사단과 차량화사단들로 집중 편성된 제4군을 B집단군에 인계했을 뿐만 아니라 됭케르크가 아닌 솜 강 유역을 책임지역으로 부여받았다는 사실을 듣게 된 것이다. 히틀러는 자신의 승인은커녕 그를 배제하고 진행된 브라우히치의 조치에 불같이 화를 냈다. 그는 즉각 육군 총사령부의 명령을 폐기한다고 공포함과 동시에 룬트슈테트의 비관적인 상황평가에 '전적으로 동의'했다.[21] 룬트슈테트의 평가와 '자신의 생각이 완벽하게 일치'[22]했기 때문이다.

12:45분, 드디어 A집단군 사령부에서 그 유명한 됭케르크에서의 정지명령이 발령되었다.

> "총통의 명령에 따라 아라 동부로의 진격은 제8군단이, 북서부로의 공격은 제2군단이 B집단군 좌익과 협조하여 진행한다. 하지만 아라의 북서쪽, 즉 랑스Lens-베튄Béthune-에르Aire-생오메르St. Omer-그라블린Gravelines에 연한 선을 넘는 것은 절대 금지한다. 대신 모든 기계화부대들은 서측익에 집결해 있다가 적 부대에 압력을 가하여 앞서 언급한 유리한 방어선에 빠져들도록 유도하라."[23]

훗날 룬트슈테트는 히틀러가 자신에게 정지명령을 내리도록 강요했다며, 모든 책임을 그에게 뒤집어씌웠다.[24] 이렇게 조작된 허위사실은 그 후 블루멘트리트에 의해 널리 퍼졌고, 특히 리들 하트가 이를 자신의 저서에 기록하면서 정설로 굳어지게 되었다.[25] 사실 정지명령은 그 전날인 5월 24일부로 실시되어야 했던 룬트슈테트의 '부대 간격단축 명령'의 연속이자 재가일 뿐이었다. 히틀러는 지극히 일반적이고 평범한 내용의 '제13호 명령'을 하달했다.

"차후 작전의 목적은 아르트와Artois와 플랑드르Flandre에 포위된 프랑스-영국-벨기에군을 아군 북익의 집중적인 공세와 그곳의 대서양 해안을 신속히 점령함으로써 섬멸하는 것이다.[26]

히틀러는 기갑부대의 일시적 정지를 찬성하기는 했지만 기타 조치들, 특히 기갑부대를 얼마 동안 정지시킬지에 대해서는 명확하게 룬트슈테트에게 권한을 위임했다. 이에 히틀러의 육군 전속부관 엥겔Engel 소령은 '무척 놀랐다'[27]고 고백했다. 국방군 작전본부장 요들 소장도 5월 25일자 자신의 일기에 이렇게 기록했다.

"총통이 〔…〕 A집단군에게 세부사항의 결정권을 위임했다."[28]

마지막 확증은 A집단군의 전투일지에서 찾을 수 있다. 전투일지에는 "히틀러가 룬트슈테트 상급대장에게 제4야전군의 전투 실시에 대한 지휘권을 확실하게 넘겨주었다."라고 기재되어 있다.[29]

1. 정지명령에 대한 장군단의 반응

됭케르크 직전에서의 정지명령은 독일 육군 내부에서 거센 반발을 불러일으켰다. 제2차 세계대전을 통틀어 단 한 차례의 명령으로 이처럼 격렬한 집단 항명이 일어난 경우는 없었다. 히틀러의 비서실장 슈문트 대령은 몇몇 군단급 지휘관들의 반응에 대해 다음과 같이 진술했다.

"전속력으로 사냥감을 쫓다가 잡기 직전에 막다른 길을 만나 사냥감이 도망가는 것을 바라보는 사냥개의 모습, 이것이 그때 그들의 모습이었다."[30]

리스 소장은 할더 장군이 정지명령으로 일격을 당했을 때의 분위기를 다음과 같이 묘사했다.

"할더 장군은 평소와 달리 1시간이나 늦게 오후 회의에 나타났다. 이날 저녁에야 나는 도무지 이해할 수 없는 이러한 〔…〕 조치를 듣게 되었다. 그는 창백하고 분노에 가득 차 보였고 나는 그런 표정의 할더 장군을 그전에 그리고 그 후로도 한 번도 보지 못했다."[31]

할더가 비통해 한 이유는 그가 전쟁 중에 기록한 일기에도 잘 나타나 있다.

"나는 적의 주력이 집중 배치된 북부에서는 B집단군으로 적을 고착시키고, 적의 취약점인 중부에는 A집단군을 투입해 측후방으로 기동시켜 결전을 수행할 계획이었다. 그 수단이 바로 기계화부대였다. 〔…〕

이제 모든 것이 뒤집어졌다. A집단군을 망치로, B집단군을 모루로 쓰려고 했는데, 이제 B집단군이 망치가 되고 A집단군이 모루가 되고 말았다. B집단군 전방에는 아직도 강력한 적 방어선이 구축되어 있어 수많은 병력이 희생될 것이며 시간적 손실도 막대할 것이다."[32]

육군 총사령부 내의 모든 장교들은 이 상황을 도저히 이해할 수 없었으며, 특히 호이징어Heusinger 중령은 분노를 감추지 못했다.

"됭케르크의 남쪽에서 기갑부대를 정지시키다니……. 이 어처구니없는 명령은 도대체 무엇이란 말인가? 됭케르크 일대에서 포위된 전체 영국 원정군들에게 금문교를 만들어줄 작정인가? 그들에게 철수할 수 있는 기회를 우리 스스로 줄 생각인가? 완전히 몰상식한 작태이다."[33]

리히트호펜Wolfram F. von Richthofen과 케셀링Alfred Kesselring 같은 공군 장성들도 이 반발에 동참했다. 그들은 괴링의 약속도 비현실적이라며 비판했다. 나중에 언급하겠지만, 괴링은 공군만으로 됭케르크의 적들을 싹 쓸어버릴 수 있다고 생각했다. B집단군 사령관 보크 장군도 A집단군의 기갑부대가 이 항구도시를 바로 눈앞에 두고도 적의 배후에서 복지부동하고 있는 상황에서 그의 집단군 예하 순수 보병사단만으로 75km나 떨어진 됭케르크로 신속히 진격해 적을 격멸해야 하는 이유를 이해할 수 없었다.

"됭케르크는 반드시 조기에 탈취해야 한다. 그러지 않으면 영국군이 바라는 대로 그들이 우리의 코앞에서 됭케르크를 무사히 빠져나가는 사태가 벌어질 가능성이 크다."[34]

5월 23일, 부대들 간의 '간격단축 명령(24시간을 기한으로 한)'을 취하하기 위해 중재에 나선 클루게 장군도 클라이스트의 주장대로 계속적인 공세에 동의했다. 그는 5월 25일 저녁, 전화로 조덴슈테른을 비난했다.

"내게 오늘 권한만 있다면 전차들을 카셀Cassel의 언덕으로 올렸을 것이오!"[35]

클루게의 의도는, 서쪽으로 공격 중인 B집단군과 연결하기 위해 현재 위치에서 켐멜Kemmel로 향하는 좁은 통로를 따라 쿠르트레Courtrai(코르트레이크Kortrijk) 방면, 즉 동쪽 방향으로 공세를 취하는 것이었다. 그는 이 방책을 실행한다면 리스Lys 강의 남부 릴Lille 지역에 집중된 프랑스와 영국군의 사단들이 이곳에서 50km 떨어진 됭케르크로 철수할 수 있는 퇴로가 봉쇄되므로 내륙지역에 거대한 포위망이 형성될 수 있다고 주장했다. 그러나 독일군 기갑사단들은 어쩔 수 없이 아라에서 그라블린의 해변에 이르기까지 며칠 동안 도열하듯이 나란히 서서, 연합군의 철수를 무기력하게 바라볼 수밖에 없었다. 그리하여 연합군 부대들은 아무런 저항 없이 됭케르크로 당당히 행진해 들어갔다.

언변에 능한 구데리안도 정지명령을 듣고 '말문이 막힌다'라고 불만을 토로했다.[36] 아무도 구데리안에게 이 조치가 타당한 이유를 설명해줄 수 없었다. 훗날 그는 "최상급 지도부의 간섭이 전체적인 전쟁 결과에 최악의 영향을 미쳤다."라고 비판했다.[37] 더 정확히 말하면, 일부 부대들의 입장에서 이 명령은 정지명령이 아니라 철수명령이나 다름없었다. 아Aa 운하의 동쪽에 확보한 교두보를 포기하고 이 선에서 물러나야 했기 때문이다. 이로 인해 연합군 부대는 아무런 제약 없이 그곳에 진지를 편성할 수 있었다. 아돌프 히틀러 친위대† 부대장이었던 제프 디트리히Sepp Dietrich는 히틀러가 친히 내린 지시임에도 불구하고 이를 거역했는데, 이 일만 보더라도 이 지시가 얼마나 비합리적이었는지를 잘 알 수 있다. 이 SS 부대장은 자신의 부하들과 함께 아 운하를 넘어 대안에 있는 바텐Watten 언덕을 점령했다. 구데리안조차도 히틀러의 가장 충직한 부대가 반동행위를 취하는 모습에 깜짝 놀랐지만, 이 독단적인 행위는 관대하게 처리되었다.[38]

2. 정지명령을 취하시키기 위한 브라우히치와 할더의 노력

됭케르크의 정지명령은 히틀러가 그런 명령을 내릴 만한 위기상황이 실제로 전혀 없었기 때문에 매우 불합리한 조치로 여겨졌다. 히틀러는 5월 24일 늦은 오후에 브라우히치 대장을 호출했다. 브라우히치는 이때가 정지명령의 부당성을 설명해 히틀러를 설득할 절호의 기회라고 생각했다. 물론 그는 브라우히치의 건의를 '매우 불쾌하게' 여겼고[39] 사태는 전혀 다른 방향으로 전개되었다. 총통은 정지된 기갑부대에 대해서 전혀 언급하지 않았고 오히려 브라우히치를 궁지로 몰아넣었다. 히틀러는 브라우히치에게 그의 독단적인 조치 때문에 룬트슈테트가 '엄청난 위기'를 겪고 있다며 거칠게 비난했다.[40] 그는 육군 총사령관에게 육군 작전에 관한 독자적 지휘권을 박탈한다고 공언하고, 앞으로 부대 편성, 예·배속 문제에 대해 자신의 결정을 따르라고 엄중히 경고했다.

히틀러는 브라우히치가 육군 총사령관 후보자들 중 가장 복종심이 강하다고 판단했기 때문에 그를 육군 총사령관으로 임명했다. 그는 개성이 강한 사람이 측근에 있는 것을 꺼렸다. 이런 상황에서, 군사 분야에 거의 문외한인 히틀러에게 감히 룬트슈테트의 상황평가가 틀렸다고 직언할 수 있는 사람은 아무도 없었다. 브라우히치도 자신만의 논리를 갖고 있었지만 위협적인 상황에서 히틀러를 설득할 자신감을 잃고 말았다. 분노를 숨기지 않는 폭군 히틀러와 마주하는 동안 이 감성적인 귀족 출신 장군은 또 한번 정신이 혼미해지고 말았다. 논쟁에 휘말린 동안 그는 '누군가에게 목이 졸리는 듯한' 기분이었다.[41] 이와 대조적으로, 히틀러는 천둥 치듯 소리치고 날뛰면서 장군의 나약함을 비웃고 그에게 모멸감을 안겨주었다. 결국 독재자의 정지명령을 철회하려는 시도는 무산되었다. 20:00 시경 브라우히치는 우울하고 굴욕적인 모습으로 할더에게 돌아왔다.

† 무장친위대, 속칭 SS, 또는 Waffen-SS(Schutzstaffel). 히틀러 친위대라고도 함.

육군 총사령관이 자신의 운명을 포기하는 동안 그의 참모장은 타개책을 모색하고 있었다. 작전참모부장 폰 그라이펜베르크Hans von Greiffenberg 대령과 함께 그는 정지명령을 교묘하게 회피할 방법을 강구해냈다. 이들은 A와 B집단군에 다음과 같은 전문을 보냈다.

> "1940년 5월 24일 발령한 명령과 연계해서 육군 총사령부는 뒹케르크-카셀Cassel-에스테르Estaires-아르망티에르Armentières-이프르Ypres-오스텐데Ostende 선까지 공세를 재개할 것을 허용한다freigegeben. […]"[42]

여기서 결정적인 용어는 바로 '허용한다freigegeben' 였다. 의도적으로 '명령한다befohlen' 라는 표현을 피해 정지명령을 완전히 파기하지 않고, 지금까지 지시된 정지선을 일부 수정한다는 의미로 해석할 여지를 남겨두었다. 할더는 A집단군 사령부가 이 애매하게 작성된 지시를 보편적인 명령으로 보고 '기갑 및 기계화 부대 지휘관' 들에게 그대로 넘겨주기만 한다면 진격을 재개할 수 있을 것이라고 생각했다. 그 밖의 문제들은 이른바 '임무형 전술' 에 맡기기로 했다. B집단군은 이 작은 힌트를 완벽하게 이해했다. B집단군은 "지속적으로 대서양 연안에 전개하고 있는 연합군 함대들을 저지하려면 이 포위망 남부에 위치한 제4군이 반드시 뒹케르크로 신속히 진격해야 한다."[43]고 판단했다.

그러나 한스-아돌프 야콥젠Hans-Adolf Jacobsen이 표현한 것처럼, 독일군 전쟁사戰爭史에서 '사상 초유'[44]의 사태가 벌어졌다. 일개 집단군 사령관인 룬트슈테트 상급대장이 육군 총사령부의 명령을 각 예하부대로 전파하기를 거부한 것이다. A집단군의 전투일지에는 당시의 어처구니없는 상황이 다음과 같이 기록되어 있다.

> "00시 45분 육군 총사령부는 유선으로 새로운 지시를 하달했다. 5월 25일부로 공세를 재개하고, 클라이스트군이 운하 라인을 넘어도 좋다고 승인한다는 것이었다. 이 명령은 제4야전군에는 전달되지 않았다. 총통으로부터 분명히 제4군의 전투 지휘권을 위임받은 사령관〔룬트슈테트〕은 어찌되었든 간에 진격을 재개하려면 차량화부대들만이라도 선두에 있는 부대들과 간격을 줄이는 것이 더 시급하다고 생각했던 것 같다."[45]

5월 25일 자정부터 01:00시까지의 약 1시간은 서부전역의 승패를 결정지은 운명의 시간이었다. 룬트슈테트가 지헬슈니트 작전의 성패를 좌우할 수 있는 기회이자, 무엇보다도 영국을 파멸시킬 수 있는 결정적인 시간이었다. 그러나 그는 지금까지의 자신의 상황 평가를 확신했고 어떠한 외부의 압력에도 꿈쩍도 하지 않았다. 전쟁이 종결된 후 과거의 적이었던 앵글로색슨 족은 훗날 원수 계급에 오른 룬트슈테트에게 깊은 경의를 표했다. 아이젠하워Dwight D. Eisenhower 장군은 그를 "독일군 장군 중 가장 유능하다."고 평가했으며 몽고메리B. L. Montgomery 원수도 "룬트슈테트는 내가 대적한 독일군 장군들 중 가장 훌륭한 인물이다."라고 말했다.[46] 그러나 지헬슈니트 작전에 관한 한 분명 그는 끊임없이 제동을 걸어 눈앞에 있는 승리를 날려버린 장본인이었다. 그는 자신의 참모장인 만슈타인의 '지헬슈니트' 구상을 지지하다가 만슈타인이 해임되자 결국 만슈타인의 기본 구상을 뒤엎은 적대자가 되었다. 그는 보병사단에 의한 측방 방호 없이 기갑부대만을 진격시키는 위험을 감수하려 들지 않았다.[47]

5월 25일 아침, 할더의 강요에 못 이긴 브라우히치는 다시 한번 히틀러를 찾아갔다. 그는 기갑부대를 됭케르크 방면으로 공격시키자고 건의했지만 또다시 묵살당했다. 요들 장군은 당시 상황에 대해 다음과 같이 간략하게 기록했다.

> "총통은 그의 제안을 철저히 무시했고 이미 A집단군에게 결정권을 위임했다고 말했다. A집단군은 프랑스 남부에서의 작전을 위해서라도 일단 기갑부대의 전투력 복원이 필요하다는 이유를 들어 그의 건의를 거부했다."[48]

할더는 그의 일기에 히틀러를 만나고 돌아온 자신의 지휘관이 초췌하고 완전히 기가 꺾인 모습이었다고 기록했다.[49] 이 전쟁에서 브라우히치는 누구보다도 굴욕적인 대우를 받은 장군이었다. 작전 중 가장 중요한 단계에서 육군 총사령관은 육군 지휘권을 몰수당했다. 이제 그에게는 자신보다 위에 선 집단군 사령관의 호의를 기대하는 것 외에는 다른 방법이 없었다. 그러나 집단군 사령관은 무뚝뚝하게 그를 거부했다.

3. 정지명령의 철회(5월 26일)

얼마 지나지 않아 기갑사단의 정지는 치명적이고 중대한 실책으로 밝혀졌다. 그때까지 보병사단들은 힘겹게 후방에서 전진 중이었고 공군에게도 능력 밖의 임무가 떨어졌다. 하필이면 그때, 독일군 조종사들은 영국 본토에서 전개된 전투력이 왕성한 영국 공군과 치열한 공중전을 치르게 되었다. 영국 공군의 전력은 독일 공군보다 월등히 우세했다. 처칠은 프랑스 정부의 간곡한 구원 요청에도 불구하고 공군의 주력을 본토에 남겨두고 일부만을 대륙에 급파했다. 당시 영국 공군이 보유한 최신예 전투기 스피트파이어Spitfire의 출현에 독일 공군은 무척 당황했다. 스피트파이어는 독일 공군이 자랑하는 메서슈미트Messerschmitt 109에 필적할 만했고, 오히려 어떤 면에서는 더 우세했다. 뒹케르크는 영국 공군에게 쉽게 드나들 수 있는 앞마당이나 마찬가지였다. 영국 본토에서부터 50km 거리의 도버 해협만 극복하면 곧장 뒹케르크였으므로 매일 수 회씩 출격할 수 있었다. 다이나모Dynamo 철수작전 동안 영국 공군기는 도합 2,739회나 투입되었다.[50] 반면 독일 공군의 전투기들에게 뒹케르크는 '최대 항속거리의 끝자락'에 있었기 때문에 이들은 그 일대 상공에서 '단시간' 내에 작전을 종결짓고 복귀해야만 했다.[51] 따라서 독일군은 이 전역에서 처음으로 제공권을 상실했고, 혹독한 손실까지 감내해야 했다.[52]

'새로운 임무수행'[53]이 불가능한 상황에 있던 독일 공군에게 너무나도 빨리 그리고 갑자기 '뒹케르크 지역 단독 작전' 명령이 떨어졌다. 그때는 벨기에 영토 내에 독일 공군 기지를 막 건설하기 시작한 단계였다. 그러므로 대부분의 폭격기 부대들은 독일 본토에서 이륙해야 했다. 예를 들면 바이에른 기지에 주둔한 항공기들은 일단 독일 영토를 가로질러 중간 기착지에서 연료를 보충한 후 프랑스를 횡단하여 유럽대륙 북서부 끝단까지 비행해야 했다. 또한 이들의 일부는 육군을 직접 지원하는 임무를 수행해야 했기 때문에 뒹케르크로의 집중적인 공군전력 투입은 사실상 불가능했다. 게다가 당시에 공군은 서부전역의 제2단계('적색계획')를 준비하기 위해 솜 강변과 프랑스 후방의 중요 목표물들을 폭격하는 작전도 실시하던 중이었다.

그러나 독일 공군에게 앞의 상황들보다 더 치명적인 요인은 '영국군 제독들의 결정적인 맹방'이라 불렸던 기상 조건이었다.[54] 개전 이후 2주간 독일군 조종사들은 소위 '헤르만 괴링의 날씨'†의 이점을 유감없이 활용했다. 그러나 뒹케르크를 눈앞에 둔 당시의 하늘은 비구름으로 덮였고, 때때로 안개 때문에 100m의 시계도 확보되지 않아 폭격기와 전

† 개전 2주간 기상 조건이 매우 양호했던 상황을 일컬음.

투기의 출격이 취소되곤 했다. 9일 동안 실시된 영국군의 철수작전 기간 중 독일 공군은 최초 7일간만 작전에 투입되었고 기상 악화로 인해 정상적인 폭격작전은 그중에서도 고작 이틀 반 동안만 실시되었다.[55] 리히트호펜 소장은 처음부터 공군의 단독작전에 거세게 반발했다. 그의 제8비행단 전투일지에 됭케르크와 관련된 부분은 다음과 같은 문장으로 끝난다. "영국을 상대로 한 승리는 물건너갔다."[56]

독일 공군은 연합군의 철수를 저지할 수 있는 능력을 상실한 상태였고 기갑부대는 적들의 철수를 저지하는 것 자체가 금지되어 있었다. 로스베르크Loßberg의 말을 빌리면, 정지명령의 시행으로 말미암아 영국군은 "독일군 전차들이 물끄러미 바라보고 있는 가운데, 아무런 방해도 받지 않고 해안으로 걸어가서 배에 올랐다."[57] 할더도 당시 상황을 신랄하게 비판했다.

> "기갑부대와 차량화부대는 최고 지휘관의 명령에 따라 공격 자체가 금지되어 베튄과 생오메르 사이의 고지 위에 뿌리를 내린 것처럼 멈춰 서 있었다. 이 지시 때문에 포위 지역 내의 적을 소탕하는 데 몇 주가 더 소요될지도 모른다."[58]

룬트슈테트는 자신에게서 기갑부대의 지휘권을 박탈하려 한 육군 총사령부를 원망했다. 그래서 그는 작전술적 논리에 반하면서까지 원칙에 입각해서 오랫동안 정지명령을 고수했다. 그의 휘하에 있던 군사령관, 군단장들도 그의 완고함을 꺾을 수 없었다. 5월 26일 오전, 이미 너무 늦었지만, 룬트슈테트는 점점 불안해지기 시작했다. 견디다 못한 그는[59] 최전선에서 부대를 지휘하던 클라이스트와 호트 장군을 찾아갔다. 두 사람은 자유롭게 진격할 수 있게 해달라고 거세게 독촉했다. 그는 이제 히틀러에게 현재 상황을 보고하는 것 외에 다른 방법이 없다고 판단했고, 히틀러는 룬트슈테트의 건의를 받아들여 이날 13:30분을 기해 정지명령을 취소했다.[60] 그러나 전선에 있던 부대들은 이미 휴식에 들어갔거나 일부는 재편성 중이었으며 몇몇 부대는 장비 정비로 무척 분주했다. 새로운 명령이 최하급부대에까지 전파되고 기갑사단이 다시 이전의 공세 대형을 갖추는 데는 또다시 엄청난 시간이 소요될 수밖에 없었다. 이 때문에 공세는 5월 27일 08:00시에야 재개되었다. 모든 기갑사단들은 됭케르크를 눈앞에 두고도 총 3일 8시간 동안 제자리걸음을 했던 것이다.

그러나 5월 24일부터 27일까지의 기간 동안 상황은 근본적으로 바뀌어 있었다. 이제 불리한 쪽은 연합군이 아니라 독일군이었다.

① 며칠 전에는 됭케르크 바로 앞에 겨우 두서넛의 영국군 중대 규모 부대가 허술한 저지 진지를 구축했던 반면, 지금은 수 개의 사단이 강력한 방어진지 구축을 완료한 상태였다. 5월 27일 독일군이 공세를 개시했을 무렵 적의 방어진지는 매우 견고해서 이를 극복하는 데도 많은 시간과 탄약이 소비되었다.

② 수많은 연합군 부대들이 이 기간 동안 내륙지역에서 해안으로 무사히 철수할 수 있었다. 그 예로, 릴의 포위망에서 아무런 피해 없이 4개의 영국군 사단과 수 개의 프랑스군 사단은 서쪽으로 물밀듯이 이동할 수 있었다. 켐멜에서 좁은 회랑을 차단하는 일은 독일군에게 그리 어렵지 않았으므로 그 회랑만 차단했더라면 연합군의 주력을 모두 포위 섬멸할 수 있었다. 그러나 독일군의 공세부대 중 특히 롬멜의 제7기갑사단이 상급부대의 명령 때문에 회랑 바로 앞에서 정지하고 말았다. 6월 1일 '포위망 속의 포위망'에 갇힌 연합군이 항복했을 때 그곳에서 포로로 잡힌 프랑스 병력은 고작 3만 5천 명이었다.

③ 이 기간 동안 영국군은 철수에 필요한 함대를 집결해 출동시키기에 충분한 시간을 확보했다. 독일군이 만일 5월 24일에라도 됭케르크로 공세를 실시했더라면 이러한 영국군의 조치는 무위로 끝났을 것이다.

④ 며칠간 급변한 기상조건의 변화도 작전에 결정적인 영향을 주었다. 이 때문에 독일 공군의 투입이 제한되었을 뿐만 아니라 우천으로 인해 지형이 질퍽해져서 전차의 기동에도 곤란을 초래했다.

리스 소장은 훗날 그때를 이렇게 회상했다. "하늘이 주신 기회를 놓쳐버렸다."[61]

다이나모 작전, 연합군의 철수

영국과 프랑스는 5월 19일에 처음으로 철수작전을 신중하게 고려하기 시작했다.[62] 5월 26일까지 27,936명의 병사들이 됭케르크와 불로뉴Boulogne, 칼레Calais에서 무사히 승선하는 데 성공했으나[63] 됭케르크를 제외한 두 항구도시는 이내 독일군 수중에 떨어졌으며 독일군의 됭케르크 점령도 초읽기에 들어갔다. 다급해진 영국은 최대한 신속히 철수작전을 시행하기 위해 동원령을 선포해 함대를 편성하기 시작했는데, 프랑스와 벨기에 함정까지 포함하여 이때 동원된 선박은 무려 861척에 달했다.[64] 다급하게 편성된 모기떼 같은 무적함대는 1척의 순양함과 56척의 구축함, 어뢰정을 포함해서 소해정, 요트, 어선, 템스 강의 화물수송용 바지선, 유람선 등 다양한 종류의 선박들로 구성되었다.

5월 26일 18:57분, 드디어 다이나모Dynamo 작전이 개시되었다. 그러나 영국 제독들의 기대는 그리 크지 않았다. 작전은 길어야 이틀간 가능하고, 약 4만 5천 명 선까지 구출될 것으로 여겨졌다.[65] 아이언사이드 장군의 예측은 훨씬 더 비관적이어서 그는 최대 3만 명 정도만이 철수할 수 있을 것이라고 판단했다.[66] 하지만 철수작전은 당초 우려했던 것보다 훨씬 더디게 진행되었고 5월 28일까지 겨우 9,965명만이 승선해 영국으로 수송되었다. 한편 연합군 부대는 이 작전이 시행되는 3일 동안 됭케르크 일대에 어떠한 독일군의 방해나 제지 없이 강력한 방어진지를 구축할 수 있었다. 독일군은 정지명령으로 인해 이를 그저 바라보고만 있었다. 더군다나 다이나모 작전은 시행된 지 3일 후부터 갑자기 활기를 띠기 시작했다. 5월 29일에는 47,310명이, 5월 31일에는 그보다 많은 68,014명이 구조되었다.[67] 마침내 '됭케르크의 기적'이 하나 둘씩 실현되기 시작했다. 당시의 기상조건도 연합군의 철수작전에 톡톡히 한몫을 했다. 파도가 높고 거칠기로 유명한 도버 해협의 바다가 며칠 동안이나 잠잠하기란 불가능했다. 그러나 다이나모 작전이 시행되던 9일 동안 해수면은 마치 연못처럼 잔잔했다. 월터 로드Walter Lord의 말에 따르면, 나이든 잠수부들은 이렇게 잔잔한 바다는 본 적이 없다며 신기해했다고 한다.[68] 이로써 병사들은 항구에서뿐만 아니라 광활한 해변에서도 배에 오를 수 있었다. 철수작전이 종료된 바로 다음 날부터 때마침 돌풍과 함께 거센 파도가 몰아쳤다. 연합군의 철수작전에 결정적인 도움을 주었던 또 하나의 요소는 그 기간 동안 하늘에 낮고 짙게 드리워져 있던 시커먼 구름이었다. 이 덕분에 독일 공군이 제대로 위력을 발휘하지 못했고 연합군은 무사히 철수할 수 있었다. 6월 4일 09:40분, 독일군은 강력하게 구축된 연합군의 방어진지 일대에서 격렬한 전투를 치른 후에야 비로소 됭케르크를 점령하는 데 성공했다.[69]

5월 26일부터 6월 4일까지 실시된 다이나모 작전에서 영국으로 구조된 연합국 병력은 총 338,682명이었다.[70] 그보다 이전에 이미 다른 항구에서 철수한 27,936명의 병사들과 프랑스 항구에서 구조된 4천여 명의 영국군 병사를 합하면 그 숫자는 약 37만 명에 달한다. 이 중 영국인이 약 24만 7천 명, 프랑스군이 약 12만 3천 명이었다. 그럼에도 불구하고 약 8만 명가량의 프랑스군 병력들은 됭케르크 지역에 남겨져 독일군의 포로가 되고 말았다.[71] 며칠 전 혼란의 도가니였던 릴Lille에서는 3만 5천 명의 프랑스군이 독일군에게 항복했고[72] 이들과 같이 포위망에 빠진 벨기에군도 5월 28일 공식적으로 항복을 선언했다. 도합 약 50만 명이 무장해제와 함께 포로로 수용되었다.[73] 5월 20일 이후 플랑드르에서 포위된 100만 명 이상의 병력들 중 얼마나 많은 이들이 격렬한 전투에서 또는 철수작전 중에 목숨을 잃었는지는 정확히 밝혀지지 않았다.

6월 4일 됭케르크의 항구와 해안은 생지옥이나 다름없었다. 여전히 수만 명의 프랑스 병사들이 철수하기를 기다리고 있었으나 독일군의 포격 때문에 구조선들이 해안에 접근조차 할 수 없었다. 이날 아침 캐머런Cameron 소위는 자신의 쾌속정으로 다시 한번 짙은 해무와 연막으로 뒤덮인 항구로 접근하려 했으나 뜻을 이루지 못하고 방향을 돌려야 했다. 그리고 그는 종말의 현장을 목격했다.

> "9일 동안 이곳〔항구〕은 우레와 같이 작열하는 폭탄, 곳곳에서 폭음을 일으키는 유탄, 천둥 치듯 천지를 진동시키는 포탄, 공중으로 난사되는 대공포탄과 무너진 돌무더기들로 아비규환이었다. 지금 그곳은 갑자기 공동묘지로 변해버렸다. 난파된 선박의 조각들과 버려진

| 됭케르크 해변의 모습 |

포대, 〔…〕 방파제와 부둣가에서 절망 속에서 기다리다 고요히 잠든 프랑스 병사들 〔…〕 종말과 죽음의 분위기가 이곳을 온통 뒤덮고 있었다. 비극의 끝을 알리는 장막이 내려오고 있었다."[74]

철수작전이 진행 · 종료되기까지 연합군의 피해상황을 종합해보면, 투입된 총 861척의 연합군 선박 중 13척의 구축함을 포함한 272척이 침몰했고[75] 9일 동안 영국 공군은 177대의 항공기를 잃었다.[76] 또한 영국 원정군은 모든 지상군 장비를 고스란히 뒹케르크에 버려두고 철수했다. 이곳에 입성한 독일군은 약 6만 3천 대의 차량, 2만 대의 오토바이, 475대의 전차와 장갑차량, 2,400문의 야포, 상당한 양의 소화기와 탄약, 군장류들이 온전히 남아 있는 것[77]을 보고 깜짝 놀랐다. 보크 상급대장은 자신의 일기에 다음과 같이 털어놓았다.

"영국군이 철수한 기동로의 모습은 이루 형언할 수 없을 정도로 난장판이었다. 무수히 많은 차량들, 야포, 전차와 각종 지상군 장비들이 좁디좁은 공간에 밀집해 있었으며 서로 뒤엉켜 폐기물 처리장을 방불케 했다. 〔…〕 여기에 버려진 물자는 족히 1개 야전군 분량은 되었으며, 적들의 장비는 훌륭하고 완벽해서 너무나 빈약한 장비를 가진 우리들의 시기심을 불러일으키기에 충분했다."[78]

그럼에도 불구하고 지헬슈니트 작전이 종결된 순간, 승자로서 대서양 해안에 서 있던 수많은 독일군 장교들의 가슴속에는 희비가 교차했다. 그들은 승리를 축하해야 할지 분노해야 할지 몰랐다. 갈망하던 뒹케르크는 손에 넣었지만 영국군은 이미 그곳에서 사라진 뒤였기 때문이다.

됭케르크의 정지명령이 제2차 세계대전에 미친 영향

"만일 영국 원정군이 북부 프랑스에서 섬멸되었다면 영국은 전쟁을 더 이상 계속할 수 없었을 것이다. 그리고 영국이 전쟁을 포기했다면 히틀러에 대항하기 위해 미국과 스탈린의 러시아와 연합세력이 구축되는 일은 결코 없었을 것이다."[79]

앨리스테어 혼 Alistair Horne

앞에서 살펴본 것처럼, 독일제국에게 제2차 세계대전은 시작하기도 전에 이미 전략적으로 패배한 전쟁이나 다름없었다. 그러나 뜻밖의 사건들이 연이어 벌어졌고 결국 예상을 완전히 뒤엎었다. 독일은 프랑스군을 교묘하게 따돌림으로써 스당 돌파를 성공시키더니 급기야 됭케르크에서 절대강자—독일의 입장에서 영국의 국력을 따라잡기가 어려웠으므로—라 여겼던 대영제국에 결정적 일격을 가할 수 있는 절호의 기회를 잡았다. 영국 원정군은 비교적 규모가 작았지만 엄정한 선발부터 고도의 교육훈련까지 완비된 영국군의 최정예부대였다. 독일군은 이 원정군을 플랑드르 평원에서 포위하는 데 성공해 이들을 사로잡는 것은 시간 문제였다. 평시 국민개병제가 아닌 모병제를 채택한 영국군에게 이들은 육군의 전부라고 해도 과언이 아닐 정도로 중요한 존재였다. 됭케르크에서 그들이 괴멸된다는 것은 두 가지 측면에서 영국에게 재앙 그 자체였다. 영국군의 최정예 병력을 단번에 잃을 수 있을 뿐만 아니라 본토에서 새로운 병력을 양성해야 할 유능한 교관과 조교요원들이 모두 희생될 수 있었다.[80] 가장 치명적인 것은 장교의 손실이었다. 장교가 없다면 누가 새로 창설될 부대들을 전술적 · 작전술적으로 지휘할 것인가? 거의 모든 고위급 장군들, 이를테면 훗날 북아프리카에서 롬멜과 대적하고 1944년 노르망디 상륙작전을 지휘한 몽고메리나 알렉산더 같은 유능한 장군들이 당시 됭케르크에서 포위되어 있었다. 1940년 5월, 이 포위망에 갇혀 있던 제2군단장 브룩Alan Brooke 장군은 당시를 이렇게 회상했다.

"만일 원정군이 철수하지 못했다면 우리는 그 충격에서 헤어날 수 없었을 것이다."[81]

훗날 원수 계급과 영국군 총참모장에 오른 그는, 만일 그때 작전이 실패했더라면 영국 국민들은 엄청난 충격에 휩싸여 전쟁을 계속하려는 각오가 단숨에 꺾였을 것이라고 말했다. 그러나 영국 국민들은 다시 한번 희망을 갖게 되었다. '됭케르크의 정신'이 분위기를 반전시키는 결정적인 구실을 한 것이다.[82] 사실 윈스턴 처칠은 정부가 원정군을 구출하지 못하더라도 어떻게 해서든 전쟁을 계속해야 한다고 주장했다. 그는 '영국 본토가 침공을 받아 폐허가 된다고 해도' 식민지에서라도 전투를 계속할 준비가 됐다고 언급했다.[83] 물론 문제는, 됭케르크에서의 사태가 비참한 재앙으로 끝났을 경우 과연 이 정부가 며칠 동안이나 집권할 수 있었겠느냐는 것이다. 히틀러가 이해할 수 없을 정도로 영국에 우호적이었다는 사실은 뒤에서 상세하게 다루겠지만, 그는 자신이 영국과의 대타협을 염두에 두고 있으며 나아가 적대국에게 '명예로운 평화협상'을 제안하겠다고 여러 번 강조했다. 그러나 이는 어불성설이다. 만일 그가 원정군을 손에 넣었더라면 지상 최고의 가치를 가진 담보물을 보유하게 되는 것이나 마찬가지였다.[84] 미국도 영국이 완패했다면 새로운 영국군을 재건하기 위해 장기간에 걸쳐 막대한 자금을 투자하지 않았을 것이다. 히틀러가 이 기회를 틈타 상비군을 전혀 보유하지 않은 무방비 상태의 영국 본토를 침공하겠다고 협박했다면 전쟁을 한결 쉽게 종식할 수도 있었을 것이다.

그러한 의미에서 대부분의 영국 작가들은 '됭케르크의 기적'이 없었더라면 윈스턴 처칠 내각이 순식간에 붕괴되고 영국은 틀림없이 전쟁을 포기했을 것이라고 결론 내렸다. 만약 이 같은 사태가 발생했다면 역사는 다음과 같은 무시무시한 시나리오로 전개되었을 가능성도 충분하다. 서부전역이 발발할 시점에 한창 군사력을 건설하고 있던 독일은 영국 해군과 공군의 방해를 받지 않고 대규모로 방위산업을 육성해 군비를 팽창했을 것이다. 히틀러는 발칸(예를 들어 크레타)이나 북아프리카에 군대를 파병할 필요도 없었을 것이고 소련에 모든 군사력을 집중할 수 있었을 것이다.[85] 이 문제에 대해 노먼 겔브Norman Gelb는 다음과 같이 썼다.

> "만약 그랬다면 소련은 정말 참담한 결과를 맞았을 것이다. 또한 영국에서의 공중전도 일어나지 않았을 것이다. 〔…〕 다이나모 작전이 종료된 지 6주 후에 개시된 이 전투는 역사적으로 큰 의미가 있다. 이때 독일 공군은 1,882대의 항공기뿐만 아니라 가장 숙련된 조종사와 폭격기 승무원들의 대부분을 잃었다. 이런 손실이 없었더라면 히틀러는 소련을 상대로 한 전격전에서 당시의 두 배의 공군력을 활용할 수 있었을 것이다.
>
> 더구나 대서양 방벽에서, 서부유럽에서, 또는 서부 이집트와 리비아의 사막전에서 영국을 상대할 필요 없이 40개 이상의 사단을 러시아 전역에 집중할 수도 있었다. 그러나 독일군은 이러한 추가적인 공중 전력과 사단들 없이 러시아 전역에서 순수하게 육군만으로 4개월 만에 300만 명의 전쟁포로를 획득했다. 〔…〕 모스크바는 함락되었을 것이고 레닌그라드는 두말할 나위도 없다."[86]

당연하지만, 영국 역사가들이 발전시킨 '됭케르크의 전설'을 과대평가해서는 안 된다. 그 뒤에는 제2차 세계대전이 연합군의 승리로 끝나는 데 대영제국이 결정적인 역할을 했음을 강조하려는 의도가 너무나 명백히 숨겨져 있다. 몇몇 작가들의 주장처럼, '됭케르크의 기적'이 없었더라면 히틀러의 국방군이 또 한 번의 전격전으로 소련군을 유린했을 것이라는 논리는 가설일 뿐이다. 그러나 누구도 부정할 수 없는 사실은 독일군의 됭케르크 정지명령은 제2차 세계대전에서 가장 중대한 오판 중 하나였다는 것이다.

8 - 5

히틀러의 정지명령에 대한 가설들

"중대한 실책을 저지른 고위층 인사들이 훗날에라도 (자신의 실수를 인정하고) 진실을 밝히는 일은 매우 드물다. 히틀러도 진실을 추구하는 위인과는 거리가 멀었다. 그의 말을 좇아가다보면 점점 혼란에 빠지기 때문이다."[87]

정지명령의 근거에 대해, 리들 하트

1. 제1가설 : 불리한 지형

서부전역이 종결된 뒤 히틀러는 '됭케르크의 불리한 지형' 때문에 기갑부대의 전투력을 아끼기 위해 이들을 정지시켰다고 주장했다.[88] 카이텔Keitel 상급대장의 증언이 이 가설의 근거로 제시되고 있다.

"그는 제1차 세계대전 당시 해병대의 장군참모장교로서 플랑드르 전선에서 전투를 치른 경험이 있었기에 됭케르크의 지형을 정확히 파악하고 있었다. 그곳은 온통 늪지대였기 때문에 만일 전차가 기동했다면 오도 가도 못했을 것이다."[89]

일부 역사가들은 기갑부대의 전문가 구데리안을 소위 '습지 이론'의 공범자로 몰았다.[90] 실제로 한때 그는 우천으로 진창이 된 저습지에 대해 다음과 같이 말했다.

"저습지대에서의 공격에 기갑부대를 투입하는 것은 잘못이다. 이는 아군의 최정예 병사들을 허무하게 희생시킬 뿐이다."[91]

하지만 이 주장을 옹호하는 이들은 중요한 사실을 간과했다. 구데리안이 이 말을 내뱉은 시점은 전역의 승부가 결정난 5월 24일경이 아니라 그보다 훨씬 후인 5월 28일 오후였고, 이 언급은 치밀한 상황평가 후 내린 결론이었다. 5월 24일과 28일의 지형조건은 전혀 딴판이었다. 5월 24일 이후 쏟아진 폭우로 인해 이 저지대는 진창이 되었으나, 비가 오기 전인 정지명령이 발령된 시점에 구데리안은 (당시에는 아직 메말라 있던) 이 저습지를 통과해 됭케르크로 즉각 진격해야 한다고 강력하게 주장했다.[92] 이는 그의 자서전을 보면 더욱 명백하다.

"훗날 히틀러는 나의 군단을 정지시킨 이유로 플랑드르의 지형이 개울과 소하천 때문에 전차 운용에 부적합하다는 점을 들었는데 이는 절대 타당하지 않았다."[93]

예비역 상급대장 할더는 나중에 이 같은 이유가 핑계일 뿐이라고 강하게 비난했다.

"그〔히틀러〕의 논리는 전차를 운용하는 데 습지가 부적합하다는 것이었다. 그러나 그는 1941년 러시아 전역에서는 모든 사람들의 만류에도 불구하고 독단적으로 일멘 호수Ilmensee에서, 슐뤼셀부르크Schlüsselburg에서, 그리고 결국 티히빈Tichwin 같은 광활한 습지에서도 전차부대를 투입하라고 명령했다."[94]

2. 제2가설 : 기갑부대 전투력의 절약

히틀러는 5월 24일 "여하튼 차후 작전을 위해 기갑부대 전투력을 반드시 절약해야 한다."라고 주장했다.[95] 일부 문헌들은 클라이스트 장군이 '50% 이상의 전차가 손실되었다'고 보고하는 바람에 히틀러가 기갑부대의 상황을 비관적으로 생각해서 이러한 명령을 내렸다고 단언한다.[96] 그러나 클라이스트 기갑군의 전시문서들을 살펴보면 기갑부대의 위기라고 할 만한 상황증거가 전혀 없다. 훗날 클라이스트 스스로 이것은 과장된 표현이었음을 실토했다.[97] 사실 그는 결정적인 단계에서 상급부대가 자신의 부대를 사방팔방으로 분산시킨 데다가 다른 부대들을 제4군의 예비대로 파견하라는 명령을 내린 데 대한 저항의 의미로 그런 말을 내뱉았다.[98] 몹시 화가 난 클라이스트의 이 말 때문에 '기갑부대의 위기'가 조성되었다.[99] 그러나 당시 기갑부대의 전투준비 태세는 지극히 정상적이었다. 제1기갑사단의 연대기에는 '전차부대의 상황'이 5월 24일 정지명령의 충분한 이유가 될 수 없다고 기록되어 있다.[100] 할더도 당시 기갑부대의 전투준비 상태가 비관적이라는 데 절대 동의하지 않았다. 그는 "만일 이러한 문제가 있다고 해도 48시간 내에 모두 해결될 것"이라고 확신했다.[101]

고장난 전차 대부분은 얼마 지나지 않아 정비가 완료되었다.[102] 전차들이 정비시설에서 보낸 시간은 단 몇 시간에 지나지 않았다.[103] 또 그보다 며칠 후, 즉 됭케르크 함락 직후 기갑부대들이 즉각 두 번째 대공세(적색계획)를 시행할 수 있었다는 점에서 '기갑부대에 심각한 위기가 있었다'는 것은 정지명령의 이유로서 논할 가치가 없다.

3. 제3가설 : 연합군의 측방공격에 대한 두려움

6월 1일, 히틀러는 브뤼셀에서 열린 B집단군 지휘관 회의에서 수많은 장군들을 앞에 두고 기갑부대의 정지를 다음과 같이 정당화하려 했다.

> "나는 적이 솜 강 일대에서 공세를 취할 가능성, 제4군 예하의 취약한 기갑부대가 피격당할 위험성, 나아가 됭케르크를 돌파당할 가능성까지 염두에 두었다."[104]

당시 연합군의 역습에 대한 히틀러의 공포는 전혀 타당하지 않다. 연합군에 대한 상황보고들에서 이를 명확히 확인할 수 있다. 만약의 사태에 대비하기 위해 수 개의 기갑사단을 예비로 보유하는 조치 정도는 타당하다고 볼 수 있으나, 5월 24일의 됭케르크 진격 당시에는 단 1개의 전차연대만으로 진격해도 충분한 상황이었다. 그러나 히틀러가 정지명령을 발령함으로써 모든 기갑사단들과 차량화사단들이 완전히 멈춰버렸다. 이 결정은 근본적으로 문제가 있었다. 프랑스군은 이미 지리멸렬해진 상태였으므로 독일군이 프랑스군의 역습을 두려워할 이유가 없었다. 그러므로 이것도 히틀러의 정지명령에 대한 진정한 이유가 될 수 없다.

4. 제4가설 : 제2차 공세로 옮겨 간 관심

히틀러의 최측근이었던 요들 소장은 5월 24일 기갑부대의 정지명령에 대해 다음과 같은 이유를 내세웠다.

"우리는 이미 승리했다. 이제 마무리만 남겨 놓았을 뿐이다."[105]

그러나 이미 이 전역에서 승리를 거두었으며 제2단계('적색계획')를 마무리라고 생각했기에 비상용 급브레이크를 밟듯이 갑자기 기갑부대를 정지시킬 이유가 없었다. 룬트슈테트도 훗날 이렇게 진술했다.

"다음 작전을 생각하기 전에 이번 작전부터 종결지어야 한다."[106]

몇몇 사람들은 이미 5월 24일에 독일군 기갑병과 장군들이 플랑드르의 포위망보다 2단계 작전에 집중했다고 주장하는데, 이는 근거 없는 가설이다. 각 부대의 전투일지에 기록된 날짜를 보면 인과관계를 명확하게 알 수 있다. 특히 구데리안이 갑자기 됭케르크 공세에 무관심한 태도를 보인 사실이 이 가설의 논거로 제시되는데, 이는 정지명령에 불만을 품은 구데리안의 일시적인(5월 28일 하루) 반응이었을 뿐이다.

5. 제5가설 : 포위된 적 부대 규모에 대한 정보 부족

독일군 지도부가 포위망 안에 갇힌 연합군 부대의 규모를 제대로 판단하지 못해서 정지명령이 나왔다는 설도 있다. 만일 독일군 지도부가 연합군 부대의 규모를 정확히 인지했다면 엄청난 전과를 결코 놓치지 않았으리라는 주장이다. 독일군 장군단이 이 사실을 몰랐다는 근거로 할더의 전쟁 중 일기가 자주 인용된다. 그는 5월 29일자 일기에 "종심 45km, 정면 30km의 포위망 속에 아직도 얼마나 많은 연합군 부대들이 있는지 정말 한번 알아보고 싶다."라고 기록했다.[107] 이 문장은 할더가 얼마나 많은 부대들이 그곳에 포위되어 있었는지 몰랐다라고 여러 차례 잘못 해석되었다. 이 문장에서 결정적인 단어는 바로 '아직도noch' (일부 번역본에서 무시된)이다. 이 단어에는 일종의 아이러니와 비통함이 깃들어 있다. 육군 총참모장은 기갑부대가 정지한 틈을 타서 연합군이 철수작전을 시행함에 따라 시시각각 승리의 대가가 사라져가고 있음을 직감했지만 무기력하게 사태를 관망할 수밖에 없었다. 사실 할더는 최정예 적지종심 부대가 보낸 정보를 통해 포위된 연합군의 규모를 누구보다도 정확히 알고 있었다.[108]

그는 22개의 벨기에 사단, 영국군 12개 사단, 프랑스의 29개 사단이 이미 전투력이 소진된 채로 됭케르크의 포위망에 갇혀 있다는 사실을 확인했다. 훗날 리스는 그때 자신의 참모부(서방육군분석과)의 정보 분석 결과 프랑스 사단의 수에 단 한 개의 오차가 있었을 뿐(29개, 실제로는 28개) 다른 부분은 모두 정확했다고 자랑스럽게 말했다.[109] 불운하게도 히틀러가 포위망에 빠진 연합군의 대규모 부대를 너무 과소평가했다는 주장도 억측이다. 5월 25일 그는 무솔리니에게 보낸 편지에 연합군 72개의 사단을 포위하는 데 성공했다고 기록했는데, 이는 실제보다 10개나 많은 숫자였다.[110]

6. 제6가설 : 대륙 중심적 사고

다음과 같은 주장도 얼핏 일리 있어 보인다. 대륙중심적 사고에 사로잡힌 히틀러와 그의 장군들은 연합군이 해안에서 대규모 철수작전을 감행할 수 있다는 점을 미처 심각하게 고려하지 않았고 막상 갑자기 이러한 상황이 발생하자 깜짝 놀라 대처하지 못했다는 것이다.[111] 그러나 일부 역사가들이 주장하는 것처럼 독일군 지휘부가 이를 예측하지 못하는 일은 결코 있을 수 없었다. 5월 21일 이미 독일군의 첩보부대는 적 상황을 예의 주시하여 "연합군이 됭케르크와 불로뉴 일대에 강력한 진지를 구축하고 있으며, 대규모의 수송선단이 출항하고 있다."고 부대일지에 기록하면서 이를 근거로 "영국군 부대 일부가 그곳에서 철수할 수도 있다"는 가능성을 제기했다.[112] 마침내 다이나모 작전이 개시된 5월 26일, 그들은 상급부대에 "영국 원정군의 철수가 시작되었다."는 정식 보고를 올렸다.[113] 더욱이 독일군은 영국 국방부가 칼레에 잔류한 연합군에게 보낸 무전을 도청하게 되었는데 이 또한 철수작전의 결정적인 단서였다.[114] 예비역 소장 리스는 훗날 이렇게 언급했다.

> "첩보요원들은 영국군의 출항 가능성을 매우 일찍 보고해 주었다. 최초 보고는 런던에서 고트Gort 경이 출항을 제안한 지 이틀 후에 이루어졌으며, 2차 보고는 런던에서 다이나모 작

전을 개시하라는 명령이 시행되기 5일 전인 5월 21일에 이루어졌다. 〔…〕"[115]

알프스의 산기슭에서 성장한 오스트리아 태생의 히틀러가 해상 문제에 정통하지 못했다는 주장은 확실히 설득력이 있다. 그러나 히틀러도 영국이 연합군의 주력 상당수를 해협을 통해 철수시킬 수 있다는 위협을 인식했다. 이는 5월 24일 그가 발령한 제13호 명령에서 확연히 드러난다. 그는 분명히 강력한 어조로 독일 공군에게 "영국군이 도버 해협을 통해 탈주하지 못하게 반드시 저지하라!"는 임무를 부여했다.[116]

7. 제7가설 : 공군의 단독 작전

앞서 기술된 정지명령에 대한 가설들은 논리적으로 분석해보면 하나같이 모두 타당성이 결여되어 있음을 간단히 확인할 수 있는 반면, 다음의 논거를 분석할 때는 더 세심한 주의가 필요하다. 이제부터 살펴볼 근거는, 당시 괴링이 공군만의 단독작전으로 됭케르크의 포위망 문제를 해결할 수 있다고 확신했고, 이에 히틀러는 그의 감칠맛 나는 호언장담을 믿었다는 것이다. 사실 공군 총사령관의 발상은 대단히 즉흥적이었다. 5월 23일 오후, 그의 사령부에 플랑드르에서 완벽한 포위망이 곧 구축될 것이라는 소식이 도착했을 때 그는 참모장교들과 회의 중이었다.

"괴링은 번개같이 반응했다. 그는 묵직한 손으로 탁자를 내리치더니 이렇게 외쳤다. '이것이야말로 우리 공군을 위한 과업이다. 이 과업을 성사시키면 공군의 위대한 전공戰功이 될 수 있다. 총통에게 당장 말해야겠다. 전화를 연결해라.'"[117]

곧이어 이루어진 전화 통화에서 그는 히틀러에게 '공군에 의한 위대한 승리'[118]를 확신에 찬 어조로 장담했고 죽어가는 영국군의 고통을 없애줄 '마지막 자비의 일격'은 공군의 능력만으로 충분히 가능하다고 설득했다. 그렇게 된다면 육군은 '그 지역을 접수하기만 하면 된다.'라고 덧붙였다.[119] 그러나 모두들 괴링의 오만방자한 발언이 시작부터 비현실적이라고 생각했다. 국방군 사령부에 근무하던 히틀러의 몇몇 측근들은 강한 불만을 표시했고 요들 소장도 공명심에 가득 찬 괴링을 이렇게 비난했다. "그가 또 헛소리를 지껄이고 있군."[120]

공군 장군단 내부의 반발은 더 강경했다. 제8비행단장 폰 리히트호펜von Richthofen 소장은 자신과 '근접전투 비행단'의 임무를 따내기 위해서는 수단과 방법을 가리지 않는 사람이었다. 그러나 그는 이 터무니없는 작전계획을 듣고 강력하게 반발했다. 그조차도 이 작전이 전형적인 육군의 임무이며 육군이 '됭케르크로 진격하는 것'이 최상책이라고 생각했다.[121] 그는 "이제 우리 조종사들이 모든 일을 떠맡게 되었군!"이라며 불만을 토로했다.[122] 게다가 공군은 해상 표적 타격을 위한 폭탄을 충분히 보유하지 못했다.[123] 리히트호펜은 절친한 동료인 공군 총참모장 예쇼넥Hans Jeschonnek 장군에게 작전명령을 취소해줄 것을 부탁하기까지 했지만 허사였다. 제2항공군 사령관 케셀링Kesselring 장군도 다음과 같은 이유를 들어 이 작전을 반대했다. "일련의 작전으로 인해 현재의 공군력은 인적·물적으로 매우 피폐한 상태다. 현재의 전투력은 전쟁 이전과 비교했을 때 30~50%에 불과하다."[124] 이와 더불어 그는 괴링에 대해 상당한 비난을 퍼부었다.

> "공군 총사령관은 내 휘하의 조종사들이 거의 3주 동안 쉴 새 없이 작전에 투입된 결과에 대해 너무도 잘 알고 있을 것이다. 그런 그들에게 온전한 전투력을 가진 부대도 달성할 수 없는 과업을 부여해서는 안 된다는 사실도 알고 있을 것이다. 나는 괴링에게 이것을 명확하게 설명했고 또한 제8비행단이 지원한다 해도 결코 이 과업을 성공시킬 수 없다고 주장했다."[125]

독일 공군은 서부전역의 최초 단계에서 놀라운 성과를 이루어냈지만 그와 동시에 심각한 손실도 감수해야 했다. 5월 10일부터 24일까지(24일 포함) 그들은 1,005대의 항공기를 잃었는데 그중 810대는 격추되어 완전히 전소되었다.[126] 이런 이유에서도 당연히 지상군이 수행해야 할 임무를 기갑부대의 과중한 임무를 덜어주기 위해서라는 이유로 기진맥진해진 공군에게 맡기는 것은 터무니없는 처사였다. 오히려 숨돌릴 여유가 필요한 쪽은 공군이었다.

공군이 "이 작전을 단독으로 완수할 수 있다."는 괴링의 미심쩍은 확신은 분명 히틀러가 룬트슈테트의 정지명령에 정당성을 부여하고 자신의 최종 결정을 재확신하는 데 영향을 주었을 것이다. 하지만 5월 23일 공군 총사령관이 단언한 공군만의 단독 작전은 정지명령의 주 원인이었다기보다는 부가적인 역할을 했을 뿐이다. 역사적 문건들에서 이미 밝혀졌듯이, 히틀러가 처음부터 기갑부대를 정지시킬 확고한 의도를 가지고 5월 24일 룬트슈테트를 방문하지 않았다는 것만은 확실하다. 나중에 다시 언급하겠지만, 결정적인 상황은 그가 A집단군 사령부에 도착한 직후에 비로소 발생했던 것이다.

8. 제8가설 : 영국군에 대한 의도적인 배려

수많은 정지명령에 대한 해석들 중 이 가설만큼 논란을 불러일으킨 것도 없다. 히틀러가 영국군이 도버 해협을 넘어 탈출할 수 있도록 일부러 '금문교'를 놓아주었다는 것이다. 표면적으로 보면 이 주장을 뒷받침하는 근거들이 있다. 그중 하나로 히틀러가 자살하기 몇 주 전에 작성한 '정치적 유언장'을 들 수 있다. 거기에는 다음과 같이 기록되어 있다.

> "본인은 의도적으로 뒹케르크에서 도망치는 영국군들을 살려주었다. 내가 어려움 없이 달성했던, 그리고 그들이 끝까지 거부했던 대륙에서의 우리 독일의 지위를 인정했다면, 그들은 엄청난 이익을 얻었을 것이다."[127]

한 영국 역사가가 강조한 것처럼 이 독재자는 "영국인에게 (…) 감상적이고 일방적인 애정"[128]을 갖고 있었다고 한다. 아무튼 영국에 대한 호감은 독일에서는 매우 자연스럽고 한편으로는 전통이라 할 수도 있는데, 이것은 영국인과 독일인이 서로 동족이라는 감정에서 나온 발상이다. 영국인의 조상은 대부분 5세기경 오늘날의 니더작센에서 영국으로 이주한 사람들이다. 북부 독일인들의 영국에 대한 오래된 호의는 나치스트들에 의해 한층 커져 영국인이 같은 게르만의 뿌리에서 나온 동일민족임을 강조하며 정치적으로 이용되었다. 히틀러는 평소 영국의 세계 최강의 경제력과 '백인민족으로서의 사명감'에 대해 극찬을 아끼지 않았다.[129] 1937년에는 독일의 모든 학교기관에 제1외국어를 불어에서 영어로 변경하라고 지시하기까지 했다. 히틀러는 그의 저서 『나의 투쟁』에서뿐만 아니라 훗날 독일제국 수상에 오른 뒤에도 영국을 최고의 동맹 파트너라고 서슴없이 주장했다.[130] 그의 외교적인 목표도 '영국과의 세계분할을 위한 관계 정상화'였다.[131] 1940년 1월, 할더는 카나리스Canaris 방첩대장에게 히틀러의 전략에 대해 다음과 같이 설명했다.

"총통은 이 전쟁을 군사적으로 결판내고 싶어 한다. 프랑스는 힘으로 쓰러뜨리겠지만 영국에게는 관대한 태도를 취할 것이다."[132]

5월 20일, 독일군 기갑부대가 연합군을 대서양 해안에서 포위하는 데 성공한 바로 이날, 히틀러는 요들 장군에게 "영국과는 언제라도 강화조약을 맺을 수 있다."라고 말했다.[133] 그러나 히틀러를 불구대천不俱戴天의 원수로 여기는 영국에게 이러한 호의는 결코 통할 리 없었고, 그의 외교보좌관들도 여러 번 히틀러의 의도를 납득할 수 없다고 표현했다. 리벤트로프가 총통부 연락관으로 파견한 공사公使 헤벨은 독일의 운명이 걸려 있던 5월 24일 저녁, 히틀러가 "나는 동족인 영국의 군대를 전멸시키고 싶지 않다"고 자신에게 하소연했다고 전했다.[134] 6월 2일, 히틀러는 룬트슈테트의 사령부에서 약 30분간 연설을 했는데, 그 자리에는 C집단군 사령관인 리터 폰 레프Ritter von Leeb 장군도 합석해 있었다.[135] 그 자리에서 히틀러는 참석자 모두를 당황시킬 정도로 영국을 극찬하는 발언을 했다. 블루멘트리트는 당시 상황을 다음과 같이 재현했다.

"히틀러의 기분은 최상이었다. (…) 그는 전쟁이 6주 안에 종결되어야 한다고 말했다. 그 후 그는 전승자로서 프랑스와 강화조약을 체결할 것이며, 그 다음에 영국과는 협상을 통해 자연스럽게 관계가 정상화될 것임을 확신했다.

그리고 그는 우리가 아연실색할 정도로 대영제국의 세계패권에 대해, 그들의 존재 당위성에 대해, 영국이 세계에서 이룩한 문명에 대해 (…) 격찬을 아끼지 않았다. 게다가 영국의 왕실을 로마 교황청과 비교하면서 이 둘은 세계 안정을 위해서도 필수불가결하다고 언급했다. 그는 또한 자신이 원하는 바는 대륙에서의 독일의 지위를 영국이 인정해주는 것뿐이라고 주장했다. 자신의 소망은 독일의 잃어버린 식민지를 되찾는 것이지만 그것이 독일의 생존에 절대적이지는 않으며 만일 어디선가 영국이 난관에 봉착한다면 군대를 파견해서라도 영국을 돕고 싶다고 말했다. (…)

그는 자신의 목표는 영국의 권위를 실추시키지 않으면서 그들과 평화조약을 체결하는 것이라며 결론을 맺었다."[136]

이에 룬트슈테트는 '안도의 한숨을 내쉬며' 이렇게 말했다.

"그것도 그럭저럭 나쁘진 않아. 그가 또 다른 일을 벌이지 않는다면 우리에게 평화가 찾아 올 테니까."[137]

룬트슈테트에 따르면, 히틀러는 이날 자신에게 '영국과의 평화협정은 자신이 바라는 바이며' 그래서 영국 원정군이 '뒹케르크에서 탈출하도록 놔두었다'고 강한 어조로 말했다고 한다.[138] 즉 영국인들에게 '치욕적인 패배'[139]만은 모면하게 해주고 싶었다는 것이다. 이러한 맥락에서 블루멘트리트는 이렇게 진술했다.

"만일 영국 원정군이 뒹케르크에서 모두 포로가 되었다면 영국은 크게 손상된 명예를 다시 일으키기 위해 투쟁 의지를 불태웠을지도 모른다. 따라서 히틀러는 그러한 감정을 무마하고자 그들의 탈출을 허용했다."[140]

6월 2일에 있었던 히틀러의 이 문제의 발언이 정지명령이 발령된 5월 24일, 그가 룬트슈테트의 사령부를 방문한 날짜보다 선행되었다는 주장이 있다. 그러나 실제로는 정지명령이 내려진 지 일주일 이상이 지났고 이 명령은 이미 치명적인 오판으로 밝혀졌다. 히틀러는 이 상황을 모면하기 위해 자신이 영국인들을 관대하게 다루었다는 거짓 이유를 내세운 것이다. 그는 자신의 군사적 오판을 인정하지 않고 오히려 앞을 내다본 정략적 결단으로 미화하려고 했다. 그러나 이 일이 있기 전에 이 독재자는 영국 원정군의 자유로운 탈출을 귀족적인 제스처로 허용하기는커녕 이를 막기 위해 안간힘을 썼다. 그는 결코 이 귀중한 담보물을 포기하려 하지 않았다. 5월 24일 그가 직접 작성해 하달한 '제13호 명령'의 첫 구절을 보면 그의 의도가 명확하게 드러난다.

"이 작전의 차후 목표는 아르트와와 플랑드르에 포위된 프랑스-영국-벨기에군을 섬멸하는 것이다. 〔…〕 공군은 포위된 적들의 저항을 분쇄하라."[141]

히틀러가 원래 영국에 호의를 갖고 있었다는 주장도 다소 어폐가 있다. 실상 내면을 깊숙이 들여다보면 그가 영국에 얼마나 강한 증오심을 느끼고 있었는지 분명하게 알 수 있다. 그는 적에 대한 섬멸 의지가 너무나 강했던 나머지 해변을 빽빽하게 메운 영국군들을 모두 대량학살하라는 지시를 내렸다. 해안 모래밭에 순발신관†을 장착한 포탄이 효력이 없자 그 대신에 시한신관††을 사용한 대공포탄 사격을 제안할 정도였다.[142] '제3제국'의 정치적 수반인 총통이 최하급의 전술적 영역까지 사사건건 간섭하고 탄약의 종류까지 명령했다는 사실은 기상천외해 보이기까지 한다. 그의 육군 전속부관의 말에 따르면, 히틀러는 포위된 영국군을 섬멸하는 데 특히 SS-부대들을 동원하고 싶어 했다고 한다.[143] 히틀러의 파괴적인 진짜 의도는 괴링의 진술에서 명백히 드러난다. 그는 육군의 장군들을 비웃으며 다음과 같이 말했다.

> "육군은 항상 자기들이 무슨 신사라도 되는 것처럼 굴려고 한다. 그들은 영국놈들을 가능한 한 해치지 않고 포로로 잡으려 하는데 총통께서는 영국인들에게 잊지 못할 가르침을 한 수 내리고 싶어 하신다."[144]

정지명령에 대한 가설들이 더 있지만, 위에 설명한 가설들과 동일한 맥락에 있으므로 더 이상 자세히 논할 필요가 없을 것 같다. 이 외에도 히틀러는 플랑드르에 거주하는 (독일계) 주민들을 위해 플랑드르가 초토화되는 것을 막아야 한다는 이유로 기갑부대의 정지를 반대하는 할더를 설득했다고 한다.[145] 이러한 조잡한 이유로도 할더를 전혀 설득하지 못하자, 히틀러는 자신의 진짜 의도를 은폐하기 위해 민족주의적 관점을 내세우기도 했다.

† 지면이나 표적에 닿아 충격을 받으면 파열하는 신관.
†† 일정한 파열시간을 기계적 장치에 입력하고 사격하면 충격을 받지 않아도 공중에서 파열하는 신관.

8 - 6

정지명령을 내린 히틀러의 진정한 동기는 무엇인가

지금까지 수많은 이들이 '됭케르크의 수수께끼'를 해결하기 위해 노력했다. 하지만 언제나 객관적인 측면에서 그 이유를 찾으려 했고, 지극히 자기중심적인 독재자의 순수한 주관적인 동인을 배제했기 때문에 진정한 동기를 발견할 수 없었다. 사실 그에게는 어떠한 전술적, 작전술적, 전략적, 그리고 정치 이데올로기 논리보다도 군사적 최고지도자로서의 개인적인 권위가 훨씬 더 중요했다. 단도직입적으로 말해 히틀러는 됭케르크에서 기갑부대를 정지시켰다기보다는 육군 총사령부 장군들의 지휘권 행사를 중단시켰다는 것이 더 타당하다. 그에게는 분명 자신의 이념, 즉 '총통의 이념'이 가장 중요했다. 그의 관점에서 '제3제국'은 '총통의 국가'였으므로 자신이 모든 것을 장악해야 했고, 군 통수권은 두말할 나위도 없었다. 이제 다시 한번 히틀러의 관점—매우 주관적인—에서 일련의 사건들을 정리해보자. 서방국가들에 대한 공세는 명백히 '그의 전쟁'이었다. 군사 보좌관들은 하나같이 서부전역에서 승리할 수 없다고 예견했고, 그는 탐탁지 않은 장군들을 강제로 전쟁에 동원해야 했다. 그런데 뜻밖에 그가 옳았다는 것이 현실로 드러났다. 시간이 갈수록 전쟁에서 승리할 가능성이 높아져갔고 세계 전쟁사상 가장 스펙터클한 승리가 눈앞에 다가오고 있었다. 그러나 그 순간 그는 이 전쟁의 위대한 승리자가 자신이 아니라 휘하의 장군들이 될 수도 있다는 위기의식을 느끼게 되었다. 특히 전쟁 전에 소심하고 겁이 많다고 조롱받던 할더는 자신감에 차 있었다. 육군 총사령부는 히틀러를 한낱 엑스트라로 전락시키려 하고 있었다.

앞에서 기술했듯이, 5월 24일 11:30분, 샤를르빌에 위치한 A집단군 사령부에서 운명적인 사건이 발생했다. 이 독재자는 이곳에 도착했을 때 자신이 신임하는 룬트슈테트가 권한을 박탈당해 무기력해진 모습을 보았다. 육군 총사령부는 자신의 의지에 반했을 뿐만 아니라 자신에게 단 한 마디 말도 없이 독단적으로 그 같은 조치를 결정하고 명령을 내렸다. 히틀러는 자신의 권위에 치명적인 손상을 입었다고 느꼈고 드디어 그의 권력 본능이 꿈틀대기 시작했다. 지금까지 예하 장군들 중 감히 자신을 무시하거나 웃음거리로 만들고 그에게 도전한 이는 아무도 없었다. 그런데 육군 총사령부의 일부 고위급 장교들이 자신의 권위에 도전한 것이다. 이것이 바로 그의 감정이 폭발하는 결정적 계기가 되었다. 요들은 당시 총통이 '극도로 분노했다.'[146]고 기록했는데, 히틀러의 무시무시한 다혈질적 성향을 고려했을 때 이는 대단히 점잖은 표현이다. 이성을 잃을 만큼 엄청난 복수심에 사로잡힌 그는 이 사건을 계기로 일벌백계를 결심했다. 그는 자신의 지휘권을 바로 세우고, 누가 절대적인 군사 지도자인가를 과시하려고 했다. 그는 자신이 당한 방식과 똑같은 방식으로 상대를 공격했다. 이미 정지한 기갑부대를 얼마나 오랫동안 대기시킬 것인지에 관한 결정권을 룬트슈테트에게 위임함으로써 브라우히치와 할더를 엑스트라로 전락시켰다. 문제는 지헬슈니트 작전 중에, 더욱이 결정적인 단계에서 육군 총사령부의 권한을 박탈하고 기갑부대의 지휘권을 차하급 지휘관에게 위임했다는 것이다. 육군 총사령부의 일시적인 권력행사 정지는 그들에게 엄청난 모욕이었다. 이 명령이 내려지자마자 브라우히치가 히틀러를 찾아가 정지명령을 취소해달라고 요청했을 때 히틀러는 자신의 복수가 이루어지는 상황을 즐기고 있었다. 그는 브라우히치에게 룬트슈테트를 찾아가라고 지시해, 육군 총사령관인 브라우히치가 그의 하급자에게 간청하러 가는 것 같은 상황을 조성했다.

무엇보다도 총통이 샤를르빌로 향할 때, 육군 장군들을 의심하고 있었다는 점도 간과해서는 안 된다. 샤를르빌로 떠나기 바로 전날 교활한 괴링은 히틀러의 심리를 간파하고 육군 장군들을 제재하라고 부추겼다.[147] 그는 됭케르크에서의 영광스런 승리를 보수적인 육군이 아니라 히틀러의 통치 아래에서 탄생한 '나치스트 공군'이 달성할 수 있게 해야 한다고 조언했다.[148] 훗날 할더는 이 상황에 대해 다음과 같이 언급했다.

> "그때 괴링은 최고사령관 히틀러에게 이번 승리를 육군의 장군들에게 넘겨주어서는 안 된다고 경고했다. 만일 그렇게 되면 그들이 국민들로부터 명망과 존경을 받아, 분명히 히틀러의 지위를 위협할 것이라는 이유에서였다."[149]

따라서 히틀러의 정지명령은 군사적 상황 때문에 불가피하게 발동되었다기보다는 그의 권력 본능에 의한 반동이라고 보는 것이 합당하다. 이 가설에 대한 핵심 증거 또는 증인으로서 히틀러의 육군 전속부관이자 훗날 예비역 중장까지 진급한 엥겔이 있다. 전쟁이 종식된 후 마이어-벨커가 그에게 정지명령에 대해 묻자 그는 다음과 같이 실토했다. 히틀러는 어떠한 결심이나 결정을 할 때 "냉철한 논리와는 상관없이 무조건 육군 총사령부에 결정권을 가진 사람은 오직 자신뿐이었고 결정된 사안은 아무도, 절대로 거역할 수 없다는 사실을 인식시킬 생각으로 임했다."[150]

아무튼 1940년 5월 24일의 경고성 본보기는 하필 지헬슈니트 작전의 성공을 망쳐버렸다. 그리하여 슐리펜의 추종자들이 추구했던 '완벽한 칸나이'는 이루어지지 못했다. 영국 원정군이 무사히 탈출하는 데 성공함으로써 만슈타인이 지향한 전략적 승리는 평범한 작전술 수준의 성공으로 전락해버리고 말았다. 이로써 서부전역은, 만슈타인의 회고록 제목처럼, 세계전쟁사에서 찾아볼 수 있는 수많은 '잃어버린 승리'들 중 하나에 불과하게 되었다.

영국군이 철수작전에서 대성공을 거두었다는 측면뿐만 아니라 독일제국의 군사지도부 내부에서 권력 이동 현상이 발생했다는 점에서 됭케르크는 이 전역의 결정적인 전환점이었다. 독일군 총참모부는 탁월한 조직력을 지닌 최고 군사 엘리트 집단이었다. 이 군사작전에 관한 한, 이 최고의 조직은 히틀러의 손에서 그의 팽창 정책을 실현하는 위험천만한 무기가 될 뻔했다. 그러나 자기 자신을 군사적인 천재라고 생각한 히틀러는 측근에 있는 장군들을 자신의 독단적인 결정의 방패막이로 삼으려 했고, 됭케르크는 이를 위한 절호의 기회였다. 6월 17일 히틀러의 사령부에 프랑스 정부의 휴전 요청서가 도착했을 때, 카이텔 대장은 '총통'에게 '역사상 가장 위대한 전쟁 지도자'라는 표현을 써가며 극찬을 아끼지 않았다.[151] 히틀러는 스스로 '과대망상'에 빠지게 되었고, 급기야 졸렬하고 어설픈 아마추어가 자신에게 너무나 과분한 최고사령관의 외투를 걸치고서는 위대한 승리를 달성한 자신의 군대를 파멸로 이끌고 말았다.

9

서부전역의 종결

9 – 1

'적색계획' – 에필로그

만슈타인은 애초에 서부전역을 2단계 대규모 작전으로 구분해 계획을 수립했다. '황색계획'이라 불린 제1단계에서는 대서양 해안에서 연합군 북익을 포위하고, 2단계 '적색계획'에 의거해 스당의 마지노선을 따라 스위스 국경에 이르는 지역에 배치된 연합군 남익을 포위한다는 구상이었다.[1] 이와 동시에 부대를 재편하여 강력한 전투력을 보유한 부대를 프랑스 내부 종심 깊은 지역까지 진격시키는 방안도 포함되어 있었다. 그러나 됭케르크에서의 포위 전투가 끝난 후 전역은 종결되어 버렸고 적색계획은 단순한 에필로그에 그쳐버렸다. 프랑스군은 상황을 반전시킬 만한 기회를 모두 잃어버린 상태였다. 개전 초기에 연합군의 전투력은 독일군보다 월등히 우세했지만 이제는 완전히 역전되었기 때문이다. 베강Weygand 장군은 겨우 66개 사단만을 운용[2]할 수 있었던 반면, 독일군은 104개의 사단을 즉각 작전에 투입할 수 있었으며 추가로 19개의 예비 사단도 보유했다.[3]

됭케르크를 접수한 이튿날인 6월 5일, 이미 B집단군은 해안을 따라 남서쪽을 향한 새로운 공세에 돌입했다. 그러나 공격을 개시하자마자 뜻밖의 저항에 부딪혀 엄청난 손실을 입고 멈춰버렸다. 폰 보크von Bock 상급대장은 "아군이 마치 구금된 듯 했다!"라며 놀라워했다.[4] 이러한 상황은 두 가지 이유에서 비롯되었다. 만슈타인은 처음부터 솜 강 하류를 지향하는 공세에서 '남측방의 방호는 공세적으로 해결'해야 한다고 요구했으며,[5] 앞서 서술했듯이 이와 더불어 대서양 해안으로의 진격 중에 1개 야전군 정도는 서쪽이 아니라 남쪽으로 진격시켜야 한다고 주장했다. 이는 엔Aisne과 솜Somme 강을 따라 연합군이 강력한 방어진지를 구축하는 것을 저지하기 위해서였다. 그러나 독일군이 그러한 방책을 구사하지 못한 사이에 만슈타인이 예측한 것처럼 프랑스군은 솜과 엔을 따라 철옹성 같은 '베강 라

| '적색계획' : 1940년 6월 5~18일 독일군 기갑부대의 진격 |

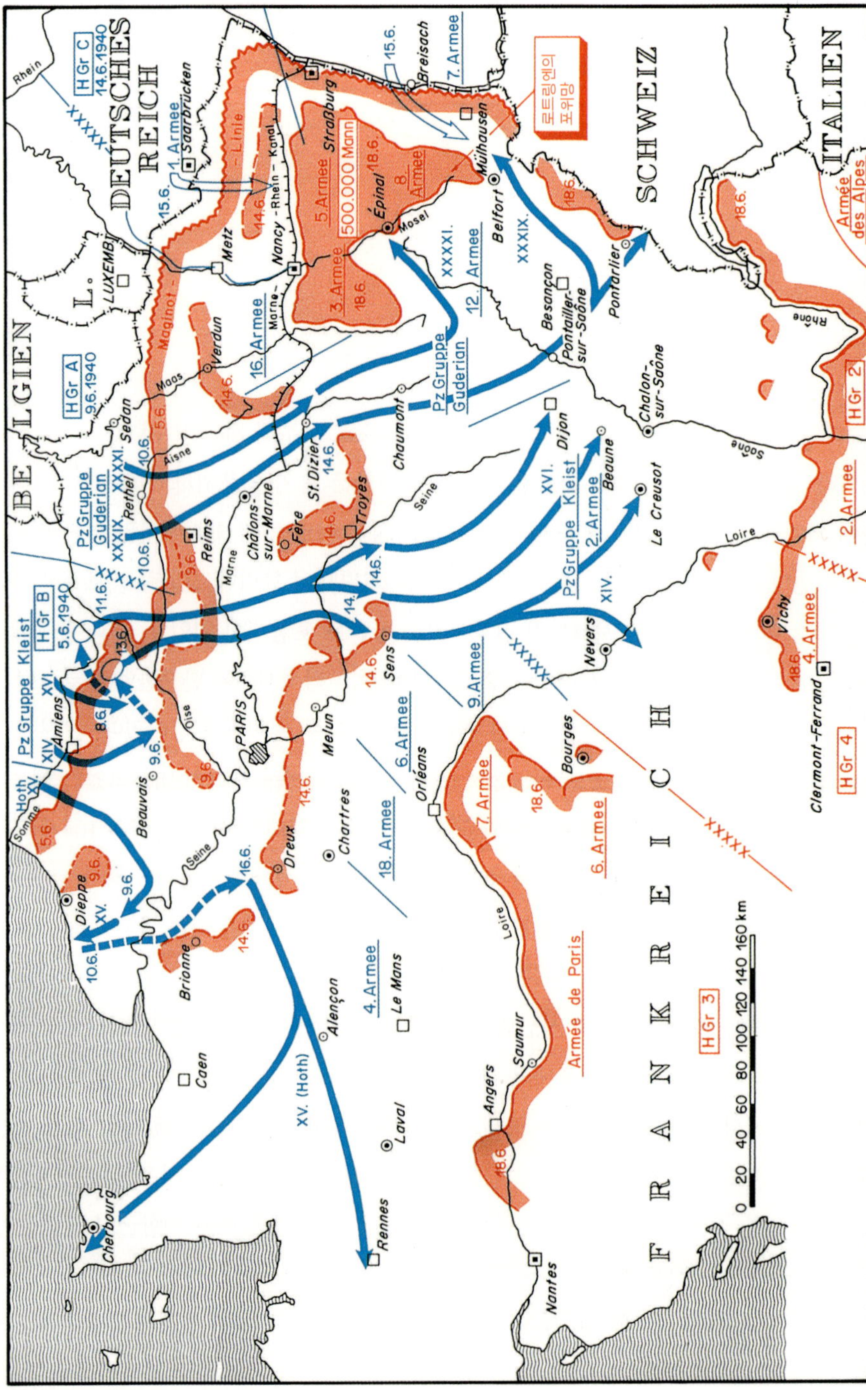

인'을 구축했다. 만슈타인은 자신의 자서전에서 독일군이 부지불식간에 상대에게 완벽한 기회를 '헌납'하고 말았다며 한탄했다.[6] 이제는 대량 손실을 감수하면서 정면으로 공격하는 것밖에는 달리 방법이 없었다. '적 진지를 돌파하기 위해'[7] 피비린내 나는 혈투를 치러야 하는 제1차 세계대전식의 전술이 다시 등장했고 엄청난 시간적 손실을 감당해야 했다. 그 후에야 비로소 '작전술 차원의 기동전'이 실행될 수 있었다. 공세가 정체된 또 다른 이유는 바로 이것이다. 지난 5월 마스 강 일대에서 일종의 쇼크에 빠졌던 프랑스군 병사들은 차츰 활기를 되찾았고 그때에 비해 지금 그들의 전투의지는 하늘을 찌를 듯했다. 전투력도 눈에 띄게 회복된 것처럼 보인 이들의 저항은 대단히 저돌적이었고, 특히 프랑스군은 이 사이에 전술의 변화를 도모했다. 종래까지의 경직된 선형 전술을 버리고 체스판 모양으로 소규모 촌락이나 삼림지대를 거점으로 이용하는 원형방어식 전술을 구사하여 종심 깊이 견고한 진지를 구축했다. 독일군 중에서 이 새로운 전술의 약점을 가장 먼저 간파한 장군은 바로 롬멜이었다. 그는 넓은 개활지만 택해 질주했고 비교적 넓은 도로와 촌락, 시가지들을 철저히 회피했다. 이러한 방식으로 적들의 주 저항선을 통과한 후에는 마치 추격작전을 펼치듯 프랑스 영토를 자유롭게 기동해 나갔다. 당시 롬멜의 제7기갑사단은 6월 17일 하루 만에 240km의 거리를 좌우측에서 적과 어떠한 접촉 없이 종횡무진 진격하는 경이적인 기록을 세우기도 했다.[8] 그러는 동안 독일군 제18군의 일부는 6월 14일 무방비 상태의 파리에 입성했고 프랑스군은 엄청난 심리적 압박을 받게 되었다.

그 시점에서 A집단군 예하부대가 재편성되었다. 5월 31일부로 구데리안 군단은 기갑군으로 승격되었고 구데리안은 대서양 해안에서 스당의 남쪽으로 공세를 전환하라는 임무를 부여받았다. A집단군의 주력이 남쪽으로 진격하는 동안, 구데리안은 스당과 스위스 사이에 배치된 프랑스 제2집단군을 포위하기 위해 측방으로 기동한 후 남동쪽으로 방향을 바꿔 스위스 국경을 목표로 공격했다. 이로써 그는 1939년 가을, 만슈타인이 착안한 작전술 차원의 포위망을 형성하는 데 성공했다. 그 당시(1939년) 만슈타인은 A집단군 참모장으로서 제2단계에서는 프랑스군의 후방, 즉 "마지노선 후방으로 공격해야 한다."고 제안했다.[9] 그는 이미, 자신의 자서전에서 강조했듯이, '슐리펜 계획'을 염두에 두고 있었던 것이다.[10] 격렬한 프랑스군의 저항에도 불구하고 6월 9일 A집단군의 전면적인 공세는 대단히 성공적이었다. 할더는 그 다음 날 자신의 일기에 매우 유쾌한 어조로 이렇게 기록했다. "칸나이가 눈앞에 보이는 듯하군."[11]

구데리안도 그 시점에 샬롱쉬르마른Châlons-sur-Marne을 거쳐, 브장송Besançon 방면으로 진격하여 6월 17일에는 스위스 국경에 이르렀다. 당시의 진격 템포가 얼마나 빨랐던지 처음에는 그의 상급지휘관들조차 그들의 전과를 믿지 않았다. 그는 당시의 사건을 자서전에 이렇게 묘사했다.

"우리가 스위스 국경의 퐁타를리에Pontarlier에 도달했다고 보고하자 히틀러는 이렇게 반문했다. '귀관의 보고가 잘못된 게 아닌가? 아마 퐁타예쉬르손Pontaillier-sur-Saône일 테지.' 나는 이렇게 대답했다. '오보가 아닙니다. 제가 직접 스위스 국경의 퐁타를리에에 와 있습니다.' 의구심에 가득 차 있던 국방군 총사령부는 그제야 평정심을 되찾은 듯했다."[12]

그 사이에 C집단군 예하 제7군도 브라이자흐Breisach에서 라인 강을 도하해 마지노선 돌파에 성공했다.[13] 이들은 남부 알자스Alsace 방면으로 진출하여, 6월 19일에는 구데리안의 기갑군 중 북쪽으로 방향을 전환한 일부와 벨포르Belfort에서 연결작전을 성사시켰다. 그리하여 낭시Nancy와 벨포르 사이에 거대한 포위망을 형성해 이곳에 있는 3개의 프랑스 야전군을 에워쌌다. 이것이야말로 진정한 슐리펜 계획의 결정판이었다.[14] 됭케르크에서 실패했던 '칸나이'를 이번에는 완벽하게 성공시킨 것이다. 이 '로트링엔Lothringen'의 포위망에서 독일군은 50만 명의 프랑스군을 포로로 획득했다. 사실 서부전역은 6월 17일에 종결되었다고 봐야 한다. 이날 새로 임명된 프랑스 수상 페탱Henri Philippe Pétain 원수는 더 이상 희망이 보이지 않자 휴전을 제의했다. 마지노선의 일부 몇몇 벙커들은 아직도 격렬히 항전했지만 결국 프랑스군의 저항도 서서히 시들해졌다. 그리고 6월 22일, 제1차 세계대전 시 독일이 항복문서에 조인했던 콩피에뉴Compiégne의 숲에서 정전 협정이 체결되었다. 1940년 독일과 프랑스는 1918년의 상황과 정반대 입장에 서 있었다. 히틀러는 1918년 11월 11일 정전협정이 맺어진 이곳을 의도적으로 선택했던 것이다.

한편 이탈리아의 참전에 대해 간략히 알아보자. 독일제국과 동맹을 맺은 이탈리아는 처음부터 전쟁에 개입하지는 않았다. 그러나 독일의 전격적인 승리를 접하자 이탈리아 정부는 막차를 놓칠지도 모른다는 생각에 허둥지둥했고 새로운 유럽의 분할 과정에서 소외당할지도 모른다는 두려움에 사로잡혔다. 무솔리니Benito Mussolini는 바돌리오Pietro Badoglio 원수에게 자신의 감정을 솔직하게 털어놓았다. "협상 테이블에 우리 자리를 만들기 위해서라면 수천 명도 죽일 수 있다."[15] 그러나 그들이 보유한 73개 사단들 중 전투에 투입 가능한 숫자는 극소수였다.[16] 그럼에도 불구하고 서부전역이 종결되기 직전인 6월 21일, 이탈리아의 일개 집단군이 알프스 일대에서 공세를 감행했다. 이탈리아군은 프랑스군의 격렬한 저항에 부딪혀 극심한 피해를 입고 약간의 프랑스 영토를 획득하는 데 그쳤다. 마침내 6월 24일 로마에서 이탈리아와 프랑스 간의 휴전협정이 맺어졌고 전장에서의 최종적인 정전은 6월 25일 01:35분을 기해서 발효되었다. 1870년 스당에서의 패배로 탄생한 프랑스의 제3공화정은 종말을 맞았다. 그 후 곧 페탱은 독일 정부의 지배를 받는 비시Vichy 괴뢰 정부의 수반으로 선출되었다.

9 - 2

서부전역 : 산술적 결산

1. '황색계획'

지헬슈니트 작전은 세계전쟁 역사상 명실상부한, 가장 거대한 포위작전이라 해도 과언이 아니다. 2개 집단군의 공조를 통해 베네룩스 3국과 스당의 북부 프랑스부터 솜에 이르는 대규모 포위망을 형성했다. 이 함정에 빠진 연합군 세력은 다음과 같다.

- 네덜란드군(5월 15일 항복)[17]
- 벨기에군[18]
- 영국 원정군
- 프랑스군의 북익(제1군과 제2, 6, 7, 9군의 주력)

이 포위망에 갇힌 연합군의 병력은 어림잡아 계산하더라도 족히 170만 명은 되었다. 그중 전쟁기간에 탈출에 성공한 병력도 상당수를 차지했다. 항구에서 철수작전으로 구출된 병력만도 37만 명이었으며, 중화기들을 모두 내팽개치고 독일군의 기갑부대와 후속하던 보병사단의 간격을 이용해 남쪽으로 전장을 이탈한 프랑스군 병사들의 숫자도 만만치 않았다. 공식적으로 120만 명 이상이 포로로 수감되었으며[19] 정확한 사망자 수는 아직까지 밝혀지지 않았지만, 프랑스군 내에서 집계된 손실만 해도 총 40만 명에 이르렀다(철수한 병력을 포함).[20] 이러한 상황을 몹시 비통해한 베강 장군은 이렇게 말했다.

"아군의 최신 장비의 3/4, 아니 4/5를 잃었다. (…) 북부에 배치한, 최신예 장비를 보유한 부대들은 아군의 예봉이었다. 그런 프랑스군의 최정예 부대가 모두 포로가 되다니…….”[21]

제2차 세계대전 중 다른 전투들과 포로 숫자를 비교해보면 당시 포위의 규모가 얼마나 대단했는지를 알 수 있다. 1941년 동부전선의 키예프Kiev에서 벌어진 대규모 포위전투에서는 66만 5천 명의 소련군이 포로가 되었으며,[22] 스탈린그라드Stalingrad 전투에서는 11만 명의 독일군이 포로로 붙잡혔다.[23]

놀랍게도 황색계획에 의거해 실시한 포위작전에서 공자의 손실은 매우 미미했다. 1940년 5월, 독일 육군은 겨우 총 2만 1천 명의 사상자와 실종자가 발생했다고 공식 발표했다.[24] 5월 말, 후속하던 몇몇 사단들은 적과 단 한 차례의 교전도 치르지 않았다. 그 예로 만슈타인의 제38군단은 5월 27일에야 전선에 투입되었다. 결과적으로 이 전역은 지헬슈니트 작전에서 결정적인 역할을 수행한, 총 10개의 기갑사단과 6개의 차량화보병사단의 단독작전으로 종결되었다고 해도 과언이 아니다. 이들의 손실 수준도 매우 경미했다. 확고부동한 주공 중의 주공, 제1기갑사단의 전사자는 겨우 267명이었으며 이 숫자는 편제 13,162명 대비 2.2%에 불과했다.[25] 이렇게 지극히 미미한 손실은 이들의 혁신적인 전투지휘에 기인했다. 독일 육군은 제1차 세계대전 시 사용한 전형적인 '전술적 살육'을 회피하고 그 대신에 적을 '작전술 차원에서 기만, 제압할 수 있는 방책'을 채택했다. 이에 기갑사단들은 오로지 작전술 차원의 임무, 즉 가능한 한 신속히 솜 강 하구 지역에 도달하는 임무를 부여받았다. 그 일대는 1916년 당시 온 천지가 병사들의 피로 물들었던 격전지였다. 영국군은 첫날에만 14만 명의 병력 중 6만 명(그중 2만 명은 사망)을 잃었고, 제1차 세계대전 전체를 통틀어 가장 전투가 치열했던 그곳에서 희생된 병력의 숫자는 연합군이 총 70만 명, 독일군이 총 50만 명(사망자, 부상자 포함)에 달했다. 그럼에도 불구하고 양쪽 모두 한 치의 땅도 차지할 수 없었고 어떠한 돌파도 달성하지 못했다.

2. 서부전역의 총결산('황색계획'과 '적색계획')

1940년 5~6월, 독일 육군의 전사자와 실종자는 대략 총 4만 9천 명에 이르렀다.[26] 프랑스군은 약 12만 명,[27] 벨기에군은 7,500명,[28] 네덜란드군은 약 3,000명[29]으로 집계되었다. 영국군의 경우 전사자(육군과 공군)만 약 5,000명이었고, 영국군의 총 손실(포로와 부상

자를 포함)은 약 7만 명에 이르렀다.[30]

독일의 기갑무기체계는 사실상 아직 개발 단계였고 연합군의 모델과 비교했을 때 독일군의 전차는 성능이 크게 떨어졌지만 손실은 714대에 불과했다. 그중 절반을 웃도는 428대의 전차가 전차전에 투입할 수 없을 정도로 취약한 I호와 II호였다는 점도 주목할 만하다.[31] 하지만 공군의 피해는 극심했다. 독일군은 손상된 323대를 포함해 1,236대의 항공기를 상실했다.[32] 반면 프랑스 공군은 892대,[33] 영국 공군은 1,029대[34]를 잃었다. 벨기에와 네덜란드 공군력은 대부분 개전 초기에 적의 기습공격을 받아 지상에서 괴멸당했다.

총체적으로 판단해볼 때 서부전역은 개전 전과 초에 생각했던 것보다 의외로 손쉬운 승리로 끝났으며, 이로 인해 독일군은 미래에도 최소한의 노력으로 손쉽게 승리를 쟁취할 수 있다는 위험천만한 발상을 하게 되었다.

10

승리와 패배의 원인

10-1

프랑스의 패망

1. 사회 심리학적 근거

"젊은 독일군 병사들은 〔…〕 뜻밖에 적의 저항이 미미하자 무척 의아해했다. 그들은 프랑스인들이 매우 강력한 적일 것이라고 배워 왔기 때문이다. 제1차 세계대전 때 참전했던 베테랑들은 더욱더 기가 막혔다. 그들은 솜Somme, 베르됭Verdun, 아르곤Argonne에서 마주쳤던 '푸왈뤼Poilu'†들을 용맹한 전사들로 기억하고 있었다. 그런데 세계 최강을 자랑하던 프랑스군이 오늘날 도대체 어찌된 일인가?"[1]

제7전차연대의 연대기 중에서

제1차 세계대전은 연합군의 도움으로 승리한 프랑스에게 피로스Pyrrhos의 승리††라 해도 과언이 아니다. 참전국 국민 중 프랑스인이 가장 많이 희생되었기 때문이다. 실종자와 사망자가 도합 약 150만 명에 이르렀는데, 이는 18~27세의 남성 인구 중 27%가 전장에서 숨졌다는 것을 의미한다.[2] 그뿐만 아니라 '베르됭 콤플렉스'라는 정신적 상흔이 프랑스인들의 가슴속에 깊이 새겨졌다. 육체적 · 심리적으로 지칠 대로 지친 프랑스 국민들은 충격에서 헤어 나올 수 없을 정도로 혼란스런 상태였다. 이즈음 전쟁피로증과 평화를 갈망하는 분위기가 사회 전반에 퍼져 있었던 것은 당연했다. 제2차 세계대전 직전까지 프랑스 사회에는 퇴폐주의와 평화주의를 상징하는 풍자화들이 유행했다. 실제 프랑스 사회가

† 프랑스 군인, 특히 제1차 세계대전 때의 병사들을 일컫는 속어.

†† 에페이로스의 왕 피로스가 로마를 격파한 전투로, 큰 희생을 치르고 얻은 유명무실한 승리를 말한다.

매우 복잡한 상황이었음에도 불구하고 평화주의자들은 상당한 영향력을 행사했다. 그들은 전쟁 자체가 무의미하며 심지어 히틀러와의 전쟁도 무의미하다고 주장했다. 1939년 7월 10일 마르셀 데아Marcel Déat는 『뢰브르L'Œuvre』라는 시사지에서 「단치히를 위해 목숨을 버릴 것인가?Mourir pour Danzig?」라는 논문을 발표했는데 이 제목 자체가 현실을 오도하는 슬로건이 되었다.[3]

히틀러는 노련하게 평화를 위한 선전공세를 펼치며 그 위장막 뒤에서 군사력을 증강했다.[4] 그는 자신의 의도를 은폐하기 위해 수차례 프랑스와 영국 출신의 영향력 있는 평화주의자들을 몇 명 초대하여 개인적인 대담을 나누고 융숭하게 대접했다. 영국의 노동당 당수였던 조지 랜즈버리George Lansbury는 대담 후 언론과 라디오 방송에서 평화를 사랑하는 아돌프 히틀러에게 깊은 감명을 받았다고 열정적인 어조로 말한 적도 있다.[5] 더욱더 교활한 방책은 제1차 세계대전 당시 최전선에서 독일군과 치열한 격전을 치른 연합군 병사들을 이용한 것이었다. 1937년 7월, 프라이부르크Freiburg에서 평화를 주제로 한 공연 행사를 개최하며 프랑스 참전용사들을 대거 초청했다. 그해 8월, 베를린에서는 전쟁 부상자들 간의 만남을 주선했는데 약 10만여 명의 연합군 측 사절단이 이 행사에 참석했다.[6] 히틀러는 시종 눈물을 글썽이며 비통한 목소리로, 제1차 세계대전에서 순박한 병사로서 얼마나 고통스러웠는지, 가스 공격을 받고 실명할 뻔한 이야기, 오랫동안 야전병원에 입원한 후에야 시력을 되찾았다는 등의 심금을 울리는 이야기로 관중에게 반전사상을 호소했다. 또한 나치 선전요원들은 연설과 기고를 통해 마치 자신들이 독일에서 평화주의를 신봉하는 조직의 우두머리들인 양 요란스럽게 떠벌려 세상의 이목을 집중시키는 데 성공했다.[7] 서유럽 사람들은 독일의 군사력 재건에 대해서도, 주데텐 위기 때에도 그리고 폴란드 침공 시에도 착각에서 벗어나지 못했다. 오히려 수많은 프랑스인들은 유토피아적 평화주의의 환상 속으로 도피했다.

그러던 중 스탈린이 불구대천의 원수인 히틀러와 동맹을 맺자, 프랑스의 좌익세력은 엄청난 분열을 겪게 되었다. 프랑스 공산당의 일부 세력은 나치스트들과 내통, 협조하기도 했다. 프랑스의 시가지로 진군했던 독일군 병사들은 다음과 같은 슬로건이 담긴 삐라와 포스터가 수없이 널려 있는 광경을 보고 어안이 벙벙했다. "독일군들을 쏘지 마라. 단 한 발도 안 된다! 스탈린 만세, 히틀러 만세!"[8]

프랑스에서는 1939년 9월, 공산당의 존립이 법적으로 금지되었고 당원 대부분이 체포 또는 구금당했다. 그럼에도 불구하고 스탈린과 히틀러의 정책을 지지하는 이들은 지하비밀단체를 조직해 각종 테러를 일으켰다. 한 예로, 공산주의자 노동자들은 방위산업체에서 조업 방해와 파업을 주도했다. 군용기를 생산하는 파르망 사의 공장에서는 배달되려고 이륙하던 항공기들이 알 수 없는 이유로 공중에서 폭발하는 사건이 발생했다. 프랑스 비밀경찰은 로제 랑방Roger Ramband이라는 젊은 공산당원을 현장에서 체포했다. 조사 결과, 그가 공정 중 항공기 17대의 연료공급 장치를 고의적으로 조작해 배기관에서 연료가 누출되어 폭발한 것으로 밝혀졌다. 르노 사의 공장에서는 노동자들이 샤르 B 전차의 변속기에 나사를 집어넣는 바람에, 막 생산된 전차들이 운반 도중 고장나 큰 손실을 입는 일이 발생했다. 다른 방위산업체에서도 이러한 일이 빈번히 일어났는데, 특히 긴급히 조달해야 하는 2.5cm 대공포의 포신 200여 개(4개 사단분)가 생산과정에서의 사고로 폐품 처리되었다.[9]

1940년 5월, 독일 공세의 여파로 프랑스군의 전선만 붕괴된 것이 아니다. 후방에서도 대규모 공황사태가 발생했다. 바로 제2차 세계대전 시 맹위를 떨친, 괴벨스가 조직한 '제5전선'의 선전활동 때문이었다. 이들은 현대사에 다시 없을 엄청난 대중적 히스테리를 유발하는 데 성공했다.[10] 이로 인해 '스파이 신드롬Spionitis'이 전염병처럼 확산되어[11] 겁을 집어먹은 프랑스인들은 환각에 빠진 사람처럼 곳곳에 간첩이 있다고 생각했다. 어느 날 갑자기 독일군 공수부대가 수녀와 수도사 차림을 하고 침투할 것이라는 소문이 퍼지면 이런 복장을 한 사람들은 모두 다 스파이 취급을 받았다. 그러나 체포된 이들은 모두 진짜 수녀와 수도사였다.[12]

프랑스 시민들을 무시무시한 공포로 몰아넣는 데 또 하나 결정적인 역할을 한 것은 공산주의를 주창하는 지하조직의 방송국으로 위장된 '라디오 위마니떼Radio Humanité' 같은 독일의 비밀 라디오 방송이었다.[13] 수백만 명의 프랑스인들이 너도나도 이민하거나 피난처를 찾아 떠났고, 사회 내부의 공황은 점점 더 심각해졌다. 프랑스의 저널리스트 파브르-뤼스Alfred Fabre-Luce는 자신의 일기에 당시의 상황을 이렇게 기록했다.

"이러한 도망은 자살행위나 다름없다. [···] 피난 행렬은 남쪽으로 향하는 모든 도로를 꽉 메웠으며, 이들은 도로에서 시민들에게 버림받은 조국을 지키기 위해 북쪽으로 이동하는 군대와 마주쳤다. 이들은 행군 중인 군인들을 멈춰 세웠을 뿐만 아니라 혼란을 더 가중시켰고 자신들의 공포를 전염시켰다. 피난민들의 공포는 이 도시에서 저 도시로 퍼지면서 그 강도가 눈덩이처럼 불어나 피레네 산맥까지 영향을 미쳤다. 분명 히틀러는 이러한 사태를 예상했을 것이다. 〔…〕 혼란에 빠진 프랑스인들은 히틀러를 비난하고 저주하기 시작했고, 이들의 저주가 거세질수록 공황은 점점 더 커져만 갔다. 이것이야말로 히틀러가 바라던 바이다."[14]

전쟁이 종식된 후 프랑스에서는 패전의 책임자를 색출하는 작업이 시행되었다. 그들은 소위 좌익이라 불린 사회주의자와 공산주의자들에게 그 책임을 뒤집어씌웠다. 몇몇 장군들이 포함된 우익집단들은 평화주의라는 독극물로 사회를 분열시킨 이들을 극렬하게 비난했다. 그들로 인해 군의 전력이 약화되었다는 논리였다. 장군들은 특정 시민계층의 타락을 부각시킴으로써 자신들의 실책을 무마할 수 있는 증거를 만들어냈다. 조국 패망의 결정적 원인은 군사적 실책이 아닌 오로지 '사회적 문제' 때문이었다는 결론이 내려졌다. 비시Vichy 괴뢰정권하에서 리옹Riom에서 재판이 열렸을 때, 피고로 지목되어 제1열에 기립한 사람들은 장군들(가믈랭을 제외하고)이 아니라 붕괴한 제3공화국의 정치가와 지식인이었다. 더 기가 막힌 사실은 조국 패망의 가장 큰 책임자 중 하나인 욍치제르Huntziger 장군이 국방장관이 되었다는 것이다. 모든 사람들이 사회주의자를 비판했지만, 역사학자 마르크 블로크Marc Bloch는 프랑스의 '패망 음모론Dolchstosslegende'[†]에 대해 격렬하게 반박하면서 이 불가사의한 패전의 결정적인 책임은 프랑스군 장군들에게 있다고 주장했다. 예비역 장교였던 그는 당시 프랑스 군부가 저지른 결정적인 실책들을 꿰뚫어 보았다. 그는 『이상한 패배』라는 자신의 저서에서 프랑스 장군단을 '새로운 전쟁을 지도할 능력조차 없는'[15] 무능한 인간들이라며 강력히 비난했다. 이들이 현대전의 진정한 모습을 무시하고 '현실감을 상실한 채' 칩거했다는 것이 그의 주된 논거였다.

† 제1차 세계대전 때 독일의 패망 원인이 군사적 · 경제적 면이 아니라 국내의 패배주의와 배신 행위에 있었다는 주장.

2. 군사적 이유

(1) '마지노 사상': 수동적인 방어작전의 한계

"자신의 참호 안에 숨어 있는 자는 반드시 패배한다."[16]

나폴레옹

마지노선에 대해 모든 역사가들의 공통된 견해는, 막대한 비용이 들었지만 그 효과가 극히 미미했던 비경제적 투자였다는 것이다. 그럼에도 불구하고, 프랑스 군사전략을 평가할 때 그다지 관대하지 않았던 윈스턴 처칠은 다음과 같이 마지노선을 평가했다.

"훗날 사람들은 마지노선 정책에 대해 강력히 비난했다. (…) 그러나 어찌 되었든 간에 마지노선은 대단히 현명한 예방책이었다. 수백 km에 달하는 국경지역에 거대한 요새를 구축해서 적의 공격을 거부하는 방어작전을 구사할 수 있었으며, 병력을 절약하고 잠재적인 침공을 다른 곳으로 유인할 수 있다는 장점도 갖고 있었다. 만일 프랑스의 전쟁계획과 이러한 장점이 유기적으로 결합되기만 했다면 마지노선은 프랑스에 대단히 가치 있는 시설이 되었을 것이다."[17]

프랑스는 '독일인의 호전적 행동furor teutonicus'†을 마지노선으로 방어하려 했는데, 실제 이 거대한 방어시설은 프랑스군에게 몇 가지 유리한 조건을 제공해주었다.

- 독일군이 마지노선 방면으로 (설사 '전격전'이라고 해도) 불의의 기습 공격을 감행한다면 성공할 가능성은 전혀 없다.
- 그 때문에 독일은 부득이 3개의 중립국으로 우회해서 공격할 수밖에 없으며 이 중립국들의 전투력도 프랑스군에 보탬이 될 수 있다.
- 제1차 세계대전 중 극심한 피해를 입은 북동부 국경지대의 산업시설이 마지노선에 의해 보호

† 옛날 독일인, 즉 게르만 민족의 거칠고 폭력적인 행동을 이르는 말.

될 수 있다.

• 특히 지난 전쟁에서 프랑스는 엄청난 인명피해를 입었기 때문에 병력 면에서 독일에 대한 열세를 극복하려면 이 같은 시설은 필수적이다. 요새의 진가는 이미 베르됭에서 여실히 증명된 바 있다. 양호하게 구축된 방어시설 안에 있는 1명의 병사는 개활지 진지에 있는 병사 7명분의 전투력을 발휘할 수 있다.

마지노선이 원래 순수 방어전략의 일환으로 계획되었다는 주장이 있으나 이는 타당하지 않다. 독일의 서부방벽(지그프리트 방어선)이 그러했던 것처럼 프랑스도 마지노선으로 방어작전만을 수행하려고 하지는 않았다. 오히려 그와 정반대로 이를 이용해 국경지대를 강력하게 방비함으로써 수많은 부대를 다른 지역으로 전용할 수 있는 융통성을 확보했고, 이로써 마지노선의 존재 목적은 충분히 달성되었다. 하지만 동시에 불행하게도 이른바 '마지노 사상'이 고개를 들기 시작했다. 당시 독일에서는 '작전술 차원의 기동전'의 르네상스가 태동한 반면, 프랑스는 어떻게 해서든 '개활지에서의 전투'를 피하고 마지노선 뒤에 안주하려 했다. '선형 방어' 교리에 집착했던 프랑스군 장군들은 제1차 세계대전 시의 참호전투를 재현하는 데 혈안이 되어 있었다. 기동보다는 화력이 더 우세하다는 논리, 그리고 방어 제일주의라는 일종의 도그마Dogma가 결합되어 '폐쇄된 전선'의 사고가 더욱더 강조되었다. 그러나 한편에서는 수세적인 전술과 군사전략이 프랑스의 외교정책과 정면으로 대치하는 상황이 발생했다. 당시 프랑스는 유럽대륙의 패권국으로 여겨졌고, 유럽의 경찰국가로서 역할해야 한다는 생각도 가지고 있었다. 그러나 히틀러가 자신의 팽창정책을 대외에 공포하고 실행에 옮겨 프랑스의 우방국들을 침략했을 때, 세계 최강이라고 자신하던 프랑스군은 마지노선 뒤에서 팔짱만 끼고 수수방관했다. 프랑스 군사지도부는 스스로를 장벽 안에 가두어버렸다. '마지노 사상'은 수동적인 태도, 수세적인 자기 구속, 주도권의 단념을 의미하는 엄청난 재앙이었다. 한 국가의 전쟁지도 차원에서 볼 때, 이 사상으로 인해 프랑스 군부는 독일군의 돌파에 대해 작전술 차원의 역습을 시행할 수 있는 능력을 상실하게 되었다.

클라우제비츠만큼 '절대적인 방어'를 강력하게 비판한 이도 없다. 하지만 그런 그도, 슐리펜과 그의 추종자들과는 반대로, "전쟁 수행에서 방어작전은 〔…〕 공격보다 더 강하다."[18]라고 주장했다. 그러나 동시에 그는 장기간, 그것도 무조건적인 방어작전은 대단히 부정적으로 보았다. 지속적인 방어작전은 어딘가 취약점이 있기 때문에 필요에 의해 구사하는 것이라고 언급했다. 그는 다음과 같이 덧붙였다.

> "신속하고 강력한 공세로 전환하는 단계—번쩍이는 복수의 칼날을 겨누며—는 방어에서 가장 중요한 순간이다. 이를 간과한다면, 또는 이러한 측면에서의 방어작전 개념을 가지고 있지 않은 자는 방어작전의 우위를 결코 이해할 수 없다. (…) 그리고 무엇보다 공격을 항상 강습으로만 이해하고 방어의 개념을 고통과 혼돈에 불과하다고 생각하는 것은 중대한 오류다."[19]

프랑스 장군들은 끝내 능동적인 방어작전에 소홀했다. 특히 드골이 요구한 작전술 차원의 기갑부대 운용을 포기한 것은 너무나 치명적이었다. 결국 프랑스군은 마지노선이라는 강력한 방패는 가졌지만 날카로운 칼이나 창을 보유하지 못했다.

프랑스는 1939년 9월 3일, 영국의 강요에 의해 어쩔 수 없이 독일에 선전포고를 했다. 그러나 그들의 군대는 마지노선 뒤에서 안주하고 있었다. 그때부터, 프랑스에서는 '기묘한 전쟁Drôle de guerre', 영국에서는 '거짓 전쟁Phoney War' 또는 '어슴푸레한 전쟁Twilight War'†이라고 표현된 기이한 상황이 전개되었다. '전격전'에 앞서 벌어진 기나긴 '앉은뱅이 전쟁Sitzkrieg'은 어떤 관점에서는 '전쟁 반대 농성'이 되었다.[20] 프랑스 군인들은 마지노선이라는 방어체계에 대한 과신과 망상에 사로잡혀 나태하게 전쟁의 목적도 깨닫지 못한 채 8개월이라는 시간을 허비해버렸다. 그러는 동안 이미 전쟁 전부터 유포된 패배주의의 사상이 '온실 속에서 향기가 퍼지듯'[21] 널리 확산되었다. 또한 이와 함께 프랑스군 병사들은 독일의 집중적인 선전 공세에 심리적으로 철저히 유린당했다. 그리하여 전쟁 분위기를 무색하게 하는 해괴한 일들이 벌어졌다. 9월, 폴란드가 패망할 때 독일-프랑스 전선 일부에서는 친목행사가 열리는 웃지 못할 상황이 연출되었고, 양측에 다음과 같은 문구가 적힌 벽보가 나붙었다. "사격하지 마라, 그러면 우리도 쏘지 않을 것이다!"[22]

동계 기간 중에는 파괴되지 않은 교량을 통해 적대국 군인들 간에 즉석에서 물건을 맞바꾸는 경우도 있었다. 한번은 프랑스 병사들이 도축된 암소를 넘겨주고 독일군으로부

† '거짓 전쟁', '어슴푸레한 전쟁', '앉은뱅이 전쟁', '기묘한 전쟁' 등은 1939년 9월 영국과 프랑스의 대독일 선전포고 후부터 1940년 5월 이전까지의 군사적 충돌이 없었던 기간을 지칭한다.

터 라디오를 받아오기도 했고, 성탄절 전야에는 다리 위에서 적군과 함께 크리스마스트리를 세우고 대공탐조등으로 불빛을 비추며 축제를 벌였다. 참호 공사도 쌍방 간의 방해 없이 순조롭게 실시되었으며, 지루해진 프랑스 병사들은 국경지대에서 축구시합을 하곤 했다.[23] 이러한 '기묘한 전쟁'이 계속되는 동안 자르 일대에 있는 독일의 발전소는 프랑스 국경지대에 수개월 동안 전기를 공급해주었다. 당시 분위기를 극단적으로 보여주는 짧은 일화가 있다. 어느 날 한 프랑스군 병사가 독일 영토에서 길을 잃어 독일군에 체포되었는데, 즉각 한 프랑스 장교가 독일 측으로 찾아와 그의 송환을 요구했다. 그 프랑스군 장교는 크게 화를 내며 이러한 구금은 지금까지의 관례를 위반하는 행동이라고 항의했다. 게다가 "자신의 책임지역이 너무나 취약하기 때문에 그 병사가 없으면 안 된다."[24]라고 부대의 약점을 폭로하기까지 했다. 히틀러 휘하의 프랑스 지역 전문가 오토 아베츠Otto Karl Abetz의 보고서는 당시의 분위기를 보여주는 대표적인 글이다.

> "몇몇 절친한 장교들의 초청으로 나는 카를스루에Karlsruhe에서 바젤Basel의 라인 강 중상류까지의 서부 방벽을 다녀왔다. 나는 다양한 축성진지들 앞에서 독일 병사와 프랑스 병사들이 강을 사이에 두고 다정하게 대화하는 모습을 목격하고 깜짝 놀랐다. 전 전선을 시찰하면서 내가 총소리를 들은 곳은 브라이자흐Breisach가 유일했다. 선창가의 한 크레인에 우산을 든 가늘고 홀쭉한 허수아비를 매달아 놓고 내기 사격을 하는 모습을 볼 수 있었다. 마지노선과 마찬가지로 서부 방벽의 소총과 기관총은 모두 이런 일에만 사용되고 있었다."[25]

프랑스군을 마지노선 뒤에서 잠들게 하려는 히틀러의 계략은 대성공이었다. 갑자기 독일군이 가공할 만한 위력으로, 전혀 새로운 전법으로 공세를 감행했을 때 프랑스인들이 받은 충격은 이루 말할 수 없었다. 역설적이게도 당시 프랑스 군사지도부는 장차전에 대비해 주도면밀하게 군대를 무장시키고 교육훈련에 심혈을 기울이는 등 세계 전쟁 역사상 최고 수준의 노력을 경주했다. 프랑스 정부도 거액의 예산을 국방비에 투입했다. 그러나 독일군은 프랑스군이 준비했던 것과는 전혀 다른 형태의 전쟁을 일으켰던 것이다.

(2) 시대착오적인 프랑스군의 지휘 구조

“프랑스군 총참모부는 1914년에는 1870년의 전쟁을, 1940년에는 1914년 식의 전쟁을 준비했다.”[26]

기 라 샹브르Guy La Chambre, 프랑스 항공부 장관(1938~1940)

제1차 세계대전을 승리로 이끈 프랑스의 영웅, 포슈Foch 원수는 다음과 같이 말한 적이 있다. 공교롭게도 이 말은 장차전의 패배라는 불행의 씨앗이 되었다.

“장차전은 이 전쟁이 종결된 형태로 시작될 것이다.”[27]

프랑스 장군들은 마지노선을 구축해 전 국경지대를 베르됭처럼 요새화하려고 했지만, 그로 말미암아 이들은 미래지향적인 통찰력을 스스로 차단했다. 이들은 다가오는 전쟁 양상의 혁명을 받아들일 수 있는 기회를 놓치고 말았다. 1940년 ‘전격전’이 벌어졌을 때, 시대착오적인 발상에서 탄생한 철근 콘크리트 구조물인 마지노선은 말 그대로 무용지물이었다. 게다가 프랑스 장군들은 현대적인 ‘작전술 차원의 기동전’에 더이상 대응할 수 없는 원칙에 사로잡힌 채 제1차 세계대전 때의 지휘방식을 고수했다. 마르크 블로크는 “독일의 승리는 본질적으로 지성의 승리이며, 그것이 이번 승리의 핵심요소이다.”[28]라고 했다. 그리고 다음과 같은 결론을 도출했다.

독일은 속도로 대변되는 오늘날의 전쟁을 수행했다. 반면 우리(연합군—옮긴이)는 어제 또는 더 과거의 전쟁을 수행하려고 했을 뿐만 아니라 새 시대의 급격한 물결을 타고 있던 독일군의 전쟁수행 템포를 이해할 수도, 대응할 능력도 없었다. 따라서 이번 전쟁에서는 각기 다른 시대의 두 군대가 충돌했다고 해도 과언이 아니다.[29]

전쟁에서 패한 원인이 프랑스 사회나 각개 병사들 때문만이라고 할 수는 없다. 이러한 대재앙의 원인은 이상스러우리만치 사고가 경직되었던 프랑스군 지도부에게 있다. 프랑스 육군의 퇴보된 사고는 최고지휘부의 고령화에도 기인한다. 여러 명의 메투살렘

Methusalem†[30]으로 구성된 프랑스 육군 지도부는 자신들의 지위와 사회적 특권에 집착했을 뿐만 아니라 과거의 전장에서나 통했던 구태의연한 사고를 철저히 관철했다. 그 때문에 창의적인 사고를 가진 젊고 유능한 장교들(드골 같은 이들)의 진출이 철저히 봉쇄되었다.[31] 게다가 '무감각한 철학자'[32] 가믈랭이 스당의 대재앙으로 프랑스군 총사령관직에서 해임된 후 그 후임자로 가믈랭의 선배인 베강Maxime Weygang이 임명되었다. 73살의 노인이 68살의 후배를 밀어낸 것이다. 설상가상으로 그 후 '베르됭의 영웅'이자 84살의 페탱Henri Philippe Pétain 원수가 정부의 수반으로 선출되었다. 이들은 현대의 도전을 과거의 정신으로 해결하려 했던 것이다.

이렇게 고령화된 지휘부는 시대착오적인 지휘체계와 정확히 상응했고, 이들은 그것을 지키려 애썼다. 혹자는 믿을 수 없겠지만, 한 부관장교가 불만을 토로했듯이 실제 샤토 드 뱅센Château de Vincennes에 위치한 가믈랭의 사령부에는 무전기는 물론 단 한 마리의 문서 전달용 비둘기도 없었다.[33] 한 장교가 참다 못해 최소한 전신기 한 대는 설치해야 한다고 건의하자, 전통을 중시하는 그의 상관들은 이렇게 충고했다. "군사 명령을 하달하는 것을 경마경기 결과를 전달하는 것과 비교해서는 안 된다."[34] 그 때문에 뱅센Vincennes의 지하벙커에 자리 잡은 지휘소는 '잠망경 없는 잠수함'으로 불리기도 했다.[35] 가믈랭 장군은 북동부전선 사령관 조르주 장군과 접촉할 때 전화를 거의 사용하지 않고 주로 관용 차량을 타고 사령부나 숙소로 직접 찾아갔다. 가믈랭은 그때마다 약 60km의 거리를, 더욱이 교통체증 탓에 이리저리 돌아 가느라 매번 2시간에 가까운 엄청난 시간을 허비했다! 야전에 설치된 유선이 계속 단절되어 중요한 전문은 오토바이 전령을 통해 전달되는 경우가 많았다. 이 전령들도 피난민 차량 행렬이 가득한 도로를 지나다 수십 번 이상 시궁창에 빠졌고 몇몇은 교통사고로 목숨을 잃었다. 가믈랭이 훗날 의회 조사위원회에 출석해서 해명한 바와 같이, 어떤 명령을 발령하면 '최전방의 실시부대'에까지 도달하는 데 '통상 48시간'이 소요되었다.[36] 독일군이 들이닥치기 전에 뱅센의 사령부가 대피할 무렵에는 혼란이 한층 더 증폭되었다. 결국 베강 장군은 버려진 고성古城인 브리아르Briare로 지휘소를 옮겨야 했는데 그곳에는 다행스럽게도 아직 사용 가능한 전화기가 딱 한 대 남아 있었다. 그러나 프랑스의 사활이 걸린 이 시각, 프랑스의 총사령관은 12:00시부터 14:00시까지 외부와 철저

† 성서에 나오는 노아Noah의 조부로 969세까지 생존했다. 보통 명이 매우 긴 사람을 지칭한다.

히 단절되었다. 인접 도시 간의 전화를 수동으로 연결해주는 교환원들이 점심시간을 지켜달라고 강력하게 주장했기 때문이다.[37]

이러한 기술적 문제들과 함께 프랑스군의 이른바 '전장戰場 관료주의'도 문제가 되었다. 상급부대의 사령부와 참모부들은 '명령형 전술'에 입각해서 모든 전투상황에 대해 형식적으로 처음부터 끝까지 완벽한 계획을 수립해야 했기에 시간이 오래 걸렸고 명령문도 너무 장황했다. 또한 예하부대가 해야 할 과업들을 과도하게 세부적인 부분까지 다루었다. 마르크 블로크는 이렇게 말했다. "전쟁이 발발해서 끝날 때까지 프랑스군 참모부의 메트로놈은 항상 박자가 너무 느리게 설정되어 있었다."[38]

거의 항상 어떤 중요한 명령이 실시부대에 도달하기 전에 이미 상황은 종료되었고, 따라서 프랑스는 이 전역에서 단 한 번도 주도권을 갖지 못했다. 프랑스는 항상 대응할 수 있는 시기를 놓침으로써 선제 공세를 취할 수 없었던 것이다.[39]

10-2

'나치 전격전'의 신화

1940년 5월 20일 괴링은 베를린에서 열린 한 언론과의 대담에서 서부전역의 작전계획은 '총통이 이룬 그만의 창의적이고 가장 탁월한 업적'이라며 극찬을 아끼지 않았다. 그 후 히틀러에 대한 평가는 절정에 이르러 다음과 같은 요란스런 표현들이 등장했다. "천재적인 야전사령관 아돌프 히틀러는 전쟁 양상의 혁명을 일으켰고 지금까지 성역화된, 누구도 감히 범하지 못할 것 같았던 전략적인 원칙들과 전쟁의 기본준칙들을 한꺼번에 무너뜨렸다."[40] 이로써 '전격전'은 히틀러의 창조물로 부각되었으며 그는 '역사상 가장 위대한 야전 사령관'으로 불리게 되었다. 『민족의 감시자*Völkischen Beobachters*』의 편집장 빌헬름 바이스Wilhelm Weiß는 흥분한 어조로 다음과 같이 기술했다.

> "나치스트 아돌프 히틀러의 능력은 비로소 입증되었다. 그는 사전에 전쟁 양상을 정확히 예측했고 역동적이고 대담한 방책으로 대승을 이끌었다. 그만이 이러한 과업을 능수능란하게 해결할 수 있었다. 막강한 기갑사단과 폭격기들로 편성된 나치스 군대의 혁명적인 정신은 유럽 곳곳에 돌풍을 일으킬 정도로 위력적이었다."[41]

육군 문서관리소장 폰 라베나우Friedrich von Rabenau 중장은 서부전역 기간 중 작성한 한 논문에서 앞의 논리와 전혀 다른 견해를 피력했다.[42] 그는 독일군의 위대한 승리의 비밀은 '종래의 전략에 대한 극복'[43]이 아니라 '기동전으로의 회귀'[44]라고 결론 내렸다.

"이것은 로이텐에서부터 워털루, 스당, 탄넨베르크 그리고 제1차 세계대전 시 대성공을 거둔 루마니아 전역에서 나타난 고전적인 전략과 크게 다를 바가 없다. 이것은 또한 위대한 독일군 총참모부의 유산이다."[45]

그는 다음과 같이 강조했다.

"이것은 기동전 사상과 동시에 양익포위와 섬멸이라는 슐리펜의 근본 가치와 칸나이 사상이 총체적으로 결합된 것이다."[46]

물론 라베나우 중장은 나치스의 선전에서 가장 중요한 금기사항을 위반했다.[47] 결국 이 원고는 사전 검열에 걸렸다. 카이텔은 논문의 여백에 '나는 이 글의 공개를 반대한다!'[48] 라고 기입했다. 이 논문에 대한 다음과 같은 요들Jodl의 평가는 시사하는 바가 한층 크다.

"검열규정의 완화를 이러한 글에 적용할 수는 없다. 슐리펜과 젝트를 우상화하는 문서들은 정부에 대한 의구심을 자극하기에 충분하고 요즘 시대에 별로 유용하지 못하다."[49]

콘스탄틴 히얼Konstantin Hierl은 서부전역에 대한 논문에서 이 전역에 대한 다음과 같은 직접적인 해답을 제시했다.

"슐리펜 계획이나 칸나이 독트린의 근원 그리고 그 밖의 전통적이고 고리타분한 교리들보다는, 군사적 천재인 총통의 자유로운 예술적 착상이 역사에 길이 남을 영광스런 승리를 독일 국방군에게 가져다주었다."[50]

그러나 총참모장 할더는 서부전역 중에 아내에게 보낸 편지에 다음과 같이 썼다.

"나도 조심해야겠소. 육군 총사령부의 공로가 이젠 국가에 대한 범죄로 바뀌어가는 징조가 보이오."[51]

구데리안은 이미 1920년대에 '작전술 차원의 기동전'을 부활시킬 생각을 품고 있었는데, 이는 20년 후에 히틀러가 수립한 정복 계획과는 전혀 별개의 것이었다.[52] 자세히 들여다보면 '국가사회주의(나치스트)의 기갑무기체계'라는 슬로건 역시 허황된 선전일 뿐이다. 히틀러는 전차의 기술적인 면에만 집착했고 이 무기가 장차전에서 발휘할 진정한 작전술 차원의 가치에 대해서는 전혀 관심이 없었다.[53] 만슈타인이 자신의 회고록에서 강조한 바와 같이, "그〔히틀러〕가 취임하기 전에 육군 총사령부는 이미 무기체계에 대한 기본 계획을 수립해 두었고, 모든 신무기체계—돌격포, 〔…〕 등은 제외하더라도—는 그가 권력을 장악하기 전에 이미 개발되어 있었다."[54] 작전술 차원의 기동전을 최초로 실행에 옮기는 데는 독일이 성공했지만 이 같은 사상은 외국에서도, 예를 들면 풀러, 리들 하트, 드골 그리고 투하체프스키 같은 이들에 의해서도 발전되고 있었다. 이런 측면에서도 '전격전'이라는 군사적 현상과 국가사회주의라는 정치적 이데올로기는 서로 아무런 관련이 없다. 혹자의 말대로 외견상 둘 사이에 공통점이 있을 수도 있다. 1940년 5월 우연히 전쟁 양상의 혁신이 일어났고 이미 실패한 바나 다름없던 히틀러의 도박적 · 정치적 발상이 갑자기 영광스런 군사적 성공으로 돌변했다는 논리이다. 그러나 이것이 히틀러의 전략적 선견지명에 의해 착안된 '전격전' 프로그램이라는 주장은 터무니없다. 국가사회주의 체제가 기갑부대의 창설, 전차의 개발과 현대적인 '작전술 차원의 기동전'을 주도했다기보다는 오히려 이를 이용했다는 것이 정확하다. 히틀러와 그의 나치당원들은 서부전역이 종결된 후에야, 구데리안의 대담한 이론이 타당한 것으로 입증된 순간, 비로소 이 새로운 방식을 인정하고 적극적으로 활용하고자 했다.

독일군 병사들의 사기가 '나치즘 정신'에서 발현된 것이라는 가설이나, 더 나아가 전쟁에 미친 독일인들이 전쟁에 지친 프랑스인들을 습격했다는 주장 또한 지나친 허구이다. 슈바벤Schwaben의 나치 대관구 책임관 칼 발Karl Wahl은 개전 당시 독일 사회의 분위기가 얼마나 침체되어 있었는지를 잘 묘사하고 있다.

> "이번 여행에서 나는 1914년에 〔…〕 경험한 것들에 비해 아무것도 달라진 게 없음을 발견할 수 있었다. 아무런 열정도, 어떠한 기쁨도, 그리고 그 어디에서도 환호를 들을 수가 없었다. 어디를 둘러보아도 비통한 패배감에 사로잡힌 듯 억눌린 적막만이 있을 뿐이었다. 전 독일 국민들은 무시무시한 공포에 휩싸여 마비된 듯했다."[55]

프랑스 지역 전문가이자 히틀러의 보좌관이었던 아베츠Otto Abetz도 다음과 같이 표현했다.

> "아무튼 독일과 프랑스 양쪽 모두에게 1939년 9월 3일 발발한 전쟁(선전포고로 인해)은 그들의 역사에서 국민들로부터 '가장 지지받지 못한 전쟁'이 되고 말았다. 1914년과 1870년 개전 때 일어났던, 그리고 나폴레옹 전쟁의 결과로 생겨났던 열렬한 애국주의적 감정은 그 당시에 파리뿐만 아니라 베를린에서도 느낄 수 없었다."[56]

마르크 블로크가 프랑스에 대해 도출한 것과 똑같은 결론이 독일에서도 나타났다. 서부전역 승패의 결정적 요인이 사회나 이데올로기가 아니라 바로 군사적 측면이라는 것이다. 독일 국방군의 '전투력'은 '나치즘의 역동성'에 기인한 것이 아니라 독일군 내부의 순수한 고유 시스템에 의해 발현되었고 이는 수 세기 동안 독일군이 스스로 발전시킨 비범하고 완벽하게 작동하는 기계조직과 같았다.[57] 이렇게 효과적으로 훈련된 조직은 어떠한 상황에서든, 어떠한 목적에도 사용될 수 있었고 나치스 독일을 위해 목숨 바쳐 싸웠는데, 이들은 제국주의 독일을 위해서도, 공산주의 독일을 위해서도, 어떠한 이데올로기에도 상관없이 조국을 위해 한결같은 자세로 싸웠을 것이다. 이스라엘의 군사사학자 반 크레벨드Martin van Creveld는 이미 고전이 된 그의 저서 『전투력*Kampfkraft*』에서 이러한 메커니즘을 누구보다 정확히 분석했다.[58] 그는 군 전투력에서 핵심은 '군 내부의 조직력'이라고 주장[59]했으며 다음과 같은 결론에 도달했다.

> "전 세계적으로 독일 육군은 전투 수행에서만큼은 가장 훌륭한 조직이었다. 군기, 사기, 부대 응집력 그리고 융통성 차원에서 20세기의 어느 군대도 독일군에 필적할 수 없었다."[60]

독일 육군은 이전의 전쟁, 이를테면 제1차 세계대전 때에도 그 같은 전투력을 유감없이 발휘했다. 하지만 '전투력'이라는 요인은 '전격전'의 전제조건이 될 수는 있겠지만 전부라고 하기는 어렵다.

전격전 성공의 비밀 : 현대적 기술과 전통적 군사 원칙의 결합

1. 전략적 부동성 : '속전속결'의 전통

"모든 전쟁 지도의 목적은 가능한 한 최단시간 내에 적을 격멸하여 결정적인 승리를 쟁취하는 것이다."[61]

1939. 11. 29. 토마스 소장少將

클라우제비츠의 논리에 따르면 전쟁에 승리하는 데에는 섬멸전을 통한 승리와 소모전을 통한 승리라는 두 가지 상반된 대안이 존재한다.[62]

그의 이론에서 전자는 신속한 '결정적 전투'[63](오늘날 작전술 수준의)에 의해서, 후자는 장기간 지속되는 소모전에 의해서 달성된다. 클라우제비츠는 이러한 이론을 설명하기 위해 프리드리히 대제와 나폴레옹의 전쟁을 근거로 들었다. 이 두 인물은 수차례 자신보다도 우세한 적, 특히 동맹을 맺은 대규모 적대세력들과 맞섰으며, 신속한 결전을 이끌어내기 위해 즉각적인 공세를 감행했다. 역사가 델브뤼크Hans Delbrück는 훗날 클라우제비츠와 동일한 이원론二元論적 원칙을 주장했는데, 그는 이를 '분쇄전략'과 '소모전략'으로 구분했다.[64] 독일에서는 '분쇄전략'이 절대적으로 필요했고, 이는 계속 발전되었다. 이처럼 신속한 결전을 지향하는 전략이 그들에게는 '단기전'이나 '속전속결'의 개념으로 표출되었다. 이 이론이 독일에서 중시된 이유는 유럽의 정중앙에 위치하는 불리한 군사 지리학적 여건 때문이었다. 여기에서 다시 한번 나폴레옹의 원칙, 즉 한 국가의 정치 성향은 지정학적 위치로써 결정된다는 것이 입증된다. 7년 전쟁 기간 중 프로이센이 프랑스, 스웨덴, 러시아 그리고 합스부르크 왕국에 포위되어 사면초가 상태였던 반면, 동맹국인 영국은 본토는 직접적인 타격을 거의 받지 않았다. 그 때문에 프리드리히 대제는 '속전속결'을 위해 모든 노력을 경주했고, 전장에서 즉각적인 결전을 찾고자 했다. 그는 다음과 같은 명령을 하달했다.

"우리의 전쟁은 반드시 단기전이어야 하며 단 한 번에 결정적인 승리를 쟁취해야만 한다. 장기전이 된다면 분명 우리의 강력한 전투력은 약해지고 우리의 국토는 황폐해지며, 우리의 자원도 고갈될 것이다."[65]

다정면多正面 전쟁의 정신적 상흔으로 인해 마침내 예방적 공격이라는 선결조건과 섬멸전이라는 신조[66]가 발전하게 되었다. 슐리펜은 몰트케의 스당 섬멸전이 이러한 사상의 이상적 형태라고 주장했다. '전격전'이란 기적과 같은 현상도 '속전속결'의 최상위 단계가 실현된 것일 뿐이다.[67]

2. 작전술 차원의 사고로 환원하다

"작전은 기동이다."[68]

슐리펜 원수

'전략과 전술의 중간에 정립된 개념'[69]이 없었던 시기에 '작전술' 개념을 최초로 도입했고 이를 중시한 인물이 몰트케이다. 그는 심사숙고 끝에 다음과 같이 주장했다.

"하나의 거대한 사상을 지향하지 않고, 전체 전쟁의 목표를 달성하는 데 기여할 수 없는, 아군 병사들의 용기로만 달성된 개별적인 전투에서의 승리는 무의미하다."[70]

독일군 총참모부가 '작전술 차원의 전쟁지도 능력'을 갖출 수밖에 없었던 이유도 바로 독일의 불리한 지정학적 위치 때문이다. 수많은 인접 국가들과 동시에 뒤엉켜서 전쟁을 수행해야 하는 위험부담, 즉 항구적인 '포위 전쟁에 대한 공포'가 특유의 군사 사상을 탄생시켰다. 독일 장군단은 언제나 그러했듯이 그들 스스로 아군이 적보다 열세하다는 가정하에 작전계획을 수립했고 불리한 상황이 발생할 때면 늘 융통성 있는 지휘기법으로 타개해왔다.[71] 그런 맥락에서 슐리펜의 후학들의 신조도 '열세에서 승리로'[72]였다. '수적 우세'라는 절대적 원칙은 일단 전략적 수준에서 간주되는 것으로서, 장기전을 논할 때는 의미가 있으나 전투의 승부를 결정짓는 작전술 차원에서는 의미가 없다. 적절한 시간과 장소에 적절한 규모의 전투력(상대적으로 우세한 전력)이 집중 투입되는 것이 관건이므로, 전략적인 전투력의 우열관계는 프리드리히 대제가 증명했듯이, 작전술적인 신속한 기동으로 충분히 상쇄할 수 있다는 논리였다. 그 때문에 이러한 대명제에 근거를 둔 '전격전'은 그야말로 전화위복이었을 뿐이다. 즉 '전략적' 위기를 극복하기 위해 도출된 '작전술 차원'의 해결책, 그 이상도 그 이하도 아닌 것이다.

본래 슐리펜 계획을 근간으로 개전과 동시에 실패한 제1차 세계대전은 이러한 사상을 지나치게 강조한 산물이었다. 물량전에서는 최고 군사지도부의 능력이 전쟁의 승패를 좌우하는 데 더 이상 중요한 요소가 아니었다. 왜냐하면 결국 가용 탄약을 더 많이 보유한 편이 승리하기 때문이다. 루덴도르프Ludendorff 자신조차도 서부전선의 진지전에서 경직된 전투양상을 체험한 뒤 통탄을 금치 못했다. 엄청난 희생 후 얻은 승리는 고작 전술적 수준에서 몇 걸음 앞으로 전진하는 정도였을 뿐이다.[73] 1918년 4월 5일 그는 큰 실의에 빠져 다음과 같이 말했다.

> "나는 '작전'이라는 단어는 앞으로 사절하겠다. 그저 전선에 구멍을 뚫어놓으면 나머지는 어떻게든 알아서 될 것이다."[74]

제1차 세계대전 이후, 제국군Reichswehr의 과도기가 도래했다. 당시 제국군은 독일 군사사에서 유례를 찾아볼 수 없을 정도로 취약했다. 하지만 제국군 장교들은 과거 속에서, 비참한 현재와는 감히 비교할 수 없을 정도로 기적과 같은 영광된 미래를 준비했다. 그들은 다시 독일군이 세계에서 자신의 위치에 '걸맞은 역할'을 수행할 그날을 위해 병사들을 훈련시켰다. 만슈타인은 훗날 이렇게 말했다.

"우리에게 가장 중요했던 과업은 제1차 세계대전의 패배로 인해 멸시 받는 제국군이 보유했던 과거의 많은 관습들 중 사소한 것까지 찾아내서 위대한 독일군의 지휘기법과 교육훈련의 전통으로 보존하고 부활시키는 것이었다. 제국군의 후예로 새롭게 거듭난 우리 국방군은 전쟁지휘기법의 발전을 이룩했고 진지전을 〔…〕 극복하는 비법을 —세계에서 최초로— 창안해냈다. 우리 독일 국방군은 혁신적인 전투수단을 이용해서 다시금 진정한 기동을 통해 작전을 수행할 수 있는 지휘기법을 터득하는 데 성공하고야 말았다."[75]

베르사유 조약에 따라 군비가 제한된 독일 제국군은 국경지역조차 방어할 수 없을 정도로 축소되었다. 따라서 방어작전을 수행하기에 취약한 제국군은 반대급부로 전쟁 연습이나 훈련 때마다 부득이하게 공격작전을 시행할 수밖에 없었으며, 상대가 침투하면 측방역습으로 격멸해야 한다는 것이 교리화되었다. 이에 육군 총사령관 폰 젝트von Seeckt 상급대장은 '선형 전선방어'를 포기하고, 전통적으로 몰트케 장군이 주창했던 이른바 '자유기동freien Operieren' 개념을 채택했다. 또한 젝트는 유언장에서 후배들에게 '최정예 육군'의 사상뿐만 아니라 '기동의 복음'[76]을 다음과 같이 강조했다.

"군 전체가 기동하지 않는다면, 그리고 기동할 수 없다면, 승리도 없다. 패배만이 있을 뿐이다."[77]

젝트는 질적인 것이 양적인 것을 극복할 수 있다고 설파했다. 그는, 저질의 무장을 보유하고 저질의 교육훈련으로 양성된 병사들로 구성된 대부대가, 작은 규모지만 탁월한 무장을 구비하고 우수한 교육훈련으로 양성된 직업군인들로 이루어진 정예 부대와 부딪힌다면 개죽음을 당할 수밖에 없다고 강력히 주장했다. 그리고 다음과 같은 사항들을 요구했다.

"나는 〔…〕 장차전을 수행하려면 고도의 기동력을 보유한 소수정예의 육군이 필요하다고 본다. 또한 항공 전력을 증강한다면 그 효과는 본질적으로 증폭될 것이다."[78]

이에 더해 그는 국토방위를 위해서 징병제를 통해 일종의 민병대를 창설해야 한다고 제안했다. 그러나 전쟁의 결전에서는 엘리트 부대가 선봉에 서야 하며, 작전술 차원에서 통합된 이들만이 신속하고 결정적인 전쟁 수행을 담당해야 한다고 말했다. 이미 제국군 시절에 작전술 수행 교리의 르네상스가 도래했던 것이다. 단순히 문서상에만 존재하는 군단급 전술토의에서 한 말이라고 하지만 어쨌든 이것은 탁월한 선견지명적 요구였다. 이로써 젝트는 군대도 방어능력도 명예도 없는 힘겨운 시절에, 훗날 탄생한 전격전의 가장 중요한 이론적 기초를 제공했다.[79] 이러한 단계를 거쳐 독일군 장군들 모두가 공유한 작전술적 사상의 기반이 마련되었다. 그래서 기갑부대 전문가가 아니었던 만슈타인이 영광스런 기갑부대의 작전인 지헬슈니트 계획을 발전시킬 수 있었던 것이다. 비록 대부분의 장군들은 폴란드 전역에서와 거의 유사한 '자유 기동'을 서부전역에는 적용할 수 없다고 믿었지만 구데리안은 특유의 용의주도한 행동으로 그것을 반증했고, 그 후 다른 이들도 이러한 작전지휘가 옳았다는 것을 인정하게 되었다.[80]

3. 중점[Schwerpunkt] 원칙

"중점이 없는 작전은 개성이 없는 인간과 같다!"[81]

힌덴부르크 원수

프랑스의 한 원수는 나폴레옹에게 작전계획을 브리핑하며 국경의 한 끝에서 다른 끝까지 선형으로 전력을 배치해야 한다고 말했다. 그러자 나폴레옹은 그를 조롱하듯이 대꾸했다. "귀관은 국경지역의 밀거래 단속이라도 하려고 그러는가?"[82] 또 나폴레옹은 이렇게 주장했다. "전쟁지휘의 기법은 단 한 가지 원칙으로 설명할 수 있다. 결정적 순간에 적보다 우세한 병력을 갖출 수 있도록 전력을 집중하라!"[83]

그러나 나폴레옹의 후손들은 이 원칙을 철저히 망각해버렸다. 그들은 '폐쇄된 전선'을 이용해 '선형 방어' 전술을 구사하면 무조건 승리한다는 교리에 심취했다. 이러한 일차원적 사상은 기갑부대에 더욱 불운한 영향을 미쳤다. 프랑스군 장군들은 대부분의 기갑부대를 중대 단위로 분할해 보병부대에 배속했고, 결국 이들을 대서양 해안에서 스위스 국경지대까지 흩어놓았다. 반대로 수적으로 열세한 독일군 전차들은 10개의 기갑사단으로 통합 편성되었고 그중 7개 사단이 스당과 디낭 일대에 집중 운용되어 작전술 차원의 중점을 형성했다. 이는 구데리안의 명언인 "집중하라, 분산하지 말라!"라는 기본 원칙에 입각한 조치였다. 프랑스의 기갑장군 샤를 델레스트랭Charles Delestraint은 이 두 군대의 기갑전술의 차이점에 대해 다음과 같이 평가했다.

"아군도 독일군도 3,000대 정도의 전차를 보유했다. 우리가 각각 3개 전차로 구성된 1,000개의 소집단으로 나누어 운용한 반면, 독일군은 각각 1,000대의 전차로 구성된 3개의 대부대를 편성했다."[84]

집중의 원칙은 독일 군사 사상의 전통이었다. 전쟁을 '신속한 결전으로' 종결짓고자 한다면 강력한 중점을 형성해야 한다. 슐리펜은 이러한 원칙을 누구보다 강조했다. 중요한 점은, 적의 '절대적인' 전략적 우세를 결정적인 시간과 장소에서 아군의 '상대적인' 작전술 차원의 우세로 무력화할 수 있다는 것이다.

4. 포위 원칙

"그 옛날 한니발의 구상을 실행에 옮긴다면 오늘날에도 섬멸전이 가능하다. 결코 적의 전선을 궁극적인 공격목표로 삼아서는 안 된다. 또한 적 방어전선을 무너뜨리기 위해 처음부터 대규모 병력을 집중하거나 예비대를 구축할 필요가 없다. 핵심은 적의 측방을 파고드는 것이다. 〔…〕 섬멸전은 적의 후방을 공격함으로써 완성된다."[85]

슐리펜, 칸나이에서

독일군 총참모부는 끊임없는 양면전쟁의 위협으로 인해 작전술 차원의 사고방식을 발전시켰다. 그들은 거의 전통이라 할 만큼 다음과 같은 목표를 추구했다. 만일 적들 중 하나를 즉각적인 결전을 통해 격멸하는 데 성공한다면 그에 이어 또 다른 곳에 전투력을 집중할 수 있다. 이런 식으로 2개의 전선으로 형성된 하나의 전쟁은 순차적인 2개의 전쟁으로 분할될 수 있다. 슐리펜은 적이 또다시 전쟁을 일으킬 여지를 남기는 '평범한' 승리는 절대 금물이며 실질적인 '섬멸전을 통한 승리'를 지향하기 위해 노력해야 한다고 강조했다. 이는 무엇보다도 적 부대를 완벽하게 포위함으로써 달성된다. 이러한 '섬멸전'의 이상적인 형태는 바로 한니발이 로마와 싸워 크게 승리한 칸나이 전역(기원전 216년)이었다. 또 하나 유사한 전형적인 전역은 몰트케의 1870년 스당 섬멸전이다. 슐리펜은 열정적인 어조로 이 전역에 대해 다음과 같이 언급했다.

"결국 이것은 또 한 번의 칸나이 전투였다. 완벽하게 적을 포위하는 데 성공한 것이다."[86]

슐리펜은 "스당 섬멸전은 역사상 유일하게 칸나이 전역과 견줄 수 있는 완벽한 승리였다."라고 인정했다.[87] 하지만 그의 전쟁사 연구서에서는 일련의 '유사한 섬멸전들'을 기술했다. 모두 단 한 번의 작전술 수준의 기동을 통해 전략적 차원의 결전을 성공적으로 달성한 사례들이었다. 하지만 슐리펜과 그의 제자들은 이러한 '승리의 열쇠'에 과도하게 집착한 나머지, 포위 자체를 작전술 차원의 목표로 간주했다. 그 때문에 제1차 세계대전에서 슐리펜의 거대한 포위 기동계획이 실패로 돌아갔고 서부전선에서는 진지전과 같은 교착 양상이 벌어졌다. 그와 반대로 동부에서는 야누스의 두 얼굴처럼 여러 단계에 걸친 고전적인 작전술 차원의 기동전이 벌어졌다. 수차례 포위전투가 벌어졌고 그중 또 하나의 '칸나이'로 격찬받는 탄넨베르크에서 독일군은 뜻밖의 대승을 거두게 되었다. 당시에 그리고 훗날에도 국방군 장교들은 비록 종이 위에 계획을 수립하는 훈련을 하는 한이 있어도, 늘 이러한 작전술 차원의 포위를 군사적 지휘 기법에서 '지상 최고의 가치'로 평가하고 습득했다.

항공기의 발명으로 독일군의 포위 사상은 한 차원 새롭게 발전되었다. 슐리펜이 요구했던 포위는 사실 현실화하는 데에 한계가 있었다. 신속한 포위작전을 구사하기에 포병이 매우 취약했기 때문이다. 하지만 이제 항공 전력이 포위된 적들의 탈출 시도를 공중 화력으로 차단할 수 있게 되었다. 또한 국방군은 비밀리에 조직된 '전쟁의 신 마르스의 막내아들'[88]로 일컬어진 공중강습부대에 대해 지대한 관심을 가지고 다양한 방법으로 운용하는 실험을 했다. 이 전력은 수직 포위의 가능성을 창출해냈고 이로써 독일 국방군은 마침내 삼차원적인 '칸나이'를 달성할 수 있는 역량을 갖추게 되었다.

I1870년 9월 1일 스당에서 몰트케의 포위 전투I

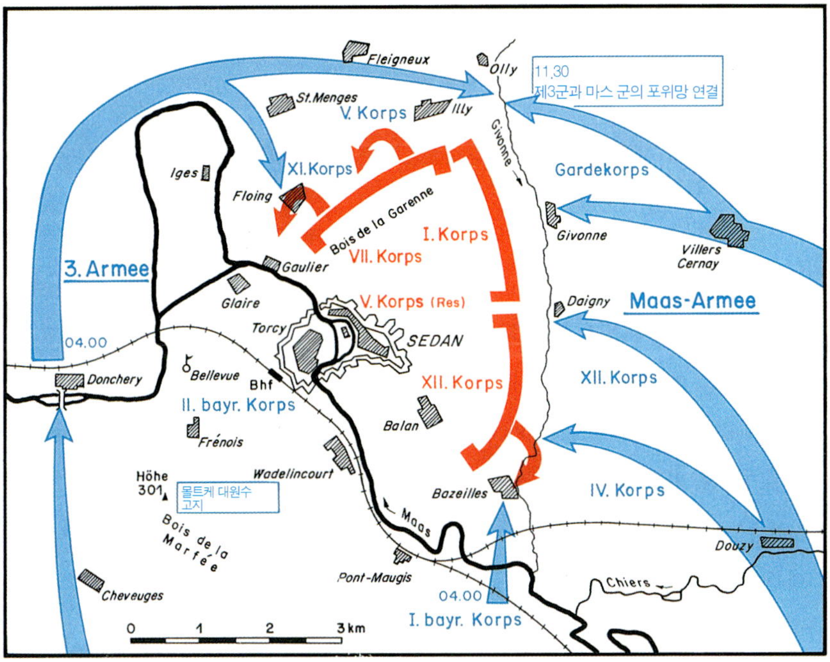

I1944년 12월 아르덴 공세의 작전계획I

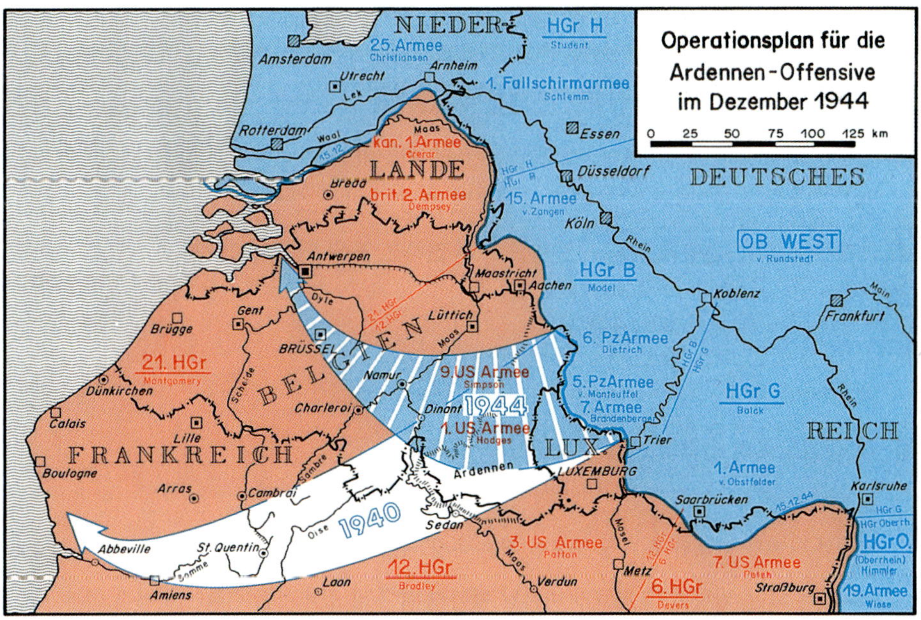

5. '돌파작전'이라는 금기를 깨다

"서부전역이 시작되고 며칠 못 가서 전통적인 요새시설들만으로는 공군과 육군의 통합된 공세를 막아낼 수 없다는 것이 입증되었다. 공군은 이 요새들을 무력화할 여건을 조성했고 전차와 보병은 돌파작전을 마무리했다."[89]

카유스 베커Cajus Bekker, 마스 강선의 돌파에 대해

최첨단 무기의 파괴력이 증대되면서 슐리펜은 장차전에서 정면 공격의 가치를 부정하고 돌파작전의 개념도 철저히 배격했다. 그의 영향력 아래 작성된 교리에서 '돌파'라는 개념이 사라져버렸을 정도였다. 현재까지 알려진 바에 따르면 그는 전쟁연습이나 기동 훈련 시 단 한 번도 돌파작전을 시행한 적이 없다.[90] 그 대신 슐리펜은 거의 편집증적으로 포위 사상을 강조했다. 사실 제1차 세계대전의 서부전역에서 독일군이나 연합군이 단 한 차례도 작전술 차원의 돌파를 성공시킨 사례가 없기 때문에 스당 방면으로 공세를 펼쳐 마스 강 방어선을 급속히 돌파한다는 만슈타인의 착상은 분명 독일군 장군들에게 터무니없는 생각이었다. 그러나 그 사이에 전쟁 양상은 판이하게 달라졌다. 제1차 세계대전에서 방어가 공격을 압도했다면, 이제 전쟁 양상의 진자는 화력 요인에서 기동 요인 쪽으로 다시 기울고 있었다. 이를 통찰한 구데리안은 작전술 차원에서 통합된 기갑부대와 공군이 돌파부대로서의 역할을 수행할 수 있다고 확신했다. 이로써 슐리펜이 강하게 거부했던 돌파라는 방식이 그가 주창한 포위작전의 사상과 결합하여 마침내 지헬슈니트 작전이 탄생했다. 이 작전은 엄밀히 살펴보면 스당의 마스 강선으로의 정면 돌파 단계와, 이 돌파구를 통해 신속히 적의 측후방으로 돌진하는 포위 단계의 2단계 작전으로 세분화된다.

6. 적 종심으로의 진격과 선형 전술 개념의 극복

"돌파 단계가 종료된 후 가장 중요한 것은 측방 위협을 고려하지 않고 최대한 기동력을 발휘해 휴식 없이, 밤낮없이, 연료가 바닥날 때까지 적 후방 깊숙이 진격하는 것이다. 적의 측

방공격을 저지하는 임무는 후속하는 보병군단의 몫이다."[91]

구데리안, 1941년

포위 단계 계획에서 만슈타인은 슐리펜이 금기시하던 이른바 '측방 노출' 금지의 원칙을 위배했다. 슐리펜은 한 치의 빈틈도 없는 밀집대형으로 구성된 단일 측익의 대우회기동을 통해서만 포위를 달성할 수 있다고 보았다. 그는 전체 육군을 마치 중대급 부대가 밀집대형 훈련을 하듯이 우회기동시키려 했다. 그러나 만슈타인은 지헬슈니트 작전에서 1개 기갑군이 쐐기를 형성하여 철저히 고립된 채 적의 후방으로 진격하게 했다. 얼핏 보기에 획기적인 듯한 이 주장은 만슈타인과 구데리안이 제1차 세계대전 시 독일군의 '돌파부대 전술'에 착안하여 이를 계승해 고차원적인 작전술적 수준으로 발전시킨 것이다. 그렇다면 이쯤에서 이러한 전술이 '전격전' 사상의 근간이 된 이유를 다시 한번 상세히 살펴보자.

연합군은 제1차 세계대전에서 그들의 전투력 및 경제력의 양적 우위를 확신했고, 이 때문에 전쟁을 막대한 물량전으로 전환시키려고 노력했다. 반면 독일군은, '필요'는 발명의 어머니라는 격언처럼, 진지전의 선형적 사고를 극복하기 위한 새로운 공격전술 개발에 박차를 가했다. 연합군은 한 치의 오차도 없는 계획에 의거해 포병과의 협조를 유지하기 위해서 병진대형으로 전 부대가 동시에, 정확히 규정된 시간과 정확히 지시된 선까지 공세를 실시해야 했다. 이와 정반대로, 독일군 돌파부대 지휘관들은 철저히 독단적으로, 인접 부대와의 연결과 측방 노출을 고려하지 않고 쇄도해 들어갔다. 영국의 군사학자 리들하트는 훗날 이러한 방식을 '팽창해가는 급류expanding torrent'라고 표현했다.[92] 이 돌파부대는, 가장 낮은 곳을 찾아 흐르는 물처럼 적의 저항이 가장 적은 곳을 목표로 공격을 감행했다. 또한 연합군은 일단 공세 이전부터 한 지점을 주공으로 선정하여 집요하게 그 방향을 고수한 반면, 독일군은 돌파부대의 공세 시 전투 경과에 따라 융통성 있게 주공을 변경했다. 예비대의 투입 방식도 확연히 달랐다. 연합군은 적의 저항이 가장 강력한 지점(강점)에 예비대를 집중한 반면, 독일군은 적의 저항이 가장 취약한 지점에서 예비대를 집중 운용했다. 공격 작전 시 최초 제1제대는 적의 강점을 회피하고, 후속부대가 이곳을 무력화하는 임무를 부여받았다. 이러한 중단 없는 '제파식 공격'의 목표는 가능한 한 신속하게 적 종심 지역으로 돌진하는 것이었다.[93]

리들 하트에 따르면, 독일군 돌파부대의 성공의 열쇠는 바로 '간접접근'에 있다. 이들에게는 적 부대의 격멸과 적 부대와의 직접적인 교전보다는 가급적 교전을 회피하고 종심 깊이 진격해서 적의 병참선과 지휘통제의 중추부 그리고 적의 퇴로를 차단하는 것이 더 중요했다. 더욱이 이와 같이 전역이 진행되면 적에게 '혼란'이라는 치명적인 심리적 영향을 끼칠 수 있었다. 실제로 돌파부대가 일단 적의 최전방 부대의 후방으로 돌진하는 데 성공하면, 방어선상의 진지들에 투입되어 있던 연합군 병사들은 매번 혼란에 휩싸였다. 즉 전선의 아주 미세한 지점, 단 한 곳이 돌파되었음에도 불구하고 방어체계 전체가 붕괴되었다.

이러한 돌파부대 전술은 1915년 포게젠Vogesen 산맥†의 하르트만스바일러코프Hartmannsweilerkopf 고지 전투에서 최초로 그 진가를 발휘했다. 이와 유사한 방식은 또 다른 전선 지역에서도 시도되었다. 1917년 리타Rita에서는 처음으로 대부대급 작전이 시행되었는데 이때 오스카 폰 후티어Oskar von Hutier 장군이 돌파부대 전술을 구사하여 일대 혁신적인 돌파작전을 성공시켰다. 1918년 3월에는 유명한 루덴도르프Ludendorff 대공세에서 독일군 돌파부대들이 극적인 승리를 이루기도 했다. 이 작전은 계획 원안의 공격 방향이 지헬슈니트의 그것과 굉장히 유사하여, 지헬슈니트 작전의 선례라고 볼 수 있다. 당시에도 솜Somme 강 하구로 진격해 영국군을 대서양 해안에서 포위하려고 했다. 몇 년에 걸친 고초를 겪으면서도 달성하지 못했던 돌파가 갑자기 단 며칠 만에 성공하는 듯했지만 결국 공세는 중단되고 말았다.[94] 그 이유는 바로 전술적인 돌파를 작전술 차원으로 확대하는 데 필요한 기갑부대가 부족했기 때문이었다. 이러한 맥락에서 흥미롭게도 1918년 1월 오토 폰 벨로브Otto von Below 장군은 루덴도르프에게 혁명적인 제안을 했다. "우선 공격을 잠시 접어두고 전선을 가능한 한 단축시키시오. 그리고 1918년 내내 전차를 생산한 뒤, 1919년 봄에 기갑부대로 대서양 해안을 향해 돌파하시오."[95]

1940년의 독일군 기갑부대의 성공에는 이러한 역사적 근원이 있었다. 구데리안은 과거의 '돌파부대 전술'의 기본원칙을 구체적으로 철저하게 분석하여 현대적인 기갑부대와 결합시켰다. 전격전의 핵심요소는 이렇게 창안되었다.

† 프랑스 북동부에 있는 보주 산맥Vosges Mts.의 다른 이름.

7. 전통적인 지휘 원칙

1940년 독일군이 승리하게 된 가장 중요한 요인은 이들의 지휘체계이다. 이것을 설명하기 위해 서로 극명하게 대비된 독일 국방군과 연합군의 지휘방식을 비교해보자.

(1) 임무형 지휘

"세계 어느 국가의 군대에서도 찾아볼 수 없는, 최하급 지휘자와 병사 개개인에 이르기까지 숙달된 독단적 사고와 지도력이 바로 승리의 비밀이었다."[96]

만슈타인, 『잃어버린 승리』에서

미국의 일부 역사학자들은 영국의 전쟁영화에서 독일군이 시종 상투적으로 묘사된 데 대해 대단히 아이러니하다고 언급했다.[97] 국방군 병사들은 하나같이 곧이곧대로 명령을 수행하는 전투로봇처럼 그려졌으며, 영화에서 그들보다 융통성 있는 영국군의 속임수에 매번 당하는 어리석은 모습으로만 등장했다. 그러나 실상은 이와 정반대였다. 롬멜은 북아프리카에서 영국군의 경직된 '명령형 전술'을 보고 경악했다.

"서투르고 느려터진 매너리즘에 빠진 지휘방식, 형식에 치우쳐 지나치게 세부적인 부분까지 통제하는 명령들이 예하 지휘관들의 행동의 자유를 박탈했으며, 전투 경과와 상황 변화에 필요한 적응력을 상실시켰다. 이것이 바로 영국군 실패의 근본적인 원인이다."[98]

독일군 지휘체계의 전형은 프로이센의 소위 '절대 복종'과는 정반대인, 프로이센군에서 유래한 '임무형 전술'이었다.[99] 이 체계의 핵심은 세계의 어느 군대에도 적용된 적이 없는, 예하 지휘관에게 부여된 행동의 자유이다. 임무란 명령과는 달리, 달성할 목표에만 한정되기 때문에 어떻게 수행해야 하는가는 임무를 수령한 예하 지휘관의 몫이다. '임무형 전술'의 기초는 샤른호르스트의 개혁에 의해 마련되었고 그나이제나우에 의해 발전되었으며, 결정적으로 몰트케에 와서 '훈령'으로 선포됨으로써 실무에 적용되었다.[100] 제1차 세계대전 때에는 슐리펜의 영향으로 엄격한 처벌 규정이 생겨나 예하 지휘관의 독단행동이 규제되기도 했다. 하지만 결국 젝트가 다시금 책임의 분권화를 강조함으로써 임무형 지휘가 부활하는 시기를 맞이했다.[101]

베르사유 조약의 엄격한 규제 때문에 오히려 임무형 전술이 더욱 강화되는 간접적인 결과도 발생했다. 독일군의 장교 수는 4,000명으로 제한되었는데, 정원의 열 배에 달하는 제국군 시절에 강제 전역된 장교들이 지원했다. 이로써 최고의 인재들만이 제국군에 수용되었다.[102] 젝트는 이렇게 발군의 전술적 재능을 갖춘 수준 높은 엘리트들에게는 독자적인 행동의 자유를 인정해도 좋다고 믿었다. 게다가 제국군은 사실 '지도자 군대Führerheer'였다. 10만여 명의 병사는 훗날 새로 창설될 육군의 장교와 부사관으로서 충분히 활용될 수 있어야 했다. 따라서 이들은 각자 자신이 수행해야 할 직위보다 한 단계 높은 수준, 즉 중대장은 대대장으로서, 대대장은 연대장으로서 능력을 발휘할 수 있도록 교육받았다. 이는 모든 지휘관들이 어떠한 상황에 봉착했을 때 자신의 상급부대의 임무를 염두에 두고 부대를 지휘할 수 있는 역량을 갖추게 되는 탁월한 효과를 가져왔다.

젝트는 이미 오래전부터 앞으로 기동전 양상이 벌어질 것이라는 점도 예측했는데 이 또한 매우 주요했다. 그는 기계화부대의 전투 진행 속도가 매우 빠를 것이므로 명령 하달도 불완전할 수밖에 없을 것이라는 가정하에 장교들을 양성했다. 모든 간부들은 주도권을 갖고 명령 없이도 적의 '약점'을 파고들어야 한다고 교육받았고 실제로 그렇게 행동했다. 기동전의 소용돌이 속에서 이러한 교육의 진가가 여실히 입증되었다. 미처 예상하지 못한 일들이 연달아 벌어지는 상황에서 지휘관들은 주도적으로 다음 행동을 결심하고 실행했다.[103] 제2차 세계대전에서 1940년 5월만큼 임무형 지휘의 효과가 탁월했던 적도 없었을 정도로 서부전역은 작전술-전술적 차원에서 전쟁 양상의 혁명이 일어난 역사적인 순간이었다. 종래까지 인정받던 교리들은 모두 무너졌다. 그러나 획기적인 법칙이나 전쟁원칙이 탄생하지 않았음에도 불구하고 시대에 뒤떨어진 수많은 명령들이 대거 폐기되었다. 이러한 양상은 독일군과 연합군 모두에게 엄청난 충격을 주었다. 만일 독일군 장교들이 서부전역에서 매우 탁월한 능력을 보였다면 이는 그들이 전격전의 법칙을 적용했다기보다는 임무형 전술에 숙달되었기 때문이라고 보는 편이 타당하다. 이 때문에 그들은 전격전이라는 새로운 상황에 연합군보다 훨씬 빨리 적응했던 것이다.

(2) 진두 지휘

"프리드리히 대제 시절의 기병장군인 자이들리츠Seydlitz와 지텐Ziethen의 시대가 다시 도래했다. 오늘날의 전쟁은 기병의 관점에서 보아야 한다. 우리는 이제 기병대처럼 전차부대를 지휘해야 하며, 과거 말안장에 앉아서 그러했던 것처럼 달리는 전차 위에서 명령을 하달해야 한다."[104]

롬멜

5월 13일 16:00시, 독일군 보병부대가 스당에서 마스 강 도하를 개시했을 때 다수의 중대장들은 제일 선두에 위치한 보트에 탑승했다. 구데리안 장군도 제2제대의 최선두 강습정에 올라 대안으로 향했고 이미 도하를 완료한 제1보병연대장 발크 중령이 그를 기다리고 있었다. 이튿날에는 A집단군 사령관인 룬트슈테트 상급대장이 연합군 공군의 폭격이 실시되는 위험한 상황임에도 불구하고 가장 중요한 지역으로 판단된 골리에의 교량 일대를 시찰했다. 이렇게 독일군 장교들이 최전방에서 부대를 지휘한 반면, 프랑스 지휘관들은 전방에서 멀리 떨어져서 견고하게 구축된 벙커 지휘소 내에서 탁상공론을 하고 있었다. 스당 일대의 마스 강 유역을 담당한 제147요새보병연대의 연대장인 피노[Pinaud] 중령의 지휘소는 마스 강에서 남쪽으로 7km나 이격된 쇼몽[Chaumont]에 있었다. 사단장인 라퐁텐 장군은 마스 강에서 10.5km 떨어진 불송[Bulson]에, 군단장인 그랑사르 장군의 지휘소는 21km 떨어진 라 베를리에르[La Berlière]에, 군사령관 욍치제르 장군은 45km 떨어진 세뉙[Senuc]에 머물렀다.

물론 프랑스군 장교들이 결코 독일군 장교들보다 덜 용감했다는 얘기는 아니다. 하지만 이들은 제1차 세계대전 시의 진지전에서 비롯된 케케묵은 교리에 따라 전투를 지휘했다. 그들의 교리에 따르면 지휘소는 당연히 전선의 후방에 위치해야 했다. 지휘소가 적의 위협적인 포병화력의 유효사거리 밖에 있어야 한다는 것이 주된 이유였다. 그곳에서 장교들은 냉정하게 상황을 평가하고 결심하며 명령을 작성할 수 있었다. 그들의 두뇌활동이 전선의 부정적인 요소들(공포, 땀, 고통, 피)의 영향을 받아서는 절대 안 된다는 것이 당시의 논리였다.[105] 대신 지하벙커 속에 위치한 그들은 실제 전장에서 일어나고 있는 상황과 철저히 단절되었다. 그러나 서부전역에서는 전쟁 양상이 돌변했다. 그렇다면 전투 지휘방식도 바뀌어야 했다. 과거에 정적인 전투지휘방식이 통했다면 이제는 역동적인 지휘가 필요한 시대였다. 전장 한가운데에 상주하는 지휘관만이 급박하게 전개되는 상황 변화에 부단히 그리고 신속히 대처할 수 있었다. 이를 인지했던 독일군 지휘관들은 빠른 결정으로 '순간의 호기'를 즉각 포착하기 위해 늘 최전방에서 지휘하려고 노력했다. 특히 독일군 기갑부대 지휘관들은 통상 전장 상황을 직접 관측할 수 있는 전방에서 부대지휘 절차(상황 판단-계획-명령 하달-감독)를 시행했다. 이것이 바로 전격적인 독일군의 승리에서 가장 중요한 요인 중 하나였다. 독일군 측의 이러한 부대지휘 절차의 순환속도(피드백)는 프랑스군이나 영국군에 비해 훨씬 더 빨랐다. 일찍이 나폴레옹은 한 부대의 전투력을 집중력과 신속성으로 정의했다.[106] 연합군은 제1차 세계대전의 정지된 전쟁 양상에 집착한 나머지, 그들의 전투력이 수적으로 훨씬 우세했음에도 불구하고 너무나 둔중한 집단이 되어버렸다. 그들은 독일군의 전격전 템포를 극복할 수 없었던 것이다.

더욱이 '진두지휘'는 전술적 측면에서뿐만 아니라 심리적인 면에서도 놀랄 만한 효과를 불러일으켰다. 위기상황이 공황으로 악화되는 순간, 최전선에서 고급지휘관의 존재는 부대의 사기와 전투의지를 고양하는 데 결정적인 역할을 했다. 그 좋은 예가 바로 롬멜이다. 아라Arras에서 영국군 기갑부대가 역습작전을 실시했을 때 그는 역시 위대한 영웅임을 증명했다. 롬멜은 '진두지휘'의 원칙을 극단적으로 실천했다. 그 때문에 참모부 장교들은 악몽에 시달릴 만큼 힘들었지만, 롬멜은 상황 변화를 예견하는 천부적인 직관을 소유했고 적시 적소에 돌연 나타나 전투에 직접 개입함으로써 상황을 결정적으로 전환시켜 놓곤 했다.

8. 전술과 과학기술의 결합

"세계대전 이후 기술은 고도로 발전했다. 그 때문에 전술의 발전도 불가피하다."[107]

구데리안의 논문 「기동 부대」(1927)에서

연합군은 독일군과 동일한 무기체계를 보유하고 있었다. 더욱이 연합군의 전차는 기술적으로 독일 것보다 훨씬 더 우수했다. 그러나 본질적인 차이는 이들을 활용한 작전의 원칙이었다. 한편으로 독일군 작전의 기본원칙은 이미 널리 알려져 있었고 지난 전쟁에서도 적용되었다. 그런데 뜻밖에도 이 원칙이 현대적인 기술과 결합하면서 완전히 새로운 전술이 탄생했다. 그것이 바로 '전격전'이다. 개별적이고 단순한 요소들이 유기적으로 결합함으로써 고도의 폭발력을 지닌 혼합체가 만들어졌다. 이 혼합체는 1940년 스당에서 역동적인 효과를 창출했으며 그 결과에 구데리안조차도 놀랐다. 1918년 초에 기갑부대가 부족해 실패했던 독일군은 지헬슈니트 작전으로 영광스런 대승리를 이루어냈다. 전격전의 가장 핵심적인 기술 요소들, 즉 무전통신 체계와 전차, 항공기, 이 세 가지에 대해 상세히 알아보도록 하자.

(1) 무전통신 체계

구데리안은 초급장교 시절 수차례 통신부대에서 근무했다. 이 경험은 장차 벌어질 전격전에 큰 영향을 미쳤다. 그는 1914년 아르덴 공세작전 중에 무선통신소를 운용한 적이 있었다. 그는 훗날 이러한 경험을 토대로 만일 모든 전투차량에 무전기를 장착한다면 개별 전차들이 전술적인, 나아가 작전술적인 장비가 될 수 있다는 생각을 품게 되었다. 장거리 통신용 무전기가 장착된 지휘용 장갑차량을 운용할 경우 기갑군단장들도 최전방에서 예하부대를 진두지휘할 수 있었다. 이들은 소규모의 지휘제대를 구성해서 어디든 결정적인 지점이 발생하면 신속히 이동할 수 있었고 새로운 상황을 만나면 빠르게 대처할 수 있었다. 이렇듯 독일군 지휘관들은 단시간 내에 결심하고 이를 예하부대에 신속히 하달했다. 반면 벙커 속에 앉아 있는 연합군 지휘부는 상황 변화를 포착하는 데 수 시간이 걸렸다. 독일 육군이 프랑스군보다 12배 이상 많은 숙달된 무선통신병들을 보유했다는 사실도 시사하는 바가 크다.[108] 특히 '작전술 차원의 기동전'을 수행하기 위해서는 지휘통제 면에서 기술적인 문제가 대단히 중요했다. 서부전역 기간, 즉 46일 동안 클라이스트군 지휘소는 34차례나 위치를 변경했고 이 기갑군 예하 정보통신연대는 5,000km에 달하는 통신회선을 연결하는 한편 2,500km의 유선을 가설했으며 3,500회의 무선 교신을 실시했다.[109]

(2) '총체적인 시스템', 기갑부대

"전차의 엔진도 주포에 버금가는 강력한 무기다."[110]

구데리안

'가장 속도가 느린 프리깃frigate함이 함대의 속도를 좌우한다.'는 해군의 기본원칙이

장갑차에서 작전 지휘 중인 구데리안 장군

좌측 앞쪽에 암호기계 '에니그마'가 보인다.

다. 그러나 프랑스군 장군들은 이를 지상전에도 동일하게 원용하여 보병을 지상군의 속도를 결정하는 병과로 인정했다. 따라서 전차는 보병의 지원화기일 뿐이었고 속도를 보병에 맞추어야 했다. 그로 인해 프랑스군 전차들은 대부분 무겁고 느린 보병지원용 전차로 개발되었고 항속거리도 매우 짧아서 전술적 차원의 돌파작전에는 적합할 수 있으나 작전술 차원의 포위작전에 운용하기에는 역부족이었다. 그러나 구데리안은 정반대의 길을 택했다.[111] 그는 전차를 구상할 때 최상의 기동성을 발휘하는 데 초점을 맞추었고, 속도를 최고의 가치로 여겨 이에 알맞은 전차를 주문 생산했다.[112] 따라서 그의 주도 아래 전차를 중심으로 한 기갑사단이 창설되었고, 장갑차량으로 기계화보병부대가, 장갑정찰차량으로 기갑수색부대가 편성되는 한편, 포병도 자주화되었다. 보급부대에 이르기까지 모든 구성요소들이 이러한 시스템에 의거해 차량화 또는 기계화되었다. 특히 공군과의 합동작전은 결정적인 요소였다. 슈투카가 '전격전의 수직 포병'으로 전장에 등장했고 전차와 항공기는 쌍둥이라 불릴 만큼 최고의 파트너십을 발휘했다.

이러한 혁신적인 개념이 탄생할 수 있게 된 역사적 배경도 역설적으로 베르사유 조약의 제약 때문이었다. 제1차 세계대전에서 천연자원의 부족으로 극히 적은 수의 전차밖에 생산하지 못했던[113] 독일은 이제 패전국이라는 이유로 어떠한 전차도 보유할 수 없는 상황에 처하고 말았다. 이 때문에 그들은 인접 국가들과는 반대방향의 길을 선택할 수밖에 없었다. 그들은 일단 기갑전술을 발전시킨 후 그에 상응하는 전차 생산 기술을 발전시켜 나갔다.

혹자는 서방국가들의 기갑부대 이론가들이 구데리안보다 훨씬 앞서 착안했지만 자국에서는 주목받지 못한 이론들을 그가 받아들여 단순히 실행에 옮겼다고 말한다. 그러나 그것은 전혀 근거 없는 주장이다. 최근의 연구결과에 따르면 리들 하트의 영향이라는 가설은 허구였음이 판명되었다.[114] 이와는 다소 상이한 개념을 추구했던 드골의 글들도 훨씬 뒤늦게 써졌다.[115] 그렇다면 이러한 이론을 강조했던 중요한 인물로 영국의 풀러 한 사람만이 남는다. 하지만 풀러의 이론을 살펴보면 그는 전차라는 단일 무기체계에만 지나치게 치중했다. 반면 구데리안은 총체적인 기갑부대의 시스템 차원에서 연구했고, 한 차원 더 나아가 전투지원부대들과의 긴밀한 연계성까지도 연구 분석했다.[116] 그리고 이러한 독일의 '기갑부대에 관한 철학'은 본질적으로 서방의 열강들에게서 도입한 것이라기보다는, 분명 몰트케와 슐리펜의 작전술 차원의 사고에서 비롯된 것이다.[117] 따라서 독일군에게 기갑부대는 고전적인 '기동전'의 부활을 실현시킬, 그리고 기계화된 '칸나이'라는 목적을 달성하기 위한 결정적인 도구였다.

(3) 공중의 '포병', 공군

서부전역에서 가장 큰 수수께끼 중 하나는, 1940년 5월 프랑스 공군이 마치 실종된 것처럼 사라져버렸다는 사실이다. 수많은 문헌들에서도 "아군 공군은 과연 어디에서 무엇을 하고 있었는가?"라는 질문을 쉽게 찾을 수 있다. 당시 북부 공군작전사령관 다스티에 드 라 비주리d`Astier de la Vigerie는 훗날 이를 변명하기 위해 「1940년의 하늘은 비어 있지 않았다Le ciel nétait pas vide 1940」라는 제목의 글을 썼다. 하지만 프랑스 사람들은 공군을 강하게 비난했고, 특히 5월 13일 스당 사태에 대해서는 비난이 극에 달했다.[118] 이곳에 배치된 육군 장교들이 작성한 거의 모든 전투보고서에서 다음과 같은 문장들을 발견할 수 있다. '우리 공군은 없었다.absence totale de notre aviation',[119] '프랑스 공군은 없었다.aucun avion français dans l'air',[120] '우리 공군은 지금 무엇을 하고 있는가?que fait notre aviation?'[121] 앞서 언급했듯이, 당시 프랑스 공군의 항공기 숫자는 독일과 거의 비슷했다. 그러나 서부전역 개전 시의 1:1의 비율은 출동준비가 완료된 전투력만 따지면 1:3으로, 또 실제 공중전에 투입된 항공기 대수만을 고려하면 1:12로 크게 바뀐다.[122] 이 같은 과도한 불균형이 발생한 원인은 다음 두 가지로 귀착될 수 있다.

'선제공격' 사상 : 독일은 공중에서만큼은 장기간의 소모전을 회피해야 했다. 그래서 히틀러는 1940년 1월, "공중전에서 베르됭과 같은 사태가 벌어져서는 안 된다!"라고 말했다.[123] 독일 공군 지휘부도 가능하다면 적 공군전력을 지상에서 격멸하기 위해 개전 초기에 적의 공군기지를 기습적으로 폭격하기로 설정했다. 그해 5월 모든 예비대를 총동원한 선제공격이 시행되었다. 공세 첫날 독일 공군은 347대의 항공기를 손실했지만[124] 적의 피해도 엄청났고 마침내 단시간 내에 제공권을 장악할 수 있었다.

그러나 연합군은 정반대의 시각을 갖고 있었다. 어떻게든 전쟁에서 승리하려면, 몇 년이 걸릴지도 모르는 소모적인 대결에서는 공군의 주력을 최종 전투에서 사용해야 한다고 보았다. 이들은 공군의 총체적인 전투력을 신중하게 운용해야 한다는 판단하에 극히 일부만을 전장에 투입했다. 이미 전투력 비교에서 기술한 것처럼, 대부분의 항공기들은 후방 깊숙이 위치한 공항이나 병참시설 등에 보관되어 있었고 전방에 투입되지 않았다.

프랑스 공군 총사령관인 뷔유맹Vuillemin 장군은 1939년 가을 개전 직후 즉각 '항공 전력의 경제적 운용'에 대한 지시를 하달했다.[125] 그 결과 개전 초 독일군의 맹렬한 공세는 단 하루 만에 전역의 결과를 확정 지을 정도로 놀라웠다. 독일군이 전속력으로 공격한 반면, 장기전을 염두에 두고 전력을 '경제적'으로 운용하려 한 연합군은 그 경주에서 패하고 말았다.

상이한 작전원칙 — 공군은 과연 전략적 또는 작전술-전술적 도구인가? : 서방국가들은 이탈리아 장군인 두에Giulio Douhet의 이론에 상당히 강한 영향을 받았다. 그는 장차전이 제1차 세계대전 같은 진지전으로 교착상태에 빠질 것이며 전략적인 소모전으로 이행될 것이라고 예견했다. 그러므로 지상전에서는 모종의 작전술적 결전이 더 이상 불가능하며 이제는 공중전이 전쟁의 승패를 결정지을 것이라고 주장했다. 또한 그는 공군의 최우선적인 작전목적은 지상군을 지원하는 것보다는 적의 후방, 적 종심 깊숙한 지역에서 독자적으로 전략적 목표를 타격하는 것이라고 생각했다. 공중공격을 통해 적의 경제시설, 즉 사회간접자본을 파괴함으로써, 그리고 적국의 민간인들에게 심리적 충격을 줌으로써 전쟁에서 승리할 수 있다는 논리였다.

1940년 프랑스 공군의 '폭격작전 교리'에 따르면 이러한 전략 목표 타격은 공군의 핵심 과업이었다. 지상군 작전에 직접 개입하는 것은 부득이한 경우 또는 '위기 상황'에만 실시한다고 명시되어 있다.[126] 따라서 육군을 직접 지원하는 임무는, 공군역사학자 로비노Lucien Robineau의 표현을 빌리자면, '어쩔 수 없고 예외적인 경우'에만 승인되었다.[127] 또 전선에 위치한 프랑스 지상군 지휘관이 공중지원을 요청하려면 일단 신청서를 제출한 뒤 수많은 지휘계통을 거쳐야 할 정도로 그들의 지휘체계는 대단히 관료주의적이었다. '상급 지휘관들조차도 자신의 공군력 사용에 대한 권한과 한계를 인식하지 못했던 불분명한' 지휘체계 때문에 혼란은 더욱더 가중되었다.[128]

프랑스 공군이 지녔던 또 하나의 약점이 바로 이것이었다. 작전이 중앙에서 조정·통제되지 못했기 때문에 공군력의 중점이 신속히 형성될 수 없었고, 다른 지역으로 중점을 전환할 수 있는 기동성도 현저히 떨어졌다. 프랑스군은 일정 기간 동안 육군의 집단군에 항공기들을 백분율로 할당한 후 다시 야전군에 재할당하는 식으로 전력을 분산했다.[129] 더 이해할 수 없는 점은 전선 바로 후방에서 출격 대기 중이던 몇몇 공군부대에는 단 한 번도 출격 명령이 하달되지 않았다는 사실이다. 제3비행단장 마스네 드 마랑쿠르Massenet de

Marancour 장군은 투르Tours 기지에 있던 블로크Bloch 전투기 150대를 포함한 200여 대의 항공기들이 무용지물이 될 뻔했다고 보고했다. 그는 "한 달이 지나도록 단 한 번의 명령도 없었다."고 말했다.[130] 더 기가 막힌 것은 당시 북부 공군작전사령관 다스티에 드 라 비주리 장군의 다음과 같은 고백이다.

> "거의 매일 저녁마다 내가 직접 나서서 군사령관이나 집단군 사령관들에게 전화를 걸어 다음 날 가용 전력을 통보해주어야 했고, 혹시 이들에게 부여할 임무가 있는지를 물어보았다. 그러나 그들의 대답은 한결같았다. '고맙소. 그러나 우리는 필요 없소.'"[131]

독일 공군 지휘부는 프랑스와는 정반대로 공군이 '간접적으로(작전술 차원에서)' 그리고 '직접적으로(전술적 차원에서)' 지상군을 지원해야 한다는 필요성을 인식하고 있었다.[132] 즉각적인 결전을 단행하기 위해 공군은 육군의 공세를 집중적으로 지원하는 임무를 대단히 중요하게 생각했고 또한 흔쾌히 받아들였다. 그러나 이러한 단편적인 사고 때문에 독일 공군의 항공기들 대부분은 항속거리 측면에서 '전략적' 임무수행이 불가능했고, 훗날 영국과의 공중전과 동부전선에서 극심한 피해를 입었다. 하지만 서부전역에서만큼은 이들의 전문적 능력이 유감없이 발휘되었고, 이들이 바로 '전격전'의 주역이라 해도 과언이 아니다.[133]

배타적으로 양립한 2개의 탑과 같았던 프랑스 육군과 공군의 관계에 비해 독일 공군과 육군은 중간급 및 하급 부대에 이르기까지 다양한 방법의 연락체계를 갖추었기 때문에 행정적 절차 없이 간단하고 신속하게 직접 접촉할 수 있었다.[134] 이는 기술적 측면에서 최첨단 통신장비가 존재했기 때문에 가능했다. 반면 프랑스군은 통신장비의 부재로 뼈아픈 대가를 치러야 했다. 또 독일 국방군의 상급지휘부는 육군과 공군의 긴밀한 합동작전 이론을 실행에 옮기기 위해 수차례의 사전 예행연습을 거쳐 실시간에 원활한 조정 · 통제 역할을 담당했다.[135] 이러한 작전에 협조하기 위해 육군과 공군의 대부대급 지휘소들을 되도록 가까운 지역에 위치시켰다. 한때 클라이스트 기갑군의 참모장 자이츨러Zeizler와 제8비행단 참모장 자이데만Seidemann이 같은 상황판을 놓고 작전을 지휘했다는 일화가 있을 만큼 독일 국방군의 각 군 간의 관계는 대단히 유기적이었다. 공군은 전문 연락반을 육군에 파견했고 때때로 이들은 8륜 장갑차량을 타고 최전선에서 전투부대들과 함께 이동했다.

특별한 경우 외에는, 일반적으로 공군에 지원 요청을 하면 45분 내에 곧장 수 대의 항공기가 해당 전장에 나타나 위력을 발휘했다.[136] 서부전역 중 프랑스 공군기가 평균 하루에 0.9회 출격했던 반면, 독일 요격기는 하루 약 4회 출동했다는 사실은 그리 놀랄 만한 일이 아니다.[137]

9. 속도와 기습

"(구데리안의) 전격전이 성공하는 데에 기동성은 심리적 측면에서 대단히 큰 효과를 발휘했다. 독일군의 기동은 적을 타격하거나 섬멸하기보다 적을 경악케 하고, 혼란에 빠뜨리며, 아연실색하게 만들었다. 적의 후방지역에도 삽시간에 소문이 퍼져 적들은 당황하고 어쩔 줄 몰라 하며 혼란스러워 하다가 급기야 대공황 사태가 일어났다."[138]

영국 육군 소장 풀러, 서부전역을 분석한 논문 중에서

1940년의 전격전은 언뜻 보기에 몰트케와 슐리펜이 주창한 고전적인 '작전술 차원의 기동전'의 부활에 불과해 보인다. 하지만 이것만으로는 설명이 불충분하다. 전통적인 지휘원칙과 현대적인 기술이 결합됨으로써 전투경과의 속도가 급속히 빨라졌고 이로써 변증법적인 급선회, 즉 새롭고 심리적인 성질의 방법이 탄생했다. 이것이야말로 전쟁 양상의 혁명이었다. 이를테면 종래까지의 물리적인 섬멸 원칙이 심리적인 마비 원칙에 의해 소멸되는 순간이었다. 이것이 리들 하트가 표현한 '간접접근전략'의 핵심이다. 전방에서 진격하던 독일군 전차들은 가능하면 적과의 교전을 회피하면서 적의 후방까지 깊숙이 돌진했고, 이때 적의 전방에 구축된 전선지역은 엄청난 혼란에 휩싸여 이내 스스로 붕괴하고 말았다. 슐리펜이 부르짖은 '섬멸전'과의 근본적인 차이가 바로 이것이다. 고전적인 전술 이론에서는 마치 보아 뱀처럼 적들을 휘감아 죽을 때까지 압박해야 했지만, 전격전의 효과는 상대의 근육이 아니라 심리를 지향해서, 마치 뱀이 날카로운 눈빛만으로도 토끼를 꼼짝 못하게 하듯이 적을 마비시키는 것이었다.

그러한 맥락에서 이 새로운 전쟁방식은 태고의 심리적 술책을 이용했다고 볼 수 있다. 바로 공포감을 불러일으키는 것이다. 이 같은 전쟁방식은 당시로서는 획기적이었다.

최선두에서 질주하는 독일군 전차들은 마치 묵시록의 기사들†처럼 두려움과 공포를 확산시켰다. 심지어 승무원들조차도 통조림이라고 불평할 만큼 궁색하기 그지없는 I호 전차도 그 역할을 할 수 있었다. 불송의 공황사태에서 그랬듯이 전차들(설령 그것이 허깨비라 해도)은 군중의 공포를 야기했고 결국 전선은 붕괴되고 말았다. 그러나 이 같은 계시록에 나오는 것처럼 엄청난 효과를 가져올 줄은 독일군 지휘부도 전혀 몰랐다. 전차와 항공기의 심리적 충격력을 어느 정도 확신했던 구데리안조차도 스당에서의 돌파작전 당시 무척 놀라워하며 이를 '기적'이라고 표현할 정도였다.[139] 그러나 처음부터 이러한 공포 효과를 위해 계획된 무기체계들도 있었는데 그중 하나가 바로 슈투카이다. 영국군 소장 트렌차드Trenchard는 이미 제1차 세계대전 당시 공중폭격에 따른 심리적 효과는 물질적인 효과의 20배에 달한다고 주장했다.[140] 슈투카의 특징은 수평비행으로 공격하는 것이 아니라 수직강하와 동시에 목표를 정확히 공격할 수 있다는 것이었다. 그래서 프랑스군 패잔병들은 슈투카를 '날개 달린 죽음의 사자使者'라고 불렀다. 특히 슈투카 조종사들은 수직강하 시 '여리고 성의 나팔소리'라 불리는 사이렌을 틀곤 했다. 적에게 무시무시한 공포심을 불러일으킨 이 소름끼치는 날카로운 소리는 전격전의 팡파르였다. 제1차 세계대전에서 선보인 돌격부대작전을 본뜬 기갑부대의 공세는 가히 충격적이었으며, 무엇보다도 기습작전이었다는 점이 대승리의 가장 큰 성공요인이다. 하지만 장시간이 소요되는 포병의 공격준비사격은 작전 기도를 노출하는 행동이었으므로 기갑부대 지휘관들은 이를 거부했다. 이 문제는 스당에서의 마스 강 도하작전 직전에도 대두되었다. 이때 갑자기 '청명한 하늘에 번개처럼' 전장에 출현한 항공기들이 이 문제를 일거에 해결해주었고, 이로써 제2차 세계대전 사상 가장 위력적인 기습효과를 달성하는 데 성공했다.

독일군의 전격전 템포 때문에 돌이킬 수 없는 혼란에 빠진 프랑스군 지휘부에 대해 마르크 블로크는 이렇게 말했다.

> "서부전역 시작부터 끝까지 독일군은 정말 신출귀몰했다. 매번 그들은 절대 있을 수 없는 곳에서 갑자기 출현했고 그 어떤 규칙도 없었다. [···] 이 전쟁은 끊임없는 기습의 연속이었다."[141]

† 성서의 요한계시록에 등장하는 기사들. 페스트, 전쟁, 기아, 죽음을 상징한다.

프랑스군과 영국군은 사전에 체계적으로 계획된 작전을 수행하려고 했다. 군사적 지휘가 전장관리 차원으로 변질된 것이다. 그들은 제1차 세계대전에서 전형적인 물량전 양상을 경험한 후 수학적 계산에 기반해 전쟁을 수행하려고 했다. 즉 탄약의 톤수가 전쟁의 승패를 결정짓는 잣대라고 생각했다. 수치로 계산할 수 없는 것들은 규칙에 따라 철저히 배제되었다. 그러던 어느 날 연합군은 이러한 '전쟁의 규칙'을 무시한 적의 기습 공격을 받았다. 이들의 유일한 시스템은 불규칙적이며 일정한 틀이 없었다. 미국의 한 평론가는 다음과 같이 기술했다.

"전투가 점점 더 유동적으로 변하고 불확실해지며 혼란이 계속될수록 (또는 이러한 상황이 조성될수록) 연합군 장교들은 점점 더 극심한 혼돈과 공황, 좌절감에 빠져들었다. 〔…〕 반대로 독일군은 이러한 혼란을 통상적인 전투상황으로 인식했다. 그들에게 전쟁의 불확실성과 전투 수행 간에 연계된 마찰요소들은 전쟁방법론을 통해 융화를 꾀할 사항이지, 억압할 것이 아니었다. 독일군은 임무형 전술을 발전시킴으로써 〔…〕 급박하게 진행되는 전쟁 상황에서의 불확실성과 복잡성에 스스로를 적응시켰다. 그들은 이러한 혼란이 불가피하다고 인식했고 그것을 자연스럽게 받아들였다."[142]

마무리

총평과 에필로그

총평

언젠가부터 프로이센-독일군 총참모부의 군사전략의 대원칙은 '속전속결'이었다. 그 이유는 바로 장기간의 양면전쟁을 회피하기 위해서였다. 독일제국은 유럽의 정중앙이라는 매우 불리한 지리-전략적 조건을 가지고 있었다. 그럼에도 불구하고 유명한 1940년의 '전격전'은 최초부터 '전격전'으로 계획된 것이 전혀 아니었다. 서부전역을 위한 준비단계를 세밀하게 연구해보면, 특히 병참 분야의 경우 이 같은 사실은 더 명확해진다. 독일군 지휘부는 이 전쟁을 제1차 세계대전처럼, 지루한 대결의 재판再版이 될 것으로 예측했다. 그러므로 그들조차도 이 전역이 너무나 신속히 진행되자 소스라치게 놀랐다. 따라서 '1940년의 기적'은 지금까지의 서적들과 기록들을 통해 널리 유포된 '전격전 전략'의 산물이라기보다는 다음 세 가지 요인에 의해 발현된 결과물이다.

1. 전쟁 양상의 변화

서부전역은 군사사軍事史에서 일대 혁신적인 전환점이었다. 제1차 세계대전 시 방자 쪽에 기울었던 진자가 이제는 공자 쪽으로 움직였다. 공자는 특히 전차와 항공기 같은 혁신적인 도구를 작전술 차원에서 운용함으로써 진지전을 극복하는 데 성공했고, 이는 몰트케와 슐리펜이 주창한 작전술 차원의 기동전이라는 르네상스를 열기에 충분했다. 또한 전통적인 독일군의 지휘원칙은 새로운 전술의 발전과 결합되어 그 영향력이 더욱더 증대되었다. 이러한 요인들이 서방 연합군을 돌이킬 수 없는 엄청난 혼란에 빠뜨림으로써, 이 시기에 순전히 우연하게도, 전쟁 양상의 혁명이 일어났다. 프랑스군과 지휘부는 제1차 세계대전의 정적인 고정관념에 사로잡혀 있었기에 '기동전'의 급격한 소용돌이 속에서 자멸하고 말았다. 독일군 장교들조차도 이러한 변혁에 상당히 놀랐지만 그들은 변화하는 상황에 나름대로 신속하고 능동적으로 대처했다. 평소 체득한 작전술 차원의 부대 운용 능력과 이른바 임무형 전술에 숙달된 덕택이었다.

2. 연합군의 실책

만슈타인의 '지헬슈니트 사상'은 그 누구도 가능하다고 생각하지 않은 즉각적인 작전술적 결전을 성공으로 이끌었다. 그러나 이 작전계획은 다음과 같은 필수 선결조건이 갖추어져야만 가능했다. 바로 연합군이 독일군의 기만에 넘어가 스스로 함정에 빠지는 것이었다. 뜻밖에 한 치의 오차도 없이 이러한 여건이 조성되었고 이로써 세계 전쟁사戰爭史상 매우 드물게 칸나이 원칙에 의거한 완벽한 포위작전이 실현되었다. 서방국가들의 이 같은 '기이한 패배'의 원인은 군사 지도자들이 결정적인 실책을 저질렀기 때문이기도 했다. 전체적인 전쟁 경과를 살펴보면 히틀러의 독일군은 시종일관 위태로웠으나 중요한 순간마다 행운이 따랐고 적들보다 항상 한발 앞서 나갔다. 이 '기묘한' 승리 이후 나치 선전가들뿐만 아니라 연합군 소식통들도 한 목소리로—그러나 각기 다른 목적으로— '강대한 독일제국'이라는 신화를 창조했다. 그러나 앞서 제시한 전투력 비교에서 증명되었듯이, 실제로는 서방 연합군의 전투력이 명백히 우세했다. 그러나 연합군은 이 전역의 후반부('적색계획')에 가서야 기동전의 실체를 이해할 수 있었다. 하지만 그때는 너무 늦었다.

3. 독단 행동

지헬슈니트 작전의 역동적인 경과는 결코 사전에 예측하거나 계획한 것이 아니었다. 육군 총사령부는 만슈타인의 대담한 지헬슈니트 계획을 전면적으로 받아들이기를 주저하다가 결국 이를 마지못해 인수하여 계획을 수립했다. 더욱이 '기갑부대에 적대적인' 성향을 지녔던 A집단군 지휘부는 공세 템포를 도보 보병의 전진속도에 맞추려다가 하마터면 전격전을 슬로모션으로 만들 뻔했다. 하지만 스당 일대의 마스 강선에서 즉각적인 돌파에 성공함으로써 전반적인 작전이 역동적으로 변모했고 기갑사단이 전방에서 보병사단을 선

도하는 결과를 낳았다. 마치 산사태처럼 걷잡을 수 없을 만큼 고속 기동의 전투양상이 벌어져 상급부대가 일시적으로 통제력을 잃기도 했다. 이러한 예외적인 위기상황에서도 수많은 독일군 장교들은 평소 체득한 임무형 전술로써 대응했고, 때로는 상급부대의 명령과 지시를 무시하고 지체 없이 임무를 완수해냈다. 그리고 구데리안이 독단적으로 스당의 교두보에서 전방으로 돌진할 때 전격전의 역동성은 절정에 달했다. 이를 통해 마침내 —상급 지휘부의 의지에 반했지만— 만슈타인이 제시한 위대한 비전, 즉 '지헬슈니트' 사상이 현실화되었다.

결론적으로 1940년의 '전격전'은 히틀러가 탄생시킨 그리고 그가 주창한 '전격전 전략'과 아무런 관련이 없다. 그는 자신의 이론에서 이른바 '세계 패권' 또는 '세계 정복' 같은 거대한 목표는 제1차 세계대전같이 단 하나의 목표에 집중·통합된, 즉 총력전으로써가 아니라 단기적인 '전격전들'의 수행을 통해, 그리고 '단계적 계획'에 의거해 점진적으로 달성되어야 한다고 말했다. 그러나 당시에 히틀러는 서방국가들과의 전쟁을 한 번도 고려해본 적이 없으며, 당연히 전격전에 대한 계획도 없었다. 그는 오히려 전쟁을 원하지 않았다. 특히 서방국가와의 전쟁은 더더욱 피하려 했다. 당시 국방군은 베르사유 조약에 따라 제한된 취약한 국방력을 한창 강화해야 했고, 독일군 총참모부도 자신들의 전력상 전쟁을 수행할 준비가 되지 않았다고 할 정도였다. 또한 독일의 폴란드 침공 직후 먼저 선전포고를 한 쪽은 영국과 프랑스였다. 결국 이 독재자는 독일의 운명이 걸린 정치적 도박에 실패하고서 자신의 조국을 막다른 골목으로 몰고 간 것이다. 국력이나 국방력 면에서 월등히 우월한 서방국가들과의 전쟁은 절대적으로 승산이 없었다. 장기전이 계속될수록 독일은 점점 더 불리해지므로 그들로서는 모든 것을 한 장의 카드에 걸고 정면 돌파를 감행하여 기습 공격을 실시하는 것 외에는 달리 방도가 없었다. 그러나 이러한 모험 앞에서 독일군 지휘부는 제1차 세계대전 때 실패한 슐리펜 계획의 악몽을 되살리기 시작했다.

클라우제비츠가 설명한 것처럼, 인간은 "절망의 정점에 이르면 엄청난 위기상황에서 이성적으로 행동할 수 없으며, 다른 탈출구가 보이지 않으면 대담한 돌출행동을 하게 된다."[1] 그런 맥락에서 마스 강을 건너 대서양 해안을 목표로 기동한다는 만슈타인의 지헬슈니트 계획은 대담한 돌출행동이었다. 연합군 장군들은 이 같은 대담한 행동을 단 한 번도 생각해본 적이 없었고, 생각하지도 못했다. 작전의 숨가쁜 진행에 연합군 장군들은 적잖

이 당황했는데, 우유부단했던 히틀러도 예하 지휘관들이 점차 작전을 독단적으로 진행함에 따라 자신의 손에서 지휘권이 빠져 나가는 것을 깨닫고는 당황하게 되었다. 그는 자신의 통제력을 되찾기 위해 됭케르크를 눈앞에 둔 기갑부대를 정지시켰다. 그러나 이것이야말로 독일의 결정적인 실책이었다.

서부전역은 계획된 정복전쟁이 아니다. 오히려 절망적인 전략적 상황을 타개하기 위한 자포자기의 작전술적 행동이었다. 이른바 '전격전 사상'은 서부전역 이후에야 발전되었다. 그러므로 '전격전 사상'은 서부전역의 승리의 근원이 아니라 결과물이라 할 수 있다. 1940년 5월, 우리가 통상 일컫는 평범한 기습작전이 엄청난 성공으로 이어지자 히틀러는 이를 개인의 침략적 비전을 제시하기 위한 도구로 이용했다. 그는 '전격전'을 '승리의 비밀'이라 주장했으며 이 주장은 오늘날까지 이어지고 있다.

에필로그 : 세계정복을 목표로 한 전격전의 망상

"'칸나이'—이 슬로건은 우리에게 끔찍한 재앙을 안겨주었다."[1]

젝트 장군, 실패한 슐리펜 계획에 대하여

독일 국방군에게 서부전역은 찬란한 대승리이자 비극이었다. 영광스런 승리로 말미암아 히틀러와 그의 장군들은 위험천만한 자만심에 빠졌다. 특히 스당의 신화가 여기에 큰 역할을 했다. 이곳에서 1870년과 1940년, 두 번씩이나 독일군은 큰 승리를 달성했으나, 매번 그 승리에서 잘못된 결론을 도출해 두 차례의 세계대전에서 혹독한 파멸을 맞게 되었다. 프랑스 육군은 베르됭에서의 승리로 진지전을 과대평가하게 된 반면, 독일군은 스당 전투에서 승리한 후 '작전술 차원의 기동전'을 더 중시하게 되었다. 서부전역이 종결된 후 독일군 장군들은, 특히 이전까지 개혁적 사상에 회의를 품던 이들까지도 '전격전'에 병적으로 집착하게 되었고, 제1차 세계대전과는 정반대로 신속한 작전술적인 결전을 시행하여 경제적 · 전략적으로 우위에 있는 적과도 대적할 수 있다고 확신하게 되었다. 따라서 '전격전'은 칸나이 사상에서 비롯된 '기계화된' 기동전의 르네상스였다. 하지만 슐리펜과 마찬가지로 독일군 장군들은 누가 결국 제2차 포에니 전쟁의 승리자였는지를 간과했던 것 같다. 칸나이는 전략적으로 막강했던 해상 패권국가인 로마를 상대로 한니발이 얻은 일시적인 작전술 차원의 승리였을 뿐이다. 클라우제비츠는 한 국가의 운명을 일개의 순간적인 작전술 수준의 결전에 의존하는 것을 경고했다. 그는 그보다 전략적 방어가 더 중요하다고 역설하면서 다음과 같이 언급했다.

“막연한 느낌이나 불확실한 상상만으로 공격과 기동만이 전쟁의 모든 것이며, 머리 위로 긴 칼을 휘두르며 전방으로 돌진하는 기병의 모습을 전쟁 양상의 전부라고 믿는 사람들이 있다. 그러나 이러한 생각은 중대한 오류가 아닐 수 없다.”[3]

서부전역이 종결된 후 독일군 지도부는 전쟁 전 서방국가들을 과대평가했던 것과 정반대로 이번에는 소련을 과소평가했다. 제1차 세계대전 때 독일은 프랑스와 그 연합국들을 이기지 못했지만 러시아에게는 대승을 거두었다. 독일군은 서부전역에서 서방국가들을 단 몇 주 만에 제압하자 소련과의 전쟁은 더 쉽게 끝날 것이라고 확신했다. 서부전역이 조기에 종결된 직후 승리감에 도취된 히틀러는 국방군 총참모장을 불러 이렇게 소리쳤다.

“이제 우리의 능력이 어느 정도인지 확실히 보여주었어. 나를 믿어라, 카이텔! 러시아와의 전쟁은 사관훈련에 불과해.”[4]

프랑스를 단숨에 쓰러뜨린 ‘전격전’의 승리는 그전부터 존재했던 체계적인 교리를 근간으로 탄생된 것이 아니다. 오히려 할더가 언급했듯이 위급한 상황에서 자연스럽게 도출된 즉흥곡이나 마찬가지였다.[5] 이듬해 독일은 똑같은 방식으로 소련을 상대로 한 번 더 전쟁을 일으킬 계획을 수립했다. 여기에는 서부전역과 비교했을 때 극명한 차이점이 존재했다. 그것은 바로 실질적인 ‘전격전’을 위한, 나아가 전략적인 수준의 계획이었다는 것이다. 독일은 서방국가들과의 전쟁을 사전에 장기전으로 계획했으며 전쟁 기간에 제한을 두지 않고 시작한 반면, 소련과의 전쟁은 3개월이면 충분하다고 확신했다. 더구나 이러한 확정적인 종료 시점에 의거해 인적 · 물적 자원을 제한적으로 동원했다.[6] 그러나 독일군은 겨울이 시작되기 전에 모스크바에 입성하지 못했다. 그 결과 1941년 12월 영하 36도까지 떨어지는 뜻밖의 강추위 속에서 동복을 준비하지 못한 대부분의 독일군 병사들은 하복을 입고 적과 맞서 싸워야 했다. 더욱이 당시 국방군의 지상군, 공군 그리고 해군이 서로 다른 지역에 분산되어 한창 해당 전역의 전투를 치르고 있던 중에도 히틀러와 휘하의 장군들은 소련의 적군赤軍을 마치 ‘진흙으로 빚어진 거인’ 같은 존재로 보고, 최초 돌파 단계에서 단숨에 쓰러뜨릴 수 있다고 믿어 의심치 않았다. 나아가 육군 총사령부는 국경을 따라 편성된 소련군을 일련의 포위작전으로 섬멸하기 위한 이른바 ‘슈퍼 칸나이’를 계획하여 이 전투 하나만 성공하면 이미 전쟁은 승리한 것이나 마찬가지라는 환상에 빠져 있었다. 독일군이 저지른 결정적인 실수는, 전략적 차원에서 전격전을 수행하기 위한 가장 중요한 선제타격능력(군비 면에서 최소한 일시적으로라도)이 열세에 있었음을 인지하지 못했다는 것이다. 독일은 제한된 시간 내에 전쟁을 종결하고자 일시적으로 군비 팽창에 박차를 가했지만 대규모 전역을 감당해내기에는 아직도 불비한 상황이었다. 1941년 독일이 공세를 감행할 당시 보유한 전차의 숫자는 3,600대였지만 소련의 전차는 24,000대에 육박했다는 것이 그 좋은 예이다.[7]

전역 초반에는 이러한 원대한 '전격전'이 대성공을 거둘 것처럼 보였다. 적군 병력들은 철저히 유린당했고 시간이 갈수록 성공적인 포위전투가 연일 계속되었다. 주요 도시들만 거명해보면, 비아위스토크Bialystok, 민스크Minsk, 스몰렌스크Smolensk, 우만Uman, 키예프Kiev, 뱌즈마Vjaz'ma, 브랸스크Brjansk 등이 조기에 함락되었다. 1941년 전역이 발발한 직후 몇 달간, 6월부터 12월까지 대략 400만 명의 포로를 획득했다.[8] 매 전투마다 승전보가 들어왔고 작전은 성공리에 개시되었다. 할더 원수는 12일째의 상황을 전쟁일지에 다음과 같이 기록했다.

> "러시아와의 전쟁에서 14일 만에 승리할 수 있다는 주장이 현실로 다가오고 있다. 그 증거들이 연일 눈앞에 펼쳐지고 있다."[9]

서부전역 이전까지만 해도 그토록 신중했던 독일군 총참모장은 전쟁 초기에 눈앞의 조그마한 승리들로 인해 '전격전'의 광신도가 되었고, 더 나아가 대륙적 스케일의 '칸나이'의 비전을 가슴속에 품게 되었다. 그는 동부전선에서의 승리는 시간문제라고 이미 확정 짓고 차후 작전, 즉 3개 대륙을 넘나들며 나일과 유프라테스 사이의 지협을 지향하는 3개의 공격 축선을 설정해 대규모 포위기동 계획을 수립하려 했다.[10] 3개의 공격축선은 ① 코카서스, 러시아를 거쳐 이란 방면으로, ② 불가리아에서 터키를 경유해 시리아와 이라크 방면으로, ③ 리비아의 북부 아프리카(롬멜에 의해)에서 이집트와 수에즈 운하를 통해 팔레스타인으로 등이었다.

국방군이 이르는 곳마다 승승장구하자 히틀러는 이성을 잃고 한층 더 강한 정복 의지를 표출하여 '세계 정복을 위한 전격전'의 비전이라는 극단까지 치달았다.[11] 그는 군사력으로 조속히 소련을 멸망시킨 후 페르시아 만 방면과 동부 아시아 대륙 깊숙한 곳까지 진격해 이 지역을 손아귀에 넣기로 결심했다. '대영제국의 심장부'를 타격하기 위해 아프가니스탄을 거쳐 인도까지 이르는 대공세였다. 독일은 이때 일본이 동쪽에서 인도를 협공할 경우, 그리고 이것이 성공한다면 이 인도 대륙을 두 방면에서 포위 점령할 수 있다고 판단했다.[12]

그러나 대소전역의 '전격전'은 1941년 겨울, 모스크바를 눈앞에 둔 상황에서 실패했다. 그럼 여기서 서부전역과 동부전역 간의 차이점을 압축해서 비교해보자. 결론적으로 1940년의 서부전역은 계획되지는 않았지만 성공한 '전격전'이었으며, 1941년의 동부전역은 반대로 기계획되었지만 실패한 '전격전'이었다. 1942년, 독일군은 새로운 전법으로 다시금 공세에 돌입하여 볼가 강변과 나아가 코카서스 일대까지 진격하여 일시적으로 성공을 거두는 듯했다. 그러나 이는 작전술 측면에서 거의 사형선고나 다름없는 찰나적 승리였으며, 독일은 전략적 차원에서 조만간 파멸을 면치 못하게 되었다. 이때부터 소련과 그 동맹국들의 경제적 우위가 효과를 발휘했다. 이것은 전차의 생산능력에서 잘 드러난다. 독일제국은 다른 무기체계를 제쳐두고 오로지 전차 생산에 모든 역량을 집중했음에도 불구하고 원자재의 부족으로 인해 겨우 2만 5천 대를 생산할 수 있었다. 반면 연합국 중 주요 3개국인 미국, 영국, 소련은 도합 20만 대의 전차를 보유했다.[13] 제2차 세계대전도 결국 제1차 세계대전과 마찬가지로 전장에서의 전투력보다 후방의 병참능력이 전쟁의 승패를 결정지었던 것이다.

1944년 말 독일은 또다시 서방 연합군들을 상대로 대규모 공격작전을 단행했다. 그러나 소위 '아르덴 공세'(벌지 전투The Battle of Bulge)라 이름 지어진 이 전투는 멸망 직전에 놓인 독일제국의 최후의 발악이었을 뿐이다. 독일군은 목표 지역에도 도착하지 못한 채 중도에 작전한계점에 이르렀고 곧 공세는 종말을 맞았다. 히틀러의 구상에 따라 이루어진 1944년의 아르덴 공세는 1940년의 아르덴 공세를 모체로 했다.[14] 이번에는 안트웨르펜Antwerfen 항구를 지향한 지헬슈니트 작전으로, 그 목적은 영국군과 미국군 사이에 쐐기를 박는 것이었다. 그러나 이 공세는 독일군의 전쟁 수행능력의 한계를 보여주는 결정적인 증거였다. 이 계획은 합리적인 독일군 총참모부의 상황평가와 분석 결과에 기인한 것이 아니라 그와 전혀 무관하게 순전히 비이성적이고 절망적 상황에 빠진 히틀러가 자포자기한 상황에서 탄생했기 때문이다. 유류 부족으로 몇몇 기갑부대가 겨우 60km 정도밖에 기동할 수 없는 상황에서 어떻게 그토록 멀리 떨어진 안트웨르펜 항구를 목표로 공격할 계획을 수립할 수 있단 말인가? 만일 적의 유류를 탈취해서 재만충한 다음 공세를 계속할 계획을 수립한다 하더라도 사실상 당시 연료 보유량으로는 적의 연료저장고까지도 도달할 수 있을지가 불확실했다.[15] 이처럼 '유류가 부족한 상황에서의 전격전'은 훗날 황당무계하다는 평가를 받았다. 1940년과 1944년을 비교해보면, 먼저 1940년 공세 때에는 완벽한 군수지원태세가 마련되어 있었다. 정확한 소요 유류 산출 및 예측이 그 좋은 예이다. 또한 1940년 당시 결정적 요소였던 제공권, 즉 공군력의 우위—비록 일시적이었지만—라는 일종의 전제조건도 1944년에는 부재했다. 야음과 안개만을 이용해서 안트웨르펜까지 살금살금 기어가야 했다면 도대체 어떻게 기갑부대가 그곳까지 신속히 도달할 수 있겠는가? 1940년 5월에는 '괴링의 날씨' 덕분에 공군이 순탄하게 작전을 수행할 수 있었지만 1944년에는 장기간의 악천후로 인해 이 작전의 재판은 무산되었다. 히틀러의 망상에 의해 탄생된 1944년의 아르덴 공세는 작전술 차원의 성공을 거둘 가능성조차 없었다. 이 작전은 1940년 작전의 서투른 모방에 불과했으며, 모든 이들이 이 작전을 비웃었다. 클라우제비츠의 열렬한 독자이자 사상가인 칼 마르크스는 역사적 해석의 불확실성에 대해 다음과 같이 말했다.

> "헤겔은 모든 거대한 세계사적 사건들은 이를테면 두 번 반복해서 발생한다고 어디선가 말했다. 하지만 그는 이 말에 설명을 덧붙이는 것을 잊었던 것 같다. 한 번은 비극으로 다른 한 번은 희극으로라는 말을."[16]

대독일보병연대의 전투보고서에 등장하는 한 전투는 서부전역의 전반적인 상황을 상징하는 대단히 중요한 사례이다. 1940년 5월 14일 아침, 스당에서 돌파작전이 성공한 후 셰메리Chémery 남부로 진격하던 대독일보병연대의 전위대대는 갑자기 일어난 적과의 교전을 마치 꿈 같았다고 전투보고서에 기록했다. 코나주Connage의 남동부, 어느 숲 속에서 갑자기 프랑스의 기병대가 출현해 독일군을 향해 노도같이 달려들었다. 그러나 이들은 독일군의 기관총 앞에서 순식간에 최후를 맞이했다. 길섶의 도랑에는 한 프랑스 장교가 내버리고 간 군장이 있었는데 이 속에 유명한 문학책 한 권이 들어 있었다. 바로 미구엘 세르반테스의 『돈키호테』였다.[17] 돈키호테는 시대착오적인 전쟁 양상을 대변하는 상징적인 존재이다. 중세기사들은 현대적인 신무기로 무장한 용병과 맞서 싸워 패퇴했는데 장창으로 풍차에 대항하는 돈키호테의 모습은 현대적인 무기체계에 대항하는 기사의 모습과 닮았다. 마치 돈키호테처럼, 수많은 용감한 프랑스군 병사들은 비극의 주인공이 되었다. 스당의 재앙 이후 신임 총사령관으로 임명되고 프랑스의 재건을 위해 노력한 베강Weygand 장군은 스당의 재앙을 명쾌하게 표현했다.

> "우리는 1918년의 군대로 1939년의 독일군과 전쟁을 치렀다. 이것은 완전히 정신 나간 짓이었다."[18]

여기서 다시 다음과 같은 의문점이 일어난다. '전격전'이라는 현상도 또 다른 관점에서 시대착오적이지 않았는가? 산업화 시대에 두 번의 세계대전은 순수 전략적으로, 무엇보다도 방위산업의 생산 능력이 전쟁의 승부를 결정지었건만, 히틀러와 그의 장군들은 너무나 편협하게 군사적인, 특히 작전술적 측면에만 집착했다. 따라서 '전격전'은 혁명과 보수의 양면을 모두 가지고 있다. 순수하게 작전술 차원만을 고려한다면 독일군 장군들은 현대적인 방책을 이용했지만 전략적 관점에서는 그와 정반대로 지극히 시대착오적인 전쟁 양상에 몰두했다. 이미 19세기에 미국의 남북전쟁에서 군사적으로 더 우세한 남부군이 결국 경제적으로 월등한 북부군에게 패망함으로써 군사력이 경제력을 상대할 수 없다는 것이 증명되었음에도 말이다. 요컨대 독일군의 기갑부대 작전인 '전격전'은 우월한 산업잠재력이라는 풍차에 맞선 장창 공격이었을 뿐이다.

미주

도입 1940년의 기적

1_ H. Gr. C(Ia), Notiz Besprechung in Versailles am 28. 6. 1940, BA-MA, RH 19Ⅲ/141, Bl.44(C집단군 작전참모부 1940년 6월 28일의 베르사유 회의에 관한 기록).

2_ Jaques Benoist-Méchin, *Der Himmel sturzt ein: Frankreichs Tragödie 1940*(『하늘이 무너지다—1940년 프랑스의 비극』)(Düsseldorf: Droste Verlag, 1958), p.9.

3_ Patrick Turnbull, *Dunkirk: Anatomy of Disaster*(New York: Holmes and Meier Publishers, 1978), p.7.

4_ *Ciano Diaries*, 1939-1943, ed. Hugh Gibson(New York, 1946), p.201.

5_ Golo Mann, *Deutsche Geschichte des 19. und 20. Jahrhunderts*(『19, 20세기 독일의 역사』)(Stuttgart und Hamburg, 1958), p.922.

6_ Basil Henry Liddell Hart, *Geschichte des Zweiter Weltkrieg*(『제2차 세계대전사』)(Wiesbaden: Fourier Vertrag, 1970), p.102.

7_ Barrie Pitt, *Angriffswaffe, Einleitung zu*; Kenneth J. Mackey, *Deutsche Panzertruppen*(『독일군 기갑전력』)(Wien und München, 1985), pp.10~11.

8_ "Catastrophic Failure: The French Army and Air Force, May-June 1940", Eliot A. Cohen and John Gooch, *Military Misfortunes, The Anatomy of Failure in War*(New York: Vintage Books, 1991), p.197.

9_ William L. Langer, *Our Vichy Gamble*(New York: Alfred A. Knopf, 1947), p.3; Jaques Benoist-Méchin, *Der Himmel stürzt ein*의 번역본, p.5.

10_ Gen. d. Inf a.D. Günther Blumentritt, Der Westfeldzug 1940(1940년의 서부전역), Bd 2, p.46. BA-MA, Study P-208, Bd 2. 히틀러는 서부전역의 첫 번째 단계를 "완벽한 기적ein absolutes Wunder" 이라고 여러 번 말했다. Günter Blumentritt, *Von Rundstedt: The Soldier and the Man*(London: Odhams Press, Ltd., 1952), p.71, 78.

11_ B. H. Liddell Hart, *Jetzt dürfen sie reden. Hitlers Generale Brichten*(『이제는 말할 수 있다—히틀러 휘하 장군들의 통보』)(Stuttgart: Stuttgarter Verlag, 1950), p.213; Blumentritt, *Von Rundstedt*, pp.68~74.

12_ Heinz Guderian, *Erinnerungen eines Soldaten*(『한 군인의 회고』)(Stuttgart: Motorbuch Verlag, 1986), p.95.

13_ 제1차 세계대전에서 독일의 전쟁 목적에 관해서는 Fritz Fischer, *Griff nach der Weltmacht: Die Kriegspolitik des kaiserlichen Deutschland 1914/18*(『세계 패권을 향한 도전—1914/18년 독일제국의 정치』)(Düsseldorf: Droste Verlag, 1961) 참조.

제1장 '전격전'의 기원과 개념

1_ Max Domarus, *Hitler. Reden und Proklamationen 1932-1945*(『히틀러—연설과 선언, 1932~1945』)(Würzburg, 1962-63), p.1776.

2_ Larry H. Addington, *The Blitzkrieg Era and the German General Staff, 1865-1941*(New Brunswick, N.J.: Rutgers University Press, 1971), p.234.(n. 53). 'Blitzkrieg'는 영어인 'lightning war'를 번역한 것이 아니라, 제2차 세계대전 발발 전에 독일계 이민인들이 영어권에서 'Blitzkrieg'라는 독일어를 영어권에서 고유명사화한 것이다. 이 용어는 1938년에 발간된 프리츠 슈테른베르크Fritz Sternberg의 *Germany and a lightning war*(London: Faber and Faber, 1938)에서 언급되었다〔이 책의 독일어 원서인 *Die deutsche Kriegsstärke: Wie lange kann Hitler Krieg führen?*(『독일의 전쟁수행 능력—히틀러는 얼마 동안 전쟁을 수행할 수 있는가?』)(Paris: Editions Sebastian Brant, 1938)에 'Blitzkrieg'가 수차례(p.8, 11) 언급된다〕.

3_ Von Schwichow, "Die Ernährungswirtschaft als Wehrproblem"(「독일제국군의 식량자원 문제」), *Deutsche Wehr 39*(『독일의 방위력 39』), Nr.18(1935), pp.257~258.

4_ Braun, "Der strategische Überfall"(「전략적 기습」), *Militär-Wochenblatt*(『주간 군사』), Nr.18(1938), p.1134.

5_ 제2차 세계대전 이전에 'Blitzkrieg'라는 용어가 사용된 또 다른 문헌으로는 S. T. Possony, *Die Wehrwirtschaft des totalen Krieges*(『총력전의 전시 경제체제』)(Wien: Gerold, 1938), p.82; Wolfgang Foerster, *Generaloberst Ludwig Beck: Sein Kampf gegen den Krieg*(『루드비히 베크 상급대장—전쟁 저지를 위한 투쟁』)(München: Isar Verlag), p.123 등이 있다.

6_ 1940년과 그 직후 출판된 다음 문헌들에서 '전격전'이 언급되었다. Rudolf Vogel, *Grenzerjunge im Blitzkrieg. Eine Erzählung aus dem Polenfeldzug*(『전격전에서의 국경수비대—폴란드 전역에 대한 기술』)(Stuttgart, 1940); Oberstleutnant Köhn, "Die Infanterie im 'Blitzkrieg'"(「전격전에서의 보병」), *Militär-Wochenblatt* 125, Nr.5(1940), pp.165~166; "Blitzkrieg und Panzerdivision"(「전격전과 기갑사단」), *Ostasiatischer Beobachter*(『동아시아의 관찰자』), 1940. 11. 30, pp.11~13; Gaul, "Der Blitzkrieg in Frankreich"(「프랑스에서의 전격전」), *Militär-Wochenblatt* 125, Nr.35(1941) cols 1513-16; Dr. F. K., "Blitzkriegmethoden. Erfolge und Gefahren einer neuen Kriegführung"(「전격전 수행방식: 새로운 전쟁수행 방식의 성공과 모험」), *Weltwoche*, 1941. 7. 4.; "Deutsche Blitzkriegsstrategen"(「독일의 전격전 전략」), *Weltwoche*, 1941. 7. 4.; Philip Gribble, "Blitzkrieg" in *Die Auslese* 41, Nr.3, pp.185~190; Nr.4, pp.307~312. 오이겐 하다모프스키Eugen Hadamovsky의 *Blitzmarsch nach Warschau*(『바르샤바를 향한 전격전 진군』)(München: Zentral

Verlag der NSDAP Franz Eher, 1941)에서는 'Blitz'라는 단어가 84페이지에 세 번이나 기술되었고 'Blitzkrieg'(전격전), 'blitzschnell'(번개처럼 빠르게), 'Blitzschlag'(전격적 공세)라는 단어도 발견된다. SS부대 예하 첩보부대의 비밀보고서인 1940년 5월 16일자 88호 문건에는 서부전역에서 '전격전'이 있었고 '주민들의 대규모 혼란'이 발생했다고 쓰여 있다. *Meldungen aus dem Reich 1938-1945. Die geheimen Lageberichte des Sicherheites der SS*(독일제국 관보 1938-1945. SS 비밀정세보고서), Bd 4, ed. Heinz Boberach(Herrsching: Pawlag, 1984), p.1139를 참조.

7_ H. Mußhoff, "Blitzkriegpsychose"(「전격전의 심리적 충격」), *Ostasiatischer Beobachter* 8, 1940. 8. 31. : pp.3~7.

8_ 이 장의 맨 처음에 인용한 문구를 보면, 히틀러는 '전격전'이라는 '어리석은 단어'를 '단 한 번도' 써본 적이 없다고 말했다. 하지만 히틀러는 실제로 'Blitz'라는 단어를 은유적으로 표현할 때 즐겨 사용했다. 호스바흐-니더샤프트Hoßbach-Niederschaft에 따르면 이 독재자는 이미 1937년 11월 5일 연설에서 '번개처럼 신속하게blitzartig schnell' 체코슬로바키아로 진군해야 한다고 말했다(ADAP, D, Bd Ⅰ, p.31). 1941년 3월 27일에는 다음과 같이 말했다. 유고슬라비아를 […] 번개 같은 작전으로in einem Blitzunternehmen 공격하는 것은 정치적으로 매우 중요하다."(Domarus, *Hitler*, p.1677) 필자는 동료인 라인하르트 슈툼프Reinhart Stumpf 박사에게서 중요한 정보를 입수했다. 히틀러가 모스크바를 눈앞에 두고 패배한 후 갑자기 이 용어의 탄생에 대한 책임을 이탈리아에 전가했다는 것이다. 그는 1942년 1월 '전격전이란 용어는 순전히 이탈리아어에서 파생된 날조된 단어이자 이탈리아식 표현이며, 이탈리아어를 번역한 것이다'라고 말했다〔Adolf Hitler, *Monologie im Führer-Hauptquartier 1941-1944. Die Aufzeichnungen Heinlich Heims*(1941-44, 총통부에서의 독백, 하인리히 하임스 집필), ed. Werner Jochmann(Hamburg: Albrecht Knaus, 1980), p.17〕. 그는 1940년에 출간된 알도 카비아티Aldo Cabiati의 *La guerra Lampo*(『전격전』)를 언급한 것 같다. 그러나 이러한 히틀러의 주장을 입증할 만한 명확한 근거는 전혀 없다.

9_ Generalmajor Teiß, "Der Blitzkrieg"(「전격전」), *Rheinisch Westfälische Zeitung*, 1942. 10. 1.

10_ R. Hargreaves, "Blitzkrieg: Illegitimate Son of Mars", *The Cavalry Journal*, no.5(1940), pp.386~391; S. L. A. Marshall, *Blitzkrieg: Its History, Strategy, Economics, and the Challenge to America*(New York: William Morrow, 1940); Henry J. Reilly, "Blitzkrieg", *Foreign Affair* 18, no.2(1940), pp.254~265; "Can 'Blitzkrieg' be stopped?" *Illustrated London News*, no.5282(1940), p.50; Ferdinand Otto Miksche, *Blitzkrieg*(London, 1942)를 참조.

11_ 전격전을 스웨덴에서는 'Blixtkrieg'와 'Blixtanfall'〔그 예로 "Blixtanfallet",(ed.), *1939 års Färsvarsförbund*(Stockholm, 1940); "'Blixtkrig' och försvar mot äblixtkrig", *Kungl. Krigsvetenskaps-Akadem. Handlingar och Tidskrift*, Nr.3(1942), pp.56~80; "Blixkriget och spängberedskapen", *Tidskrift i fortification* 66, Nr.3(1943), pp.121~137; Carl August Ehrensvaerd, *Hårt mot hårt. Blixtanfallet och blixtförsvar*(Stockholm, 1943)〕이라고 지칭했다. 네덜란드에서는 'Bliksemoorlog'〔Henry J. Reilly, "Bliksemoorlog", *De Kern 10*(1940), pp.161~164 참조〕, 러시아에서는 'molnienosnaja vojna'〔("Diskussiya o' molniennosnoy voyne'")〕, *Voenniy Zarubeznik* no.10(1940), pp.13~31; Henry J. Reilly, "Na fone molnienosnoy voyny", *Voenniy Zarubeznik* no.9(1940), pp.36~44; Paul W. Thomson, "Inzenernye voyska v molnienosnoy voyne", *Voenniy Zarubeznik* no.11~12(1940), pp.72~79〕, 헝가리에서는 'villámháború'〔S. Lipcsey-Magyar, "Villámhárcászat-zsakhadászat", *Magyar szemle* 11, no.11(1941), pp.257~267〕, 포르투갈에서는 'guerra relámpago'〔A. Botelho, "O commando e a guerra relámpago", *Revista Militar*(Lisbon), no.9(1942), pp.522~533〕, 프랑스에서는 'la guerre éclair'로, 영국과 미국에서는 'lightning war'로 각각 번역했다.

12_ George Raudzens, "Blitzkrieg Ambiguities: Doubtful Usage of a Famous Word", *War and Society* 7, no.2(1989), p.77 이하.

13_ 제2차 세계대전 때 사용된 군사 학술용어에서는 '작전술'과 '전략'을 명확하게 구별하지 않고 있다. 후자의 개념은 순수하게 군사적 맥락에서만 사용되었다. '전략적 사안'의 현대적 정의는 경제적, 외교적, 이데올로기적, 심리적 영역 같은 비군사적 요소들을 상당히 많이 내포하고 있다.

14_ "Blitzkriegmethoden" (Dr. F. K.)

15_ 알폴디Laszlo M. Alfoldi는 "Hutier Legend", *Parameter* 5, no.2(1976), p.73에서 이를 반박하며 후티어 장군이 '돌격부대 전술'의 유일한 창시자가 아님을 지적했다. '돌격부대 전술'은 수많은 독일군 장교들이 각기 참여하여 진화적으로 발전한 결과물이다.

16_ Braun, "Der Strategische Überfall" (「전략적 기습」), p.1135.

17_ 그 예로, Demot Bradley, *Generaloberst Heinz Guderian und die Entstehungsgeschichte des modernen Blitzkrieges*(『하인츠 구데리안 대장과 현대 전격전의 기원』)(Osnabrück, 1978)를 참조.

18_ B. J. Rolak, "Fathers of Blitzkrieg", *Military Review* 49, no.5(1969. 5), p.74 이하. 앞으로 중요한 역할을 하게 될 이 관계는 제2차 세계대전 때 기갑부대 장군인 구데리안의 아들인 하인츠 귄터 구데리안Heinz Günter Guderian 육군 소장(연방군)의 증언에서도 확인되었다. 또한 Hubertus Senff, *Die Entwicklung der Panzerwaffe im deutschen Heer zwischen den beiden Weltkriegen*(『양차 대전 간 독일 육군 기갑병과의 발전』)(Frankfurt, 1969). pp.28~29 참조.

19_ Alan S. Milward, "Der Einfluß ökonomischer und nicht-ökonomischer Faktoren auf die Strategie des Blitzkriegs" (「전격전 전략의 경제적 · 비경제적 요인의 영향」), Friedrich Forstmeier and Hans-Erich Volkmann, eds., *Wirtschaft und Rüstung am Vorabend des Zweiten Weltkrieges*(『제2차 세계대전의 전야에서의 경제와 군비』)(Düsseldorf: Droste Verlag, 1975), p.189. 밀워드는 이른바 '전격전 전략Blitzkrieg-Strategie'에 대한 일련의 권위 있는 저술을 발표했다. *Deutsche Kriegswirtschaft 1939–1945*(『1939~1945년의 독일의 전시경제』)(Stuttgart: Deutsche Verlags-Anstalt, 1966); *Der Zweite Weltkrieg. Krieg, Wirtschaft und Gesellschaft 1939–1945*(『제2차 세계대전-1939~1945년 전쟁, 경제와 사회』)(München: Deutscher Taschenbuch Verlag, 1977); "Hitlers Konzept des Blitzkrieges" (「히틀러의 전격전 개념」), Andreas Hillgruber, ed., *Probleme des Zweiten Weltkrieges*(『제2차 세계대전의 문제점』)(Köln: Kiepenheuer und Witsch, 1967).

20_ Burton H. Klein, *Germany's Economic Preparation for War*(Cambridge, Mass.: Harvard University Press, 1959). 이 주제에 관해서는 Bernhard R. Kroener, "Die personelle Ressourcen des Dritten Reiches im Spannungsfeld zwischen Wehrmacht, Bürokratie und Kriegswirtschaft 1939–1942" (「1939~1942년 국방군, 관료와 전시경제의 정황 속에서 제3제국의 인적 자원」), Bernard R. Kroener/Rolf-Dieter Müller/Hans Umbreit, *Das Deutsche Reich und der Zweiten Weltkrieg*(『독일제국과 제2차 세계대전』)(Stuttgart: Deutsche Verlags-Anstalt, 1988), Bd 5, p.694 참조.

21_ Andreas Hillgruber, *Hitlers Strategie. Politik und Kriegführung 1940–1941*(『히틀러의 전략—정치와 전쟁수행』)(München: Bernard und Graefe, 1982), 제2판의 후기, p.717. 이러한 이론을 발전시킨 역사가들 중 헤릅스트를 빠뜨릴 수 없다. Ludolf Herbst, *Der totale Krieg und die Ordnung der Wirtschaft. Dir Kriegswirtschaft im Spannungsfeld von Politik, Ideologie und Propaganda 1939–*

1945(『총력전과 경제 질서—1939~1945년간 정치, 사상과 선전의 정황 속의 전시 경제』)(Stuttgart, 1982), p.98 이하 참조.

22_ 예를 들어 잘레프스키Michael Salewski는 힐그루버의 '단계적 계획' 모델은 지나치게 단일요인적이라고 지적했다. "물론 이 계획은 여러 단계로 이루어졌다. 그러나 중요한 점은 그 단계들로 구성된 하나의 계단이 아닌 난해한 모양으로 형성된 다수의 것이었다는 점이다."〔"Knotenpunkt der Weltgeschichte. Die Raison des deutsch-fanzösischen Waffenstillstands von 22. 6. 1940"(「세계사적 분기점—1940년 6월 22일 독일-프랑스의 휴전」), Claude Carlier, Stefan Martens, eds., *La France et l'Allemagne en guerre. Septembre 1939-Novembre 1942*(『1939년 9월~1942년 11월 간의 전쟁에서의 독일과 프랑스』)(Paris: I.H.A.P.-I.H.C.C, 1990), p.119〕. 또한 Bernd Stegemann, "Hitlers 'Stufenplan' und die Marine"(「히틀러의 '단계적 계획'과 해군」), *Historische Studien zu Politik, Verfassung und Gesellschaft*(『정치, 헌법과 사회에 대한 역사적 연구』)(Frankfurt a. M.: Peter Lang, 1976)과 "Hitlers Ziele im ersten Kriegsjahr 1939/1940. Ein Beitrag zur Quellenkritik"(「1939/1940년 전쟁 초기의 히틀러의 목표—자원의 궁핍에 대한 대책」), *MGM 27*, Nr.1(1980), pp.93~105 참조. 힐그루버의 '단계적 계획'에 대한 가장 결정적인 반증으로는 Hartmut Schustereit, *Vabanque. Hitlers Angriff auf die Sowjetunion 1941 als Versuch durch den Sieg im Osten den Westen zu bezwingen*(『도박—동부에서의 승리를 발판으로 서부의 패권을 장악하려던 히틀러의 소련 공세』)(Bonn und Herford: E. S. Mittler und Sohn, 1988) 참조.

23_ Karl-Dietrich Erdmann, *Deutschland unter der Herrschaft des Nationalsozialismus 1933-1939*(『1933~1939년 국가사회주의 통치하의 독일』)(München: Deutscher Taschenbuch Verlag, 1980), p.34.

24_ 여기에 대해서는 1937년 6월 24일에 발표된 *Weisung für die einheitliche Kriegsvorbereitung der Wehrmacht*(『국방군의 총체적인 전쟁준비를 위한 명령』)에 포함된 다음 문장이 자주 그 논거로 제시된다. 독일군은 "전투력과 시간 면에서 기습 공격으로 전쟁을 시작할" 수 있어야 한다. *Der Prozeß gegen Hauptkriegsverbrecher vor dem internationalen Militärgerichtshof, Nürnberg, 14. 11. 45-1. 10. 46*(『주요 전범에 대한 국제 군사재판, 뉘른베르크 1945. 11. 14~1946. 10. 1』), Bd 34, p.735 참조(이하 *Prozeß*로 표기). 사실 이 문장은 원문의 일부일 뿐이다. 이 작전명령의 도입부에서는 순전히 가설에 불과한 장차전의 시나리오들과 대응준비의 여러 가능성으로서의 암시는 차이가 있다고 언급하고 있다. 달리 말하면, 도입부는 일자원석인 방법에 따른 한 가지 선택만을 담고 있지 않다.

25_ '전격전'에 대한 동독 역사학자들의 견해에 대해서는 다음 문헌들을 참조. Gehard Förster, *Totaler Krieg und Blitzkrieg*(『총력전과 전격전』)(East Berlin, 1967); Paul Heider, Richard Lakowski, "Theorie vom totalen Krieg. Blitzkriegskonzeption und Wehrmacht in Vorbereitung des zweiten Weltkrieges"(「총력전의 이론—제2차 세계대전 준비 중 전격전의 개념과 국방군」), Militärgeschichte 28, Nr.4(1989), pp.291~300; Erich Menke, "Militärtheoretische Überlegungen im deutschen Generalstab vor dem zweiten Weltkrieg über den Einsatz von Panzern"(「제2차 세계대전 이전의 기갑부대 운용에 관한 독일군 총참모부의 군사 이론적 관점」), *Revue Internationale d'Historire*, no.71(1989), pp.151~163; Helmut Otto, "Entstehung und Wesen der Blitzkrigstrategie des deutschen Imperialismus vor dem ersten Weltkrieg"(「제1차 세계대전 이전 독일 제국주의에서 생성된 전격전 전략의 기원과 본질」), *Zeitschrift für Militärigeschichte 6*, Nr.4(1967), pp.400~414. 또한 동독의 군사연구서 "*Wörterbuch zur Deutschen Militärgeschichte*"(독일 군사사 백과사전), Bd 1, pp.90~91 참조.

26_ Uwe Bitzel, *Die Konzeption des Blitzkrieges bei der deutschen Wehrmacht*(『독일 국방군의 전격전 개념』)(Frankfurt a. M.: Peter Lang, 1991), p.35, 53, 80~81, 405 이하. 물론 이렇게 매끄럽게 쓰인 가설을 액면 그대로 믿어서는 안 된다. 저자는 문학적 구성과 표현에 치우쳤고, 공식 문서들은 전혀 고려하지 않았다. 독일 연방문서보관소의 군사문서를 분석한 크뢰너Bernhard R. Kroener나 뮐러Rudolf-Dieter Müller 등은 비첼과 근본적으로 다른 결론을 도출했다. 이들은 "Das Deutsche Reich und der Zweite Weltkrieg"(독일제국과 제2차 세계대전)라는 시리즈물 중 *Organisation und Mobilisierung des deutschen Machtberichs. Kriegsverwaltung, Wirtschaft und Personelle Ressourcen 1939 bis 1941*, Bd.5, Teil.1(1988)을 맡아 저술했는데, 비첼은 이보다 3년이나 늦게 책을 출간했지만 이 저서들을 전혀 참고하지 않았다.

27_ Bitzel, *Konzeption des Blitzkrieges*, p.63, 405.

28_ Timothy W. Mason, "Innere Krise und Angriffskrieg 1938/1939"(「1938/1939년 내부위기와 공세적 전쟁」), *Wirtschaft und Rüstung*, p.188.

29_ Hew Strachan, *European Armies and the Conduct of War*(London: George Allen and Uwin, 1983), p.163. 최근의 문헌들은 구데리안이 이미 1920년대에 창안한 기갑전술과 히틀러의 정치적 목표를 연계하는 데 대해 부정하는 경향이 강하다. 머레이Williamson Murray는 "독일은 전략적 필요를 충족시키기 위해 기갑전술을 발전시킨 것이 아니다."〔"The German Army Doctrine, 1938-1939, and the Post-1945 Theory of 'Blitzkrieg Strategy'"), Carole Fink, Isabel V. Hull, MacGregor Knox, eds., *German Nationalism and European Response, 1890-1945*(London, 1985), p.93〕라고 주장하고 있다. 그 외에 William Carr, "Rüstung, Wirtschaft und Politik am Vorabend des Zweiten Weltkrieges"(「제2차 세계대전 전야의 군비, 경제와 정치」), Wolfgang Michalka, ed., *Nationalsozialistische Außenpolitik*(『나치주의의 외교정책』)(Darmstadt, 1978), pp.446~447; Michael Geyer, "German Strategy in the Age of Machine Warfare, 1914-1945", *Makers of Modern Strategy*, ed. Peter Peret(Princeton, N. J.: Princeton University Press, 1986), pp.584~585; Winfried Heinemann, "The Development of German Armoured Forces 1918-40", J. P. Harris and F. H. Toase, eds., *Armoured Warfare*(London: B. T. Batsford Limited, 1990), p.57; Matthew Cooper, *The German Army 1933-1945, Its Political and Military Failure*(London: Macdonald and Janes, 1978), p.115 이하, 151, 166, 219; Daniel J. Hughes, "Blitzkrieg", Trevor Dupuy et al., eds., *International Military and Defense Encyclopedia*(Washington D. C., 1993), vol.1: A-B, p.377 이하.

30_ Georg Thomas, "Operatives und wirtschaftliches Denken"(「작전술적, 경제적 사고」), *Kriegswirtschaftliche Jahresbericht*(『국방경제에 대한 연례보고서』)(Hamburg, 1937), p.16.

31_ 1937년 2월 3일, 해군 총사령부의 브리핑, p.21. BA-MA, RM 8/1491, Bl.75.

32_ 위의 책.

33_ Foerster, *Generaloberst Ludwig Beck*, p.123.

34_ Possony, *Die Wehrwirtschaft des totalen Krieges*, p.82.

35_ Johann Wolfgang von Goethe, *Faust*(München, 1962), p.59.

제2장 '전격전' 개념이 없는 '전격전'과 서부전역의 배경

1_ Strachan, *European Armies*, p.163.

2_ Paul Schmidt, *Statist auf diplomatischer Bühne 1923-45. Erlebnisse des Chefdolmetschers im Auswärtigen Amt mit den Staatsmännern Europas*(『1923~1945년 외교 무대의 엑스트라—유럽의 외교관들과 총통부 통역관으로서의 경험』)(Bonn: Athenäum, 1954), pp.473~474.

3_ 1939년 여름에 장군단은 독일 육군이 전쟁을 수행할 준비가 되어 있지 않다고 히틀러에게 여러 차례 경고했다. Klaus-Jürgen Müller, *Das Heer und Hitler. Armee und Nationalsozialistisches Regime 1939-1940*(『육군과 히틀러—1939~1940년 군과 나치 레짐』)(Stuttgart: Deutsche Verlags-Anstalt, 1969), p.407 이하; Willhelm Deist, "Die Aufrüstung der Wermacht"(「국방군의 재군비」), Willhelm Deist, Manfred Messerschmidt, Hans Erich Volkmann, Wolfram Wette, *Das Deutsche Reich und der Zweiten Weltkrieg*(『독일제국과 제2차 세계대전』)(Stuttgart: Deutsche Verlags-Anstalt, 1979), Bd 1, p.448.

4_ Karl Dönitz, *Zehn Jahre und zwanzig Tage*(『10년 20일』)(München, 1977), p.44.

5_ Liddell Hart, *Geschichte des Zweiten Weltkrieges*, p.19, 32.

6_ Bernhart von Loßberg, *Im Wehrmachtführungsstab: Bericht eines Generalstabsoffizier*(『국방군 작전참모부에서—어느 장군참모장교의 보고서』)(Hamburg: Nölke, 1950), p.23.

7_ Hans-Adolf Jacobsen/Jürgen Rohwer, "Planungen und Operationen der deutschen Kriegsmarine im Zusammenhang mit dem Fall 'Gelb'"(「'황색' 계획과 연계된 독일 해군의 계획과 작전」), *Marinerundschau* 57, Nr.2(1960), p.66.

8_ Carl-Axel Gemzell, *Raeder, Hitler und Skandinavien. Der Kampf für eine maritimen Operationsplan*(『라에더, 히틀러와 스칸디나비아—해군 작전계획을 위한 투쟁』)(Lund: C. W. K. Glerrup, 1965), p.196에서 인용.

9_ 로데Horst Rohde〔"Hitlers erster 'Blitzkrieg' und seine Auswirkungen auf Nordosteuropa"(「히틀러 최초의 전격전과 북동유럽에 미친 영향력」), Klaus A. Meier, Horst Rohde, Bernd Stegemann, Hans Umbreit, *Die Errichtung der Hegemonie auf dem europäischen Kontinent*(『유럽대륙에서의 패권 장악』), (*Das Deutsche Reich und Zweiten Weltkrieg*, Bd 2), p.111〕에 따르면 1939년 9월 1일, 동부전선의 국방군은 총 150만 명, 폴란드군은 130만 명이었으며, 동원 이후 폴란드 육군은 예비역을 합쳐 총 360만 명이었다. Karl Ploetz, *Geschichte des Zweiten Weltkrieges*(『제2차 세계대전의 역사』)(Würzburg: Ploetz Verlag, 1960), 2. Teil, p.339 참조.

10_ *Prozeß*, Bd 10, p.583.

11_ William L. Shirer, *Aufstieg und Fall des Dritten Reiches*(『제3제국의 흥망』)(Köln und Berlin: Kiepenheuer und Witsch, 1961), p.580(1948년 9월 8~9일간의 루덴부르크 전범재판 시 할더의 증언을 인용)을 참조. 예비역 상급대장이자 국방군 작전본부장 요들 장군의 증언 참조, *Prozeß*, Bd 15, p.385.

12_ ADAP(Akten zur deutschen auswärtigen Politik) D, Bd Ⅶ, p.170; Franz Halder, *Kriegstagebuch*, Bd 1, ed., Hans-Adolf Jacobsen(Stuttgart: Kohlhammer, 1962-64), p.13(이하 Halder, KTB로 표기); Adolf Heusinger, *Befehl im Widerstreit. Schicksalsstunden der deutschen Armee 1923-1945*(『모순되는 명령들, 1923~1945년 독일 육군의 운명의 시간』)(Tübingen: Rainer Wunderlich,

1957), p.56 참조.

13_ 그 예로 Gerhard Engel, *Heeresadujutant bei Hitler 1938-1943*(『1938~1943년 히틀러의 육군 부관부』), ed., Hildegard von Kotze(Stuttgart: Deutsche Verlags-Anstalt, 1974), p.58 참조.

14_ Loßberg, *Im Wehrmachtführungsstab*, p.37.

15_ 위의 책.

16_ Erich von Manstein, *Verlorene Siege*(『잃어버린 승리』)(Koblenz: Bernard und Graefe, 1987), p.14.

17_ Georg Thomas, *Geschichte der deutschen Wehr- und Rüstungswirtschaft 1918-1945*(『1918~1945년 독일 방위산업의 역사』)(Boppard: Boldt, 1966), p.11.

18_ Loßberg, *Im Wehrmachtführungsstab*, p.37.

19_ Heusinger, *Befehl*, p.60.

20_ 위의 책. 무솔리니도 독일 외무장관에 대한 비난을 억누르지 못했다. 그는 히틀러에게 보낸 편지에 "영국과 프랑스가 간섭하지 않으리라는 리벤트로프의 예측은 빗나갔다."라고 썼다(ADAP, D, Bd 8, Dok.504, p.476). Ulich von Hassell, *Die Hassell-Tagebücher 1938-1944: Aufzeichnungen vom Andern Deutschland*(『1938~1944년 하셀의 일기—또 다른 독일에 대한 기록』), ed. Friedrich Freiherr Hiller von Gaetringen(Berlin, 1988), p.160 참조.

21_ Schustereit, *Vabanque*, p.120; "Heeresrüstung und 'Blitzkriegskonzept.' Fakten zur Materiellage im Herbst 1939"(「육군의 군비와 전격전 개념, 1939년 가을 보유자원의 실상」), *Soldat und Technik 33*(1990), p.126; Ihno Krumpelt, *Das Material und Kriegführung*(『자원과 전쟁수행』)(Frankfurt a. M.: Mittler und Sohn, 1968), p.38. 히틀러가 취한 조치들이 이미 예견된 것이라고 강조했던 힐그루버도 국방군 수뇌부가 서방국가들과의 전쟁에 대비한 총체적인 전략을 전혀 세우지 않았다고 말했다(*Hitlers Strategie*, p.40).

22_ Loßberg, *Im Wehrmachtführungsstab*, p.25.

23_ Hillgruber, *Hitlers Strategie*, p.40

24_ Loßberg, *Im Wehrmachtführungsstab*, p.27.

25_ Halder, *KTB*, Bd 1, p.93(1939. 9. 29).

26_ Cooper, *German Army*, p.169 이하; Len Deighton, *Blitzkrieg. Von Hitlers Triumphen bis zum Fall von Dünkirchen*(『전격전—히틀러의 영광에서 됭케르트의 실패까지』)(München: Heyne, 1983), p.225; Strachan, *European Armies*, p.164.

27_ 당시 사단급(오늘날 여단 규모)부대는 '제병협동전투Gefecht der verbundenen Waffen'를 위한 최소 단위였다. 반면 작전술 제대는 통상 야전군 규모 이상을 의미했다.

28_ "Kampf um ständige Befestungen, Grafenwöhr, 20-25. 8. 1939"(「요새지역 전투, 그라펜뵈어, 1939. 8. 20~25」), Akte OKH/GenStdH, BA-MA, RH 2/181, p.162(489) 이하, 279(527) 이하 참조; RH 2/182 a und b 참조. "Bestimmungen für Marschand- und Gefechtsübung motorisierter Verbände 1939"(「1939년 기계화부대의 행군과 전투 훈련에 관한 교리」), Akte Chef der Schnellen Truppen im OKH, BA-MA, RH 10/1 참조.

29_ Guderian, *Erinnerungen*, p.64.

30_ Wilhelm Ritter von Leeb, *Tagebuchaufzeichnungen und Lagebeurteilungen aus zwei Weltkriegen*(『양차대전의 일지 기록과 상황 평가』), ed. Georg Meyer(Stuttgart: Deutsche Verlags-Anstalt, 1976), pp.184~185.

31_ HGr A, 3. 5. 1940. p.7.(BA-MA, RH 19 Ⅰ/38, Bl.310); Macksey, *Deutsche Panzertruppe*, p.55 참조.

32_ 이 잘못된 판단은 특히 프랑스 측에 심각한 영향을 미쳤다. William L. Shirer, *Der Zusammenbruch Frankreichs. Aufstieg und Fall der Dritten Republik*(『프랑스의 붕괴―제3제국의 흥망』)(München: Droemersche Verlagsanstalt, 1970), pp.561~562; Gerd Brausch, "Sedan 1940. Deuxième Bureau und Strategische Überraschung"(「1940년 스당―프랑스 군정보국과 전략적 기습」), *MGM*, Nr.2(1967), p.87.

33_ 이는 1940년 6월 7일 프랑스 수상 레노의 언급이 기록된 노획 문서에서 발췌(Akte OKH/GenStdH/Fremde Heere West, BA-MA, RH 2/1556, p.12).

34_ 이와 관련해서 야콥센은 군비와 탄약뿐만 아니라 기타 요인들, 예를 들면 차량화에 관해서도 동일한 결론에 도달했다. Hans-Adolf Jacobsen, *Fall Gelb. Der Kampf um den deutschen Operationsplan zur Westoffensive 1940*(『황색계획―1940년 독일군의 서부공세 계획에 대한 논란』)(Wiesbaden: Franz Steiner Verlag, 1957), p.20.

35_ Halder, *KTB*, Bd 1, p.90(1939. 9. 27).

36_ 위의 책, p.86.(1939. 9. 28); Handakten Halder(할더의 수기), BA-MA, RH 2/768, Bl.6(후반부) 참조.

37_ Bitzel, *Konzeption des Blitzkrieges*, p.70.

38_ Deist, "Aufrüstung", p.444; Hans Umbreit, "Kampf um die Vormachtstellung in Westeuropa"(「서부유럽에서의 패권 투쟁」), *Das Deutsche Reich und der Zweiten Weltkrieg*, Bd 2, p.265 이하; Hans-Erich Volkmann, "Die NS-Wirtschaft in Vorbereitungen des Krieges"(「전쟁 준비를 위한 나치 경제체제」), *Das Deutsche Reich und der Zweiten Weltkrieg*, Bd 1, p.359 이하.

39_ *KTB OKW*, comp., ed. Hans-Adolf Jacobsen, Bd 1, 1940. 8. 1-1941. 12. 31. Teil.2 (München, 1982), p.950.

40_ Denkschrift, 9. 10. 1939. p.13.(Bl.17), Handakten Jodl(요들의 수기, 1939. 10. 9), BA-MA, RW 4/35.

41_ Halder, *KTB*, Bd 1, p.87.

42_ HGr B, KTB, 16. 3. 1940. BA-MA, RH 19 Ⅱ/19, p.159.

43_ Jacobsen, *Fall Gelb*, p.141 참고.

44_ Denkschrift, 9. 10. 1939. p.11(Bl.15), Handakten Jodl, BA-MA, RW 4/35.

45_ Halder, *KTB*, Bd 1, p.99.

46_ David Irving, *Die Tragödie der deutschen Luftwaffe. Aus den Akten und Erinnerungen von Feldmarschall Milch*(『독일 공군의 비극―밀히 원수의 기록물과 회고록』)(Frankfurt a. M.: Ullstein, 1970), p.139.

47_ Aktenvermerk Thomas(토마스의 회고록), 19(21). 11. 1939. BA-MA, RW 19/1792, p.21; Notiz Hünermann, 22. 11. 1939. BA-MA, RW 19/261, Anl. zum KTB Rüstungswirtschaftliche Abteilung(방위산업청의 전쟁일지). 이러한 문건들은 1939년 8월 27일에 상부로 전달되었다.

48_ Halder, *KTB*, Bd 1, p.93.

49_ Rolf-Dieter Müller, "Die Mobilisierung der deutschen Wirtschaft für Hitlers Kriegführung"(「히틀러의 전쟁을 위한 독일의 경제적 동원」), Deutsche Reich und der Zweiten Weltkrieg, Bd 5, p.406 이하, pp.425~426, 466 이하; "Die Mobilisierung der Wirtschaft für den Krieg-eine

Aufgabe der Armee? Wehrmacht und Wirtschaft 1933-1942"(「전쟁 수행을 위한 경제적 동원, 군대의 과업인가? 1933~1942년 국방군과 경제」), Wolfgang Michalka, ed., *Der Zweiten Weltkrieg. Analysen, Grundzüge, Forschungsbilanz*(『제2차 세계대전—분석, 특성, 그리고 비교조사』), pp.357~358.

50_ Jacobsen, *Fall Gelb*, p.19.

51_ Burkhart Müller-Hillebrand, *Das Heer 1933-1945. Entwicklung des organisatorischen Aufbaus*(『1933~1945년 육군—조직적 증강의 발전』)(Frankfurt a. M.: Verlag E. S. Mittler und Sohn), Bd 2, p.41; Müller, "Mobilisierung der deutschen Wirtschaft", p.554.

52_ Denkschrift, 9. 10. 1939. p.12.(Bl. 16), Handakten Jodl, BA-MA, RW 4/35.

53_ Halder, *KTB*, Bd 1, p.90.

54_ Jacobsen, *Fall Gelb*, p.19, 180 이하, 192 이하.

55_ 위의 책, p.309.

56_ Müller, "Mobilisierung der deutschen Wirtschaft", p.554. III호 전차의 총 수량에는 지휘용 전차로 개조된 것들도 포함되어 있다.

57_ Henri Amouroux, "Kollabos, Helden und Verräter. Die Franzosen unter deutscher Besatzung"(「협력자, 영웅, 반역자—독일 점령하의 프랑스」), *Der Spiegel 44*, Nr.20(1990), p.151.

58_ Kroener, "Personelle Ressourcen", p.731, 834, 959.

59_ Müller-Hillebrand, Das *Heer 1933-1945. Entwicklung des organisatorischen Aufbaus* (Darmstadt, 1954), Bd 2, p.32 이하 참조.

60_ 위의 책, p.731.

61_ Jacobsen, *Fall Gelb*, p.20 참조.

62_ Kroener, "Personelle Ressourcen", p.821.

63_ *Prozeß*, Bd 37, p.552.

64_ Milward, "Einflussß", p.189; *Der Zweite Weltkrieg*, p.43; "Hitlers Konzept des Blitzkrieges", p.24.

65_ Kroener, "Personelle Ressourcen"; "Squaring the Circle. Blitzkrieg Strategy and Manpower", Wilhelm Deist, ed., *The German Military in the Age of Total War*(Leamington Spa: 1985)과 "Der Kampf um den 'Sparstoff Mensch.' Forschungskontroversen über die Mobilisierung der deutschen Kriegswirtschaft 1939-1942"(「부족한 인적자원을 위한 투쟁—1939~1942년 독일의 전시경제하에서의 동원에 대한 논의」), Wolfgang Michalka, ed., *Der Zweiten Krieg*. 또한 Müller, "Mobilisierung der deutschen Wirtschaft"와 "Mobilisierung der Wirtschaft für den Krieg"; R. J. Overy, "Blitzkriegswirtschaft? Finanzpolitik, Lebensstandard und Arbeitseinsatz in Deutschland 1939-1942"(「전격전 경제란?—1939~1942년 독일의 재정정책, 표준적 생활과 노동」), *Vierteljahrshefte für Zeitgeschichte*(『1/4분기 보고서』) 36(1988), p.432 참조.

66_ Vortrag des Generalmajors Thomas am 29. 11. 1939 vor der Reichsgruppe Industrie(1939년 11월 29일, 독일 경제인들을 대상으로 한 토마스 장군의 강연) *Geschichte der deutschen Wehr-und Rüstungswirtschaft*, p.499 참조.

67_ 위의 책, p.501.

68_ Mason, "Innere Krise", pp.181~182.

69_ Kroener, "Kampf um den 'Sparstoff Mensch'", p.407, 409.

70_ Müller, "Mobilisierung der deutschen Wirtschaft", p.688 인용.

71_ *Hassell-Tagebücher*, p.164.

72_ *Prozeß*, Bd 37, p.552.

73_ 위의 책, p.553.

74_ BA-MA, RW 19/1022, p.1.

75_ Müller, "Mobilisierung der deutschen Wirtschaft", p.466, 479.

76_ Rüstungsinspektion des Wehrkreises Ⅲ(군사 제3분야의 군비증강 연구)(3. 5. 1940. Berlin), BA-MA, RH 8/v. 1012, Bl. 104.

77_ Stab Heereswaffenamt(육군 병기국), Rüstungsstand(군비현황), BA-MA, RH 8/v. 1023, Bl.70/261.

78_ Kroener, "Personelle Ressourcen", p.999; "Kampf um den 'Sparstoff Mensch'". p.412.

79_ Kroener, "Personall Ressourcen", p.695, 999, 1001, 1014; Schustereit, *Vabanque*, p.32.

80_ Handakten Jodl, BA-MA, RW 4/v. 35, Bl. 39(p.3).

81_ BA-MA, RH 19 II/72, Bl. 125.

82_ 존 해킷John Hackett 장군이 쓴 서문〔Bryan Perrett, *A History of Blitzkrieg*(New York: Stein and Day, 1983), p.15〕.

83_ Kroener, "Personelle Ressourcen", p.995.

84_ Cooper, *German Army*, p.159.

85_ Adolphe Goutard, *1940. La guerre des occasions perdues*(『1940년—기회를 잃어버린 전쟁』)(Paris: Hachette, 1956), p.76.

86_ Müller, "Mobilisierung der deutschen Wirtschaft", p.460; Michael Salewski, *Die deutsche Seekriegsleistung, 1935-1945*(『독일 해군 작전사령부, 1935～1945』)(München: Bernard und Graefe, 1970), Bd 1, p.169.

87_ Jeffrey A. Gunsburg, *Divided and Conquered: The French High Command and the Defeat of the West, 1940*(Westport: Greenwood Press, 1979), p.103.

88_ Halder, *KTB*, Bd 1, p.180.

89_ Müller, "Mobilisierung der deutschen Wirtschaft", p.426 이하, 436 이하.

90_ Halder, *KTB*, Bd 1, p.180(4. 2. 1940).

91_ Müller, "Mobilisierung der deutschen Wirtschaft", p.434 이하; Umbreit, "Kampf um die Vormachtstellung", p.267.

92_ Halder, *KTB*, Bd 1, p.181(4. 2. 1940).

93_ Cooper, *German Army*, p.163; Heinrich Walle, "Krampnitz. Von der Kavallerieschule zur Panzertruppenschule II 1937-1945"(「크람프니츠—1937～1945년 기병학교에서 제2기갑학교로」); Bernard R. Kroener, ed., *Potsdam. Staat, Armee, Residenz in der preußisch-deutschen Militärgeschichte*(『포츠담—프로이센-독일 군사사에서 국가, 군, 귀족』)(Frankfurt a. M. und Berlin: Propyläen Verlag, 1993), p.476.

94_ Kroener, "Personelle Ressourcen", p.826.

95_ 이는 1990년 3월 30일 미국 연합방위본부Combined Arms Center의 대니얼 휴즈Daniel J. Hughes 박사의 "Preparations of the German Army"라는 발표문에서 참조(30. 3. 1990. Washington D. C. American Military Institute, Annual Meeting).

96_ 시오도어 로프Theodore Ropp가 쓴 머리말(Addington, *Blitzkrieg Era*, p.XV).

97_ Kroener, "Personelle Ressourcen", p.710, 726, 819 이하; Müller-Hillebrand, *Heer*, Bd 1, pp.71 ~72, Bd 2, pp.39~40.

98_ HGr C 작전참모부, 뮬러 대령이 1939년 9월 24일 육군총사령부로 보낸 문서, BA-MA, RH 19 Ⅲ/92 참조.

99_ 에른스트 윙거Ernst Jünger가 서부전역에 참전했을 때 쓴 일기인 *Gärten und Straßen, Aus den Tagebüchern von 1939 und 1940*(『정원과 거리, 1939~1940년의 일기』)(Berlin: Verlag E.S. Mittler, 1942)에 이러한 정황이 잘 나타나 있다. 이 일기는 마치 흥미진진한 기행문 같다. 윙거는 서부전역이 끝날 즈음 참전했는데 그가 소속된 연대는 이렇다 할 전투를 치른 적이 없었다. 윙거의 자전적 저서로 제1차 세계대전 때의 경험이 담긴 *In Stahlgewittern. Aus dem Tagebuch eines Stoßtruppführers*(『강철 뇌우 속에서—한 돌격대 지휘자의 일기』)(Berlin: E.S. Mittler und Sohn, 1929)는 매우 독보적이다.

100_ Senff, *Die Entwicklung der Panzerwaffe*, p.30.

101_ Guderian, *Erinnerungen*, p.24, 26 참조.

102_ 위의 책, p.15 이하.

103_ 위의 책, p.16.

104_ 필자는 이 주제에 관해 NATO 중부유럽 사령관을 역임한 예비역 대장 그라프 폰 킬만스에크와 수차례 이야기할 수 있었다. 그는 서부전역에 참전했을 뿐만 아니라, 나중에 작전참모부에서 근무하면서 서부전역의 계획에 참여했던 장교들과 대화하면서 중요한 배경 정보를 입수했다. 훗날 독일 연방군 참모총장을 역임한 당시 작전참모 호이징어Heusinger도 이에 대해 들은 바가 있다.

105_ Akte HGr C(C집단군의 문서), BA-MA, RH 19 Ⅲ/141, Bl. 44.

106_ Ferdinand Otto Miksche, *Atom-Waffen und Streitkräfte*(『핵무기와 군대』)(Bonn: Westunion/Offene Worte, 1955), p.40 인용.

107_ Clausewitz, *Vom Kriege*, 19th ed.(Bonn: 1980), p.373.

108_ Müller, "Mobilisierung der deutschen Wirtschaft", p.486, 523 이하.

109_ 이 수치는 필자가 동료인 베른하르트 크뢰너Bernhard R. Kroener 박사에게서 입수한 자료이다. 그의 연구 "Personelle Ressourcen", p.834와 p.959에 실린 그래프를 근거로 했다.

110_ 그 예로 Jacobsen, *Fall Gelb*, p.258 이하 참조; Müller-Hillebrand, *Heer*, Bd 2, p.40; Werner Haubt, *Sieg ohne Lorbeer. Der Westfeldzug 1940*(『영광 없는 승리—1940년 서부전역』)(Holstein: E. Geerdes, 1965), p.356; Trevor N. Dupui, *Numbers, Predition, and War: Using History to Evaluate Combat Factors and Predict the Outcome of Battles*(London, 1979), p.15; Ulich Liß, *Westfront 1939/40. Erinnerungen des Feindbearbeiters im OKH*(『서부전역 1939/1940년. —육군 총사령부 정보참모부 장교의 회고』)(Neckargemünd: Kurt Vowinckel, 1959), p.145.

111_ Liß, *Westfront*, p.25; Amouroux, "Kollabos", p.151.

112_ Liß, *Westfront*, p.145; Ploetz, *Geschichte des Zweiten Weltkriegs*, 2. Teil, p.386 이하.

113_ Ploetz, *Geschichte des Zweiten Weltkriegs*, 2. Teil, p.495.

114_ Umbreit, "Kampf um die Vormachtstellung", p.273.

115_ Liß, *Westfront*, p.145. Ploetz, *Geschichte des Zweiten Weltkrieges*, 2. Teil, p.363, 374 참조; "Ein Überblick über die Operationen des belgischen Heeres im Mai 1940. Dargestellt nach belgischen Quellen"(「1940년 5월 벨기에 육군의 작전 개관. 벨기에 전력에 대한 기술」), *MWR*,

Nr.3(1941), p.274.

116_ Müller-Hillebrand, *Heer*, Bd 2, pp.44~45의 도표; Kroener, "Personelle Ressourcen", p.826; Jacobsen, *Fall Gelb*, pp.258~259.

117_ p.80의 그림을 참조. Müller-Hillebrand, *Heer*, Bd 2, p.44 이하; Jacobsen, *Fall Gelb*, pp.258~259.

118_ Umbreit, "Kampf um die Vormachtstellung", p.282; Shirer, *Zusammenbruch*, p.643; Hellmuth Günther Dahms, *Geschichte des Zweiten Weltkriegs*(『제2차 세계대전의 역사』)(München und Berlin: F.A. Herbig, 1983), p.164; Liß, *Westfront*, p.141, 145; Claude Paillat, *La guerre éclair. 10 mai-24 juin 1940*(『전격전—1940. 5. 10.~6. 24』), (Paris: Robert Laffont, 1985), p.631. 반면 베틀러Franz Uhle-Wettler〔(*Höhe-und Wendepunkte Deutscher Militärgeschichte*(Mainz: Hase und Köhler Verlag, 1984), p.256〕는 이 같은 숫자는 연합군의 병력을 축소하기 위해 조작된 것이라고 주장한다.

119_ 영국군 1개 사단은 마지노선에 배치되었다.

120_ 영국군의 정확한 전투력에 대한 논의는 Uhle-Wettler, *Höhe- und Wendepunkte*, p.256 참조.

121_ 이 숫자는 모든 문서에서 일반화되어 있다. Hans Adolf Jacobsen, *Dünkirchen*(Neckargemünd: Kurt Vowinckel, 1958), p.15와 Cooper, *German Army*, p.214에는 벨기에 사단 수가 23개로 나와 있다.

122_ Umbreit, "Kampf um die Vormachtstellung", p.282; Haupt, *Sieg ohne Lorbeer*, p.357.

123_ Deighton, *Blitzkrieg*, p.175, 218.

124_ Dirk Rottgardt, "Die deutsche Panzertruppe am 10. 5. 1940"(「1940. 5. 10. 독일군 기갑부대」), Teil.1, *Zeitschrift für Heerskunde*(『육군저널』) 49, Nr.319(1985), p.65. 이 숫자는 135대의 지휘용 장갑차를 제외한 것이다. 통신장비로 '무장'한 지휘용 장갑차는 지휘용으로만 사용되었으므로 당연히 '전투용'으로 구분되면 안 된다. 개중에는 주포를 장착한 차량도 있었지만 이 포는 사실 목재로 만든 모형에 불과했다. 일부 작가들은 1940년 5월 서부공세 시에 투입된 전차 대수인 2,439대와 독일 방위산업체에서 생산한 전차 대수를 혼동하기도 한다. Ⅰ~Ⅳ호 전차는 1940년도까지 3,360대가 생산되었다. 그러나 총 1,445대가 생산된 Ⅰ호 전차 중 523대만이 서부전역에서 운용되었다. 더구나 Ⅰ호 전차는 실전에서 무용지물로 판명된 후 일부는 폐기처분되었고 소수는 새로운 차량으로 개조되었으며 나머지는 교육훈련용으로 전환 사용되었다. 프랑스 진영도 동일한 상황이었다. 5월 10일 북동부전선에 배치된 전차 대수는 당시까지 생산된 총 4,688대 중 3,254대뿐이었다〔Stolfi, "Equipment for Victory in France in 1940", *History* 55(1970), pp.10~12〕.

125_ 스톨피가 "Equipment"에서 제시한 수치는 특히 신뢰도가 높다. 과거의 문헌에서는 종종 독일군 Ⅰ, Ⅱ호 전차는 고려하면서 이와 비슷한 수준의 프랑스군 장비들은 배제했다. 프랑스군의 AMR과 AMC 중 일부는 기관총을 장착했으나, 대부분은 2.5 또는 3.7cm 구경의 주포를 장착해서 독일군 경전투차량보다 전투력 면에서 우위에 있었다. AMC의 일부 개발모델은 4.7cm 구경 포를 장착했다. 이 밖에도 프랑스군은 1940년 5월 1,500대 이상의 르노 F.T. 모델을 보유했는데 대부분은 공군기지 방호용으로 배치되었다. 그러나 현대적인 500~600대의 르노 F.T. 전차도 보유했으며, 그중 315대를 5월 10일 북동부 전선에 배치했다. 3.7cm의 주포를 장착한 이 전차는 독일의 Ⅰ, Ⅱ호 전차보다 성능이 더 우수했다.

126_ Stolfi, "Equipment", p.9.

127_ Liß, *Westfront*, p.269.

128_ 영국의 전차 대수는 문헌들마다 다르다. 이 숫자는 '경輕' 모델과 아직 영국 본토에서 대기 중이던 부대의 전차 대수를 포함한 것이다.

129_ Steven J. Zaloga, *Blitzkrieg. Armor, Camouflage and Markings, 1939–1940*(Carolton, Texas: Squadron/Signal Publications, 1980), p.9 이하, 78.

130_ 그 예로 Christopher F. Foss, *Die Panzer des Zweiten Weltkrieges*(『제2차 세계대전의 전차들』)(Friedberg: Podzun-Pallas, 1988), p.57 참조; Janusz Piekalkiewicz, *Krieg der Panzer 1939–1945*(『1939~1945년의 전차전』)(Gütersloh: Bertelsmann, n.d.), p.281.

131_ BA-MA, RH 27-1/170, p.29.

132_ Wolfgang Paul, *Brennpunkte. Die Geschichte der 6. Panzerdivision*(『중심—제6기갑사단의 역사』)(Osnabrück: Biblio Verlag, 1984), p.73.

133_ Gérard Giuliano, *Les combats du Mont-Dieu. Mai 1940*(『1940년 5월 몽디외 전투』)(Charleville-Mézières: Édition Terres Ardennaises, 1990), p.51, Anm.15.

134_ Geschichte 4.PzDiv(제4기갑사단의 역사), BA-MA, RH 27-4/199, p.55.

135_ Shirer, *Zusammenbruch*, p.647 인용.

136_ 본문에 제시한 수치에 관해서는 Generalstabs der Luftwaffe(Generalquartier-meister)(공군총참모부의 군수참모부): BA-MA, RL 2 Ⅲ/736, RL 2 Ⅲ/707을 참조. 종전 후 몇몇 과거 독일 공군의 장군들이 참여한 공중전쟁사 연구팀에서 다양한 결과의 연구논문들을 여러 편 발표했다. 논문들마다 전투에 투입된 전투기 수가 크게 달랐는데, 출격 준비를 갖춘 전투기만을 감안할 때, 평가 방법에 따라 300대까지 차이가 난다. 본문에 제시한 수치는 BA-MA에 기록된 것으로 이는 '예비 보유량'까지 모두 포함한 것이다. 당시 전투부대에 배치된 전투기만 계산한다면 이 수치는 한층 더 줄어든다. 그러나 대부분의 공군 문서들이 소실되었기 때문에 실제 공군의 총체적인 전투력을 명확하게 제시할 수는 없다. Wilhelm Speidel, Der Einsatz der operativen Luftwaffe im Westfeldzug 1939/40(1939/1940년 서부전역에서의 작전술차원의 공군 작전), Teil 3, pp.55~59, BA-MA, Studie Lw 3/2; Gen. d/Fl. a.D.(예비역 공군대장), Joseph Kammhuber, Das Problem der Erringung der Luftherrschaft durch Gegenmaßnahmen der Luftwaffe(공군의 역습으로 인한 제공권 장악 문제), BA-MA, Studie Lw 12, Bd 2〔Westfeldzug 참조〕, pp.3~8. 또한 die Tabellen in der Materialsammlung: Stärken(Ⅰ st-Stärken und Einsatzbereitschaft) der Fliegenden Verbände der Luftwaffe 1938-1945〔물자집결에 대한 도표—(현존 전력과 전투준비 완료 상태의) 공군 비행단의 전투력〕, BA-MA, 106/7. 특히 이 문서에 실린 공군 총사령관의 공군 상황도에 나타난 수치가 매우 흥미롭다. 필자는 울프 발케 씨가 수집한 다양하고 중요한 정보를 제공받았다. Ulf Balke, *Der Luftkrieg in Europa. Die operativen Einsätze des Kampfgeschwaders 2 im Zweiten Weltkrieg*(『유럽의 공중전—제2차 세계대전 중 제2비행대의 작전술적 투입』)(Koblenz: Bernard und Graefe, 1989), Bd 1, p.400 이하, 407.

137_ 국방군은 서부전역 개전 시 전투기 외에 추가적으로 656대의 정찰기(출격 준비 완료 512대), 474대의 수송기(출격 준비 완료 436대), 소수의 연락용 항공기, 기상조사 항공기 등을 보유했다. 여기에 235대(출격 준비 완료 156대)의 해군 항공기를 추가할 수 있다.

138_ 이 시기 노르웨이에 투입된 공군 전력은 정찰기를 포함해 폭격기 143대(출격 준비 완료 80대), 슈투카 39대(출격 준비 완료 25대), 전투기 51대(출격 준비 완료 34대), 전폭기 53대(출격 준비 완료 28대)였다. Balke, *Luftkrieg*, Bd 1, p.406 이하.

139_ Speidel, Der Einsatz der operativen Luftweffe, Teil 3, pp.58~59, BA-MA, Studie Lw. 3/2.

140_ 특히 크리스티엔느Christienne, 리사르라그Lissarrague 두 장군이 주도한 1개 팀의 공동 집필 연구서, *Histoire de l'aviation militaire fraçaise*(『프랑스 육군 항공부대사』)(Paris: Limoges, 1980), p.373 이하 참조. 이 팀의 일원인 부포토Patrice Buffotot는 이 연구에 앞서 오지에Jacques Ogier와 함께 다음 연구를 준비했다. "L'armée de l'air française dans la campagne de France(10 mai-25 juin 1940)"(「1940. 5. 10.~6. 25 프랑스 전역 중 프랑스 공군」), *RHA* no.3(1975), pp.88~117. 본문의 도표는 이 자료를 중심으로 작성되었다.

141_ 패리스 커클랜드Faris Kirkland는 최신 연구를 통해, 미미한 차이지만 제1제대에 2,517대의 전투기와 1,059대의 폭격기가 존재했다고 지적했다. "French Air Strength in May 1940", *Air Power History* 40, no.1(1993), p.23.

142_ Shirer, *Zusammenbruch*, p.647, 746.

143_ Deighton, *Blitzkrieg*, p.328; Shirer, *Zusammenbruch*, p.649 참조.

144_ Shirer, *Zusammenbruch*, pp.649~650.

145_ Pierre Cot, "En 40 où etaient nos avions?"(「1940년에 우리 공군은 어디에 있었는가?」), *Icare* no.57(spring-summer 1971), p.42.

146_ 위의 책. p.38. 이 수치는 미국에서 수입한 모델을 포함한 것이다.

147_ 위의 책.

148_ Shirer, *Zusammenbruch*, p.648; Deighton, *Blitzkrieg*, p.328; Janusz Piekalkiewicz, *Luftkrieg 1939-1945*(『1939~1945년의 공중전』)(München: Südwest-Verlag), p.83.

149_ Shirer, *Zusammenbruch*, p.650.

150_ Cot, "En 40", p.42.

151_ 위의 책, p.38.

152_ 가장 신뢰할 수 있는 자료는 가장 최근 발표된 Kirkland, "French Air Strength in May 1940", p.24이다. 그 외 다음 자료들을 참조. Gunsburg, *Divided*, p.108; Brain Bond, *France and Belgium 1939-1940*(London, 1975), p.171; Shirer, *Zusammenbruch*, p.647; Isabelle Sormail, "Le Haut commandement aérien française et la participation de la RAF à la bataille de France: une note du Géneral Vuillemin du 8 juillet 1940"(「프랑스 최고 사령부와 프랑스 전역에서의 RAF 참전: 1940. 7. 8. 빌륨므 장군의 노트」), *RHA* no.168(1987), p.5; Umbreit, "Kampf", p.282; Piekalkiewicz, *Luftkrieg*, p.67; Turnbull, *Dunkirk*, p.66; Patrick Facon, "Chasscurs ct bombardicrs dans la bataille"(「전투에서 요격기와 폭격기」), *Historia Spécial*(『역사의 특수성』), no.5(1990), p.36; A. D. Harvey, "The French Armée de l'air in May-June 1940: A Failure of Conception", *Journal of Contemporary History* 25, no.4(1990), p.450; L. F. Ellis, *The War in France and Flanders*(London: Her Majesty's Stationery Office, 1953), p.309.

153_ 특히 울레-베틀러Uhle-Wettler(*Höhe- und Wendepunkte*, p.298~299)가 이러한 모순을 지적했다.

154_ Gunsburg, *Divided*, p.108; Raymond Daniel, "En mai-juin 1940: Ils étaient les plus forts"(「1940년 5~6월 그들은 더 강했다」), *Icare* no.54(summer 1970), p.51; Ellis, *The War in France*, p.309; 코Cot는 영국군 항공기의 수를 1,850대로 계산했다.("En 40", p.41).

155_ R. J. Overy, *The Air War, 1939-1945*(London: Europa Publications, 1980), p.23.

156_ Danel, "En mai-juin 1940", p.51; "La conquête de la Hollande: Opération secondaire?"(「네덜란드의 지배—제2차 작전」), *Icare* no.79 p.23; Cot, "En 40", p.41. 몇 대만 전투에 투입된 총 43

대의 네덜란드 해병대 항공기는 계산에 넣지 않았다.

157_ 공군 전력 비교의 오류와 마찬가지로 대공포 분야에서도 모호한 기준으로 인해 똑같은 오류가 있었다. 프랑스에서 공격작전을 감행한 독일군 사단들은 총 1만 문을 보유했다고 알려져 있는데, 이 수치에는 독일 본토 영공 방어를 위해 배치된 대공포도 포함되었다. 이러한 치명적인 실수는 분명 오역인데, 여러 역사가들에 의해 최근까지 지속적으로 전파되어 왔다. 그러나 하비[Harvey]의 연구결과("Franch Armée de l' Air", p.449)에 따르면 독일군은 공세 시 겨우 1,696문의 대공포를 운용했다고 한다.

158_ 그 예로 다음 자료를 참조. Sormail, "Haut commandement", p.5; Liß, *Westfront*, p.145; Umbreit, "Kampf um die Vormachtstellung", p.282.

159_ 커클랜드는 1993년의 연구에서 다른 산출 조건(정찰기 숫자를 포함해서)을 통해 이와 비슷한 결과를 얻었다. 그의 자료에 따르면 독일은 76.8%, 프랑스는 단 25.3%의 항공기를 전방에 투입했다고 한다. Kirkland, "French Air Strength in May 1940", p.28.

160_ Overy, *Air War*, p.23, 28; Kirkland, "The French Air Force in 1940. Was It Defeated by Luftwaffe or by Politics?", *Air University Review* 36, no.6(1985), p.103; Cot, "En 40", p.41; Gunsburg, *Divided*, pp.107~108.

161_ Shirer, *Zusammenbruch*, p.650.

162_ Overy, *Air War*, p.28.

163_ Kirkland, "French Air Strength", p.26.

164_ Kroener, "Personelle Ressourcen", p.717.

165_ Cot, "En 40", p.42, 53; Buffotot/Ogier, "L' armée de l' air", p.111.

166_ Harvey, "French Armée de l`Air", p.455; Kirkland, "French Air Force", p.117, Anm.4.

167_ Akten des Genst der Luftwaffe(Generalquartiermeister)〔공군 총사령부의 문서(군수참모부)〕, BA-MA, RL 2 Ⅲ/1173, 1174.

168_ Winston S. Churchill, *Der Zweiter Weltkrieg*(Stuttgart, 1948-49), Bd Ⅱ, p.68.

169_ Mann, *Deutsche Geschichte*, pp.915~916.

170_ Engel, *Heeresadjutant*, p.60(29. 8. 1939).

171_ 위의 책, p.68(18. 11. 1939).

172_ 위의 책, p.70(6. 12. 1939).

173_ ADAP, D, Bd 8, p.346, 349. Zum 'Befehlsempfang' am 23. 11.(11월 23일자 명령을 수령하며) 참조; Jacobsen, *Fall Gelb*, p.59 이하 참조.

174_ ADAP, D, Bd 8, p.350.

175_ Nicolaus von Below, *Als Hitlers Adjutant 1937-1945*(『1937~1945, 히틀러의 부관으로서』)(Mainz, 1980), p.210.

176_ Jacobsen, *Fall Gelb*, p.8.

177_ Hans Bernd Gisevius, *Bis zum bitteren Ende. Vom Reichstagsbrand bis zum Juli 1944*(『쓰디쓴 종말까지—제국의사당 화재부터 1944년 7월까지』)(Hamburg, n.d.), p.431.

178_ Leeb, *Tagebuchaufzeichnungen*, p.188.

179_ 위의 책, p.104.

180_ Peter Hoffmann, *Widerstand-Staatsstreich-Attentat. Der Kampf der Opposition gegen Hitler*(『저항-쿠데타-암살기도—히틀러에 대한 저항투쟁』)(München: R. Piper, 1969), p.215.

181_ Helmuth Groscurth, *Tagebücher eines Abwehroffiziers 1938-1940*(『한 정보부 장교의 일기, 1938~1940』), Helmuth Krausnick, Harold C. Deutsch, eds., with Hildegard von Kotze (Stuttgart: Deutsche Verlags-Anstalt, 1970), p.218.

182_ *Generalfeldmarschall Keitel- Verbrecher oder Offizier? Erinnerungen, Briefe, Dokumente des Chefs OKW*(『육군 원수 카이텔, 범죄자인가 장교인가? 국방군 총참모장의 회고, 서간문, 공식문서』), ed. Walter Görlitz(Göttingen, Berlin, und Frankfurt a. M.: Musterschmidt, 1961), p.223~224.

183_ *KTB OKW*, Bd I /2, p.950.

184_ *Generalfeldmarschall Keitel*, p.225.

185_ Halder, *KTB*, Bd 1, p.98, 120; 또한 Fedor von Bock, Kriegstagebuch, Bd 1 Teil 1: Tagebuchnotizen zum Polenfeldzug, Mai-juni 1939-3. Oktober 1939(전쟁 중 일기, 1권, 1부: 1939년 5~6월부터 1939년 10월 3일의 폴란드 전역에 관한 기록), Study P-210, pp.43~45(이후 Bock, KTB로 기록함); Engel, *Heeresadjutant*, p.66 이하; *Generalfeldmarschall Keitel*, p.222 이하; Jacobsen, *Fall Gelb*, p.46 이하 참조; Umbreit, "Kampf", p.243 이하 참조.

186_ Heinrich Bücheler, *Carl-Heinrich von Stülpnagel. Soldat, Philosoph, Verschwörer*(『칼-하인리히 폰 슈튈프나겔—군인, 철학자, 모반자』)(Berlin und Frankfurt a.M.: 1989), p.164; Harold C. Deutsch, *Verschwörung gegen den Krieg. Der Widerstand in den Jahren 1939-1940*(『전쟁 반대를 위한 모의, 레지스탕스 1939~1940』), p.33.

187_ Bock, KTB, Bd 1, Teil 2: Tagebuchnotizen Westen Vorbereitungszeit, 4.10.1939-9.5.1940(전쟁 중 일기, 1939. 10. 4~1940. 5. 9. 서부전역 준비기간) Study P-210, pp.2~3, BA-MA, ; Halder, *KTB*, Bd 1, p.115 이하; Jacobsen, *Fall Gelb*, pp.25~26, 44, 48 이하; Müller, *Heer und Hitler*, p.507 이하; Gerd R. Ueberschär, "Generaloberst Halder im militärischen Widerstand 1938-1940"(「1938~1940, 군부 저항의 중심에 선 할더 상급대장」), *Wehrforschung*, p.25 이하 참조 ; Umbreit, "Kampf um die Vormachtstellung", p.243 이하. 레프의 이날 일기(p.199)에 그의 의도에 대해 정확한 설명은 없지만 이들의 회합이 간략히 언급되어 있다. 조덴슈테른 장군의 진술에 따르면, 레프는 군대의 집단행동을 이끌어내고 두 집단군 사령관을 설득하는 데 실패했을 때 사임을 고려하고 있었다(Leeb, *Tagebuchaufzeichnungen*, 199n. p.154 참조).

188_ Klaus-Jurgen Müller, "Witzleben-Stülpnagel-Speidel, Offiziere im Widerstand"(「비츨레벤-슈튈프나겔-슈파이델, 저항에 동참한 장교들」), *Beiträge zum Widerstand* 1933-1945, Nr.7(『1933~1945년간 일곱 번의 저항 사건』)(Berlin, 1988), p.14.

189_ Jacobsen, *Fall Gelb*, p.48.

190_ Müller, *Heer und Hitler*, p.512.

191_ Groscurth, *Tagebücher*, p.223; Christian Hartmann, *Halder. Generalstabschef Hitlers*(『할더—히틀러의 총참모장』)(Paderborn: Ferdinand Schöningh, 1991), p.167.\

192_ 다음 문헌을 인용. Kurt Sendtner, "Die deutsche Militäropposition im ersten Kriegsjahr"(「전쟁 발발 초기의 독일군부의 반대」), *Die Vollmacht des Gewissens.* Bd 1: *Probleme des militärischen Widerstandes gegen Hitler*(『양심의 힘, 제1권—히틀러에 대한 군부 저항의 문제점들』)(Frankfurt a. M. und Berlin: Alfred Metzner Verlag, 1960), p.401.

193_ Heidemarie Schall-Riaucour, *Aufstand und Gehorsam. Offizierstum und Generalstab im Umbruch. Leben und Wirken von Generaloberst Franz Halder, Generalstabschef 1938-1942*(『반란

과 복종. 혁명에서의 총참모부와 장교들—1938~1942년 독일군 총참모장 프란츠 할더 상급대장의 인생과 업적』)(Wiesbaden: Limes Verlag, 1972), p.329 이하; Gerd R. Ueberschär, *Generaloberst Franz Halder. Generalstabschef, Gegner und Gefangener Hitlers*(『육군 상급대장 프란츠 할더—히틀러의 총참모장, 적 그리고 죄수』)(Göttingen: Musterschmidt, 1991), p.81 이하.

제3장 지헬슈니트 계획을 둘러싼 갈등

1_ Liddell Hart, *Jetzt dürfen sie reden*, p.173.

2_ Winston S. Churchill, *His Complete Speeches 1897–1963*, ed. Robert Rhodes James, Bd 6: *1935–1942*(New York and London: Bowker, 1974), p.6226.

3_ Jacobsen, *Fall Gelb*, p.9.

4_ *Dokumente zur Vorgeschichte des Westfeldzuges*(『서부전역의 배경에 대한 문서들』), ed. Hans-Adolf Jacobsen(Göttingen, Berlin, Frankfurt a. M.: Musterschmidt, 1956), pp.4~21.

5_ *Hitlers Weisungen für die Kriegführung 1939–1945. Dokumente des Oberkommandos der Wehrmacht*(『전쟁 수행을 위한 히틀러의 명령들, 1939~1945—국방군 총사령부의 문서』), ed. Walther Hubatsch, 2d revised edition(Koblenz: Bernard und Graefe, 1983), pp.32~33.

6_ Oberbefehlshaber des Heeres, Aufmarschanweisung "Gelb" (19. 10. 1939), Akte Chef Heeresnachrichtenwesen〔육군 총사령관, 공격 작전명령 '황색' (1939. 10. 19), 육군 통신부대장의 문서〕, BA–MA, RH 6/1.

7_ Jacobsen, *Fall Gelb*, p.32.

8_ *Generalfeldmarschall Keitel*, p.226. 히틀러는 육군 총사령부의 작전 초안을 "케케묵은 슐리펜 계획과 똑같다" 라고 표현했다. Engel, *Heeresadjutant*, p.69 참조; David Irving, *Hitles Krieg. Die Siege 1939–1942*(『히틀러의 전쟁—승리들, 1939~1942』)(München und Berlin: F. A. Herbig, 1983), p.129.

9_ Oberkommando des Heeres/GenStdH/Op.Abt., Aufmarschanweisung "Gelb", Neufassung (29. 10. 1939), Akte Chef Heeresnachrichtenwesen〔육군 총사령부/총참모부/작전참모부, 공격작전명령 '황색', 개정본(1939. 10. 29), 육군 통신부대장의 문서〕, BA–MA, RH 6/2.

10_ 1939년 11월 11일 육군총사령부가 A, B집단군에 보낸 전문, Akte Chef Heeresnachrichtenwesen, BA–MA, RH 6/3; OKW/WFSt, KTB, Notizen Hptm. Deyle(다일레 대위의 기록물), BA–MA, RW 4/41, p.4 참조.

11_ Umbreit, "Kampf um die Vormachtstellung", p.247.

12_ HGr B, KTB, BA–MA, RH19 II/19, p.11 이하; General der Infantrie a.D. Kurt von Tippelskirch, Die Vorgeschichte, Bd 1. Teil 2 Westfeldzug 1940(1940년 서부전역의 배경), Studies by the Historical Division, Headquaters, U. S. Army, Study P–208, p.76 이하, BA–MA; 또한 다음 문헌을 참조. Jacobsen, *Fall Gelb*, p.90, 93 이하.

13_ Oberbefehlshaber des Heeres vom 30. 1. 1940, "Neufassung der Aufmarschanweisung 'Gelb'" (1940. 1. 30. 육군 총사령관, 「'황색' 공격명령의 개정」), BA–MA, RH 19 II/21.

14_ Halder, *KTB*, Bd 1, p.161, 166; Tippelskirch, Westfeldzug, Bd 1, Teil II, Study P–208, p.81

이하, BA–MA; Jacobsen, *Fall Gelb*, p.99 이하 참조.

15_ Engel, *Heeresadjutant*, p.75.

16_ 이는 히틀러가 즐겨 사용한 표현이다. Paul Berben/Bernard Iselin, *Die Deutschen Kommen. Mai 1940. Der Überfall auf Westeuropa*(『독일군이 오다—1940년 5월 서유럽으로의 기습』), p.326; Irving, *Hitlers Krieg*, p.93.

17_ Akte der HGr A, BA–MA, RH 19 Ⅰ/26, pp.14~15, Bl. 216~217. 이 건의서는 A집단군 사령관 룬트슈테트 상급대장이 승인한 것으로 그의 참모장 만슈타인이 작성했다. 이 건의서의 기본 사상은 만슈타인이 기안한 다른 건의서들에도 깔려 있다. 특히 1940년 1월 19일 만슈타인의 기록을 보면, 그는 육군 총사령부가 '지상전에서의 완벽한 결전'을 이끌어내려는 의지가 부족하다고 비판했을 뿐만 아니라 '잘 알려진 대로 육군 총사령부가 서부공세에 부정적이다'라고 언급했다(위의 책, Bl.100).

18_ Manstein, *Verlorene Siege*, p.107.

19_ Guderian, *Erinnerungen*, p.79.

20_ 7건의 건의서 중 6건은 문서로 남아 있다. Manstein, *Verlorene Siege*, p.625 이하. Akte der HGr, BA–MA, RH 19 Ⅰ/26에서도 이를 찾을 수 있다.

21_ Frederich Wilhelm von Mellenthin, *Schach dem Schicksal*(『운명을 건 행마』)(Osnabrück, 1989), pp.79~80.

22_ Engel, *Heeresadjutant*, pp.73~74.

23_ Akten HGr A: Entwurf einer Notiz Mansteins für das KTB, 17. 2. 1940(A집단군의 문서: 1940. 2. 17. 전투일지에 실린 만슈타인의 기안문), BA–MA, RH 19 Ⅰ/41, Anl.51(Bl. 174~175); Notiz über Führer–Vortrag(총통의 브리핑 기록), RH 19 Ⅰ/26, Bl. 121~122; Manstein, *Verlorene Siege*, p.118 이하 참조.

24_ 이 담화가 끝난 후 히틀러는 만슈타인에 대해 다음과 같이 말했다. "확실히 작전 면에서는 천부적인 재능을 타고난 출중한 사내야. 하지만 나는 그를 믿을 수 없어." (Heusinger, *Befehl*, p.81; ebd., p.93). 히틀러의 육군 전속부관이었던 엥겔Engel도 비슷한 이야기를 했다(*Heeressadjutant*, pp.74~75). 이 독재자는 자신의 전쟁목표를 실현하기 위해 만슈타인의 구상에 의존했지만, 그를 보수적이고 구시대적인 프로이센 장교 계급의 전형적인 인물이라고 생각했다. 데이비드 어빙David Irving(*Hitlers Krieg*, p.129)은 다음과 같이 지적했다. "만슈타인의 군사적 능력에 대한 히틀러의 경의는 두려움에 가까웠다." 반대로 한때 황제 밑에 있었던 프로이센의 귀족 만슈타인은 천박한 폭력배인 히틀러에 대한 반감을 숨기지 않았다. 그는 나치즘에 비판적이었지만 탐탁지 않은 총통에게 작전술적 솜씨를 보여주었다. 그 행동의 가장 주요한 동기는 거대한 야망이었다.

25_ Engel, *Heeresadjutant*, p.75; "Jodl–Tagebuch" (「요들의 일기」), *Prozeß*, Bd 28, p.405.

26_ "Jodl–Tagebuch", *Prozeß*, Bd 28, p.402.

27_ 12월 27일, 1월, 2월 7, 14일 전쟁연습 참조. 또한 Tippelskirch, Westfeldzug, Bd 1, Teil 2, Study P–208, p.64 이하 참조; Ulich Liß, "Die deutsche Westoffensive 1940 vom Blickpunkt des Ⅰc" (「정보장교의 1940년 독일의 서부공세에 대한 관점」), *WWR* 8, Nr.4(1958), p.212; Akten der HGr A, BA–MA, RH 19 Ⅰ/35; Akten der 12. Armee, BA–MA, RH 20–12/11; RH 20–12/20; Manstein, *Verlorene Siege*, p.117; Guderian, *Erinnerungen*, pp.80~81; Halder, *KTB*, Bd 1, pp.185~186 참조.

28_ Oberbefelshaber des Heeres/GenStdH/Op.Abt., Akten HGr A(육군 총사령관/총참모부/작전참

모부, A집단군의 문서), BA-MA, RH 19I/38. Bl.286 이하 참조.

29_ Joachim Engelmann, *Manstein. Stratege und Truppenführer. Ein Lebensbericht in Bildern*(『만슈타인, 전략과 지휘관—화보로 보는 일생』)(Friedberg: Podzun-Pallas Verlag, 1981), p.43 이하, 55 이하 참조.

30_ 폴란드 전역 때도 독단적인 행동을 선호하는 만슈타인이 할더의 명령을 무시하는 바람에 갈등이 있었다. Schall-Riaucour, *Aufstand und Gehorsam*, p.150.

31_ Perrett, *Blitzkrieg*, p.83 그리고 그의 *Knights of the Black Cross: Hitler's Panzerwaffe and its Leader*(New York: St. Martins Press, 1986), p.48; Addington, *The Blitzkrieg Era*, p.54; Kenneth Macksey, *Guderian: Der Panzergeneral*(『구데리안—기갑장군』)(Düsseldorf und Wien: Econ Verlag, 1976), p.105.

32_ Alistair Horne, *Über die Maas, über Schelde und Rhein. Frankreichs Niederlage 1940*(『마스 강을 건너, 스헬데와 라인 강을 건너—1940년 프랑스의 패배』)(Wien, München, und Zürich: Molden Verlag, 1969), p.132.

33_ Franz Halder, *Hitler als Feldherr*(『전쟁의 최고사령관 히틀러』)(München: Münchener Dom-Verlag, 1949), p.28 이하.

34_ Jacobsen, *Fall Gelb*, p.273 이하 참조.

35_ 할더는 서부전역과 관련된 역사 기술을 두 번 했다. 한 번은 독일 육군 총참모장으로서, 또 한 번은 미 육군 역사연구소의 의뢰를 받아 제2차 세계대전의 군사적 경험에 대해 소위 '연구보고서'를 작성한 독일군 최고위급 장교단의 핵심인사로서였다. 이들은 미국이 비밀리에 보관해 온 독일의 군사 문헌들을 근거로 작업할 수 있었다. 할더는 누구보다도 정확하고 객관적인 시각을 유지했다. 하지만 '지헬슈니트'를 기술할 때만은 만슈타인과의 오랜 라이벌 관계를 숨기지 못했다. 이러한 경향은 P-208 연구보고서(서부전역)의 참고문헌들에서도 잘 드러난다. 이 참고문헌들의 지은이들도 할더의 강력한 지적 영향력을 벗어나지 못했다.

36_ 특히 Günther Blumentritt, 'Westfeldzug: Kritik'(서부전역: 비판), p.31에 묘사된 내용(BA-MA, P-208, Bd 2. sec E)을 참조. 할더는 *Hitler als Feldherr*(München: Münchener Dom-Verlag, 1949)(pp.28~29)에서 지헬슈니트 계획의 창시자로서의 자신의 역할을 지나치게 과장했다. 야콥센은 *Fall Gelb*(p.75, 150)에서 이른바 만슈타인의 '낫 기동Sichelbewegund'과 할더의 '낫질Sichelschnitt'의 차이점을 분석했다. 그러나 이 부분은 이 논문에서 비교적 덜 중요한 비평 중 하나이다. *Fall Gelb*는 군사자료를 확보하기 어려웠던 1957년에 출간되었음에도 불구하고 현대 군사사 저서 중 고전으로 인정받고 있다..

37_ 야콥센이 언급한 이 논제에 대해 특히 예비역 대장 호트 장군이 문제를 제기했다. 이 논쟁은 1958년 월간지 *EWKde*(『국방과학』)에서 진행되어 해결의 실마리를 찾았다. 다음 문서를 참조. Hermann Hoth, "Buchbesprechung zu: Jacobsen, *Fall Gelb*"(「야콥센의 『황색계획』 비평」), *EWKde* 7, Nr.2(1958), pp.118~119; "Mansteins Operationsplan für den Westfeldzug 1940 und die Aufmarschanweisung des O.K.H. vom 27. 2. 1940"(「1940년 서부전역을 위한 만슈타인의 작전계획과 1940년 2월 27일 육군 총사령부의 작전명령」), *EWKde* 7, Nr.3(1958), pp.127~130; "Zu 'Mansteins Operationsplan für den Westfeldzug 1940 und die Aufmarschanweisung des O.K.H. vom 27. 2. 1940'"(「1940년 서부전역을 위한 만슈타인의 작전계획과 1940년 2월 27일의 육군 총사령부의 작전명령에 대하여」), *EWKde* 7, Nr.8(1958), p.459; 야콥센의 답변. "Zur Entstehung des Sichelschnittplanes vom 24. February 1940"(「1940년 2월 24일의 지헬슈니트의

기원에 대하여」), *EWKde* 7, Nr.4(1958), pp.226~228. 호트는 이 논쟁에서 명확하게 언급했다. "이 전역의 이면에 있는 주도적 구상은 만슈타인의 창조적 행위의 산물이었다." 또한 그는 다음과 같이 기록했다. "지헬슈니트" 계획에서 "세부사항만큼은" 육군 총사령부의 심사숙고에 기초했다.

38_ Manstein, *Verlorene Siege*, p.103.

39_ Kielmansegg, "Bemerkungen zum Referat von Hauptmann Dr. Frieser(Panzergruppe Kleist) aus der Sicht eines Zeitzeugen"〔「목격자의 관점에서 본 프리저 박사의 기고(클라이스트 기갑군)에 대한 논평」〕, *Operatives Denken und Handeln*(『작전술 차원의 사고 및 조치』), p.150; Hartmann, *Halder*, p.182.

40_ Manstein, *Verlorene Siege*, p.93.

41_ Guderian, *Erinnerungen*, p.79.

42_ Tagebuch Jodl, 17. 2. 1940(1940. 2. 17. 요들의 일기), BA-MA, RW 4/32, p.13.

43_ Hoth, "Mansteins Operationsplan", p.128을 참조.

44_ Guderian, *Erinnerungen*, p.81. 코블렌츠와 마옌에서 열린 두 차례의 전쟁연습에 대해서는 위의 책, pp.80~81을 참조; Halder, *KTB*, Bd 1, pp.185~186, p.194; Akten HGr A, BA-MA, RH 19 I/25, RH 19I/35; Akten der 12. Armee(제12군의 문서): RH 20-12/11, RH 20-12/20.

45_ Halder, *KTB*, Bd 1, p.231; Akten HGr A, BA-MA, RH 19I/37, 6. 3. 1940, p.22; RH19 I/38, p.160.

46_ 그 예로 다음 문헌을 참조. *Denkschrift der Heeresgruppe A vom 31. 10. 1939*(1939. 10. 31. A집단군의 건의서). 위의 착상은 다음 문헌에도 기재되었다. Manstein, *Verlorene Siege*, pp.625~626.

47_ Manstein, *Verlorene Siege*, p.123.

48_ Tippelskirch, Westfeldzug, Bd 1, Teil II, Study P-208, p.107. BA-MA.

49_ Manstein, *Verlorene Siege*, p.123, 101~102, 112, 120, 123, 127~128; 위의 부속물 p.626, 629, 632, 634~636, 639, 646~647. 이 문제의 가장 중요한 근거가 되는 문서로서 Die Akte der Heeresgruppe A, BA-MA, RH 19 I/26.

50_ Clausewitz, *Vom Kriege*, p.879.

51_ 훗날 육군 총사령부에서는 이를 'Fall Rot(적색 계획)' 이라 명명했다.

52_ Manstein, *Verlorene Siege*, p.124.

53_ Liddell Hart, *Zweiter Weltkrieges*, p.60.

54_ Klaus Gerbet, ed., *Generalfeldmarschall Fedor von Bock: The War Diary, 1939-1945*(Atglen, Pa.: Schiffer Military History, 1996), p.76(25. 10. 1939)(이후 *Bock: War Diary*로 기록)과 Bock, KTB Teil.2, p.9.(25. 10. 1939), Study P-210, BA-MA; OKW/WFSt, KTB, Notizen Hptm. Deyle, BA-MA, RW 4/41, p.4; Jacobsen, *Fall Gelb*, p.40을 참조.

55_ Halder, *Hitler*, p.29; *Hitler als Feldherr*, p.29.

56_ Hoth, "Buchbesprechung", p.118; "Mansteins Operationsplan."

57_ Heeresgruppe A, Chef, Vortragsnotiz,(19. 1. 1940)(1940. 1. 19. A집단군 참모장의 브리핑 기록), BA-MA, RH 19 I/26, p.101.

58_ Halder, *KTB*, Bd 1, pp.166~167; OKW/WFSt, KTB, Notizen Hptm. Deyle, BA-MA, RW 4/41, p.5 이하 참조.

59_ Halder, *Hitler als Feldherr*, pp.28~29 참조; Hoth, "Mansteins Operationsplan", p.130; Manstein, *Verlorene Siege*, pp.106~107.

60_ Manstein, *Verlorene Siege*, pp.106~107.

61_ 그 예로 Halder, *Hitler als Feldherr*, pp.30~31 참조.

62_ Generalfeldmarschall Alfred Graf von Schlieffen, *Cannae*(『칸나이』)(Berlin: Mittler und Sohn, 1925), p.262.

63_ 위 진술은 다음 논문에 근거했다. Günter Roth, "Operatives Denken bei Schlieffen und Manstein"(「슐리펜과 만슈타인의 작전술적 사상」), *Entwicklung, Planung und Durchführung operativer Ideen im Ersten und Zweiten Weltkrieg*(『제1, 2차 세계대전에서의 작전술적 사상의 발전, 계획, 실시』)(Bonn und Herford, 1988). 이 책의 초안 작성에 필자도 동참했다.

64_ Horne, *Über die Maas*, p.136.

65_ 슐리펜 계획과 칸나이의 관계를 가장 최근에 새로운 접근법으로 해석한 두 권의 출판물이 있다. Wolfgang von Groote, "Historische Vorbilder des Feldzugs 1914 im Westen"(「1914년 서부전역의 역사적 사례」), *MGM* 47, Nr.1(1990), pp.33~55; Martin Samuels, "The Reality of Cannae", *MGM* 47, Nr.1(1990), pp.7~31.

66_ Turnbull, *Dunkirk*, p.11.

67_ 이 표현은 장 드 피에르퓨Jean de Pierrefeu가 처음 사용했고, 풀러가 다음 문헌에서 이를 인용했다. J. F. C. Fuller, *Die entartete Kunst Krieg zu führen 1789-1961*(『1789~1961년 동안 퇴보된 전쟁술』)(Köln: Verlag Wissenschaft Und Politik, 1964), p.171.

68_ Shirer, *Zusammenbruch*, p.82, 123; Ferdinand Otto Miksche, *Vom Kriegsbild*(『전쟁의 본질』)(Stuttgart: Verlag Seewald, 1976), p.87.

69_ 슐리펜이 원했던 계획에서 기동익과 고정익의 비율은 7:1이었다. 우익(벨기에와 룩셈부르크 방면)에는 54개 사단을 배치해 전투력을 집중한 반면, 좌익(프랑스 국경방면)에는 8개 사단만 배치했다. 그러나 세월이 흘러, 슐리펜의 후임자는 새로 창설된 8개의 사단을 우익에 증원하지 않고 좌익에 투입하여 이 지역의 사단 수는 최초의 두 배인 16개로 증가되었다. 이로써 그는 슐리펜이 계산한 7:1의 비율을 3:1로 바꾸었다.

70_ Jehuda L. Wallach, *Das Dogma der Vernichtungsschlacht. Die Lehren von Clausewitz und Schlieffen und ihre Wirkungen in zwei Weltkriegen*(『섬멸전의 신조—클라우제비츠와 슐리펜의 이론과 양차대전에서 이들의 영향력』)(Frankfurt a. M.: Bernhard & Graefe, 1967), p.135; Gehard Ritter, *Der Schlieffenplan. Kritik eines Mythos*(『슐리펜 계획—신화에 대한 비판』)(München: R. Oldenbourg, 1956), p.19, 38.

71_ 게하르트 리터의 슐리펜 계획 비평의 메타 비평에 대해서는 다음 문헌을 참조. Heinz Ludger Borgert, "Grundzüge der Landkriegführung von Schlieffen bis Guderian"(「슐리펜에서 구데리안까지, 지상전의 본질」), *Handbuch zur deutschen Militärgeschichte 1648-1939*(『독일 군사사 편람, 1648~1939』)(München, 1979), Bd 5, p.455.

72_ 위의 책.

73_ Ritter, *Schlieffenplan*, p.56.

74_ Wallach, *Dogma*, p.145.

75_ S. Mette, *Vom Geist deutscher Feldherren. Genie und Technik 1800-1918*(『독일 전쟁영웅의 정신에 대해—천재와 기술, 1800~1918』)(Zürich: Scientia, 1938), p.261.

76_ Clausewitz, *Vom Kriege*, p.1040.

77_ Manstein, *Verlorene Siege*, p.96.

78_ 위의 책, p.97.

79_ Liddell Hart, *Jetzt dürfen sie reden*, p.197, 208.

80_ André Maurois, *Die Tragödie Frankreichs*(『프랑스의 비극』)(Zürich: Rascher, 1941), pp.85~86; Liß, *Westfront*, p.119.

81_ Umbreit, "Kampf um die Vormachtstellung", p.241, 277. 서부전역 이전부터 전역이 진행될 때까지 독일군 총참모부 서방육군분석과장을 역임한 예비역 소장 리스Liß의 다음 글에서 이러한 내용이 뚜렷이 드러난다. *Westfront*, p.118 이하; "Deutsche Westoffensive", p.213 이하 참조; "Dünkirchen, gesehen mit den Augen des Ⅰc"(「정보장교의 눈으로 본 됭케르크」), *WWR* 8, Nr.6(1958), pp.325~340; Lageberichte West der Abteilung Fremde West des GenstdH(총참모부의 서방국가 담당 부서의 상황보고), BA-MA, RH 2/1491-1494. 집단군과 야전군의 문서에도 연합군이 벨기에 방면으로 진격할 것이란 정보를 국방군 사령부에서도 정확히 인지했다는 내용이 나와 있다. 다음 문서들을 참조. HGr B, RH 19 II/19, p.127. 여러 회고록에도 이러한 내용이 있다. 그 예로, Guderian, *Erinnerungen*, p.86 참조.

82_ 다음 문헌의 후기, Hermann Zimmermann, *Der Griff ins Ungewisse. Die ersten Kriegstage 1940 beim XVI. Panzerkorps im Kampf um die Dylestellung, 10-17. Mai*(『불확실한 상황 속으로의 진격—1940년 전쟁 초기 제16기갑군단의 딜 방어선 전투』)(Neckargemünd: Kurt Vowinckel, 1964), p.190.

83_ Loßberg, *Im Wehrmachtführungsstab*, p.76.

84_ Brausch, "Sedan", p.65.

85_ Oberst Koelitz, "Die Schützen sind drüben"(「보병들은 저편에」), *Mit den Panzern in Ost und West*(『전차에 올라 동분서주하다』), ed. Heinz Guderian(Berlin, Prague, Wien, 1942), p.134.

86_ Kielmansegg, "Scharnier Sedan"(「스당의 경첩」), 2.Teil, *Wehrmacht* 5, Nr.12(1941), p.15.

87_ Speidel, Der Einsatz der operativen Luftwaffe, Teil 3, p.91. BA-MA, Studie Lw 3/2; Anl. 41 und 47, Lw 3/4a.

88_ 특히 Maurice Gamelin, *Servir*(『봉사』)(Paris: Plon, 1946-47), Bd 1, pp.89~108 참조.

89_ 여기에 대해서는 다음 문건을 참조. *Die Geheimakten des französischen Generalstabs, veröffentl. durch das Auswärtige Amt 1939/41*(프랑스 총참모부의 비밀문건. 외무부 출간, 1939-1941), Dokument Nr.3(1. 9. 1939), p.22. 필사본, p.170 참조.

90_ Gaston René Eugène Roton, *Années cruciales: La Course aux armaments(1933-1939). La Campagne(1939-1940)*(『고난의 시기—군비 경쟁(1933~1939), 전쟁(1939~1940)』)(Paris: Charles-Lavauzelle, 1947), p.97; Pierre Lyet, *La bataille de France(mai-juin 1940)*(『프랑스 전역(5~6. 1940)』)(Paris: Payot, 1947), p.25; Goutard, *1940*, p.147.

91_ 딜-브레다 계획에 대한 논쟁에 관해서는 다음 문헌을 참조. Umbreit, "Kampf um die Vormachtstellung", p.274; Shirer, *Zusammenbruch*, p.616 이하 참조; Horne, *Über die Maas*, p.116 이하 참조; Benoist-Méchin, *Der Himmel stuerzt ein*. pp.33~34.

92_ Miksche, *Kriegsbild*, p.86.

93_ Horne, *Über die Maas*, p.177; Paillat, *La guerre éclair*, p.79. 5월 12일 프랑스 총리실 영국군 연락장교였던 에드워드 스피어스 경Sir Edward Spears(소장)은 5월 12일 런던에서 프랑스 국방무관으로부터 '독일군의 주공이 마스트리히트-뤼티히 방면을 지향하고 있다'는 정보를 입수했다. 이 소식을 듣고 스피어스는 이렇게 말했다. "조르주와 가믈랭이 기뻐서 어쩔 줄 모르고 있을 것이다. 독일군은

지금 이들이 원하고 기대한 대로 정확히 움직여주고 있다."〔다음 문헌을 참조, Major General Sir Edward Spears, *Prelude to Dunkirk, July 1939–May 1940, vol.1, Assignment to Catastrophe* (London: William Heinemann, Ltd., 1954), p.137 참조〕

94_ Pierre Le Goyet, "Contre-attaques manquées. Sedan 13-15 mai 1940"(「실패한 역습—스당, 1940. 5. 13~15」), *RHA* 18, no.4(1962), p.130.

95_ "Jodl-Tagebuch", 다음 문헌에 기록됨. *Prozeß*, Bd 28, p.402. 여기서 요들은 클라우제비츠의 말을 은유적으로 사용했다. Clausewitz, *Vom Kriege*, p.230.

96_ Horne, *Über die Maas*, p.139.

97_ Guderian, *Erinnerungen*, pp.81~82.

98_ 위의 책, p.81.

99_ 할더는 5월 14일 그의 아내에게 보낸 편지에서 당시 상황을 이렇게 기술했다. Schall-Riaucour, *Aufstand und Gehorsam*, p.151.

100_ Heusinger, *Befehl*, p.86.

101_ 1914년 그라프 폰 하에젤러Graf v. Haeseler 원수가 슐리펜 계획을 격하하며 이 같은 풍자적인 표현을 처음 사용했다. Wallach, *Dogma*, p.145 참조.

102_ Heusinger, *Befehl*, p.86.

103_ 이 글의 출처로 다음 문헌을 참조. Horne, *Über die Maas*, p.138. 이보다 더 자세한 언급에 대해서는 다음 문헌을 참조. Heusinger, *Befehl*, p.85.

104_ Manstein, *Verlorene Siege*, p.126.

105_ Generalfeldmarschall Paul v. Hindenburg, *Aus Meinem Leben*(『내 생애로부터』)(Leipzig: S. Hirzel Verlag, 1927), p.118.

106_ HGr A, Ia, 16. 2. 1940, BA-MA, RH 19 I/26, Bl.237~238.

107_ Halder, *KTB*, Bd 1, p.203.(21. 2. 1940)

108_ Schreiben 22. 2. 1940(Anl. 1 zum KTB)〔1940. 2. 22. 송부된 문서(App. 1, 전투일지)〕, BA-MA, RH 19 I/38, Bl.313.

109_ zum folgenden HGr A, Chef des Generalstabes vom 5. 3. 1940(1940. 3. 5. 후임 A집단군 참모장); Schreiben 22. 2. 1940(Anl. 1 zum KTB), 위의 책, Bl.304~312 참조.

110_ 1940년 2월 22일 할더가 블루멘트리트에게 답변한 내용. HGr A, KTB 22. 2. 1940, BA-MA, RH 19I/37, Bl.6.

111_ Der Chef des Generalstabes des Heeres an den Chef des Generalstabes der HGr. A vom 12. 3. 1940(1940. 3. 12. 육군 총참모장이 A집단군 참모장에게), BA-MA, RH 19 I/38, Bl.156.

112_ 이 은유적 표현은 원래 제1차 세계대전 때 사용되었지만 제2차 세계대전 발발 후 독일의 경제적 상황을 특징적으로 묘사하는 데도 사용되었다. 화학물자 생산 특보特報를 담당한 괴링의 전권대사인 크라우흐C. Krauch 박사는 이미 1939년 4월 20·21일자 보고서에서 이 표현을 사용했다. Dietrich Eichholtz, *Geschichte der deutschen Kriegswirtschaft 1939-1945*, Bd 1: *1939-1941*(『독일 전시경제의 역사, 1939~1945, vol.1, 1939~1941』)(Berlin: Akademie Verlag, 1969), p.59.

113_ 히틀러는 독일에 엄청난 부담을 지운 베르사유 조약에 대한 '복수의 화신'으로 여겨졌다. 이 독재자는 프랑스를 반드시 꺾어야 할 '숙적'으로 여겼다. 왜냐하면 프랑스는 동부 국경선을 라인 강선으로 하기 위해 수백 년 동안 호시탐탐 독일 영토를 노려 왔기 때문이다. 그의 입장에서 보면, 프랑스의 외교정책은 항상 독일의 약화와 분열을 추구했으므로 독일의 서쪽 이웃과의 평화적 공존은 있

을 수 없었다. 히틀러는 그의 첫 저서 *Mein Kampf*(『나의 투쟁』)(München: Zentralverlag der NSDAP Franz Eher, 1936), p.766에서 "독일제국의 생존 의지"를 관철시키기 위해 "프랑스와의 최후 대결"에 전력을 집중해야 하며, "마지막 결전"을 달성해야 한다〔*Mein Kampf*, p.696, 699, 765; *Hitlers Zweites Buch. Ein Dokument aus dem Jahr 1928. Eingeleitet und kommentiert von Gerhart L. Weinberg*(『히틀러의 두 번째 저서—1928년의 문서. 게르하르트 L. 바인베르크의 소개와 비평』)(Stuttgart: Deutsches Verlags-Anstalt, 1961), p.150 참조〕고 요구했다. 히틀러는 전쟁이 길어질 것이라고 믿었지만 서부전역은 일종의 사고였다. 왜냐하면 그때 독일은 군비 증강 중이어서 전쟁을 일으키기에는 시기상조였기 때문이다.

114_ Halder an Sodenstern(12. 3. 1940)〔할더가 조덴슈테른에게(1940. 3. 12)〕, p.4. HGr A, BA-MA, RH 19 I/38, Bl.159.

115_ Heusinger, *Befehl*, p.86.

116_ Gerbet, *Bock: War Diary*, p.140.(13. May. 1940); Bock, KTB, Bd 1, Teil 3: Tagebuch Westen. Offensive und Besatzungszeit, 10. 5.-11. 9. 1940.(서부전역 중 일기. 공세와 점령기, 1940. 5. 10~9. 11), p.9(1940. 5. 13), BA-MA, P-210 study, Bd 1.

제4장 1940년의 아르덴 공세

1_ Ia/Op Nr.214/40 vom 21. 3. 1940(작전참모부/작전명령 214/40호. 1940. 3. 21), p.2. BA-MA, RH 21-1/19.

2_ 기갑부대가 서부전역에서 최초로 작전술 차원의 독립 임무를 수행한 사실은 다음의 연재물에 일관되게 언급되어 있다. Kurt Zeitzler, "Die Panzer-Gruppe v. Kleist im West-Feldzug 1940"(「1940년 서부전역에서의 클라이스트 기갑군」), *EWKde* 8, Nr.4(1959), pp.182~188; Nr.5(1959), pp.239~245; Nr.6(1959), pp.293~298; Nr.7(1959), pp.366~372. 서부전역 당시 자이츨러 대령은 클라이스트 기갑군의 참모장이었다. 훗날 할더도 서부전역에서 "최초로 전차를 작전술 차원에서 운용한 것은 현대적인 형태로서 매우 효과적이었다."라고 설명했다(*Hitler als Feldherr*, p.16). 다음 문헌들을 참조. General der Infantrie a.D. Herbert von Boeckmann, "Ansatz der Westoffensive im Mai 1940"(「1940년 5월, 서부공세 준비」), General der Infantrie a.D. Edgar Röhricht, Große Einkesselungs-Schlachten im 2. Weltkrieg(제2차 세계대전에서의 대규모 포위전투들), Study P-209, p.22. BA-MA; Karl-Volker Neugebauer, "Operatives Denken zwischen dem Ersten und Zweiten Weltkrieg"(「제1, 2차 세계대전의 작전술적 사상」), *Operatives Denken und Handeln in deutschen Streitkräften im 19. und 20. Jahrhundert*(『19, 20세기 독일군의 작전술적 사상과 작전』), (Herford und Bonn: Verlag E. S. Mittler und Sohn, 1988), p.120; Jacobsen, *Fall Gelb*, p.143. 특징적으로 이러한 사상은 1940년 이후에야 독일군의 교리에 등장했다(Senff, *Die Entwicklung der Panzerwaffe*, p.30 참조).

3_ 구데리안이 리들 하트에게 보낸 편지, Cooper, *German Army*, p.174에서 인용.

4_ Zeitzler, "Panzer-Gruppe v. Kleist", p.182. 자주 변경된 기갑군의 편성과 전투력은 군수참모부의 문서에 정확히 기재되어 있다. BA-MA, RH 21-1/317, 318.

5_ 이 방공군단의 지휘관은 육군중장 후버트 바이제Hubert Weise였다. 그는 제1방공군단의 예를 들어

전장에서 대공방어부대의 편성을 언급했다. 그의 다음 보고서를 참조. Organisation der Luftverteidigung im Felde, erläutert an Beispielen des Flakkorps I(제1방공군단의 사례로 한 방공부대의 편성), Study D-111, BA-MA; Horst-Adalbert Koch, *Flak. Die Geschichte der deutschen Flakartillerie und der Einsatz der Luftwaffenhelfer*(『방공—독일방공포병의 역사와 방공지원작전』)(Bad Nauheim: Podzun Verlag, 1965), p.92 이하 참조.

6_ Guderian, *Erinnerungen*, p.81.

7_ 클라이스트 장군은 그 당시까지 제22(차량화)군단장이었다. 3월 6일 클라이스트는 공식적으로 지휘권을 인수하면서 새로 창설된 이 대규모 부대의 이름을 클라이스트 군Gruppe v. Kleist으로 바꾸었고, 이 부대는 최종적으로 클라이스트 기갑군Panzergruppe Kleist으로 불리었다. BA-MA, RH 21-1/18. 이 부대는 1941년 10월 러시아 전역 시 제1기갑군1.Panzerarmee으로 승격되었다.

8_ Zeitzler, "Panzer-Gruppe v. Kleist," *EWKde* 8, Nr.4(1959), p.184.

9_ 위의 책, p.183. 이와 관련해서 서부전역에서의 클라이스트 기갑군의 전투 사후검토 자료를 참조. BA-MA, RH 21-1/36, Bl. 3~4.

10_ Johann Adolf Graf von Kielmansegg, *Panzer zwischen Warschau und Atlantik*(『바르샤바와 대서양 방면에서의 기갑부대』)(Berlin: Verlag "Die Wehrmacht", 1941), p.161에서 인용.

11_ Erfahrungsbericht Quartiermeisterabteilnung der PzGr Kleist(클라이스트 기갑군의 군수참모부 전투 사후검토 자료), BA-MA, RH 21-1/320, p.3.

12_ Zeitzler, "Panzer-Gruppe v. Kleist", *EWKde* 8, Nr.7(1959), p.371.

13_ Erfahrungsbericht Quartiermeisterabteilnung der PzGr Kleist, BA-MA, RH 21-1/320, p.11.

14_ 위의 책, p.17.

15_ 이 부분은 Kielmansegg, "Bemerkungen", pp.152~153을 근거로 했다. 킬만스에크는 이에 대해 필자에게 직접 설명해 주었다. KTB der Abt Ⅰb(Versorgung) der 1. PzDiv(제1기갑사단 군수참모부의 전투일지), BA-MA, RH 27-1/154, pp.3~4를 참조.

16_ PzGr Kleist, Abt. Qu KTB(클라이스트 기갑군, 군수참모부, 전투일지), p.23; Anh. Logistischer Erfahrungsbericht(부록, 군수참모부의 사후검토 자료), p.16, BA-MA, RH 21-1/320; Halder, *KTB*, Bd 1, p.297, 299.

17_ Kielmansegg, *Panzer*, p.160, 168.

18_ Generaloberst a.D. Hans Reinhardt, "Im Schatten Guderians. Das XXXXI. Pz.-Korps und seine Nöte bei dem Vorgehen gegen und über die Maas von 10. bis 16. Mai 1940"(「구데리안의 그늘에서—1940. 5. 10~16. 제41기갑군단과 마스 강 일대 진격 시의 문제점」), *EWKde* 3, Nr.10 (1954), p.341.

19_ Zeitzler, "Panzer-Gruppe v. Kleist", *EWKde* 8, Nr.4(1959), p.185.

20_ "Militärgeographischer Überblick über Belgien(Generalstab des Heeres, Januar 1940)"〔벨기에에 대한 군사 지리적 개관(육군 총참모부, 1940. 1)〕, p.16, BA-MA, RHD 21/47. 클라이스트 기갑군 군수참모부의 사후 검토자료에도 룩셈부르크와 벨기에의 도로는 '매우 양호한 상태'라고 명시되어 있다. BA-MA, RH 21-1/320, p.14 참조.

21_ 이 명령의 다른 판에 대해서는 다음 문서를 참조. Akten der PzGr Kleist, BA-MA, RH 21-1/19.

22_ Ausarbeitung: "Durchbruch der Gruppe v. Kleist über die Maas"(분석: "클라이스트 기갑군의 마스 강선 돌파"), BA-MA, RH 21-1/381, 1. Teil, p.14.

23_ 그라프 폰 킬만스에크와의 대화.

24_ 위와 같음.

25_ XXXXI. AK, KTB, BA-MA, RH 24-41/2, pp.19~20. 이다-오버슈타인에서 4월 15일 실시된 전쟁연습과 그 결과에 대한 라인하르트와 클라이스트 장군의 담화. 위의 책, p.16 이하.

26_ Reinhardt, "Im Schatten Guderians", p.336.

27_ 라인하르트 기갑군단의 전투일지(BA-MA, RH 24-41/2, p.25)에 기록되어 있듯이, 이다-오버슈타인 지역에서 대기 중이던 제8기갑사단은 5월 10일 21:30분에야 이동을 개시할 수 있었다.

28_ PzGr Kleist, KTB, BA-MA, RH 21-1/22, pp.4~5; Durchbruch der Gruppe von Kleist, RH 21-1/381, 1. Teil, p.5 이하; PzKorps Guderian, KTB, RH 21-2/41, p.6 이하; 10.PzDiv, KTB, RH 27-10/9, 11/12 May.

29_ 12. 5. 1940, BA-MA, RH 27-6/1D, p.9(Bl. 12).

30_ 위의 책, p.11.

31_ Kielmansegg, *Panzer*, p.103.

32_ 프랑스 측도 종전 후 이같이 평가했다. 스당에서 구데리안의 맞상대였던 그랑사르 장군은 이렇게 썼다. "아르덴은 구데리안 사단의 무덤이 될 뻔했다." General C. Grandsard, *Le 10e Corps d' armée dans la bataille 1939-1940*(『1939~1940년 전투에서의 제10군단』)(Paris: Berger-Levrault, 1949), p.316.

33_ 그라프 폰 킬만스에크와의 대화.

34_ 위와 같음.

35_ 다음 문헌과 비교. die Akten der 1. PzDiv, BA-MA, RH 27-1/170, pp.9~10; die verschiedenen Divisionsbefehle(다른 사단의 명령들), p.110 이하; RH 27-1/14, p.16, 173~174, p.260; Emilie Théodore Melchers, *Kriegsschauplatz Luxemburg August 1914, Mai 1940*(『1914년 8월과 1914년 5월의 룩셈부르크 전역』)(Luxembourg: St. Paulus Druck, 1979), p.320, 376~377.

36_ Akten 1.PzDiv, BA-MA, RH 27-1/14, p.17, 201, 209; RH 27-1/170, pp.10~11; Helmut Scheibe, Die Panzeraufklärungs-Abteilung 4 im Westfeldzug(서부전역 중 제4기갑수색대대)(개인 소장 자료), pp.16~17, 23~24; Georges Hautecler, *Le combat de Bodange*(『보당주 전투』)(Brussels: Service Historique de l' Armée Belge, 1955), p.15 이하.

37_ Berben/Iselin, *Die Deutschen kommen*, p.65.

38_ Kielmansegg, *Panzer*, p.104.

39_ 보당주 전투에 대해서는 다음 문헌들을 참조. Akten der 1.PzDiv, BA-MA, RH 27-1/170, pp.11~12; RH 27-1/14, pp.17~18, 105, 175~176, 196, 261 이하; Berben/Iselin, *Die Deutschen kommen*, p.65 이하; Robert A. Doughty, *The Breaking Point. Sedan and Fall of France, 1940*(Hamden, Conn.: Archon Books, 1990), p.49 이하; *Melchers, Kriegsschauplatz Luxemburg*, p.383 이하; Claude Gounelle, *Sedan. Mai 1940*(Paris: Hachette, 1956), p.78 이하; Hautecler, *Le combat de Bodange.*

40_ Clausewitz, *Vom Kriege*, pp.261~262.

41_ 공중강습작전 '니비'에 대해서는 다음 문서들을 참조. Akten des PzKorps Guderian: Zusammenfassender Bericht und einzelne Gefechtsberichte über das Unternehemen "Niwi"(구데리안 기갑군단의 문서: '니비' 작전에 대한 요약 보고와 개별 전투 보고), BA-MA, RH 21-2/54; XIX. AK vom 16. 4. 1940, Befehl Für den Einsatz der Abteilung Förster-Garski(1940. 4. 16, 제19군단, 푀르스터-가르스키 대대의 작전명령), RH 21-2/40; Zeitplan Luftwaffe(공군의 시간 계획), RH 21-

2/852; Akten der PzGr Kleist: Durchbruch der Gruppe von Kleist(클라이스트 기갑군의 문서: 클라이스트 기갑군의 돌파), RH 21-1/381, Teil. 1, pp.26~27; Akten der 1.PzDiv, RH 27-1/170, pp.11~12; 2. Kompanie/Sturmpionier-Bataillon 43: Unser Einsatz im Westen vom 10. Mai bis 21. Juni 1940(제43공병대대 2중대, 1940. 5. 10.~6. 21. 서부에서의 작전), pp.24~25, p.36 이하(개인 소장 문서); Halder, *KTB*, Bd 1. p.209; Guderian, *Erinnerungen*, p.88; Helmuth Spaeter, *Die Geschichte des Panzerkorps Großdeutschland*(『대독일 기갑군단의 역사』)(Duisburg-Ruhrort: Selbstverlag Hilfswerk ehem. Soldaten, 1958), p.109의 그림; Wolf Durian, *Infanterieregiment Großdeutschland greift an*(『대독일보병연대의 공격』)(Berlin: Scherl, 1942), p.14 이하; Melchers, *Kriegsschauplatz Luxemburg*, p.380 이하; Hans von Dach, "Panzer durchbrechen eine Armeestellung"(「전차들이 진지를 돌파하다」), *Schweizer Soldat*(『스위스 군인』) 47(1972), Teil I, pp.61~62, p.66~67; Berben /Iselin, *Die Deutschen kommen*, p.60 이하; Hautecler, *Le combat de Bodange*, p.31 이하; Doughty, *Breaking Point*, p.45, 53 이하; Jean Paul Pallud, *Blitzkrieg in the West: Then and Now*(London: After the Battle, 1991), p.88 이하. 벨기에 육군 군사연구소장을 역임한 예비역 중령 비카Bikar는 위 사건을 이해하기 쉽게 기술했다. "10 mai 1940. 'Hedderich' et 'Niwi.' Les deux opérations allemandes aéroportés sur petits avions Fieseler 'Storch'"(1940. 5. 10, '헤데리히'와 '니비'—작은 황새 '슈토르흐' 항공기를 이용한 독일군의 두 차례 공중강습작전), *RBHM* 20(1973~1974), pp.411~434, 591~622, 699~723; 21(1975~1976), pp.48~78, 123~156; Bikar, "La 5e division légère de cavalerie française en Ardenne, du 10 au 12 mai"(5. 10~12, 아르덴의 프랑스 제5경기병 사단), *RBHM* 28(1989-90), p.475 이하, 491 이하.

42_ PzKorps Guderian: zusammenfassender Bericht über das Unternehmen 'Niwi'(구데리안 기갑군단: '니비' 작전에 대한 요약보고), BA-MA, RH 21-2/54, p.1.

43_ 포빌레에 있는 대대지휘소와 연결된 전화선이 보당주 근처에서 발생한 폭발로 아침에 끊어진 사실은 여기에서 그다지 중요하지 않다. 두 지역은 겨우 2~3km 떨어져 있었고 오토바이 전령으로 충분히 서로 연락을 취할 수 있었다.

44_ Bericht Garski vom 19. 5. 1940, PzKorps Guderian(가르스키의 보고, 1940. 5. 19, 구데리안 기갑군단), BA-MA, RH 21-2/54.

45_ Kielmansegg, *Panzer*, pp.105~106.

46_ 세부적인 전투편성에 대해서는 다음을 참조. Bikar, "La 5e division légère de cavalerie", p.501 이하.

47_ 뇌프샤토에서의 돌파에 관해서는 다음 문헌들을 참조. die Akten der 1.PzDiv, BA-MA, RH 27-1/170, pp.13~14, 120; RH 27-1/14에 수록된 개별적인 전투결과 보고서 등을 참조; *Mit den Panzern in Ost und West*(『전차에 올라 동부와 서부로』), p.108; Doughty, *Breaking Point*, pp.65~66, 82 이하; Berben/Iselin, *Die Deutschen kommen*, p.54 이하, 89 이하; Gounelle, *Sedan*, p.89 이하; Grandsard, *Le 10e Corps d'armée*, p.102 이하; Edmond Ruby, *Sedan. Terre d'Épreuve. Avec la IIème armée mai-juin 1940*(『스당. 시험무대: 1940. 5~6, 제2군과 함께』)(Paris: Flammarion, 1948), p.73 이하; 프랑스에서 발표된 연구들 가운데 가장 상세한 것은 *RBHM*에 실린 비카의 3부작 시리즈("La 5e division légère de cavalerie")이다. 같은 저자가 지도를 중심으로 엮은 다음 문헌도 참조. "La Campagne de mai 1940 en Belgique: La 4e division légère de cavalerie française à l'est de la Meuse, les 10, 11, 12 mai 1940"(「1940. 5. 벨기에 전역: 1940. 5. 10, 11, 12일의 마스강 동편에 위치했던 프랑스 제4경기병사단」), *RBHM* 25(1983-84), pp.529~550, 627~652. 뇌

프샤토의 남쪽으로 돌파작전을 감행한 독일군 기갑부대의 정확한 접근로는 다음 문헌에서 찾을 수 있다. Akten des PzKorps Guderian, BA-MA, RH 21-2/59(K), Karte, 11. Mai(5월 11일의 지도).

48_ Gounelle, *Sedan*, p.91.

49_ 부용 진격에 대해서는 다음 문헌들을 참조. PzGruppe Kleist, BA-MA, RH 21-1/22, pp.5~6; 1.PzDiv, BA-MA, RH 27-1/170, pp.14~15; RH 27-1/14 p.6, 70~73, 110, 112, 198, 266; KTB Nr. 1 der I.Abt/Panzerregiment 1(제1전차연대 1대대)(R. 스토베스R. Stoves가 소장한 문서); Berben/Iselin, Die Deutschen kommen, p.97 이하; Bikar, "La 5e division légère de cavalerie", p.699 이하; Doughty, Breaking point, p.67 이하, 88 이하; Pallud, Blitzkrieg in the West. p.204 이하.

50_ 비터스하임 소령은 제1기갑여단장 켈치 대령에게 사단 전투지경선을 침범할 수도 있다는 사항을 사전에 보고했다.

51_ 무자이브 습격에 관해서는 다음 문헌들을 참조. die Akten der 1.PzDiv, BA-MA, RH 27-1/170, pp.14~15; RH 27-1/14, pp.5~6, 22, 99, 113, 178 이하, 197; Rolf O. G. Stoves, *1.Panzer-division 1935-1945. Chronik einer der drei Stamm-Divisionen der deutschen Panzerwaffe*(『제1기갑사단, 1939-1945. 독일군 최초의 3개 기갑사단의 연대기』)(Bad Nauheim: Podzum Verlag, 1961), pp.85~86; Ruby, *Sedan*, pp.87~88; Doughty, *Breaking point*, p.69 이하, 87 이하; Bikar, "La 3e brigade de Spahis dans nos Ardennes, les 10, 11, 12 mai"(「5 · 10 · 11 · 12. 아르덴의 제3경기병여단」), *RBHM* 25(1983-84), pp.395~396; "La 5e division légère de cavalerie", pp.594~595, 691 이하.

52_ 5월 12일자 마스 강 돌파에 관해서는 다음 문헌들을 참조. die Akten der 1.PzDiv, BA-MA, RH 27-1/14, p.6, 22 이하, 73 이하, 110, 112 이하, 179~180, 198, 266~267; RH 27-1/170, pp.15~16, 121~122; RH 27-1/5(Funksprüche 12. 5)(5. 12. 무전통신); Stoves, *1.Panzer-division*, pp.86~87; Bikar, "La 5e division légère de cavalerie", p.702 이하; Doughty, *Breaking point*, pp.71~72, 92.

53_ 제1전차연대의 제8중대의 전투보고서에는 라 아트렐 벙커 지역의 전투 날짜가 5월 13일로 잘못 기재되어 있다(BA-MA, RH 27-1/14, p.74, 76). 다른 전투보고서에는(구체적으로 pp.23~24, 112) 이 사건이 5월 12일에 발생했다고 기록되어 있다. 이는 5월 12일 제1전차연대 제2대대의 전투일지에서 확인된다(스토베스가 소장한 문서).

54_ 필자와의 대화.

55_ Shirer, *Zusammenbruch*, p.190에서 인용.

56_ Général André Doumenc, *Histoire de la Neuvième Armée*(『제9군의 역사』)(Paris: B. Arthaud, 1945), p.52.

57_ Shirer, *Zusammenbruch*, p.662에서 인용.

58_ Paillat, *La guerre éclair*, p.162.

59_ Ruby, *Sedan*, p.81.

60_ 이러한 문구들은 거의 교회의 호칭기도처럼 계속해서 반복되었고, 때로는 '침투할 수 없는imperméable' 대신에 '돌파할 수 없는impénétrable'이나 '비현실적인impracticable' 같은 형용사가 사용되었다. 그 예로, Pierre Le Goyet, "La percée de Sedan(10-15 mai 1940)"〔스당에서의 돌파(1940. 5. 10~15)〕, *RHDGM* 15(1965), p.52; Benoist-Méchin, *Soixante jours qui ébranlèrent l'occident, 10 mai-10 juillet 1940*(『1940. 5. 10~7. 10, 서부에서 6일간의 소요사태』)(Paris: Éditions Albin

Michel, 1956), p.42를 참조.

61_ 이 절의 도입부에서 인용한 패탱의 발언을 참조.

62_ Brausch, "Sedan 1940", p.82.

63_ 독일군이 공세를 시작할 수 있는 가장 이른 시기에 대한 오판과 관련해서는 다음 문헌을 참조. Liddell Hart, *Jetzt dürfen sie reden*, p.189~190; Goutard, *1940*, p.140; Robert A. Doughty, *Seeds of Disaster: The Development of French Army Doctrine, 1919-1939*(Hamden Conn.: Archon Books, 1985), p.59; Pailat, *La guerre éclair*, pp.249~250; Shirer, *Zusammenbruch*, p.660, 666; Bikar, "10 mai 1940. 'Hedderich' et 'Niwi'", Teil 1, p.609.

64_ Shirer, *Zusammenbruch*, p.659.

65_ Liddell Hart, *Jetzt dürfen sie reden*, pp.189~190.

66_ "Travail de reconnaissance de frontière exécuté par le Colonel Bourguignon"(부르귀뇽 대령이 실시한 전선정찰), SHAT(Service Historique de l'armée de Terre), Vincennes, 29 N 84: 2ème Armée/Commandant des Chars…(제2군, 기갑부대 지휘관이…)

67_ André Prételat, *Le destin tragique de la ligne Maginot*(『마지노선의 운명적 비극』)(Paris: Berger-Levrault, 1950), pp.13~14.

68_ *Sedan 1940*(Vincennes: SHAT, 1991), p.65의 그림을 참조.

69_ Paillat, *La répétition générale*, p.196; 가믈랭은 1936년 이와 비슷한 전쟁 연습을 실시했다. 이때 그는 독일군이 마스 강을 성공적으로 돌파한다 해도 프랑스군은 예비대를 투입해서 이 위기를 해결할 수 있다고 주장했다(Paillat, *La répétition*, pp.191~192 참조).

70_ 예를 들어 Goutard, *1940*, p.183, 261. 오늘날의 '전략적'(제1장 중 '전격전의 개념'을 참조) 개념을 적용하여 이것을 '전략적 기습'이라고 부르는 것은 적절하지 않다. 결국 서방국가들이 독일제국에 전쟁을 선포했고, 예상되는 독일 공세에 대비해 8개월 이상 강도 높게 전쟁을 준비했다. 따라서 이것은 단순히 작전술적 수준의 기습에 불과했다.

71_ Doughty, *Breaking point*, pp.73~74의 요약된 내용을 참조. Paul Paillole, *Notre Espion chez Hitler*(『히틀러 편에 선 우리의 스파이』)(Paris: Laffont, 1985); Jürgen Rohwer, "Der Einfluß der alliierten Funkaufklärung auf den Verlauf des Zweiten Weltkrieges"(「제2차 세계대전 기간 연합군 무전감청의 영향」), *Vierteljahrshefte für Zeitgeschichte*(계간 현대역사저널) 27(1979), p.334 이하; Wladislaw Kozaczuk, *Geheimoperation Wicher. Polnische Mathematiker knacken den deutschen Funkschlüssel "Enigma"*(『비밀 작전명 Wicher—폴란드인 수학자가 독일의 암호 '에니그마'를 해독하다』)(Koblenz: Bernard und Graefe, 1989), p.42 이하.

72_ F. H. Hinslay with E. F. Thomas, C. F. G. Ransom, and R. C. Knight, *British Intelligence in the Second World War*, vol.1(London: Her Majesty's Stationary Office, 1979), pp.108~109, 136~137.

73_ Shirer, *Zusammenbruch*, pp.620~621; Benoist-Méchin, *Der Himmel stürzt ein*, pp.47~48; Horne, *Über die Maas*, pp.159~160; Jean Vanwelkenhuyzen, "Sicherheitspolitik Belgiens während der Kriegsphase 1939/40"(「1939, 1940년 전쟁기간의 벨기에 안보정책」), *ÖMZ* 27, Nr.6(1989), p.481; Doughty, *Breaking point*, p.73 이하. 브라우슈[Brausch]("Sedan 1940", chap. 5)는 프랑스군 정찰대의 상당히 회의적인 정찰 결과를 소개했다.

74_ Eddy Bauer, *Der Panzerkrieg. Die wichtigsten Panzeroperationen des zweiten Weltkrieges in Europa und Afrika*(『전차전—제2차 세계대전 중 유럽과 아프리카에서 벌어진 주요 전차전』)(Bonn:

Verlag Offene Worte, 1965), pp.62~63.

75_ Brausch, "Sedan 1940", p.69에서 인용.

76_ 이 문장은 보고서에서 대문자를 사용해 강조되었다. Doughty, *Breaking point*, p.94를 참조.

77_ 위의 책, p.95; Shirer, *Zusammenbruch*, p.667.

78_ Doughty, *Breaking Point*, p.97.

79_ Herbert Malloy Mason, *The Rise of the Luftwaffe, 1918-1940*(『공군의 부상, 1918~1940』) (London: Cassell, 1975), p.349.

80_ 위의 책. 항공정찰대의 보고에 제9야전군 사령부가 취한 회의적인 태도에 대해서는 다음 문헌을 참조. Max Gelée, "La percée des Ardennes vue d' en haut"(「공중에서 본 아르덴 돌파」), *Icare*, no.57(spring-summer 1971), p.68.

81_ Lucien Saint-Genis, "Le début de la poche de Sedan"(「스당에서 고립되기 시작하다」), *Icare* no.59(autumn-winter 1971), p.102 이하에 게재된 사진 참조.

82_ Shirer, *Zusammenbruch*, p.667.

83_ Doughty, *Breaking point*, pp.98~99.

84_ 위의 책, p.100; Brausch, "Sedan 1940", p.77 이하.

85_ Gunsburg, *Divided*, p.184.

86_ Mason, *Rise of the Luftwaffe*, p.349.

87_ André Beaufre, *Le drame de 1940*(『1940년의 드라마』)(Paris: Plon, 1965), pp.231~232.

88_ 이는 5월 14일의 히틀러의 제11호 명령Weisung Nr.11에 잘 나타나 있다. '제1항 적의 상황'에는 다음과 같이 씌어 있다. "지금까지의 공세 경과를 볼 때, 적은 아군의 작전을 정확하게 이해하지 못하고 있음이 확인되었다. 적은 지속적으로 강력한 전투력을 나무르-안트웨르펜에 연한 선에 진출시키고 있으며, A집단군 작전지역을 경시할 것으로 판단된다." (Brausch, "Sedan 1940", p.85 참조)

제5장 결전 : 구데리안 기갑군단의 스당 돌파

1_ Churchill, *Zweiter Weltkrieg*, Bd II, 1.Buch, p.61.

2_ Kielmansegg, "Scharnier Sedan", p.11.

3_ Gérard Giuliano, "La 'surprise ardennaise' de mai 1940"(1940년 5월 '아르덴의 기습'), *Terres Ardennaises*, no.6(April 1984), p.31에서 인용.

4_ 부르귀농 대령은 그의 연구보고서에서 스당 지역을 '지상 최고의 전차 장애물une zone anti-char de toute première qualité' 이라고 언급했다. "Travail de reconnaissance de frontière exécuté par le Colonel Bourguignon", SHAT, 29 N 84: 2ème Armée/Commandant des Chars……, section titled "Organisation……de Sedan"(스당의……편성)(마지막 문장에 위 내용이 포함되어 있음)

5_ Günther Blumentritt, *Von Rundstedt*, p.66.

6_ 테탱제의 역할에 관해서는 다음 문헌을 참조. Martin S. Alexander, "Prophet without honors? The French High Command and Pierre Taittinger's Report on the Ardennes Defenses, March 1940", *War and Society* 4, no.1(1986), pp.52~77; Claude Paillat, *La guerre immobile. Avril 1939-10 mai 1940*(『부동의 전쟁, 1939년 4월~1940년 5월 10일』)(Paris: Robert Laffont, 1986), p.329 이하.

7_ Rapport de M. P. Taittinger(P. 테탱제 보고서), p.2, SHAT, 29 N 27: 2ème Armée, Historique des opérations ......(제2군, 작전의 역사)(old no.25).

8_ 위의 책, p.1.

9_ 프랑스 장군 루비Edmond Ruby의 유명한 책 제목이 (『시련의 땅, 스당Sedan: Terre d'épreuve』)이다. 스당의 토양은 지질학적 지층처럼 전쟁터의 흔적이 켜켜이 쌓여 있다. 여러 차례 치열한 전투가 벌어졌던 이 도시는 본래 독일 제국의 영토였다. 1642년 프랑스 국왕에 의해 점령된 후 군사적 충돌이 이어졌다. 1815년, 워털루 전쟁에서 승리한 프로이센 군대는 아르덴을 거쳐 프랑스군을 추격해 스당의 요새를 포위했다. 그러나 프랑스군은 나폴레옹이 최종 항복을 선언한 후까지도 항복하지 않았다. 1870년, 대몰트케 장군은 스당에서 프랑스군을 포위했고 나폴레옹 3세를 포로로 잡았다. 1914년, 독일 제4군은 스당 서부 외곽의 골리에에서 마스 강을 도하했다. 1940년, 구데리안 기갑군단은 바로 그 지역에서 마스 강선을 돌파했고 골리에에 마스 강 도하를 위한 교량을 가설했다.

10_ Shirer, *Zusammenbruch*, p.630 참조. 훗날 비시 체제하에서 국방장관이 된 욍치제르는 자신에게 불리한 문건들을 모두 폐기하려 했으나 육군 역사과 소속 장교의 방해로 실패했다(앞의 책 참조).

11_ Dach, "Panzer", Teil Ⅰ, p.54.

12_ Ruby, *Sedan*, p.49.

13_ 이 숫자는 '스당 지구'의 총체적인 규모에 근거해서 산출된 것이다. 스당 지구의 요새 구축 현황을 다룬 지도를 보면 빌레르쉬르바르와 프레누아 구역, 단 두 곳만 표시되어 있고 그보다 남동쪽에 위치한 앙쥐쿠르 구역은 포함시키지 못했다. 각종 벙커구축 완료시기에 대해서는 다음 문헌을 참조. Akten Ⅱ Armée, 3 Bureau: Organisation du Secteur de Sedan: Ouvrages terminés et en cours de construction〔프랑스 제2군, 제3부(작전참모부): 스당 지역의 편성: 완성된 벙커와 건설 중이던 벙커〕, SHAT, 29 N 27: 2ème Armée, Historique des opérations ......(old no.25).

14_ Koelitz, "Die Schützen sind drüben", *Mit den Panzern in Ost und West*, pp.148~149.

15_ 이는 뱅센에 있는 프랑스 군사사 연구소SHAT의 문서에 기록되어 있다.

16_ 마스 강 방향으로 흐르는 글레르 샛강의 입구에는 306 벙커 하나만을 설치할 계획이었다. 놀라운 사실은, 하천의 만곡 때문에 이 지역이 발각되기 굉장히 어려웠음에도 불구하고, 이 벙커가 그저 문서로만 존재했다는 것이다..

17_ *Der Marne-Feldzug, Von der Sambre bis zur Marne*(『마른 전역: 상브르에서 마른까지』) Bd 3, (Berlin: Verlag Mittler und Sohn, 1926), p.14 이하.

18_ Ernst Klink, *Das Gesetz des Handelns. Die Operation "Zitadelle" 1943*(『행동의 법칙, 1943년의 '성채' 작전』), vol.7, *Beiträge zur Militärand-und Kriegsgeschichte*(『군사사와 전쟁사에 대한 공헌』)(Stuttgart: Deutsche Verlags-Anstalt, 1966), p.207(n.229)에 따르면, 소련군은 쿠르스크 만곡부에 1km당 평균 1,500개의 대전차지뢰와 1,700개의 대인지뢰를 매설했다.

19_ Robert A. Doughty, "French Antitank Doctrine, 1940. The Antidote That Failed", *Military Review* 56, no.5(May 1976), 48n.53.

20_ Ruby, *Sedan*, pp.49~50.

21_ Doughty, *Breaking Point*, p.119.

22_ Berben/Iselin, *Die Deutschen kommen*, p.137.

23_ Jean Vidalenc, "Les divisions de série 'B' dans l'armée française pendant la campagne de France 1939-1940"(1939~1940년 프랑스 전역 중 프랑스 육군의 B급 사단들), *RHA* no.4(1980), p.106 이하, pp.119~120.

24_ Berben/Iselin, *Die Deutschen kommen*, p.138.

25_ Hermann Balck, *Ordnung im Chaos. Erinnerungen 1893-1948*(『혼란 속의 질서—1893~1948년 간의 회고록』)(Osnabrück: Biblio Verlag, 1980), p.267.

26_ 예를 들면, Guderian, *Erinnerungen*, p.92 참조.

27_ Dossier 9a: Rapport capitaine Auzas(20. Dezember 1940)(File 9a: 오자스 대위의 보고서(1940. 12. 20), p.1, SHAT, 34 N 174, 295ème Régiment d'Infanterie(제295보병연대).

28_ Capitaine Carribou: Considérations générales(카리부 대위: 장군들의 심사숙고), p.7, SHAT, 34 N 145, 147ème Régiment d'Infanterie de Forteresse(제147요새보병연대), Bl. 8.

29_ 앞서 언급한 카리부의 다양한 전투보고서를 참조.

30_ 미국 정부의 위임을 받아 제2차 세계대전 때의 미 육군과 독일 국방군의 전투력을 비교 연구한 이스라엘 군사사학자 마틴 반 크레벨드Martin van Creveld는 이 사항을 상세히 분석했다. *Kampfkraft. Militärische Organisation und militärische Leistung 1939-1945*(『전투력—군사조직과 전투수행능력, 1939~1945』)(Freiburg, 1989), pp.203~204, 207.

31_ 제71보병사단의 투입에 관해서는 다음 문서들을 참조. SHAT, 32 N 251, 55ème Division d'Infanterie(제55보병사단), Dossier 1: Chef d'Escadron Labarbarie, "La 55e division d'infanterie à la bataille de Sedan"(File 1: 기병대 지휘관 라바르바리, "스당 전투에서의 제55보병사단"); SHAT, 32 N 254, 55ème Division d'Infanterie, 4ème bureau(제55보병사단 제4참모부), Dossier 4: Colonel Chaligne, Rapport d'opérations pour les journées dés 10 au 14 mai 1940(File 4: 샬리뉴 대령, 1940. 5. 10~14. 작전 보고서), pp.9~10; Récit des événements vecus par l'I.D.55 du 10 au 15 mai 1940(제55보병사단의 작전 보고서, 1940. 5. 10~15.), pp.10~11; SHAT, 34 N 145, 147ème Régiment d'Infanterie de Forteresse: Capitaine Joly d'Aussy, Journal de marche(combats de Sedan)〔졸리 두시 대위, 부대행군일지(스당지구 전투)〕; SHAT, 34 N 174, 295ème Régiment d'Infanterie: Dossier 9: Rapport de Chef de Bataillon de Réserve Arnoul(File 9: 예비 대대 대대장 아르눌의 보고서), p.5 이하; Rapport de Commandant de Monferrand(몽페랑의 보고서), pp.2~3; Rapport du Lieutenant-Colonel Demay(10 au 14 mai)(드메 중령의 보고서(5. 10~14))와 Demay, Rapport sur les événements des journées dés 13 et 14 May(5월 13, 14일의 사태 보고서).

32_ Guderian, *Erinnerungen*, p.90.

33_ 그 예로 Deighton, *Blitzkrieg*, pp.269~270 참조.

34_ PzKorps Guderian, KTB, BA-MA, RH 21-2/41, p.19.

35_ 구데리안과 뢰르처는 이미 1939년 9월 3일 폴란드 전역의 므와바Mlawa에서 이 대안을 시험했다.

36_ Durchbruch der Gruppe von Kleist, BA-MA, RH 21-1/381, 1.Teil, p.31. 2.Teil, pp.17~18; Akten des PzKorps Guderian, BA-MA, RH 21-2/41, p.19; Schreiben an Generalkommando II. Fliegerkorps vom 31. 5(제2비행단에 송부된 공문, 5. 31), pp.1~2, RH 21-2/45; Guderian, *Erinnerungen*, p.90; Liddell Hart, *Jetzt dürfen sie reden*, p.216.

37_ 2.PzDiv, Planübung 30. 4. 1940(1940. 4. 30. 제2기갑사단 전쟁연습), BA-MA, RH 27-2/92.

38_ Schreiben des Generals v. Kleist an Guderian(XIX.A.K) vom 18. 4. 1940〔1940. 4. 18. 구데리안(19군단)에게 통보된 클라이스트 장군의 서신〕, BA-MA, RH 21-1/20, Bl. 26.

39_ Paul Deichmann, *Der Chef im Hintergrund*(『배후에 있던 총참모장』)(München und Hamburg, 1979), pp.100~101; Guderian, *Erinnerungen*, pp.91~92, 94.

40_ Akten der PzGruppe Kleist, BA-MA, RH 21-1/22, pp.7~8; Durchbruch der Gruppe von Kleist, BA-MA, RH 21-1/381, 2.Teil, pp.19~20, p.45; Gruppenbefehl Nr.3(기갑군 명령 제3호), RH 21-1/23, Bl. 135; Zeitzler, "Panzer-Gruppe v. Kleist", *EWKde* 8, Nr.5(1959), 2.Teil, p.240.

41_ PzGruppe Kleist, KTB, Eintragung vom 13. 4. 1940(1940. 4. 13. 도입부), BA-MA, RH 21-1/18.

42_ BA-MA, RH 21-1/20, Bl. 26.

43_ 각종 예행연습이 구데리안 기갑군단의 문서에 특히 잘 드러나 있다. die Akten des PzKorps Guderian, BA-MA, RH 21-2/32, RH 21-2/33, RH 21-2/34, RH 21-2/36. 또한 제1, 2, 10기갑사단의 문서에서도 발견된다. BA-MA, RH 27-1/5, RH 27-2/92, RH 27-10/4, RH 27-10/7b, 각 사단들은 위장하기 위해 실제와 다른 번호를 붙였다. 숫자 '2'를 특정 부대 번호의 앞에 붙이는 방법을 썼는데, 예를 들면 '제1기갑사단'을 '제21기갑사단'이라고 불렀다.

44_ Stoves, *1.Panzer-Division*, p.95; Dermot Bradley, *Walther Wenck. General der Panzertruppe*(『발터 벵크—기갑부대 장군』)(Osnabrück: Biblio-Verlag, 1981), pp.139~140; Guderian, *Erinnerungen*, p.91; Balck, *Ordnung im Chaos*, p.269; 1.PzDiv, BA-MA, RH 27-1/170, p.17. 제10기갑사단도 같은 방법으로 문제를 해결해 나갔다. 베른카스텔Bernkastel에서 실시한 최종 연습 시의 명령지를 이때 사용했다. 10.PzDiv, KTB, BA-MA, RH 27-10/9, 13 May 1940, 02:30 참조.

45_ Stoves, *1.Panzer-Division*, p.96에서 인용.

46_ 1.PzDiv, KTB, BA-MA, RH 27-1/170, p.124.
이 작전에 투입된 포병 부대들은 다음과 같다.
- 제1기갑사단: 제73포병연대(Ⅰ./73, Ⅱ./73, Ⅱ./56 포병대대), 제49포병연대(Ⅱ./45, Ⅱ./69, Ⅲ./74, Ⅲ./90 포병대대, 616 중重박격포 대대)
- 제2기갑사단: Ⅰ./74, Ⅱ./74 포병대대
- 제10기갑사단: Ⅰ./90, Ⅱ./90 포병대대

47_ 제55보병사단은 현역병의 비율이 낮았기 때문에 포병이 과잉 증편되었다. 이들은 140문을 보유했고 5월 13일까지 34문이 추가로 투입되었다(p.240의 그림 참조): Doughty, *Breaking Point*, p.113 참조.

48_ 제10군단의 포병부대에 대해서는 당시 제10군단장이었던 그랑사르의 글을 참조. Grandsard, *Le 10e Corps d'armée*, p.93 이하, 112 이하, 124 이하.

49_ 그 좋은 예로 직접지원부대로 편성된 제1연막포병(다련장 로켓을 편제)대대는 아르덴의 정체 때문에 실제 작전에 투입되지 못했다.

50_ Akten 1.PzDiv, BA-MA, RH 27-1/14, p.26.

51_ Liddell Hart, *Jetzt dürfen sie reden*, p.215에서 인용.

52_ Ruby, *Sedan*, p.127.

53_ 예를 들어, Horne, *Über die Maas*, p.228 참조.

54_ PrGruppe Kleist, BA-MA, RH 21-1/23, Bl. 135.

55_ 스당 일대에서 시행된 독일 공군의 공습에 관한 문서의 원본은 모두 불에 타 소실되었다. 그러나 작전 계획과 방대한 임무의 경과를 대부분 재구성할 수 있다. 이에 대해서는 다음 BA-MA 문서들을 참조. Lageberichte Luftwaffenführungsstab, Ic(공군작전참모부의 상황보고, 정보참모), RM 7/337, Bl. 52~53,(p.4), 59 이하; Hans Seidemann, Einsätze des Ⅷ. Fliegerkorps(제8비행단의 작

전), N 406/4, p.28 이하; Einsatzbereitschaft der Fliegenden Verbände, 14. 5. 1940(1940. 5. 14. 공군 부대들의 작전 준비 태세), RL 21Ⅲ/736; Ⅷ. Fliegerkorps, Einsatz, 13. 5. 1940(제8비행단, 1940년 5월 13일의 작전), RL 8/43; Ⅷ. Fliegerkorps, KTB, 13. 5. 1940, RL 8/45; Ⅰ./Kampfgeschwader 53(제53비행전대 1대대), KTB, p.28 이하, RL 10/86; Ibel, Jagdgeschwader 27(제27비행전대), p.31 이하, RL 10/591; Einsatz des Ⅱ. Fliegerkorps im Frankreichfeldzug(프랑스 전역 중 제2비행단의 작전), p.1, ZA 3/44; Die Bedeutung des Übergangs über die Maas(마스강 도하의 중요성); Sigismund Freiherr v. Falkenstein, Die Unterstützung des deutschen Heeres durch die deutsche Luftwaffe im Ⅱ. Weltkrieg(Entwurf)〔제2차 세계대전 시 독일 육군에 대한 공군의 지원(초안)〕, Lw 133/1, Bl. 415 이하; HGr A: RH 19 I/37, Bl. 102, 108; AOK 12, RH 20-12/36, Bl. 205; PzGruppe Kleist: RH 21-1/22, p.10; Durchbruch der Gruppe v. Kleist, BA-MA, RH 21-1/381, 2. Teil, pp.23~24; PzKorps Guderian: RH 21-2/41, pp.25~26, 31; Korpsbefehl Nr.3 vom 13. 5. 1940(mit Anl.)〔1940. 5. 13. 군단명령 제3호(부록 포함)〕, RH 21-2/43; Eintragung 13. 5. 1940 und Schreiben an Generalkommando Ⅱ. Fliegerkorps vom 31. 5. 1940(1940년 5월 13일의 기록, 제2비행단 사령부에 송부된 통보), RH 21-2/45; Funksprüche Fliegerverbindungsoffizier vom 13. 5(5월 13일 공군연락장교의 무전통신문), RH 21-2/852; 1.PzDiv: RH 27-1/14, p.7, 26; RH 27-1/170, p.18, 123, 125~126; Speidel, Der Einsatz der operativen Luftwaffe, Teil 3, pp.166~167, 230~231, 233, BA-MA, Study Lw 3/2; 부록, p.47, 48, 50, Study Lw 3/4a; General der Flieger a.D. Paul Deichmann, Die Unterstützung des Heeres durch die deutsche Luftwaffe im Zweiten Weltkrieg(제2차 세계대전 시 독일 육군에 대한 공군의 지원), Study Lw, p.228(Bl. 232 이하), BA-MA. 추가적으로 세부적인 화력계획은 앞서 언급된 구데리안 군단과 그 예하 3개 기갑사단의 전쟁연습에서 찾을 수 있다.

다음의 단행본을 참조. Guderian, *Erinnerungen*, pp.91~92; Deichmann, *Chef*, pp.100~101; Stoves, *1.Panzer-Division*, p.89, 92; Cajus Bekker, *Angriffshöhe 4000. Ein Kriegstagebuch der deutschen Luftwaffe*(『공격 고도 4,000—독일 공군의 전투일지』)(Oldenburg: G. Stalling Verlag, 1964), pp.142~143; F. W. von Mellenthin, *Panzerschlachten: Eine Studie über den Einsatz von Panzerverbänden in Zweiten Weltkrieg*(『전차전—제2차 세계대전 중 기갑부대의 작전에 관한 연구』)(Neckargemünd: Kurt Vowinckel, 1963), p.23; Hermann Freter, *Fla nach vorn! Die Fliegerabwehr-Waffe des Heeres und ihre Doppelrolle im Zweiten Weltkrieg*(『방공포 전진하라! 육군의 방공부대와 제2차 세계대전에서의 이중의 임무수행』)(Eßlingen, 1971), Bd 1, pp.143~144, 179 이하; Kielmansegg, "Bemerkungen", pp.153~154; Balke, *Luftkrieg*, Bd 1, p.87 이하. 프랑스 측의 관점에 대해서는 다음 문헌을 참조. Ruby, *Sedan*, p.126 이하; Grandsard, *Le 10e Corps d'armée*, p.132 이하, 152 이하; Commandant(Major) Rogé, "La Campagne de France. Vue par le Général Guderian"(「구데리안 장군이 본 프랑스 전역」), *RHA* 3, no.1(1947), p.116 이하. 기타 다른 문서들은 뱅센의 SHAT에서 찾을 수 있다.

56_ 슈바르츠코프 대령은 자신의 슈투카가 승리한 후 딱 하루를 더 살았다. 그가 탄 비행기는 5월 14일 스당 남부의 르 세스느에서 격추당했다. 그의 시신은 스당의 느와예-퐁모지 군인묘지에 안장되었다. 사망 후 그는 진급을 거듭해, 현재 그의 비문에는 '공군 소장'으로 표시되어 있다.

57_ 울프 발케는 BA-MA 문서와 개인 소장 문서에 근거하여 정확한 수치를 제시했다.

58_ '롤러식 폭격작전' 관련 원본 문서는 5월 13일 불에 타 수실되었다. 이 작전의 표적식별도와 화력계획의 일부가 다음 문헌에 실려 있다. Akten der 2.PzDiv, BA-MA, RH 27-2/92. 이는 1940년 4

월 30일에 실시된 전쟁연습 시 작성되었다. 표적식별도에 스당의 마스 강 만곡부의 북부지역은 표적군은 'K'로 표기되어 있고, 개별 표적들은 1~10까지 숫자로 지정되어 있다. 이보다 남부에 위치한 표적군 'L'은 항공기로 사전에 정찰해 식별된 벙커 지대로, 점으로 표시되어 있다. 따라서 프랑스 제 '7-3', '104', '7-2' 벙커는 118, 121, 122로 표시되어 있다.

59_ 뢰르처 중장은 폭격기와 슈투카를 총 23개 그룹으로 조정 통합하여 작전을 시행했다.

60_ Balke, *Luftkrieg*, Bd 1, p.89.

61_ 그라프 폰 킬만스에크와의 대화.

62_ Bericht des Unteroffiziers Prümers(프뤼머스 하사의 보고), Stoves, *1.Panzer-Division*, p.92에서 인용.

63_ Novak, "Inferno"(「지옥」), *Mit den Panzern in Ost und West*, p.121.

64_ Berben/Iselin, *Die Deutschen kommen*, pp.172~173에서 인용. 약 1년 후 미샤르 중위는 SHAT의 요청으로 당시 모습 그대로 보존된 스당에 가서 각 벙커들을 체계적으로 조사했다. 그는 탄흔의 크기를 보고 깜짝 놀랐는데, 어떤 것은 지름 15m, 깊이 7m에 달했다.〔Dossier 4: Renseigne-ments rapportés par M. Michard(File 4: 미샤르의 정보보고서), SHAT, 34 N 145, 147ème Régiment d'Infanterie de Forteresse〕.

65_ Kielmansegg, "Bemerkungen", p.154. 그는 이에 대해 직접 설명해 주었다.

66_ 예비역 중령 바커나겔은 필자에게 문서들을 제공해 주었다.

67_ Bericht Oberleutnant v. Courbière(6.IRGD), 13. 5. 1940〔폰 쿠르비에르 중위의 보고(제6중대, 대독일보병연대), 1940. 5. 13.〕, BA-MA, RH 37/6391.

68_ 대독일보병연대의 공격에 관해서는 다음 문헌을 참조. BA-MA 파일에 정리된 전투 보고서: 11.Kp/IRGD, pp.5~6, RH 37/6327; Ⅱ./IRGD, pp.2~3, RH 37/6328; Panzerjägerkompanie, 13. 5. 1940(1940. 5. 13, 대전차 중대), RH 37/6332; 6.Kp(Courbière), 8.Kp(Bethge), RH 37/6391; Spaeter, Großdeutschland, p.111 이하(헬무트 슈페터는 그가 소장한 많은 문서들을 필자에게 제공해 주었다.); Durian, *Großdeutschland*, p.56 이하. 프랑스의 관점에 대해서는 다음 문헌을 참조. Dossier 4: Récit des événements vécus par l'I.D.55 du 10 au 15 mai 1940(File 4: 1940. 5. 10~15. 제55보병사단의 전투 보고서), p.15, SHAT 32 N 254, 55ème Division d'Infanterie, 4ème bureau; Gounelle, *Sedan*, p.148, 170~171, 177 이하; Grandsard, *Le 10e Corps d'armée*, p.156 이하.

69_ 제43공병대대 예하 제2중대의 1개 반만이 이 작전을 지원했다. 이 반은 247고지 전투에서 폭약으로 수 개의 적 벙커를 무력화했다. Unser Einsatz im Westen vom 10 Mai bis 21. Juni 1940 (KTB, 2.Kompanie/Sturmpionier-Bataillon 43)〔1940. 5. 10~6. 21. 서부전선에서의 우리의 작전(제43공병대대 2중대의 전투일지)〕, pp.16~17(개인 소장 문서).

70_ Bericht Oberleutnant v. Courbière 6./IRGD, 13. 5. 1940, BA-MA, RH 37/6391, p.2.

71_ Guderian, *Erinnerungen*, p.92.

72_ Akten 1.PzDiv, BA-MA, RH 27-1/14, Bl. 27~28, p.114 이하, 117~118; RH 27-1/170, pp.18~19; Stoves, *1.Panzer-Division*, pp.93~94; Rapport Captaine Foucault(푸코 대위의 보고서), 1.Teil, pp.1~2, 2.Teil(자필문서), pp.13~14, SHAT, 34 N 178, 331ème Régiment d'Infanterie(제331보병연대); Gounelle, *Sedan*, p.145, 177 이하.

73_ 예비역 중령 쉬체Schütze는 필자에게 코르탈스 중위의 전투보고서를 제공해 주었다.

74_ 일부 프랑스 병사들은 이 연막을 독일군의 화염방사기로 착각했다. 그러나 연장된 마지노선을 너

무 빨리 돌파해버려, 그 후 배치된 화염방사기는 전투에 전혀 사용되지 못했다. 당시 상황에 대해서는 다음 문헌을 참조. Arbeitsstab Pioniergeschichte, 1./Sturm-Pionierbataillon 43, Bericht(공병역사과, 제43공병대대 제1중대의 보고서), BA-MA, RH 12-5/397, Bl. 3; 2중대의 보고서, "Unser Einsatz im Westen", pp.16~17(개인 소장). 필자는 참전자들의 증언을 통해 당시 상황을 확인할 수 있었다.

75_ 벨뷔에서의 결정적 돌파에 관한 독일과 프랑스의 문서들을 살펴보면 시간 부분이 서로 다르다. SHAT의 문서에는 공자가 17:30(독일 시간 18:30)에 스당-돈셰리 간의 도로를 횡단해서 포병 요새를 공격했다고 되어 있다. 반면 독일 측 문서에는 제1보병연대가 19:15 이후에 이 도로를 통과했다고 되어 있다. 이 수수께끼의 해답은 최근 발견된 코르탈스 중위의 전투보고서에 담겨 있다. 그는 우측으로 선회해 도로를 건너 18:30분경 '틈새'로 진격했다.

76_ 프랑스의 관점에 대해서는 중대 방어거점 '드 라 크레트[de la Crête]'의 중대장 드라피에[Drapier] 중위의 보고서를 참조. 오늘날까지 정탐 전망대와 함께 남아 있는 그의 벙커는 102벙커의 위쪽에 있다. SHAT, 34 N 145, 147ème Régiment d'Infanterie de Forteresse: Extraits d'une lettre de Lieutenant Drapier(드라피에 중위의 편지에서 발췌), Fiche 340(발); Chef de Bataillon Crousse, "Les opérations de Sedan 10-14 mai 1940"(크루스 대대장, "1940. 5. 10~14. 스당 지구 작전"), p.10 이하; SHAT, 32 N 254, 55ème Division d'Infanterie, 4ème: Dossier 4: Colonel Chaligne, Rapport d'opérations, p.12 이하. 그 외의 문헌으로는 다음을 참조. Berben/Iselin, *Die Deutschen kommen*, p.164, 189~190, 200, 226 이하, 250; Doughty, *Breaking Point*, p.171 이하, 185 이하.

77_ Akten 1.PzDiv: BA-MA, RH 27-1/14, Bl. 28, pp.114~115, 117~118; RH 27-1/170, p.19; Stoves, *1.Panzer-Division*, p.94; Balck, *Ordnung im Chaos*, pp.270~271. 당시 발크의 전속부관이었던 예비역 소령 브라우네-크리카우[Braune-Krickau]는 스당 일대의 전투에 관한 귀중한 정보들을 필자에게 제공해 주었다. 프랑스 측의 관점에서 본 301고지 전투에 관해서는 다음 문헌을 참조. SHAT, 34 N 145, 147ème Régiment d'Infanterie de Forteresse: Crousse, "Les opérations de Sedan", p.15 이하; SHAT, 34 N 178, 331ème Régiment d'Infanterie: Rapport Capitaine Foucault, Teil II, p.15 이하; Compte rendu du Capitaine Litalien(리탈리엔 대위의 보고), pp.5~6; Gounelle, *Sedan*, pp.183~184. Doughty, *Breaking Point*, 187 이하에서는 위 사건을 예리하게 분석해 놓았다.

78_ Spruch Nr. 417(Bl. 424) vom 13. 5. 22.50 Uhr(5. 13. 22:50. 무선통신 417호), BA-MA, RH 27-1/5.

79_ 10.PzDiv, KTB, 13. 5. 1940, BA-MA, RH 27-10/9; Div. Bef., 13. 5.(5. 13. 사단 명령), RH 27-10/107, Bl. 8 이하.

80_ 10.PzDiv, KTB, 13. 5. 1940, BA-MA, RH 27-10/9; PzPi(mot)89, KTB, RH 46/743, p.5; "Pi 49 im Feldzug in Frankreich"(「프랑스 전역의 제49공병」), Bl. 2(개인 소장); Wolfgang Fischer, *Ohne die Gnade der späten Geburt*(München: F. A. Herbig, 1990), p.58 이하; Hans Lüke, *Die Geschichte des Regiment 69*(『제69연대의 역사』)(Hamburg, 1986), p.53.

81_ 10.SchtzBrig, KTB, BA-MA, RH 37/1910, p.8.

82_ Schulze, "Erster vor Sedan"(「스당 전선의 선두에서」), *Militär-Wochenblatt* 125, Nr.43(1941), Sp. 1738.

83_ 자일러[Sailer] 예비역 소령의 서면 통보.

84_ KTB Schützenregiment 86, pp.6~7(개인 소장).

85_ 여기에서 인용한 루바르트의 전투보고서는 비텍의 책에서 발췌한 것이다. Erhard Wittek, *Die Soldatische Tat. Berichte von Mitkämpfern des Heeres im Westfeldzug 1940*(『한 군인의 활약—1940년 서부전역에서의 종군 보고서』)(Berlin: Im Deutschen Verlag, 1941), p.22 이하; Leixner, "Die Bunker bei Sedan fallen"(「스당지역 벙커들의 피탈」), *Mit den Panzern in Ost und West*, p.127 이하; PzPi(mot) 49, KTB, BA-MA, RH 46/743, pp.5~6; "Pi 49 im Feldzug in Frankreich", p.2 이하(개인 소장); Robert Brüning/Alex Buchner, *Unteroffiziere entscheiden ein Gefecht*(『부사관들이 전투를 결정짓다』)(Herford, 1981), p.99 이하; Fritz Lucke, "Übergang erzwungen"(「강요된 도하」), *Korps Guderian*(『구데리안 군단』)(Berlin, 1942), p.51 이하; Fischer, *Ohne die Gnade der späten Geburt*, p.61. 필자는 당시 제49기계화 공병대대의 부관참모였던 예비역 소령 자일러 씨에게서 소중한 정보들을 제공받았다. 그는 루바르트 중사가 철십자 훈장을 받는 데 기여한 인물이다. 또한 제10기갑사단의 전우회의 알베르트 쉬크Albert Schick 씨가 가치 있는 자료들을 다수 제공해 주었다. 그는 필자가 일련의 중요한 문서들을 참조할 수 있도록 도와주었다. 프랑스의 관점에 대해서는 다음 문서를 참조. Olivier, "Sedan, mai 40. Le secteur de la gare(Rapport de l'Adjutant-Chief Olivier, 5e Compagnie de mitrailleuses du 147e R.I.F.)"〔1940년 5월 스당. 철도 역 일대(올리비에 준위의 보고, 제147요새보병연대, 5기관총 중대)〕, *Le Pays Sedanais* 45, n.s., no.7(1980); Rapport du Lieutenant Lasson(라송 소위의 보고), Dossier 4: After-Action reports, Leflon, Loritte, Thirache, SHAT, 34 N 145, 147ème Régiment d'Infanterie de Fortresse; Dossier 9a: After-Action Reports, Auzas and Gabel, SHAT, 34 N 174, 295ème Régiment d'Infanterie; Berben/Iselin, *Die Deutschen kommen*, p.165, 197 이하, 224; Hans von Dach, "Panzer durchbrechen eine Armeestellung", *Schweizer Soldat* 47, no 2,(1972), p.79; Nr.5(1972), p.50; Doughty, *Breaking Point*, p.155 이하, 175 이하, 181 이하.

86_ 이 4개의 벙커들은 '통나무로 덮인 참호abri sous rondins'라는 둥근 형태의 목재 덮개가 있는 유개호로 내부도 목재로 축성되었다.

87_ 푸코 대위의 전투보고서에는 와들랭쿠르 방면에서 진출한 독일군의 한 특공대가 8-2 벙커를 탈취했다고 씌어 있다(SHAT, 34 N 178, p.14).

88_ 220벙커 일대의 비석(와들랭쿠르 북쪽의 철길 건널목에 위치)에는 벙커를 고수하던 프랑스군이 "독일군에게 포로로 붙잡혀 사살당하다"라고 씌어 있다. 제10기갑사단 전우회는 이 문장에 어폐가 있다며 다음과 같이 해명했다. 벙커의 프랑스군이 항복한 후 포로로 잡힌 한 프랑스 병사가 한바우어Hanbauer 소위를 뒤에서 가격해 쓰러뜨리자 격투가 벌어졌으며 또 다른 포로가 달려들었다. 그러자 다급해진 한 독일군 병사가 소총으로 프랑스군을 사살했다〔Gefechtsbericht der 2.Kp/SchtzRgt 86(제86보병연대 제2중대의 전투보고서), BA-MA, RH 37/138, Bl. 25〕. 프랑스 포로들의 행동은 헤이그 전쟁법에 위배되었다. 이에 따라 일단 포로가 된 군인은 전투원의 지위를 상실했고 어떠한 전투행위도 할 수 없게 되었다.

89_ Bericht des I.Btl/SchtzRgt 86 über den Maasübergang bei Sedan(스당에서의 마스 강 도하에 대한 제86보병연대 제1대대의 보고)(개인 소장); Leutnant Hanbauer, Einsatz der 2.Kompanie bei Sedan(2중대의 스당 지역 작전)(개인 소장); KTB, Schützenregiment 86: 13. 5. 1940.(제86보병연대, 전투일지: 1940. 5. 13), p.7(개인 소장); Kronbügel, Kradschützen vor: 7.Kp SchtzRgt 86 im Frankreich(오토바이 보병 진격하라!: 프랑스에서의 제86보병연대 제7중대), p.4 이하(개인 소장); 10.PzDiv, KTB. 13. 5. 1940, BA-MA, RH 27-10/9; Antrag Ritterkreuz Hanbauer(한바우어의 철십자 훈장 공적조서), RH 27-10/68; Gefechtsbericht der 2.Kp/SchtzRgt 86, Bl. 21 이하, BA-

MA, RH 37/138; 10.SchtzBrig, KTB, RH 37/1910, pp.8~9; Lucke, "Übergang erzwungen", p.51 이하.

90_ Dossier 4: Renseignements rapportés par M. Michard(File 4: 미샤르의 상황보고), SHAT, 34 N 145, 147ème Régiment d' Infanterie de Forteresse 참조.

91_ 제2기갑사단은 '비엔나 기갑사단' 이라고도 불렸다.

92_ 제2기갑사단의 작전에 관해서는 다음 문헌을 참조. Akten der 2.PzDiv: BA-MA, RH 27-2/1; p.17 이하; RH 27-2/11, pp.4~5; RH 27-2/92(도상 연습); RH 27-2/93, pp.3~4; Arbeitsstab Pioniergeschichte(공병 역사과), RH 12-5/425, p.2 이하; RHD 29/8: General der Pioniere und Festungen, "Denkschrift über die Französische Landesbefestigung"(「프랑스 요새에 대한 고찰」), p.260 이하; Gen. d. Inf. a.D. Rudolf Hoffmann, Angriff gegen Befestigungsanlagen. Deutsche Angriffe gegen ständige und verstärkte feldmäßige Befestigungsanlagen im Zweiten Weltkrieg(요새지역에 대한 공격작전. 제2차 세계대전 시 독일군의 효과적인 요새지역 작전), Study P-203, p.121 이하, BA-MA; Koelitz, "Die Schützen sind drüben", *Mit den Panzern in Ost und West*, p.142 이하; Eduard Curt Christophé, *Wir stoßen mit Panzern zum Meer*(『우리는 전차를 타고 바다를 향해 진격했다』)(Berlin: Steiniger Verlag, 1940), p.28 이하; Wilhelm Wassung, "der Maas-Übergang bei Donchery"(「돈셰리에서의 마스 강 도하」), *Mitteilungsblatt der (10) Wiener Division*(『(제10장) 비엔나 기갑사단의 보고서』), Folge. 39(1970), Nr.2(May), p.3 이하; Gegenbauer, "Im Westen. Mai 1940"(「1940년 5월 서부에서」), *Mitteilungsblatt der(2.)Wiener Division*, Folge 23, May 1966, p.45 이하; Franz-Joseph Strauß, *Friedensand-und Kriegserlebnisse einer Generation. Ein Kapitel Weltgeschichte aus der Sicht der Panzerjäger-Abteiliing 38(SF) in der ehem. 2.(Wiener) Panzerdivision*〔『한 세대의 전시와 평시의 경험—과거 제2(비엔나) 기갑사단 예하, 제38대전차 대대(자주화)의 관점에서 본 세계사의 한 장면』)(Kitzingen: desktop publication, 1981〕, p.45 이하. 당시 비엔나 기갑사단 전우회의 한스-크리스토프 카를로비츠Hans-Christoph Carlowitz는 그가 가진 많은 문서들을 필자에게 보여주었다(예를 들면 제3, 4전차연대의 전투일지의 발췌록 등). 프랑스 측의 관점에 대해서는 다음 문헌을 참조. SHAT, 32 N 254, 55ème Division d' Infanterie, 4ème bureau: Dossier 4: Récit des événements vécus par l' I.D. 55 du 10 au 15 mai 1940, p.13 이하; Colonel Chaligne, Rapport d' opérations pour les journées dés 10 au 14 mai 1940, p.12 이하; SHAT, 34 N 145, 147ème Régiment d' Infanterie de Fortresse: Extraits d' une lettre du Lieutenant Drapier, p.2 이하; Fiche no.340(Drapier); Crousse, Les opérations de *Sedan*, p.9 이하. 추가로 다음 문헌을 참조. Gounelle, *Sedan*, p.145, 167, 177, 183; Berben/Iselin, *Die Deutschen kommen*, p.164, 189~190, 226 이하, 250.

93_ Koelitz, "Die Schützen sind drüben", *Mit den Panzern in Ost und West*, p.144.

94_ 2개 대대가 야간에 이 지점에서 마스 강을 건넜다. 우익의 공세부대는 처음에 철수했다가 일부는 벨뷔 성에서 1,000m가량 북부에 위치한 파괴된 철교를 이용해, 나머지는 몽티몽에서 강을 건넜다. 제2기갑사단 예하 제2기갑여단도 제1기갑사단의 책임지역 내로 이동해 5월 14일 11시 13분에 골리에에 새로 구축된 문교를 이용해 마스 강을 건넜다. 제2기갑사단의 문교 설치(돈셰리의 파괴된 마스 강 교량에서 약 500m 동쪽 지점)는 5월 15일 05:00시경에야 완료되었다.

95_ Durchbruch der Gruppe von Kleist, BA-MA, RH 21-1/381, Teil. 2, p.45.

96_ 골리에의 문교 구축에 대해서는 다음 문헌을 참조. Akten des PzKorps Guderian: Gen.Kdo. XIX A.K., Abt. Ⅰa/Pi(구데리안 기갑군단의 문서 : 제19군단 사령부, 작전참모부/공병과), Nr. 472/40,

18.(25.) 4. 1940, Betr. Überwindung der Semois und Maas, (세무아 강과 마스 강 도하작전에 대해), BA-MA, RH 21-2/33; RH 21-2/36, Bl. 31; RH 21-2/41, p.27; RH 21-2/43, Bl. 66; Akten der l.PzDiv, RH 27-1/5(무선 교신); RH 27-1/14, Bl. 269~270; RH 27-1/170, p.18 이하; Kurt Grübnau, "Brückenschlag über die Maas westlich Sedan für den Übergang einer Panzerdivision"(「한 기갑사단의 도하를 위한 스당 서부의 마스 강변 교두보 구축」), *Militär-Wochenblatt* 125, Nr.27(1941). 마스 강 도하를 계획한 예비역 중령 그뤼브나우Grübnau는 필자에게 당시 상황에 대한 문서와 정보를 제공해 주었다. 예비역 중령 한스-위르겐 하르퉁Hans-Jürgen Hartung의 비공개 연구보고서〔"Der Angriff über die Maas bei Sedan am 13. Mai 1940"(1940년 5월 13일 스당, 마스 강변 일대에서의 공세)〕도 매우 가치 있었다.

97_ 예비역 중령 그뤼브나우의 이야기에 따르면 수 대의 정찰장갑차와 '1, 2문의 돌격포'만 마스 강을 건넜으나 너무 늦어 전투에 참가하지도 못했다.

98_ 그 전인 03:00시, 어둑한 새벽녘에 단 3개의 기계화 수색 정찰팀(각각 1대 또는 2대의 II호 전차를 포함)이 남쪽 방면을 정찰하기 위해 교량을 통과했다.

99_ 이는 3월 21일 코블렌츠에서 실시된 예행연습 중에 제1기갑사단에게 부여된 마스 강 도하작전에 관한 명령지에 명확히 기재되어 있다(BA-MA, RH 27-1/5, Bl. 434). 설치될 교량을 이용해서 도하하는 순서에 따라 예하 2개의 전차연대는 비교적 후방 제대에 편성되어 있었다. 단, 2개의 IV호 전차중대만은 전방 제대에 편성되어 있었는데 이들도 보병여단의 중화기 차량과 일부 포병부대를 후속해서 교량을 넘기로 계획되어 있었다. 그러나 이 두 전차중대는 제때 작전에 투입되지 않았다. 실제 작전 시 이 부분이 명령에서 삭제되었기 때문이다.

100_ 그라프 폰 킬만스에크와의 대화.

101_ Mellenthin, *Panzerschlachten*, p.27에서 인용.

102_ 오늘날까지 남아 있는 이 벙커는 불송에서 1,000m 남쪽의 퐁다고 북부 외곽 일대의 채석장에 있다.

103_ 파리 SHAT에 소장된 수많은 전투 보고서들에 '불송의 공황'이 기록되어 있다. 32 N 251, 55ème division d' Infanterie: Dossier 1: Labarbarie, La 55ème division d' infanterie à la bataille de Sedan 10-14 Mai 1940, p.33 이하; SHAT 32 N 254, 55ème Division d' Infanterie, 4ème Bureau, Dossier 4: Colonel Chaligne, Rapport e' opérations pour les journées dès 10 au 14 mai 1940, p.15 이하, 30~31; Récit des événements vécus par l' I.D. 55 du 10 au 15 mai 1940, p.16 이하, 30~31; SHAT 32 N 318, 71ème Division d' Infanterie: Dossier 0: 71.D.I.(제71보병사단), Intercalaire, no.2; Dossier 1: Rapport du Général Baudet concernant la 71e division(File 1: 제71사단에 대한 부데 장군의 보고서), p.8; Dossier 2: Rapport du Lt-Colonel Regnault(71.I.D.), 30. 5. 1941〔File 2: 레노 중령의 보고서(제71보병사단), 1941. 5. 30〕, Teil. IX, p.1; SHAT 34 N 174, 295ème Régiment d' Infanterie: Dossier 9: Rapport du Chef de Bataillon de Réserve Arnoul(File 9: 예비대대 대대장 아르눌의 보고), p.8 이하; Doughty, *Breaking Point*, p.191 이하, 240; Horne, *Über die Maas*, p.239 이하; Berben/Iselin, *Die Deutschen kommen*, p.232 이하, 249~250; Dach, "Panzer", *Schweizer Soldat* 47, Nr.5(1972), p.54; Shirer, *Zusammenbruch*, pp.678~679; Ruby, *Sedan*, p.132 이하; Gounelle, *Sedan*, p.186 이하, 212 이하; Grandsard, *Le 10e Corps d' armée*, p.141 이하; Paillat, *La guerre éclair*, pp.257~258, 271 이하; Jean-Louis Crémieux-Brilhac, *Les Français de l' an 40*, Bd 2(『1940년의 프랑스』)(Paris: Robert Laffont, 1990), p.575 이하; Paul Huvelin, "Sedan. Mai 1940: l' Armée française coupée en deux"(스당, 1940년 5월: 프랑스 육군이

둘로 나뉘다), *Historia*, no.521(May 1990), pp.57~58.

104_ Ruby, *Sedan*, pp.132~133.

105_ 프레누아 구역을 담당한 147요새 보병연대장 피노Pinaud 중령의 지휘소 입구는 불송으로 가는 도로의 커브 지점인 쇼몽 남쪽에 있었다. 이는 당시 기보고된 적 전차가 그의 지휘소를 지나가야 했음을 의미한다. 피노와 그의 참모장교들은 5월 13일 저녁, 쇼몽에서 독일 전차의 공격을 받았음을 수차례 부인했으며 이 '물체'를 '유령전차chars fantômes'라고 표현했다.

106_ 앞에서 기술했듯이 골리에의 문교는 5월 14일 00:10분에야 완성되었다. 03:00시에는 3개의 기갑수색분대가 도하를 완료했으나, 제1기갑여단은 매우 늦은 시각인 07:20분에 이 지점에 도달했다. 여러 가지 증거 문서들이 증명하듯이, 독일군 전차 또는 기계화 수색차량이 이미 5월 13일 저녁에 마스 강을 건넜다는 것, 그리고 19:00시경 브와 드 라 마르페를 통과해 계속 진격했다는 추측은 현실적으로 절대 불가능하다. 당시 골리에의 교량 가설을 지휘한 예비역 중령 그뤼브나우는 필자에게 나룻배로 몇 대의 장갑차량을 강 건너로 옮겼지만 보병을 지원하기에는 너무 늦어버린 상태였다고 설명했다. 그는 이렇게 강조했다. "사태의 시간적 순서를 따져 봐도 이러한 장갑차량들이 프랑스군 전차들을 공황으로 몰고 간 실질적 원인이었다고는 절대 볼 수 없다."

107_ 독일군 전투 보고서에는 301고지(라 불레트) 근처에서 버려진 프랑스군 전차 1대가 발견되었다고 씌어 있다. 그러나 오렝Bernard Horen은 *Fantassin de 40 ou le conteste contestataire*(『1940년의 보병과 불공정한 전투』, p.38)에서 이것조차도 전투용 차량이 아니라 제1차 세계대전 때 쓰인 낙후된 전차로, 당시에 트랙터로 사용되던 것(아마도 르노 FT 17형으로 추측)이라고 주장했다. 이 전차들은 벙커 구축을 위해 건설 자재들을 가파른 지형으로 운반하는 데 쓰였다. 야간에는 독일군 병사들이 전차를 '노획된 전투 차량'으로 오인할 수도 있었다.

108_ 라퐁텐 장군은 훗날 자신의 사단이 이른바 '제5열'의 제물이 되었다고 주장했다. 비시 괴뢰정권하에 열린 리옹 재판에서 스당의 재앙에 책임이 있는 사람들에 대한 조사가 진행되었다. 그때 독일 스파이뿐만 아니라 '사회주의 조직'이 '조직적인 공황'의 원인으로 지목되었다. 몇몇 장교들은 퇴각 명령을 누가 내렸는지를 진술할 것을 요구받자 증거를 대기가 곤란해졌다. 이들은 프랑스 군복을 입은 독일군 오토바이 전령들이 지휘소들을 옮겨 다니며 퇴각 명령을 전했다는 이야기를 만들어냈다. 이와 유사하게 'parachutistes', 즉 독일군 공수부대가 프랑스군의 전선 후방에서 혼란을 야기했다는 소문이 프랑스 전투 보고서에 나온다. 그러나 이러한 추측은 모두 사실이 아니다. 이때 독일군 공수부대는 네덜란드와 벨기에 북부에 투입되어 있었다.

109_ René Jacques Prioux, *Souvenirs de guerre 1939-1943*(『전쟁의 회고. 1939~1943』)(Paris: Flammarion, 1947), p.86에서 인용.

110_ 제10기갑사단의 가교는 스당 남부 외곽에 5월 14일 07:00시경 설치가 완료되었지만 11:00시경이 되어서야 정상적으로 사용할 수 있었다. 기술적 문제 때문에 이날 교량 설치는 수차례 중단되었다. 돈셰리에서의 가교 설치는 5월 15일 05:00시에야 완료되었다.

111_ François d'Astier de la Vigerie, *Le ciel n'était pas vide. 1940*(『1940년 하늘은 비어 있지 않았다』)(Paris: René Julliard, 1952), p.107.

112_ 위의 책, p.114.

113_ Philippe de Laubier, "Le bombardement français sur la Meuse. Le 14 mai 1940"(「뫼즈 강 지역의 폭격, 1940. 5. 14.」), *RHA*, no.160(1985), p.99에서 인용.

114_ 다음 BA-MA 문서를 참조. A.O.K. 12: Kriegsgliederungen(제12군: 전시편제표), RH 2O-12/4; Flakkorps I vom 9. 4. 1940(제1방공군단, 1940. 4. 9), RH 2O-12/7; PzGruppe Kleist,

Kriegsgliederungen, RH 21-1/318; PzKorps Guderian: Kriegsgliederungen, RH 21-2/54; Decknamenlisten der Divisionen(사단별 부대위장번호 리스트), RH 21-2/852; Flakregiment 102, Ia vom 24. 5(제102방공연대, 작전과, 5. 24), RH 21-2/63a; 2.PzDiv: KTB, RH 27-2/1, p.20; Kriegsgliederungen, RH 27-2/11; 10.PzDiv, RH 27-10/107, Bl. 10; Auszug aus dem Kriegstagebuch des Flakregiments 102(14. 5. 1950)〔제102 방공연대의 전투일지에서 발췌(1940. 5. 14)〕, RL 12/457; I./FlakRgt 18(제18방공연대 1대대), RL 12/545; Weise, I Flak Corps, BA-MA, Study D-111, p.10 이하; KTB leichte Flakabteilung 83(제83경방공대대의 전투일지)(개인 소장), p.5; Freter, Fla, p.174 이하; Herman Freter, "Das war unser 'Sedan-Tag.' Die Heeres-Fla im Westfeldzug: 234 Abschüsse"(「우리의 '스당의 날'이었다—서부전역 기간 중 육군 방공부대 : 234대의 적기를 격추하다」), *Neue Feuerwehr*(『새로운 소방수』), May 1986, pp.18~19; Hugo Novak, *Geschichte der ostpreußischen leichten Flakabteilung 71*(『동프러시아 제71경방공대대의 역사』)(Siegen, 1979), p.38, 44 이하; "Panzer", *Schweizer Soldat* 47, Nr.2(1972), p.80 이하.

115_ 몇몇 작가들은 여기에 I/38 중重방공대대를 포함하기도 한다. 그러나 이 부대는 당시 제3보병 군단 소속이었다.

116_ 이를 자세히 살펴보면, 세 개의 중방공포병대대(각각 구경 8.8cm 12문, 2cm 33문 보유)와 4개의 경輕방공포병대대(각각 구경 3.7cm 9문, 2cm 24문 보유)가 이곳에 배치되었으며, 추가적으로 세 기갑사단에 각기 편성되어 있던 3개의 방공포 중대(각 구경 2cm 방공포 12문을 보유)도 당시 작전에 참가했다.

- 제1기갑사단 예하 59방공포대대 2포대
- 제2기갑사단 예하 47방공포대대 2포대
- 제10기갑사단 예하 55방공포대대 3포대

이들의 36문의 방공포를 포함하여 총 303문의 방공포가 이곳에 배치되었다. 1940년 제1방공포군단장이었던 예비역 대장 바이제[Weise]의 증언에 따르면 제102방공포연대도 스당에 증원되었고 이 연대가 보유한 방공포 수만도 321문이었다. 그중 72문은 중방공포, 249문은 중中·경輕대공포였다(BA-MA, Study D111, p.10 이하 참조).

117_ Speidel, Der Einsatz, Teil 3, pp.239~240, 246 이하, 254~255, BA-MA, Study Lw 3/2; Kammhuber, Das Problem der Erringung, BA-MA, Study Lw 12, Bd 2, pp.19~20; Einsatz des II.Fliegerkorps in Frankreich. Verschiedene Ausarbeitungen(프랑스 전역에서의 제2비행단의 작전, 각종 연구서), ZA 3/44, BA-MA; Westen 1940, Lageberichte Luftflotten 2 und 3, vom 14. 5. 1940(1940년 서부, 상황보고, 제2·3항공군, 1940. 5. 14), pp.62~63, ZA 3/59, BA-MA; Balke, *Luftkrieg*, Bd 1, pp.90~91; Bekker, *Angriffshöhe 4000*, p.143 이하.

118_ Denis Richards/ Hillary St. George Saunders, *The Fight at Odds*(London: Her Majesty's Stationery Office, 1953), p.120.

119_ Kielmansegg, *Panzer*, pp.115~116.

120_ 연합군의 공중작전과 이때의 손실에 대해서는 다음 자료를 참조. Karl J. Walde, *Guderian*(Frankfurt a. M.: Ullstein, 1967), p.93; Gérard Giuliano, "Dans le ciel de Sedan, le 14 mai 1940"(「스당의 상공에서, 1940. 5. 14」), *Terres Ardennaises*, no.21(December 1987); J. Sacré, "14 mai 1940. Le Bombardement allié sur la tête de pont de Sedan"(「1940. 5. 14. 스당의 교두보에 대한 연합 공군의 폭격」), "La chasse au-dessus de Sedan"(「스당 상공의 공중전」), *Le Pays Sedanais 55*, no.17(1990); Laubier, "Le bombardement"; Gunsburg, *Divided*, pp.201~202; Horne, *Über die*

Maas, p.268 이하; Berben/Iselin, *Die Deutschen kommen*, p.285 이하; Dach, "Panzer", *Schweizer Soldat* 47, no.5(1972), p.56 이하; d'Astier de la Vigerie, *Le ciel*, p.107 이하; Piekalkiewicz, *Luftkrieg*, p.74; Richards, *Fight*, pp.120~121; *Histoire de l'aviation militaire français*, p.376, 380; Robert Jackson, *Air War over France. May-June 1940*(London: Ian Allen, Ltd., 1974), p.62 이하; Crémieux-Brilhac, *Les Français*, Bd 2, p.659 이하; Danel, "En mai-juin 1940", pp.56~57; "Le bombardement dans la bataille"(Bombardment in Battle), *Icare*, no.57(spring-summer 1971), p.63, 67; Raymond Brohon, "Le groupement de bombardement No 10"(「제10폭격기 전대」), *Icare*, no.57(spring-summer 1971), pp.88~89; Jean Veron, "Détruire les ponts de la Meuse"(「마스 강 교량을 파괴하다」), *Icare*, no.57(spring-summer 1971); Robert Ankaoua, "Le 14 mai à Sedan"(「5월 14일 스당에서」), *Icare*, no.57(spring-summer 1971), p.129 이하. 독일 측 문서에 기재된 숫자는 다소 과도하게 책정된 것이다. 이는 1대의 전투기를 격추한 각 대공포 부대들이 중복해서 보고했기 때문이다.

121_ 그 예로 Crémieux-Brilhac, *Les Français*, Bd 2, p.659 참조.

122_ Churchill, *Der Zweite Weltkrieg*, Bd II, 1.Buch, p.60.

123_ Guderian, *Erinnerungen*, pp.94~95.

124_ Berben/ Iselin, *Die Deutschen kommen*, pp.134~135에서 인용.

125_ Grandsard, *Le 10e Corps d'armée*, p.135.

126_ 카슈Cachou가 라바르트Labarthe 중령의 조치를 승인했는지는 확인되지 않았다.

127_ 역습 명령(ordre particulier No 32)지는 반 페이지에 불과했다. 다음 글을 참조. Dossier 6: 10ème Corps d'Armée, 3ème bureau〔File 6: 제10군단, 제3참모부(작전)〕, SHAT, 30 N 92: 10ème Corps d'Armée, 3ème bureau.

128_ Grandsard, *Le 10e Corps d'armée*, p.165.

129_ 훗날 라퐁텐 장군은 역습작전에 참가할 부대들이 너무 늦게 배속되었다면서 자신의 실책을 해명했다. 그러나 그랑사르 장군은 자신이 제55보병사단장에게 역습을 지시한 시각, 즉 19:00시에 이미 배속관계가 명확히 설정되었다고 강력하게 주장했다. 위의 책, p.143, 161 이하 참조.

130_ 명령이 하달된 05:00시가 조금 지난 시각, 제7전차대대의 선두부대는 이미 셰메리에 들어와 있었다.

131_ Dossier 4: Colonel Chaligne, p.24, SHAT, 32 N 254: 55ème Division d'Infanterie, 4ème bureau.

132_ 이 사항에 관해서는 특히 다음 문헌을 참조. Grandsard, Le 10e *Corps d'armée*, p.134 이하, pp.143~144, 146 이하, 161 이하; SHAT, 30 N 92: 10ème Corps d'Armée, 3ème bureau: Dossier 6: 10ème Corps d'Armée, 3ème bureau(Befehle)〔File 6: 제10군단, 제3참모부(작전참모부)(명령)〕; SHAT, 32 N 251: 55ème Division d'Infanterie, Dossier 1: Labarbarie, p.35 이하; Rapport du Général Lafontaine sur la bataille dès 13 et 14 mai 1940(1940. 5. 13/ 14일 전투에 대한 라퐁텐 장군의 보고), Dossier 1a: Général Lafontaine, Renseignements sur la 55e division(File 1a: 라퐁텐 장군, "제55사단의 정보"), SHAT 32 N 254: 55ème Division d'Infanterie, 4ème bureau: Dossier 4: Récit des événements, p.22 이하; Colonel Chaligne, p.20 이하. 단행본으로 다음 문헌을 참조. Doughty, *Breaking Point*, p.245 이하; Berben/Iselin, *Die Deutschen kommen*, p.245 이하, 261 이하; Ruby, *Sedan*, p.134 이하, 148 이하; Gounelle, *Sedan*, p.213 이하, p.233 이하.

133_ Grandsard, *Le 10e Corps d'armée*, p.147.

134_ Krajewski, "Die 'schwarzen Husaren' bei Bulson"(「불송의 '흑기병'」), *Mit den Panzern in Ost und West*, p.137.

135_ FCM(Forges et Chantiers de la Méditerranée)형 전차는 실제로 프랑스 전차 모델 중 가장 취약했다. 그럼에도 불구하고 두꺼운 40mm 장갑은 독일군 전차에 심각한 문제를 안겨주었다. 포신이 짧은 독일군 IV호 전차는 단거리에서만 효력이 있었다. III호 전차의 관통력도 불충분했다. 당시 불송의 전차전에서 전차중대를 지휘한 예비역 소령 폰 그롤만von Grolman(당시 중위)은 필자에게 다음과 같이 말했다. "우리의 주포(3.7cm)로는 프랑스군 전차의 포탑과 궤도밖에 파괴할 수 없었다." 독일군 I호와 II호 전차는 전차전에 전혀 부적합했고 후방에 위치시켜 피해를 줄였다. 그러나 구식의 3.7cm 주포를 장착한 프랑스의 FCM 전차도 사거리가 짧아 전차전에 운용하기에는 적합하지 못했다.

136_ Gefechtsbericht des Oberleutnants Beck-Broichsitter, IRGD(14. Mai)〔(베크-브로이히지터 중위의 전투보고, 대독일보병연대(5. 14)〕, BA-MA, RH 37/6332.

137_ 독일군 전차대대들은 '지퍼 형태'로 전투에 투입되었다. 제2전차연대 1대대(크라예프스키 중대를 포함)는 불송으로, 제2전차연대 2대대(클라이스트 중대를 포함)는 코나주 방면으로, 제1전차연대 2대대도 불송으로, 제1전차연대 1대대는 코나주 방면으로 기동했다.

138_ Ruby, *Sedan*, p.149.

139_ 원래 제213보병연대는 제55보병사단 예하부대였다. 5월 7일까지 빌레르 쉬르 바르 구역 좌측을 담당했고 이후 제331보병연대와 교대했다. 역습작전 수행 시 이 부대는 완편(원래 편성대로)된 상태로 전투력이 양호했고 반면 스당 지역에 남은 연대들은 로테이션 원칙에 따라 병력이 뒤섞여 있었다.

140_ Doughty, *Breaking Point*, p.264.

141_ 불송과 코나주에서 있었던 두 전투에 대해서는 다음 문헌을 참조(모두 BA-MA). Arbeitsstab Pioniergeschichte(공병 역사과), RH 12-5/397, p.4; PzKorps Guderian, RH 21-2/41, p.35; 1.PzDiv: RH 27-1/14, Bl. 7~8, 29 이하, 79~80, 81~82, 83~84, 99, 120, 205~206; RH 27-1/170, p.20 이하; Bericht II.Btl/ IRGD, 14. 5(p.3), RH 37/6328; Panzerschlacht südlich Sedan(스당 남부에서의 전차전), Pz.Jg.Kp./IRGD, 14 Mai, RH 37/6332; Kriegschronik(전투 연대기), 15.IRGD, RH 37/6335, p.21 이하; Beck, Oblt., Amtlicher Bericht über das Gefecht bei Chémery am 14. 5("5월 14일 셰메리 일대 전투에 대한 공식 보고서"); Bericht Oblt. Beck-Broichsitter aus Völkischer Beobachter vom 1. 1. 1941(베크-브로이히지터 중위의 보고서 1941. 1. 1의 민족의 감시자의 내용 중 발췌), RH 37/6391; 5.PzRgt 1, Tagebuch(전투일지), RH 39/30, pp.12~13; SHAT, 32 N 251: 55ème Division d'Infanterie: Général Lafontaine, "Renseignements sur la 55e division", pp.2~3; Rapport du Général Lafontaine(18. 5. 1940), p.2 이하; Labarbarie, p.39 이하; SHAT, 32 N 254: Dossier 4: Récit des événements, p.24 이하; SHAT 32 N 254; Colonel Chaligne, p.23 이하; SHAT, 34 N 174: 295ème Regiment d'Infanterie: Dossier 9: Rapport du Montferrand (sowie Rapport complementaire)〔File 9: 몽페랑의 보고서(추가 보고서 포함)〕; Rapport du Lieutenant-Colonel Demay(드메 중령의 보고), pp.5~6; Guderian, *Erinnerungen*, p.94; Balck, *Ordnung im Chaos*, p.271 이하; Krajewski, "Die 'schwarzen Husaren' bei Bulson", *Mit den Panzern in Ost und West*, p.136 이하; Durian, *Großdeutschland*, p.71 이하, 85 이하; Christian von Lucke, *Die Geschichte des Panzer-Regiment 2*(『제2전차연대의

역사』)(Stade: Boss-Druck und Verlag, 1953), pp.31~32; Stoves, *1.Panzer-Division*, p.97 이하; Dach, "Panzer", *Schweizer Soldat* 47, Nr.2(1972), p.84 이하, Nr.5(1972), p.58 이하; Berben/Iselin, *Die Deutschen kommen*, p.246 이하, 261 이하; Doughty, *Breaking Point*, p.255 이하; Grandsard, *Le 10e Corps d'armée*, p.161 이하; Ruby, *Sedan*, p.135 이하, 148 이하; Gounelle, *Sedan*, p.233 이하, 299 이하; Le Goyet, "Contre-attaques manquées", p.111 이하; Paillat, *Le guerre éclair*, p.261 이하; Giuliano, *Les combats du Mont-Dieu*, p.14 이하; Yves Buffetaut, *Guderian perce à Sedan*(『구데리안이 스당에서 돌파하다』)(Paris, 1992), p.40 이하. 필자는 당시의 목격자들로부터 몇 가지 귀중한 자료들을 접수했다. 예비역 대령 크리스티앙 폰 루케Christian von Lucke, 예비역 소령(장군참모 출신) 프리드리히 폰 그롤만Friedrich von Grolman, 헬무트 베크-브로이히지터Helmut Beck-Broichsitter 씨 들은 당시 중위로서 코나주 일대에서 대전차 부대를 지휘했다.

개인이 소장한 문서들은 다음과 같다. Scheibe, "Panzer-Aufklärungs-Abteilung 4 im Westfeldzug" (「서부전역에서의 제4기갑수색대대」); Lesch, Bericht über ein Unternehmen [eines Panzerspähtrupps] am 14. Mai 1940 bei Chéhéry(Gefechtsbericht 2.Kp/PzRgt 2, abgefaßt 20. 5. 1940)(Handstreich auf die Brücke von Omicourt)〔기계화 정찰대의 작전 보고서, 1940. 5. 14, 셰에리 일대(제2전차연대, 2중대의 전투보고서,(1940. 5. 20. 작성)(오미쿠르 교량 기습)〕; "Feldzug gegen Frankreich(Sturmpionierbataillon 43), dabei Oberleutnant Korthals, Bericht der 3. Kompanie sowie Oberleutnant Koska, "Tagebuchblätter des Bataillonsadjutanten"〔프랑스 전역(제43강습공병대대), 코르탈스 중위의 '제3중대의 보고서'와 코스카 중위의 '대대 부관장교의 일기'〕; 제1, 2전차연대의 문서들 참조(롤프 스토베스Rolf Stoves 씨를 통해 입수).

142_ Gesammelten Funkssprüche vom 14. Mai(5월 15일의 무선교신 모음), in der Akte des PzKorps Guderian, BA-MA, RH 21-2/47a.

143_ Gen. d.Inf a.D. Günther Blumentritt, Westfeldzug, Bd 2, Study P-208, pp.39~40, BA-MA.

144_ Schreiben Halders an Sodenstern vom 12. 3. 1940(1940. 3. 12, 할더가 조덴슈테른에게 보낸 문서), p.5, BA-MA, RH 19 I /38, Bl. 160; HGrA, KTB, RH 19 I /37, Bl. 22.

145_ Halder, KTB, Bd 1, p.231(17. 3. 1940).

146_ 07:30분경 제1보병연대의 전위부대는 북쪽 방면에 위치한 오미쿠르Omicourt의 아르덴 운하의 교량 중 하나를 이미 확보했다. 12:00시경 제2기갑사단의 보병부대들도 안노뉴Hannogne 지역의 교량을 획보했고 곧바로 마스 강과 아르덴 운하의 결합 지점과 근접한 중요 지형인 퐁더비르Pont à Bar의 교량도 탈취했다. 최선두의 전차들은 14:30분부터 이곳을 통해 서쪽으로 진격했다.

147_ PzKorps Guderian, BA-MA, RH 21-2/41, p.35 이하; 1.PzDiv, RH 27-1/170, pp.22~23; Guderian, *Erinnerungen*, p.95; Walde, *Guderian*, p.93; Bradley, *Wenck*, p.141.

148_ Gruppe Guderian Berichte(구데리안 군의 보고), Berichte und Bilder zur Erinnerung an den Siegeszug vom 9. Juni bis zum 23. Juni 1940 unter Führung des Generals der PzTruppe Guderian(1940. 6. 9~23 전승에 대한 보고, 구데리안 장군의 지휘 아래)(Berlin, 1940), p.7.

149_ Horne, *Über die Mass*, p.456에서 인용.

150_ Clausewitz, *Vom Kriege*, p.311.

151_ Gribble, "Blitzkrieg", p.186.

152_ 여기의 정확한 숫자는 제2기갑사단에서만 파악된 숫자를 토대로 계산된 것이다(KTB, BA-MA, RH 27-2/1. Bl. 62~63 참조). 5월 13일 이 사단의 손실은 사망 27명, 부상 86명, 실종 2명이었으며 5월 14일에는 사망자가 7명, 부상자는 25명뿐이었다. 제1, 10기갑사단의 손실은 단편적으

로 남아 있는 문서들에서 확인되지만 현재까지 알려진 바에 따르면 이 부대들의 손실은 제2기갑사단보다 훨씬 더 적었다고 한다. 이 사단은 자력으로 마스 강을 건너지 못한 유일한 부대였는데, 이는 그들이 마스 강 도하를 시도할 때마다 막심한 피해를 입고 퇴각했기 때문이다. 이를 고려한다 해도 사망자 120명, 부상자 400명이라는 숫자는 다소 과하게 산출된 것 같다.

153_ Deighton, *Blitzkrieg*, p.226에서 인용.

154_ 수적인 비교에 대해서는 제9장을 참조.

155_ Pierre Le Goyet, *Le mystère Gamelin*(『가믈랭의 미스터리』)(Paris: Presses de la Cité, 1975), p.316; "La percée de Sedan", p.25; Michael Glover, *The Fight for the Channel Ports. Calais to Brest, 1940: A Study in Confusion*(London: Leo Cooper, 1985), p.33; Brausch, "Sedan 1940", p.86; Preter, *Fla*, p.142; Soldan, "Der Durchbruch über die Mass"(「마스 강의 돌파」), *MWR* 5, Nr.3(1940), p.309; Uhle-Wettler, *Höhe-und Wendepunkte*, p.291. 프랑스군 총사령관 가믈랭은 5월 15일 오후에 이미 이 전쟁에서 패배했음을 깨달았다고 말했다(*Servir*, Bd 3, p.399, Bd 1, p.342). 프랑스 수상 레노는 이미 5월 14일 모든 것이 결판났다고 생각했다. 그는 5월 15일 윈스턴 처칠에게 다음과 같은 전보를 보냈다. "우리는 어젯밤의 전투로 이 전쟁에서 패했습니다. 파리로 통하는 기동로가 완전히 개방됐습니다." (Shirer, *Zusammenbruch*, p.713 참조)

제6장 마스 강 전선의 붕괴

1_ GenKdo XIX. AK, Ia(19. 2. 1940)〔제19군단사령부, 작전참모부(1940. 2. 19)〕, BA-MA, RH21-2/31, p.4.

2_ Jacques Minart, *P.C. Vincennes: Secteur 4*(『뱅센의 지휘소: 제4구역』), Bd 2(Paris: Berger-Levrault, 1945), p.138; Gounelle, *Sedan*, p.225; Horne, *Über die Maas*, p.222.

3_ Horne, *Über die Maas*, p.222.

4_ Brausch, "Sedan 1940", p.84 참조.

5_ Gamelin, *Servir*, Bd 3, p.399; Bd 1, p.342.

6_ Halder am Sodenstern, 12. 3. 1940(할더가 조덴슈테른에게 한 통보, 1940. 3. 12), BA-MA, RH 19 I/38, Bl. 160.

7_ Grandsard, *Le 10e Corps d'armée*, p.132; Berben/Iselin, *Die Deutschen kommen*, p.174.

8_ Horne, *Über die Maas*, p.239; Gounelle, *Sedan*, pp.226~227; Grandsard, *Le 10e Corps d'armée*, pp.137~138; Rudy, *Sedan*, pp.144~145.

9_ Doughty, *Breaking Point*, p.279 참조. 5월 14일 오전 전멸한 제7전차대대의 전차들은 이 숫자에서 제외되었다.

10_ 원래 160대의 전차를 보유했다(Giuliano, *Les combats du Mont- Dieu*, p.32 참조).

11_ Historique du 21ème Corps d'Armée du 26 Août 1939 au 22 juin 1940(제21군단의 역사, 1939. 8. 26~1940. 6. 22), SHAT, 30 N 225: 21ème Corps d'Armée(제21군단), p.11. 이로써 제5경기병사단은 다시 제2군에 예속되어 플라비니 군의 좌측방을 엄호하는 임무를 맡았다.

12_ 제10군단장 플라비니는 24시간 만에 총 200여 문의 야포를 잃어 파산 지경에 이른 전투지원부대와 2개의 수색대대를 휘하에 두게 되었다. 더불어 군단예비대로서 시기를 놓쳐 역습에 참가하지 못

한 제4전차대대도 그에게 배속되었다. 그 외 나머지 부대들은 우측방 엄호에 투입되었다. 제3북아프리카보병사단은 우측에 인접한 제18군단에 배속되었다.

13_ Pierre Rocolle, *La guerre de 1940*, Bd 2(『1940년의 전쟁』)(Paris: Armand Colin, 1990), 370n.36.

14_ 1.PzDiv, KTB, BA-MA, RH 27-1/170, p.22.

15_ Giuliano, *Les combats du Mont- Dieu*, p.37.

16_ 위의 책.

17_ Deighton, *Blitzkrieg*, p.283 참조; Shirer, *Zusammenbruch*, p.685 참조.

18_ Le Goyet, "Contre-attaques manquées", p.111 참조.

19_ 위의 책, pp.110~111.

20_ Shirer, *Zusammenbruch*, p.687.

21_ Le Goyet, "Contre-attaques manquées", p.116 참조.

22_ 5월 14, 15일 플라비니가 실시한 두 번의 역습 시도는 많은 문서들에 기록되어 있다. Dossier 1 bis, Rapport du Général Freydenberg sur les opérations executées par la II° Armée, du 10 mai au 25 juin 1940(File 1 bis, 제2군의 작전에 관한 프라이덴베르크 장군의 보고서, 1940. 5. 10~6. 25), SHAT, 29 N 27(old no, 25); Historique du 21ème Corps d'Armée du 26 Août 1939 au 22 juin 1940, SHAT, 30 N 225; Dossier 2: Rapport sur les opérations de la 3e D.I.M. en Mai et Juin 1940(File 2: 제3차량화보병사단의 작전 보고서, 1940. 5/6월), SHAT, 32 N 8: 3ème Division d'Infanterie motorisée(제3차량화보병사단); Dossier 3: Documents du Général Bertin-Boussu: 3e division d'infanterie motorisée(File 3: 베르탱-부수 장군의 문서: 제3차량화보병사단), SHAT, 32 N 8; Dossier 4/ I : Rapport du Colonel Lespinasse Fonsegrive au sujet des opérations du 12 au 25 mai 1940, 31 Mai 1940(File 4/ I : 1940. 5. 12~25, 레스피나스 퐁세리브 대령의 보고서, 1940. 5. 31일자), SHAT, 32 N 8; Doughty, *Breaking Point*, pp.271~272; Général Bertin-Boussu, *La 3e division d'infanterie motorisée 1939-1940*(제3차량화보병사단, 1939~1940); Le Goyet, "Contre-attaques manquées", "La percée de Sedan", p.44 이하; Giuliano, *Les combats du Mont-Dieu*, p.26 이하; Ruby, *Sedan*, p.161 이하, 182 이하, 194 이하; Bonotaux/Guerin, *Avec le 3e D.I.M. à Stonne*(『제3차량화보병사단과 스톤에서』); d'Ornano, "Après la percée de Sedan"(「스당 돌파 이후」), *RHDGM* 1(1950. 3.), p.35 이하; Paillat, *Le guerre éclair*, p.251 이하, 268 이하; Grandsard, *Le 10e Corps d'armée*, p.150, 170 이하; Deighton, *Blitzkrieg*, p.282 이하; Berben/Iselin, *Die Deutschen kommen*, pp.255~256, 282 이하; Horne, *Über die Maas*, p.266, 273 이하, 290 이하, 332 이하; Shirer, *Zusammenbruch*, p.683 이하; Hoth, "Das Schicksal", pp.374~375; Dach, "Panzer", *Schweizer Soldat* 47, Nr.2(1972), p.84 이하; Nr.5(1972), p.64 이하. 스톤 시장인 클로드 르페브르Claude Lefevre가 갖고 있던 많은 문서들을 필자에게 보여주었다.

23_ Deighton, *Blitzkrieg*, p.284.

24_ Bertin-Boussu, *La 3e division d'infanterie motorisée*, p.68 참조.

25_ Doughty, *Breaking Point*, p.280.

26_ Hoth, "Das Schicksal der französischen Panzerwaffe", p.375.

27_ Stefan Zweig, *Sternstunden der Menschheit. Zwölf historische Miniaturen*(『인류의 운명적 시간—역사적인 12장면』)(Frankfurt a.M.: Fischer-Taschenbuch-Verlag, 1988), p.108.

28_ Uffz(하사). Günter Krupp, "Stonne", BA-MA, RH 37/6391, Bl. 2.

29_ Kriegschronik 15.Kp/IRGD, BA-MA, RH 37/6335, p.25.

30_ 프랑스 역사가들이 자주 인용한 이 비교는 독일군 파울 바그너Paul Wagner 장군(소장)이 처음 했다. 그는 제79보병연대장으로 스톤 전투에 참가했다. Gounelle, *Sedan*, p.372; Bonotaux/Guerin, *Avec la 3e D.I.M. à Stonne*, p.50; Bertin-Boussu, *La 3e division d'infanterie motorisée*, p.94; Lt. Col.(중령) Bouissoux, *Combats des Ardennes. Stonne-Mont-Dieu-Tannay*(avec la 3e DCR et la 3e DIM)(『아르덴 전투. 스톤-몽디외-타네(제3경기병사단, 제3차량화보병사단과 함께)』), 1(unpublished); Giuliano, *Les combats du Mont-Dieu*, p.97 참조.

31_ Giuliano, *Les combats du Mont-Dieu*, p.97 인용.

32_ PzKorps Guderian, KTB, BA-MA, RH 21-2/41, p.24.

33_ Durchbruch der Gruppe von Kleist(클라이스트 기갑군의 돌파), BA-MA, RH 21-1/381, Teil 2, p.45.

34_ 위의 문서, pp.35~36; PzKorps Guderian, KTB, BA-MA, RH 21-2/41, p.36.

35_ Durchbruch der Gruppe von Kleist, BA-MA, RH 21-1/381, Teil 2, p.36.

36_ 위의 문서, p.39.

37_ 위의 문서.

38_ 그 전날 제4전차대대는 제10군단 예비대의 역습에 참가해야 했으나 너무 늦게 도착해서 투입되지 못했다.

39_ Pz.Jäg.Kp./IRGD, 15. 5. 1940, BA-MA, RH 37/6332.

40_ 위의 문서.

41_ 위의 문서. 힌델랑 상사와 그의 중대장(코나주에서 적 전차를 저지한) 베크-브로이히지터 중위는 기사철십자훈장을 받았다.

42_ Le Goyet, "Contre-attaques manquées", p.110 인용.

43_ Deighton, *Blitzkrieg*, p.284. 윙치제르의 참모장 라카유Lacaille 대령도 나중에 리옹에서 열린 국회 조사위원회에서 제2군은 '성공적인 방어작전'을 목표로 임무를 완수했다고 증언했다. Shirer, *Zusammenbruch*, p.689 참조.

44_ Spaeter, *Großdeutschland*, p.141. 이 중 전사자 103명, 실종 25명, 부상자는 442명에 달했다. 이는 5월 10~17일까지의 통계이며, 사상자 대부분이 스톤 전투에서 발생했다.

45_ Pz.Jg.Kp./IRGD, 17. Mai 1940, BA-MA, RH 37/6332. 이 사상자 통계는 주 44와 같은 기간에 발생했고, 거의 대부분의 손실이 5월 16, 17일의 스톤 전투에서 발생했다.

46_ 현재까지 프랑스 측의 관점에서 가장 상세히 기술된 문헌은 다음과 같다. Giuliano, *Les combats du Mont-Dieu*; Horen, *Fantassin de 40*. 다음 독일 측 문헌을 참조(모두 BA-MA). Arbeitsstab Pioniergeschichte(공병 역사과), RH 12-5/397, pp.4~5; VI.AK, KTB, RH 24-6/17, p.10 이하; 16.InfDiv, RH 26-16/28, p.1 이하; 24.InfDiv, RH 26-24/140, p.5; 1.PzDiv, RH 27-1/170, p.25; 10.PzDiv, RH 27-10/9(15-17 May); 10.SchtzBrig, RH 37/1910, pp.12~13; 11./IRGD, RH 37/6327; II./IRGD, RH 37/6328; 14./IRGD, RH 37/6332; 15./IRGD, RH 37/6335; 6./IRGD, RH 37/6391; Amtl. Bericht über das Gefecht bei Stonne(14.-16.5.) der 14./IRGD〔대독일보병연대 14중대의 스톤 전투 공식보고서(5. 14~16)〕, RH 37/6391; Gen.d.Inf a.D. Günther Blumentritt, Operative und taktische Schulbeispiele aus beiden Weltkriegen Bd 3 Teil 4: Panzer-Begegnungsgefecht im Westen, Mai 1940, bei Stonne(양차대전에서의 작전술, 전술적 교훈적 사례. vol.3,: 스톤에서의 전차전, 1940. 5), Studies by Historical Division, Headquarters, U.S. Army,

Europe, Study B-306, 1-3 BA-MA; 프랑스 측 문헌(모두 SHAT): Dossier 1 bis, Rapport du Général Freydenberg sur les opérations executées par la II°(Armée, du 10 mai au 25 juin, p.7 이하, 29 N 27(old no.25); Historique du 21ème Corps d'Armée du 26 Août 1939 au 22 juin 1940, pp.11~12, 30 N 225; Dossier 2: Rapport sur les opérations de la 3e D.I.M. en mai et juin, p.15 이하, 32 N 8; Dossier 3; Documents du Général Bertin-Boussu: 3e division d'infanterie motorisée, 32 N 8; Dossier 4/I: Rapport du Colonel Lespinasse Fonsegrive au sujet des opérations du 12 au 25 mai 1940, 31 Mai 1940, p.8 이하, 32 N 8; Dossier 0/4/II: Général Wagner, Combats du 79ème Régiment d'Infanterie près de Stonne et Mont-Damion(스톤과 몽다미옹 일대에서 제79보병연대의 전투), 32 N 8; Dossier O/4/III: Général Schaal, Les combats de la 10(Panzer Division dans la région de Stonne les 14, 15 et 16 Mai 1940)(스톤 지역에서의 제10기갑사단의 전투, 1940. 5. 14, 15, 16), 32 N 8; Spaeter, *Großdeutschland*, p.125 이하; Hans von Tettau/Kurt Versock, *Geschichte der 24. Infanterie-Division*(『제24보병사단의 역사』)(Stolberg, 1956), p.33 이하; Fritz Memminger, *Die Kriegsgeschichte der Windhund-Division*(『그레이하운드 사단의 전투사』)(Bochum-Langendreer, 1962), sec. T 18/1-53; Wolfgang Werthen, *Geschichte der 16.Panzer Division*(『제16기갑사단의 역사』)(Bad Nauheim, 1958), p.12 이하; Hans Lüke, *Auszug aus der Geschichte des Regiments 69*(『제69연대 약사略史』), p.55 이하(사적 기록물들); Franz Kurowski/Gottfried Tornau, *Sturmartillerie 1939-1945*(『돌격포병, 1939~1945』)(Stuttgart: Motorbuch, 1977), p.20 이하; Freter, *Fla*, pp.181~182; Gerhard von Schwerin, *Souvenirs de guerre. Sedan-Bulson-Stonne de 10 au 15 mai 1940*(recueillis par Michel Baudier)(『전쟁 회고록, 스당-불송-스톤, 1940. 5. 10~15』)(미셸 보디에 모음집)(n.p., 1990), pp.11~12; Le Goyet, "Contre-attaques manquées", p.126 이하; Jean Delmas et al., *Mai-juin 40. Les combattants de l'honneur*(『1940. 5~6. 그들은 명예를 위해 싸운다』)(Paris, 1980), p.94 이하; B. de Susbielle, "Chasseurs à pied, cavaliers et blindés au combat. Canal des Ardennes 16-23 mai 1940"(「전투에서의 경보병, 기병과 전차. 1940. 5. 16~23, 아르덴 운하」), *RHA*, no.2(1972), p.76 이하; Bonotaux/Guerin, *Avec la 3e D.I.M. à Stonne; Bertin-Boussu, La 3e division d'infanterie motorisée*, p.82 이하; Ruby, *Sedan*, p.183 이하, 212 이하; Bouissoux, Combat des Ardennes(미출판); Doughty, *Breaking Point*, p.227 이하, 290 이하; Pallud, *Blitzkrieg*, p.274 이하,

이와 관련해 필자는 다음 분들의 협조로 방대한 양의 개인 소장 문서를 참조할 수 있었다. 클로드 르페브르(스톤 시장), 노르베르트 디팡Norbert Di-Fant(로쿠르Raucourt), 예비역 중령 헬무트 플라이셔Helmut Fleischer(디트리히 슈타르케Dietrich Starcke의 문서모음집), 알베르트 쉬크Albert Schick(제10기갑사단 전우회), 예비역 중령 고트프리트 쉬체Gottfried Schütze(제43강습공병 대대 문건들), 예비역 소령(장군참모 출신) 헬무트 베크-브로이히지터Helmut Beck-Broichsitter(대독일보병연대 대전차 중대장).

47_ 프랑스군은 5월 18일에도 3회에 걸쳐 스톤 탈취작전을 재개했으나 결국 21:00시경 퇴각했다.

48_ 이 개인적 공훈으로 비요트 대위는 훗날 문화대훈장Ehrenlegion을 받았다. Giuliano, *Les combats du Mont-Dieu*, pp.51~52, 107(Anm. 15); Pallud, *Blitzkrieg in the West*, pp.275~276 참조.

49_ 독일군 보병부대 병력들은 339고지와 브와 뒤 몽디외 일대에 사각형의 삼림지대(318고지의 북서쪽)에 진지를 편성했다.

50_ 줄리아노Giuliano가 기술한(*Les combats du Mont-Dieu*, p.61) 이 사건은 이후 오랫동안 독일과 프랑스 퇴역군인들 사이에 오간 편지와 대화의 주요 주제였다. 제16사단의 참전 기고문인 *Unsere 16*(『우리의 제16사단』), October 1982, p.6을 참조. 특히 슈타케가 소유한 몇몇 문서들은 시사하는

바가 크다. 그가 수집한 편지들은 당시 치열한 전투에 참전했던 많은 병사들이 전쟁이 끝난 후 친구가 되었음을 보여주고 있다. 스톤에서 열리는 독일인과 프랑스인 연합의 정기 모임이 여기에 큰 역할을 했다. 제2차 세계대전 후 이 마을은, 제1차 세계대전 후 베르됭이 그랬던 것처럼, 과거의 적들이 화해하는 장소가 되었다.

51_ Horne, *Über die Maas,* p.514.

52_ 구데리안의 진격을 아르덴 운하 서편에서 저지하려 한 프랑스 제2, 6, 9군의 작전 시도에 대해서는 다음 BA-MA 문서들을 참조. PzKorps Guderian, KTB, RH 21-2/41, p.35 이하; 1.PzDiv, KTB, RH 27-1/170, p.22; 2.PzDiv, KTB, RH 27-2/1, p.21 이하; Dossier 1 bis, Rapport du Général Freydenberg sur les opérations executées par la II° Armée, du 10 mai au 25 juin, p.6 이하, SHAT, 29 N 27(old no.25); Ruby, *Sedan,* p.156 이하; Guderian, *Erinnerungen,* p.99 이하; Balck, *Ordnung im Chaos,* p.274 이하; Colonel Fox/Chef d' Escadron d' Ornano, "La percée des Ardennes"(「아르덴 돌파」), *RHDGM* 3, no.10-11(1953), p.105 이하; Georges Le Diberder, "Les spahis dans les combats des Ardennes"(「아르덴 전투의 기병」), Maurice Vaïsse, ed., *Ardennes 1940*(Paris: Henri Veyrier, 1990), p.154 이하; Bikar, "La 3e brigade de Spahis", p.397 이하; Bikar, "La 5e division légère de cavalerie", p.703 이하; Ch. Motch, "1939-1940, Le 12e régiment de chasseurs dans la tourmente"(「폭풍 속의 제12경보병연대, 1939~1940」), *Le Pays Sedanais,* no.17(1990), p.100; d' Ornano, "Après la percée"; Paillat, *La guerre éclair,* p.263, 286 이하; Shirer, *Zusammenbruch,* p.704 이하; Horne, *Über die Maas,* pp.271~272, 294 이하, 333 이하. 가장 최근의 문서로는 다음을 참조. Doughty, *Breaking Point,* p.230 이하, 273, 294 이하.

53_ Fox/d' Ornano, "La percée des Ardennes", p.108.

54_ Shirer, *Zusammenbruch,* p.705.

55_ Turnbull, *Dunkirk,* p.68 참조.

56_ 정확한 이름은 'Marc' 이다.

57_ Balck, *Ordnung im Chaos,* p.276.

58_ 위의 책, pp.276~277; Guderian, *Erinnerungen,* pp.96~97; Zindler, "Da erscheint plötzlich unser Herr Regimentskommandeuer"(「우리 가운데 갑자기 연대장이 나타나다」), *Mit den Panzern in Ost und West,* pp.175~176.

59_ Horne, *Über die Maas,* p.303에서 인용; Werner Picht, *Das Ende der Illusionen. Der Feldzug im Westen, ein Sieg der Tat über die Täuschung*(『망상의 종말. 서부전역, 기만에 대한 진실의 승리』)(Berlin: Mittler und Sohn, 1941), p.39.

60_ Denkschrift "Das Wesen des Angriffs",(보고서 「공세의 전제조건」), BA-MA, RH 27-6/1D, p.3.

61_ Reinhardt, "Im Schatten Guderians", p.334.

62_ 위의 글, p.337.

63_ Paul, *Brennpunkte,* p.59.

64_ Karl-Heinz Ganns, *Panzer-Artillerie Regiment 76*(1936-1945)〔『제76자주포연대(1936~1945)』〕(Köln, 1962), p.72.

65_ 일부 문헌에는 이 연대가 반쪽짜리 여단이라고 언급되어 있다.

66_ BA-MA, RH 21-1/22, p.12.

67_ Durchbruch der Gruppe von Kleist, BA-MA, RH 21-1/381, Teil 2, p.50.

68_ 프라이헤르 폰 에제베크Freiherr von Esebeck 대령은 훗날 히틀러 저항에 가담하여 그 용기를 다시 한 번 증명했다. 1944년 7월 20일, 대장이었던 그는 히틀러에 대한 쿠데타 혐의로 체포되었고 전쟁이 끝난 후 정치수용소에서 풀려났다. 이 사건의 주모자인 그라프 폰 슈타우펜베르크Graf von Stauffenberg 대령은 서부전역 중 제6기갑사단 군수참모부 장군참모장교로 근무했다.

69_ 몽테르메 돌파에 관해서는 다음 문헌을 참조(모두 BA-MA). 6.PzDiv, RH 27-6/1D, p.10 이하; RH 27-6/4, Bl. 78~79; RH 27-6/126, p.1~4; II./SchtzRgt 4(13.-15.Mai sowie Gefechtsberichte)〔제4보병연대 2대대(5월 13~15일 전투일지 및 전투보고서)〕, RH 37/10; I./SchtzRgt 4(13.-15. Mai), RH 37/11; XXXXI. AK, RH 24-41/2, p.31 이하; Ausführungen des Gen.d.PzTr. Reinhardt über den Maasübergang(마스 강 도하에 대한 라인하르트 기갑군단의 진술), RH 24-41/4; HGr A(13.-15. Mai), RH 19 I/37; AOK 12, Armeebefehl Nr.7 vom 15. 5. 1940(1940. 5. 15. 제12군사령부의 제7호 명령), RH 20-12/33; PzGruppe Kleist, RH 21-1/22, p.9 이하; Durchbruch der Gruppe von Kleist, BA-MA, RH 21-1/381, Teil 2, pp.28~29, 40~41, 47, 50 이하; Reinhardt, "Im Schatten Guderians", p.333 이하; Paul, *Brennpunkte*, p.59 이하; Ganns, *Panzer-Artillerie Regiment 76*, p.72 이하; Zeitzler, "Die Panzer-Gruppe v. Kleist", *EWKde* 8, Nr.5(1959), p.241; Berben/Iselin, *Die Deutschen kommen*, p.121 이하, 160 이하, 174~175, 179 이하, 203 이하, 237 이하, 253, 278 이하, 299 이하, 306 이하; Horne, *Über die Maas*, p.244 이하, 287 이하; Jean Delmas, "Les Ardennes dans les opérations française, rue d'ensemble et cas concret: Monthermé"(「프랑스군 작전기간 중 아르덴, 개관과 특정 사건: 몽테르메」), ed. Vaïsse, *Ardennes 1940*, p.103 이하; Delmas et al., *Mai-juin 40*, p.55 이하; Gounelle, *Seden*, p.195 이하, 320 이하; Lyet, "Mitrailleurs malgaches à Monthermé mai 1940"(「1940년 5월, 몽테르메의 마다가스카르 기관총 사수」), *RHA* 19, Nr.4(1963); Paillat, *La guerre éclair*, p.278 이하; "Das III.Bataillon Schützenregiment 4 erzwingt am 13. Mai den Maasübergang bei Monthermé(Einzelschilderung aus dem Krieg an der Westfront)"〔제4보병연대 3대대, 몽테르메에서 마스 강 도하를 실시하다.(서부전선에 대한 개인적 기술)〕, *MWR* 5(1940), p.358 이하; "Kradschützen voran! Verfolgung von der Maas bei Monthermé bis Montcornet durch 1./Kradschützen-Bataillion 6"(「오토바이 부대 앞장서라! 제6오토바이 대대 1중대의 몽테르메에서 마스 강 도하로부터 몽코르네까지의 추격 작전」), *MWR*, 1940, p.362 이하; Heinz Maassen, *Über die Maas. Die Erzwingung des Übergangs bei Monthermé*(『마스 강을 넘어서―몽테르메에서의 도하』)(Düsseldorf: Völkischer Verlag, 1941); Dach, "Panzer", *Schweizer Soldat* 47, Nr.5(1972), p.73 이하; Pallud, *Blitzkrieg in the West*, p.228 이하.

70_ Lutz Koch, *Rommel. Der "Wüstenfuchs"*(『롬멜, '사막의 여우'』)(Bielefeld: W. Goldmann, 1978), p.23, 24.

71_ Hasso von Manteuffel, *Die 7.Panzer-Division im Zweiten Weltkrieg. Einsatz und Kampf der "Gespenster-Division," 1939-1945*(『제2차 세계대전 시의 제7기갑사단―1939~1945년 '유령사단'의 작전과 전투』), pp.109~110; Horst Scheibert, *Gespensterdivision. Eine deutsche Panzer Division(7.) im Zweiten Weltkrieg*(『유령사단―제2차 세계대전 중 독일 제7기갑사단』)(Friedberg: Podzun-Pallas-Verlag, 1981), pp.42~43; Horne, *Über die Maas*, p.466; David Irving, *Rommel. Eine Biographie*(『롬멜 전기』)(Hamburg: Verlag Hoffmann und Campe, 1978), p.75.

72_ Bikar, "La 4e division légère de cavalerie française", p.647 이하; Berben/Iselin, *Die Deutschen kommen*, p.109 이하; Hans von Dach, *Kampfbeispiele*(『전투사례집』)(Frauenfeld, 1977), p.38 이

하; Detlev von Plato, *Die Geschichte der 5. Panzerdivision 1938-1945*(『1938~1945년 제5기갑사단의 역사』)(Regensburg, 1978), p.46; "An der Maas 1940"(「1940년 마스 강변에서」), *MWR* 5, Nr.3(1940), p.246 이하; Gounelle, *Sedan*, p.112 이하; Pierre Bertin, "Un régiment d'infanterie sur la Meuse en 1940: le 129e R.I. en Belgique"(「1940년 뫼즈 강을 따라서: 벨기에 제129보병연대」), *RHA* no.4(1972), pp.75~76; Paillat, *La guerre éclair*, p.172 이하; Buffetaut, *Guderian perce à Sedan*, p.32; Pallud, *Blitzkrieg in the West*, p.188.

73_ Paillat, *La guerre éclair*, p.176.

74_ 필자는 이에 대해 당시의 목격자들에게서 해답을 구할 수 있었다. 이들의 주소는 제5, 7기갑사단의 전우회(구트만Gutmann 씨와 펜셀린Penselin 씨)를 통해 입수했다. 필자가 입수한 문서들에는 제5기갑사단의 병사들이 처음으로 마스 강 서쪽에 도달했다는 사실이 기록되어 있다. 특히 소령으로서 제7오토바이보병대대를 지휘한 예비역 소장 프리드리히-카를 폰 슈타인켈러Friedrich-Carl von Steinkeller는 회고록(Erinnerungen, p.60)〔Auszug: Maasübergang des Kradschützen-Bataillons 7 der 7.Panzerdivision am 12./13. Mai 1940(발췌 : 1940. 5. 12/13. 제7기갑사단, 제7오토바이보병대대의 마스 강 도하)〕에 다음과 같이 썼다. "유명한 우의 제방을 통해 마스 강을 건넌 이들은, 알려진 것처럼 나의 오토바이 보병대대원이 아니라 인접한 제5기갑사단의 병사들이었다."

이 문제에 대해서는 다음 문헌들을 참조. "An der Maas", p.249 이하; Berben/Iselin, *Die Deutschen kommen*, p.142; Plato, *5.Panzerdivision*, p.48; Alfred Tschimpke, *Die Gespensterdivision. Mit der Panzerwaffe durch Belgien und Frankreich*(『유령사단—벨기에와 프랑스를 통과한 전차들』)(München: Zentralverlag der NSDAP, 1941), p.56 이하; Paillat, *La guerre éclair*, pp.175~176, 189 이하; Gounelle, *Sedan*, p.127 이하, 176(그림); Bertin, "Un régiment d'infanterie", p.79 이하, 84; Pierre Le Goyet, "Le 11e corps d'armée dans la bataille de la Meuse. 10-15 mai 1940"(「1940. 5. 10~15, 제11군단의 마스 강 전투」), *RHA* 18, no.1(1962), p.131 이하, 135; Henri Amouroux, *Le peuple du désastre 1939-1940*(『재앙에 빠진 국민들, 1939~1940』)(Paris: Robert Laffont, 1976), p.307 이하; Crémieux-Brilhac, *Les Français de l'an 40*, Bd 2, p.591 이하.

75_ Plato, *Die 5.Panzerdivision*, p.49, Gefechtsbericht des Feldwebels Blunk (3.Kompanie/Schützenregiment 14)〔중사 블룽크의 전투보고서(제14보병연대 3중대)〕

76_ *The Rommel Papers*. ed. B. H. Liddell Hart(New York: Harcourt, Brace, 1953), p.9.

77_ 위의 책, p.10.

78_ 이 불길한 무전 내용의 원본은 제7기갑사단의 문서에서 찾을 수 있다. BA-MA, RH 27-7/11, p.26.

79_ *The Rommel Papers*, p.12.

80_ Plato, *Die 5.Panzerdivision*, p.53. 플라토 중장은 제5기갑사단의 역사를 매우 훌륭하게 기록했다. 'Im Schatten Rommels(롬멜의 그늘에서)'라는 제목의 장에서 그는 롬멜을 부정적으로 기술했다. 그럼에도 불구하고 그는 롬멜을 자신의 사단장과는 다른 모범적인 지휘관이라며, "제5기갑사단의 지휘부는 제7기갑사단과는 달랐다. 제7기갑사단장은 첫날(5월 13일) 교두보에 두 번이나 다녀갔고 모든 지휘관들이 그를 따르게 만들었다."라고 썼다(위의 책, p.51).

81_ Minart, *P.C. Vincennes*, Bd II, p.135.

82_ Doumenc, *Histoire de la Neuvième Armée*, pp.86~87.

83_ Paillat, *La guerre éclair*, p.209.

84_ 5월 13, 14일간 디낭 전투에 대해서는 다음 문헌(모두 BA-MA)을 참조. 7.PzDiv, KTB, RH 27-7/3, Bl. 38 이하; Meldungen(통보), 13 May, RH 27-7/9; Funksprüche(무전통신), 14 May, RH 27-7/11; Einsatz im Frankreichfeldzug(프랑스 전역에서의 작전), RH 27-7/215, p.5 이하; "Rommelalbum"(「롬멜 앨범」), 13, 14 May, RH 27-2/220; 5.PzDiv, KTB, RH 27-5/179, p.10 이하; PzKorps Hoth(XV.AK): Meldungen, RH 21-3/28; KTB, RH 21-3/36, p.6 이하; Karten(상황도), RH 21-3/37; Korpsbefehle(군단 명령), RH 21-3/38; AOK 4: KTB, RH 20-4/54, p.32 이하; RH 20-4/62, Bl. 28 이하; RH 20-4/64, Bl. 20 이하; RH 20-4/68, Bl. 8 이하; Kurzer Überblick über die Operationen der 4. Armee(제4군의 작전 개관), RH 20-4/81. 추가로 제5, 7기갑사단의 전우회를 통해 구한 개인 소장 문헌들을 참조했다. Kriegstagebuch Nr. 2(II.Btl/SchtzRgt 7) vom 25. 11. 1939 bis 7. 7. 1940〔전투일지. No.2(제7보병연대, 2대대)〕, 1939. 11. 25～1940. 7. 7)(개인 소장 문서).

다음 문헌들을 참조. Hilfstudie(XI.AK, Mai) zu P-208 Bd 2: Generalleutnant a.D. Otto Heidkämper, Die Operationen des XV.AK(zeitweise Gruppe Hoth) in dem Feldzug in Nordfrankreich, 10.-30. 5. 1940〔연구보고서(제15군단, 5월), P-208, Bd 2: 예비역 중장 오토 하이트캠퍼, 북부 프랑스 전역기간 중 제15군단(호트 기갑군)의 작전〕, Historical Division, Headquarters, U.S. Army Europe, p.16 이하, BA-MA; Manteuffel, *Die 7.Panzer-Division im Zweiten Weltkrieg*, p.57 이하; Plato, *5.Panzerdivision*, p.48 이하; "An der Maas 1940", p.246 이하; *The Rommel Papers*, p.7 이하; Berben/Iselin, *Die Deutschen kommen*, p.146 이하, 175 이하, 208 이하, 240～241, 260 이하, 271 이하, 292 이하; Horne, *Über die Maas*, p.213 이하, 249 이하; Shirer, *Zusammenbruch*, p.690 이하; Kenneth Macksey, *Rommel. Schlachten and Feldzüge*(『롬멜—전투와 전역』)(Stuttgart: Motorbuch Verlag, 1982), p.44 이하; Deighton, *Blitzkrieg*, p.258 이하; Tschimpke, *Gespensterdivision*, p.53 이하; Hans von Luck, *Gefangener meiner Zeit. Ein Stück Weges mit Rommel*(『포로로 보낸 시간—롬멜과 함께한 날들의 기록』)(Bonn und Herford, 1991), p.56; Rocolle, *La guerre*, Bd 2, p.105 이하; Bertin, "Un régiment d' infanterie", p.84 이하; Yves Buffetaut, *Rommel. France 1940*(Bayeux: Editions Heimdal, 1985), p.29 이하, 194; Buffetaut, *Guderian perce à Sedan*, p.46 이하; Gounelle, *Sedan*, p.127 이하, 200 이하, 267 이하; Pierre Lyet, "La bataille de Belgique et du Nord(La campagne 1939-1940)"〔「북부와 벨기에에서의 전투(1930～1940년 진역)」〕, Teil 1, *RHA* 2, no.2(1946), p.49 이하; Doumenc, *Histoire de la Neuvième Armée*, p.83 이하; Le Goyet, "Le 11 e corps", *RHA* 18, no.1(1962), p.131 이하; no.2(1961), p.83 이하; Paillat, *La guerre éclair*, p.178 이하, 189 이하; A. Bikar, "La 1ère division légère de cavalerie française à l' est de la Meuse, les 10, 11 et 12 mai"(「프랑스 제11경기병사단, 뫼즈 강 동부에서, 1940. 5. 10, 11, 12.」), *RBHM* 26(1985-86), pp205～206; Bikar, "La 4e division légère de cavalerie française", p.649 이하; Colin, *Rommel et le franchissement de la Meuse*(『롬멜과 뫼즈 강 도하』)(Paris: École Superieure de Guerre, 1971); Crémieux-Brilhac, *Les Français*, Bd 2, p.591 이하; Amouroux, *Le peuple du désastre*, p.307 이하; Pallud, *Blitzkrieg*, pp.182～183; Gutzschhahn, "Zum 50. Jahrestag der Kämpfe in Belgien"(「벨기에 전역 50주년에」), Rundschreiben 2/1989 des Traditionsverbandes der ehem. 7. Panzerdivision(제7기갑사단 전우회 회람장 2/1989), pp.15～19.

85_ Shirer, *Zusammenbruch*, p.701 참조.

86_ 제7기갑사단은 1개의 전차연대(3개 전차대대)로 제5기갑사단은 2개의 전차연대(각각 2개의 전

차대대로 구성)로 편성되어 있었다.

87_ 제9군에 예속되어 있던 제6전차대대 중 최소 1개 중대가 프랑스 제1기갑사단에 배속되었다.

88_ Gefechtsbericht des Unteroffiziers Nökel(뇌켈 하사의 전투보고서), Plato, *5.Panzer-Division*, p.57.

89_ 프랑스군 제37 전차대대 3중대의 샤르 B 전차들에도 같은 운명이 들이닥쳤다. 이 전차들은 북쪽에서 제5기갑사단을 공격하려 했고, 그 과정에서 독일군 제8보병사단의 전투지역을 뚫고 들어갔다. 그러나 이 보병사단은 드네[Denée]의 서쪽 교차로 일대에서 포병, 대공포, 대전차부대로 구성된 대전차 저지진지를 구축한 상태였다. 9대의 샤르 전차는 한 애로隘路지역에서 격멸당하고 말았다.

90_ 플라비용의 전차전에 대해서는 다음 문헌들을 참조(모두 BA-MA): 7.PzDiv, KTB, RH 27-7/3, Bl. 39~40; Funksprüche(무선 교신), 15 May, RH 27-7/11; RH 27-7/212, p.6 이하; Einsatz im Frankreichfeldzug, RH 27-7/215, pp.9~10; Rommelalbum, 15 May, RH 27-7/220; 5.PzDiv, KTB, RH 27-5/179, p.14 이하; PzKorps Hoth(XV.AK): Meldungen(보고), RH 21-3/28; KTB, RH 21-3/36, p.15 이하; Karten(상황도), RH 21-3/37(K); Korpsbefehle(군단명령), RH 21-3/38; AOK 4: KTB, RH 20-4/54, p.56 이하; RH 20-4/69, Bl. 3 이하; Kurzer Überblick über die Operationen der 4. Armee(제4군 작전에 대한 소논평), RH 20-4/81; Plato, *5.Panzerdivision*, p.53 이하; Manteuffel, *Die 7.Panzer-Division im Zweiten Weltkrieg*, p.63 이하; Hoth, "Schicksal der französischen Panzerwaffe", p.372 이하; Gustav Schrodek, *Ihr Glaube galt dem Vaterland. Geschichte des Panzer-Regiments 15*(『조국을 향한 그들의 믿음—제15전차연대의 역사』)(München: Schild, 1976), pp.70~71; *The Rommel Papers*, p.14 이하; Freter, *Fla*, pp.145~146; Dach, "Panzer", Teil 2, *Schweizer Soldat* 47, Nr.5(1972), p.67 이하; Shirer, *Zusammenbruch*, p.699 이하, 706; Horne, *Über die Maas*, p.251 이하, 281 이하; Deighton, *Blitzkrieg*, pp.284~285; Berben/Iselin, *Die Deutschen kommen*, pp.313~314; Le Goyet, "Le 11e corps", *RHA* 18, no.2(1961), p.86 이하; Paillat, *La guerre éclair*, p.221 이하; Gounelle, *Sedan*, p.292 이하; Rocolle, *La guerre*, Bd 2, p.115 이하; Buffetaut, *Rommel*, p.36 이하; Buffetaut, *Guderian perce à Sedan*, p.56 이하; Pallud, *Blitzkrieg in the West*, p.241 이하.

91_ Heinrich Bücheler, "Die Panzerschlacht von Hannut. Pfingsten 1940"(「안뉘 전차전—1940년 오순절」), *Kampftruppen* 22, Nr.3(1980), p.126.

92_ 독일군이 로테르담에서 '테러 공세'를 계획했다는 신화는 역사학계에서 사실이 아님을 밝혀냈다. 예를 들어 부어크는 "로테르담에 대한 공세가 테러 공세가 아니듯, 게르니카에서의 공세도 테러가 아니다."라고 주장했다. Horst Boog, "Die Operationen der Luftwaffe gegen die Niederlande vom 10. bis 15. Mai 1940"(「1940. 5. 10.~15, 네덜란드 지역에서의 독일 공군 작전」), Hans-Martin Ottmer/Heiger Ostertag, eds., *Ausgewählte Operationen und ihre militärgeschichtlichen Grundlagen*(『선택된 작전과 군사사적 기본구상』)(Herford und Bonn: Verlag E. S. Mittler und Sohn, 1993), p.137 이하.

93_ 이 두 사단은 각기 88대의 호치키스 전차와 88대의 소뮤아 전차로 편성된 2개 연대로 구성되었으며, 제3경기계화사단은 추가로 호치키스 전차 63대를 보유한 제11차량화기병연대를 갖고 있었다.

94_ 호치키스 39형 전차의 전신은 호치키스 35형이다. 이 전차도 39mm의 장갑을 장착했는데 이는 IV호 전차의 장갑보다 훨씬 더 강력했다.

95_ Jeffrey A. Gunsburg, "The Battle of Belgian Plain, 12-14 May 1940: The First Great Tank Battle", *The Journal of Military History* 56, no.2(1992), pp.234~235 참조.

96_ Geschichte der 4.PzDiv, BA-MA, RH 27-4/199, p.50.

97_ 독일 공군의 작전에 대해서는 다음 문헌들을 참조. Hans Seidemann, Einsätze des Ⅷ. Fliegerkorps, p.22 이하, 27 이하, BA-MA, N406/4; Ⅷ. Fliegerkorps, Einsatz, BA-MA, RL 8/43, Bl. 10~11; Ⅷ. Fliegerkorps, KTB, BA-MA, RL 8/45, pp.21~22; Ibel, Jagdgeschwader 27, BA-MA, RL 10/591, p.26 이하; Lageberichte Luftwaffenführungsstab, Ic(공군총참모부의 상황보고, 정보참모부) Nos. 250-253, BA-MA, RM 7/337; Speidel, Der Einsatz der operativen Luftwaffe, Anlagen 48, 49, BA-MA, Study Lw 3/4a.

98_ XVI.(mot) AK, KTB, BA-MA, RH 21-4/518, p.62.

99_ 4.PzDiv, KTB, BA-MA, RH 27-4/6, p.14.

100_ 위의 문서.

101_ XVI.(mot.) AK, KTB, BA-MA, RH 21-4/518, p.70.

102_ 안뉘의 전차전과 겜블루의 돌파에 관해서는 다음 문헌들을 참조(모두 BA-MA). XVI.(mot) AK, KTB, RH 21-4/518, p.48 이하; RH 21-4/527, pp.42~43; 3.PzDiv, RH 27-3/245, p.11 이하; Offener Brief Zimmermann an Görlitz vom 6. 5. 1976(1976. 5. 6. 치머만이 괴를리츠에게 보낸 공개장), RH 27-3/251; 4.PzDiv, KTB, RH 27-4/6, p.6 이하; Geschichte 4.PzDiv, RH 27-4/199, p.45 이하; Speidel, Der Einsatz der operativen Luftwaffe, Teil 3, p.158 이하, Study Lw 3/2; Heidkämper, Die Operationen des XV. AK, Mai 1940, p.13 이하, BA-MA, Hilfsstudie(XV. AK, Mai), P-208, Bd 2. 당시의 상황이 가장 상세히 묘사된 문헌은 다음과 같다. Hermann Zimmermann, *Der Griff ins Ungewisse*; Gunsburg, "The Battle of Belgian Plain", p.207 이하; Hoth, "Das Schicksal der französischen Panzerwaffe", p.368 이하; Bücheler, "Die Panzerschlacht von Hannut", p.125 이하; Traditionsverband der Division, *Geschichte der 3.Panzer-Division*(『제3기갑사단의 역사』)(Berlin, 1976), p.44 이하; Joachim Neumann, *Die 4.Panzerdivision 1938-1943*(『제4기갑사단, 1938~1943』)(Bonn, 1985), Teil 1, p.102 이하; Ernst Frhr. von Jungenfeld, *So kämpften Panzer! Erlebnisse eines Panzerregiments im Westen*(『이것이 전차전이다! 한 전차연대의 서부 경험』)(Berlin: Deutscher Verlag, 1941), p.35 이하; Freter, *Fla*, pp.146~147; Horne, *Über die Maas*, p.195, 246~247, 278, 361; Shirer, *Zusammenbruch*, p.654 이하; Perrett, *Knights*, pp.56~57; Prioux, *Souvenirs*, p.55 이하; Pallud, *Blitzkrieg in the West*, p.160 이하; Paillat, *La guerre éclair*, p.123 이하, 320 이하.

103_ Josef Marolz, "Die Entwicklung der operativen Führung"(「작전술 지휘의 발전」), Teil 3, *ÖMZ* 11, Nr.5(1973), p.371 참조.

104_ 스위스를 상대로 한 기만대책에 대해서는 특히 다음 문헌을 참조. Janusz Piekalkiewicz, *Ziel Paris. Der Westfeldzug 1940*(『목표는 파리—1940년 서부전역』)(München und Berlin, 1986), p.88 이하, 104, 112~113.

105_ Liß, *Westfront*, pp.63~64. Operationsentwurf Tannenbaum('소나무' 작전기획안), BA-MA, RH 2/465와 같은 육군 총참모부의 문서들에 기재되어 있듯이, 이탈리아가 동참한 스위스 점령 계획은 서부전역이 종결된 후에야 수립・채택되었다. 클라우스 우어너Klaus Urner는 당시 상황을 이렇게 표현했다. "스위스도 흡수되어야 한다!" *Hitlers Aktionspläne gegen die Schweiz*(『히틀러의 스위스 계획』)〔Zürich: Verlag Neue Zürcher Zeitung(NZZ)〕, 1990).

106_ Piekalkiewicz, *Ziel Paris*, pp.164~165 참조.

107_ 위의 책, pp.167~168 참조.

108_ Horne, *Über die Maas*, p.138; Heusinger, *Befehl*, p.85.

109_ Shirer, *Zusammenbruch*, p.708 참조.

110_ 독일군이 제Ⅰ지구를 제압할 때, 이곳의 장갑포탑 4개 중 1개는 그 어떤 폭탄으로도 파괴할 수 없었다. 다음 날 아침, 이곳에 설치된 프랑스군의 기관총이 다시 불을 뿜었다. 프랑스군의 중重포병 화력 때문에 접근하기가 어려워 오후가 되어서야 이 장갑포탑을 제압할 수 있었다.

111_ Gérard Giuliano, *Les soldats du beton. La Ligne Maginot dans les Ardennes et en Meuse. 1939-1940*(『콘크리트의 병사들. 아르덴과 뫼즈 강을 따라 설치된 마지노선. 1939~1940』)(Charleville-Mézières: Éditions Terres Ardennaise, 1986), p.105.

112_ 위의 책, p.73.

113_ 라 페르테의 505 장갑벙커 전투에 관해서는 다음 문헌을 참조. Akte der 71.InfDiv: BA-MA, RH 26-71/76, p.9 이하; General der Pioniere und Festungen Denkschrift über die französische Landesbefestigung(공병장군과 프랑스 요새시설에 대한 고찰), BA-MA, RHD 29/8, p.191 이하; Werner Lahne, *Die Glückhafte Division. Mit den Bezwingern des Panzerwerks 505 nach Verdun und Nancy*(『행운의 사단—베르됭과 낭시를 향해, 505 장갑벙커의 탈취』)(n.p., 1940), p.9 이하; "Die Einnahme des Panzerwerke 505. Die 71.Infanterie-Division kämpft um den Eckpfeiler der Maginot-Linie"(「장갑벙커 505 탈취—제71보병사단의 마지노선 끝단에서의 전투」), *Alte Kameraden* 11, Nr.5(1963), p.34; Libor Vítez, *Ruhm und Fall der Maginotlinie*(『마지노선의 영광과 몰락』)(Prague: Orbis, 1942), p.121 이하; Krumsiek, "Angriff der 71. Infanterie-Division über die Chiers und Durchbruch durch die Maginotlinie(Einnahme des Panzerwerkes 505) vom 15. 5.-20. 5. 1940"〔「제71보병사단의 쉬에를 넘어, 마지노선의 돌파(505 장갑벙커의 탈취), 1940. 5. 15~20」〕, *Pioniere*(『공병』), 1959, Nr.1; Hans von Dach, "Kampf um ein Festungswerk [La Ferté]. Nach französischen und deutschen Kampfberichten dargestellt"(「라 페르테 요새지대에서의 전투—프랑스/독일의 전투보고서에서」), *Schweizer Soldat 43*, Nr.18(1967); Giuliano, *Les soldats du beton*, p.73 이하; Roger Bruge, *Faites sauter la ligne Maginot, Tome 1: Histoire de la ligne Maginot*(『마지노선의 붕괴, vol.1—마지노선의 역사』)(Paris: Fayard, 1973), p.209 이하; Rocolle, *La guerre*, Bd 2, p.86~87; Hans Nölke, *Die 71.Infanterie-Division im Zweiten Weltkrieg 1939-1945*(『제2차 세계대전에서의 제71보병사단, 1939~1945』)(Hannover: Druckhaus Pinkvoß, 1984), p.14 이하; Alain Hohnadel/Michel Truttmann, *Guide de la ligne Maginot: Des Ardennes au Rhin, dans les Alpes*(『마지노선 안내서, 아르덴에서 라인 강과 알프스까지』)(Bayeux: Editions Heimdal, 1988), p.31 이하; Pallud, *Blitzkrieg*, p.293 이하.

제7장 대서양 해안을 향한 진격과 측방 노출 문제

1_ Halder, *Kriegstagebuch*, Bd 1, p.297.

2_ Charles Messenger, *Blitzkrieg. Eine Strategie macht Geschichte*(『전격전—전략이 역사를 만든다』)(Bergisch Gladbach: Gustav Lübbe Verlag, 1978), p.206.

3_ Guderian, *Erinnerungen*, pp.81~82.

4_ 위의 책, p.82.

5_ Walde, *Guderian*, p.94 인용.

6_ Christian Zentner, *Der Frankreichfeldzug*(『프랑스 전역』) (Frankfurt, Berlin, Wien: Ullstein, 1980), p.93 인용.

7_ Akte Ⅰ./FlakRgt 18(제18방공연대 1대대의 문서), BA-MA, RL 12/545, p.5.

8_ PzKorps Guderian, KTB, BA-MA, RH 21-2/41, p.34.

9_ 위의 책, pp.37~39; Blumentritt, Westfeldzug, Bd 2, pp.39~40, BA-MA, Study P-208, Bd 2.

10_ Guderian, *Erinnerungen*, p.96.

11_ PzKorps Guderian, KTB, BA-MA, RH 21-2/41, p.52.

12_ Fischer, *Ohne die Gnade der späten Geburt*, pp.62~63.

13_ Churchill, *Zweiter Weltkrieg*, Bd 2, 1. Buch, pp.80~81.

14_ Guderian, *Erinnerungen*, p.98.

15_ PzKorps Guderian, KTB, BA-MA, RH 21-2/41, p.59 이하. 몽코르네에서의 정지명령에 대해서는 다음 문헌을 참조. PzGruppe Kleist, KTB, BA-MA, RH 21-1/22, pp.19~20; HGr A, KTB, BA-MA, RH 19 Ⅰ/37, Bl. 115 이하; Heeresgruppenbefehle 16. bis 18. Mai(5. 16~18. 집단군 명령), BA-MA, RH 19 Ⅰ/38; Blumentritt, Westfeldzug, Bd 2, pp.44~45, BA-MA, Study P-208, Bd 2; Jacobsen, *Dünkirchen*, p.41 이하.

16_ Paul, *Brennpunkte*, p.72.

17_ Mellenthin, *Panzerschlachten*, pp.39~40.

18_ 그라프 폰 킬만스에크 예비역 대장은 1993년 6월 7일 필자에게 다음과 같이 말했다. "히틀러의 몽코르네 정지명령 때문에 우리는 됭케르크에서 그만큼의 대가를 치러야 했다."

19_ Zeitzler, "Panzer-Gruppe v. Kleist", *EWKde* 8, Nr.5(1959), p.242.

20_ BA-MA, RH 19 I/37, Bl. 115.

21_ Halder, *Hitler als Feldherr*, p.16.

22_ 5월 17일 히틀러가 발령한 제12호 명령에 대해서는 다음 문헌을 참조. KTB der Operationsabteilung des Generalstabs des Heeres(육군 총참모부 작전참모부의 전투일지), BA-MA, RH 2/2972, pp.28~29; *Hitlers Weisungen*, pp.52~53.

23_ Liddell Hart, *Jetzt dürfen sie reden*, p.221(클라이스트의 진술); Manstein, *Verlorene Siege*, p.122, 127; Blumentritt, Westfeldzug, Bd 2, pp.44~45, BA-MA, Study P-208, Bd 2; Heusinger, *Befehl*, p.89.

24_ Guderian, *Erinnerungen*, p.98.

25_ Heusinger, *Befehl*, p.89.

26_ BA-MA, RH 19 I/37, Bl. 121.

27_ 그 예로 Halder, *Hitler als Feldherr*, p.16 참조.

28_ Blumentritt, *Von Rundstedt*, p.71; Westfeldzug, Bd 2, p.46, BA-MA, Study P-208, Bd 2.

29_ Halder, *KTB*, Bd 1, p.302.

30_ 위의 책.

31_ Blumentritt, Westfeldzug, Bd 2, p.44. BA-MA, Study P-208, Bd 2; Heusinger, *Befehl*, pp.89~90.

32_ Tagebuch Jodl, 18. 5. 1940, BA-MA, RW 4/32, p.50.

33_ Halder, *KTB*, Bd 1, p.303.

34_ Speidel, Der Einsatz der operativen Luftwaffe, Teil 3, p.278, BA-MA, Study Lw 3/2에서 인용.

35_ Liß, *Westfront*, p.165.

36_ 위의 책, p.170; Liß, "Deutsche Westoffensive", pp.216~217; Blumentritt, Westfeldzug, Bd 2, p.43, pp.54~55, BA-MA, Study P-208, Bd 2.

37_ ADAP, D, Bd 9, p.306.

38_ Manstein, *Verlorene Siege*, p.127.

39_ Halder, *KTB*, Bd 1, p.297.

40_ 위의 책, p.300.

41_ 위의 책, p.300; Blumentritt, Westfeldzug, Bd 2, p.53 이하, BA-MA, Study P-208, Bd 2.

42_ Halder, *KTB*, Bd 1, p.302.

43_ Manstein, *Verlorene Siege*, p.127.

44_ Liß, *Westfront*, p.167.

45_ Manstein, *Verlorene Siege*, pp.127~128; Liddell Hart, *Jetzt dürfen sie reden*, pp.220~221; HGr A, KTB, BA-MA, RH 19 I /37, Bl. 124.

46_ Roderick Macleod/Denis Kelly, eds., *The Ironside Diaries, 1937-1940*(London: Constable, 1962), p.317.

47_ Beaufre, *1940: The Fall of France*, p.183; *Le drame de 1940*, p.233.

48_ Shirer, *Zusammenbruch*, p.712 참조.

49_ Churchill, *Zweiter Weltkrieg*, Bd 2, 1.Buch, p.61.

50_ 위의 책.

51_ Shirer, *Zusammenbruch*, pp.713~714; Amouroux, *Kollabos*, p.156; Horne, *Über die Maas*, pp.307~308; Benoist-Méchin, *Der Himmel stürzt ein*, pp.83~84.

52_ Churchill, *Zweiter Weltkrieg*, Bd 2, 1.Buch, p.65.

53_ 위의 책, pp.65~66.

54_ Minart, *P.C. Vincennes*, Bd 2, p.163.

55_ Bauer, *Der Panzerkrieg*, p.80.

56_ Pierre Le Goyet, "L'engagement de la 2e division cuirassée française"(「프랑스 제2기갑사단의 작전」), *RHA* 20, no.1(1964), p.147 이하; Pallud, *Blitzkrieg in the West*, p.280 이하.

57_ Doughty, *Breaking Point*, p.318.

58_ 위의 책.

59_ Hoth, "Das Schicksal der französischen Panzerwaffe", p.376 인용.

60_ 구데리안의 구상은 군사적 수준에 한정된 반면, 드골은 작전술 규모의 기갑부대를 신설함으로써 혁명적인 군사-정책 개념을 실현하려고 했다. 동시에 그는 직업군인제도를 도입해야 한다고 주장했다. 이는 세인의 관심을 끈 저서인 『전문 직업군을 향하여' *Vers l armée de métier*』의 제목에서부터 잘 드러난다. 이 둘을 결합하려 한 그의 의도는 시기가 적당치 않다는 이유로 훗날 혹독한 비판을 받았고, 프랑스의 극우집단에게서는 '군사쿠데타'를 선전한다는 비난을 받기도 했다. Horne, *Über die Maas*, p.75; Robert A. Doughty, "De Gaulle's Concept of a Mobile Professional Army: Genesis of French Defeat?" *Parameters* 4, no.4(1974), pp.28~29; Wilhelm Deist, "De Gaulle et Guderian. L'influence des expériences militaires de la première guerre mondial en France et en Allemagne"(「드골과 구데리안—제1차 세계대전에서 도출된 프랑스와 독일의 군사적 영향」),

Etudes Gaulliennes(『드골 연구』), no.17(1977).

61_ Charles de Gaulle, *Vers l'armée de métier*(『전문 직업군을 향하여』)(Paris, 1944), 2d. ed., p.173.

62_ Charles de Gaulle, *Memoiren*(『회고록』), Bd 1: *Der Ruf 1940–42*(『호출, 1940–42』)(Berlin und Frankfurt, 1955), pp.36~37.

63_ de Gaulle, *Memoiren*, Bd 1, p.37.

64_ Kielmansegg, *Panzer*, p.164.

65_ de Gaulle, *Memoiren*, Bd 1, p.38.

66_ 몽코르네의 측방공격에 대해서는 다음 문헌을 참조. de Gaulle, *Memoiren*, Bd 1, p.36 이하; 다음의 BA–MA 문서들을 참조. 1.PzDiv, KTB, BA–MA, RH 27–1/170, pp.29~30; KTB, Abt. Ib(군수참모부), RH 27–1/154, p.22; PzKorps Guderian; KTB, RH 21–2/41, p.63, 67~68; Kielmansegg, *Panzer*, p.164 이하; Horne, *Über die Maas*, p.349 이하, 390 이하; Shirer, *Zusammenbruch*, p.723 이하; Hoth, "Das Schicksal der französischen Panzerwaffe", pp.376~377; Yves Buffetaut, "De Gaulle. Chef de guerre. 15 mai–6 juin 1940"(「드골: 전쟁지도자. 1940. 5. 15~6. 6」), pp.39~45; *Guerre contemporaines Magazine*, June 1990, p.9 이하; Paillat, *La guerre éclair*, p.303 이하, 317 이하; P. Huard, *Le Colonel de Gaulle et ses blindés. Laon*(15.–20. Mai 1940)〔『드골 대령과 그의 전차들—라옹(1940. 5. 15~20)』〕(Paris: Plon, 1980), p.111 이하; Kirkland, "French Air Force", p.114; Pallud, *Blitzkrieg in the West*, p.327 이하.

67_ Kielmansegg, "Bemerkungen", p.157.

68_ Horne, *Über die Maas*, p.74; Michel Forget, "Co–operation between Air Force and Army in the French and German Air Forces during the Second World War", Horst Boog, ed., *The Conduct of the Air War in the Second World War. An International Comparison*(New York: Oxford University Press, 1992), pp.418~419.

69_ Irving, *Rommel*, p.69 참조.

70_ Manteuffel, *Die 7.Panzer–Division im Zweiten Weltkrieg*, pp.109~110; Scheibert, *Gespensterdivision*, pp.42~43; Horne, *Über die Maas*, p.466; Irving, *Rommel*, p.75.

71_ BA–MA, RH 20–4/69, Dok. Nr. 44.

72_ AOK 4, KTB, BA–MA, RH 20–4/54, pp.71~72, 74 이하.

73_ 위의 책, pp.90~91, 100.

74_ 위의 책, p.101.

75_ 마이어–벨커는 전쟁 종식 후 독일연방군 군사사연구소의 초대 소장을 역임했다.

76_ Frontfahrt des Herrn Oberbefehlshabers vom 15.–17. 5. 1940 sowie Ergänzung(1940. 5. 15~17. 군사령관의 전선시찰과 보충문서), BA–MA, RH 20–4/69, Bl. 37 이하, Bl. 41~42 참조; 작자 미상의 1941년 출판 논문들(마이어–벨커 수집); "Erlebnisse beim Oberkommando der 4.Armee während der Kämpfe zwischen Maas und Sambre am 15. und 16. Mai"(제4군의 5. 15, 16. 마스강과 상브르 일대에서의 전투보고), *MWR* 6, Nr.2(1941); *Aufzeichnungen eines Generalstabsoffiziers 1939–1942*(『장군참모장교의 기록, 1939~1942』)(Freiburg im Breisgau: Rombach Verlag, 1982), p.60 이하.

77_ BA–MA, RH 20–4/69, Bl. 41, Ergänzung zum Bericht des Hauptmann i.G. Meier–Welcker(마이어–벨커 대위의 보고서에 대한 보충).

78_ 위의 책, Armeebefehl Nr. 3(군사령부 제3호 명령).

79_ 7.PzDiv: Funkspruch 16. 5, 14.45Uhr(제7기갑사단: 5. 16. 14:45 무전명령), BA-MA, RH 27-7/10; *KTB*, RH 27-7/3, Bl. 42; RH 27-7/213, B. 11; XV. *PzKorps, KTB*, BA-MA, RH 21-3/36, p.17(20); AOK 4, RH 20-4/69, Bl. 39: *Frontfahrt 16. 5*(5. 16. 전선시찰); 7.PzDiv, RH 27-7/213, Bl. 11; Heidkämper, Die Operationen des XV.AK, p.23, BA-MA, Study P-208, Bd 2; Hoth, "Der Kampf von Panzerdivisionen in Kampfgruppen in Beispielen der Kriegsgeschichte" (「전쟁사례에서 본 기갑사단들의 전투」), *EWKde* 8, Nr.11(1959), p.581.

80_ Dossier 15: 84ème régiment de fortress: compte rendu des événements pour la période comprise entre le 10 et 23 mai 1940(File 15: 제84요새연대: 1940. 5. 10~23. 사태 보고서), SHAT, 34 N 95: 84ème Régiment de Fortress.

81_ Horne, *Über die Maas,* p.339.

82_ 5월 16일 연장된 마지노선 돌파와 5월 17일 랑드르시 진격에 대해서는 다음 문헌을 참조(모두 BA-MA): 7.PzDiv: Tagesberichte 16. und 17. Mai(제7기갑사단: 5. 16, 17. 일일보고서), RH 27-7/44; RH 27-7/212. p.2(Bl. 14) 이하; RH 27-7/213, p.12 이하; KTB, RH 27-7/3, Bl. 43 이하; Rommelalbum, 16./17. Mai, RH 27-7/220; XV.PzKorps: KTB, RH 21-3/36, p.17(Bl. 20) 이하; leichte Flakabteilung 86, Einsatz im Frankreichfeldzug(Schrader, Durchbruch)〔제86경방공대대, 프랑스 전역에서의 작전(슈라더, 돌파)〕, RL 12/234; Heidkämper, Die Operationen des XV.AK, p.24 이하, BA-MA, Study P-208, Bd 2; Manteuffel, *Die 7.Panzer-Division im Zwieiten Weltkrineg,* p.65 이하; *The Rommel Papers,* p.17 이하; Tschimpke, *Gespensterdivision,* p.89 이하; Irving, *Rommel,* p.63 이하; Hoth, "Der Kampf von Panzerdivisionen", pp.581~582; Buffetaut, *Rommel,* p.41 이하, 195 이하; Buffetaut, *Guderian,* p.71 이하; Pallud, *Blitzkrieg,* p.259 이하; 추가로 필자는 제7기갑사단 예하의 부대사에 관한 개인 문서들〔이를테면 Kriegstagebuch II.Bataillon/Schützenregiment 7(제7보병연대 2대대의 KTB)〕을 입수했다.

83_ Horne, *Über die Maas,* p.339 참조. *The Rommel Papers,* p.20. 리들 하트는 영문으로 출판한 *The Rommel Papers*에서 서부전역에 관해 1개 장을 할애했는데 그 내용은 바로 롬멜의 일기를 근거로 작성한 것이다. 슈투트가르트 시장인 만프레드 롬멜Manfred Rommel은 필자에게 부친이 소유했던 몇 개의 개인 문서들을 제본하여 보내주었다.〔Generalfeldmarschall Rommel, *Dokumente zum Westfeldzug(zur Verfügung gestellt durch seinen Sohn Manfred Rommel)*〕

84_ Irving, *Rommel,* pp.62~63 참조.

85_ 7.PzDiv, BA-MA, RH 27-7/212, p.3(Bl. 15).

86_ Irving, *Rommel,* p.68 참조.

87_ 한케는 훗날 슐레지엔의 (나치 독일정부)대관구 지도관으로서 브레슬라우Breslau 방어전을 지휘했다.

88_ Horne, *Über die Maas,* p.341.

89_ XV.AK, Korpsbefehl für den 17.5(제15기갑군단, 1940. 5. 17, 군단명령), BA-MA, RH 21-3/38; 7.PzDiv, KTB, BA-MA, RH 27-7/3, Bl. 43; AOK 4, Frontfahrt 16. 5., BA-MA, RH 20-4/69, Bl. 39; Heidkämper, Die Operationen des XV.AK, pp.24~25, BA-MA, Study P-208, Bd 2.

90_ 5월 16일 야간과 17일 사이 무전교신에 관해서는 제7기갑사단의 문헌들을 참조. 7.PzDiv, KTB, BA-MA, RH 27-7/3, Bl. 43 이하; RH 27-7/213, Bl. 11 이하, 17 이하; Funksprüche, 17. May(5월 17일 무선교신), RH 27-7/11. 다음 문헌을 참조. Funksprüche Panzerkorps Hoth an

7.Panzerdivision(호트 기갑군단과 제7기갑사단의 무선 교신), RH 21-3/28.

91_ 7.PzDiv, KTB, BA-MA, RH 27-7/3, Bl. 43.

92_ 위의 책, XV.AK, KTB, BA-MA, RH 21-3/36, p.19(Bl. 22); Heidkämper, Die Operationen des XV.AK, p.25, BA-MA, Hilfsstudie(XV.AK, Mai), P-208, Bd 2.

93_ 7.PzDiv, BA-MA, RH 27-7/213, Bl. 19.

94_ Manteuffel, *Die 7.Panzer-Division im Zweiten Weltkrieg*, p.71 참조.

95_ 7.PzDiv, BA-MA, RH 27-7/212, p.8(Bl. 20).

96_ Irving, *Rommel*, p.66.

97_ 5월 17일 제7기갑사단의 전투일지에는 포로 수가 1만 명(BA-MA, RH 27-7/44)이라고 기재되어 있으나 이는 많이 과장된 숫자이다. 5월 31일자의 기록인 3,500명이 정확한 집계로 보인다. 다음 보고서 참조. Kurzer Gefechtsbericht der 7.Pz.Div. für die Zeit v. 10.-29. 5. 40(1940. 5. 10~29, 제7기갑사단의 요약 전투보고서), BA-MA, RH 27-7/44, Bl. 67.

98_ 7.PzDiv: Tagesberichte 16. und 17. Mai, BA-MA, RH 27-7/44.

99_ Liddell Hart, *Jetzt dürfen sie reden*, p.227 참조.

100_ Halder, *KTB*, Bd 1, p.301.

101_ 위의 책, p.319.

102_ 새로운 부대들로 증편된 호트 기갑군의 편성은 다음과 같다. 제16기갑군단(제3기갑사단, 제4기갑사단, 제20차량화보병사단), 제39차량화군단(제5기갑사단, 제7기갑사단, 제11보병여단, SS-토텐코프 사단).

103_ Kielmansegg, *Panzer*, p.138.

104_ Horne, *Über die Maas*, p.418; *The Rommel Papers*, p.30.

105_ '경輕' 보병전차임에도 60mm의 장갑을 장착한 Mark Ⅰ 전차는 아라 전투에서 독일군을 큰 곤경에 빠뜨렸다.

106_ Tagesbericht der 7.PzDiv vom 21. Mai, p.20, BA-MA, RH 27-7/44.

107_ 7.PzDiv, KTB, BA-MA, RH 27-7/3, Bl. 57.

108_ Lewin, *Rommel. Eine Biographie*(『롬멜 전기』)(Stuttgart: Kohlhammer, 1969), p.297. 따라서 그의 병사들은 그를 매우 존경했다. "롬멜이 있는 곳은 언제나 최전선이다."(Desmond Young, *Rommel*(Wiesbaden: Limes, 1950), p.44; Berben/Iselin, *Die Deutschen kommen*, p.271).

109_ (독일 측의 관점에서 본) 아라 전투에 대해서는 다음 문헌(모두 BA-MA)들을 참조. 7.PzDiv, KTB, RH 27-7/3, Bl. 56 이하; Tagesbericht 21. 5., RH 27-7/44, p.20 이하; RH 27-7/212, Bl. 38 이하; AOK 4, KTB, RH 20-4/54, p.247 이하, 262 이하; Meldungen, 21 May(5. 21, 통보), RH 20-4/71; Kurzer Überblick über die Operationen der 4.Armee(제4군의 작전 개관), p.13 이하, RH 20-4/81; XV.AK, KTB, RH 21-3/36, p.32 이하(Bl. 35 이하); XXXIXPzKorps: KTB, RH 24-39/7, p.29 이하(Bl. 31 이하), Anl. zum KTB(전투일지의 첨부물), 21 May, RH 24-39/9; Heidkämper, Die Operationen des XV.AK, p.38 이하; *The Rommel Papers*, p.29 이하; Manteuffel, *Die 7.Panzer-Division im Zweiten Weltkrieg*, p.76 이하; Plato, *5.Panzerdivision*, p.71; Karl Ullrich, *Wie ein Fels im Meer. Kriegsgeschichte der 3.SS-Panzer-Division "Totenkopf"*(『바다 위의 바위처럼—제3SS기갑사단 토텐코프 부대의 전쟁사』)(Osnabrück: Munin-Verlag, 1987), p.26 이하; Jacobsen, *Dünkirchen*, p.54 이하; Macksey, *Rommel*, p.51 이하; Lewin, *Rommel*, p.28 이하; Horne, *Über die Maas*, p.414 이하; Benoist-Méchin, *Der Himmel stürzt ein*, p.124 이하;

Deighton, *Blitzkrieg*, p.304 이하; Brian Bond, *France and Belgium 1939–1940*, p.116 이하; Gregory Blaxland, *Destination Dunkirk. The Story of Gort's Army*(London: William Kimber, 1973), p.133 이하; Ellis, *The War in France*, p.88 이하; Buffetaut, *Rommel*, p.63 이하, 74 이하, 197 이하; 필자는 제7기갑사단의 전우회에서 추가 문서들을 입수할 수 있었다. 예를 들어 KTB II.Bataillon/Schützenregiment 7(제7보병연대, 제2대대의 전투일지) 등을 참조.

110_ 7.PzDiv, KTB, BA-MA, RH 27-7/3, Bl. 57 이하. 이 문서에는 아라 전투 간 사단 지휘부의 무선통화 내용이 모두 기록되어 있다.

111_ 위의 책, Bl. 58 이하; Heidkämper, Die Operationen des XV.A.K, p.40, BA-MA, Study P-208, Bd 2; Speidel, Der Einsatz der operativen Luftwaffe, Teil 3, p.307 이하, BA-MA, Study Lw 3/2.

112_ Manteuffel, *Die 7.Panzer-Division im Zweiten Weltkrieg*, p.78.

113_ Horne, *Über die Maas*, p.523 참조.

114_ Clausewitz, *Vom Kriege*, p.1158.

115_ Horne, *Über die Maas*, p.400; Cailloux, "La contre-attaque qui n'eut jamais lieu ... 19-25 mai"(「역습. 결코 두 번 다시 있을 수 없는 절호의 기회, 5. 19~25」), *RHA* no.3(1966), p.134 이하.

116_ Horne, *Über die Maas*, p.400.

117_ Shirer, *Zusammenbruch*, p.750.

118_ Klaus-Jürgen Müller, "Dünkirchen 1940. Ein Beitrag zur Vorgeschichte der britischen und französisch Evakuierung"(「됭케르크 1940년. 영국과 프랑스 철수작전의 여건 조성」), *Marinerundschau* 57, Nr.3(1960), p.142.

119_ Churchill, *Zweiter Weltkrieg*, Bd 2, 1.Buch, p.88.

120_ *Ironside Diaries*, p.317.

121_ Benoist-Méchin, *Der Himmel stürtzt ein*, p.135.

122_ 베강의 공세계획에 대해서는 다음 문서들을 참조. Maxime Weygand, *Mémoires*(Paris: Flammarion, 1950), Bd 3, p.77 이하; Churchill, *Zweiter Weltkrieg*, Bd 2, 1.Buch, p.77 이하; *Ironside Diaries*, p.321 이하, 324 이하; Jacobsen, *Dünkirchen*, p.66 이하, 85 이하, 103 이하; Müller, *Dünkirchen*, p.140 이하; Horne, *Über die Maas*, p.400 이하, 409 이하, 420 이하, 433 이하, 440 이하, 451 이하, 458~459; Shirer, *Zusammenbruch*, p.749 이하; Benoist-Méchin, *Der Himmel stürtzt ein*, p.111 이하, 118 이하, 124 이하, 132 이하, 138 이하, 141 이하, 153 이하; Glover, *The Fight for the Channel Ports*, p.104 이하; Deighton, *Blitzkrieg*, pp.303~304.

123_ *Ironside Diaries*, p.321.

124_ 위의 책.

125_ Shirer, *Zusammenbruch*, p.754.

126_ 위의 책.

127_ 상세한 배치에 대해서는 Ellis, *The War in France*, p.90 참조.

128_ Lewin, *Rommel*, p.30.

129_ 위의 책, p.32.

130_ 아라 전투의 경과(연합군의 관점에서)에 대해서는 다음 문헌들을 참조. Horne, *Über die Maas*, p.414 이하; Blaxland, *Destination Dunkirk*, p.136 이하; Perret, *History of Blitzkrieg*, pp.97~98; Ellis, *The War in France*, pp.88~89; Deighton, *Blitzkrieg*, p.304 이하; Macksey, *Rommel*, p.51 이

하; Bond, *France and Belgium*, p.116 이하; Buffetaut, *Rommel*, p.63 이하, 74 이하, 197 이하; André Coilliot, *Mai 1940. Un mois pas comme les autres. Le film des événements dans la région d'Arras*(『1940년 5월, 다른 때와는 다른 한 달. 아라 지역 사건들의 필름』)(Arras, 1980), p.107 이하; H. C. B. Rogers, "Arras. Mai 1940", *Connaissance de l'Histoire*(『역사에 대한 지식』), no.48(September, 1982), p.46 이하; E. Gillet, "La percée allemande en mai 1940 et la contre-attaque d' Arras", *RBHM* 29(1992), p.607 이하; Pallud, *Blitzkrieg*, p.339 이하.

131_ Blaxland, *Destination Dunkirk*, p.143.

132_ 위의 책.

133_ *The Rommel Papers*, p.33.

134_ AOK 4, KTB, BA-MA, RH 20-4/54, p.277 이하; PzGruppe Hoth, KTB, BA-MA, RH 21-3/36, pp.36~37; Speidel, Der Einsatz der operativen Luftwaffe, Teil 3, p.188 이하, BA-MA, Study Lw 3/2, Anlagen(첨부물) 54, Lw 3/4a; Shirer, *Zusammenbruch*, p.759; Horne, *Über die Maas*, p.440.

135_ Halder, *KTB*, Bd 1, p.314.

136_ PzGruppe Kleist, KTB, BA-MA, RH 21-1/22, p.27.

137_ Halder, *KTB*, Bd 1, p.316.

138_ HGr A, KTB, BA-MA, RH 19 I /37, Bl. 134.

139_ Plato, *5.Panzerdivision*, p.74.

140_ Halder, *KTB*, Bd 1, p.316.

141_ Macksey, *Guderian: Der Panzergeneral*, p.185.

142_ Guderian, *Erinnerungen*, p.102; PzKorps Guderian, KTB, BA-MA, RH 21-2/41, pp.109~110, 126 참조.

143_ Churchill, *Zweiter Weltkrieg*, Bd 2, 1.Buch, p.107.

144_ 7.PzDiv: Gefechtsbericht 21. Mai(제7기갑사단: 5. 21. 전투보고서), p.20, BA-MA, RH 27-7/44.

145_ 유명한 롬멜 앨범Rommel Album은 서부전역을 가장 인상적으로 기록한 문헌 중 하나이다. BA-MA, RH 27-7/220(5월 21일의 문서를 참조).

146_ AOK 4, Kurzer Überblick(직진의 개관), BA-MA, RH 20-4/81, 22 May.

147_ PzKorps Rheinhardt, KTB, BA-MA, RH 24-41/2, p.51.

148_ AOK 4, BA-MA, RH 20-4/71, Bl. 72.

149_ AOK 4, Kurzer Überblick, BA-MA, RH 20-4/81, 22 May.

150_ 위의 책.

제8장 **됭케르크의 기적**

1_ *Ironside Diaries*, p.333.

2_ Gerbet, *Bock: War Diary*, p.157(29. May 1940); *KTB*, Teil 3, p.35(29. May 1940), BA-MA, Study P-210, Bd 1.

3_ HGr A, Anl. 31b zum KTB(전투일지 첨부물 31b), BA-MA, 19 I/38, Bl. 104.

4_ Rundstedt's Heeresgruppenbefehl Nr. 6(vom 25. Mai)〔룬트슈테트 집단군 명령 6호(5. 25)〕, Item 1, BA-MA, RH 19 I/ 38, Bl. 88.

5_ Gerbet, *Bock: War Diary*, p.158(29. May 1940); *KTB*, Teil 3, p.35(29. May 1940), BA-MA, Study P-210, Bd 1.

6_ Halder, *KTB*, Bd 1, p.314, 316.

7_ 위의 책, p.314, 316, 317.

8_ HGr A, Anl. 29 zum KTB, BA-MA, RH 19 I/38 Bl. 116.

9_ Halder, *KTB*, Bd 1, p.316.

10_ AOK 4, KTB, BA-MA, RH 20-4/54, p.306.

11_ BA-MA, RH 20-4/71, Bl. 174; AOK 4, KTB, RH 20-4/54, p.308, 317 참조.

12_ 1958년에 출간된 한스-아돌프 야콥센Hans-Adolf Jacobsen(클라우스 위르겐 뮐러Klaus Jürgen Müller와 공저), *Dünkirchen*(『됭케르크』)(Neckargemünd: 1958), p.79 이하에 씌어 있듯이, 이 두 명령이 발령된 시점은 확실히 다르다.

13_ XXXXI.PzKorps, KTB, BA-MA, RH 24-41/2, p.58.

14_ 위의 책, p.59.

15_ BA-MA, RH 21-2/41, p.122.

16_ 위의 책, p.125.

17_ BA-MA, RH 27-6/1D, p.36(Bl. 39).

18_ Halder, *KTB*. Bd 1, p.314

19_ GenStdH/OpAbt, KTB, BA-MA RH 2/2972, p.45; HGr A, KTB, RH 19 I /37, Bl. 138; RH 19 I /38, Bl. 107, 114; HGr B, KTB, RH 19 II/72, Bl. 89.

20_ Halder, *KTB*, Bd 1, p.317; HGr A, BA-MA, RH 19 I/38, Bl. 107; GenStdH/OpAbt, KTB, RH 2/2972, p.45.

21_ HGr A, KTB, BA-MA, RH 19 I /37, Bl. 140.

22_ Tagebuch Jodl, 24. 5. 1940, BA-MA, RW 4/32, p. 54.

23_ BA-MA, RH 19 I/38. Bl. 103; Die Meldung an das OKH/Generalstab des Heeres um 17.30 Uhr(17:30에 육군 총사령부/총참모부에 통보된 전문) 참조; 위의 책, Bl. 102.

24_ "Feldzug im Westen"(「서부전역」), BA-MA, Study C-053, Bl. 4에 기록된 것처럼, 룬트슈테트는 사실상 히틀러가 독단적으로 정지명령을 하달했다고 주장하면서 이렇게 덧붙였다. "처칠이 자서전에서 언급했듯이, 잘못은 내가 아니라 모두 히틀러에게 있다! 나는 계속 반복되는 히틀러의 명령에 복종할 수밖에 없었다!"

25_ 당시 A집단군 작전참모부에 근무했던 블루멘트리트 예비역 중장의 설명을 참조. *Von Rundstedt*, p.75; Blumentritt, Westfeldzug, Bd 2, p.86, Study P-208, BA-MA; Liddell Hart, *Jetzt dürfen sie reden*, p.233 이하; 이와 대조적인 내용의 문헌은, Hans Meier-Welcker, 〔"Entschluß zum Anhalten der deutschen Panzertruppen in Flandern 1940"(「1940년 플랑드르에서의 독일군 기갑부대의 정지에 대한 결정」), *Vierteljahrshefte für Zeitgeschichte* 2(1954), p.278 이하. 마이어-벨커는 이 글에서 이미 히틀러와 룬트슈테트의 의사가 분명히 일치했다는 사실을 지적했다. 야콥센은 5월 24일 정오경 이 결정적인 순간에 대해 다음과 같이 기술했다. "히틀러는 룬트슈테트의 제안을 승인했다." (*Dünkirken*, p.95, 203 참조)

26_ *Hitlers Weisungen*, p.53.

27_ Engel, *Heeresadjutant*, p.81.

28_ Tagebuch Jodl, BA-MA, RW 4/32, p.55.

29_ BA-MA, RH 19 I /37, Bl. 143.(25. Mai)

30_ Benoist-Méchin, *Der Himmel stürzt ein*, p.146 참조.

31_ Liß, *Westfront*, p.196.

32_ Halder, *KTB*, Bd 1, p.319.

33_ Heusinger, *Befehl*, p.92.

34_ Gerbet, *Bock: War Diary*, p.153(26. May 1940); Halder, *KTB*, Teil 3, pp.28~29(26. May 1940), BA-MA, Study P-210, Bd 1.

35_ AOK 4, KTB, BA-MA, RH 20-4/54, p.369.

36_ Guderian, *Erinnerungen*, p.105.

37_ 위의 책, p.104.

38_ 위의 책, p.105.

39_ Halder, *KTB*, Bd 1, p.318.

40_ Tagebuch Jodl, BA-MA, RW 4/32, p.54.

41_ Jacobsen, *Dünkirchen*, pp.99~100 참조.

42_ HGr A, Anl. 37 zum KTB, BA-MA, RH 19 I/38, Bl. 97; HGr B, KTB, BA-MA, RH 19 II/72, p.92 참조.

43_ HGr B, KTB, BA-MA, RH 19 II/72, p.92.

44_ Hans-Adolf Jacobsen/Jürgen Rohwer, eds., *Entscheidungsschlachten des zweiten Weltkrieges*(『제2차 세계대전의 결정적 전투들』)(Frankfurt a. M.: Bernard und Graefe, 1960), p.42.

45_ BA-MA, RH 19 I /37, Bl. 143.

46_ 이 두 문장은 다음 문헌에서 인용. Charles Messenger, *The Last Prussian: A Biography of Field Marschal Gerd von Rundstedt*(『최후의 프러시안, 게르트 폰 룬트슈테트의 생애』)(London: Brassey's, 1991), p.222.

47_ 은퇴 후에도 여전히 제1차 세계대전의 전쟁사상에 사로잡혀 있던 룬트슈테트는 제2차 세계대전이 발발하기 직전에 복직되었다. 그는 뒹게그그에서 생애 최대의 실수를 저질렀지만, 동시에 이때 장님이 눈을 뜨는 듯한 경험을 했다고 표현했다. 프랑스 전역의 제2단계에서 한때 "친애하는 구데리안! 그건 바보짓이네, 바보짓 그 자체야!" 라고 혹평했던 그는 갑자기 '기동전'의 신봉자가 되었다. Malte Plettenberg, *Guderian. Hintergründe eines deutschen Schicksals, 1918-1945*(『구데리안— 독일제국 운명의 배경, 1918-1945』)(Düsseldorf: abz-Verlag, 1950), p.13 참조.

48_ Tagebuch Jodl, BA-MA, RW 4/32, p.55.

49_ Halder, *KTB*, Bd 1, p.319.

50_ Horne, *Über die Maas*, p.460. 이 작전에서 약 500여 대의 영국 폭격기는 5월 마지막 주에 거의 쉬지 않고 출격하여 작전에 지대한 공헌을 했다(Horne, *Über die Maas*, p.527 참조).

51_ Speidel, Der Einsatz der operativen Luftwaffe, Teil 3, p.355. BA-MA, Study Lw 3/2.

52_ 거의 모든 문헌들에 당시 독일 공군이 300여 대의 항공기를 잃었다고 기록되어 있는데, 이는 다소 과장된 것이다. 사실 영국군이 다이나모 작전을 실시했던 7일간, 독일 공군은 174대의 폭격기와 요격기를 잃었다〔Akten, Genst der Luftwaffe, Generalquartiermeister(공군총참모부, 군수참모부의

문서), BA-MA, RL 2Ⅲ/1173, 1174〕. 300대라는 숫자는 전체 서부전역 기간 동안 발생한 손실이다. 당시 기상 문제로 인해 됭케르크에서 공중 작전은 불가능했다.

53_ Speidel, Der Einsatz der operativen Luftwaffe, Teil 3, p.352, BA-MA, Study Lw 3/2.

54_ 위의 책, p.366.

55_ 공군 작전에 대해서는 다음 문헌을 참조. Jacobsen, *Dünkirchen*, p.183 이하; Balke, *Luftkrieg*, Bd 1, p.104.

56_ Ⅷ.Fliegerkorps, Einsatz, BA-MA, RL 8/43, Bl. 21.

57_ Loßberg, *Im Wehrmachtführungsstab*, p.82.

58_ Halder, *KTB*, Bd 1, p.320.(26. Mai)

59_ 위의 책, p.320.

60_ 위의 책, p.320; Tagebuch Jodl, BA-MA, RW 4/32, p.56; HGr A, KTB, RH 19 Ⅰ/37, Bl. 146～147 참조.

61_ Liß, "Dünkirchen", p.337.

62_ Müller, *Dünkirchen*, p.136, 138.

63_ Jacobsen, *Dünkirchen*, p.167.

64_ Churchill, *Zweiter Weltkrieg*, Bd 2, 1.Buch, p.129.

65_ 위의 책, p.127.

66_ *Ironside Diaries*, p.334.

67_ Jacobsen, *Dünkirchen*, p.182 도표 참조.

68_ Walter Lord, *Das Geheimnis von Dünkirchen*(『됭케르크의 비밀』)(Bern und München: Scherz, 1982), p.312.

69_ AOK 18, KTB, Eintragung 4. 6.(6월 4일의 서문), BA-MA, RH 20-18/35.

70_ 도표는 Ramsay-Report를 참조. Jacobsen, *Dünkirchen*, pp.182～183; Churchill, *Zweiter Weltkrieg*, Bd 2, 1.Buch, p.145; Ellis, *The War in France*, p.246 이하; Lord, *Geheimnis*, p.316.

71_ 프랑스군 장군들은 객관적인 근거 없이 포로 수가 약 4만 명이라고 진술했다. 그러나 며칠 후 정확한 숫자는 8만 명으로 산출되었다. AOK 8, KTB, Eintragung 4. Juni, BA-MA, RH 20-18/35 참조.

72_ Bock, KTB, Teil 3, p.43(2. 6. 1940), BA-MA, Study P-210, Bd 1.

73_ Halder, *KTB*, Bd 1, p.323.

74_ Lord, *Geheimnis*, p.301 인용.

75_ Dahms, *Geschichte des Zweiten Weltkriegs*, p.180.

76_ 위의 책; Ellis, *The War in France*, p.246; Williamson Murray, *Strategy for Defeat. The Luftwaffe, 1933-1945*(Maxwell Air Force Base, Ala: Air University Press, 1983), p.39.

77_ Martin Gilbert, *The Second World War*(London, 1989), p.86; Dahms, *Geschichte des Zweiten Weltkriegs*, p.180; Lord, *Geheimnis*, p.314; Ellis, *The War in France*, p.327. 아이언사이드 장군의 진술에 따르면 12만 대의 차량도 잃었다고 한다. *Ironside Diaries*, p.354.

78_ Gerbet, *Bock: War Diary*, p.162와 KTB, Teil 3, p.41(2. 6. 1940), BA-MA, Study P-210, Bd 1.

79_ Horne, *Über die Maas*, p.445.

80_ *Ironside Diaries*, p.333; Lord, *Geheimnis*, pp.314～315; Liddell Hart, *Jetzt dürfen sie reden*, pp.172～173; Deighton, *Blitzkrieg*, p.323.

81_ Lord, *Geheimnis*, p.314 참조. 원문은 Arthur Bryant, *The Turn of the Tide 1939–1943. A Study Based on the Diaries and Autobiographical Notes of Field Marschal the Viscount Alanbrooke, K.G., O.M.*(London: Collins, 1957), p.158 인용.

82_ A. J. Backer, *Dunkirk: The Great Escape*(New York: David McKay, 1977), p.226.

83_ Churchill, *Zweiter Weltkrieg*, Bd 2, 1.Buch, p.141.

84_ Deighton, *Blitzkrieg*, p.315, 323.

85_ 특히 다음 문헌에 명확히 기재되어 있다. Barker, *Dunkirk*, pp.226~227.

86_ Norman Gelb, *Dunkirk: The Complete Story of the First Step in the Defeat of Hitler*(New York: William Morrow, 1989), pp.316~317.

87_ Liddell Hart, *Zweiter Weltkrieg*, p.104.

88_ Rundstedt, "Bemerkungen zum 'Feldzug im Westen'", p.4, BA-MA, Study C-053.

89_ Loßberg, *Im Wehrmachtführungsstab*, p.81.

90_ 이 가설에 대한 비판에 대해서는 다음 문헌을 참조. Walde, *Guderian*, p.95 이하; Macksey, *Guderian: Der Panzergeneral*, p.186 이하.

91_ PzKorps Guderian, KTB, BA-MA, RH 21-2/41, p.163(28 May 1940).

92_ 이는 5월 22일자 KTB(전투일지)의 서두 부분에 기록되어 있다. 구데리안은 됭케르크 일대에서 '적이 방어진지를 구축하고 있음을 인지'하고 적들을 유린하기 위해서 클라이스트 장군의 지시를 무시하려고 했다. "이러한 이유로 군단장(구데리안)은 기갑군(클라이스트)의 명령을 거부하고 5월 23일 제1기갑사단을 생모플랭-그라블린 일대뿐만 아니라 됭케르크까지 진출시켰다. 이는 포위망에서 달아나려는 영국 원정군의 주력을 사전에 차단하기 위한 조치였다." 〔Pzkorps Guderian, KTB, BA-MA, RH 21-2/41,(28 May 1940), p.117; Guderian fast gleichlautende Lage beurteilung am Abend des 23. Mai(5월 23일 저녁, 구데리안의 정확한 상황 평가), 위의 책, p.125.〕

93_ Guderian, *Erinnerungen*, p.107.

94_ Halder, *Hitler als Feldherr*, p.16; Blumentritt, *Von Rundstedt*, p.76 참조.

95_ HGr A, KTB, BA-MA, RH 19 I/37, Bl. 140; Rundstedt, "Bemerkungen zum 'Feldzug im Westen,'" BA-MA, Study C-053, p.4; Blumentritt, Westfelzug, Bd 2, p.86, BA-MA, Study P-208, Bd 2.

96_ HGr A, BA-MA, RH 19 I /38, Bl. 116.

97_ Irving, *Hitlers Krieg*, p.174.

98_ PzGruppe Kleist, KTB, BA-MA, RH 21-1/22, pp.29~30.

99_ 동부전역에서 독일군 기갑부대는 매우 불리한 작전 여건 속에서 전투를 치렀음에도 불구하고 작전술 수준에서 획기적인 성과를 달성했다. 클라이스트가 지휘한 제1기갑군은 1941년 12월 초, 단 59대의 가용한 전차를 보유했지만 로스토프Rostow에서 소련군 4개 군이 실시한 역습을 저지하는 데 성공했다. Gen. d. Art. a.D.(예비역대장) Friedrich Wilhelm Hauck, Die Abwehrkämpfe am Donetz und auf der Krim und das Wiedergewinnen der Initiative, Dezember 1941 bis Juni 1942(Die Operationen der deutschen Heeresgruppen an der Ostfront 1941-1945, Südliches Gebiet, Zweiter Teil)(도네츠와 크림에서의 방어작전과 주도권의 획득, 1941. 12~1942. 6)(동부전선의 독일 집단군들의 작전, 1941~1945, 남부지역, 2부), p.71, Tabelle II, BA-MA, Study P-114c, 2.Teil.

100_ Stoves, *1.Panzer-Division*, p.124.

101_ Halder, KTB, Bd 1, p.316.

102_ 5월 24일까지 완파된 전차는 상대적으로 적었다. 국방군 군수참모부와 군수국Wehrwirtschafts-und Rüstungsamt의 조사자료에 따르면 5월 10일부터 20일까지 손실된 전차 대수는 겨우 125대였다. 5월 말에야 이 숫자가 조금 더 늘었다. Wehrwirtschafts-und Rüstungsamt, BA-MA, RW 19/1938, Bl. 1.

103_ Meier-Welcker, "Entschluß zum Anhalten"(「정지의 결정」), p.276, 주 6; Blumentritt, *Von Rundstedt*, p.76. 일부 특정 보급품과, 병목 구간에서의 보급은 대부분 공수로 해결했다. PzGruppe Kleist, BA-MA, RH 21-1/317, pp.39~40 참조.

104_ Irving, *Hitlers Krieg*, p.178 참조; Jacobsen, *Dünkirchen*, p.221 참조(살무스Salmuth와의 인터뷰).

105_ Loßberg, *Im Wehrmachtführungsstab*, p.81.

106_ Rundstedt, "Bemerkungen zum 'Feldzug im Westen,'" BA-MA, Study C-053, p.4.

107_ Halder, *KTB*, Bd 1, p.325.

108_ 위의 책, Bd 1, p.315. 5월 23일 이미 할더는 대략 45개의 연합군 사단이 포위되어 있을 것이라고 예측했다.

109_ Liß, "Dünkirchen", p.337, 340; *Westfront*, p.211 이하.

110_ Hans-Adolf Jacobsen, ed., *Dokumente zum Westfeldzug 1940*(『1940년 서부전역에 관한 문서들』)(Göttingen, Berlin, und Frankfurt a. M.: Musterschmidt, 1960), p.135.

111_ 그 예로 Deighton, *Blitzkrieg*, p.322 참조. 분명한 점은 영국해군 제독들도 처음부터 완벽한 철수가 가능하리라고 생각하지 않았다는 것이다. 이들은 최대 4만 5천 명밖에 구조할 수 없다는 비관적인 예측을 했다. 그러나 이는 당시 상황을 봤을 때 타당한 예측이었다. 처칠이 그의 저서(*Zweiter Weltkrieg*, Bd 2, 1.Buch, p.127)에서 설명했듯이, 영국은 작전 개시 후 가용시간을 이틀로 계산했다. 영국은 독일군 지도부가 합리적으로 처신해 됭케르크를 최대한 빨리 점령할 것이라고 판단했다. 그래서 영국은 이 항구를 이틀간 확보할 수 있다는 전제하에 최대 철수인원을 4만 5천 명으로 추산했다.

112_ Liß, "Dünkirchen", p.335.

113_ 위의 책, p.336.

114_ 위의 책, p.335.

115_ 위의 책, p.336.

116_ *Hitlers Weisungen*, pp.53~54.

117_ Walter Ansel, *Hitler Confronts England*(Durham, N.C.: Duke University Press, 1960), p.75; Walter Warlimont, *Im Hauptquartier der deutschen Wehrmacht 1939-1945*(『독일 국방군 사령부에서, 1939~1945년』)(Frankfurt a. M.: Bernard und Graefe, 1962), p.113. 당시 목격자인 슈미트*Schmid*(훗날 중장)의 보고서를 참조. Speidel, Der Einsatz der operativen Luftwaffe, Teil 3, pp.329~330 인용, BA-MA, Study Lw 3/2; Irving, *Tragödie*, pp.150~151; Jacobsen, *Dünkirchen*, p.90.

118_ Speidel, Der Einsatz der operativen Luftwaffe, Teil 3, p.334, BA-MA, Study Lw 3/2.

119_ Horne, *Über die Maas*, p.447 참조; Loßberg, *Im Wehrmachtführungsstab*, p.81의 요들과 카이텔의 진술을 참조; Halder, *KTB*, Bd 1, p.318; Engel, *Heeresadjutant*, p.80; Meier-Welcker, "Entschluß zum Anhalten", p.288.

120_ Engel, *Heeresadjutant*, p.80.

121_ Seidemann, "*Bericht*"(「보고」), p.2, BA-MA, ZA 3/44.

122_ VIII. FliegerKorps(제8비행단), Einsatz, BA-MA, RL 8/43, Bl. 18.

123_ Blumentritt, *Von Rundstedt*, p.77.

124_ Albert Kesselring, *Soldat bis zum letzten Tag*(『군인으로서 최후의 날까지』)(Bonn: Athenäum, 1953), p.77.

125_ 위의 책, pp.77~78; Deichmann, *Chef*, p.101 참조.

126_ die Statistiken des Generalstabs der Luftwaffe(Gen. Qu.6. Abt)(공군 총참모부의 통계자료, 공군총사령관의 군수참모부, 제6처), in der Akten, BA-MA, RL 2 Ⅲ/1173.

127_ *Hitlers politisches Testament*(『히틀러의 정치적 진술』)(Hamburg: A. Knaus, 1981), p.113.

128_ Irving, *Hitlers Krieg*, p.130.

129_ 위의 책, p.178; Bernd Martin, "Das 'Dritte Reich' und die 'Friedens'-Frage in Zweiten Weltkrieg"(「제2차 세계대전 시의 '제3제국'과 '평화 이슈'」), *Nationalsozialistische Außenpolitik*, p.532 참조.

130_ Blumentritt, *Von Rundstedt*, pp.74~75 참조.

131_ Halder, *KTB*, Bd 1, p.308 참조.

132_ Irving, *Hitlers Krieg*, p.130 참조.

133_ Tagebuch Jodl, BA-MA, RW 4/32, p.52.

134_ Otto Abetz, *Das offene Problem. Ein Rückblick auf zwei Jahrzehnte deutscher Frankreichpolitik*(『미해결 문제—최근 20년 간 독일의 대프랑스 정책 고찰』)(Köln: Greven Verlag, 1951), p.129.

135_ Leeb, *Tagebuchaufzeichnungen*, p.233.

136_ Liddell Hart, *Zweiter Weltkrieg*, pp.114~115; *History of the Second World War*, p.83; Blumentritt, *Von Rundstedt*, p.78 참조.

137_ Liddell Hart, *Jetzt dürfen sie reden*, p.248; *The German Generals Talk*, p.135; Blumentritt, *Von Rundstedt*, p.78 참조.

138_ Rundstedt, "Bemerkungen zum 'Feldzug im Westen'", p.4, BA-MA, Study C-053; Warlimont, *Im Hauptquartier*, p114. 주 9 참조.

139_ Seidemann, "Bericht", p.2, BA-MA, ZA 3/44.

140_ Liddell Hart, *Zweiter Weltkrieg*, p.115 참조.

141_ *Hitlers Weisungen*, p.53, Engel, *Heeresadjutant*, p.80 참조.

142_ Halder, *KTB*, Bd 1, p.327.

143_ Meier-Welcker, "Entschluß zum Anhalten", p.286 참조.

144_ Irving, *Rise and Fall of the Luftwaffe*(『독일 공군의 흥망』), p.90; *Tragödie*, p.151 참조.

145_ Halder, *KTB*, Bd 1, p.319.

146_ Tagebuch Jodl, BA-MA, RW 4/32, p.54.

147_ 위의 책. '원수'(괴링을 지칭)는 문제의 명령에 대해 다음과 같이 주장했다. "브라우히치는 어떻게 해서든 B집단군을 압박하고 싶어 하지 않는다." 보수적인 육군, 특히 프로이센의 군사 귀족들을 향한 히틀러의 혐오감에 대해서는 다음 문서들을 참조. Heusinger, *Befehl, p.93;* Warlimont, *Im Hauptquartier*, p.106; Engel, *Heeresadjutant*, p.41, 80.

148_ 당시에는 (프리드리히 대왕의 전통에 따른) 육군을 '프로이센 육군preußischen Armee', (빌헬름 II 세가 창설한) 해군을 '제국 해군kaiserlichen Marine', 공군을 '나치스트 공군nationalsozialistischen Luftwaffe'이라고 불렀다.

149_ Halder, *Hitler als Feldherr*, p.30.

150_ 이 문장은 Meier-Welcker, "Entschluß zum Anhalten", p.289 주 56에서 인용.

151_ Albert Zoller, *Hitler privat. Erlebnisbericht seiner Geheimsekretärin*(『히틀러의 사생활—그의 개인비서의 기록』)(Düsseldorf: Droste Verlag, 1949), p.141 참조.

제9장 서부전역의 종결

1_ 이 전역이 2개의 연속적인 대규모 작전으로 이루어져야 한다는 것은 만슈타인의 발상이다. 물론 이를 표현하는 용어인 '황색계획'과 '적색계획'은 육군 총사령부에서 붙인 것이다.

2_ Ploetz, *Geschichte des Zweiten Weltkrieges*, Teil 1, p.23.

3_ Müller-Hillebrand, *Heer*, Bd 2, pp.48~49.

4_ Gerbet, *Bock: War Diary*, p.166; KTB, Teil 3, p.47(6. June 1940), BA-MA, Study P-210, Bd 1.

5_ Manstein, *Verlorene Siege*, p.127.

6_ 위의 책, p.128.

7_ Borgert, "*Grundzüge der Landkriegführung*", pp.520~521 참조.

8_ BA-MA, RH 27-7/215, p.50.

9_ Manstein, *Verlorene Siege*, p.124.

10_ 위의 책.

11_ Halder, *KTB*, 194(10. June 1940), Bd 1, p.346.

12_ Guderian, *Erinnerungen*, p.108.

13_ Dach, *Kampfbeispiele*, p.60 이하.

14_ Wallach, *Dogma*, p.379.

15_ Dahms, *Geschichte des zwieten Weltkrieges*, p.185 참조.

16_ Umbreit, "Kampf um die Vormachtstellung", p.310; Gerhard Schreiber, "Die politische und militärische Entwicklung im Mittelmeerraum 1939/40"(「1939 · 40년 지중해 지역의 정치 · 군사적 발전」), Gerhard Schreiber/Bernd Stegemann/Detlef Vogel, *Das Deutsche Reich und der Zweiten Weltkrieg*(『독일제국과 제2차 세계대전』)(Stuttgart: Deutsche Verlags-Anstalt, 1984), Bd 3, p.33 이하 참조.

17_ 서부전역 발발 시 네덜란드는 총 40만 명의 병력을 보유했다.

18_ 벨기에는 65만 명의 병력을 보유했다.

19_ *Zusammenfassender Bericht des OKW*(국방군 총사령부의 요약보고), *Dokumente zum Westfeldzug*(서부전역에 대한 공식문서), p.150 참조.

20_ 6월 7일자 프랑스 수상 레노의 연설. Generalstab des Heeres, BA-MA, RH 2/1556, p.20 참조.

21_ 페탱 원수에 대한 재판에서 베강 장군의 발언. Benoist-Méchin, *Der Himmel stürzt ein*, p.239; *Sixty Days that Shook the West*, p.222 참조.

22_ HGr Süd, KTB, BA-MA, RH 19 I /73, Bl. 132.(26. September 1941).

23_ Rüdiger Overmans, "Das andere Gesicht des Krieges: Leben und Sterben der 6.Armee"(「전쟁의 또 다른 면모: 제6군의 생존과 죽음」), Jürgen Förster, ed., *Stalingrad. Ereignis-Wirkung-*

Symbol(『스탈린그라드: 사건-영향-상징』)(München: Piper Verlag, 1992), p.446.

24_ 다음 문헌들의 통계 자료를 참조. Akten: OKW/Allgemeines Wehrmachtamt/Wehrmachtverlustwesen(Files: 국방군 총사령부 · 국방군 총무부 · 국방군 손실담당부), BA-MA, RW 6/180; WiRüAmt, Personelle Verluste(방위사업청, 인적 손실), RW 19/1381; OKW/Wehrmachtverlustwesen, Allgemeines Marinehauptamt(국방군 총사령부 · 국방군 손실담당부, 해군 총무부), BA-MA, RM 7/807, RM 7/808. 이를 종합해 볼 때 약 5만 2천 명의 부상자가 발생했다.

25_ 1.PzDiv, BA-MA, RH 27-1/14, Bl. 343~344.

26_ 다음 문헌의 도표를 참조. BA-MA, RW 6/180; RW 19/1381; RM 7/807; RM 7/808(주 24). 추가적으로 약 11만 1천 명의 부상자가 발생했다. Zusammenfassender Bericht des OKW(국방군 총사령부의 요약보고), Dokumente zum Westfeldzug(서부전역에 대한 문서), p.287 참조; 다음 문헌의 도표를 참조. Akten BA-MA, RW 4/170(Verluste im 1. Kriegsjahr)(전쟁 첫해의 손실), RW 6/180.

27_ Raymond Cartier, *Der Zweite Weltkrieg*, Bd 1(München: Piper Verlag, 1967), p.190; Gunsburg, *Divided*, p.275.

28_ Gunsburg, *Divided*, p.275; Dahms, *Geschichte des zweiten Weltkrieges*, p.178.

29_ Gunsburg, *Divided*, p.275.

30_ Horne, *Über die Maas*, p.482; Perrett, *Knights*, p.67; *Ellis, The War in France*, p.326; Gunsburg, *Divided*, p.273; Pallud, *Blitzkrieg in the West*, p.609.

31_ Müller, "Mobilisierung der deutschen Wirtschaft", p.636.

32_ Akten Genst der Luftwaffe(Generalquartiermeister)〔공군 총참모부의 문서(군수참모부)〕, BA-MA, RL 2/III/1173, 1174(울프 발케Ulf Balke가 산출한 수치) 이 통계치는 계산법에 따라 오차가 약 ±900이다.: Cot, "En 40", p.42; Buffotot and Ogier, "L'armée de l'air", p.111.

33_ Harvey, "The French Armée de l'Air", p.455; Histoire de l'aviation militaire française, p.390; Kirkland, "French Air Force", p.117, 주 4.

34_ Harvey, "French Armée de l'Air", p.455; Kirkland, "French Air Force", p.117, 주 4.

제10장 **승리와 패배의 원인**

1_ PzRgt7, BA-MA, RH 39/103(Bericht von Oberst Straub)(제7전차연대, 슈트라우브 대령의 보고), p.12.

2_ Franz Knipping, "Frankreich in der Zeit der Weltkriege(1914-1945)"〔「세계대전 시의 프랑스(1914~1945)」〕, Karl Ploetz, *Geschichte der Weltkriege. Mächte, Ereignisse, Entwicklungen 1900-1945*(『세계전쟁사—패권, 사건, 발전, 1900~1945』)(Freiburg und Würzburg: Ploetz Verlag, 1981), ed. Andreas Hillgruber and Jost Dülffer, Teil 1, p.243; Porch, "Why Did France fall?", *Quarterly Journal of Military History* 2, no.3(spring 1990), p.34.

3_ Daniel Cordier, *Jean Moulin. L' inconnu du Panthéon, Tome 2: Le choix d' un destin, juin 1936-novembre 1940*(『장 물랭: 판테온의 무명씨, Bd 2: 1936. 6~1940. 11, 운명의 선택』)(Paris: Lattès, 1989), p.207, 552~553.

4_ 프랑스의 평화주의와 이를 겨냥한 독일의 평화선전에 관해서는 다음 문헌들을 참조. Wilhelm von Schramm, …*Sprich vom Frieden, wenn du den Krieg willst. Die psychologischen Offensiven Hitlers gegen die Franzosen 1933 bis 1939*(『전쟁을 원한다면 평화를 말하라, 1933~1939, 프랑스인에 대한 히틀러의 심리적 공세』)(Mainz: Hase und Köhler Verlag, 1973); Piekalkiewicz, *Ziel Paris*, p.7, 22 이하, 91 이하, 185 이하; Horne, *Über die Maas*, p.59 이하; Franz Herre, *Deutsche und Franzosen: Der lange Weg zur Freundschaft*(『독일인과 프랑스인: 화친을 위한 오랜 길』)(Bergisch-Gladbach: Lübbe Verlag, 1988), p.240 이하; Shirer, *Zusammenbruch*, pp.505~506, 540~541; Hans Habe, Ob *tausend fallen-Ein Bericht*(『수천 명이 희생될지도 모른다면』)(Freiburg i. Breisgau, 1974), p.54 이하; Crémieux-Brilhac, *Les Français de l' an 40*(Paris: Robert Laffont, 1990), Bd 1, p.84 이하, 423 이하; Norman Ingram, *Politics of Dissent, Pacific' s in France, 1919-1939*(Oxford: Oxford University Press, 1991); Ortwin Buchbender/Reinhardt Hauschild, *Geheimsender gegen Frankreich—Die Täuschungso-peration "Radio Humanité"* 1940(프랑스에 대한 비밀 라디오 방송국—기만작전 '라디오 휴머니티' 1940)(Bonn und Herfold: Verlag E. S. Mittler und Sohn, 1984).

5_ Piekalkiewicz, *Ziel Paris*, pp.33~34.

6_ 위의 책, p.35.

7_ Wolfram Wette, "Ideologien, Propaganda und Innenpolitik als Vorraussetzungen der Kriegspolitik des Dritten Reiches"(「제3제국 전시정치의 전제조건을 위한 사상과 선전과 국내정치」), *Ursachen und Vorraussetzungen der deutschen Kriegspolitik*, p.113.

8_ Mellenthin, *Schach dem Schicksal*, p.79.

9_ Piekalkiewicz, *Ziel Paris*, p.82 이하.

10_ Buchbender · Hauschild, *Geheimsender gegen Frankreich*, p.52; Piekalkiewicz, *Ziel Paris*, p.45, 166 참조.

11_ Leendert Johann Hartog, *Und morgen die ganze Welt. Der deutsche Angriff im Westen. 10. Mai bis 17. September 1940*(『그리고 내일 전 세계가—독일의 서부공세, 1940. 5. 10~9. 17』)(Gütersloh: Mohn, 1961), p.57.

12_ Lord, *Geheimnis*, pp.17~18.

13_ Buchbender/Hauschild, *Geheimsender gegen Frankreich* 참조.

14_ Alfred Fabre-Luce, *Französisches Tagebuch August 1939-Juni 1940*(『프랑스의 일기, 1939. 8-1940. 6.』)(Hamburg: Hanseatische Verlagsanstalt, 1942), pp.216~217.

15_ Marc Bloch, *Die seltsame Niederlage. Frankreich 1940. Der Historiker als Zeuge*(『이상한 패배: 1940년 프랑스—목격자로서의 역사가』)(Frankfurt a. M., 1992), p.81. 이 초고는 1940년 여름에 작성되었다.

16_ Fuller, *Entartete Kunst*, p.270; Shirer, *Zusammenbruch*, p.191 참조.

17_ Churchill, *Der Zweite Weltkrieg*, Bd 2, 2.Buch, pp.94~95.

18_ Clausewitz, *Vom Kriege*, p.615.

19_ 위의 책, p.634.

20_ Schramm, *Sprich vom Frieden, wenn du den Krieg willst*, p.14.

21_ Hans-Jürgen Heimsoeth, *Der Zusammenbruch der Dritten Französischen Republik. Frankreich während der "Drôle de Guerre" 1939/1940*(『프랑스 제3공화국의 붕괴, 1939/1940년 '기이한 전

쟁' 기간 중의 프랑스』)(Bonn: Bouvier, 1990) 참조. 이 글에 따르면 프랑스 사회의 붕괴 현상은 개전 직후, 즉 무의미해 보였던 '기이한 전쟁' 기간 중에 나타났다.

22_ 당시 마지노선 방면에서 작전을 수행한 C집단군 사령관 레프 상급대장이 보고한 문서에서 그 예를 찾을 수 있다. Leeb, *Tagebuchaufzeichnungen*, p.174; Ortwin Buchbender/Horst Schuh, *Die Waffe, die auf die Seele zielt. Psychologische Kriegführung, 1939–1945*(『심리적 타격을 지향한 무기: 심리전 수행, 1939~1945』)(Stuttgart: Motorbuch Verlag, 1983), p.75 참조.

23_ Piekalkiewicz, *Ziel Paris*, p.74.

24_ 위의 책, pp.90~91.

25_ Abetz, *Das offene Problem*, p.113.

26_ Shirer, *Zusammenbruch*, p.15 인용.

27_ Blumentritt, Westfeldzug, Bd 2, p.10. BA-MA, Study P-208.

28_ Bloch, *Die seltsame Niederlage*, p.81.

29_ 위의 책, p.82.

30_ Shirer, *Zusammenbruch*, p.178 참조.

31_ De Gaulle, *Memoiren*, Bd 1, p.10 참조.

32_ Horne, *Über die Maas*, p.148, 107 이하 참조.

33_ Shirer, *Zusammenbruch*, p.652.

34_ Dach, "Panzer", Teil 3, p.65.

35_ Shirer, *Zusammenbruch*, p.652 참조.

36_ 위의 책, p.653.

37_ Piekalkiewicz, *Ziel Paris*, p.209.

38_ Bloch, *Die Seltsame Niederlage*, p.89.

39_ Doughty, *Breaking Point*, p.295.

40_ *Entscheidung im Westen. Der Feldzug der sechs Wochen. Die Berichte des Oberkommandos der Wehrmacht vom 10. bis 25. Juni 1940 mit den täglichen militärischen und politischen Erläuterungen der Kölnischen Zeitung* (von Dr. J. Schäfer)〔『서부에서의 결전: 6주 전쟁—1940. 5. 10~6. 25까지의 쾰른 신문의 군사/정치적 해설을 중심으로 작성된 국방군 총사령부의 보고서(Dr. J. Schäfer)』〕(Köln: Verlag M. DuMont Schauberg, 1940), pp.46~47.

41_ Wilhelm Weiß, "Zeitenwende: Betrachtungen zum Jahreswechsel 1940/41"(「시대의 변화: 1940~1941년의 변화에 대한 고찰」), Wilhelm Weiß, ed., *Triumph der Kriegskunst. Das Kriegsjahr 1940 in der Darstellung des "Völkischen Beobachters"*(『전쟁술의 대승리— '민족의 감시자'로서 본 1940년의 전쟁』)(München: Eher, 1941』), p.14.

42_ Rabenau, "Revolution der Kriegführung"(「전쟁 양상의 혁명」), OKW/WPr, BA-MA, RW 4/414, Bl. 36-41. Wallach, *Dogma*, p.380 이하 참조; Neugebauer, *Operatives Denken*, pp.97~98.

43_ Rabenau, "Revolution der Kriegführung", BA-MA, RW 4/414, p.1(Bl. 36).

44_ 위의 책, p.5(Bl. 40).

45_ 위의 책, p.2(Bl. 37).

46_ 위의 책, p.6(Bl. 41).

47_ 라베나우Rabenau도 훗날 나치 정권과 대립하였다. 1944년 7월 20일 히틀러 암살모의 사건으로 체포되어 정치범 수용소에서 살해당했다.

48_ Rabenau, "Revolution der Kriegführung", BA-MA, RW 4/414, Bl. 32.

49_ 위의 책, Bl. 33.

50_ Konstantin Hierl, "Die deutsche Oberste Führung im Westfeldzug und der Schlieffen-Plan"(「서부전역에서의 독일군 총사령부와 슐리펜 계획」), *Triumph der Kriegskunst*, p.74. 나치시대에 제국 노동자단체 회장이었던 히얼은 1914년 이전에는 바이에른 사관학교의 작전술과 전사 교관이었고 제1차 세계대전 때에는 군단 참모장으로 근무했다.

51_ Schall-Riaucour, *Aufstand und Gehorsam*, p.151(1940. 5. 14) 참조.

52_ Senff, *Die Entwicklung der Panzerwaffe*, p.28 이하 참조.

53_ Heinemann, "Development", p.57; Cooper, *The German Army*, p.151.

54_ Erich v. Manstein, *Aus einem Soldatenleben 1887-1939*(『한 군인의 일생, 1887~1939』)(Bonn, 1958), pp.238~239; Walter K. Nehring, *Die Geschichte der deutschen Panzerwaffe* 1916-1945(『독일 기갑병과의 역사, 1916~1945』)(Berlin: Propyläen Verlag, 1969), p.75 참조.

55_ Karl Wahl, … *es ist das deutsche Herz. Erlebnisse und Erkentnisse eines ehemaligen Gauleiters*(… 이것이 독일인의 가슴이다. 나치 대관구 총독의 경험과 진실)(Augsburg: Karl Wahl, 1954), p.246. 이와 유사한 묘사는 레프 원수의 *Tagebuchaufzeichnungen*, p.184에서도 발견할 수 있다.

56_ Abetz, *Das offene Problem*, p.108.

57_ Florian K. Rothbrust, *Guderian's XIX th Panzer Corps and the Battle of France. Breakthrough in the Ardennes, May 1940*(Westport, Conn. and London: Greenwood Press, 1990), p.90의 'efficiency mania'의 개념을 참조. 근본적인 표현에 대해서는 다음 문헌을 참조. T. N. Dupuy, *A Genius for War: The German Army and General Staff, 1807-1945*(Fairfax, Va., 1984) 참조.

58_ Cleveld, *Kampfkraft*, p.4, 102, 107, pp.203~204.

59_ 위의 책, p.207.

60_ 위의 책, p.204.

61_ Wehrwirtschaftsand-und Rüstungsamt(방위산업과 군수국), Stab, KTB, BA-MA, RW 19/173, Bl. 276(p.2).

62_ Clausewitz, *Vom Kriege*, p.211, 227 이하.

63_ 위의 책, p.453.

64_ John F. C. Fuller, *Der Zweite Weltkrieg. Darstellung seiner Strategie und Taktik*(『제2차 세계대전—전략과 전술에 대한 논리』)(Wien und Stuttgart: Humboldt Verlag, 1950), pp.29~30.

65_ Kroener, "Personellen Ressourcen", p.693 인용.

66_ Wallach, *Das Dogma der Vernichtungsschlacht*(『섬멸전의 신조』)의 제목을 참조.

67_ Kroener, "Personellen Ressourcen", pp.693~694.

68_ Jehuda Wallach, *Kriegstheorien. Ihre Entwicklung im 19. und 20. Jahrhundert*(『전쟁이론—19, 20세기의 발전』)(Frankfurt a. M.: Bernard und Graefe, 1972), p.175 인용.

69_ Hans-Henning von Sandrart, "Operative Führung über die Gefechtstaktik hinaus"(「전술의 상위인 작전술 지휘」), *Europäische EWKde* 36, Nr.9(1987), p.504. '작전술'의 개념 정의는 이미 도입부에서 기술했다. Dieter Brand, "Grundsätze operativer Führung"(「작전술 차원의 지휘의 기본원칙」), *Denkschriften zu Fragen der operativen Führung, hrsg. vom Inspekteur des Heeres*(『작전술적 지휘술의 문제에 관한 보고, 육군 본부 편집』)(Bonn, 1987), p.29 이하, 43 이하; Neugebauer, *Operatives Denken*, p.99; Hanno Kielmansegg, *Plädoyer für operative Führung. Forderung nach der*

Fähigkeit, die Abwehrschlacht zu schlagen(『작전술 차원의 지휘에 대한 변론, 방어작전 수행을 위한 요건』), *EWKde* 34, Nr.11(1985); Clayton R. Newell, The Framework of Operational Warfare(London and New York: Routledge, 1991), pp.XI～XII.

70_ Hanno Kielmansegg, *Plädoyer für operative Führung*, p.614 인용.

71_ Brand, "Grundsätze operativer Führung", p.56.

72_ Rudolf-Josef Eibicht, *Schlieffen. Strategie und Politik. Aus der Unterlegenheit zum Sieg*(『슐리펜－전략과 정치, 열세에서 승리로』)(Lünen, 1991) 참조.

73_ 루덴도르프의 표현. "전술은 순수 전략보다 상위 개념이다." Borgert, "Grundzüge der Landkriegführung", p.521 참조.

74_ 위의 책.

75_ Manstein, *Verlorene Siege*, pp.56～57 이하.

76_ Liddell Hart, *The Other Side of the Hill*, p.21; *The German Generals Talk*, p.14.

77_ Hans von Seeckt, *Gedanken eines Soldaten*(『한 군인의 사상』)(Berlin: Verlag für Kulturpolitik, 1929), p.86.

78_ 위의 책, p.95.

79_ 최근 출판된 문헌으로는 다음의 것을 참조. James S. Corum, *The Roots of Blitzkrieg: Hans von Seeckt and German Military Reform*(Lawrence: University Press of Kansas, 1992).

80_ Neugebauer, *Operatives Denken*, p.120.

81_ Seeckt, *Bemerkungen des Chefs der Heeresleistung, Generaloberst von Seeckt bei Besichtigungen und Manövern aus den Jahren 1920 bis 1926(Bes.Bem)*(『육군총참모장, 상급대장 젝트, 1920～1926, 연합국의 감시와 이를 피하기 위한 책략』)(Berlin: Reichswehrministerium, 1927), p.33 인용.

82_ Horne, *Über die Maas*, p.107.

83_ Hartog, *Und morgen die ganze Welt*, pp.99～100 참조.

84_ Pallud, *Blitzkrieg in the West*, p.64 참조.

85_ Schlieffen, *Cannae*, pp.3～4.

86_ 위의 책, p.254.

87_ 위의 책, p.263.

88_ Waldemar Erfurth, *Der Vernichtungssieg. Eine Studie uber das Zusammenwirken getrennter Heeresteile*(『섬멸적 승리－개별적인 육군 병과의 통합전투력 발휘를 위한 연구』)(Berlin, 1939), p.102.

89_ Cajus Bekker, *Angriffshöhe 4000*(『공격 고도 4,000』), p.177.

90_ Konrad Krafft von *Dellmensingen, Der Durchbruch. Studie an Hand der Vorgänge des Weltkrieges 1914-1918*(『돌파－1914～1918년 세계대전 사례 연구』)(Hamburg: Hanseatische Verlagsanstalt, 1937), pp.11～12.

91_ Horst Scheibert, *Das war Guderian. Ein Lebensbericht im Bildern*(『이것이 구데리안이다－그림으로 본 그의 인생』)(Friedberg: Podzun-Pallas Verlag, 1980), p.173 참조; GenKdo XIX.AK/ I a vom 12. 1. 1940(제19군단 사령부/작전참모부, 1940. 1. 12), BA-MA, 21-2/30, Bl. 21 참조.

92_ B. H. Liddell Hart, *The Memoirs of Captain Liddell Hart*, Bd 1(London: Cassell, 1965), p.49.

93_ 가장 최근의 문헌으로 다음을 참조. Bruce Gudmundson, *Stormtroop Tactics. Innovation in the German Army, 1914-1918*(New York, 1989); Borgert, "Grundzüge der Landkriegführung", p.523

이하 참조.

94_ 빌헬름 마이어-되른베르크Wilhelm Meier-Dörnberg는 독일군 공세가 실패한 원인이 명확한 주공을 선정하지 않은 데 있다고 언급했다. 그는 루덴도르프가 단번에 너무 많은 것을 얻으려 했기 때문에 공세 자체가 분산되었다고 주장했다. "Die große deutsche Frühjahrsoffensive 1918 zwischen Strategie und Taktik"(「전략과 전술의 관계 속에서, 1918년 독일의 춘계 대공세」), *Operatives Denken und Handeln*, pp.93~94.

95_ 예비역 대령 귄터 폰 벨로프Günther von Below가 필자에게 서면으로 알려준 내용.

96_ Manstein, *Verlorene Siege*, p.57, 314~315, 413 이하.

97_ 그 예로 Dupuy, *A Genius for War*, p.7 참조.

98_ Erwin Rommel, *Krieg ohne Haß*(『증오 없는 전쟁』)(Heidenheim: Heidenheimer Zeitung, 1950), ed. Lucie-Marie Rommel and Generalleutant Fritz Bayerlein, p.102.

99_ Creveld, *Kampfkraft*(『전투력』), pp.42~43; 체계적인 분석과 연구서로 Dirk W. Oetting, *Auftragstaktik. Geschichte und Gegenwart einer Führungskonzeption*(『임무형 지휘—지휘 개념의 역사와 현재』)(Frankfurt a. M. und others, 1993).

100_ 이에 대해 몰트케는 다음과 같이 말했다. "장교들이 통찰력을 갖고 독단적으로 행동해야 하는 다양한 상황들이 존재한다. 명령을 수령할 수 없는 순간에 장교들이 상급부대의 명령을 기다리는 것은 잘못된 행위이다."〔*Moltkes Militärische Werke*(『몰트케의 군사적 업적』)(Berlin: E. S. Mittler, 1990), Bd 2, 2.Teil, p.174.〕 또한 다음 문헌들을 참조. Hans Peter Stein, "Führen durch Auftrag"(「임무를 통한 지휘」), *Truppenpraxis*, Supplement 1, 1985, pp.4~5; Wallach, *Kriegstheorien*, p.80 이하; Carl-Gero von Ilsemann, "Das operative Denken des Älteren Moltke"(「대몰트케의 작전술적 사상」), *Operatives Denken und Handeln*, p.22 이하.

101_ 젝트는 임무형 전술을 다음과 같이 정의했다. "실시사항의 세부항목들까지 사사건건 참견하고 지시하거나 명령하기보다는 달성 가능한 목표를 제시하고 그에 필요한 수단을 강구해 주고서 임무의 실시에 관해서만큼은 전적으로 행동의 자유를 준다면 가장 좋은 성과를 올릴 수 있다. 결과에 따른 책임을 가진 사람이 스스로 가야 할 길을 선택하는 건전한 사고방식이 바로 그 토대이다." (Seeckt, *Gedanken*, p.64)

102_ Rothbrust, *Guderian's XIXth Panzer Corps*, pp.89~90.

103_ 프랑스군과 독일군의 지휘체계 비교에 대해서는 다음 문헌을 참조. Doughty, *Breaking Point*, pp.29~30, 32, 325.

104_ Irving, *Rommel*, p.68 참조.

105_ Dach, "Panzer", *Schweizer Soldat* 47, Nr.8(1972), p.62.

106_ Addington, *The Blitzkrieg Era*, p.32.

107_ Borgert, "*Grundzüge der Landkriegführung*", pp.577~578.

108_ "Blitzkriegmethoden"(「전격전 방식」), *Weltwoche*, 4 July 1941.

109_ Zeitzler, "Panzer Gruppe v. Kleist", *EWKde* 8, Nr.7(1959), p.369.

110_ Scheibert, *Guderian*, p.173 인용.

111_ 사실 구데리안이 독일군 기갑부대의 유일한 창시자는 아니다. 그 증거로 Corum, *The Roots of Blitzkrieg*, p.122 이하 참조.

112_ Heinz Guderian, *Die Panzerwaffe, ihre Entwicklung, ihre Kampftaktik und ihre operativen Möglichkeiten bis zum Beginn des großdeutschen Freiheitskampfes*(『기갑병과와 그 발전, 전술과 작전

술적 가능성, 대독일 자유투쟁의 발발까지』)(Stuttgart: Union Deutsche Verlagsgesellschaft, 1943), p.178.

113_ overview *Sturmpanzerwagen A7V. Vom Urpanzer zum Leopard 2*(총람 『기계화보병장갑차 A7V. 최초의 전차로부터 레오파트 2까지』)(Herford: E. S. Mittler und Sohn, 1990) 참조.

114_ Bradley, *Guderian*, p.152, 179 이하; John J. Mearsheimer, *Liddell Hart and the Weight of History*(Ithaca, New York: Cornell University Press, 1988), p.37 이하, 87, 160 이하; Jeffery A. Gunsburg, "Liddell Hart and Blitzkrieg", *Armor* 2, no.83(1974), pp.26~30; Corum, *The Roots of Blitzkrieg*, pp.141~142.

115_ Volker Wieland, "Pigeaud versus Velpry. Zur Diskussion über Motorisierung und Mechanisierung, Panzertechnik und Panzertaktik in Frankreich nach dem Ersten Weltkrieg"(「피조 대 벨프리, 제1차 세계대전 이후 프랑스에서의 차량화와 기계화, 전차기술과 기갑전술에 대한 논의」), *MGM* 17, Nr.1(1975), p.49; Nehring, *Geschichte der deutschen Panzerwaffe*, p.85.

116_ Addington, *The Blitzkrieg Era*, p.34; Rolak, "Fathers of Blitzkrieg", p.76; Gunsburg, "Liddell Hart and Blitzkrieg", p.27.

117_ Heinemann, "Development", pp.68~69; Cooper, *German Army*, p.166, 219.

118_ 예를 들어 Grandsard, *Le 10e Corps de armée*, p.154, 317 참조.

119_ Dossier 4: Colonel Chaligne, Rapport d'opérations pour les journées dès 10 au 14 mai 1940(파일 4: 샬리뉴 대령, 1940년 5월 10~14일의 전투 보고서), p.29, SHAT 32 N 254. 당시 상황에 대한 자세한 묘사는 다음 문헌을 참조. Dossier 4: Récit des événements vécus par l'I.D. 55 au 10 au 15 mai 1940(파일 4: 1940. 5. 10~15일까지 제55보병사단의 작전경과 보고서), p.29, SHAT 32 N 254; Compte-rendu du Lieutenant Michard(미샤르 소위의 보고서), p.1, SHAT 34 N 145; Foucault, Quartier Bellevue-Frénois(벨뷔-프레누아 지역), p.12, SHAT 34 N 178.

120_ Compte rendu du Capitaine Litalien(리탈리엔 대위의 보고서), p.4, SHAT, 34 N 178; 다음 문헌에서도 당시 상황을 동일하게 설명하고 있다. Colonel Chaligne(주 119 참조), p.13, 29; Récit des événements vécus par l'I.D. 55(주 119 참조), p.14; Battalion Commander Crousse, Les opérations de Sedan(10-14 mai 1940)(스당 작전, 1940. 5. 10~14)), p.7, 34 N 145.

121_ Dossier 1: Chef d'Escadron Labarbarie, La 55e division d'infanterie à la bataille de Sedan 10-14 Mai 1940(파일 1: 라바르바리 기병 대대장, 1940. 5. 10~14일간 스당 시구 전투에서의 제55보병사단), p.29, SHAT, 32 N 251.

122_ Kirkland, "French Air Strength", p.33.

123_ Speidel, Der Einsatz der operativen Luftwaffe, Teil 3, p.46, BA-MA, Study Lw 3/2 참조.

124_ 이 수치에는 대부분 공중강습작전 중에 잃은 170여 대의 수송기도 포함되어 있다. Genst der Luftwaffe(Generalquartiermeister)〔공군 총참모부(군수참모부)〕, BA-MA, RL 2 III/1173, 1940. 5. 10 참조.

125_ Lucien Robineau, "French Air Policy in the Inter-War Period and the Conduct of the Air War against Germany from September 1939 to June 1940", Horst Boog, *The Conduct of the Air War in the Second World War*(Herford and Bonn: Verlag E.S., 1993), p.647.

126_ 위의 책, p.645.

127_ 위의 책.

128_ 위의 책, p.650 이하, 653.

129_ Deighton, *Blitzkrieg*, p.297; Dach, "Panzer", *Schweizer Soldat* 47, Nr.8(1972), p.39; Messenger, *Blitzkrieg*, p.192.

130_ Piekalkiewicz, *Luftkrieg*, p.83.

131_ 위의 책.

132_ Horst Boog, "Führungsdenken in der Luftwaffe im Zweiten Weltkrieg"(「2차 대전에서 공군의 지휘사상」), *Operatives Denken und Handeln*, pp.189~191; *Die deutsche Luftwaffenführung* 1935-1945. *Führungsproblem-Spitzengliederung-Generalstabsausbildung*(『독일 공군 사령부, 1935-1945. 지휘 문제-상급부대 편성-장군참모교육』), (Beiträge zur Militärand- und Kriegsgeschichte, Bd 21) (Stuttgart, 1981), p.151 이하, 157. 다음 문헌을 참조. Speidel, Der Einsatz der operativen Luftwaffe, Teil 3, p.37 이하, 210, BA-MA, Study Lw 3/2; General der Flieger a.D. Paul Deichmann, Die Unterstützung des Heeres, BA-MA, Study Lw 10, pp.205~206; Klaus A. Maier, "Totaler Krieg und operativer Luftkrieg"(「총력전과 작전술 차원의 공중전」), *Die Errichtung der Hegemonie auf dem europäischen Kontient*; Ekkehart Guth, "Vom Nahkampfgedanken zu Close Air Support. Der Taktische Luftkrieg der Luftwaffe im zweiten Weltkrieg"(「근접전 사상에서 근접 항공지원까지—제2차 세계대전 시 공군의 전술적 공중전」), *Truppenpraxis* 31, Nr.2(1987), p.148 이하.

133_ 지헬슈니트 계획에 의거해 실시된 공군의 작전을 3단계로 구분해보면,

① 최초 3일(5월 10~12일)간 최우선적으로 적(연합군) 공군과 이들의 기지를 무력화하는 데에 전력을 기울였다.

② 5월 13, 14일, 대부분의 공군전력을 전술적으로 '육군에 대한 근접항공지원'에 투입했다. 이들의 중점은 스당 일대에 형성되어 프랑스군 진지에 대한 폭격을 실시했다.

③ 3단계는 대서양 해안 도달 단계로, 노출된 측방을 차단하는 작전술 차원의 작전이 대부분이었다. 이는 간접적인 작전으로 주로 중요한 교통의 요지나 기차역들을 폭격함으로써 적 예비대의 접근을 차단하는 것이 목적이었다. 물론 연합군 기갑부대의 측방공격이 벌어진 위기일발의 순간을 타개하기 위한 전술 작전도 있었다. 그 좋은 예가 캉브레 전투인데, 독일군 지상부대가 아닌 폭격기와 슈투카의 공중공격만으로 연합군 기갑부대는 궤멸당했다.

134_ 다음 문헌의 도표를 참조. Michel Forget, "Co-operation between the Air Force and Army in the French and German Air Forces during the Second World War", Horst Boog, ed., *The Conduct of the Air War in the Second World War*, p.450 이하(Annexes 4-6).

135_ Speidel, Der Einsatz der operativen Luftwaffe, p.180 이하, BA-MA, Study Lw 3/2.

136_ 위의 책, p.181.

137_ Richard P. Hallion, *Strike from the Sky: A History of Battlefield Air Attack, 1911-1945* (Washington. D. C.: Smithsonian Institution Press, 1989), p.144. 조사 결과 프랑스 폭격기들의 1일 평균 출격 횟수는 겨우 0.28~0.38회였다. Kirkland, "French Air Strength", p.32.

138_ Fuller, *Entartete Kunst*, p.282.

139_ Guderian, *Erinnerungen*, p.95.

140_ Walter A. Raleigh/H. A. Jones, *The War in the Air*(Oxford: Oxford University Press, 1922-37), Bd 6, pp.135~136.

141_ Bloch, *Die Seltsame Niederlage*, p.93.

142_ Stephen W. Richey, "The Philosophical Basis of Air Land Battle", *Military Review* 64, no.5(May 1984), p.52.

마무리 총평과 에필로그

1_ Clausewitz, "Aufzeichnung aus den Jahren 1803 bis 1809"(「1803~1809년의 기록」), Hans Rothfels, *Carl von Clausewitz. Politik und Krieg. Eine ideengeschichtliche Studie*(『카를 폰 클라우제비츠—정치와 전쟁. 사상의 역사에 대한 연구』)(Berlin, 1920), p.212.

2_ Seeckt, *Gedanken*, p.17.

3_ Clausewitz, *Vom Kriege*, pp.738~739.

4_ Lew Besymenski, *Die Schlacht um Moskau 1941*(『1941년 모스크바 전투』)(Köln, 1981), p.46(슈페어Speer가 자료를 제공) 참조.

5_ 1940. 6. 28. 베르사유 회의 시 할더의 발표문 서두 참조(HGr C, BA-MA, RH 19 Ⅲ/141, Bl. 44).

6_ Kroener, "Personellen Ressourcen", p.695, 999, 1014.

7_ Rolf-Dieter Müller, "Von der Wirtschaftsallianz zum kolonialen Ausbeutungskrieg"(「경제동맹에서 식민지 확장 전쟁까지」), p.185, Joachim Hoffmann, "Die Sowjetunion bis zum Vorabend des deutschen Angriffs"(「독일 공세 전야의 소련」), p.62, Horst Boog, Jürgen Förster, Joachim Hoffmann, Ernst Klink, Rolf-Dieter Müller, Gerd R. Ueberschär, *Das Deutsche Reich und der Zweiten Weltkrieg*(Stuttgart: Deutsche Verlags-Anstalt, 1983), Bd 4.

8_ 슈스터라이트Schustereit(*Vabanque*, p.73)의 도표에 따르면 3,906,765명의 소련군 전쟁포로가 발생했다.

9_ Halder, *KTB*, Bd 3, p.38.

10_ 위의 책, p.39; *Hitlers Weisungen*, p.129 이하 참조.

11_ Andreas Hillgruber, "Der Faktor Amerika in Hitlers Strategie 1938-1941"(「1938~1941년 히틀러의 전략에서 미국이라는 요인」), *Nationalsozialistische Außenpolitik*(『국가사회주의의 외교정책』), p.513.

12_ 이러한 일본의 공세는 1941년 2, 3월 히틀러와 일본 대사 오오시마 히로시 일본 외상(중장) 사이에서 논의된 바 있다. 하지만 그때까지도 독일은 일본에 대소련 공격을 요구하지 않았다. 물론 일본도 당시 상황을 관망하면서 자국의 전력을 미국과의 전쟁에 집중하는 자세를 취했다. Hillgruber, *Faktor Amerika*, p.514 이하 참조; Hillgruber, *Hitlers Strategie*, p.731 이하.

13_ Foss, *Panzer*, p.7.

14_ Roland G. Foerster, "Die Ardennenoffensive 1944, Politische-strategische Überlegungen und operative Konzepte auf deutscher Seite"(「1944년 아르덴 공세, 독일 측의 정치-전략적 배경과 작전술적 개념」), *Entwicklung, Planung und Durchführung*, p.82.

15_ Horst Rohde, "Die operativen Grundlagen der Ardennenoffensive: Wirtschaft und Logistik auf deutscher Seite"(「아르덴 공세의 작전술적 전제조건: 독일의 경제와 병참」), *Entwicklung, Planung und Durchführung*, p.104.

16_ Karl Marx/Friedrich Engels, *Werke*(『노동』)(East Berlin, 1956), Bd 8, p.115.

17_ 베크-브로이히지터Beck-Broichsitter 중위의 보고(14.Kp/IRGD): "Panzerschlacht südlich Sedan"(「스당 남부에서의 전차전」)(14. 5. 1940), BA-MA, RH 37/6332; Durian, *Großdeutscland*, p.75. 이 기병정찰대는 십중팔구 제3경기병여단의 예하부대였음에 틀림없다. Bikar, *La 3e Brigade de Spahis*, pp.397~398; Le Diberder, *Les spahis*, p.155; Paillat, *La guerre éclair*, p.263.

18_ Horne, *Über die Maas*, p.456.

참고자료

Ⅰ. 미출판문서

1. 독일 연방문서보관소 군사기록보관소Bundesarchiv-Militärarchiv, Freiburg i.Br.; BA-MA

(1) 국방군 총사령부Oberkommando der Wehrmacht; OKW
국방군 작전참모부Wehrmachttführungsstab (Wehrmachtführungsamt): RW 4/32, 35, 41, 170, 414, 611
국방청Allgemeines Wehrmachtamt: RW 6/180
국방군 군수참모부Wehrwirtschafts- und Rüstungsamt (Wehrwirtschaftsamt): RW 19/173, 261, 1022, 1381, 1792, 1938

(2) 육군 총사령부Oberkommando des Heeres; OKH
육군 총참모부Generalstab des Heeres: RH 2/181, 182, 465, 768, 1491-1494, 1556, 2972
육군 정보참모부장Chef Heeresnachrichtenwesen: RH 6/1-3
육군 병기국Heereswaffenamt: RH 8/1012, 1023
기계화 부대장Chef der Schnellen Truppen: RH 10/1
공병감실Inspektion der Pioniere (hier: Arbeitsstab Pioniergeschichte): RH 12-5/397, 425

(3) 집단군 사령부Heeresgruppenkommandos
A집단군Heeresgruppe A : RH 19 Ⅰ/25, 26, 35, 37, 38, 41, 73
B집단군Heeresgruppe B : RH 19 Ⅱ/19, 21, 72
C집단군Heeresgruppe C : RH 19 Ⅲ/92, 141

(4) 야전군 사령부Armeeoberkommandos
제4군4. Armee : RH 20-4/54, 62, 64, 68, 69, 71, 81
제12군12. Armee : RH 20-12/4, 7, 11, 20, 33, 36
제18군18. Armee : RH 20-18/35

(5) 기갑군단/기갑군Panzerkorps/Panzergruppen

클라이스트 기갑군Gruppe v. Kleist : RH 21-1/18, 19, 20, 22, 23, 36, 317, 318, 320, 381
구데리안 기갑군단Panzerkorps Guderian(당시 제19군단, 5월 28일부로 구데리안 기갑군으로 승격) : RH 21-2/30, 31, 32-34, 36, 40-43, 45, 47, 48, 54, 59(K), 63, 852
호트 기갑군Gruppe Hoth(당시 제15군단, 5월 20일부로 호트 기갑군으로 승격) : RH 21-3/28, 36-38
회프너 기갑군단Panzerkorps Hoepner(제16차량화군단XVI. mot. Armeekorps) : RH 21-4/518, 527
라인하르트 기갑군단Panzerkorps Reinhardt(제41차량화군단XXXXI. mot. Armeekorps) : RH 24-41/2, 4

(6) 군단Armeekorps

제6군단VI. Armeekorps : RH 24-6/17
제39(차량화)군단XXXIX. (mot.) Armeekorps : RH 24-39/7, 9

(7) 보병사단Infanteriedivisionen

제16보병사단16. InfDiv : RH 26-16/28
제24보병사단24. InfDiv : RH 26-24/140
제71보병사단71. InfDiv : RH 26-71/76

(8) 기갑사단Panzerdivisionen

제1기갑사단1. PzDiv : RH 27-1/5, 14, 154, 170
제2기갑사단2. PzDiv : RH 27-2/1, 11, 92, 93
제3기갑사단3. PzDiv : RH 27-3/245, 251
제4기갑사단4. PzDiv : RH 27-4/6, 199
제5기갑사단5. PzDiv : RH 27-5/179
제6기갑사단6. PzDiv : RH 27-6/1D, 4, 126
제7기갑사단7. PzDiv : RH 27-7/3, 9-11, 44, 212, 213, 215, 220
제10기갑사단10. PzDiv : RH 27-10/4, 7b, 9, 68, 107

(9) 보병부대Infanterieverbände

제4보병연대Schützenregiment 4 : RH 37/10, 11
제10보병여단10. Schützenbrigade : RH 37/138, 1910
대독일보병연대Infanterieregiment Großdeutschland : RH 37/6327, 6328, 6332, 6335, 6391

(10) 전차부대Panzerverbände

제1전차연대Panzerregiment 1 : RH 39/30
제7전차연대Panzerregiment 7 : RH 39/103

(11) 공병부대Pionierverbände

제49기계화공병대대Panzer-Pionierbataillon 49 : RH 46/743

(12) 출판문 및 기타 유사 문건

RHD 21/47 Militärgeographischer Überblick über Belgien und angrenzende Gebiete, hrsg. vom Generalstab des Heeres, Chef Kriegskarten und Vermessungswesen, Berlin, 1940

RHD 21/152-155 Militärgeographische Beschreibung von Frankreich, Teil I, Nordostfrankreich, Berlin 1940

RHD 29/8 General der Pioniere und Festungen, "Denkschrift über die französische Landesbefestigung", 1.Oct.1941

(13) 공군 총참모부Generalstab der Luftwaffe

군수참모부Generalquartiermeister : RL 2 III/707, 736, 1173, 1174

(14) 공군 비행단 사령부Kommandobehörden (etc.) der Fliegertruppe

제8비행단VIII. Fliegerkorps : RL 8/43, 45

(15) 기타 공군부대Fliegende Verbände

제53비행전대 1대대I./Kampfgeschwader 53 : RL 10/86

제27비행전대Jagdgeschwader 27 : RL 10/591

(16) 방공부대Verbände und Einheiten der Flakartillerie

제86경방공포대대Leichte Flakabteilung 86 : RL 12/234

제102방공연대Flakregiment 102 : RL 12/457

제18방공연대 1대대1./Flakregiment 18 : RL 12/545

(17) 해군 총사령부Oberkommando der Kriegsmarine

해군 작전사령부Seekriegsleitung : RM 7/337

해군 참모부Allgemeines Marinehauptamt : RM 7/807, 808

군사과학부Kriegswissenschaftl. Abteilung : RM 8/1491

(18) 유작Nachlässe

N 406 Hans Seidemann

(19) 미 육군 유럽지구 군사연구소의 보고서

B-306 Günther Blumentritt, Gen.d.Inf. a.D., Operative und taktische Schulbeispiele aus beiden Weltkriegen. III. Teil, 4.: Panzer-Begegnungsgefecht im Westen, Mai 1940, bei Stonne

C-053 Gerd v. Rundstedt, Gen.Feldm., Bemerkungen zum "Feldzug im Westen"

D-111 Hubert Weise, Gen.Oberst a.D., Organisation der Luftverteidigung im Felde, eräutert an Beispielen des Flakkorps I

P-114c, 2. Teil: Friedrich Wilhelm Hauck, Gen.d.Art. a.D., Die Abwehrkämpfe am Donets und auf der Krim und das Wiedergewinnen der Initiative, Dezember 1941 bis Juni 1942

(=Die Operationen der deutschen Heeresgruppen an der Ostfront 1941–194 Südliches Gebiet, Zweiter Teil)

P–203 Rudolf Hofmann, Gen.d.Inf. a.D., Angriff gegen Befestigungsanlagen. Deutsche Angriffe gegen ständige und verstärkte feldmäßige Befestigungsanlagen im Zweiten Weltkrieg

P–208 Der Westfeldzug 1940 Bd 1: Kurt v. Tippelskirch, Gen.d.Inf. a.D., Die Vorgeschichte, Teile I und II. Bd 2: Günther Blumentritt, Gen.d.Inf. a.D., Darstellung der Operationen

Zu P–208, Bd 2, Abschn. E: Günther Blumentritt, Gen.d.Inf. a.D., Kritik (=1. Fassung des Ban 2, Abschnitt E)

Hilfsstudie (XI. AK, Mai) zu P–208, Bd 2: Otto Heidkämper, Gen.Lt. a.D., Die Operationen des XV.AK (zeitweise Gruppe Hoth) in dem Feldzug in Nordfrankreich, 10.–30.5.1940

P–209 Edgar Röhricht, Gen.d.Inf. a.D., Große Einkesselungs–Schlachten im 2.Weltkrieg. Darin (S. 22–36): Herbert v. Boeckmann, Gen.d.Inf. a.D., Ansatz der Westoffensive im Mai 1940

P–210, Bd 1: Fedor v. Bock, Gen.Feldm., Kriegstagebuch (3 Teile) Tagebuch–Notizen zum Polen–Feldzug Mai/Juni 1939–3. Oktober 1939; Tagebuchnotizen Westen. Vorbereitungszeit, 4.10.1939–9.5.1940 Tagebuch Westen. Offensive und Besatzungszeit, 10.5.–11.9.1940

(20) 미 공군 군사사연구소 소속 독일 공군에 관한 연구단체의 연구서와 자료모음집

Lw 3 Wilhelm Speidel, Gen.d.Fl. a.D., Der Einsatz der operativen Luftwaffe im Westfeldzug 1939/40. "Studie West", 5 Bde

Lw 10 Paul Deichmann, Gen.d.Fl. a.D., Die Unterstützung des Heeres durch die deutsche Luftwaffe im Zweiten Weltkrieg

Lw 12 Joseph Kammhuber, Gen.d.Fl. a.D., Das Problem der Erringung der Luftherrschaft durch Gegenmaßnahmen der Luftwaffe, 2 Bde

Lw 106/7 Materialsammlung: Stärken (Ist–Stärken und Einsatzbereitschaft) der Fliegenden Verbände der Luftwaffe 1938–1945

Lw 133/1 Sigismund Frhr. v. Falkenstein, Gen.M. a.D., Die Unterstützung des deutschen Heeres durch die deutsche Luftwaffe im II. Weltkrieg (Entwurf)

ZA 3/44 Arbeitsmaterialien: Einsatz des II. Fliegerkorps in Frankreich. Verschiedene Ausarbeitungen

ZA 3/59 Arbeitsmaterialien: Westen 1940, Lageberichte Luftflotten 2 und 3

2. 프랑스 군사사연구소 Service Historique de l'Armée de Terre (S.H.A.T.), Vincennes

(전투일지, 명령문, 전투보고서, 설문서 등)

29 N 27 2ème Armée, Historique des opérations [...]

29 N 84 2ème Armée/Commandement des Chars [...]
30 N 92 10ème Corps d'Armée, 3ème bureau
30 N 225 21ème Corps d'Armée
32 N 8 3ème Division d'Infanterie motorisée
32 N 251 55ème Division d'Infanterie
32 N 254 55ème Division d'Infanterie, 4éme bureau
32 N 318 71ème Division d'Infanterie
34 N 95 84ème Régiment de Forteresse
34 N 145 147ème Régiment d'Infanterie de Forteresse
34 N 174 295ème Régiment d'Infanterie
34 N 178 331ème Régiment d'Infanterie

3. 목격자(참전자)들의 진술

다음 분들이 서식 및 구두로 정보를 제공해 주었다(직위, 계급 생략).

Beck-Broichsitter, Helmut; Beinlich, Joachim; Brandt, Walter; Braune-Krickau, Andreas; Carlowitz, Hans-Christoph; Di-Fant, Norbert; Draeger, Heinrich; Ehrmann, Alois; Fasbender, Rudolf; Fleischer, Helmut; Försterling, Friedrich; Frantz, Peter; Grolman, Friedrich von; Grübnau, Kurt; Gutmann, W; Gutzschhahn, Helmut; Hartung, Hans-Jürgen; Hirschfeld, Hans von; Hohensee, Gerhard; Hopffgarten, H.J. von; Horen, Bernard; Kielmansegg, Johann Adolf Graf von; Kruse, Peter Otto; Lefevre, Claude; Lesch, Willy; Lucke, Christian von; Dr. Mahler, Henning; Ostau-Bonin, Fabian von; Penselin, Rolf; Sailer, Gerd; Sauder, Max; Schick, Albert; Schmitz, Günter; Schütze, Gottfried; Schulze, Bruno; Spaeter, Helmuth; Stoves, Rolf O. G.; Trieps, Walter; Trippe, Werner; Unger, Siegfried; Wackernagel, Eberhard; Weber, August; Wulff, Rudolf

4. 개인 소장 문서

Below, Günther von (Oberst a. D.). Gedanken-Splitter
Bericht über den Maasübergang bei Sedan (Gefechtsbericht I .Btl/SchtzRgt 86)
Hanbauer (Leutnant u. Kompanieführer). Einsatz der 2. Kompanie bei Sedan (Gefechtsbericht 2. Kp/SchtzRgt 86)
Korthals (Oberleutnant). Feldzug gegen Frankreich (Kriegstagebuch 3. Kompanie/Sturmpionier-Bataillon 43)
Koska (Oberleutnant). Der Feldzug gegen Frankreich 1940 (Tagebuchbätter des Bataillonsadjutanten Sturmpionier-Bataillon 43)
Kriegstagebuch leichte Flakabtlg. 83 (Westfeldzug)
Kriegstagebuch Nr. 2 (II. Btl/SchtzRgt 7) vom 25.11.1939 bis 7.7.1940
Kriegstagebuch Schützenregiment 86
Kriegstagebuch Nr. 1 der I. Abteilung/Panzerregiment 1

Kriegstagebücher Nr. 2 und 3 der II. Abteilung/Panzerregiment 1
Kriegstagebuch Panzerregiment 4 (Westfeldzug)
Kronbügel (Unteroffizier), Kradschützen vor (Kriegstagebuch 7. Kp/SchtzRgt 86)
Lesch, Willy. Bericht über ein Unternehmen [eines Panzerspähtrupps] am 14. Mai 1940 bei Chéhéry (Gefechtsbericht 2. Kp/PzRgt 2, abgefaßt am 20. 5. 1940)
Lüke, Hans. Auszug aus der Geschichte des Regiments 69
Pi 49 im Feldzug in Frankreich (Kriegstagebuch Panzerpionierbataillon 49)
Regimentsgeschichte des Panzerregiments 3
Rommel, Generalfeldmarschall. Dokumente zum Westfeldzug (zur Verfügung gestellt durch seinen Sohn Manfred Rommel)
Scheibe, Helmut (Leutnant). Die Panzer-Aufklärungs-Abteilung 4 im Westfeldzug
Steinkeller, Friedrich-Carl von, Erinnerungen (Auszug: Maasübergang des Kradschützen-Bataillons 7 der 7. Panzerdivision am 12./13. Mai 1940)
Unser Einsatz im Westen vom 10. Mai bis 21. Juni 1940 (Kriegstagebuch 2. Kompanie/Sturmpion-Bataillion 43)

5. 비공식 문서

Bouissoux (Lt-Col.). Combats des Ardennes. Stonne-Mont-Dieu-Tannay (avec la 3e DCR et la 3e DIM)
Denkschriften zu Fragen der operativen Führung, hrsg. durch den Inspekteur des Heeres. Bonn: Juli 1987
Hartung, Hans-Jürgen. Der Angriff über die Maas bei Sedan am 13. Mai 1940
Sarholz, Thomas, Überraschung und Wahl des Schwerpunktes als Elemente operativen Führens-Lehren aus der Frankreich-Offensive 1940 und Folgerungen für den modernen militärischen Führer (Jahresarbeit an der Führungsakademie der Bundeswehr). Hamburg, 1989
Schwerin, General Gerhard von, Souvenirs de Guerre. Sedan-Bulson-Stonne du 10 au 15 Mai 1940 (recueillis par Michael Baudier)
Sedan 1940. Historische Geländebesprechung der 5. Panzerdivision. Diez/Lahn, 1987

II. 참고문헌

EWK	de Europäische Wehrkunde
MGM	Militärgeschichliche Mitteilungen
MWR	Militärwissenschaftliche Rundschau
OMZ	Österreichische Militärische Zeitschrift
RBHM	Revue belge d' Histoire militaire
RHA	Revue Historique des Armées (bis 1973: Revue Historique de l' Armée de

Terre) RHDGM Revue d' Histoire de la Deuxième Guerre Mondiale

Abetz, Otto. *Das offene Problem. Ein Rückblick auf zwei Jahrzehnte deutscher Frankreichpolitik.* Köln: Greven Verlag, 1951.

ADAP (Akten zur deutschen auswärtigen Politik, 1918-1945. Aus dem Archiv des Deutschen Auswärtigen Amts. Serie D, 1937-1941, Bd 1-13.). Baden-Baden, 1950-1970.

Addington, Larry H. *The Blitzkrieg Era and the German General Staff, 1865-1941.* New Brunswick, N.J.: Rutgers University Press, 1971.

Alexander, Martin S. "Prophet without Honour? The French High Command and Pierre Taittinger' s Report on the Ardennes Defences, March 1940." *War and Society*, vol. 4 (1986), Nr. 1, pp.52-77.

———. *The Republic in Danger. General Maurice Gamelin and the Politics of French Defence, 1933-1940.* Cambridge: Cambridge University Press, 1992.

Alfoldi, Laszlo M. "The Hutier Legend." *Parameters*, vol. 5 (1976), Nr. 2, pp.69-74.

Amouroux, Henri. *Le peuple du désastre 1939-1940*, Paris: Robert Laffont, 1976, (*La grande histoire des Français sous l' occupation*, Bd 1).

———. "Kollabos, Helden und Verräter. Die Franzosen unter deutscher Besetzung." 1. Teil, Der Spiegel, 44. Nr. 20 (1990), pp.150-163.

"An der Maas 1940" (*Einzelschilderungen aus dem Kriege an der Westfront*). *MWR* 5. Nr. 3 (1940), pp.246-254.

Ankaoua, Robert. "Le 14 mai à Sedan." *Icare: Revue de l' aviation française*, Nr. 57 (spring-summer 1971), pp.128-132.

Ansel, Walter. *Hitler Confronts England.* Durham, N.C.: Duke University Press, 1960.

Ardennes 1940. ed. by Maurice Vaïsse. Paris: Henri Veyrier, 1991.

d' Astier de la Vigerie, François. *Le ciel n'était pas vide.* 1940. Paris: René Julliard, 1952.

Balck, Hermann. *Ordnung im Chaos. Erinnerungen 1893-1948.* Osnabrück: Biblio Verlag, 1980.

Balke, Ulf. *Der Luftkrieg in Europa. Die operativen Einsätze des Kampfgeschwaders 2 im Zweiten Welkriegt*, 2 Bde. Koblenz: Bernard and Graefe, 1989.

Barker, Arthur, James. *Dunkirk: The Great Escape.* London: Dent, 1977.

Bauer, Eddy. *Der Panzerkrieg. Die wichtigsten Panzeroperationen des zweiten Weltkrieges in Europa und Afrika.* Bd 1: *Vorstoß und Rückzug der deutschen Panzerverbände.* Bonn: Verlag Offene Worte, 1965.

Beaufre, André. *Le drame de 1940.* Paris: Plon, 1965.

Bekker, Cajus. *Angriffshöhe 4000. Ein Kriegstagebuch der deutschen Luftwaffe.* Oldenburg: G. Stalling Verlag, 1964.

Below, Nicolaus von. *Als Hitlers Adjutant 1937-1945.* Mainz: Hase und Koehler, 1980.

Benoist-Méchin, Jacques. *Der Himmel stürzt ein. Frankreichs Tragödie 1940.* Düsseldorf: Droste Verlag, 1958.

———. *Soixante jours qui ébranlèrent l' occident. 10 mai–10 julliet 1940.* Paris: Éditions Albin Michel, 1956.

Berben, Paul, und Bernard Iselin. *Die Deutschen kommen. Mai 1940. Der Überfall auf Westeuropa.* Hamburg: Christian Wegner, 1969.

Bertin, Pierre. "Un régiment d' infanterie sur la Meuse en 1940: le 129e R.I. en Belgique." *RHA,* (1972), Nr. 4, pp.75–103.

Bertin–Boussu, Général. *La 3e division d' infanterie motorisée 1939–1940.* Aurillac: N.P., n.d.

Besymenski, Lew. *Die Schlacht um Moskau 1941. Köln,* 1981.

Bikar, A. "10 mai 1940. 'Hedderich' et 'Niwi.' Les deux opérations allemandes aéroportées sur petits avions Fieseler 'Storch' (10 May 1940)." *RBHM,* 20. Jg (1973/74), pp.411–434, 591–622, 699–723; 21. Jg (1975/76), pp.48–78, 123–156.

———. "La campagne de mai 1940 en Belgique: La 4e division légère de cavalerie française à l' est de la Meuse, les 10, 11 et 12 mai 1940." *RBHM,* 25. Jg (1983/84), pp.519–550, 627–652.

———. "La lère division légère de cavalerie française à l' est de la Meuse, les 10, 11 et 12 mai 1940." *RBHM,* 26. Jg (1985/86), pp.137–159, 175–210.

———. "La 3e brigade de Spahis dans nos Ardennes, les 10, 11 et 12 mai." *RBHM,* 26. Jg (1985/86), pp.387–402.

———. "Les événements dans le sud de la province du Luxembourg. Le repli des chasseurs ardennai, le 10 mai et la 2e division légère de cavalerie française (2e DLC) les 10, 11 et 12 mai 1940." *RBHM,* 27. (1987/88), pp.437–474, 537–573, 613–648.

———. "La 5e division légère de cavalerie française en Ardenne, du 10 au 12 mai." *RBHM,* 28. Jg (1989/90), pp.467–508, 589–613, 691–714.

Bitzel, Uwe. *Die Konzeption des Blitzkrieges bei der deutschen Wehrmacht.* Frankfurt a.M.: Peter Lang, 1991.

Blaxland, Gregory. *Destination Dunkirk. The Story of Gort's Army.* London: William Kimber, 1973.

Der Blitzkrieg in Polen. 18 Tage Krieg in Polen in Berichten des Oberkommandos der Wehrmacht. Essen, 1939.

"Blitzkriegmethoden (von Dr. EK.). Erfolge und Gefahren einer neuen Kriegführung." *Weltwoche* vom 4.7.1941.

"Blitzkrieg und Panzerdivisionen." *Ostasiatischer Beobachter* vom 30.11.1940, pp.11–13.

"Blixtanfallet." [hrsg.] 1939 *års Färsvarsförbund.* Stockholm, 1940.

"Blixtkriget och sprängberedskapen." *Tidskrift i fortifikation,* 66. Jg (1943), Nr. 3, pp.121–137.

" 'Blixtkrig' och försvar mot 'blixtkrig'." Kungl. Krigsvetenskaps–Akadem. *Handlingar och Tridskrift* (1942), Nr. 3, pp.56–80.

Bloch, Marc. *Die seltsame Niederlage: Frankreich 1940. Der Historiker als Zeuge.* Frankfurt a.M. 1992.

Blumentritt, Günther. *Von Rundstedt: The Soldier and the Man*. London: Odhams Press Limited, 1952.

Bond, Brian. *France and Belgium 1939–1940*. London, 1975

Bonotaux/Guerin. "Avec la 3e D.I.M. à Stonne." *RHA*, 6. Jg (1950), Nr. 2, pp.47–50.

Boog, Horst. *Die deutsche Luftwaffenführung 1935–1945. Führungsprobleme–Spitzengliederung–Generalstabsausbildung*. Stuttgart: Deutsche Verlags-Anstalt, 1981 (=Beiträge zur Militär- und Kriegsgeschichte, Bd 21).

————. "Die Operationen der Luftwaffe gegen die Niederlande vom 10. bis 15. Mai 1940." *Ausgewählte Operationen und ihre militärhistorischen Grundlagen*. Im Auftrag des Militärgeschichtlichen Forschungsamtes hrsg. von Hans-Martin Ottmer und Heiger Ostertag. Herford, Bonn, 1993, pp.347–367.

————. "Führungsdenken in der Luftwaffe im Zweiten Weltkrieg." *Operatives Denken und Handeln in deutschen Streitkräften im 19. und 20. Jahrhundert*, pp.183–206.

Borgert, Heinz Ludger. "Grundzüge der Landkriegführung von Schlieffen bis Guderian." *Handbuch zur deutschen Militärgeschichte 1648–1939*. hrsg. vom Militärgeschichtlichen Forschungsamt. München, 1979 (Bd 5), pp.427–584.

Botelho A. "O commando e a guerra relâmpago." *Revista militar*, [Lissabon], (1942), Nr. 9, pp.522–533.

Bradley, Dermot. *Generaloberst Heinz Guderian und die Entstehungsgeschichte des modernen Blitzkrieges*. Osnabrück: Biblio-Verlag, 1978.

————. *Walther Wenck. General der Panzertruppe*. Osnabrück: Biblio-Verlag, 1981.

Brand, Dieter. "Grundsätze operativer Führung." In *Denkschriften zu Fragen der operativen Führung*. hrsg. vom Inspekteur des Heeres, Bonn, 1987.

Braun. "Der strategische Überfall, *Militär–Wochenblatt*, (1938), Nr. 18, pp.1134–1136.

Brausch, Gerd. "Sedan 1940. Deuxième Bureau und strategische Überraschung." *MGM*, (1967), Nr 2, pp.15–93.

Brohon, Raymond. "Le groupement de bombardement No 10." *Icare*, Nr. 57 (printemps-été 1971) pp.80–92.

Brüning, Robert, und Alex Buchner. *Unteroffiziere entscheiden ein Gefecht*. Herford, 1981.

Bruge, Roger, *Histoire de la ligne Maginot*, [Paris].

Bd 1: *Faites sauter la ligne Maginot*. Paris: Fayard, 1973.

Bd 2: *On a livré la ligne Maginot*. Paris: Fayard, 1975.

Bd 3: *Offensive sur le Rhin*. Paris: Fayard, 1977.

Bryant, Arthur. *The Turn of the Tide 1939–1943. A Study Based on the Diaries and Autobiographical Notes of Field Marshal the Viscount Alanbrooke, K.G., O.M.* London: Collins, 1957.

Buchbender, Ortwin, und Reinhard Hauschild. *Geheimsender gegen Frankreich: Die Täuschungsoperation "Radio Humanité" 1940*. Bonn and Herford: Verlag E. S. Mittler and Sohn, 1984.

Buchbender, Ortwin, und Horst Schuh. *Die Waffe, die auf die Seele zielt. Psychologische*

Kriegführung 1939–1945. Stuttgart: Motorbuch Verlag, 1983.

Bücheler, Heinrich. *Carl-Heinrich von Stülpnagel. Soldat, Philosoph, Verschwörer.* Berlin and Frankfurt a. M.: Ullstein, 1989.

———. "Die Panzerschlacht von Hannut. Pfingsten 1940." *Kampftruppen,* 22. Jg (1980), Nr. 3, pp.125–127.

Buffetaut, Yves. "De Gaulle. Chef de guerre. 15 mai–6 juin 1940." 39–45. *Guerre contemporaines Magazine,* juin 1990, pp.9–37.

———. *Guderian perce à Sedan.* Paris, 1992.

———. *Rommel. France* 1940. Bayeux: Éditions Heimdal, 1985.

Buffotot, Patrice, et Jacques Ogier. "L'armée de l'air française dans la campagne de France (10 mai–25 juin 1940)." *RHA,* (1975), Nr. 3, pp.88–117.

Cabiati, Aldo. *La guerra lampo. Polonia–Norvegia–Francia.* Mailand, 1940.

Cailloux. "La contre-attaque qui n'eut jamais lieu... 19–25 mai." *RHA,* (1966), Nr. 3, pp.133–147.

Carr, William. "Rüstung, Wirtschaft und Politik am Vorabend des Zweiten Weltkrieges." *Nationalsozialistische Außenpolitik.* pp.437–454.

Cartier, Raymond. *Der Zweite Weltkrieg,* Bd 1. München: Piper, 1967.

Christophé, Eduard Curt. *Wir stoßen mit Panzern zum Meer.* Berlin: Steiniger Verlag, 1940.

Churchill, Winston S. *His complete speeches 1897–1963.* ed. by Robert Rhodes James, vol. 6: *1935–1942.* New York and London: Bowker, 1974.

———. *Der Zweite Weltkrieg,* Bd I u. II. Stuttgart: 1948/1949.

Clausewitz, Carl von. *Vom Kriege,* 19. Aufl., Bonn, 1980.

———. *Politische Schriften und Briefe.* hrsg. von Hans Rothfels. München: Drei Masken Verlag, 1922.

Cohen, Eliot A., and John Gooch. *Military Misfortunes. The Anatomy of Failure in War.* New York: Vintage Books, 1991.

Coilliot, André. Mai 1940. *Un mois pas comme les autres. Le film des événements dans la région d'Arras.* Arras, 1980.

Colin. *Rommel et le franchissement de la Meuse.* Paris: École Superieure de Guerre, 1971.

The Conduct of the Air War in the Second World War. An International Comparison. Proceedings of the International Conference of Historians in Freiburg i.Br., Federal Republic of Germany, from 29 August to 2 September 1988. Edited by Horst Boog. New York and Oxford: Berg Publishers, 1992. Deutsch unter dem Titel: *Luftkriegführung im Zweiten Weltkrieg. Ein internationaler Vergleich.* Im Auftrag des Militärgeschichtlichen Forschungsamtes hrsg. von Horst Boog. Herford and Bonn: Verlag E. S. Mittler and Sohn 1993. (=Vorträge zur Militärgeschichte, Bd 12)

Cooper, Matthew. *The German Army 1933–1945. Its Political and Military Failure.* London: Macdonald and Janes, 1978.

Cordier, Daniel. *Jean Moulin. L'inconnu du Panthéon,* Bd 2, *Le choix d'un destin, juin 1936–novembre 1940.* Paris: Lattès, 1989.

Corum, James S. *The Roots of Blitzkrieg: Hans von Seeckt and German Military Reform.* Lawrence Kansas: University Press of Kansas, 1992.

Cot, Pierre. "En 40 où etaient nos avions?." *Icare,* Nr. 57 (printemps-é.é 1971), pp.35-57.

Crémieux-Brilhac, Jean-Louis. *Les Français de l'an 40*; Bd 1: *La guerre oui nu non?* Bd 2: *Ouvriers et soldats.* Paris: Robert Laffont, 1990.

Creveld, Martin van. *Kampfkraft. Militärische Organisation und militärische Leistung 1939-1945,* Freiburg, 1989.

Dach, Hans von. *Kampfbeispiele,* Frauenfeld, 1977.

―――. "Kampf um ein Festungswerk [La Ferté]. Nach französischen und deutschen Kampfberichten dargestellt." *Schweizer Soldat,* 43. Jg (1967), Nr. 18, pp.408-429.

―――. "Panzer durchbrechen eine Armeestellung." *Schweizer Soldat,* 47. Jg (1972), Nr. 2, pp.47-88; Nr. 5, pp.45-91; Nr. 8, pp.38-72.

Dahms, Hellmuth Günther. *Die Geschichte des Zweiten Weltkriegs.* München, Berlin: F. A. Herbig, 1983.

Danel, Raymond. "Le bombardement dans la bataille." *Icare,* Nr. 57 (printemps-été 1971), pp.58-69.

―――. "La conquête de la Hollande: Opération secondaire?" *Icare,* Nr. 79 (hiver 1976/77). pp.13-57.

―――. "En mai-juin 1940: Ils étaient les plus forts." *Icare,* Nr. 54 (été 1970), pp.48-73.

Davis, Clyde R. *Von Kleist: From Husar to Panzer Marshal,* Houston: Lancer Militaria, 1979.

Deichmann, Paul. *Der Chef im Hintergrund.* München und Hamburg, Oldenburg: Stalling, 1979.

Deighton, Len. *Blitzkrieg. Von Hitlers Triumphen bis zum Fall von Dünkirchen.* München: Heyne, 1983.

Deist, Wilhelm. "Die Aufrüstung der Wehrmacht." *Ursachen und Voraussetzungen der deutschen Kriegspolitik.* Stuttgart, 1979 (=*Das Deutsche Reich und der Zweite Weltkrieg,* Bd 1), pp.369-532.

―――. "De Gaulle et Guderian. L'influence des expériences militaires de la première guerre mondiale en France et en Allemagne." *Etudes Gaulliennes,* (1977), Nr. 17, pp.47-57.

Delmas, Jean. "Les Ardennes dans les opérations françaises, rue d'ensemble et cas concret: Monthermé." *Ardennes 1940,* pp.97-114.

Delmas, Jean, Paul Devautour et Eric Lefèvre. *Mai-juin 40. Les combattants de l'honneur.* Paris: Copernic, 1980.

Denkschriften zu Fragen der operativen Führung. hrsg. vom Inspekteur des Heeres, Bonn, 1987.

Deutsch, Harold C. *Verschwörung gegen den Krieg. Der Widerstand in den Jahren 1939-1940.* München: Beck, 1969.

"Deutsche Blitzkriegsstrategen." *Weltwoche* vom 4.7.1941.

Das Deutsche Reich und der Zweiten Weltkrieg, 7 Bde. Stuttgart: Deutsche Verlags-Anstalt,

1979–. Bd 1, Wilhelm Deist, Manfred Messerschmidt, Hans-Erich Volkmann, and Wolfram Wette. *Ursachen und Voraussetzungen der deutschen Kriegspolitik.* Stuttgart: Deutsche Verlags-Anstalt, 1979. Bd 2, Klaus A. Meier, Horst Rohde, Bernd Stegemann, and Hans Umbreit. *Die Errichtung der Hegemonie auf dem europäischen Kontinent.* Stuttgart: Deutsche Verlags-Anstalt, 1979. Bd 3, Gerhard Schreiber, Bernd Stegemann, and Detlef Vogel. *Der Mittelmeerraum und Südosteuropa.* Stuttgart: Deutsche Verlags-Anstalt, 1984. Bd 4, Horst Boog, Jürgen Förster, Joachim Hoffmann, Ernst Klink, Rolf-Dieter Müller, and Gerd R. Ueberschär. *Der Angriff auf die Sowjetunion.* Stuttgart: Deutsche Verlags-Anstalt, 1983. Bd 5, Teil 1, Bernard R. Kroener, Rolf-Dieter Müller, and Hans Umbreit. *Organisation und Mobilisierung des deutschen Machtbereichs. Kriegsverwaltung, Wirtschaft und personelle Ressourcen 1939 bis 1941.* Stuttgart: Deutsche Verlags-Anstalt, 1988.

"Diskussija o "molnienosnoj vojne'." Voennyj Zarubeżnik, (1940), Nr. 10, pp.13–31.

Dokumente zum Westfeldzug 1940. hrsg. von Hans-Adolf Jacobsen. Göttingen, Berlin, Frankfurt a.M.: Musterschmidt, 1960.

Dokumente zur Vorgeschichte des Westfeldzuges 1939–1940. hrsg. von Hans-Adolf Jacobsen. Göttingen, Berlin, Frankfurt a.M.: Musterschmidt, 1956.

Domarus, Max. *Hitler. Reden und Proklamationen 1932–1945*, 2 Bde. Würzburg: Schmidt, 1962–1963.

Dönitz, Karl. *Zehn Jahre und zwanzig Tage.* München: Bernard & Graefe Verlag für Wehrwesen, 1977.

Doughty, Robert Allan. *The Breaking Point. Sedan and the Fall of France*, 1940. Hamden, Connecticut: Archon Books, 1990.

————. "The Enigma of French Armored Doctrine 1940." *Armor* (September/October 1974), pp.39–44.

————. "French Antitank Doctrine, 1940. The Antidote That Failed." *Military Review*, Vol. 56 (May 1976), Nr. 5, pp.36–48.

————. "De Gaulle's Concept of a Mobile Professional Army: Genesis of French Defeat?" *Parameters*, (1974), Nr. 4, pp.23–34.

————. *The Seeds of Disaster. The Development of French Army Doctrine 1919–1939.* Hamden Conn.: Archon Books, 1985.

Doumenc, A. *Histoire de la Neuvième Armée.* Paris: B. Arthaud, 1945.

"Das III. Bataillon Schützenregiment 4 erzwingt am 13. Mai den Maasübergang bei Monthermé (Einzelschilderungen aus dem Kriege an der Westfront)." *MWR*, 5. Jg (1940), pp.358–362.

Dupuy, T.N. *A Genius for War. The German Army and General Staff, 1807–1945.* Fairfax, Virginia: HERO Books, 1984.

————. *Numbers, Predictions and War: Using History to Evaluate Combat Factors and Predict the Outcome of Battles.* London: Macmilian, 1979.

Durian, Wolf. *Infanterieregiment Großdeutschland greift an.* Berlin: Scherl, 1942.

Ehrensvaerd, Carl August. *Hårt mot hårt, Blixtanfallet och blixtförsvar.* Stockholm, n.p., 1943.

Eibicht, Rolf-Josef. *Schlieffen. Strategic und Politik. Aus der Unterlegenheit zum Sieg.* Lünen, 1991.

Eichholtz, Dietrich. *Geschichte der deutschen Kriegswirtschaft 1939–1945*, Bd 1939-1945. Berlin: Akademie Verlag, 1969.

"Die Einnahme des Panzerwerks 505. Die 71. Infanterie-Division kämpft um den Eckpfeiler der Maginot-linie". *Alte Kameraden*, 11. Jg (1963), Nr. 5, p.34.

Ellis, L.F. *The War in France and Flanders 1939–1940.* London: Her Majesty' s Stationery Office, 1953.

Enfer, Jacques. *10 mai–25 juin 1940. La campagne de France.* Paris: Barré & Dayez, 1990.

Engel, Gerhard. *Heeresadjutant bei Hitler 1938–1943. Aufzeichnungen des Majors Engel.* hrsg. von Hildegard v. Kotze. Stuttgart: Deutsche Verlags-Anstalt, 1974.

Engelmann, Joachim. *Manstein. Stratege und Truppenführer. Ein Lebensbericht in Bildern.* Friedberg: Podzun-Pallas Verlag, 1981.

Entscheidung im Westen. Der Feldzug der sechs Wochen. Die Berichte des Oberkommandos der Wehrmacht vom 10. Mai bis 25. Juni 1940 mit den täglichen militärischen und politischen Erläuterungen der Kölnischen Zeitung (von Dr. J. Schäfer). Köln: Verlag M. DuMont Schauberg, 1940.

Entscheidungsschlachten des zweiten Weltkrieges. hrsg. von Hans-Adolf Jacobsen und Jürgen Rohwer. Frankfurt a. M.: Bernard and Graefe, 1960.

Entwicklung, Planung und Durchführung operativer Ideen im Ersten und Zweiten Weltkrieg. Herford and Bonn: Vertrag E. S. Mittler and Sohn, 1989. (=Operatives Denken und Handeln in deutschen Streitkräften, Bd 2)

Erdmann, Karl-Dietrich. *Deutschland unter der Herrschaft des Nationalsozialismus 1933–1939* (=Gebhardt, Handbuch der deutschen Geschichte, Bd 20). München: Deutscher Taschenbuch Verlag, 1980.

Erfurth, Waldemar. *Der Vernichtungssieg. Eine Studie über das Zusammenwirken getrennter Heeresteile.* Berlin: Mittler Verlag, 1939.

Fabre-Luce, Alfred. *Französisches Tagebuch August 1939– Juni 1940.* Hamburg: Hanseatische Verlagsanstalt, 1942.

Facon, Patrick. "Chasseurs et bombardiers dans la bataille." *Historia Spécial*, (1990), Nr. 5, pp.34-40.

Der Feldzug in Frankreich vom 10. Mai bis 25. Juni 1940 (Lagenatlas), o.O. (1949 Repro)

Fischer, Fritz. *Griff nach der Weltmacht. Die Kriegspolitik des kaiserlichen Deutschland 1914/18.* Düsseldorf: Droste Verlag und Druckerei GmbH, 1961.

Fischer, Wolfgang. *Ohne die Gnade der späten Geburt.* München: F. A. Herbig, 1990.

Förster, Gerhard. *Totaler Krieg und Blitzkrieg.* Berlin (Ost): Deutscher Militärverlag, 1967.

Foerster, Roland G. "Die Ardennenoffensive 1944. Politisch-strategische Uberlegungen und operative Konzepte auf deutscher Seite." *Entwicklung, Planung und Durchführung operativer Ideen.* (siehe dort), pp.73-91.

Foerster, Wolfgang. *Generaloberst Ludwig Beck. Sein Kampf gegen den Krieg.* München: Isar Verlag, 1952.

Forget, Michel. "Co-operation between Air Force and Army in the French and German Air Forces during the Second World War." *The Conduct of the Air War in the Second World War* (siehe dort), pp.415-457.

Forty, George, and John Duncan. *The Fall of France: Disaster in the West, 1939-1940.* Tunbridge Wells/Kent, England: Nutshell, 1980.

Foss, Christopher F. *Die Panzer des Zweiten Weltkrieges.* Friedberg: Podzun-Pallas, 1988.

Fox, d' Ornano. "La percée des Ardennes." *RHDGM,* 3. Jg (1953), Nr. 10-11, pp.77-118.

Freter, Hermann. *Fla nach vorn! Die Fliegerabwehr-Waffe des Heeres und ihre Doppelrolle im Zweiten Weltkrieg,* Bd 1, Eßlingen: Eigenverlag der Fla-Kamerad-Schaft, 1971.

———. "Das war unser 'SedanTag.' Die Heeres-Fla im Westfeldzug: 234 Abschüsse." *Die Neue Feuerwehr,* Mai 1986, pp.8-9. Eßlingen: Eigenverlag der Fla-Kamerad-Schaft.

Fuller, John F. C. *Die entartete Kunst Krieg zu führen 1789-1961.* Köln: Verlag Wissenschaft und Politik, 1964.

———. *Der Zweite Weltkrieg. Darstellung seiner Strategie und Taktik.* Wien, Stuttgart: Humbolt Verlag, 1950.

Gall, Lothar, Bismarck. *Der weiße Revolutionär.* Frankfurt a. M., Berlin, Wien, 1930.

Galland, Adolf. *Die Ersten und die Letzten. Die Jagdflieger im zweiten Weltkrieg.* Darmstadt: Schneekluth, 1953.

Gamelin, Maurice. *Servir,* 3 Bde. Paris: Plon, 1946-1947.

Ganns, Karl-Heinz. *Panzer-Artillerie Regiment 76 (1936-1945).* Köln: Stemmler Verlag, 1962.

Gaul. "Der Blitzkrieg in Frankreich." *Militär-Wochenblatt,* 125. Jg (1941), Nr. 35, pp.1513-1516.

Gaulle, Charles de. *Memoiren,* Bd 1: *Der Ruf. 1940-42.* Berlin, Frankfurt a. M. 1955.

———. *Vers l' armée de métier,* 2. Aufl., Paris, 1944.

Gegenbauer. "Im Westen. Mai 1940." *Mitteilungsblatt der [2.] Wiener Panzerdivision,* Folge 23 (Mai 1966), pp.3-10.

Die Geheimakten des französischen Generalstabes, veröffentl. durch das Auswärtige Amt 1939/41, Nr. 6. Berlin, 1941.

Gelb, Norman. *Dunkirk; The Complete Story of the First Step in the Defeat of Hitler.* New York; William Morrow, 1989.

Gelée, Max. "La percée des Ardennes vue d'en haut." *Icare,* Nr. 57 (printemps-été 1971), pp.68-71.

Gemzell, Carl-Axel. *Raeder, Hitler und Skandinavien. Der Kampf für einen maritimen Operationsplan.* Lind: C. W. K. Gleerup, 1965.

Generalfeldmarschall Keitel-Verbrecher oder Offizier? Erinnerungen, Briefe, Dokumente des Chefs OKW. hrsg. von Walter Görlitz. Göttingen, Berlin, Frankfurt a. M.: Musterschmidt,

1961.
Gerbet, Klaus, ed. *Generalfeldmarschall Fedor von Bock: The War Diary, 1939–1945*. Atglen: Schiffer Military History, 1996.
German Nationalism and the European Response 1890–1945. ed. by Carole Fink, Isabel V. Hull, Mac Gregor Knox, Norman. London: University of Oklahoma Press, 1985.
Geschichte der 3. Panzer-Division. hrsg. vom Traditionsverband der Division. Berlin: Richter, 1967.
Geyer, Michael. "German Strategy in the Age of Machine Warfare, 1914–1945." *Makers of Modern Strategy*. ed. by Peter Paret. Princeton: Princeton University Press, 1986, pp.527–597.
Gibson, Hugh, ed. *The Ciano Diaries, 1939–1943*. New York: Doubleday, 1946.
Gilbert, Martin. *The Second World War*. London: Weidenfeld and Nicolson, 1989.
Gillet, E. "La percée allemande en mai 1940 et la contre-attaque d'Arras." *RBHM*, 29, Jg (1992), pp.593–619.
Gisevius, Hans Bernd. *Bis zum bitteren Ende. Vom Reichstagsbrand bis zum Juli 1944*. Hamburg: Claassen & Coverts, 1947.
Giuliano, Gérard. *Les combats du Mont-Dieu. Mai 1940*. Charleville-Mézières: Éditions Terres Ardennaises, 1990.
———. "Dans le ciel de Sedan, le 14 mai 1940." *Terres Ardennaises*, No. 21, décembre 1987, pp.45–52; No. 22, mars 1988, pp.41–51.
———. *Les soldats du beton. La Ligne Maginot dans les Ardennes et en Meuse. 1939–1940*. Charleville-Mézières: Éditions Terres Ardennaises, 1986.
———. "La 'surprise ardennaise' de mai 1940." *Terres Ardennaises*, No. 6, avril 1984, pp.23–32.
Glover, Michael. *The Fight for the Channel Ports. Calais to Brest 1940: A Study in Confusion*. London: Leo Cooper, 1985.
Geothe, Johann Wolfgang von. *Faust*. München: Deutscher Taschenbuch Verlag, 1962.
Gounelle, Claude. *Sedan. Mai 1940*. Paris: Presses de la Cité, 1965.
Goutard, Adolphe. *1940: La guerre des occasions perdues*. Paris: Hachette, 1956.
Les Grandes Unités Françaises. Campagne 1939–1940. Cartes des situation journalières. Paris: n.p., 1967.
Grandsard, C. *Le 10ème Corps d' armée dans la bataille 1939–1940*. Paris: Berger-Levrault, 1949.
Gribble, Philip. "Blitzkrieg." Die Auslese, 41. Jg (1941), H. 3, pp.185–190; H. 4, pp.307–312. (=zuerst erschienen in: *The Saturday Evening Post*, Philadelphia, 7. 12. 1940)
Groote, Wolfgang von. "Historische Vorbilder des Feldzugs 1914 im Westen." *MGM*, Nr. 47 (1990), H. 1, pp.33–55.
Groscurth, Helmuth. *Tagebücher eines Abwehroffiziers 1938–1940*. hrsg. von Helmut Krausnick und Harold C. Deutsch unter Mitarbeit von Hildegard von Kotze. Stuttgart: Deutsche Verlags-Anstalt, 1970.

Grübnau, Kurt. "Brückenschlag über die Maas westlich Sedan für den Übergang einer Panzerdivision." *Militär-Wochenblatt*, 125. Jg (1941), Nr. 27, pp.1291-1293.

Gruppe Guderian. Berichte und Bilder zur Erinnerung an den Siegeszug vom 9. Juni bis zum 23. Juni 1940 unter Führung des Generals der PzTruppe Guderian. Berlin, 1940.

Guadagnini, Ulisse. *La guerra futura.* Rom: n.p., 1925.

Guderian, Heinz. *Achtung—Panzer! Die Entwicklung der Panzerwaffe, ihre Kampftaktik und ihre operativen Möglichkeiten.* Stuttgart: Union Deutsch Verlagsgesellschaft, 1937.

———. "Blitzkrieg, 1940." *Decisive Battles of the Second World War.* ed. by Peter Young. London: Arthur Barker, 1967, pp.15-48.

———. *Erinnerungen eines Soldaten.* Stuttgart: Motorbuch Verlag, 1986.

———. *Panzer-Marsch! Aus dem Nachlaß des Schöpfers der deutschen Panzerwaffe.* München: Schild-Verlag, 1956.

———. "Die Panzertruppen und ihr Zusammenwirken mit den anderen Waffen." *MWR*, 1. Jg. (1936), pp.607-626.

———. *Die Panzerwaffe, ihre Entwicklung, ihre Kampftaktik und ihre operativen Möglichkeiten bis zum Beginn des großdeutschen Freiheitskampfes.* Stuttgart: Union Deutsche Verlagsgesellschaft, 1943.

Gudmundson, Bruce. *Stormtroop Tactics. Innovation in the German Army 1914-1918.* New York: Praeger, 1989.

Gunsburg, Jeffrey A. "The Battle of Belgian Plain, 12-14 May 1940: The First Great Tank Battle." *The Journal of Military History*, Vol. 56 (1992), Nr. 2, pp.207-244.

———. *Divided and Conquered. The French High Command and the Defeat of the West. 1940.* London: Greenwood Press, 1979.

———. "Liddell Hart and Blitzkrieg!" *Armor*, Nr. 83 (1974), H. 2, pp.26-30.

Guth, Ekkehart. "Vom Nahkampfgedanken zu Close Air Support. Der taktische Luftkrieg der Luftwaffe im zweiten Weltkrieg." *Truppenpraxis*, 31. Jg (1987), Nr. 2, pp.146-155.

Gutzschhahn. "Zum 50. Jahrestag der Kämpfe in Belgien." Rundschreiben 2/1989 des Traditionsverbandes der ehem. 7. Panzerdivision, pp.15-19.

Habe, Hans. *Ob tausend fallen—Ein Bericht.* Freiburg i.Br.: Walter, 1974.

Hadamovsky, Eugen. *Blitzmarsch nach Warschau.* München: Zentralverlag der NSDAP Frany Eher, 1941.

Halder, Franz. *Hitler als Feldherr.* München: Münchener Dom-Verlag, 1949.

———. *Kriegstagebuch. Tägliche Aufzeichnungen des Chefs des Generalstabes des Heeres 1939 bis 1942.* bearbeitet von Hans-Adolf Jacobsen, 3 Bde. Stuttgart: Kohlhammer, 1962-1964.

Hallion, Richard P. *Strike from the Sky. The History of Battlefield Air Attack, 1911-1945.* Washington, London: Smithsonian Institution Press, 1989.

Hargreaves, R. "Blitzkrieg. Illegitimate Son of Mars." *The Cavalry Journal*, (1940), Nr. 5. pp.386-391.

Hartmann, Christian. *Halder. Generalstabschef Hitlers.* Paderborn: Verlag Ferdinand

Schöningh, 1991.

Hartog, Leendert Johann. *Und morgen die ganze Welt. Der deutsche Angriff im Westen. 10. Mai bis 17. September 1940.* Gütersloh: Mohn, 1961.

Harvey, A. D. "The French Armée de l'Air n May June 1940: A Failure of Conception." *Journal of Contemporary History*, Vol. 25 (1990), Nr. 4, pp.447-465.

Hassell, Ulrich von. *Die Hassell-Tagebücher 1938-1944. Aufzeichnungen vom Andern Deutschland.* hrsg. von Friedrich Freiherr Hiller von Gaertringen. Berlin: Siedler Verlag, 1988.

Haupt, Werner. *Sieg ohne Lorbeer. Der Westfeldzug 1940.* Preetz (Holstein): E. Geerdes, 1965.

Hautecler, Georges. *Le combat de Bodange. 10 mai 1940.* Brussels: Service Historique de l' Armée Belge, 1955.

Heider, Paul, und Richard Lakowski. "Theorie vom totalen Krieg. Blitzkriegskonzeption und Wehrmacht in Vorbereitung des zweiten Weltkrieges." *Militärgeschichte*, 28. Jg (1989), Nr. 4, pp.291-300.

Heimsoeth, Hans Jürgen. *Der Zusammenbruch der Dritten Französischen Republik. Frankreich während der 'Drôle de Guerre' 1939/1940.* Bonn: Bouvier, 1990.

Heinemann, Winfried. "The Development of German Armoured Forces 1918-40." *Armoured Warfare.* ed. by J. P Harris and F. H. Toase. London: B. T. Batsford Limited, 1990, pp.51-69.

Herbst, Ludolf. *Der totale Krieg und die Ordnung der Wirtschaft. Die Kriegswirtschaft im Spannungsfeld von Politik, Ideologie und Propaganda 1939-1945.* Stuttgart: Deutsche Verlag-Anstalt, 1982.

Herre, Franz. *Deutsche und Franzosen. Der lange Weg zur Freundschaft.* Bergisch-Gladbach: Lübbe, 1988.

———. *Moltke. Der Mann und sein Jahrhundert.* Stuttgart: Deutsche Verlags-Anstalt, 1984.

Heusinger, Adolf. *Befehl im Widerstreit. Schicksalsstunden der deutschen Armee 1923 1945.* Tübingen: Rainer Wunderlich, 1957.

Hierl, Konstantin. "Die deutsche Oberste Führung im Westfeldzug und der Schlieffen-Plan." *Triumph der Kriegskunst* (siehe dort). München: Zentralverlag der DSDAP Franz Eher, 1941, pp.67-74.

Hillgruber, Andreas. "Der Faktor Amerika in Hitlers Strategie 1938-1941." *National-sozialistische Außenpolitik* (siehe dort), pp.493-525.

———. *Hitlers Strategie. Politik und Kriegführung 1940-1941*, 2. Aufl. München: Bernard and Graefe Verlag, 1982.

Hindenburg, Generalfeldmarschall v. *Aus meinem Leben.* Leipzig: S. Hirzel Verlag, 1927.

Hinsley, F. H. with E. F. Thomas, C. F. G. Ransom, and R. C. Knight. *British Intelligence in the Second World War*, Bd 1. London: Her Majesty' s Stationery Office, 1979.

Histoire de l' aviation militaire française. Paris: Limoges, 1980.

Hitler, Adolf. *Mein Kampf.* München: Zentralverlag der NSDAP Franz Eher, 1936.

————. *Monologe im Führerhauptquartier 1941–1944. Die Aufzeichnungen Heinrich Heims.* hrsg. von Werner Jochmann. Hamburg: Albrecht Knaus, 1980.

Hitlers politisches Testament. Die Bormann Diktate vom Februar und April 1945. Hamburg: A. Knaus, 1981.

Hitlers Weisungen für die Kriegführung 1939–1945. Dokumente des Oberkommandos der Wehrmacht. hrsg. von Walther Hubatsch, 2., durchges. Aufl., Koblenz: Bernhard and Graefe, 1983.

Hitlers Zweites Buch. Ein Dokument aus dem Jahr 1928. Eingeleitet und kommentiert von Gerhard L. Weinberg. Stuttgart: Deutsche Verlags-Anstalt, 1961.

Hoffmann, Joachim. "Die Sowjetunion bis zum Vorabend des deutschen Angriffs." *Der Angriff auf die Sowjetunion.* Stuttgart: Deutsche Verlag-Anstalt, 1983 (=*Das Deutsche Reich und der Zweite Weltkrieg,* Bd 4), pp.38–97.

Hoffmann, Peter. *Widerstand–Staatsstreich–Attentat. Der Kampf der Opposition gegen Hitler.* München: R. Piper, 1969.

Hohnadel, Alain, et Michel Truttmann. *Guide de la Ligne Maginot. Des Ardennes au Rhin, dans les Alpes.* Bayeux Cedex: Éditions Heimdal, 1988.

Horen, Bernard. *Fantassin de 40 ou le conteste contestataire,* Tome 1, o.O. u. J.

Horne, Alistair. *Über die Maas, über Schelde und Rhein. Frankreichs Niederlage 1940.* Wien, München, Zürich: Molden Verlag, 1969.

Hoth, Hermann. "Buchbesprechung zu: Jacobsen, 'Fall Gelb'." *Wehrkunde,* 7. Jg (1958), Nr. 2, pp.118–119.

————. "Der Kampf von Panzerdivisionen in Kampfgruppen in Beispielen der Kriegsgeschichte." *Wehrkunde,* 8. Jg (1959), Nr. 11, pp.576–584.

————. "Mansteins Operationsplan für den Westfeldzug 1940 und die Aufmarschanweisung des OKH vom 27.2.40." *Wehrkunde,* 7. Jg (1958), Nr. 3, pp.127–130.

————. "Das Schicksal der französischen Panzerwaffe im 1. Teil des Westfeldzuges 1940." *Wehrkunde,* 7. Jg (1958), Nr. 7, pp.367–377.

————. "Zu 'Mansteins' Operationsplan für den Westfeldzug 1940 und die Aufmarschanweisung des OKH vom 27.2.40." *Wehrkunde,* 7. Jg (1958), Nr. 8, p.459.

Huard, P. *Le Colonel de Gaulle et ses blindés. Laon (15.–20. mai 1940).* Paris: Plon, 1980.

Hughes, Daniel J. "Blitzkrieg." *International Military and Defense Encyclopedia.* Vol. 1, A–B, ed. by Trevor N. Dupuy [et al.]. Washington D.C., New York, 1993, pp.377–381.

————. "Preparations of the German Army." Annual Meeting of the American Military Institute, Washington D.C., 30 March 1990.

Huvelin, Paul. "Sedan. Mai 1940: l'Armée française coupée en deux." *Historia,* Nr. 521 (mai 1990), pp.50–60.

Ilsemann, Carl-Gero von. "Das operative Denken des Älteren Moltke." *Operatives Denken und Handeln in deutschen Streitkräften im 19. und 20. Jahrhundert.* Herfold and Bonn: Verlag E. S. Mittler and Sohn, 1993 (siehe dort), pp.17–44.

Ingram, Norman. *The Politics of Dissent. Pacifism in France 1919–1939.* Oxford: Oxford University Press, 1991.

Ironside, Edmund. *The Ironside Diaries, 1937–1940.* ed. by Roderick Macleod and Denis Kelly. London: Constable, 1962.

Irving, David. *Hitlers Krieg. Die Siege 1939–1942.* München/Berlin: F. A. Herbig, 1983.

————. *Die Tragödie der deutschen Luftwaffe. Aus den Akten und Erinnerungen von Feldmarschall Milch.* Frankfurt a. M.: Ullstein, 1970.

————. *Rommel. Eine Biographie.* Hamburg: Verlag Hoffmann und Campe, 1978.

Jackson, Robert. *Air War over France. May–June 1940.* London: Ian Allen, Ltd., 1974.

Jacobsen, Hans-Adolf. *Dünkirchen.* Neckargemünd: Kurt Vowinckel, 1958.

————. *Fall Gelb. Der Kampf um den deutschen Operationsplan zur Westoffensive 1940.* Wiesbaden: Franz Steiner Verlag, 1957.

————. "Zur Entstehung des Sichelschnittplanes vom 24. Februar 1940." *Wehrkunde,* 7. Jg (1958), Nr. 4, pp.226–228.

Jacobsen, Hans-Adolf, und Jürgen Rohwer. "Planungen und Operationen der deutschen Kriegsmarine im Zusammenhang mit dein Fall 'Gelb'." *Marinerundschau,* 57. Jg (1960), Nr. 2, pp.65–78.

Jünger, Ernst. *Gärten und Straßen. Aus den Tagebüchern von 1939 und 1940.* Berlin: Verlag E. S. Mittler, 1942.

————. *In Stahlgewittern. Aus dem Tagebuch eines Stoßtruppführers.* Berlin: Mittler and Sohn, 1929.

Jungenfeld, Ernst Frhr. von. So *kämpften Panzer! Erlebnisse eines Panzerregiments im Westen.* Berlin: Deutscher Verlag, 1941.

Kesselring, Albert. *Soldat bis zum letzten Tag.* Bonn: Athenäum, 1953.

Kielmansegg, Hanno, Graf von. "Plädoyer für operative Führung. Forderung nach der Fähigkeit, die Abwehrschlacht zu schlagen." *EWKde,* 34. Jg (1985), Nr. 11, pp.614–618.

Kielmansegg, Johann Adolf, Graf von. "Bemerkungen zum Referat von Hauptmann Dr. Frieser [PanzergruppeKleist] aus der Sicht eines Zeitzeugen." *Operatives Denken und Handeln in deutschen Streitkräften im 19. und 20. Jahrhundert,* (siehe dort), pp.149–159.

————. *Panzer zwischen Warschau und Atlantik.* Berlin: Verlag "Die Wehrmacht," 1941.

————. "Scharnier Sedan." *Wehrmacht,* 5. Jg (1941), Nr. 11, pp.11–14; Nr. 12, pp.15–19.

Kirkland, Faris R. "The French Air Force in 1940. Was it Defeated by the Luftwaffe or by Politics?" *Air University Review,* Vol. 36 (1985), Nr. 6, pp.101–118.

————. "French Air Strength in May 1940." in: *Air Power History,* Vol. 40 (1993), N. 1, pp.22–34.

Klein, Burton H. *Germany's Economic Preparation for War.* Cambridge, Mass.: Harvard University Press, 1959.

Klink, Ernst. "Das Gesetz des Handelns. Die Operation 'Zitadelle' 1943." Stuttgart: Deutsche Verlags-Anstalt, 1966 (= *Beiträge zur Militär- und Kriegsgeschichte,* Bd 7)

Knipping, Franz. "Frankreich in der Zeit der Weltkriege (1914–1945)." Karl Ploetz, *Geschichte der Weltkriege*(siehe dort), pp.237–247.

Koch, Horst-Adalbert. *Flak. Die Geschichte der deutschen Flakartillerie und der Einsatz der Luftwaffenhelfer.* Bad Nauheim: Podzun, 1965.

Koch-Kent, Henri. *10 mai 1940 en Luxembourg.* Luxembourg: Anciens combattant, 1971.

Koch, Lutz. *Rommel. Der "Wüstenfuchs"*. Bielefeld: W. Goldmann, 1978.

Köhn (Oberstleutnant). "Die Infanterie im 'Blitzkrieg'." *Militär-Wochenblatt,* 125. Jg (1940), Nr. 5, Spalte pp.165–166.

Korps Guderian. Berichte und Bilder zur Erinnerung an den Siegeszug vom 10. Mai bis zum 28. Mai unter Führung des Generals der Panzertruppen Guderian. Berlin: Oberkommando der Wehrmacht, 1942.

Kosthorst, Erich. "Die deutsche Opposition gegen Hitler zwischen Polen- und Frankreichfeldzug (1954)." Erich Kostthost, *Zeitgeschichte und Zeitperspektive.* Paderborn: Ferdinand Schöningh, 1981, pp.23–46.

Kozaczuk, Wladislaw. *Geheimoperation Wicher. Polnische Mathematiker knacken den deutschen Funkschlüssel "Enigma"*. Koblenz: Bernard & Graefe, 1989.

"Kradschützen voran! Verfolgung von der Maas bei Monthermé bis Montcornet durch 1./Kraftradschützen-Bataillon 6." *MWR,* 1940, p.362ff.

Krafft von Dellmensingen, Konrad. *Der Durchbruch. Studie an Hand der Vorgänge des Weltkrieges 1914–1918.* Hamburg: Hanseatische Verlagsanstalt, 1937.

Kroener, Bernhard R. "Der Kampf um den 'Sparstoff Mensch.' Forschungskontroversen über die Mobilisierung der deutschen Kriegswirtschaft 1939–1942." *Der Zweite Weltkrieg* (siehe dort), pp.402–417.

————. "Die personellen Ressourcen des Dritten Reiches im Spannungsfeld zwischen Wehrmacht, Bürokratie und Kriegswirtschaft 1939–1942." *Organisation und Mobilisierung des deutschen Machtbereichs.* Stuttgart: Deutsch Verlags-Anstalt, 1988 (=Das Deutsche Reich und der Zweite Weltkrieg, Bd 5, 1. Halbband), pp.691–1001.

————. "Squaring the Circle. Blitzkrieg Strategy and Manpower." *The German Military in the Age of Total War.* ed. by Wilhelm Deist, Leamington Spa, 1985, pp.282–303.

Krumpelt, Ihno. *Das Material und die Kriegführung.* Frankfurt a. M.: Mittler and Sohn, 1968.

Krumsiek. "Angriff der 71. Infanterie-Division über die Chiers und Durchbruch durch die Maginotlinie(Einnahme des Panzerwerkes 505) vom 15.5.–20.5.1940." *Pioniere,* (1959), Nr. 1, pp.17–25.

KTB OKW = Kriegstagebuch des Oberkommandos der Wehrmacht (Wehrmachtführungsstab), Bd I: *1. 8. 1940–31. 12. 1941,* zusammengestellt und erläutert von Hans-Adolf Jacobsen. München: Pawlak Verlag, 1982.

Kurowski, Franz, und Gottfried Tornau. *Sturmartillerie 1939–1945.* Stuttgart: Motorbuch, 1977.

Lahne, Werner. *Die glückhafte Division [71.Inf.Div.]. Mit den Bezwingern des Panzerwerks*

505 nach Verdun und Nancy. Berlin: Maximilian-Gesellschaft, 1942.

Langer, William L. *Our Vichy Gamble*. New York: Alfred A. Knopf, 1947.

Laubier, Philippe de. "Le bombardement français sur la Meuse. Le 14 mai 1940." *RHA*, Nr. 160 (1985), pp.96-109.

Le Diberder, Georges. "Les spahis dans les combats des Ardennes." *Ardennes* 1940 (siehe dort), pp.149-162.

Leeb, Wilhelm Ritter von. *Tagebuchaufzeichnungen und Lagebeurteilungen aus zwei Weltkriegen. Aus dem Nachlaß hrsg. und mit einem Lebensabrißversehen von Georg Meyer, Beiträge zur Militär- und Kriegsgeschichte*, Bd 16. Stuttgart: Deutsche Verlags-Anstalt, 1976.

Le Goyet, Pierre. "Contre-attaques manquées. Sedan 13-15 mai 1940." *RHA*, 18. Jg (1962), Nr. 4, pp.110-130.

————. "Le 11e corps d'armée dans la bataille de la Meuse. 10-15 mai 1940." *RHA*, 18. Jg (1962), Nr. 1, pp.125-138; Nr. 2, pp.83-94.

————. "L'engagement de la 2e division cuirassée française." *RHA*, 20. Jg (1964), Nr. 1, pp.147-167.

————. *Le mystère Gamelin*. Paris: Press de la Cité, 1975.

————. "La percée de Sedan (10-15 mai 1940)." *RHDGM*, 15. Jg (1965), Nr. 59, pp.25-52.

Lewin, Ronald, *Rommel Eine Biographie*. Stuttgart: Kohlhammer, 1969.

Liddell Hart, Basil Henry. *Geschichte des Zweiten Weltkrieges*. Wiesbaden: Fourier Verlag, 1970.

————. *Jetzt dürfen sie reden. Hitlers Generale berichten*. Stuttgart: Stuttgarter Verlag, 1950.

————. *The Memoirs of Captain Liddell Hart*, vol. 1. London: Cassell, 1965.

————. *The Other Side of the Hill. Germany's Generals. Their Rise and Fall, with their own Account of Military Events 1939-1945*. London: Cassell, 1948.

Liddell Hart, Basil Henry, ed. *The Rommel Papers*. London: Collins, 1953.

Lipcsey-Magyar, S. "Villámharcászat-zsakhadászat." *Magyar szemle*, 11. Jg (1941), Nr. 11, pp.257-267.

Liß, Ulrich. "Die deutsche Westoffensive 1940 vom Blickpunkt des Ic." *WWR*, 8. Jg (1958), Nr. 4, pp.208-219.

————. "Dünkirchen, gesehen mit den Augen des Ic." *WWR*, 8. Jg (1958), Nr. 6, pp.325-340.

————. *Westfront 1939/40. Erinnerungen des Feindbearbeiters im O.K.H.* Neckargemünd: Kurt Vowinckel, 1959.

Lord, Walter. *Das Geheimnis von Dünkirchen*. Bern, München: Scherz, 1982.

Loritte, Pierre. "Comment en est-on arrivé au 13 mai 1940?" *Le Pays Sedanais*, 55. Jg (1990), Nr. 17, pp.109-128.

————. "Le 13 mai 40, au bloc du passage à niveau de Wadelincourt." *Le Pays Sedanais*,

45. Jg (1980), Nr. 7, pp.20–24.

Loßberg, Bernhard von. *Im Wehrmachtführungsstab. Bericht eines Generalstabsoffiziers.* Hamburg: Nölke, 1950.

Luck, Hans von. *Gefangener meiner Zeit. Ein Stück Weges mit Rommel.* Herford and Bonn: Mittler Verlag, 1991.

Lucke, Christian von. *Die Geschichte des Panzer-Regiments 2.* Stade: Boss-Druck und Verlag, 1953.

Lucke, Fritz. "Übergang erzwungen" *Korps Guderian.* Berlin: Oberkommando der Wehrmacht, 1942, pp.51–58.

Lüke, Hans. *Die Geschichte des Regiments 69.* Hamburg, 1986.

Lupfer, Timothy T. "Die Dynamik der Kriegslehre. Der Wandel der taktischen Grundsätze des deutschen Heeres im Ersten Weltkrieg." *Militärgeschichtliches Beiheft zur Europäischen Wehrkunde,* H. 5 (Oktober 1988).

Lyet, Pierre. "A propos de Sedan 1940." *RHA,* 18. Jg (1962), Nr. 4, pp.89–109.

————. *La bataille de France* (mai–juin 1940). Paris: Payot, 1947.

————. "La bataille de Belgique et du nord (La campagne 1939–1940)." *RHA,* 2. jg (1946), Nr. 2, pp.41–75; Nr. 3, pp.59–91.

————. "Mitrailleurs malgaches à Monthermé mai 1940." *RHA,* 19. Jg (1963), Nr. 4, pp.130–132.

Maassen, Heinz. *Über die Maas. Die Erzwingung des Übergangs bei Monthermé.* Düsseldorf: Völkischer Verlag, 1941.

Macksey, Kenneth John. *Deutsche Panzertruppen.* Wien, München: Moewig, 1985.

————. *Guderian der Panzergeneral.* Düsseldorf/Wien: Econ Verlag, 1976.

————. *Rommel. Schlachten und Feldzüge.* Stuttgart: Motorbuch Verlag, 1982.

————. *Military Errors of World War Two.* London: Arms and Armour, 1987.

————. *Panzer Division–the Mailed Fist.* New York: Ballantine Books, 1968.

Maier, Klaus A. "Der operative Luftkrieg bis zur Luftschlacht um England." *Die Errichtung der Hegemonie auf dem europäischen Kontinent.* Stuttgart: Deutsche Verlags-Anstalt, 1979 (= *Das Deutsche Reich und der Zweite Weltkrieg,* Bd 2), pp.329–341.

————. "Totaler Krieg und operativer Luftkrieg." *Die Errichtung der Hegemonie auf dem europäischen Kontinent.* Stuttgart: Deutsche Verlags-Anstalt, 1979 (= *Das Deutsche Reich und der Zweite Weltkrieg,* Bd 2), pp.43–69.

Mann, Golo. *Deutsche Geschichte des 19. und 20. Jahrhunderts.* Stuttgart/Hamburg 1958.

Manstein, Erich von. *Aus einem Soldatenleben 1887–1939.* Bonn: Athenäum, 1958.

————. *Verlorene Siege.* Koblenz: Bernard and Graefe, 1987.

Manteuffel, Hasso von. *Die 7. Panzer-Division 1935–1945. Die Gespenster-Division.* Friedberg: Podzun-Pallas, 1978.

————. *Die 7. Panzer-Division im Zweiten Weltkrieg. Einsatz und Kampf der 'Gespenr-Division' 1939–1945.* Köln: Buchdruckerei Josef Broich, 1965.

Der Marne-Feldzug. Von der Sambre bis zur Marne. Berlin: Verlag Mittler and Sohn, 1926

(=*Der Weltkrieg 1914–1918.* Bearb. im Reichsarchiv, Bd 3).

Marolz, Josef. "Die Entwicklung der operativen Führung." 3. Teil, *ÖMZ*, 11. Jg (1973), Nr. 5, pp.369–376.

Marshall, S.L.A. *Blitzkrieg. It's History, Strategy, Economics and Challenge to America.* New York: William Morrow, 1940.

Martin, Bernd. "Das 'Dritte Reich' und die 'Friedens'-Frage im Zweiten Weltkrieg." *Nationalsozialistische Außenpolitik* (siehe dort), Darmstadt: Wissenschaftliche Buchgesellschaft, pp.526–549.

Marx, Karl, und Friedrich Engels. *Werke*, Bd 8. Berlin (Ost) 1956.

Mason, Timothy W. "Innere Krise und Angriffskrieg 1938/1939." *Wirtschaft und Rüstung* (siehe dort), pp.158–188.

Mason, Herbert Molloy. *The Rise of the Luftwaffe 1918–1940.* London: Cassel, 1975.

Maurois, André. *Die Tragödie Frankreichs.* Zürich: Rascher, 1941.

Mearsheimer, John J. *Liddell Hart and the Weight of History.* Ithaka, N.Y.: Cornell University Press, 1988.

Meier-Dörnberg, Wilhelm. "Die große deutsche Frühjahrsoffensive 1918 zwischen Strategie und Taktik." *Operatives Denken und Handeln* (siehe dort), pp.73–95.

Meier-Welcker, Hans. *Aufzeichnungen eines Generalstabsoffiziers 1939–1942*, Freiburg i. Br.: Rombach Verlag, 1982.

————. "Der Entschluß zum Anhalten der deutschen Panzertruppen in Flandern 1940." *Vierteljahrshefte für Zeitgeschichte*, 2. Jg (1954), pp.274–290.

Meier-Welcker, Hans [anonym]. "Erlebnisse beim Oberkommando der 4. Armee während der Kämpfe zwischen Maas und Sambre am 15. und 16. Mai." *MWR*, 6. Jg (1941), Nr. 2, pp.132–139.

Melchers, Emilie Théodore. *Kriegsschauplatz Luxemburg August 1914, Mai 1940.* Luxemburg: St. Paulus Druck, 1979.

Meldungen aus dem Reich 1938–1945. Die geheimen Lageberichte des Sicherheitsdienstes der SS. hrsg. von Heinz Boberach, Bd 4, Herrsching: Pawlak, 1984.

Mellenthin, Friedrich Wilhelm von. *Panzerschlachten. Eine Studie über den Einsatz von Panzerverbänden im Zweiten Weltkrieg.* Neckargemünd: Kurt Vowinckel, 1963.

————. *Schach dem Schicksal.* Osnabrück: Biblio Verlag, 1989.

Memminger, Fritz. *Die Kriegsgeschichte der Windhund-Division.* Bochum-Langendreer: Druck und Verlag H. Pöppinghaus, 1962.

Menke, Erich. "Militärtheoretische Überlegungen im deutschen Generalstab vor dem zweiten Weltkrieg über den Einsatz von Panzern." *Revue Internationale d' Histoire Militaire*, Nr. 71 (1989), pp.151–163.

Messenger, Charles. *Blitzkrieg. Eine Strategie macht Geschichte.* Bergisch Gladbach: Gustav Lübbe Verlag, 1978.

————. *The Last Prussian. A Biographie of Field Marshal Gerd von Rundstedt.* London: Brassey's, 1991.

Mette, S. *Vom Geist deutscher Feldherren. Genie und Technik 1800–1918.* Zürich: Scientia, 1938.

Miksche, Ferdinand Otto. *Atom–Waffen und Streitkräfte.* Bonn: Westunion/Offene Worte, 1955.

———. *Blitzkrieg.* London: Faber and Faber, 1942.

———. *Vom Kriegsbild.* Stuttgart: Verlag Seewald, 1976.

Milward, Alan S. *Die deutsche Kriegswirtschaft 1939–1945.* Stuttgart: Deutsche Verlags-Anstalt, 1966.

———. "Der Einfluß ökonomischer und nicht–ökonomischer Faktoren auf die Strategie des Blitzkriegs." *Wirtschaft und Rüstung* (siehe dort). Düsseldorf: Droste Verlag, pp.189–201.

———. "Hitlers Konzept des Blitzkrieges." *Probleme des Zweiten Weltkrieges.* hrsg. Ardreas Hillgruber Köln, Berlin: Kiepenheuer und Witsch, 1967, pp.19–40.

———. *Der Zweite Weltkrieg. Krieg, Wirtschaft und Gesellschaft 1939–1945.* München: Deutscher Taschenbuch Verlag, 1977 (= *Geschichte der Weltwirtschaft im 20. Jahrhundert,* Bd 5)

Minart, Jacques. *P.C. Vincennes Secteur 4,* Tome II. Paris: Berger–Levrault, 1945.

Mit den Panzern in Ost und West. hrsg. von Heinz Guderian. Berlin, Prag, Wien: Volk und Reich Verlag, 1942.

Moltke, Helmuth von. *Gesammelte Schriften und Denkwürdigkeiten des General–Feldmarschalls Grafen Helmuth von Moltke,* 8 Bde. Berlin: Mittler and Sohn, 1891–1893.

Moltkes Militärische Werke, Bd II, 2. Teil. Berlin: E. S. Mittler, 1900; Bd IV, 3. Teil. Berlin: E. S. Mittler, 1912.

Motch, Ch. "1939–1940, Le 12e régiment de chasseurs dans la tourmente." *Le Pays Sedanais,* Nr. 17 (1990), pp.95–106.

Müller, Klaus–Jürgen. "Dünkirchen 1940. Ein Beitrag zur Vorgeschichte der britischen und französischen Evakuierung." *Marinerundschau,* 57. Jg (1960), Nr. 3, pp.133–168.

———. *Das Heer und Hitler. Armee und nationalsozialistisches Regime 1939–1940.* Stuttgart: Deutsche Verlags–Anstalt, 1969 (=*Beiträge zur Militär– und Kriegsgeschichte,* Bd 10)

———. "Witzleben–Stülpnagel–Speidel: Offiziere im Widerstand" (=*Beiträge zum Widerstand 1933–1945,* Nr. 7). Berlin: Landeszentrale für politische Bildungsarbeit, 1988.

Müller, Rolf–Dieter. "Die Mobilisierung der deutschen Wirtschaft für Hitlers Kriegführung." *Organisation und Mobilisierung des deutschen Machtbereichs.* Stuttgart 1988 (= *Das Deutsche Reich und der Zweite Weltkrieg,* Bd 5, 1. Halbband), pp.347–689

———. "Die Mobilisierung der deutschen Wirtschaft für den Krieg–eine Aufgabe der Armee? Wehrmacht und Wirtschaft 1933–1942." *Organisation und Mobilisierung des deutschen Machtbereichs.* Stuttgart: Deutsche Verlags–Anstalt, 1988 (=*Das Deutsche Reich und der Zweite Weltkrieg,* Bd 5, 1. Halbband) (siehe dort), pp.349–362.

———. "Von der Wirtschaftsallianz zum kolonialen Ausbeutungskrieg.", *Der Angriff auf die Sowjetunion.* Stuttgart: Deutsche Verlags-Anstalt, 1983 (=*Das Deutsche Reich und der Zweite Weltkrieg*, Bd 4), pp.98-189.

Müller-Hillebrand, Burkhart. *Das Heer 1933-1945. Entwicklung des organisatorischen Aufbaus*, Bd 1: *Das Heer bis zum Kriegsbeginn*, Darmstadt 1954; Bd 2: *Die Blitzfeldzüge* 1939-1941. Frankfurt a. M.: Verlag E. S. Mittler and Sohn, 1956.

Murray, Williamson. "The German Army Doctrine, 1918-1939, and the Post-1945 Theory of 'Blitzkrieg Strategy'." *German Nationalism* (siehe dort). London: University of Oklahoma Press, 1985, pp.71-94.

———. *Strategy for Defeat. The Luftwaffe 1933-1945*, Maxwell Air Force Base (Alabama): Air University Press, 1983.

Mußhoff, H. "Blitzkriegpsychose." *Ostasiatischer Beobachter*, Jg. 8, Folge 86, 31. August 1940, pp.3-7.

Nationalsozialistische Außenpolitik. hrsg. von Wolfgang Michalka. Darmstadt: Wissenschaftliche Buchgesellschaft, 1978.

Nehring, Walther K. *Die Geschichte der deutschen Panzerwaffe 1916-1945.* Berlin: Propylöen Verlag, 1969.

Neugebauer, Karl-Volker. "Operatives Denken zwischen dem Ersten und Zweiten Weltkrieg." *Operatives Denken und Handeln in deutschen Streitkräften im 19. und 20. Jahrhundert.* Herford and Bonn: Verlag E. S. Mittler and Sohn, pp.97-122.

Neumann, Joachim. *Die 4. Panzerdivision 1938-1943* (Teil 1). Bonn: self-published, 1985.

Newell, Clayton R. *The Framework of Operational Warfare.* London, New York: Routledge, 1991.

Nölke Hans. *Die 71. Infanterie-Division im Zweiten Weltkrieg 1939-1945.* Hannover: Druckhaus Pinkvoß, 1984.

Novak, Hugo. *Geschichte der ostpreußischen leichten Flakabteilung 71.* Siegen: n.p. 1979.

Oetting, Dirk W. *Auftragstaktik. Geschichte und Gegenwart einer Führungskonzeption.* Frankfurt a. M.: Report Verlag, (u. a.) 1993.

Olivier. "Sedan, mai 40. Le secteur de la gare (Rapport de l'Adjutant-Chef Olivier, 5e Compagnie de mitrailleuses du 147e R.I.F.)." *Le Pays Sedanais* (45), Nouvelle série Nr. 7, (1980), pp.26-29.

Operatives Denken und Handeln in deutschen Streitkräften im 19. und 20. Jahrhundert. Herford, Bonn: Verlag E. S. Mittler and Sohn, 1988 (= *Vorträge zur Militärgeschichte,* Bd 9).

d' Ornano. "Après la percée de Sedan." *RHDGM*, 1. Jg (mars 1950), p.35 이하.

Otto, Helmut. "Entstehung und Wesen der Blitzkriegsstrategie des deutschen Imperialismus vor dem ersten Weltkrieg." *Zeitschrift für Militärgeschichte*, 6. Jg (1967), Nr. 4, pp.400-414.

———. "Illusion und Fiasko der Blitzkriegsstrategie gegen Frankreich, 1914." *Militärgeschichte*, 28. Jg (1989), Nr. 4, pp.301-308.

"Out-blitz the Blitzkrieg." *Army and Navy Journal*, (1940), Nr. 38, pp.885-886.

Overmans, Rüdiger. "Das andere Gesicht des Krieges: Leben und Sterben der 6. Armee." *Stalingrad. Ereignis-Wirkung-Symbol.* Im Auftrag des Militärgeschichtlichen Forschungsamtes hrsg. von Jürgen Förster. München: Piper Verlag, 1992, pp.419–455.

Overy, Richard James. *The Air War 1939–1945.* London: Europa Publications, 1980.

————. " 'Blitzkriegswirtschaft?' Finanzpolitik, Lebensstandard und Arbeitseinsatz in Deutschland 1939–1942." *Vierteljahrshefte für Zeitgeschichte,* 36. Jg (1988), pp.379–435.

Paget, Reginald T. Manstein. *Seine Feldzüge und sein Prozeß.* Wiesbaden: Limes Verlag, 1952.

Paillat, Claude. *Le désastre de 1940* (1–3). Paris: Robert Laffont, 1983–1986 (=*Dossiers secrets de la France contemporaine*. 4,5)

1. *La répétition générale* (1983)
2. *La guerre immobile. Avril 1939–10 mai 1940* (1986)
3. *La guerre éclair. 10 mai–24 juin 1940* (1985)

Paillole, Paul. *Notre espion chez Hitler.* Paris, 1985.

Pallud, Jean Paul. *Blitzkrieg in the West: Then And Now.* London: After and Battle, 1991.

————. "The Road ends at Denée." After the Battle, Nr. 51 (1986), pp.46–54.

Paul, Wolfgang. *Brennpunkte. Die Geschichte der 6. Panzerdivision* (1. leichte). Osnabrück: Biblio Verlag, 1984.

Perrett, Bryan, *A History of Blitzkrieg.* New York: Stein and Day, 1983.

————. *Knights of the Black Cross. Hitler' s Panzerwaffe and its Leaders.* New York: St. Martins Press, 1986.

Picht, Werner. *Das Ende der Illusionen. Der Feldzug im Westen, ein Sieg der Tat über die Täuschung.* Berlin: Mittler and Sohn, 1941.

Piekalkiewicz, Janusz. *Krieg der Panzer 1939–1945.* Gütersloh: Bertelsmann(o. J.)

————. *Luftkrieg 1939–1945.* München: Südwest–Verlag, 1978.

————. *Ziel Paris. Der Westfeldzug 1940.* München/Berlin: F. A. Herbig, 1986.

Plato, Detlev von. *Die Geschichte der 5. Panzerdivision 1938–1945.* Regensburg: Selbstverlag–Gemeinschaft der Angehörigen der ehemaligen 5. Panzerdivision, 1978.

Plettenberg, Malte. *Guderian. Hintergründe eines deutschen Schicksals.* 1918–1945. Düsseldorf: abz–Verlag, 1950.

Ploetz, Karl. *Auszug aus der Geschichte.* Würzburg: Ploetz Verlag, 1960.

————. *Geschichte der Weltkriege. Mächte, Ereignisse, Entwicklungen 1900–1945.* hrsg. von Andreas Hillgruber und Jost Dülffer. Freiburg, Würzburg: Ploetz Verlag, 1981.

————. Geschichte des Zweiten Weltkrieges, 2. erw. Aufl. Würzburg: Ploetz Verlag, 1960.

Porch, Douglas. "Why Did France Fall?" *The Quarterly Journal of Military History,* 2 (spring 1990), pp.30–41.

Possony, Stefan Th. *Die Wehrwirtschaft des totalen Krieges.* Wien: Gerold, 1938.

Prételat, André. *Le destin tragique de la ligne Maginot.* Paris: Berger–Levrault, 1950.

Prioux, René Jacques. *Souvenirs de guerre 1939–1943.* Paris: Flammarion, 1947.

Probleme des Zweiten Weltkrieges. hrsg. Andreas Hillgruber. Köln: Kiepenheuer und Witsch, 1967.

Der Prozeß gegen die Hauptkriegsverbrecher vor dem internationalen Militärgerichtshof, Nürnberg 14.11.45–1.10.46, 42 Bde. Nürnberg, 1947–1949.

Raleigh, Walter Alexander, and H. A. Jones. *The War in the Air*, 6 Bde. Oxford: Oxford University Press, 1922–1937.

Raudzens, George. "Blitzkrieg Ambiguities: Doubtful Usage of a Famous Word." *War and Society*, Vol. 7 (1989), Nr. 2, pp.77–94.

Reilly, Henry J. "Bliksemoorlog." *De Kern*, 10. Jg (1940), pp.161–164.

———. "Blitzkrieg." *Foreign Affairs*, Bd 18, (1940), Nr. 2, pp.254–265.

———. "Can 'Blitzkrieg' be stopped." *The Illustrated London News*, (1940), Nr. 5282. p.50.

Reilly, H.T. "Na fone molnienosnoj vojny." *Voennyj Zarubeznik*, (1940), Nr. 9, pp.36–44.

Reinhardt, Hans. "Im Schatten Guderians. Das XXXXI. Pz.-Korps und seine Nöte bei dem Vorgehen gegen und über die Maas vom 10. bis 16. Mai 1940." *Wehrkunde*, 3. Jg (1954), Nr. 10, pp.333–341.

Richards, Denis, and Hilary St. George Saunders. *The Fight at Odds*. London: Her Majesty' s Stationery Office, 1953 (= *Royal Air Force*, Bd 1).

Richey, Stephen W. "The Philosophical Basis of the Air Land Battle. Auftragstaktik, Schwerpunkt, Aufrollen." *Military Review*, Vol. 64 (1984), Nr. 5, pp.48–53.

Ritter, Gerhard. *Der Schlieffenplan. Kritik eines Mythos*. München: R. Oldenbourg, 1956 (engl. Ausgabe: *The Schlieffen Plan*. London: Oswold Wolff, 1958).

———. *Staatskunst und Kriegshandwerk. Das Problem des 'Militarismus' in Deutschland*, 4 Bde. München: R. Oldenbourg, 1954–1968.

Robineau, Lucien. "La conduite de la guerre aérienne contre l' Allemagne, de septembre 1939 à juin 1940." *RHA*, Nr. 176 (septembre 1989), pp.102–112.

———. "French Air Policy in the Inter-War Period and the Conduct of the Air War against Germany from September 1939 to June 1940." *The Conduct of the Air War in the Second World War* (siehe dort). Herford and Bonn: Verlag E. S. 1993, pp.627–657.

Rocolle, Pierre. *La guerre de 1940*, Bd 1: *Les illusions* (novembre 1918–mai 1940), Bd 2: *La défaite* (10 mai–25 juin). Paris: Armand Colin, 1990.

Rogé (Commandant). "La Campagne de France. Vue par le Général Guderian." *RHA*, 3. Jg (1947), Nr. 1, pp.109–119.

Rogers, H. C. B. "Arras. Mai 1940." *Connaissance de l' Histoire*, Nr. 48, Sept. 1982, pp.46–51.

Rohde, Horst. "Hitlers erster 'Blitzkrieg' und seine Auswirkungen auf Nordosteuropa." *Die Errichtung der Hegemonie auf dem europäischen Kontinent*. Stuttgart 1979 (= *Das Deutsche Reich und der Zweite Weltkrieg*, Bd 2), pp.77–156.

———. "Die operativen Grundlagen der Ardennenoffensive: Wirtschaft und Logistik auf deutscher Seite." *Entwicklung, Planung und Durchführung operativer Ideen im Ersten und*

Zweiten Weltkrieg (siehe dort), pp.93–141.

Rohwer, Jürgen. "Der Einfluß der alliierten Funkaufklärung auf den Verlauf des Zweiten Weltkrieges." *Vierteljahrshefte für Zeitgeschichte*, 27 (1979), pp.325–369.

Rolak, B. J. "Fathers of Blitzkrieg." *Military Review*, 49. Jg (1969), Nr. 5, pp.73–76.

Rommel, Erwin. *Krieg ohne Haß.* hrsg. von Lucie-Marie Rommel und Generalleutnant Fritz Bayerlein, Heidenheim/Brenz: Heidenheimer Zeitung, 1950.

Roth, Günter. "Operatives Denken bei Schlieffen und Manstein." *Entwicklung, Planung und Durchführung operativer Ideen im Ersten und Zweiten Weltkrieg* (siehe dort), pp.7–46.

Rothbrust, Florian K. *Guderian' s XIXth Panzer Corps and the Battle of France. Breakthrough in the Ardennes, May 1940.* New York, Westport, Connecticut, London: Greenwood Press, 1990.

Rothfels, Hans. *Carl von Clausewitz. Politik und Krieg. Eine ideengeschichtliche Studie.* Berlin: F. Dümmler, 1920.

Roton, Gaston René Eugène. *Années cruciales: La Course aux armaments(1933–1939). La Campagne(1939–1940).* Paris: Charles-Lavauzelle, 1947.

Rottgardt, Dirk. "Die deutsche Panzertruppe am 10.5.1940." Teil 1, Zeitschrift für Heereskunde, 49. Jg (1985), Nr. 319 (Mai/Juni), pp.61–67.

Ruby, Edmond. *Sedan. Terre d'Épreuve. Avec la IIme armée mai–juin 1940.* Paris: Flammarion, 1948.

Sacré, J. "La chasse au-dessus de Sedan." *Le pays sedanais*, 55. Jg (1990), Nr. 17, pp.155–170.

———. "14 mai 1940. Le bombardement allié sur la tête de pont de Sedan." *Le pays Sedanais*, 55. Jg (1990), Nr. 17, pp.129–154.

Saint-Genis, Lucien. "Le d?but de la poche de Sedan." *Icare*, Nr. 59 (automne/hiver 1971), pp.102–113.

Salewski, Michael. Die *deutsche Seekriegsleitung 1935–1945*, Bd 1. Frankfurt a. M./ München: Bernard and Graefe, 1970–1975.

———. "Knotenpunkt der Weltgeschichte? Die Raison des deutsch-französischen Waffenstillstands vom 22. Juni 1940." *La France et l'Allemagne en guerre. Septembre 1939–Novembre 1942.* hrsg. von Claude Carlier und Stefan Martens. Paris: I.H.A.P.–I.H.C.C. 1990, S. 115–129.

Samuels, Martin. "The Reality of Cannae." *MGM*, Nr. 47 (1990), H. 1, pp.7–31.

Sandrart, Hans-Henning von. "Operative Führung über die Gefechtstaktik hinaus." *EWKde*, 36. Jg (1987), Nr. 9, pp.503–505.

Schall-Riaucour, Heidemarie Gräfin. *Aufstand und Gehorsam. Offizierstum und Generalstab im Umbruch. Leben und Wirken von Generaloberst Franz Halder, Generalstabschef 1938–1942.* Wiesbaden: Limes Verlag, 1972.

Scheibert, Horst. *Die Gespensterdivision. Eine deutsche Panzer-Division (7.) im Zweiten Weltkrieg.* Friedberg: Podzun-Pallas-Verlag, 1981.

———. *Das war Guderian. Ein Lebensbericht im Bildern.* Friedberg: Podzun-Pallas-

Verlag, 1980.

Schlieffen, Graf Alfred. *Cannae.* Berlin: Mittler and Sohn, 1925.

Schmidt, Paul. *Statist auf diplomatischer Bühne 1923–45. Erlebnisse des Chefdolmetschers im Auswärtigen Amt mit den Staatsmännern Europas.* Bonn: Athenäum, 1954.

Schramm, Wilhelm von. ... *sprich vom Frieden, wenn du den Krieg willst. Die psychologischen Offensiven Hitlers gegen die Franzosen 1933 bis 1939.* Mainz: Hase and Köhler, 1973.

Schreiber, Gerhard. "Die politische und militärische Entwicklung im Mittelmeerraum 1939/40." *Der Mittelmeerraum und Südosteuropa.* Stuttgart 1984 (= *Das Deutsche Reichund der Zweite Weltkrieg,* Bd 3), pp.4–271.

Schrodek, Gustav. *Ihr Glaube galt dem Vaterland. Geschichte des Panzer–Regiments 15.* München: Schild, 1976.

Schulze. "Erster Einsatz vor Sedan." *Militär–Wochenblatt,* 125. Jg (1941), Nr. 43, pp.1736–1740.

Schustereit, Hartmut. "Heeresrüstung und 'Blitzkriegskonzept'. Fakten zur Materiallage im Herbst 1939." *Soldat und Technik,* 33. Jg (1990), pp.126–132.

————. *Vabanque. Hitlers Angriff auf die Sowjetunion 1941 als Versuch, durch den Sieg im Osten den Westen zu bezwingen.* Bonn and Herford: E. S. Mittler and Sohn, 1988.

Schwichow, von. "Die Ernährungswirtschaft als Wehrproblem." *Deutsche Wehr,* 39. Jg (1935), Nr. 18, pp.257–260.

Sedan 1940 (hrsg. Service Historique de l' Armée de Terre, Vincennes), 1991.

Seeckt, Hans von. *Bemerkungen des Chefs der Heeresleitung, Generaloberst von Seekt bei Besichtigungen und Manövern aus den Jahren 1920 bis 1926* (Bes. Bem.). hrsg. vom Reichswehrministerium. Berlin: Reichswehr Ministry, 1927.

————. *Gedanken eines Soldaten.* Berlin: Verlag für Kulturpolitik, 1929.

Sendtner, Kurt. "Die deutsche Militäropposition im ersten Kriegsjahr." *Die Vollmacht des Gewissens,* Bd 1: *Probleme des militärischen Widerstandes gegen Hitler.* Frankfurt a.M., Berlin: Alfred Metzner Verlag, 1960, pp.385–532.

Senff, Hubertus. *Die Entwicklung der Panzerwaffe im deutschen Heer zwischen den beiden Weltkriegen.* Frankfurt: Mittler and Sohn, 1969.

Shepperd, Alan. *France 1940. Blitzkrieg in the West.* London: Osprey, 1990.

Shirer, William L. *Aufstieg und Fall des Dritten Reiches.* Köln, Berlin: Kiepenheuer und Witsch, 1961.

————. *Der Zusammenbruch Frankreichs. Aufstieg und Fall der Dritten Republik.* München, Zürich: Droemersche Verlagsanstalt, 1970.

Soldan. "Der Durchbruch über die Maas am 13. Mai 1940." *MWR,* 5. Jg (1940) Nr. 3, pp.296–309.

Sormail, Isabelle. "Le haut commandement aérien français et la participation de la RAF à la bataille de France: Une note du Général Vuillemin du 8 juillet 1940." *RHA,* Nr. 168 (1987), pp.2–8.

Spaeter, Helmuth. *Die Geschichte des Panzerkorps Großdeutschland.* Duisburg–Ruhrort:

Selbstverlag Hilfswerk ehem. Soldaten, 1958.
Spears, Edward L. *Assignment to Catastrophe*, Bd 1, *Prelude to Dunkirk, July 1939– May 1940*. London: William Heinemann, 1954.
Stegemann, Bernd. "Hitlers 'Stufenplan' und die Marine." *Historische Studien zu Politik, Verfassung und Gesellschaft* (=Festschrift für Richard Dietrich zum 65. Geburtstag). Frankfurt a. M.: Peter Lang, (u. a.) 1976, pp.301–316.
———. "Hitlers Ziele im ersten Kriegsjahr 1939/40. Ein Beitrag zur Quellenkritik." *MGM*, 27. Jg (1980), Nr. 1, pp.93–105.
Stein, Hans Peter. "Führen durch Auftrag." *Truppenpraxis*, Beiheft 1/85, pp.1–15.
Sternberg Fritz. *Die deutsche Kriegsstärke. Wie lange kann Hitler Krieg führen?* Paris: Éditions Sebastian Brant, 1939 (engl. Aus Germany and A Lightning War. London: Faber and Faber, 1938).
Stolfi, R. H. S. "Equipment for Victory in France in 1940." *History*, Vol. 55 (1970), pp.1–20.
Stoves, Rolf O.G. 1. *Panzer–Division* 1935–1945. *Chronik einer der drei Stammdivisionen der deutschen Panzerwaffe*. Bad Nauheim: Podzun Verlag, 1961.
———. *Die 1. Panzer–Division 1935–1945. Ihre Aufstellung–die Bewaffnung–der Einsatz–ihre Männer*. Dorheim (Friedberg): Podzun Verlag, 1975
Strachan, Hew. *European Armies and the Conduct of War*. London, Boston, Sydney: George Allen and Unwin, 1983.
Strauß, Franz Joseph. *Friedens– und Kriegserlebnisse einer Generation. Ein Kapitel Weltgeschichte aus der Sicht der Panzerjäger–Abteilung 38 (SF) in der ehem. 2. (Wiener) Panzerdivision*. Kitzingen: Desktop publication, (Selbstverl.) 1981.
Stürmer, Michael. *Das ruhelose Reich. Deutschland 1866–1918*. Berlin: Severin und Siedler, 1983.
Sturmpanzerwagen A 7 V. Vom Urpanzer zum Leopard 2. Herford: E. S. Mittler and Sohn, 1990.
Susbielle, B. de. "Chasseurs à pied, cavaliers et blindés au combat. Canal des Ardennes 16–23 mai 1940." *RHA*, (1972), Nr. 2, pp.75–99.
Teiß(Generalmajor). "Der Blitzkrieg." *Rheinisch Westfälische Zeitung* vom 1. 10. 1942.
Tettau, Hans von, und Kurt Vorsock. *Geschichte der 24. Infanterie–Division*. Stolberg: n.p., 1956.
Thomas, Georg. *Geschichte der deutschen Wehr– und R?stungswirtschaft (1918–1945)*, Boppard am Rhein: Boldt, 1966.
———. "Operatives und wirtschaftliches Denken." *Kriegswirtschaftliche Jahresberichte*. Hamburg: Hanseatische Verlags–Anstalt, 1937, pp.11–18.
Thompson, P. W. "Inûenernye vojska v molnienosnoj vojne." *Zarubežnik*, (1940), Nr. 11/12, pp.72–79.
Tournoux, Paul–Émile. "Pouvait–on prévoir l' attaque allemande des Ardennes de mai 1940! Un général avait dit 'oui'." *RHA*, 2/1971, pp.130–141.
Trials of War Criminals before the Nuernberg Military Tribunals under Council Law No. 10.

Nuernberg, October 1946–April 1949. Washington, D.C.: U.S. Government Printing Office, 1950.

Triumph der Kriegskunst. Das Kriegsjahr 1940 in der Darstellung des "Völkischen Beobachters". hrsg. von Wilhelm Weiß. München: Zentralverlag der NSDAP Franz Eher, 1941.

Tschimpke, Alfred. *Die Gespensterdivision. Mit der Panzerwaffe durch Belgien und Frankreich.* München: Zentralverlag der NSDAP Franz Eher, 1941.

Turnbull, Patrick. *Dunkirk. Anatomy of Disaster.* New York/London: Holmes and Meier Publishers, 1978.

"Ein Überblick über die Operationen des belgischen Heeres im Mai 1940. Dargestellt nach belgischen Quellen." *MWR,* 6. Jg (1941), Nr. 3, pp.274–285.

Ueberschär, Gerd R. *Generaloberst Franz Halder. Generalstabschef, Gegner und Gefangener Hitlers.* Göttingen: Musterschmidt, 1991.

———. "Generaloberst Halder im militärischen Widerstand 1938–1940." *Wehrforschung,* 2. Jg (1973), Nr. 1, pp.20–31.

Uhle-Wettler, Franz. *Höhe- und Wendepunkte Deutscher Militärgeschichte,* Mainz: v. Hase & Koehler, 1984.

Ullrich, Karl. *Wie ein Fels im Meer. Kriegsgeschichte der 3. SS-Panzerdivision "Totenkopf."* Osnabrück: Munin-Verlag, 1987.

Umbreit, Hans. "Der Kampf um die Vormachtstellung in Westeuropa." *Die Errichtung der Hegemonie auf dem europäischen Kontinent.* Stuttgart: Deutsch Verlags-Anstalt, 1979 (=*Das Deutsche Reich und der Zweite Welkrieg,* Bd 2), pp.233–327.

Urner, Klaus. *"Die Schweiz muß noch geschluckt werden!" Hitlers Aktionspläne gegen die Schweiz.* Zürich: Verlag Neue Zürcher Zeitung (NZZ), 1990.

Vanwelkenhuyzen, Jean. "Die Sicherheitspolitik Belgiens während der Kriegsphase 1939/40." *ÖMZ,* 27. Jg (1989), Nr. 6, p.477ff.

Veron, Jean. "Detruire les ponts de la Meuse." *Icare,* Nr. 57, (printemps-été 1971), pp.122–127.

Vidalenc, Jean. "Les divisions de série 'B' dans l'armée française pendant la campagne de France 1939–1940." RHA, Nr. 4, (1980), pp.106–126.

Vitéz, Libor. *Ruhm und Fall der Maginotlinie.* Prag: Orbis, 1942.

Vogel, Rudolf. *Grenzerjunge im Blitzkrieg. Eine Erzählung aus dem Polenfeldzug.* Stuttgart: Union Deutsche Verlagsgesellschaft, 1940.

Volkmann, Hans-Erich. "Die NS-Wirtschaft in Vorbereitung des Krieges." *Ursachen und Voraussetzungen der deutschen Kriegspolitik.* Stuttgart 1979 (= *Das Deutsche Reich und der Zweite Weltkrieg,* Bd 1). pp.175–368.

Wahl, Karl. *... es ist das deutsche Herz. Ergebnisse und Erkentnisse eines ehemaligen Gauleiters.* Augsburg: Karl Wahl, 1954.

Walde, Karl J. *Guderian.* Frankfurt a. M.: Ullstein, 1976.

Wallach, Jehuda L. *Das Dogma der Vernichtungsschlacht. Die Lehren von Clausewitz und Schlieffen und ihre Wirkungen in zwei Weltkriegen.* Frankfurt a. M.: Bernard & Graefe,

1967.

———. *Kriegstheorien. Ihre Entwicklung im 19. und 20. Jahrhundert.* Frankfurt a. M.: Bernard & Graefe, 1972.

Walle, Heinrich. "Krampnitz. Von der Kavallerieschule zur Panzertruppenschule II 1937–1945." *Potsdam. Staat, Armee, Residenz in der preußisch–deutschen Militärgeschichte.* Im Auftrag des MGFA hrsg. von Bernhard R. Kroener unter Mitarbeit von Heiger Ostertag. Frankfurt a. M., Berlin: Propyläen Verlag, 1993.

Warlimont, Walter. *Im Hauptquartier der deutschen Wehrmacht 1939–1945.* Frankfurt a. M.: Bernard & Graefe, 1962.

Wassung, Wilhelm. "Der Maas–Übergang bei Donchery." *Mitteilungsblatt der (10.) Wiener Panzer Division,* Folge 39 (1970), Nr. 2 (Mai), pp.3–6.

Weiß, Wilhelm. "Zeitenwende. Betrachtungen zum Jahreswechsel 1940/41." *Triumph der Kriegskunst* (siehe dort). pp.11–52.

Wernick, Robert. *Der Blitzkrieg.* Amsterdam: Time–Life Books, 1979.

Werthen, Wolfgang. *Geschichte der 16. Panzer–Division.* Bad Nauheim: Podzum Verlag, 1958.

Wette, Wolfram. "Ideologien, Propaganda und Innenpolitik als Voraussetzungen der Kriegspolitik des Dritten Reiches und der Zweiten Weltkrieg." *Ursachen und Voraussetzungen der deutschen Kriegspolitik.* Stuttgart: Deutsche Verlags–Anstalt, 1979 (=*Das Deutsche Reich und der Zweite Weltkrieg,* Bd 1), pp.23–173.

Weygand, Maxime. *Mémoires,* Bd 3. Paris: Flammarion, 1950.

Wieland, Volker. "Pigeaud versus Velpry. Zur Diskussion über Motorisierung und Mechanisierung, Panzertechnik und Panzertaktik in Frankreich nach dem Ersten Weltkrieg." *MGM,* 17. Jg (1975), Nr. 1, pp.49–66.

Wirtschaft und Rüstung am Vorabend des Zweiten Weltkrieges. Für das Militärgeschichtliche Forschungs. hrsg. von Friedrich Forstmeier und Hans–Erich Volkmann. Düsseldorf: Droste Verlag, 1975.

Wittek, Erhard. *Die Soldatische Tat: Berichte von Mitkämpfern des Heeres im Westfeldzug 1940.* (Bd 1). Berlin: Im Deutschen Verlag, 1941.

Wörterbuch zur deutschen Militärgeschichte (Schriften des Militärgeschichtlichen Instituts der DDR), 4 Bde. Berlin (Ost): Militärverlag der DDR, pp.1985–1987.

Young, Desmond. *Rommel.* Wiesbaden: Limes Verlag, 1950.

Zaloga, Steven J. *Blitzkrieg. Armor, Camouflage and Markings, 1939–1940.* Carrollton (Texas): Squadron/Signal Publication, 1980.

Kosthorst, E. *Zeitgeschichte und Zeitperspektive.* Paderborn: Ferdinand Schöningh, 1981.

Zeitzler, Kurt. "Die Panzer–Gruppe v. Kleist im West–Feldzug 1940." *Wehrkunde,* 8. Jg (1959), Nr. 4, pp.182–188 (1. Teil); Nr. 5, pp.239–245 (2. Teil); Nr. 6, pp.293–298 (3. Teil); Nr. 7, pp.366–372 (4. Teil).

Zentner, Christian. *Der Frankreichfeldzug.* Frankfurt a. M., Berlin, Wien: Ullstein, 1980.

Zimmermann, Hermann. *Der Griff ins Ungewisse. Die ersten Kriegstage 1940 beim XVI.*

Panzerkorps im Kampf um die Dylestellung, 10.–17. Mai. Neckargemünd: Kurt Vowinckel, 1964.

Zoller, Albert. *Hitler privat. Erlebnisbericht seiner Geheimsekretärin.* Düsseldorf: Droste Verlag, 1949.

Zweig, Stefan. *Sternstunden der Menschheit. Zwölf historische Miniaturen.* Frankfurt a.M.: Fischer-Taschenbuch-Verlag, 1988.

Der Zweite Weltkrieg. Analysen, Grundzüge, Forschungsbilanz. hrsg. von Wolfgang Michalka. München, Zürich: Piper Verlag, 1989.

사진 출처

Bundesarchiv Koblenz 76, 93, 132, 176, 194, 207(위), 218(위), 223(위), 262, 276, 277, 290, 338(아래), 346, 359(아래), 373, 383, 392, 424, 442(아래), 446, 474, 536

Bundesarchiv-Militärarchiv Freiburg i.Br. 122

Militärarchiv Brüssel 359(위)

E.C.P.A. Fort d'Ivry 442(위)

Christa Grampe 218(아래), 223(아래), 292

Johann Adolf Graf v. Kielmansegg 273

Helmuth Spaeter (Archiv "Großdeutschland") 207(아래), 338(위)

옮긴이의 글

6년간의 기나긴 작업이 끝을 맺었다. 2002년 독일 유학시절 우연한 기회에 이 책을 접하고 정독하기 위해 우리말로 옮기기 시작한 작업이 이제야 번역서로 빛을 보게 되었다. 지금껏 이 순간을 기다리면서 가져왔던 부담감이 시원스레 사라짐과 동시에 한편으로는 이 작업이 어떻게 평가받을지에 대한 부담감이 더 크게 밀려온다.

본인의 사관생도 생활 중에서 가장 크게 기억에 남는 것을 들라면 단연 전쟁사 강의이다. 전차에 대한 관심이 지대했던 탓에 특히 1940년 유럽 서부전역의 전격전은 당시의 프랑스군에게도 그러했겠지만 본인에게도 큰 충격이었다. 그때 배웠던 전격전의 개념은 다음과 같다.

> "〔…〕 전격전은 3대 요결로서 '3S', 즉 기습Surprise, 속도Speed, 화력의 우위Superiority를 갖추어야 했다. 〔…〕 전격전의 수행과정은 ① 후방에 5열을 침투시켜 정보를 수집하고, 민심을 교란하여 적국민의 전투 의지 약화, ② 공군은 제공권을 장악하고 적 후방의 도시, 부대집결지, 지휘소 그리고 통신 시설 및 교통시설 등을 폭격하여 지휘조직과 예비군 동원체제를 마비시킴과 동시 심리적 충격, ③ 전차, 자주포, 차량화된 보병, 공병 및 병참지원부대가 제병협동으로 적의 방어가 약한 전선의 좁은 정면에 대해 기습적으로 집중공격하여 돌파구 형성. 이때 돌파부대의 최첨단에는 보병이 위치, ④ 기갑부대가 이 돌파구로 신속하고 종심 깊이 침투하여 적의 주공을 차단, 포위하여 적 재편성 시간 박탈. 포병지원이 신속히 전진하는 기갑부대를 지원 불가 시 급강하폭격기가 화력증원 담당, ⑤ 포병의 지원을 받는 보병이 기갑부대와 연결작전 후 차단, 포위된 적을 소탕 〔…〕 하여 무적 독일 국방군의 신화가 창조됨

〔육사 전사학과, 『세계 전쟁사』(일신사, 1996), pp.303~307〕.

즉, 독일군은 치밀하고 완전무결한 계획과 획기적이고 혁신적인 전쟁기법을 통해 프랑스 전역에서 대승리를 이루어냈다는 것이다.

임관 후 초등 및 고등군사반 교육을 받은 육군 기계화학교와 야전부대 곳곳에는 기동전과 전격전에 관한 슬로건과 서적들이 즐비했고, 기갑장교들은 전격전이야말로 전장에서 실행되어야 할 전쟁수행방법 그 자체라고 인식했다. 심지어 어느 선배장교는 한반도뿐만 아니라 우리의 고토인 만주벌판에서 전격전의 선봉에 서겠다는 원대한 포부를 갖고 군생활에 임하라는 이야기를 해주었다.

군생활을 하면서 본인은 기갑장교의 필독서라고 할 만한 전격전, 기동전을 다룬 서적들을 많이 읽었다. 어떤 저자는 전격전을 5단계로 구분해서 이해하기 쉽게 정리했고, 어떤 이는 독일군의 기동방식을 돌입 · 돌파 · 돌진의 3단계로 설명하였다. 한 국제정치학자는 히틀러가 일찍부터 서부전역을 구상했고 치밀한 작전계획을 갖고 있었던 데 반해 연합국 측은 이렇다 할 구체적인 작전구상이 없었기 때문에 패배할 수밖에 없었다는 논리로 전격전을 군사적인 차원보다는 정치적 측면에서, 특히 전격전을 히틀러의 정치전략에서 탄생한 결과물로 평가하였다〔김용구, 『세계 외교사』(서울대학교 출판부, 2005)〕.

프리저 대령의 이 책을 보기 전까지 본인이 알고 있던 전격전에 대한 지식은 현재까지 알려진 통상적인 것이었다. 이러한 개념은 본인의 병과 선택과 군생활에 큰 영향을 끼쳤다. 그러던 어느 날 이 책을 접했고, 그때의 충격과 가슴 벅찬 감동은 아직까지도 생생하다.

2002년 5월 당시 독일 지휘참모대에서 유학 중이던 박태춘 소령(현재 중령)이 후배장교들에게 이 책을 소개해 주었고, 본인은 이튿날 바로 구입해 읽었다. 대강의 내용을 훑어본 순간, 지금껏 알고 있던 내용과 상당히 차이가 있어 그동안의 지식이 크게 흔들리는 것을 느꼈다. 저자가 기술한 내용에 대한 의구심으로 책을 읽기 시작했고, 방대한 문헌과 객관적 논리에 근거한 저자의 주장을 읽으면 읽을수록 본인의 머릿속에는 새로운 역사적 사실이 각인되었다.

며칠 후, 이 책을 근거로 박 소령의 지도 아래 독일군 구데리안 기갑군단 예하 제1기갑사단의 기동로를 따라 아르덴Ardenne과 스당Sedan 일대를 직접 답사했다. 전격전의 실상을 온몸으로 체험한 뜻 깊은 시간이었다. 비로소 전격전의 실체와 본질에 한걸음 다가선 것 같았다. 기갑부대가 결코 통과할 수 없다고 여겨지던 드넓은 아르덴의 '초원지대'(본인도 아르덴 삼림지대 또는 산림지대라고 번역했으며, 일반적으로 이렇게 알려져 있는데, 이 지형을 실제로 보면 결코 어울리지 않는 표현임을 느끼게 된다.), 구데리안 장군의 19군단이 지휘소로 사용한 부용Boullion의 파노라마Panorama 호텔, 마스Maas 강과 당시 부교 자재들을 보관하던 골리에Gaulier의 에스페랑스Espérance 섬유회사의 폐건물, 전차전이 벌어졌던 스톤Stonne 등의 격전지들과 아름다운 프랑스와 벨기에의 평원지대와 유유히 흐르는 강물, 평온한 마을의 풍경은 아직까지도 기억속에 뚜렷하다. 그곳은 그 자체가 군사 박물관이었고 전사 교재였다.

독일군 고등군사반 교육 중 이 책을 정독해 볼 생각으로 우리말로 옮기는 작업을 시작했다. 귀국한 후에는 3년간 전차중대장 직책을 수행하며 교육훈련, 부대관리 등의 주어진 과업을 수행하느라 여건이 어려웠지만, 주위 동료와 선후배 장교들의 격려 속에서 틈틈이 작업할 수 있었다. 귀국 후 야전에서 두 번 더 정독하면서 우리말로 옮기는 작업을 거친 끝에 4년 만에 초역본이 완성되었다. 그 순간, 이 책에서 얻은 감동과 전격전의 실상을 우리 군에 알려야 되겠다는 생각이 일기 시작했다. 더 이상 후배 장교들이 전격전에 대해 잘못 알려진 사실을 정사正史로 인식해서는 안 된다는 생각을 하게 되었다. 또한 이 책이 이미 영어, 프랑스어, 일본어로 번역되어 전 세계적으로 주목을 받고 있으며 우리나라에서도 군인뿐만 아니라 전쟁사에 관심이 많은 일부 학도들이 이 책의 가치를 높게 평가하고 있다는 사실을 알게 되었다. 본인은 이 책이 우리 군에 소개할 만한 가치가 크며, 참고할 내용이 많다고 인식하기에 이르렀다. 그래서 미천한 글재주이지만 이 책을 번역 · 출간해 보기로 마음먹었다.

중대장직을 마친 후 육군 정보학교 어학처 독일어 교관으로 보직되어 본격적으로 번역에 들어갈 수 있었다. 하지만 해결해야 할 문제들이 산적해 있었다.

먼저, 저명한 독일군 군사사 박사이자 전문가의 명저를 대위의 군생활 경험밖에 없는 본인이 과연 적절하게 옮길 수 있을까라는 문제였다. 고차원적인 군사용어나 배경지식이 필요한 부분을 어떻게 하면 독자가 이해하기 쉽게 옮길 수 있을까? 그러자면 우선 난해한 술어와 개념을 본인이 먼저 정확하게 이해해야 했다. 관련 서적들을 읽고 인터넷을 검색하면서 공부했다. 힘든 과정이었지만 본인의 사고의 폭을 넓히는 데 크게 도움이 되었다.

그 다음 문제는 독일어를 한국어로 옮기는 작업이었다. 독일인들만의 역설법, 반어법 그리고 특유의 문어체적 표현들, 독일군의 독특한 군사적 전통을 바탕으로 만들어진 용어들은 이해하기에 어려웠을 뿐만 아니라 한글로 옮기기도 무척 까다로웠다. 이 문제는 독일어 강사 선생님들의 도움과 지은이와의 인터넷 메일을 통해 대부분 해결할 수 있었다. 한편으로 교관으로서의 어학능력도 크게 향상됨을 느낄 수 있었다. 특히 오역하거나 표현이 어색한 부분들은 일조각 편집부의 도움을 받아 완성도를 높일 수 있었다.

이러한 일련의 과정을 거쳐 오늘에야 『전격전의 전설』을 세상에 내놓게 되었다. 육군 대위가 이러한 작업을 하여, 저자 칼 하인츠 프리저 박사의 저서에 흠집을 내지 않을까 우려도 된다. 최선을 다했지만 본인의 실수가 있다면 누군가가 꼭 바로잡아 주기를 간절히 바란다.

1940년 5월, 이 글의 제목처럼 우리가 배우고 알고 있던 치밀하고 완전무결한 전격전은 없었다. '전격전' 이란 개념이 없는 상황에서 우연한 사건들이 연속적으로 일어나는 가운데 독일군은 위대한 승리를 일궈낸 것이다. 우리는 이 책에서 전격전 자체의 의미와 이론을 도출하기보다는 독일군 승리의 원인을 정확히 알아내고 그중 교훈이 될 만한 것들을 우리 군에 적용 가능한지에 대해 연구해볼 필요가 있다. 또한 장차전에 대비하려면 우리는 어떻게 양병養兵하고 용병用兵할 것인지에 대한 해답을 찾을 수 있을 것이다.

독일군과 미군의 제2차 세계대전 전투수행과정에 대해 세계적으로 권위 있는 연구자인 마틴 밴 크레벨드Martin van Creveld 박사의 주장대로 당시 독일군 장교, 부사관, 병사들은 세계 최강의 전사들이었으며 독일군 장군참모장교들은 전술뿐만 아니라 작전술, 전략 부문의 전쟁 천재들이었다. 우리 군도 이처럼 세계 최강의 전사들을 길러내고 전술, 전략가들을 배출해야만 장차전에서 승리할 수 있다고 본다.

한창 번역에 몰두하던 본인에게 몇몇 선배 장교들은 21세기에 왜 1940년대 전쟁을 연구하느냐, 이제는 장차전을 연구해야 한다고 충고(?)해 주었다. 그러나 1940년의 독일군은 과거의 전쟁을 정확하게 분석한 결과 전쟁 양상의 변화에 쉽게 적응했지만, 프랑스군은 단순한 논리로 장차전에 대비한 나머지 독일의 전격전에 맥을 추지 못하고 파멸했다. 초전에 승리를 거둔 히틀러도 과거의 전쟁을 제대로 이해하지 못해 결국 자멸할 수밖에 없었다. 전사戰史는 단순히 지나간 과거가 아니라 현재, 그리고 미래와 연결되어 있다.

전격전 역시 하늘에서 뚝 떨어진 것이 아니라 독일의 전략·전술적 전통에서 탄생했다. 그러므로 전사 연구는 단순히 지나간 역사를 공부하는 게 아니라 장차전의 양상을 예측하는 데에도 꼭 필요한 과정인 것이다.

방대한 자료와 객관적인 근거를 바탕으로 훌륭한 책을 저술하고 기꺼이 번역을 허락해 주신 독일 연방군 군사사연구소의 칼-하인츠 프리저 박사에게 경의를 표한다. 특히 독일에서 돌아와 중대장직을 수행하던 시절, 전쟁사와 전투의 본질에 관해 많은 토의를 주관하여 사고의 지평을 확장해 주셨으며 바쁘신 가운데서도 번역문을 치밀하게 감수해 주신 주은식 여단장님, 또한 2002년 이 책을 처음 소개해 주고 바쁜 와중에도 아르덴과 스당을 직접 답사·안내해준 박태춘 선배님, 번역을 적극 권장해 주시고 출간을 위해 프리저 대령과 인연을 맺게 도와주신 육사 독일어과 이한홍 교수님께 깊은 감사를 드린다. 출간을 흔쾌히 승인해 주시고 격려를 아끼지 않으신 육군 정보학교장 신승봉 장군님을 비롯한 학처 선후배 교관님들과 번역작업 중 큰 도움을 주신 루디 페터젠, 송금봉 선생님, 독일어반 학생장교들께도 감사드린다. 이 책을 출판하는 데 세세한 부분까지 힘쓴 일조각 임직원 여러분께도 깊은 감사의 말씀을 올린다. 이 책을 만나게 해주시고 번역과 출판까지 모든 과정을 예비해 주시고 허락해 주신 하나님과 기나긴 번역 작업 중 많은 시간을 같이 보내지 못해도 묵묵히 기다려준 사랑하는 아내와 하영이, 시헌이에게 감사의 뜻을 전한다.

장차전에 대비하는 것은 군대만의 과업이 결코 아니다. 정치, 경제, 사회 등 민民·관官·군軍의 총력전 양상이 될 것이다. 전쟁을 준비하는 데 있어서 사회 각계각층의 이해와 협력이 필요하다. 따라서 이 책이 군뿐만 아니라 일반인들에게도 전쟁을 이해하는 데 훌륭한 참고서임을 확신하는 바이다. 저자의 의도처럼 대한민국의 다양한 분야에서 이 책이 활용되기를 기대한다.

2007년 12월 남성대에서

대위 진중근

인명 찾아보기

ㄱ

가르스키, 오이겐Garski, Eugen 독일군 중령, 대독일 보병연대 3대대장 205, 206, 208

가믈랭, 모리스Gamelin, Maurice 프랑스군 장군, 프랑스 전역 연합군 총사령관 97, 108, 157~161, 226, 229, 231, 232, 235, 236, 319, 378, 385, 409~411, 436~440, 508, 514

게르머, 알프레드Germer, Alfred 독일군 중위, 제171 공병대대 1중대장 389

고셰, 페르낭 조르주Gauché, Fernand Georges 프랑스군 대령 388

고트, 존 스탠디시Gort, John Standish 제6자작子爵, 영국군 장군, 영국 원정군 총사령관 440

괴르델러, 칼Goerdeler, Karl 1937년까지 라이프치히 시장 111

괴링, 헤르만Göring, Hermann 독일군 원수, 독일제국 항공교통부장관/공군총사령관 49, 71, 95, 96, 464, 469, 484, 485, 489, 491, 507, 516

괴벨스, 요세프Goebbels, Joseph 국민계몽 및 선전부 장관 83, 388

구데리안, 하인츠Guderian, Heinz 독일군 대장(기갑), 제19군단장(1940년 5월 28일부 구데리안 기갑군) 39, 59, 81, 88, 126, 127, 130, 135~137, 141, 142, 154, 163, 164, 173, 175, 184, 186, 187, 189~191, 193, 197, 208, 217, 218, 222, 227, 231, 233, 241, 246, 251, 254~259, 262, 265, 270, 274, 280, 281, 283, 288, 290, 293, 300, 301, 305, 307, 309, 310, 312~314, 320, 321, 325, 327, 330~332, 334, 335, 339~342, 344, 347, 348, 351, 353, 365, 370, 397~404, 411, 413, 416, 417, 420, 447, 449, 450, 459, 465, 466, 479, 480, 482, 497, 498, 517, 524, 525, 528~530, 535, 537, 538, 541, 542, 549

구티Guthy 독일군 중위, 제43강습공병대대 3중대장 271

그나이제나우, 아우구스트 그라프 나이트하르트 폰Gneisenau, August Graf Neidhardt v. 프로이센군 원수 532

그라이펜베르크, 한스 폰Greiffenberg, Hans v. 독일군 대령(장군참모장교), 육군 총참모부 작전참모부장 467

그랑사르, 피에르-폴-샤를Grandsard, Pierre-Paul-Charles 프랑스군 장군, 제10군단장 239, 253, 294, 296~299, 304

그로스쿠르트, 헬무트Groscurth, Helmuth 독일군 중령, 육군 총사령부에 파견된 방첩부대 소속 연락장교 112

그롤만, 프리드리히 폰Grolman, Friedrich v. 독일군 중위, 제2전차연대 3중대장 306

그루시, 에마누엘 마르키Grouchy, Emanuel Marquis 프랑스군 원수 328, 329

그리블, 필립Gribble, Philip 영국군 소령, 프랑스군 주재 연락장교 313

기제만Giesemann 독일군 상병, 대독일보병연대 제14중대 333
길덴펠트, 하인츠 폰Gyldenfeldt, Heinz v. 독일군 중령(장군참모장교), 클라이스트 기갑군에 파견된 육군 총사령부 소속 연락장교 448

ㄴ

나츠머, 빌헬름 폰Natzmer, Wilhelm v. 독일군 대령, 1927년까지 제국 국방성 수송부대 책임관 역임 81
나폴레옹 1세Napoleon I. 프랑스 황제 30, 312, 328, 509, 520, 524, 534
나폴레옹 3세Napoleon III. 프랑스 황제 271
네케나우어, 다니엘Neckenauer, Daniel 독일군 중위, 제41대전차대대 89
네트비히, 요하네스Nedtwig, Johannes 독일군 대령, 제1전차연대장 214, 215
노나Nonat 프랑스군 소위, 벨뷔 포병벙커 지휘자 272

ㄷ

다스티에 드 라 비주리, 프랑수아d'Astier de la Vigerie, François 프랑스군 대장, 북부작전지역 연합군 공군 사령관 233, 289, 538, 540
달라디에, 에두아르Daladier, Édouard 프랑스 수상, 국방장관 241, 409, 410
데아, 마르셀Déat, Marcel 프랑스 정치가 506
델라Delas 프랑스군 중위, 제147요새보병연대 제1대대 247
델레스트랭, 샤를Delestraint, Charles 프랑스군 기갑병과 장군 525
도일, B.Doyle, B. 영국군 하사 446
돌만, 프리드리히Dollmann, Friedrich 독일군 대장(포병), 제7군 사령관 387
두망, 앙드레Doumenc, André 프랑스군 장군, 총참모장 226, 366, 408
두멕Doumecq 프랑스군 소위, 제49전차대대 337, 339
두에, 줄리오Douhet, Giulio 이탈리아군 장군, 공중전 이론가 539
듀제네Dugenet 프랑스군 대령, 제39보병연대장 367
드골, 샤를de Gaulle, Charles 프랑스군 대령(1940년 6월 1일부 준장), 제4기갑사단장 413~415, 511, 514, 518, 537
드비스펠라에르de Wispelaere 벨기에군 중위, 제5아르덴보병연대 1대대 356
디트리히, 제프Dietrich, Sepp 나치스 친위대 지휘관, 아돌프 히틀러 경호대장 466

ㄹ

라 샹브르, 기La Chambre, Guy 프랑스 항공교통부장관 97
라바르트, 피에르Labarthe, Pierre 프랑스군 중령, 제213보병연대장 307, 308
라베나우, 프리드리히 폰Rabenau, Friedrich v. 독일군 중장, 철학박사, 육군 기록보관소장 516, 517
라에더, 에리히Raeder, Erich 독일군 대제독, 해군 총사령관 43, 49, 50
라이헤나우, 발터 폰Reichenau, Walter v. 독일군 상급대장, 제6군 사령관 111
라인베르거, 헬무트Reinberger, Hellmuth 독일군 소령(장군참모장교), 220항공대장(뮌스터) 121, 123
라인하르트, 한스Reinhardt, Hans 독일군 중장(1942년 1월 1일부 상급대장), 제41(차량화)군단장 127, 184, 186, 187, 189, 190, 193, 345, 347, 348, 350, 412, 449~451, 459
라트르 드 타시니, 장 드Lattre de Tassigny, Jean de 프랑스군 장군, 제14보병사단장 344
라퐁텐, 피에르Lafontaine, Pierre 프랑스군 제55보병사단장 239, 247, 253, 284~286, 293, 296~301, 304, 308, 322, 328, 533
람방, 로제Ramband, Roger 프랑스 사회주의자 507
랜즈버리, 조지Lansbury, George 영국 노동당 소속

정치가 506
레노, 폴Reynaud, Paul 프랑스 수상 60, 312, 409, 410
레프, 빌헬름 리터 폰Leeb, Wilhelm Ritter v. 독일군 상급대장, C집단군 사령관 59, 110, 112, 386
로스베르크, 베른하르트 폰Loßberg, Bernhard v. 독일군 중령(1944년 9월 1일부 소장), 국방군 작전참모부 육군 담당 향토방위과장 50, 54~56, 470
로시뇰Rossignol 프랑스군 중위 285
로텐부르크, 칼Rothenburg, Karl 독일군 대령, 제25전차연대장 426
롬멜, 에르빈Rommel, Erwin 독일군 소장(1942년 6월 22일부 원수), 제7기갑사단장 86, 129, 246, 289, 328, 353, 355, 356, 360, 361, 363~365, 368, 370~372, 375, 405, 417, 419~421, 423, 425~428, 431, 432, 434~436, 444, 445, 448, 451, 452, 471, 477, 497, 531, 533, 534, 553
뢰르처, 브루노Loerzer, Bruno 독일군 중장, 제2비행단장 255, 256, 260, 261
뢰리히트, 에드가Röhricht, Edgar 독일군 대령(장군참모장교)〔1944년 9월 1일부 대장(보병)〕, 육군 총참모부 교육훈련참모부장 67
루덴도르프, 에리히Ludendorff, Erich 프로이센군 대장(보병), 제1병참부장(1916~1918) 522, 530
루바르트, 발터Rubarth, Walter 독일군 중사, 제49기계화공병대대 2중대 소대장 274, 276, 278, 283
루비, 에드몽Ruby, Edmond 프랑스군 장군 260, 285, 307
루스벨트, 프랭클린 델라노Roosevelt, Franklin Delano 미국 대통령 409
루코Roucaud 프랑스군 장군, 루코군 지휘관 321, 323
룬트슈테트, 칼 루돌프 게르트 폰Rundstedt, Karl Rudolf Gerd v. 독일군 상급대장, A집단군 사령관 112, 127, 163, 165, 166, 177, 183, 331, 348, 402~404, 429, 448, 452, 455, 457, 459~463, 466~468, 470, 482, 485~488, 490, 491, 533
르 벨Le Bel 프랑스군 중위 380
르 호메 드 쿠르비에르, 르네l' Homme de Courbière, René 독일군 중위, 대독일보병연대 제6중대장
리들 하트, 바실 헨리Liddell Hart, Basil Henry 영국 대위, 군사 저술가 144, 150, 175, 230, 376, 447, 463, 479, 518, 530, 537, 541
리벤트로프, 요하임 폰Ribbentrop, Joachim v. 제3제국 외무장관 49, 55, 487
리스, 울리히Liß, Ulrich 독일군 중령(장군참모장교)(1944년 12월 1일부 소장), 육군 총참모부 서방육군분석과장 387, 406, 407, 464, 471, 483
리스트, 빌헬름List, Wilhelm 독일군 상급대장, 제12군 사령관 187, 345, 402, 403
리히트호펜, 볼프람 프라이헤르 폰Richthofen, Wolfram Freiherr v. 독일군 소장, 제8비행단장 464, 485

ㅁ

마르구에르, 요하네스Marguerre, Johannes 독일군 대위, 국방군사령부 국제/방첩과 112
마르그리트, 장-오귀스트Margueritte, Jean-Auguste 프랑스군 장군 289
마르크스, 칼Marx, Karl 사회주의 정치가, 저술가 555
마르탱, 줄리앙-프랑수아-르네Martin, Julien-François-René 프랑스군 장군, 제11군단장 366
마르텔, 지파드 경Martel, Sir Giffard 영국군 소장, 제50사단장 444
마스네 드 마랑쿠르, 로벤Massenet de Marancour, Robon 프랑스군 장군, 제3군관구 공군 사령관 539
마이어-벨커, 한스Meier-Welcker, Hans 독일군 대위(장군참모장교) 제4군 인사참모부 418, 492
만슈타인, 에리히 폰 레빈스키 폰Manstein, Erich v. Lewinski v. 독일군 중장(1942년 7월 1일부 원수), A집단군 참모장(1940년 2월 1일부 제38군단장) 54, 125~131, 133~138, 140~142, 144, 149~151, 153, 156, 160, 163, 164, 165, 169, 170, 183, 195, 226, 309, 314, 327, 331, 340, 350, 404, 468, 492, 495, 497, 501, 518, 522, 524, 528, 529, 531, 548, 549
망델, 조르주Mandel, Georges 프랑스 내무장관 438

메뎀, 알렉산더 그라프 폰Medem, Alexander Graf v. 독일군 소위, 대독일보병연대 2대대 265
메서슈미트, 빌리Messerschmitt, Willy 항공기 설계자 101
메트르Maitre 프랑스군 대위, 제2모로코경기병연대 217
멜렌틴, 프리드리히-빌헬름 폰Mellenthin, Friedrich-Wilhelm v. 독일군 소령(장군참모장교) (1944년 12월 1일부 소장), 제197보병사단 작전참모 127, 128, 402
모스트Most 독일군 중위, 제7기갑사단 제4연락장교 435
몰트케(大), 헬무트 그라프 폰Moltke (d. Ä.), Helmuth Graf v. 프로이센군 원수 43, 141, 146, 149, 272, 289, 303, 314, 521, 523, 526, 531, 537, 541
몰트케(小), 헬무트 폰Moltke (d.J.), Helmuth v. 프로이센군 상급대장 148, 149, 165
몽고메리, 버나드 로 자작Montgomery, Bernard Law Viscount 영국군 소장(1944년 9월 1일부 원수) 468, 477
몽비니에-모네Montvignier-Monnet 프랑스군 중령, 제205보병연대장 308
몽크, 프리츠Monk, Fritz 독일군 일병, 제49기계화공병대대 277
무솔리니, 베니토Mussolini, Benito 이탈리아 수상, 총통El Duce 406, 498
미샤르, M.Michard, M. 프랑스군 중위, 제147요새보병연대 2대대 참모장교 264
밀히, 에르하르트Milch, Erhard 독일군 상급대장, 공군 총참모장 63

ㅂ

바돌리오, 피에트로Badoglio, Pietro 이탈리아군 원수, 총참모장 498
바로, 테렌티우스Varro, Terentius 로마군 사령관 144, 146, 147, 157, 160
바이츠재커, 에른스트 프라이헤르 폰Weizsäcker, Ernst Freiherr v. 외무부 차관 112
바커나겔, 에버하르트Wackernagel, Eberhard 독일군 중위, 대독일보병연대 제7중대장 265
발, 칼Wahl, Karl 슈바벤의 대관구 총독 518
발크, 헤르만Balck, Hermann 독일군 중령〔1943년 11월 1일부 대장(기갑)〕, 제1보병연대장 199, 247, 270, 272, 273, 281, 300, 342, 343
베강, 막심Weygand, Maxime 프랑스군 대장, 1940년 5월 20일부터 프랑스군 총사령관 역임 29, 312, 437~441, 495, 500, 514
베르너, 파울 헤르만Werner, Paul Hermann 독일군 대령, 제31전차연대장 355, 356, 358, 360, 371, 372, 448
베르탱-부수Bertin-Boussu 프랑스군 장군, 제3차량화보병사단장 327
베송, 앙트완-마리-베노Besson, Antoine-Marie-Benoît, 프랑스군 장군, 제3집단군 사령관 439
베커, 칼Becker, Karl 공학박사, 독일군 대장(포병), 군수사령관 64
베크, 루드비히Beck, Ludwig 독일군 대장(포병) (1938년 11월 1일부 예비역 상급대장), 1938년까지 육군 총참모장 역임 44, 112, 131
베크-브로이히지터, 헬무트Beck-Broichsitter, Helmut 독일군 중위, 대독일보병연대 제14중대장 303, 306
베트만홀베크, 테오발트 폰Bethmann Hollweg, Theobald v. 독일제국 수상 56
벨로브, 오토 폰Below, Otto v. 프로이센군 대장(보병)(제1차 세계대전) 530
벵크, 발터Wenck, Walther 독일군 소령(장군참모장교)〔1945년 4월 1일부 대장(기갑)〕, 제1기갑사단 작전참모 181, 258, 310
보크, 페도르 폰Bock, Fedor v. 독일군 상급대장, B집단군 사령관 112, 164, 388, 429, 457, 465, 475
보트랭Vautrin 프랑스군 소령, 영국 원정군 주재 연락장교 441
보프르, 앙드레Beaufre, André 프랑스군 대위(훗날 장군으로 진급) 408
부르귀뇽Bourguignon 프랑스군 대령(훗날 장군으로 진급) 230
부르귀뇽Bourguignon 프랑스군 중위, 505장갑벙커

지휘자 391
부셰Boucher 프랑스군 장군, 제5차량화보병사단장 367
부슈, 에른스트Busch, Ernst 독일군 대장(보병), 제16군 사령관 163, 187
불레, 발터Buhle, Walter 독일군 대령(장군참모장교), 육군 총참모부 계획/편성과장 65
불릿, 윌리엄Bullitt, William 주파리 미국 대사 409, 410
뷔유맹, 조셉Vuillemin, Joseph 프랑스군 대장, 공군 총사령관 94, 97, 539
브라우히치, 발터 폰Brauchitsch, Walther v. 독일군 상급대장, 육군 총사령관 44, 66, 109~113, 120, 127, 129, 131, 140, 164, 418, 460~462, 466, 468, 491
브라운Braun 독일군 중령 39
브로카르, 앙트완Brocard, Antoine 프랑스군 장군, 제3기갑사단장 322, 323, 327
브룩, 앨런 프랜시스 경Brooke, Sir Alan Francis 영국군 중장, 영국 원정군 제2군단장 477
브뤼노Bruneau 프랑스군 장군, 제1기갑사단장 368, 370~372
브뤼셰Bruché 프랑스군 장군, 제2기갑사단장 412
브리카르, 모리스Bricart, Maurice 벨기에군 소령, 제1아르덴보병연대 2대대 5중대장 208
블랑샤르, 조르주-마리-장Blanchard, Georges-Marie-Jean 프랑스군 장군, 제1군 사령관(1940년 5월 말까지 제1집단군) 440, 441, 443
블로크, 마르크Bloch, Marc 프랑스 역사가, 예비역 대위 508, 513, 515, 519, 542
블롬베르크, 베르너 폰Blomberg, Werner v. 독일군 원수, 국방군 총사령관, 제국 국방장관 역임 131
블루멘트리트, 귄터Blumentritt, Günther 대령(장군참모장교), A집단군 작전참모〔1944년 4월 1일부 대장(보병)〕 31, 128, 165, 404, 462, 487, 488
블뤼허, 게프하르트 레베레히트 폰Blücher, Gebhard Leberecht v. 프로이센군 사령관 328
비스마르크, 게오르크 폰Bismarck, Georg v. 독일군 대령, 제7보병연대장 361, 364
비요트, 가스통-앙리Billotte, Gaston-Henri 프랑스군 장군, 제1집단군 사령관 288, 289, 438~441
비요트, 피에르-가스통Billotte, Pierre-Gaston 프랑스군 대위, 제41전차대대 1중대장 336, 337
비츨레벤, 에르빈 폰Witzleben, Erwin v. 독일군 상급대장, 제1군 사령관 112
비터스하임, 구스타프 안톤 폰Wietersheim, Gustav Anton v. 독일군 대장(보병), 제14(차량화)군단장 186, 190, 217
빌륨므, 폴 드Villelume, Paul de 프랑스군 대령, 프랑스 외무부와 총사령부 간의 연락장교 235
빌헬름 1세Wilhelm I. 프로이센 국왕(1871년 독일 황제) 271

ㅅ

샤느완Chanoine 프랑스군 장군, 제5경기병사단장 209
샤른호르스트, 게하르트 폰Scharnhorst, Gerhard v. 프로이센군 중장 532
샤를 드 볼리외, 발터Chales de Beaulieu, Walter 독일군 중령(장군참모장교)(1944년 5월 1일부 중장), 제16(차량화)군단 참모장 153
샤이Sailly 프랑스군 중사 391
샬, 페르디난트Schaal, Ferdinand 독일군 중장, 제10기갑사단장 274
샬리뉴Chaligne 프랑스군 대령, 제55보병사단 보병부대 지휘관 297, 308
슈래플러Schraepler 독일군 대위, 제7기갑사단 부관장교 435
슈문트, 루돌프Schmundt, Rudolf 독일군 중령(1939년 8월 4일부 대령), 히틀러 전속부관 55, 110, 128, 141, 448, 463
슈미트, 루돌프Schmidt, Rudolf 독일군 중장, 제39(차량화)군단장 429, 452
슈미트, 파울Schmidt, Paul 히틀러 직속 통역실장 49
슈투덴트, 쿠르트Student, Kurt 독일군 중장, 제7비행단장 82
슈투드니츠, 헬무트 폰Studnitz, Helmut v. 독일군 소

령, 제1보병연대 1대대장 343
슈튈프나겔, 칼-하인리히 폰Stülpnagel, Carl-Heinrich v. 독일군 대장(보병), 육군 총참모부 제1참모부장 55, 62, 111~113
슈티오타, 막스 폰Stiotta, Max v., 독일군 중령, A집단군 공병참모부 공병담당장교 241
슈파이델, 빌헬름Speidel, Wilhelm 독일 공군 대장 95
슈페를레, 후고Sperrle, Hugo 독일 공군 대장, 제3항공군 사령관 255
슈페어, 알베르트Speer, Albert 독일 건축가, 전쟁지원부(무기 및 전쟁물자 생산 담당) 장관 69
슐렌부르크, 마티아스 그라프 폰 데어Schulenburg, Matthias Graf v. der 독일군 대위, 제1전차연대 3중대장 214
슐리펜, 게오르크 폰Schlieffen, Georg v. 독일군 중위, 제1전차연대 8중대장 222
슐리펜, 알프레드 그라프 폰Schlieffen, Alfred Graf v. 프로이센군 원수, 육군 총참모장(1891~1906) 117, 120, 144, 147~149, 156, 222, 226, 231, 525, 526, 532, 537, 541, 542
스탈린, 이오시프 비사리오노비치Stalin, Iosif Vissarionovich 소련 서기장 506, 507

ㅇ

아곤Agon 벨기에 제1아르덴 보병연대 2대대장, 소령 208
아베츠, 오토Abetz, Otto 독일의 주프랑스 대사(비시 정부) 512, 519
아이언사이드, 에드먼드 경Ironside, Sir Edmund 영국군 대장, 영국군 총참모장 408, 439, 440, 441, 443
아이젠하워, 드와이트 D.Eisenhower, Dwight D. 미군 대장 468
알렉산더, 해럴드 경Alexander, Sir Harold 영국군 소장(1944년 6월 4일부 원수), 제1사단장 477
알트메어, 르네-펠릭스Altmayer, René-Félix 프랑스군 장군, 제5군단장 441
에뱅Evain 프랑스군 대령, 제15경기계화여단장 209
에셰베리가레Etcheberrigaray 프랑스군 장군, 제53보병사단장 342
에제베크, 한스-칼 프라이헤르 폰Esebeck, Hans-Karl Freiherr v. 독일군 대령, 제6보병여단장 350
엥겔, 게르하르트Engel, Gerhard 독일군 대위〔1940년 1월 1일부 소령(종전 시 중장)〕, 히틀러의 육군부관 463, 492
예쇼넥, 한스Jeschonnek, Hans 독일군 소장, 공군 총참모장 485
오버마이어Obermeier 독일군 소위 대독일보병연대 206
오버스트라에텐, 르네 F.C. 반Overstraeten, René F. C. van 벨기에 국왕 군사고문 225
오스터, 한스Oster, Hans 독일군 대령, 국방군 총사령부 국제정보/방첩 참모부장 231
오트펜Autphenne 벨기에군 소위 202
웡치제르, 샤를Huntziger, Charles 프랑스군 대장, 제2군 사령관, 훗날 비시 정부 국방장관 227, 239, 244, 294, 320, 321, 324~327, 334, 339, 340, 508, 533
요들, 알프레드Jodl, Alfred 독일군 소장, 국방군 총사령부 작전참모부장 129, 135, 142, 163, 463, 468, 482, 484, 487, 491, 517

ㅈ

자이데만, 한스Seidemann, Hans 독일군 중령(장군참모장교), 제8비행단 참모장 541
자이들리츠, 프리드리히 빌헬름 폰Seydlitz, Friedrich Wilhelm v. 프로이센군 기병장군 533
자이츨러, 쿠르트Zeitzler, Kurt 독일군 대령(장군참모장교)(1944년 1월 30일부 상급대장), 제22(차량화)군단(클라이스트 기갑군) 참모장 177, 179~181, 403, 541
자스, 야코뷔스 지스베르투스Sas, Jacobus Gijsbertus 네덜란드군 대령, 주베를린 네덜란드 국방무관 231

자코메, 피에르Jacomet, Pierre 프랑스군 장군, 국방성 서기장 161
젝트, 한스 폰Seeckt, Hans v. 독일군 상급대장, 육군 총참모장 517, 523, 524, 532
조덴슈테른, 게오르크 폰Sodenstern, Georg v. 독일군 중장, A집단군 참모장 59, 165, 166, 167, 170, 183, 418, 457, 460, 465
조르주, 알퐁스-조셉Georges, Alphonse-Joseph 프랑스군 장군, 북동부전선 사령관 160, 232, 319, 326, 344, 366, 389, 408, 409, 411~413, 437, 514
조벨, 하인츠Zobel, Heinz 독일군 소위, 제31전차연대 356
조프르, 조셉Joffre, Joseph 프랑스군 원수, 1915년 프랑스군 총사령관(1916년까지 재임) 147, 148, 393, 439
지로, 앙리Giraud, Henri 프랑스군 장군, 제9군 사령관(1940. 5. 15) 402
지텐, 한스 요아임 폰Ziet(h)en, Hans Joachim v. 프로이센 기병 장군 533

ㅊ

처칠, 윈스턴 경Churchill, Sir Winston 영국 수상 108, 293, 314, 400, 409, 410, 436, 439, 450, 469, 477, 509

ㅋ

카나리스, 빌헬름Canaris, Wilhelm 독일 해군제독(중장)〔1940년 1월 1일부 대제독(대장)〕, 국방군 사령부 방첩본부장 112, 387, 486
카리부Cariibou 프랑스군 대위 제147요새보병연대 2대대장 250, 251
카슈Cachou 프랑스군 중령, 제10군단장 부참모장 296, 297
카이텔, 빌헬름Keitel, Wilhelm 독일군 상급대장, 국방군 총참모장 50, 54, 56, 111, 120, 448, 517
캐머런Cameron 영국군 중위, 쾌속정장 473
케셀링, 알베르트Kesselring, Albert 독일 공군 대장, 제2항공군 사령관 464, 485
케야에르츠, 모리스Keyaerts, Maurice 벨기에군 중장, 'K' 군 사령관 225
켐프, 베르너Kempf, Werner 독일군 소장, 제6기갑사단장 350, 351, 375, 399
코, 피에르Cot, Pierre 프랑스 항공교통부장관 97
코랍, 앙드레-조르그Corap, André-Georg 프랑스군 장군, 제9군 사령관 342, 366, 368, 402
코르탈스, 귄터Korthals, Günther 독일군 중위, 제43강습공병대대 3중대 3소대장 271, 272, 280, 283, 313
코엘리츠, 한스Koelitz, Hans 독일군 중령, 제2보병연대장 280
쾰츠, 루이Koeltz, Louis 프랑스군 총참모부 작전참모부장 234
쿠르비에르 → 르 호메 쿠르비에르
크라머Kramer 독일군 하사, 대독일보병연대 제14중대 333
크라예프스키Krajewski 독일군 중위, 제2전차연대 4중대장 304, 305
크레스 폰 크레센슈타인, 프리드리히 남작Kreß v. Kressenstein, Friedrich Frhr. 독일군 대위, 제1전차연대 2중대장 215
크뤼거, 발터Krüger, Walter 독일군 대령, 제1보병여단장 220, 222
크뤼거, W.Krügor, W. 독일군 대위, 대독일보병연대 제11중대장 205, 206
클라우제비츠, 카를 폰Clausewitz, Carl v. 프로이센군 소장 121, 123, 138, 149, 203, 208, 312, 437, 510, 520, 549, 551
클라이스트, 에발트 폰Kleist, Ewald v. 독일군 대장(기병), 클라이스트 기갑군 사령관 163, 175, 177, 178, 184, 187, 190, 254~257, 259, 260, 309, 330, 331, 340, 347, 348, 351, 398~400, 403, 404, 448, 457~459, 465, 467, 470, 480, 481
클라이스트, 칼 빌헬름 폰Kleist, Karl Wilhelm v. 독일군 중위, 제2전차연대 8중대장 307

클루게, 한스-귄터 폰Kluge, Hans-Günther v. 독일군 상급대장, 제4군 사령관 364, 418, 448, 452, 455, 458, 459, 465
키르히너, 프리드리히Kirchner, Friedrich 독일군 중장, 제1기갑사단장 209, 213, 258, 303, 304, 306
킬만스에크, 요한 아돌프 그라프 폰Kielmansegg, Johann Adolf Graf v. 독일군 대위(장군참모장교)(훗날 NATO군 4성 장군), 제1기갑사단 군수참모 82, 134, 154, 181, 189, 197, 202, 224, 264, 414
킹, 존King, John 영국군 소령 446

ㅌ

테탱제, 피에르Taittinger, Pierre 프랑스 국회의원 241, 244
테오펠Theophel 독일군 하사, 제49기계화공병대대 277
테튀, 마르셀Têtu, Marcel 프랑스 공군 장성, 전술공군사령관 289
토마스, 게오르크Thomas, Georg 독일군 소장〔1940년 8월 1일부 대장(보병)〕, 국방군 총사령부 군수참모부장(훗날 국방군 총사령부 국방경제/군비청) 43, 54, 62, 63, 70, 71, 111, 520
투숑, 로베르-오귀스트Touchon, Robert-Auguste 프랑스군 장군, 제6군 사령관 344
투하체프스키, 미하일Tukhachevsky, Mikhayl 소련군 원수 518
트레스코프, 헤닝 폰Tresckow, Henning v. 독일군 소령(장군참모장교)(1940년 3월 1일부 중령) A집단군 작전참모부 128, 404
트렌차드, 휴Trenchard, Hugh 영국군 소장 542

ㅍ

파브르-뤼스, 알프레드Fabre-Luce, Alfred 프랑스 저널리스트 507
파이엘, 루돌프Veiel, Rudolf 독일군 중장, 제2기갑사단장 400
파이욜, 폴Paillole, Paul 프랑스군 대령, 프랑스 정보국 독일담당부장 232
페탱, 앙리 필립Pétain, Henri Philippe 프랑스군 원수, 총참모장(1917/1918), 비시 정부 수반(1940~1944) 225, 229, 498, 499, 514
펠기벨, 에리히Fellgiebel, Erich 독일군 소장(1940년 2월 1일부 중장), 육군 총사령부 정보참모부장 55
포드주스, 베른하르트Podzus, Bernhard 독일군 일병, 제49기계화공병대대 277
포슈, 페르디낭Foch, Ferdinand 프랑스군 원수, 프랑스 전역 연합군 총사령관(1918) 147, 161, 438, 513
퐁슬레Poncelet 프랑스군 대령, 제10군단 중포병부대장 286
푸크Fouques 프랑스군 대위, 제169포병연대 285
풀러, 존 F. C.Fuller, John F. C. 영국군 소장 314, 518, 538, 541
풍크, 발터Funk, Walther 독일제국 경제부 장관 71
프라이탁 폰 로링호벤, 베른트 바론Freytag v. Loringhoven, Bernd Baron 독일군 중위, 제1기갑사단 제1연락장교(훗날 독일연방군 중장) 258
프랭클린, 해럴드 E.Franklyn, Harold E. 영국군 소장, 제5보병사단장 443
프레틀라, 앙드레 가스통Prételat, André Gaston 프랑스군 장군, 제2군 사령관(훗날 제2집단군 사령관) 230, 231
프리드리히 2세(대제)Friedrich II.(der Große) 프로이센 국왕 109, 110, 312, 520, 521, 522, 533
프리우, 르네-자크-아돌프Prioux, René-Jacques-Adolphe 프랑스군 장군, 기병군단장 378, 379, 381, 382, 384, 385, 411, 441
프리치, 베르너 프라이헤르 폰Fritsch, Werner Freiherr v. 독일군 상급대장, 육군 총사령관 131
프리트비츠 운트 가프론, 하인리히 폰Prittwitz u. Gaffron, Heinrich v. 독일군 소장, 제2기갑여단장 400
플라비니, 장-아돌프-루이-로베르Flavigny, Jean-Adolphe-Louis-Robert 프랑스군 장군, 제21군단장

300, 321~327, 329, 332, 334, 335, 337, 411
피노, 프랑수아Pinaud, François 프랑스군 중령, 제147요새보병연대장 533
피셔, 볼프강Fischer, Wolfgang 독일군 대령, 제10보병여단장 275
피우수트스키, 유제프Piłsudski, Józef 폴란드군 원수, 정치가 438
필립, 에른스트Philipp, Ernst 독일군 중위, 제1전차연대 4중대장 215

ㅎ

하르틀리프, 막스 폰Hartlieb Max v. 독일군 소장, 제5기갑사단장 365
하스드루발Hasdrubal 카르타고군 장군 146, 147
하이트캠퍼, 오토Heidkämper, Otto 독일군 소령(장군참모장교), 제7기갑사단 작전참모 425
한니발Hannibal 카르타고군 사령관 144, 146, 147, 162
한바우어, 하인리히Hanbauer, Heinrich 독일군 소위, 제86보병연대 2중대 소대장 276
할더, 프란츠Halder, Franz 독일군 대장(포병)(1940년 7월 19일부 상급대장), 육군 총참모장 50, 58, 64, 77, 82, 112~114, 120, 121, 127~131, 133~138, 140, 142, 164, 165, 167, 170, 177, 183, 230, 309, 404~407, 429, 437, 447, 448, 458, 460, 461, 464, 466~468, 470, 480~483, 486, 489, 490, 491, 497, 517, 552, 553
항케, 칼Hanke, Karl 독일군 소위, 제25전차연대(훗날 니더슐레지엔 대관구 총독) 423, 427
헤벨, 발터Hewel, Walther 제3제국 외무장관의 전권대사 487
헤일랜드, H. M.Heyland, H. M. 영국군 중령 447
호엔만스, 에리히Hoenmanns, Erich 독일군 예비역 소령, 로덴하이데 항공대장 121, 123
호이징어, 아돌프Heusinger, Adolf 독일군 중령(장군참모장교), 육군총참모부 작전참모부 제1과장 404, 464
호트, 헤르만Hoth, Hermann 독일군 대장(보병)(1940년 7월 19일부 상급대장), 제15(차량화)군단장 140, 142, 173, 328, 353, 355, 363~365, 368, 417, 418, 429, 431, 452, 459, 470
회프너, 에리히Hoepner, Erich 독일군 대장(기병), 제16(차량화)군단장 112, 376, 379, 381, 382, 384, 385
후티어, 오스카 폰Hutier, Oskar v. 프로이센군 대장(보병) 39, 530
히틀러, 아돌프Hitler, Adolf 제국 수상, 국방군 총사령관 29, 31, 32, 35, 36, 39~43, 45, 49, 50, 53~57, 61~66, 69~71, 73~75, 77, 85, 88, 94, 101, 106, 109~113, 117, 120, 121, 123, 128~131, 133, 135, 140~143, 155, 159, 163, 164, 169, 170, 231, 236, 288, 310, 314, 353, 397, 402, 404~408, 417, 448, 451, 455, 457, 458, 462, 463, 466, 468, 470, 476~492, 498, 506~508, 512, 516, 518, 519, 538, 549~556
힌덴부르크, 파울 폰 베네켄도르프 운트 폰Hindenburg, Paul v. Beneckendorff und v. 독일군 원수, 제국 대통령 165
힌델랑, 한스Hindelang, Hans 독일군 상사, 대독일 보병연대 제14중대 소대장 333, 334

찾아보기

독일군(제대순)

A집단군 31, 59, 125~129, 133, 135, 136, 141, 150, 153, 156, 163, 165, 173, 175, 177, 183, 184, 186, 187, 190, 195, 234, 293, 309, 331, 347, 348, 350, 351, 358, 376, 385, 386, 402~404, 407, 417, 418, 429, 448, 452, 457, 460, 462~465, 467, 468, 486, 490, 497, 533, 548
B집단군 120, 125, 129, 150, 153~156, 164, 170, 175, 203, 376, 386, 407, 429, 431, 455, 457, 460~462, 464, 465, 467, 481, 495
C집단군 59, 79, 110, 130, 157, 386, 393, 487, 498
제1군 386
제2군 130, 156, 408
제4군 130, 156, 173, 353, 364, 407, 408, 417, 418, 429, 431, 452, 457, 459, 460, 462, 463, 467, 481
제6군 129, 376, 457
제7군 386, 387, 498
제9군 156
제12군 130, 137, 138, 156, 167, 186, 187, 345, 348, 350, 351, 402, 403, 408
제16군 130, 156, 163, 186, 187, 388
제18군 129, 376, 457, 497
클라이스트 기갑군 156, 173, 179, 183, 184, 187, 188, 223, 232, 261, 280, 331, 347, 348, 351~353, 355, 400~402, 417, 431, 450, 452, 457, 480, 535, 540
제2군단 364, 459, 462
제3군단 193, 347, 348, 350
제6군단 193, 335
제5군단 418
제7군단 388, 391
제8군단 459, 462
제14군단(비터스하임 차량화보병군단) 141, 186, 190, 310
제15군단(호트 기갑군단, 5월 17일부 기갑군으로 승격) 173, 353, 355, 368, 370, 417, 418, 426, 429, 431
제16군단(회프너 기갑군단) 151, 376, 379, 381, 385, 429
제19군단(구데리안 기갑군단) 126, 141, 184, 186, 187, 189, 193, 217, 222, 230, 313, 325, 330, 331, 341, 345, 347, 375, 388, 401, 414
제38군단 127, 501
제39군단(슈미트 차량화보병군단) 429, 452
제41군단(라인하르트 기갑군단) 184, 186, 187, 189, 190, 191, 345, 347, 348, 351, 399, 412
제1기갑사단 82, 89, 181, 191, 195, 197, 205, 206, 209, 214, 215, 217, 220, 224, 227, 257, 258, 259, 264, 265, 271, 272, 275, 279, 280, 288, 291, 303, 309, 310, 313, 323, 326, 331, 341, 342, 414, 431, 449, 481, 501

제2기갑사단 154, 191, 193, 205, 217, 244, 257, 259, 272, 279, 280, 288, 291, 310, 313, 323, 326, 331, 341, 400, 431, 449
제3기갑사단 384, 385
제4기갑사단 94, 381, 382, 385
제5기갑사단 353, 355, 360, 361, 363, 365, 370~372, 432, 448
제6기갑사단 89, 190, 193, 345~348, 350, 375, 399, 402, 412, 460
제7기갑사단 86, 289, 353, 355, 356, 360, 361, 363, 365, 370, 371, 375, 417, 418, 425, 427, 428, 431, 432, 434~436, 471, 497
제8기갑사단 190, 412
제10기갑사단 181, 191, 257, 259, 274~276, 278, 279, 291, 310, 320, 321, 323, 326, 331, 332, 334, 335, 415, 449, 450
제2차량화보병사단 190, 347
제20차량화보병사단 384
SS-토텐코프 차량화보병사단 434, 435, 445, 489
제3보병사단 347, 350
제16보병사단 193, 335
제23보병사단 193
제24보병사단 193, 335
제32보병사단 193
제35보병사단 384
제62보병사단 418
제87보병사단 418
제1기갑여단(켈지전투단) 220, 222, 281, 283, 286, 300, 307, 309, 323
제5기갑여단 382
제1보병여단(크뤼거전투단) 220, 222, 281
제10보병여단 275
대독일보병연대 181, 203, 265, 269, 270, 278, 303, 306, 310, 323, 329, 332, 333~335, 555
제1보병연대 199, 202, 213, 222, 247, 270~274, 303, 342, 343, 533
제2보병연대 280, 431
제3보병연대 384
제4보병연대 347
제6보병연대 361, 363, 426, 434, 445
제7보병연대 361, 363, 364, 432, 434
제13보병연대 360
제14보병연대 360
제69보병연대 274, 334
제86보병연대 274~276, 278
제1전차연대 213, 214
제2전차연대 209, 213, 303, 307, 309
제8전차연대 332, 336
제11전차연대 402
제15전차연대 371
제25전차연대 426, 432, 436, 445
제31전차연대 356, 371
제35전차연대 94, 380
제2항공군 260, 381, 485
제3항공군 255, 256, 260, 261
제1비행단 260, 435
제2비행단 255, 260
제5비행단 260
제8비행단 260, 261, 380, 435, 470, 485, 540
제1방공군단 175, 234

연합군(제대순)

프랑스군

제1집단군 288, 439, 431, 437~440, 441
제2집단군 497
제3집단군 439, 440
제1군 156, 368, 378, 384, 412, 431, 441, 500
제2군 157, 220, 227, 230, 233, 234, 239, 244, 246, 256, 294, 300, 319~321, 326, 340, 341, 344, 408, 500
제6군 319, 340, 341, 344, 351, 412, 500
제7군 156, 160, 378, 410, 431, 441, 500
제9군 157, 158, 220, 233, 234, 256, 319, 340~342, 344, 355, 366~368, 372, 378, 402, 412, 431, 500
제2군단 358, 366~368, 428
제5군단 441, 447
제10군단 239, 259, 274, 286, 293, 294, 296,

300, 320~322, 325, 332
제11군단 358, 366, 367
제18군단 389
제21군단(플라비니군) 320~323
제41군단 259, 344
프리우 기병군단 156, 378, 379, 381, 382, 384, 385, 411, 441, 443, 447
루코군단(루코군) 321, 323
제1기갑사단 368, 370~372, 378, 411, 421, 423, 428
제2기갑사단 344, 378, 411~413
제3기갑사단 321, 322, 324, 326, 327, 339, 393, 411
제4기갑사단 411, 413~415
제1경기계화사단 428, 441
제2경기계화사단 381, 441
제3경기계화사단 381, 441, 443, 445
제3차량화보병사단 321, 322, 326, 327, 339
제5차량화보병사단 358, 360, 366, 367, 421
제9차량화보병사단 428
제1식민지보병사단 321
제1북아프리카보병사단 428
제3북아프리카보병사단 253
제4아프리카보병사단 368
제1경기병사단 355, 360, 365, 366
제2경기병사단 321
제4경기병사단 355, 356, 366, 367, 428
제5경기병사단 206, 208, 209, 214, 220, 321, 341
제14보병사단 344
제18보병사단 358, 360, 366, 367, 421, 428
제36보병사단 344
제53보병사단 341, 342
제55보병사단 239, 246, 247, 250, 251, 253, 259, 262~264, 279, 285, 286, 299, 305, 308, 320, 341, 347
제71보병사단 253, 274, 286, 308, 321, 323, 388
제101(요새)보병사단 419
제102(요새)보병사단 341, 347
제1기병여단 321, 341
제3(경)기병여단 220, 341, 342, 343
제1항공사단 289
제3비행단 539

영국군
원정군BEF 77, 85, 87, 156, 378, 431, 440, 475~477, 483, 488, 492, 500
제2군단 477
제5보병사단 443
제50보병사단 443

벨기에군
'K' 전투단 225
제1아르덴 보병사단 225
제1기병사단 225
제1아르덴 보병연대 199, 208

ㄱ

간격단축 명령 458, 465
간접접근전략 541
겜블루 94
'겜블루의 간격' 368, 376, 378
경첩 238
골리에 245, 281, 533
골리에의 교량 281, 288
공세적 방어 137, 331, 340
공수부대 155
공수작전空輸作戰 155
공중보급기지 181
공지전투空地戰鬪Air-Land Battle 380
공지합동 훈련 59
괴링의 날씨 555
교대 원칙 251
교두보 257
'구전球電Kugelblitz' 177
'국가의 마지막 보루réduit national' 158
군수軍需 179
군수지원 179

그라벨린겐 450
그라블린 462
글레르 245
기갑군 180
기동전 40, 538, 551
기만 153, 154
기베 233
기센 190

ㄴ

나무르 158, 226, 375, 376, 378
낭시 498
노르망디 상륙작전 477
노르웨이 95
노몽 301, 307
뇌빌레트 89
뇌빌 326
뇌프샤토 188, 205, 209
누와이엘 431
누종빌 347, 350
느와예 299, 330, 331
니베 203
니비 203

ㄷ

다모클레스의 칼 177
다이나모 작전 469, 472, 483
단치히 54, 55
대응 기동(공격) 161
덴빌 434, 444
도버 해협 87, 469, 486
『독일 국방군*Deutsche Wehr*』 35
독일 전차
Ⅰ호 65, 379
Ⅱ호 65, 379
Ⅲ호 66, 379
Ⅳ호 66, 321, 379
돈셰리 265, 271, 280
돌파부대 전술 39, 214, 529, 530
돌파작전 528
동부전역 554
됭케르크 405, 449, 455, 462, 464, 465, 467, 469, 471, 472, 476, 477, 479, 481, 483, 488, 490
『됭케르크*Dunkirk*』 29
됭케르크의 기적 402, 455, 472
둘렝 451
뒤장 436
드럼통을 이용한 연료보충 방식 181, 370
디낭 353
디지-르-그로 401
딜 계획 149, 235, 355
딜 기동 378
딜 라인 151, 158
딜 방어선 368, 382
딜-브레다 계획 157, 236
딜-브레다 방어선 410

ㄹ

라디오 위마니떼 507
라 르나르디에르 285
라 베를리에드 296, 297, 533
라 불레트 303, 304
라 브자스 308, 324
라 아트렐 222
라 오르뉴 342
라옹 89, 404, 405, 410, 414
라인란트 53
라 카신느 325
라 페르테 239, 375, 388, 417
라 프라이엘 269, 278
랑드르시 423
랑스 462
랭스 285, 322, 410

레글리제 205
레기온 97
레미이 274
『레포크L'Epoque』 344
로레토 448
로쿠르 299, 308
로테르담 376
로트링엔 498
롤러식 폭격작전 255, 261, 263, 264, 381
뢰벤 378
『뢰브르L'Œuvre』 506
루덴도르프 대공세 530
루르 53
룩셈부르크 188
룰르 188
뤼티히 226, 376, 378
르 쉔느 322
르노 AMR-ZT-63 379
르카토 404, 406, 423, 431
르텔 256, 310, 398, 410
르프 361
리브라몽 188
리스 강 465
리슬레 415
리아르 412
리옹 508
리크비르 전차 337
리타 530
릴 465

ㅁ

마르베 427
마르부르크 190
마르틀랑주 188, 199, 205
마르페 241
마른 406
'마른의 기적' 439, 458
마스 강 157, 229
마스트리히트 158, 376, 381
마지노 사상 509
마지노선 30, 106, 225, 386, 391, 495, 509, 513
마찰 121, 203, 208, 364, 543
마크 I 전차 432, 443
마크 II(마틸다) 전차 89, 432, 443, 446
말랑드리 389
말미 341
말미의 교량 310
망치 464
메르카텔 434, 435, 445, 446
메서슈미트 109(Me 109) 101, 469
메종셀 285, 301, 306, 308, 325
메치에르 256, 344
메투살렘 513
메헬렌 123, 151
메헬렌 사건 123
명령형 전술 298
모라비아 53
모루 464
모르빌 365, 370
모르티에 89
몽데시느 325
몽디외 329
몽코르네 350, 397, 399, 403, 405, 407, 412~414
몽테르메 184, 345, 350, 412
몽티니 399
무자이브 217
무장 친위대 84
무종 239, 261, 339
뮌헨회담 53
민스크 553
『민족의 감시자Völkischen Beobachters』 516

ㅂ

바 강 299, 301
바르바로사 작전 189
바르테가우 128

바스토뉴 205, 404
바이에른 148
바제유 274
바젤 512
바텐 466
반反차량화 프로그램 77
발랑 274
발랑시엔 458
발렌도르프 197
방드레스 341
백색년생白色年生 66, 78
뱅센 319, 366, 439
뱌즈마 553
베강 계획 437, 439
베강 라인 495
베르됭 313, 326, 330, 505, 513
베르됭 전투 75
베르됭 콤플렉스 505
베르뱅 401
베르사유 조약 29, 53, 66, 75, 88
베르트릭스 213
'베저Weser' 231
베튄 462, 470
벨기에 188
벨뷔 244, 271, 272, 280, 313
『벨트보헤*Weltwoche*』 39
벨포르 498
보급품 휴대 원칙 180
보당주 200
보랭 434
보몽 403
보헤미아 53
부대지휘 절차 301, 534
부벨몽 343, 344, 399
부비뉴 361
부용 188, 191, 214, 227, 254
불로뉴 448~450, 472, 483
불송 284, 293, 294, 299, 300, 304, 305, 307, 323, 325, 328, 332, 533
'불확실한 상황 속에서의 진격Der Griff ins Ungewisse' 151
브라이자흐 498, 512
브랸스크 553
브레다 378
브레다 계획 159
브뤼셀 378
브리아르 514
브와 뒤 몽디외 323, 326
브와 드 라 마르페 269, 285, 294, 303
브장송 498
비스와 438
비시 괴뢰정부 499, 508
비아위스토크 553
비우르주 213
비트리 203
빌레르쉬르바르 250, 300

ㅅ

사포뉴 341
301고지(라 불레트) 272, 300, 303
322고지 305
상브르 강 403
생망주 222, 245
생오메르 462, 470
생캉탱 299, 406
시니 344
샤르 B 전차 89, 92, 179, 321, 446
샤를르빌 181, 256, 462, 490
샤토 271
샤토 드 뱅센 411, 514
샬롱쉬르마른 498
서부전역 29, 554
선제 기동(공격) 161
'선제공격' 사상 538
선제타격능력 40, 553
선형 전선방어 523
선형 전술 528
세뉙 326, 533

세무아 강 188, 214
생글리 341
셰메리 294, 296, 297, 301, 303, 307, 309, 310, 314, 323, 326, 332
셰에리 274, 293, 294, 299, 303, 330, 331
소뮤아 전차 92, 328, 379, 443, 446
소미에르 365
솔르-르-샤토 420, 421
솜 500, 505
솜 강 405, 407, 458, 461, 462, 481, 495, 501
쇼몽 285, 299, 533
수직 포위 526
쉬에 강 157, 239
슈니예트 전차 286
슈바르츠발트 387
슈바벤 518
슈투카 101, 256, 260, 263, 372, 380, 537, 542
슈퍼 칸나이 552
슐뤼셀부르크 480
슐리펜 계획 117, 406, 497
스당 31, 141, 142, 184, 239, 265, 309, 314, 325, 388, 495, 526, 542
스몰렌스크 553
스카르프 432
스탈린그라드 501
스테네 239
스톤 92, 181, 257, 326, 329, 330
스파이 신드롬 507
스피트파이어 전투기 99, 469
스헬데 158
습지 이론 479
시니-라베이 412
식량 180
심리적 충격력 36, 428
심티에르 265

ㅇ

아그니 434
아라 429, 431, 443, 448, 458, 462, 534
아로쿠르 293
아르곤 505
아르덴 31, 126, 133, 183, 184, 225, 229
아르덴 공세 554
아르망티에르 467
아르테즈 326
아르트와 463, 488
아미앵 431
아벤 405, 417, 418, 421, 423, 425, 431
아브빌 397, 431, 438
아시쿠르 445
아 운하 455, 465
아크 432
아헨 381
안뉘 376, 379
안트웨르펜 158, 378, 554
알베르 운하 158, 376, 381, 431
알자스 498
알자스-로트링겐 147
양공陽攻Feint 155
양익병진대형 184
에니그마 231
에르 462
에르나주 384
에벤 에마엘 155, 271, 376, 381
에브르하이에 358
에스테르 467
에타당 279
FCM 전차 306
엔 강 398, 405, 407, 414, 415, 495
역습 319
연료 180
연장된 마지노선 417
예나 전투 312
505장갑벙커 389
오르바스티아 361, 368
오몽 324
오미쿠르 341
오버하인 386

오스텐데 467
오스트리아 88
오스트리아 합병 53
오어 강 199
오트빌 89
옹에 364, 368
와들랭쿠르 274, 278
와르미퐁텐느 213
와를뤼 436
와브르 378
'완벽한 칸나이' 492
요새방어선 220
우 289, 356
우만 553
우아즈 강 399, 403
우아즈-상브르 운하 412
'울트라ULTRA' 232
워털루 전역 328
웰리 432, 446, 447
위 379, 381
유령사단 353, 417, 427
유령전차 285
유류 180, 181
유르 전차 336
Uk(Unabkömmlichkeits) 계층 72
이게 파르벤 42
이노르 389
이브와 356
247고지 265, 278
이프르 467
일멘 호수 480
임무형 전술 270, 278, 467, 531, 543
임무형 지휘 298

ㅈ

자르브뤼켄 386
자우어 강 197
자우어 교량 199
자유 기동 523
'작은 황새Fieseler Störche' 203
작전명령 12호 437
작전명령 24호 324
작전술 38
작전한계점 138, 166, 300, 445, 554
저지 319, 325
적색계획 469, 482, 495, 501
전격전 경제체제 69
전격-전쟁Blitz-Krieg 44
전격전 전략 32
전략 38
전술 38, 39
『전투력Kampfkraft』 519
정비 182
정지명령 407, 450, 455, 464, 468, 476, 479
제17계획 147
제2차 공격계획안 121
제1차 공격계획안 120
제국군 522
제대별 축차대형 184
제병협동전투 283, 372, 380
제3공화정 499
제3제국Drittes Reich 70
제3차 공격계획안 123
제13호 명령 463, 484, 488
제12호 명령 404
제5전신 507
조슈 380
종적 군비증강 69
주데텐 위기 506
중점 원칙 156, 524
지방수비대 78, 79
지베 158, 378
'지하의 비극' 389
지헬슈니트 44, 58, 81, 116, 125, 129, 130, 163, 169, 173, 309, 399, 460, 468, 500, 528, 535, 548, 549
진두지휘 363, 532, 534
진지전 551

집단환각 증상 286
집중 258

ㅊ

체코슬로바키아 53
체코형 전차 66
측방 272
측방 위협 398
7년 전쟁 520

ㅋ

카르타고 146
카를스루에 387, 512
카셀 465, 467
카잔 88
칸나이 146, 526, 538, 548, 551
칸나이 전역 144
칼레 179, 448~450, 472, 483
캉브레 431, 441, 447
커티스 전투기 97
케 도르세 410
켐멜 272, 465, 471
코나주 299, 301, 307
코르비옹 283
코블렌츠 126, 128
쾨니히스티거 전차 88
쿠데타 112
쿠르트레 465
쿠스테몽 209, 213
크레시 89
크레시쉬르세르 415
클레르파이 419, 420
키예프 501, 553

ㅌ

탄넨베르크 149
탄약 180
탄약 장관 64
토르시 245, 250, 269
토이토부르거발트 전투 97
티거 전차 88
티를러몽 378, 381
T-13 장갑차 199
티에넨 378, 381
티히빈 480
틸루아 435, 445

ㅍ

파나르 178 379
파노라마 호텔 227, 254
판터 전차 87
팽 드 쉬크르 329
'팽창해가는 급류expanding torrent' 529
페르비틴(각성제) 197
페르웨즈 378, 382
평화운동 54
포게젠 산맥 530
포위 원칙 525
포위전투 553
폴란드 침공 506
폴란드 회랑 54
퐁뇌프 245, 265
퐁다고 284, 286, 305
퐁모지 253, 274, 299, 330, 331
퐁아바르 341
퐁타를리에 498
퐁타예쉬르손 498
푸왈뤼 505
프라이부르크 387, 506
프레누아 250, 271, 272
프로이센 148

프로파간다 36
프루아-샤펠 425
프티 레미이 253
프티브와르 209, 213
플라비용 368, 411
플랑드르 378, 438, 463, 488
플렌뇌 222
플로잉 222, 245, 289
플리즈 256, 257, 261, 341
피로스의 승리 505
피쇠 434
필립빌-세르퐁텐느 372

ㅎ

하르트만스바일러코프 고지 전투 530
행군로 183
향토예비군 78
헤이그 376
호치키스 전차 321, 379
황색계획 129, 501
회전문 150, 155, 156
회전문 효과 144
「회전문의 비교Drehtür Vergleich」 144
횡적 군비증강 69

지은이 **칼 하인츠 프리저**Karl-Heinz Frieser

독일연방군 육군 대령인 지은이는 보병장교로 임관한 후 뷔르츠부르크Würzburg 대학에서 정치학과 역사학을 전공했으며 1981년에 박사학위를 취득하였다. 3년간 기계화보병중대장으로 복무한 후 1985년부터 독일연방군 군사사연구소MGFA 사회과학부 연구원으로 근무하고 있다. 현재 제1·2차 세계대전 연구부의 책임자이며, 1944년의 아르덴 공세(벌지 전투The Battle of Bulge)를 연구하고 있다.

『전격전의 전설*Blitzkrieg-Legende. Der Westfeldzug 1940*』은 1995년 초판이 독일에서 출간된 후 지금까지 영어, 프랑스어, 일본어로 번역되어 세계 각국에서 읽히고 있으며 군사학적·역사학적으로 그 의미를 인정받고 있다.

저서로 *Ardennen—Sedan. Militärhistorischer Führer durch eine europäische Schicksalslandschaft*(2006), 군사사연구소의 *Das Deutsche Reich und der Zweite Weltkrieg* 시리즈 중 *Das Deutsche Reich in der Defensive*(2007, 공동 집필) 등이 있다.

옮긴이 **진중근**

1975년 부산에서 출생했다. 1998년 육군사관학교 졸업(54기) 후 기계화보병사단, 기갑여단, 합동참모본부에서 근무했다. 독일연방군에서 기갑고군반(2002), 지휘참모대학(2010)을 수료했다. 현재 육군대학 전략학 교관으로 근무 중이다. 『전격전의 전설』(2007), 『독일군의 신화와 진실』(2016), 『롬멜과 함께 전선에서』(공역, 2018), 『진흙 속의 호랑이』(공역, 2023), 『전술의 정석』(공역, 2023), 『군사교육과 지휘문화』(2023)를 번역했다.

전격전의 전설

초판 1쇄 펴낸날 2007년 12월 31일
초판 8쇄 펴낸날 2024년 2월 5일

지은이 | 칼 하인츠 프리저
옮긴이 | 진중근
펴낸이 | 김시연

펴낸곳 | (주)일조각
등록 | 1953년 9월 3일 제300-1953-1호(구 : 제1-298호)
주소 | 03176 서울시 종로구 경희궁길 39
전화 | 02-734-3545 / 02-733-8811(편집부)
02-733-5430 / 02-733-5431(영업부)
팩스 | 02-735-9994(편집부) / 02-738-5857(영업부)
이메일 | ilchokak@hanmail.net
홈페이지 | www.ilchokak.co.kr

ISBN 978-89-337-0530-8 03390
값 38,000원